Ernst Troeltsch

Spectator-Briefe und Berliner Briefe (1919–1922)

herausgegeben von
Gangolf Hübinger
in Zusammenarbeit mit
Nikolai Wehrs

De Gruyter

ISBN 978-3-11-056851-6
e-ISBN (PDF) 978-3-11-059523-9
e-ISBN (EPUB) 978-3-11-059286-3

Library of Congress Cataloging-in-Publication Data
A CIP catalog record for this book has been applied for at the Library of Congress.

Bibliografische Information der Deutschen Nationalbibliothek
Die Deutsche Nationalbibliothek verzeichnet diese Publikation in der Deutschen Nationalbibliografie; detaillierte bibliografische Daten sind im Internet über http://dnb.dnb.de abrufbar.

© 2018 Walter de Gruyter GmbH, Berlin/Boston
Umschlag: Flugblatt © Andreas Terwey; Porträtaufnahme, um 1920: akg-images
Satztechnik (LaTeX): David Kastrup, Waltrop
Satz: Diana Feßl, München
Druck und Bindung: CPI books GmbH, Leck
♾ Gedruckt auf säurefreiem Papier
Printed in Germany

www.degruyter.com

Vorwort zur Taschenbuchausgabe

Der Theologe, Kulturphilosoph und politische Publizist Ernst Troeltsch zählt zu den engagiertesten Beobachtern der revolutionären Wandlungen in Deutschland und Europa nach dem Ersten Weltkrieg. Regelmäßig, oft mehrmals im Monat, kommentierte er aus eigener Erfahrung die Ereignisse in der Hauptstadt Berlin, nahm Stellung zu den gewaltigen Problemen, eine demokratische Republik in Deutschland zu begründen und beurteilte die Verschiebungen in den weltpolitischen Machtverhältnissen.

Die insgesamt 56 Spectator-Briefe und Berliner Briefe können für diese unmittelbare Nachkriegs- und Neuordnungsepoche als eine historische Quelle von besonderem Rang gelten. Der erste der Spectator-Briefe erschien im Februar 1919, kurz nachdem Troeltsch in die Verfassunggebende Preußische Landesversammlung gewählt worden war. Der letzte Brief, inzwischen als Berliner Brief mit seinem Namen gezeichnet, stammt vom November 1922, als Troeltsch sich auf seine Vortragsreise nach England und Schottland vorbereitete.

Alle wichtigen Geschehnisse kommen zur Sprache, die innenpolitischen Klassen-, Partei- und Ideenkämpfe ebenso wie die dichte Folge internationaler Konferenzen zu einer neuen Weltordnung. Die „Briefe" bieten eine materialreiche Chronik der revolutionären und nachrevolutionären Entwicklungen. Sie halten zugleich als eine Art öffentliches Tagebuch die Erfahrungen und Begegnungen im „Sprech- und Geschäftszimmer Deutschlands" (Wieder in Berlin, Dezember 1919) mit. Und sie sind ein Akt permanenter historischer Selbstaufklärung über die Chancen der Demokratie in Deutschland, denn es ist „der einzige Weg in die Zukunft der, zu verstehen, was sich ereignet hat und warum es so gekommen ist" (Nach Pfingsten, Juli 1919).

Die Spectator- und Berliner Briefe sind 2015 erstmals als Band 14 der historisch-kritischen Ernst-Troeltsch-Gesamtausgabe (KGA) vollständig zugänglich gemacht und durch die von Nikolai Wehrs erstellten Kommentare und Verzeichnisse akribisch erschlossen worden. In Feuilleton und Fachöffentlichkeit wurde dieser Band sehr positiv aufgenommen und zugleich der Wunsch nach einer preiswerten Ausgabe geäußert. Diese Erwartung kann die jetzt vorliegende, mit Band 14 der KGA identische Taschenbuchausgabe erfüllen. Dafür gebührt Albrecht Döhnert und dem Verlag de Gruyter unser herzlicher Dank.

Frankfurt (Oder) im Januar 2018   Gangolf Hübinger

Vorwort

Dieser Band der *Ernst Troeltsch · Kritische Gesamtausgabe* enthält erstmals vollständig die insgesamt 56 Artikel, die Troeltsch in zwei Serien als „Spectator-Briefe" und als „Berliner Briefe" in der Zeitschrift „Kunstwart" zwischen Februar 1919 und November 1922 veröffentlicht hat. Die scharfsichtigen Zeitdiagnosen richten sich auf die kulturelle, politische und soziale Neuordnung Deutschlands unter den Bedingungen von Kriegsniederlage, Revolution und Bürgerkrieg. Sie sind geleitet von den persönlichen Erfahrungen, die Troeltsch als Hochschullehrer, Politiker und regelmäßiger Teilnehmer in unterschiedlichen Zirkeln politischer Geselligkeit in der Reichshauptstadt Berlin machen konnte. Und sie behandeln alle Probleme der weltanschaulichen Polarisierungen oder des Versailler Friedensvertrages aus einer weltpolitischen Perspektive; sie rücken sie in einen „Welthorizont".

Engagiert liefert Troeltsch dem tief verunsicherten Bürgertum eine Orientierung, um die demokratische Republik mit Leben zu erfüllen. Die „Briefe" bieten die eindrucksvollste Gegenwartsanalyse aus der Werthaltung eines christlichen und liberalen Gelehrten-Intellektuellen, die wir für die Jahre der schwierigen Republikgründung besitzen. Sie stehen in einem engen Zusammenhang mit politischen Artikeln und Aufsätzen, die Troeltsch zur gleichen Zeit ebenfalls für den „Kunstwart" oder für andere Zeitungen und Zeitschriften verfaßt hat und die in Band 15 der KGA ediert sind. Troeltsch beendete seine kritischen Kommentare zur Zeitlage im Herbst 1922, als er begann, in universalgeschichtlichen Linien zu den religiösen Fundamenten und zur geistigen Entwicklung des „Europäertums" seine Vorträge für England und Schottland auszuarbeiten und für einen neuen politischen „Gemeingeist" zu werben; diese Vorträge präsentiert Band 17 der KGA.

Vielen, die zum Gelingen des vorliegenden Bandes beigetragen haben, möchten wir unseren Dank aussprechen. Andreas Terwey war als wissenschaftlicher Mitarbeiter in der ersten Arbeitsphase mit der Konzeption des Gesamtbandes und der textkritischen Sicherung der Einzeltexte tätig, bevor er beruflich nach Zürich gewechselt ist. Georg Siebeck hat uns die Bestände des Verlagsarchives Mohr Siebeck noch in Tübingen zugänglich gemacht, bevor er dieses Archiv zur systematischen Erschließung an die „Staatsbibliothek zu Berlin – Preußischer Kulturbesitz" übergeben hat. Weitere archivalische Unterstützung erhielten wir durch das International Institut of Social History, Amsterdam; das Bundesarchiv Berlin-Lichterfelde; das Geheime Staatsarchiv Preußischer Kulturbesitz, Berlin; die Handschriftenabteilung und Zeitungsabteilung der Staatsbibliothek zu Berlin; die Sächsische Landesbibliothek – Staats- und Universitätsbibliothek, Dresden; das Centre for Research Collection der Edinburgh University Library; die Abteilung Archives & Rare Books der London School of Economics and Political Science Library; die Rare Book & Manuscript Library, Columbia University, New York; die Bodleian Library, Oxford; die Yale University Divinity School Library, New Haven.

Für guten persönlichen Rat danken wir Friedrich Wilhelm Graf und für institutionelle Unterstützung der Kommission für Theologiegeschichtsforschung der Bayerischen Akademie der Wissenschaften unter seinem Vorsitz. Besonderer Dank gebührt Stefan Pautler, der uns jederzeit mit der Sammlung der Ernst-Troeltsch-Arbeitsstelle an der Evangelisch-Theologischen Fakultät der Ludwig-Maximilians-Universität München auf aktuellem Stand gehalten und auch diesen Band der KGA redaktionell sehr sorgfältig betreut hat. Ebenso danken wir den Münchner Mitarbeiterinnen Diana Feßl und Hannelore Loidl sowie den studentischen Hilfskräften in Frankfurt (Oder) und München.

Einmal mehr zu danken ist der Deutschen Forschungsgemeinschaft, die auch diesen Band der politischen Schriften Ernst Troeltschs großzügig gefördert hat.

Frankfurt (Oder) im Dezember 2014   Gangolf Hübinger

Inhaltsverzeichnis

Vorwort zur Taschenbuchausgabe III

Vorwort.. V

Aufbau und Editorische Grundsätze der
Ernst Troeltsch · Kritische Gesamtausgabe................. XIII

Siglen, Zeichen, Abkürzungen.......................... XIX

Einleitung 1
    Das Pseudonym „Spectator"......................... 3
    Der politische Publizist und der „Kunstwart".............. 6
    Revolution und Bürgerkrieg in Berlin................... 8
    Weltpolitik und Weltwirtschaft nach dem Ende des Weltkriegs . 12
    Die demokratische Neuordnung des deutschen Staates....... 15

Spectator-Briefe und Berliner Briefe (1919–1922).............. 21

Editorischer Bericht 21
    1. Entstehung..................................... 21
        1.1. Zum Ort der Publikation – Die Kulturzeitschrift
        „Kunstwart" 21
        1.2. Zum Textkorpus – Spectator-Briefe und Berliner Briefe 26
    2. Textgenese und Drucklegung....................... 34
        2.1. Das verlorene Handexemplar – zu Troeltschs Varianten
        der „Kunstwart"-Fassung 37
    3. Zur editorischen Konzeption des Bandes 40

Edierte Texte

Rück- und Umblick (Februar 1919)	53
Rück- und Umblick 2 (Februar 1919)	59
Allmähliche Klärung (März 1919)	65
Links und Rechts (März 1919)	72
Neue Finsternisse (April 1919)	79
Die preußische Nationalversammlung (April 1919)	85
Der Ansturm gegen die Demokratie (Mai 1919)	93
Die Aufnahme der Friedensbedingungen (Juni 1919)	99
Nach Pfingsten (Juli 1919)	106
Die Schuldfrage (Juli 1919)	115
Nach der Entscheidung (Juli 1919)	125
Neue Krisen und Möglichkeiten (August 1919)	133
Die Aussichten der Weltrevolution und die Zersetzung der Sozialdemokratie (September 1919)	142
Der Enthüllungssturm (September 1919)	149
Produktivität (September 1919)	158
Der neue Geist (Oktober 1919)	165
„Der Untergang des Abendlandes" (Oktober 1919)	171
Zentralisation und Dezentralisation (November 1919)	179
Wieder in Berlin (Dezember 1919)	188

Was man vor einem Jahre in Berlin von der Revolution persönlich erleben konnte (Dezember 1919)	199
Vorherrschaft des Judentums? (Januar 1920)	209
Die Welle von rechts (Januar 1920)	218
Die Aufgaben der Reichsregierung (Februar 1920)	229
Neue Eingriffe von Außen (März 1920)	239
Kritik am System (April 1920)	248
Der Putsch der Prätorianer und Junker (April 1920)	255
Klassenkampf und Bürgerkrieg (Mai 1920)	265
Äußere und innere Politik (Mai 1920)	273
Kritik am System: Das Parteiwesen (Juni 1920)	281
Kritik am System: Die Kammer der Arbeit (Juni 1920)	291
Die Aufgaben der Regierung: Kulturfragen (Juli 1920)	303
Die Reichstagswahlen: Eintritt der Revolution in ein neues Stadium (August 1920)	316
Der Bolschewismus (Oktober 1920)	327
Das Weltsystem der Entente (November 1920)	342
Die innere Entwickelung der deutschen Revolution (Dezember 1920)	351
Die geistige Revolution (Januar 1921)	363
Bethmann Hollweg † (Februar 1921)	376
Neue Krisen von außen her (März 1921)	382

Der Versuch zur Wiedereröffnung des Krieges und die preußischen
Wahlen (April 1921) 393

Die Reparation und Amerika (Mai 1921) 403

Der Beginn der eigentlichen Schwierigkeiten (Juni 1921). 412

Nach der Annahme des Ultimatums (Juli 1921) 421

Ideologien und reale Verhältnisse (August 1921). 430

Die Verfassungskrise (Oktober 1921). 441

Auf dem Weg zur neuen Mitte (November 1921) 454

Die neue Katastrophe und die Stellung des Bürgertums zur
Republik (Dezember 1921) 467

Die Amerikanisierung Deutschlands (Januar 1922) 479

Die deutsche Uneinigkeit (Februar 1922) 491

See- und Landmächte (März 1922) 502

Die intimen Seiten der deutschen Lage (April 1922) 512

Eine Reise in Holland (Mai 1922) 523

Die neue Weltlage (Juni 1922) 536

Wieder bei der Reparationskommission (Juli 1922) 548

Gefährlichste Zeiten (August 1922). 558

Die Verösterreicherung (Oktober 1922). 569

Die Republik (November 1922). 578

Anhang 589

   Friedrich Meinecke: Einleitung zu Ernst Troeltsch: Spektator-Briefe. Aufsätze über die deutsche Revolution und die Weltpolitik 1918/22 (1924) 589

   Übersicht zur Erstveröffentlichung und Editionsgeschichte der Spectator-Briefe und Berliner Briefe 593

Biogramme 601

Literaturverzeichnis 645

   1. Verzeichnis der von Ernst Troeltsch genannten Literatur.... 645

   2. Sonstige von den Herausgebern genannte Literatur......... 649

Personenregister 671

Sachregister 683

Gliederung der *Ernst Troeltsch · Kritische Gesamtausgabe* 717

Aufbau und Editorische Grundsätze der
Ernst Troeltsch · Kritische Gesamtausgabe

I. Aufbau

1. Aufbau der einzelnen Bände

Jeder Band enthält:

(1) Vorwort
(2) Inhaltsverzeichnis
(3) Aufbau und Editorische Grundsätze der *Ernst Troeltsch · Kritische Gesamtausgabe*
(4) Siglen, Zeichen und Abkürzungen
(5) Einleitung des Bandherausgebers. Die Einleitung informiert über den Text bzw. die Texte des Bandes und deren Anordnung, über wissenschaftsgeschichtliche Bezüge und zeitgeschichtliche Hintergründe.
(6) Editorische Berichte. Die Editorischen Berichte informieren über Entstehung, Entwicklung und Überlieferungslage sowie über editorische Entscheidungen.
(7) Troeltsch-Text mit textkritischem Apparat und Kommentaren der Herausgeber; innerhalb eines Bandes sind die Edierten Texte chronologisch geordnet.
(8) Biogramme. Berücksichtigt werden nur Personen, die von Troeltsch genannt sind, mit Ausnahme allgemein bekannter Persönlichkeiten. Die Biogramme informieren über die wichtigsten Lebensdaten, geben die berufliche bzw. gesellschaftliche Stellung an und nennen gegebenenfalls die verwandtschaftlichen, persönlichen, beruflichen oder werkgeschichtlichen Beziehungen zu Troeltsch.
(9) Literaturverzeichnis. In einem ersten Teil wird die von Troeltsch zitierte Literatur angeführt, in einem zweiten Teil wird die von den Herausgebern in Einleitung, Editorischen Berichten und Kommentaren genannte Literatur aufgenommen. Die Rezensionsbände enthalten ein dreigeteiltes Literaturverzeichnis. Im ersten Teil werden die von

Troeltsch rezensierten Schriften aufgeführt. Der zweite Teil verzeichnet die von Troeltsch selbst zitierte Literatur. Im dritten Teil ist die von den Herausgebern in Einleitung, Editorischen Berichten und Kommentaren genannte Literatur aufgenommen. Das Literaturverzeichnis wird auf autoptischem Wege erstellt.

(10) Personenregister. Aufgenommen sind sämtliche Personen, die von Troeltsch selbst in den Edierten Texten oder von den Herausgebern in der Einleitung, den Editorischen Berichten und Kommentaren erwähnt sind. Dazu gehören auch die Autoren der angeführten Literatur. Recte gesetzte Seitenzahlen verweisen auf Troeltschs Texte, kursiv gesetzte Seitenzahlen auf die Herausgeberrede.

(11) Sachregister. Es enthält alle wichtigen Begriffe und Sachbezeichnungen einschließlich geographischer Namen mit Ausnahme der bibliographischen Erscheinungsorte. Das Sachregister erfaßt Troeltschs Text und die Herausgeberrede. Recte gesetzte Seitenzahlen verweisen auf Troeltschs Texte, kursiv gesetzte Seitenzahlen auf die Herausgeberrede.

(12) Den Bänden können weitere Verzeichnisse, wie z. B. Konkordanzen, beigefügt werden.

(13) Gliederung der *Ernst Troeltsch · Kritische Gesamtausgabe*.

2. Aufbau der einzelnen Seiten und Darstellung des Edierten Textes

2.1. Satzspiegel

Es werden untereinander angeordnet: Text der Ausgabe letzter Hand, gegebenenfalls mit Fußnoten Troeltschs, textkritischer Apparat und Kommentare. Die Fußnoten werden ohne einen Trennstrich unter den Haupttext angeordnet, der textkritische Apparat wird durch einen kurzen, die Kommentare werden durch einen durchgezogenen Trennstrich abgesetzt.

2.2. Hervorhebungen

Hervorhebungen Troeltschs werden einheitlich durch Kursivsetzung kenntlich gemacht.

2.3. Seitenzahlen des Originaldrucks

Die Seitenzahlen der Druckfassungen der jeweiligen Textstufen des Edierten Textes werden am Seitenrand unter Angabe der entsprechenden Textsigle angezeigt; im laufenden Edierten Text (auch in den Fußnoten und gegebenenfalls im textkritischen Apparat) wird die Stelle des ursprünglichen Seitenumbruchs durch einen senkrechten Strich zwischen zwei Wörtern bzw. Silben angegeben.

II. Editorische Grundsätze

1. Präsentation der Texte und ihrer Entwicklung

Die Texte werden nach historisch-kritischen Prinzipien bearbeitet. Das heißt, es werden alle Entwicklungsstufen eines Textes einschließlich handschriftlicher Zusätze dokumentiert und alle editorischen Eingriffe einzeln ausgewiesen.

1.1. Textvarianten

Liegt ein Text in mehreren von Troeltsch autorisierten Fassungen vor, so wird in der Regel die Fassung letzter Hand zum Edierten Text bestimmt. Die übrigen Fassungen werden einschließlich der handschriftlichen Zusätze Troeltschs im textkritischen Apparat mitgeteilt. Ausgespart bleiben dabei allerdings die zahlreichen Veränderungen bei Umlauten, „ss–ß", „t–th" und ähnliche, da sie auf Setzerkonventionen beruhen und nicht von Troeltsch beeinflußt wurden.

1.2. Handschriftliche Zusätze

Die handschriftlichen Marginalien der Handexemplare werden nach den Editionsregeln zur Variantenindizierung in den textkritischen Apparat integriert. Der Nachweis beschränkt sich hierbei auf Textstellen. Markierungen von Troeltschs Hand wie Unterstreichungen und Anstreichungen werden nicht dargestellt. Über die genaue Darstellungsweise informieren die jeweiligen Editorischen Berichte.

1.3. Texteingriffe

Die Texte werden getreu der ursprünglichen Orthographie und Interpunktion ediert. Offensichtliche Setzerfehler werden stillschweigend berichtigt. Textverderbnisse werden im Apparat mitgeteilt.

2. Kommentierung der Texte

Die Kommentierung dient der Präzisierung der von Troeltsch genannten Literatur, dem Nachweis von Zitaten, der Berichtigung irrtümlicher Angaben, dem textlichen Beleg von Literaturangaben sowie der Erläuterung von Ereignissen, Begriffen und Bezügen, deren Kenntnis für das Verständnis des Textes unerläßlich erscheint. Es gilt das Prinzip der knapp dokumentierenden, nicht interpretierenden Edition.

2.1. Bibliographische Präzisierung

Die Literaturangaben werden autoptisch überprüft. Fehlerhafte Literaturangaben Troeltschs werden im Literaturverzeichnis stillschweigend berichtigt. Eine Berichtigung im Kommentar wird nur dann gegeben, wenn das Auffinden im Literaturverzeichnis nicht oder nur schwer möglich ist. Die korrigierte Literaturangabe wird mit dem ersten vollständigen Haupttitel sowie in Klammern gesetztem Erscheinungsjahr angezeigt.

2.2. Zitatprüfungen

Troeltschs Zitate werden autoptisch überprüft. Falsche Seitenangaben werden berichtigt. Hat Troeltsch ein Zitat nicht nachgewiesen, wird der Nachweis im Apparat aufgeführt. Ist der Nachweis nicht möglich, so steht im Kommentar: „Als Zitat nicht nachgewiesen." Fehlerhafte und unvollständige Zitate werden korrigiert und ergänzt. Der Nachweis indirekter Zitate und Rekurse wird in der Regel nicht geführt.

2.3. Belege von Literaturverweisen

Allgemeine, inhaltlich nicht näher bestimmte Literaturverweise im Edierten Text werden in der Regel nicht belegt. Inhaltlich oder durch Seitenangaben eingegrenzte Literaturverweise werden, so weit möglich, durch Zitate belegt.

2.4. Irrtümliche Angaben

Irrtümliche Angaben Troeltschs (z. B. Namen, Daten, Zahlen) werden im Apparat berichtigt.

2.5. Erläuterung von Fachtermini, Anspielungen und Ereignissen

Kommentiert wird, wenn die Erläuterung zum Verständnis des Textes notwendig ist oder wenn für das Textverständnis unerläßliche Zusatzinformationen geboten werden. Der kommentierte Sachverhalt muß eindeutig zu kennzeichnen sein.

2.6. Querverweise

Explizite Verweise Troeltschs auf andere seiner Werke werden nachgewiesen. Querverweise innerhalb des Edierten Textes können nachgewiesen werden. Sachverhalte, die sich durch andere Texte Troeltschs erschließen lassen, können durch Angabe dieser Texte nachgewiesen werden.

2.7. Forschungsgeschichtliche Kommentare

Erläuterungen zur nachfolgenden Wirkungs- und Forschungsgeschichte werden nicht gegeben.

III. Erläuterung der Indices und Zeichen

1. Sigleneinteilung

A, A$_1$, B, B$_1$ Die früheste Fassung eines Textes trägt die Sigle A. Weitere Fassungen werden in chronologischer Folge alphabetisch bezeichnet. Die Handexemplare mit handschriftlichen Zusätzen Troeltschs sind als Textschicht der betreffenden Fassung anzusehen. Sie werden mit der Sigle der betreffenden Fassung und einer tiefgestellten arabischen Eins bezeichnet (Beispiel: A$_1$). Bei Identität zweier Ausgaben wird im Editorischen Bericht darauf verwiesen. Eine doppelte Nennung (etwa BC) entfällt damit.

2. Indices

$^{1)}$, $^{2)}$, $^{3)}$ Hochgestellte arabische Ziffern mit runder Schlußklammer bezeichnen Fußnoten Troeltschs.

^{1}, ^{2}, ^{3} Hochgestellte arabische Ziffern ohne Klammern werden für die Herausgeberkommentare verwendet.

^{a}, ^{b}, ^{c} Kleine hochgestellte lateinische Buchstaben werden für die Indizierung von Varianten oder Texteingriffen verwendet. Die Buchstaben stehen im Edierten Text hinter dem varianten oder emendierten Wort.

$^{a\text{-}a}$ $^{b\text{-}b}$ $^{c\text{-}c}$ Kleine hochgestellte lateinische Buchstaben, die eine Wortpassage umschließen (^{a}xxx xxx xxx^a), werden für Varianten oder Texteingriffe eingesetzt, die mehr als ein Wort umfassen. Die betreffende Passage im Edierten Text wird hierbei von einem recte gesetzten Index und einem kursiv gesetzten Index eingeschlossen.

$^{\alpha}$, $^{\beta}$, $^{\gamma}$ Kleine hochgestellte griechische Buchstaben werden für die Indizierung von Varianten oder Texteingriffen zu Textstellen innerhalb des textkritischen Apparats verwendet. Die Buchstaben stehen hinter dem varianten oder emendierten Wort. Bei mehr als einem Wort wird die betreffende Passage von einem gerade gesetzten Index und einem kursiv gesetzten Index eingeschlossen ($^{\alpha}$xxx xxx xxx$^{\alpha}$).

3. Zeichen

| | Das Zeichen | im Edierten Text mit der jeweiligen Sigle und der darauf bezogenen Seitenangabe im Außensteg gibt die Stelle des Seitenwechsels nach der ursprünglichen Paginierung einer Textfassung wieder.

[ ] Eckige Klammern sind reserviert für Hinzufügungen durch den Editor.

{ } Geschweifte Klammern kennzeichnen Durchstreichungen Troeltschs in seinen handschriftlichen Marginalien.

⌊ ⌋ Unvollständige eckige Klammern bezeichnen unsichere Lesarten bei den Handschriften Troeltschs. Nicht entzifferte Wörter werden jeweils durch ein in unvollständige eckige Klammern gesetztes Spatium gekennzeichnet.

|: :| Das Zeichen |: :| wird für Einschübe Troeltschs in seinen handschriftlichen Texten verwendet.

$^{<}$xxx$^{>}$ Hochgestellte Spitzklammern im Text umschließen Hinzufügungen des Edierten Textes gegenüber vorangegangenen Fassungen. Dadurch entfällt für diese Passagen der Nachweis im textkritischen Apparat: Fehlt in A.

Bei *zwei* Textstufen in mehreren Schichten (A: 1. Textstufe, A_1: Handexemplar der 1. Ausgabe, B: 2. Textstufe, B_1: Handexemplar der 2. Ausgabe) gilt folgende Benutzungsregel für die Spitzklammern:

$^{<}$xxx$^{>}$ Fehlt in A, A_1
$^{<<}$xxx$^{>>}$ Fehlt in A

Bei *drei* Textstufen (A: 1. Textstufe, A_1: Handexemplar der 1. Ausgabe, B: 2. Textstufe, B_1: Handexemplar der 2. Ausgabe, C: 3. Textstufe) gilt folgende Legende:

$^{<}$xxx$^{>}$ Fehlt in A, A_1
$^{<<}$xxx$^{>>}$ Fehlt in A, A_1, B, B_1
$^{<<<}$xxx$^{>>>}$ Fehlt in B, B_1

Siglen, Zeichen, Abkürzungen

Aufstellung der in diesem Band verwendeten Siglen, Zeichen und Abkürzungen gemäß den Editorischen Grundsätzen der *Ernst Troeltsch · Kritische Gesamtausgabe*

|	Seitenwechsel
[ ]	Hinzufügung des Editors
→	Siehe
1), 2), 3)	Indices bei Fußnoten Ernst Troeltschs
1, 2, 3	Indices bei Kommentaranmerkungen des Herausgebers
A, A_1	Siglen für die Textfassungen in chronologischer Reihenfolge
a, b, c	Indices für Varianten oder textkritische Anmerkungen
a-*a*, b-*b*	Beginn und Ende von Varianten oder Texteingriffen
ADGB	Allgemeiner Deutscher Gewerkschaftsbund
BVP	Bayerische Volkspartei
DDP	Deutsche Demokratische Partei
DNVP	Deutschnationale Volkspartei
DVP	Deutsche Volkspartei
FVP	Fortschrittliche Volkspartei
GS	Ernst Troeltsch: Gesammelte Schriften
KGA	*Ernst Troeltsch · Kritische Gesamtausgabe*
KPD	Kommunistische Partei Deutschlands
MdL	Mitglied des Landtages
MdNV	Mitglied der Nationalversammlung
MdPrA	Mitglied des Preußischen Abgeordnetenhauses
MdPrH	Mitglied des Preußischen Herrenhauses
MdPrLV	Mitglied der Preußischen Landesversammlung
MdR	Mitglied des Reichstags
MSPD	Mehrheitssozialdemokraten, Mehrheits-SPD
NSDAP	Nationalsozialistische Deutsche Arbeiterpartei
OHL	Oberste Heeresleitung

RDI	Reichsverband der Deutschen Industrie
SPD	Sozialdemokratische Partei Deutschlands
USPD	Unabhängige Sozialdemokratische Partei Deutschlands
VKPD	Vereinigte Kommunistische Partei Deutschlands
WSCF	World Student Christian Federation
YMCA	Young Men's Christian Association
ZAG	Zentralarbeitsgemeinschaft der industriellen und gewerblichen Arbeitgeber und Arbeitnehmer

Alle sonstigen Abkürzungen folgen: Siegfried Schwertner: Internationales Abkürzungsverzeichnis für Theologie und Grenzgebiete, 2. Auflage, Berlin, New York: Walter de Gruyter, 1992.

Einleitung

Im Februar 1919 erschien in der Zeitschrift „Kunstwart"[1] erstmals ein Artikel, der mit dem Pseudonym „Spectator" unterzeichnet war. „Die ganze Welt wird anders", so schloss „Spectator" seinen „Rück- und Umblick" zu den revolutionären Umwälzungen der ersten Nachkriegswochen.[2]

Nicht nur die Leser dieser lebensreformerischen Zeitschrift dürften rasch bemerkt haben, dass sich hinter dem Pseudonym der Berliner Kulturphilosoph und Religionshistoriker Ernst Troeltsch so verbarg, dass man ihn als Verfasser leicht ausmachen konnte. Unter eigenem Namen hatte Troeltsch bereits seit November 1917 mehrere Artikel im „Kunstwart" veröffentlicht. Nachdem er Ende November 1918 der Deutschen Demokratischen Partei beigetreten war,[3] zog er es jedoch vor, seine parteipolitische von seiner publizistischen Rolle stärker zu trennen und seine politischen Zeitdiagnosen unter einem Pseudonym zu veröffentlichen.

Zwischen Februar 1919 und November 1922 publizierte Ernst Troeltsch im „Kunstwart" 56 als „Briefe" bezeichnete gegenwartsdiagnostische Artikel. 32 dieser Briefe unterzeichnete er mit dem Pseudonym „Spectator" und 24 Briefe mit seinem Namen. Die Auflösung des Pseudonyms im Augustheft 1920 wertete Troeltsch als Abschluss der „Briefe der ersten Reihe", da „mit diesem Sommer die deutsche Revolution in ihr zweites Stadium eingetreten sei." Dieses neue Stadium zu kommentieren, obliege nun den „Briefen der zweiten Reihe."[4] Mit zwei Ausnahmen erhielten die 24 Beiträge dieser Fortsetzungsreihe den Zusatz „Berliner Brief".[5]

---

[1] Zu den wechselnden Ober- und Untertiteln dieser 1887 begründeten Kulturzeitschrift siehe den Editorischen Bericht zu diesem Band, unten, S. 22 f.

[2] Spectator: Rück- und Umblick (Februar 1919), unten, S. 58.

[3] Zu Troeltschs politischer Biographie in den Jahren 1918–1922 vgl. ausführlicher die Einleitung zu Band 15 der KGA, „Schriften zur Politik und Kulturphilosophie" (2002), S. 1–36.

[4] Ernst Troeltsch: Die innere Entwickelung der deutschen Revolution (Dezember 1920), unten, S. 351.

[5] Vgl. ausführlich den Editorischen Bericht, unten, S. 31 f.

Troeltsch betrachtete seine „Kunstwart"-Briefe als eigenständige Artikelserie und trug sich schon Ende 1919 mit dem Gedanken, sie im Zusammenhang zu publizieren: „Ich werde die Kunstwartartikel schließlich gesammelt veröffentlichen", schrieb er am 24. Dezember 1919 im Weihnachtsbrief an seine Schwester Elise Troeltsch.[6] Dies rechtfertigt es, die 56 Artikel als miteinander verbundene Texte anzusehen und sie geschlossen in einem eigenen Band der Ernst Troeltsch – KGA unter dem Titel „Spectator-Briefe und Berliner Briefe" zu edieren.

Schon 1924, als sich die politische Ordnung der Weimarer Republik nach Beendigung der sozialen und politischen Umsturzversuche, der Kämpfe gegen die französische „Ruhrbesetzung" und vor allem der grassierenden Inflation zu festigen begann, konnten die Zeitgenossen Troeltschs eindringliche Zeitkommentare noch einmal im Zusammenhang nachlesen. Die von Hans Baron zusammengestellte und von Friedrich Meinecke eingeleitete Ausgabe enthielt allerdings nur eine Auswahl von zum Teil wesentlich gekürzten Texten.[7]

Die ganze Kraft dessen, was Meinecke in seiner Einleitung treffend als Troeltschs „Spannungen [...] zwischen grenzenloser Empfänglichkeit und festem Gestaltungswillen, illusionslosem, ja grausam ehrlichem Wirklichkeitssinne und gläubigem Idealismus" charakterisiert,[8] erschließt sich erst, wenn man die beiden Artikelserien der Spectator- und der Berliner Briefe vollständig liest und sie auf den unmittelbaren Zeitkontext bezieht, auf den sie jeweils reagieren. Denn das ist das Besondere der Briefe. Sie zeigen, wie Troeltsch auf gravierende Einschnitte und Veränderungen immer neu reagieren muss. In den vier Jahren, die er mit seinen Kommentaren kritisch begleitet, ziehen die Ereignisse „wie eine wilde Jagd [...] über seinem Haupte" vorüber[9] und zwingen ihn, seinen intellektuellen Beobachter-Standort permanent neu zu bestimmen und seine Perspektive neu zu justieren. Es ist ein unruhiges und andauerndes Wechselspiel zwischen seinen unmittelbaren Berliner Erfahrungen und seinen politischen Urteilen in der Sprache des geschulten Philosophen und Kulturhistorikers. Seine Zeitdiagnosen sind zudem untermauert von eifriger Lektüre der Tagespresse wie von internationalen Neuerscheinungen auf dem Buchmarkt und immer wie-

---

[6] Brief Ernst Troeltschs an Elise Troeltsch vom 24. Dezember 1919 → KGA 21.
[7] Ernst Troeltsch: Spektator-Briefe (1924); siehe zu dieser von Hans Baron bestellten Ausgabe und zu Auflage- und Absatzzahlen ausführlicher den Editorischen Bericht, unten, S. 43–45.
[8] Friedrich Meineckes Einleitung wurde in diesen Band aufgenommen, unten, S. 589–592, Zitat S. 590.
[9] Ebd., S. 591.

der beeinflusst von den persönlichen Gesprächen, die er in den politischen Gesellschaftskreisen Berlins so zahlreich führte.

Typisch sind seine kompakten Krisendiagnosen aus dem Blickwinkel des linksbürgerlichen Intellektuellen, der die Legitimität und die Stabilisierung der demokratischen Republik über Jahre immer aufs Neue gefährdet sieht. Die Ermordung des Reichsfinanzministers Matthias Erzberger am 26. August 1921 stellt er sofort und in einem Satz in solche übergreifenden Zusammenhänge: „Die schwere drohende Gefahr einer völligen Zerbröckelung der die Regierung tragenden Mitte, der Unmöglichkeit der Regierungsbildung und irgendwie stabiler Regierungspraxis, der beständigen Verschiebung aller dringend notwendigen gesetzgeberischen und Verwaltungsaufgaben, der Zerreißung des Volkes in Sozialisten und Antisozialisten, des Bürgerkrieges und des Eingriffes der Franzosen im Osten und Westen: alles das ist allmählich in ziemliche Breiten des allgemeinen Bewusstsein eingedrungen, soweit dieses nicht vorzieht, alles Elend nur einfach auf die Unterlassung der radikalkommunistischen Umwälzung oder auf die schlechte Berliner Judenregierung zurückzuführen und sich jedes Gedankens an die realen Verhältnisse zu entschlagen. Die Ermordung Erzbergers hat diese Tatsache grell beleuchtet [...]."[10]

Was Troeltsch stets „grell beleuchtet", das ist das dichte Wirkungsgefüge aus Kriegsniederlage und Friedensschluss, aus Revolution und Bürgerkrieg, aus Verfassungswandel und Republikgründung. Die Jahre, welche die Spectator- und Berliner Briefe umfassen, sind beherrscht von politischen Mobilisierungen und Gewaltaktionen, von internationalem Druck und innergesellschaftlichen Polarisierungen.

Troeltschs Habitus ist dabei weniger der des unmittelbar eingreifenden, schon gar nicht der des universalen Intellektuellen, der den Schlüssel für die Lösung aller Probleme besitzt. Er selbst beschreibt sich als „einen illusionslosen Beobachter der Dinge", der primär „Tatsachenbilder" übermitteln will.[11] Er nimmt also die Haltung des engagierten Beobachters ein, politisch wertend und distanziert analysierend zugleich. Das Pseudonym „Spectator" ist hierzu mit Bedacht gewählt.

Das Pseudonym „Spectator"

Seit der Aufklärung war „Spectator" ein beliebter Titel für Zeitungen und Zeitschriften. Der Name stand ganz generell für eine kritische und unabhän-

---

[10] Ernst Troeltsch: Auf dem Weg zur neuen Mitte (November 1921), unten, S. 454.
[11] Ernst Troeltsch: Die Verfassungskrise (Oktober 1921), unten, S. 442 und S. 444.

gige Beobachtung und Beurteilung der gegenwärtigen Zeitumstände. Auch als Pseudonym wurde „Spectator" des Öfteren genutzt.[12] Troeltsch selbst dürfte ein unmittelbares Vorbild für die Wahl dieses Pseudonyms in dem reformkatholischen Kirchenhistoriker Franz Xaver Kraus gesehen haben. Kraus hatte zwischen 1895 und 1899 knapp 50 „Kirchenpolitische Briefe" mit deutlicher Kritik an der orthodoxen Amtskirche unter dem Pseudonym „Spectator" veröffentlicht. Troeltsch zeigt mit der Übernahme dieses Pseudonyms nicht zuletzt an, dass er sich sowohl als Kritiker des konservativen Nationalprotestantismus wie auch als Verfechter einer liberalen Minderheitenposition im deutschen Bürgertum sieht. Einen entsprechenden Bezug auf Kraus stellt Troeltsch in den „Soziallehren der christlichen Kirchen und Gruppen" von 1912 selbst her: „Wie stark der moderne Katholizismus auf demokratisch-individualistisch-rationalistische Ideen einzugehen im Stande ist, das zeigen die bekannten Spectator-Briefe."[13]

In der Revolution von 1918/19 wird nun Troeltsch für seine krisendiagnostischen Kommentare auf den Namen „Spectator" zurückgreifen. Geleitet ist er von dem energischen Willen, die deutschen Krisenzustände „im Lichte der Weltlage" so klar wie möglich zu erfassen: „Wir tappen mit unseren Urteilen über die Weltlage vorerst noch reichlich im Dunkeln und müssen die Kenntnis der Tatsachen sowie ihre Deutung erst ganz langsam aus zufällig kund werdenden Fragmenten erraten, aus persönlichen Briefen, die allmählich aus dem Ausland zu uns dringen, beleuchten und vertiefen."[14] Ein solches intellektuelles Auf-Sicht-Fahren dürfe sich nicht von politischem Wunschdenken leiten lassen, es sei im Gegenteil „die objektivste Kenntnis der realen sozialen Tatsachen von Bedeutung".[15]

Diese Rolle schreibt sich „Spectator" zu, was in keinem Fall heißt, auf leitende politische Wertgesichtspunkte zu verzichten. Die macht er seinen Lesern von Beginn an transparent. Gleich zu Beginn der Revolution, in seinem Artikel „Das Ende des Militarismus", geschrieben Mitte November, erschienen im zweiten Dezemberheft 1918, markierte Troeltsch noch unter voller Namensnennung seine Position: „Es gibt eine Rettung nur durch die Grundsätze der reinen Demokratie, nachdem eine Reform und Fortbildung des bestehenden Rechtes und der Institutionen zuerst von der herrschenden Klasse verweigert und dann von der Revolution unmöglich gemacht worden ist. Nur das Majoritätsprinzip der reinen Demokratie kann uns mit Hilfe ei-

---

[12] Vgl. ausführlicher den Editorischen Bericht, unten, S. 27 f.
[13] Siehe Ernst Troeltsch: Die Soziallehren der christlichen Kirchen und Gruppen (1912), S. 306, Anm. 133 → KGA 9.
[14] Spectator: Zentralisation und Dezentralisation (November 1919), unten, S. 180.
[15] Ebd.

ner Nationalversammlung, die erst uns den Überblick über die wirkliche Kräfteverteilung gibt und neben der Diktatur des Proletariats die übrigen Gruppen wieder zum Vorschein bringt, aus dem Provisorium und aus der Gefahr des Chaos retten."[16]

Drei verhängnisvolle Faktoren machte Troeltsch verantwortlich dafür, eine demokratische Neuordnung zu blockieren und das Land ins Chaos zu stürzen. Unter dem Schock der ersten Revolutionsmonate war das zuerst die „Weltmacht" des „Bolschewismus".[17] Unter dem zweiten Schock der Versailler Friedensbedingungen war es das „Weltsystem der Entente", in dem sich der kapitalistische „angelsächsische Machtkomplex die imperiale Weltherrschaft" sicherte[18] und zum überlegenen Widerpart des sowjetischen Sozialismus wurde. Und in Opposition zu beiden antagonistischen Zivilisationsordnungen wurde in Deutschland die neue extrem nationalistische Sammlung, darunter „eine deutsche Faszistenbewegung"[19], immer mächtiger. Troeltsch konnte in kräftiger Rhetorik die Unheilsspirale dramatisieren, in die das demokratische Deutschland durch die wechselseitige Verstärkung dieser drei Faktoren geriet. Gleichwohl endeten seine Befunde zu den Krisenverschärfungen immer mit der Warnung, ohne politische Einsicht und Eigenverantwortung werde das Bürgertum als tragende soziale Klasse der neuen Verfassungsordnung zwischen den Polen von rechts und links zerrieben werden. Die Spectator-Briefe lassen sich über die vier Gründungsjahre der Weimarer Republik als ein Dauerappell an das liberale Bürgertum und seine Parteien lesen, die von der Verfassung bereitgestellten Institutionen wirksam zu nutzen und die politische Kultur der parlamentarischen Demokratie zu beleben.

Zum Jahreswechsel 1918/19 begann Troeltsch, seine Spectator-Kolumne zu schreiben, ungeachtet der extremen Arbeitsbelastung als Hochschullehrer und Forscher[20] und als engagierter Parteipolitiker, der die Berliner DDP, die „Liste Troeltsch", in den Wahlkampf führte und für diese Partei am 26. Januar 1919 als Abgeordneter in die Verfassunggebende Preußische Landesversammlung gewählt wurde. Mindestens bis März 1921 hat er an den Fraktionssitzungen der DDP teilgenommen.[21] Zu diesem Zeitpunkt schied er als „Staatssekretär" aus dem preußischen Kultusministerium aus, so die im

---

[16] Ernst Troeltsch: Das Ende des Militarismus (1918) → KGA 12.
[17] Ernst Troeltsch: Das Weltsystem der Entente (November 1920), unten, S. 342.
[18] Spectator: Die Schuldfrage (Juli 1919), unten, S. 117.
[19] Ernst Troeltsch: Die Verfassungskrise (Oktober 1921), unten, S. 446.
[20] Vgl. die Einleitung des Herausgebers zu Ernst Troeltsch: Der Historismus und seine Probleme (1922), in: KGA 16, S. 1–82.
[21] Vgl. Volker Stalmann (Hg.): Linksliberalismus in Preußen, Erster Halbband (2009).

Mai 1920 aufgewertete Bezeichnung für das Amt eines parlamentarischen Unterstaatssekretärs, in das ihn am 26. März 1919 Kultusminister Konrad Haenisch (SPD) berufen hatte.[22]

Die Wahl eines Pseudonyms für seine regelmäße Kolumne diente nach eigener Bekundung vor allem dem Zweck, eine symbolische Distanz zu seinen universitären und politischen Rollen zu markieren und die Unabhängigkeit des freien Publizisten zu unterstreichen. Das war die Begründung, als er zum 1. Juli 1920 das Spectator-Pseudonym aufhob und die folgenden „Berliner Briefe" namentlich unterzeichnete: „Um völlig unabhängig zu sein und auf gar keine Wirkung hinschielen zu müssen, habe ich diese Briefe anonym gehalten. Auch wollte ich weder meiner Partei noch der Regierung, der ich als sehr unabhängiges Mitglied ehrenamtlich angehört habe und anzugehören für Pflicht hielt, keine Schwierigkeiten machen, wozu Übelwollende nicht ganz genau berechnete Wendungen gerne mißbrauchen."[23]

Im Zusammenhang mit dieser Erklärung steht auch Troeltschs Hinweis darauf, was ihn zur Zeitschrift „Kunstwart" geführt hat: „Der Herr Herausgeber hatte mir gleich nach der Revolution den „Kunstwart" zur Verfügung gestellt, und ich war froh um diesen parteilosen Ort der Äußerung."[24]

Der politische Publizist und der „Kunstwart"

Worum handelt es sich beim „Kunstwart", der in der Revolution nicht unbedingt als ein Leitmedium der politischen Kommunikation hervortrat, und was band Troeltsch an diese bildungselitäre Halbmonatsschrift zur Festigung „einer kraftvollen neuen deutschen Nationalkultur"?[25]

Hinter dem „Kunstwart" stand der lebensreformerische Dürerbund, sein Herausgeber war der Poet Ferdinand Avenarius, seit 1919 wirkte der gemäßigte Sozialdemokrat Wolfgang Schumann als leitender Redakteur. Ernst Troeltsch war 1912 in den Gesamtvorstand des Dürerbundes gewählt worden. Avenarius hielt Kontakt zu den Freunden der Christlichen Welt und orientierte sich mit seiner Zeitschrift 1918 an den außenpolitischen Friedens- und innenpolitischen Reformzielen, die der Volksbund für Freiheit und Vaterland vorgab, in dessen Vorstand Troeltsch wiederum mitarbeitete. Seinen

---

[22] Siehe dazu ausführlich unten, S. 326, Anm. 20.
[23] Spectator/Ernst Troeltsch: Die Reichstagswahlen: Eintritt der Revolution in ein neues Stadium (August 1920), unten, S. 325.
[24] Ebd., S. 325.
[25] Rüdiger vom Bruch: Kunstwart und Dürerbund (2003), S. 354.

ersten Beitrag im „Kunstwart" veröffentlichte Troeltsch zum Reformations-Jubiläum von 1917.²⁶

Der „Kunstwart" zählt zu den exemplarischen Zeitschriften eines im wilhelminischen Deutschland machtgeschützten und wirtschaftsfernen Bürgertums, das sich der Kulturphilosoph Troeltsch nicht ohne Grund zur Selbstaufklärung der eigenen Gesellschaftsschicht wählte: „Der Kunstwart arbeitet mit vielen anderen ähnlichen Unternehmungen für die Gesundung und Einigung des deutschen Geistes, der wie der anderer Völker seit langem durch gewisse Zersetzungen des modernen Geistes bedroht ist."²⁷

Eine Halbmonatsschrift, wie sie der „Kunstwart" war, schien Troeltsch besser geeignet als die Tagespresse, um aktuelle Ereignisse in übergreifende Entwicklungszusammenhänge zu rücken, da „in meinen Briefen die Besprechung aller Augenblicksfragen bei dem rasenden Tempo im Wechsel der Verhältnisse, Meinungen und Stimmungen sich von selbst verbietet. Hier kann sich's nur darum handeln, die großen allgemeinen Linien der Ereignisse herauszuheben und die Auffassung durch gute Informationen über das Tatsächliche zu begründen, wie sie hier mir am Orte vielfach zur Verfügung stehen."²⁸

Gleichwohl hat Troeltsch nach Alternativen gesucht, das macht ein Brief an Hans Delbrück vom 25. August 1919 deutlich. Delbrück hatte als Herausgeber der einflussreichen liberal-konservativen „Preußischen Jahrbücher" Troeltsch dort eine mitverantwortliche Redaktionsstelle angeboten. Das Angebot reizte ihn durchaus, da ihm der „Kunstwart" auf Dauer zu „abgelegen" erschien.²⁹ Der Wechsel zu den „Preußischen Jahrbüchern" zerschlug sich. Auch war der „Kunstwart" so abgelegen nicht und mit einer Auflage von über 10 000 Exemplaren in der Gründungszeit der Weimarer Republik alles andere als marginal.³⁰ Troeltschs Artikel wurden gelesen. Im Sommer 1921 übernahm Avenarius die Briefe Troeltschs, die ursprünglich in einer nachgeordneten Rubrik „Vom Heute fürs Morgen" erschienen, prominent in den Hauptteil der Ausgabe. In jedem Fall stand Troeltsch nicht weniger im Rampenlicht der öffentlichen Debatten als die Autoren der großen Blätter. In seinem Nachruf auf den am 1. Februar 1923 gestorbenen Troeltsch würdigte „Kunstwart"-Herausgeber Avenarius in ihm das Verdienst, die Kunstwartgemeinde „über ‚nur Kunst'" hinausgeführt

---

26 Ernst Troeltsch: Ernste Gedanken zum Reformations-Jubiläum (1917) → KGA 11.
27 Ernst Troeltsch: Nach der Annahme des Ultimatums (Juli 1921), unten, S. 421.
28 Spectator: Die Schuldfrage (Juli 1919), unten, S. 116 f.
29 Brief Ernst Troeltschs an Hans Delbrück vom 25. August 1919 → KGA 21. Siehe auch den Editorischen Bericht, unten, S. 25.
30 Rüdiger vom Bruch: Kunstwart und Dürerbund (2003), S. 373.

zu haben, denn wenn es gelungen sei, diese Bildungsschicht „bei unserm inneren Aufbau zusammenzuhalten, so war das fast ausschließlich das Verdienst der ‚Berliner Briefe' von Ernst Troeltsch."[31]

Inhaltlich siedelte Troeltsch seine Zeit- und Krisendiagnostik stets auf drei Ebenen an. Sein persönlicher Erfahrungsraum und der unmittelbare Ausgangspunkt für seine Beobachtungen war die Reichshauptstadt Berlin. Seine Problemperspektive war jedoch eine globale, denn den Maßstab für seine kritischen Urteile gab jeweils die „weltpolitische Lage" ab. Handlungsleitend richtete er sein Denken dabei auf die nationale Konsolidierung und die staatliche Neuordnung aus; seine größte Sorge galt der weltanschaulichen und politischen Zerrissenheit der deutschen Gesellschaft.

Revolution und Bürgerkrieg in Berlin

Als Troeltschs Spectator-Briefe erstmals im Februar 1919 erschienen, war Berlin beherrscht von den Nachwirkungen der schweren Straßenkämpfe des Januaraufstandes und der Ermordung von Rosa Luxemburg und Karl Liebknecht. Troeltsch zeigt sich entsetzt über das Geflecht von Gewaltexzess, Vergnügungssucht und Elend in der Metropole. Die „Niederzwingung der Spartakisten [...] war grausig und schauderhaft und hat in der Lynchung der Rosa Luxemburg ein entsetzliches Nachspiel gehabt. Im übrigen ging während aller Greuel das Großstadtleben seinen Weg weiter. Musiker und Histrionen bieten sich an allen Plakatsäulen in Massen an, die Theater spielen weiter und versammeln ihr an Gewehrschüssen vorbeieilendes Publikum in gewohnter Masse, vor allem wird, wo irgend möglich, getanzt – ohne Rücksicht auf die Kohlen- und Lichtnot."[32]

Auf dem Weg zwischen seiner Wohnung am Reichskanzlerplatz in Charlottenburg und dem Zentrum Berlins, zum preußischen Landtag zwischen Leipziger Straße und Prinz-Albrecht-Straße, oder ab April 1919 zum Büro im preußischen Kultusministerium Ecke Wilhelmstraße – Unter den Linden, hatte er den Kontrast von Luxus und Alltagsnot besonders kraß vor Augen: „Man braucht nur das heutige Berlin zu sehen: schmutzig, mit Papierfetzen übersät, die Sockel der Gebäude mit Plakaten aller Art beklebt, auf den Straßen Soldaten mit Drehorgel oder fliegendem Kram, sorgenvolle Gesichter der Meisten, rasende Amüsiersucht auf den Gesichtern der andern, zahlreiche Läden aus Furcht vor Plünderungen geschlossen, andere

---

[31] Ferdinand Avenarius: Ernst Troeltsch † (1923), S. 248 f.
[32] Spectator: Rück- und Umblick 2 (Februar 1919), unten, S. 59 f.

in Wohnräume notdürftig verwandelt, überall steigende Preise und Entwertung des Papiergeldes."³³

Aber schlimmer, als in Berlin Not zu leiden, war es, von Berlin fort zu sein: „Die Ferien haben mich in eine stille Kleinstadt verschlagen und von meinen Nachrichtenquellen getrennt." ³⁴ Ersatzweise las Troeltsch dann beispielsweise den „Miesbacher Anzeiger" und informierte seine Leser über den bayerischen Antisemitismus.³⁵ Generell schien es ihm nicht möglich, „außerhalb Berlins [...] Kenntnis und Urteil zu gewinnen, nachdem ich in Berlin selbst schon immer von neuem den Eindruck erhalten hatte, wie vorsichtig man bei einer doch immer unvollständigen und das amtliche Material nicht kennenden Orientierung über die jeweilige Lage urteilen muß. Die Dinge vollziehen sich in rasendem Wechsel und sind unendlich kompliziert."³⁶

Troeltschs Kunstwartleser lebten größtenteils außerhalb der Reichshauptstadt. Im Herbst 1919 meldete sich Troeltsch nach einem Heidelberger Urlaub bei ihnen zurück, um ihnen aufs Neue die komplexen Problem- und Entscheidungssituationen zu vermitteln: „Also wieder in Berlin, in der Hölle der Streike, des Vergnügungstaumels, der Arbeitshetze und der gegenseitigen Anflegelei, in dem Berlin der Revolution, wo der alte Schmiß und Stil weggefallen ist, die Reste des alten schönen Berlins wie ratlos melancholisch in die Herbstbläue hineindämmern und die Wilhelminische Pracht einen halb tragisch, halb verlegen anstarrt. Und doch ist dasselbe Berlin naturgemäß der Mittelpunkt, wo man alle Spitzen der Politik, des Geschäftes, der Intelligenz aus dem ganzen Reiche als ständige Besucher trifft, das Sprech- und Geschäftszimmer Deutschlands und das große Büro der Reichsregierung, bei dem alle Nachrichten zusammenströmen."³⁷

Was sind Troeltschs „Nachrichtenquellen", die mündlichen der zahlreichen Gesprächskreise oder die schriftlichen der nationalen und internationalen Presse, von denen er sich nicht abschneiden lassen mochte? Die Spectator- und Berliner Briefe vermitteln ein eindrucksvolles Bild von der Intensität, in der Troeltsch an der intellektuellen Geselligkeit Berlins teilnahm. Troeltsch suchte die politischen Kontakte und berichtete kontinuierlich von politischen Zirkeln und Salongesprächen, von Zusammenkünften und Begegnungen mit führenden Generälen, Diplomaten, Ministern, auch ausländischen Delegationen und Journalisten. Er sprach

---

[33] Spectator: Neue Finsternisse (April 1919), unten, S. 80.
[34] Spectator: Vorherrschaft des Judentums? (Januar 1920), unten, S. 209.
[35] Ernst Troeltsch: Die Verfassungskrise (Oktober 1921), unten, S. 449 f.
[36] Ebd., S. 442 f.
[37] Spectator: Wieder in Berlin (Dezember 1919), unten, S. 188.

mit Vertretern des gesamten ideenpolitischen Spektrums von der neuen Rechten bis zur kommunistischen Linken. Leider gehörte es zu seinen Stilmitteln, nie Namen zu nennen oder Personen so zu charakterisieren, dass sie eindeutig identifizierbar waren. Dies geschah wohl zu seinem eigenen Schutz als auch zu dem seiner Gesprächspartner. Nur wenige Ausnahmen gibt es wie bei Karl Radek, dem Deutschlandexperten Lenins, den Troeltsch in der Zeit der Konferenz von Genua im Frühjahr 1922 in Berlin traf.[38]

Wichtige Kommunikationsforen schon während des Weltkriegs waren für den 1915 nach Berlin gezogenen Troeltsch die eher staatswissenschaftlich orientierte Mittwochs-Gesellschaft[39], der politische Delbrück-Kreis des Mittwochabend um den reformkonservativen Historiker und Politiker Hans Delbrück[40] und vor allem die Dahlemer Sonntagsspaziergänge mit Friedrich Meinecke, Otto Hintze und Walther Rathenau.[41] Die dort geknüpften Beziehungen und Freundschaften bewährten sich auch in den Gründungsjahren der Weimarer Republik.

Im letzten Kriegsjahr zählte Troeltsch neben seinem Engagement im Volksbund für Freiheit und Vaterland zumindest nominell auch zum Vorstand des Bundes deutscher Gelehrter und Künstler, der sich die Verteidigung deutscher Kultur im Ausland zum Ziel setzte. Nach Friedrich Naumanns Tod im August 1919 unterstützte er die Redaktion von dessen Zeitschrift „Die Hilfe", allerdings ebenfalls „mehr mit dem Namen als mit der Arbeit".[42] Zu Beginn der Revolution hielt Troeltsch kurzzeitig Kontakt zur Antibolschewistischen Liga, da er die typische Revolutionsfurcht des gemäßigten Bürgertums teilte, ganz wie seine akademischen Vorläufer in der Revolution von 1848. In der ersten Bürgerkriegsphase zeigte er sich als ein Mann der rigiden, militärgestützten Ordnung.[43] Der Publizist und Begründer der Antibolschewistischen Liga Eduard Stadtler hielt Troeltsch deshalb irrtümlich für einen Mitstreiter der konservativ-revolutionären Bewegung. Später bekämpfte er „Spectator-Troeltsch" um so heftiger in seiner Zeitschrift „Gewissen",[44] da Troeltsch im Reichstagswahlkampf vom Frühsom-

---

[38] Ernst Troeltsch: Die neue Weltlage (Juni 1922), unten, S. 543 f.
[39] Vgl. Friedrich Meinecke: Autobiographische Schriften (1969), S. 238–244.
[40] Vgl. „Einleitung von Friedrich Meinecke", unten, S. 590 f.; auch Theodor Heuss: Bürger der Weimarer Republik (2008), Einführung von Michael Dorrmann, S. 22.
[41] Vgl. Friedrich Meinecke: Autobiographische Schriften (1969), S. 232–237.
[42] Brief Ernst Troeltschs an Rudolf Paulus vom 23. September 1919 → KGA 21.
[43] Vgl. Claudia Kemper: Das „Gewissen" 1919–1925 (2011), S. 127.
[44] Zu diesen vereinspolitischen Entwicklungen vgl. ausführlicher die Einleitung zu KGA 15, S. 26–28.

mer 1920 die antiparlamentarischen Attacken, die „vor allem der Elsässer Katholik, Herr Stadtler" gegen die „verhaßte ‚Formaldemokratie' und die ‚westlichen Theorien'" richtete, scharf kritisierte.[45]

Literarisch geschliffen konnte Troeltsch die intellektuelle Demokratiefeindschaft der Berliner Kulturszene glossieren und Abendgesellschaften schildern, „wo eine Reihe bekannter Literaten, Gelehrter, Schauspieler, Politiker über den Bolschewismus disputierten. Alles einigte sich in dem Protest gegen den bürgerlichen Charakter von Demokratie und Sozialdemokratie. Man höhnte und lästerte über die Nationalversammlung als ideenlose Spießerversammlung; auch bisher recht konservative Schriftsteller beteiligten sich daran. Reine Marxisten holten den alten Haß gegen bürgerlichen Geist und bürgerliche Moral heraus; begeisterte Anarchisten vertraten das Programm: durch den Kommunismus zur Vollentfaltung der Individualität, und zwar aller Individualitäten. Es ist ersichtlich: man kombiniert Marx, Anarchismus, Kommunismus und den unvermeidlichen Nietzsche. Durch den Kommunismus und die Zerschlagung der ganzen bisherigen Ordnung hindurch zum Übermenschentum aller Menschen, zur Vernichtung der bürgerlichen Moral: das ist die Losung."[46]

Die Wert- und Ordnungsideen, die Troeltsch seinerseits den Lesern vermittelte, waren offensiv an der demokratischen Erneuerung mit den entsprechenden parlamentarischen Institutionen orientiert. Den anarchischen Zuständen „setze ich als das einzig mögliche Ordnungsprinzip die reine Demokratie entgegen", schrieb er an seine Brieffreundin Gertrud von le Fort, als er sie Ende Februar 1919 einlud, regelmäßig die Spectator-Briefe zu lesen.[47]

Parteipolitisch bewegte er sich konsequent, wenn auch mit eigenen Akzentsetzungen, im Netzwerk der DDP und der ihr nahestehenden Deutschen Hochschule für Politik.[48] Ein bloßer Transfer rein „westlicher Theorien" war nicht Troeltschs Anliegen. Was er als seine primäre Aufgabe betrachtete, „die geistesgeschichtliche Seite der Entwickelung" kritisch zu sichten und zu deuten,[49] lief auf eine „Kultursynthese" angelsächsischer und deutscher Traditionslinien zu. In seinen geschichtsphilosophischen Schriften hat er die Grundmuster einer solchen europäischen Kultursynthese systematisch entwickelt.[50] In seinen Spectator- und Berliner Briefen lotete er

---
[45] Spectator: Kritik am System: Die Kammer der Arbeit (Juni 1920), unten, S. 299.
[46] Spectator: Links und Rechts (März 1919), unten, S. 74.
[47] Brief Ernst Troeltschs an Gertrud von le Fort vom 25. Februar 1919 → KGA 21.
[48] Vgl. ausführlicher die Einleitung zu KGA 15, S. 11–16 und S. 25 f.
[49] Brief Ernst Troeltschs an Hans Delbrück vom 25. August 1919 → KGA 21.
[50] Siehe dazu die Bände 15, 16 und 17 der KGA.

dagegen deren Erfolgschancen und Hemmnisse aus, außen- wie innenpolitisch so konkret wie möglich an die „realen sozialen Tatsachen" angelehnt.

Ein Primat lag auf der Welt- und Außenpolitik, denn es sei „naturgemäß die Außenpolitik absolut entscheidend. Den immer neuen Vergewaltigungen und Daumenschrauben der Entente zu begegnen, eine internationale Ordnung des Kohlen-, Ernährungs- und Kreditwesens herbeizuführen, eine Solidarität Europas zu gewinnen, im Osten die Beziehungsmöglichkeiten der Zukunft zu erhalten, Deutsch-Österreich nicht völlig ersterben zu lassen, die Wilsonschen 14 Punkte nicht vergessen zu lassen: alles das sind in Wahrheit die Lebensfragen",[51] die für Troeltsch die innenpolitischen Gestaltungsräume konditionieren.

Weltpolitik und Weltwirtschaft nach dem Ende des Weltkriegs

„Die ganze Welt wird anders"[52] – vom ersten Spectator-Brief an machte Troeltsch seinen Lesern deutlich, die Perspektive auf die Probleme und Ereignisse könne keine andere als eine weltpolitische und welthistorische sein. Schon vor dem Krieg hatte er in einer Bilanz des vergangenen 19. Jahrhunderts die „ökonomisch-soziale Struktur" des weltumspannenden „Kapitalismus" als die Signatur der Moderne bezeichnet.[53] Sie habe zum einen die Demokratisierung der Industriegesellschaften beschleunigt und auf der anderen Seite deren imperialistische Machtansprüche gesteigert. Alle Phänomene der „demokratisch-kapitalistischen Massenkultur" seien deshalb konsequent in einen „Welthorizont" zu rücken.[54]

Nachdem er im Weltkrieg forciert die nationalen Gegensätze der kriegsführenden Großmächte betont hatte, knüpfte er nunmehr an diese Sicht auf globale Machtkonstellationen und weltwirtschaftliche Einflusszonen wieder an. Im Erscheinungsmonat des ersten Spectator-Briefes, im Februar 1919, dämpfte er den Optimismus des Pädagogen Paul Natorp, „eine moralische und geistige Hebung des Volkes" auf eine rein nationale Erziehungsgrundlage zu stellen und lehnte eine Beteiligung an solchen Beratungen ab, denn alles „wird abhängen von der Gestaltung der allgemeinen Weltverhältnisse, die für Europa vermutlich insgesamt trüb ausfallen werden."[55]

---

[51] Spectator: Wieder in Berlin (Dezember 1919), unten, S. 195.
[52] Wie Anm. 2.
[53] Ernst Troeltsch: Neunzehntes Jahrhundert (1913), S. 252 → KGA 3.
[54] Ebd., S. 245 und S. 255.
[55] Brief Ernst Troeltschs an Paul Natorp vom 3. Februar 1919 → KGA 21.

Europa war nicht mehr wie im 19. Jahrhundert das Machtzentrum der Welt. Es „hat der Weltkrieg mit einem furchtbaren Ruck durch Ausschaltung Europas die Weltdimension eng zusammengerückt und ungeheuer erweitert zugleich. Der Weltfriede ist nur möglich als Weltherrschaft oder Weltpolizei eines einzelnen Staates, und dieser Staat kann nur Amerika sein, mit dem das stammverwandte England sich in die Aufgabe teilt."[56] Europas Selbstentmachtung bedeutet zugleich eine Kräfteverschiebung in den pazifischen Raum. Amerika, England und Japan, „die drei großen Weltreiche mit den großen Flotten"[57] beherrschen die Welt, und eine Folge des Krieges wird die „Amerikanisierung Deutschlands" sein, ob man wolle oder nicht.

So dezidiert beschrieb Troeltsch die Weltlage erst spät, ab Winter 1921/22. Zuvor hatte er noch drei Zentren weltpolitischer Ressourcenverteilung unterschieden, „Versailles" als Ort der Kriegsabwicklung, „Genf" als Sitz eines neuen Völkerbundes und eben „Washington" als Dreh- und Angelpunkt kapitalistischer Weltpolitik und „demokratischer Tugendideologie"[58].

Diese Unterscheidung war ungewohnt für eine deutsche Öffentlichkeit, die ganz auf den „Schmachfrieden" von Versailles und dessen Revision konditioniert war. Troeltschs Lektion war eine andere. Sicherlich, auch er betrachtete Versailles mit den faktischen Gebietsabtretungen und der symbolischen Demütigung durch den Kriegsschuldartikel als niederschmetterndes Unrecht. Er argumentierte aber weniger nationalmoralisch als politisch funktional. Sein ganzes politisches Werben richtete sich auf eine Festigung der bürgerlichen und sozialdemokratischen „Mitte". Deren fatale Niederlage in den ersten Reichstagswahlen vom Juni 1920 wertete er als eine „Folge der Entente-Politik, des Versailler Friedens und vor allem der französischen Zertrümmerungspolitik".[59] Troeltsch sah im Friedensvertrag von Versailles vor allem deshalb eine Katastrophe, weil er die junge Demokratie destabilisierte und Revolution wie Bürgerkrieg wieder aufflammen ließ. Jede Regierungskoalition benötige einen gewissen Handlungsspielraum, um „nationale Ehre, wirtschaftliche Möglichkeit und politische Konsolidation zu wahren". Dass es seit dem Rücktritt des Kabinetts Scheidemann im Juni 1919 aus Protest gegen die Friedensbedingungen kontinuierlich zum Bruch von Koalitionen kam, sei „vor allem das Werk der Entente, die es zu keiner Konsolidation kommen läßt." Dem politisch orientierungsschwachen Bür-

---

[56] Ernst Troeltsch: Die Amerikanisierung Deutschlands (Januar 1922), unten, S. 483.
[57] Ebd., S. 480.
[58] Ebd., S. 484.
[59] Spectator/Ernst Troeltsch: Die Reichstagswahlen: Eintritt der Revolution in ein neues Stadium (August 1920), unten, S. 319.

gertum werde dadurch „Republik, Parlamentarismus und Demokratie" auf fatale Weise entfremdet. Seine eigene Partei, die DDP, unterliege „bereits sichtlich diesem moralischen und gesellschaftlichen Druck" und kündige lieber die „Weimarer Koalition" der „Mitte" auf, als dass sie so wie Erzbergers katholische Zentrumspartei den Vertrag von Versailles mit verantworte.[60]

Keine Aufbauhilfe für die junge Republik versprach er sich vom Völkerbund, den Wilsons Vierzehn Punkte in Aussicht gestellt hatte, und der dann Anfang 1920 unter Ausschluss Deutschlands in Genf seine Arbeit aufnahm. Wilsons politischer Idealismus, auf den er anfänglich große Hoffnung setzte, hatte bei Troeltsch nach der Übergabe der Friedensbedingungen an die deutsche Delegation in Versailles im Mai 1919 jeden Kredit verloren. „Genf" wertete Troeltsch als eine Fassade, denn der „Völkerbund, der wie jeder Völkerbund einer beherrschenden Macht bedarf, ist das angelsächsische Weltregiment, das die beiden großen Nationen trotz scharfer Gegensätze doch durchführen werden. Damit ist das Ende der modernen Geschichte doch ähnlich dem der alten. Auch Rom war ein Völkerbund, und unser Völkerbund wird die englische Weltherrschaft sein. [...] Die europäischen Völker werden zweisprachig werden, für die Welt englisch reden und schreiben müssen und für ihre Privatzwecke ihre alten Sprachen wie Dialekte weiter benützen."[61]

Als Gegenmacht zum „angelsächsischen Weltregiment" baue sich nur der „Bolschewismus in seinem wirklichen russischen Verstand" auf, als „eine Weltmacht, mächtig durch Militär, Diplomatie und Propaganda. Er bedroht militärisch vor allem die asiatischen Positionen Englands, hat seine Helfer in allen Staaten bei gewissen Teilen des Proletariats und seiner Intellektuellen, verfügt über den diplomatischen Trumpf des allgemeinen Begehrens nach russischen Rohstoffen und Handel mit Rußland." So beurteilte Troeltsch die Nachkriegskonstellation, die ihm nichts Gutes verhieß, denn darin sei „das deutsche Reich ein Objekt neben anderen, besonders wichtig nur insoferne, als es in eine Ausfallspforte des Bolschewismus gegen den westlichen Kapitalismus verwandelt werden kann."[62]

Die welthistorischen Entwicklungstendenzen sah Troeltsch so kritisch wie realistisch: „Die Welt ist anders geworden als sie war, aber nicht pazi-

---

[60] Alle Zitate aus: Ernst Troeltsch: Die neue Katastrophe und die Stellung des Bürgertums zur Republik (Dezember 1921), unten, S. 467 und 473. Den Rückzug der DDP aus dem Kabinett Wirth vom Oktober 1921 verglich Troeltsch mit dem Rückzug aus dem Kabinett Scheidemann vom Juni 1919, „genau wie damals traten die Demokraten aus dem Kabinett aus" (ebd., S. 470).

[61] Spectator: Nach der Entscheidung (Juli 1919), unten, S. 130 f.

[62] Ernst Troeltsch: Das Weltsystem der Entente (November 1920), unten, S. 342.

fistisch, sozialistisch, brüderlich, zukunftsenthusiastisch, sondern angelsächsisch, völlig kapitalistisch und gefaßt auf neue imperialistische Weltkämpfe, für welche die moralische Grundlage vor unseren Augen in der den Wilsonschen Völkerbund erledigenden ‚Konföderation der Nationen' von Washington aus gelegt worden ist. Auf zehn Jahre wird es Frieden in der Welt auf dieser Grundlage geben. Das weitere muß die Zukunft zeigen."[63] Gleichwohl fand er in seinen späten Berliner Briefen des Jahres 1922 zu einem deutlichen Wertbekenntnis: „Meinerseits will ich kein Hehl daraus machen, daß ich nur in dem angelsächsischen System die Rettung erblicken kann."[64]

Die demokratische Neuordnung des deutschen Staates

Troeltsch thematisiert in seinen Briefen den Herrschaftswechsel vom Kaiserreich zur Weimarer Republik in der ganzen Spannweite zwischen der „Machtübernahme" durch die neuen politischen Eliten und den revolutionären Ansprüchen radikaler Gruppierungen.[65] Er unterstützte den Kurs der Weimarer Reformkoalition aus SPD, Zentrum und Deutscher Demokratischer Partei, die Weichen zur Wahl einer Verfassunggebenden Nationalversammlung zu stellen und parlamentarische Institutionen zu schaffen.[66] Die loyale Haltung der militärischen Führung gegenüber der neuen Regierung Ebert/Scheidemann begrüßte er als ordnungspolitische Garantie. Zweifel äußerte er an der Gesinnung der staatstragenden Beamtenschaft, deren aktive Mitarbeit am Aufbau der Demokratie erst noch zu sichern sei. Skeptisch zeigte er sich ebenfalls, ob die Abkommen zwischen Unternehmen und Gewerkschaften die neue Demokratie stützen können, oder ob die Stillhalteabsprachen zwischen Großindustrie und Arbeiterschaft demokratisches Regieren durch oligarchische Strukturen aushöhlen würden. Seine größte Sorge galt dem Ausschluss sowohl der extremen Rechten wie der extremen Linken aus der Regierungsverantwortung, und mit besonderer Aufmerksamkeit beobachtete er deren kontinuierliche Umsturzversuche.

Kurz vor Beginn seiner Spectator-Serie hatte sich Troeltsch in seinem „Kunstwart"-Artikel „Das Ende des Militarismus" so dezidiert wie an keiner anderen Stelle zum politischen Ordnungsmodell der „reinen Demo-

---

[63] Ernst Troeltsch: Die Amerikanisierung Deutschlands (Januar 1922), unten, S. 484.
[64] Ernst Troeltsch: Die neue Weltlage (Juni 1922), unten, S. 547.
[65] Vgl. M. Rainer Lepsius: Machtübernahme und Machtübergabe (1993), S. 80–94; ferner Heinrich August Winkler: Weimar 1918–1933 (1993).
[66] Vgl. Hartmut Ruddies: Soziale Demokratie und freier Protestantismus (1984).

kratie" bekannt.⁶⁷ Über das institutionelle Gefüge einer Demokratie und über die Konsequenzen für das deutsche Staatsdenken war damit noch wenig gesagt. Wie viele seiner liberalen Freunde votierte er nicht für eine reine Übernahme „westlicher" Modelle der Parteien- und Parlaments-Demokratie. Auch galt es, den Begriff der „Demokratie" von einem nationalpolitischen Kampfbegriff aus der Zeit des Weltkriegs wieder zu einem strukturpolitischen Ordnungsbegriff umzuschreiben und den Gegensatz von „westlicher Demokratie" und „deutscher Freiheit" aufzuheben. So hatte, als Woodrow Wilson mit seiner Kongressrede vom 2. April 1917 die Amerikaner im Namen der Demokratie in den Krieg führte, die akademische Elite Berlins mit einer demonstrativen Vortragsreihe im Berliner Abgeordnetenhaus über „Die deutsche Freiheit" reagiert. Neben dem Theologen Adolf von Harnack, dem Nationalökonom Max Sering und den Historikern Otto Hintze und Friedrich Meinecke sprach auch Ernst Troeltsch, und zwar über den „Ansturm der westlichen Demokratie".⁶⁸ Im Spectator-Brief vom Mai 1919 kehrte Troeltsch diese Formel um und schrieb nunmehr über den „Ansturm gegen die Demokratie"⁶⁹.

Was meint „reine Demokratie"? Troeltsch verstand sich nicht als Staatslehrer und Theoretiker einer demokratischen Verfassung so wie Hugo Preuß, der die Weimarer Reichsverfassung konzipierte. Im Kern sah Troeltsch seine Aufgabe darin, die Bevölkerung, namentlich das Bürgertum, zu demokratischem Verhalten und zu einer Wertpräferenz für demokratische Institutionen anzuhalten. Dazu griff er jeweils einzelne Aspekte heraus, so wie in einer dreiteiligen Sequenz „Kritik am System" vom Frühjahr 1920, in der er für eine „wirkliche Führerauslese" durch Volkswahl des Reichspräsidenten und für eine „Kammer der Arbeit", einen berufsständisch gegliederten Wirtschaftsrat aus Unternehmen und Arbeitervertretungen als legislatives Gegengewicht gegen das von Parteien beherrschte Parlament votierte.⁷⁰ Von der Gründung der Republik an hatte sich Troeltsch gegen rein parlamentarische und für elitendemokratische Strukturen ausgesprochen: „Aus diesem Grunde war und bin ich ein Gegner des parlamentarischen Systems und ziehe einen starken volksverantwortlichen Präsidenten vor, der sich die Minister nach Tüch-

---

[67] Ernst Troeltsch: Das Ende des Militarismus (1918), vgl. bereits oben, S. 4 f.
[68] Ernst Troeltsch: Der Ansturm der westlichen Demokratie (1917) → KGA 12.
[69] Spectator: Der Ansturm gegen die Demokratie (Mai 1919), unten, S. 93.
[70] Spectator: Kritik am System (April 1920), unten, S. 248–254; ders.: Kritik am System: Das Parteiwesen (Juni 1920), unten, S. 281–290; ders.: Kritik am System: Die Kammer der Arbeit (Juni 1920), unten, S. 291–302.

tigkeit aussucht und dem Ministerium einen einheitlichen Plan politischer Gestaltung einflößt".[71]

Wie hier ist an vielen Stellen der Einfluss von Max Weber spürbar. „Die Demokratie selbst" hielt er wie Weber im Wesentlichen für „eine politische Maschine", und das „mystische Dogma von der Volkssouveränität" schien ihm unzureichend, um „eine praktische Wirklichkeit" politisch zu gestalten.[72] Generell beklagte Troeltsch den „Mangel eines politisch-soziologischen Denkens".[73] Max Webers 1921 erschienene „Gesammelte politische Schriften" lagen dazu auf seinem Schreibtisch.[74] Noch stärker als der konfliktbetonte Weber forderte Troeltsch allerdings, eine stabile Regierungsmehrheit „im Sinne ‚der Parität von Arbeitertum und Bürgertum' [zu] gestalten."[75] Alles andere als dieses Fundament einer politisch handlungsfähigen „Mittebildung" dramatisierte er als Verschärfung des Bürgerkrieges.

Troeltschs Briefe kennen über den gesamten Zeitraum nur eine Alternative: entweder lasse sich das deutsche Bürgertum überzeugen, „die doch nun einmal von den Umständen geforderte Demokratie und Republik aufrichtig" zu bejahen,[76] oder es herrsche die „Gefahr endlosen Bürgerkrieges"[77].

In der intellektuellen Streitkultur bezog Troeltsch mit seinem Bemühen, der Demokratie „eine eigene deutsche Tradition zuzuschreiben",[78] eine liberale Minderheitsposition zwischen der „geistigen Revolution" von links und rechts.[79] Um die Utopie von der Abschaffung der Herrschaft des Menschen über den Menschen durch eine sozialistische Weltrevolution

---

71 Brief Ernst Troeltschs an Carl Heinrich Becker vom 20. Februar 1919 → KGA 21.
72 Ernst Troeltsch: Die neue Katastrophe und die Stellung des Bürgertums zur Republik (Dezember 1921), unten, S. 475.
73 Ernst Troeltsch: Die deutsche Uneinigkeit (Februar 1922), unten, S. 498.
74 „Lehrreich dafür sind die jetzt erschienenen ‚Gesammelten politischen Schriften' des unvergeßlichen Max Weber (Drei-Masken-Verlag 1921), wo insbesondere auch interessante Briefe mitgeteilt sind", Ernst Troeltsch: Der Beginn der eigentlichen Schwierigkeiten (Juni 1921), unten, S. 417.
75 Ebd., S. 417.
76 Ernst Troeltsch: Die neue Katastrophe und die Stellung des Bürgertums zur Republik (Dezember 1921), unten, S. 475.
77 Ernst Troeltsch: Das Weltsystem der Entente (November 1920), unten, S. 350.
78 Tim B. Müller: Nach dem Ersten Weltkrieg (2014), S. 42, dort bezogen auf Hugo Preuß und das Konzept des „Volksstaates", das auch Troeltsch in seinen Briefen aufgreift, etwa Spectator: Zentralisation und Dezentralisation (November 1919), unten, S. 180.
79 Ernst Troeltsch: Die geistige Revolution (Januar 1921), unten, S. 363.

zu entzaubern, fand er originelle Mittel. So präsentierte er seinen Lesern einen Zeugen, der gerade aus der Sowjetunion zurückgekehrt war. Der britische Philosoph Bertrand Russell hatte sich im Frühjahr 1920 einer Arbeiterdelegation angeschlossen, Moskau besucht und mit Lenin und Trotzki gesprochen. Sein ungewöhnlich kritischer Reisebericht „Sovjet Russia – 1920", veröffentlicht in der amerikanischen Zeitung „The Nation", stand den Lobeshymnen vieler westlicher Intellektueller völlig entgegen. Das bewog Troeltsch, der die internationale Presse so gut es ging verfolgte, besonders diesen Bericht den deutschen Lesern in übersetzten Passagen bekannt zu machen.[80] Letztlich sah er jedoch in der rechtskonservativen Agitation die weit stärkere Bedrohung, so wie dort „gegen die Demokratie mit dem Vorwurf, jüdisch, mammonistisch, undeutsch und international zu sein"[81], gehetzt wurde. Endgültig nach der Ermordung Erzbergers am 26. August 1921 stand für Troeltsch der geistige und politische Feind eindeutig „rechts": „Ein entscheidender Bürgerkrieg und eine deutsche Faszistenbewegung" seien das Ziel der nationalen Rechten.[82]

Zu den rechten Untergangspropheten zählte Troeltsch auch Oswald Spengler. Dessen in bürgerlichen Kreisen breit rezipiertes Erfolgsbuch vom „Untergang des Abendlandes" respektierte er zwar als „wirklich große Denkerleistung, vermutlich das bedeutendste Buch, das während des Weltkrieges geschrieben worden ist".[83] Den Analogieschluss vom Untergang der antiken Kultur auf den Untergang des modernen Europa hielt er gleichwohl für eine völlig abwegige Beschreibung der welthistorischen Problemlage. Zur „Weltstellung"[84] des demokratischen Kapitalismus empfahl er den deutschen Bildungsschichten eine andere Lektüre. Sie sollten das Spätwerk des britischen Staatsmannes und Historikers James Bryce über „Modern Democracies" studieren. Es baue ihnen eine Brücke, die demokratische

---

[80] Ernst Troeltsch: Der Bolschewismus (Oktober 1920), unten, S. 335–341.
[81] Spectator: Links und Rechts (März 1919), unten, S. 76.
[82] Ernst Troeltsch: Die Verfassungskrise (Oktober 1921), unten, S. 446. Die „Parole" von Reichskanzler Wirth in seiner Reichstagsrede zum Rathenaumord am 25. Juni 1922, „dieser Feind steht rechts", hielt Troeltsch allerdings für unklug, siehe Ernst Troeltsch: Die Verösterreicherung (Oktober 1922), unten, S. 574.
[83] Spectator: „Der Untergang des Abendlandes" (Oktober 1919), unten, S. 174.
[84] Spectator/Ernst Troeltsch: Die Reichstagswahlen: Eintritt der Revolution in ein neues Stadium (August 1920), unten, S. 324: Die „Weltstellung der Demokratie [...] scheint mir für uns Deutsche zunächst das einzige Mittel der auswärtigen Politik und das einzige Mittel der politischen Erziehung zu eigener Einsicht und eigener Verantwortlichkeit" zu sein.

Republik „innerlich bejahen" zu können. Denn Bryce verfüge über den nötigen „Welthorizont" und die weltpolitischen Vergleichsmaßstäbe, um nachzuweisen, dass die Demokratie „kein Revolutions- und Neuerungsprinzip, sondern eine konservative, historisch geheiligte Institution von anderthalb Jahrhunderten" sei.[85]

Troeltsch schrieb dies im letzten seiner Berliner Briefe vom November 1922. Anders als die fünf philosophischen Vorträge zu den historischen Potentialen einer europäischen Kultursynthese, die er zur gleichen Zeit für seine Reise nach England und Schottland entwarf,[86] ist dieser letzte Brief in der Art eines politischen Vermächtnisses von erheblicher Resignation durchzogen. Dem Bürgertum fehle „Gefühl, Glaube und Hingebung", um für den ersehnten „Block der Mitte" hinreichend „große nationale und ethische Kräfte" aktivieren zu können. Im demokratischen Zeitalter „des allgemeinen Männer- und Frauen-Wahlrechtes" müsse „das Verantwortungsgefühl der führenden Schichten für die Bildung der *öffentlichen Meinung* sorgen. [...] Erst Repräsentantenwahl *und* Bildung der öffentlichen Meinung von kleinen sachkundigen Zentren aus können zusammen die Aufgaben der demokratischen Selbstregierung lösen."[87] Nach knapp vier Jahren engagierter Analysen und Appelle überkam Troeltsch starker Zweifel, ob die kulturbürgerlichen Schichten, die er mit seinen Kommentaren zu erreichen suchte, die Einübung demokratischer Denkmuster wirklich als ihre Aufgabe erkennen: „Die historisch-soziologisch-politische Einsicht in unsere wirkliche Lage und ihre Möglichkeiten ist erst im allerersten Anfang, sich umzustellen und neue Wege zu suchen", befand er im Herbst 1922.[88]

Die insgesamt 56 Spectator- und Berliner Briefe zählen zu den eindringlichsten Zeugnissen, die wir für die Gründungsphase der Weimarer Republik zur „Bildung der *öffentlichen Meinung*" aus einer liberalen Werthaltung heraus besitzen. Damit bot Troeltsch dem durch Kriegsniederlage, Revolution und Bürgerkrieg tief verunsicherten Bürgertum eine Alternative zum nationalistischen wie zum sozialistischen Ordnungsdenken. Fragen der politischen Ordnung waren für ihn nie dogmatische Fragen. So galt ihm das Problem der „Demokratie" nicht so sehr als ein theoretisches Problem der „Volkssouveränität", vielmehr als eine praktische Lebensnotwendigkeit. Im Dienst einer tragfähigen Neuordnung mit funktionsfähigen Verfassungsin-

---

[85] Ernst Troeltsch: Die Republik (November 1922), unten, S. 585 f.
[86] Vgl. den Editorischen Bericht zu KGA 17.
[87] Alle Zitate aus Ernst Troeltsch: Die Republik (November 1922), unten, S. 584 und 586 f. (Hervorhebungen i. O.).
[88] Ernst Troeltsch: Die Verösterreicherung (Oktober 1922), unten, S. 576.

stitutionen bezeichnete er sich deshalb als „Vernunftdemokrat"[89]. An den beiden Briefreihen lässt sich aber auch ablesen, dass ihm eine rein auf die Funktion von Institutionen zweckgerichtete „Vernunft" nicht ausreichte. Ohne Wertorientierung, für die Troeltsch die „Intellektuellen" in die Pflicht nahm,[90] lasse sich die zur Legitimierung der Republik erforderliche „Mittebildung" nicht erreichen. Troeltschs intellektueller Einsatz für die demokratische Neuordnung Deutschlands war nicht allein verantwortungsethisch geleitet, er war zugleich wertbezogen, „innerlich" bejahend. Die Spectator- und Berliner Briefe führen beide Aspekte zusammen.

---

[89] Brief Ernst Troeltschs an den Pfarrer und ehemaligen Hörer seiner Heidelberger Vorlesungen Rudolf Paulus vom 23. September 1919 anlässlich des Todes von Friedrich Naumann: „Der Tod Naumanns hat mich tief erschüttert. Er ist mit ein Opfer der Blockade. Er war ein Erzieher der Nation wie wenige und einer der besten Menschen. Ich bin nun in die Redaktion der Hilfe eingetreten, mehr mit dem Namen als mit der Arbeit. Denn ein eigentlicher Demokrat bin ich nicht. Ich bin lediglich Vernunftdemokrat." → KGA 21. Zum „Begriff von politischer Vernunft" in der Gründungsphase der Weimarer Republik vgl. Andreas Wirsching: „Vernunftrepublikanismus" in der Weimarer Republik (2008).
[90] Vgl. Gangolf Hübinger: Aufbau statt Untergang (2006).

Spectator-Briefe und Berliner Briefe (1919–1922)

Editorischer Bericht

1. Entstehung

Nur wenige Zeugnisse sind überliefert, die Auskunft geben über die Entstehungsgeschichte der Spectator-Briefe und ihrer Folgereihe „Berliner Briefe", die Ernst Troeltsch von 1919 bis 1922 für die Zeitschrift „Kunstwart und Kulturwart" (bzw. für ihre Kriegsausgabe „Deutscher Wille") schrieb. Einige wichtige Hinweise bieten aber die Texte der Kolumne selbst. „Bis hierher habe ich von diesem Standpunkte aus den Gang der Dinge und die Wandelungen von Revolution und Neuordnung alle 14 Tage verfolgt", schrieb Troeltsch im „Kunstwart"-Augustheft 1920 im Spectator-Brief „Die Reichstagswahlen: Eintritt der Revolution in ein neues Stadium". „Der Herr Herausgeber hatte mir gleich nach der Revolution den Kunstwart zur Verfügung gestellt, und ich war froh um diesen parteilosen Ort der Äußerung."[1]

1.1. Zum Ort der Publikation – Die Kulturzeitschrift „Kunstwart"

Troeltschs Verbindung zum „Kunstwart" war indes älter als die deutsche Revolution von 1918/19. Der „Kunstwart" war 1887 von dem Schriftsteller Ferdinand Avenarius (1856–1923) gegründet worden und wurde seither von ihm von Dresden aus herausgeben.[2] Seit 1894 erschien er im Verlag von Georg D. W. Callwey in München. Die Zeitschrift gehörte zum Umfeld der Lebensreformbewegung und war somit Bestandteil jener breiten kulturkritischen Strömung im deutschen Bürgertum, die an der Schwelle

---

[1] Spectator/Ernst Troeltsch: Die Reichstagswahlen: Eintritt der Revolution in ein neues Stadium (August 1920), unten, S. 316–326, hier S. 325.
[2] Zur Geschichte des „Kunstwarts" vgl. Gerhard Kratzsch: Kunstwart und Dürerbund (1969).

zum 20. Jahrhundert auf die Entfremdungserfahrung der Moderne, aber auch auf ihre Übertünchung im hohlen Pathos des Wilhelminismus und auf die geistig-kulturelle Segregation der Bevölkerung in der Klassengesellschaft mit dem Ruf nach einem neuen Ideal der „Natürlichkeit", „Einfachheit" und „Volksgemeinschaft" (kulturalistisch inkludierend, nicht rassistisch exkludierend) reagierte. Dieses Ideal in der Kunst und darüber hinaus im gesamten kulturellen Bereich der Lebensführung zu propagieren, war seit den 1890er Jahren der selbstgewählte Auftrag des „Kunstwarts". Dazu wurde der Titel der Zeitschrift „Kunstwart" 1912 zu „Kunstwart und Kulturwart" erweitert. Im Untertitel ursprünglich als „Rundschau über alle Gebiete des Schönen" gestartet, erschien sie nach mehrfachen Änderungen seit 1907 als „Halbmonatsschau für Ausdruckskultur auf allen Lebensgebieten". Paul Schumann, der Vorkämpfer der Kunsterziehungsbewegung, und Paul Schultze-Naumburg, der architektonische Verkünder des „Heimatschutzes", bestimmten das künstlerische Profil der Zeitschrift. Dieses Profil fand seine Anhänger in den Jahren vor dem Ersten Weltkrieg durchaus auch im Milieu des liberalen Kulturprotestantismus im Umfeld von Martin Rades „Christlicher Welt", Friedrich Naumanns Nationalsozialem Verein und Hermann Muthesius' Deutschem Werkbund. Der Historiker Friedrich Meinecke und seine Frau lasen sich Texte von Avenarius vor und träumten von einem Haus, in das „so recht alles hineingebaut werden [sollte], was wir von Schultze-Naumburg im Kunstwart gelernt hatten." Noch 1941 waren für Meinecke die Namen Naumann, Rade und Schultze-Naumburg ein selbstverständlicher Dreiklang.[3] Die enge Verwobenheit der Milieus zeigte sich auch im Dürerbund, den Avenarius 1901 zur Propagierung der kulturreformerischen Ideale des „Kunstwarts" ins Leben gerufen hatte. Zu den 199 Mitgliedern des (freilich mehr repräsentativen als geschäftsführenden) Gesamtvorstandes des Dürerbundes im Jahr 1912 zählte auch Ernst Troeltsch – neben u. a. Eduard Bernstein, Rudolf Eucken, Gerhart Hauptmann, Karl Lamprecht, Max Liebermann, Friedrich Meinecke, Hermann Muthesius, Paul Natorp, Friedrich Naumann, Arthur von Posadowsky-Wehner, Max Reger, Fritz Schumacher, Georg von Vollmar und Marianne Weber.[4] Avenarius seinerseits besuchte 1915 die Eisenacher Pfingsttagung der Vereinigung der Freunde der Christlichen Welt und dokumentierte so seine Verbundenheit mit dem liberalen Kulturprotestantismus.[5] Nach Troeltschs Tod 1923 behauptete Avenarius gar, dieser habe ihn

---

[3] Friedrich Meinecke: Autobiographische Schriften (1969), S. 168; ders.: Neue Briefe und Dokumente (2012), S. 134 und S. 408.
[4] Gerhard Kratzsch: Kunstwart und Dürerbund (1969), S. 339 und S. 463–466.
[5] An die Freunde der „Christlichen Welt", Nr. 53 vom 22. Juni 1915, Sp. 610.

„mit drei anderen Größen der deutschen Wissenschaft" in Stockholm für den Literaturnobelpreis vorgeschlagen.[6]

Im Ersten Weltkrieg stellte sich der „Kunstwart" in den Dienst der geistigen Kriegsführung und erschien ab dem ersten Oktoberheft 1915 (29. Jg., Heft 1) unter dem Titel „Deutscher Wille. Des Kunstwarts 29. Jahr". Dieser Name blieb der Zeitschrift bis ins 32. Jahr erhalten. Noch die ersten vier Spectator-Briefe erschienen in diesen Kriegsausgaben. Erst mit dem ersten Aprilheft 1919 (32. Jg., Heft 13) kehrte der Friedensname der Zeitschrift in Haupt- und Untertitel zurück. Der „Kunstwart" politisierte sich also analog zur Politisierung der „Kunstwartgemeinde", des von Avenarius wie von Troeltsch erstrebten „Bundes der Intellektuellen".[7] Bei allem nationalistischen Wortradikalismus folgte die Zeitschrift dabei aber insgesamt einer Linie „gemäßigter" Kriegsziele, wie sie Troeltsch in jenen Jahren als „Deutsche Freiheit" propagierte: Verschmelzung zur „Volksgemeinschaft" im Inneren, „Selbstbehauptung" nach außen. In den Kriegszieldebatten in Deutschland während des Ersten Weltkriegs signalisierte das eine vorsichtige Unterstützung innenpolitischer Reformen sowie eine gewisse Distanz zum alldeutschen Annexionismus. Avenarius war Mitglied im Ausschuss des Volksbundes für Freiheit und Vaterland, der 1917 unter maßgeblicher Beteiligung von Troeltsch als Sammlung liberaler und sozialdemokratischer Reformer in Reaktion auf die nationalistischen Bestrebungen der Vaterlandspartei gegründet wurde. Eine explizite Absage des „Kunstwart"-Herausgebers an die Alldeutschen erfolgte allerdings erst im November 1918.[8]

In der zweiten Kriegshälfte, als sich die Kriegszieldebatten zusehends zuspitzten, begann auch Troeltschs Karriere als „Kunstwart"-Autor. Sein erster Beitrag, erschienen im November 1917 in einem Themenheft „Zum Gedenktage an die Reformation", war noch weitgehend unpolitischer Natur.[9] Das änderte sich bereits deutlich in dem Aufsatz „Ostern" im April 1918.[10] Seine große Abrechnung mit dem alldeutsch-annexionistischen Lager begann Troeltsch dann unmittelbar nach der Revolution im zweiten Dezemberheft 1918 mit „Das Ende des Militarismus".[11] Durch das Kriegsende endlich „befreit von den Rücksichten auf die Zensur", entschloss er sich so-

---

[6] Ferdinand Avenarius: Ernst Troeltsch † (1923), S. 249.
[7] Gerhard Kratzsch: Kunstwart und Dürerbund (1969), S. 134; Gangolf Hübinger: Aufbau statt Untergang (2006), S. 178 ff.
[8] Ferdinand Avenarius: In Sachen der Alldeutschen und auch in eigner Sache (1918).
[9] Ernst Troeltsch: Ernste Gedanken zum Reformations-Jubiläum (1917) → KGA 11.
[10] Ernst Troeltsch: Ostern (1918) → KGA 11.
[11] Ernst Troeltsch: Das Ende des Militarismus (1918) → KGA 12.

dann, den 1918 in einem Sammelband veröffentlichten Aufsatz „Das Wesen des Weltkrieges" in unzensierter Form erneut zu publizieren. Die überarbeitete Fassung erschien im „Kunstwart" im Februar und März 1919 in zwei Teilen unter dem Titel „Wahnsinn oder Entwicklung? Die Entscheidung der Weltgeschichte".[12] Parallel zu den anonymen Spectator-Briefen erschienen 1919/20 im „Kunstwart" als Namensbeiträge von Troeltsch auch drei ideengeschichtliche Abhandlungen über die politischen Bewegungen der Revolutionszeit: „Demokratie" im ersten Augustheft 1919, „Aristokratie" im zweiten Oktoberheft 1919 und „Sozialismus" im ersten Februarheft 1920.[13] Außerdem publizierte Troeltsch im „Kunstwart" 1919 vier Miszellen und im September 1921 ein Resümee „Zum Dante-Jubiläum".[14]

Das Kernstück von Troeltschs publizistischem Wirken im „Kunstwart" waren aber die in 32 Folgen unter dem Pseudonym „Spectator" veröffentlichten Briefe und die „Berliner Briefe" als namentlich gezeichnete Fortsetzungsreihe mit 24 Folgen. Diese insgesamt 56 Texte, die in diesem Band ediert sind, erschienen allesamt zwischen Februar 1919 und November 1922. Mit ihnen wurde Troeltsch in dreieinhalb Jahren einer der meist beachteten politischen Kommentatoren der frühen Weimarer Republik. Zugleich war er dank dieser Kolumne in jenen Jahren einer der beständigsten freien Autoren des „Kunstwarts". Von den 70 Kunstwartheften, die zwischen dem Kriegsende im November 1918 und Troeltschs Tod am 1. Februar 1923 erschienen, war er in 59 Heften mit Texten vertreten.

In einem Nachruf auf Troeltsch im Märzheft 1923 hob Avenarius dessen Bedeutung für das politisch-intellektuelle Profil des „Kunstwarts" besonders hervor: „Troeltsch war aber auch ein zielbewusster *Anreger* und *Ermutiger*. Als er vom Kunstwart zu meinem Sechzigsten als vom ‚getreuen Eckart der Deutschen' gesprochen hatte, bekannte ich ihm einmal meine Sorgen: die Sache geböte die Erweiterung über ‚nur Kunst' hinaus, aber würde dabei aus dem Kunstblatt etwas Gutes werden? Hätten wir dazu die Vorbildung, das Vorleben, würden unsre Leser die innere Notwendigkeit, das *Gewachsene* dieser Erweiterung verstehn? [...] Wenn aber schließlich unter den schwierigsten äußeren Umständen das Wagnis gelang, die Wuchsfähi-

---

[12] Ernst Troeltsch: Wahnsinn oder Entwicklung? Die Entscheidung der Weltgeschichte (1919), in: KGA 15, S. 70–93, Zitat S. 71.

[13] Ernst Troeltsch: Demokratie (1919), in: KGA 15, S. 211–224; ders.: Aristokratie (1919), in: KGA 15, S. 270–283; ders.: Sozialismus (1920), in: KGA 15, S. 357–370.

[14] Ernst Troeltsch: Für unsre Selbsterkenntnis (1919), in: KGA 15, S. 45; ders.: Nicht um Vergangenes rechten, sondern Zukünftiges fordern! (1919), in: KGA 15, S. 227 f.; ders.: Kant in Amerika, in: KGA 15, S. 231; ders.: Christlich-Amerikanisches, in: KGA 15, S. 246–249; ders.: Zum Dante-Jubiläum (1921) → KGA 11.

gen der Kunstwartgemeinde bei userm inneren Umbau zusammenzuhalten, so war das fast ausschließlich das Verdienst der ‚Berliner Briefe' von Ernst Troeltsch. Auch die anfangs Verständnislosen auf der Linken und Rechten ahnten allmählich und begriffen endlich ihren im Auslande vom ersten ‚Briefe' an mit Gunst oder Mißgunst anerkannten Wert."[15]

Trotz dieser postum recht hohen Gewichtung hatte Avenarius allerdings Troeltschs Kolumne während der längsten Zeit ihres Erscheinens keinen hervorgehoben prominenten Platz in den Kunstwartheften eingeräumt. Bis August 1921 war sie mit nur zwei Ausnahmen[16] stets im hinteren Heftteil in der Rubrik „Vom Heute fürs Morgen" im zweispaltigen Satz ohne weitere Hervorhebung zwischen anderen vermischten Beiträgen erschienen. Erst ab dem 35. „Kunstwart"-Jahrgang, beginnend im Oktoberheft 1921, war sie regelmäßig im vorderen Heftteil im einspaltigen Satz abgedruckt worden. Immerhin, diese Aufwertung war in einer redaktionellen Anmerkung wie folgt begründet worden: „Ernst Troeltschs ‚Berliner Briefe' für den Kunstwart haben eine so große Bedeutung erlangt, daß wir sie von jetzt an in größerem Satz und regelmäßig zum Abschluß des ersten Kunstwartteils bringen."[17]

Troeltsch selbst hat sich über sein Verhältnis zum „Kunstwart" und zu dessen Herausgeber sehr viel nüchterner geäußert. Als ihm der Historiker Hans Delbrück im Sommer 1919 die Herausgeberschaft der „Preußischen Jahrbücher" antrug (woraus dann nichts wurde), schrieb ihm Troeltsch: „Vorab: mein Verhältnis zum Kunstwart ist kein Hindernis; ich bin hier in keiner Weise gebunden. Ich habe das Anerbieten von Avenarius benützt, um ein Sprachrohr zu haben zu regelmäßiger Äußerung, da ich in der patriotischen u[nd] liberalen Presse einen wirklichen Zugang nicht habe. Ich passe nirgends hin u[nd] habe mich auch mit den großen Blättern allen überworfen, mit der Frankfurter wegen der Judenfrage, mit der Vossischen wegen der Person Bernhards u[nd] mit dem Berliner Tageblatt wegen gegenrevolutionären Neigungen. Also wäre mir ein näheres Verhältnis zu den Preuß[ischen] Jahrb[üchern] sehr erwünscht. Der Kunstwart ist abgelegen, u[nd] Avenarius möchte meine Briefe immer korrigieren d. h. mildern u[nd] dem Publikum schmackhafter machen. Daraus kam mancher Ärger."[18]

---

15 Ferdinand Avenarius: Ernst Troeltsch † (1923), S. 248 f. (Hervorhebungen i. O.).
16 Im Hauptteil waren erschienen: Spectator: Die Schuldfrage (Juli 1919), unten, S. 115–124; Spectator: Vorherrschaft des Judentums? (Januar 1920), unten, S. 209–217.
17 Siehe unten, S. 441.
18 Brief Ernst Troeltschs an Hans Delbrück vom 25. August 1919 → KGA 21.

Leider geht aus dieser Briefstelle nicht hervor, ob und inwiefern Avenarius mit seinen Einmischungen erfolgreich war. Ob Troeltsch auf Druck seines Herausgebers tatsächlich manchen Beitrag „schmackhafter" umschrieb, oder ob Avenarius womöglich gar selbsttätig Korrekturen an den Texten vornahm, ist nicht bekannt.

Dagegen steht fest, dass Troeltsch bei der Auskunft, er habe sich mit allen „großen Blättern" überworfen, übertrieb. Troeltsch hatte nach 1918 durchaus „Zugang" zur „liberalen Presse". Auch die drei namentlich genannten Zeitungen druckten seine Texte. Nachdem die „Frankfurter Zeitung" schon im Februar 1919 eine Stellungnahme von Troeltsch zur Kriegsgefangenenfrage abgedruckt hatte, erschien im Dezember 1919 nur wenige Monate nach dem Brief an Delbrück auf der Titelseite der „Frankfurter Zeitung" der lange Beitrag „Zur Politik gegenüber den protestantischen Kirchen". In der „Vossischen Zeitung" erschien im Mai 1920 Troeltschs Artikel „Die Not der deutschen Wissenschaft". Im Januar 1921 durfte er ebendort sogar den Leitartikel zum Reichsgründungstag schreiben („Deutsche Einheit"). Im Berliner Tageblatt schrieb Troeltsch im Februar 1919 einen Leitartikel mit dem Titel „Nationalgefühl", einen weiteren Leitartikel zu Weihnachten 1920 unter dem Titel „Licht in der Finsternis". Am Tag der preußischen Landtagswahl schließlich, am 20. Februar 1921, erschien ebendort auf der Titelseite Troeltschs Artikel „Wahlpflicht der Intellektuellen" mit der dreispaltig gedruckten Aufforderung „Wählt die deutsch-demokratischen Listen".[19] Aber Troeltsch suchte nach der Revolution im November 1918 eben ein „Sprachrohr [...] zu regelmäßiger Äußerung" – und das konnte ihm in der beabsichtigten Form eben nur eine Zeitschrift bieten.

1.2. Zum Textkorpus – Spectator-Briefe und Berliner Briefe

Wann und wie genau Troeltsch mit Avenarius übereinkam, eine Kolumne im „Kunstwart" zu publizieren, ist nicht bekannt – auch nicht, von wem die Idee ausging. Dagegen scheint sicher, dass die Kolumne von Beginn an als längere Reihe geplant war. Schon der zweite Beitrag „Rück- und Umblick 2" erschien im Februar 1919 mit dem redaktionellen Hinweis: „Wir möchten

---

[19] Ernst Troeltsch: Nationalgefühl (1919), in: KGA 15, S. 56–59; ders.: [Unsere Kriegsgefangenen] (1919), in: KGA 15, S. 64; ders.: Zur Politik gegenüber den protestantischen Kirchen (1919), in: KGA 15, S. 291–299; ders.: Die Not der deutschen Wissenschaft (1920), in: KGA 15, S. 378–383; ders.: Licht in der Finsternis (1920) → KGA 11; ders.: Deutsche Einheit. Zum 18. Januar (1921), in: KGA 15, S. 413–417; ders.: Wahlpflicht der Intellektuellen (1921), in: KGA 15, S. 423 ff.

unsere Leser auf diese „*Spectator*'-Briefe, von denen wir heute den zweiten bringen und die wir fortsetzen werden, ganz besonders aufmerksam machen."[20]

Nach Troeltschs eigener Auskunft schrieb er den „ersten Brief" für die „Kunstwart"-Reihe am 30. November 1918, ließ ihn aber nicht abdrucken, „weil er im Verhältnis zu der ungeheuren Aufregung zu sehr mit Kleinigkeiten und Zufälligkeiten angefüllt war." Der Brief kam dann erst knapp ein Jahr später im Dezember 1919 unter dem Titel „Was man vor einem Jahre in Berlin von der Revolution persönlich erleben konnte" zur Veröffentlichung, von Troeltsch um eine erläuternde Einleitung und einen neuen Schluss ergänzt.[21] Dass Troeltsch ihn bei dieser Gelegenheit als den „ersten Brief", den er für den „Kunstwart" geschrieben habe, bezeichnete, weist darauf hin, dass er den auf den 16. November 1918 datierten Beitrag „Das Ende des Militarismus", der im zweiten Dezemberheft 1918 erschienen war,[22] explizit nicht zur Reihe zählte. Erst Hans Baron schlug den Beitrag in seiner Auswahledition der Spectator-Briefe von 1924 dem Textkorpus zu.[23] Doch „Das Ende des Militarismus" war eben als Namensbeitrag von Troeltsch erschienen. Zur Reihe der Spectator-Briefe zählte also auch Troeltsch nur jene Texte, die tatsächlich mit diesem Pseudonym erschienen waren. Als Start der Reihe ist somit der Text „Rück- und Umblick" anzusehen, der im ersten Februarheft 1919 erschien. Troeltsch datierte diesen Text in seinem Handexemplar (siehe unten, S. 37–40) nachträglich auf den 30. Dezember 1918. Im Text selbst ist der 9. Januar 1919 als Entstehungsdatum genannt.[24]

Wie Troeltsch auf das Pseudonym „Spectator" verfiel, ist nicht bekannt. Es handelte sich freilich im deutschsprachigen Raum im frühen 20. Jahrhundert um eines der gängigsten journalistischen Pseudonyme. Nur unter diesem Pseudonym konnte etwa 1905 ein Bericht über den Prozess gegen den des illegalen Glücksspiels überführten oldenburgischen Staatsminister Ruhstrat veröffentlicht werden. Als „Spectator" publizierte 1907 auch der Dortmunder Chirurg Adolf Henle seine Abrechnung mit dem deutschen Reichskanzler „Fürst Bülow als Angeklagter!". Der Schriftsteller Rudolf Borchardt veröffentlichte 1912 in den Süddeutschen Monatsheften tagespolitische Kommentare unter dem Pseudonym „Spectator Germanicus". Weit verbreitet war das Pseudonym zumal in der deutschen Kriegspu-

---

[20] Siehe unten, S. 59.
[21] Spectator: Was man vor einem Jahre in Berlin von der Revolution persönlich erleben konnte (Dezember 1919), unten, S. 199–208, Zitat S. 200.
[22] Ernst Troeltsch: Das Ende des Militarismus (1918) → KGA 12.
[23] Ernst Troeltsch: Spektator-Briefe (1924), S. 1–12.
[24] Spectator: Rück- und Umblick (Februar 1919), unten, S. 53–58, hier S. 55.

blizistik. „Wer bleibt Sieger im Weltkrieg?" fragte 1915 der Journalist Artur Schweriner unter dem Spectator-Pseudonym. Ein österreichischer Sozialist publizierte 1917 in Bern unter dem Pseudonym „Spektator" gegen die sozialdemokratische Burgfriedenspolitik. 1919 folgte aus derselben Feder im Wiener Verlag „Die Wage" eine Flugschrift zur ungarischen Rätediktatur, die „Karl Radek (zur Zeit im Gefängnis Moabit) zugeeignet" war. Unter dem Pseudonym „M. Spectator" publizierte in Deutschland während und nach dem Ersten Weltkrieg auch der russisch-jüdische Ökonom Miron Isaakovic Nachimson. Zeitlich parallel zu Troeltschs „Kunstwart"-Reihe publizierte der Schriftsteller Efraim Frisch in der von ihm herausgegebenen Kulturzeitschrift „Der neue Merkur" diverse Beiträge unter dem Spectator-Pseudonym. Frisch wird auch ein Bericht über den Kapp-Putsch zugeschrieben, der 1920 unter dem Spectator-Pseudonym in Kurt Wolffs Leipziger Verlag „Der neue Geist" erschien.[25]

Troeltschs wahrscheinlichste Inspirationsquelle ist indes noch etwas älter. Nachweislich waren Troeltsch die „Kirchenpolitischen Briefe" vertraut, die der liberale Reformkatholik Franz Xaver Kraus von 1895 bis 1899 unter dem Pseudonym „Spectator" in der Allgemeinen Zeitung veröffentlicht hatte.[26] Mit Bezug auf sie schrieb Troeltsch 1912 in einer Fußnote zu den „Soziallehren der christlichen Kirchen und Gruppen": „Wie stark der moderne Katholizismus auf demokratisch-individualistisch-rationalistische Ideen einzugehen im Stande ist, das zeigen die bekannten Spectator-Briefe."[27] Naheliegend ist dieses Vorbild auch deshalb, weil Troeltsch ihm nicht allein durch die Wahl des Pseudonyms entsprach, sondern auch durch die Kennzeichnung seiner Kolumnentexte als „Briefe", wie sie mit der Bezeichnung „Spectator-Briefe" schon zum zweiten Beitrag „Rück- und Umblick 2" in dem zitierten Hinweis der „Kunstwart"-Redaktion erfolgte (siehe oben).

---

[25] Spectator [Ps.]: Ruhrstrat (1905); Spectator [i. e. Adolf Henle]: Fürst Bülow als Angeklagter! (1907); Rudolf Borchardt: Prosa 5 (1979), S. 111–186; Spectator [i. e. Artur Schweriner]: Wer bleibt Sieger im Weltkrieg? (1915); Spektator [i. e. B. Wolf]: Vaterlands-Verteidigung und auswärtige Politik der Sozialdemokratie (1917); ders.: Mohrenwäsche oder Entstehung und Zusammenbruch der ungarischen Rätediktatur (1919); M. Spectator [i. e. Miron Isaakovic Nachimson]: Die psychologische Vorbedingung des Weltfriedens (1916); ders.: Das Sozialisierungsproblem in Deutschland (1920); ders.: Der neue Kurs in der Wirtschaftspolitik Sowjet-Rußlands (1921); Spectator [Ps.]: Die Geschichte der Berliner Fünftageregierung (1920); zu Frisch exemplarisch Spectator [i. e. Efraim Frisch]: England und Frankreich (1922).

[26] Vgl. Michael Graf: Liberaler Katholik – Reformkatholik – Modernist? (2003), S. 165 ff.

[27] Ernst Troeltsch: Die Soziallehren der christlichen Kirchen und Gruppen (1912), S. 306, Anm. 133 → KGA 9.

Fortan nannte auch Troeltsch, der am 25. Februar 1919 in einem Brief an Gertrud von le Fort noch von „Spektator-Artikeln" geschrieben hatte,[28] die Reihe in seiner Korrespondenz nur noch „Spektator-Briefe" oder „Spektatorbriefe". Übrigens schrieb Troeltsch sein Pseudonym in seiner Korrespondenz stets in der eingedeutschten Form mit „k", während es im „Kunstwart" stets in der lateinischen Form mit „c" gedruckt wurde.

Warum Troeltsch seine Kolumne überhaupt unter Pseudonym abfasste, erklärte er im Augustheft 1920 in dem schon eingangs zitierten Spectator-Brief „Die Reichstagswahlen: Eintritt der Revolution in ein neues Stadium", an dessen Ende er das Pseudonym zugleich auflöste: „Um völlig unabhängig zu sein und auf gar keine Wirkung hinschielen zu müssen, habe ich diese Briefe anonym gehalten. Auch wollte ich weder meiner Partei noch der Regierung, der ich als sehr unabhängiges Mitglied ehrenamtlich angehört habe und anzugehören für Pflicht hielt, keine Schwierigkeiten machen, wozu Übelwollende nicht ganz genau berechnete Wendungen gerne mißbrauchen."[29]

Ähnlich hieß es am 23. September 1919 in einem Brief an den evangelischen Pfarrer Rudolf Paulus: „Ich wollte einmal unpersönlich wirken, nur durch die Sache".[30] Ein wirkliches Geheimnis hat Troeltsch aus seiner Verfasseridentität aber offenbar nie gemacht. Nicht nur Gertrud von le Fort und Rudolf Paulus erfuhren es in den zitierten Briefen: „Ich denke, Sie lesen den Kunstwart. Da berichte ich in den Spektator-Artikeln jedes mal" (an Gertrud von le Fort); „Meine Gedanken dazu habe ich Nummer zu Nummer im Kunstwart niedergelegt, der freilich schwerlich in Ihre Hände kommt. Die dortigen Spektator-Briefe sind von mir" (an Rudolf Paulus). Zu Weihnachten 1919 belehrte er auch seine Schwester Elise Troeltsch: „Meine Ansichten kennt Ihr aus dem Kunstwart, sofern Ihr ihn mit Verstand lesen könnt u[nd] Euch nicht die Abendzeitung dafür den Sinn verdirbt."[31]

Für Irritation hat in der Troeltsch-Forschung gesorgt,[32] dass Troeltsch im Augustheft 1920 über seine Regierungstätigkeit im Vergangenheitsmo-

---

[28] Brief Ernst Troeltschs an Gertrud von le Fort vom 25. Februar 1919 → KGA 21.

[29] Spectator/Ernst Troeltsch: Die Reichstagswahlen: Eintritt der Revolution in ein neues Stadium (August 1920), unten, S. 325. Zu Troeltschs Regierungstätigkeit siehe die Einleitung, oben, S. 5 f.

[30] Brief Ernst Troeltschs an Rudolf Paulus vom 23. September 1919 → KGA 21.

[31] Brief Ernst Troeltschs an Elise Troeltsch vom 24. Dezember 1919 → KGA 21. Gemeint ist die „München-Augsburger Abendzeitung" (siehe auch unten, S. 449 f.).

[32] Vgl. etwa Jonathan R. C. Wright: Ernst Troeltsch als parlamentarischer Unterstaatssekretär im preußischen Ministerium für Wissenschaft, Kunst und Volksbildung (1984), S. 178.

dus schrieb („angehört habe und anzugehören für Pflicht hielt") – zumal er im selben Brief mit Verweis auf die Reichstagswahl vom 6. Juni 1920 und das mit ihr seines Erachtens verbundene Ende der „ersten Revolutionsperiode" sein Pseudonym auflöste: „Ich habe daher heute am vorläufigen Abschluß keinen Grund mehr, meinen Namen zurückzuhalten."[33] Tatsächlich war Troeltsch zu dem Zeitpunkt, wo er dies schrieb, nach wie vor Mitglied des preußischen Staatsministeriums. Die Reichstagswahl hatte an diesem Status nichts geändert und die von Troeltsch für die Verwendung eines Pseudonyms angeführten Gründe hatten also nicht an Gültigkeit eingebüßt. Des Rätsels Lösung birgt eventuell ein Schreiben aus dem preußischen Kultusministerium vom 25. Juni 1920. Dieses Schreiben enthält Hinweise, dass Troeltsch zu jenem Zeitpunkt aus ganz anderen Gründen, nämlich wegen einer ministeriumsinternen Querele, überlegte, sein Amt als Staatssekretär niederzulegen.[34] Da der Spectator-Brief „Die Reichstagswahlen: Eintritt der

---

[33] Spectator/Ernst Troeltsch: Die Reichstagswahlen: Eintritt der Revolution in ein neues Stadium (August 1920), unten, S. 326. Siehe auch ebd., Anm. 20.

[34] Ausgangspunkt der Querele war ein Beschwerdebrief eines Oberlehrers namens Reintjes gewesen, der beim preußischen Kultusminister Konrad Haenisch (SPD) auf ein Disziplinarverfahren gegen einen angeblich deutsch-nationalen Lehrer gedrängt hatte und nach eigener Darstellung von Haenisch die Auskunft erhalten hatte, lediglich Troeltsch habe eine Verurteilung des Lehrers verhindert. Von Reintjes mit diesem Vorwurf brieflich konfrontiert, war Troeltsch so unvorsichtig gewesen, in einem von ihm als Privatbrief verstandenen Antwortschreiben an Reintjes am 22. Juni 1920 offene Kritik an seinem Minister zu üben: „Er wird wohl in dieser Not einen seiner in solchen Fällen üblichen Privatbriefe geschrieben haben und die Verantwortung auf den demokratischen Staatssekretär abgewälzt haben [...]." Reintjes hatte Troeltschs Brief umgehend an den Ministerialdirektor im Preußischen Kultusministerium Richard Jahnke geleitet, der ihn ebenso umgehend dem Minister hatte vorlegen lassen. Am 23. Juni wies Haenisch Troeltsch über den beamteten Staatssekretär Carl Heinrich Becker zur Äußerung („Sofort!") an. Troeltsch zeigte sich in seiner Stellungnahme vom 25. Juni wenig einsichtig: „Fühlt der Herr Minister durch meinen Privatbrief sich gekränkt, so bitte ich zu bedenken, daß dieser Brief durch seine Aktion hervorgerufen ist und dass jede Kränkungsabsicht bei der bloßen Konstatierung des mutmaßlichen Vorganges fehlte. Im übrigen steht ihm und, wenn Herr Jahnke es als Genugtuung fordern sollte, auch indirekt diesem mein Ehrenamt jederzeit zur Verfügung. Ich würde nur vorziehen, es freiwillig niederzulegen als entlassen zu werden. Ich gehe aber mit der Niederlegung noch nicht vor, da ich doch erst die Meinung des Herrn Minister hören und von diesem in Frieden scheiden möchte." Dass es soweit nicht kam, war Staatssekretär Becker zu verdanken, der schon am 23. Juni mit einem Akteneintrag die Luft aus der Affäre gelassen hatte: „Herr St.S. Tröltsch las mir den fertigen Brief vor, der eine Antwort auf ein geradezu unglaubliches Schreiben des Herrn Reintjes darstellt. Der Eingang des

Revolution in ein neues Stadium" auf den 1. Juli 1920 datiert ist, ist nicht auszuschließen, dass Troeltsch bei der Auflösung des Spectator-Pseudonyms von der irrigen Annahme seines baldigen Ausscheidens aus der Kabinettsdisziplin ausging.

Nach 31 Folgen unter dem Spectator-Pseudonym zeichnete Troeltsch jedenfalls diesen 32. Beitrag der „Kunstwart"-Reihe erstmals auch mit seinem richtigen Namen: „*Spectator*: Ernst Troeltsch.[35] Fortan erschienen alle weiteren 24 Texte der Kolumne bis zu ihrem Ende im November 1922 nur noch mit Troeltschs Namen. Ab dem Text „Das Weltsystem der Entente" im Novemberheft 1920 erschienen sie außerdem mit dem Titelzusatz „Berliner Brief".[36] Zwischendurch war im Oktoberheft 1920 der Text „Der Bolschewismus" erschienen – namentlich gezeichnet, ohne Spectator-Pseudonym, aber auch noch ohne den Titelzusatz „Berliner Brief".[37] Thematisch schloss „Der Bolschewismus" erkennbar an die erwähnten ideengeschichtlichen Abhandlungen zu den politischen Bewegungen der Revolutionszeit an, die Troeltsch 1919/20 parallel zur Spectator-Reihe als Namensbeiträge im „Kunstwart" veröffentlicht hatte.[38] Troeltsch selbst hat den Text aber wiederholt und eindeutig seiner Kolumnenreihe im „Kunstwart" zugeordnet. Gleich im ersten Satz von „Der Bolschewismus" verwies er auf den „letzten Briefe vom Juli".[39] In „Die innere Entwickelung der deutschen Revolution" im Dezemberheft 1920 verwies er zudem auf den „letzten Brief der ersten Reihe" (gemeint war explizit „Die Reichstagswahlen: Eintritt der Revolution in ein neues Stadium") und die „beiden ersten Briefe der zweiten Reihe".[40] Folglich war „Der Bolschewismus" der erste Brief der zweiten Reihe noch vor „Das Weltsystem der Entente". Später fehlte der Titelzusatz „Berliner Brief" noch bei „Die intimen Seiten der deutschen Lage" im

---

Tr'schen Briefes beruht auf einem Mißverständnis, wie ich gleich Herrn Tr. gegenüber aussprach, da m. W. der Herr Minister nur mündlich mit Reintjes verkehrt hat. Ich hatte keinen Einfluß auf einen Privatbrief des Herrn Tr., mit dem er auf einen höchst ungehörigen Privatbrief an ihn reagierte." Alle Dokumente: Bundesarchiv Berlin, N 2104 (NL Konrad Haenisch), 401.

[35] Spectator/Ernst Troeltsch: Die Reichstagswahlen: Eintritt der Revolution in ein neues Stadium (August 1920), unten, S. 326.
[36] Ernst Troeltsch: Das Weltsystem der Entente (November 1920), unten, S. 342.
[37] Ernst Troeltsch: Der Bolschewismus (Oktober 1920), unten, S. 327.
[38] Ernst Troeltsch: Demokratie (1919), in: KGA 15, S. 211–224; ders.: Aristokratie (1919), in: KGA 15, S. 270–283; ders.: Sozialismus (1920), in: KGA 15, S. 357–370.
[39] Ernst Troeltsch: Der Bolschewismus (Oktober 1920), unten, S. 327.
[40] Ernst Troeltsch: Die innere Entwickelung der deutschen Revolution (Dezember 1920), unten, S. 351.

Aprilheft 1922.⁴¹ Doch war das in diesem Fall wohl nur ein redaktionelles Versehen.

Troeltsch unterschied also Spectator-Briefe und Berliner Briefe explizit als getrennte Reihen, wobei die Nummerierung als „erste" und „zweite" Reihe zugleich ihre Zusammengehörigkeit unterstrich. Letzteres taten auch diverse Querverweise zwischen den Reihen, so im Berliner Brief „Der Beginn der eigentlichen Schwierigkeiten" im Juniheft 1921: „Diese Briefe waren niemals optimistisch. Nur in der kurzen Frist im Frühjahr 1919 [...] habe ich Hoffnungen geäußert [...]".⁴² Troeltschs Motiv, die Berliner Briefe zu den Spectator-Briefen als explizit eigene Reihe abzugrenzen, war wohl eigentlich, dass er zunächst plante, diese neue Reihe nur in unregelmäßigen Abständen erscheinen zu lassen. „Ob ich die Briefe des Kunstwarts unbegrenzt fortsetzen könnte, ist mir längst unsicher", hatte er schon im August 1919 an Delbrück geschrieben.⁴³ Zum Abschluss der Spectator-Reihe hieß es dann im Augustheft 1920: „Nun geht ein neuer Abschnitt auf. Ihm in gleicher Weise zu folgen, bin ich zu beschäftigt. Auch habe ich das Allgemeine, das ich zu den Dingen zu sagen hatte, in diesen Briefen bereits wesentlich gesagt. Ich möchte damit die regelmäßige Berichterstattung einstellen und in Zukunft nur mehr frei nach Bedarf berichten."⁴⁴

Indes konnte von nachlassender Regelmäßigkeit in der Folge keine Rede sein. Nach wie vor war Troeltsch mit seiner Kolumne in nahezu jeder „Kunstwart"-Ausgabe vertreten. Statistisch erschienen die Berliner Briefe sogar noch etwas regelmäßiger als zuvor die Spectator-Briefe. Vom Start der Spectator-Reihe im ersten Februarheft 1919 bis zum Abschluss im Augustheft 1920 war in 30 von 36 Kunstwartheften (83,3 %) mindestens ein Spectator-Brief erschienen (im ersten Juliheft 1919 und im ersten Septemberheft 1919 waren gleich zwei Spectator-Briefe erschienen). Vom Start der zweiten Reihe im Oktoberheft 1920 bis zum November 1922 erschien die Kolumne in 24 von 26 Kunstwartheften (92,3 %). Lediglich in den Septemberheften 1921 und 1922 fiel sie ferienbedingt aus (wie schon zwischen den Reihen im Septemberheft 1920). Was tatsächlich ab dem Juliheft 1920 zu größeren Zeitabständen zwischen den Briefen führte, war allein die Umstellung der Erscheinungsfolge des „Kunstwarts" von einer Halbmonatschau

---

⁴¹ Ernst Troeltsch: Die intimen Seiten der deutschen Lage (April 1922), unten, S. 512.

⁴² Ernst Troeltsch: Der Beginn der eigentlichen Schwierigkeiten (Juni 1921), unten, S. 412.

⁴³ Brief Ernst Troeltschs an Hans Delbrück vom 25. August 1919 → KGA 21.

⁴⁴ Spectator/Ernst Troeltsch: Die Reichstagswahlen: Eintritt der Revolution in ein neues Stadium (August 1920), unten, S. 325.

mit 24 Heften pro Jahrgang auf eine Monatschau mit nur noch 12 Heften pro Jahrgang.

Die zweite Reihe endete im Novemberheft 1922 abrupt mit dem letzten Berliner Brief „Die Republik".[45] Dieser Text, datiert auf den 7. Oktober 1922, enthält keinerlei Hinweis auf ein beabsichtigtes Ende der Kolumne. Aber Troeltsch hat in den nicht mehr ganz vier Monaten, die er danach noch lebte, keine weiteren Beiträge für den „Kunstwart" mehr geschrieben. Über die Gründe lassen sich nur Vermutungen anstellen.[46] Gesundheitlich ging es Troeltsch im Herbst 1922 nicht wesentlich schlechter als in den Jahren zuvor. Zwar litt er seit dem letzten Kriegsjahr an Herzbeschwerden. Auch machte sich die kriegs- und blockadebedingte jahrelange Mangelernährung zunehmend in Krankheiten und Erschöpfung bemerkbar. Bettlägerig war Troeltsch aber erst ab der zweiten Januar-Woche 1923, als ihn jene Grippe ereilte, die nur zweieinhalb Wochen später zu seinem Tod führte. Bis dahin hatte Troeltsch sein Arbeitspensum nicht reduziert. Im Gegenteil, der Terminkalender war im Herbst 1922 wieder einmal völlig überfüllt gewesen. Zusätzlich zu Lehrtätigkeit und wissenschaftlicher Arbeit – darunter die Vorbereitung der fünf großen Vorträge für die geplante Großbritannien-Reise im März 1923[47] – war Troeltsch am 1. August 1922 auch noch zum Dekan der Philosophischen Fakultät an der Berliner Universität gewählt worden. Arbeitsüberlastung würde also als Grund für das Ende der Kolumne einleuchten. Andererseits hielt sich Troeltschs Arbeitsaufwand für die Kolumne im Vergleich zu anderen Verpflichtungen in Grenzen. Das erforderliche bisschen Mühe hatte er sich 1921/22 selbst in den intensivsten Phasen der Entstehung von „Der Historismus und seine Probleme" stets gemacht.[48]

Am ehesten ist der Grund für das Ende der Kolumne wohl in einer tiefen Depression zu suchen, die Troeltsch spätestens mit der Ermordung Walther Rathenaus im Juni 1922 in Bezug auf die politischen Verhältnisse in der Weimarer Republik heimsuchte und die sich in den letzten Berliner Briefen in einer zunehmenden Düsternis auch deutlich niederschlug. „The heart of this man was broken" beschrieb der US-amerikanische Politikwissenschaftler Charles W. Pipkin später seinen Eindruck von einem Gespräch mit Troeltsch kurz vor Weihnachten 1922.[49] Dennoch bleibt die Frage, warum

---

[45] Ernst Troeltsch: Die Republik (November 1922), unten, S. 578–588.
[46] Zum Folgenden vgl. Friedrich Wilhelm Graf, unter Mitarbeit von Christian Nees (Hg.): Ernst Troeltsch in Nachrufen (2002), S. 44–63.
[47] Ernst Troeltsch: Der Historismus und seine Überwindung (1924), jetzt KGA 17.
[48] Ernst Troeltsch: Der Historismus und seine Probleme (1922), jetzt KGA 16.
[49] Zit. nach Friedrich Wilhelm Graf, unter Mitarbeit von Christian Nees (Hg.): Ernst Troeltsch in Nachrufen (2002), S. 436.

die Reihe so wortlos endete und weder Troeltsch noch die „Kunstwart"-Redaktion ihr ein erklärendes und würdigendes Abschiedswort hinterher sandten. Wollte sich Troeltsch vielleicht doch die Möglichkeit offen halten, die Reihe nach einer kürzeren oder längeren Pause wieder aufzunehmen?

2. Textgenese und Drucklegung

Das Verfassen der Spectator-Briefe und Berliner Briefe war für Troeltsch eine Arbeit, die er nebenher zu seiner hauptberuflichen Arbeit als akademischer Wissenschaftler, über lange Zeit des Erscheinens der Kolumne zudem noch neben seiner ehrenamtlichen Tätigkeit im preußischen Kultusministerium und deshalb zwangsläufig mit möglichst geringem Zeitaufwand erledigen musste. Sein Verleger Oskar Siebeck erzählte nach Troeltschs Tod, dieser habe ihm gegenüber in einem Gespräch über die „Kunstwart"-Briefe zugegeben, „dass die Sachen zum Teil so rasch hingeschrieben wurden, dass sie in den Rahmen eines großen Buches, das unter seinem Namen erscheint, nicht recht passen würden."[50]

Diese Flüchtigkeit ihrer Entstehung ist vielen Texten der Reihe deutlich anzumerken, etwa in einer gewissen Nachlässigkeit bei der Zitation. Selbst scheinbar wörtlich Zitiertes stimmt oft nur ungefähr. Auffällig ist dies etwa bei dem Berliner Brief „Der Beginn der eigentlichen Schwierigkeiten", wo Troeltsch ausführlich aus Max Webers „Gesammelten Politischen Schriften" zitiert, sich aber viele der Zitate dort bestenfalls sinngemäß, teils auch gar nicht wiederfinden.[51] Noch auffälliger ist es bei dem Spectator-Brief „Kritik am System: Die Kammer der Arbeit", wo Troeltsch auf gleich mehrere vermeintliche Artikel von Martin Spahn in der Zeitschrift „Gewissen" rekurriert, die sich aber weder in der genannten Zeitschrift noch sonst im bibliographisch erschlossenen Werk Spahns nachweisen lassen.[52] Da der Text zu der dreiteiligen Unterreihe „Kritik am System" gehört, deren Abdruck Troeltsch im Frühjahr 1920 unterbrochen hatte, um zunächst die aktuelleren Ereignisse rund um den Kapp-Putsch zu behandeln, ist in diesem Fall zu vermuten, dass Troeltsch den Beitrag schon im Februar oder März 1920

---

[50] Brief (Abschrift) Oskar Siebecks an Friedrich Meinecke vom 15. Juni 1923, Staatsbibliothek Berlin, Verlagsarchiv Mohr-Siebeck.

[51] Ernst Troeltsch: Der Beginn der eigentlichen Schwierigkeiten (Juni 1921), unten, S. 417 f.; vgl. Max Weber: Gesammelte Politische Schriften (1921).

[52] Spectator: Kritik am System: Die Kammer der Arbeit (Juni 1920), unten, S. 291–302; vgl. die Bibliographie bei Gabriele Clemens: Martin Spahn und der Rechtskatholizismus in der Weimarer Republik (1983), S. IX–XXII.

begonnen hatte und dann bei der wohl eiligen Fertigstellung im Mai 1920 seine Exzerpte durcheinander brachte.

Vermutlich sind viele Spectator-Briefe und Berliner Briefe so entstanden, dass Troeltsch sich von Zeit zu Zeit beiläufig aufgenommenes Stoffmaterial notierte und diese Notizen dann, wenn wieder ein Ablieferungstermin beim „Kunstwart" anstand, an einem einzigen Tag in nur wenigen Stunden zu halbwegs geschlossenen Texten zusammenfügte. Die charakteristische Textgestalt der meisten Spectator-Briefe und Berliner Briefe war eine erkennbar spontan entstandene Vermischung von tagespolitischem Kommentar mit Ansätzen zur Reflexion übergreifender politisch-geistiger Zusammenhänge und der anekdotischen Schilderung persönlicher Erlebnisse. Nur während eines Urlaubs in Heidelberg im Sommer 1919 nahm Troeltsch sich offenbar einmal etwas mehr Zeit, um ein paar Texte für seine Kolumne auf Vorrat zu schreiben. Hier entstanden die erkennbar gründlicher gearbeiteten Spectator-Briefe „Produktivität", „Der neue Geist", „„Der Untergang des Abendlandes'" (wo Troeltsch freilich im Schutz des Pseudonyms auf seine Rezension der Schrift Spenglers für die „Historische Zeitschrift" zurückgriff), wahrscheinlich auch „Zentralisation und Dezentralisation" und zumindest in Teilen „Vorherrschaft des Judentums?"[53] Ähnlich gründlich gearbeitet war später auch der Berliner Brief „Die geistige Revolution", der im Dezember 1920 entstand.[54] Je länger die Reihe erschien, desto öfter bestritt Troeltsch aber auch größere Textpassagen mit einer einzigen Quelle. Dies kulminierte im Maiheft 1922 im Berliner Brief „Eine Reise in Holland", wo Troeltsch über mehr als zwei Seiten am Stück aus einem Vortrag des niederländischen Professors Jan Gerard Sleeswijk zitierte.[55]

Als besonderes Problem stellte sich für Troeltsch bei der Abfassung seiner Kolumne immer wieder der lange Produktionsvorlauf der Kunstwarthefte dar, durch den bedingt vor allem der tagespolitische Kommentar in den Texten bei Erscheinen oft inhaltlich bereits überholt war. Gegenüber Gertrud von le Fort klagte Troeltsch im Juli 1919, dass die Spectator-Briefe „jedes mal 4 Wochen zum Druck brauchen u[nd] insoferne stets sehr altge-

---

[53] Spectator: Produktivität (September 1919), unten, S. 158–164; ders.: Der neue Geist (Oktober 1919), unten, S. 165–170; ders.: „Der Untergang des Abendlandes" (Oktober 1919), unten, S. 171–178; ders.: Zentralisation und Dezentralisation (November 1919), unten, S. 179–187; ders.: Vorherrschaft des Judentums? (Januar 1920), unten, S. 209–217; vgl. Ernst Troeltsch: [Rez.] Oswald Spengler: Der Untergang des Abendlandes, 1. Band (1919), in: KGA 13, S. 446–459.

[54] Ernst Troeltsch: Die geistige Revolution (Januar 1921), unten, S. 363.

[55] Ernst Troeltsch: Eine Reise in Holland (Mai 1922), unten, S. 533–535.

backen sind."⁵⁶ Die Entstehungsdaten, die Troeltsch wohl eben aus diesem Grund ab dem vierten Spectator-Brief „Links und Rechts" jeweils am Ende der Texte angab, bestätigen die genannte Zeitspanne von circa vier Wochen. Allerdings sind diese Daten in vielen Fällen problematisch, denn immer wieder rekurriert Troeltsch in den Texten auf erst später stattgefundene Ereignisse. Ungefähr zu Hälfte der vierwöchigen Produktionszeit nämlich erhielt Troeltsch die Textfahnen seiner Kolumne zur Korrektur zugesandt – und diese Gelegenheit scheint er, ohne aber das Entstehungsdatum zu korrigieren, immer wieder genutzt zu haben, um teils sogar recht umfangreiche Änderungen und Ergänzungen in die Texte einzufügen und ihnen so im Wettlauf mit der Zeit zumindest zwei Wochen mehr an Aktualität zu gewinnen. Zweimal hat Troeltsch diesen Umstand in den Texten direkt angesprochen. Im Berliner Brief „Auf dem Weg zur neuen Mitte", datiert auf den 7. Oktober 1921, heißt es: „Bei der Korrektur ist die Nachricht von der Entscheidung des Völkerbundes da."⁵⁷ Gemeint ist der Völkerbundentscheid zur Aufteilung Oberschlesiens vom 20. Oktober 1921. Im Berliner Brief „Wieder bei der Reparationskommission", datiert auf den 11. Juni 1922, heißt es: „Bei der Korrektur kommt die Nachricht von Rathenaus Ermordung."⁵⁸ Das war am 24. Juni 1922. In beiden Fällen lagen 13 Tage zwischen dem angegebenen Entstehungsdatum und dem Zeitpunkt der Fahnenkorrektur.

Trotzdem blieb Troeltsch in vielen Fällen nichts anderes übrig, als im Text selbst auf die mangelnde Aktualität seiner Kolumne hinzuweisen. Toposartig ziehen sich durch die Reihe Formulierungen wie: „Wenn diese Zeilen vor den Leser kommen, wird die Sache längst entschieden sein"; „Über das Schicksal der Friedensvorschläge wird man sehr viel mehr wissen, wenn diese Zeilen vor den Leser kommen"; „Bis diese Zeilen vor den Leser kommen, werden die Wahlen stattgefunden haben und ihre Ergebnisse bekannt sein [...]".⁵⁹ Im Berliner Brief „See- und Landmächte" heißt es fast resignativ: „Wie diese Dinge sich weiter entwickeln, ist nicht vorauszusagen. Ich schreibe vier Wochen vor Erscheinen dieser Zeilen und muß auf jede Aktualität verzichten."⁶⁰

Aufgrund dieser empfundenen Misere neigte Troeltsch in seiner eigenen Einschätzung der „Kunstwart"-Briefe dazu, der Reflexion übergreifender politisch-geistiger Zusammenhänge in ihnen einen höheren Stellenwert zu-

---

⁵⁶ Brief Ernst Troeltschs an Gertrud von le Fort vom 9. Juli 1919 → KGA 21.
⁵⁷ Ernst Troeltsch: Auf dem Weg zur neuen Mitte (November 1921), unten, S. 466.
⁵⁸ Ernst Troeltsch: Wieder bei der Reparationskommission (Juli 1922), unten, S. 557.
⁵⁹ Siehe unten, S. 86, S. 99 und S. 303.
⁶⁰ Ernst Troeltsch: See- und Landmächte (März 1922), unten, S. 505.

zuweisen als dem tagespolitischen Kommentar. So schrieb er im ersten Juliheft 1919 im Spectator-Brief „Die Schuldfrage" mit Bezug auf die Entscheidung über die Annahme des Versailler Vertrags: „Bis diese Zeilen vor den Leser kommen, wird die Entscheidung gefallen sein. Ich will daher hier nicht über diese Dinge sprechen, wie denn in meinen Briefen die Besprechung aller Augenblicksfragen bei dem rasenden Tempo im Wechsel der Verhältnisse, Meinungen und Stimmungen sich von selbst verbietet. Hier kann sich's nur darum handeln, die großen allgemeinen Linien der Ereignisse herauszuheben und die Auffassung durch gute Informationen über das Tatsächliche zu begründen, wie sie mir hier am Orte vielfach zur Verfügung stehen."[61]

Nicht ganz ohne Widerspruch dazu schrieb Troeltsch allerdings zwei Monate später im Spectator-Brief „Die Aussichten der Weltrevolution und die Zersetzung der Sozialdemokratie": „Indem ich […] die Reihe meiner Briefe seit Ausbruch der Revolution überlese, empfinde ich auch meinerseits den ganz rasenden Wechsel der Bilder. Die Briefe haben jeweils nur das augenblickliche Bild der Dinge geben wollen, wie es aus hundert Nachrichten, Gesprächen, Wahrnehmungen, Erlebnissen, Zeitungen und Broschüren aufzufangen war, und gar nicht den Ehrgeiz gehabt, den Gang der Dinge zu erraten und zu konstruieren oder Ziele des politischen Handelns aufzustellen. Gerade dadurch aber sind sie, wie ich hoffe, zu einem treuen Bilde der wechselnden Verhältnisse und der Meinungen über sie geworden."[62]

Beim Wiederlesen, wo das Problem mangelnder Aktualität nicht mehr ins Gewicht fiel, kam Troeltsch also zu einer durchaus anderen Auffassung über Wesen und Zweck seiner Kolumne, als sie ihn beim Schreiben der Texte vorschwebte. In Wahrheit hat Troeltsch all das, was er in den zitierten Passagen verneinte, doch immer wieder versucht: im rasenden Tempo der wechselnden Verhältnisse die „Augenblicksfragen" auszumachen, den künftigen Gang der Dinge zu konstruieren und sehr wohl auch Ziele politischen Handelns aufzustellen.

2.1. Das verlorene Handexemplar – zu Troeltschs Varianten der „Kunstwart"-Fassung

Die vorliegende Edition bietet neben den Erstdruckfassungen der Spectator-Briefe und Berliner Briefe, wie sie von 1919 bis 1922 im

---

[61] Spectator: Die Schuldfrage (Juli 1919), unten, S. 116 f.
[62] Spectator: Die Aussichten der Weltrevolution und die Zersetzung der Sozialdemokratie (September 1919), unten, S. 143.

„Kunstwart" abgedruckt wurden, auch Varianten dieser Fassungen, die auf eigenhändigen Eintragungen von Troeltsch in seinem Handexemplar der Kunstwartabdrucke beruhen.[63] Da diese Varianten nur in einer mittelbaren Quelle und vermutlich unvollständig überliefert sind, sollen die Umstände ihrer Entstehung und ihre Überlieferungsgeschichte im Folgenden kurz erläutert werden.

Schon 1919, im ersten Jahr seiner Kolumnistentätigkeit, trug sich Troeltsch mit dem Gedanken an eine Zweitveröffentlichung seiner Spectator-Briefe in Buchform. „Ich werde die Kunstwartartikel schließlich gesammelt veröffentlichen", schrieb er im Weihnachtsbrief an Elise Troeltsch.[64] Im Frühjahr 1920 unternahm er dazu erste konkrete Schritte, wie ein Brief seines Verlegers Oskar Siebeck vom 16. April 1920 zeigt, in dem dieser um einen Termin bat, „damit wir womöglich das Nähere über die Drucklegung Ihrer ‚Spectator-Briefe' besprechen können".[65] Über den weiteren Verlauf berichtete Siebeck nach Troeltschs Tod in einem Brief an Friedrich Meinecke: „Er hat mir [...] die gesamten Kunstwartausschnitte mitgegeben; ich habe sie mir durchgesehen und einzelne daraus zu Hause und im Freundeskreise vorgelesen. Als Ergebnis der Durchsicht habe ich Troeltsch dargelegt, dass die gesamten Briefe ein so umfangreiches Buch geben würden, dass daraus eigentlich nichts sehr Erfreuliches entstehen könnte. [...] Ich schlug ihm daraufhin vor, ob er nicht ein kleines Auswahlbändchen daraus zusammenstellen wollte, für das ich ihm als Vorbild ihr Büchlein ‚Nach der Revolution' hinstellte. Auch das leuchtete ihm durchaus ein; er erklärte mir aber, er habe für so etwas keine Zeit."[66]

Der Plan einer Buchveröffentlichung zerschlug sich also zunächst. Doch hatte Troeltsch wohl im Hinblick auf diesen Plan im Frühjahr 1920 begonnen, die bisherigen Texte der Kolumne zu überarbeiten. Dabei trug er seine Änderungen und Zusätze direkt in seine persönliche Sammlung der Kunstwartabdrucke ein. Dieses Handexemplar, das identisch mit der 1920 an Oskar Siebeck ausgeliehenen Sammlung sein dürfte, diente 1923/24 auch als Druckvorlage für die von dem Historiker Hans Baron besorgte Auswahlausgabe „Spektator-Briefe. Aufsätze über die deutsche Revolution und die Weltpolitik 1918/22". Auf dieses Exemplar bezieht sich wohl auch in erster Linie, was Baron 1969 dem Theologen Martin Ostermann schrieb: „Von

---

[63] Zur näheren Erläuterung siehe in diesem Editorischen Bericht unten, S. 41.
[64] Brief Ernst Troeltschs an Elise Troeltsch vom 24. Dezember 1919 → KGA 21.
[65] Brief (Abschrift) Oskar Siebecks an Ernst Troeltsch vom 16. April 1920 → KGA 21.
[66] Brief (Abschrift) Oskar Siebecks an Friedrich Meinecke vom 15. Juni 1923, Staatsbibliothek Berlin, Verlagsarchiv Mohr-Siebeck. Vgl. Friedrich Meinecke: Nach der Revolution (1919).

Troeltschs Nachlass habe ich nichts gesehen als die gedruckten Exemplare seiner Schriften mit seinen Randbemerkungen und einigen eingelegten handgeschriebenen Blättern."[67]

Baron erhielt Troeltschs Handexemplar Ende Juli 1923 über Friedrich Meinecke von Troeltschs Witwe Marta Troeltsch.[68] Um es als Druckvorlage nutzen zu können, musste er die Änderungen und Kürzungen, die er selbst als Editor vornahm, ebenfalls in das Handexemplar eintragen, tat dies aber im Unterschied zu Troeltsch mit Bleistift, „so daß sie einigermaßen zu entfernen sein werden." Am 12. September 1923 übermittelte Baron die Druckvorlage an den Mohr-Siebeck-Verlag in Tübingen, wozu er brieflich „im Namen von Frau Troeltsch" anmerkte: „Das Sammelexemplar, das wir für die Edition verwenden, war ihr persönliches Eigentum. Es knüpfen sich für sie Erinnerungen daran, und sie möchte es daher später möglichst wenig beschädigt zurückerhalten."[69] Im Dezember 1923 erhielt Baron die Druckvorlage zusammen mit dem Korrekturabzug des Auswahlbandes zurück, wobei eine Seite fehlte, nach der Werner Siebeck (der Bruder und Mitverleger von Oskar Siebeck) in der Druckerei nachforschen ließ.[70] Am 2. Januar 1924 meldete Baron dann: „Für die Druckerei möchte ich noch bemerken, daß die vermißte Manuskriptseite inzwischen mit einer der späteren Sendungen bei mir eingetroffen ist. Die Druckvorlage, die Frau Geheimrat Troeltsch zurückerhalten soll, ist also wieder vollständig in meinem Besitz."[71] Dies ist die letzte bekannte Spur von Troeltschs Handexemplar. Es ist davon auszugehen, dass es danach wieder in den Besitz von Marta Troeltsch zurückgekommen ist. Wie der Großteil des nach Troeltschs Tod in den Besitz von Marta Troeltsch gehenden Nachlasses, muss es nach heutigem Stand als verloren gelten.[72]

---

[67] Brief Hans Barons an Martin Ostermann vom 8. November 1969, Sammlung der Ernst-Troeltsch-Arbeitsstelle in München.

[68] Brief Hans Barons an Oskar Siebeck vom 9. August 1923, Staatsbibliothek Berlin, Verlagsarchiv Mohr-Siebeck.

[69] Brief Hans Barons an Oskar Siebeck vom 12. September 1923, Staatsbibliothek Berlin, Verlagsarchiv Mohr-Siebeck.

[70] Brief (Abschrift) Werner Siebecks an Hans Baron vom 28. Dezember 1923, Staatsbibliothek Berlin, Verlagsarchiv Mohr-Siebeck.

[71] Brief Hans Barons an Oskar Siebeck vom 2. Januar 1924, Staatsbibliothek Berlin, Verlagsarchiv Mohr-Siebeck.

[72] Zum ungeklärten Verbleib des Nachlasses von Ernst Troeltsch vgl. Friedrich Wilhelm Graf, unter Mitarbeit von Christian Nees (Hg.): Ernst Troeltsch in Nachrufen (2002), S. 151–173.

Von Troeltschs im Handexemplar eingetragen Textvarianten sind somit nur diejenigen überliefert, die Baron als Herausgeber in seiner Auswahlausgabe von 1924 berücksichtigte, wo sie im Text in spitzen Klammern dokumentiert wurden.[73] Verloren sind dagegen alle vermutbaren Varianten, die Troeltsch in jenen Texten und Textpassagen vermerkte, die in Barons Auswahlausgabe weggekürzt wurden. Dem Eindruck nach, den Barons Auswahl gestattet, handelte es sich aber insgesamt nur um wenige oberflächliche Änderungen. In erster Linie hat Troeltsch versucht, fünf frühe Spectator-Briefe, die im Frühjahr 1919 ohne Entstehungsdatum erschienen waren, nachträglich zu datieren.[74] Ob er dafür über irgendeine Erinnerungshilfe verfügte, oder ob er die Daten selbst anhand der Texte rekonstruieren musste, ist nicht bekannt. Ansonsten hat Troeltsch nur an fünf Texten einzelne wenige Umformulierungen vorgenommen oder einzelne Sätze ergänzt. Beim Spectator-Brief „Die Schuldfrage" hat er den Titel nachträglich zu „Das Schulddogma" verschärft.[75] Soweit es die Baron-Ausgabe von 1924 zeigt, hat Troeltsch an keinem Text, der später als der auf den 6. April 1920 datierte Spectator-Brief „Klassenkampf und Bürgerkrieg" entstanden ist, Änderungen vorgenommen. Das lässt vermuten, dass Troeltsch die Überarbeitung bald wieder abbrach, nachdem sich der Plan einer Buchveröffentlichung in den Gesprächen mit Oskar Siebeck im Frühjahr 1920 zunächst zerschlagen hatte.

3. Zur editorischen Konzeption des Bandes

Band 14 der KGA präsentiert erstmals vollständig und in textkritischer Form ediert alle 32 Beiträge, die Troeltsch unter dem Pseudonym „Spectator" im „Kunstwart" veröffentlicht hat, sowie alle 24 namentlich gezeichneten Folgen der von Troeltsch als Fortsetzung der Spectator-Reihe ebenfalls im „Kunstwart" veröffentlichten „Berliner Briefe". Diese insgesamt 56 Einzeltexte bietet die vorliegende Edition allesamt in ihren ersten Druckfassungen, erschienen in: Kunstwart und Kulturwart (bzw. bis zum zweiten Märzheft 1919 = 32 Jg. Heft 12: Deutscher Wille), hg.

---

[73] Zu Hans Barons editorischem Umgang mit Troeltschs Varianten vgl. das Herausgebervorwort in: Ernst Troeltsch: Spektator-Briefe (1924), hier S. XIII.
[74] Siehe Spectator: Rück- und Umblick (Februar 1919), unten, S. 53; ders.: Rück- und Umblick 2 (Februar 1919), unten, S. 59; ders.: Allmähliche Klärung (März 1919), unten, S. 65; ders.: Neue Finsternisse (April 1919), unten, S. 79; ders.: Der Ansturm gegen die Demokratie (Mai 1919), unten, S. 93.
[75] Siehe Spectator: Die Schuldfrage (Juli 1919), unten, S. 115.

von Ferdinand Avenarius, München: Verlag von Georg D. W. Callwey (ab dem ersten Oktoberheft 1919 = 33. Jg., Heft 1: Kunstwart-Verlag Georg D. W. Callwey) vom ersten Februarheft 1919 (32. Jg., Heft 9) bis zum Novemberheft 1922 (36. Jg., Heft 2). Diese Fassungen, die von Troeltsch im Druck betreut wurden, sind in dieser Edition mit der Sigle **A** gekennzeichnet. Zusätzlich verzeichnet die Edition im textkritischen Apparat die Varianten dieser Fassungen, die auf den eigenhändigen Eintragungen von Troeltsch in seinem Handexemplar der Kunstwartabdrucke beruhen. Diese Eintragungen sind überliefert in der postum erstellte Auswahlausgabe Ernst Troeltsch: Spektator-Briefe. Aufsätze über die deutsche Revolution und die Weltpolitik 1918/22, mit einem Geleitwort von Friedrich Meinecke, zusammengestellt und hg. von H[ans] Baron, Tübingen: Verlag von J. C. B. Mohr (Paul Siebeck), 1924 (= Baron-Ausgabe (1924)). Die Varianten sind in der vorliegenden Edition mit der Sigle **A**$_1$ gekennzeichnet. Allen Einzeltexten in dieser Edition steht eine *Editorische Vorbemerkung* voran, die sämtliche bibliographischen Nachweise zu Erstveröffentlichung und Varianten sowie alle verfügbaren Informationen zu Entstehungszeitraum und Besonderheiten der Texte enthält. *Manuskripte oder Druckfahnen* der edierten Texte sind nicht überliefert.

Die Auswahl der Texte folgt in dieser Edition damit ausschließlich ihrer Zuordnung zu den genannten Reihen durch Troeltsch selbst. Nicht berücksichtigt werden dementsprechend die von Hans Baron 1924 in seine Auswahlausgabe aufgenommenen Texte „Das Ende des Militarismus" (1918) und „Demokratie" (1919).[76] Dafür berücksichtigt die KGA 14 den von Troeltsch nach Abschluss der Spectator-Reihe als Namensbeitrag publizierten Text „Der Bolschewismus", den Troeltsch explizit der Folgereihe der „Berliner Briefe" zugeordnet hat, obgleich er noch ohne diesen Untertitel erschienen war. Ebenso berücksichtigt ist „Die intimen Seiten der deutschen Lage", bei dem der Untertitel „Berliner Brief" nur versehentlich fehlt, der aber durch inhaltliche Bezugnahmen als Teil der Reihe ausgewiesen ist.[77] Alle anderen Essays und Miszellen, die Troeltsch im „Kunstwart" veröffentlichte, werden in der KGA zusammen mit anderen politischen Schriften Troeltschs in den Bänden 12 „Schriften zur Politik (1914–1918)" und 15 „Schriften zur Politik und Kulturphilosophie (1918–1923)", der Bericht „Zum Dante-Jubiläum" (1921) in Band 11/1 „Schriften zur Theologie und Kulturgeschichte (1913–1922)" ediert.

---

[76] „Das Ende des Militarismus" (1918) bildet stattdessen den Abschluss der KGA 12. „Demokratie" (1919) ist ediert in der KGA 15, S. 211–224.
[77] Siehe in diesem Editorischen Bericht oben, S. 31.

Die 56 edierten Texte sind in diesem Band in der Reihenfolge ihrer Erstveröffentlichung im „Kunstwart" angeordnet. Lediglich in zwei Fällen, wo in einem Kunstwartheft zwei Spectator-Briefe auf einmal zum Abdruck kamen, folgt die Reihenfolge den von Troeltsch angegebenen Entstehungsdaten. Dies betrifft die Texte „Nach Pfingsten" und „Die Schuldfrage" (beide im ersten Juliheft 1919) sowie „Die Aussichten der Weltrevolution und die Zersetzung der Sozialdemokratie" und „Der Enthüllungssturm" (beide im ersten Septemberheft 1919).

Rechtschreibung, Zeichensetzung und Grammatik der Originaltexte sind in der Edition grundsätzlich beibehalten. Das gilt auch für heute veraltete bzw. seltene Schreibweisen („bureaukratisch", „Charlatane", „endgiltig", „insoferne", „kritischesten", „schwälend", „Zäsar" etc.), ebenso für ungewöhnliche Wortschöpfungen („Lutherianer", „Überwasser", „Verhändler") und unkonventionelle Formulierungen („den Klassensozialismus auswirkende Katastrophen"). Auch bei Länder- und Ortsnamen sind veraltete Schreibweisen original belassen („Canada", „Karaibisches Meer"), fehlerhafte Schreibweisen sind dagegen emendiert (z. B. „Spaa" zu „Spa"), die Emendationen aber im textkritischen Apparat ausgewiesen. Bei den Personennamen sind Schreibbesonderheiten, die auf zeitgenössischen Setzerkonventionen beruhen, beibehalten: z. B. „ä" statt „ae" („Hänisch"), „ö" statt „oe" („Gröner") oder „k" statt „ck" („Seekt"). Setzfehler bei Personennamen (z. B. „Rantzau-Brockdorff") sind dagegen emendiert und ausgewiesen. Ein Sonderfall ist der Name Leo Trotzki, den Troeltsch zumeist nach der im Deutschen gängigen Transliteration mit „i" schreibt, in einigen Fällen (etwa wenn er aus englischsprachigen Quellen referiert) aber mit „y" („Trotzky"). Auch dies ist im textkritischen Apparat dokumentiert. Emendiert und im textkritischen Apparat dokumentiert sind fernerhin alle Setzfehler mit sinnverändernder Wirkung (z. B. „Kirchen- und Schutzpolitik", „Regierungsunmöglichkeiten"), ebenso grammatikalische Fehler mit sinnverändernder Wirkung. Einfache Grammatikfehler und offenkundige Setzfehler ohne sinnverändernde Wirkung sind stillschweigend emendiert.

Der Kommentarapparat fällt in Band 14 der KGA umfangreicher aus als in anderen Bänden der KGA. Bedingt ist dies vor allem durch die Fülle tagespolitischer Ereignisse, die Troeltsch in den Texten der „Kunstwart"-Reihe thematisiert. Während Troeltsch dabei viele Vorgänge, auf deren Kenntnis er bei seinen Lesern vertrauen konnte, nur stichwortartig benennt, sind heute oftmals ausführliche Erläuterungen notwendig, um die kaum noch bekannten Ereignisse in ihren Zusammenhängen verständlich zu machen. Die dazu durchgeführten Recherchen werden im Kommentapparat durch Verweise auf die konsultierte Forschungsliteratur dokumentiert. Wie in allen Bänden der KGA sind im Kommentarapparat außerdem die von

3. Zur editorischen Konzeption des Bandes

Troeltsch selbst angeführten Literaturtitel nachgewiesen. Ebenso waren die Herausgeber bemüht, die Herkunft von Zitaten und Informationen nachzuweisen, bei denen sich Troeltsch auf nicht namentlich genannte „Gewährsmänner" beruft („Eine befreundete adlige Dame erzählte mir aus ihren Verwandtenkreisen ..."; „Ein alter Herr, ein Freund Clemenceaus, erklärte einem meiner Bekannten ..." etc.).[78] Wo dies in Einzelfällen weder in Form eines sicheren Nachweises, noch in Form einer begründeten Vermutung möglich war, ist auf einen Kommentareintrag verzichtet worden.

Die Entscheidung, Troeltschs Spectator-Briefe und Berliner Briefe in der KGA geschlossen in einem eigenen Band zu edieren, wurde nicht zuletzt mit Blick auf die einschlägige Wirkungsgeschichte getroffen, welche diese Texte in den letzten 90 Jahren in der von Baron besorgten Auswahlausgabe „Spektator-Briefe. Aufsätze über die deutsche Revolution und die Weltpolitik 1918/22" erzielt haben.[79] Die Baron-Ausgabe erschien im Februar 1924 im Verlag J. C. B. Mohr (Paul Siebeck) Tübingen in einer Auflage von 2 500 Stück. Die im Verlagsarchiv tabellarisch überlieferten Absatzzahlen dieser Ausgabe geben einen Eindruck von der auch politisch bedingt kurvenreich verlaufenden quantitativen Entwicklung ihrer Rezeption von den 1920er bis zu den 1950er Jahren, wobei insbesondere das wiederaufflammende Interesse an den Texten in der zweiten Hälfte des Zweiten Weltkriegs und in der frühen Nachkriegszeit beachtenswert ist:

Jahr	Absatz
1924	682
1925	181
1926	25
1927	35
1928	28
1929	29
1930	8
1931	12
1932	4
1933	10
1934	2
1935	7
1936	5
Makuliert 1937	800

---

[78] Siehe unten, S. 255 f. und S. 386.
[79] Vgl. dazu auch die Einleitung in: KGA 15, S. 36 ff.

Jahr	Absatz
1937	7
1938	12
1939	5
1940	9
1941	45
1942	42
1943	98
1944	40
1945	58
1946	23
1947	161
1948	17
1949	13
1950	17
1951	21
1952	22
1953	26
1954	11
1955	11
1956	11
1957	15
1958	8
1959	–

Tabelle 1: Absatzzahlen der „Spectator-Briefe". Quelle: Handschriftliche tabellarische Auflistung, Staatsbibliothek Berlin, Verlagsarchiv Mohr-Siebeck.

Wegen ihrer besonderen Bedeutung für die Wirkungsgeschichte der hier edierten Texte ist im Anhang dieses Bandes das Geleitwort von Friedrich Meinecke zur Baron-Ausgabe von 1924 abgedruckt. Ansonsten erfährt die Baron-Ausgabe in dieser Edition genauso wenig Berücksichtigung wie die 70 Jahre später von Johann Hinrich Claussen im Eichborn Verlag in Frankfurt a. M. besorgte Auswahlausgabe „Die Fehlgeburt einer Republik – Spektator in Berlin 1918 bis 1922" (1994). Denn beide Ausgaben sind erst nach Troeltschs Tod und ohne seine Mitwirkung entstanden. Erwähnt werden soll hier lediglich, dass beide Auswahlausgaben nur einen stark begrenzten Ausschnitt des Textkorpus der Spectator-Briefe und Berliner Briefe bieten. Die Baron-Ausgabe von 1924 bringt von den insgesamt 56 Texten der beiden Reihen 46, davon nur 3 Texte ungekürzt. Die Claussen-Ausgabe bringt

44 Texte, davon 14 ungekürzt.[80] Immerhin 7 Texte des Gesamtkorpus sind weder in der Baron-Ausgabe noch in der Claussen-Ausgabe enthalten. Von den 49 in einer der beiden Ausgaben enthaltenen Texten sind insgesamt 33 nur gekürzt abgedruckt. Bis zum Erscheinen der vorliegenden Edition waren also nur 16 der 56 Texte nach ihren Erstveröffentlichungen noch einmal vollständig publiziert worden. Im Anhang dieses Bandes gibt eine Tabelle ausführliche Informationen über die Editionsgeschichte aller 56 Einzeltexte (siehe unten, S. 593–600).

Ein weiterer Anhang enthält Biogramme mit den zentralen Lebensdaten aller von Troeltsch namentlich angeführten Personen, ausgenommen rein historische und allgemein bekannte Figuren (Oliver Cromwell, Vladimir I. Lenin, Thomas Mann, Friedrich Nietzsche etc.). Im anschließenden Literaturverzeichnis wird nach dem eingeführten Verfahren der KGA die von Troeltsch (oder von einer von Troeltsch im edierten Text wörtlich zitierten Quelle) genannte Literatur getrennt von der darüber hinaus in der Herausgeberrede (Einleitung, Editorischer Bericht, Kommentarapparat) genannten Literatur aufgeführt. Der Band wird abgeschlossen durch ein Personen- und Sachregister.

---

[80] Bei einem Text, dem Berliner Brief „Neue Krisen von außen her", ist die Kürzung allerdings marginal, gestrichen ist die rhetorische Formel „was stets wiederholt werden muß". Vgl. Ernst Troeltsch: Die Fehlgeburt einer Republik – Spektator in Berlin 1918 bis 1922 (1994), S. 178.

Zur Wahl in Preussen!

Wähler und Wählerinnen!

Die am 26. Januar zu wählende preußische Nationalversammlung soll die Verfassung des neuen Preußens feststellen. Geht es nach dem Willen der Sozialdemokratie, so wird Preußen in eine Anzahl kleiner Bundesstaaten zerfallen. Berlin hörte dann auf, die Hauptstadt eines Vierzig-Millionen-Volkes zu sein, und, wenn es auch noch Reichshauptstadt bliebe, so würde es an Wert und Bedeutung außerordentlich verlieren. Jeder Berliner Bürger, mag er Beamter, Kaufmann, Handwerker oder Arbeiter sein, mag er einem anderen Berufe angehören, und jede Berliner Bürgerin darf schon deswegen keinen Sozialdemokraten in die preußische Nationalversammlung entsenden!

Durch Mitglieder der deutsch-nationalen Partei darf Berlin in der preußischen Nationalversammlung auch nicht vertreten werden. Diese Partei, die sich hauptsächlich aus den früheren konservativen Parteien zusammensetzt, hat bisher gerade Berlin aufs schwerste zu schädigen versucht. Die Eingemeindung der Berliner Vororte, die Elektrifizierung der Stadtbahn, die Uebertragung der Wohlfahrtspolizei an die Stadt, alles wurde von den Konservativen bekämpft und teilweise verhindert.

Berliner Wähler und Wählerinnen! Die Deutsche demokratische Partei wurzelt im Berliner Bürgertum, und sie wird alles tun, um die notwendigen Verbesserungen in der Gemeindeverfassung Berlins und seiner Vororte endlich zur Durchführung zu bringen. Die Deutsche demokratische Partei will das ungeteilte Preußen als Vormacht des Reiches erhalten. Dieses Preußen muß aber ein Hort der Freiheit, des Rechts, der staatsbürgerlichen Gleichberechtigung und der Förderung des Mittelstandes und der Arbeiterschaft sein!

Wählt die Liste der Deutschen demokratischen Partei, die an erster Stelle

Universitäts-Professor
Dr. Ernst Troeltsch
und dann

Oskar Cassel, Notar	Karl Löhning, Stadtrat
Dr. Hugo Preuß, Staatssekr. des Innern	Dr. Kurt Köhler, Direktor
Wilhelm Flügel, Lehrer	Leopold Rosenow, Kaufmann
Frieda Wunderlich	Paul Lucht, Hutmachermeister
Hermann Englert, Verbandssekretär	Dr. Maximilian Runze, Pfarrer
Dr. Otto Mugdan, Arzt	Marie v. Bunsen

Abb. 1: Flugblatt: „Zur Wahl in Preussen! Wähler und Wählerinnen!", Privatbesitz Andreas Terwey.

3. Deutsche Demokratische Partei

Sommer
Magdeburg

Dr Struve
Schleswig-Holstein

Dr Troeltsch
Berlin

Wenke (Hirschberg)
Liegnitz

Westermann
Magdeburg

Wiglow
Potsdam I (Angermünde usw)

Winkler
Westpreußen

Wittrock
Schleswig-Holstein

Abb. 2: Kandidaten der Deutschen Demokratischen Partei, in: August Plate: Handbuch für die verfassunggebende preußische Landesversammlung, Berlin, 1919, S. 28.

Kunstwart
und Kulturwart

Monatschau
für Ausdruckskultur auf allen Lebensgebieten

Herausgeber
Ferdinand Avenarius

Dreiunddreißigster Jahrgang, zweite Hälfte
April bis September 1920

München
Kunstwart-Verlag Georg D. W. Callwey

Abb. 3: Titelblatt des „Kunstwart und Kulturwart" (April–September 1920).

die Preisrevolution. Die neuen Steuern funktionieren noch nicht, der Beamtenapparat ist noch nicht darauf eingearbeitet, die Bevölkerung macht Steuerstreik. Die Folgen davon sind unabsehbar. Auch in der auswärtigen Politik geht der Weltkrieg und die Weltrevolution — unter dieser nicht die marxistische Weltrevolution, sondern die Auflösung des Krieges in allgemeine Anarchie verstanden — ununterbrochen weiter. Bald wird wieder die Welt in Kriegsflammen stehen, wenn es so weiter geht. Auch von daher sind Überraschungen möglich. Es ist eben ein großes europäisches Weltalter zu Ende, und was die Staats- und Gesellschaftsumwälzungen noch bringen können, ist unberechenbar. Die Konferenz von Spa wird genau so wie die dünne Eisdecke einen neuen Abschnitt der Revolution bezeichnen. Daß die neuen Wahlen und Regierungskrisen gerade mit ihr zusammentreffen, das ist das eigentlichste Symbol des politischen Verstandes des deutschen Bürgertums.

Daß die parlamentarische Demokratie nur das erste und nicht das letzte Wort dieser neuen Entwickelungen bei uns ist, war mir nie fraglich. Sie mußte uns über die dünne Eisdecke hinüberbringen. Wie man auf dem festen Lande sich einmal wieder anbauen kann, darüber wage ich kaum Vermutungen. Eine verständig geleitete Auswanderung, systematische Besiedelung des Landes und eine auf Alimentierung der Landwirtschaft planmäßig eingestellte, im übrigen für den nötigsten Exportaustausch arbeitende Industrie: das scheinen mir die allein sichern Zielpunkte. Aber noch gibt es überhaupt keine sichern Ziele.

Bis hierher habe ich von diesem Standpunkte aus den Gang der Dinge und die Wandelungen von Revolution und Neuordnung alle 14 Tage verfolgt. Nun geht ein neuer Abschnitt auf. Ihm in gleicher Weise zu folgen, bin ich zu beschäftigt. Auch habe ich das Allgemeine, das ich zu den Dingen zu sagen hatte, in diesen Briefen bereits wesentlich gesagt. Ich möchte damit die regelmäßige Berichterstattung einstellen und in Zukunft nur mehr frei nach Bedarf berichten. Der Herr Herausgeber hatte mir gleich nach der Revolution den Kunstwart zur Verfügung gestellt, und ich war froh um diesen parteilosen Ort der Äußerung.

Um völlig unabhängig zu sein und auf gar keine Wirkung hinschielen zu müssen, habe ich diese Briefe anonym gehalten. Auch wollte ich weder meiner Partei noch der Regierung, der ich als sehr unabhängiges Mitglied ehrenamtlich angehört habe und anzugehören für Pflicht hielt, keine Schwierigkeiten machen, wozu Übelwollende nicht ganz genau berechnete Wendungen gerne mißbrauchen. Ich habe daher heute an vorläufigen Abschluß keinen Grund mehr, meinen Namen zurückzuhalten.

Berlin, 1. Juli.

Spectator: Ernst Troeltsch

Zu Förster Auffassung der Schuldfrage

Friedrich Wilhelm Förster geht in dem Aufsatz der Christlichen Welt Nr. 18, von dem wir bereits sprachen, von einer Äußerung des Grafen Hermann Keyserling aus, die dieser im Oktober 1914 im Hibbert-Journal „über den Sinn des Krieges" getan hat. Unsere Leser kennen Graf Keyserlings Stellungnahme aus unserm Bericht im 2. Novemberheft 1919. Es wird sie nicht überraschen, daß nach ihm Deutschland zwar gewiß nichts Schlimmeres getan hat als die übrige Welt, daß es aber ein Prinzip, durch das die ganze Welt schuldig geworden ist, mit unerreichter Gründlichkeit dargestellt, systematisiert und in alle Konsequenzen ausgearbeitet habe. So habe es den Haß der ganzen Welt von jenem Prinzip auf sein eigenes Haupt hinübergezogen und gehe nun durch ein stellvertretendes Leiden hindurch, durch das es vielleicht tiefer von jenem bösen Geiste gereinigt werde als alle andern Völker.

Förster lobt diese Worte, wie sie es verdienen. Er bemerkt, sie gäben die Stellung des neutralen Auslandes wieder; und er scheint seine darauf folgenden Ausführungen unter ihre Beleuchtung zu stellen.

Darauf ist nun doch einiges zu bemerken:

Erstens: Graf Keyserling war feindlicher Untertan, als er jene Sätze

Abb. 4: Spectator / Ernst Troeltsch (Textende „Die Reichstagswahlen: Eintritt der Revolution in ein neues Stadium" (August 1920), mit der Auflösung des Spectator-Pseudonyms, siehe unten, S. 326

eigentlich eine traurige Hilflosigkeit; und was man von hinter den Kulissen hört, verrät noch mehr davon. Ich habe aus der Kino-Industrie gelegentlich von Verlegenheiten und Unfähigkeiten gehört, die zum Lächeln waren; manchmal ists mir gewesen, als könnte ich wohl den Leuten mit sehr wenig Aufwand ein gut Stück weiterhelfen. Sollte so endlich der Friede zwischen Ideal und Geschäft angebahnt werden können?

Solche Gedanken legt die neue Erfindung nahe, welche eine neue Industrie-Welle in Bewegung setzen wird. Industrie-Welle! Denn auch der redende Film gerät, selbstverständlich, in die Hände derer, die wenigstens Geld und Geschäftserfahrung haben. Wir werden neue Grauslichkeiten erleben. Und nach unserm glänzenden Mißerfolg mit der Kino-Reform dürfte es eigentlich nicht so kommen, daß wir 1945 händeringend dastehen und über den Theater-Ersatz den großen Kulturbann sprechen. Aber so wird es kommen, wenn wir nicht nüchtern und schaffend, sondern mit großen Worten und feierlich distanzierenden Gebärden an die neue Möglichkeit herangehen.

Sch

Die Republik
Berliner Brief

Von den beiden das letztemal erwähnten Hauptaktionen ist die das deutsche Moratorium betreffende glücklicher verlaufen, als ich damals angenommen habe. Hier scheint endlich ein bescheidener deutscher Erfolg vorzuliegen. Freilich hat er auf den Stand des Dollars kaum einen Einfluß ausgeübt und die fortwährende Preissteigerung nicht gehemmt. Das kann niemand wundern, der die Hoffnungslosigkeit der durch den Versailler Frieden geschaffenen Situation kennt. Sie macht eine Stabilisierung der Mark unmöglich und zwingt den Privaten zur Selbsthilfe, d. h. zur Flucht vor der deutschen Währung und zur Anschaffung fremder Devisen, den Staat zu einer allmählich ins Phantastische gehenden Inflation, mit der allein er seine Beamten einigermaßen über dem Niveau des Verhungerns und der Proletarisierung halten kann. So helfen derartige Atempausen wenig, sie geben nur Frist zur Ausdenkung und Propagierung neuer Rettungsaktionen. In solchen Fristen muß die Klarheit entstehen, daß der Versailler Vertrag die Wurzel des Übels ist und daß nur eine durchgreifende Aktion Amerikas, die die interalliierten Schulden und die deutschen Reparationen zugleich betrifft, einige Ordnung schaffen kann, wenn das heute überhaupt noch möglich ist.

Die andere große Hauptaktion, der türkische Sieg über die Griechen, entfaltet die Wirkungen, die ich damals angedeutet habe, in einem immer stärkeren Maße. Ein Diplomat nannte diesen Krieg einen Prokura-Krieg, den England und Frankreich bereits miteinander geführt hätten, indem die Türken mit französischen und die Griechen mit englischen Kanonen schossen. Die Türken und die Russen sind die einzigen Völker, die der Versailler Staatskunst einen erfolgreichen Widerstand bis jetzt leisten konnten und von denen aus sich dieses frivole Werk des Leichtsinns und raffinierter Aussaugungspolitik aufrollen wird. Beide Völker sind agrarische und rein binnenländische Völker, denen Geographie, sozialer Zustand und ererbte Widerstandskraft den wirksamen Einspruch ermöglichen und die zugleich das Sterben von Tausenden und Millionen vertragen können, ohne nervös zu werden und ohne die Geduld zu verlieren. Sie haben Zeit und können endlos Krieg führen. Von ihnen aus wird auf die Dauer die ganze europäische

Abb. 5: Beispiel für „Berliner Brief", siehe unten, S. 578.

Rück- und Umblick (Februar 1919)

Editorische Vorbemerkung: Die Edition folgt dem Text, der erschienen ist in: Deutscher Wille. Des Kunstwarts 32. Jahr, hg. von Ferdinand Avenarius, Kriegsausgabe, 32. Jg., zweites Viertel, Januar bis März 1919, Heft 9, erstes Februarheft 1919, München: Verlag von Georg D. W. Callwey, S. 72–73 (**A**). Der Text erschien in der Rubrik „Vom Heute fürs Morgen". Der Wiederabdruck des Textes in der Baron-Ausgabe von 1924 (S. 26–30) enthält Varianten aus Troeltschs Handexemplar, die im folgenden Text verzeichnet sind (**A₁**).
Der Text erschien in der Erstveröffentlichung ohne Datumsangabe. Laut Baron-Ausgabe datierte Troeltsch die Entstehung des Textes in seinem Handexemplar auf den 30. Dezember 1918. Im Text selbst ist der 9. Januar 1919 als Entstehungsdatum genannt.

Rück- und Umblick[a]   A 72

Die Revolution war in erster Linie eine Militär-Revolution, sie ist gleichzeitig an weit auseinander liegenden Stellen der Front und in der Heimat aufgeflammt. Ihr Verlauf war überall derselbe: ein kampfloses Zusammenbrechen, ein Verschwinden der Offiziere, eine Herrschaft der Soldatenräte und dann ein Durcheinander, während die Soldaten und Matrosen zunächst nur eine Art vergnügten Feriengefühls zeigten. Die psychologischen Voraussetzungen von alledem, wie sie allmählich geworden sind, kann man unschwer begreifen, aber die Organisation, die unzweifelhaft hinter allem stand, ist noch unbekannt. Jedenfalls haben die Russen und die „Unabhängigen" hier eine große Rolle gespielt.[1] Die Regierungssozialdemokratie war zwar im all-

---

a *In A₁ folgt*: 30. Dezember 1918[.]

---

1 Die Unabhängige Sozialdemokratische Partei Deutschlands (USPD) hatte sich im April 1917 aus Opposition gegen die Bewilligung der Kriegskredite im Deutschen Reichstag während des Ersten Weltkrieges von der SPD (entsprechend auch: MSPD oder Mehrheitssozialdemokraten) abgespalten. Während der Januarstreiks 1918 traten unabhängige Sozialdemokraten vielerorts als Streikführer auf. Von örtlichen Ausnahmen abgesehen, wirkte die USPD jedoch nicht aktiv auf

gemeinen der kritischen Lage kundig, aber doch unzweifelhaft überrascht und bestürzt.ᵃ ᵇSie suchte den Stoß durch Teilung mit den Unabhängigen aufzufangen, aber es war natürlich auch wichtig für sie, den Anschluß an die Revolution nicht zu versäumen.ᵇ Von da ab wurde sie durch das doppelte Interesse bestimmt: nämlich die innerpolitisch und außenpolitisch höchst gefährliche Revolution in das Bett der Ordnung und des Übergangs zu leiten, anderseits das lang gepredigte Revolutions-Ideal als Verwirklichung ihrer Hoffnungen und Pläne begeistert zu feiern, d. h. sie vertraten auf der einen Seite das Gesamtstaatsinteresse und auf der anderen das Proletarierinteresse und die Proletariergemeinsamkeit. Da liegt also von Haus aus eine zwiespältige psychologische Stellung zur Sache in der Natur der Dinge für Leute, welche doch zugleich das Schicksal der Nation im schwierigsten und gefährlichsten Augenblicke in der Hand halten und beständig Rettung oder Untergang des Reiches vor Augen haben. Dazu kommt, daß auch die Mehrheits-Sozialdemokraten an das Dogma von der Erlösung des Volkes durch das Proletariat glauben und davon überzeugt sind, daß sie gegen dessen verwirrte und radikalisierte Massen nur Überredung und Verhandlung, aber nicht Gewalt brauchen dürfen. Geübt in der Behandlung von Volks-Psychosen, glauben sie auch hier, nur so vorgehen zu dürfen, wie man eine Psychose behandeln muß. Ferner waren sie in schlimmer Lage, weil sie keinerlei Armee

---

a *In A₁ folgt:* Ihr war die Revolution, die sie jahrzehntelang als ihre Spezialität gepredigt und verheißen hatte, von anderen „gestohlen" worden. Sie wollte ihr Eigentum wieder für sich einfordern, aber mit Entsetzen darüber, daß es für eine soziale und wirtschaftliche Umwälzung, die man erhoffte, der denkbar unglücklichste und wenigst versprechende Moment war.

b–b *A₁:* Sie suchte daher den Stoß durch Teilung mit den Unabhängigen aufzufangen und so für sich den Anschluß an die Revolution zu gewinnen.

---

einen revolutionären Aufstand hin. Der sowjetrussische Botschafter Adolf A. Joffe unterhielt von seiner Ankunft in Berlin am 20. April 1918 bis zu seiner Ausweisung am 5. November 1918 Kontakte zu diversen linkssozialistischen Gruppen im Deutschen Reich, inklusive der USPD. Sowjetrussische Angebote zur finanziellen Unterstützung wurden von der USPD-Parteiführung zwar abgelehnt. Sehr wahrscheinlich erhielt aber der Vorsitzende der „Revolutionären Obleute" und spätere USPD-Volksbeauftragte Emil Barth im Sommer 1918 von der sowjetrussischen Botschaft finanzielle Unterstützung für Waffenkäufe. Vgl. David W. Morgan: The Socialist Left and the German revolution (1975), S. 103–108; Susanne Miller: Die Bürde der Macht (1978), S. 40 ff.

zur Deckung hatten, von den Offizieren Restaurationsversuche fürchteten und selbst keine Armee für sich organisieren konnten und wollten. Die von der Front zurückgekehrten Truppen wurden zum großen und vielfach zum besten Teile sofort entlassen; die Kommandos mußten statt dessen die noch nicht an der Front gewesenen, für den „Endkampf" ausgehobenen, noch undisziplinierten Schein-Soldaten übernehmen. So wurde die Gelegenheit, mit verhältnismäßig geringen Mitteln und Verlusten Ordnung zu schaffen, absichtlich versäumt, und der sehr tüchtige und willige General v. Lequis trat zurück.² Auch waren und sind sehr viele Offiziere sehr passiv, weil sie über die ihnen widerfahrene Behandlung erbittert sind; es wäre menschlich erklärlich, wenn sie den Sozialisten nicht ungern zeigten, wohin es kommt, wenn man die bisherigen Führer so behandelt. So war die Regierung psychologisch und materiell daran gehindert, mit Hilfe der Fronttruppen die Ordnung sofort zu schaffen. Auch ist sie der Technik und Kunst des Regierens nicht ganz sicher, sie regiert den Staat wie eine schwierige Gewerkschaft. Inzwischen wuchs die Anarchie politisch und wirtschaftlich. Da ich dies schreibe, am 9./I., ist die Regierung zum Handeln entschlossen, um die Zertrümmerung Deutschlands zu verhindern, die Grundlagen der Wirtschaft zu retten und einer reißenden Bewegung nach Rechts vorzubeugen, wohl auch aus eignem politischem Ehrgefühl. Kluge und ehrliche Leute sind die Volksbeauftragten unzweifelhaft. Ich *glaube* heute, daß es gelingen wird, den Bolschewismus bei uns zu überwinden –, aber das alles sind natürlich lediglich Eindrücke, aus hundert kleinen Mittei|lungen zusammengesetzt und aufgefangen. Auch ist stets zu fürchten, daß die Regierung, um nicht bürgerlich zu erscheinen, so schnell wie möglich wieder zum Parlamentieren und Verhandeln zurückkehrt und damit alle willigen Offiziere wieder

---

2 Generalleutnant Arnold Lequis erhielt Ende November 1918 von der Obersten Heeresleitung (OHL) ein Generalkommando über die zur Stützung der Regierung Ebert in die Reichshauptstadt Berlin entsandten Fronttruppen. Als Befehlshaber der am 10. Dezember 1918 in Berlin einrückenden Garde-Truppen wurde er von Friedrich Ebert auf die „Deutsche Republik" und den Rat der Volksbeauftragten vereidigt. Ein vorbereiteter Plan zur militärischen Ausschaltung der Berliner Arbeiter- und Soldatenräte und zur Entwaffnung der Zivilbevölkerung kam jedoch nicht zur Ausführung, weil die Regierung Ebert die entsprechenden Befehle nicht erteilte (vgl. unten, S. 59 f., Anm. 1). Am 24. Dezember 1918 leitete Lequis den Angriff auf das von der revolutionären Volksmarinedivision besetzte Berliner Schloss und den Marstall. Nach dem Scheitern dieses Angriffs wurde er am 27. Dezember 1918 durch Walther von Lüttwitz abgelöst. Vgl. Ulrich Kluge: Soldatenräte und Revolution (1975), S. 212, S. 237 ff., S. 264 f. und S. 290.

zur Niederlegung der Verantwortung zwingt. Und wenn der Bolschewismus bei uns unterdrückt ist, so bleibt die Gefahr des Welt-Bolschewismus und der Russen.

Den Kern der ganzen Lage bezeichnet eben die Zertrümmerung und psychologische Auflösung der Armee, sowie die Notwendigkeit ihrer baldigen Reorganisation. Diese nun darf kein Werk der versteckten Restauration sein, wenn nicht fürchterliche Bürgerkriege eintreten sollen; anderseits aber muß die Armee eine wirkliche Führung und echte Disziplin haben, wovor wieder die Sozialdemokraten sich fürchten. Über das Verhalten der bisherigen Führung der Armee und darüber, ob sie über die rein passive Korrektheit bei der Demobilisation hinausgeht, kann ich nichts erfahren. Jedenfalls liegen auch hier die Voraussetzungen psychologisch sehr geteilt: eine gewisse Genugtuung angesichts der schlimmen Lage, die der Zertrümmerung der Armee gefolgt ist, könnte mitspielen. Ohne Reorganisation der Armee aber, das wird man heute schon bestimmt sagen können, gibt es auf absehbare Zeit keine Ordnung und gibt es schließlich den Einmarsch der Entente. Ich mag nicht verheimlichen, daß es jetzt schon Menschen unter uns gibt, die diesen Einmarsch wünschen, obgleich die diabolische Politik der Entente jeden Denkenden warnen sollte. Insbesondere liegt ja völlig klar, daß das menschenarme Frankreich die deutsche Menschenmasse fürchtet, den Anschluß Österreichs hintertreibt und sich durch jede nur denkbare Möglichkeit für die Zukunft zu „sichern" sucht, genau so wie man früher bei uns „Sicherungen" in der Besetzung Belgiens und Brieys suchte.[3] Nur nennt man das drüben nicht Sicherung, sondern „Bestrafung".

Man wird von der Revolution heute noch nicht sagen können, ob sie vermeidbar war. Ob vermeidbar oder nicht, ein großes Unglück ist sie. Schon der Waffenstillstand wäre ohne sie nicht so entsetzlich geworden. Wie der Frieden werden wird, das wird sich zeigen; die Entente wird ein sozialistisches Deutschland auf's engste einschnüren und kontrollieren. Österreich scheint schon heute durch die deutschen Wirren erschreckt. Wie es die Polen infolge unsrer Selbstentwaffnung treiben, wissen wir. Nach Innen hat die Diktatur des Proletariats und die Aufwerfung der Religionsfrage lediglich entzweiend gewirkt und dem Sozialismus die heftigste Gegnerschaft geschaffen, die auch vor der Auflösung des Reiches nicht zurückscheut.[4] Daß das Nationalgefühl der Deutschen noch sehr jung ist und über-

---

3 Die Sicherung einer wirtschaftlichen und militärischen Kontrolle Deutschlands über Belgien und die Annexion der französisch-lothringischen Erzeisenlagerbecken von Longwy-Briey waren zentrale Forderungen in der Kriegszieldebatte in Deutschland während des Ersten Weltkrieges.

4 In Preußen hatte die von MSPD und USPD in der Revolution gebildete vorläu-

(Februar 1919) 57

all von Klassen-Gefühl, Konfessions-Gefühl, Standes-Gefühl überwogen wird, zeigt sich sehr deutlich. Aber der gute Kern des Sozialismus und das auch durch keine Restauration aufhaltbare Drängen zur Demokratie können an sich immer noch zum erträglich Guten gewendet werden. Wirtschaftlich freilich sieht es höchst düster aus. Verwaltungsmänner und Industrielle rechnen mit kolossaler Auswanderung, mit Geburtenrückgang, mit Wieder-Agrarisierung Deutschlands und nur einer dünnen industriellen Decke. Einer der verdientesten und kundigsten Verwaltungsmänner sprach vom armen Westen und reichen Osten der Zukunft, wozu ein anderer bemerkt, wir müßten sagen: der weniger arme Osten. Doch sind das alles unsichere Rechnungen, von der Entwicklung des „Völkerbundes" und der Weltrationierung der Rohstoffe, sowie von der Gestaltung der Lohnverhältnisse abhängig, und in allen Ländern gärt es. Aus England erfährt man über Holland von gewaltigen Lohnbewegungen, von denen die englische bürgerliche

---

fige Landesregierung am 13. November 1918 in einer programmatischen Erklärung u. a. die Schaffung einer von „politischer und kirchlicher Bevormundung" befreiten Einheitsschule und die Einleitung der Trennung von Kirche und Staat angekündigt. Entsprechend verfügte das preußische Kultusministerium in zwei Verordnungen vom 27. und 29. November 1918 die Aufhebung der geistlichen Schulaufsicht und eine Reihe von Beschränkungen für den Religionsunterricht an den Schulen. Diese Maßnahmen lösten eine breite Protestwelle in kirchlich orientierten Bevölkerungskreisen aus und wurden um die Jahreswende 1918/19 insbesondere von der Zentrumspartei in den Mittelpunkt ihrer Agitation für die Wahlen zur Nationalversammlung und zur Preußischen Landesversammlung gestellt. In mehrheitlich katholischen Gebieten Preußens, vor allem im Rheinland und in Oberschlesien, verstärkte die als Wiederanknüpfung an den „Kulturkampf" der 1870er Jahre interpretierte Kultuspolitik der preußischen Revolutionsregierung separatistische Bestrebungen für eine Loslösung dieser Landesteile vom preußischen Staatsverband (nicht vom Deutschen Reich). In der öffentlichen Debatte wurden die umstrittenen kirchen- und schulpolitischen Maßnahmen in erster Linie als Werk des USPD-Kultusministers Adolph Hoffmann betrachtet, der aus der freireligiösen Bewegung stammte und seit den 1890er Jahren als Kirchen- und Religionskritiker Bekanntheit erlangt hatte („Zehn-Gebote-Hoffmann"). Der neben Hoffmann gleichberechtigt amtierende MSPD-Kultusminister Konrad Haenisch wirkte ab dem 18. Dezember 1918 auf eine Wiederaufhebung der kritisierten Verordnungen hin. Vgl. Hellmut Becker, Gerhard Kluchert: Die Bildung der Nation (1993), S. 163–166; Rudolf Morsey: Die Deutsche Zentrumspartei 1917–1923 (1966), S. 110–128. Troeltsch nahm zu der Thematik ausführlich Stellung in „Der Religionsunterricht und die Trennung von Staat und Kirchen" (1919), in: KGA 15, S. 123–146.

Presse nichts mitteilt.⁵ Die ganze Welt wird anders. Es ist noch lange nicht aller Tage Abend.

Spectator

---

5 In der „Frankfurter Zeitung" erschienen im Dezember 1918 wiederholt Kurzmeldungen aus Den Haag über Arbeitsniederlegungen in der englischen Textilindustrie. Das „Berliner Tageblatt" berichtete ab dem 20. Januar 1919 durch seinen Korrespondenten in Den Haag ausführlich über die Streikbewegungen in Großbritannien. Allerdings beruhten diese Meldungen sehr wohl auf vorangegangenen Berichten „bürgerlicher" Presseorgane in England, insbesondere der „Times" und des „Daily Telegraph".

Rück- und Umblick 2 (Februar 1919)

Editorische Vorbemerkung: Die Edition folgt dem Text, der erschienen ist in: Deutscher Wille. Des Kunstwarts 32. Jahr, hg. von Ferdinand Avenarius, Kriegsausgabe, 32. Jg., zweites Viertel, Januar bis März 1919, Heft 10, zweites Februarheft 1919, München: Verlag von Georg D. W. Callwey, S. 97–99 (**A**). Der Text erschien in der Rubrik „Vom Heute fürs Morgen" mit dem redaktionellen Hinweis: „Wir möchten unsere Leser auf diese ‚Spectator'-Briefe, von denen wir heute den zweiten bringen und die wir fortsetzen werden, ganz besonders aufmerksam machen." Der Wiederabdruck des Textes in der Baron-Ausgabe von 1924 (S. 30–34) enthält Varianten aus Troeltschs Handexemplar, die im folgenden Text verzeichnet sind (**A₁**).

Der Text erschien in der Erstveröffentlichung ohne Datumsangabe. Laut Baron-Ausgabe datierte Troeltsch in seinem Handexemplar die Entstehung des Textes auf den 14. Januar 1919. Da Troeltsch aber im Text auf die Wahlresultate im Reich und in den Einzelstaaten Bezug nimmt, muss er noch nach dem 19. Januar 1919 (dem Tag der Wahl zur Nationalversammlung), wahrscheinlich sogar noch nach dem 26. Januar 1919 (dem Tag der Wahl zur Preußischen Landesversammlung) Änderungen und Korrekturen an dem Text vorgenommen haben.

Rück- und Umblick 2[a]

Warum es zur Niederzwingung der Spartakisten so spät gekommen ist, das habe ich in meinem vorigen Briefe erläutert.[b] Sie war grausig

---

a *In A₁ folgt:* 14. Januar 1919.

b *In A₁ folgt als Fußnote:* Inzwischen habe ich von völlig maßgebender Seite gehört, daß im Dezember 1918 zehn Divisionen zur Niederwerfung des Spartakismus konzentriert waren. Die Truppen seien guten Willens gewesen, aber nur auf Tage zusammenzuhalten. Der Wunsch nach Hause zu kommen, spartakistische Propaganda und innere Aufgeregtheit machten die Leute unsicher. Es hätte sofort losgeschlagen werden müssen. „Dazu kam das blödsinnige Weihnachtsfest, und dann bekam auch Herr Ebert kalte Füße, und so unterblieb es. Die Unterlassung hat viel Blut gekostet."[1]

---

1 Troeltschs Informant war vermutlich Oberst Hans von Haeften, der 1918 als Verbindungsoffizier der OHL zur Reichskanzlei fungierte, eventuell auch der dama-

A 98 und schau|derhaft und hat in der Lynchung der Rosa Luxemburg ein entsetzliches Nachspiel gehabt.² Im übrigen ging während aller Greuel das Großstadtleben seinen Weg weiter. Musiker und Histrionen³ bieten sich an allen Plakatsäulen in Massen an, die Theater spielen weiter und versammeln ihr an Gewehrschüssen vorbeieilendes Publikum in gewohnter Masse, vor allem wird, wo irgend möglich, *getanzt* – ohne Rücksicht auf die Kohlen- und Lichtnot. Immer neue Streiks erschüttern die elementaren Lebensbedingungen, und überall steigen die Löhne ohne Mehrung der Güterproduktion. Auf dem Land und in den Betrieben fehlen die hochnötigen Arbeitskräfte, in den Großstädten sammelt sich arbeitsunlustiges und der neuen Dinge harrendes Volk, das durch Lohnsteigerung und Vermehrung des Papiergeldes der Not steuern zu können glaubt. Anfänge einer Neubildung der Armee sind im Gange, eine Mischung von Miliz,

---

lige Erste Generalquartiermeister der OHL, Wilhelm Groener. Troeltsch stand nach 1918 sowohl mit Groener als auch mit Haeften über den Mittwochabend-Kreis und den Dahlemer Spaziergang in Kontakt. Vgl. Friedrich Meinecke: Autobiographische Schriften (1969), S. 237 und S. 243. Am 18. November 1918 hatte die OHL Friedrich Ebert als Haupt der provisorischen Reichsregierung einen von Hans von Haeften konzipierten Plan unterbreitet, mehrere Felddivisionen nach Berlin zu verlegen, um mit ihrer Hilfe die Arbeiter- und Soldatenräte aufzulösen und Ebert zum vorläufigen Reichspräsidenten mit diktatorischen Vollmachten zu proklamieren. Zu diesem Zweck mobilisierte die OHL bis Anfang Dezember 1918 neun (statt zunächst geplanter zehn) Divisionen unter dem Generalkommando Lequis (vgl. oben, S. 55, Anm. 2). Ebert verhielt sich gegenüber diesem Plan zunächst abwartend, unterband aber nach dem Einzug der Garde-Truppen in Berlin am 10. Dezember 1918 zusammen mit dem preußischen Kriegsminister Heinrich Schëuch das geplante militärische Vorgehen gegen die Rätebewegung. In den folgenden Wochen gab es in den Truppen des Generalkommandos starke Auflösungserscheinungen. Mit den verbliebenen Kräften unternahm Lequis am Morgen des 24. Dezember 1918 auf Befehl Eberts einen Angriff auf die im Berliner Schloss und im Marstall verschanzte revolutionäre Volksmarinedivision. Nach dem Fehlschlag dieses Angriffs befahl Ebert am Mittag desselben Tages die Einstellung des Kampfes. Vgl. Ulrich Kluge: Soldatenräte und Revolution (1975), S. 212, S. 222–240 und S. 264 f.

2 Rosa Luxemburg wurde am 15. Januar 1919 von Angehörigen der zur Niederschlagung des Berliner Januaraufstandes eingesetzten Garde-Kavallerie-Schützen-Division ermordet. Troeltsch gibt hier die zunächst verbreitete Falschmeldung wieder, wonach Luxemburg von einer aufgebrachten Volksmenge gelyncht worden sei. Vgl. Berliner Tageblatt vom 16. Januar 1919 (Abendausgabe).

3 Schauspieler (lat.: histrio) im antiken Rom. Laut Meyers Konversationslexikon, Leipzig und Wien, Vierte Aufl., 1885–1892, S. 578, „jetzt [...] nur in verächtlichem Sinn gebraucht".

Freiwilligensystem und Söldnerheer, von den Schwärmern und Idealisten leidenschaftlich bekämpft, aber praktisch die einzige Rettung. Die zweite große Hauptaufgabe neben der Bildung einer disziplinierten Miliz ist die Rückführung der Arbeitslosen zur Arbeit, die objektiv so möglich wie nötig wäre, die aber an psychologischen Hindernissen vorläufig immer wieder scheitert. Die Aufgaben der Regierung sind ungeheuer an Bedeutung und an Schwierigkeit. Noch ist ihre Lösung unter dem gleichzeitigen Druck der Polen und Russen wie der Entente und bei der Fortdauer der Arbeit, Rohstoffbezug und Absatz schlechthin hindernden Blockade[4] nichts weniger als sicher. Die Politik der Entente ist teuflisch; von ihren Humanitätsphrasen ist nicht mehr übrig als der Glaube deutscher Schwärmer an sie und die Suggestion eines völlig unsinnigen Schuldbekenntnisses. Wie es mit der immer noch riesigen, nur vorsichtig demobilisierenden und die Leute vorläufig noch unterhaltenden Armee im Lande aussieht, ist schwer zu sagen. Man erfährt nur hin und wieder Beispiele. Vom Bereich des 7. Korps erfuhr ich soeben, daß es von einem Zentralrat regiert wird, der seine Delegierten aus Bezirksräten empfängt und daß hier die buntesten und wildesten Entschlüsse leichtweg gefaßt werden, z. B. Verzicht auf Abwehr der Polen und Russen. Die sehr unordentlich gewählten Vertreter wechseln, bald gibt es Mehrheiten aus Unabhängigen und Bolschewisten, bald werden diese durch mutige und vernünftige Leute niedergerungen und dann die Beschlüsse aufgehoben.[5] Hier ist jeder kluge, redegewandte und ehrliche Gebildete vom größten Werte und kann großes Übel verhindern. Ähnlich wird es allenthalben stehen. Und neben diesem Wirrsal geht die alte Administration und die Fernwirkung der Berliner Zentralregierung so gut wie möglich weiter.

Wie weit Wahlen und Nationalversammlung dieses Chaos klären können, das ist heute schwer zu sagen. Offenkundig ist nur das eine: Einheit

---

4 Gemäß Artikel 26 der Waffenstillstandsbedingungen vom 11. November 1918 blieb die alliierte Seeblockade des Deutschen Reiches auch nach Einstellung der Kampfhandlungen vollumfänglich bestehen. Vgl. Der Waffenstillstand 1918–1919, Band 1 (1928), S. 49.

5 Im Bereich des in der Provinz Westfalen stationierten preußischen VII. Armeekorps wurde am 13. November 1918 ein General-Soldatenrat als Zentralinstanz der seit Ausbruch der Revolution in den einzelnen Korps-Bezirken entstandenen Soldatenräte gebildet. Die Zentralisierung der lokalen Räteorganisationen geschah auf Befehl des Generalkommandos in Münster. Am 6. Januar 1919 fasste der General-Soldatenrat des VII. Armeekorps einen Beschluss zur Aufhebung des Grenzschutzes im Westen wie im Osten. Dieser Beschluss wurde nach internen Auseinandersetzungen am 17. Januar 1919 rückgängig gemacht. Vgl. Ulrich Kluge: Soldatenräte und Revolution (1975), S. 148 f. und S. 279.

und Ordnung des Reiches beruht auf der Maschinerie der sozialdemokratischen Partei. Sie und ihre Leitung gehen außerordentlich gestärkt aus diesen Wahlen hervor. Die dem Spartakismus und phantastischen Bolschewismus überall mehr oder minder nahestehenden „Unabhängigen" erscheinen als geringe Minderheit, die konservativ-antisemitischen Alldeutschen sind gleichfalls auf schmale Bestandteile verringert, und das Zentrum ist nicht mehr „Trumpf". Es kommt nun darauf an, wie Mehrheits-Sozialdemokraten und Deutsch-Demokraten die Möglichkeit eines Zusammenarbeitens und die gemeinsame Rücksicht auf die doch immer, namentlich beim Zentrum, stattlichen Minderheiten finden werden. Schwierig genug wird die Sache sein, um so mehr, als die Fragen der inneren Politik und Verfassungsbildung die Aufmerksamkeit gar nicht erschöpfen dürfen, sondern die Weltlage mit ihrer Mischung politischer, sozialer, wirtschaftlicher und ethnologischer Krisen und die Erhaltung des Reiches in dieser Weltlage eine fast noch größere Sorge bilden. Ich sprach neulich einen unserer Diplomaten, der der unseligen Moskauer Legation[6] angehört hatte und die dortigen Männer aus zahlreichen und offenherzigsten Disputationen kennt. Er meint, das Ganze ähnele einem asiatischen Aufstand gegen den Westen, mit dem Ziel eines neuen Dschingis-Chan-Zuges, der grundsätzlich und planmäßig | die westliche Kultur zerstören wolle und zunächst und zuerst die im Wege liegende deutsche. Es gibt Leute, die es im Angesichte dessen für den Plan der Entente halten, Süd- und Westdeutschland als Glacis gegen den Bolschewismus aufzubauen, Norddeutschland dagegen preiszugeben oder zum kommenden Schlachtfelde gegen den Bolschewismus zu machen.[7]

---

6 In Umsetzung des Friedensvertrags von Brest-Litowsk hatte das Auswärtige Amt im April 1918 eine deutsche Gesandtschaft an den Sitz der russischen Sowjetregierung in Moskau gesandt. Am 6. Juli 1918 war jedoch der deutsche Gesandte Wilhelm Graf von Mirbach-Harff bei einem Attentat der Partei der Linken Sozialrevolutionäre getötet worden. Sein am 28. Juli 1918 in Moskau eingetroffener Nachfolger Karl Helfferich war schon am 6. August 1918 nach Berlin zurückbeordert worden. Die diplomatischen Kontakte mit der russischen Sowjetregierung waren in der deutschen Öffentlichkeit von Beginn an stark umstritten gewesen. Vgl. Winfried Baumgart: Die deutsche Ostpolitik im Sommer 1918 (1966), S. 208–257.

7 Dem Tenor der Äußerungen nach handelte es sich bei Troeltschs Gesprächspartner wahrscheinlich um Eduard Stadtler, der von Ende Mai 1918 bis zum Abbruch der Helfferich-Mission im August 1918 in der Presseabteilung der Moskauer Botschaft gearbeitet hatte. Vgl. Winfried Baumgart: Die deutsche Ostpolitik im Sommer 1918 (1966), S. 211. Im Winter 1918/19 leitete Stadtler in Berlin die Aktivitäten der Antibolschewistischen Liga, als deren Geschäftsstelle die Privatwohnung Heinrich von Gleichen-Rußwurms fungierte. In derselben Wohnung fanden

Die Gefahren sind allenthalben riesengroß. Unsere Schwärmer wollen sie nicht sehen, wie umgekehrt unsere alten Machtpolitiker alles Schwarz in Schwarz malen und die Lust an einem Reiche verlieren, das ihren Gefühlen und Klasseninteressen so wenig Raum bietet. In Berlin waren neben Unabhängigen die Deutsch-Nationalen die Störer und Versammlungssprenger. Ein Trost ist bei alledem, daß die Wahlen im Reiche und in den Bundesstaaten wesentlich parallel ausgefallen sind, so daß sich in den Volkswahlen der deutschen Landesteile Übereinstimmung zeigt; sie haben *überall* Sozialdemokraten und Deutsch-Demokraten an die Spitze gestellt.[8] Damit werden die auch jetzt noch sehr großen Schwierigkeiten eines Bundesstaates verringert und wird eine Gleichrichtung des Reiches mit den Einzelstaaten gesichert. Das ist im Moment die Hauptsache. An Konflikten wird es immerhin auch so nicht fehlen, sie sind in der Größe Preußens gegenüber den anderen Bundesstaaten heute noch genau so begründet wie früher.

Wer heute Bismarcks „Gedanken und Erinnerungen" liest, wird sie erschüttert mit neuem Auge lesen. Man wird dort alle Probleme der letzten Vergangenheit, die Vorherrschaft des Generalstabes, die dynastischen Fehler, die Prestige-Politik, die Verkennung der begrenzten Mittel und Möglichkeiten des Reiches, die Schwierigkeiten eines komplizierten Bundesstaates, die Bedenklichkeit jeder Balkanpolitik scharf beleuchtet finden. An einer Stelle nimmt er das „Plectuntur Achivi" wirklich in Aussicht.[9] Er wird

---

auch die von Troeltsch besuchten Treffen des Solidarier-Kreises statt (vgl. unten, S. 74, Anm. 4). Ein ähnliches Szenario der Folgen eines kommunistischen Umsturzes in Deutschland entwarf Stadtler am 7. Januar 1919 in einem Vortrag im Weinhaus Rheingold: „Unter russischer Führung würde im Norden und Osten der Bolschewismus blutig triumphieren, im Westen und Süden unter der Ententeführung ebenso blutig der Partikularismus. [...] Hinter den bolschewistischen, durch Terror disziplinierten Truppen des Ostens würden sich die bolschewistischen Hyänen des Schlachtfeldes über die herrlichen Gefilde Ost- und Norddeutschlands ergießen, Mord und Totschlag, Raub und Vergewaltigung im Gefolge. Nichts wäre jenen Koreanern und Chinesen und sonstigen aus dem aufgelösten Rußland umherschweifenden Horden heilig. Die Hunnengefahr in neuer Auflage!". Vgl. Eduard Stadtler: Der kommende Krieg (1919), S. 12.

8 Troeltsch addiert hier offenbar die Stimmenanteile von SPD und DDP. Tatsächlich war die DDP sowohl bei der Wahl zur Nationalversammlung am 19. Januar 1919 als auch bei der Wahl zur Preußischen Landesversammlung am 26. Januar 1919 nur drittstärkste Partei hinter der SPD und dem Zentrum geworden (Nationalversammlung: SPD 37,9 %, Zentrum 19,7 %, DDP 18,5 %; Preußische Landesversammlung: SPD 36,4 %, Zentrum 22,3 %, DDP 16,2 %).

9 Otto von Bismarck: Gedanken und Erinnerungen, Band 2 (1898), S. 266 f.: „Dementsprechend müssen wir unsre Politik einrichten, daß heißt den Krieg nach

freilich daneben auch überall im Hintergrunde den Kampf Bismarcks gegen die drohende Republik und Demokratie finden, den Gegensatz des monarchisch-konservativen und des demokratischen Europa, das Verlangen nach russischer und österreichischer Anlehnung gegenüber der Weltdemokratie. Heute ist die Weltdemokratie da, es gibt keine Anlehnung mehr gegen sie. Die Nationalversammlung von heute soll der neue Bismarck sein, der sie nicht von außen her, sondern von innen heraus aus dem Volkswillen selbst meistert. Wird sie das? Kann sie das?   *Spectator*

Möglichkeit hindern oder einschränken, uns in dem europäischen Kartenspiele die Hinterhand wahren und uns durch keine Ungeduld, keine Gefälligkeit auf Kosten des Landes, keine *Eitelkeit* oder befreundete Provocation vor der Zeit aus dem abwartenden Stadium in das handelnde drängen lassen; wenn nicht, plectuntur Achivi." Vgl. das lat. Originalzitat bei Horaz, epistulae I, 2,14: *Quidquid delirant reges, plectuntur Achivi* („Wie immer die Könige rasen, die Achäer büßen es").

Allmähliche Klärung (März 1919)

Editorische Vorbemerkung: Die Edition folgt dem Text, der erschienen ist in: Deutscher Wille. Des Kunstwarts 32. Jahr, hg. von Ferdinand Avenarius, Kriegsausgabe, 32. Jg., zweites Viertel, Januar bis März 1919, Heft 11, erstes Märzheft 1919, München: Verlag von Georg D. W. Callwey, S. 121–123 (**A**). Der Text erschien in der Rubrik „Vom Heute fürs Morgen". Der Wiederabdruck des Textes in der Baron-Ausgabe von 1924 (S. 34–38) enthält eine Variante aus Troeltschs Handexemplar, die im folgenden Text verzeichnet ist (**A₁**).

Der Text erschien in der Erstveröffentlichung ohne Datumsangabe. Laut Baron-Ausgabe datierte Troeltsch in seinem Handexemplar die Entstehung des Textes auf den 28. Januar 1919. Im Text selbst benennt Troeltsch die Tage der Internationalen Arbeiter- und Sozialistenkonferenz in Bern (3. bis 10. Februar 1919) als Zeitpunkt der Abfassung. Ein Hinweis auf die Befehlsverweigerung französischer Truppen in der Ukraine lässt vermuten, dass Troeltsch noch Mitte Februar 1919 Änderungen und Korrekturen an dem Text vornahm.

Allmähliche Klärung[a]

Es gibt allmählich etwas mehr Übersicht, wenn auch wenig Aussicht. Die Aussicht müßte sich vor allem auf das eigentliche Hauptproblem beziehen, das in Deutschland aus Gründen innerer Not und Verwirrung meistens vergessen oder ignoriert wird: die Gestaltung des Friedens, der internationalen Rechts- und Wirtschaftsverhältnisse. Davon hängt unsere künftige Lebensmöglichkeit und schließlich auch die Gestaltung der inneren Verhältnisse ab, die nur unter der Voraussetzung der Lebensmöglichkeit zur relativen Ruhe kommen können. Aber davon sind wir heute noch weit entfernt. Deutschland ist durch die Revolution und seinen Zusammenbruch für die Entente so unwichtig geworden, wie seinerzeit Rußland für uns wurde oder doch zu werden schien. Die Entente steht vor der Schwierigkeit aller Koalitionskriege, die Einigung der Sieger zu bewahren oder herzustellen. Es kämpft das Wilsonsche Friedensprogramm mit dem Imperialismus der

---

[a] *In A₁ folgt*: 28. Januar 1919.

Engländer und Franzosen und der zahllosen Kleineren. Das menschenarme Frankreich möchte Deutschland verkleinern und zerstückeln, um jede Sorge vor seiner Menschenmasse loszuwerden, England möchte die maritime und wirtschaftliche Wiedererstarkung einer erheblichen Konkurrenz ausschließen und hat dazu außer der deutschen Kriegsflotte auch die deutsche Handelsflotte durch Charterung für den Lebensmittelverkehr unter Verschluß genommen.[1] Freilich ist das überall nur die Politik der herrschenden kapitalistischen Schichten. Die Sozialisten und Arbeiter sind auch dort für einen Rechtsfrieden und für Arbeits- und Lohnverhältnisse, welche den ganzen Gedanken einer wirtschaftlichen internationalen Konkurrenz vor neue Verhältnisse stellen würden.

Sorglich ist für die Entente bei uns nur, wie für uns einst in Rußland, die Gefahr des Bolschewismus, der eine von russischem Ausdehnungs- und Vergeltungsdrang getragene Weltgefahr ist und in Rußland selbst in dem Maße sich hält, wie den Bolschewisten außenpolitische Erfolge gegen Deutschland und die Entente beschieden sind. Neulich besuchte mich ein englischer Interviewer und fragte mich nach meiner Auffassung der Situation.[2] Ich sagte ihm, die Lage sei im Grunde einfach die, ob die Entente den Pestkordon gegen den Bolschewismus am Rhein oder an der Düna und Narwa aufrichten, ob sie den Kampf gegen den Bolschewismus auf unserem Rücken oder mit unserer Hilfe im Osten ausfechten wolle. Er bejahte das und fand natürlich auch die zweite Lösung sicherer, | meinte aber, daß die Entente dazu schwerlich stark genug sei, da auch ihre Truppen den Kampf gegen die Russen einfach verweigert hätten und Freiwilligenkorps schwer zu bilden seien. In der Tat haben die Engländer Archangelsk, wie ich höre, räumen müssen, weil ihre Truppen den Kampf einfach verweigerten; ebenso haben die fran-

---

1 Im Waffenstillstandsverlängerungsvertrag vom 16. Januar 1919 wurde die Genehmigung deutscher Lebensmittelimporte an die Vorbedingung einer Herausgabe der deutschen Handelsflotte an die Alliierten geknüpft. Vgl. Der Waffenstillstand 1918–1919, Band 1 (1928), S. 182–188.

2 Es handelt sich möglicherweise um Geoffrey Winthrop Young (1876–1958), der als einer der ersten britischen Korrespondenten nach Kriegsende überhaupt ab Februar 1919 für die „Daily News" aus Berlin berichtete. Vgl. den Tagebucheintrag von Harry Graf Kessler vom 14. Februar 1919, in: Harry Graf Kessler: Das Tagebuch 1880–1937, Band 7 (2007), S. 137. Eher unwahrscheinlich ist Morgan Philips Price (1885–1973), der als Korrespondent des „Manchester Guardian" schon im Dezember 1918 über Russland nach Berlin gekommen war, aber stärker pro-bolschewistisch eingestellt war. Die meisten britischen Deutschland-Korrespondenten kamen erst nach Abschluss des Versailler Vertrags in der zweiten Jahreshälfte 1919 nach Berlin. Vgl. Thomas Wittek: Auf ewig Feind? (2005), S. 101 und S. 229 f.

zösischen Truppen das Vordringen in die Ukraine abgelehnt.³ Man hat sich dann auf diplomatische Verhandlungen beschränken wollen und die Russen zu Verhandlungen nach den Prinzeninseln eingeladen, was die Russen stolz ablehnten.⁴ Dieser diplomatische Erfolg hat wieder die Stellung Lenins in dem völlig verelendeten Rußland gefestigt, wo sie nur durch solche Erfolge sich halten können. Inzwischen besorgen die Esten[a] mit Hilfe von 4 000 Finnen und einigen Schweden, sowie unsern in Litauen stehenden Freiwilligen den vorläufigen Schutz.⁵ In Innerpolen soll der Bolschewismus fürchterlich hausen; Genaues weiß man nicht, doch hat man nicht bloß mit russischem, sondern auch mit polnischem Bolschewismus zu rechnen.⁶ Ein tschechischer und österreichischer existiert glücklicher Weise nicht. Die Fol-

---

a *A:* Esthen

---

3 Im Rahmen ihrer Intervention im Russischen Bürgerkrieg hatten die Alliierten im August 1918 ein Expeditionskorps in Archangelsk gelandet. Das unter britischem Kommando stehende Unternehmen zum Aufbau einer weißrussischen Front in Nordrussland war jedoch militärisch erfolglos. Im Dezember 1918 mussten britische Truppen in Archangelsk eine Meuterei weißrussischer Truppenteile niederschlagen. Im Februar 1919 kam es zu Befehlsverweigerungen bei britischen Truppenteilen. Troeltschs Information einer Räumung von Archangelsk beruht wohl auf einer Verwechselung mit der Räumung von Schenkursk nach Kämpfen mit der Roten Armee am 19. Januar 1919. Archangelsk wurde erst im September 1919 von den Alliierten geräumt. Zur Unterstützung der weißrussischen Front in der Ukraine war im Dezember 1918 ein französisch-griechisches Truppenkontingent in Odessa gelandet worden, dessen Vormarsch in Richtung Kiew aber im Februar 1919 an einer Meuterei französischer Truppenteile in Bessarabien scheiterte. Vgl. Robert Jackson: At War with the Bolsheviks (1972), S. 67–88, S. 131 und S. 173 ff.
4 Weil die französische Regierung (entgegen britischer und US-amerikanischer Wünsche) die Teilnahme sowjetrussischer Delegierter an der Pariser Friedenskonferenz ablehnte, hatten die Alliierten im Januar 1919 die Idee einer separaten Friedenskonferenz der russischen Bürgerkriegsparteien auf den Prinzeninseln im Marmarameer ins Spiel gebracht, was jedoch sowohl von sowjetrussischer als auch von weißrussischer Seite abgelehnt wurde. Vgl. Margaret MacMillan: Paris 1919 (2003), S. 74 ff.
5 Am Estnischen Unabhängigkeitskrieg (1918–1920) nahm auf estnischer Seite neben finnischen und skandinavischen Freiwilligen auch ein aus Deutsch-Balten bestehendes „Baltenregiment" teil. Das etwa 700 bis 800 Soldaten umfassende Regiment kam erstmals in der estnischen Offensive gegen die Rote Armee im Januar 1919 zum Einsatz. Vgl.: Von den baltischen Provinzen zu den baltischen Staaten (1977).
6 Der Bezugspunkt dieser Stelle ist unklar. Die im Dezember 1918 gegründete Komunistyczna Partia Robotnicza Polski („Kommunistische Arbeiterpartei Polens")

gen dieser Lage sind für jedermann einleuchtend. Es wird eine Verbündung aller Staaten und aller Ordnungssozialisten gegen den Bolschewismus wenigstens denkbar und damit die Möglichkeit eines Rechtsfriedens auch bei den durch eigene Gefahr zu Hause bedrängten westlichen Herrenschichten etwas näher gerückt.

Wie unsere eigene Regierung in dieser Sachlage denkt und hofft, wissen wir nicht. Herr Erzberger, der klug ist, aber doch mehr zu den geistig einfachen Naturen gehört, macht einen Teil unserer Politik. Unser Auswärtiges Amt ist eng gebunden. Man muß von Herrn Solf die Kämpfe zweier Monate, vor allem die mit Herrn Haase, erzählt hören und seine Akten einsehen, um zu begreifen, daß hier fortwährend ein zerreibender Kampf zwischen Politik und Antipolitik stattfand, bei dem die Mehrheitssozialisten sich doch immer nicht recht von den mit den Unabhängigen gemeinsamen Dogmen trennen mochten. Als es sich um das Halten unserer Stellung in Rußland bis zur Rettung der ungeheuren Vorräte und Materialien handelte, erwiderte Haase, auf Bismarcks Stuhl sitzend, eisig, es sei ihm gleichgültig, wenn Milliarden verloren gehen; er wolle, daß kein deutscher Soldat auf russischem Boden stehen bleibe. Als man Herrn Haase auf die Gefahr des Einbruches des Bolschewismus in Ostpreußen hinwies, zuckte er mit den Achseln.[7] Damit war der Osten preisgegeben, soweit nicht die Truppen aus eigenem Antrieb retteten, was noch zu retten war. Was die Doktrinen der Unabhängigen in der Zeit des Duumvirats uns gekostet haben – gekostet in

---

spielte in der polnischen Innenpolitik zu jenem Zeitpunkt nur eine marginale Rolle. Ein Boykottaufruf der polnischen Kommunisten für die Wahlen zum Sejm im Januar 1919 war kaum beachtet worden. Vgl. Wlodzimierz Borodziej: Geschichte Polens im 20. Jahrhundert (2010), S. 104.

7 Troeltsch folgt bei dieser Schilderung stark der Perspektive des ehemaligen Außenstaatssekretärs Wilhelm Solf, der im November/Dezember 1918 vergeblich versucht hatte, im Rat der Volksbeauftragten eine Spaltung zwischen den Mehrheitssozialdemokraten und den USPD-Vertretern herbeizuführen. In der Kabinettssitzung vom 9. Dezember 1918 hatte Solf einen Eklat provoziert, indem er sich geweigert hatte, dem für das Außenressort zuständigen USPD-Volksbeauftragten Hugo Haase die Hand zu geben, und dies mit angeblichen Geheimabsprachen zwischen der USPD und der sowjetrussischen Botschaft im Vorfeld der Revolution begründet hatte. Da Ebert ihm in diesem Konflikt die Unterstützung versagte, hatte Solf noch am selben Tag seinen Abschied eingereicht (erteilt am 13. Dezember). Solfs spätere Darstellung, Ebert habe ihn von seinem Rücktritt abhalten wollen, ist zweifelhaft, da Ebert nachweislich bereits seit dem 4. Dezember 1918 vertraulich mit Ulrich Graf von Brockdorff-Rantzau über Solfs Nachfolge verhandelt hatte. Vgl. Die Regierung der Volksbeauftragten 1918/19, Band 1 (1969), S. LVIII; Eberhard von Vietsch: Wilhelm Solf (1961), S. 381 f.

jedem Sinne –, das ist unaussagbar und setzt sich in seinen Folgen fort bis zum heutigen Tage. Augenblicklich kostet es uns auf dem Berner Sozialistenkongreß sozusagen die Ehre, indem die Eisner und Kautsky wetteiferten in hysterischen Selbstbeschuldigungen des deutschen Volkes und des alten Regimentes ohne jede Rücksicht auf die in der Weltlage selber liegenden Explosionsgefahren.[8]

Kann man derart von der Lösung der auswärtigen Aufgaben durch die jetzige Regierung kein rechtes Bild gewinnen, so ist das wenigstens etwas leichter bei den inneren Aufgaben. Hier steht in erster Linie die Aufgabe der Schöpfung einer Miliz, die Zurückführung der Arbeiter- und Soldatenräte auf lediglich beratende und kontrollierende Funktionen, die Überwindung der Arbeitslosigkeit und Arbeitsscheu und die Ordnung der eng damit zusammenhängenden Valuta- und Ernährungsfrage. Das Schaffen der Miliz ist maßlos schwierig. Die Werbebureaus gleichen bisweilen denen der Landsknechtszeit; alles mögliche Gesindel kommt, das den Sold will, aber dem man keine Waffe in die Hand geben darf und vor dem nicht ein Taschentuch in der Kaserne sicher ist. Hoffentlich ist dies düstere Bild, das mir neulich ein Beteiligter zeichnete, vereinzelt; aber es beleuchtet immerhin die Schwierigkeit. Die Gesundung und Umbildung der Armee geht jedenfalls ganz langsam vor sich. Sie wird auch von den Offizieren nicht so unterstützt, wie es – unter freilich erheblicher Selbstverleugnung – sein müßte. Läßt man sich den Zusammenbruch im Osten näher erzählen, so hört man erschütternde Dinge gerade über Flucht und Versagen der Offiziere und Militärbeamten. Heute hört man von ihnen, wie neulich in einer großen und stürmischen Versammlung in der Philharmonie, Streikdrohungen.[9] Auch sie, nicht

---

8 Auf einer von der Sozialistischen Internationale organisierten Internationalen Arbeiter- und Sozialistenkonferenz vom 3. bis 10. Februar 1919 in Bern erklärte Kurt Eisner am 4. Februar 1919 in einer Aussprache zur Kriegsschuldfrage: „Es steht heute fest, daß dieser Krieg von einer kleinen Horde [preußisch-]wahnsinniger Militärs in Deutschland, die verbündet waren mit Schwerindustriellen und Weltpolitikern, Kapitalisten und Fürsten, gemacht worden ist [...]. Ich bekenne die Schuld Deutschlands am Krieg und in der Kriegsführung. Deutschlands! Aber auch des deutschen *Volkes*? Des deutschen Volkes – nein! Das ist nicht verantwortlich für deutsche Kriegsführung. Das deutsche Volk ist nicht brutal." Karl Kautsky erklärte in derselben Aussprache: „An der Schuld der deutschen Regierung ist in keiner Weise mehr zu zweifeln, und man muß schon sehr alle Skepsis gegenüber seiner Regierung verloren haben, wenn man heute noch die Schuldfrage für nicht geklärt ansieht und glaubt, es sei notwendig, sie offenzulassen." Zit. nach: Die II. Internationale 1918/19 (1980), S. 236, S. 240 und S. 258 (Hervorhebung i. O.).
9 Am 28. Januar 1919 fand in der Berliner Philharmonie eine Protestkundgebung des Deutschen Offiziersbundes gegen die Verordnung des Preußischen Kriegsmi-

bloß die Mannschaften, sind großenteils desorientiert. So schwankt die Umbildung der Armee zwischen der Anarchie der Mannschaften und der Gereiztheit der Offiziere, zwischen dem dringenden Schutzbedürfnis und der Angst vor Begünstigung einer Gegenrevolution. Es ist alles Mögliche, was die Regierung und tüchtige Offiziere trotz alledem zustande gebracht haben.

Eine ganz andere, aber ebenso schwierige Frage ist die der Zurückführung der Soldatenräte auf nichtregierende Funktionen. Neben dem Duumvirat der Mehrheitssozialisten und Unabhängigen waren sie ein drittes Regierungsorgan von wildester, unstabilster und gefährlichster Form trotz mancher nützlichen Leistung in der Übergangszeit. Man fragt sich, woher heute, bei fast vollzogener Demobilisierung, die vielen Soldatenräte kommen. Aber das ist leicht zu verstehen, sowie man die realen Verhältnisse erfährt, die von den rechtlichen sehr verschieden sind. In den Industriegebieten des Westens betrachten sich die entlassenen und ihre Uniformen – sie haben nichts anderes – weiter tragenden Soldaten immer noch als Soldaten und regieren und wühlen weiter, binden sich nicht an ihre eigenen Wahlen, sondern schicken neue Leute usw. Sie haben 150 000 Gewehre aus den Depots an die Bevölkerung verteilt und bilden dadurch natürlich einen ernsten Machtfaktor. Vernünftige Bezirksoffiziere und Beamte kommen trotzdem mit den Leuten zurecht. Aber da zeigt sich ein großer Mangel der neuen Lage. Die Beamtenwelt ist so gut wie ohne alle Personalveränderung geblieben. Die Beamten, auch die konservativsten, stellen sich auf „den Boden der neuen Tatsachen" und bleiben im Amt, regieren, sprechen und benehmen sich aber ganz im alten Stil. Das erzeugt immer neues Mißtrauen und neue Reibungen. Nur ein gründlicher Beamtenwechsel des Verwaltungsdienstes kann hier helfen, wie er unter der Regierung des Prinzen Max geplant war, aber jetzt nicht zur Ausführung gekommen ist.[10] Man kann – wenigstens im Ganzen und Großen – mit Korpsstudenten nicht demokratisch vertrauenerweckend regieren. In anderen Fällen aber schreibt sich die Fortdauer der radikalen Soldatenräte davon her, daß es sich um Ersatzbataillone handelte, um jene für den unseligen Plan der Levée en masse zusammengekratzten

---

nisteriums zur Neuordnung der Kommandogewalt vom 19. Januar 1919 statt. Der Protest richtete sich vor allem gegen die Abschaffung der Rang- und Gradabzeichen und die Abschwächung des militärischen Grußzwangs. An der Versammlung nahmen ca. 2 500 Offiziere und Militärbeamte teil. Vgl. Berliner Tageblatt vom 29. Januar 1919 (Morgen-Ausgabe): Gegen die Neuregelung der Kommandogewalt.

10 Ein entsprechendes Vorhaben der Regierung Max von Baden ist nicht bekannt.

Truppen der allerletzten Zeit.¹¹ Diese lassen sich einfach nicht auflösen, leben und essen in den Kasernen ohne Dienst, bringen sich nachts ihre Mädchen mit, nehmen den Sold und wählen Soldatenräte. Hier kann nur ganz langsam mit dem Arbeitswillen Ordnung kommen.

Auf die anderen großen Hauptprobleme will ich heute nicht eingehen. Ich hebe nur hervor, daß die Finanzlage des Reiches erschütternd ist. Die Nationalversammlung muß vor allem neue Kredite bewilligen. Die alten sind erschöpft. Das ganze Elend wird erst sichtbar werden, wenn wir Lebensmittel vom Ausland kaufen müssen. Dann bricht die ganze Papierherrlichkeit zusammen, die uns heute einen Scheinwohlstand vortäuscht. Das wird bis zum Frühjahr der Fall sein, da die Ereignisse im Osten unsere Nahrungsberechnungen durchkreuzt haben. Aber jeder Tag hat seine eigene Sorge, und dieser neuen Sorgen wird dann noch zu gedenken Zeit genug sein. Jetzt setzt man seine nächste Hoffnung auf die Nationalversammlung, und weitere Schritte in der Klärung wird sie jedenfalls bedeuten. *Spectator*

---

11 Troeltsch rekurriert hier auf die im Oktober 1918 in Deutschland geführte Debatte über eine Fortsetzung des Kampfes im Falle „unerträglicher" Waffenstillstandsbedingungen der Alliierten. Das Preußische Kriegsministerium plante noch Anfang November 1918 die Aushebung von 500 000 neuen Soldaten und wollte dazu alle garnisonsverwendungsfähigen Männer bis zum 41. Lebensjahr einziehen. Vgl. Gunther Mai: Das Ende des Kaiserreiches (1987), S. 157. Zu Troeltschs damaliger Diskussion mit Walther Rathenau über die „Levée en masse" siehe unten, S. 564, Anm. 15.

Links und Rechts (März 1919)

Editorische Vorbemerkung: Die Edition folgt dem Text, der erschienen ist in: Deutscher Wille. Des Kunstwarts 32. Jahr, hg. von Ferdinand Avenarius, Kriegsausgabe, 32. Jg., zweites Viertel, Januar bis März 1919, Heft 12, zweites Märzheft 1919, München: Verlag von Georg D. W. Callwey, S. 167–170 (**A**). Der Text erschien in der Rubrik „Vom Heute fürs Morgen" und mit der Datumsangabe 20. Februar 1919.

Links und Rechts

Unbekümmert um die furchtbare außenpolitische Lage des Reiches und höchstens ihre Aufregungen für den inneren Kampf ausnützend, gehen die „Querelles allemandes" ihren Weg weiter. Es befestigt sich eine Mitte, die im wesentlichen aus der alten Reichstagsmehrheit besteht, nur daß sie gegen früher außerordentlich verstärkt ist.[1] Diese Mitte trägt naturgemäß den Charakter aller parlamentarischen Regierungen und Majoritäten der Welt, Überwiegen der Parteigrößen und Berufspolitiker, Beuteverteilung in dem Ämterschacher und der Ministerbesetzung, wo nötigenfalls neue Ministerien trotz der Finanznot geschaffen werden, parlamentarische Kämpfe mit Minderheiten, wesentlich bürgerlicher Charakter der Selbsterhaltung der Gesellschaft. Daran können auch die Sozialdemokraten nicht sehr viel ändern, da die demokratische Politik die gemeinsame Grundlage aller ist und auch sie an der Erhaltung einer produktionsfähigen Gesellschaft vor allem interessiert sind. Jedes Regierungssystem hat eben seine schwachen Seiten, und wer von dem alten nicht erbaut war, hat nun Gelegenheit, von dem neuen auch nicht erbaut zu sein. Der große moralische Aufschwung, den mancher erwartet hat, fehlt – an seiner Stelle findet sich nur die Technik eines parlamentarischen Regierungssystems mit | vielen tüchtigen, braven und

---

[1] Die Fraktionen der Mehrheitssozialdemokraten, des Zentrums und der Fortschrittlichen Volkspartei, die gemeinsam über eine Mehrheit im 1912 gewählten Reichstag verfügten, hatten seit Juli 1917 ihre Politik in einem Interfraktionellen Ausschuss koordiniert. Diese koalitionsähnliche Zusammenarbeit konnte als Vorläufer der im Februar 1919 gebildeten „Weimarer Koalition" aus MSPD, Zentrum und DDP gelten.

kundigen Leuten, auch einigen Schwätzern und Ämterjägern inmitten einer nahezu verzweifelten Gesamtlage. Deutschland ist physisch und moralisch erschöpft, müde und verworren. Man durfte nach allem dem furchtbaren Hungerleiden und den moralischen Erschütterungen vielleicht nichts anderes erwarten und kann froh sein, wenn den auf dem Boden der Demokratie geeinigten Elementen eine leidliche Beruhigung und Ordnung gelingt. Für pathetische Erwartungen und Aufforderungen ist in diesen nüchternen Geschäftsdingen wenig Boden, die Deutschen von heute wissen nichts von großem nationalem oder politischem Pathos. Pathos gibt es zwar scheffelweise in der Presse und Literatur, aber weder in den Seelen der großen Masse noch in denen der parlamentarischen Führer.

Diese trotz allem tüchtige, brave und etwas bürgerliche Mittelmäßigkeit der einzigen vorhandenen Konzentrationskräfte müßte unterstützt, belebt und ergänzt werden. Statt dessen werfen sich aber die opponierenden Minderheiten auf den giftigsten Krieg gegen sie. Auf der einen Seite stehen die Bolschewisten und Unabhängigen in mancherlei Übergängen, auf der anderen die Alldeutschen, Konservativen, Schwerindustriellen usw.

Vor allem darf man bei der Opposition zur Linken die starke Beteiligung von Intellektuellen nicht übersehen, so widersinnig und selbstmörderisch sie auch zunächst erscheinen mag. Zu ihr neigen ein erheblicher Teil der Studenten, der Literaten, die ganze künstlerische und literarische Boheme, die Differenzierten und geistig Anspruchsvollen, hier in Berlin ein guter Teil von Berlin W.,[2] nachdem er die ersten Plünderungsängste überstanden hat. In Studentenversammlungen sind Zwischenrufe radikal bolschewistischer oder, was freilich gar nicht dasselbe ist, radikal pazifistisch-internationalistischer Art die Regel. Diese Jugend will Ideen und Herrschaft der Ideen, Revolution der Seele und des Geistes, eine völlig neue, antihistorische und antibürgerliche Welt. Mit dem Thema „Wo bleibt die Revolution der Seele?" ist neulich eine der vielen Versammlungen dieser Art einberufen worden. Oder andere Beispiele aus der hiesigen Wirklichkeit. Zwei elegante Herren trinken im Restaurant eine Flasche Wein für 50 Mark und erklären sich in ihrer Unterhaltung für den Bolschewismus als die einzige Macht der Idee. Ein Diplomat erzählt mir von Gesprächen mit Freundinnen vom Theater, die ihn auslachten wegen seines Anschlusses an die demokratische Partei; deutsch-national könne man ja allerdings nicht sein, aber „unabhängig" sei doch allein chic und geistreich.[3] Bedeutsamer war ei-

---

2 Gemeint ist das Geschäfts- und Vergnügungsviertel im Westen Berlins zwischen Kurfürstendamm und Tauentzienstraße, das zeitgenössisch als Inbegriff der künstlerischen und literarischen Boheme galt.

3 Die DDP erhielt im Winter 1918/19 vor allem von jüngeren Mitarbeitern des

ne große Versammlung vor kurzem in einem hiesigen Salon, wo eine Reihe bekannter Literaten, Gelehrter, Schauspieler, Politiker über den Bolschewismus disputierten.[4] Alles *einigte* sich in dem Protest gegen den bürgerlichen Charakter von Demokratie und Sozialdemokratie. Man höhnte und lästerte über die Nationalversammlung als ideenlose Spießerversammlung; auch bisher recht konservative Schriftsteller beteiligten sich daran. Reine Marxisten holten den alten Haß gegen bürgerlichen Geist und bürgerliche Moral heraus; begeisterte Anarchisten vertraten das Programm: durch den Kommunismus zur Vollentfaltung der Individualität, und zwar aller Individualitäten. Es ist ersichtlich: man kombiniert Marx, Anarchismus, Kommunismus und den unvermeidlichen Nietzsche. Durch den Kommunismus und die Zerschlagung der ganzen bisherigen Ordnung hindurch zum Übermenschentum *aller* Menschen, zur Vernichtung der bürgerlichen Moral: das ist die Losung. Daß sie schlechthin unsinnig, widersinnig und widerspruchsvoll ist, kümmert niemand. Sie ist Idee, Revolution, Geist, Radikalismus, Welterneuerung und Zeichen eines unabhängigen und interessanten Geistes. Das genügt, und darnach verlangt man. Ähnlich steht es ja auch mit den intellektuellen Syndikalisten in Frankreich und Italien, halb Romantik und halb Sadismus der Überkultur. Welches die geistigen Inhalte einer derart befreiten Geistigkeit sein sollen, darnach fragt man ebensowenig. Die „Freiheit" und „vollendete Individualität" wird das alles schon von selber besorgen.

A 169 Der Sieg dieser Revolution | in der ganzen Welt, die baldige Beseitigung der feindlichen Militärmächte gilt als *selbstverständlich*. Die Greueltaten der Bolschewisten lehnt man natürlich ab, man erklärt sie für einen zufälligen Schönheitsfehler. Daß ihre Lehre von der Diktatur des Proletariats und der

---

Auswärtigen Amtes Zulauf, die sich nach der Revolution in der „Gesellschaft vom 16. November" („November-Gesellschaft") organisiert hatten. Der Gesellschaft gehörte u. a. auch der Diplomat Albrecht Graf von Bernstorff (1890–1945) an, den Troeltsch als Teilnehmer von Delbrücks Mittwochabend-Kreis kannte und der möglicherweise der Zuträger der geschilderten Anekdote war.

4 Es handelt sich eventuell um ein Treffen des im Oktober 1918 von dem jungkonservativen Publizisten Heinrich von Gleichen-Rußwurm gegründeten Solidarier-Kreises, an dessen „klubartige[n] Zusammenkünfte[n]" in der Berliner Privatwohnung von Gleichen-Rußwurms Troeltsch nach Angabe anderer Teilnehmer im Winter 1918/19 wiederholt teilnahm. Der Kontakt zu dem Kreis war vermutlich über Troeltschs Engagement im Vorstand des Bundes deutscher Gelehrter und Künstler entstanden, dessen Geschäftsführender Sekretär von Gleichen-Rußwurm war. Aus dem Solidarier-Kreis ging im Frühjahr 1919 der jungkonservative Ring-Kreis hervor, dessen antirepublikanisches Programm Troeltsch aber später scharf kritisierte. Vgl. Berthold Petzinna: Erziehung zum deutschen Lebensstil (2000), S. 55 ff.; siehe auch unten, Anm. 5, sowie S. 294, Anm. 8.

antibürgerlichen Geistesmenschen, also von der Herrschaft der Minorität, die nur durch Terrorismus sich behaupten kann, naturgemäß zur Gewaltherrschaft führen müsse und daher organisch zum Ganzen gehöre, das läßt man sich zwar von Kundigen sagen, findet es aber dann immer noch besser als die Herrschaft der Spießbürger. Nüchterne Sozialdemokraten, die zur Haupttugend, der Arbeitsamkeit und Besonnenheit, mahnen, lehnt man ab. Ein anderer Sozialdemokrat prophezeit eine immer weitergehende Zerstörung, deren Ende eine religiöse Bewegung und Selbstrettung sein werde; man hört ihn nur mit überlegenem Lächeln an. Und auch die Kämpfer gegen den Bolschewismus, an ihrer Spitze ein jetzt viel genannter Dr. Stadtler, Elsässer, Katholik, Mitarbeiter am „Hochland" und Freund von Martin Spahn, erklären den Bolschewismus für eine Geistesmacht ersten Ranges, die neun Zehntel unseres Volkes beherrsche, und der nur eine ganz neue Lehre, ein ganz antibürgerlicher „Aktivismus" erfolgreich begegnen könne![5] Ohne Nietzsche geht nichts im intellektuellen Deutschland, auch den von ihm tödlich gehaßten Kommunismus und Sozialismus macht man mit Nietzsche schmackhaft. Alles ohne Liebe, ohne Selbstbescheidung, ohne die gesunden bürgerlichen Tugenden der Rechtlichkeit und der Arbeitstreue, alles phantastische Eschatologie und Schaustellung eigener geistiger Unabhängigkeit! Nur selten darunter auch nur wenigstens ein Ton der Liebe zu Volk und Nation oder zum Menschen überhaupt, alles nur „geistige" Unab-

---

5 Der elsässische Lehrer, ehemalige Verbandssekretär der Windhorstbünde und Autor der katholischen Zeitschrift „Hochland", Eduard Stadtler, der 1911 an der Universität Straßburg bei Martin Spahn promoviert worden war, hatte am 1. Dezember 1918 mit finanzieller Unterstützung von Friedrich Naumann und Paul Mankiewitz, dem Direktor der Deutschen Bank, das Generalsekretariat zum Studium des Bolschewismus sowie die als gegenrevolutionäre Massenorganisation konzipierte Antibolschewistische Liga, im Februar 1919 umbenannt in Liga zum Schutz der deutschen Kultur, gegründet. Stadtlers politischer Radikalismus und seine im Rahmen der angestrebten „geistigen Überwindung" des Bolschewismus rätefreundliche Tendenz führten jedoch rasch zu Konflikten mit den Geldgebern der Liga, von deren Führung sich Stadtler deshalb schon Ende März 1919 zurückzog. Vgl. Claudia Kemper: Das „Gewissen" 1919–1925 (2011), S. 121–130; Berthold Petzinna: Erziehung zum deutschen Lebensstil (2000), S. 53–59. Troeltsch lernte Stadtler im Winter 1918/19 bei den Treffen des Solidarier-Kreises in der Wohnung von Heinrich von Gleichen-Rußwurm kennen (siehe oben, Anm. 4). Vgl. Eduard Stadtler: Als Antibolschewist 1918/19 (1936), S. 126. Er unterzeichnete auch den von Stadtler initiierten Aufruf der Liga zum Schutz der deutschen Kultur vom 9. Februar 1919. Vgl. Vossische Zeitung vom 9. Februar 1919 (Sonntags-Ausgabe).

hängigkeit. Natürlich ist sehr viel intelligente jüdische Jugend unter diesen Leuten.

Nicht hoffnungsvoller sieht es leider zur Rechten aus. Hier sammelt man sich allmählich wieder, und hier benützt man die Revolution, die starke Beteiligung des Judentums an ihr und die sozialdemokratische Kirchenpolitik zum Kampfe für das, was man rechts unter „nationaler" Gesinnung versteht. Wie in den schlimmsten Zeiten des Kampfes gegen die Reichsfeinde und Internationalen eröffnet man den *moralischen* Kampf gegen alle früheren Gegner der Kriegspolitik und alle, welche die neuen Verhältnisse, aus welchen Gründen immer, mitmachen und unterstützen. Man schafft eine Legende, wonach Ludendorff das Reich noch habe retten können und wollen, aber die Revolution seine Absichten durchkreuzt und die internationale Sozialdemokratie dem Reiche den Genickfang mit Freuden gegeben habe. *Alles* Elend komme von der Revolution, die keine nationale Gesinnung und Moral habe und die sich der charakterlosen jüdischen Demokratie an den Hals werfe. Daß das alles Widersinn, Unwahrheit oder gar offenkundige Lüge ist, kümmert die Leute nicht. Es muß moralisch gegen die Mehrheit gehetzt werden, gegen die Sozialdemokratie mit der Anklage der Vernichtung des Reiches, gegen die Demokratie mit dem Vorwurf, jüdisch, mammonistisch, undeutsch und international zu sein, gegen beide mit dem Stichwort „antinational". Ludendorff, jetzt in Schweden, setzt seine Freunde in Bewegung, und Tirpitz, jetzt bartlos in Berlin, wird auch schwerlich untätig bleiben. Schon erhebt sich ein in den Blättern angekündigter Ludendorff-Feldzug, in dem dieser die Schuld auf die Diplomaten schiebt und selbst zum Friedensschluß schon im Juni geraten haben will. Einen „gerechten" Völkerbund und entsprechende Verständigung erklärt man jetzt immer gewollt zu haben. Der Sozialdemokratie und Erzberger wirft man vor, daß sie aus Internationalität und Schwäche nicht auf der „Gerechtigkeit" bestehen, die heute das Stichwort für nationale Ansprüche geworden ist. Schon rührt sich, von Berlin aus in Süddeutschland hergerichtet, auch eine Tirpitz-Kampagne. Die Vorstöße der Opposition in Weimar unterstützen planmäßig all diese Kampagnen. Bald wird man den Zusammenhang und den planmäßigen Angriff näher betrachten und verstehen können.[6] Der Bürgerkrieg

---

6 Troeltsch liefert hier eine der frühesten Analysen zur Entstehung der Dolchstoßlegende. Das bereits während des Krieges an mehreren Stellen unabhängig voneinander aufgetauchte Schlagwort vom „Dolchstoß" der „Heimat" gegen das „kämpfende Heer" hatte um den Jahreswechsel 1918/19 durch eine Kampagne der deutschnationalen Presse allgemeine Verbreitung gefunden, beginnend mit einem Artikel der „Deutschen Tageszeitung" am 17. Dezember 1918, in dem Äußerungen eines britischen Militärs in der „Neuen Zürcher Zeitung" inkorrekt zu

(März 1919)

von rechts, der „weiße Terror", ist nicht ausgeschlossen, und, wie schon immer im Zeitalter der Presse und des | Telegraphen, ist dabei die moralische A 170
Verhetzung das wichtigste Kriegsmittel. Wenn sich niemand mehr auskennt und alles verfeindet ist, dann kann die Zeit der Diktatur kommen. Ein bekannter Berliner Gelehrter, der während des Krieges durch Pamphlete gegen England und Amerika sich auszeichnete,[7] meinte am 5. Dezember, in vier Wochen sei die Entente in Berlin und schaffe Ordnung; heute, nachdem diese Prophezeiung das Schicksal all seiner übrigen erlitt, erklärt er, daß in drei Jahren bei uns wieder das alte System herrschen werde. Das zeigt, wohin die „nationale" Moral geht: auf Restauration unter gleichzeitiger Selbstdarstellung als Volkspartei. Oder man denke an den Wahlaufruf von zahlreichen deutschnationalen Professoren, der die Demokraten bezeichnet als Anhänger der französischen Staatsauffassung und als internationale Vaterlandslose, die das deutsche Volk auf dem Altar des Mammonismus opfern wollen.[8] Und das haben zahlreiche brave, tüchtige und gute Menschen unterschrieben, von Größen der Forschung gar nicht zu reden, da in Deutschland

---

dem Zitat zusammengefasst worden waren, die deutsche Armee sei „von der Zivilbevölkerung von hinten erdolcht" worden. Zu den frühesten Propagandisten der Dolchstoßlegende gehörte der politische Berater des ehemaligen Generalquartiermeisters Erich Ludendorff, Oberst Max Bauer, den Troeltsch deswegen 1920 als Urheber der Dolchstoßlegende bezeichnete (siehe unten, S. 260). Ludendorff selbst, der beim Ausbruch der Revolution im November 1918 nach Schweden geflüchtet war, schaltete sich erstmals Ende Februar 1919 mit einem offenen Brief in die Debatte ein, nachdem der Ministerpräsident Philipp Scheidemann (SPD) ihn in einer Regierungserklärung vor der Weimarer Nationalversammlung am 13. Februar 1919 als „Hazadeur" bezeichnet hatte. Der Alldeutsche Verband verabschiedete am 16. Februar 1919 auf einer Tagung in Bamberg eine Erklärung im Sinne der Dolchstoßlegende, die in mehr als 300 000 Exemplaren als Beilage in den deutschnationalen Zeitungen verbreitet wurde. Angesichts der bekannten politischen Nähe des Admirals Alfred von Tirpitz zur Alldeutschen Bewegung bezieht sich hierauf möglicherweise Troeltschs Andeutung auf eine „Tirpitz-Kampagne" in „Süddeutschland". Vgl. Boris Barth: Dolchstoßlegenden und politische Desintegration (2003), S. 321–339 und S. 364 f.

7 Gemeint ist Eduard Meyer (1855–1930), Professor für Alte Geschichte an der Berliner Universität, der während des Ersten Weltkriegs als Befürworter einer annexionistischen Kriegszielpolitik vor allem in der Agitation für den uneingeschränkten U-Boot-Krieg hervorgetreten war. Meyer, der 1917 an der Gründung der Deutschen Vaterlandspartei beteiligt gewesen war, schloss sich im Januar 1919 der DNVP an. Vgl. Bernd Sösemann: „Der kühnste Entschluss führt am sichersten zum Ziel" (1990).

8 Vgl. den „Aufruf deutscher Hochschullehrer" in der „Deutschen Allgemeinen Zeitung" vom 14. Januar 1919 (Morgen-Ausgabe): „[...] International ist auch die De-

die wissenschaftliche Bedeutung mit politischer Intelligenz offenkundig wenig zu tun hat! Die Galerie der Professoren-Aufrufe des Krieges ist eine fatale Spiegelgalerie. Nichts gelernt und nichts vergessen, wenn nicht gar alte Klasseninteressen und Machtkämpfe: das ist das Zeichen aller dieser aufschäumenden Kämpfe. Wie viel guter Wille und wie viel ehrliche nationale Überzeugung schlagen hier nicht nur falsche, sondern unselige Wege ein, die bis zum gegenseitigen Sich-Vernichten von Deutschen durch Deutsche und zum Untergange des gemeinsamen Vaterlandes führen können!

Bürgerliche, ernst tüchtige Moral, wahrhaftes Nationalgefühl, eine ethische Gesamterneuerung, mehr Glaube, Gottesfurcht und Menschenliebe und mehr politischer Verstand: das wären die Dinge, die man unserm Volke heute wünschen müßte. Aber gerade das Einfachste, Natürlichste und Praktischste liegt heute fern – wenn es nicht etwa in den Kreisen steckt, die beim Gegeneinander-Gekreisch der Forderungen und Aufrufe nicht zu Gehör kommen. Sie sind im Grunde immer zu leise gewesen, und sie haben auch immer allzuwenig gehandelt. Es ist eine Erneuerung aus tiefstem Innern heraus nötig, welche die echtesten und edelsten Quellen unsres Nationalgeistes dort wieder anschlägt, wo er mit Humanität und Menschenliebe noch beisammen ist. Nur aus historischem Instinkte heraus und zugleich mit großen, kühnen Entschlüssen können die schweren Reformaufgaben praktisch gelöst werden, weder mit einem kranken Ästhetengeschmack an Sensationen, noch durch das Klügeln mit buchgelehrten Theorien, noch mit dem Beschwören von politisch Totem, das aus Mangel an Lebenskraft gestorben ist.

Schon in den nächsten Tagen wird ein neues Aufraffen nötig werden, mit dem bloßen Parlament und dem alten Kampf von Mehrheit und Oppositionen wird es nicht lange gehen.

Berlin, 20. 2. [19]19 *Spectator*

---

mokratie, die nach französischem Muster unter der Alleinherrschaft der Demagogen den Mammonismus auf den Thron setzt. [...]".

Neue Finsternisse (April 1919)

Editorische Vorbemerkung: Die Edition folgt dem Text, der erschienen ist in: Kunstwart und Kulturwart, hg. von Ferdinand Avenarius, 32. Jg., drittes Viertel, April bis Juni 1919, Heft 13, erstes Aprilheft 1919, München: Verlag von Georg D. W. Callwey, S. 25–27. (**A**). Der Text erschien in der Rubrik „Vom Heute fürs Morgen". Der Wiederabdruck des Textes in der Baron-Ausgabe von 1924 (S. 38–42) enthält eine Variante aus Troeltschs Handexemplar, die im folgenden Text verzeichnet ist (**A₁**).

Der Text erschien in der Erstveröffentlichung ohne Datumsangabe. Laut Baron-Ausgabe datierte Troeltsch in seinem Handexemplar die Entstehung des Textes auf den 15. Februar 1919. Demnach wäre der Text sogar fünf Tage früher entstanden als der zuvor veröffentlichte Spectator-Brief „Links und Rechts" (oben, S. 72–78.). Da Troeltsch in dem Text jedoch auf die Streikbewegung im Deutschen Reich Anfang März 1919 Bezug nimmt, muss er bis wenigstens zum 3. März 1919 noch Änderungen an dem Text vorgenommen zu haben.

Neue Finsternisse[a]

Neulich sprach ich von Übersicht ohne Aussicht;[1] von den Schwierigkeiten, die jedem Regierungswillen die steigende Masse der Arbeitsscheuen und Arbeitslosen sowie das System der Räte entgegensetzen; von dem aus den verschiedenen Motiven gemischten Protest gegen die Demokratie und ihren Versuch einer Ordnung. Ordnung bedeutet jetzt vielen Menschen an sich schon Bürgertum und Betrug um die Früchte der Revolution. Wie mir neulich ein Chauffeur sagte: „Die Leute wollen nicht Ordnung, sondern Sozialisierung; sie erwarten Besserung ihrer Verhältnisse und sehen nur Verschlechterung." Die Sozialisierung in diesem Verstand heißt freilich nichts andres als Befriedigung der Bedürfnisse aus den von den Leuten angenommenen reichen Vorräten der Besitzenden. Wäsche, Schuhe, Kleider, Lebensmittel sollen auf diese Art beschafft werden. Das alles ist die Wirkung der

---

a *In A₁ folgt*: 15. Februar 1919.

---

1 Siehe oben, S. 65.

fortdauernden Blockade, der Versagung von Lebensmitteln und Rohstoffen. Nicht einmal Fische dürfen *unsere* Nordseefischer fangen![2] Fragt man nach den Gründen dieses fast unbegreiflich teuflischen Verfahrens, so sagen einem die Kundigen: es gehöre zur englischen Prestigepolitik, daß die Flagge des Besiegten mindestens ein halbes Jahr auf dem Meere nicht gesehen werden dürfe. Andre sagen, es sei die Furcht vor bolche|wistischer Ansteckung, die jede Berührung mit deutschen Matrosen und Schiffen ausschließen wolle. Fast muß man den Gedanken für möglich halten, den jüngst ein englischer Arzt für ein Jingo-Blatt formuliert hat: es werde und solle nichts als rhachitisches Gesindel in Deutschland übrig bleiben.

Aus diesen Umständen erklärt sich die immer neue Verfinsterung der eben sich etwas klärenden Lage von selbst. Man braucht nur das heutige Berlin zu sehen: schmutzig, mit Papierfetzen übersät, die Sockel der Gebäude mit Plakaten aller Art beklebt, auf den Straßen Soldaten mit Drehorgel oder fliegendem Kram, sorgenvolle Gesichter der Meisten, rasende Amüsiersucht auf den Gesichtern der andern, zahlreiche Läden aus Furcht vor Plünderung geschlossen, andere in Wohnräume notdürftig verwandelt, überall steigende Preise und Entwertung des Papiergeldes. Dazwischen ein Hin- und Hertoben der Autos mit Soldatenmassen, Schutzpatrouillen jugendlicher rauchender Soldaten, die Kasernen von Soldaten besetzt, die nur an die Verteidigung der Kaserne als ihrer Existenzgrundlage denken und sonst an nichts. In dieser Atmosphäre entstehen die immer neuen Unruhen von selbst und bieten den systematischen Politikern der immer neuen Revolution leicht verfügbare Mittel und Massen.

Solches Elend ist eben doch nur die Voraussetzung der Störungen. Diese selber kommen aus der systematischen Politik einer verhältnismäßig kleinen Gruppe. Hier ist im ganzen der Gang der Dinge recht durchsichtig. Im Oktober kam eines Abends einer unserer bekanntesten Staatswürdenträger in unseren Kreis und brachte die Nachricht, der Kaiser sei ins Hauptquartier abgereist; er fügte lakonisch hinzu: „Das gefällt mir nicht, so hat es in Rußland auch angefangen".[3] Eine Woche darauf erklärte in einer größeren politischen Versammlung ein junger, mit den Unabhängigen vertrauter Student, das Ministerium Prinz Max sei das deutsche Ministerium Kerenski; es werde das gleiche Schicksal haben, wenn es nicht sofort mit ganz großen sozialen

---

2 Die alliierten Vertreter in der Waffenstillstandskommission lehnten am 13. Dezember 1918 ein deutsches Ersuchen auf Freigabe der Hochseefischerei mit der Begründung ab, deutsche Fischdampfer hätten die Teilnahme an Minenräumarbeiten verweigert; vgl. Der Waffenstillstand 1918–1919, Band 1 (1928), S. 129.

3 Kaiser Wilhelm II. reiste am 29. Oktober 1918 von Berlin ins Große Hauptquartier im belgischen Spa. Troeltsch dürfte die Nachricht wohl am 30. Oktober 1918

(April 1919) 81

Reformen hervortrete. Ein anwesender sozialdemokratischer Führer antwortete: so schlimm werde es nicht werden, aber es sei ganz heilsam, wenn die Bourgeoisie ein bißchen Angst vor der Revolution habe!⁴ Vor ein paar Tagen war ein Abgesandter einer schlesischen politisch-praktischen Vereinigung bei mir, um Unterstützung zu suchen für die Forderung sofortiger einschneidender und sichtbarer, auf die Phantasie wirkender Sozialreformen; die Parteien müßten dafür die Initiative ergreifen und sich nicht erst drängen lassen; die Massen wollten keine Ordnung und Majoritäten-Herrschaft, sondern einen sichtbaren und greifbaren Fortschritt; sonst sei die schwerste Erschütterung und der Kampf gegen jeden Ansatz irgendwelcher einheitlicher Regierung zu erwarten; die Gewalt könne nur gelegentlich Putsche unterdrücken, die Situation als ganze aber nicht halten; die Unabhängigen diskreditieren jeden Versuch demokratischer Ordnung und nähren die Hoffnung auf das große politische und soziale Wunder. Am nächsten Tag brach der Generalstreik aus und wurde der Regierung als Zweck des Streiks die Forderung der Aufrichtung des russischen Sowjet-Systems überreicht.⁵

---

bei einem Treffen des von Hans Delbrück geleiteten Mittwochabend-Kreises erfahren haben. Bei dem „Staatswürdenträger" handelt es sich sehr wahrscheinlich um den Staatssekretär des Auswärtigen, Wilhelm Solf, der wie Troeltsch zum festen Teilnehmerstamm des Mittwochabend-Kreises zählte.

4 Troeltsch bringt hier die Reihenfolge der Ereignisse durcheinander. Es handelt sich um die Herbsttagung des Volksbundes für Freiheit und Vaterland, die aber bereits am 26./27. Oktober 1918, also einige Tage vor der Abreise Wilhelm II. nach Spa, stattgefunden hatte. Vgl. Troeltschs Beschreibung unten, S. 204 sowie ebd., Anm. 13. Als Vertreter der Mehrheitssozialdemokratie gehörten den Führungsgremien des Volksbundes u. a. der spätere Reichskanzler Gustav Bauer und der Vorsitzende der Generalkommission der Freien Gewerkschaften, Carl Legien, an.

5 Im oberschlesischen Bergbau- und Industrierevier kam es vor allem zwischen dem 5. und 17. März 1919 (sowie erneut im April 1919) zu Massenstreiks. Wahrscheinlich bezieht sich Troeltsch aber auf den Generalstreiksbeschluss einer Vollversammlung der Groß-Berliner Arbeiter- und Soldatenräte vom 3. März 1919, in dem u. a. die Forderung nach umfassenden Kompetenzen der Arbeiter- und Soldatenräte auf wirtschaftlichem Gebiet erhoben wurde. Die preußische Regierung reagierte noch am selben Tag mit der Verhängung des Belagerungszustands für Groß-Berlin, wodurch die vollziehende Gewalt auf Reichswehrminister Gustav Noske überging. Dieser erließ am 9. März 1919 den Befehl, gegen bewaffnete Aufständische Standrecht anzuwenden. Die bis zum 13. März 1919 andauernden „Berliner Märzkämpfe" forderten mindestens 1 200 Todesopfer. Bereits am 18. Februar 1919 hatte eine Delegiertenkonferenz der Arbeiter- und Soldatenräte des Ruhrgebiets und am 23. Februar 1919 eine Konferenz der mitteldeutschen Bergarbeiter in Halle zum Generalstreik aufgerufen. In beiden Fällen stand die Forderung nach einer raschen Sozialisierung des Bergbaus (in einem syndikalistischen Modell) im

In der Tat: das ist der Kern der Lage. Das sozialistische Programm hat sich gespalten. Die einen bleiben bei der Demokratie und der Mehrheitsherrschaft als dem einzigen Mittel der Ordnung und dem einzigen Mittel, durch die Majorität der Arbeiterschaft in den politischen Körpern die Sozialisierung als Überführung einer produktionsfähigen Wirtschaft in die Gemeinwirtschaft zu bewerkstelligen. Die andern erklären, Mehrheit und Demokratie sei Unsinn, proklamieren die Herrschaft der Minderheit, die allein die nötige Rücksichtslosigkeit aufbringe, und bezeichnen jedes Programm der Ordnung als bürgerlich, als Restauration und Gegenrevolution, es möge so demokratisch und grundsätzlich sozialistisch gemeint sein, wie es wolle. Die einen bleiben bei dem Gedanken des Friedens, des Völkerbundes, der möglichst friedlichen Durchsetzung auch der inneren Reformen, wozu man die Hilfe der Bürgerlichen brauche. Die andern vertreten den Krieg und Kampf, die Hinübertragung der Revolution zu | unseren Feinden und die Auflösung des Staatensystems der ganzen Welt, den rücksichtslosen Kampf der ideenerfüllten Minorität gegen die bürgerliche und spießerhafte Majorität, die überhaupt gar nicht mithelfen, sondern zwangsmäßig dienen soll. Der Ausdruck der einen Richtung ist das System der Konstituanten, der der andern das System der Sowjets. Unzählige schwanken unklar und aufgeregt zwischen beiden Systemen hin und her und glauben, eine Art von Kompromiß und Verbindung könne wenigstens vorläufig allein die Rettung bringen.

In Bayern begann der blutige Kampf gegen die Nationalversammlungen, obwohl das überwiegend bäuerliche und kleinbürgerliche Bayern sicher in der großen Majorität auf der Seite der letzteren stand.⁶ Revolutionen sind aber in Wahrheit eben Minoritätsherrschaften, die im Besitz der Waffen

---

Mittelpunkt. Vgl. Heinrich August Winkler: Von der Revolution zur Stabilisierung (1984), S. 159–182; Susanne Miller: Die Bürde der Macht (1978), S. 266.

6 Die Ermordung des bayerischen USPD-Ministerpräsidenten Kurt Eisner am 21. Februar 1919 führte in der letzten Februarwoche in ganz Bayern zu einer verstärkten Aktivität der Rätebewegung, wobei es vielerorts zu Übergriffen auf die örtlichen Verwaltungen kam. In München bildete sich am 22. Februar 1919 ein „Zentralrat der Bayerischen Republik", der kurzzeitig 50 Geiseln verhaften und diverse bürgerliche Presseorgane beschlagnahmen ließ, jedoch keine Autorität innerhalb der Rätebewegung gewann. Der Kongress bayerischer Räte lehnte am 28. Februar 1919 einen Antrag auf Proklamation einer „sozialistischen Räterepublik" mit großer Mehrheit ab und forderte stattdessen die sofortige Einberufung des Landtages. Am 1. März 1919 kamen bei einer Schießerei am Rande einer Demonstration auf der Münchener Theresienwiese drei Menschen ums Leben. Ansonsten kam es zu blutigen Auseinandersetzungen in Bayern aber erst im April 1919. Vgl. Allan Mitchell: Revolution in Bayern 1918/1919 (1967), S. 240–250. Bei den Wahlen zum bayerischen Landtag am 12. Januar und 2. Februar 1919 hatte die

und zentralen Institutionen von den Städten aus die Masse vergewaltigen. In Preußen setze sich der Kampf gegen die Nationalversammlung durch Verkehrsstreik und Sabotage der Eisenbahnen fort. In Berlin bot man den Generalstreik dagegen auf und verband mit ihm den Plan eines militärischen Aufstandes, der von dem „roten Soldatenbund" oder „Klub der Deserteure" sorgfältig vorbereitet war.[7] Gegen die Reichsversammlung und die Reichsregierung, vor allem gegen die kleine ihr zur Verfügung stehende Schutztruppe, ist heute der weitere Kampf gerichtet. Deutschland soll keine Demokratie werden, was doch immer auf Bürgerlichkeit hinausliefe, sondern ein Revolutionsherd unter der Herrschaft einer entschlossenen, die Welt revolutionierenden und das Bürgertum beseitigenden Minorität. Sie wollen das Bürgertum absetzen, wie sie die Monarchie abgesetzt haben, und eine grundsätzliche Minoritätsherrschaft kann ebenso grundsätzlich nur terroristisch sein.

Wie viele begreifen diese Lage? Wie viele rechnen noch vergnügt oder noch hoffnungsvoll die Majoritätsziffern durch und glauben mit parlamentarischem System gegen all das aufzukommen! Wie viele zetern und schimpfen noch heute, daß alles nur an der Schlappheit und mangelnden nationalen Gesinnung der Sozialdemokratie liege, die das einzige Mittel, die Gewalt, nicht brauchen wolle! Wie viele auf dem „Boden der neuen Tatsachen stehende" Beamte treiben allmählich stille Obstruktionspolitik und glauben, die Regierung zwingen zu können zu Energie und Konzessionen nach rechts! Wie viele fühlen sich heute noch den bürgerlich-demokratischen Spießern überlegen, zu denen sie auch die Sozialdemokraten rechnen, und

---

für das Rätesystem eintretende USPD nur 2,5 % der Stimmen erzielt. Stärkste Partei war die konservative BVP (35,0 %) vor der SPD (33,0 %) geworden.

7 Der Rote Soldatenbund war am 15. November 1918 als Unterorganisation des Spartakusbundes gegründet worden und umfasste angeblich zeitweise rund 12 000 Mitglieder. Nach der Niederschlagung des Berliner Januaraufstandes 1919 musste er jedoch in der Illegalität agieren und löste sich bereits im Mai/Juni 1919 auf. Mit der Bezeichnung „Klub der Deserteure" rekurriert Troeltsch wohl auf den am 23. November 1918 aus dem Roten Soldatenbund heraus gebildeten „Rat der Frontsoldaten, Deserteure und Urlauber", der sich als Vertretung der Frontsoldaten innerhalb der Berliner Rätebewegung betrachtete, diesen Anspruch jedoch weder gegenüber dem Vollzugsrat der Berliner Arbeiter- und Soldatenräte, noch gegenüber den Soldatenräten der Fronttruppen durchsetzen konnte. Entgegen Troeltschs Annahme, hatten beide Organisationen in den Streikbewegungen im Frühjahr 1919 keine tragende Rolle. Vgl. Roland Grau: Zur Rolle und Bedeutung des Roten Soldatenbundes (1968); Groß-Berliner Arbeiter- und Soldatenräte in der Revolution 1918/19 (1993), S. 498.

schwadronieren von neuen Idealen und neuer Seele, die an Stelle alles Alten treten müssen!

In Wahrheit liegt der Grund all dieser Dinge in der Entente-Politik, welche die Lage fortwährend verschärft; im russischen Beispiel und in der russischen Agitation; in dem steigenden Elend und dem damit steigenden Wahnsinn der Massen, die eine glänzende Existenz erwarteten und nur entwertetes Papiergeld sehen; in der mangelnden Einigkeit und Entschlossenheit derer, die die Ordnung in jedem Sinne, ob sozialistisch oder demokratisch, fördern und sich unterstützen statt befehden müßten. Nur die Einsicht unserer Feinde in ihren eigenen Vorteil und eine endliche Durchführung der so heilig versprochenen Weltordnung, sowie der Zusammenschluß aller Besonnenen zur Aufrechterhaltung von Ordnung und Gesetz unter gleichzeitigen großen Opfern und sozialen Maßnahmen können helfen, nicht bloß uns, sondern der Welt überhaupt. Der Weltkrieg war ein Weltwahnsinn, der aus überkünstlichen und unmöglichen sozialen und politischen Verhältnissen entsprang. Die Weltkrankheit des Imperialismus und Kapitalismus ist zum akuten Fieber geworden, das alle schüttelt. Sicherlich gibt es demgegenüber eine natürliche Heilkraft des menschlichen Organismus, aber sie wirkt langsam. Ärztliche Einsicht könnte ihr Werk unterstützen. Dazu aber müßten die Ärzte wissen und sich darüber einig sein, was die vom Moment geforderte Maßnahme ist. Wer darf sich rühmen, das zu wissen? *Spectator*

Die preußische Nationalversammlung (April 1919)

Editorische Vorbemerkung: Die Edition folgt dem Text, der erschienen ist in: Kunstwart und Kulturwart, hg. von Ferdinand Avenarius, 32. Jg., drittes Viertel, April bis Juni 1919, Heft 14, zweites Aprilheft 1919, München: Verlag von Georg D. W. Callwey, S. 80–83 (**A**). Der Text erschien in der Rubrik „Vom Heute fürs Morgen" und mit der Datumsangabe 20. März 1919.

Die preußische Nationalversammlung

Es ist der Reichsregierung gelungen, durch die Freiwilligen-Truppen und treugebliebenen Truppenformationen die neuen Finsternisse zunächst zu zerstreuen[1] und in Weimar wie in Berlin die gesetzgebenden Versammlungen zu behaupten oder durchzusetzen. Am 13. März ist nach entsetzlichen Straßenkämpfen sofort die preußische Nationalversammlung einberufen und unter großen Vorsichtsmaßregeln in Tätigkeit gebracht worden.[2] Es gilt nunmehr, auch die preußische provisorische Regierung zu legalisieren und eine regierungsfähige Mehrheit zu bilden. Dabei ist es natürlich der Wunsch, die Dinge in Preußen | parallel mit denen im Reiche zu gestalten, d. h. das Zentrum mit Sozialdemokratie und Demokratie zur Majorität und Regierung zusammenzufassen. Das ist geradezu die Voraussetzung jeder Möglichkeit von Ordnung und wenigstens relativer Sicherung der nächsten Zukunftswege. Es ist aber in Preußen bedeutend schwieriger als im Reiche, weil beim Einzelstaat die sogenannten Kulturfragen, d. h. Kirche und Schule, eine wesentliche Rolle spielen und hier das Zentrum sehr viel größere Schwierigkeiten findet, als im Reich. Mühsame und eindringliche

---

1 Siehe zur militärischen Niederschlagung der Generalstreiksbewegungen in Berlin (bis zum 13. März 1919) und im mitteldeutschen Bergbaurevier (bis zum 8. März 1919) oben, S. 81, Anm. 5.

2 Am 13. März 1919 fand die Eröffnungssitzung der verfassunggebenden Preußischen Landesversammlung statt, an der Troeltsch als Abgeordneter der DDP teilnahm. Vgl. Sitzungsberichte der verfassunggebenden Preußischen Landesversammlung, Band 1 (1921), Sp. 2–20.

Verhandlungen sind im Gange, bei denen alle Beteiligten den besten Willen zeigen und von Kirchen- oder Katholikenfeindschaft nicht entfernt die Rede ist, aber dafür die Prinzipienfragen um so größere Schwierigkeiten machen. Und zwar ist es unter den Prinzipienfragen vorerst allein das Prinzip der Simultan- oder Gemeinschaftsschule, was die grundlegende Schwierigkeit ausmacht.[3] Eine prinzipielle Verständigung ist unmöglich; ob ein praktischer Kompromiß gefunden werden kann, ist noch unklar. Wenn diese Zeilen vor den Leser kommen, wird die Sache längst entschieden sein. Die andere große im Hintergrunde liegende Schwierigkeit ist die Zukunft Preußens selbst, wo das Zentrum nicht mehr ganz freie Hände hat, aber auch alles Nähere sich erst zeigen muß. Es genügt anzudeuten, daß die Hannoveraner großenteils die Aufhebung des Unrechts von 1866 verlangen und daß in Schleswig-Holstein starke Gruppen für Loslösung von Preußen sind. Die eigentümliche Lage der Rheinlande ist noch nicht ganz deutlich und von vielen Dingen abhängig.[4]

Das zeigt, daß der Finsternisse genug geblieben sind. In der Tat entluden die dunklen Wolken sofort nach der Eröffnung ihre Blitze, insoferne die Unabhängigen in rasender Wut gegen die Niederwerfung des neuen Aufstandes lostobten, die Selbstentwaffnung der Regierung verlangten und die Greuel der Spartakisten als Untaten von Lumpengesindel bezeichneten, für das sie nicht verantwortlich seien, dem aber mit Gewalt nicht entgegengetreten werden dürfe, weil aus solcher Gewalt nur allzu leicht die Wiederherstellung der bürgerlichen Herrschaft folgen könne. Machte man sie für die Mitwirkung von Politikern bei jenen Putschen verantwortlich, so erklären sie wiederum, daß das nicht sie, sondern Kommunisten seien, mit denen sie nichts zu tun hätten. Durch Vorschützung der verschiedenen Namen bewiesen sie derart jedesmal ein moralisches Alibi und blieben bei ihrem ceterum

---

3 Troeltsch gehörte einer am 8. März 1919 gebildeten vierköpfigen Verhandlungskommission der DDP-Fraktion an, die mit dem Zentrum eine Einigung in den „Kulturfragen" aushandeln sollte. Vgl. Joachim Stang: Die Deutsche Demokratische Partei in Preussen 1918–1933 (1994), S. 209–214. Seine eigene Position erläuterte Troeltsch ausführlich in „Der Religionsunterricht und die Trennung von Staat und Kirchen" (1919), in: KGA 15, S. 123–146.

4 Das Königreich Hannover und Schleswig-Holstein waren 1866 von Preußen annektiert worden. In beiden Provinzen, sowie im Rheinland, gab es nach dem Ersten Weltkrieg verstärkt separatistische Bestrebungen. Am 24. März 1919 verabschiedete die Preußische Landesversammlung bei Stimmenthaltung des Zentrums eine Resolution „gegen alle Bestrebungen einzelner Gebietsteile, sich von Preußen abzutrennen, insbesondere gegen die Errichtung einer westdeutschen Republik". Vgl. Sitzungsberichte der verfassunggebenden Preußischen Landesversammlung, Band 1 (1921), Sp. 617.

censeo, „keine Gewalt und kein Militär", da dessen Wiederaufkommen die „Früchte der Revolution" bedrohe. Regierung und Mehrheit traten ihnen schlagend und scharf entgegen, Justizminister Heine zwang sie mit einer großartigen und energischen Rede nieder; im Lande aber bleibt ihr Einfluß und ihre Agitation.[5] Und wie es immer geht, den Wolken von links entsprachen die von rechts. Zwar haben die Konservativen unter der Führung des früheren Finanzministers Hergt sehr versöhnliche und ordnungsliebende Erklärungen abgegeben, aber die Stimmung der Fraktion entlud in ähnlichen leidenschaftlichen Lärmszenen wie die der Unabhängigen. Und mehr als das. Es zeigte sich ein Zusammengehen von Konservativen und Unabhängigen. Die ersteren verlangten die Mitvertretung im Präsidium, wofür dann die Unabhängigen stimmten. Dafür stimmten die Konservativen im Seniorenkonvent für eine allerdings vorläufige Änderung der Geschäftsordnung, die die Zahl der für eine Interpellation notwendigen Unterschriften von bisher 50 auf 15 herabsetzt und damit den Unabhängigen einen Interpellationshagel auf die Regierung ermöglicht.[6] Weiterhin war bemerkenswert, daß Herr Hergt, indem er sich für die Wiederherstellung der Monarchie erklärte, diese nur im Sinne einer streng demokratischen und parlamentarischen Monarchie zu erstreben bekannte. Er bezeichnete das als

---

5 In der Eröffnungssitzung der Preußischen Landesversammlung am 13. März 1919 beantragte Adolph Hoffmann im Namen der USPD die Aufhebung des während des Berliner Generalstreiks verhängten Belagerungszustandes und des Standrechts (siehe oben, S. 81, Anm. 5). Die Gegenrede seitens der Regierung hielt in der Sitzung vom 14. März 1919 Justizminister Wolfgang Heine (SPD). Der Antrag wurde in der Sitzung vom 19. März 1919 abgelehnt. Vgl. Sitzungsberichte der verfassunggebenden Preußischen Landesversammlung, Band 1 (1921), Sp. 11 ff., Sp. 39–65 und Sp. 315 f.

6 Die in der Sitzung der Preußischen Landesversammlung vom 14. März 1919 vom Ältestenrat vorgeschlagene Geschäftsordnung sah vor, gegenüber der Tradition des Preußischen Abgeordnetenhauses die Zahl der Vizepräsidenten von zwei auf drei zu erhöhen und Interpellationen bereits bei einer Unterstützung durch nur 15 Abgeordnete (statt 50 bzw. 30 im Preußischen Abgeordnetenhaus) zuzulassen. Während Letzteres beschlossen wurde, sperrte sich die Parlamentsmehrheit aus SPD und DDP gegen eine Vermehrung der Vizepräsidenten, weil dies der DNVP einen Sitz im Präsidium eingebracht hätte. Alle anderen Fraktionen unterstützen den Vorschlag des Ältestenrats, neben DNVP und USPD auch das Zentrum und die DVP. In der Sitzung der Preußischen Landesversammlung vom 6. Mai 1919 wurde schließlich doch noch die Vermehrung der Vizepräsidenten beschlossen und der DNVP-Abgeordneten Wolfgang von Kries in das Präsidium gewählt. Vgl. Sitzungsberichte der verfassunggebenden Preußischen Landesversammlung, Band 1 (1921), Sp. 23–36, und Band 2, Sp. 1355 f.

Bekenntnis der Fraktion.⁷ Das kann nur heißen, daß man die demokratischen Strömungen auf die Seite der Restauration zu bringen versucht, indem man von einer fortwährenden Verschlechterung der Verhältnisse die Umkehr der Volksstimmung erwartet. Diese letztere Spekulation ist nun aber das Gefähr|liche. Denn von da ist nur noch ein Schritt bis zur praktischen Beförderung des Chaos und Elends, um von da aus dann die Umkehr zu erzwingen. So erzählt man mir aus Greifswald, daß dort bei den Konservativen die Herrschaft des Bolschewismus die Parole sei, der ja auch die Großstädte viel härter treffen werde als Land und Kleinstadt und durch allgemeine Verelendung dann wieder zur alten Ordnung zurückführen werde. In der gleichen Linie liegt ein Artikel der „Deutschen Tageszeitung"; er benutzt einen an sich nicht sehr geschickten Aufruf von Hänisch an die Studenten, um zu sagen, die Freiwilligen hätten überhaupt keine Arbeiter unter sich; die Wiederherstellung der Ordnung sei ausschließlich das Werk der Gebildeten und Besitzenden.⁸ Das heißt, der Sozialdemokratie am gefährlichsten das Bein stellen und den Unabhängigen das beste Wasser auf die Mühle geben. Ähnlich wirkt ein Artikel des unverbesserlichen Generals Keim, der aus Anlaß dieser Freiwilligen-Korps den „Militarismus" als den einzigen Retter feiert, der Ordnung bringe und sich wieder glänzend bewähre.⁹ Diese Leute können nicht schweigen und ihren Haß wenigstens einige

---

7 Vgl. die Rede des DNVP-Fraktionsvorsitzenden Oskar Hergt in der Sitzung der Preußischen Landesversammlung vom 15. März 1919 in der Debatte über das Gesetz zur vorläufigen Ordnung der Staatsgewalt, in: Sitzungsberichte der verfassunggebenden Preußischen Landesversammlung, Band 1 (1921), hier Sp. 128.

8 Der preußische Kultusminister Konrad Haenisch (SPD) hatte am 13. März 1919 einen Aufruf „an die akademische Jugend Preußens" erlassen, sich den zur militärischen Sicherung der Regierung gebildeten Freiwilligenverbänden anzuschließen: „Schulter an Schulter mit Euren Altersgenossen aus dem Arbeiterstande sollt Ihr junge Akademiker der Regierung helfen, die Ordnung aufrecht zu erhalten." Zit. nach: Deutsche Tageszeitung vom 16. März 1919 (Morgen-Ausgabe). Die „Deutsche Tageszeitung" kommentierte dazu am 18. März 1919 (Abend-Ausgabe): „Wenn dieser Satz den Anschein zu erwecken sucht, als ob neben der gebildeten Jugend in erster Linie junge Arbeiter sich freiwillig zu den Waffen gemeldet hätten, so ist das eine gröbliche Irreführung. [...] In erster Linie bestehen die Freiwilligen, die unsere Grenzen schützen und im Innern den grauenhaften Kampf gegen Spartakus führen, aus Offizieren, denen vielfach ihre früheren Burschen gefolgt sind, aus Studenten und sonstigen Angehörigen der gebildeten Stände – freilich mit recht geringer Beteiligung jüdischer Mitbürger –, in ihrer Masse aus den Söhnen des flachen Landes und des städtischen Mittelstandes."

9 Vgl. August Keim: Das neue deutsche Volksheer, in: Tägliche Rundschau vom

(April 1919)

Zeit in sich verschließen. Wenn sie die verhaßte Sozialdemokratie treffen können, dann sprengen sie sich selbst in die Luft – und zugleich das Ganze.

Noch ernster sind die drohenden Wolken, die aus dem Räte- oder Sowjetsystem stets von neuem aufsteigen. Nun sind wieder Wahlen für einen neuen Zentralrat ausgeschrieben, dessen Wahlmodus technisch ganz unklar und verworren ist, dessen Wähler aber jedenfalls auf die Leute unter 10 000 Mark Einkommen beschränkt sind![10] Also etwas gemildert nach russischem Vorbild. Das wird die entscheidende Kraftprobe zwischen Reichsregierung und Sowjet-System oder deutschem Bolschewismus sein. Die „Räte" sind vielen Menschen das heilige Symbol der „Früchte der Revolution" geworden. Sie sind deshalb in das Sozialisierungsgesetz aufgenommen worden, und so erwägt man, wieweit es möglich ist, das Rätesystem als wirtschaftliches und berufsständiges System neben dem demokratischen Parlament aufzurichten.[11] Bei dem ungeheuren Überwiegen der Arbeiterschaft unter den Wählern eines solchen Systems und dem Ausschluß der Besitzenden wäre das die Fortdauer einer veredelten „Diktatur des Proletariats". Die letztere ist und bleibt eben das Stichwort der Revolution und steht dem demokratischen, alle Bürger berücksichtigenden System entgegen. Sozialdemokratie oder Sozialdiktatur, Minderheitsherrschaft oder Verständigung

---

20. März 1919 (Abend-Ausgabe). Es handelt sich um eine Besprechung von Karl Litzmann: Das neue deutsche Volksheer (1919).

10 Gemeint sind die vom Zentralrat am 1. März 1919 ausgeschriebenen Wahlen zum II. Reichsrätekongreß, der vom 8. bis 14. April 1919 in Berlin stattfand. Vgl. Heinrich August Winkler: Von der Revolution zur Stabilisierung (1984), S. 201.

11 Das am 13. März 1919 in der Nationalversammlung verabschiedete Sozialisierungsgesetz fußte auf der „Gemeinwirtschafts"-Konzeption des Unterstaatssekretärs im Reichswirtschaftsamt Wichard von Moellendorff und sah vor, zentrale Zweige der privaten Wirtschaft in Zwangssyndikaten unter staatlicher Kontrolle zusammenzufassen. In den korporativen Selbstverwaltungsräten dieser Syndikate sollten Unternehmer und Arbeitnehmer paritätisch vertreten sein. Eine Vergesellschaftung von Produktionszweigen sah das Sozialisierungsgesetz nur fakultativ und nur gegen Entschädigung der Unternehmer vor. Das Sozialisierungsgesetz wurde als Rahmengesetz erlassen, konkrete Umsetzung erfuhr es nur im Kohlewirtschaftsgesetz vom 23. März 1919 und im Kaliwirtschaftsgesetz vom 24. April 1919. Abgeschwächt fand die Konzeption auch Eingang in den Art. 165 der Weimarer Reichsverfassung, der die Bildung von paritätischen Wirtschaftsräten auf Bezirks- und Reichsebene vorschrieb. Die Betriebsräte wurden in Art. 165 auf eine soziale innerbetriebliche Funktion beschränkt. Die endgültige Ausgestaltung erfolgte im Betriebsrätegesetz vom 4. Februar 1920. Vgl.: Das Kabinett Scheidemann (1971), S. 68 f.; Heinrich August Winkler: Von der Revolution zur Stabilisierung (1984), S. 191–198.

der Klassen: das ist die Frage. Marxens Büchlein über die „Klassenkämpfe in Frankreich 1848" ist heute eine lehrreiche Lektüre.¹²

Das sind wahrlich Finsternisse genug. Sie werden vielleicht in ihrer ganzen Bedeutung deutlich, wenn ich eine Besprechung in einem Kreise von Patrioten und Politikern wiedergebe, der ich kürzlich beiwohnte.¹³ Der Vorsitzende, ein glühender Patriot, der aber stets für Beendigung des Krieges und billige Verständigung gewesen war, bekannte angesichts des drohenden Friedens mit seiner fürchterlichen Verkrüppelung und Entwaffnung des Reiches sich zu einer völligen Verzweiflungspolitik; man solle sich mit den Russen verbinden, das ganze Bürgertum opfern, Deutschland zum Herd des Welt-Bolschewismus machen und so mit sich selbst die tückische und teuflische Welt der Feinde in den Abgrund stürzen; das Leben sei ohne Wert und Hoffnung bei solchem Frieden, und so solle man es so teuer wie möglich verkaufen.¹⁴ Dazu bemerkte ein anwesender Diplomat: ähnliche Dinge würden in Frankreich erwogen mit umgekehrtem Ergebnis; für die größte Gefahr halte man dort eine Veredelung und Milderung des Bolschewismus in Deutschland, da dann von dort aus die Ansteckung der eigenen Arbeiterschaft sicher erfolgen werde; liefere man dagegen Deutschland dem radikalen Bolschewismus aus und bilde man gegen diesen am Rhein eine Schutzsperre, dann werde das Elend in dem nah benachbarten und weithin sichtbaren Deutschland eine Warnung und Abschreckung sein; es gelte daher, Deutschland durch Entwaffnung dem Bolschewismus völlig und hilflos auszuliefern. Dazu bemerkte | dann ein Dritter, ein bekannter Kenner Rußlands, der heute noch Beziehungen dorthin hat,¹⁵ daß in Rußland selbst

---

12 Vgl. Karl Marx: Die Klassenkämpfe in Frankreich 1848 bis 1850 (1911), zuerst erschienen 1850 in der „Neuen Rheinischen Zeitung".
13 Es handelt sich um ein Treffen des Mittwochabend-Kreises.
14 Der Historiker Hans Delbrück, der den Mittwochabend-Kreis leitete, hatte 1915 die „Gegeneingabe" zur annexionistischen „Intellektuellen-Eingabe" bei Reichskanzler Bethmann Hollweg initiiert und galt daher während des Ersten Weltkriegs als führender Repräsentant des „gemäßigten" gelehrtenpolitischen Lagers, das auf einen Verständigungsfrieden und innenpolitische Reformen abzielte. Am 20. März 1919 erklärte Delbrück in einer Unterredung mit dem Leiter des Nachrichtendienstes beim Stab des US-amerikanischen Oberkommandos in Trier, Oberst Arthur L. Conger (siehe unten, S. 100, Anm. 3), „daß die bisherige Politik der Entente Deutschland in die Arme des Bolschewismus treibe und daß angesichts der verzweifelten Lage des Landes die Zahl derer wüchse, die bewusst den Gedanken aufnehmen, im Bunde mit Rußland mittels des Bolschewismus dann wenigstens auch die Entente zu vernichten." Zit. nach Fritz T. Epstein: Zwischen Compiègne und Versailles (1955), S. 418.
15 Es handelt sich um den baltendeutschen Publizisten und Hochschullehrer Paul

der Bolschewismus am Verhungern sei; die Bauern besäen nur mehr den nötigsten Boden, weil sie nicht für Räuber arbeiten wollen; da drängen die Banden nach Deutschland, wie die Heuschrecken aus dem abgefressenen Gebiet; die sog[enannte] rote Armee aber sei eine richtige und gute Armee unter Führung der alten Generale und bereite den Weltkrieg gegen die Entente vor, wozu sie ein bolschewistisches Deutschland bedarf, und das führe wieder Franzosen und Engländer dazu, Deutschland vorher völlig zu erdrosseln.

Das alles im Zeichen des Völkerbundes! Frankreich handelt auf Grund eines Sieges, den es nicht selber erfochten hat, wie der kapitalistische Spekulant gegen seinen Konkurrenten, wie der Diplomat alten Stils gegen die Völker und wie der Großinquisitor des Mittelalters gegen die Albigenser.[16] Und da zankt man in Deutschland um Republik oder Restauration, um Partikularismus oder Unitarismus! Wir sind im Elend und zerfleischen uns dabei noch selbst! Wir sind hilflos und werden immer noch grenzenlos gefürchtet! Es ist, als ob das Abendland in eine Periode eingetreten wäre, wie es in der römischen Geschichte von den Gracchen bis Cäsar und Augustus war.[17] Endlose Zuckungen und Wirren, tobender Wahnsinn unter begleitendem Moralisieren ohnmächtiger Philosophen und Philanthropen. Mit der „Sekurität" des privaten Lebens, die Jakob Burckhardt für das historisch so ganz einzigartige Ergebnis der Staatsordnung des neunzehnten Jahrhunderts er-

---

Rohrbach (1869–1956), der seit den 1890er Jahren in Delbrücks „Preußischen Jahrbüchern" als Russlandexperte schrieb. Rohrbach galt vor und während des Ersten Weltkriegs als führender Verfechter einer antirussischen Ausrichtung der deutschen Außenpolitik, zog jedoch 1917 durch seine Kritik am Friedensvertrag von Brest-Litowsk die scharfe Gegnerschaft des alldeutsch-annexionistischen Lagers auf sich. Statt für deutsche Annexionen in Osteuropa trat Rohrbach für die nationale Selbstständigkeit der russischen „Randstaaten", insbesondere der baltischen Länder und der Ukraine, ein. Vgl. Frank Fehlberg: Protestantismus und Nationaler Sozialismus (2012), S. 242–257 und S. 309 f.; vgl. zu Rohrbachs Rolle im Mittwochabend-Kreis Wolf Volker Weigand: Walter Wilhelm Goetz 1867–1958 (1992), S. 174.

16 Die Katharer bzw. Albigenser (nach der südfranzösischen Katherhochburg Albi) waren eine häretische christliche Glaubensbewegung, die im 13. Jahrhundert durch den Albigenserkreuzzug (1209–1229) und die Inquisition vernichtet wurde.

17 Die von Bürgerkriegen geprägte Phase der römischen Geschichte vom Auftreten der Gracchen (133 v. Chr.) bis zur Begründung des Prinzipats durch Augustus (27 v. Chr.) wurde in der deutschen Althistoriographie seit Theodor Mommsen als „Römische Revolution" bezeichnet; vgl. Theodor Mommsen: Römische Geschichte (1903/1904).

klärt hatte, scheint es vorbei.[18] Jedenfalls wäre sie nur unter schweren Kämpfen und bei ernsthafter Selbstbesinnung wieder zu gewinnen. Aber – um auch heute wieder mit einer Frage zu schließen – wie viele ahnen, was alles auf dem Spiele steht und wie viel nötig ist, um das noch nicht Verlorene wenigstens zu behaupten?

Berlin, 20. März 1919. *Spectator*

---

18 Vgl. Jacob Burckhardt: Weltgeschichtliche Betrachtungen (1905), S. 36 f.: „Die Wohltat des Staates besteht darin, daß er der Hort des Rechtes ist. [...] Die Sekurität, deren das Leben bedarf, besteht in der Zuversicht, daß dies auch in Zukunft geschehen werde, d. h. daß man nie mehr nötig haben werde, innerhalb des Staates, so lange derselbe überhaupt besteht, gegen einander zu den Waffen zu greifen."

Der Ansturm gegen die Demokratie (Mai 1919)

Editorische Vorbemerkung: Die Edition folgt dem Text, der erschienen ist in: Kunstwart und Kulturwart, hg. von Ferdinand Avenarius, 32. Jg., drittes Viertel, April bis Juni 1919, Heft 16, zweites Maiheft 1919, München: Verlag von Georg D. W. Callwey, S. 146–149 (**A**). Der Text erschien in der Rubrik „Vom Heute fürs Morgen". Der Text erschien in der Rubrik „Vom Heute fürs Morgen". Der Wiederabdruck des Textes in der Baron-Ausgabe von 1924 (S. 47–52) enthält eine Variante aus Troeltschs Handexemplar, die im folgenden Text verzeichnet ist (**A₁**).

Der Text erschien in der Erstveröffentlichung ohne Datumsangabe. Laut Baron-Ausgabe datierte Troeltsch in seinem Handexemplar die Entstehung des Textes auf den 20. April 1919. Da Troeltsch in dem Text aber Informationen aus einer Unterhaltung mit Paul Natorp verwendet, die zwischen dem 23. und 30. April 1919 stattfand, muss er noch nach diesem Datum Änderungen an dem Text vorgenommen haben. Der relativ große zeitliche Abstand zur Entstehung des vorangegangenen Textes – das erste Maiheft 1919 des „Kunstwarts" (32. Jg., Heft 15) war erstmals seit Beginn der Reihe ohne einen Spectator-Brief erschienen – dürfte auf Troeltschs Inanspruchnahme durch eine Vortragsreise in den Niederlanden in der ersten April-Woche, eventuell auch auf eine besondere Arbeitsbelastung nach seiner Ernennung zum parlamentarischen Unterstaatssekretär im preußischen Kultusministerium am 26. März 1919 zurückzuführen sein.

Der Ansturm gegen die Demokratie[a]   A 146

Die Reorganisation des durch die Armeerevolution völlig zertrümmerten Reiches, soweit man von einer solchen überhaupt sprechen kann, geschah auf der formalen Rechtsgrundlage der Demokratie, die allen Gruppen eine Beteiligung und Mitwirkung ermöglichte nach dem Maß ihrer Vertreter, wobei ja in der bloßen Zahl immer schon ein tüchtiges Stück des geistigen und materiellen Einflusses der Führer steckt. Es ist die Eigentümlichkeit des Rechts, formal zu sein und dadurch eine von Personen und Sachen unabhängige Gerechtigkeit, sowie eine logische Behandlung zu ermöglichen. Damit ist auch naturgemäß das demokratische Recht der heutigen Staatsum-

---

   a *In A₁ folgt*: 20. April 1919.

bildung wesentlich formal. Was dann aus diesem formalen Recht zur Befriedigung inhaltlicher und sachlicher Bedürfnisse der Nation gemacht werden kann, das ist Sache der auf seiner Grundlage zustande gekommenen Regierungsgewalten und der auf sie einwirkenden, daneben immer fortgehenden und sich entwickelnden öffentlichen Meinung. Die letztere wird freilich in solchen Revolutionszeiten von den verschiedensten Gruppen, Zeitungen und Menschen gemacht und hin- und hergetrieben, wozu der fortwährende Druck der Ernährungs- und Arbeitslage sowie der außenpolitischen Verhältnisse mit immer neu erregten Reaktionen auf beides hinzukommt. Die Regierungsgewalten hatten in erster Linie die Aufgabe der Wiederaufrichtung einer ihre eigene Amtsarbeit und die Ordnung sichernden kleinen Armee. Wie schwierig das war und ist, weiß alle Welt, oder sollte sie doch wissen. Die Behandlung der außen- und innenpolitischen Fragen durch Regierung und Parlament, vor allem das Auftreten des Parlamentes selbst, hat viele enttäuscht. Ein sehr großer geistiger Zug ist beiden sicherlich nicht nachzurühmen. Aber wo soll der in der Kümmerlichkeit der ganzen Lage, wo jeder Fuß breit Ordnung erst in unendlicher Kleinarbeit erstritten werden muß und wo die Männer der Interessen der kleinern Leute mit den in der Gewerkschaftsarbeit erprobten Mitteln an die großen Weltfragen und allgemeinsten Lebensfragen herangehen müssen, herkommen? Die bisherige leitende Intelligenz ist in völlig entgegengesetzten Wegen festgefahren und wirft der Regierung nur jeden Knüppel in den Weg, um dann sagen zu können, mit „dieser" Regierung sei es nichts. Das für die Weiterarbeit unentbehrliche Beamtenmaterial hat sich zwar zumeist auf den „Boden der Tatsachen" gestellt, d. h. seine Ämter behalten, aber es macht oft genug teils in Obstruktion, teils in Radikalismus, um dann auch seinerseits auf die „Schwäche" der Regierung hinweisen zu können. Die Massen schließlich, denen eine jahrelange klassenkämpferische Erziehung von der Revolution das Paradies versprochen hatte, sind enttäuscht, da nur die Mengen des Papiergelds, aber nicht die verfügbaren Gütermengen steigen, während in verhängnisvollem Zirkel die aus dem Krieg mitgebrachte Arbeitsscheu und Disziplinlosigkeit die Güter mindert und die Güterverminderung wieder die Ernährungslage verschlechtert. In ihren Augen ist daran die Demokratie schuld, die ihrem Wesen nach zu verkappter Bürgerlichkeit führe und daher in einem erbarmungslosen Kampf gegen das Bürgertum überhaupt faktisch und ideell gebrochen werden müsse.

Da man den eigentlichen Ursachen des Elends, der giftigen Politik der Entente, der Desorganisation des Staates und dem psychologischen Zustand der von Hunger und Erregung rasend gewordenen Massen nicht beikommen kann, hält man sich an das einzige, was man zertrümmern kann, an die relative demokratische Ordnung, die wir haben und die doch die leider nur allzuberechtigten Wünsche so wenig erfüllen kann. Es ist ein allgemeiner Ansturm der Enttäuschten, der Ideologen und der Restaurationsmänner gegen die Demokratie, die man anfangs so hoch zu preisen wußte. Und wie stets die noch so entgegengesetzten Minderheiten sich gegen die Herrschenden zu vereinigen pflegen, so ist deutlich, wie diese Gruppen sich täglich mehr einander nähern und sich in gemeinsamen Schlagworten vereinigen, bei denen freilich sich jeder etwas anderes denkt und bei denen vor allem von den Konservativen die letzten Absichten und Gedanken zurückgehalten werden. So einigt man sich in der Verwerfung der öden und geistlosen „Formaldemokratie", vermißt den großen Schwung und die großen Ideen, die grundsätzliche Neuheit, die Kraft und Größe der Herrschgesinnung. Man erzählt sich allerhand maliziöse Anekdoten über das kleinbürgerliche Privatleben der heutigen Machthaber und lamentiert darüber, daß im Grunde alles beim alten geblieben, nur kleiner, kümmerlicher, spießerhafter geworden sei. Man sieht: es ist wiederum eine sehr formale Kritik, in der die verschiedensten Geister leicht übereinstimmen und bei der sich jeder einen andern Inhalt der vermißten „großen Ideen" denken kann. Ja, in dieser Lage kann es leicht kommen, daß die einzige „große Idee" neben der demokratischen Reorganisation die Idee der Sowjet-Republik und des Minderheits-Terrorismus, der ihre logisch notwendige Folge ist, von Leuten gefeiert, umgedichtet und ihren Bedürfnissen angepaßt wird, die an sich die Todfeinde des Sowjet-Gedankens sein müßten. Denn so erhalten sie ja Mittel, der „schwachen" Regierung Schwierigkeiten zu machen, das Publikum zu verwirren, geistreich und kühn zu erscheinen; und jeder hofft in dem so entstehenden Trüben fischen zu können.

Es ist gut, sich dem gegenüber einiges klar zu machen. Für große schwungvolle Ideen ist die ganze Lage des Reiches zu kümmerlich, elend, von kleinen und kleinsten Problemen übervoll, machtlos und gebunden, den kleinsten Tagessorgen und den kleinlichsten Interessengegensätzen zu sehr ausgeliefert. Für solche Ideen fehlt weiterhin die geistige Vorbereitung, die psychologische Kraft und die innere Einheitlichkeit in dem ganzen Volke selbst, nicht bloß in seiner augenblicklichen Re|gierung. Wir hatten eine rein historisch und relativistisch denkende Geisteswissenschaft, die den Bismarckschen Machtstaat als die Krone aller Entwicklungen und den Zielpunkt der Jahrtausende feierte; eine internationalistisch-snobistische Literatur, die antibürgerlich genug war, aber ohne jede Verantwortung lediglich der Sensation, der Selbstgefälligkeit und dem geschäftlichen Ertrag huldigte; eine klassenkämpferische Dogmatik, die das Proletariat disziplinierte und erzog, aber die Ideen des Bürgertums völlig ignorierte oder verwarf und die eigenen dem unbekannten Moment der großen Umwälzung anheimstellte, wo sie natürlich nicht kamen; schließlich allerhand deutsche Eigenbrödler und Konstrukteure, die ohne jede Rücksicht auf Tatsachen und Völkerpsychologie ihre Ideenbauten aufführten und die jetzt den Zeitpunkt gekommen glauben, wo auf der Tabula rasa etwas Neues, Rein-Rationales gemacht werden könne und müsse. Dazu kommen die ungeheuren heute wieder aufklaffenden Stammesunterschiede und die Unterschiede der Konfessionen. Wo soll da die Einheitlichkeit und Schwungkraft großer politischer Ideen herkommen? Das Schwergewicht der Trägheit, der Überlieferungen, Gewohnheiten, Rechtsbestände und wirtschaftlichen Bedürfnisse ist da noch das Beste, was in diesem nie wirklich einheitlich gewordenen Volke möglich und wirksam ist für Ordnung und Rettung. Der deutsche Geist, von dessen führender Bedeutung in der Welt die Literaten heute noch nicht aufhören können zu fabeln und den sie heute, je nach dem Standpunkt als Welterlöser durch Sozialismus oder durch Anarchie oder durch ständisch-mittelalterliche Rückbildung feiern, ist in diesen Dingen heute noch so zersplittert und unproduktiv wie jemals, wenn man nicht die hundert heute aufsteigenden Utopien sich mit der üblichen Selbstgefälligkeit als Produktivität aufrechnen will. Das große und reiche Genie unsrer Nation, das vor allem in Wissenschaft und Musik sich äußert, ist dabei nicht verkannt, aber es hilft uns wenig in unserer Not, so wenig wie alle Eigenschaften des Gemüts und der Idylle, die das moderne Deutschland noch übrig gelassen hat. Die tiefen Hemmungen, die in der deutschen Geschichte, dem deutschen Volkscharakter, dem deutschen Geiste selbst für jede großzügige Lösung seiner Probleme liegen, machen die Leute sich sehr selten klar, ebensowenig die Hemmungen, die in unserer heutigen politischen und wirtschaftlichen Machtlosigkeit und in dem Einfluß der heutigen Weltbeherrscher liegen. Auch sie der Anarchie und Revolution auszuliefern ist ein Traum, und kein schöner, so schwierige Zustände auch bei den politisch begabteren und glücklicheren Völkern eintreten mögen.

Vor allem meint das Bündnis der Unabhängigen, Bolschewisten, Literaten, Ideologen und Konservativen bei jeder Gelegenheit etwas völlig anderes. Die einen wollen auf dem Wege über das Rätesystem zu einer ständisch-mittelalterlichen Gesellschaftsordnung mit sehr starker Herabsetzung der Produktion und mit starker kirchlicher Leitung. Die andern wollen gegen die Demokratie Luft gewinnen für aristokratisches Führertum, das sich dann aus der Demagogie wieder in eine erblich befestigte Aristokratie zurückverwandeln kann und mit jeder Staatsverfassung zufrieden sein wird, die ein derartiges Führertum anzuerkennen und zu befestigen vermag. Wieder andere wollen nur Elend und Verwirrung nach Möglichkeit steigern, die Nation in Konservative und Bolschewisten zersprengen, wo dann die Wahl und der schließliche Ausweg nicht zweifelhaft sein können.

(Mai 1919) 97

Noch andere sehen im Bolschewismus die große Simsonstat, in der sie mit sich selbst die Welt unter dem einstürzenden Dache begraben oder vielleicht noch im letzten Moment die Angst der Welt für eine politische Rettung nutzbar machen können. Andere träumen von einer neuen endlich rationalen Weltordnung, in der der irrationale Machtstaat überhaupt aufhört und an seine Stelle ein wohlgegliedertes Werk der Philosophen tritt, eine Herrschaft der Sachverständigen auf jedem Gebiete und eine lediglich durch Vernunft bewirkte Einigung dieser Sachverständigen, die dann von bestellten Organen in Rechtsbestimmungen übergeführt und von der endlich vernünftig gewordenen Menschheit gerne exekutiert wird.[1] Oder sie träumen von | einem Sozialismus, der nicht auf Demokratie und Gleichheit beruht, sondern auf Organisation und Differenzierung und wie Platos Staat die verschiedenen Dauergruppen dem Geist und Wohl des Ganzen dienstbar macht; oder von einer Selbsterzeugung der Ordnung, wenn man nur auf Macht, Gewalt und Armee verzichtet und den guten Instinkten der Menschen vertraut, die bei völliger Gleichheit der Chancen eine Fülle von Talenten und Ordnungskräften aus der Tiefe hervorbringen werden. Alles kann man mit dem großen Schlagwort der Revolution, dem Namen der „Räte", schmücken und damit die Massen gewinnen, die nun einmal an diesem Worte hängen. Daß die eigentlichen Erfinder von Wort und Sache die terroristische Herrschaft begabter Proletarier darunter verstehen und durch ein Jahrhundert von solchem Terrorismus hindurch erst die neue Menschheit erziehen wollen, das vergißt man in der Theorie. Erlebt man es staunend und mißbilligend in der Praxis, so hofft man zugleich im stillen, daß die ideenlose Demokratie damit fertig werde und damit den Bauplatz für ihre ideenreicheren Erben aufräume und reinige, soweit man nicht sich und anderen einredet, daß die Demokratie oder die ihr untermischten Reaktionäre alle diese Greuel selber durch

A 149

---

1 Troeltsch spielt auf den Marburger Philosophen Paul Natorp (1854–1924) an, der während eines Berlin-Besuchs vom 23. bis 30. April 1919 versucht hatte, ihn für einen von ihm initiierten „Aufruf des deutschen Geistes zum Sozialismus" zu gewinnen. Der Aufruf zielte auf die Bildung eines „Zentralrats der geistigen Arbeit", der in einem von Natorp konzipierten genossenschaftlich-parlamentarischen Mischsystem gemeinsam mit einem „Zentralrat der genossenschaftlichen Wirtschaft" als „Sachverständigen-Vertretung" parlamentarische Gesetzesvorlagen ausarbeiten sollte. Vgl. Norbert Jegelka: Paul Natorp (1992), S. 153–160. Ablehnend zu Natorps Idee einer in ein Rätesystem integrierten „Erziehungs-Konstituante" äußerte sich Troeltsch bereits in einem Brief an Natorp vom 3. Februar 1919, nachdem ihm Natorp seine Abhandlung „Soziale Erziehung" (erschienen im Frühjahr 1919 in den „Annalen für soziale Politik und Gesetzgebung") zugesandt hatte → KGA 21.

Ungeschick oder Ideenmangel provozieren. Und vor allem an das Problem der Probleme, an die große, von der Produktivität und Weltstellung der Vergangenheit erzeugte Menschenmasse, die sich bei uns daheim durch die Rücksendung der Deutschen aus der ganzen Welt fortwährend mehrt, an diese Masse, die in den kommenden Verhältnissen nicht ernährt werden kann und entweder sterben oder irgendwo unterkommen muß, – daran denken die allerwenigsten.² Wie man auch immer noch übersieht, daß hier die letzte Kriegsursache lag.

Überall Träumer, wohin man blickt, sofern nicht die Träumer blutige Realisten sind. Daß die Demokratie uns im Grunde nicht liegt und daß sie (übrigens vor allem in Deutschland) die Mängel der Mittelmäßigkeit und Spießerhaftigkeit trägt, daß das heutige deutsche parlamentarische Regime die Züge der bloßen Nachahmung und der kleinlichsten Selbstversorgung reichlich trägt, das ist leider nicht zu leugnen. Ebensowenig aber, daß wir nichts Besseres haben und an dieser kümmerlichen Stange in die Höhe klettern *müssen,* soweit von Höhe überhaupt die Rede sein kann. Die Völkerpsychologie und Auslandskunde ist offenbar noch nicht so weit, daß sie uns die eigentlichsten und innersten Hemmungen in unserm Volkstum selbst zeigen könnte, in jenem treuen, fleißigen und hochbegabten Volkstum, „das, ach, so vieles entstellt".³

Spectator

---

2 Zwischen 1871 und 1914 war die Einwohnerzahl des Deutschen Reiches um fast 60 % von ca. 41 auf ca. 65 Millionen gestiegen. Allerdings bewirkten der Erste Weltkrieg (ca. 2,4 Millionen Tote), die Gebietsabtretungen infolge des Versailler Friedens (ca. 6,5 Millionen Menschen) und die Grippeepidemie von 1918/19 (mindestens 300 000 Tote) bis zum Jahr 1920 wieder einen Rückgang der Bevölkerung auf ca. 61,8 Millionen. Die Zuwanderung von Deutschen aus den abgetretenen Gebieten nach dem Ersten Weltkrieg umfasste ca. 747 000 Menschen (ca. 558 000 aus an Polen abgetretenen Gebieten, ca. 132 000 aus Elsaß-Lothringen, 37 000 aus dem Saargebiet, ca. 20 000 aus den deutschen Kolonien). Vgl. Hans-Ulrich Wehler: Deutsche Gesellschaftsgeschichte, Band 4 (2003), S. 231 ff.

3 Angelehnt an Johann Wolfgang Goethes Gedichtzyklus „Vier Jahreszeiten", Strophe 43: „Freunde, treibet nur alles mit Ernst und Liebe; die beiden / Stehen dem Deutschen so schön, den ach! so vieles entstellt." Zit. nach Goethe's Werke, Band 1 (1827), S. 351.

Die Aufnahme der Friedensbedingungen (Juni 1919)

Editorische Vorbemerkung: Die Edition folgt dem Text, der erschienen ist in: Kunstwart und Kulturwart, hg. von Ferdinand Avenarius, 32. Jg., drittes Viertel, April bis Juni 1919, Heft 17, erstes Juniheft 1919, München: Verlag von Georg D. W. Callwey, S. 191–193 (**A**). Der Text erschien in der Rubrik „Vom Heute fürs Morgen" und mit der Datumsangabe 23. Mai 1919.

Die Aufnahme der Friedensbedingungen

Die „Friedensbedingungen" sind da! Ehe der Schleier fiel, hatte der psychologische Druck der Einschüchterungen und Hoffnungserregungen, der Blockade und der Valuta, der Arbeitsscheu und der Desorganisation ein halbes Jahr lang seine Schuldigkeit getan, um das deutsche Volk zu jedem Gedanken irgendeiner heute noch möglichen auswärtigen Politik unlustig und unfähig zu machen. Über das Schicksal der Friedensvorschläge wird man sehr viel mehr wissen, wenn diese Zeilen vor den Leser kommen.[1] Ich will also von den Wegen und Möglichkeiten, die uns etwa offenstehen, hier nicht sprechen, denn bis dahin wäre ja doch alles veraltet. Ich will nur von der nächsten Aufnahme und Wirkung sprechen, wie man sie hier beobachten konnte. Das wird auch dann noch nicht ohne Interesse sein, denn es hat symptomatische Bedeutung.

Die Wirkung war in Regierungskreisen niederschmetternd. England vernichtet den Handel, Frankreich und Polen zertrümmern das deutsche Staatsgebiet, beide zusammen die deutschen Finanzen und die Produktivität deutscher Arbeit, die ohne jede Gewinnmöglichkeit natürlich am Ende wäre, auch wenn sie aus der gegenwärtigen Arbeitsscheu sich wieder erholen sollte. Das wäre die Helotisierung Deutschlands, wie ähnliches nur in der Türkei

---

1 Die Friedensbedingungen der Alliierten wurden der deutschen Delegation bei der Versailler Friedenskonferenz am 7. Mai 1919 übergeben. Troeltschs Annahme einer Entscheidung vor der Publikation dieses Spectator-Briefes erwies sich als Irrtum. Die Entscheidung über die Annahme der Friedensbedingungen fiel in der Nationalversammlung erst am 23. Juni 1919.

und in China versucht worden ist;² es wäre aber zugleich der internationale Kampf gegen den Sozialismus und seine etwaige Verführungskraft, die von einem wieder sich kräftigenden und freien Deutschland ausgehen könnte. Man war auf Schlimmes gefaßt, aber etwas derartig Entsetzliches erwartete man um so weniger, als die amerikanischen Abgesandten sehr viel bessere Hoffnungen erregt hatten.³ Die Amerikaner sind offenbar unterlegen. Wilson hatte seine Machtmittel zu sehr aufgebraucht, d. h. die Deutschen zu gründlich besiegt, um noch einen Rückhalt gegen die Entente zu behalten.

In der Bevölkerung war die Wirkung eine sichtliche Einigung in Schmerz, Grimm und beleidigtem Ehrgefühl. Das „Unannehmbar" war oder schien wieder ein heroischer Klang, bei dem nationales Ehrgefühl aufflammen und die Stimmung der Einigkeit von 1914 wiederkehren könne.⁴ Gemeinsame Todesgefahr schien wieder die grenzenlose Zerbröckelung und gegenseitige Abschließung und Verfeindung zu überwinden. Die Schulkinder zogen wie-

---

2 Der Begriff Helotisierung bezeichnet in der Altertumswissenschaft die Versklavung der Bevölkerung kriegerisch unterworfener Gebiete durch die griechische Polis Sparta (Heloten = „die Eroberten"). Troeltschs neuzeitliche Beispiele beziehen sich auf die von den europäischen Großmächten (insbesondere von Großbritannien) im 19. Jahrhundert durchgesetzten Souveränitätsbeschränkungen Chinas („Ära der ungleichen Verträge") und auf die politische und finanzielle Abhängigkeit des Osmanischen Reiches von den europäischen Großmächten im selben Zeitraum („Kranker Mann am Bosporus").

3 Hoffnungen auf vergleichsweise milde Friedensbedingungen hatte vor allem der deutschfreundliche Leiter des Nachrichtendienstes beim Stab des US-amerikanischen Oberkommandos in Trier, Oberst Arthur L. Conger, geweckt, der seit Dezember 1918 informelle Kontakte zur politischen und militärischen Führung in Deutschland unterhalten und dadurch die Reichsregierung maßgeblich in ihrer Entscheidung für ein kompromissloses Auftreten gegenüber den Alliierten im Vorfeld der Versailler Friedenskonferenz bestärkt hatte. Inwieweit Conger im Auftrag der US-Regierung oder auf eigene Faust operierte, ist nicht restlos geklärt. Vgl. Klaus Schwabe: Deutsche Revolution und Wilson-Frieden (1971), S. 279–289. Bei einem Berlin-Besuch im März 1919 hatte Arthur L. Conger auch mit Hans Delbrück gesprochen, bei dem er während eines Studienaufenthaltes in Berlin im Jahr 1910 Vorlesungen zur Militärgeschichte gehört hatte (siehe oben, S. 90, Anm. 14).

4 In einer Sondersitzung der Nationalversammlung in der Aula der Berliner Universität erklärte Ministerpräsident Philipp Scheidemann (SPD) am 12. Mai 1919: „Dieser Vertrag ist nach Auffassung der Reichsregierung unannehmbar". Vgl. Verhandlungen der verfassunggebenden Deutschen Nationalversammlung, Band 327 (1920), S. 1084. Die Formulierung war im Reichskabinett vor allem auf Drängen der DDP gewählt worden, während der Zentrums-Minister Matthias Erzberger die weniger bindenden Formulierungen „unerträglich" oder „undurchführbar" empfohlen hatte.

der in großen Demonstrationszügen mit schwarzweißroten Fahnen durch die Straßen und sangen – ohne die grausige Selbstironie zu empfinden – die „Wacht am Rhein".[5] Das zeigte schon, welche Elemente sich der Bewegung bemächtigen. Es waren wieder die Stimmungen der Vaterlandspartei.[6] Man hörte wieder die Anklagen gegen eine Regierung, die sich von Wilsons Friedensphrasen habe betören lassen und um ihretwillen einen fast schon errungenen Sieg preisgegeben habe. Die ganze Legende kam wieder hoch, daß nur die Flaumacher der Heimat, die Juden und die Sozialdemokraten dem stolzen Heere das Rückgrat gebrochen hätten und daß bei weniger Sentimentalität der herrlichste Sieg unser gewesen wäre. Man sprach vom Sturze der Regierung, der zu erhoffen sei, als ob ein Staat ohne Regierung stärker wäre und eine zweite Revolution der Unabhängigen und Kommunisten dem deutschen Reiche eine nationalere Vertretung gewähren würde. Gedankenloser Trotz gegen den Feind und Rache an der Revolution: das war ein unter der Decke dieser neuen Begeisterung sich ausbreitendes schwelendes Feuer, das die Genugtuung über sie wieder zunichte machte.

Natürlich blieb darauf, sobald das klar wurde, die Antwort der Massen nicht aus. Sie veranstalteten ihrerseits Riesendemonstrationen in erster Linie gegen die neue Auflage vaterlandsparteilicher Ideen und erst in zweiter gegen den Gewaltfrieden.[7] Sie haben damit die Geschäfte der Feinde gründlich besorgt. Gegen den letzteren hilft nach ihrer Meinung nur die radikale Weltrevolution und der allgemeine schonungslos durchgeführte Kommunismus. Auch sie wollen den | Sturz der Regierung und würden hierzu mit den

A 192

---

5 Das Lied „Die Wacht am Rhein" (1840) war bei Ausbruch des Ersten Weltkrieges 1914 eine inoffizielle Hymne der Kriegsfreiwilligen aus der bürgerlichen Jugend gewesen, die dann in der ersten Kriegsphase besonders hohe Gefallenenzahlen zu verzeichnen hatten – daher die konstatierte „grausige Selbstironie".

6 Die Deutsche Vaterlandspartei, gegründet im September 1917, war in der Endphase des Ersten Weltkrieges die wichtigste Sammlungsbewegung des alldeutsch-annexionistischen Lagers mit antidemokratischer und völkisch-antisemitischer Ideologie gewesen. Sie ging Ende 1918 in der DNVP auf. Gegen die Bestrebungen der Vaterlandspartei war im November 1917 unter maßgeblicher Beteiligung von Troeltsch der Volksbund für Freiheit und Vaterland gegründet worden. Vgl. Friedrich Meinecke: Autobiographische Schriften (1969), S. 285.

7 Vor allem die USPD organisierte reichsweit Massenkundgebungen für eine Annahme des Versailler Vertrages, der von ihr gleichwohl als „Gewaltfrieden schlimmster Art" verurteilt wurde. Am 13. Mai 1919 hielt die USPD in Groß-Berlin zeitgleich 39 Versammlungen zum Friedensvertrag ab. Am 21. Mai 1919 nahmen schätzungsweise 500 000 Menschen an einer Kundgebung der USPD im Berliner Lustgarten teil. Vgl. Robert F. Wheeler: USPD und Internationale (1975), S. 88.

Konservativen sich verbünden. Aber ihre Hoffnungen dabei sind die entgegengesetzten. Sie wollen die Entwaffnung der Welt und den Kommunismus als volle und ungehemmte Herrschaft des Proletariats aller Länder.

So zeigt sich mit neuen Nuancen wieder die alte Spaltung der Nation. Wenigstens für einen Moment; denn sehr lange wird das Spielen mit Ideen und Gefühlen ja nicht dauern können. Professor Röthe[8] bezeichnete im Kolleg den Frieden als eine Katastrophe, die nur einem von Juden und Sozialdemokraten verhetzten Volke *zustoßen* könne, als ob sie ganz von außen her aus unglücklichen Zufällen und schlechten Gesinnungen Einzelner herkäme und keinerlei Begründung in Charakter und Entwicklung der letzten deutschen Geschichte, vielleicht in deutscher Weltlage und deutschem Charakter überhaupt hätte. Umgekehrt feuerte Adolf Hoffmann von den Stufen des Schinkelschen Museums aus[9] die Tausende zum radikalen Haß gegen die alten Kriegstreiber an, die wieder Oberwasser zu bekommen hofften und von den Interessen und Standesideen einiger weniger her den Frieden gefährden, als wäre das Aufschäumen des Ehr- und Lebensgefühls nur ganz von außen her erregt. Und auf dem Königsplatz vor Bismarcks Denkmal sprach sein heutiger Nachfolger, Scheidemann, vaterländisch, tapfer und staatserhaltend für den allein möglichen Mittelweg, durch zähe Verhandlungen den ursprünglichen Wilsonschen Rechtsboden zu behaupten, aber allen irgendwie gearteten Aspirationen der alten Machtpolitik radikal zu entsagen, den Frieden für ein den Schaden wieder gutmachendes, aber freies und in seiner Arbeit lebensfähiges Volk durch geistigen und moralischen Widerstand zu erkämpfen.[10] Wenn er diese Linie nur immer gleichmäßig festhalten wollte!

---

8 Gustav Roethe, Professor für Deutsche Philologie an der Berliner Universität, engagierte sich seit Dezember 1918 in führender Position im Reichsausschuss deutschnationaler Hochschullehrer. Vgl. Kurt Töpner: Gelehrte Politiker und politisierende Gelehrte (1970), S. 68 f.; vgl. auch Friedrich Meinecke: Autobiographische Schriften (1969), S. 249 f.

9 Laut Zeitungsberichten sprach Adolph Hoffmann auf der USPD-Kundgebung im Berliner Lustgarten am 21. Mai 1919 als einer von zehn Hauptrednern von der Treppe des Berliner Domes aus, während gleichzeitig Hugo Haase auf der Treppe des Alten Museums sprach; vgl. Berliner Tageblatt vom 22. Mai 1919 (Morgen-Ausgabe): „Gegen den Gewaltfrieden – für den Völkerbund".

10 Troeltsch vermischt hier verschiedene Kundgebungen und Ansprachen. Am 13. Mai 1919 bildete sich im Anschluss an eine SPD-Kundgebung auf dem Königsplatz in Berlin ein Demonstrationszug in die Wilhelmstraße, wo Ministerpräsident Philipp Scheidemann in einer Ansprache vom Balkon der Reichskanzlei aus erklärte: „Wir sind bereit Frieden zu machen. Wir sind auch bereit, gutzumachen, was unserseits verschuldet worden ist. Wir sind bereit, die Schäden im Ausland, soweit sie auf unser Konto kommen, und auch im Inland wieder gutzumachen. Aber

(Juni 1919)

Dazwischen werden allerhand Schauergeschichten umhergeflüstert von bevorstehenden Putschen, Versuchen, die Reichsämter zu stürmen, die Minister abzusetzen und die Unabhängigen zur Herrschaft zu bringen. Was daran wahr ist, weiß ich nicht. Die Gerüchte sind schwerlich ganz gegenstandslos. Und wie alle möglichen Gerüchte, so gehen alle möglichen Meinungen zwischen diesen Hauptgegensätzen hin und her und zwischen ihnen hindurch. Je näher der Augenblick der Entscheidung kommt, um so drückender wird die Verantwortung. Nur als Ausdruck einer erbärmlichen Angst vor ihr kann man die Idee bezeichnen, die unendlich verwickelte und folgenreiche Friedensfrage einem Volksreferendum zu übergeben. Der Erfolg wäre vermutlich Unterwerfung um jeden Preis und Furcht vor der Blockade und überdies der Sturz einer Regierung, die nicht zu führen und nicht zu entscheiden wußte. Und welche maßlose Verhetzung und Propaganda würde ein solches Referendum mit sich bringen! Man kann nur mit Grauen daran denken und hoffen, daß es nicht zu dieser Selbstaufhebung der Regierung in der schwierigsten Lebensfrage der Nation komme, wo der gemeine Mann weder in die Folgen des Nein noch in die des Ja eine klare Einsicht haben könnte und die Belehrenden nach gelieferten Rederezepten ihn grenzenlos verwirren und erregen würden.[11]

---

man soll uns nicht die Hände binden, uns nicht in Fesseln legen und dann verlangen, daß wir arbeiten." Am 15. Mai 1919 empfing Scheidemann in der Reichskanzlei im Anschluss an eine weitere Kundgebung auf dem Königsplatz eine Delegation des Reichsverbandes Ostschutz, des Schutzvereins für das Saarrevier, des Ausschusses der Deutschen in Schleswig und des Hilfsbunds der Elsass-Lothringer im Reiche. Dabei erklärte er: „Die Regierung hat sich mit Gegenvorschlägen beschäftigt. Diese stellen sich ohne Einschränkung auf die 14 Punkte Wilsons, also auf den Rechtsboden, von dem wir uns von niemandem vertreiben lassen werden. [...] Jede Volkskundgebung kann uns in unserm Recht nur bestärken. Handeln und Verhandeln sind das Gebot der Stunden." Weitere Ansprachen bei Protestversammlungen gegen die alliierten Friedensbedingungen hielt Scheidemann am 18. Mai 1919 von einem Fenster der Reichskanzlei aus im Anschluss an eine Kundgebung der Deutschösterreicher sowie am 21. Mai 1919 auf einer SPD-Kundgebung am Wilhelmplatz. Vgl. Berliner Tageblatt vom 14. Mai 1919 (Morgen-Ausgabe): „Ein sozialdemokratischer Massenprotest"; Berliner Tageblatt vom 16. Mai 1919 (Morgen-Ausgabe): „Neue Massenkundgebungen in Berlin"; Berliner Tageblatt vom 22. Mai 1919 (Morgen-Ausgabe): „Gegen den Gewaltfrieden – für den Völkerbund"; Berliner Tageblatt vom 19. Mai 1919 (Morgen-Ausgabe): „Neue gewaltige Protestkundgebungen in Berlin".

11 Die Frage einer Volksabstimmung über die Annahme der alliierten Friedensbedingungen wurde in der deutschen Öffentlichkeit seit Ende April 1919 verschiedentlich erörtert und in der Regel aus ähnlichen Gründen wie bei Troeltsch verworfen.

Daß mit dem ersten neuen Aufregen der außenpolitischen Probleme die Nation wieder in den alten Gegensatz der freilich stark verkümmerten Vaterlandspartei und der stark radikalisierten Massenpartei zurückfällt, und daß die alte Sozialdemokratie dabei zur Verteidigerin der staatserhaltenden Mitte geworden ist, das ist das Symptomatische. Das schwierigste Problem bieten dabei die rechtsstehenden Parteien, denen ein großer Teil der vor der demokratisch-sozialen Entwicklung entsetzten Intellektuellen, vor allem der unvermeidlichen Professoren, angehört. Von den Radikalen war und ist eine wirkliche Umbesinnung nicht zu erwarten, sie fühlen ihre materiellen Hoffnungen unerfüllt und haben nicht genug wissenschaftliche Zucht des Denkens, um dem Möglichen nachzutrachten. Aber die Rechtsstehenden sind doch im Besitz dessen geblieben, was sie hatten und tragen nur den freilich ungeheuren allgemeinen Schaden mit. Sie können jedenfalls vom Umsturz der jetzigen Regierung eine Besserung ihrer Lage und | ihrer Hoffnungen *nicht* erwarten; überdies haben die Intellektuellen unter ihnen die Möglichkeit der nüchternen logischen Einsicht, daß unter diesen Umständen die Mitte gestützt werden muß, ohne sich mit ihr zu identifizieren, ja unter dem schärfsten theoretischen Protest, aber unter praktischer Mitarbeit. Derartige Gesinnungen gab es zu Anfang, es gibt sie noch heute. Aber sie sind vereinzelt, unorganisiert und wirkungslos, sie unterliegen dem Parteidruck, der mit rasendem Haß und mit großen Geld- und Preßmitteln gegen den Sozialismus arbeitet. Würde die „Rechte" der Nation sich auf die Mitte einigen und einstellen, ohne doch die Sozialdemokratie durch allzu eifrigen Anschluß bei den Massen zu diskreditieren, würde sie auf Verhetzung und Rache verzichten und auf ihre Weise demokratisch-staatserhaltend wirken, so wäre für das Ganze und für sie selbst viel gewonnen. Die demokratische Partei, die von der Rechten her als Partei des Geldsacks und des Internationalismus verschrieen wird, ist zu schwach zu solcher Wirkung im Großen und zu sehr Partei des Mittelstandes und der Lehrerdemokratie, um das leisten zu können. Daß die Rechte auf Restauration, Rache und Rechtbehaltenwollen verzichten lernen könnte, das wäre eines der wichtigsten Mittel der Rettung. Aber derartiges scheint in unserm Deutschland unmöglich zu sein. Ein Beaconsfield scheint bei uns in jedem Sinne undenkbar, jetzt erst

---

Vgl. den Artikel von Otto Baumgarten in der „Vossischen Zeitung" vom 30. April 1919 (Morgen-Ausgabe): Keine Volksabstimmung über den Frieden. Max Weber schrieb am 19. Juni 1919 in einem Brief an Marianne Weber zur Entscheidung über den Versailler Vertrag: „Persönlich wäre ich auf jede Gefahr für Ablehnung. Aber ich vermute: die Volksabstimmung kommt dann, nimmt den Frieden an, und das halte ich für das Schlimmste, weil es uns innerlich so stark bindet." Zit. nach: Max Weber: Briefe 1918–1920, 2. Halbband (2012), S. 653.

recht.[12] Wir sind, will man's groß und tragisch ansehen, die Nibelungen, die sich in Haß und Starrsinn gegenseitig vernichten; will man's klein ansehen, die Kleinstädter und Prozeßbauern, die in Stank und Neid sich gegenseitig ruinieren. Hoffentlich gibt es eine Jugend, die von der ungeheuren Lehre der Zeit wenigstens so viel zu lernen imstande ist, daß sie sich aus diesem seelischen Graus herausarbeitet.

Berlin, 23. 5. 1919 *Spectator*

---

12 Gemeint ist Benjamin Disraeli (1804–1881), seit 1876 1st Earl of Beaconsfield, britischer Premierminister 1868 und 1874–1880 sowie langjähriger Führer der Conservative Party in der englischen Tradition eines den Parlamentarismus bejahenden „Tory-Konservatismus". Einen deutschen „Tory-Konservatismus" propagierte vor allem der Publizist Adolf Grabowsky (1880–1969), mit dem Troeltsch 1917 bei der Gründung des Volksbundes für Freiheit und Vaterland zusammenwirkte.

Nach Pfingsten (Juli 1919)

Editorische Vorbemerkung: Die Edition folgt dem Text, der erschienen ist in: Kunstwart und Kulturwart, hg. von Ferdinand Avenarius, 32. Jg., viertes Viertel, Juli bis September 1919, Heft 19, erstes Juliheft 1919, München: Verlag von Georg D. W. Callwey, S. 28–31 (**A**). Der Text erschien in der Rubrik „Vom Heute fürs Morgen" und mit der Datumsangabe 5. Juni 1919. Der später datierte Spectator-Brief „Die Schuldfrage" (mit der Datumsangabe 19. Juni 1919) erschien in derselben Nummer des „Kunstwarts" weiter vorne (S. 2–7) und außerhalb der Rubrik „Vom Heute fürs Morgen" (siehe unten, S. 115). Zuvor war das zweite Juniheft 1919 des „Kunstwarts" (32. Jg., Heft 18) ohne einen Spectator-Brief erschienen. Möglicherweise war der Text „Nach Pfingsten" ursprünglich für dieses Heft vorgesehen und wurde von Troeltsch nicht rechtzeitig abgeliefert. Auf eine verspätete Fertigstellung deutet auch der Widerspruch der Datumsangabe zum Titel und zum ersten Satz des Textes hin, denn das Pfingstfest fiel im Jahr 1919 auf den 8./9. Juni.

Nach Pfingsten

Die Pfingsten, die jetzt hinter uns liegen, waren die trübsten Pfingsten seit hundert Jahren, vielleicht die trübsten der deutschen Geschichte überhaupt. Die Zukunft ist vollkommen unklar und dunkel, und nicht einmal die nächste Vergangenheit ist allgemein verstanden. Noch wissen die wenigsten unter uns, was sich eigentlich ereignet hat. Die einen wissen noch nicht, daß wir eine der schwersten Niederlagen der Weltgeschichte erlitten haben und daher an ein kommendes Paradies nicht von fern denken können; die andern wissen noch nicht, daß wir die große erschütternde, lange drohende Revolution erlebt haben, die bei uns das ancien régime von aller Zukunft nicht minder scheiden wird, als das dereinst in Frankreich und England der Fall gewesen ist. Und noch andere wissen weder das eine noch das andere recht und meinen, es sei alles nur ein böser Spuk oder Fiebertraum, der wieder schwinden müsse. Dafür tobt alles seinen Zorn und Grimm am nächsten Nachbar aus und erklärt einer den andern schuldig am Ruin und glaubt, daß alles in Ordnung wäre, wenn der andere nicht anders dächte und handelte oder in den Entscheidungstagen anders gedacht und gehandelt hätte.

Und doch ist der einzige Weg in die Zukunft der, zu verstehen, was sich ereignet hat und warum es so gekommen ist. Diese Betrachtung muß immer von neuem angestellt und aus dem Fortgang der Ereignisse und Konsequenzen vertieft werden.

Die Bismarcksche Reichsgründung ist vernichtet; von ihr ist höchstens die Einheit des deutschen Volkes und Staates geblieben, wenn es gelingt, diese wirklich aufrecht zu erhalten. Wie sie gestaltet und geordnet sein wird und wie sie sich wirtschaftlich aufrecht erhalten kann, das vermag heute angesichts der Versailler „Friedensbedingungen" kaum jemand zu sagen. Kaum verhüllte Fremdherrschaft und offene Versklavung von außen, Absperrung, Verstümmelung und Kontrolle einer isolierten deutschen Wirtschaft gegenüber der offenen Weltwirtschaft der andern, rasende Zwietracht und hochverräterische Abfallsgelüste im Innern: das ist das drohende Ergebnis. Die Lage ähnelt der des Dreißigjährigen Krieges. Auch die Gebietsverluste und fremden Einflußsphären würden ganz den damaligen Kriegsfolgen entsprechen.

Wie ist dies gekommen? Mußte das kommen? Es ist angesichts der Leidensgeschichte unsres Volkes keine unerhörte Katastrophe. Bei jedem großen Versuch zur Staatsbildung sind wir gestürzt. Staat und Kultur des staufischen Kaisertums zerbrachen mit dem Sturz der Hohenstaufen. Die reichen Hoffnungen des Spätmittelalters und die Reichsreform unter Maximilian verfielen im Schmalkaldischen und im Dreißigjährigen Krieg. Der preußische Neubau Friedrichs des Großen, der Befreiungskriege und des Bismarckschen Zeitalters stürzte im Weltkrieg zusammen. In der geographischen Lage und in der geistigen Art unsres Volkes muß etwas sein, was ihm die von anderen, glücklicheren Völkern erreichten Ziele immer von neuem versagt. Die staatsbildende Kraft muß gering sein oder doch schwere Hemmungen in sich tragen.

Das Bismarcksche Reich war der großartigste und glücklichste unter allen diesen Versuchen zur Staatsbildung. Er hatte freilich einige schmerzliche Geburtsfehler: den zusammengesetzten Charakter einer sehr schwerfälligen Bundesverfassung, in der das politische Ungeheuer des Heiligen Römischen Reiches bis zu einem gewissen Grade erhalten blieb; die inneren Spannungen zwischen Preußen und Nicht-Preußen, die die Folge einer Überwindung des Reichselendes lediglich durch die schroffe preußische Militärgewalt und Vorherrschaft waren; den internationalen Druck der West- und Ostmächte, der bei jeder gefährlichen Wirtschaftsentwickelung die Weltpolitik Englands auf seine Seite zu ziehen imstande war; den konservativ-autoritären Charakter, der einen empfindlichen Gegensatz gegen die übrige Welt bedeutete; eine unverdaute Revolution, die stets nach Erneuerung verlangte, und deren Gefahr mit der vom Reiche selbst mächtig geförderten

A 29 In|dustrialisierung stieg; schließlich eine außerordentlich schwache Rückendeckung an dem halb-slawischen Österreich, das vom Balkan her jeden Augenblick aufgerollt werden konnte. Konnte das Reich trotz dieser Gefahren sich behaupten, wenn es Bismarcks Linie der Selbstbescheidung in der rein kontinentalen Politik einhielt, wenn es den England reizenden Flottenbau unterließ, wenn es seine industrielle Entwicklung zügelte, statt sie zu überstürzen, wenn es nicht Ansprüche erhob, die über seine Kraft gingen und die Welt verärgerten? Ist es die Schuld der Personen und Politiker, der Finanzmänner und Industriellen, des Kaisers und der von ihm bevorzugten Umgebung, der diesem Geist sich assimilierenden Bildungsschichten, die alle keine Grenzen der Ansprüche und Möglichkeiten und keine Formen menschlicher Politik und Verantwortung in ihrem Betragen kannten und in törichter Überhebung die Bismarcksche Selbstbescheidung hinter sich ließen? Konnte noch während des Weltkrieges, wenn auch mit schmerzlichen Opfern, ein Friede solcher Selbstbescheidung geschlossen werden, der wenigstens das Reich und seine Zukunft erhielt? Wer will auf solche Fragen die sichere Antwort geben! Jedenfalls existiert eine Denkschrift des Grafen Schlieffen, die vor der Flotten- und Bagdadpolitik warnt, und eine solche des Generaloberst von Moltke, die den Weltkrieg in Aussicht nimmt und einen ungünstigen Verlauf voraussagt.[1]

Der Krieg ging in jeder Hinsicht über die Kraft. Die Folge davon war die Revolution, erst die friedliche, allzu späte, unter dem Prinzen Max und dann die zerstörende und immer noch weiter rasende des November. Sie drohte längst, und Kundige warnten seit 1917. Aber die Revolution zeigte

---

1 Troeltsch kannte zu diesem Zeitpunkt vermutlich bereits die Dokumentation „Urkunden des deutschen Generalstabs über die militärpolitische Lage vor dem Kriege. Hat der deutsche Generalstab zum Kriege getrieben?" (1919), die im Frühjahr 1919 als Drucksache Nr. 32 der Geschäftsstelle für die Friedensverhandlungen des Auswärtigen Amtes erstellt und am 21. Mai 1919 in dreistelliger durchnummerierter Auflage an die Reichskanzlei übersandt worden war. Die Dokumentation sollte ursprünglich auf der Versailler Friedenskonferenz zur Entlastung Deutschlands in der Kriegsschuldfrage dienen. Allgemein publiziert wurde sie erst im Juli 1919 (siehe zu Troeltschs Kritik an dieser Dokumentation unten, S. 156). Die Dokumentation enthält u. a. eine militärische Lagebeurteilung des Generalstabchefs Helmuth von Moltke vom 28. Juli 1914, in der Moltke für den Fall eines Krieges die Vernichtung „der Kultur fast des gesamten Europas auf Jahrzehnte hinaus" prophezeit (S. 9 f.). Die erwähnte Denkschrift Alfred von Schlieffens konnte nicht nachgewiesen werden. Doch galt Schlieffen während seiner Zeit als Generalstabschef als Verfechter einer kontinentalen Grundlinie der deutschen Außenpolitik, anstelle eines weltpolitischen Ausgreifens. Vgl. Heiner Raulff: Zwischen Machtpolitik und Imperialismus (1976), S. 77 f.

nun ihrerseits wieder – ganz abgesehen von ihrer verheerenden Wirkung auf die außenpolitische Stellung – den furchtbarsten Mangel an staatsbildender Kraft. Die parlamentarische Republik von heute, wo die Fraktionen und nicht die Minister regieren,[2] ist trotz allen guten Willens der leitenden Männer eine fürchterliche Verfassung. Die öffentliche Meinung ist verzankt und vergiftet, die Disziplin ist allenthalben in Militär, Fabrik, Gewerkschaft, Schule zerbrochen. Die Intelligenz verlangt nach Theorien und Ideen statt nach Tat und Ordnung und preist mit den nötigen Abänderungen nach links und nach rechts das Rätesystem als einzige Idee, d. h. als Auflösung des zentralisierten modernen Staates, wobei die einen an die Anarchie des herrschenden Proletariats, die andern an die des mittelalterlichen Ständewesens denken; oder sie freut sich des Elends, weil sie es als Folge der Revolution vorausgesagt habe und weil es die Massen nach rechts und links treibe, so daß für die verhaßte sozialdemokratische Mitte die Lage immer schwerer wird. Von staatserhaltendem und staatsbildendem Sinne kaum eine Spur. Die einzigen wirklichen Ideen, die zutage getreten, sind die Motive eines Siedelungsgesetzes[3] und die beiden Gutachten der Kommission für Sozialisierung des Kohlenbergbaues.[4] Aber man hat sie kaum beachtet, und man kann auch an ihre Durchführung nicht denken, wo jeden Tag die Existenz

---

2 Siehe hierzu auch unten, S. 134 und ebd., Anm. 3.
3 Das Reichssiedlungsgesetz vom 11. August 1919 verpflichtete die Länder zur Gründung gemeinnütziger ländlicher Siedlungsunternehmen, denen ein Vorkaufsrecht auf landwirtschaftliche Grundstücke einzuräumen war. Das Gesetz war ein Ausfluss der zeitgenössischen Siedlungsbewegung, die durch eine gezielte kleinbäuerliche Siedlungspolitik der durch die Industrialisierung ausgelösten Landflucht entgegenwirken wollte („Innere Kolonisation"). Vgl. Roland Baier: Der deutsche Osten als soziale Frage (1980), S. 271–311.
4 Die im Dezember 1918 eingesetzte Sozialisierungskommission hatte in einem Gutachten vom 15. Februar 1919 eine Vergesellschaftung des Kohlenbergbaus in einer „Deutschen Kohlengemeinschaft" und deren Kontrolle durch einen „Reichskohlenrat" (viertelparitätisch zusammengesetzt aus Betriebsleitern, Arbeitervertretern, Regierungsvertretern und den industriellen Abnehmer der Kohle) empfohlen. In zwei weiteren Gutachten empfahl die Sozialisierungskommission im März 1919 eine Teilsozialisierung der Hochseefischerei sowie eine Kommunalisierung von Betrieben der lokalen Infrastruktur (Verkehrsunternehmen, Energie- und Wasserversorgung, Wohnungsbau etc.) in Städten und Gemeinden. Weil die Reichsregierung ihre Empfehlungen nur dilatorisch behandelte und die Veröffentlichung ihrer Gutachten zu behindern trachtete, trat die Sozialisierungskommission am 7. April 1919 unter Protest zurück. Vgl. Manfred Behrend: „Der Wandschirm, hinter dem nichts geschieht" (1998); Heinrich August Winkler: Von der Revolution zur Stabilisierung (1984), S. 191–197.

von neuem bedroht ist und wo die wirklich praktischen Dinge über doktrinärem Streit und über Klassenleidenschaften vergessen werden. Dabei überschätzt uns der Feind noch heute und gönnt unserer Regierung nicht den leisesten diplomatischen Erfolg, um nur ja ihre Stellung nicht zu festigen und Deutschland immer weiter in ein Chaos hineinzutreiben, wo es aufhört, politisch und wirtschaftlich gefährlich zu sein. Daß damit seine Produktionskraft überhaupt erlöschen könnte, bedenkt er nur deshalb nicht, weil er es für unmöglich hält. So ist von außen und innen die neue Staatsbildung auch jetzt aufs äußerste gehemmt. Es ist immer wieder der alte Fluch unserer Geschichte.

Vielleicht war die Lage von 1815 bis 1860, ein loser Bundesstaat und ein Volk der Dichter und Denker, in der Tat das unserer Anlage und unserem Schicksal Gemäße. Dazu gehört freilich ein starker Rückgang der Bevölkerung; aber der ist schon im Gange und wird immer stärker werden. Das ist eine furchtbare Resignation für alle, die den Stolz der Reichsgründung mit|erlebt haben, und für alle, welche in der Revolution die durch die Gesamtlage der Gegenwart geforderte Fortbildung zunächst gesehen haben und von ihr eine gesunde Staatsbildung hoffen zu können glaubten, nachdem die alte aus eigener Kraft den Übergang zu finden leider nicht vermocht hatte.

Aber auch in der Resignation ist Kraft und Organisation, Arbeit und Leistung möglich. Jedenfalls müssen auch in dem verengten Rahmen Ziele wieder gesteckt werden, innenpolitische und außenpolitische. Auch eine große Schweiz, die Deutschland im günstigen Falle zunächst werden wird, hat Aufgaben und Leistungsmöglichkeiten in geistiger und wirtschaftlicher Arbeit, im Kampf um eine gerechte Völkerordnung. Das müssen die Ziele der nächsten Wegstrecke sein. Graf Brockdorff-Rantzau[a] hat diese politischen Ideen klar und überzeugend entwickelt.[5] Hoffentlich behält er festen Halt in der Reichsregierung, deren Kabinett heute immer weniger homogen

---

a *A:* Brockdorf-Rantzau

---

5 In einer programmatischen Rede vor der Nationalversammlung hatte Reichsaußenminister Ulrich Graf von Brockdorff-Rantzau am 14. Februar 1919 das Selbstbestimmungsrecht der Völker, den Völkerbundsgedanken sowie das Streben nach internationaler Abrüstung und einer internationalen Regelung der „sozialen Frage" als die Grundlagen der künftigen deutschen Außenpolitik benannt. Zugleich hatte er sich scharf gegen eine Abtretung von Reichsgebieten mit mehrheitlich deutscher Bevölkerung, gegen einen deutschen Verzicht auf Kolonien und gegen die Verhängung von Kriegsreparationen ausgesprochen. Vgl. Vossische Zeitung vom 15. Februar 1919 (Morgen-Ausgabe): „Brockdorff-Rantzau über deutsche Außenpolitik". Troeltschs Hoffnung auf „festen Halt" des Außenministers hatte

geworden und in steigende Abhängigkeit von den unmittelbaren Tagesfragen der inneren Politik geraten ist. Der Streit zwischen Unabhängigen und Mehrheitssozialdemokratie drängt sich immer mehr in den Vordergrund, wobei die Aufrechterhaltung der Freiwilligenkorps, der einzigen vor dem äußersten Ruin bewahrenden Rettung, der bitterste Zankapfel ist.[6] Die schwierige Lage der Sozialdemokratie und den von ihr einzuschlagenden Weg einer nationalen Solidaritätsidee hat Paul Lensch soeben in einem lehrreichen Schriftchen „Am Ausgang der Sozialdemokratie" erörtert. Leider ist sein Einfluß so gering, wie sein Verstand – trotz einiger ganz unmöglicher Bemerkungen über die großen Philosophen des 18. Jahrhunderts – bedeutend ist.[7]
Aber der auswärtige Druck wird vermutlich doch die gegenwärtige Verfassung, die doch wenigstens noch Einheit der Staatsorganisation und Planmäßigkeit der Neugestaltung als Aufgabe kennt und einen Damm gegen den proletarischen wie gegen den ständischen Anarchismus unserer originalitätshungrigen Literaten bildet, aufrecht erhalten helfen, und die Ernüchterung und Enttäuschung wird das verantwortungslose Spiel der Putsche, Streiks und sogenannten Ideen hoffentlich immer mehr einschränken. Die Arbeitswilligkeit nimmt wieder zu, die Fabrikanten sind mit Aufträgen überhäuft. Große Rohstoffbestände sind vorhanden aus altem Heeresbesitz. Ist

---

sich bei Veröffentlichung des Textes bereits erübrigt. Als Gegner einer Unterzeichnung des Versailler Vertrages gehörte Brockdorff-Rantzau dem am 21. Juni 1919 gebildeten Kabinett Bauer nicht mehr an.

6 Die Auflösung der Freiwilligenverbände war bereits in der Ausführungsverordnung zum Gesetz über die Bildung einer vorläufigen Reichswehr vom 6. März 1919 verfügt worden, wurde aber bis ins Frühjahr 1920 hinein nicht konsequent umgesetzt, teils, weil Unklarheit über laufende Verträge mit Offizieren und Mannschaften bestand, teils auch, weil sich einzelne Freikorps dem Auflösungsbefehl widersetzten. Vgl. Das Kabinett Scheidemann (1971), S. 98.

7 Paul Lensch: Am Ausgang der deutschen Sozialdemokratie (1919). Lensch hatte während des Ersten Weltkrieges zu den Wortführern einer rechtsstehenden Gruppe innerhalb der SPD gezählt, die unter dem Einfluss des Soziologen Johann Plenge einen ideologisch stark antiwestlich akzentuierten „nationalen Sozialismus" propagiert hatte. Vgl. Robert Sigel: Die Lensch-Cunow-Haenisch-Gruppe (1976). Zu den aus Troeltschs Sicht „ganz unmögliche[n] Bemerkungen" von Lensch zählte u. a. dessen Behauptung, die französische Philosophie der Aufklärungszeit habe die englische Philosophie des Materialismus übernommen. Vgl. Paul Lensch: Am Ausgang der deutschen Sozialdemokratie (1919), S. 7 f. In einer Rezension des ersten Bandes von Oswald Spenglers „Der Untergang des Abendlandes" (1918) äußerte Troeltsch die Vermutung, dass Lensch diese Behauptung direkt von Spengler übernommen habe, in: KGA 13, S. 451.

genügend Kohle da und werden die Kriegsgesellschaften, die jene Rohstoffe noch zurückhalten, um noch einen Daseinsgrund zu besitzen, aufgelöst, dann ist ein Fortschritt denkbar.[8] Dann kann es an die große Aufgabe gehen, die gegenwärtige Schildbürgerdemokratie zu veredeln und inhaltlich auszubauen, nachdem sie ihre ersten vorläufigen Dienste geleistet hat. Aber da stoßen wir auf die andere Schranke der Zukunftsmöglichkeiten, auf die drohenden Friedensbedingungen, deren Druck ja auch im Falle einer Weigerung zur Unterzeichnung wirksam sein würde, und damit lenkt sich der Blick vom Elend Deutschlands auf das Elend der Welt oder doch wenigstens Europas. Ein Friede der Rache, des Betruges, der Gewalt und der verewigten Brandstiftung ist hier das Ergebnis, schlimmer als irgend einer der bisherigen großen europäischen Friedensschlüsse. Aber auch hier ist Klage und Entrüstung nicht das Mittel der Bekämpfung, sondern Einsicht in die Gründe, an der es weithin fehlt. Der „Friede" ist der Versuch, die Folgen der ungeheuerlichsten und wahnsinnigsten Güterzerstörungen, die je ein großer Krieg mit sich gebracht hat, auf Deutschland abzuwälzen, die eigene Arbeiterschaft durch Gewinnbeteiligung mit den herrschenden Klassen zu verbinden, den Gefahren des Weltsozialismus einen unübersteiglichen Damm gegenüberzustellen, die Bedenken der eigenen Massen gegen die Politik ihrer Regierungen durch moralische Vernichtung und Bestrafung des an allem schuldigen Übeltäters im Keim zu vernichten; dazu kommen erst die üblichen Motive solcher Friedensschlüsse noch hinzu, der Wunsch nach politischer oder wirtschaftlicher Machterweiterung und das Bedürfnis nach dauernder Niederhaltung der Kräfte des Besiegten. Die erstgenannten Hauptmotive aber sind es, die den „Frieden" so über jedes | Maß ungeheuerlich und wahnsinnig machen. Überall fühlt man die Angst vor Erschütterungen der sozialen Lebensordnung, des Zusammenhangs von Bevölkerungsmasse, Produktivität, Kapitalismus und europäischer Weltausbeutung, welche vier Dinge allerdings zusammenhängen und sich einander gegenseitig bedingen, wie sie zugleich das Wesen der modernen Kultur ausmachen. Ganz Europa ist am Rande des Untergangs und England wenigstens erschüttert. Ein fran-

---

8 Die zum Zweck der zentralisierten Rohstoffbewirtschaftung als privatwirtschaftliche Unternehmen unter staatlicher Kontrolle gegründeten Kriegsgesellschaften waren ein zentraler Pfeiler der deutschen Kriegswirtschaft im Ersten Weltkrieg. Bei Kriegsende bestanden in Deutschland ca. 200 Kriegsgesellschaften mit 33 000 Angestellten; vgl. Gunther Mai: Das Ende des Kaiserreiches (1987), S. 92. Um nach dem Kriegsende die Reintegration der demobilisierten Soldaten in das Erwerbsleben zu erleichtern, und weil mit dem Fortbestand der alliierten Blockade bis zum Sommer 1919 auch der Rohstoffmangel anhielt, wurden die meisten Kriegsgesellschaften erst in den frühen 1920er Jahren aufgelöst.

zösischer Kapitän,⁹ der neulich bei mir war, meinte, die Lage Frankreichs sei nicht besser als die Deutschlands und das letztere habe wenigstens seine Volksmasse, sowie Arbeit und einen gewaltigen Fortschritt, worunter er die Demokratisierung verstand. Überall wollen die Massen durch Lohnerhöhungen die Kriegsfolgen von sich abwälzen und die Leistung einer unerfreulichen Arbeit verkürzen. Damit ist überall das bestehende System bedroht, auch wo nicht, wie in Frankreich, Tod und Zerstörung die Nation aufs härteste getroffen haben. So ist überall die Grundlage des bisherigen Lebens bedroht. Der Sozialismus, der solche Katastrophen längst angekündigt hat und das einzige Heilmittel darzustellen meinte, wächst sich in seinen radikalen und wirksamen Massen in Wahrheit aus dem Klassenkampf zur Diktatur des Proletariats aus und gedenkt das neue Leben erst aus den Ruinen der Kultur aufblühen zu lassen. Unter solchen Umständen ist ein solcher Friede kein Wunder. Aber er wird auch nicht auf die Dauer durchführbar sein. Nur Völkerversöhnung und gegenseitige Hilfe, Unterdrückung des Nationalismus und überall eingreifende starke soziale Reformen könnten helfen. Aber das wäre das Ende des alten Systems, und gerade das will oder kann man nicht; man will es um so weniger, je gefährlicher der klassenkämpferische Sozialismus sich erwiesen hat.

Daß ein neuer Geist allein die Nöte besiegen könnte, weiß man wohl. Aber die Welt scheut sich vor jeder Probe seiner praktischen Anwendung. Schon das Minimum neuen Geistes, das Wilson wollte, ist kläglich gescheitert, und das Maximum, das die Russen versuchten, ist in Wahnsinn umgeschlagen. Schon im Februar 1919 schrieb ein in der Schweiz lebender Amerikaner, John de Kay, ein Büchlein über den „Geist der Internationale in Bern", wo es in der Einleitung heißt: „Sogar dumme Menschen begreifen, das ist kein Friede, und kluge wissen, die jetzigen Stunden sind nur eine unangenehme Pause zwischen dem großen Sturm, der abzieht, und dem größeren, der naht. Es weht eine unbegreifliche Atmosphäre um die Entscheidungsstunden im Leben der Menschheit und Nationen, ein Etwas in

---

9 Es handelt sich sehr wahrscheinlich um einen Mitarbeiter der französischen Militärmission, die seit Dezember 1918 unter der Leitung des Generals Charles Joseph Dupont in Berlin tätig war. Die „Mission Dupont" diente in erster Linie der Repatriierung der französischen Kriegsgefangenen im Deutschen Reich, lieferte der französischen Regierung aber auch Berichte über die politische und militärische Situation. Troeltschs Gesprächspartner war möglicherweise der Capitaine Pierre-Félix Glasson (1886–1929), der mehrere Berichte der „Mission Dupont" zeichnete. Vgl. Henning Köhler: Novemberrevolution und Frankreich (1980), S. 271 und S. 287. Parallel zur „Mission Dupont" wirkte ab März 1919 auch die zivile „Mission Haguenin" für die französische Regierung in Berlin. Siehe unten, S. 227, Anm. 17.

der Luft, das Ereignisse verkündet. In dieser seltsamen Atmosphäre kann man die Bedeutung dessen, was vorgeht, finden –, wenn man sie überhaupt finden kann".[10] Soll der zweite, größere Sturm wirklich kommen?

Berlin, 5. 6. [19]19. *Spectator*

---

10 John de Kay: Der Geist der Internationale in Bern (1919), S. 4 f. (im Original leicht abweichend).

Die Schuldfrage (Juli 1919)

Editorische Vorbemerkung: Die Edition folgt dem Text, der erschienen ist in: Kunstwart und Kulturwart, hg. von Ferdinand Avenarius, 32. Jg., viertes Viertel, Juli bis September 1919, Heft 19, erstes Juliheft 1919, München: Verlag von Georg D. W. Callwey, S. 2–7 (**A**). Beim Wiederabdruck des Textes in der Baron-Ausgabe von 1924 (S. 314–321) wurde der Titel nach einer Variante aus Troeltschs Handexemplar zu „Das Schulddogma" geändert. Diese Variante ist hier verzeichnet (**A₁**).
    Der Text mit der Datumsangabe 19. Juni 1919 erschien im Hauptteil des Heftes als zweiter Artikel nach einem mit „A" (= Ferdinand Avenarius) gezeichneten Artikel mit dem Titel „Am schwarzen Tage". Es war der erste Spectator-Brief, der außerhalb der Rubrik „Vom Heute fürs Morgen" erschien. In der Rubrik „Vom Heute fürs Morgen" kam stattdessen im selben Heft (S. 28–31) der früher datierte Spectator-Brief „Nach Pfingsten" (mit der Datumsangabe 5. Juni 1919) zum Abdruck, der vermutlich ursprünglich für das zweite Juniheft 1919 des „Kunstwarts" vorgesehen gewesen war (siehe oben, S. 106).

ᵃDie Schuldfrageᵃ   A 2

Nun stehen also die anscheinend endgültigen „Friedensbedingungen" zur Entscheidung.¹ Entweder die gemäßigte Fremdherrschaft der Commission de Réparation² und die Gebietsverluste, oder aber Erneuerung des Krieges, Sperrung des Ruhrkohlengebietes, Erneuerung der Blockade, Besetzung der Mainlinie durch die Franzosen, Sonderfrieden der Süddeutschen,

---

a–a A₁: Das Schulddogma

1 Am 16. Juni 1919 wurden der deutschen Delegation bei der Versailler Friedenskonferenz von den Alliierten der endgültige (gegenüber den Friedensbedingungen vom 7. Mai 1919 nur minimal veränderte) Text des Friedensvertrages übergeben, verbunden mit einem auf fünf Tage befristeten (später um zwei Tage verlängerten) Ultimatum zur Annahme.
2 Art. 233 und 234 des Versailler Vertrages überließen die endgültige Festsetzung der von Deutschland zu zahlenden Kriegsreparationen einer interalliierten Reparationskommission, der zur Überwachung der deutschen Zahlungsfähigkeit weitgehende Kontrollrechte zustanden.

Guerillakrieg mit Polen, erneute Revolution in den von Fremden nicht besetzten Gebieten, dafür aber Hoffnung, daß die Ungeheuerlichkeit all dieser Dinge die Entente sprengt und daß sie sich selbst ad absurdum führen, worauf dann ein wenigstens in seiner Ehre unberührt gebliebenes Volk die Kraft zur Selbsterneuerung finden werde, während ein in seiner Ehre gekränktes Volk, auch bei mäßigem wirtschaftlichen Fortschritt, die Kraft der Erneuerung nicht mehr finden könne: so etwa standen gestern in einer Besprechung durch hohe Militärs, Politiker und Gelehrte die Ansichten sich gegenüber,[3] wobei die Vertreter des Militärs für den ersten Teil der Alternative sich entschieden und die Erneuerungsmöglichkeiten dabei immer noch eher gewahrt fanden, als bei einer Zerstörung der Einheit des Reiches und der Vernichtung der bürgerlichen Klasse in einem großen Teil des Restbestandes. Die Entscheidung naht, die Wasser steigen täglich näher an die Kehle, die Frist der vom Ausland ungestörten inneren Auseinandersetzungen und Neubildungen ist zu Ende, die Abhängigkeit aller inneren Entwicklung von den Eingriffen der feindlichen heiligen Allianz beginnt.[4] Die Voraussetzungen unseres Daseins werden neue sein, das Verfassungs- und Ordnungswerk der Revolution und der von ihr erzeugten radikal-parlamentarischen Demokratie muß seine Leistungen bewähren, wenn sie vorhanden sind. Die Gesamtlage wird eine ähnlich durchgreifende Neuordnung der Struktur erfahren, wie sie vor einem halben Jahr der Zusammenbruch der Armee, die Vernichtung des Reformwerkes des Prinzen Max und der Ausbruch der Revolution herbeigeführt hatten. Eine Episode der deutschen Geschichte ist zu Ende, und neue Realitäten schaffen neue Voraussetzungen. Bis diese Zeilen vor den Leser kommen, wird die Entscheidung gefallen sein. Ich will daher hier nicht über diese Dinge sprechen, wie denn in meinen Briefen die Besprechung aller Augenblicksfragen bei dem rasenden Tempo im Wech-

---

3 Vom 16.–18. Juni 1919 hielt sich Troeltsch in Weimar auf, um in seiner Funktion als Unterstaatssekretär im preußischen Kultusministerium an den Beratungen des Verfassungsausschusses der Nationalversammlung zu den Kirchen- und Schulbestimmungen der Weimarer Reichsverfassung teilzunehmen. Vgl. Ludwig Richter: Kirche und Schule in den Beratungen der Weimarer Nationalversammlung (1996), S. 462, sowie den Brief Troeltschs an Gertrud von le Fort vom 9. Juli 1919 → KGA 21. Bei diesem Aufenthalt dürfte Troeltsch auch einen Eindruck von den zeitgleich in Weimar stattfindenden Beratungen über die Annahme des Versailler Vertrages bekommen haben. Bei der genannten Besprechung handelt es sich aber wohl um ein Treffen des Mittwochabend-Kreises am Abend des 18. Juni 1919, nach Troeltschs Rückkehr nach Berlin.

4 Anspielung auf die 1815 nach dem Ende der Napoleonischen Kriege von Russland, Österreich und Preußen unter Anrufung der „göttlichen Vorsehung" gegründete „Heilige Allianz".

sel der Verhältnisse, Meinungen und Stimmungen sich von selbst verbietet. Hier kann sich's nur darum handeln, die großen allgemeinen Linien der Ereignisse herauszuheben und die Auffassung durch gute Informationen über das Tatsächliche zu begründen, wie sie mir hier am Orte vielfach zur Verfügung stehen. |

Mit diesen Friedensbedingungen also will sich eine kapitalistische Welt gegen den Sozialismus sichern, und tritt zugleich der angelsächsische Machtkomplex die imperialistische Weltherrschaft an. Der Gesichtspunkt, der sich dabei weithin sichtbar heraushebt, ist die ungeheure Bedeutung der sogenannten Schuldfrage.[5] Nur indem es möglich war, auf Grund der Priorität der formellen deutschen Kriegserklärung und des deutschen Einmarsches in das neutrale Belgien[6] der Welt die Alleinverantwortlichkeit Deutschlands für den Krieg glaubhaft zu machen, wurde diese Art von Frieden möglich, der sich formell wie ein moralisches Ketzergericht gibt, während er inhaltlich eine durch den Betrug mit den 14 Punkten[7] und durch die revolutionäre Selbstentwaffnung Deutschlands ermöglichte imperialistische Ungeheuerlichkeit ist, ähnlich wie einst das Vorgehen Roms gegen Karthago. Die berechtigten Forderungen einer Mithilfe für den Wiederaufbau des schwer geschädigten Frankreichs und Belgiens waren von den deutschen Gegenvorschlägen anerkannt,[8] so daß ich von ihnen nicht zu reden brauche. Aber

---

5   Zur Begründung der alliierten Reparationsforderungen wurden in Artikel 231 des Versailler Vertrags Deutschland und seine Verbündeten als „Urheber" des Krieges für alle aus dem Krieg resultierenden Verluste und Schäden verantwortlich gemacht. In Reaktion auf die deutsche Zurückweisung dieses „Kriegsschuldartikels" übermittelten die Alliierten am 16. Juni 1919 den endgültigen Vertragstext mit einer Mantelnote, in der Deutschland in noch sehr viel schärferer Form vorgeworfen wurde, den Weltkrieg im Streben nach „Vorherrschaft in Europa" bewusst „gewollt und entfesselt" zu haben. Zit. nach: Das Ultimatum der Entente (1919), S. 77 f. Vgl. Eberhard Kolb: Der Frieden von Versailles (2005), S. 79 f.
6   Die deutsche Kriegserklärung an Russland war am 1. August 1914 in Reaktion auf die russische Generalmobilmachung vom 30. Juni 1914 erfolgt. Am 3. August 1914 hatte der Einmarsch deutscher Truppen in Belgien begonnen.
7   Gemeint sind die von US-Präsident Woodrow Wilson in einer Rede vor dem US-Kongress am 8. Januar 1918 in 14 Punkten entwickelten Grundzüge einer europäischen Friedensordnung auf der Grundlage des Selbstbestimmungsrechts der Völker. Das deutsche Waffenstillstandsgesuch vom 3. Oktober 1918 war unter Berufung auf die „14 Punkte" ergangen.
8   In den am 29. Mai 1919 an die Alliierten übergebenen Gegenvorschlägen zu den Friedensbedingungen vom 7. Mai 1919 stellte die deutsche Regierung die Zahlung von 100 Milliarden Goldmark zum Ausgleich von Kriegsschäden in Aussicht. Vgl. Eberhard Kolb: Der Frieden von Versailles (2005), S. 77.

darauf ging die heilige Allianz, die ungefähr ebenso heilig ist wie die alte vor hundert Jahren und die moralischen Schlagworte mit ebensoviel Recht im Munde führt wie jene, nicht ein: die Antwort war in der Hauptsache: der Ketzer wird verbrannt. Hier liegen allertiefste politische, soziologische, völkerpsychologische und technische Gründe und Mittel im Hintergrunde, aus denen allein sich diese Weltverteilung und Güterkonfiskation in Gestalt eines Ketzergerichtes erklärt. Auf den Glauben an die deutsche Schuld und Verantwortung für einen ohne diese Schuld vermeidlichen Krieg war die ganze große Weltsuggestion aufgebaut, die durch den verhängnisvollsten Akt der deutschen Politik und Kriegsführung, den Einmarsch in Belgien, bei allen Neutralen und kleinen Staaten unendlich an Wirkung gewann, obwohl dieser, wie das Bethmann Hollwegs Buch völlig klar herausgearbeitet hat, nachweislich *nicht* der Grund der englischen Kriegserklärung war.[9] Damit wurde es den Regierungen möglich, ihre dem Kriege widerstrebenden Völker in die Kriegsleidenschaft hineinzureißen und sich selber bei allen, auch den ungeheuerlichsten Gewalttaten, zu behaupten. Dem Ketzer war keine Treue zu halten und kein Glauben zu schenken, ihm gegenüber war jede Schonung Verbrechen an der Menschheit. Damit hat man vor allem den amerikanischen Idealismus aufgepeitscht, dem man den engen Zusammenhang dieses deutschen Kulturverbrechens mit der rückständigen autokratischen Verfassung glaubhaft machte, während man jede deutsche Verteidigung, jede deutsche Gegenrede in Amerika dadurch ausschloß, daß man England die Überwachung der deutschen Post überließ.[10] Aber das war nur ein Teil des Vorganges, der hier vorliegt. War Deutschland derart als Schuldiger und Verbrecher hingestellt, so erhielten alle seine Kriegshandlungen und Zerstörungen den Charakter frevelhafter Rohheiten und Verbrechen, die nicht aus einem berechtigten Kriege entsprangen, wie bei der Entente, sondern die Konsequenzen einer räuberischen und gottlosen Gewalttat waren, in denen sich nur der Charakter des ganzen deutschen Unternehmens weiter offenbarte und bestätigte. Dabei wollte es der Gang der Dinge, daß die deutschen Anfangserfolge Belgien und Nordfrankreich den Deutschen auslieferten: ihre in der Tat entsetzlichen Leiden wurden also nicht als Kriegs-

---

9 Theobald von Bethmann Hollweg: Betrachtungen zum Weltkriege, 1. Teil (1919), S. 166–175.
10 Nachdem Großbritannien unmittelbar nach Kriegsbeginn 1914 das deutsche Atlantikkabel gekappt hatte, war die deutsche Regierung zur Nachrichtenübermittlung über den Atlantik auf eine Kabelverbindung der US-Botschaft in Berlin angewiesen, die jedoch über eine Relaisstation in England verlief und dort vom britischen Nachrichtendienst abgehört wurde. Vgl. Barbara W. Tuchman: The Zimmermann Telegram (1958), S. 10 ff.; siehe auch unten, S. 409, Anm. 14.

folge, sondern als Folgen deutschen Wahnwitzes und Frevelsinnes hingestellt, wobei dann jede nicht schlechthin notwendige Gewalttat und Zerstörung ein vertausendfachtes Gewicht empfing. Nicht anders stand es mit dem U-Boot-Kriege, zu dem Deutschland als einer vom bisherigen Völkerrecht nicht vorgesehenen Maß|nahme griff, und der im Unterschiede von der langsam und undramatisch wirkenden Blockade vielmehr höchst *auffällig* und die Phantasie reizend Güter und Menschen zerstörte, bei seiner Natur Freund und Feind treffen mußte und daher in der Tat ein äußerst schwieriges und bedenkliches Kriegsmittel war.[11] Man stellte ihn nun gleichfalls nicht als politischen Fehler und als Notwehrakt gegen die Hungerblockade, sondern als frevelhaften Mord und als wahnsinnige Güterzerstörung hin, als Ausfluß des ganzen deutschen Kriegsgeistes und weltzerstörenden Kriegsentschlusses. Nicht anders stand es mit Zeppelinen und Fernkanonen.[12] So hat der weitere Gang des Krieges die Schuldanklagen nur verstärkt und erweitert. Man blieb dann aber bei dieser Anklage auch gegenüber der neuen revolutionären Regierung, die für den „Kaiserismus" doch keinesfalls verantwortlich war, und dem völlig entkräfteten Deutschland der Waffenstillstandszeit. So konnte man jede Verhandlung verweigern, jeder Erklärung und jeder Politik „grundsätzlich" auch jetzt noch mißtrauen, den Frieden trotz aller „demokratischen Ideale" völlig geheim vorbereiten und ihn den Deutschen ohne jede Verhandlung als Gerichtsurteil auflegen. Dann konnte man fordern, was immer man haben wollte, teils als „Bestrafung", teils als „pflichtmäßigen Schadenersatz", teils als „Sicherung" gegen solch grauenvoll gefährliches Volk. Eben deshalb fordert man auch das praktisch Un-

A 4

---

11 Im uneingeschränkten U-Boot-Krieg wurden von deutscher Seite in einem Sperrgebiet vor der britischen und französischen Küste völkerrechtswidrig auch Schiffe unter neutraler Flagge warnungslos versenkt. Nachdem der uneingeschränkte U-Boot-Krieg im Herbst 1915 mit Rücksicht auf die USA zunächst eingestellt worden war, wurde er auf Druck der OHL zum 1. Februar 1917 wieder aufgenommen. Dieser Beschluss hatte den Kriegseintritt der USA am 6. April 1917 zur Folge. Paul Rohrbach berichtet in seinen Memoiren: „An dem Abend, als die Entscheidung des Hauptquartiers für den unbeschränkten U-Boots-Krieg bekanntgegeben war, kam Ernst Troeltsch, der Theologe und Religionsphilosoph, auf den Delbrück-Abend, hängte mit einer resignierten Geste Mantel und Hut an den Haken und sagte: ‚Heute haben wir Elsaß-Lothringen verloren!'" Vgl. Paul Rohrbach: Um des Teufels Handschrift (1953), S. 206.
12 Bis zu ihrer Ablösung durch die Flugzeugwaffe im Frühjahr 1917 hatte Deutschland im Ersten Weltkrieg in großem Maßstab Zeppeline zur Bombardierung des feindlichen Hinterlandes eingesetzt. Mit Fernkampfgeschützen der Firma Krupp hatte die deutsche Armee von März bis August 1918 Paris beschossen („Paris-Geschütze").

sinnigste und moralisch Unerhörteste: die Auslieferung „der Schuldigen",[13] weil das und ihre Verurteilung das Siegel auf die Theorie von der deutschen Schuld ist, ohne welche der Krieg von den Feinden nicht hätte durchgehalten und dieser Friede nicht hätte entworfen werden können. Zugleich beschwichtigt man damit die allmählich erwachenden und steigenden Bedenken in den eigenen Reihen, wo Arbeiter und Liberale die Ungeheuerlichkeit dieses Friedens zu empfinden beginnen. Ebenso hofft man den deutschen Sozialismus seiner gefährlichen Ansteckungskraft zu berauben, indem man ihn als Geisteserben und innerlich unveränderten Fortsetzer des alten Regiments bezeichnet und zugleich durch die „Strafbedingungen" materiell fesselt oder gar erdrosselt. Zuletzt leitet man noch aus dieser Schuld eine Buß- und Läuterungsfrist ab, während deren Deutschland vom „Völkerbunde" ausgeschlossen bleibt und die Entente die Welt von ihm ungestört verteilt. Die verwirrende Rückwirkung dieser ganzen Moralpolemik auf das deutsche Volk selbst, die Zersetzung seines Glaubens an sich selbst, die Hervorlockung von deutschen Schuldbekenntnissen, mit denen schwache Geister ihr Schicksal zu erleichtern hofften – all das ist nur eine freilich sehr wichtige Nebenwirkung. Vor allem die Hervorlockung der Schuldbekenntnisse als Bedingungen milderer Strafe ist ein ähnliches Mittel gewesen, wie der Anreiz zur Selbstentwaffnung durch die Verheißung der 14 Punkte Wilsons. Man hat bei uns fast nur diese letzten Seiten der Moral- und Schuldpolemik gesehen und über mangelhafte Widerstandskraft des nationalen Gefühls geklagt. In Wahrheit aber ist das Dogma von der deutschen Schuld der logische Schlüssel zur ganzen Kriegs- und Friedenspolitik der Entente überhaupt: es ist von allen Kriegsmitteln das furchtbarste gewesen, und es wird noch auf lange ein Mittel des Krieges im Frieden sein.

Wie war nun aber die Festsetzung eines derartigen Dogmas möglich? Das ist keine rein historisch-retrospektive Frage. Einmal, wie wir bei dem heute möglichen Stande der Einsicht sagen können, durch den Fehler der deutschen Politik, aus Angst vor militärischem Zuspätkommen und vor Verlust wichtiger Vorsprünge von sich aus formell den Krieg zu erklären, statt | die Gewehre von selbst losgehen zu lassen, wie das gemäß dem jetzt bekannten Armeebefehl des Generals Rennenkampf sicherlich geschehen wäre.[14] Militärische Autoritäten versichern, daß ein solches Zuwarten möglich gewesen

---

13 Artikel 228 des Versailler Vertrages verpflichtete die deutsche Regierung zur Auslieferung aller Personen, die von alliierten Militärgerichten wegen Kriegsverbrechen angeklagt werden sollten.

14 In der russischen und deutschen Militärliteratur zum Ersten Weltkrieg kursierte nach 1918 zeitweilig die These, der frühe Einfall der 1. Russischen Armee in Ostpreußen am 17. August 1914, noch vor Abschluss des russischen Aufmarsches, sei

wäre. Der zweite Punkt ist der verhängnisvollste deutsche Akt, der belgische Einmarsch, der durch die Natur des einzigen, in dem Jahr 1913/14 ausgearbeiteten Kriegsplanes notwendig geworden schien. In den früheren Jahren hatte man mehrere Eventualpläne.[15] Über all das ist kein Wort zu verlieren. Einzelheiten namentlich des sehr bedenklichen Wiener Verhaltens erfordern noch Aufklärung. Wer überhaupt für die Kriegserklärungen Deutschlands die eigentliche Verantwortung trägt, ist heute noch unbekannt. Jedenfalls hat der damalige Generalstab alles eher getan, als den Krieg zu betreiben.[16] Es scheinen in Angst und Schrecken plötzliche Entschlüsse in kleinstem Kreise gefaßt worden zu sein. Das Bethmannsche Buch gibt darüber kaum Andeutungen.

Aber das allein hätte die Schuldlegende nicht zur Herrschaft gebracht. Die eigentlichste Voraussetzung dafür war, daß es in der ganzen Welt gerne geglaubt wurde. Der Deutsche war bereits in einem Maße verhaßt, daß das Schlimmste das Glaubwürdigste schien und eines eigentlichen Beweises gar nicht mehr bedurfte. Über die Gründe dieses Deutschenhasses hat Max Scheler in seinem bekannten Buche Aufschlüsse gegeben,[17] bei denen nur das besinnungslose Treiben der kaiserlichen Reden, der alldeutschen Schriften, des Flottenvereins und der Bülow-Tirpitzschen Politik zu wenig in ihrer verstärkenden Wirkung eingeschätzt sind. Auch darf man insbesondere die angelsächsische Geistesart nicht vergessen, die nichts ohne moralische Begründung tut und eigene Interessen nie ohne gleichzeitiges Bewußtsein um ihre moralische Überlegenheit eintreibt. Das stammt aus der Erbschaft des alten puritanischen Geistes, der mit grenzenloser Härte doch überall das vermeintliche eigene moralische Recht in den Vordergrund stellt, das ihm zum Profit und Machtgebrauch das gute Gewissen verschaffen muß. Für ihn trifft beides stets zusammen. Es ist die grenzenlose Selbstgerech-

---

ohne Billigung des russischen Oberkommandos auf Eigeninitiative des Armeebefehlshabers General Paul von Rennenkampf erfolgt. Vgl. Wassili Gurko: Russland 1914–1917 (1921), S. 36 f. und S. 58 f. Besser informiert ist bereits: Reichsarchiv: Der Weltkrieg 1914 bis 1918, Band 2 (1925), S. 63–68.

15 Die Planung des deutschen Generalstabs für einen Zweifrontenkrieg stützte sich 1914 allein auf den „Schlieffen-Plan", der einen Initiativangriff gegen Frankreich im Westen und deswegen den Durchmarsch durch das neutrale Belgien vorsah. Ein alternativer „Großer Ostaufmarschplan" war seit 1913 nicht mehr bearbeitet worden. Vgl. Annika Mombauer: Helmuth von Moltke and the origins of the First World War (2001), S. 100 ff.

16 Troeltsch argumentiert hier mit ziemlicher Sicherheit in Kenntnis der zu diesem Zeitpunkt noch nicht allgemein publizierten Dokumentation „Hat der deutsche Generalstab zum Kriege getrieben?" (1919); siehe oben, S. 108, Anm. 1.

17 Max Scheler: Die Ursachen des Deutschenhasses (1917).

tigkeit des Kalvinismus, die uns nun im Atem einer ganzen Welt entgegenweht. Man arbeitet ihr aber dann am schlechtesten entgegen, wenn man mit überlegenem „Realismus" und mit eitlem Stolz auf seine Ehrlichkeit *alles* Moralische in der Politik nur für Vorwand und Deckmantel und die Politik selbst lediglich für eine Frage der Macht und des Interesses erklärt. Denn damit bestätigt man dem Gegner all seine Sätze und schreibt sich selbst das Vernichtungsurteil. Ein solches Urteil ist von der deutschen Kriegspublizistik und Reklamiertenliteratur tatsächlich auch tausendfach geschrieben worden. Daß kalvinistische Selbstgerechtigkeit nicht einfach Heuchelei ist und bei den Angelsachsen mit merkwürdigem Geschäfts- und Machtsinn sich subjektiv verhältnismäßig ehrlich und vor allem völkerpsychologisch höchst wirksam verbindet, das hätte man aus dem Buche von Troeltsch über die „Soziallehren der christlichen Kirchen" lernen können.[18] Aber wie viele bei uns denken in ihrer Aufgeklärtheit daran, solche seelischen Dinge ernst und gar wichtig zu nehmen?

Das Schlimmste und Unglücklichste aber war dann die deutsche Kriegspolitik selbst. Sie ließ sich durch anfängliche und dann in kritischen Lagen erneuerte Erfolge verführen, über das ursprüngliche Ziel der Erhaltung des Bestandes und der reinen Verteidigung hinauszugehen. Seit Falkenhayn und Ludendorff gab es die eigentliche Generalstabspolitik; die Wirtschaftsverbände und die publizistisch irregeleiteten Massen verlangten immer größeren Gewinn. Die Kriegsmittel wurden nun vielfach in der Tat von größerer Härte, als unerläßlich gewesen wäre. Humanität und Gerechtigkeit kamen offiziell in den Geruch von Sentimentalitäten, und das Befürworten einer Verständigung galt überall als Flaumacherei. Die politische Führung war machtlos und schwankend, sie wurde schließlich vom Generalstab ganz in die Luft gesprengt. Militär und Politik wurden vom Kaiser niemals zusammengehalten und ausgeglichen, und in diesem kritischen Momente am wenigsten. Die Nation entzweite sich. Der Beweis für den Welteroberungswillen der Deutschen, für ihre Schuld am Kriege und für ihre schlechten Kriegssitten war durch den nie rastenden Suggerierkrieg der Entente nun aller Welt erst recht leicht zu erbringen. Auch darf nicht vergessen werden, daß unsre sittlichen Kräfte drinnen und draußen sanken, so daß die Erfahrungen besetzter Gebiete überall in Ost und West den Deutschenhaß erweckten. Zur Okkupation und Bearbeitung besetzter Gebiete hatte unsere Herrenklasse nicht das mindeste Talent. Alles das ließ das Schulddogma schließlich so anwachsen, daß der Gegner es schließlich wagen konnte, sogar die Aufforderung zur internationalen und unparteiischen Feststellung

---

[18] Ernst Troeltsch: Die Soziallehren der christlichen Kirchen und Gruppen (1912) → KGA 9.

höhnisch abzulehnen.[19] Das Dogma von der deutschen Schuld steht dem modernen Ketzergerichte so fest, wie es dem mittelalterlichen Ketzergerichte feststand, daß es einen Teufel gibt – was bedeutet es, als unerhörte Frechheit, wenn der Ketzer selbst dieses Dogma in Zweifel zieht?

Und noch ein letztes kam in Betracht: die journalistische Technik. Wie in diesem Kriege überhaupt der Rausch der Technik allen Sinn und Verstand ertötet und an sich verständliche Kriegshandlungen zum völligen Wahnsinn gesteigert hat, so hat die Technik der Meinungs- und Stimmungserzeugung, wie sie die Länder der demokratischen Wahlfeldzüge entwickelt haben, geradezu ungeheuerliche und unerhörte Triumphe gefeiert. Die geistige Absperrung der Mittelmächte und der mit allen Mitteln geführte Suggestionskrieg hat in der ganzen Welt einen Geist erzeugt, der Deutschland schlechthin feindlich war und es, einerlei ob monarchisch oder demokratisch, als moralisch absolut fürchterlich und menschheitsgefährlich hinstellte. Hier haben die Bücher von Avenarius einen Teil der Künste grauenvoll beleuchtet.[20] Bei uns hat man derartige Angriffe einfach mit Gegenbehauptungen zu erledigen geglaubt und im übrigen mit militärischem Befehl und mit Zwang der Autorität gearbeitet. Die Massen haben sich bei uns nicht oder jedenfalls nicht lange mit dieser Art „Aufklärung" behandeln lassen. Eines der Häupter dieses Aufklärungsfeldzuges hat mich einmal nach den Gründen der Wirkungslosigkeit dieser Aufklärung gefragt,[21] und als ich ihm sagte, das trage ja alles der Psychologie der Massen gar keine Rechnung, meinte er, daß es Psychologie für ihn überhaupt nicht gebe; es gebe nur Patriotismus und allenfalls Machtmittel. Die Technik des Journalismus haben die Gegner unvergleichlich besser verstanden. Wir haben ihnen auch, wie niemand vergessen darf, durch Überhebung, Geistlosigkeit, unvorsichtiges und unbesonnenes Ausplaudern aller geheimen Wünschen und Gedanken unerschöpfliches Rohmaterial zum Verwerten gegeben. Wir haben an die Macht

---

19 Am 29. November 1918 hatte der deutsche Außenstaatssekretär Wilhelm Solf in einer Note an die Alliierten die Einrichtung einer neutralen internationalen Untersuchungskommission zur Klärung der Kriegsverantwortung vorgeschlagen. Dieser Vorschlag war von den Alliierten Anfang März 1919 mit der Begründung abgelehnt worden, dass „die Verantwortlichkeit Deutschlands für den Krieg längst unzweifelhaft" feststehe. Zit. nach: Ursachen und Folgen, Band 3 [1959], S. 332.

20 Vgl. Ferdinand Avenarius: Das Bild als Verleumder [1915]; ders.: Das Bild als Narr (1918).

21 Es handelt sich um Oberst Walter Nicolai (1873–1947), dem als Leiter des militärischen Nachrichtendienstes III b beim deutschen Generalstab auch das Kriegspresseamt und die Oberzensurstelle unterstanden. Troeltsch erwähnt das Gespräch auch in einem Brief an Prinz Max von Baden vom 2. Dezember 1918 → KGA 21.

des Moralischen auch in der Benützung als Kriegsmittel nicht mehr geglaubt und dadurch ihnen überall in die Hände gearbeitet, ob diese Hände es sauber trieben oder nicht.

Solche Dinge muß man verstehen, wenn man die Friedensbedingungen auch nur begreifen will. Frankreich hat in der Tat ungeheuer, es hat vor aller Augen und es hat unter allgemeinem Hinzeigen auf seine Leiden | gelitten. Die Leiden der Blockade dagegen bei uns blieben verborgen, sie wurden zunächst sogar wissentlich verhüllt. Über die wirkliche Schuld, die unsrige und fremde, will ich in diesem Zusammenhang nicht reden, wo die Gegner im Begriffe sind, gerade das zu tun und noch außerordentlich zu steigern, was auch unsre Schuld gewesen ist. Eine geistige Reinigung muß und wird in der Welt kommen. Dann wird vielleicht auch der Friede anders aussehen, als er jetzt droht. Freilich, das „vielleicht" ist hier zu unterstreichen.

Berlin, 19. Juni 1919   *Spectator*

Nach der Entscheidung (Juli 1919)

Editorische Vorbemerkung: Die Edition folgt dem Text, der erschienen ist in: Kunstwart und Kulturwart, hg. von Ferdinand Avenarius, 32. Jg., viertes Viertel, Juli bis September 1919, Heft 20, zweites Juliheft 1919, München: Verlag von Georg D. W. Callwey, S. 72–75 (**A**). Der Text erschien in der Rubrik „Vom Heute fürs Morgen" und mit der Datumsangabe 26. Juni 1919. Der Wiederabdruck des Textes in der Baron-Ausgabe von 1924 (S. 63–69) enthält eine Variante aus Troeltschs Handexemplar, die im folgenden Text verzeichnet ist (**A₁**).

Nach der Entscheidung

Die Entscheidung ist gefallen.[1] Das Ringen von fünf furchtbaren Jahren und, wenn man die Vorgeschichte hinzunimmt, eines Jahrhunderts ist vorläufig und scheinbar zu Ende. Die letzten Tage waren Tage tiefster Seelenqual und schwerster Entscheidungen. Sie waren es auch für diejenigen, welche weder der Friedensdelegation, noch der Weimarer Nationalversammlung angehörten. In Weimar war die Erregung, die Arbeit und die Nervenspannung fast über das Maß menschlicher Leistungsfähigkeit hinausgegangen und dementsprechend auch in der Tat für einige Tage ein Chaos eingetreten.[2] Aber auch außerhalb Weimars haben alle, die überhaupt Interesse und Verstand für die furchtbare Schicksalswende hatten, grenzenlos gelitten und in sich selbst gekämpft.

---

1 Am 23. Juni 1919 ermächtigte die Nationalversammlung in nichtnamentlicher Abstimmung die Reichsregierung zur Unterzeichnung des Versailler Friedensvertrages. Für die Unterzeichnung stimmten SPD, USPD, die Mehrheit der Zentrumsfraktion und eine Minderheit der DDP. Die Unterzeichnung des Versailler Vertrages erfolgte am 28. Juni 1919.
2 Am 20. Juni 1919 demissionierte die Regierung Scheidemann, nachdem sich das Kabinett zuvor nicht auf eine gemeinsame Linie zum Versailler Vertrag hatte einigen können. Der am 21. Juni 1919 gebildeten Regierung Bauer blieb die DDP fern, um bei der Abstimmung über den Versailler Vertrags in der Nationalversammlung mit Nein stimmen zu können.

Der Grund der Qual war nicht sowohl die Härte des Schicksals, die diabolische Politik der Feinde und die Einsicht in anscheinend unüberwindbare Unzulänglichkeiten unser selbst, sondern die furchtbar verantwortungsvolle Entscheidung über Frieden oder neuen Krieg, über Unterwerfung oder Weigerung. Für beides sprach ungefähr gleich viel, und zwischen beiden Auffassungen war insbesondere die Friedensdelegation und das Weimarer Kabinett geteilt. Man hatte zur inneren Schwierigkeit der Sache und zur Unübersehbarkeit der Folgen noch den Gegensatz der beiden Autoritäten, die am besten über innere und äußere Lage unterrichtet waren und die schließlich allein die unbeschreiblich verwickelten Dinge gerade von ihrem Standpunkt aus übersehen konnten, weil sie allein alle Informationen hatten.

Die Friedensdelegation unter der Führung des Grafen Brockdorff-Rantzau, der endlich eine Führerpersönlichkeit von Charakter und von imponierender Intelligenz war, das volle Vertrauen der Delegation genoß und den Gegnern endlich wieder Respekt vor dem erstorben scheinenden deutschen Geist einflößte,[3] war auf Grund unsäglich mühsamer Arbeit und sorgfältiger Erkundigung der festen Überzeugung, daß das „Unannehmbar" die einzige ehrlicher und klarer Weise mögliche Antwort war, daß der deutsche Gegenvorschlag eine die Konsequenzen der Niederlage ehrlich ziehende und mögliche Friedenssicherung bot und daß daher das „Unannehmbar" zwar kurze Zeit schwere Leiden über große Teile Deutschlands verhängen würde, aber zur endgültigen Entzweiung der Entente beim Wiederaufnehmen des Krieges führen müsse. Ein italienischer hier anwesender Staatsmann,[4] der die Vorgänge in Paris genau kannte, hat

---

3 Eine kritischere Einschätzung erhielt Troeltsch in einem Brief (wohl Mitte Mai 1919) von Ernst Jäckh, der als Mitglied der deutschen Friedensdelegation in Versailles weilte: „Worunter die Delegation leidet, ist das fast pathologische Mißtrauen des Grafen Brockdorff-Rantzau fast jedem gegenüber, besonders aber seinem in Berlin gebliebenen Vetter Graf Bernstorff und Matthias Erzberger gegenüber; letzteren haßt er geradezu. Brockdorff-Rantzau sieht überall nur Intrigen gegen sich und reagiert argwöhnisch und unsachlich auf jede Anregung. Gegen eine Mißdeutung muß Brockdorff-Rantzau aber in Schutz genommen werden: die eines Sitzenbleibens während seiner Rede nach der Überreichung des Friedensvertragsdokuments. Ich fragte ihn unmittelbar nach dieser Sitzung, wie er einen solchen Affront den Alliierten antun konnte, deren Sprecher Clemenceau (viel älter) selbst immer wieder sich von seinem Sitz erhoben hatte, wenn er sprach. Graf Brockdorff-Rantzaus Antwort war: Keinerlei demonstrative Absicht, sondern einfach Versagen der Nerven – angesichts des welthistorischen Augenblicks, so daß er physisch nicht imstande gewesen sei, sich zu erheben und zu stehen!" Zit. nach Ernst Jäckh: Der goldene Pflug (1954), S. 467 f.

4 Es handelt sich entweder um den italienischen Außenamtsmitarbeiter und frühe-

uns diese Auffassung bestätigt und berichtet, daß Clemenceau in der Tat bedenklich und zögernd wurde. Denn zu der Wünschbarkeit eines neuen Krieges ständen die verschiedenen Teile der Entente sehr ver|schieden; nur Frankreich wollte eine Aufteilung Deutschlands. Auch standen die Völker selbst, denen man ja weder den Friedensvertrag, noch den deutschen Gegenvorschlag bekannt zu machen wagte, dem neuen Kriege bedenklich gegenüber. Voraussetzung für das Gelingen dieses zweifellos bedeutenden und großgesinnten politischen Gedankens war aber, daß das deutsche Volk die neuen Leiden um des großen Zieles willen zu ertragen willig war, daß es einmütig hinter der Brockdorffschen Politik stand und daß man in Paris an dieser einmütigen Entschlossenheit keinen Zweifel hatte. Die bisherigen Erklärungen der Reichsregierung, der Nationalversammlung und der Einzelkabinette berechtigten den Grafen zu dieser Annahme.

A 73

Hier aber setzte nun die gegenteilige Entwicklung in Weimar ein, die sich von der von Versailles innerlich immer weiter entfernte. Und zwar waren hier, während in Versailles Beobachtungen und Erkundungen der außenpolitischen Lage alles beherrschten, die Gründe der *inneren* Politik entscheidend. Je mehr man im Lande, namentlich im Westen, dem Wiederaufleben des Krieges als ernsthafter Konsequenz dieser Politik ins Auge sehen mußte, um so mehr entstand Widerwille vor neuem Kriege. Ein absolutes Friedensbedürfnis erfüllte die Massen, die nicht mehr wollten und nach der Äußerung von kundigen Führern auch nicht mehr konnten. Die Leute sind körperlich und seelisch gebrochen durch all die Leiden und Stürme der letzten Zeit, insbesondere der Waffenstillstandzeit, die von der Entente ja meisterhaft zur geistigen Zermürbung und Verwirrung ausgenützt worden war. Im Osten war nach den Berichten die Stimmung besser, da einerseits die Gegnerschaft der Polen ja nicht so stark ist wie die im Westen aufgestellte Kriegsmaschine der Entente und anderseits im Osten der nationale Bestand viel *offener* gefährdet ist als im Westen. Doch lauteten auch von dort die Berichte der Vertrauensmänner unerfreulich. Viele Gewerbetreibende haben bereits ihren Frieden mit den Polen gemacht und richten sich auf neue Erwerbsverhältnisse ein; viele Gutsbesitzer ziehen Polen einer deutschen Republik unter Ebert und Scheidemann vor und gönnen „der Revolution" *jede* Niederla-

---

ren Botschaftsrat in Berlin Antonio Chiaramonte Bordonaro, der spätestens seit dem 22. Juni 1919 als inoffizieller diplomatischer Vertreter bei der italienischen Militärmission in Berlin weilte, oder um den früheren Handelsattaché der italienischen Botschaft in Berlin Franz Alberto Labriola, der Berlin am 17./18. Juni 1919 in geheimer Mission zur Wiederanbahnung der deutsch-italienischen Handelsbeziehungen besuchte. Vgl. Josef Muhr: Die deutsch-italienischen Beziehungen in der Ära des Ersten Weltkrieges (1914–1922) (1977), S. 121 und S. 133 f.

ge. Dazu kam die Tätigkeit der Unabhängigen und ihres Anhangs im ganzen Lande. Ihr Streit mit der Sozialdemokratie, der von ihnen in allen denkbaren Formen ausgehende Widerstand gegen die Festsetzung einer demokratischen, für *sie* mit der Herrschaft des Bürgertums identischen Ordnung, der grimmige Haß der feindlichen Brüder und ihre Rivalität im Kampf um die Massen beherrschen ja in Wahrheit die ganze innere Situation, wobei die Unabhängigen durch die bedingungslose Opposition der Rechten gegen die Regierung der „Knoten[5] und Pazifisten" überall unterstützt werden. Diese unabhängige Agitation hat das Friedensbedürfnis der Massen eingefangen und dadurch der sozialdemokratischen Partei das Wasser vielfach abgegraben. Aus den Parteiorganisationen des Landes liefen überall Warnungen vor bevorstehenden schweren Putschen ein, die für Juni geplant waren, zum Teil ja auch wirklich zum Ausbruch gekommen sind und zum Teil noch dazu kommen werden;[6] auch berichtet man die Gefahr von Massenabfällen. Gleichzeitig kamen Nachrichten über geplante Putsche von Rechts; ob mit Recht oder Unrecht, kann ich nicht entscheiden. Die Haltung der Freiwilligen-Korps schien ebenfalls teils nach links, teils nach rechts nicht ganz zuverlässig. So fand die Reichsregierung nicht den Rückhalt für die Brockdorffsche Politik, den diese nötig hatte; sie mußte mit einem allgemeinen Drang zum Friedensschluß rechnen, sobald der Krieg neu auflohte. Nicht zu vergessen ist, daß zurzeit ganz Deutschland wimmelt von Berichterstattern und Agenten der Entente, daß die Unabhängigen ganz offen mit den Fremden sprachen und verhandelten, daß also Clemenceau orientiert war über die Undurchführbarkeit der Brockdorffschen Politik. Erste Zugeständnisse, unter dem Druck des bevorstehenden „Unannehmbar" in Randbemerkungen gemacht, wurden zurückgezogen, in der Mantelnote das alte diplomatische Universalmittel der Beschuldigung Deutschlands als Kriegsursache und Verbrecher aufs schärfste betont.[7] Die letzte Chance | einer vernünftigen und gerechten Gestaltung des Friedens war damit vorbei. Die Unabhängigen in Deutschland selbst verdächtigten die Brockdorffsche Poli-

A 74

---

5 „Knote" (mask.) (ältere Schreibung: „Gnote") ist seit dem späten 18. Jahrhundert in der Studentensprache mit der Bedeutung „Handwerksbursche", „ungebildeter Mensch" nachweisbar, die Herkunft wohl vom ndd. „genôte" (= Genosse); vgl. Friedrich Kluge: Etymologisches Wörterbuch der deutschen Sprache (1899), S. 216.

6 Gerüchte über kommunistische Putschabsichten waren in Deutschland im Juni 1919 ein beständiges Thema der Presseberichterstattung und bestimmten etwa auch die öffentliche Wahrnehmung der am 23. Juni 1919 ausgebrochenen „Hamburger Sülzeunruhen" (siehe unten, S. 135, Anm. 5).

7 Zur Mantelnote der Alliierten siehe oben, S. 117, Anm. 5.

tik und verwiesen die Massen auf ein viel besseres Mittel, auf die „Weltrevolution", die Deutschland von der reaktionären bürgerlich-demokratischen Ordnung und die Welt vom Kapitalismus zugleich befreien werde. Für den Einwand, daß gerade dieser Friede ja auf die Hemmung des Sozialismus und auf die Sicherung des angelsächsischen ökonomischen und politischen Individualismus berechnet sei und gerade eben die Weltrevolution und eben den Weltsozialismus unmöglich machen sollte, hatten sie nur Hohn und Unverständnis. Sie haben eben den „Glauben" an die Allheilkraft der Revolution an sich, was ihnen von unseren Literaten heute noch als erfreuliche geistige Ideenfülle gegenüber der bürgerlichen Philistrosität der regierenden Sozialisten angerechnet wird. Und so ging das Schicksal seinen Gang.

Aber nicht verschwiegen darf werden, daß es doch auch *zwischen* beiden Gruppen, zwischen Versailles und Weimar, eine Reihe selbständiger Köpfe gab, insbesondere Offiziere, Industrielle und Arbeiterführer, welche das *Risiko* der Brockdorffschen Politik ungeheuer groß fanden und davon die endgültige Auflösung des Reiches als Konsequenz erwarteten. Sie glaubten deshalb trotz allem die Unterwerfung unter die von der Folter erpreßten „Schuldgeständnisse" und die verhüllte Fremdherrschaft vorziehen zu müssen, um so mehr, als man das „Unannehmbar" angesichts der Stimmung der Massen doch nicht lange würde aufrecht erhalten können. Sie forderten nur die Beseitigung der persönlichen Auslieferungen, eine Ansicht, die ja auch in Weimar mitgespielt und die dann zu diplomatisch äußerst ungeschickten Maßnahmen geführt hat.[8] In ähnlicher Richtung hat dort und leider auch schon lange vorher Erzberger gewirkt, seit langem als Gegenspieler gegen Brockdorff-Rantzau und insbesondere in den kritischen Weimarer Tagen tätig.[9] Er vor allem hat die Entzweiung in die Parteien hineingetragen und

---

8 Auf dem Höhepunkt der Kabinettskrise am 19./20. Juni 1919 machte sich die (formell bereits demissionierte) Regierung Scheidemann kurzzeitig einen 6-Punkte-Katalog der DDP-Fraktion zu Eigen, der eine nur bedingte Unterzeichnung des Versailler Vertrags bei Nichtanerkennung der „Ehrenpunkte" (Kriegsschuld, Auslieferungsfrage) vorsah. Eine entsprechend formulierte Note an die Alliierten wurde jedoch nicht abgeschickt, weil sich von den demissionierten Reichsministern niemand zur Unterschrift bereit fand und die SPD-Fraktion ihre Zustimmung unvermittelt zurückzog. In einer ersten Abstimmung zum Versailler Vertrag billigte am 22. Juni 1919 aber auch die Nationalversammlung die Unterzeichnung nur unter dem Vorbehalt einer Nichtanerkennung der „Ehrenpunkte". Erst auf ein erneutes Ultimatum der Alliierten hin billigte die Nationalversammlung in einer zweiten Abstimmung am 23. Juni 1919 eine vorbehaltlose Unterzeichnung des Friedensvertrags. Vgl. Das Kabinett Scheidemann (1971), S. 496–500.
9 Matthias Erzberger, seit November 1918 Leiter der deutschen Waffenstillstandskommission, war im Juni 1919 innerhalb der Reichsregierung einer der entschie-

hat die Wirkungen der Friedensdelegation diplomatisch und parteitaktisch paralysiert. Über das Einzelne erhält man von den von der Friedensdebatte höchst erregten Abgeordneten heute noch kein klares Bild; teilweise eignen sich die Dinge auch noch nicht zur Mitteilung. Vielleicht haben auch wirklich die wenigsten der Mithandelnden selber ein klares Bild von dem, was sie erlebt haben. Auch können die heute ganz verworrenen Parteiverhältnisse noch gar nicht klar gesehen werden, weil die Parteien selbst sich noch nicht verstehen. Vieles von dieser Verwirrung hat zweifellos Erzberger angerichtet. Seine Rolle und die rätselhafte Grundlage seiner anscheinend unerschütterlichen Stellung muß erst klar gestellt werden. Ist es in der Tat Politik von „Knoten und Dilettanten", die in Deutschland gemacht wird?

Die Entscheidung ist gefallen. Wie die Lage der inneren Politik einmal war, ist sie schwerlich anders möglich gewesen. Welches werden ihre Folgen sein? Noch kann das niemand sagen. Ich teile nur die Ansicht mit, die einer der bedeutendsten und am meisten realistischen Gelehrten und Politiker gestern in engem Kreise aussprach.[10] Die angelsächsische Weltherrschaft ist entschieden. Charles Dilke hat Recht bekommen: The world is rapidly becoming english.[11] Frankreich wird der kontinentale Verwalter Englands sein. Der Völkerbund, der wie jeder Völkerbund einer beherrschenden Macht bedarf, ist das angelsächsische Weltregiment, das die beiden großen Nationen trotz scharfer Gegensätze doch durchführen werden. Damit ist das Ende der modernen Geschichte doch ähnlich dem der alten. Auch Rom war ein Völkerbund, und unser Völkerbund wird die englische Weltherrschaft sein. Zugleich ist dieses angelsächsische Imperium der Sieg des angelsäch-

---

densten Befürworter der Vertragsunterzeichnung. Zu Erzbergers Konflikt mit der Versailler Friedensdelegation und mit Brockdorff-Rantzau vgl. Klaus Epstein: Matthias Erzberger und das Dilemma der deutschen Demokratie (1976), S. 354–368.

10 Troeltsch bezieht sich vermutlich auf ein Treffen des Mittwochabend-Kreises am 25. Juni 1919.
11 Vgl. Charles Wentworth Dilke: Greater Britain, Volume I (1868), S. 318: „America is becoming, not English merely, but world-embracing in the variety of its type; and, as the English element has given language and history to that land, America offers the English race the moral directorship of the globe, by ruling mankind trough Saxon institutions and the English tongue. Trough America, England is speaking to the world." Die Formulierung „The world is rapidly becoming English" findet sich im deutschen Kontext unter Berufung auf Charles Dilke schon bei Carl Peters: All-Deutschland (1886). Vgl. auch Thomas Mann: Betrachtungen eines Unpolitischen (1918), S. 446: „Wer könnte gleichgültig bleiben gegen eine Bedrohung, die vor dem Kriege bereits die Form einer unverschämt gelassenen Feststellung angenommen hatte: ‚The world is rapidly becoming english!'".

sischen Individualismus. Er wird soziale Einzelreformen, wie schon bisher, von Deutschland auch weiterhin übernehmen, aber den Sozialismus selber dadurch ausschalten. Seine Arbeiter werden die Weltherrschaft mitgenießen und nicht selbst ihre Vorzugs-Stellung durch Weltrevolution zerstören. Die europäischen Völker werden zweisprachig werden, für die Welt englisch reden und schreiben müssen und für ihre Privatzwecke ihre alten Sprachen wie Dialekte | weiter benützen. Ihre Dichtung wird sich zur Weltliteratur verhalten, wie bei uns Fritz Reuter[a] und Klaus Groth zur deutschen Nationalliteratur.[12] [b]So wäre unser Schicksal in vieler Hinsicht ähnlich dem der Griechen? Wir gleichen ihnen, scheint es, an Partikularismus und an Zanksucht, unsere besten Köpfe kommen ihnen auch an metaphysischer Tiefe nahe, aber ihre weltbesiegende Klarheit und Anmut der Form fehlt uns. Wird die deutsche Gründlichkeit und vor allem die deutsche *Sachlichkeit* das ersetzen können?[c] [b]

Ich weiß nicht, ob man der Geschichte soweit voraus denken kann und darf, wenn ich auch vieles in diesen Meinungen für richtig halte. Es sind noch manche Wandelungen der Weltlage möglich und es ist eine Wiedererhebung auch des politischen Begriffs „Deutschland" wie nach Jena und Tilsit denkbar.[13] Ich weiß nur, daß jetzt für uns die *Weltmachtpolitik* auf lange Zeit und wohl überhaupt zu Ende ist. Das Traumland der Waffenstillstandsperiode, wo jeder sich ohne die Bedingungen und realen Sachfolgen des bevorstehenden Friedens die Zukunft phantastisch, pessimistisch oder heroisch ausmalen konnte, ist geschlossen. Gibt es eine Hilfe, so liegt sie vorerst in Arbeit und Ordnung, diesen beiden „philiströsen", aber schlechtweg notwendigen Dingen, und dann in einer sittlichen und geistigen Erneuerung von Grund aus und in allen Klassen, Ständen, Parteien und Gruppen. Die

---

a *A:* Reuther
b–b *A₁:* So scheint unser Schicksal in vieler Hinsicht ähnlich dem der Griechen, denen wir gleichen an Partikularismus und Zanksucht, denen unsere besten Köpfe an metaphysischer Tiefe nahe kommen, deren weltbesiegende Klarheit und Anmut der Form uns freilich gründlich fehlt.
c *A:* können.

---

12 Fritz Reuter (1810–1874) und Klaus Groth (1819–1899) waren im 19. und frühen 20. Jh. populäre Schriftsteller der niederdeutschen Mundart.
13 Die Niederlage Preußens gegen das napoleonische Frankreich im vierten Koalitionskrieg (1806/07) – entschieden in der Doppelschlacht bei Jena und Auerstedt am 14. Oktober 1806, anerkannt im Frieden von Tilsit vom 7./9. Juli 1807 – galt in der älteren deutschen Historiographie als Ausgangspunkt der deutschen Nationalbewegung.

Zukunft der Welt kann man dann ruhig Gott überlassen, dem keine allzu geschäftige Phantasie oder allzu rationale Rechnung vorgreifen kann. Er hat die Niederlage über uns verhängt, ziehen wir daraus die Folgerungen, fügen wir uns in seine Wege und glauben wir nicht, wir könnten uns durch kindische Leugnung seines Regimentes an ihm rächen, oder wir müßten uns zu Ehren seines Weltregiments der strafwürdigsten Sünde zeihen.

Berlin, 26. 6. [19]19. *Spectator*

Neue Krisen und Möglichkeiten (August 1919)

Editorische Vorbemerkung: Die Edition folgt dem Text, der erschienen ist in: Kunstwart und Kulturwart, hg. von Ferdinand Avenarius, 32. Jg., viertes Viertel, Juli bis September 1919, Heft 21, erstes Augustheft 1919, München: Verlag von Georg D. W. Callwey, S. 123–127 (**A**). Der Text erschien in der Rubrik „Vom Heute fürs Morgen" und mit der Datumsangabe 8. Juli 1919. Da Troeltsch im Text aber ausführlich auf den sogenannten „ersten Weimarer Schulkompromiß" vom 15./18. Juli 1919 eingeht, müssen große Teile des Textes nach diesem Datum entstanden sein.

Neue Krisen und Möglichkeiten

Jeden Augenblick wandelt sich das Bild der Lage und gehen neue Verhältnisse und neue Ausblicke auf. Gegenüber der Lage beim Ausbruch der Revolution, der Aufdrängung der Waffenstillstandsbedingungen, dem Zusammentritt der Nationalversammlung haben sich die Dinge bereits wieder in rasendem Wechsel gänzlich verschoben und sind zum Teil Verhältnisse eingetreten, die den damaligen Zuständen und den darauf begründeten Berechnungen geradezu widersprechen. Die damals allmächtige Sozialdemokratie, die mit allen Kräften sich gegen die drohende Revolution gestemmt und dann die ausgebrochene und siegreiche auf ihr Konto übernommen und als ihr eigenes Werk gefeiert hat, ist in starker Zersetzung. Das Zentrum, das damals durch seine Arbeiter von der Spaltung bedroht war und bei den Wahlen hinter Sozialisten und Deutschdemokraten weit zurücktrat,[1] ist wenigstens im Reich wieder Trumpf. Die Klärung und Ordnung, die man von der Nationalversammlung erwartet hatte, ist nicht eingetreten, sondern statt dessen eine steigende Zerspaltung und Verwirrung, die das Reich geradezu mit dem Zerfall bedroht und die innere Ordnung und die Produktionsfähigkeit stets von neuem in Frage stellt. Zwar ist es gelungen, eine wenigstens erträgliche Verfassung mit den notwendigsten unitarischen Einrichtungen

---

1 Troeltsch addiert hier erneut die Stimmenanteile von SPD und DDP, siehe oben, S. 63, Anm. 8.

zu schaffen; aber niemand weiß, ob sie auch zur Ausführung und Anwendung kommen kann.² Alle Welt denkt daher unwillkürlich an die Diktatur und fragt sich, woher sie kommen könne oder werde.

Der tiefste Grund von alledem ist die Ruhelosigkeit der Radikalen, die von der Revolution die Herrschaft der Masse wie in Rußland erwarteten und denen Anarchisten, Kommunisten, Unabhängige und zahllose Hetzer, Phantasten und Träumer in verschiedener und beständig wechselnder Weise sich angeschlossen haben. Zugleich ist es bei der Unzuverlässigkeit des Grenzdienstes nicht gelungen, russische und ungarische Geldhilfen auszuschließen, von dort kommende Agitatoren und Redakteure fernzuhalten. Auch die herrschende Sozialdemokratie hat eben eine Seite, nach der hin sie für diese Dinge offen ist, und steht überdies unter dem beständigen Druck drohender Verluste an die Unabhängigen, so daß hier eine sichere Grenze trotz allen heftigen Gegensatzes nicht vorhanden ist. Der von der Sozialdemokratie beherrschte Parlamentarismus, wo nicht die Minister, sondern durch sie die Fraktion bis ins Einzelne regiert, und die Schwächung des ganzen ohnedies nicht sachkundig beherrschten Regierungsapparates durch eine oft sinnlose Ämterversorgung der Parteigenossen haben die Widerstandskraft nicht gesteigert, sondern beständig verringert.³ So liegen dauernde Krisen und Entscheidungskämpfe mit dem Kom|munismus immer noch in der Luft. Die Revolution will ihr eigentliches Ziel erreichen, das ein anderes als das der offiziellen Sozialdemokratie stets war und heute noch ist. Sie fühlt sich um die Früchte der Revolution durch Parlament, Demokratie und Noske gebracht und will diese Früchte um jeden Preis noch immer erzwingen.

---

2 Am 17./18. Juni 1919 schloss der Verfassungsausschuss der Nationalversammlung seine Arbeit mit der Beratung der Kirchen- und Schulfragen ab. Troeltsch war bei diesen Sitzungen in Weimar als Vertreter des preußischen Kultusministeriums gemeinsam mit Carl Heinrich Becker anwesend (siehe oben, S. 116, Anm. 3). Vor allem aufgrund des Konflikts um die Schulfragen verzögerte sich die Abstimmung über die Verfassung in der Nationalversammlung aber noch bis zum 31. Juli 1919.

3 Troeltschs Kritik am Parlamentarismus spiegelt hier nicht zuletzt seine Frustration über die Arbeit als Unterstaatssekretär im preußischen Kultusministerium wider. Mit Bezug darauf klagte Troeltsch am 27. Juni 1919 in einem Brief an Johann Plenge, dass „die Beamtenverschiebungen nicht durch die Ministerien, sondern großenteils durch die soz[ialdemokratische] Fraktion gemacht werden u[nd] die Minister dann die abgesägten Leute unterbringen müssen [...]. Es ist überhaupt mit dieser Fraktionsregierung eine eigene Sache. Plan u[nd] Konsequenz werden unmöglich u[nd] ganz persönliche Wünsche der Abgeordneten, die die Fraktion in Bewegung setzen, entscheiden. Wir sind eben immer noch mitten in der Revolution u[nd] von einem geordneten Staatswesen weit entfernt." → KGA 21.

(August 1919)

Für Juni und Juli war und ist ein großer Kommunistenaufstand im ganzen Reiche geplant. Die Stoßtrupps und die Geiseln waren für die Hauptorte bereits bestimmt, die Verkehrs- und Bankstreike vorbereitet. Das ungarische und Münchner Muster schwebte überall vor.[4] Wie es zu geschehen pflegt, haben verfrühte und vereinzelte Losbrüche die Ausführung des Planes geschwächt und Gegenmaßregeln ermöglicht. Die Kommunisten rechneten mit der Parole des „Unannehmbar" und gedachten die friedensbedürftigen Massen in Siedehitze zu bringen. Der trotzdem erfolgte Friedensschluß hat ihnen vielen Wind aus den Segeln genommen, wie man denn auch annehmen darf, daß Noske die Unterdrückung dieses Aufstandes für militärisch undurchführbar erklärt haben und dadurch die Unterwerfung unter den „Frieden" wesentlich mit herbeigeführt haben wird. Es ist bezeichnend für die ganze Lage, daß man die Hamburger Unruhen zum voraus wußte,[5] aber doch ihnen nicht zu begegnen vermochte, weil man sich nicht in den Ruf des Terrors bringen wollte oder durfte. Es mußte erst weithin sichtbares Unglück geschehen sein, ehe man Truppen sichtbar konzentrierte. Immerhin scheint der große Reichsaufstand gescheitert zu sein und in lokale Einzelwirren sich aufgelöst zu haben, die empfindlich genug sind, die aber das Ganze nicht mehr umwerfen können. So hört man denn auch, daß die Kommunisten ihre Taktik geändert hätten. Sie verzichten von nun ab auf Terror und Gewalttat, um auch Gegenterror und Gegengewalt unmöglich zu machen. Sie haben den Boykott gegen Noskes Söldnerarmee aufgehoben und suchen vielmehr die Soldaten unter Hinweis auf ihre doch baldige Entlassung auf ihre Seite zu ziehen, ihnen gleichen oder höheren Lohn zu versprechen. Das heißt: sie bereiten die Schaffung einer Roten Garde vor, mit der es dann

---

4 In Ungarn hatte im März 1919 die Kommunistische Partei unter der Führung von Béla Kun eine Räteregierung nach bolschewistischem Muster errichtet, die sich bis August 1919 an der Macht halten konnte. Zum Zeitpunkt der Abfassung des Textes war Ungarn damit neben Russland der zweite kommunistisch regierte Staat in Europa. Vgl. Gyula Tokody: Deutschland und die ungarische Räterepublik (1982). Zu Troeltschs Einschätzung der revolutionären Unruhen in Bayern 1919 siehe oben, S. 82.

5 Die „Hamburger Sülzeunruhen", ausgebrochen am 23. Juni 1919 infolge eines Lebensmittelskandals, wurden in der öffentlichen Wahrnehmung vielfach als Auftakt zu einem größer angelegten kommunistischen Aufstand und damit als Bestätigung diverser seit Wochen umlaufender Putschgerüchte interpretiert (siehe auch oben, S. 128, Anm. 6). So kommentierte das „Berliner Tageblatt" am 26. Juni 1919 (Abendausgabe): „Es gewinnt immer mehr den Anschein, als ob es sich nicht um ein Spiel für Hamburg allein handelt, sondern als ob über ganz Deutschland ein Aufstandsversuch vorbereitet war. In Hamburg hat der Putsch früher, als die Führer beabsichtigten, begonnen."

nach Verringerung der Reichsarmee von neuem losgehen soll. „Wir werden die Menschen nicht zur Ruhe kommen lassen und es damit schließlich zwingen", hörte ich neulich einen auf der Straße erklären. Daß dem auf Terror verzichtenden Kommunismus dann die sog[enannten] Idealisten in Massen zufallen werden und daß die Weltrevolution draußen fortschreiten werde, um auch den deutschen Kommunismus neu zu beleben, das ist dabei weiterhin vorausgesetzt. Jedenfalls, wir sind noch nicht über den Berg hinüber. Vor allem ist mit großen Erntestreiks und dem Versuch einer Aushungerung der Städte im Winter zu rechnen.

Solche Umstände waren nicht die einzige, aber eine der wichtigsten Ursachen dafür, daß das ursprünglich völlig ernst gemeinte „Unannehmbar" unmöglich würde. Die Brockdorffsche groß gedachte Politik war mit einem einigen und entschlossenen Volke durchführbar, aber nicht mit dem von Gärung und Fäulnis durchwühlten Kehrichthaufen eines Volkes, den der Hungerkrieg und die inneren Kämpfe vorerst übrig gelassen hatten. Auch die vorher entschlossensten Sozialdemokraten verloren den Mut, und das über einige ansehnliche Köpfe verfügende Reichsministerium ging, um einem völlig unbedeutenden, der zweiten Garnitur, Platz zu machen. Dazu kam ein äußerst verhängnisvoller Umstand, das Ausscheiden der Demokraten aus der Reichsregierung,[6] das der Partei bei den Patrioten genützt haben mag, das aber dem Reich unermeßlich geschadet hat. Denn die Folge dieses Ausscheidens war nun eine um so engere Zusammenschließung von Sozialdemokratie und Zentrum.

Das Zentrum wurde wieder Trumpf, ja es wurde zum *Herrscher*. Das Reich war nun nicht mehr schwarz-rot-gold, sondern schwarz-rot. So schätzenswerte Eigenschaften das Zentrum hat, die Verbindung der schärfsten Gegensätze ohne vermittelndes Zwischenglied bedroht nunmehr das Reich mit den plötzlichsten Krisen, wenn nicht schließlich in dieser Situation ein einzelner entschlossener Kopf die Führung an sich reißt. Zunächst freilich hat man sich stark angefreundet, was den Kirchen im | Verfassungsentwurf eine souveräne Stellung einbrachte.[7] Führende Sozialdemokraten entdeck-

---

6 Siehe oben, S. 125, Anm. 2.
7 Art. 137 und Art. 138 der Weimarer Verfassung bestätigten den Rang der staatlich anerkannten Religionsgemeinschaften als Körperschaften des öffentlichen Rechts und gewährleisteten zugleich vollumfänglich die kirchliche Selbstverwaltung sowie das Kircheneigentum. Darüber hinaus garantierte Art. 173 übergangsweise den Fortbestand der bisherigen Staatsleistungen an die Religionsgemeinschaften bis zu einer endgültigen Regelung in der Reichs- und Ländergesetzgebung. Damit war, trotz Aufhebung der früheren Staatskirchenhoheit, eine vollständige Trennung von Staat und Kirche verhindert worden.

ten nun, daß das Zentrum die besten staatsmännischen Köpfe der Nationalversammlung habe, daß seine Wissenschaft wenigstens universal gerichtet und ansehnlich sei, daß seine demokratischen Grundzüge unerschütterlich feststehen und an seiner Religion selber einen Halt hätten, daß das soziale Verständnis bei ihnen größer und bereitwilliger sei, als bei den Demokraten. Lauter Entdeckungen, die in der Tat nicht bloße Selbstberuhigungen und Selbstbeschönigungen sind, sondern einen gewissen Grund in den Tatsachen, freilich auch eine bekannte recht ernste Kehrseite haben. Diese Kehrseite rückt man sich eben deshalb aus den Augen, um so mehr, als sie mehr für die Einzelstaaten als für das Reich in Betracht kommt. Die Einzelstaaten haben die Suppe auszulöffeln, wodurch freilich wieder neue Gegensätze zwischen Reich und Einzelstaaten gesetzt werden. Das Zentrum seinerseits hat denn auch diese Situation sofort benützt und mit Hilfe des Reichs sowohl in der Verfassung als in einzelnen Gesetzen der radikalen Kirchen- und Schulpolitik[a] der Einzelstaaten einen Riegel vorgeschoben; mehr als das, es hat täglich sich steigernde Forderungen erhoben, die auf eine völlige Autonomie des Klerikalismus hinauslaufen würden. Noch ist nicht alles perfekt und sind schwere Konflikte zwischen den beiden Freunden möglich. Vorerst ist, um Vorgänge wie in Sachsen und Braunschweig zu verhüten und jede Art von Adolf Hoffmannscher Politik auszuschließen,[8] beabsichtigt, jede Veränderung der bestehenden Verhältnisse zu untersagen bis zum Erlaß eines Reichs-Schulgesetzes, was lange dauern kann, und den Gemeinden, d. h. den Elternorganisationen jeder Gemeinde dann in diesem Gesetz volle Freiheit in der Behandlung des Konfessionsverhältnisses der Schule zu erteilen. Das ist bis jetzt die Formel des Kompromisses.[9] Dahinter stehen weitergehende, teilweise damit sich schneidende Gedanken, wie

---

a *A:* Schutzpolitik

---

8 Seit November 1918 hatten diverse deutsche Einzelstaaten – so Braunschweig, Sachsen, Hamburg und Bremen – in Verordnungen und Gesetzen die traditionelle Rechtsstellung der Konfessionsschulen angegriffen (durch Beseitigung der geistlichen Schulaufsicht, Aufhebung des Religionsunterrichts etc.). Vgl. Günther Grünthal: Reichsschulgesetz und Zentrumspartei in der Weimarer Republik (1968), S. 48. Zum Scheitern entsprechender Bestrebungen in Preußen im November und Dezember 1918 sowie zur Rolle des damaligen preußischen Kultusministers Adolph Hoffmann (USPD) siehe oben, S. 56, Anm. 4.
9 Troeltsch bezieht sich hier auf den sogenannten „ersten" Weimarer Schulkompromiss, der am 15. Juli 1919 zwischen SPD und Zentrum vereinbart und am 18. Juli 1919 von der Nationalversammlung gebilligt wurde. Aufgrund massiver öffentlicher Proteste und starker Vorbehalte in der SPD-Fraktion kam es jedoch Ende Juli zu Nachverhandlungen unter Einschluss der DDP, die am 30. Juli 1919 zu einem

die, die katholischen Provinzen zu verselbständigen und ihnen volle und unabhängige Herrschaft über Schul- und Kirchenverhältnisse zu geben, was schließlich bei dem Wegfall der Konkordate eine unmittelbare Mitherrschaft des Papstes bedeuten würde.

Der wichtigste Umstand ist nun aber: hinter allen diesen Aktionen steht Herr Erzberger, der einzige „starke Mann" des schwächlichen oder geschäftsfremden Kabinetts. Worauf seine Stellung fußt, ist nicht zu erfahren: sein bekanntes Büro,[10] seine immer bereite Arbeitskraft, seine Entschlossenheit und Schlauheit, seine volkstümliche Banalität, seine Skrupellosigkeit, seinen Sieg über Brockdorff, seinen Zentrumsanhang, alles das kann man zur Erklärung heranziehen, aber für mein Gefühl reicht es nicht aus. Aber dem sei, wie ihm wolle, Erzberger ist der Herrscher des Kabinetts, und fragt man nach der kommenden Diktatur, so ist vielfach die Antwort: Wir haben sie schon, es ist die Diktatur Erzberger. Er vereinigt in sich das Finanzministerium, den Vorsitz der Waffenstillstandskommission und die Vizepräsidentschaft des Kabinetts,[11] wie einst Augustus den Prinzipat durch Häufung der wichtigsten Ämter auf seine Person bei übrigens fortdauerndem Bestand der Verfassung schuf. Vor allem spielt Erzberger auf dem Instrument des erneuerten Kulturkampfes und steigert dadurch seine Macht. Ob er mit oder ohne Neuwahlen weiter regieren wird, ob er mit oder ohne Parlament seine Diktatur weiterhin ausüben wird: niemand weiß es; wahrscheinlich er selber auch nicht. Das hängt von den Umständen ab. Und – von Noske. Auch dessen Persönlichkeit ist nicht durchsichtig, man sagt ihm ein Pendeln zwischen Erzberger und

---

„zweiten" Schulkompromiß führten, in dem die Simultanschule doch noch zur Regelschule erklärt, allerdings auch das Bestimmungsrecht der Erziehungsberechtigten prinzipiell anerkannt wurde. Auch sicherte die Übernahme des Sperrartikels aus dem ersten Schulkompromiss vorerst den Fortbestand der bestehenden Konfessionsschulen. Wie von Troeltsch hier vorhergesehen, kam das geplante Reichsschulgesetz später niemals zustande. Vgl. Günther Grünthal: Reichsschulgesetz und Zentrumspartei in der Weimarer Republik (1968), S. 53–67.

10 Während des Ersten Weltkriegs hatte Matthias Erzberger im Auftrag der Reichsleitung ein Büro für Auslandspropaganda eingerichtet. Weil Erzberger seine Auslandskontakte, insbesondere zum Vatikan, auch für Friedensinitiativen zu nutzen suchte, geriet das „Büro Erzberger" bald in das Fadenkreuz alldeutscher und antikatholischer Verdächtigungen. Vgl. Christopher Dowe: Matthias Erzberger (2011), S. 81–89.

11 Entgegen Troeltschs Darstellung hatte Erzberger mit dem Eintritt als Vizekanzler in das Kabinett Bauer im Juni 1919 den Vorsitz der Waffenstillstandskommission niedergelegt. Vgl. Rudolf Morsey: Die Deutsche Zentrumspartei 1917–1923 (1966), S. 187.

den Unabhängigen nach, und jedenfalls hat er am Militär einen größeren Gefallen gefunden, als an und für sich nötig wäre. Die „Noske-Garde" oder die „deutschen Landsknechte" sind der unklare Punkt in jeder Rechnung. Der unklare – denn von hier aus könnte der Diktaturgedanke auch eine ganz unvermutete Wendung nehmen. Es könnte etwa Noske mit den Unabhängigen und den linken Sozialdemokraten das Regiment ergreifen. Es könnte auch sonst noch etwas anderes geschehen, je nachdem bald Neuwahlen | stattfinden oder nicht, und je nachdem sie ausfallen. Klar ist jedenfalls für den Augenblick die Sachlage: eine gemeinsame Herrschaft Erzbergers und der Sozialdemokratie, die den ausbrechenden Kulturkampf stoppen will. Vielleicht bringt sie eine starke Herrschaft katholischer Kultur- und Sozialideen: die von so vielen Seiten her sich gleichfalls ankündigende und naheliegende Rückbildung zu mittelalterlichen Verhältnissen, die nun freilich dem Zeitalter der Elektrizität und Kohle, der Eisenbahnen und des Telephons angepaßt werden müßten. Immer vorausgesetzt, daß die Einzelstaaten sich fügen und im Reichsverbande bleiben, oder daß kein allgemeiner Kommunistenaufstand alle Berechnungen über den Haufen wirft und die Unabhängigen rein zur Herrschaft bringt.

Die ganze Wucht dieser Sachlage kehrt sich vorerst gegen Preußen, dessen Ministerium, oder richtiger: dessen sozialdemokratische Fraktion stramm preußisch gesinnt ist und gleichzeitig den Kulturkampf an allen Ecken und Enden entzündet hat. Hier hilft der in Wahrheit völlig interfraktionelle preußische Lehrerverein mit, der eine einheitliche preußische Kultur aller Bürger im Stile des aufgeklärten, von den „Pfaffen" völlig emanzipierten Volksschullehrers will und die Diktatur des Proletariats am liebsten durch die Diktatur des Volksschullehrers ersetzt hätte.[12] Diese Kreise sehen fast die einzige bleibende Errungenschaft der Revolution in der

---

12 Als einflussreichste Interessenverbände der Volksschullehrer in der Weimarer Republik, befürworteten der Preußische Lehrerverein und sein Dachverband, der Deutsche Lehrerverein (DLV), dezidiert die Simultanschule als alleinige Regelschule. Vgl. Rainer Bölling: Volksschullehrer und Politik (1978), S. 129–136. Die schulpolitische Anlehnung der DDP an die Volksschullehrerverbände beurteilte Troeltsch sehr kritisch. In einem Brief an den Dekan der Philosophischen Fakultät der Berliner Universität begründete er am 23. April 1919 seinen Eintritt in das preußische Staatsministerium mit dem Motiv, das der DDP zustehende Amt des Unterstaatssekretärs „nicht in die Hände eines radikalen Volksschullehrers fallen zu lassen". An Carl Heinrich Becker schrieb er am 4. September 1919: „Das Zusammengehen mit dem Zentrum ist m. E., wie die Dinge liegen, eine u[nd] zwar die einzige Rettung gegen die Volksschullehrer. Schade, aber es ist so. Die demokratische Fraktion ist leider sehr stark unter dem Druck der Volksschullehrer."
→ KGA 21.

die Kirche zertrümmernden oder völlig beiseite setzenden Bildungspolitik. In dieser Hinsicht setzt die sozialdemokratische Fraktion den Geist Adolf Hoffmanns fort, und die Minister wünschen, vermögen oder verstehen nicht, ihn zu dämpfen, erkennen jedenfalls nicht die alles zersprengenden Folgen dieses neuen Kulturkampfes, in den sie fröhlich und ahnungslos wie in eine Selbstverständlichkeit hineingezogen sind. So bewegt sich das preußische Ministerium in dem seltsamen Widerspruch, einerseits keinen Fußbreit preußischer Herrschaft preisgeben zu wollen und anderseits durch Entfesselung des Kulturkampfes Preußen fast bis auf den Rest der altbrandenburgischen Lande auseinander zu sprengen. Sie ahnen nichts von diesem inneren Widerspruch, singen „unentwegt" und ehrlich das Preußenlied und entfesseln ebenso „unentwegt" den Kulturkampf. Dieser Kulturkampf hat überall die katholischen Landesteile auf das äußerste erregt und zieht nun alle sonstigen zentrifugalen Neigungen an sich. Viele Bestandteile des Hardenbergischen und des Bismarckschen Preußens waren niemals geistig und innerlich mit dem Preußentum verschmolzen, sie genossen nur gern die wirtschaftlichen Vorteile des großen Staates unter gleichzeitigem Murren gegen seine Verwaltung – die bekannte wollene Jacke Bismarcks, die kratzt, aber wärmt.[13] Davon ist heute nur das Kratzen, jedenfalls nur mehr das Gefühl für das Kratzen übrig, und die Ernennung sozialistischer Sekretäre zu Landräten und Regierungspräsidenten, die zwar der Minister nicht wollte, die aber die Fraktion erzwang, hat das Unbehagen überall ungeheuer gesteigert. Alle wollen sie mindestens Autonomie und die wieder vor allem in Kirchen- und Schulsachen, – wenn das nicht gewährt wird, so drohen sie mit der Verselbständigung zur eigenen Republik. Die preußischen Minister nun verweigern stolz die Loslösung und heizen gleichzeitig die Zentrifugalkräfte durch den von Monisten, radikalen Lehrern und ihrer sozialistischen Gefolgschaft immer leidenschaftlicher geforderten Kulturkampf.

Die Gefahr ist inzwischen brennend geworden durch die Forderungen der Oberschlesier, die Abstimmung für Deutschland zu sichern durch Erklärung Oberschlesiens zum selbständigen Bundesstaat mit völliger kirchlicher Freiheit oder doch mindestens durch vollständige Autonomisierung innerhalb Preußens, wobei die preußische Staatsgewalt durch den Bischof

---

13 Aus einer Ansprache Bismarcks vor einer Deputation aus den „annektirten Landen" im August 1866: „Preußen ist gleich einer wollenen Jacke, in der man sich auch anfänglich höchst unbehaglich befindet, sobald man sich aber an sie gewöhnt hat, ist sie sehr angenehm und wird bald als große Wohltat empfunden." Zit. nach: Die Ansprachen des Fürsten Bismarck 1848–1894 (1895), S. 10.

vertreten werden könne!¹⁴ Über diese Frage hat nach den Zeitungsberichten in diesen Tagen das preußische Staatsministerium mit sich selber und mit dem Reiche einig zu werden. Dies Oberschlesien aber ist das Steinchen, das die ganze Lawine der Auflösung des preußischen Staates Hardenbergs und Bismarcks in Bewegung setzen wird. Erzbergers Herrschaft im Reiche und der sozialistische Kulturkampf im Einzelstaate haben das | in Wahrheit vorbereitet und herbeigeführt. Welche weitere Lawinen die beiden Gegenkräfte noch ins Rollen bringen werden, wird die Zukunft zeigen. Alles sitzt locker, was bisher fest gewesen war, die Meisterhand des Formers fehlt. Wäre sie da, so würde sie aber auch nur an der Spitze einer Armee ihr Werk tun können, und da eine Armee uns gleichfalls fehlt, so würde uns auch das Genie jetzt nichts helfen können.

Es gilt also immer noch, sein Herz sehr fest zu machen, auf das Verschiedenste gefaßt zu sein und alle Vernunft für die Gewinnung und Erhaltung der Ordnung aufzubieten. Es sei denn, man teile mit gewissen konservativen Politikern die Meinung: es gelte, die Revolution sich ausrasen und durch ihren letzten Trumpf, die Herrschaft der Unabhängigen, sich selbst ad absurdum führen zu lassen, worauf erst der Rückschlag und eine gesunde Neubildung folgen könnten. Das gäbe dann freilich eine Roßkur, von der zweifelhaft ist, ob wir sie noch aushalten würden. Auch hat eine solche Berechnung Hintergedanken, die nicht notwendig aus der Sachlage kommen.

Schöner und männlicher wäre es, wenn wir ohne dieses Rezept durchkämen.

Berlin, 8. 7. [19]19.

Spectator

---

14 Diese Forderung erhob am 13. Juli 1919 der oberschlesische Zentrumspolitiker Carl Ulitzka. Hintergrund der Forderung war die Sorge, bei der in Artikel 88 des Versailler Vertrages festgelegten Volksabstimmung über den territorialen Verbleib Oberschlesiens könnte die überwiegend katholische Bevölkerung wegen der befürchteten Aufhebung der Konfessionsschule in Preußen für eine Angliederung an Polen votieren. Vgl. Rudolf Morsey: Die Deutsche Zentrumspartei 1917–1923 (1966), S. 206; Günther Grünthal: Reichsschulgesetz und Zentrumspartei in der Weimarer Republik (1968), S. 47.

Die Aussichten der Weltrevolution und die Zersetzung der Sozialdemokratie (September 1919)

Editorische Vorbemerkung: Die Edition folgt dem Text, der erschienen ist in: Kunstwart und Kulturwart, hg. von Ferdinand Avenarius, 32. Jg., viertes Viertel, Juli bis September 1919, Heft 23, erstes Septemberheft 1919, München: Verlag von Georg D. W. Callwey, S. 208–211 (**A**). Der Text erschien in der Rubrik „Vom Heute fürs Morgen" und mit der Datumsangabe 25. Juli 1919. Direkt im Anschluss (S. 211–215) kam im selben „Kunstwart"-Heft der später datierte Spectator-Brief „Der Enthüllungssturm" (mit der Datumsangabe 10. August 1919) zum Abdruck (siehe unten, S. 149–157). Zuvor war das zweite Augustheft des „Kunstwarts" (32. Jg., Heft 22) ohne Spectator-Brief erschienen. Möglicherweise war der früher datierte Text „Die Aussichten der Weltrevolution" ursprünglich für dieses Heft vorgesehen und wurde wegen verspäteter Fertigstellung durch Troeltsch um eine Heftnummer verschoben.

Die Aussichten der Weltrevolution und die Zersetzung der Sozialdemokratie

Mit der Unterwerfung Deutschlands unter den „Frieden", dessen Annahme die noch aufrecht und hoffnungsvoll gebliebenen Patrioten verzweifelt bekämpften, die unsicher gewordenen feindlichen Imperialisten ersehnten, die englischen Liberalen für unwahrscheinlich und ihrem Gewissen beschwerlich hielten, französische Militärs und Kapitalisten als Hindernis weiterer Annexionen und Zerstückelungen fürchteten, und die deutschen Massen sich stumpf und müde fallen ließen, ist die Lage für die Welt und die Lage für Deutschland insbesondere eine zwar nicht friedliche, aber jedenfalls neue geworden. In Deutschland halten die großen Parteien ihre Parteitage[1] und blicken zurück und vorwärts, suchen vor allem die Fühlung mit den Weimarer Fraktionen, die durch die Abneigung gegen Preußen in dem kleinen Idyll an der Ilm vom bisherigen Mittelpunkt des deutschen Lebens

---

1 Der Parteitag der DDP fand vom 19. bis 23. Juli 1919 in Berlin statt. Eine Woche zuvor, am 12./13. Juli 1919, hatte dort auch der Parteitag der DNVP stattgefunden. Die SPD hatte ihren Parteitag bereits vom 10. bis 15. Juni 1919 in Weimar abgehalten.

grundsätzlich ferngehalten wurden und dort dreiviertel Jahre lang die Geschicke Deutschlands geleitet haben, soweit es sich dieser Leitung fügte.

Überall zeigt sich, daß die Verhältnisse inzwischen reichlich andere geworden sind, als sie damals beim Zusammentritt der Nationalversammlung gewesen sind. Indem ich in dieser Lage die Reihe meiner Briefe seit Ausbruch der Revolution überlese, empfinde ich auch meinerseits den ganzen rasenden Wechsel der Bilder. Die Briefe haben jeweils nur das augenblickliche Bild der Dinge geben wollen, wie es aus hundert Nachrichten, Gesprächen, Wahrnehmungen, Erlebnissen, Zeitungen und Broschüren aufzufangen war, und gar nicht den Ehrgeiz gehabt, den Gang der Dinge zu erraten und zu konstruieren oder Ziele des politischen | Handelns aufzustellen. Gerade dadurch aber sind sie, wie ich hoffe, zu einem treuen Bilde der wechselnden Verhältnisse und der Meinungen über sie geworden. Insbesondere zeigen sie, indem sie jeder neuen Windung des Weges nachzuspüren suchten, den Hauptunterschied der heutigen deutschen Revolution, die die erste durchdringende Revolution großen Stiles in Deutschland überhaupt ist, von der ehemaligen englischen und französischen Revolution. Auch jene beiden waren nicht ohne starken Einfluß der auswärtigen Politik, aber sie waren keine Folgen von alles zerstörenden Niederlagen und brachen sehr bald gegen das drückende Ausland mit mächtigen militärischen und kommerziellen Expansionen und Siegen los. Zugleich waren sie in viel geringerem Grade rein soziale Umwälzungen und viel stärker mit religiös-metaphysischen oder ethischen Ideen durchsetzt. Die deutsche Revolution ist eben in erster Linie eine Armee-Revolution auf Grund einer Niederlage, und von ihr aus vordringend eine soziale Revolution, deren Idee lediglich in neuen Organisationsformen zur Befriedigung der materiellen Interessen des Proletariats besteht, freilich darüber hinaus auch in neuen Einrichtungen zum Zweck der Verbreiterung und Gleichmachung des Bildungsbesitzes. Das Bürgertum und die Welt der alten geistigen Bildung sind gegenwärtig so gut wie ohne Einfluß; den begleitenden Ideenchor führen vorerst lediglich Salon- und Kaffeehaus-Literaten, die den Bolschewismus originell finden und nicht an die Gefährdung ihrer Luxusbedürfnisse durch ihn glauben. Man nennt das hier allgemein „Bolsnobismus". Ähnlich ist die deutsche Revolution nur den antiken Sklavenaufständen, die sie aber an Bedeutung und Wirkung ebenso übertrifft, wie die moderne freie Arbeiterschaft an Zahl und wirtschaftlich-technischer Bedeutung das antike Sklaventum übertrifft. Ihre wirkliche Parallele hat sie nur an der russischen Revolution, die aber bei dem wesentlich agrarischen und intellektuell unentwickelten Charakter der russischen Massen viel langsamer und zäher verläuft und auch stärkere rein ideologische Elemente enthält. Von Rußland aus ist ja auch vor allem der Ansteckungskeim in die Armee und in die hungernde und enttäuschte Bevölkerung hineingedrungen. Die deutsche Revolution zeigt das rasende Tempo und den ungeheuren Wechsel, den eine soziale Revolution auf dem Boden höchstentwickelter Intelligenz und Technik, kunstvollster Organisation und allgemeinster Verflechtung zeigen muß. Das tritt deutlich nunmehr bei dem Rückblick zutage. Auch an die alte Bemerkung Rankes wird man erinnern dürfen, daß Revolutionen stets wesentlich unter der Einwirkung der äußeren Politik entstehen und verlaufen.[2] Unsere Revolution ist im Ausgange wie insbesondere im Verlauf aufs stärkste durch die politischen Maßnahmen der Gegner, die Hungerblockade, den Moralkrieg, den Massendruck der feindlichen Heere und schließlich durch die Art der Friedenspolitik bestimmt und damit von deren Wechsel abhängig. Es ist eine Illusion, zu glauben, daß all das eine wesentlich immanente und logische Entwickelung gewesen sei; es war zum größten Teil trotz aller moralisierenden Deklamationen ein Werk der Gewalt und der feindlichen Politik. Und durch den „Frieden" ist dafür gesorgt, daß unser Erleben und Erleiden zum großen Teil auf lange Zeit das bleiben wird. Unser Schicksal ist ähnlich wie der Verlust der Freiheit Griechenlands und die Unterwerfung des Orients unter Rom, nur daß bei der damaligen wirtschaftlichen Lebensordnung jene Länder nicht mit einer sozialen Revolution darauf zu reagieren brauchten, sondern lautlos in langsame Stagnation verfielen.

Welches aber sind nun die Punkte, wo gegenüber den bisherigen Lagen, Auffassungen und Berechnungen sich die Änderung vor allem zeigt? Der erste ist das *Zurücktreten der russischen Gefahr*, von der ich am Anfang sehr viel zu reden hatte und die bei uns und unseren Feinden die Erwartungen beherrschte. Sie ist nicht durch Polen und das Baltikum zu uns vorgedrungen und hat nur das von uns völlig abgesperrte Ungarn erreicht. Auf welchen Gründen das beruht, ist bis heute noch unbekannt. Aber klar ist, daß damit auch andrerseits jede anfangs gehegte Hoffnung | wegfiel, unsere Gegner möchten mit uns zusammen den Schutz gegen die Weltrevolution aufrichten. Sie haben diesen Schutz nicht *mit* uns, sondern rein *gegen* uns in dem Versailler „Frieden" aufgerichtet, und auch das nicht bloß als Schutz gegen die Weltrevolution überhaupt, sondern als Sicherstellung der individualistisch-kapitalistischen Wirtschaftsordnung bei den großen Weltvölkern, während sie uns nach Vermögen dem inneren Chaos auszuliefern strebten und sich nur den Genuß jedes trotzdem etwa möglichen Arbeitsproduktes sichern.

---

2 Vgl. Leopold von Ranke: Die großen Mächte (1872), S. 30: „Man hat so viel von den Ursachen der Revolution geredet und sie wohl auch da gesucht, wo sie nimmermehr zu finden sind. Eine der wichtigsten liegt meines Erachtens in diesem Wechsel der auswärtigen Verhältnisse, der die Regierung in tiefen Mißcredit gebracht hatte."

(September 1919)

Damit waren auch die damals immer noch möglichen Hoffnungen auf einen „gerechten Frieden" zu Ende. Und nicht bloß das: es ist überhaupt *Hoffnung und Befürchtung einer Weltrevolution zu Ende.* Dieser Friede, den vor allem gerade die auf die „Weltrevolution" spekulierenden Radikalen und Unabhängigen ermöglicht haben, hat der Weltrevolution allem Anschein nach ein Ende gemacht. Das war der springende Punkt in den teuflischen Künsten dieses Friedensschlusses und der Einschlag politischer Klugheit in einem Werke, das im übrigen die Züge des sadistisch-giftigen Hasses der herrschenden Franzosen und des pharisäisch-kapitalistischen Geistes der herrschenden Engländer nebst denen einer tiefen Gleichgültigkeit der Amerikaner gegen das bankerotte Europa trägt. Wohl wird es allenthalben Streiks, Putsche, Erschütterungen und Krisen geben, aber eine Beseitigung der politischen und militärischen Ordnung wird es vorläufig nirgendwo geben. Nur Belgien ist bis in die Grundlagen erschüttert.[3] In den andern Ländern werden vermutlich die herrschenden Klassen und Institutionen sich behaupten. Der klägliche Verlauf des Weltstreiks am 21. Juli war bereits die deutliche Probe darauf.[4] Die deutsche Politik wird vielleicht auf eine Reaktion gegen die überall dort herrschenden Machtkliquen in absehbarer, wenn auch nicht allzu kurzer Zeit rechnen dürfen. Aber die Weltrevolution scheidet aus allen praktischen Berechnungen aus. Das wird sie freilich nicht hindern, in den Köpfen der deutschen radikalisierten Massen weiter zu spuken und in den

---

3 Infolge der weitgehenden Zerstörung der agrarwirtschaftlichen Produktionsflächen und einer fast kompletten Demontage der Industrieanlagen durch die deutsche Besatzung während des Ersten Weltkriegs war Belgien bei Kriegsende volkswirtschaftlich nahezu ruiniert. 1919 lag die Arbeitslosenrate in Belgien bei ca. 80 %. Vgl. Bernard A. Cook: Belgium (2002), S. 113; Margaret MacMillan: Paris 1919 (2003), S. 277.

4 Der „Internationale Streiktag" am 21. Juli 1919 ging auf eine Initiative der italienischen Partito Socialista zurück und war eigentlich als Protestaktion gegen die alliierte Intervention im Russischen Bürgerkrieg gedacht. Obwohl sich formell die sozialistischen Parteien und Gewerkschaften fast aller westeuropäischen und skandinavischen Staaten anschlossen, fiel die Resonanz am 21. Juli 1919 sehr unterschiedlich aus. Während es in Italien, Österreich und Norwegen zu umfangreichen Arbeitsniederlegungen kam, sagten die französischen Gewerkschaften den angekündigten Generalstreik im letzten Moment ab. Die britische Labour Party beschränkte ihre Aktionen auf den 20. Juli 1919, einen Sonntag. In Deutschland unterstützte vor allem die USPD den Streikaufruf durch Demonstrationen mit insgesamt ca. 100 000 Teilnehmern, während die SPD sich kaum beteiligte. Insgesamt wurde der „Internationale Streiktag" als Misserfolg angesehen und beschleunigte die Abwendung der linkssozialistischen Parteien von der „Zweiten Internationale". Vgl. Robert F. Wheeler: USPD und Internationale (1975), S. 91–98.

Händen der Unabhängigen und Kommunisten als alles verwirrendes Agitationsmittel weiter zu dienen. Die wirkliche außenpolitische Lage wird den Massen aller Parteien erst ganz allmählich sichtbar und erkennbar werden. Aber gerade von ihrer richtigen Benutzung im Sinne der Herstellung nationaler Gerechtigkeit und des Wiedergewinns wirtschaftlicher Bewegungsmöglichkeit wird alles abhängen. Da liegt nun eine der Hauptaufgaben der nächsten Zeit.

Nach innen ist das durch die Revolution erzeugte Chaos durch den feindlichen Druck, die Besetzung des Westens, die Einpfählung eines polnischen und tschechischen Staates in das deutsche Fleisch erhalten und gesteigert worden. Ebendamit ist auch die Wirkungsmöglichkeit der auf das demokratische Majoritätsprinzip aufgebauten Nationalversammlung und ihres noch sehr ungeschickten parlamentarischen Regierungsapparates noch mehr behindert worden, als es bei diesem Regiment der bisherigen kleinen Leute schon an sich zu erwarten war. Die Nationalversammlung und ihr Koalitionskabinett haben den Frieden geschlossen, eine neue Armee und Sicherheitsgruppe geschaffen und die Verfassung unter Dach gebracht. Heute steht sie vor dem schwierigsten Punkt ihres Programms, der Ordnung der finanziellen Verhältnisse und der Überleitung zu der Erfüllung der Friedensbedingungen. Alles das sind keine kleinen Leistungen, und die wenigsten ihrer zahlreichen und mundfertigen Kritiker hätten es besser gemacht. Eine Revolution, die nicht aus Ideen geboren war und außer der russischen Räte-Idee auch weiterhin keine Ideen hatte, konnte kein glänzendes Parlament der moralischen und geistigen Neuordnung schaffen.

Viel wichtiger ist, daß die die Nationalversammlung am Anfang tragende Macht und Organisation der sozialdemokratischen Partei tief erschüttert ist, daß die Koalition von Sozialdemokraten, Zentrum und Deutsch-Demokraten an den Problemen des Friedensschlusses zerbrochen ist, und das anfangs stark zur Seite gedrängte Zentrum durch die Angst des Volkes vor einem neuen | Kulturkampf, sowie durch die Drohung mit der Sprengung Preußens und allenfalls auch des Reiches eine Ausschlag gebende Stellung wieder erlangt hat.[5] Ihr Schwarz-rot-gold ist vorerst schwarz-rot mit allen Schwierigkeiten dieser Kombination geworden. Das Bürgertum und die Intelligenz stehen noch ohnmächtiger bei Seite als am Anfang. Das Zentrum stellt den energischsten Führer der Reichspolitik und kämpft für geistige Freiheit und höhere Bildung, so wie es sie versteht. Die Sozialdemokratie ist äußerlich und innerlich in der Zersetzung, äußerlich durch den Zustrom der Massen zu Kommunisten, Anarchisten und Unabhängigen, innerlich durch den Mangel jeder über Organisation und Wirtschaft hinausge-

---

5 Siehe dazu oben, S. 136 f. sowie S. 125, Anm. 1.

henden Idee. Der Marxismus sinkt nach der einen Seite in den vormarxistischen Utopismus und Enthusiasmus zurück, und diese Teile rühmen sich wieder der Idee, aber leider einer völlig unklaren und alles verwirrenden. Nach der anderen Seite wird er durch Verantwortung, nationale Solidarität und Heranziehung von Nicht-Arbeitern verbürgerlicht, ohne aber dadurch bei seiner Lehre von der Abhängigkeit aller Ideen von der wirtschaftlichen und technischen Organisation selbst an Ideen und innerer Werbekraft zu gewinnen. Damit ist die ganze politische Grundlage der bisherigen Neuordnung verändert und die Stellung der Nationalversammlung zu den Wählern verschoben, zugleich das Verhältnis der bisherigen Mehrheitsparteien recht kompliziert und reich an drohenden Zusammenstößen geworden. Auf der Rechten schließlich hat man das ursprüngliche Programm der Unterstützung der Ordnung nicht eingehalten, sondern sich in einen besinnungslosen Haß und Rachedurst gegen die „gottverfluchte" Revolution hineingeredet, den man durch antisemitische Agitation fortwährend noch weiter steigert und für den man die immer wachsende Zahl der von der Revolution Enttäuschten gewinnt. Die ganze Maschinerie der Regierung und der Nationalversammlung ist mit alledem ebenso wie ihr Verhältnis zum Volke gründlich verändert. Daß sie überdies auf einem immer noch dunkel drohenden und beständig geschürten Vulkan ausruht, und vor den unbekannten, aber jedenfalls äußerst schwierigen Verhältnissen der Durchführung des Friedens steht, sei nur noch nebenbei bemerkt; das ist ja nichts Neues und wird unter allen Umständen bleiben, auch wenn eine neue Nationalversammlung gewählt wird, oder wenn man den zentralisierten modernen Staat in eine Konföderation von Kommunen, Räten oder Berufsständen zerschlüge, was übrigens trotz aller Literaten sicher nicht geschehen wird.

Das alles ist wahrlich Veränderung genug. Aber einerseits: alles ist mit Übergängen so unmerklich gekommen, und andererseits: wir sind so wenig mehr gewöhnt, uns über die Tages-Ereignisse und Sorgen zu erheben, daß das Gefühl für die Veränderungen sehr wenig verbreitet ist. Was sie für die nächste Zukunft bedeuten, das wage ich nicht zu konstruieren. Jedenfalls stehen immer noch wichtigste Ereignisse und Wendungen bevor. Jedenfalls wird es Ruhe für unser grenzenlos ermüdetes Volk, ja wohl auch für die Kulturwelt, so rasch nicht geben. An allen Ecken und Enden droht der gänzliche Verfall, droht der Schmutz und droht die Gleichgültigkeit, wie sie das früher so saubere und fleißige Berlin heute grauenvoll entstellen. Auch für das geistige Leben sind die Aussichten überaus schwierig und ernst. Teils gehen die Mittel dafür erschreckend zurück, teils arbeitet die Revolution an einer grundsätzlichen Nivellierung und der Herabdrückung der höheren Bildung. Es wird aller Kraft bedürfen, um nicht müde zu werden und sich an den Verfall nicht zu gewöhnen. Der Geist muß in seiner tiefsten Tiefe zusammengefaßt werden und mit seinem heiligsten Glauben sich dem Verfall und Wahn entgegenstemmen. Mit bloßer Organisation ist nichts mehr getan.

Berlin, 25. 7. [19]19 *Spectator*

Der Enthüllungssturm (September 1919)

Editorische Vorbemerkung: Die Edition folgt dem Text, der erschienen ist in: Kunstwart und Kulturwart, hg. von Ferdinand Avenarius, 32. Jg., viertes Viertel, Juli bis September 1919, Heft 23, erstes Septemberheft 1919, München: Verlag von Georg D. W. Callwey, S. 211–215 (**A**). Der Text erschien in der Rubrik „Vom Heute fürs Morgen" mit der Datumsangabe 10. August 1919, direkt im Anschluss an den auf den 25. Juli 1919 datierten Spectator-Brief „Die Aussichten der Weltrevolution und die Zersetzung der Sozialdemokratie" (siehe oben, S. 142–148).

Der Enthüllungssturm

Seit Herr Erzberger an der Spitze des neuen Reichskabinetts als beherrschender Kopf und treibende Energie hervortritt, hat sich gegen diesen bestgehaßten aller deutschen Politiker, der noch mehr als Bethmann und Czernin den leidenschaftlichen Ingrimm der Weltmachtschwärmer auf sich gezogen | hat, ein Sturm rasender Entrüstungen, Enthüllungen und Ehrabschneidereien erhoben. Seine Persönlichkeit ist schwer zu beurteilen, aber der Haß gilt nicht den wirklichen oder vermeintlichen Mängeln seiner Person, sondern in erster Linie dem Urheber der berühmten Reichstagsresolution[1] und dem Phantasten des Notopfers.[2] Wer die Verhältnisse kannte, vermochte bei dem Auftauchen dieser energischesten und robustesten Physiognomie den Sturm vorauszusagen. Alldeutsche und Vaterlandspartei, ihre ehemaligen Führer und Vertrauensmänner, der ganze Zusammenhang von

---

1 Gemeint ist die auf eine Initiative Matthias Erzbergers zurückgehende Resolution des Reichstags vom 19. Juli 1917 für einen Verständigungsfrieden ohne Annexionen und Kontributionen. Die Friedensresolution war von Mehrheitssozialdemokratie, Zentrum und Fortschrittlicher Volkspartei unterstützt worden und markierte damit den Beginn der Zusammenarbeit der Parteien der späteren „Weimarer Koalition". Die scharfe Ablehnung der Friedensresolution durch die OHL und die unentschiedene Haltung der Reichsleitung hatte im Juli 1917 aber auch den Sturz des Reichskanzlers Bethmann Hollweg beschleunigt („Bethmannkrise").
2 Am 10. Juli 1919 beschloss die Reichsregierung zur Finanzierung der Kriegsfolgelasten die Erhebung einer außerordentlichen Vermögensabgabe zum 31. Dezem-

damaliger Heeresleitung und machtpolitischer Ausnützung des Krieges: alles das kocht wieder auf gegen Flaumacher und Verzichtler, gegen schlappe Seelen und sentimentale Kleingläubige oder verräterische Pazifisten und Internationalisten. Es ist wieder wie nach den Tagen der Bethmannkrise und der ihr folgenden ungeheuren Verschärfung der Gegensätze. Nichts gelernt und nichts vergessen. Nur, da man dem Feinde nicht mehr an den Kragen kann, will man wenigstens den andersgläubigen Volksgenossen in die Knie zwingen, Rache an der Revolution und den Flaumachern, Rechtfertigung der alten Machthaber und Vorbereitung der neuen Wahlen. Mit derselben sturen Starrköpfigkeit und derselben unbedenklichen Kurzsichtigkeit, mit der man auf einer von vornherein unmöglichen Kriegspolitik bestand, will man nun die inneren Verhältnisse von Grund aus verwirren und umstürzen, um der Rückkehr des Alten den Weg zu bereiten oder doch mindestens die alten Gegner in den gemeinsamen Untergang hineinzureißen. So ist der Kampf der Vaterlandspartei noch um neue Giftstoffe und neue Haßmotive bereichert, im Grunde aber ganz der gleiche wie ehedem. Daß ihm heute die Zensur nicht mehr zur Verfügung steht, wird durch vermehrte Giftigkeit und Grobheit der moralisierenden Anklage wettgemacht. Es ist ein Feldzug wie der Moralkrieg der Entente gegen uns. Die relative Konsolidierung des Reiches durch Friedensschluß und Verfassungsabschluß wird zur Eröffnung des grimmigsten Kampfes eines besinnungslosen Hasses benützt. Herr Helfferich, der nach dem Urteil zahlreicher Mitarbeiter von ehedem nicht viel besser ist, als Herr Erzberger und nur weniger Energie und Einfälle hat als dieser, eröffnete den Feldzug; in der Nationalversammlung setzte ihn Herr von Gräfe fort. Ludendorff griff gleichfalls ein und wurde von Hindenburg in allgemeiner Form gedeckt.[3] Sogar der verschollene Michae-

---

ber 1919. Der Gesetzentwurf über das „Reichsnotopfer" sah auf veranlagungsfähige Vermögen von über 5 000 Reichsmark progressiv gestaffelte Abschläge von 10 % bis 65 % (ab 7 Mio. Reichsmark) vor und trug Matthias Erzberger als Reichsfinanzminister vor allem bei den Rechtsparteien den Ruf eines konfiskatorischen Sozialisten ein. Vgl. Das Kabinett Bauer (1980), S. 99; Heinrich August Winkler: Weimar 1918–1933 (1993), S. 110.

3 Zwischen Erzberger und Karl Helfferich entspann sich Anfang Juli 1919 eine scharfe öffentliche Kontroverse, die schließlich in einen Beleidigungsprozeß Erzbergers gegen Helfferich mündete und damit indirekt den Rücktritt Erzbergers als Reichsfinanzminister im März 1920 herbeiführte. Ausgangspunkt der Kontroverse war ein Artikel Helfferichs in der „Neuen Preußischen Zeitung" („Kreuzzeitung") vom 1. Juli 1919, in dem er Erzberger vorwarf, mit der von ihm initiierten Friedensresolution des Reichstags 1917 die Kriegsmoral der deutschen Bevölkerung unterminiert zu haben. Außerdem kritisierte Helfferich als früherer Staatssekretär im Reichsschatzamt (1915–1917) mehrfach in der „Kreuzzeitung" die

lis taucht wieder aus der Versenkung auf, und man erinnert sich der Zeiten, wo sein Rivale und der Kanzlerkandidat der Heeresleitung, Fürst Bülow, das Geschichtchen kolportierte, daß die Familie Michaelis die Ernennung zum Kanzler durch Bekränzung ihrer „Borussia" genannten Kuh gefeiert habe; oder man denkt des anderen Geschichtchens, wie beim Aufstehen von der bayerischen, Michaelis zu Ehren gegebenen Hoftafel der witzige Kultusminister sagte: „Den Michaelis, den merk' ich mir gar nicht."[4] Die patriotische Presse nahm die Hetze auf, zog vor allem auch den Prinzen Max hinein[5] und witterte die Morgenluft der Rache an einer Revolution, die vor allem sie selbst durch ihren Starrsinn herbeigeführt hat.

Das ist das neueste Bild im Wechsel der Ereignisse. Die Deutschnationale Partei glaubt sich wieder als die der alten Konservativen und der alten Vaterlandspartei enthüllen zu dürfen und legt die zurückhaltenden „volksparteilichen" Allüren ab, die sie anfangs der neuen Lage zu schulden glaubte und die sie heute auf einen täglich sich steigernden Antisemitismus beschränkt. Ein Teil der Universitäten wählt die schroffsten Kriegspublizisten zu Rektoren,[6] die Studentenschaften sammeln sich in der Hauptmasse um

---

Finanzreformpläne Erzbergers und das „Reichsnotopfer". Vgl. Karl Helfferich: Fort mit Erzberger! (1919). Verschärft wurde die Kontroverse am 23. Juli 1919 durch einen Artikel des früheren deutschen Botschafters in Wien, Botho von Wedel, in den „Hamburger Nachrichten", in dem dieser behauptete, Erzberger habe 1917 einen Geheimbericht des österreichisch-ungarischen Außenministers Ottokar Graf Czernin über die militärische Schwäche der Mittelmächte an die Öffentlichkeit lanciert. Diese Behauptung griffen Helfferich in der „Kreuzzeitung" vom 24. Juli 1919 und der DNVP-Abgeordnete Albrecht von Graefe in einer Rede in der Nationalversammlung am 25. Juli 1919 auf. In derselben Sitzung der Nationalversammlung ging Erzberger zum Gegenangriff über und legte in einer spektakulären Rede Dokumente des Auswärtigen Amtes vor, die beweisen sollten, dass die kaiserliche Reichsleitung im Sommer 1917 eine Friedensinitiative des Vatikans auf Druck der OHL und der Rechtsparteien dilatorisch behandelt hatte. Vgl. Verhandlungen der verfassunggebenden Deutschen Nationalversammlung, Band 328 (1920), S. 1918 f. und S. 1932 ff. Dieser Darstellung widersprachen in der „B.Z. am Mittag" vom 26. Juli 1919 Ludendorff und in der „Vossischen Zeitung" vom 27. Juli 1919 der frühere Reichskanzler Georg Michaelis.

4 Beide Anekdoten sind nicht belegt. Allerdings besaß Michaelis tatsächlich eine Kuh namens „Borussia". Vgl. Georg Michaelis: Für Staat und Volk (1922), S. 265. Bayerischer Kultusminister war 1917 Eugen von Knilling (1865–1927).

5 Vgl. die Deutsche Tageszeitung vom 27. Juli 1919 (Morgen-Ausgabe): Die Lüge der „Deutschen Republik". Authentische Feststellung des Verrates des Prinzen Max von Baden an der Krone.

6 An Troeltschs eigener Universität in Berlin war am 1. August 1919 der deutschnationale Hochschullehrer Eduard Meyer (vgl. oben, S. 77, Anm. 7) zum Rektor für

ihre alten Verbindungen und deren Ideologie. Die protestantische Kirche Preußens bereitet sich darauf, zur konservativen Gegenburg gegen den Staat der Revolution zu werden. Kurz: die teils planmäßig gelegten, teils instinktiv hervorleuchtenden Grundlagen der Gegenrevolution werden sichtbar, einer Gegenrevolution, die nicht die unentbehrlichen Ordnungselemente und die Möglichkeit eines aristokratischen Führertums und einer höheren Bildung retten will, sondern die Rache haben will an Juden und Judengenossen für den ver|lorenen Krieg und die verlorene Herrenstellung der bisher herrschenden Klassen und die überdies alle Ideologen der heroischen Weltanschauung und des germanischen Aufstieges um sich sammelt.

Ob alledem begründete Berechnungen und Aussichten zugrunde liegen, oder ob es einfach die Rückwirkung der endlich errungenen scheinbaren Halb- oder Viertelsordnung ist, oder ob nur unbeherrschten Leuten beim Anblick Herrn Erzbergers und seiner verführerischen Angriffsflächen der Haß mit dem Verstand durchgegangen ist, das ist schwer zu sagen. Ich glaube meinerseits das Letzere und halte daher den ganzen Sturm zwar für eine ernste Gefährdung der werdenden Ordnung, die von ihm zugleich benützt und gestürzt wird, aber für keine Verbesserung der konservativen Aussichten selber. Inzwischen hat ja auch die Gegenenthüllung der Regierung eingesetzt, erschütternde und tragische Dokumente, die uns zum großen Teil das furchtbare Bild einer durch eigene Fehler gestürzten Größe zeigen.[7] Was waren wir und was sind wir heute! Das Ergebnis der Enthüllungen und der Antworten der Reichsregierung enthält für den Kundigen wenig Neues. Es bestätigt nur wieder, daß Bethmanns Verbleiben in der Regierung nach Erklärung des von ihm nicht gebilligten U-Boot-Krieges mitten unter den Vermittlungsverhandlungen mit Amerika ein ungeheurer Fehler war, daß die Zweideutigkeit des christlichen Staatsmanns Michaelis das größte Unglück angerichtet hat, daß der alte Hertling ein hilfloser Greis und fürchterlicher Reichskanzler war in der schwersten Zeit des Reiches, daß Herr von Kühlmann nicht der Staatsmann war, für den ihn seine Freunde hielten, und

---

das Jahr 1919/20 gewählt worden. Vgl. Vossische Zeitung vom 2. August 1919 (Morgen-Ausgabe): Die Universitätswahlen.
7 Gemeint sind vermutlich die in der Rede Erzbergers vom 25. Juli 1919 (siehe oben, Anm. 3), sowie in weiteren Reden Erzbergers, des Reichskanzlers Gustav Bauer und des Außenministers Hermann Müller in der Nationalversammlung am 28. und 29. Juli 1919 vorgetragenen Enthüllungen zu den Friedensinitiativen des Jahres 1917 sowie das am 31. Juli 1919 von der Reichsregierung vorgelegte Weißbuch gegen die Dolchstoßlegende. Vgl. Vossische Zeitung vom 29. Juli 1919 (Morgen-Ausgabe): Neue Enthüllungen in Weimar; Vossische Zeitung vom 31. Juli 1919 (Abend-Ausgabe): Das neue deutsche Weissbuch.

daß die Heeresleitung an einem heroischen Starrsinn litt, der, vom Standpunkt des politischen Denkens aus gesehen, ans Unfaßliche grenzt. Vor allem erkennt man den Fehler der Reichstagsresolution, daß sie aus Angst und Enttäuschung geboren war und nicht aus der Idee einer ganz anders zu begründenden und zu orientierenden Politik. Sie war im Grunde doch ein bißchen ähnlich wie der Geist des Herrn Michaelis, der sie dann freilich völlig umgedreht hat.

Die rettende These für die Vaterlandsparteiler ist in alledem nur die, daß kein Entgegenkommen der Entente ernst gemeint gewesen sei, daß es für uns nur den heroischen Untergang und überhaupt keine Rettung gab. „In den Sternen stand's geschrieben"; „die Tragödie war unabwendbar": damit sucht man sein Gewissen zu beruhigen und die peinigende Vorstellung fernzuhalten, daß bei vernünftigerer Politik, die nur den Bestand behaupten, das Reich demokratisieren und die Fremdstämmigen autonomisieren wollte, das Unheil abzuwenden war. Oder man sagt, daß, wenn auch dies für den Moment gelungen wäre, ein solcher Verzichtfriede uns endgültig aller Weltstellung beraubt und ein zweiter Krieg uns dann völlig vernichtet haben würde. Damit beruhigen sich die patriotischen Herzen, die sich schlechterdings die Politik nur im alten Stil der Weltmacht und des Alles oder Nichts denken können und die auf den Gedanken einer überhaupt veränderten politischen Atmosphäre des Kontinents und einer neuen deutschen Weltfriedenspolitik, die freilich im Falle einer solchen „Selbstbehauptung" notwendig geworden wäre, einzugehen grundsätzlich keine Lust und keine psychologischen Voraussetzungen haben. Sie sind natürlich rein aus deutschen Urkunden nicht zu widerlegen, wenn sie auch selbst ihre eigene These ebensowenig positiv beweisen können. Aber es ist ja klar, daß all das erst eine nachträgliche Überlegung und Rechtfertigung, ein Treppenwitz der Geschichte, ist und mit den phantastischen Hoffnungen und den einzelnen annexionistischen Akten von ehedem nicht in Übereinstimmung steht. Auch damit kann man die Kriegspolitik nicht rechtfertigen, daß bei dem absoluten Vernichtungswillen der Feinde, einschließlich Amerikas, Alles und das Letzte eingesetzt werden mußte, um alles vielleicht doch mit schwacher Chance zu gewinnen, jedenfalls sei Verständigung und Mittelweg völlig unmöglich gewesen. So aber hat man damals nicht geredet und gedacht, als man noch in England landen wollte und Amerika für nicht ernst zu nehmen erklärte. Auch das ist nur Selbstberuhigung hinterher. Man wird der | bittern Wahrheit schwerlich entgehen können, daß nicht eine unvermeidliche Tragödie mit immanenter Notwendigkeit abgerollt ist, sondern eine verbissene und trotzige Selbstüberschätzung mehrfach wirkliche Friedensmöglichkeiten beiseite gestoßen hat, daß man mit dem von vornherein unmöglichen Alles auch das an sich vermeidliche Nichts gewählt hat. Jedenfalls ist das die Meinung verschiedener sehr sachkundiger Diplomaten seit dem Abbruch des Hindenburgschen Feldzuges in Polen und dem Übergang zu dem Abenteuer von Verdun.[8]

Es wird keine Reinigung, Klärung und Versöhnung der Geister in Deutschland geben, ehe nicht die volle Klarheit in diesen Dingen ans Licht gebracht ist. Das hat ein Brief des Generals von Deimling an Erzberger mit vollem, nicht genug zu betonendem Rechte ausgesprochen.[9] Die Vertreter des Alten müssen einsehen, daß Deutschland in Wahrheit vor einer Wende seiner äußeren und inneren Politik gestanden hat, und, da den herrschenden Schichten die Elastizität zu dieser Umorientierung fehlte, sie vielmehr mit rasendem Trotz die alten Geleise bis zum äußersten Ende gingen, erst aus diesem Grunde der Zusammenbruch unvermeidlich war. Aller Trost mit Totila und Tejas ist Selbstbetrug.[10] So lange diese Erkenntnis nicht durchdringt, gibt es keine innere Versöhnung und keine Mitarbeit der Konservativen und Alt-Patrioten am neuen Aufbau. So lange dauert die Herrschaft der Radikalen und das Übergewicht des Judentums, welchen beiden bisher nur das sehr viel klügere Zentrum zu begegnen weiß. Dafür ist es auch mit Recht trotz seiner Minderheit in die herrschende Position eingerückt. Und Herr Erzberger ist nun einmal sein starker Mann, der mit ihm zugleich in die Höhe steigt. Man hat stets nach dem „starken Mann" geschrien. Nun ist er da und hat die unangenehmen und zweifelhaften Seiten, die „starke Männer" zu haben pflegen. Man berichtige ihn sachlich, man mache aber nicht das deutsche Volk lächerlich durch einen Schimpfkrieg, wie andere es verächtlich gemacht haben durch Selbstanklagen und Büßermienen.

Unter diesen Umständen ist nur eines unbegreiflich, daß die Regierung nicht von sich aus längst mit einer solchen Klarstellung herausgerückt ist. Alles den Kriegsausbruch betreffende Material ist längst druckfertig, aber noch nicht gedruckt. Die österreichischen Akten, die uns durch den Beweis

---

8 Der Abbruch der deutschen Offensive an der Ostfront im September 1915 und der Angriff auf Verdun an der Westfront im Februar 1916 galten als Signal für den Übergang der deutschen Kriegsführung zu einer defensiven „Ermattungsstrategie"; vgl. Gunther Mai: Das Ende des Kaiserreiches (1987), S. 70 ff.

9 Der Brief Deimlings an Erzberger vom 4. August 1919 ist abgedruckt in der „Vossischen Zeitung" vom 8. August 1919 (Abend-Ausgabe). Der 1917 zur Disposition gestellte Infanterie-General Berthold von Deimling hatte sich nach dem Ersten Weltkrieg der DDP und der pazifistischen Deutschen Friedensgesellschaft angeschlossen. Vgl. Kirsten Zirkel: Vom Militaristen zum Pazifisten (2006).

10 Anspielung auf die letzten Könige des spätantiken Ostgotenreiches, Totila (542 bis 552) und Teja (552), als historisch-literarische Figuren popularisiert durch Felix Dahns Roman „Ein Kampf um Rom" (1876), in dem sie die Ostgoten in einen heroischen Untergang führen.

(September 1919)

für einen Betrug des Grafen Berchtold geradezu entlasten würden, sind gedruckt, aber nicht veröffentlicht. Das spätere Material liegt bereit, aber noch bis vor kurzem bestand kein Verwendungsplan. Belastendes Material für einen Nachweis deutscher Herbeiführung des Krieges enthalten die Akten nicht, nur den Beweis unglaublicher Kopflosigkeit, Verwirrung und falscher Berechnung, dazu sehr unangenehme Randbemerkungen des Kaisers. Man fragt sich, warum die Veröffentlichung unterblieben, ja von einem der früheren Reichsminister mit Hinweis auf eine unendlich niederdrückende Wirkung geradezu verhindert worden ist.[11] Es ist nur so zu verstehen, daß man die Stimmung für das „Unannehmbar" nicht verderben und den Feinden keine Mittel der Verwirrung in die Hand geben wollte. Außerdem spukt in der Regierung immer noch recht viel von der alten politischen Methode, und, daß Wahrheit und Reinlichkeit jetzt das erste Bedürfnis und die Voraussetzung für die Wiedergewinnung einer einheitlichen Auffassung der Dinge sind, dafür fehlt auch sehr vielen Organen der neuen Regierung noch Sinn und Blick, Geschick und Wille. Das Reich gleicht heute noch vielfach einem Frosch, dem das Gehirn ausgenommen ist, und der die alten Bewegungen nunmehr lediglich als Reflexbewegungen vollzieht, während das eingesetzte neue Gehirn über sich selbst und seine Glieder sich noch nicht ganz klar geworden ist, jedenfalls die Herrschaft über die letzteren noch nicht erlangt hat. Überall noch geht die Idee von beschränktem Untertanenverstand um, der die volle Wahrheit nicht vertragen kann und der homöopathisch behandelt werden muß. Ähnlich handelte der Generalstab, der, wie bereits früher

---

11 Eine regierungsamtliche Dokumentation der deutschen Akten zum Kriegsausbruch 1914 war bereits ab November 1918 von Karl Kautsky im Auftrag des Rats der Volksbeauftragten vorbereitet worden. Die Regierung Scheidemann entschied jedoch nach kontroversen Debatten in den Kabinettssitzungen am 22. März und am 18. April 1919, das Material zunächst nicht zu veröffentlichen, um den Alliierten im Vorfeld der Versailler Friedenskonferenz keine Argumente für eine Kriegsschuldzuweisung an Deutschland zu geben. Besonders entschieden gegen eine Veröffentlichung argumentierte der damalige Reichsfinanzminister Eugen Schiffer (DDP). Die Kautsky-Dokumentation erschien schließlich in überarbeiteter Form im Dezember 1919. Vgl. Die deutschen Dokumente zum Kriegsausbruch (1919); Heinrich August Winkler: Weimar 1918-1933 (1993), S. 87 f. Das Wiener Außenministerium bot der deutschen Regierung im Frühjahr 1919 österreichisches Aktenmaterial zur Veröffentlichung an, das belegen sollte, dass der österreichisch-ungarische Außenminister Leopold Graf Berchtold die deutsche Reichsleitung während der Julikrise 1914 bewusst im Unklaren über die beabsichtigten Schritte gegen Serbien gelassen hatte. Das Angebot wurde vom deutschen Außenminister Ulrich Graf Brockdorff-Rantzau ausgeschlagen. Vgl. Ulrich Heinemann: Die verdrängte Niederlage (1983), S. 44 f. und S. 281.

angedeutet, äußerst wichtige Dokumente für die bedenkliche Stimmung des Generalstabes gegenüber der Flotten- und | Weltpolitik besitzt und dem Weltkrieg mit sehr geringen Hoffnungen entgegenging. Auch er wollte oder sollte zur Reinigung der Atmosphäre durch eine amtliche Publikation beitragen. Aber auch hier haben die Berge eine Maus geboren, ein dünnes Heftchen „Hat der Generalstab zum Kriege getrieben?".[12] Hier ist nichts in extenso mitgeteilt, von allem nur auszugsweise für den Bürger, der nicht zuviel hinter die Kulissen sehen soll, ein kleines Pröbchen mitgeteilt: Apologetik gegen die Feinde, Beruhigung nach innen und wirkliches Verständnis für niemand, außer für den, der die Akten schon kennt. Demgemäß hat auch kein Mensch von dem Heftchen Notiz genommen. Aber die Regierung glaubt ihre Pflicht getan zu haben! Statt für wirkliche Aufklärung zu sorgen, läßt man die Tirpitz und Ludendorff publizieren,[13] die „patriotische" Presse Denkschriften und Briefe veröffentlichen und schiebt selber alles auf die lange Bank des Staatsgerichtshofes, den man, um die Sache umständlicher zu machen, an die Stelle einer parlamentarischen Untersuchungskommission gesetzt hat.[14] Das neue Regiment kann noch nicht regieren und hat noch keinen eigenen Stil, es lebt von der Hand in den Mund, behilft sich mit den alten Beamten und denkt schließlich selber wie diese, da es einen eigenen großzügigen Gedanken nicht hat. Es ist nicht so einfach, aus dem

---

12 Urkunden des deutschen Generalstabs über die militärpolitische Lage vor dem Kriege. Hat der deutsche Generalstab zum Kriege getrieben? (1919). Siehe auch oben, S. 108, Anm. 1.

13 Erich Ludendorff: Meine Kriegserinnerungen 1914–1918 (1921); Alfred von Tirpitz: Erinnerungen (1919).

14 Die Idee eines Staatsgerichtshofs zur Untersuchung der Kriegsschuldfrage bzw. von Kriegsverbrechen war im Vorfeld der Versailler Friedenskonferenz von der Reichsregierung entwickelt worden, um alliierten Forderungen nach Auslieferung deutscher Kriegsverbrecher zuvorzukommen. Der am 12. März 1919 von Reichsjustizminister Otto Landsberg (SPD) vorgelegte Gesetzentwurf zur Errichtung des Staatsgerichtshofs fand jedoch in der Nationalversammlung nicht die Zustimmung der Regierungsparteien Zentrum und DDP. Den im Sommer 1919 im Verfassungsausschuss der Nationalversammlung entwickelten Gegenvorschlag eines parlamentarischen Untersuchungsausschusses lehnte die Reichsregierung in einer Kabinettssitzung am 16. August 1919 ab. Dennoch konstituierte sich schon am 21. August 1921 der Parlamentarische Untersuchungsausschuss für die Schuldfragen des Weltkriegs. Anstelle eines außerordentlichen Staatsgerichtshofs, wurde die Zuständigkeit für die Verfolgung von Kriegsverbrechen schließlich am 18. Dezember 1919 von der Nationalversammlung dem Reichsgericht übertragen; vgl. Das Kabinett Bauer (1980), S. 199 und S. 464; Ulrich Heinemann: Die verdrängte Niederlage (1983), S. 22 ff. und S. 155 f.

Klassenkampf, sozialdemokratischer Agitation und Gewerkschaftsarbeit zu politischer Arbeit für die ganze Nation emporzutauchen.

Einmal wird Klarheit werden, hoffentlich bald und unwiderleglich. Welche sie auch sei, sie ist notwendig, um den ewigen Intriguen, Beschuldigungen, Verhetzungen und Entzweiungen ein Ende zu bereiten und der Nation endlich sichere Kenntnis über das Wesen ihres Schicksals zu geben. Erst dann wird es leidliche Eintracht geben können und wird es möglich sein, von dem Schicksal zu lernen, wozu bis jetzt die Wenigsten Lust haben. Sentimentale Begeisterung über den „Fortschritt" oder sentimentale Märtyrerklagen über die „Tragödie" oder fessellose Gemeinheit und gefräßige Dummheit sind die Mittel, mit denen man sich jetzt über die wirkliche Sachlage wegtäuscht. Die Täuschungen dürfen nicht mehr lange dauern, sonst wirken sie ebenso verhängnisvoll wie früher die zähen Illusionen des Krieges.

Berlin, 10. Aug[ust] [19]19. *Spectator*

Produktivität (September 1919)

Editorische Vorbemerkung: Die Edition folgt dem Text, der erschienen ist in: Kunstwart und Kulturwart, hg. von Ferdinand Avenarius, 32. Jg., viertes Viertel, Juli bis September 1919, Heft 24, zweites Septemberheft 1919, München: Verlag von Georg D. W. Callwey, S. 252–256 (**A**). Der Text erschien in der Rubrik „Vom Heute fürs Morgen" und mit der Datumsangabe 20. August 1919. Demnach ist der Text während Troeltschs Sommerurlaub in Heidelberg von Mitte August bis Mitte September 1919 entstanden. Dies dürfte der Grund sein, dass in ihm inhaltlich im Vergleich zu den vorhergehenden Texten die tagespolitische Thematik hinter mehr grundsätzliche Reflexion zurücktritt.

Produktivität

Als ich in diesem Frühjahr in Holland war,[1] kam ich mit einem jungen und liebenswürdigen Großindustriellen ins Gespräch. Seine Hauptfrage war: „Wie steht es in Deutschland mit der Produktivität, der Produktionsmöglichkeit und vor allem dem Produktionswillen? Wenn Deutschland nicht zu seinem alten Fleiße zurückkehrt und dementsprechend Güter erzeugt und bedarf, dann ist auch Holland in übelster Lage. Denn es ist auf sein Hinterland bedingungslos angewiesen." Ich antwortete ihm, daß das allerdings der schwierigste und dunkelste Punkt der Lage sei; rein objektiv sei trotz der noch fortdauernden, alles erwürgenden Blockade Arbeitsmöglichkeit, Material und Bedürfnis nach geleisteter Arbeit reichlich vorhanden; aber subjektiv hätten Arbeitswille und Arbeitsgesinnung wie so viele andere psychologische Voraussetzungen des bisherigen Lebenssystems ein arges Loch erhalten, von dem niemand wisse, wie es wieder zugestopft werden könne. Mein Unterredner erwiderte, daß das sich nicht

---

[1] Vom 2. bis 7. April 1919 absolvierte Troeltsch eine Vortragsreise in den Niederlanden mit Vorträgen in Utrecht, Leiden und Amsterdam. Die Reise wurde von der Nederlandsch-Duitsch Genootschap voor akademisch verkeer organisiert, die während des Ersten Weltkriegs auf Initiative der Propagandastelle („Hilfsstelle") der deutschen Gesandtschaft in Den Haag gegründet worden war. Vgl. die Dokumente im Bundesarchiv Berlin, R 901 Zentralstelle für Auslandsdienst, 71891, Nicole P. Eversdijk: Kultur als politisches Werbemittel (2010), S. 353 f.

auf die kriegführenden Länder beschränke; in Holland seien, wenn auch etwas gemäßigter, die gleichen Konsequenzen eingetreten; man habe sich bequemen müssen, ein neues Wort „Arbeitsscheu" zu bilden, das bisher dem holländischen Sprachschatz gefehlt habe und das nunmehr die sorglichste Erscheinung der Gegenwart bedeute; die gleichen Nachrichten kämen aus England und Frankreich; hier liege allem Anschein nach das ernsteste von den vier Jahren des Kriegswahnsinns hinterlassene Problem.

In der Tat, so ist es. Die inzwischen geschehenen Dinge haben diesen Sachverhalt weiterhin bestätigt und erleuchtet. Die psychologischen Grundvoraussetzungen des bisherigen Systems der ganzen europäisch-amerikanischen Kultur haben eine tiefe Erschütterung erfahren, von der niemand weiß, ob sie vorübergehend oder ob sie endgültig ist, ob sie ein Ende des Systems bedeutet oder wo überhaupt sie enden wird. Welches waren diese Voraussetzungen? Sie bestanden in einem beinahe unbedingten Arbeitswillen, oben und unten, in der Arbeit um der Produktion und um der in den aufgehäuften Gütern und Reichtümern liegenden grenzenlosen Chancen willen. Wirtschaft, Politik, Bevölkerungsmasse, Arbeitswillen und grenzenloser Fortschritts-Optimismus gehörten eng zusammen als sich gegenseitig bedingende und fördernde Grundelemente dieser stürmisch zur Herrschaft über die Planeten emporstrebenden Kultur und dieser zahllose Bedürfnisse der Sauberkeit, der Ordnung, des Komforts befriedigenden und erzeugenden Zivilisation. Die Menschenfülle Europas war im 19. Jahrhundert zum Ungeheuerlichen emporgestiegen, und die auf engem Raume zusammengedrängten, unter sich grausam rivalisierenden Staatsindividualitäten des alten Europa betrieben mit Hilfe ihrer ungeheuren Rohstoffverarbeitung, Gütererzeugung und Kapitalausfuhr eine geradezu gigantische Weltpolitik, bei der sich Ansprüche und Leistungen auf Kosten der übrigen Welt ins Unerhörte | erhoben. Psychologische Voraussetzung für all das war der Glaube an die Bestimmung Europas zur Weltherrschaft und der Glaube an die Möglichkeit, diese europäische Zivilisation aus immanenten Kräften heraus fortwährend steigern oder doch mindestens immer in der gleichen Produktivität erhalten zu können. Die noch tiefer liegende letzte psychologische Voraussetzung aber war die allgemeine Arbeitsgesinnung, die körperliche und geistige Kraft an einen immer feiner ausgeklügelten Arbeitsprozeß wie an eine alles fordernde Gottheit in blindem Glauben und zweifellosem Hoffen restlos hinzugeben bereit war. Das war und ist Psychologie und Ethos des Unternehmertums aller Arten, der Beamtenschaft, der Militärs und der intellektuellen Welt der Denker, Entdecker, Erfinder und Journalisten. Es war aber, was noch viel wichtiger ist, auch Gesinnung, Gewohnheit und Selbstverständlichkeit der arbeitenden Massen, die trotz aller steigenden Kritik an diesem System

A 253

hohe Volksziffern, ungeheure Produktivität und modernen Lebensstandard auch ihrerseits für selbstverständlich hielten, und vor allem der Gewohnheit einer alle Kräfte anspannenden Arbeit ohne viel Gedanken folgten und nur etwa höhere Löhne und kürzere Arbeitszeiten forderten, ohne auf den Gedanken zu kommen, daß damit das ganze System der in aller Weltgeschichte bisher unerhörten, märchenhaften Produktivität selbst gefährdet werde. Wie die antike Welt in ihrer Blüte auf dem Sklaventum und auf dem Glauben an die natürliche Bestimmung gewisser Rassen und Menschen zum Sklaventum beruhte, so beruht heute die moderne auf diesem allgemeinen Willen vor allem der Massen zur Produktivität. Und wie freie, am eigenen Ertrag interessierte Arbeit sich von der unfreien, keiner breiten Entwicklung fähigen und vom Interesse wenig befeuerten Sklavenarbeit unterscheidet, so unterscheiden sich auch die Bevölkerungsziffern, der Fortschrittswille und die Güterproduktion der Zeiten. Vor allem ein Punkt kommt noch in Betracht. Das moderne System ist seelenraubend, aber berauschend für Führerarbeit mit ihren großen Gewinnen und Triumphen, mit ihrem Herren- und Fortschrittsgefühl; es ist erträglich für qualifizierte Arbeit mit ihren Löhnen und ihrer geistigen Anregung zum Zusammenschluß der Gewerbegruppen und zum politischen Kampf. Aber es ist sehr viel schwerer erträglich für die gemeine, schmutzige, grobe und völlig geistlose Arbeit, für die *Artes sordidae*,[2] die der antike Mensch vor allem den Sklaven überließ und für die Sklaven zu haben wie eine Art Naturgesetz der aristokratischen Weltordnung erschien. Die heutige Arbeit hat vielfach auch ihrerseits dafür auswärtige, fremde, ärmere und elendere Völker herangezogen, Polen, Russen, Italiener oder japanische und chinesische Kulis. Sie nehmen einen großen Teil der *Artes sordidae* ab, welche auch dem dumpfesten Produktions- und Arbeitswillen der modernen Gütererzeugung nicht mehr erträglich scheinen.

Das ist nun gründlich anders geworden durch vier Jahre Weltkrieg, durch Zerbrechung der Arbeits- und Fabrikdisziplin, durch Verwandlung der Fabrikarbeiter in Abenteurer, Landsknechte, Herrenmenschen, die außer der militärischen Disziplin völlig frei sind; aber auch durch die Zerbrechung des Fortschrittsglaubens und der Lebensbedingungen, an deren Stelle teils finsterster Pessimismus, teils phantastische Hoffnung auf beliebige Abänderbarkeit getreten ist. Die Kriegswirtschaft aller Länder hat die Kontinuität und Selbstverständlichkeit der alten Wirtschaft aufgehoben, und der Wahnsinn,

---

2 Lat.: „schmutzige Künste", synonym: *Artes mechanicae* („praktische Künste"); antike und mittelalterliche Kennzeichnung für als niedrigstehend betrachtete handwerkliche Arbeiten, deren Ausübung (im Unterschied zu den *Artes liberales*) auch Unfreien erlaubt war.

Millionenvölker in Kriegslager zu verwandeln und Kriegspfade gehen zu lassen wie einst Zimbern und Teutonen oder Hussiten und Hunnen, hat alle bisherige Psychologie umgestürzt, äußerste Erschöpfung mit wieder erwachender Primitivität gemischt. Nicht zum mindesten kommt aber auch der Wegfall der Kulis und des Kuli-Ersatzes in Betracht, da jedes Land seine eigenen Leute nötig hat und der Völkerhaß die Völker gegeneinander absperrt. Es kommt den Menschen zu Bewußtsein, daß diese ganze Arbeitshetze ein fürchterlicher Kräfte- und Nervenverbrauch war, daß der Massenarbeiter an seiner entseelten Massenproduktion keine Freude haben kann, daß dieses Leben | eine ewige Fron ist und der Gewinn der Zivilisation die Anstrengung der Arbeit nicht lohnt. Die Menschen wollen überall weniger arbeiten, mehr Freiheit für den Selbstgenuß des Lebens, mehr geistigen Gehalt oder doch mehr vegetatives Behagen. Sie hassen die Hetzpeitsche, die rationelle Kräfte-Ausnutzung und die unvermeidlich damit verbundene Unfreiheit; sie setzen die Arbeit einfach aus und lassen sich von den angeblichen Reichen ernähren, deren Reichtum in Wahrheit doch nur in Anlagen besteht, die durch Arbeit ertragreich gemacht werden können; oder sie geben sich Theorien hin, die den praktischen Effekt der bisherigen Arbeitsamkeit auch bei Beseitigung der bisherigen Ansporunng festhalten zu können überzeugt sind. Die Psychologie, die Dogmatik und Ethik der Arbeit, die in Wahrheit zusammen mit einem vagen Fortschrittsglauben die moderne Religion war, sind erschüttert; von Grund aus bei den Trägern der Durchschnitts- und Massenarbeit, nicht unerheblich auch bei den Gebildeten und Intellektuellen. Den Lumpen und Verbrechern, deren Zahl und Gewöhnung der Krieg stark vermehrt hat, paßt das auch, und sie fördern, vornehme und geringe, auch an ihrem Teil diese geistige Atmosphäre. Am wenigsten von der Zersetzung der modernen Arbeitspsychologie ergriffen ist natürlich der kleine Landbesitzer, der mit seinem Boden in einem lohnenden und durchsichtigen, seelisch ohne viel Theorie befriedigenden Verhältnis steht. Dahin wenden sich auch die besseren zurück.

Von dieser Zersetzung ist Deutschland stärker ergriffen als die andern Länder, aber^a sie geht durch die Welt. Der Geist des modernen Europäertums hat einen Knick erhalten. Schon triumphieren die Orientalen, die gerade diesen Geist für den einer unvornehmen Hetze, einer gemeinen Räuberei und einer gottlosen Selbstvergötterung hielten und halten. In Amerika, das die reichsten Früchte des Krieges unter rasender Selbstbewunderung pflückt, scheint der Bruch am geringsten; dort hat man aber auch die europäischen und asiatischen Kulis und wird sie in steigendem Maße haben. Dort regt sich als Folge des Krieges geradezu ein Geist der Überspekulati-

---

a *A:* oder

on und triumphiert der Kapitalismus mit seinem Arbeitsprogramm und seinem individualistisch-demokratischen Fortschrittsglauben. Man glaubt dort durch den Versailler Frieden auf den sozialistischen, dem Konkurrenz- und Arbeitssystem entgegengesetzten Glauben ein Siegel zu ewigem Verschluß gelegt zu haben. Überall sonst aber bei Kriegführenden und Neutralen ist „Arbeitsscheu" und „Lohnbewegung" die Konsequenz des Weltkrieges der allgemeinen Wehrpflicht geworden. Er war und ist die Revolution des kapitalistischen Arbeits-Ethos und seiner Psychologie. Das allein ist der tiefere Sinn des Wortes, daß der Weltkrieg die Weltrevolution sei; an eine allgemeine Weltherrschaft des Proletariats ist nicht zu denken. Das besiegte, zertrümmerte, aus allen Hoffnungen herausgeworfene, vor anscheinend unmöglichen Lebensbedingungen stehende Deutschland ist aber freilich am schärfsten getroffen, um so schärfer, als es in seiner Arbeitspsychologie alle anderen Länder noch weit überbot und dadurch ja auch vor allem deren Haß erregt hatte. Hier in Deutschland ist der ganze Geist und die ganze Materie zugleich im Aufruhr.

In den einzelnen Ländern stehen die Dinge verschieden. In Rußland, das die moderne Arbeitspsychologie überhaupt nur ausnahmsweise kannte und das eben damit seine Nichtzugehörigkeit zur abendländischen Welt bezeugt, ist der Untergrund der Bewegungen ein ganz besonderer und hat darum die soziale Erlösungs- und Revolutionstheorie ein anderes rein theoretisches Gesicht angenommen, sind die praktischen Reibungen mit dem wirklichen Gesellschaftsbestand viel geringer und ist das Problem darum überhaupt ein anderes. Aber in der ganzen übrigen „Kulturwelt" ist das seit lange drohende Problem der Begründung unserer Kultur auf übermäßiger und seelischer gleichgültiger Massenarbeit brennend geworden. Die unterirdischen schwelenden Brände sind durch den Weltkrieg zur lodernden Flamme geworden. Das ist es vor allem, was man sich klar machen muß, wenn man die Weltlage und die Lage Deutschlands insbesondere verstehen will. Ein Umschwung in | den Grundvoraussetzungen und Selbstverständlichkeiten des Lebens ist im Gange.

Wichtig ist das insbesondere noch für das Verständnis der Lage der Sozialdemokratie. Sie hat dieses Grundgebrechen der modernen Kultur längst erkannt und den Sinn dafür mit allen erdenklichen Mitteln geschärft. Aber ihr ganzer Gedanke war dabei doch der, die ungeheure moderne Produktivität und ihre Menschenzahlen zu erhalten, ja noch zu steigern. Dieses Wunder wollte sie erreichen durch noch viel rationellere Produktion, Arbeitsorganisation und Güterverteilung. In diesem Sinne war die Sozialdemokratie noch eine Überbietung des Produktivitäts- und Organisationsfanatismus, geradezu ein Gipfel der Rationalisierung und Mechanisierung, der alles Irrationale, Individuell-Abenteuerliche, Instinktive und Anarchische beseitigte und den arbeitenden Menschen vollends zum alleinigen Gott, zur Vorsehung und zum Selbsterlöser machte. Nur sollten andere Organisation, Verteilung und egalisierende Erziehung das Wunder gesteigerter Güterfülle bei geringerer Arbeit hervorbringen. Kam die Sozialdemokratie ihren Plänen gemäß durch Erringung der politischen Herrschaft zur Ordnung und Leitung der ganzen Kultur, so wollte sie eine vom Kapitalismus erarbeitete höchste Produktionswirtschaft einfach übernehmen und steigern, zugleich die intensivste und allgemeinste Arbeitsgesinnung bei bloß geringerer Arbeitszeit fortsetzen. Nun hat es das Schicksal gewollt, daß sie eine völlig zusammengebrochene Wirtschaft übernehmen mußte – anders wäre sie freilich wohl überhaupt nicht ans Regiment gelangt –, vor allem aber, daß sie mit den Folgen des Weltkrieges auch die Zerstörung der Arbeitspsychologie und des Produktionswillens überhaupt zu übernehmen hatte. Nicht Organisation und Intensivierung der Arbeit bei gleichzeitiger Verkürzung der Arbeitszeit wollen jetzt die Menschen, sondern Freiheit von jeder Disziplin und rationellen Einschirrung, Minderung der Arbeit überhaupt und vegetative, ausruhende Existenz. Das ist heute das schwerste Problem der herrschenden Sozialdemokratie in Deutschland. Noch glauben die Massen an die sozialistische Verheißung einer unerhörten, allgemeinen und gleichen Güterfülle, aber sie wollen die Arbeit und die Disziplin nicht leisten, die doch allein allenfalls dazu führen könnte. So kommen wieder die alten utopistischen Theorien der vormarxistischen Sozialdemokratie, die alten kommunistischen Teilungspläne und der Anarchismus des *dolce far niente* in die Höhe. In welchem Verhältnis solche Theorien zur Bevölkerungsziffer stehen und wohin sie schließlich führen müssen, darüber denkt man nicht nach. Noch herrscht der Rausch des Glückes ohne Arbeit und Produktion. Der Katzenjammer wird nicht ausbleiben. Und schon fehlt es nicht an Leuten, welche einsehen, daß der geringeren Produktivität eine geringere Bevölkerungszahl und dem Ekel an der mechanisierten Massenproduktion die Rückkehr zur Landwirtschaft und ständisch-erblichen Beruhigung der Bevölkerungsbewegung überhaupt entsprechen würde.

Es hat heute noch keinen Sinn, die Ergebnisse zu prophezeien. Vielleicht greift die seelische Umwälzung nicht so tief, als es zunächst scheint; vielleicht lassen sich Arbeit und Verzehr in der Tat zweckmäßig verkürzen und in dem verbleibenden Reste von wirklich notwendiger Industrie mit sozialistischer Hilfe und mit Rückkehr zur Vernunft eine erträgliche Ordnung und Produktivität zugleich wieder herstellen. Vielleicht! Das populäre Problem, ob „die Leute wieder arbeiten lernen", wird irgendwie und irgendwann gelöst werden und gilt ja überhaupt nur für Teile der Bevölkerung. Immerhin wirft doch folgende Tatsache ein bedeutsames Licht auf die Zustände: In einer süddeutschen, völlig protestantischen Stadt wußte der Direktor einer großen Irrenklinik sich gegenüber Disziplinlosigkeit, Unzuverlässigkeit und Lohnforderungen seines Personals nicht zu helfen. Nach langen und mühsamen Verhandlungen kündigte er schließlich rasch entschlossen dem ganzen Personal und übergab die Anstalt einem sehr strengen katholischen Orden. Nun geht die Sache wieder. Das ist ein lokales Ereignis, aber dieses Ereignis deutet einen Weg an, auf dem die Dinge vermutlich nicht bloß | in den offiziellen Irrenhäusern sich entwickeln werden.

Berlin, 20. 8. [19]19 *Spectator*

Der neue Geist (Oktober 1919)

Editorische Vorbemerkung: Die Edition folgt dem Text, der erschienen ist in: Kunstwart und Kulturwart, hg. von Ferdinand Avenarius, 33. Jg., erstes Viertel, Oktober bis Dezember 1919, Heft 1, erstes Oktoberheft 1919, München: Kunstwart-Verlag Georg D. W. Callwey, S. 27–31 (**A**). Der Text erschien in der Rubrik „Vom Heute fürs Morgen" und mit der Datumsangabe 4. September 1919. Demnach ist der Text während Troeltschs Sommerurlaub in Heidelberg von Mitte August bis Mitte September 1919 entstanden. Wie schon in dem vorhergehenden Spectator-Brief „Produktivität" (mit der Datumsangabe 20. August 1919) bleibt daher die tagespolitische Thematik in ihm eher im Hintergrund. Stattdessen schöpft Troeltsch hier vorrangig aus seinen Lektüreeindrücken.

Der neue Geist

Liest man das Buch von Barbusse „Das Feuer",[1] so stößt man dort in einer äußerst ergreifenden Weise stets von neuem auf den Gedanken, den der vierjährige Krieg der allgemeinen Wehrpflicht und der modernen Technik | in den kämpfenden Millionen massenhaft geweckt hat: dieser Krieg der letzte Krieg. Nichts ist so wahr als die ein paarmal wiederholte Bemerkung alter Landsturmmänner gegenüber den wilden Kriegsinstinkten der Kolonialtruppen: Wir sind ja im Grunde keine Soldaten, sondern Menschen, Familienväter und Arbeiter bürgerlicher Berufe, die nur die äußerste Not des Vaterlandes alle zu Soldaten macht und mit den fürchterlichen Waffen und Künsten der modernen Technik ausrüstet zum Zwecke einer Zerstörung, die allen unseren sonstigen Lebensinstinkten gänzlich entgegen ist. Von diesen Empfindungen aus ist die Parole in der Welt entstanden und mächtig geworden: Beseitigung des Krieges, Beschränkung der bisherigen bedingungslosen Idee der Souveränität der Staaten, Völkerbund, nationale Gerechtigkeit und gegenseitige Garantie des nationalen Bestandes und der nationalen Wirtschaft. Es schien eine Zeitlang, als sollte das der neue Geist eines neuen Zeitalters werden, die bisherige politische Ideologie des Kampfes ums Dasein und des heroischen nationalen Ehrgeizes ablösen, das

---

1 Henri Barbusse: Das Feuer (1918).

Zeitalter der Rankeschen „großen Mächte"[2] zu einem Intermezzo zwischen dem Zeitalter des mittelalterlichen Ideals der Kirche und der Christenheit und dem Zeitalter des Völkerbundes machen. Es schien, als sollte die seit langem fühlbare Abwendung der Zeit von alten Ideen und Hoffnungen, die überall gärende Unruhe und Unbefriedigtheit des modernen Geistes in diese neue und edle Ideenwelt ausmünden und sich damit den Boden neuer, menschlicherer und universalerer Schöpfungen bereiten. Dieser neue, längst als Gegenmittel gegen den bewaffneten Frieden des Wettrüstens und der imperialistisch-kolonialen Konkurrenz gepredigte Geist schien dabei wahlverwandt mit den Ideen der Demokratie und des Sozialismus. So schien es nur der Zuwendung der bisher in Europa verbliebenen Autokratien zur Demokratie und der Demokratie selber zum Sozialismus zu bedürfen, um das ersehnte Zeitalter eines großen und ungeheuren Fortschrittes heraufzuführen, des ersten großen neuen Fortschrittes seit Reformation und Renaissance, die endliche praktische Auswirkung der Humanitätsidee der Aufklärung. Diese Verheißungen erfüllten vor allem die Polemik der Entente-Literatur gegen die Mittelmächte. Aber sie wurden auch bei diesen selber immer mächtiger und gewannen die Seele der am meisten leidenden Teile der Bevölkerung, der demokratisch Gesinnten, der Sozialisten und insbesondere eines großen und einflußreichen Teiles des literarischen Judentums, während andere wohl auch die relative Wahrheit der Unmöglichkeit solcher Millionenkriege, Hungerblockaden und technischen Vernichtungswerke empfanden, aber der Ehrlichkeit oder Durchführbarkeit solcher Ideen nicht trauten.

Daß dem Kriege ähnlich wie dem Dreißigjährigen Kriege und dem durch ihn beendeten Zeitalter der konfessionellen Dogmen ein neuer Geist und ein Bruch mit den heroisch-militärisch-imperialistischen Dogmen folgen werde, das war allerdings unschwer vorauszusehen und darf auch heute sicherlich für große Teile der Welt als gewiß gelten. Aber ist der bevorstehende neue Geist, den alle Welt als alleinige Lösung der unentwirrbar gewordenen nationalistisch-imperialistischen Probleme ersehnte oder doch erwartete, nun in der Tat in diesem pazifistisch-demokratischen Evangelium erschienen? Ist er der neue Geist, das Ergebnis der von uns allen empfundenen inneren Umwälzung der Welt? Wilson hat ihn gepredigt, und seine anfängliche Ehrlichkeit braucht nicht um deswillen geleugnet zu werden, weil dieser Geist mit dem Vorteil und der Überlieferung Amerikas zusammenfiel. Er braucht auch deswegen nicht geleugnet zu werden, weil derselbe Wilson viel zu klein und schwach war, um diesen neuen Geist durchzuführen, vielmehr beim Frieden so gut wie alles vergaß und verleugnete.

---

2 Vgl. Leopold von Ranke: Die großen Mächte (1872).

(Oktober 1919)

Man kann Wilson völlig beiseite lassen und muß auch dann bei dem Blick auf den Ausgang des Krieges und die ersten „Friedenszeiten", ja schon beim Rückblick auf die Weltfriedensliteratur selbst sagen: Nein: dieser pazifistisch-demokratische Geist ist nicht der neue Geist. Sieht man sich die Sache auch nur bei Barbusse selbst näher an, so ist es hier ein Dogma, daß der Kriegsgeist wie ein Embryo im Bauche des Deutschen Reiches stecke, daß das „Biest", Wilhelm II., den Krieg freventlich entfesselt habe und daß Frankreich mit der Demokratisierung und Pazifizierung der Welt seine alte große Mission aus den Zeiten der Revolution aufnehme, die es seinerzeit an die Spitze Europas gebracht habe. Man sieht deutlich in allem Pazifismus die französische Vormachtstellung. Oder man nehme ein unzweifelhaft ehrliches amerikanisches Buch wie Babsons „The Future of Mankind"³ zur Hand, und man wird finden, daß der Völkerbund natürlich auf der amerikanischen, etwa mit England vorsichtig zu teilenden, Weltherrschaft beruht und die unbedingte Seepolizei durch eine alles beherrschende Vormacht bedeutet. Für England war bei aller fortschreitenden Demokratisierung der Satz, daß das britische Reich auf der absoluten Seeherrschaft seinem ganzen Wesen und Begriff nach beruhe, überhaupt nie in Zweifel gezogen, und die humane Auslegung des Satzes bestand nur darin, daß eine solche absolute englische Seeherrschaft dem Gedeihen und der inneren Entwicklung aller Völker diene und alle durch solche Herrschaft, wenn sie sie anerkannten, nur glücklich geworden seien. Die modernen Demokratien{a} sind eben gerade nicht Mächte der nationalen Gerechtigkeit und der Selbstbescheidung der Großen, sondern sind alle imperialistisch geladen. Die jeweilige Moral und Humanität ist nur die Selbstrechtfertigung solcher Gesinnungen vor den der Moral und des guten Gewissens bedürfenden Massen und hindert nicht, daß Völker, deren geographisches und historisches Schicksal sie diesen Ansprüchen in den Weg stellt, von ihnen als völlig vernichtungswürdig betrachtet und behandelt werden. Das ist denn ja auch ganz offenkundig das Wesen des Versailler Friedens. Wilson gehört zu den Besiegten des Krieges. Wenn wir in Mitteleuropa uns heute auf den Standpunkt der Demokratie, des Völkerbundes und der nationalen Gerechtigkeit stellen, so ist das nicht der Durchbruch eines neuen Glaubens und einer neuen Leidenschaft, sondern die alleinmögliche politische Basis der kleinen und ohnmächtigen Völker und Staaten des Kontinents, die nur auf diesem Wege wieder zu einer bescheidenen politischen Existenz kommen können. Die Zeit ist vielleicht

---

a *A:* Demokraten

---

3 Gemeint ist wohl Roger Ward Babson: The future of world peace (1915).

nicht ferne, wo auch Italien und Frankreich eine ähnliche Plattform beziehen müssen, sobald Frankreich mit seiner Rolle, der grausame Büttel des angelsächsischen Konzerns sein zu dürfen, sich nicht mehr ganz befriedigt fühlt. Die Rankesche Lehre von den großen Mächten gilt heute nur mehr von den Mächten des Atlantik und des Stillen Ozeans, nicht mehr von denen Kontinental-Europas. Man braucht nur Friedjungs „Zeitalter des Imperialismus",[4] eine interessante Mischung von Geschichtskalender, Leitartikel und klugem diplomatisch-militärischen Räsonnement, zur Hand zu nehmen, um sich davon zu überzeugen, wenn man es nicht allein einsieht.

Was aber ist dann der „neue Geist", dessen Heraufkommen wir doch in allen Knochen spüren und von dem nur die alten Besitz- und Bildungsschichten, die Historiker und Juristen, grundsätzlich nichts merken? Viele werden geneigt sein, auf den Sozialismus hinzuweisen, auf die große Weltrevolution, die der Krieg in Wahrheit bedeutet habe und als welche er sich weiterhin vollenden werde. Allein das ist doch nur ein Traum des russischen Bolschewismus, der sich die Herrschaft und den Terrorismus einiger Fanatiker im Namen des Proletariats überall so leicht durchführbar denkt wie in Rußland, wo das unendlich feine Instrument der modernen Wirtschaft noch nicht die Lebensvoraussetzung des ganzen Volkes ist und der dumpfe Grübelsinn psychologisch geneigter ist für erlösende Weltrevolutionen als die psychologischen Voraussetzungen Mittel- und Westeuropas. Der russische Traum ist als Welttraum heute schon ausgeträumt und lediglich zu einem russischen Albdruck geworden. Weniger phantastisch hat der deutsche Sozialismus sich eine Empörung aller Proletarier der Welt gegen den Imperialismus und daraus eine praktische, vernünftig organisierte Weltordnung durch deren Verbindung erwartet. Allein die großen Weststaaten kennen auch den deutschen Doktrinarismus und Mensch|heitsglauben nicht. Sie werden ihre Regierungen mit schweren Unruhen und harten Forderungen plagen, aber auf den Mitgenuß des Sieges nicht verzichten, vor allem auch Militär und Flotte ihrer Länder nicht auflösen, wie das die Deutschen in dem Gefühl ihres Besiegtseins taten. Der deutsche Sozialismus wird eine Forderung der inneren Politik und ein Werk der Not sein, das daneben alle Kraftquellen persönlicher Initiative zugleich öffnen muß. Nur so wird Deutschland leben können. Aber von einer ideellen Wiedergeburt durch den Sozialismus ist nicht einmal hier im engeren Deutschland die Rede, von einer neuen Weltordnung ganz zu schweigen. Und überhaupt muß man fragen: Ist denn der Sozialismus überhaupt ein neuer Geist? Ist er nicht vielmehr umgekehrt nur der Gipfel der Organisation und Rationalisierung,

---

4 Heinrich Friedjung: Das Zeitalter des Imperialismus 1884–1914, Band 1 (1919).

der vielleicht notwendige Abschluß der Mechanisierung? Ist er nicht seinerseits ebenso die Vollendung des rationalisierten Aufklärungs-Staates, wie der humanitär-demokratische Pazifismus die Vollendung der Humanitäts-Idee der Aufklärung ist? Einen eigenen geistigen Gehalt besitzt er überhaupt nicht, da er ja die völlige Abhängigkeit des Geistes von Wirtschaft und Materie lehrt. Wenn er die „Bildung" allen möglichst gleich zugänglich machen will, so ist doch von irgendeinem geistigen Inhalt dieser Bildung nirgends die Rede, sondern nur von den materiellen Vorteilen und von der persönlichen Satisfaktion, die die Heraufhebung oder Herabdrückung aller auf eine gemeinsame Stufe der üblichsten Durchschnittsbildung gewähren kann. Deshalb sind dem Sozialismus in dieser seiner Siegesstunde auch keine geistesgewaltigen Denker und Politiker erstanden, kein neuer, begeisterter Nachwuchs gedankenreicher und hoffnungsvoller Jugend erwachsen. Er hat seine tüchtigen und erprobten alten Parteifunktionäre, seine karrierelustigen November-Sozialisten und seine konfusen Literaten aller Sorte, die mit einem Marx und Lassalle nicht in einem Atem genannt werden können. Geistreiche Köpfe wie Lensch sitzen so gut wie neben draußen, und ein Prophet des Sozialismus wie Plenge predigt über die Köpfe der Massen weg, da sein Sozialismus der Organisation etwas völlig anderes ist als der Sozialismus der Gleichheit und der Arbeitsentlastung, den die Massen wollen.

Also auch hier sitzt der „neue Geist" nicht. Wo aber dann? Die Frage muß von neuem gestellt werden. Wendet man sich an Kunst, Wissenschaft und Philosophie, an die im Besitz der bisherigen wissenschaftlichen Bildung befindliche Jugend, also an die Schichten, in denen der Geist und seine neuen Entwicklungen naturgemäß trotz aller Talente der Proletarier ganz überwiegend zu Hause ist, dann erfährt man allerdings eine Antwort. Allein es ist eine trübe und finstere, sehr wenig fortschrittliche Antwort. Hier treffen wir den Haß gegen alles historische Erbe, gegen die Wissenschaft und die Zucht, gegen die Form und gegen jedes bestimmte, seiner selbst gewisse Credo, gegen jede Selbstbefestigung in notwendigen und gültigen Wahrheiten, Formen und Regeln. Wir treffen den Anarchismus. Er schmückt sich mit den Federn Nietzsches und berauscht sich an allem Geist, der aus Nietzsche gesogen werden kann. Nietzsches Willen zur Form und Zucht, seinen höchsten Zielen zustrebenden Glauben vergißt man oder hält man für altmodische Reste. Das ist es, was man auf dem tiefsten Grunde der Zeit trifft, was sich seit langem ankündigte und was heute sich als Geistesfreiheit und neuer Geist bewundert. Aber hinter diesem Anarchismus liegt ein noch tieferer Grund. Er selber strebt ja nach Freiheit und Produktion, nach neuer Schöpfung und Gestaltung. Aber da steht ihm das Erbe der Jahrtausende, der Antike und des Christentums, des Naturalismus und der modernen wissenschaftlich-technischen Kultur überall entgegen. So zerstört er vor allem dieses Erbe und glaubt, daß dann Freiheit und Schöpfung von selber kommen werden. Das ist der Geist des Nihilismus als Voraussetzung des erhofften Neulands, die Vernichtung als erste Abschlagszahlung auf eine geistige Erneuerung, von der selbst nichts zu spüren ist, die aber die Folge der Vernichtung sein wird. Das geht durch den ganzen Kontinent, England und besonders Amerika sind davon verhältnismäßig frei. Das ist in letzter | Linie der neue Geist, der sich darum auch über Bürgertum und Wissenschaft so erhaben fühlt und mit den sozialistischen Vernichtern, die es freilich ganz anders meinen, gerne kokettiert, der auch sonst alles an sich zieht, sofern es nur neu ist und dem erdrückten und ermatteten Geschlechte das Hochgefühl unerhörter Interessantheit geben kann, feineren Naturen den Raum zur Schöpfung zu bieten scheint. Die gigantische Entwicklung und machtvolle Lebensfülle des letzten Jahrhunderts ist in völlige Ermüdung und Erschöpfung umgeschlagen. Man sucht in fieberhaften Träumen die Freiheit und Gesundheit der Barbarei, man schwelgt in dumpfer Mystik, aus der man die Geburt von irgend etwas Neuem, Erlösendem, Großen und Schöpferischen erwartet, ohne sich gleichzeitig der alles zersetzenden Kritik ergeben zu wollen.

Vieles davon ist bloße Eitelkeit und Marktberechnung, künstliche Züchtung der Mode und des Geschäftes. Aber Anarchismus und Nihilismus sitzen tief, das darf man sich nicht verbergen. Viele trösten sich damit, es sei eine vorübergehende Slawisierung Europas, ein Import von außen. Allein, die Wahrscheinlichkeit ist leider größer, daß das ganz von innen heraus kommt, aus der Überkultur und dem Übermaß des Intellekts. Das späte Altertum hat in Kynikern, Antinomikern, Gnostikern, Mönchen und Eremiten den Anarchismus aus den gleichen Gründen auch gehabt. Der Nihilismus freilich fehlte ihm; dazu hatte es noch zu viel Respekt vor natürlichen und göttlichen Ordnungen und waren die antiken Menschen nicht eitel und dumm genug. Ist das nun wirklich ein Verfall wie der des Altertums, und gleicht der englisch-amerikanische Konzern wirklich dem römischen Reich, das den Hellenismus und die Diadochenreiche unter die Ordnung seiner gesunden Brutalität brachte? Jedenfalls ist das eine sicher: gibt es einen erlösenden „neuen Geist", dann kann er nicht der des Anarchismus und Nihilismus, auch nicht der der pazifistischen Demokratie oder des proletarischen Sozialismus sein, sondern ein Geist des Glaubens, der sein Schicksal auf sich nimmt und der neuen Lage gemäße neue Gedanken findet aus dem Schatz des Alten.

Berlin, 4. 9. [19]19.   *Spectator*

„Der Untergang des Abendlandes" (Oktober 1919)

Editorische Vorbemerkung: Die Edition folgt dem Text, der erschienen ist in: Kunstwart und Kulturwart, hg. von Ferdinand Avenarius, 33. Jg., erstes Viertel, Oktober bis Dezember 1919, Heft 2, zweites Oktoberheft 1919, München: Kunstwart-Verlag Georg D. W. Callwey, S. 83–87 (**A**). Der Text erschien in der Rubrik „Vom Heute fürs Morgen" und mit der Datumsangabe 19. September 1919. Wie die beiden vorhergehenden Texte entstand er während Troeltschs Sommerurlaub in Heidelberg von Mitte August bis Mitte September 1919 und schöpft daher vorrangig aus Lektüreeindrücken. Insbesondere greift Troeltsch hier auf seine Rezension des ersten Bandes von Oswald Spenglers „Der Untergang des Abendlandes" zurück, die im September 1919 in der „Historischen Zeitschrift" erschien, in: KGA 13, S. 445–459.

„Der Untergang des Abendlandes"   A 83

Die unerhörte Furchtbarkeit unseres Schicksals, die Zerbrechung aller bisher so sorgfältig konstruierten Entwicklungslinien und die vollständige Unsicherheit und Unbestimmbarkeit des Fortgangs führen uns heute immer von neuem zum Aufsuchen welthistorischer Parallelen. In der Art, wie dieses geschieht, äußert sich denn auch die allgemeine Einstellung auf die Ereignisse, spiegeln sich die Gruppen und Schichten des gegenwärtigen Deutschlands.

Die Nationalen und Konservativen denken an Jena und Tilsit, um dann freilich sofort auf Leipzig und Waterloo hoffen zu können.[1] Sie schlagen die Fichte-Töne an, wobei dessen naturrechtlicher Demokratismus und Kosmopolitismus gerne vergessen werden, wenn man nicht etwa gerade in ihm das Bindeglied zwischen beiden Mächten, einen neuen Nationalismus, sucht. Allein das wieder auferstehende Preußen-Deutschland von damals war die-

---

[1] Anspielung auf die Niederlage Preußens gegen das napoleonische Frankreich im vierten Koalitionskrieg 1806/07 (Doppelschlacht bei Jena und Auerstedt am 14. Oktober 1806; Frieden von Tilsit vom 7. und 9. Juli 1807) sowie auf die späteren Siege gegen Napoleon in den Befreiungskriegen (Völkerschlacht bei Leipzig vom 16. bis 19. Oktober 1813; Schlacht bei Waterloo am 18. Juni 1815).

nendes Glied einer großen Weltkoalition und half in Wahrheit dem Siege Englands über den Kontinent, der allerdings für Deutschland zugleich die Rettung vor Napoleon war. An eine ähnliche Situation ist heute nicht zu denken, wo umgekehrt wir uns in der Rolle Napoleons befinden und eine Parallele zur französischen Restauration, sowie zu deren europäischer Politik leider ganz unmöglich ist. Der Versailler Friede ist für uns etwas völlig anderes als der Wiener Kongreß für Frankreich war. Auch geistig ist die Mission der Fichte und Schleiermacher eine völlig andere gewesen, als es heute die etwaiger Führer und Propheten in einem Zusammenbruch sein kann, der weltpolitisch absolute Isolierung und Vernichtung der Macht und Freiheit, der sozial die Zertrümmerung der alten Gesellschaftsordnung ist. Indem beides sich vereinigt, ist die heutige Lage unendlich viel schwieriger und verworrener, als die damalige, und kann die damalige Erhebung der heutigen nur überhaupt das Beispiel einer Erhebung von innen heraus, nicht aber die Gedanken selber geben, in denen diese Erhebung stattfinden kann. Das damalige agrarisch-kleinbürgerliche Deutschland mit seiner schmalen humanistischen Intelligenzschicht konnte ganz anders angefaßt werden als das heutige industrialisierte Riesenreich mit seinen alles Bürgertum weit überragenden Massen. Es ist daher geradezu ein Unglück, wenn sich heute so viele in diese Parallele hineinsuggerieren und so viele Leute Fichte spielen wollen, sei es mit großen, sei es mit kleinen Kräften. Wir bedürfen nicht eines Fichte, sondern vor allem eines Talleyrand, und der geistige Wiederaufbau muß mit ganz anders die Massen ergreifenden Mitteln gemacht werden als damals. Insbesondere darf die ganze Sachlage nicht bloß vom deutschen Gesichtspunkt aus angesehen werden, wie ja schon jene Auffassung der Befreiungskriege auch ihrerseits einseitig deutsch ist. Was wir heute erleben, ist eine Katastrophe des ganzen Kontinents und der ganzen Gesellschaft überhaupt, nicht eine Bedrohung und mögliche Wiederherstel|lung des Gleichgewichtes kontinentaler Weltmächte. *Ganz Europa verliert den Weltmächtecharakter.* Auch Frankreich ist nur der Hausknecht der eigentlichen großen Weltmächte. Auf diese, insbesondere auf das damals ganz weltfremde Amerika, ist alles übergegangen, was damals die europäischen Kontinentalmächte noch beanspruchen und erwirken konnten. Der Schwerpunkt der Welt ist verschoben. Dagegen gibt es keine Hoffnung auf große, das Alte wiederherstellende Koalitionen, dagegen hilft auch keine Nachahmung der Predigt Fichtes und Rückerts gegen Napoleon und den wälschen Geist.[2]

---

2 Gemeint sind Johann Gottlieb Fichtes „Reden an die deutsche Nation" (1808) und Friedrich Rückerts „Geharnischte Sonette" (entstanden 1814); vgl. Friedrich Rückert: Werke, 2. Band [1895].

Anderen erscheint um deswillen als wirkliche Parallele allein die amerikanische und französische Revolution mit ihrer überallhin ausstrahlenden Wirkung. Was heute sich ereignet, sei Fortsetzung und Vollendung des mit diesen Revolutionen begonnenen Prozesses, der heute vom rechtlichen und staatlichen Gebiet sich auf das ganze soziale und wirtschaftliche ausdehne, von der Revolution des Bürgertums zur Revolution der alle Kultur tragenden handarbeitenden Massen übergegangen sei. Alles Politische, der ganze Weltkrieg, sei demgegenüber gleichgültig und komme nur als Auslösung dieser eigentlichen Entwickelungsvorgänge in Betracht. Die letzteren werden in einer neuen Arbeits- und Besitzordnung der gesamten Kulturwelt enden und damit der sozial-organisierenden, zweckmäßig produzierenden und gerecht verteilenden Vernunft zur Herrschaft über anarchischen Betrieb, regellose Instinkte, leidenschaftlichen Ehrgeiz und dumpfe Tradition endlich und endgültig verhelfen. Geistig entspreche dem eine Revolutionsphilosophie und eine Revolutionskunst, eine gewaltsame Fortschrittsstimmung und überall gleiche Verbreitung von Bildung und Intelligenz, die an Breite und Allgemeinheit, an Menschlichkeit und Brauchbarkeit gewinne, was sie etwa an aristokratischer Verfeinerung und Vertiefung verlieren mag. An eine wirkliche Parallele glaubt aber dabei im Grunde niemand. Die heutige Revolution ist kaum eine Fortsetzung, sicher keine Parallele der alten. Nur die Fortschrittsstimmung ist vergleichbar; die alten Revolutionspropheten selbst können nicht nachgeahmt werden. Die suggestive Wirkung dieser Parallele ist daher sehr viel geringer als die der erstgenannten und bestimmt trotz mancher literarischer Ausgrabungen Reden und Tun weit weniger. Man empfindet instinktiv, daß eine sozial-wirtschaftliche Revolution keine einfache Fortsetzung der rechtlich-staatlichen ist, sondern einen Übergang in ein anderes, innerlich verwickelteres und schwierigeres Gebiet darstellt. Jene staatlich-politische Revolution konnte ein einzelnes Volk allein erleben, und aus ihr konnten die gehobenen Gruppen gerade in eine mächtige Expansion des nationalen Lebens ausbrechen. Die wirtschaftliche Revolution der kapitalistischen Gesellschaft kann, wenn sie gelingen soll, nur eine Weltrevolution sein; sie darf nicht in nationale Machtkriege sich entladen, sondern muß Arbeit- und Gütererzeugung der Welt unter Selbstbescheidung der einzelnen Völker rationell und friedlich regeln; alles Dinge, die anders liegen als damals und deren Durchsetzung unendlich viel schwieriger ist als die der Rechtsgleichheit und der demokratischen Organisation des Staates. Die heutige Revolution breitet nicht die damaligen Ideen auf weitere Massen aus, sondern sie will überhaupt etwas anderes, als jene wollte. Damit ist die Parallele rasch zu Ende; es bleibt nur die allgemeine Fortschrittsstimmung zugleich mit der Angst vor den immer klarer werdenden Hemmungen dieses Fortschritts.

Darin ist es begründet, daß bei den ernstesten Geistern eine ganz andere, noch viel umfassendere und grundsätzlichere Parallele gezogen wird, kein Vergleich mit Einzelakten der europäischen Geschichte, sondern ein Vergleich mit dem Ablauf einer ganzen, alt gewordenen Kulturwelt überhaupt. Man denkt an den Untergang der Antike und spricht vom „Untergang des Abendlandes". Vergleiche unseres geistigen Lebens mit dem Alexandrinismus[3] und begleitende Ahnungen von einer gänzlichen Erschöpfung unserer metaphysischen, religiösen und künstlerischen Produktivität waren ja längst bei uns verbreitet. Das Schlagwort von der Me|chanisierung des Geistes, gleichzeitig mit dem von der Überkultur, war längst ausgegeben.[4] Aber man hatte daneben doch das Gefühl einer ungeheuren politischen, wirtschaftlichen und technischen Stoßkraft und das Bewußtsein einer jederzeit zur Selbsterneuerung fähigen, unsterblichen, wissenschaftlichen Methode. Das schien nach allen Seiten hin der volle Gegensatz zum sinkenden Altertum. Da brachte nun der Weltkrieg plötzlich und schrankenlos den Zusammenbruch aller dieser Kräfte und hinterließ ein verrohtes, verarmtes, zerklüftetes und hilfloses Europa. Unter diesen Umständen ist es begreiflich, daß ein geistvolles Buch, wie das von Oswald Spengler,[5] auf breitester Grundlage die Gegenwart als die Wendung zum letzten Akt der westeuropäischen oder abendländischen Geschichte betrachtet und aus den Parallelen aller uns bekannten Untergänge vieltausendjähriger Kultureinheiten beleuchtet. Das Buch ist trotz mancher unerfreulicher Eigenschaften doch eine wirklich große Denkerleistung, vermutlich das bedeutendste Buch, das während des Weltkrieges geschrieben worden ist, insoferne eine Bewährung jener besten deutschen Eigenschaft, mit unerhörter Objektivität und weitestem Gesichtskreis den Dingen fortwährend gegenüberzustehen, eine Eigenschaft, die freilich der politischen Aktivität nicht günstig ist, die nun aber einmal das Wesen unserer besten Denker ist und an das größte deutsche Zeitalter, das Zeitalter der Humanität, gemahnt. Das Buch ist dementsprechend auch mit wahrhafter Gier verschlungen worden; die zweite Auflage kam sofort und war vor Erscheinen bereits verkauft.[6] (Dabei hat der Verfasser kein Hono-

---

3 „Alexandrinismus", abgeleitet von der spätantiken Alexandrinischen Schule der Philosophie, als Synonym für eine Verfallsperiode („alexandrinische Cultur") schon bei Friedrich Nietzsche in „Die Geburt der Tragödie"; Friedrich Nietzsche: Sämtliche Werke, Band 1 (Neuausgabe 1999), S. 116.
4 Vgl. Walther Rathenau: Zur Mechanik des Geistes (1913).
5 Oswald Spengler: Der Untergang des Abendlandes, 1. Band (1918).
6 Die zweite Auflage erschien zum Jahreswechsel 1918/19 wie die erste Auflage im Verlag Braumüller (Wien/Leipzig). Weitere Auflagen erschienen ab Herbst 1919 im Verlag C. H. Beck (München).

rar erhalten, auch recht charakteristisch für unsere von den Verlegern und nicht von den Verfassern geschaffene Literatur, die dem freien und schöpferischen Geiste sehr wenig Raum läßt.⁷) Das Interessanteste an diesen im allgemeinen ja nicht so sehr fernliegenden Gedankengängen, die zudem mit dem besten Material modernen deutschen und französischen Denkens gepflastert sind, ist nun aber der Satz, daß gerade das scheinbar Fortschrittlichste, Neueste und Entwickelungsreichste, der Sozialismus selbst, das logische Ergebnis der Mechanisierung, Erschöpfung und Rationalisierung ist und eben damit geistig und organisatorisch als kommende Weltgestaltung den Untergang der europäischen Kultur einleitet. Er ist die Zerstörung alles Individuellen, Ursprünglichen, Irrationalen, Aristokratischen und Instinktiven, aller Religion und aller Metaphysik, aller künstlerischen Form und aller lebendig treibenden sozialen Spannungen, darin vergleichbar mit dem Stoizismus und Buddhismus, die auch ihrerseits die geistigen Endformen einer reichen und lebendigen Kultur gewesen sind. Aber wie er das Ende ist, so ist er auch Notwendigkeit und Schicksal, dem unsere Welt nicht entrinnen wird und in dem sie auch am Ende noch eine gewisse Größe ihres schaffenden Willens zeigt, nachdem die nationale und geistige Gestaltungskraft ausgegeben und erlahmt ist.

Von einer anderen Seite her hat die gleiche Parallele Friedrich Meinecke in einem überaus feinen und unsäglich schmerzlichen Aufsatz über „Weltgeschichtliche Parallelen unserer Lage" gezogen, der in der Zeitschrift „Gerechtigkeit" (Hans Robert Engelmann, August 1919) erschienen ist.⁸ Er sieht in der Dyarchie Amerika-England das Ebenbild des römischen Weltreiches, zusammengeschlossen trotz aller Gegensätze durch gemeinsame Interessen und gemeinsame Kulturideale, und in Preußen-Deutschland samt seinen Bundesgenossen die Analogie der hellenistischen, geistig komplizierteren, aber auch unkräftigeren Diadochenstaaten. Der Weltkrieg scheint ihm der Niederwerfung Mazedoniens und damit aller Diadochenstaaten zu gleichen und dadurch der übrigen

---

7 Dazu erschien im „Kunstwart", 33. Jg., 1. Viertel, Heft 4 (2. Novemberheft 1919), S. 174, in der Rubrik „Vom Heute fürs Morgen" eine redaktionelle Anmerkung „In Sachen ‚Untergang des Abendlandes'": „In dem Aufsatze über Spenglers ‚Untergang des Abendlandes' im zweiten Oktoberheft sagt Spectator: ‚Dabei hat der Verfasser kein Honorar erhalten, auch recht charakteristisch für unsere von den Verlegern und nicht von den Verfassern geschaffene Literatur, die dem freien und schöpferischen Geiste sehr wenig Raum läßt.' Herr Dr. O. Spengler bittet uns, hierzu mitzuteilen, daß die Honorarfrage zwischen seinem ersten Verleger und ihm bei der zweiten Auflage geregelt worden sei."
8 Friedrich Meinecke: Weltgeschichtliche Parallelen unserer Lage (1919).

Welt das Schicksal der Ausbeutung und der Anglisierung anzudrohen. Die Freiheit der Welt ist heute zu Ende wie damals, und ein Weltreich stülpt sich wie eine Glasglocke über die außerenglischen Kulturstaaten, von denen Frankreich nur als „grausamer Büttel" Englands eine Schein-Hegemonie ausüben darf.[9] Das Ende der Freiheit aber ist auch das Ende des Geistes, der Produktion, der nationalen Lebendigkeit der Sprache, der Kunst und der Philosophie. Der europäische Kontinent ist am Ersticken, er kann höchstens ein provinziales Stilleben abseits von den großen Bewegungen der Welt erwarten, wenn er sich nicht durch die mit dem „Frieden" gesetzte Verewigung der Kämpfe vollends selbst vernichtet und damit die Berechnungen der Weltmächte trübselig überschießt.

Solche Auffassungen sind geeignet, schärfstes Licht auf die Weltlage und damit auch auf unsre deutsche Lage zu werfen, die nur eben den dunkelsten Punkt dieser allgemeinen Finsternis bedeutet, aber nur aus dem Ganzen zu verstehen und zu beurteilen ist. Ein so suggestibler Sozialist wie Paul Lensch ist denn auch bereits den Gedanken von Spengler erlegen;[10] die Meineckes werden den Männern der Rankeschen Schule bald nur allzu einleuchtend sein.

Immerhin liegen auch die Einwände nicht ferne. Der „Untergang des Abendlandes" könnte sich doch nur auf den Kontinent erstrecken; bei England und seinen Dominions, vollends bei Amerika, ist an einen Untergang gar nicht zu denken. Amerika wird die ganze europäische Geschichte erst selbst noch am eigenen Leibe erleben, es steht am Anfang, nicht am Ende. Und daß insbesondere der Sozialismus die allgemeine Enderscheinung sein werde, ist schon deshalb wenig wahrscheinlich, weil Amerika die Formen und den Geist des europäischen End-Sozialismus sicherlich nicht aufnehmen wird, trotz aller auch dort wahrscheinlichen sozialen Erschütterungen. Auch für England ist hier mancher Zweifel geboten. Aber auch für Europa selbst ist gerade diese Form des Untergangs sehr ungewiß, da eine ständisch-mittelalterliche Rückbildung mit gleichzeitig stärkstem Bevölkerungsrückgang sehr viel mehr sich als Folge der Katastrophen ankündigt. Aus der momentanen „Sozialisierung" also wäre der Satz vom Untergang schwerlich zu folgern, wenn auch freilich von einer anderen Seite jene naturalwirtschaftliche Rückbildung ihrerseits eine Ähnlichkeit mit dem Ende der Antike darböte. Aber auch das beträfe dann nicht den gesamten Kulturkreis, sondern nur seine abgestoßenen ältesten Teile. Vor allem aber bietet doch die Tatsache des Christentums einen großen Unterschied. Die sterbende

---

9 Zit. nach ebd., S. 503.
10 Siehe dazu auch Troeltschs Spengler-Rezension in der „Historischen Zeitschrift", in: KGA 13, S. 451 und S. 453.

antike Welt verjüngte und sammelte sich in der Weltreligion und Weltkirche als ihrer letzten, ihr Leben weitertragenden Schöpfung. Ein ähnlicher Vorgang der Selbstverpuppung in einer neuen Religion ist heute nicht zu erwarten, wo wir die zwar tief erschütterte, aber immer noch sehr lebendige Weltreligion schon haben. Vielleicht kann die Welt aus dieser sich irgendwie erneuern. Jedenfalls zeigt sich gerade an diesem Punkte ein grundsätzlicher Unterschied der sterbenden antiken Welt und des angeblichen Endes des Abendlandes. Insbesondere ist gerade die amerikanische Christlichkeit durchaus nicht erschöpft.

Was Meinecke betrifft, so hat dieser selbst am Schlusse auch die Unterschiede hervorgehoben, wo er fragt, was uns der Untergang der Diadochenstaaten für unsere eigene künftige Selbstbehauptung gegen die drohende angelsächsische Weltherrschaft lehre.[11] Hier ist schon ohne weiteres der Untergang auf einen bloßen Teil des modernen Kulturkreises begrenzt und auch für diesen Teil bleiben noch Trostmittel und Notanker übrig, der Blick auf die noch unerschöpfte wirtschaftlich-technische Erfinderkraft, auf die den Diadochenstaaten gegenüber unvergleichlich tiefer wurzelnden und individuellsten Lebensgehalt besitzenden Staatsindividualitäten Europas, auf den unausrottbaren Trieb zur Freiheit und den Glauben an die Freiheit, auf den geistigen Kulturbesitz der so verschiedenartigen Kulturnationen und die bisher mehrfach bewiesene Kraft der Selbstverjüngung: alles Dinge, die die griechischen Stadtstaaten und vor allem die Diadochenstaaten nicht besaßen und nicht zeigten. Dazu kommt die Idee eines Völkerbundes, des Kosmos individuell verschiedener Kulturnationen, die der antiken heidnischgewaltsamen Tendenz auf das Weltreich innerlich entgegengesetzt ist. Wir kommen auch hier auf das Religionsproblem, das für die Wesensverschiedenheit antiker und moderner Welt und daher wohl auch für den Verlauf ihrer Entwickelungen so wichtig ist, ein Gedanke, den Meinecke kaum andeutet, den aber Otto Hintze in seinen zahlreichen Veröffentlichungen während des von ihm mit trüben | Ahnungen begleiteten Weltkrieges oft und eindrucksvoll geäußert hat.[12]

Es ist nicht so einfach mit dem Untergang des Abendlandes. Die tragische Verfallsstimmung gehört mehr den besiegten oder doch den kontinentalen Völkern an, die ja in Wahrheit sämtlich mitbesiegt sind. So legt sich doch noch eine andere, eine innereuropäische Parallele nahe, der Dreißigjährige Krieg. Auf ungeheuer vergrößertem Schauplatz bedeutet auch der

A 87

---

11 Friedrich Meinecke: Weltgeschichtliche Parallelen unserer Lage (1919), S. 514.
12 Der Bezug ist unklar. Möglicherweise bezieht sich Troeltsch auf Hintzes Aufsatz „Imperialismus und Weltpolitik" von 1907, in: Otto Hintze: Staat und Verfassung (1962), S. 457–469, hier S. 459 ff.

Weltkrieg die Herausarbeitung einer Hegemonie, die bisher blühende und aufstrebende Staaten der Unfreiheit und dem Verfall übergibt und durch deren gänzliche Verkrüppelung sich zu festigen strebt, einen Kampf der ganzen Kulturwelt, der aus streitenden Ideen und materiellen Interessen zugleich entsprang und dessen Ende eine neue geistige und wirtschaftliche Welt heraufführen wird. Das überwundene Deutschland hat damals auch dem geistigen Verfall sich nicht widersetzen können. Aber es hat sich allmählich aus einer kritischen Aneignung und schöpferischen Umgestaltung der Kultur der Sieger erneuert. Diese Parallele spielt allerdings – so viel mir bekannt – heute noch keine Rolle. Daher will ich sie hier auch nicht weiter verfolgen, obwohl sie mir nicht unfruchtbar erscheint.

All das sind unvermeidliche und notwendige, quälende und beunruhigende Spiele der historischen Phantasie. Aber nur in solchem Spiel entlädt sich das bohrende Grübeln und wird der nötige freie Blick gewonnen, der uns über das tausend- und millionenfache Elend der täglichen Umgebung und über kurzsichtige und rasch fertige Urteile erhebt. Zuletzt freilich enthüllen sie sich stets als Spiel und es bleibt das nackte Problem der Gegenwart, des eigenen einmaligen Lebens, seiner Hoffnungen und seiner Sorgen. Es bleibt die Notwendigkeit, zum Schicksal ja zu sagen, auf Verscherztes und Unerreichbares zu verzichten und die eigene Seele im Sturm des Schicksals härten und reifen zu lassen zur Demut und zum Glauben an einen Sinn des Lebens, der unabhängig ist von Aufstieg oder Niedergang. Ist er stark genug, dann erhebt er jeden über die Zeit und sammelt die Herde eines neuen Lebens, aus denen die im Grunde völlig unbekannte und unerrechenbare Zukunft schließlich doch irgendwie hervorgehen muß. Freilich, Demut ist der modernen Hybris völlig unbekannt, und Glauben hat die heutige Welt bisher nur an sich selbst oder den Fortschritt, der das Gleiche bedeutet. Hier vor allem werden wir lernen müssen, einerlei, ob wir uns in steigender, fortgleitender oder sinkender Zeit befinden. Dann werden uns die Parallelen klären, aber nicht erschüttern, und wird die Kraft des Moments wieder lebendig, die doch erst das eigentliche Geheimnis aller Geschichte ist.

Berlin, 19. 9. [19]19 *Spectator*

Zentralisation und Dezentralisation (November 1919)

Editorische Vorbemerkung: Die Edition folgt dem Text, der erschienen ist in: Kunstwart und Kulturwart, hg. von Ferdinand Avenarius, 33. Jg., erstes Viertel, Oktober bis Dezember 1919, Heft 3, erstes Novemberheft 1919, München: Kunstwart-Verlag Georg D. W. Callwey, S. 115–120 (**A**). Der Text erschien in der Rubrik „Vom Heute fürs Morgen" und mit der Datumsangabe 4. Oktober 1919. Demnach wäre der Text erst nach Troeltschs Rückkehr aus seinem Heidelberger Sommerurlaub Mitte September 1919 entstanden. Der inhaltliche Charakter des Textes – Grundsatzreflexion statt tagespolitischer Kommentar – spricht indes eher für eine Entstehung noch während des Sommerurlaubes, ebenso der Umstand, dass Troeltsch seine Rückkehr aus dem Urlaub explizit erst im nachfolgenden Spectator-Brief „Wieder in Berlin" (mit der Datumsangabe 20. Oktober 1919) thematisierte (siehe unten, S. 188–198). Zumindest hat Troeltsch wohl nach dem 30. September 1919 keine wesentlichen Änderungen mehr an dem Text vorgenommen. Denn der an diesem Tag in der Nationalversammlung verabschiedete Nothaushalt des Reiches wird von ihm im Text noch als „gegenwärtig zur Beratung" stehend bezeichnet.

Zentralisation und Dezentralisation

Dezentralisation ist heute ein Schlagwort und Bedürfnis, das durch die deutsche Welt geht, während die westlichen Demokratien ihren Staat in der Richtung auf straffere Einheit und auf ein stärkeres Beamtentum umgebaut haben und während in Deutschland selbst der Sozialismus und politische Unitarismus auf die schärfste Organisiertheit lossteuern müssen. Hierin liegt einer der großen inneren Brüche und Gegensätze der Zeit überhaupt, ein Weltproblem der modernen Gesellschaft und des modernen Staates, das nur wie alle großen Weltprobleme in dem zertrümmerten und seelisch, wohl auch nervös, erkrankten Deutschland eine besonders scharfe und drückende Gestalt angenommen hat. Die besiegten Länder leiden naturgemäß schwerer unter diesen Weltproblemen als die wirklich und die scheinbar siegreichen; etwas, | was unsere Volksgenossen bei ihrer Neigung, nur an die eigene Lage zu denken und diese wiederum wesentlich im Lichte der gleichfalls äußerst einseitig-deutschen Auffassung des Befreiungskrieges zu sehen, leider sehr vernachlässigen. Auf das Rußland des zerbrochenen

Zarismus und der großen Kornländer ist das Problem der modernen Staats- und Gesellschaftsreform völlig doktrinär übertragen worden und rast es sich an einem Staate aus, der diese Probleme und ihre natürlichen Unterlagen in Wahrheit gar nicht oder nur sehr partiell in seinen paar Großstädten in sich trug. Bei den Mittelmächten und vor allem bei dem militärisch-bureaukratisch überorganisierten Deutschland, das noch dazu überstürzt und maßlos in die kapitalistische Organisation und deren Gegenstück, die klassenkämpferische Organisation des Proletariats oder der Handarbeiter, hineingerissen worden ist, wirken sie sich mit einer bohrenden und alles durchdringenden Gewalt aus und sprengen sie das ganze seelische Gefüge der bloß notdürftig geeinten und aus einer Fürstenkonföderation in einen Volksstaat über Nacht verwandelten Nation. Sie sind auch bei den Scheinsiegern des Krieges, in Belgien, Italien und Frankreich, bitter genug und nur erst am Anfang ihrer Wirkungen. Nur in den beiden angelsächsischen Weltreichen sind Voraussetzungen und psychologische Gewöhnungen derart andersartig, daß ihre Auswirkung auf jenem Boden schwer mit der auf dem Kontinent verglichen und jedenfalls sehr schwer in ihrem Verlaufe vorausgesehen werden kann. Dazu kommt, daß die Zustände und Entwickelungen in all den andern Ländern uns heute noch sehr wenig wirklich bekannt sind. Wir tappen mit unseren Urteilen über die Weltlage vorerst noch reichlich im Dunkeln und müssen die Kenntnis der Tatsachen sowie ihre Deutung erst ganz langsam aus zufällig kund werdenden Fragmenten erraten, aus persönlichen Briefen, die allmählich aus dem Ausland zu uns dringen, beleuchten und vertiefen. Die Presse des In- und Auslandes, die sich von der Aufgabe der Irreführung und Bearbeitung der öffentlichen Meinung noch erst sehr schwer lösen kann und im übrigen ein Ragout mehr oder minder lokaler Neuigkeiten vorsetzt, löst diese Aufgabe bis jetzt nur äußerst unvollkommen. Für Beruhigung und Versöhnung wäre aber vor allem die objektivste Kenntnis der realen sozialen Tatsachen von Bedeutung. Aber weil man es zu jener fast überall nicht kommen lassen will, ist auch diese nicht zu erreichen. Der Krieg zittert überall nach und ist in Wahrheit nicht zu Ende. Der „Friede" ist nur die Fortsetzung des mit dem Versailler „Frieden" nicht beendeten Krieges mit denselben Mitteln.

Kehren wir daher zu Deutschland zurück, das uns ja auch wahrlich in jeder Hinsicht am nächsten liegt, das wir nur eben nie vergessen dürfen im Lichte der Weltlage zu sehen. Hier geht die Forderung der Dezentralisation aus den innersten Instinkten der jüngeren Generation hervor. Alles will individuelle Mitbeteiligung an Allem. Da das nur in kleineren Kreisen kommunaler, provinzialer, gewerblicher, berufsständischer und betriebshafter Art möglich ist, so will in Wahrheit jedes Dorf, jeder Betrieb, jede Schule und jede Gruppe sich parlamentarisieren und die Entscheidungen über Schicksal, Erwerb und Lebensordnung in die Hände der Einzelnen legen. Das ist nicht etwa die Folge der demokratischen Idee. Ganz im Gegenteil: diese ist unitarisch, zentralistisch, und legt die Herrschaft in die Hand von weithin regierenden Vertrauensleuten, die ein wirkliches Regiment – nur eben unter Verantwortung und Rechnungsablage – führen sollen. Daher kehren sich jene Dezentralisationsgelüste und -theorien geradezu gegen die Demokratie und nehmen entweder bolschewistische und syndikalistische oder mittelalterlich-ständische Form an, oder werden nur überhaupt zu einem allgemeinen Drang nach Geltung, Wirkung, Selbstbetätigung, Originalität und Frische. Eben deshalb ist die Dezentralisationsparole auch nicht die Wirkung des organisatorisch geschlossenen und auf weite Organisationsgebiete angewiesenen Sozialismus. Dieser heischt vor allem Führer und kommt mit jener Parole höchstens durch die Geltendmachung und Gleichstellung des kleinen Mannes und des bisher verborgenen Talentes überein, ist aber im übrigen mit seiner egalisierenden und organisierenden Maschinerie das vollkommene Gegenteil jenes hemmungslosen und etwas primitiven Individualismus. Ja, das Ganze ist im Gegenteil das Wiederdurchbrechen des Individualismus gegen alle Art von Maschinerie und Organisation, es ist die freilich in sich recht widerspruchsvolle Forderung der Organisierung des Individualismus, den die vier Jahre Kriegsdisziplin, Kriegswirtschaft und Kriegsorganisation aus seinen längst erkennbaren Anfängen zu triebmäßiger Leidenschaft haben anschwellen lassen. Nicht umsonst werden alle diese Gerichte mit Nietzscheschem Pfeffer angerührt. Das ist der tiefere Sinn des leidenschaftlichen Hasses von Kommunisten, Unabhängigen und Revolutionsenthusiasten gegen die Sozialdemokratie, die in ihren Augen die Revolution verwässert und dem Bürgertum in die Hände spielt, die aber vor allem dem Bedürfnis nach voller Freiheit und beliebiger Gruppenbildung wesenhaft mit ihrem ganzen Geiste entgegensteht. Nur sekundär kommt dabei die alte, in Wahrheit kaum überwundene deutsche Stammeszersplitterung und Eigenbrötelei, der ganze Eigensinn und die angeborene Rücksichtslosigkeit der deutschen Gruppenbildungen und Vereinsmeiereien in Betracht. Auch die Neigung des Zentrums, einen Staat in tausend Splitter zu sprengen, der seinen religiösen Ansprüchen entgegentritt, ist nur ein Nebenmotiv in dem allgemeinen Dezentralisationsbedürfnis. Katholizismus und Konservative machen sich dieses in Wahrheit zu Nutze, indem sie Staat und Bureaukratie auflösen und gerne zu ständischen Vertretungen und freien Konföderationen zurückbilden möchten, nachdem die Herrschaft mit Hilfe der Monarchie nun einmal nicht mehr möglich ist. Von dieser Seite her gefällt die Revolution diesen Leuten sogar gar nicht so schlecht; es läßt sich etwas aus ihr machen. Dazu gesellen sich nun alle jene Doktrinäre und Schwärmer, die den Einheitsstaat überhaupt auflösen wollen und in rivalisierenden Parlamenten der Bildung, der Wirtschaft und der Politik vom untersten Grunde her die Mitbeteiligung aller aufbauen wollen. In dieser Atmosphäre hat die Begeisterung für die Räte ihren Grund und wird sie auch solchen annehmbar, die mit den Arbeiter- und Soldatenräten, welche unsere Armee zertrümmert und den Staat desorganisiert haben in der Stunde der militärischen Niederlage, auch nicht das mindeste zu tun haben mögen.

Der Gegensatz liegt tief. Es ist der Gegensatz gegen den modernen bureaukratisch-militärischen Verwaltungsstaat überhaupt, wie ihn das Spätmittelalter von Frankreich und Burgund her gekannt hat und wie er sein erstes Vorbild in den Städten derselben Zeit hat. Es ist der Staat, aus dem der Absolutismus, die nationale Politik, die Volkswirtschaft, der Merkantilismus, das Beamtentum, die moderne Macht- und Organisationsidee stammt und aus dem im weiteren Verfolge die moderne Kultur, die Bevölkerungssteigerung, die Weltpolitik, der Kapitalismus, die allgemeine Schule und die allgemeine Wehrpflicht stammen. Gegen diesen Staat an sich und gegen alles, was aus ihm hervorging und was schließlich in den Weltkrieg als letzte Konsequenz dieser Staatsidee führen zu müssen schien, wendet sich bewußt und unbewußt, klar und halbklar, geraden Weges oder auf den krümmsten Umwegen Gefühl, Instinkt, Denken, Theorie und Konstruktion. Man wendet sich gegen Ideologie und Ethik dieses Staates mit moralischen Anklagen, in denen Anarchismus, Nietzsche, Christliches, Humanitäres und Futuristisches bunt durcheinander geht. Ein welthistorisches Kapitel der Ethik und Dogmatik, die ja längst national-heroisch-machtpolitisch und nicht mehr christlich gewesen ist, scheint zu Ende zu sein. Es ist eine herostratische Wut der Zertrümmerung in den Menschen. Der Weg zu Frische, Freiheit, Lebendigkeit, Lebensfreude, Originalität scheint nur über diese neue Strecke führen zu können, wobei man zugleich die Weltkriege, den Kapitalismus und die tausend Drill- und Zwangssysteme los wird. Es ist keine Frage, daß damit auch eine große Periode staatlichen Bauens und Denkens zu Ende ist. Der rationalisierte und durchorganisierte moderne Staat, der mit allen Gewißheiten des Fort|schrittes und der Kultursteigerung verbunden war und der vom Absolutismus zur Demokratie und von dieser zum Sozialismus führte, er stirbt in seinen psychologischen Voraussetzungen ab und hat mit dem Weltkrieg seinen längst bleichenden Zauber gründlich verloren. Er erscheint als die Ursache des Weltkrieges. Er soll ersetzt werden durch die bloße Gesellschaft, durch Organisationskünste, die dem Leben und dem Instinkt ganz anders gerecht werden. Diese Opposition gibt dem Katholizismus und dem vormarxistischen enthusiastischen Sozialismus Kräfte zum erneuten Ansturm gegen alte Gegner, und alle echten oder erlogenen Romantiker folgen dieser Parole. Es ist die Geschichte vom babylonischen Turmbau, die ja auch schon eine antike Kulturphilosophie darstellt: Deus afflavit et dissipati sunt.¹ Dabei ist es wohl zu beachten, daß die angelsächsischen Mächte diesen Staat in dieser Weise überhaupt nie besessen haben, immer mit sehr viel weniger Staat und Rationalismus ausgekommen und daher dieser Reaktion gegen den modernen Staat weniger ausgesetzt sind. Es sind natürlich nur Gradunterschiede, aber die Nuance bedeutet hier, wie so oft, so viel wie ein Prinzip.

Alles das wäre nun wohl verständlich und mit den immer eintretenden Kompromissen der Verwirklichung wohl durchführbar unter der einen Voraussetzung, daß die Bevölkerungsmasse erheblich zurückgeht. Hier liegt ja, wie ich immer wieder hervorhebe,² das Problem der Probleme. Der moderne rationelle Staat hat im Interesse der Machtentwickelung, der Wirtschaft und des Militärs vor allem eine rationelle Bevölkerungspolitik getrieben. Die moderne Kultur hat Krankheit und Sterblichkeit bekämpfen helfen, die ungeheure Kindersterblichkeit älterer Zeiten zum Märchen gemacht. Die moderne Wirtschaft hat gelehrt, viele Millionen aus dem Ausland zu ernähren, ohne daß damit die eigene Arbeit und sich steigernde Kraftentfaltung aufhört. Die philosophisch-religiöse Stimmung des unbegrenzten und naturgesetzlichen Kulturfortschrittes im modernen Staat hat Lebenslust und Zeugungslust gefördert. Hört die ungeheure Menschenproduktion auf, dann ist der mit ihr fast identische moderne Staat auch seinerseits nicht mehr im alten Sinne nötig.

Da aber ist es nun die furchtbare Schwierigkeit des gegenwärtigen deutschen Schicksals, in einem zerbrochenen Staate die alte Menschenfülle mindestens vorerst erhalten, organisieren und versorgen zu müssen, ja die von allen Ecken und Enden hereingeschleuderten Auslandsdeutschen, Rückwanderer und Vertriebenen mit in dieser Fülle verarbeiten zu müssen. Dazu kommt weiter, daß die politische Selbstbehauptung nur möglich ist durch Erhaltung einer starken Bevölkerungsmasse und eine möglichst strenge, sparsame und rationelle Vereinheitlichung des ganzen Staates, lauter Dinge, die ja ganz von selbst die Richtung der deutschen Reichspo-

---

1 Lat.: „Gott blies und sie wurden zerstreut". Das Zitat verdankt seine Bekanntheit einem Kommentar Friedrich Schillers zu seinem Gedicht „Die unüberwindliche Flotte" (1785). Schiller zufolge, der sich dabei auf den französischen Schriftsteller Louis-Sébastien Mercier stützt, geht es auf eine (tatsächlich wohl holländische) Medaille zurück, welche die englische Königin Elisabeth I. zur Erinnerung an den Untergang der spanischen Armada im Jahr 1588 prägen ließ. Vgl. Friedrich Schiller: Werke, Band 2, II A (1991), S. 152 ff. Das Originalzitat erinnert an 2. Mose 15,10 (Lobgesang Moses), hat aber auch Anklang an 1. Mose 11,7–9 (Turmbau zu Babel).
2 Siehe etwa im Spectator-Brief „Der Ansturm gegen die Demokratie", oben, S. 98.

litik geworden sind und die der Grund der Furcht der Franzosen sind, die uns um deswillen nationalpolitisch um jeden Preis völlig aufzulösen und immer neu in die Desorganisation hineinzustoßen bestrebt sind. Vor allem aber gehört es zu Theorie und Wesen des Sozialismus, eine zahlreiche industrielle Handarbeiterschaft mit der agrarischen zu einem streng geschlossenen, durchweg rationalisierten Mechanismus gesteigerter Produktion und Verteilung planmäßig zu vereinigen und diese äußerst kunstvolle Maschinerie psychologisch durch eine zwangsmäßige Einheitsbildung der Schule in harmonischem Gang zu halten. Der Sozialismus ist in dieser Hinsicht lediglich die Übergipfelung der modernen Staatsidee, der nur die kriegerischen und händlerischen Konkurrenzen abgestreift sind, die aber als bürokratische Technik und rationelle Verwaltung und Gesinnung züchtende und nivellierende Schulbildung ins Äußerste ihrer Tendenzen gesteigert ist. Daß außerdem auch alle Anhänger der Theorie des nationalen Staates, die vorerst beiseite stehen, aber die Sehnsucht der Massen nach entschwundener Ordnung und Prosperität bald für sich werden aufrufen können, für den möglichst zentralisierten Einheitsstaat und eine entsprechende Gesinnung und Bildung eintreten, versteht sich von selbst. Sie werden darin den Ausgangspunkt der Wiedergeburt sehen, wobei sie nach alter Sitte die veränderten psychologi|schen und soziologischen Grundlagen freilich meist übersehen. Die Demokraten vollends sind, wie bereits gesagt, schon nach alter 48er Tradition die Vertreter des Unitarismus und der Zentralisation. Also hier wieder überall von verschiedenen Seiten und Motiven her Tendenz und Notwendigkeit der Zentralisation und des politischen Rationalismus!

Unter diesen Umständen gehen fast überall in der Kulturwelt völlig entgegengesetzte Tendenzen gegen einander an und ist insbesondere die deutsche Seele total zerrissen. Die Gegensätze sind allenthalben dumpf vorhanden. Sie berühren sich ja auch eng mit dem in früheren Briefen verhandelten Problem der Produktivität und des neuen Geistes,[3] in tiefstem Grunde auch mit dem des Kultursterbens, dem als Mechanismus die Sucht zum Irrationalen und Individuellen, als Zersetzung und Nihilismus die Kraft der Organisation und der Zukunftswille der neuen Staatlichkeit entgegensteht. Freilich geht vor allem in Herzen und Köpfen der Jugend beides noch bunt und unerkannt durcheinander. Es wird aber bald an schmerzlichen Klarheiten nicht fehlen, und ein Kompromiß beider Tendenzen wird das Werk der Zukunft sein, wenn sie überhaupt Kraft zu einer größeren politischen und kulturellen Schöpfung wieder findet, was wir doch glauben wollen.

---

3 Siehe die Spectator-Briefe „Produktivität", oben, S 158 164, und „Der neue Geist", oben, S 165 170.

Vorerst äußern sich die beiden Tendenzen grob und furchtbar gefährlich in den Ereignissen und Vornahmen des Tages, bei denen die tieferen Gründe nur weniger ins Bewußtsein treten. Wir haben die Zentralisation als unitarische Reichspolitik, als Reichswehr, Reichsverkehrswesen, Reichsfinanzen; als Kampf zwischen Preußen und dem Reich und allmähliche Herabdrückung Preußens auf eine Summe von Reichsprovinzen, die möglichst autonomisiert und damit in Wahrheit mehr dem Reiche untertan werden. Wir haben sie als Schulpolitik und vor allem als Schulprogramm, das die Einheitsbildung der handarbeitenden Klassen zur Norm und Grundlage aller Erziehung und die sogenannte höhere Bildung zu sekundären Ausnahmefällen machen möchte. Wir haben sie als Sozialisierung und Planwirtschaft, die in immer neuen Anläufen nicht bloß ein Problem der wirtschaftlichen Not, sondern der vereinheitlichenden Theorie lösen möchte. Und wenn das alles nicht geht, so ist doch die Aufstellung einer ungeheuren Reichsbürokratie möglich, die man unter allen Umständen schaffen kann und für die man nur tief in den Reichssäckel zu greifen braucht. Wer den gegenwärtig zur Beratung stehenden Not-Etat des Reiches studiert, wird vor allem entsetzt sein über die geradezu phantastische Vermehrung von Beamtenstellen, neuen Ministerien und Halbministerien, die mit Ministerhotels, Wohnungseinrichtungen und Beamtenstäben in geradezu verschwenderischer Weise ausgestattet werden, ohne daß von Begründung und Spezifikation überhaupt die Rede ist.[4] In der Schaffung von Beamtenstellen tobt sich der sozialistische Zentralisationsdrang, unterstützt durch die Wünsche der Anwärter, einstweilen großzügig aus, da er viel anderes nicht zu schaffen vermag. „Nobel geht die Welt zugrunde", sagte einer der einzelstaatlichen Minister dazu in einer Privatunterhaltung. Zu verstehen ist das Ganze nur, wenn die Herren die Absicht haben, die einzelstaatlichen Bürokratien durch die Reichsbürokratie zu ersetzen und einstweilen wenigstens mit Schaffung und Besetzung der Ämter vorangehen, woraus sich die Auskämpfung des Gegensatzes schließlich irgendwie von selbst würde ergeben müssen. Damit stimmt auch der

---

4 Das Gesetz „betreffend die weitere vorläufige Regelung des Reichshaushalts für 1919" wurde am 27. September 1919 von Reichsfinanzminister Matthias Erzberger vorgelegt und am 30. September 1919 in der Nationalversammlung beschlossen. Der Not-Etat beinhaltete u. a. außerordentliche Forderungen in Höhe von 15 Mrd. Mark für die Ausführung des Friedensvertrages (u. a. für die Neueinrichtung des Reichsministeriums für den Wiederaufbau), in Höhe von 1,4 Mrd. Mark für den Unterhalt der Reichswehr und in Höhe von 1 Mrd. Mark für Ausgaben der Reichsverwaltung (vor allem zum Wohnungsbau für Postbeamte). Vgl. Verhandlungen der verfassunggebenden Deutschen Nationalversammlung, Band 329 (1920), S. 2765 f.

Umstand, daß das Reich den Bundesstaaten seine besten Beamten durch höhere Gehälter flott wegengagiert. Nicht ohne Grund hat Preußen im Namen weiterer Gliedstaaten dagegen heftig protestiert.[5] Aber das Ganze ist mehr als einer der alten Kämpfe zwischen Reich und Gliedstaaten, an die wir gewöhnt sind. Es ist die Auswirkung der rationellen Zentralisierungstendenz in den Grenzen, wie sie bei den Talenten und der hilflosen Lage der Reichsregierung sich bis jetzt allein durchsetzen konnte.

Noch weniger fein äußern sich gegenwärtig die entgegengesetzten Tendenzen der Dezentralisation. Von dem Rätesystem, der Drohung mit der Sprengung des Reiches, dem Anar|chismus aller literarischen Sorten ganz zu schweigen. Am unmittelbarsten und handgreiflichsten äußert der Individualismus sich in dem allgemeinen Ungehorsam gegen die Autorität der Beamten und in der Eigenmächtigkeit der einzelnen Gemeinden. In manchen Gegenden leben wir schon wieder mitten im Mittelalter des Faustrechtes, der Raubritter, des Bauernkrieges, des Kampfes von Stadt und Land, der Landfriedensbrecher und der gewaltsamen Friedensherstellung. In manchen Gegenden kommen Leute mit Autos, mähen die Felder, schlagen Bäume, wildern Kühe und Ochsen wie früher Hasen und Rehe; sie stellen bewaffnete Wachen aus und fahren dann davon. Dagegen wehren sich die Bauern oder Behörden mit Gewehren und Handgranaten und gehen umgekehrt mit Versagen der Lieferungen zum Angriff vor.[6] Die Autorität des Staates vermag nur äußerst schwer Ordnung zu schaffen. Es ist der Punkt, an dem trotz der glänzenden Ernte unsere Ernährung im Winter scheitern kann, umsomehr als die Produzenten bei dem Stand der Valuta ihre Erzeugnisse gerne an das Ausland verschieben. Daß schließlich die Umgehung der Wucher-, Waren- und Steuergesetze, die Kämpfe der Streiks und der Lohnforderungen nach der gleichen Melodie verlaufen, versteht sich von selbst. Bis in die Schulen gehen die Kämpfe, und der allerwunderlichste aller Klassenkämpfe, der der Jugend gegen das Alter, bewegt sich nach dem gleichen Takt.

---

5 Die Frage der Beamtenbesoldung wurde am 29. Juli 1919 in Weimar in einer gemeinsamen Sitzung des Reichskabinetts mit dem Preußischen Staatsministerium kontrovers diskutiert. Troeltsch nahm an dieser Sitzung allerdings ausweislich des Protokolls nicht teil. Vgl. Das Kabinett Bauer (1980), S. 147 ff.

6 Troeltsch bezieht sich vermutlich auf die Aktionen der Freien Bauernschaft, einer 1919 entstandenen radikalen Bauernorganisation mit regionalen Schwerpunkten am Niederrhein und in der Pfalz, die im Kampf gegen die staatliche Zwangsbewirtschaftung der Landwirtschaft in der Nachkriegszeit u. a. das Mittel des Lieferstreiks propagierte. Nach dem Ende der Zwangswirtschaft 1923 verlor die Vereinigung rasch an Bedeutung. Vgl. Jonathan Osmond: Freie Bauernschaft (2011).

Diese rohen Äußerungen des großen Grundproblems werden nicht dauern, und, wenn die Entente irgend uns zur Gesundheit der Nerven und Geister wieder kommen läßt, den Einrichtungen eines wenigstens erträglichen Staatslebens wieder Platz machen. Ein Chronischwerden dieser Zustände wird schließlich doch die Not der allgemeinen Weltverhältnisse und die Gesundheit der Grundschichten des deutschen Volkes verhindern. Das Problem selbst aber bleibt. Der Staat, der aus der heute sicherlich noch nicht beendeten Revolution schließlich hervorgeht, wird seine Spuren tragen und auch aus diesem Grunde dem alten recht wenig ähnlich sein. Aber mit den nötigen Veränderungen wird das von allen Staaten des Kontinents gelten, auch von denen, die keine offizielle Revolution gehabt haben. Denn die eigentliche Revolution war der Wahnsinn des Krieges selbst.

Berlin, 4. 10. [19]19 *Spectator*

Wieder in Berlin (Dezember 1919)

Editorische Vorbemerkung: Die Edition folgt dem Text, der erschienen ist in: Kunstwart und Kulturwart, hg. von Ferdinand Avenarius, 33. Jg., erstes Viertel, Oktober bis Dezember 1919, Heft 5, erstes Dezemberheft 1919, München: Kunstwart-Verlag Georg D. W. Callwey, S. 221–226 (**A**). Der Text erschien in der Rubrik „Vom Heute fürs Morgen" und mit der Datumsangabe 20. Oktober 1919. Das titelgebende Ereignis – Troeltschs Rückkehr aus seinem Sommerurlaub in Heidelberg – lag zu diesem Datum bereits mehr als einen Monat und zum Zeitpunkt der Veröffentlichung sogar fast drei Monate zurück. Schon am 19. September 1919 hatte Troeltsch wieder in Berlin an einer Sitzung des Preußischen Staatsministeriums teilgenommen. Vgl.: Protokolle des Preußischen Staatsministeriums, Band 11/I (2002), S. 112 f. Zuvor war das zweite Novemberheft 1919 des „Kunstwarts" (33. Jg., Heft 4) ohne einen Spectator-Brief erschienen.

Wieder in Berlin

Also wieder in Berlin, in der Hölle der Streike, des Vergnügungstaumels, der Arbeitshetze und der gegenseitigen Anflegelei, in dem Berlin der Revolution, wo der alte Schmiß und Stil weggefallen ist, die Reste des alten schönen Berlins wie ratlos melancholisch in die Herbstbläue hineindämmern und die Wilhelminische Pracht einen halb tragisch, halb verlegen anstarrt. Und doch ist dasselbe Berlin naturgemäß der Mittelpunkt, wo man alle Spitzen der Politik, des Geschäftes, der Intelligenz aus dem ganzen Reiche als ständige Besucher trifft, das Sprech- und Geschäftszimmer Deutschlands und das große Büro der Reichsregierung, bei dem alle Nachrichten zusammenströmen. Es ist heute mehr als je der Mittel|punkt, geladen mit allen Nervositäten und Gefahren des ganzen Reiches und durchzittert von dem Nachdenken über die beständig wechselnde, aber nie sich erleichternde Lage. Noch nie bin ich mit solchem Unbehagen und Grausen in diese brodelnde Menschen- und Ideenmasse zurückgekehrt, noch keinem Winter habe ich mit solchem instinktiven Bangen entgegengesehen, auch nicht dem vorigen, wo ich sicher wußte, daß die Katastrophe nur eine Sache von Wochen war und furchtbar sein würde. Eine diesen Gefühlen ganz entsprechende Vorbereitung waren die Reiseerlebnisse, Plackereien mit dem Gepäck, wo

(Dezember 1919)

die Kontrolle gegen die Schieber sich die Harmlosen zum Opfer wählte, alle möglichen Verspätungen und der Vorschlag, wie in Rußland den Lokomotivführer durch persönliche Spenden zum rascheren Fahren zu veranlassen, ein Vorschlag, der den Teilnehmern aber doch unmöglich schien. Vor allem aber eine politische Reiseunterhaltung, die wahrhaft niederschlagend war. Die Reisegesellschaft war in den Mißgeschicken mitteilsam und behaglich geworden und packte mit ihren Ansichten aus. Es ergab sich Übereinstimmung in dem Gedanken, daß man vier Wochen Bolschewismus erleben und daß dann die Monarchie wieder kommen werde; man sprach von der letzteren, wie man vor einer etwas anstrengenden Jagdpartie sich auf das folgende Jagddiner freut, in größter Behaglichkeit und Sicherheit, als handle es sich um die ausgemachteste und einfachste Sache von der Welt. In Kurland sei schon der neue York am Werke, die Reichsregierung gehe das gar nichts an und die müsse ignoriert oder betrogen werden; vielleicht nehme sie die Sache selbst nicht so ernst; jedenfalls, erklärte ein an der Gesellschaft teilnehmender baltischer Baron, er sei völlig sicher, seine Güter durch die Deutschen alle wieder zu bekommen.[1] Das war einmütige Stimmung, allerdings im Abteil zweiter Klasse, und die Teilnehmer zeigten sich schließlich als Leser der „Täglichen Rundschau".[2] Entsetzlicher Leichtsinn

---

1 Im Baltikum operierten von 1918 bis 1920 diverse aus deutschen bzw. deutschbaltischen Freiwilligen rekrutierte Militärverbände. Ursprünglich zur Bekämpfung der sowjetrussischen Armee aufgestellt (siehe oben, S. 67, Anm. 5), kämpften sie zum Teil seit dem Frühjahr 1919 auch gegen die Armeen der neu gegründeten baltischen Staaten Estland und Lettland. Dies führte im Oktober 1919 zur Enteignung des deutschbaltischen Großgrundbesitzes im Zuge der Estnischen Landreform. Die deutsche Reichsregierung strebte seit Mai 1919 die Beendigung des deutschen militärischen Engagements im Baltikum an, wurde darin aber von der Reichswehr und den Militärbehörden sabotiert. Vgl.: Von den baltischen Provinzen zu den baltischen Staaten (1977). Die überwiegend republikfeindliche Einstellung des Offizierskorps der Baltikum-Verbände war 1919 schon allgemein bekannt. Von daher versteht sich die Anspielung auf den preußisch-deutschen Nationalmythos der Konvention von Tauroggen (in Kurland), die 1812 von dem preußischen General Ludwig Yorck von Wartenburg ohne Zustimmung von Regierung und König abgeschlossen worden war und in der preußisch-deutschen Historiographie als Auftakt der antinapoleonischen „Befreiungskriege" (mit dem Höhepunkt der „Völkerschlacht von Leipzig" 1813) galt.

2 Tageszeitung, gegründet 1881, mit Sitz in Berlin, im Kaiserreich nationalliberal und zunehmend auch alldeutsch orientiert (Untertitel seit 1900: „Unabhängige Zeitung für nationale Politik"), nach 1918 ein wichtiges Organ der antirepublikanischen Rechten. Herausgeber und Leiter war von 1896 bis 1921 Heinrich Rippler (1866–1934); vgl. zu Ripplers Zusammenstoß mit Troeltsch auf der Gründungsversammlung des Demokratischen Volksbundes am 17. November 1918: Fried-

und rührende Kurzsichtigkeit! Was soll aus einem Volk mit solcher Unfähigkeit, reale Situationen zu sehen und selbständig zu denken, werden! Um den Eindruck voll zu machen, begegnete mir kurz nach der Ankunft ein rheinischer Großindustrieller, der von dem Haß sprach, den die Besetzung erzeuge, und der sich bald auch auf das übrige Deutschland verbreiten werde; der neue York sei schon da und der Weg nach Leipzig nicht mehr weit. So empfing mich sofort die „Gefahr von rechts", der vollkommene Unverstand und die eigentümliche „Irrealität des deutschen Denkens", von der neulich ein anderer baltischer Baron sprach³ und die gleich groß ist bei Idealpolitikern und Realpolitikern. Die Leute wußten von einem Offizier der Reichswehr ganz genau, daß die kommunistische Vier-Wochen-Periode am dritten November in Halle beginnen werde! Berlin ist die Stelle, wo die Strömungen des Reiches sich zum Strudel zusammendrängen, und da ist auch gleich die Szylla, die von der einen Seite her den Kurs des Staatswrackes bedroht. Aber es dauerte nicht lange, so fühlte man von der anderen Seite her die schwülen und dumpfen, schwer faßbaren Dünste aus der Höhle der Charybdis ausströmen. Ein paar Tage Anwesenheit, und überall umgibt einen die Atmosphäre drohender Streiks und giftiger Agitationen, deren Ziel es ist, die „verwässerte" Revolution wieder zu ihrer vollen proletarischen Giftigkeit zurückzuführen und Deutschland zum Schlachtfeld der kapitalistischen Entente und der verbündeten Kommunisten Rußlands und Deutschlands zu machen. Also auch hier der Gedanke an neuen Krieg und zwar auf deutschem Boden, womit die deutsche Bourgeoisie endgültig dem Schicksal der russischen ausgeliefert werden könne! Wir scheinen aus Kopisten und Futuristen zu bestehen, auf 1813 oder auf Bellamys Jahr 2000 zu starren,⁴ nur um ja nicht das Wirkliche und seine einfachen, aber bitteren Forderungen sehen zu müssen. Der historische Oberlehrer und der kommunistische Phantast, das scheinen unsere beiden Pole zu sein. Von beiden Seiten überall geheime Agitationen, Schaffung von Bünden und Jugendorganisationen, rücksichtsloseste Preßpolemik und Schürung allseitigen Mißtrauens. Es wird ein schwerer und entscheidungsreicher Winter werden. Der Wahnsinn von | rechts und links drängt mit immer neuen Mitteln zu immer neuen Krisen.

---

rich Meinecke: Autobiographische Schriften (1969), S. 301. Vgl. Joachim Pöhls: Tägliche Rundschau (1881–1933) (1972).

3 Gemeint ist Hermann Graf Keyserling: Von der Irrealität des deutschen Geistes (1919).

4 Anspielung auf den futuristischen Roman „Looking Backward or Life in the Year 2000" (1888, dt.: Ein Rückblick aus dem Jahre 2000 auf 1887) des US-Schriftstellers Edward Bellamy (1850–1898).

Zurückgekehrt nach Berlin sind aber nicht nur die vielen Erholungsbedürftigen, die Minister und Beamten, sondern vor allem auch der Reichstag oder richtiger das Revolutionsparlament oder die Konstituante, die sich den besonderen Namen der „Verfassunggebenden Nationalversammlung" beigelegt hat und deren Versuch, zum alten Namen zurückzukehren, sofort verhindert worden ist, weil man darin den Versuch einer Selbstverlängerung sah.[5] Rechts und Links drängt auf Neuwahlen, Rechts allerdings mehr als Links; die letzteren setzen auf immer neue Streike größere Hoffnungen als auf Neuwahlen, während das Verhalten der ersteren wohl mehr als Vorbereitung des Wahlfeldzuges aufzufassen ist, wobei man Teile der Reichswehr für alle Fälle auf seine Seite zu ziehen versucht. Die Zersetzung der Reichswehr, bei den einen von Seite der Offiziere, bei den andern von Seite der Mannschaften her, ist die gemeinsame Arbeit beider Oppositionen, die sich auch sonst reichlich in die Hände arbeiten, wie es bei besinnungslosen Oppositionen ja immer der Fall ist. Demgegenüber bedeutet die Rückkehr des Revolutionsparlamentes und die Reduktion der Armee seit dem 1. Oktober[6] allerdings eine Festigung der Reichsregierung. Die Minister brauchen nicht mehr immer, wie die wandernden Handwerksburschen, auf der Walze zu sein. Der Apparat hat in der Verfassung eine feste Rechtsgrundlage, die Regierung ist örtlich konzentriert, die Armee in der Hand Noskes und seiner Offiziere. Das Auftreten ist schon erheblich fester. Die verschiedenen Räte werden zurückgedrängt. Noch im Juli konnte das wie die kreißende Leto einen Ort der Niederkunft suchende Wohlfahrtsministerium im Herrenhause keine Stätte finden, weil der Arbeiterrat das Haus für sich beanspruchte

---

5 Im Gesetz über die vorläufige Reichsgewalt vom 10. Februar 1919 war das Mandat der Nationalversammlung auf die Verabschiedung der neuen Verfassung und sonstiger dringender Reichsgesetze beschränkt worden. Der Verfassungsausschuss der Nationalversammlung versuchte im Juni 1919 die kontroverse Frage nach dem richtigen Zeitpunkt für Parlamentswahlen durch die Formulierung zu umschiffen: „Bis zum Zusammentreten des ersten Reichstags gilt die Nationalversammlung als Reichstag"; zit. nach: Das Kabinett Bauer (1980), S. 50. Die erste Sitzung der Nationalversammlung nach ihrer Verlegung von Weimar nach Berlin fand nach Ablauf der parlamentarischen Sommerpause am 30. September 1919 im Reichstagsgebäude statt.

6 Gemäß Art. 159–163 des Versailler Vertrags musste die Stärke des deutschen Heeres drei Monate nach Inkrafttreten des Vertrages auf 200 000 Mann und spätestens zum 31. März 1920 auf 100 000 Mann reduziert werden. Die deutsche Seite ging zunächst von einem Inkrafttreten des Vertrages zum 1. Oktober 1919 aus. Aufgrund von Verzögerungen im Ratifikationsprozess auf alliierter Seite trat der Vertrag jedoch erst am 10. Januar 1920 in Kraft; vgl. Das Kabinett Bauer (1980), S. 141.

und man nicht wagen durfte, ihn gewaltsam zu entfernen. Jetzt sitzt das neue Ministerium im Herrenhause, und der Rumpf des Arbeiterrates hat sich mit einem Teil des Hauses begnügen müssen. Auch die Kasernen, die man noch im Sommer nicht zu belegen wagte, weil überall ein paar hundert Mann sie als ihr Arbeitslosen-Heim betrachteten, können heute wieder öffentlichen Zwecken zur Verfügung gestellt werden. Das ist ein Symbol der Lage. Die Reichswehr hält sich. Ein Freund, in dessen Hause zahlreiche junge Offiziere verkehren und der genaue Kenntnis hat, sagte mir, die jungen Leute seien in der Gesinnung natürlich keine Republikaner, seien aber fest entschlossen, ihren Ordnungsdienst in der loyalsten Weise auszuführen. Freilich tobt dagegen der Rest des Rätesystems in wahnsinniger Wut auf und kommen andrerseits Dinge vor wie die Aufforderung jenes Düsseldorfer Reichswehr-Majors an die Schüler, Dienst zu nehmen gegen die das Vaterland zerstörenden Juden und Revolutionäre. Das Revolutionsparlament und seine Regierung sitzen fester, die Arbeiterschaft ist großenteils ernüchtert, der Arbeitswille etwas gewachsen, die Unabhängigen und Kommunisten befinden sich in immer zunehmenden Spaltungen und ihre Hoffnungen sind gesunken. So lauten wenigstens die aus dem Land eingehenden Berichte. Freilich sind dann um so verzweifeltere und ruchlosere Anschläge zu fürchten und ist die Gefahr von rechts gestiegen, die nicht bloß die Revolutionsregierung überall hemmt, sondern vor allem den Teufel durch Beelzebub austreiben will und damit alles bedroht. Die „vier Wochen Kommunismus" würden etwas länger dauern und nicht so lustig sein, wie meine Eisenbahngesellschaft meinte, die schon vier Wochen reichlich hoch gegriffen fand.

Zurückgekehrt sind aber auch – um einen weiteren wichtigen Punkt zu erwähnen, der nun freilich keine örtliche Rückkehr bedeutet – die Deutsch-Demokraten in die Reichsregierung.[7] Ich habe den Austritt unter dem Gesichtspunkt der Reichsinteressen stets für höchst verderblich gehalten. Die regierende Koalition war ja immer nur ein Notzeugnis und nur sehr bedingt Gesinnungsgemeinschaft, sie war die Solidarität der Verantwortungsbewußten oder, wie es jetzt nach Feststellung der Reichsverfassung Herr Schiffer ausdrückt, ein „Bund der Verfassungs|treuen".[8] Der Austritt der

---

[7] Der Wiedereintritt der DDP in die Reichsregierung erfolgte vom 3. bis zum 25. Oktober 1919 durch die Ernennung von Eugen Schiffer (Justiz und Vizekanzleramt), Erich Koch-Weser (Inneres) und Otto Geßler (Wiederaufbau) zu Reichsministern. Vgl. Das Kabinett Bauer (1980), S. XXXVII–XL.

[8] Das Zitat konnte für Schiffer nicht nachgewiesen werden. Das „Berliner Tageblatt" vom 30. September 1919 (Abend-Ausgabe) zitiert mit Bezug auf den Regierungseintritt der DDP ohne Namensnennung aus der Zuschrift eines „bekann-

Demokraten, der doch stets naturgemäß mehr ein formeller als ein materieller war, hat die Kirchen- und Schulfragen und die Souveränität der katholischen Kirche zu den entscheidenden Grundfragen gemacht, auch Herrn Erzberger die Diktatorstellung verschafft, die vielleicht in der Tat einmal sich abnützen mußte. Überhaupt mochte es vielleicht gut sein, daß die Demokraten und damit das Bürgertum ihre Unentbehrlichkeit auf diese Weise fühlbar gemacht haben. Aber die Zeit ihres Fernbleibens hat doch auch sehr bedenkliche Gesetzgebungspläne reifen lassen, bei welcher Bemerkung ich mich freilich einer Kritik der Erzbergerschen Finanzpolitik enthalten muß. Jedenfalls sind sie nun wieder eingetreten und Erzberger hat die Stellung des Vizekanzlers niedergelegt; das Betriebsrätegesetz, das wesentlich psychologisch auf die gegenwärtigen Massenstimmungen kalkuliert war, soll unter sachlichen Gesichtspunkten neu überlegt, das Unternehmertum in der Möglichkeit der Initiative und Verantwortung erhalten werden. Vorausgesetzt, daß das alles so gemeint ist, wie es gesagt wird, und daß dabei dem psychologischen Bedürfnis der Arbeiterbeteiligung hinreichend Rechnung getragen wird, wäre das nur gut und nützlich. Freilich liegt hier auch die Möglichkeit zu schweren Konflikten, wenn, wie es scheint, die Abmachungen betreffs dieses Gesetzes vom Zentrum und den Sozialdemokraten nicht festgehalten werden.[9] Im übrigen ist diese Rückkehr wenigstens in der Öffentlichkeit, fast von selbst gegangen. Überhaupt, wie seltsam unberechenbar sind die parlamentarischen Dinge! Alle Welt hat einen Höllensturm auf Erzberger nach den Sommerenthüllungen erwartet,[10] es ist aber völlig still geblie-

---

te[n] demokratische[n] Parlamentarier[s]" die Forderung nach einem „Block der Verfassungstreuen" als „wertvollste Bürgschaft für die junge Republik und für die Ordnung des Staates, die sich schaffen läßt."

9 Der im August 1919 in die Nationalversammlung eingebrachte Regierungsentwurf für das Betriebsrätegesetz sah die Schaffung von Betriebsräten in allen Betrieben mit mindestens 20 Mitarbeitern und die paritätische Mitbestimmung der Arbeitnehmer in sozialen Belangen der Betriebsführung (nicht aber bei unternehmerischen Entscheidungen) vor. Nachdem sich die DDP bei ihrem Regierungseintritt Anfang Oktober 1919 zunächst noch mit dem Gesetzentwurf einverstanden erklärt hatte, ging sie nur wenig später in den Ausschußberatungen in der Nationalversammlung auf Gegenkurs und wandte sich vor allem gegen die Befugnis der Betriebsräte zur Einsicht in die Unternehmensbilanzen sowie gegen die Entsendung von Arbeitnehmervertretern in die Aufsichtsräte. Da SPD und Zentrum auf dem Regierungsentwurf beharrten, drohte die „Weimarer Koalition" bereits in der zweiten Oktoberhälfte 1919 erneut auseinander zu brechen. Das Betriebsrätegesetz konnte schließlich erst am 18. Januar 1920 in der Nationalversammlung verabschiedet werden. Vgl.: Das Kabinett Bauer (1980), S. 422 f.
10 Siehe den Spectator-Brief „Der Enthüllungssturm", oben, S. 149–157.

ben. Der Eintritt der Demokraten erschien vor kurzem wie eine Haupt- und Staatsaktion und ist heute eine Selbstverständlichkeit. In der Maßlosigkeit der heutigen politischen Kämpfe und bei dem Wechsel der immer neuen praktischen Nöte nützen sich alle Aufregungen, Enthüllungen, Putsche und Feldzugspläne überaus rasch ab, und stets stellt sich immer wieder das Bild entsetzlicher Not und ratloser Verwicklung her, das man im Grunde mit all den Aufregungen vergessen machen wollte.

Der Reichstag muß die notwendigsten aus der Verfassung, der Finanzlage und den Friedensbedingungen sich ergebenden Gesetze vollenden. Die Einzellandtage müssen die Verfassungen der Länder in Übereinstimmung mit der des Reiches schaffen und zugleich die aus den Reichsgesetzen sich ergebenden Folgegesetze ausarbeiten und beschließen. Das ist eine ungeheure Arbeitsfülle. Eine Auflösung und Neuwahl ist vorher nicht möglich, und das ist ein Glück bei den Verhältnissen dieses Winters. Die Länderverfassungen werden große Schwierigkeiten machen. Namentlich in Preußen wird das Problem des Unitarismus oder Partikularismus sehr scharf hervortreten. Dabei muß überall mit sehr mangelhaften und unreifen Parlamenten gearbeitet werden und müssen populäre Stimmungen und Forderungen berücksichtigt werden, die sachlich lediglich verderblich sind. An Stelle der zwanzig Dynastien sind[a] zwanzig Parlamente und an Stelle fürstlicher Velleitäten die populären getreten: es ist die alte Geschichte, nur auf verschlechtertem Niveau. Dabei kennt noch niemand die Wirkungen des „Friedens" und können nach der Schutzfrist von zwei Jahren die Länder an ihre eigene Neuabgrenzung gehen.[11] Es sind Verfassungswerke, die schwerlich sehr dauerhaften Charakter tragen, die aber dem psychologischen Moment angepaßt werden müssen. Was heute gemacht wird, ist alles bloße Konzeptarbeit.

So scheint es, daß die Sorgen und Arbeiten wesentlich der inneren Politik gelten müssen. In der Tat ist das die Meinung der Durchschnittsmasse. Sie ist gegen alle Außenpolitik völlig gleichgültig und hoffnungslos, glaubt, daß es mit dieser überhaupt zu Ende sei und daß man Hoffnungen lediglich auf die sozialistischen Parteien der feindlichen Länder setzen dürfe. Mit

---

a *Fehlt in A.*

---

11 Art. 18 der Weimarer Reichsverfassung ermöglichte die Neubildung oder Gebietsänderung von Ländern durch ein verfassungsänderndes Reichsgesetz (Abs. 1), durch ein einfaches Reichsgesetz bei Zustimmung der Länder (Abs. 2), oder durch Volksabstimmung (Abs. 3–6). Art. 167 der Weimarer Reichsverfassung legte jedoch fest, dass die Bestimmungen von Art. 18, Abs. 3–6 erst zwei Jahre nach Verkündung der Reichsverfassung in Kraft traten.

dem Horizont der kleinen Leute und unter den Nachwirkungen der alles
ertötenden Blockade denkt man nur mehr an die inneren Kämpfe, träumt
von einem Entscheidungskampf zwischen Bolschewismus und Demokratie oder | zwischen Sozialdemokratie und Zentrum oder zwischen Monarchie und Republik. Ernährungssorgen, rasende Preissteigerungen, Lohnbewegungen, Wohnungsmangel, Assignatenwirtschaft,[12] Arbeitsschwierigkeiten tun das übrige, um den Blick beim Allernächsten festzuhalten. Und doch ist naturgemäß die Außenpolitik absolut entscheidend. Den immer neuen Vergewaltigungen und Daumenschrauben der Entente zu begegnen, eine internationale Ordnung des Kohlen-, Ernährungs- und Kreditwesens herbeizuführen, eine Solidarität Europas zu gewinnen, im Osten die Beziehungsmöglichkeiten der Zukunft zu erhalten, Deutsch-Österreich nicht völlig ersterben zu lassen, die Wilsonschen 14 Punkte nicht vergessen zu lassen: alles das sind in Wahrheit die Lebensfragen, von denen alle jene inneren Möglichkeiten schlechterdings entscheidend abhängen, und diese Lebensfragen würden eine kluge und aktive Politik wie die des Grafen Brockdorff-Rantzau[a] fordern, der einzig und allein während des ganzen Krieges wirkliche Politik gemacht hat. Noch haben wir keinen Frieden, und ob die Ratifizierung nicht die Verhältnisse noch verschlechtert statt verbessert, darüber ist schwer klar zu werden. So oder so aber brauchen wir eine Politik der höchsten Klugheit, die alle Rechtsmittel und moralischen Kräfte verwendet, die einer Nation ohne Armee, ohne Geld, ohne Wirtschaft, ohne Schiffe allein übriggeblieben sind. Die moralische Politik, die Politik des Rechtes, ist die einzig mögliche, aber auch dringend notwendige.

Was das heutige Auswärtige Amt tut und will, darüber ist nun freilich absolut nicht klar zu werden. Es ist gar nichts darüber zu erfahren. Auch von der vielberedeten Reform des Auswärtigen Amtes hört man nichts als den Namen des Mannes, der sie bewirken soll.[13] Aus den Reden des Herrn Müller erfährt man ebensowenig. Man muß sich schon an durchreisende

---

a A: Rantzau-Brockdorff

---

12 Der Begriff Assignatenwirtschaft (von franz. *assignation*: „Anweisung") geht zurück auf die während der Französischen Revolution als Zahlungsmittel ausgegebenen Staatsanleihen und bezeichnet allgemein eine weitgehend ungeregelte Geldwirtschaft mit hoher Inflationsrate.
13 Gemeint ist Edmund Schüler, der als Ministerialdirektor unter den Ministern Ulrich Graf von Brockdorff-Rantzau und Hermann Müller die Zentralabteilung des Auswärtigen Amtes leitete. Die von ihm 1918/19 konzipierte Reform des Auswärtigen Dienstes („Schülersche Reform") beinhaltete u. a. die Zusammenlegung der diplomatischen und der konsularischen Laufbahn sowie die Aufhebung der

Russen und Japaner halten, die in großen internationalen Geschäftigkeiten begriffen sind, um etwas von der Welt zu erfahren, wobei man freilich sehr vorsichtig mit dem Glauben sein muß. Interessant war neulich eine Besprechung mit Deutschen, die den ganzen Krieg im Ausland mitgemacht hatten, und mit deutschfreundlichen Engländern. Hier steht im Mittelpunkt immer das Schulddogma, über dessen ungeheure politische und rechtliche Bedeutung ich schon neulich hier gesprochen habe.[14] Das deutsche Flagellantentum der Büßer und Selbstankläger wurde von diesen Leuten aufs tiefste bedauert. „It is my despair" schrieb einer der Führer der englischen Pazifisten.[15] Aber ebenso nötig sei es, dieses Schulddogma furchtbar ernst zu nehmen. Es müsse von den deutschen Ministern – Zeitungen liest man im Auslande nicht – immer von neuem die neutrale Untersuchungskommission über die Kriegsschuld und die sog[enannten] Atrozitäten gefordert werden. Keine Rede dürfe ohne dieses Ceterum censeo schließen, die Welt müsse immer wieder vor dieses durchaus loyale und gerechte Verlangen gestellt werden; die deutschen Zeitungen müßten immer nur *diese* Notwendigkeit und *diese* Forderung dem deutschen Publikum einhämmern (wozu freilich zu bemerken ist, daß die deutschen Zeitungen solche Dinge und gar Wiederholungen als uninteressant und das Publikum nicht reizend nicht bringen,

---

Trennung zwischen politisch-diplomatischen und außenhandelspolitischen Abteilungen in einem System von Länderabteilungen. Vgl. Kurt Doss: Das deutsche Auswärtige Amt im Übergang vom Kaiserreich zur Weimarer Republik (1977).

14 Siehe den Spectator-Brief „Die Schuldfrage", oben, S. 115–124.

15 Es handelt sich wahrscheinlich um Edmund D. Morel (1873–1924), den Gründer und Vorsitzenden der pazifistischen „Union of Democratic Control" (UDC). Morel, der während des Ersten Weltkriegs wegen seiner Anti-Kriegs-Publizistik in Großbritannien inhaftiert worden war, veröffentlichte nach 1918 zahlreiche Artikel und Schriften gegen den Versailler Vertrag und dessen Kriegsschuldparagraphen. Dabei arbeitete er auch mit deutschen Propagandastellen zusammen und stand insbesondere in engem Kontakt mit Prinz Max von Baden und der Heidelberger Vereinigung, der auch Troeltsch angehörte. Vgl. Catherine Ann Cline: E.D. Morel 1873–1924 (1980), S. 116–130. Harry Graf Kessler erwähnt in einem Tagebucheintrag vom 2. Februar 1920 ebenfalls einen Brief von Morel, in dem dieser klagt, die Selbstbezichtigungen deutscher Pazifisten in der Kriegsschuldfrage machten den englischen Pazifisten ihre Arbeit für die Revision des Versailler Vertrages unmöglich; vgl. Harry Graf Kessler: Das Tagebuch 1880–1937, Band 7 (2007), S. 289. Während eines Deutschlandbesuchs im Juli 1920 äußerte sich Morel auch öffentlich in diesem Sinne; vgl. Berliner Tageblatt vom 11. Juli 1920: „Morel und Ponsonby gegen die deutschen Radikalpazifisten". Während dieses Besuchs kam es auch zu einer Begegnung von Morel und Troeltsch. Vgl. den Brief Troeltschs an Max von Baden vom 21. Juli 1920 → KGA 21.

das volle Gegenteil der englischen Zeitungspraxis!).ᵃ Auch sei es gut, die Atrozitäten, die als notwendige Wirkungen langer Besetzungen heute von unseren Feinden in den besetzten Gebieten begangen werden, zu sammeln und der Welt vorzuhalten, ähnlich wie man uns die unsrigen vorgehalten hat, zum Beweis, daß auch die besten Armeen solchen Dingen nicht entgehen können. Vor allem aber sei die Ehrlichkeit und Zweifellosigkeit unsrer demokratischen Entwicklung eine Grundvoraussetzung und müßten wir Bolschewismus und Restauration als gleich unmöglich der Welt glaubhaft machen. Das sei die absolute Voraussetzung für jeden Kredit und jede gemeinsame Aktion des Wiederaufbaus, die Vor|aussetzung, unter der allein die liberalen, sozialen, pazifistischen und ähnlichen Parteien des Auslandes uns zur Gerechtigkeit helfen können, die einzige, unter der die immer noch drohende Aufteilung Deutschlands vermieden werden könne.

Das wird wohl alles nur allzu richtig sein und hier dürfte namentlich innere und äußere Politik aufs allerengste zusammenhängen. Wenn unsere Leute nur so weit hinausdenken wollten und könnten! Es ist immer die alte Geschichte. So lange hier nicht der „Bund der Verfassungstreuen" die große Mehrheit der Nation bewußt und klar umfaßt und auch die Gegner der herrschenden Regierung in sich einschließt, so lange wird es an den allerersten Fundamenten einer auswärtigen Politik und damit einer Heilungsmöglichkeit fehlen.

Freilich, Grundlagen einer Politik sind nicht diese Politik selbst. Diese selber muß mit aller Klugheit, Feinheit und Beweglichkeit alle kleinen Möglichkeiten benützen und ein Bild der Existenzmöglichkeit überhaupt besitzen oder erwerben. Was hier möglich ist, weiß freilich nur der Eingeweihte, der die einlaufenden Berichte kennt und mit den fremden Politikern verkehrt. Für alle andern sind hier Urteile unmöglich, und wäre er pensionierter Reichskanzler oder Staatssekretär. Gerade beim Verkehr mit solchen Herren kann man unmittelbar erfahren und hören, wie nur die Teilnahme an den Geschäften selbst hier Urteile ermöglicht. Die Journalistenpolitik der Zeitungen ist mit Vorsicht aufzunehmen, da bei ihr diese Voraussetzungen fehlen. Immerhin haben die Leute von der Presse ihren eigenen Nachrich-

---

a *In A folgt eine redaktionelle Anmerkung als Fußnote:* Man vergleiche die Kunstwartaufsätze „Wir fordern unser Gericht" von Avenarius (K[unst]w[art] XXXII, 20) und unsern nochmaligen dringenden Rat, diese Forderung in den Mittelpunkt aller deutschen Propaganda zu stellen (im ersten Hefte dieses Jahrgangs)[16]. K[unstwart]-L[eitung]

---

16 Gemeint ist die mit „A." (= Avenarius) gezeichnete Glosse „Die schwarz-gelbe Schuld" in: Kunstwart, 33. Jg., Heft 1 (1. Oktoberheft 1919), S. 33–34.

tendienst, sie sind oft gut unterrichtet und dann zu Urteilen und Ratschlägen wohl befähigt. Aber wer kann hier unterscheiden? Jedenfalls habe ich weder aus der einen noch aus der anderen Quelle mündlich irgend etwas Wesentliches über diese Einzelfragen erfahren können. Am meisten zu finden ist in der „Frankfurter Zeitung"[17] und in der Monatsschrift „Die Deutsche Nation" (Verlag Deutsche Nation, Charlottenburg).[18] Im übrigen muß man überhaupt seine Augen offen halten und gegen die Zeitungen mißtrauisch sein, die in der Hauptsache die Begierden ihres Publikums spiegeln, um sie dann wieder anzustacheln und mit neuem Futter befriedigen zu können. Die Sensationslust der massenhaft vermehrten Zeitungen und Zeitschriften, wie sie zur Tageszeit hier ausgebrüllt werden, ist erschütternd. Vom Ausland und von dem Reflex unserer Zustände in ihm erfährt man nichts. Es ist, als ob man lauter Provinzblätter vor sich hätte. Das deutsche Publikum will eben nur sich selber und seine Wünsche hören. In dieser Hinsicht ist durch den Krieg nichts anders geworden. Auslandskenntnis und Selbsterkenntnis werden nur gefordert, um dem aus dem Wege zu gehen, was man eigentlich wissen müßte. Es ist die Irrealität des deutschen Denkens und das Zurücksinken in das deutsche Spießertum, bald das eine, bald mehr das andere.

Berlin, 20. Oktober [1919]. *Spectator*

---

17 Linksliberale Tageszeitung, gegründet 1856, hg. von Heinrich Simon in der Frankfurter Societäts-Druckerei. Befürwortete nach 1918 die Republik und die Unterzeichnung des Versailler Vertrags.

18 „Die Deutsche Nation. Eine Zeitschrift für Politik" erschien ab Januar 1919, hg. von Kurt Riezler, Harry Graf Kessler und Bernhard Wilhelm von Bülow. Die Zeitschrift war maßgeblich zur Unterstützung der DDP gegründet worden. Seit 1921 gehörten u. a. auch Eugen Schiffer und der Historiker Walter Goetz zu den Herausgebern. Die Redaktionsleitung lag von 1922 bis zur Einstellung der Zeitschrift 1925 bei Theodor Heuss. Vgl. Reiner Burger: Theodor Heuss als Journalist (1999), S. 222–231.

Was man vor einem Jahre in Berlin von der Revolution persönlich erleben konnte (Dezember 1919)

Editorische Vorbemerkung: Die Edition folgt dem Text, der erschienen ist in: Kunstwart und Kulturwart, hg. von Ferdinand Avenarius, 33. Jg., erstes Viertel, Oktober bis Dezember 1919, Heft 6, zweites Dezemberheft 1919, München: Kunstwart-Verlag Georg D. W. Callwey, S. 269–273 (**A**). Der Text erschien in der Rubrik „Vom Heute fürs Morgen". Nach eigener Angabe schrieb Troeltsch den Hauptteil des Textes bereits am 30. November 1918 als „ersten Brief" für den „Kunstwart". Demnach war der Text ursprünglich als Eröffnung für die Spectator-Reihe vorgesehen. Für die nachträgliche Veröffentlichung ergänzte Troeltsch den Text um eine kurze Einleitung und einen Schlussteil. In dieser Fassung erschien der Text mit der Datumsangabe 15. November 1919. Da Troeltsch aber im Schlussteil auf eine Zeitungsmeldung vom 20. November 1919 Bezug nimmt, muss er noch nach diesem Datum Änderungen und Korrekturen vorgenommen haben. Wohl um die Nähe zum titelgebenden ersten Jahrestag der Novemberrevolution zu wahren, wurde der Text dem früher fertiggestellten Spectator-Brief „Vorherrschaft des Judentums?" (mit der Datumsangabe 20. Oktober 1919) zur Veröffentlichung vorgezogen (siehe unten, S. 209).

Was man vor einem Jahre in Berlin von der Revolution persönlich erleben konnte

Der Tag des Schicksals hat sich gejährt. Die für diese Jahresfeier vorbereiteten Wühlereien und Putsche von links sind durch die Eisenbahnsperre[1] und durch die Abwehr des Generalstreiks vermutlich mattgesetzt.[2] Auch ist die

---

1 Am 4. November 1919 verhängte die Reichsregierung eine elftägige Sperre für den Personenverkehr auf den Eisenbahnen, um durch eine Steigerung des Gütertransports Engpässe in der Kohlen- und Kartoffelversorgung zu vermeiden. Vgl. den Aufruf der Reichsregierung vom 4. November 1919 in: Vossische Zeitung (Morgen-Ausgabe) vom 5. November 1919.

2 Anfang November 1919 eskalierte in Berlin ein Streik der Metallarbeiter mit insgesamt 160 000 Teilnehmern, als eine Generalversammlung der Metallarbeiter einen Schiedsspruch des staatlichen Schlichtungsausschusses ablehnte und stattdessen zum Generalstreik aufrief. USPD und KPD, nicht aber die MSPD, schlossen sich dem Aufruf an. Als jedoch die Berliner Gewerkschaftskommission am

Stimmung überhaupt matter geworden. Aber ich will nicht in dieser Lage die Bilanz eines Jahres ziehen, das noch keine Bilanz hat. Ich will vielmehr zur Erinnerung den *ersten* Brief abdrucken, den ich damals, am 30. November 1918, für den Kunstwart geschrieben habe, aber dann nicht abdrucken ließ, weil er im Verhältnis zu der ungeheuren Aufregung zu sehr mit Kleinigkeiten und Zufälligkeiten angefüllt war. Heute erscheinen diese Kleinigkeiten wichtiger, und der ganze Zustand totaler Unwissenheit, in dem wir auch bei scheinbar bester Unterrichtetheit uns damals befanden, mag uns heute vieles erklären, was damals völlig unverständlich schien. –

*

Die lange gefürchtete und verheißene Revolution ist ausgebrochen. Deutschland hat heute seine siegreiche Revolution, wie sie einst England, Amerika und Frankreich hatten. Es hat sie im unseligsten Moment des allgemeinen militärischen, wirtschaftlichen und nervösen Zusammenbruches. Darin liegt der Unterschied von jenen Revolutionen. Noch kann man kaum die Ungeheuerlichkeit der Ereignisse ausdenken, obwohl man in diesen Jahren an Ungeheures wahrlich gewöhnt war. Noch fürchtet man für das elementarste persönliche Dasein. Die Bedeutung für Deutschland und für die Welt sieht noch niemand ab, kaum hat man Ruhe, sie zu bedenken. Man wundert sich, wenn man aus dem Hause geht, daß Häuser und Bäume noch stehen. Man kommt in deren Ruhe wieder zu etwas Besinnung, und, wer das Talent dazu hat, zu einiger Freude an der Natur, die dem Wahnsinn der Menschen mit immer gleicher Unbekümmertheit zuschaut, wie sie es all die Jahre her getan hat und noch lange tun wird.

Es ist merkwürdig, wie man mit den gewaltigsten Ereignissen sozusagen Wand an Wand leben und doch von ihnen fast gar nichts merken kann. Auch ein Mann, der mit den wichtigsten Regierungspersonen wohl bekannt und von den Arbeiterführern im allgemeinen über die Sachlage unterrichtet war, hat von den entscheidenden Dingen fast nichts gewußt, woraus der Schluß zu ziehen ist, daß auch jene nicht allzuviel gewußt haben. Wohl kannte ich seit dem Winter 1917 die gespannte Atmosphäre und die Revolutionsgefahr. Der Sturz Bethmanns hat verhängnisvoll gewirkt. Damals schufen die Arbeiterführer der verschiedensten Richtungen den Volksbund[3] mit der Be-

---

6. November 1919 eine Proklamation zum Generalstreik bei Stimmengleichheit abgelehnte, beschloss die Generalversammlung der Metallarbeiter am folgenden Tag den Abbruch des Streiks. Reichswehrminister Gustav Noske (SPD) nutzte die Situation, um am 7. November 1919 per Erlass den „roten" Vollzugsrat der Berliner Arbeiter- und Soldatenräte wegen „Generalstreikhetze" aufzulösen. Vgl. Heinrich August Winkler: Von der Revolution zur Stabilisierung (1984), S. 269 f.

3 Der Volksbund für Freiheit und Vaterland war im November 1917 unter maßgeb-

gründung, es gehe so nicht weiter, das Volk halte nicht mehr aus und es habe das Vertrauen verloren; es müsse ihm irgend eine Hoffnung von nichtmilitärischer Seite her gezeigt wer|den. Deputationen dieser Führer waren bei Ludendorff und haben ihm aufs ernsteste die Gefahr der Lage gezeigt.[4] Aber niemand glaubte ihnen. Ein sonst sehr vernünftiger Abgeordneter der freikonservativen Partei verwies einfach auf die Maschinengewehre als einziges Gegenargument. Seitdem wurde die Lage immer gefährlicher. Wohl kannte ich ferner die steigende Entfremdung zwischen Mannschaften und Offizieren bei vielen Truppenteilen und den Haß zwischen Front und Etappe. Im September 1918 erlebte ich im Allgäu in einer nationalliberalen Bauernversammlung einen geradezu erschreckenden Ausbruch dieses Hasses gegen die Offiziere und die in ihnen verkörperten „preußischen Manieren", wie die tobenden Beschwerdeführer sagten.[5] Dann kam Anfang Oktober die Klarheit über unseren endgültigen militärischen Mißerfolg, und Herr von Hintze vollzog als einzige mir bekannt gewordene Handlung mit aller Energie den Übergang zur demokratischen und parlamentarischen Monarchie als der schlechthin unentbehrlichen Voraussetzung des Friedensschlusses.[6] Diesen selbst dachte man sich noch auf Grund einer in Belgien halt-

A 270

---

licher Beteiligung Troeltschs als politisch-publizistischer Zusammenschluß der bürgerlich-liberalen Reformströmungen sowie der sozialistischen und der christlichen Gewerkschaften im Kaiserreich gegründet worden. Friedrich Meinecke bezeichnete den Volksbund später als Vorbereitung der „Weimarer Koalition" nach 1918. Vgl. Friedrich Meinecke: Autobiographische Schriften (1969), S. 285.

4 Troeltsch rekurriert auf eine von Alfred Weber und Kurt Hahn verfaßte und u. a. von Robert Bosch, Ernst Jäckh, Friedrich Naumann sowie den Gewerkschaftsführern Carl Legien und Adam Stegerwald unterzeichnete Denkschrift an General Ludendorff vom 11. Februar 1918, in der unter Verweis auf den drohenden Zusammenbruch der „Widerstandskraft unseres Volkes gegen die revolutionäre Unruhe" eine „politische Offensive" Deutschlands, insbesondere eine Erklärung über die Wiederherstellung der Souveränität Belgiens gefordert wurde. Vgl. Ernst Jäckh: Ein Briefwechsel mit Ludendorff (1920).

5 In einem Brief an Prinz Max von Baden schrieb Troeltsch am 2. Dezember 1918: „Ich habe im August [sic!] einer Versammlung von Bauern, Beamten, Käsefabrikanten u. s. w. im Allgäu beigewohnt, lauter Leuten, die eigentlich mit ihren Instinkten auf der Seite der Vaterlandspartei standen. Aber da brach eine ganz elementare Wut gegen das Offizierscorps los, wie ich es für ganz unmöglich gehalten hätte! Da giengen mir die Augen auf. Denn diese Stimmung wurde mir nun von allen Seiten bestätigt." → KGA 21. Troeltsch hatte im August 1918 in Kempten im Allgäu seinen Bruder Rudolf Troeltsch (1870–1950) besucht. Vgl. den Brief an Carl Heinrich Becker vom 30. August 1918 → KGA 21.

6 Der kaiserliche Außenstaatssekretär Paul von Hintze entwickelte Ende September

baren festen Linie. Prinz Max von Baden, einer der menschlich edelsten und weitsichtigsten Fürsten, der im Auslande Respekt und Vertrauen genoß, opferte sich mit vollem Bewußtsein der Erhaltung von Dynastie und Reich.[7] In den fürstlichen Familien war seit langem die Gefahr der Revolution besprochen worden, wobei Kaiser und Kaiserin bezüglich der Gegenmittel verschieden dachten und die Kaiserin schließlich den Kaiser durch Herrn von Berg[8] von der Außenwelt völlig abschnitt. Im Oktober 1917 sagte mir ein deutscher Bundesfürst, der seine Pappenheimer kannte, über die eben gegründete Vaterlandspartei: „Hätte ich etwas zu sagen, ich würde diese Leute an die Wand stellen; sie bringen uns um unsre Throne."[9] Revolutionsfurcht war also genug vorhanden. Aus dieser Einsicht und aus diesem Zwang der auswärtigen Politik entstand die verspätete Reformregierung des Prinzen Max. Der unter ihm bewirkte Verfassungsumschwung war eine volle Revolution, eine politische und Verfassungsrevolution von oben her. In dem furchtbaren Bangen jener Tage sah alle Welt über den Revolutionscharakter hinweg. Immerhin ergab sich aus dieser Revolution die Frage der Abdankung des Kaisers, die durch die allgemein anerkannte Unmög-

---

1918 maßgeblich das Konzept einer „Revolution von oben", das der Bildung der Regierung Max von Baden und den „Oktoberreformen" zugrunde lag. Vgl. Gunther Mai: Das Ende des Kaiserreiches (1987), S. 158 ff.

7 Troeltsch kannte Prinz Max von Baden bereits aus seiner Zeit als Vertreter der Universität Heidelberg in der Ersten Badischen Kammer (1909 bis 1914), deren Vorsitzender der badische Thronfolger damals war. Seit 1917 beriet er Max von Baden brieflich in politischen Fragen → KGA 21. Hans Delbrück organisierte 1917 ein Gespräch mit Max von Baden zur Frage der preußischen Wahlrechtsreform, an dem auch Troeltsch und Friedrich Meinecke teilnahmen. Laut Meinecke betrachtete sich der Mittwochabend-Kreis um Delbrück, dem auch Troeltsch angehörte, „in gewisser Weise [als] einen privaten Staatsrat des Prinzen". Vgl. Friedrich Meinecke: Autobiographische Schriften (1969), S. 242 (Zitat) und S. 285 f.

8 Friedrich von Berg (1866–1939), von Januar bis Oktober 1918 Chef des Geheimen Zivilkabinetts, galt als verlängerter Arm der OHL und steuerte innenpolitisch einen Kollisionskurs gegenüber den Mehrheitsparteien des Reichstags. Vgl. Friedrich von Berg als Chef des Geheimen Zivilkabinetts 1918 (1971), S. 54 ff.

9 Es handelt sich möglicherweise um Großherzog Friedrich II. von Baden (1857–1928), der 1907 während Troeltschs Prorektorat an der Universität Heidelberg zur Regierung gelangt war. Das badische Herrscherhaus pflegte traditionell eine enge Beziehung zu den Landesuniversitäten und ihren Professoren. Vgl. Friedrich Meinecke: Autobiographische Schriften (1969), S. 176 f. und S. 218; Hans-Georg Drescher: Ernst Troeltsch (1991), S. 199 f. Baden galt während des Kaiserreichs als liberal regiertes Fürstentum. Allerdings ist auch eine scharfe Kritik von Friedrich II. an der Friedensresolution des Reichstags 1917 überliefert. Vgl. Lothar Machtan: Prinz Max von Baden (2013), S. 322.

(Dezember 1919) 203

lichkeit des Kronprinzen einen ganz besonders verhängnisvollen Charakter annahm. Die Arbeiterführer im Kabinett, die sämtlich, auch die grundsätzlichen Republikaner unter ihnen, entschlossen für die Erhaltung der Monarchie eintraten, glaubten damit, die in diesem Moment politisch und militärisch völlig unentbehrliche Monarchie retten zu können. Ob sie mit dieser Annahme recht hatten, weiß ich nicht, das kann schließlich niemand sicher wissen. Da floh der Kaiser nach Homburg in das weit zurückverlegte Hauptquartier,[10] schwerlich aus eigenem Antrieb. Der Prinz konnte kaum mehr mit ihm verkehren, eine persönliche Reise nach Homburg wäre mit der Gefahr der Gefangensetzung verbunden gewesen. So war die Teilung der Regierung endgültig, die monarchisch-militärische und die parlamentarisch-bürokratische waren völlig getrennt und im Kampf. Die Situation wurde sehr unbehaglich, aber niemand ahnte, was kommen sollte.

Es waren die Tage, an denen man die levée en masse[11] vorbereiten wollte. Zu diesem Zweck wurden die Vorstände von Vaterlandspartei und Volksbund zusammenberufen. Herr von Tirpitz bestritt hier, daß die Vaterlandspartei jemals Annexionen gewollt habe und daß sie gegen das allgemeine Wahlrecht in Preußen gewesen sei! Die Arbeiterführer erklärten demgegenüber, daß das öffentliche Bild von der Vaterlandspartei jedenfalls ein anderes sei und daß es um dieses Bildes willen ihnen unmöglich sei, die Massen zu einer Versöhnung mit der Vaterlandspartei zu bringen. Die levée en masse habe übrigens bereits vier Jahre lang stattgefunden; heute könne jeder Versuch dazu die Revolution entfesseln. Es sei zu spät.[12]

---

10 Troeltsch irrt sich in der Ortsangabe. Von Januar 1917 bis März 1918, als sich das Große Hauptquartier in Kreuznach befand, hatte Wilhelm II. bei seinen Besuchen im Hauptquartier stets im nahen Schloss Bad Homburg residiert. Seit März 1918 befand sich das Große Hauptquartier aber im belgischen Spa, wohin Wilhelm II. auch am 29. Oktober 1918 abreiste.
11 Siehe oben, S. 71, Anm. 11.
12 Die gemeinsame Sitzung von Volksbund, Vaterlandspartei und dem Unabhängigen Ausschuss für einen Deutschen Frieden fand auf Vermittlung des preußischen Kultusministers Friedrich Schmitt-Ott am 10. Oktober 1918 in der Königlichen Bibliothek zu Berlin statt. Teilnehmer waren neben Troeltsch u. a. Carl Legien und Adam Stegerwald für den Volksbund sowie Tirpitz, Wolfgang Kapp und die Professoren Eduard Meyer und Dietrich Schäfer für die Vaterlandspartei, außerdem Heinrich von Gleichen-Rußwurm und Adolf von Harnack, der die Sitzung leitete, als Vertreter des Kultusministeriums. Vgl. Heinz Hagenlücke: Deutsche Vaterlandspartei (1997), S. 370 f. Das Protokoll der Sitzung ist veröffentlicht in: Günter Brakelmann: Der deutsche Protestantismus im Epochenjahr 1917 (1974), S. 297–308. Über dieses Treffen schrieb Troeltsch am 2. Dezember 1918 an Prinz Max von Baden: „Ebenso hatte ich in den Oktobertagen eine Konferenz mit Tir-

Ein paar Tage danach fand eine Delegiertensitzung des „Volksbundes für ᵃFreiheit und Vaterland"ᵃ statt. Ein Student, der Beziehungen zu den Unabhängigen unterhielt, erklärte die Re|gierung des Prinzen Max für das deutsche Ministerium Kerenski und stellte den völligen Zusammenbruch in Aussicht, wenn nicht sofort radikale soziale Maßnahmen proklamiert und verwirklicht würden. Es sei fünf Minuten vor 12 Uhr. Die Versammlung im Ganzen wollte von diesem Pessimismus und sozialen Umsturz nichts wissen; der Führer der Handelsangestellten meinte, es sei der Moment, wo Ruhe einmal wirklich die erste Bürgerpflicht sei und Aufregungen zu vermeiden seien.[13]

---

a–a A: Vaterland und Freiheit"

---

pitz zur Beförderung der Endkampf-Stimmung. Der Eindruck war fürchterlich, ich habe einen Mann von öffentlicher Stellung noch nie so unerhört lügen gesehen." → KGA 21. Vgl. auch Friedrich Meineckes Tagebucheintrag vom 13. Oktober 1918, in Friedrich Meinecke: Autobiographische Schriften (1969), S. 308 f.

13 Es handelt sich um die Herbsttagung des Volksbundes am 26./27. Oktober 1918. Bei dem erwähnten Studenten handelt es sich um Adolf Löwe (i. e. Adolph Lowe, 1893–1995), damals Sekretär der Kriegswirtschaftlichen Vereinigung und Mitglied im Ausschuss des Volksbundes. Gegenüber Ernst Francke, dem Vorsitzenden des Volksbundes, rechtfertigte sich Löwe am 26. Oktober 1918 brieflich wegen eines Disputs mit Troeltsch bei der Volksbundtagung am selben Tag: „Tröltsch ist ein herzensguter u. gescheiter Mann. Aber es fehlt ihm jeder Charakter u. persönliche Mut, der für einen Politiker unentbehrlich ist. Er hält die besten Reden, traut sich aber nicht, den armen Studenten gegen die alldeutschen Rektoren u. s. w. zu helfen. Ich habe seit Weihnachten *1914* mit Kahl, Kipp, Anschütz, Lamprecht, Meineke [sic!] u. s. w. verhandelt über eine liberale Studentenbewegung. Die Herren haben die schönsten Aufrufe verfasst u. unterzeichnet, aber ihre Studenten, das Fleisch von ihrem Fleisch, preisgegeben. Meineke's [sic!] Standpunkt habe ich heute Nachmittag dargelegt. Von Tröltsch hörte ich gestern, dass er offen erklärt habe, er wolle sich nicht persönlichen Unannehmlichkeiten um solcher Sachen willen aussetzen. Ich hätte das nie für möglich gehalten, wenn er nicht diese Äußerung mir gegenüber heute am Schluss der Sitzung *wörtlich* wiederholt hätte! Sind das unsere Führer? Ist da nicht jeder streikende Arbeiter menschlich höher einzuschätzen als solche Geheimräte mit Weltruf. [...] Als Troeltsch nun auch heute noch die einheitliche Entschlossenheit durch seine Bedenklichkeit u. Angst vor rechts erschütterte, da musste endlich ein offenes Wort gesprochen werden. Männern, denen in einer solchen Lebensstellung der persönliche Mut fehlt, das zu *tun* was sie *reden*, muss das Recht zur politischen Aktion abgesprochen werden. Tröltsch ist ein herzensguter Mensch. Die Art, wie er auf meinen scharfen Angriff reagierte, war menschlich fein im höchsten Maße u. direkt rührend. Wir sind dann auch durchaus im Guten von einander gegangen. Sachlich muss ich aber meinen An-

Dann kam die Nachricht vom Abfall Bulgariens.¹⁴ Sie wurde sofort als falsch oder nicht endgültig und harmlos in den Zeitungen bezeichnet. Aber man fühlte den Boden wanken. Was mochte aus ihm hervorkriechen?

Die ersten Zeichen waren ganz harmlos, aber vielsagend. Meine Frau sprach den Burschen eines Hauptmanns, der ihr Kartoffeln aus ihrem väterlichen Gut mitgebracht hatte: der Bursche lehnte die Bezeichnung als Bursche ab und nannte sich „Gehilfe und Vorleser". Etwas ähnliches begegnete am gleichen Tage einer andern Dame. Das war am 7. November. Am selben Tage hatte ich eine Sitzung mit einigen in den Ministerien arbeitenden Gelehrten: sie wurden um 6 Uhr unruhig und wollten nach Hause; man könne nicht wissen, ob nicht der elektrische Strom unterbrochen werde; es seien alle Häuser unter den Linden mit Militär besetzt; von Naumburg seien mit Automobilen die von ihren Offizieren als besonders königstreu beurteilten Jäger gekommen; aber es sei etwas Unbehagliches in der Luft. Das sah ja nun ernst genug aus, aber wir zweifelten nicht an dem Erfolg der Jäger.¹⁵ Am Freitag, den 8. November, kam ich nicht in die Stadt und merkte gar nichts. Am Sonnabend, dem berüchtigten 9. November, wurde ich von einem Bekannten im Scherz als „bayerischer Republikaner" begrüßt: in meiner bayerischen Heimat war die Republik erklärt worden. Ich hielt das bei meiner Kenntnis Bayerns für einen hauptstädtischen Putsch, der sich aus der Unbeliebtheit des Königs und den fremden Arbeitermassen erklären mochte, der aber jedenfalls nur etwas Vorübergehendes sein könne. Im Westen von Berlin merkte man noch nichts. Als ich mittags nach Hause

---

griff in voller Schärfe aufrechterhalten [...][,] weil es Männer dieser Art sind, die trotz ihrer Reden infolge moralischer Mängel die Kluft zwischen Intellektuellen u. Volk nicht überbrücken, sondern vertiefen u. berechtigtes Misstrauen gegen die *Taten* der bürgerlichen Kreise auslösen." Brief Adolf Löwes an Ernst Francke vom 26. Oktober 1918, Bundesarchiv Berlin, R 8057 Volksbund für Freiheit und Vaterland, 5 (Hervorhebungen i. O.); vgl. Claus-Dieter Krohn: Der Philosophische Ökonom (1996), S. 17. Als Vertreter des Verbandes deutscher Handlungsgehilfen gehörte ein Herr Berkin dem Ausschuss des Volksbundes an, vgl. Volksbund für Freiheit und Vaterland: Um Freiheit und Vaterland (1918), S. 46.

14 Troeltsch bringt hier den zeitlichen Ablauf etwas durcheinander. Bulgariens Kapitulation erfolgte bereits am 29. September 1918, also gut einen Monat vor der Volksbundtagung.

15 Das Naumburger Jägerbataillon unterstellte sich bei Ausbruch der Revolution in Berlin am Morgen des 9. November 1918 der SPD-Führung. Die Nachricht vom Abfall der Naumburger beeinflusste maßgeblich die Entscheidung des Reichskanzlers Max von Baden, eigenmächtig die Regierungsgeschäfte dem SPD-Vorsitzenden Friedrich Ebert zu übergeben. Vgl. Heinrich August Winkler: Weimar 1918–1933 (1993), S. 31.

fuhr,[16] kam vom Charlottenburger Schloßplatze her ein Soldat gelaufen und sprang auf die Trambahn mit der Meldung, dort rissen „sie" den Offizieren Säbel- und Achselstücke ab. Ein Leutnant kam und beruhigte die Leute mit der Meldung, der Kaiser habe abgedankt. Nachmittags war mein Junge beim Schuster, der zugleich Landsturmmann war; er hatte aus der Kaserne Leder, Lebensmittel usw. in großer Masse „gerettet" und war noch unverschämter als sonst; in der Kaserne sei alles aus; der Major habe den Säbel hingeworfen und gerufen: es ist zu Ende; dann seien sie alle nach Hause gegangen. Die Mittagszeitung meldete die Ernennung von Ebert zum Reichskanzler, eine ganz unverständliche Meldung. Abends kamen mehr Zeitungen, sie berichteten den Sieg der Revolution in Berlin, sowie die Marine-Meuterei in Kiel und Wilhelmshaven.[17] Am nächsten Sonntagmorgen nach banger Nacht ward das Bild aus den Morgenzeitungen klar: der Kaiser in Holland, die Revolution in den meisten Zentren siegreich, die Bundesfürsten im Abdanken begriffen. Kein Mann tot für Kaiser und Reich! Die Beamtenschaft in den Dienst der neuen Regierung getreten! Die Fortdauer aller Verpflichtungen gesichert und kein Sturm auf die Banken!

Sonntag, den 10. November, war ein wundervoller Herbsttag. Die Bürger gingen in Massen wie gewöhnlich im Grunewald spazieren. Keine eleganten Toiletten, lauter Bürger, manche wohl absichtlich einfach angezogen. Alles etwas gedämpft wie Leute, deren Schicksal irgendwo weit in der Ferne entschieden wird, aber doch beruhigt und behaglich, daß es so gut abgegangen war. Trambahnen und Untergrundbahn gingen wie sonst, das Unterpfand dafür, daß für den unmittelbaren Lebensbedarf alles in Ordnung war. Auf allen Gesichtern stand geschrieben: Die Gehälter werden weiterbezahlt.

Montag, den 11. November, hatte Hans Delbrück seinen siebzigsten Geburtstag. Ich mußte, ihn zu besu|chen, ein bißchen durch den Wald gehen. Meine Frau wollte mich nicht ohne Revolver gehen lassen. Aber in Wahrheit war alles absolut ruhig. Dort traf ich allerhand Spitzen der Gelehrten-, Beamten- und Finanzwelt. Es war eine merkwürdige Feier, ähnlich einer Begräbnisfeier. Man sprach gedämpft. Der Glück wünschende Redner fand vor Tränen die Worte nicht. Delbrück erwiderte ergreifend, es sei das Ende der Fridericianischen Monarchie, mit der all sein politisches Denken und jeder Glaube an Deutschlands Zukunft verwachsen sei; sie habe stets an bösen Rückbildungen und Erstarrungen gelitten, woraus sich stets revolutionäre Neigungen ergaben. So furchtbar wie jetzt habe es freilich mit ihr noch

---

16 Troeltsch wohnte am Reichskanzlerplatz (heute Theodor-Heuss-Platz) in Charlottenburg-Westend; vgl. Hans-Georg Drescher: Ernst Troeltsch (1991), S. 419.
17 Die Nachricht von dem am 28. Oktober 1918 ausgebrochenen Matrosenaufstand in Kiel war bis zum 9. November von der Kriegszensur unterdrückt worden.

nie gestanden. Der Glaube des Historikers an alle seine bisherigen Maßstäbe und Voraussetzungen sei im Wanken. Aber es gelte Goethes Wort: „Und keine ᵃZeit und keine Machtᵃ zerstückelt geprägte Form, die lebend sich entwickelt".[18] Ich ging fort ohne Glauben an diese geprägte Form, denn so viel man sehen konnte, war gerade ihr „Gepräge", die militärische Form und der zugehörige „Geist" bei den Massen unheilbar zerbrochen. Was aber dann?

In den nächsten Tagen kamen dann die Einzelheiten über die Waffenstillstandsbedingungen, die uns darüber belehrten, daß wir absolut auch über die militärische Lage nicht im Bilde waren, wenn wir meinten, das demokratisierte Deutschland werde sich mit Hilfe einer festen Defensiv-Linie einen erträglichen Frieden noch erwerben können. Denn dieser Waffenstillstand ist eine verschleierte Kapitulation, kein Waffenstillstand. Ich wußte, daß Prinz Max und unsre Diplomatie an eine derartige Verzweifeltheit der militärischen Lage nicht glaubten und daß sie auf einen Monat militärisch fester Haltung rechneten, in welchem der Krieg liquidiert werden könne, mit großen Verlusten, aber doch in Ehren und unter Behauptung des Reiches und der Monarchie. Auch hier also hatten wir so gut wie nichts gewußt und gemerkt.

Die militärischen Vorgänge und die Revolution, beide sind dunkel. Nur entsetzliche Folgen sind wahrscheinlich. Was sich begeben hat, wissen die meisten von uns in Wahrheit immer noch nicht.

Bald wird man mehr wissen, und sich dann auch klarer auf die neue Lage einstellen können.

*

Dieses Klarwerden und die neuen Einstellungen schilderten inzwischen meine Briefe, so gut sie vermochten. Ich kann heute zu der Darstellung der damaligen Vorgänge nur noch hinzufügen, daß die russische Gesandtschaft unter der Führung Trotzkis einige Tage vor dem 9. November in der Botschaft hermetisch abgesperrt und am nächsten Morgen um 5 Uhr mit Extrazug fortbefördert wurde.[19] Damit war die Revolution ihrer Führung

---

a–a A: Macht und keine Zeit

---

18 Vgl. Goethe's Werke, Band 3 (1828), S. 91, Gedicht „Urworte. Orphisch", Zeile 7 f.
19 Die Ausweisung des sowjetrussischen Botschafters Adolf A. Joffe und des Botschaftspersonals erfolgte am 5. November 1918, nachdem am Tag zuvor bei einem von der deutschen Polizei inszenierten Zwischenfall kommunistisches Propagandamaterial in einer Kurierkiste der russischen Botschaft „entdeckt" worden war. Vgl. Winfried Baumgart: Die deutsche Ostpolitik im Sommer 1918 (1966), S. 354–360. Leo Trotzki befand sich, entgegen Troeltschs Annahme, zu keinem Zeitpunkt der Revolution in Berlin.

beraubt und das Schicksal Rußlands vermieden, freilich auch für heute die Beziehung zu den Bolschewisten Rußlands, die so manche Phantasten ersehnen, gründlich erschwert. Auch die Nachricht von der Ernennung Eberts zum Reichskanzler hat sich inzwischen durch eine Mitteilung Konrad Haußmanns in der Vossischen Zeitung aufgeklärt.[20] Man wollte die Revolution legalisieren, ein Kabinett Ebert bilden, und in diesem Kabinett einige „Bürgerliche" beibehalten. Das scheiterte am Widerspruch der Unabhängigen, und daher erschienen am nächsten Tage Haase und Ebert nach russischem Muster als „Volksbeauftragte". Insoferne beleuchtet jene Notiz die damalige Lage und Politik der Sozialdemokratie, die von Revolution weit entfernt war, aber nach Ausbruch der Revolution sich in den Besitz der ihr von Unabhängigen und Bolschewisten „gestohlenen" Revolution setzen mußte, wenn sie die Massen in der Hand behalten und ihren Prinzipien treu bleiben wollte. Auch von einer Sitzung des Reichskabinetts Max von Baden über die Frage der Abdankung des Kaisers, die ich nur leider nicht mehr bestimmt datieren kann, hat man inzwischen Genaues gehört. Hier hat General Gröner es abgelehnt, die Abdankung zu befürworten, teils aus persönlichen Überzeugungen, teils weil man davon die Auflösung des Offizierkorps befürchte. Die anwesenden Sozialdemokraten erklärten, diesen Standpunkt verstehen zu können und zu achten, bezeichneten aber nunmehr in tiefer Bewegung die Revolution als unvermeidlich.[21] Sie mußten nun naturgemäß den Anschluß an diese nehmen.

Berlin, 15. November 1919. *Spectator*

---

20 Vossische Zeitung vom 20. November 1919 (Abend-Ausgabe): „Haußmann – am 9. November".
21 Die betreffende Sitzung des Reichskabinetts zur Abdankungsfrage mit dem Chef der OHL, General Wilhelm Groener, fand am 5. November 1918 in der Reichskanzlei, die Besprechung Groeners mit der SPD-Führung am 6. November 1918 am gleichen Ort statt. Vgl. Die Regierung des Prinzen Max von Baden (1962), S. 526–541 und S. 559–562.

Vorherrschaft des Judentums? (Januar 1920)

Editorische Vorbemerkung: Die Edition folgt dem Text, der erschienen ist in: Kunstwart und Kulturwart, hg. von Ferdinand Avenarius, 33. Jg., zweites Viertel, Januar bis März 1920, Heft 7, erstes Januarheft 1920, München: Kunstwart-Verlag Georg D. W. Callwey, S. 11–16 (**A**). Nach dem Spectator-Brief „Die Schuldfrage" im ersten Juliheft 1919 (siehe oben, S. 115) war dies erst der zweite Spectator-Brief, der außerhalb der Rubrik „Vom Heute fürs Morgen" im Hauptteil des Heftes erschien. Der Text erschien mit der Datumsangabe 20. Oktober 1919. Mit derselben Datumsangabe war im ersten Dezemberheft 1919 auch schon der Spectator-Brief „Wieder in Berlin" erschienen (siehe oben, S. 188). Demnach wären beide Texte ungefähr zeitgleich entstanden. Da Troeltsch jedoch in „Vorherrschaft des Judentums?" abermals ausführlich auf Eindrücke aus seinem Sommerurlaub in Heidelberg von Mitte August bis Mitte September 1919 rekurriert, erscheint es auch denkbar, dass er zumindest Teile des Textes bereits während dieses Urlaubs gewissermaßen auf Vorrat schrieb. Dafür scheint auch zu sprechen, dass in dem Text, wie schon in so vielen Spectator-Briefen aus dem Sommer 1919, die tagespolitische Thematik gegenüber den „allgemeinen Grundlagen" der politisch-geistigen Debatte stark zurücktritt.

Vorherrschaft des Judentums?

Die Ferien haben mich in eine stille Kleinstadt[1] verschlagen und von meinen Nachrichtenquellen getrennt. Eben damit gaben sie mir endlich Gelegenheit, die Aufmerksamkeit auf die allgemeinen Grundlagen zu lenken, die alldem, was wir als Folgen des Krieges und als Folgen der geistigen, politischen und sozialen Entwickelungen der Vorkriegszeit heute erleben, in letzter Linie als Unterlage dienen. In allem vollziehen sich ja nur Möglichkeiten, die längst in der Gesamtlage enthalten waren, und die zu bannen oder durch große neue politische Gedanken aufzulösen und in neue, glücklichere zu verwandeln die europäische Welt weder fähig noch gewillt war. Sie wollte mit schroffstem Eigensinn die einmal eingeschlagenen Wege zu Ende gehen, und jedes Volk hoffte die daraus hervorgehenden furchtbaren Konsequenzen auf die „anderen" abzuwälzen. Diese allgemeinen Grundla-

---

1 Gemeint ist Heidelberg.

gen sind auch in meinem kleinen Ferienorte, wo man vom Lauf der Dinge wenig weiß und sich auch gegen jedes Verständnis nach Kräften sträubt und wo die allgemeine Nervosität und Desorganisation durch eine gewisse Schläfrigkeit und durch größere Leichtigkeit der Ernährung verdeckt ist, recht wohl fühlbar. Den sinkenden Produktivitätswillen, die Disziplinlosigkeit, das Bedürfnis nach möglichster Begrenzung des Horizontes, den damit nahe verwandten Heiratseifer, den Streit um die Revolution und die damit verbundenen gedankenlosesten Schlagworte, den Stammespartikularismus und den Parteistreit, die geistige Ermüdung und den Wahn, daß die alte Zeit irgendwie wiederkommen müsse: das findet man alles auch hier, teils gemildert durch schlaffe Gemütlichkeit, teils verschärft durch die Intimität lokaler Feindschaften und Reibereien. Dazwischen gibt es dann einige Leute, die den wirklichen Sachverhalt gerade in der Besinnlichkeit dieses Idylls überraschend klar und durchdringend sehen, die sich aber hüten, den nationalen oder revolutionären Philistern das zu sagen, weil man „nichts als Unannehmlichkeiten davon hat." Im allgemeinen wünscht man möglichst wenig von der Veränderung zu merken und an ihre weiteren Auswirkungen nicht denken zu müssen. Aber wer sich auch die Scheuklappen noch so fest angebunden hat, bemerkt doch in der allgemeinen Dienstboten-Not, daß irgend etwas recht anders geworden sein muß: alle haushaltskundigen Mädchen werden geheiratet; die übrigen, die in der Zeit des Hindenburgprogramms in die Munitionsfabriken gegangen sind,[2] sitzen als Erwerbslose mit Arbeitslosen-Unterstützung in ihrer Heimat oder in den Großstädten. Dazu kommt die Wohnungsnot und die Einquartierung der zahllosen Rückgewanderten und Flüchtlinge als Zeichen dafür, daß irgendwo die sonst so behagliche Welt aus dem Leim gegangen sein muß. Von dem Schiebertum und der Gewinnsucht, sowie von dem Vergnügungstaumel gar nicht zu reden, der hier so groß ist wie irgendwo sonst.

Es ist aber unmöglich, von den allgemeinen Grundfragen Abschied zu nehmen, ohne einer der wichtigsten zu gedenken, die freilich auch zu den

---

2 Das im Herbst 1916 von der OHL vorgelegte „Hindenburgprogramm" zielte auf eine umfassende Umstellung der Wirtschaft auf die Kriegsproduktion und sah zur Mobilisierung von Arbeitskraftressourcen auch eine allgemeine Dienstpflicht für Frauen vor. Letzteres Vorhaben wurde allerdings nicht konsequent umgesetzt. Insgesamt stieg die Frauenlohnarbeit in Deutschland während des Ersten Weltkriegs nur um 17 %. Allerdings gab es starke branchenspezifische Verschiebungen. In den Bereichen der Rüstungsindustrie stieg der Frauenanteil um 320 % (Metallindustrie) bis 750 % (Chemische Industrie), während die Zahl der in der Textilindustrie oder als Dienstboten beschäftigten Frauen abnahm. Vgl. Hans-Ulrich Wehler: Deutsche Gesellschaftsgeschichte, Band 4 (2003), S. 95 f.

heikelsten gehört. Es ist die äußerst einflußreiche Rolle, die das Judentum in den neuen Verhältnissen spielt. Der Kampf um sie ist ja auch in solchen kleinen Nestern noch äußerst fühlbar. Hier hat z. B. ein begabter junger Jude sich zum Führer einer sozialdemokratischen Kirchenreform aufgeworfen und den protestantischen Geistlichen des Ortes das Ultimatum gestellt, sich für oder gegen ihn zu erklären.³ Den Lärm in den Käseblättern und die Diskussionen in den aufgescheuchten Kaffeekränzchen kann man sich denken. Anderswo passiert anderes, aber Kampf und Streit entsteht allenthalben. Solcher Kampf droht zu einem der gefährlichsten Sprengmittel unter den vielen die geistige Einheit der Nation auflösenden Zerstörungskräften zu werden. Und zwar darf man gerade diese Frage nicht bloß nach dem beurteilen, was in der Presse laut wird, sondern nach den vielen stillen und unausgesprochenen oder nur im engsten Kreise besprochenen Empfindungen.

Es kann nun gar kein Zweifel sein, daß das Judentum, bisher in dem amtlichen und offiziellen Deutschland aufs schärfste unterdrückt, mit der Revolution ganz ungeheuer emporgeschnellt ist. Die radikale Revolution ist aufs stärkste von Juden, oft von auswärtigen, getragen worden. Unabhängige und Kommunisten, sowie das zugehörige Literatentum, sind aufs allerstärkste mit Juden durchsetzt. Die Volkswahlen haben eine große Zahl von Juden in die Parlamente entsandt, die Regierungen sind zum Teil mit Juden besetzt. Der preußische Ministerpräsident, der heute in dem Palast des Staatsministeriums haust, ist ein kleiner jüdischer Journalist, der Schöpfer der Reichsverfassung ein jüdischer, übrigens ausgezeichneter Gelehrter.⁴ Jüdische Rechtsanwälte sind Landräte geworden und die hohen Verwaltungs-

A 13

---

3 Gemeint ist vermutlich der Philosoph und Theologe Hans Ehrenberg (1883–1958), der jüdischer Abstammung war, jedoch 1909 zum evangelischen Christentum übergetreten war. Ehrenberg war als Privatdozent (seit 1910) bzw. ao. Professor für Philosophie (seit 1919) zu jener Zeit das einzige SPD-Mitglied im Lehrkörper der Universität Heidelberg. 1919/20 war er Stadtverordneter in Heidelberg. Außerdem engagierte er sich in der religiös-sozialistischen Bewegung und war 1919 Mitgründer der badischen Volkskirchlichen Vereinigung (Volkskirchenbund) sowie Redakteur ihrer Zeitschrift „Christliches Volksblatt". Im Frühjahr 1919 waren in Heidelberg zwei anonyme Pamphlete gegen Ehrenberg in Umlauf. Vgl. Günter Brakelmann: Hans Ehrenberg, Band 1 (1997), S. 81–94.
4 Paul Hirsch (1868–1940), seit den 1890er Jahren als freier Schriftsteller und Journalist in der SPD aktiv, leitete die preußische Staatsregierung von November 1918 bis zum März 1920. Hugo Preuß (1860–1925), Staatsrechtler, seit 1906 Professor an der Handelshochschule Berlin, war als Innenstaatssekretär (seit November 1918) bzw. Reichsinnenminister (März bis Juni 1919) federführend für die Ausarbeitung der Weimarer Reichsverfassung zuständig.

stellen stehen ihnen offen, da die Sozialdemokratie fast nur über jüdische Juristen verfügt; aus bekannten Gründen, die im alten Regime lagen. Die große Presse der demokratischen Partei ist – im Unterschiede von den Fraktionen – ganz ausgesprochen jüdisch und behandelt ihre eigene Partei ziemlich von oben herunter.[5] In den Kreisen des reinen Pazifismus, der neuen Internationale und der deutschen Schuldbekenntnisse spielt das Judentum eine sehr große, wenn auch keineswegs ausschließliche Rolle. Die Literatur, vor allem Kritik, Feuilleton- und Zeitschriftenwesen sind, wenn es möglich ist, noch mehr in den Händen der jüdischen Intelligenz als vor dem Kriege. Das Judentum regiert zu einem guten Teile, es macht die öffentliche Meinung und bestimmt dasjenige, was man die ästhetische Kultur Deutschlands nennen kann, ganz überwiegend. Die geschäftliche Rolle des Judentums ist dabei noch gar nicht erwähnt; sie dürfte sich allerdings gerade heute nicht mehr so scharf aus dem allgemeinen Geschäftsleben herausheben wie früher. Doch könnten darüber nur genaue Kenner entscheiden.

Damit geht ein uraltes schweres Problem der europäischen Staaten überhaupt und des deutschen Volkes insbesondere mit gefährlicher Heftigkeit auf. Konservative und Nationale machen den Gegensatz gegen das Judentum zu einem Hauptmittel ihres Kampfes, um ihm populäre Instinkte und Leidenschaften zuzuführen. Der Antisemitismus aller Schattierungen wird in den Kampf grundsätzlich eingespannt und die Schuld an Revolution und Niederlage dem Judentum und der Sozialdemokratie aufgebürdet. Damit wird man alles Nachdenkens über eigene Fehler ledig und kann das ganze Schicksal wie etwas von außen Hereingetragenes betrachten, an dem man sich durch den Sturz der „jüdischen Regierungen" rächen kann. Was man hier im Privatgespräch hören kann, grenzt an das Unglaubliche. Ein Pfarrer vertraute mir als geheimste Wissenschaft an, daß Bethmann von Juden zu seiner defaitistischen Politik bestochen worden sei. Ein in seinem Beruf ausgezeichneter Arzt von größter Stellung erzählte mir von einer Verschwörung der Juden, die Regierung ganz in ihre Hand zu bringen, wogegen es nichts als die Volksaufklärung über die zerstörenden Tendenzen des Judentums gebe; es dürften keine Juden mehr gewählt werden, und das lasse sich nur durch die Preßagitation gegen sie erreichen, so wenig erfreulich eine solche an sich sei. Daß andererseits das Judentum die von der Revolution aufgestoßenen Türen zum politischen Einfluß und zur Teilnahme an

---

5 Troeltsch spielt hier auf den Chefredakteur des „Berliner Tageblatts", Theodor Wolff (1868–1943), an, der im November 1918 der Initiator der DDP-Gründung gewesen war, sich jedoch schon bald wieder aus der aktiven Parteiarbeit zurückgezogen hatte. Vgl. Lothar Albertin: Liberalismus und Demokratie am Anfang der Weimarer Republik (1972), S. 54 ff.

der Regierung mit Genugtuung benützt und seinen geistigen Einfluß mit einem gewissen Behagen genießt, ist außer Zweifel und selbstverständlich. Zugleich erkennt es natürlich die damit heraufbeschworenen Gefahren heftigster Massenreaktionen und versetzt sich auch seinerseits zu einem großen Teil in Kampfesstellung. Es pflegt darin meist nichts als gemeinen Neid, religiöse und rassenmäßige Vorurteile zu sehen, die einem deutschen Staatsbürger, der Bürger ist wie jeder andere, durchaus die volle Gleichartigkeit und Gleichberechtigung mit den übrigen Deutschen versagen. Seinen ganz überragenden belletristisch-journalistisch-ästhetischen Einfluß pflegt es dabei für selbstverständlich zu halten, da er ja nur der Ausfluß der allgemeinsten humanitären | Anlagen und Ideen sei, die für alle Menschen gleich seien und nur vom Chauvinismus national differenziert werden könnten.

A 14

Immer wieder muß man hier an die eigentliche Natur des ganzen Problems erinnern, die von beiden Seiten gerne verkannt wird. Vor allem muß man dabei der gefährlichen Natur solcher Allgemeinbegriffe gedenken, wie sie ja auch im Kriege als Begriffe *des* Engländers, *des* Franzosen, *des* Deutschen usw. eine so entsetzlich vergiftende Wirkung gehabt haben. Das Judentum, besonders das deutsche, von keinem gemeinsamen Typus nationaler Kultur wie in England und Frankreich eingesogene und durch den Zuzug vom Osten immer neu gemischte Judentum, ist durchaus nicht einheitlich. Der Jude der guten Familie mit seiner uralten Tradition hat an sich etwas Konservatives und Aristokratisches; so gehören zahlreiche Juden den nationalen und den heute konservativen Parteien an, wie diese ja auch journalistische Hilfe von ihnen empfangen. Viele Juden sind in der Tat völlig innerlich in die deutsche Geisteswelt eingegangen bei aller Erhaltung spezifisch jüdischer, intellektueller Züge; man muß solche Leute nur über Goethe und Beethoven reden hören. Der in seinem jüdischen Bewußtsein entwurzelte, radikalisierte, sich auf allgemeine Menschheitsideen stützende und bei alledem von alten messianischen Neigungen erfüllte Jude dagegen ist dann freilich der geborene Revolutionsheld, Reformer und Internationalist, zugleich wohl auch nicht frei von dem Gedanken der Rache an den bisherigen Bedrückern. Daneben gibt es dann wieder im vollen Gegensatz den seine nationale Sonderart als Heimatsrecht und Heimatshoffnung pflegenden Juden, der zum Zionismus neigt und dabei echter Idealist ist. Der Unabhängige Cohn hat in die Reichsverfassung jüdisch-konfessionelle Schulen unter dem Titel der Autonomie der nationalen Sonderschulen einführen wollen.[6]

---

6 Eine solche Initiative des USPD-Abgeordneten Oskar Cohn ist nicht bekannt. Vielmehr plädierte Cohn in der Verfassungsdebatte der Nationalversammlung am 28. Februar 1919 für eine vollständige Trennung von Religion und Schulwesen. Vgl. Verhandlungen der verfassunggebenden Deutschen Nationalversammlung,

Kurz, es gibt hier die verschiedensten, ineinander verfließenden Spielarten, von dem Gegensatze des geschäftlichen und des geistigen Judentums gar nicht zu reden. Der ganze Gedanke einer bewußt herbeigeführten Herrschaft des „Judentums" überhaupt ist ein Märchen, das nur politische Kinder, wie die Deutschen, glauben und mit der ganzen Inbrunst ihrer eigensinnigen und kurzsichtigen Zanksucht pflegen können.

In Wahrheit ist das jüdische Problem kein religiöses. Die Religion hat damit auf beiden Seiten so gut wie gar nichts zu tun. Es ist auch kein überwiegend physiologisch-rassenmäßiges. Die Vermischungen sind überaus häufig und auch in konservativen Kreisen gar nicht selten; der physiologische Gegensatz wird von verschiedenen Menschen sehr verschieden empfunden und ist nur für die roheste Massenbearbeitung von entscheidender Wichtigkeit; auch weiß man nicht, wie weit er gegenseitig empfunden wird. In Wahrheit ist es ein soziologisches Minoritätenproblem. Man kann es ähnlich bei katholischen oder calvinistischen Minderheiten vorfinden, wo ja auch die Religion zunächst nur das aussondernde und trennende Gemeinschaftsmotiv ist und die Minderheit in gegenseitiger materieller und geistiger Unterstützung, im gemeinsamen Ehrgefühl und überall wirksamer Zusammenarbeit, in Verlegung der Machtmittel auf ökonomische Besonderung und Leistungsfähigkeit sich gegenüber der zersplitterten, frei durcheinanderflutenden und mit ganz anderen Interessen beschäftigten, offiziell herrschenden Majorität immer fester zusammenschließt. Studiert man vor allem die calvinistische Diaspora, so sind die Ähnlichkeiten oft auffallend. Aber auch unser katholischer Volksteil bildet mit seiner politischen, geistigen, literarischen und vereinsmäßigen Aufrichtung eines Volkes im Volke recht reichliche Ähn|lichkeiten. Auch die ständigen Klagen der zurückgesetzten Minorität und die Ansprüche auf Machtanteil, Staatsanstellungen, Parität usw. sind recht ähnlich. Bei den Juden kommt nur hinzu, daß die religiöse Son-

---

Band 326 (1920), S. 402. Möglicherweise bezieht sich Troeltsch auf einen Antrag Cohns in der Sitzung der Nationalversammlung vom 15. Juli 1919, in Art. 112 des Verfassungsentwurfs (i. e. Art. 113 der verabschiedeten Verfassung) Schutzrechte nicht nur für „fremdsprachige Volksteile", sondern generell für „nationale Minderheiten" zu verankern. Vgl. Verhandlungen der verfassunggebenden Deutschen Nationalversammlung, Band 328 (1920), S. 1571. Die jüdischen Konfessionsschulen waren in Preußen bereits seit 1847 staatlich anerkannt, ebenso in Bayern und Württemberg (nicht dagegen in Ländern mit Simultanschulsystemen). Die Weimarer Verfassung begründete im Prinzip einen reichsweiten Anspruch auf die Einrichtung staatlicher jüdischer Konfessionsschulen, allerdings blieb dieser Anspruch aufgrund des Scheiterns des Reichsschulgesetzes praktisch folgenlos. Vgl. Ernst Christian Helmreich: Religious Education in German Schools (1959), S. 45 und S. 146.

derorganisation, die vom persönlichen religiösen Glauben gar nicht ohne weiteres bestimmt zu sein pflegt, durch die physiologisch-nationale Sonderart, durch die uralte Abdrängung in das Geschäftsleben und die Züchtung des Händlertypus, durch stark nachwirkende Eigentümlichkeiten der talmudischen Erziehung, durch eine zweifellos sehr hohe durchschnittliche Begabung und durch eine gesunde Familienmoral ganz außerordentlich verstärkt ist. Das deutsche Judentum hat insbesondere – die Zahlenverhältnisse sind mir im Augenblick nicht gegenwärtig – vor dem der Weststaaten die Eigentümlichkeit, daß es stärker von den Ostjuden bestimmt ist und immer neuen Zuzug von dort erhält.[7] Die Ostjuden sind in ihrer Heimat Freunde und Träger deutscher Kultur, ein sehr wichtiger Umstand für unsere Politik; aber sie drängen auch stark nach Deutschland und gehen nicht selten durch das deutsche Klärbassin hindurch, um in Paris, London und New York in die herrschende Gesellschaft aufzusteigen. Sie sind, wie schon gesagt, bei dem Mangel eines dem Gentleman ähnlichen Typus bei uns unter geringerer Einwirkung einer nationalen Kultur; man muß da nur vergleichen, wie die New Yorker jüdischen Vereine die ostjüdischen Einwanderer sorgfältig amerikanisieren. Auch lebten sie bei unseren früheren Zuständen unter einem politischen und gesellschaftlichen Drucke, der sie schwerer zu solcher Einschmelzung kommen ließ. Man lese die Memoiren des Konstantinopeler amerikanischen Botschafters Morgenthau, eines aus Mannheim in früher Jugend ausgewanderten Juden, der zum intimen Deutschenfeinde und völligen Yankee geworden ist, weil die deutschen Zustände „unbehaglich" gewesen seien.[8] Auch die Zahl der Juden in Deutschland ist unter diesen Umständen größer als im Westen. Durch all das ist das jüdische Problem in Deutsch-

---

7 Das komplementäre Begriffspaar „Westjude" und „Ostjude" entstand im letzten Drittel des 19. Jahrhunderts zunächst in der innerjüdischen Debatte, wo es vor dem Hintergrund der starken Westwanderung osteuropäischer Juden seit den 1880er Jahren vor allem aus „westjüdischer" Perspektive zur Abgrenzung gegenüber den vermeintlich rückständigen Eingewanderten diente. Ausgehend von den hier etablierten Stereotypen, entwickelte sich der Terminus „Ostjude" im frühen 20. Jahrhundert zu einem zentralen Schlagwort des völkischen Antisemitismus. Vgl. David A. Brenner: Marketing identities (1998).

8 Vgl. Henry Morgenthau [Sr.]: Ambassador Morgenthau's Story (1919), darin bes. S. 397 ff. Morgenthaus Bericht über seine Gespräche mit deutschen Regierungsvertretern über die Assimilation der Deutsch-Amerikaner in den USA, der Troeltsch offenkundig als Unterlage für seine Anmerkung über die Assimilation der „Ostjuden" in New York dient. Das Buch ist aber in erster Linie eine Beschreibung der nach Morgenthaus Einschätzung aktiv begünstigenden Rolle des Deutschen Reiches beim Völkermord an den Armeniern im Osmanischen Reich während des Ersten Weltkriegs.

land empfindlicher als dort; man würde sich übrigens täuschen, wenn man glaubte, daß England und Amerika, von Frankreich ganz zu schweigen, das jüdische und antisemitische Problem nicht kennen; bei intimerem Verkehr in der „Gesellschaft" kann man auch dort genug davon hören.

Dieses Minoritätsproblem, immer schon schwierig im geschäftlichen und geistigen Leben, immer schon äußerst empfindlich, ist nun mit der Revolution auch in das politische und Verfassungsleben, in die Parteibildungen und in die großen Reformen eingeströmt. Das Judentum hat auch hier seinen Einzug gehalten, sich festgesetzt und seine für Revolutionszeiten äußerst geeigneten Fähigkeiten hemmungslos entfaltet. Der „deutsche Geist" ist heute mehr als je jüdisch gefärbt und nicht bloß von Literatur und Geschäft her jüdisch beeinflußt. Dazu kommt, daß bei der Weltstellung des Judentums dieser Umstand auch für unsere internationale Stellung nicht gleichgültig ist, ein Umstand, der sich vor allem darin äußert, daß eine besinnungslose antisemitische Reaktion zu allen anderen Übeln nur auch noch internationale Schwierigkeiten bringen und den Kulturkrieg der Entente gegen Deutschland noch weiter mit wirksamstem Material und Giftstoff bereichern würde.

Die wirkliche Vorherrschaft des Judentums ist vermutlich nur eine vorübergehende Erscheinung. Sie ist zum Teil mit darin begründet, daß die sog[enannte] nationale Intelligenz rein negierend beiseite steht und sich selber ausschaltet. Aber sie enthält natürlich dauernde Probleme. Der starke Einfluß und die Mitwirkung des Judentums in staatlichen Dingen wird zum großen Teile bleiben. Das ist auch einer der Unterschiede gegen 1813, wo die deutsche | Literatur noch fast ganz ohne jüdische Beteiligung war, von Staat und Gesellschaft ganz abgesehen. Eine ruhige, umsichtige und sachliche Beurteilung auch des jüdischen Problems wird eine der großen Hauptaufgaben der Zukunft sein, bei der auch die Juden mithelfen und auf Ressentiment und Vorherrschaft bewußt verzichten müssen. Vor allem müssen wir tun, was tausend Gründe auch ohnedies verlangen: wir müssen mit allem Ernst und aller Hingebung eine nationale Kulturform schaffen und ausbauen. Wer jetzt Nietzsches Schriften aus den 70er Jahren liest, der wird gerade über diesen Punkt die tiefsten Aufklärungen erhalten.[9] Er hat wunderbar scharf gesehen. Dieser Aufbau einer nationalen Kultur und feineren Geistigkeit wird unendliche Mühe und Kämpfe kosten, verlangt schärfste

---

9 Gemeint sind vermutlich in erster Linie Friedrich Nietzsches „Unzeitgemäße Betrachtungen" (1873–1876) und dort vor allem das „Erste Stück: David Strauss, der Bekenner und der Schriftsteller" (1873) mit Nietzsches Spott über die deutschen „Bildungsphilister" und seine Kritik am Fehlen einer „einheitlichen" deutschen Kultur. Vgl. Friedrich Nietzsche: Sämtliche Werke, Band 1 (Neuausgabe 1999), S. 157 ff.

Selbstkritik und Verzicht auf lediglich demokratische Oberflächlichkeiten. Er kann aber seinem Wesen nach gar nicht in die Hände der Juden fallen, da diese bei allen außerordentlichen Talenten in *dieser* Hinsicht nach Ausweis der Erfahrung nicht sehr produktiv sind. Sie sind ein belebender Zusatz zu deutscher Schwerfälligkeit und Philisterei, aber sie sind auch heute nicht die geistigen Führer, sondern die eifrigen Kommentatoren und geistreichen Umschreiber deutscher Führer. Es muß nur Recht und Sitte werden, daß man das, was wirklich jüdisch ist, als solches bezeichnen darf in aller Ruhe und Achtung und daß nicht schon die Bezeichnung einer Sache als „jüdisch" für antisemitisch gilt. Das müssen die Juden lernen und zugestehen, wie sie es unter vier Augen ja auch heute schon tun. Im übrigen muß Haß und Rache auch hier nach jeder Möglichkeit abgebaut werden und müssen die Deutschen begreifen, daß es für ihre Rettung ganz und gar auf Güte und Kraft ihrer eigenen positiven Produktion ankommt. Das kann man sich nach allen Seiten hin nicht nachdrücklich genug klar machen.

Berlin, 20. 10. [19]19   *Spectator*

Die Welle von rechts (Januar 1920)

Editorische Vorbemerkung: Die Edition folgt dem Text, der erschienen ist in: Kunstwart und Kulturwart, hg. von Ferdinand Avenarius, 33. Jg., zweites Viertel, Januar bis März 1920, Heft 8, zweites Januarheft 1920, München: Kunstwart-Verlag Georg D. W. Callwey, S. 79–83 (**A**). Der Text erschien in der Rubrik „Vom Heute fürs Morgen" und mit der Datumsangabe 19. Dezember 1919.

Die Welle von rechts

Eine der üblichen Zeitungsüberschriften ist heute „Die Welle von rechts".[1] Sie wird niemand verwundern, der diesen Berichten gefolgt ist oder der selber die verschiedenen Stimmungszeichen genauer beobachtet hat. Die Revolutionen folgen alle einem bestimmten Schema des Verlaufes; man lese darüber heute Jakob Burckhardts Kapitel über „historische Krisen" in den „Weltgeschichtlichen Betrachtungen"![2] Von dem russischen Bolschewismus war das in Heer und Heimat schwälende Feuer in dem Moment des endgültig offenbar gewordenen militärischen Versagens zum plötzlichen Brand entfacht worden und schien ohne Widerstand alles zu verschlingen. Dann griff die Sozialdemokratie ein und übernahm die Revolution, indem sie mit den vom Bolschewismus nur unklar sich unterscheidenden Unabhängigen Halbpart machte und zugleich die zerstörende Gewalt der Revolution zu mäßigen suchte. Um dieser letzteren Absicht willen entzweite sich das Duumvirat und die allein übrigbleibende Sozialdemokratie wandte sich zu dem demokratischen Prinzip der Nationalversammlungen und des parlamentarischen Regiments. Damit gewannen die Bürgerlichen wieder einen entscheidenden Anteil und die von ihnen stark unterstützte, nicht immer ganz eindeutig geleitete Armee Noskes machte die Durchführung der Demokratie und die Stiftung einer leidlichen Ordnung möglich. In dieser Sachlage ge-

---

[1] Vgl. die Titelzeile des Vorwärts vom 19. Dezember 1919: „Der Vorstoß der Rechten".

[2] Jacob Burckhardt: Weltgeschichtliche Betrachtungen (1905), S. 160–209, Kapitel IV: Die geschichtlichen Krisen.

wann das Zentrum die Oberhand, stark demokratisch und dem Sozialismus geneigt, aber in den sog[enannten] Kulturfragen und in der allgemeinen Psychologie der Bevölkerung bereits eine stark restaurative Kraft. Die Ordnung und der Friede kamen, aber mit ihnen auch die fürchterlichen, sich täglich steigernden und von der Politik der Entente verschärften wirtschaftlichen Probleme. Das Sinken der Valuta und die wahnsinnigen Preissteigerungen deuten das Kommen einer Katastrophe an, gegen die alle Regierung machtlos ist. Die von ihr geplanten und vorgeschlagenen Hilfsmittel machen heute erst das kommende Elend den Massen klar, und, ohne daß man ernsthafte andre Hilfsmittel wüßte, wirft man nun der Regierung Situation und Hilfsmittel zugleich vor. Damit beginnt die Zeit der allgemeinen Enttäuschung, die Sehnsucht nach der guten oder jedenfalls besseren alten Zeit. Die vom Zusammenbruch überraschten, übertäubten und eine Zeitlang völlig hilflosen Kreise des alten Patriotismus und der alten Gesellschaftsordnung raffen sich wieder auf und benützen die von der Demokratie geschaffene Ordnung samt den dabei jetzt erst ganz klar werdenden Andeutungen der wirtschaftlichen Folgen des Krieges und der Revolution zu einem leidenschaftlichen Kampfe gegen die Träger des jetzigen Regimentes und gegen die Revolution überhaupt. Sie bereiten mit allen Mitteln der Verhetzung die neuen Wahlen vor, während Kommunisten und Unabhängige die Vorgänge vom Dezember und Januar vorigen Jahres bereits als die „Marneschlacht des Proletariats" bezeichnen.[3] Die neuen Reichsfarben hörte ich neulich in der Trambahn jemand deuten: „Rot ist die Gegenwart, schwarz die Zukunft, aber golden ist die Vergangenheit."

Wo sind nun aber die eigentlichen Sitze dieser Reaktion? In den Parlamenten sind es die „Deutsch-nationale | Volkspartei" und die immer näher an sie herandrängende „Deutsche Volkspartei", d. h. die Reste der alten Vaterlandspartei. Aber wie diese nicht ohne weiteres reaktionär war, so sind es auch diese beiden Parteien nicht bedingungslos. Auch sprechen sich die führenden Politiker beider Parteien stets für das radikale demokratische Wahlrecht aus, verlangen betreffs des Parlamentarismus nur Verbesserungen (oder eine berufsständische Demokratie, wovon ein andermal die Rede sein soll) und ist ihr Bekenntnis zur Monarchie stets durch die Rücksicht auf die praktischen Möglichkeiten eingeschränkt, auch ohne jede Begeisterung für den letzten unglücklichen Träger der Monarchie, also ohne ernstes

---

3 Vgl. den Artikel von Rudolf Hilferding: Taktische Probleme, in: Freiheit vom 11. Dezember 1919 (Morgen-Ausgabe): „Die kommunistische Taktik, der sich auch Teile der U.S.P. nicht ganz entziehen konnten, führte im Januar unter den ungünstigsten Umständen zum Kampf, der zur Niederlage führte – zur *Marneschlacht der deutschen Revolution*." (Hervorhebung i. O.).

persönliches Objekt. Zu diesen Parteien gehören als ihr Wirkungsmittel die alten Blätter der Vaterlandspartei, die aber auch ihrerseits unter sich recht verschieden sind und schwerlich einen großen Aufschwung in ihrem Absatz genommen haben. Wo also sind dann die eigentlichen Herde der Reaktion? Teilweise gehören dazu die alten Beamten, die sich zunächst zur Verfügung gestellt hatten und ohne die auch gar nicht zu regieren gewesen wäre, die aber nunmehr sich vielfach zu einer Art Obstruktion oder gar Sabotage der Regierung gewandt haben. Von Ostpreußen hörte man, daß dort der Belagerungszustand gegen die Regierung und ihre Verfügungen verwendet worden sei und daß man von dort aus mit Hilfe der deutschen Truppen des Baltikums die Trennung von der „sozialistischen Republik" und die Aufrichtung eines monarchischen deutschen Staates geplant habe![4] Jedenfalls ist daraus nichts geworden und konnte daraus nichts werden. Im übrigen ist diese Beamten-Gegnerschaft doch mehr passiver Widerstand und Verstärkung reaktionärer Stimmungen und Gesellschaftszusammenhänge. Die formelle Korrektheit der Beamten wird im allgemeinen schwerlich bestritten werden können, und die freilich unbegreiflich langsam durchgeführte Vereidigung auf die Reichsverfassung[5] sowie der gleichfalls sehr schwierige und langsame Personalersatz werden hier die Bäume nicht in den Himmel wachsen lassen. Man wird weiterhin an das Land denken, das wenigstens im

---

4 Der Plan einer Loslösung Ostpreußens bzw. der preußischen Ostprovinzen vom Deutschen Reich war in der ersten Jahreshälfte 1919 in Kreisen der höheren Beamtenschaft Ostpreußens gemeinsam mit einigen Truppenführern entwickelt worden. Für den Fall, dass die Reichsregierung im Friedensschluss zu größeren Gebietsabtretungen im Osten gezwungen würde, sah der Plan die Bildung eines diktatorisch verfassten deutschen Oststaats und eine militärische Offensive der im Osten stationierten Militärverbände gegen Polen vor. Obwohl der perhorreszierte Fall mit dem Abschluss des Versailler Vertrags Ende Juni 1919 eintrat, kam der Plan nicht zur Ausführung, da er vor allem von der OHL entschieden abgelehnt wurde. Vgl. Hagen Schulze: Der Oststaat-Plan 1919 (1970).

5 Laut Art. 176 der Weimarer Verfassung waren alle Beamten und Wehrmachtsangehörigen auf diese Verfassung zu vereidigen. Eine Durchführungsverordnung des Reichspräsidenten von 14. August 1919, wonach der Eid mit der Formel „Ich schwöre Treue der Reichsverfassung" zu leisten war, führte jedoch im Herbst 1919 zu zahlreichen Eidesverweigerungen, weil sie von vielen Beamten als Widerspruch zu der ihnen in Art. 130 der Verfassung garantierten politischen Gesinnungsfreiheit aufgefasst wurde. Die Reichsregierung erklärte daraufhin am 16. Dezember 1919 ausdrücklich, dass das Treuegelöbnis die Beamten nur zur dienstlichen Beachtung der Verfassungsbestimmungen verpflichte und „keine innere Übereinstimmung mit der jetzigen republikanischen Staatsform" verlangt werde. Vgl. Vanessa Conze: Treue schwören (2013), Zitat S. 374.

Norden stets der Sitz konservativer Kräfte war. Allein auch hier liegen die Dinge heute nicht mehr einheitlich. Großgrundbesitzer und Pastorentum machen zum größten Teil mit allen Mitteln konservative Politik, denunzieren jeden Sozialismus als Bolschewismus und glauben damit eine bewaffnete Abwehr verbinden zu dürfen; in manchen kleinen Städten herrscht sozial ein vollkommener konservativer Terror und Boykott. Als Minister Hänisch in Greifswald sein großväterliches Haus besuchte, wurden der Besitzerin hinterher Kondolenzbesuche gemacht. Aber alles das hat doch nur begrenzte Bedeutung. Die Bauern sind im allgemeinen mißtrauisch nach allen Seiten und lediglich mit ihrer recht schwierigen Lage beschäftigt. Die Landarbeiter sind großenteils sozialistisch gesinnt und dringen auf Naturallohn. Das Bauerntum in Süddeutschland vollends ist stark demokratisch, und gehört es dem Zentrum an, so macht das keinen großen Unterschied. Wieweit die Begeisterung bayrischer Bauern für den Kronprinzen Rupprecht[6] ernst zu nehmen ist, ist eine schwer zu beantwortende Frage; die Nachrichten lauten recht verschieden. Jedenfalls sieht es – trotz des Frauenstimmrechtes – nicht danach aus, als ob Land und Landarbeiter den Ausgangspunkt großer Verfassungskämpfe bilden würden. Der Gegensatz von Stadt und Land dreht sich mehr um Produktions- und Ernährungspolitik, als um die allgemeine Politik. Hier sind aber auch die Konservativen schwer imstande, Abhilfe zu schaffen. Eine großzügige Agrarpolitik ist unterwegs, aber sie kann ihre Hauptaufgabe, eine bedeutende Produktionssteigerung und die Ablenkung der Massen von den Großstädten, bei der Schwierigkeit des Häuserbaus, dem Mangel an Stickstoff und Kali und den noch fehlenden psychologischen Voraussetzungen in der Bevölkerung nur ganz langsam erfüllen. Hier hängt wieder das meiste an der Kohle.

So bleiben für die „Welle von rechts" ganz wesentlich die Elemente der städtischen und akademischen Bildung; auch die in der Neubildung ihrer Verfassung begriffenen protestantischen Kirchen gehören ganz überwie|gend hierher und suchen mit Hilfe der die Überleitung bewirkenden, aus der alten Zeit stammenden Kirchenregierungen und Synoden die Kirchen nicht bloß religiös konservativ zu gestalten. Bedeutung und

---

6 Die politische Anhängerschaft des Thronprätendenten der Wittelsbacher, Rupprecht von Bayern, beschränkte sich nicht auf die bayerische Landbevölkerung. Auch in Hans Delbrücks Mittwochabend-Kreis, dem Troeltsch angehörte, wurde 1920 der Plan ventiliert, Rupprecht bei der nächsten Reichspräsidentenwahl als Kandidat aufzustellen. Im Falle seiner Wahl sah der Plan vor, später eine Verlängerung seiner Amtszeit auf Lebenszeit und damit eine „Rückkehr" zum „urdeutschen Prinzip des Wahlkaisertums" zu erreichen. Vgl. Herbert Döring: Der Weimarer Kreis (1975), S. 72.

Tragweite dieses letzteren Umstandes wird man erst später übersehen können; vermutlich werden die politisch nicht konservativen Sekten und Gemeinschaften das Bild des protestantischen Kirchentums auf die Dauer stark verändern.[7] Klar ist dagegen die Stellung der akademischen Schicht und der höheren Schulen. Sie ist immer konservativer, monarchistischer und nationalistischer geworden. Sprach man vor einem Jahre vor Studenten, so mußte man sich auf wilde pazifistische, revolutionäre, ja idealistisch-bolschewistische Widersprüche gefaßt machen; heute muß man auf antisemitische, nationalistische, antirevolutionäre Einsprüche sich einrichten. In manchen juristischen Kollegien wird gescharrt, wenn das Wort „Reichsverfassung" fällt. Die Schülerdemonstrationen und der Kampf um die Kaiserbilder sind in aller Munde.[8] Immerhin muß man auch hier den gar nicht eindeutigen Sinn dieser Opposition sich klar machen. Zum Teil steckt dahinter die patriotische Scham und Empörung über das Schicksal Deutschlands, den Betrug von Versailles und die Schwäche der Regierung, weiterhin die Suggestionen des Vorbildes von 1813, der Geist des an der Weltpolitik und dem Energie-Evangelium immer noch hängenden Professorentums und die Agitation der sog[enannten] nationalen Parteien, der heute ein großer Teil der in tiefem Groll aus der alten, glanzvollen Armee ausgeschiedenen Offiziere als leidenschaftliche Träger zur Verfügung stehen. Aber das ist doch nicht das wichtigste Motiv, sondern gewinnt seine Gewalt erst in Verbindung mit einem anderen. Dies andere ist kurz gesagt der Klassenkampf gegen die drohende Proletarisierung und gegen die drohenden Unterrichtsreformen, die die höhere Bildung vernichten, die Führerstellung der akademischen Stände beseitigen und den Volksschullehrer zum geistigen und politischen Beherrscher

---

7 Über die konservativ-nationale Grundtendenz der protestantischen Kirchen nach dem Wegfall des landesherrlichen Kirchenregiments äußerte sich Troeltsch ausführlich und kritisch im September 1919 in dem Artikel „Die Kundgebungen des Dresdener Kirchentages" in Friedrich Naumanns Zeitschrift „Die Hilfe", in: KGA 15, S. 259–268.

8 Ein Erlass des preußischen Kultusministers Konrad Haenisch (SPD) zur Entfernung der Bilder und Büsten Wilhelms II. aus den Schulgebäuden führte im September 1919 in zahlreichen Städten zu Demonstrationen und Streikaktionen von Schülern. In Kassel kam es am 17. September 1919 bei einer Schülerdemonstration auf dem Friedrichsplatz zu gewaltsamen Zusammenstößen zwischen Arbeitern und „ein paar tausend Schülern und Schülerinnen höherer Lehranstalten". Zit. nach Frankfurter Zeitung vom 18. September 1919 (Zweites Morgenblatt): Schülerdemonstrationen. Vgl. Hellmut Becker, Gerhard Kluchert: Die Bildung der Nation (1993), S. 234 f.

Deutschlands machen wollen.⁹ Alles organisiert sich zu Gewerkschaften, und der erfolgreiche sozialdemokratische Klassenkampf hat vor allem die Wirkung, alle anderen Bevölkerungsgruppen nun gleichfalls zu Klassenkämpfen zusammenzuschließen. Ganz Deutschland wird in Bälde starren von Klassenkämpfen: das ist der Umschlag des zur Herrschaft gelangten Proletariats in allgemeine Humanität, wie ihn Marx verkündet hat! Man lese die Verhandlungen des Oberlehrertages in Kassel,¹⁰ der den Oberlehrer vor der Aufsaugung in das Volksschullehrertum bewahren will. Man lese im Kunstwart das Gespräch über Handarbeiter und Kopfarbeiter,¹¹ wo der eine der Unterredner als die große Reform der Zukunft fordert, daß dem letzteren jede Vorzugsstellung oder Ausnahme von körperlicher Arbeit für die Zukunft genommen und daß die uralte Scheidung aller Gesellschaft in Arbeiter der elementaren Notdurft und Arbeiter der Muße erfordernden geistigen Bildung aufgehoben werde. Man bedenke, daß die schärfsten Vertreter der akademischen Reaktion gerade die Mediziner sind, die fürchten, in die Stellung öffentlich angestellter Hebammen herabzusinken. Da liegen die tiefsten Gründe der Opposition, und es ist begreiflich, daß sie sich mit allen Motiven eines berechtigten oder unberechtigten aristokratischen Gefühls, allen alten Erinnerungen deutschen Studentenlebens und allen patriotisch-nationalen Gefühlen des alten Staates verbinden. Man nehme dazu die Stimmung der vielen Studenten, die als Offiziere den Krieg mitgemacht haben und die Demütigungen der Revolution als brennende

---

9 Ende Oktober 1919 hatten sich Vertreter des Reiches, der Länder und der Gemeindeverbände auf die Eckpunkte eines „Reichsgrundschulgesetzes" geeinigt, das für alle Schüler den Besuch der vierjährigen allgemeinen Grundschule verbindlich machen und die privaten und öffentlichen Vorschulen beseitigen sollte, auf denen bis dahin üblicherweise die Kinder bürgerlicher Familien gegen Gebühren auf den Besuch des Gymnasiums vorbereitet worden waren. Trotz massiven Widerstandes der Philologenverbände und der Rechtsparteien wurde das „Gesetz, betreffend die Grundschulen und die Aufhebung der Vorschulen" am 28. April 1920 von der Nationalversammlung beschlossen. Vgl. Hellmut Becker, Gerhard Kluchert: Die Bildung der Nation (1993), S. 190–196. Troeltschs Kritik an der Schulreform wurde mitbestimmt durch den Umstand, dass sein eigener Sohn, der 1913 geborene Ernst Eberhard Troeltsch, gerade im Grundschulalter war. In einem Brief an Friedrich von Hügel vom 31. Januar 1920 klagt Troeltsch: „Eine große Sorge sind natürlich die proletarischen Schulverhältnisse. Wird man ihn [seinen Sohn, d. Hg.] auf unserer gesellschaftlichen Höhe erziehen können?" → KGA 21.
10 Vertretertag des Vereinsverbandes akad[emisch] gebildeter Lehrer Deutschlands zu Cassel am 30. November und 1. Dezember 1919 (1919).
11 Wolfgang Schumann: Gespräch über Kopfarbeiter (1919).

Wunde, die traurige Heimkehr als grenzenlose Enttäuschung empfinden, weiter die Überfüllung der akademischen Berufe, die Aussichtslosigkeiten der Zukunft, die wirtschaftliche Not der Beamtenfamilien, die in keine Lohnbewegung eintreten können, weil sie nicht unmittelbar lebensnotwendig sind, wie Bäcker, Fleischer, Kohlenarbeiter und die berühmten, immer wiederkehrenden Müllkutscher zu 6000 Mark.

Das alles sind Gründe genug, um die Reaktion verständlich zu machen. Auch sind wirklich wertvolle moralische Elemente in diesen Kreisen vertreten, der Sinn für Disziplin, Autorität, Tradition. Es ist kein Wunder, wenn sich um deswillen viele dazu halten, die | im übrigen einen neuen Umsturz der Verhältnisse gar nicht wünschen, sondern nur einen Ausbau dieser, der endlich wieder den bloßen Individualismus und Rationalismus, die unorganische Zersetzung und Formlosigkeit der aufgelösten Massen durch ein Gefühl für Autorität, Ordnung, Pflicht und historische Mächte zu überwinden imstande ist. Auch will man sich die trotz aller Fehler und Kurzsichtigkeiten glorreichen Erinnerungen eines heroischen Weltkampfes nicht beschmutzen und ins Gegenteil verkehren lassen. So sind alle die verschiedenen Revolten wohl verständlich, vor allem auch die Revolte, die Helfferich und Ludendorff gegen den ebenso peinlichen als unentbehrlichen Untersuchungsausschuß unternommen haben, um damit sozusagen an der empfindlichsten und schmerzhaftesten Stelle des deutschen Volkes gerade die Leidenschaften neu zu entzünden, die man bisher in dem allgemeinen Irrewerden an der früheren Führung erloschen oder gedämpft hatte glauben dürfen. Zu diesem Zweck haben die beiden früheren Gegner sich gefunden und im Untersuchungsausschuß, dem Bethmann mit so großer Vorsicht und Bedachtsamkeit begegnete, ihre Handgranaten vereint gegen Herrn Erzberger und die gottverfluchte Revolution geschleudert.[12] Die große historische Legende, auf der die ganze Reaktion beruht, daß eine siegreiche Armee meuchlings und rücklings von den vaterlandslosen Gesellen der Heimat erdolcht worden sei, ist damit zum Dogma und zur Fahne der Unzufriedenen ge-

---

[12] Am 21. Oktober 1919 begann der Parlamentarische Untersuchungsausschuss für die Schuldfragen des Weltkriegs (siehe oben, S. 156, Anm. 14) seine Zeugenbefragungen. Zu den ersten Zeugen gehörte am 31. Oktober 1919 der frühere Reichskanzler Theobald von Bethmann Hollweg. Zu einem Eklat kam es in der Ausschusssitzung vom 15. November 1919, als der als Zeuge geladene frühere kaiserliche Staatssekretär Karl Helfferich sich unter Berufung auf seine „nationale Ehre" weigerte, die Fragen des USPD-Ausschussmitglieds Oskar Cohn zu beantworten. Paul von Hindenburg und Erich Ludendorff nutzten ihren Zeugenauftritt am 18. November 1919 für die Verbreitung der Dolchstoßlegende (siehe oben, S. 76, Anm. 6). Vgl. Ulrich Heinemann: Die verdrängte Niederlage (1983), S. 159–165.

worden, wie das Rätesystem die Fahne der radikalen Staatsgegner geworden ist.

Begreiflich genug ist das alles und überdies in seiner Besinnungslosigkeit und Kurzsichtigkeit echt deutsch. Man haut auf den relativ nächststehenden Gegner, die Demokraten, am leidenschaftlichsten, weil man ihn noch am ehesten treffen kann. Man will seinen Haß und seine Rache an der Revolution austoben, statt auf diesem Instrument spielen zu lernen, auch wenn man selbst keine positiven Ziele zeigen und den inneren Feind nur wenigstens in das gemeinsame Verderben mit hineinreißen kann. Oder man träumt von Wiederherstellung der Monarchie, vom Rachekrieg und einer Regierung gegen die Massen. Wie das alles möglich sein soll, danach fragt man so wenig, als man einst über die Gefährlichkeit Amerikas sich Gedanken machte oder an den Aussichten eines „Vereins zur Niederwerfung Englands" zweifelte.[13] Es ist schneidig und vornehm, so zu denken, das ist genug. Sie können sich aber vom Alten nicht lösen und neu denken lernen. Sie können den Gedanken gar nicht fassen, daß schon das Bismarcksche Reich eine labile Schöpfung oder, wie Nietzsche, eine große Autorität in diesen Kreisen, immer wieder sagte, „Zwischenaktspolitik" war.[14]

Was sind die Wirkungen von alledem? Wirkliche Auskünfte werden erst die nächsten Wahlen geben können, bis zu denen sich das Bild noch mannigfach verschieben kann. Die Verhältnisse sind ja völlig unfertig. Erst wenn der Friede ratifiziert ist, wenn die neue Finanzhoheit des Reiches ihre Wirkungen gezeigt haben wird, wenn die Friedensbedingungen wirksam geworden und wenn die Länderverfassungen neben die Reichsverfassung so oder so getreten sind, wird man den wirklichen Stand der politischen Dinge übersehen können. Die Gewerkschaften zählen jetzt sieben Millionen Mitglie-

---

13 Der „Volksausschuss für die rasche Niederwerfung Englands" war im Juli 1916 in München als Zusammenschluss des alldeutschen Lagers in Bayern gegründet worden. 1917 war aus ihm der bayerische Landesverband der Deutschen Vaterlandspartei hervorgegangen. Vgl. Heinz Hagenlücke: Deutsche Vaterlandspartei (1997), S. 231 ff.

14 Vgl. Friedrich Nietzsche: Sämtliche Werke, Band 5 (Neuausgabe 1999), S. 201 (Jenseits von Gut und Böse, Abschnitt 256): „Dank der krankhaften Entfremdung, welche der Nationalitäts-Wahnsinn zwischen die Völker Europa's gelegt hat und noch legt, Dank ebenfalls den Politikern des kurzen Blicks und der raschen Hand, die heute mit seiner Hülfe noch obenauf sind und gar nicht ahnen, wie sehr die auseinanderlösende Politik, welche sie treiben, nothwendig nur Zwischenakts-Politik sein kann, – Dank Alledem und manchem heute ganz Unaussprechbaren werden jetzt die unzweideutigsten Anzeichen übersehen oder willkürlich und lügenhaft umgedeutet, in denen sich ausspricht, dass *Europa Eins werden will.*" (Hervorhebung i. O.)

der. Diese Tatsache ist ein Grund- und Eckstein aller Zukunftsberechnungen. Sie bedeutet, daß auf absehbare Zeit die Sozialdemokratie trotz aller äußeren und inneren Zersetzung mitregierende Partei sein oder durch ihre etwaige Opposition alles zu hemmen imstande sein wird. Eine Regierung von Zentrum und Deutschnationalen ist kaum vorstellbar gegen die Opposition von Sozialdemokraten und Deutschdemokraten. Eine bürgerliche Einheitsfront gegen die Sozialdemokraten andrerseits wird schwerlich zustande kommen und wäre das größte Unglück. Auch eine Diktatur ist bei der Kontrolle der Alliierten und unserer militärischen Schwäche schwer vorstellbar. Deutschnationale Putsche vollends gehören meines Erachtens in das Reich der Legende. Dann aber hat die Heftigkeit der ganzen Opposition keinen Sinn und hindert nur die außerpolitische Einheitsfront und die damit eng zusammenhängende wirtschaftliche Gesundung, die beide einfach eine Lebensfrage sind. | Immer noch wird man hoffen dürfen, daß die deutsch-nationalen Führer, unter denen sehr kluge und verantwortungsbewußte Leute sind, das selber einsehen und das Übergewicht über die Heißsporne gewinnen, die vor allem nur Wut und Rache los werden wollen.

Nach außen wirkt die deutsch-nationale Opposition, die das französische Programm „Nicht davon sprechen, aber immer daran denken"[15] sich offenbar nicht aneignen kann, schlechtweg verhängnisvoll. Einer unserer bekanntesten Heerführer[16] sprach nach der Ludendorffschen Explosion mit einem deutschfreundlichen Amerikaner; der letztere meinte, er habe bisher die Besiegung Deutschlands immer bedauert, aber seit den Eröffnungen Ludendorffs halte er sie für moralisch notwendig im Interesse der Welt. Menschen, die Politik nach innen und nach außen wesentlich mit psychologischen Mitteln zu machen gewöhnt sind, halten eben eine solche, alle Zivilpsychologie völlig beiseite setzende, rein technisch-militärische Denkweise für eine geistige und moralische Abnormität, die wie eine moralische Weltpest zu vernichten sei. Auf solches Denken der Fremden, deren Kultur- und Moralkrieg heute noch andauert, während wir apathisch und verzwei-

---

15 „N'en parlons jamais, mais pensons-y toujours": Parole des französischen Revanchismus nach dem Verlust Elsaß-Lothringens im Deutsch-Französischen Krieg 1870/71, zurückgehend auf einen Ausspruch des französischen Staatsmanns Léon Gambetta in einer Rede vom 16. November 1871 in Saint-Quentin: „Soyons gardiens de cette dignité, et ne parlons jamais de l'éntranger, mais que l'on comprenne que nous y pensons toujours. Alors vous serez sur le véritable chemin de la revanche, parce que vous serez parvenus à vous gouverner et à vous contenir vous-mêmes." Zit. nach: Discours et plaidoyers politiques de M. Gambetta, II (1881), S. 172.
16 Es handelt sich wahrscheinlich um Wilhelm Groener. Zu Troeltschs Kontakt mit Groener siehe oben, S. 59, Anm. 1.

felt schweigen, müssen wir uns nun einmal einstellen. Oder ein anderes Beispiel! Sofort hinterher besuchte mich ein Franzose,[17] übrigens ein feiner und vornehm denkender Mann, und fragte mich nach der Bedeutung dieser Dinge, der Ludendorff-Helfferichschen Attacken, der Schülerdemonstrationen, der Universitätsstimmung, der Einwohnerwehren aus. Das Verhältnis von Deutschland und Frankreich werde über diesen Dingen nur immer schlechter und mißtrauischer und es beständen große Gefahren. Ich erwiderte ihm, daß das beste Mittel wäre, unsere bestehende Regierung nicht immer von neuem zu demütigen und vor dem Volke bloßzustellen. Ein Erfolg den man ihr gönne, werde sie festigen und der alldeutschen Opposition den Boden wegziehen. Man habe bei uns fast den Eindruck, als wolle die französische Militärpartei durch Mißhandlung unserer Regierung den deutschen Stolz verletzen und damit die Alldeutschen stärken, um damit ihre eigene Notwendigkeit darzutun. Mein Unterredner bestritt das und bat mich, vor allem

---

17 Es handelt sich sehr wahrscheinlich um den französischen Literaturwissenschaftler Émile Haguenin (1872–1924), der als Leiter der „Mission Haguenin" vom März 1919 bis zur Wiederaufnahme der diplomatischen Beziehungen im Januar 1920 die französischen Regierung als inoffizielle Gesandter in Berlin vertrat. Haguenin hatte von 1901 bis 1914 als ao. Professor an der Philosophischen Fakultät der Berliner Universität gelehrt. Während des Ersten Weltkriegs hatte er als Leiter eines Informationsbüros der französischen Regierung in Bern mit Harry Graf Kessler (damals ebendort Leiter der deutschen Kulturpropaganda) geheime Friedensgespräche geführt. Nach Beendigung der „Mission Haguenin" wirkte Haguenin von 1920 bis zu seinem Tod 1924 als ständiger Vertreter der alliierten Reparationskommission weiterhin in Berlin. Bestens vernetzt in den intellektuellen und künstlerischen Kreisen Berlins, unterhielt Haguenin in der Bendlerstraße 39 einen viel besuchten Salon. Vgl. Documents diplomatiques français sur l'Allemagne 1920, Band 1 (1992), S. 44–55; Walter Oehme: Die Weimarer Nationalversammlung 1919 (1962), S. 295 ff. In einem Brief an Franz Boll schrieb Troeltsch am 1. März 1920: „Die Legende von der Veranlassung des Krieges durch uns wird m. E. verschwinden. [...] Aber die übrigen Dinge werden bleiben. So sagte es mir neulich ungefähr ein sehr vernünftiger deutsch-freundlicher Franzose." → KGA 21. Auch hier handelt es sich vermutlich um Haguenin. Friedrich Meinecke berichtet in einer Aufzeichnung vom 18. Februar 1922 von einem Versuch Haguenins, ihn für ein Treffen mit dem französischen Pazifisten Henri Lichtenberger zu gewinnen, an dem außer ihm auch Troeltsch, Delbrück und Otto Hoetzsch teilnehmen sollten. In diesem Zusammenhang habe Haguenin ihm versichert, „dass er den Frieden von Versailles immer für ‚verrückt' und undurchführbar gehalten habe [...]. Bezüglich der Wiederaufrollung der Kriegsschuldfrage sagte er, dass das französische Volk davon heute schlechterdings nichts wissen wolle, ließ aber erkennen, dass er selber das Dogma von der alleinigen Schuld Deutschlands nicht teile." Zit. nach Friedrich Meinecke: Neue Briefe und Dokumente (2012), S. 250 f.

die psychologische Wirkung der Zerstörung Nordfrankreichs zu bedenken, die die Zerstörung der Pfalz durch Ludwig XIV.[18] weit überbiete und die in Frankreich viel mehr als das wesentlich für die Angelsachsen in Betracht kommende allgemeine Schulddogma die Geister bewege. Ich konnte dem gegenüber nur meine erste Bemerkung wiederholen und die Verhältnisse bei uns darstellen, etwa wie ich es in diesem Briefe getan habe. Eine Woche darauf waren die Noten über die Scapa-Flow-Entschädigungen da.[19] Und was wird noch alles kommen?

Noch ist der Zusammenhalt des Deutschen Reiches von innen und außen her nicht unbedingt gesichert. Eine hemmungslose Welle von rechts könnte vieles wegspülen, was gerade den Patrioten teuer ist. Aber Wellen schaukeln, und schon wartet man auf neue Wellen.

Berlin, 19. Dezember 1919. *Spectator*

---

18 Im Pfälzischen Erbfolgekrieg (1688–1697) hatten die Armeen des französischen Königs Ludwig XIV. (1638–1715) zahlreiche Städte und Ortschaften der Kurpfalz, des Erzbistums Trier und der Markgrafschaft Baden systematisch zerstört.

19 Am 21. Juni 1919 hatte sich die seit dem Waffenstillstand im britischen Flottenstützpunkt Scapa Flow internierte deutsche Hochseeflotte selbst versenkt, um der in Art. 184 des Versailler Vertrags festgelegten Auslieferung der Schiffe an die Alliierten zuvorzukommen. Die Alliierten machten daraufhin in einer Note vom 1. November 1919 das Inkrafttreten des Versailler Vertrags (und damit die Freilassung der deutschen Kriegsgefangenen) von deutschen Schadensersatzleistungen abhängig. Die deutsche Regierung lehnte dies ab, da die Selbstversenkung der Flotte im alliierten Verantwortungsbereich erfolgt war. Troeltsch bezieht sich hier vermutlich auf zwei Noten des französischen Ministerpräsidenten Georges Clemenceau vom 8. Dezember 1919, in denen der alliierte Standpunkt in der Scapa-Flow-Angelegenheit bekräftigt und die Möglichkeit militärischer Zwangsmaßnahme angedeutet wurde. Vgl. Das Kabinett Bauer (1980), S. 462.

Die Aufgaben der Reichsregierung (Februar 1920)

Editorische Vorbemerkung: Die Edition folgt dem Text, der erschienen ist in: Kunstwart und Kulturwart, hg. von Ferdinand Avenarius, 33. Jg., zweites Viertel, Januar bis März 1920, Heft 10, zweites Februarheft 1920, München: Kunstwart-Verlag Georg D. W. Callwey, S. 179–183 (*A*). Zuvor war das erste Februarheft des „Kunstwarts" (33. Jg., Heft 9) ohne Spectator-Brief erschienen. Der Text erschien in der Rubrik „Vom Heute fürs Morgen" und mit der Datumsangabe 12. Januar 1920.

Die Aufgaben der Reichsregierung

Zwischen den furchtbaren Extremen von links und rechts bahnt sich die Reichsregierung ihren Weg, so gut es gehen will. Eine andere Regierung ist heute nicht möglich. Ihr Zerfall würde das Wegfallen jeder Regierung und damit den Bürgerkrieg bedeuten. Das bleibt immer eine der Grundtatsachen, die bei allem in Rechnung gezogen werden muß. Freilich, die Regierung – und dabei ist zunächst nur an die Reichsregierung gedacht – ist schwach, erweitert beständig ihren Beamtenapparat, ohne ihn zu beherrschen, und vermag sich bei der herrschenden Disziplinlosigkeit, der Unzuverlässigkeit und Bestechlichkeit eines großen Teiles des Beamtentums, der Plünderungslust und Dieberei von unzähligen Abenteurern und Schiebern, dem mangelnden Vertrauen der Bevölkerung schwer durchzusetzen. Daß sie auch nicht überreich ist an Talenten, hat neulich der ihr verhältnismäßig nahestehende Herr von Payer in Stuttgart offen ausgesprochen.[1] Über

---

1 Vgl. die Wiedergabe der Rede Friedrich von Payers auf dem Stuttgarter Landesparteitag der DDP in Württemberg und Hohenzollern am 6. Januar 1920 in der „Frankfurter Zeitung" vom 7. Januar 1920 (Zweites Morgenblatt): Der württembergische Demokratentag: „Die Regierung hätte gar oft mehr Temperament zeigen können. Mit steigender Unruhe verfolge das deutsche Volk die Vermehrung der Behörden. Die Reibungen und Streitigkeiten zwischen den Ministern seien fast schlimmer als früher. […] Daß es den Parteien gelungen sei, überall die richtigen Männer in die Regierung und die Verwaltung zu bringen, werde vielfach bezweifelt."

Ungeschicklichkeit beklagen sich die auswärtigen Diplomaten. Die Extremen von rechts und links tun alles, um sie verächtlich, lächerlich, verhaßt und ohnmächtig zu machen. Vor allem aber trägt sie in sich selbst die ungeheuren Schwierigkeiten einer Koalition von recht verschiedenen Elementen. Die Sozialdemokraten versuchen, soweit es irgend geht, unter dem Drucke der Genossen sozialistische Experimente zu machen, seien es fiktive, seien es wirkliche, obwohl doch, wie Scheidemann neulich sagte, abgesehen von Kohle und Elektrizität nichts da ist, was sozialisiert werden könnte, außer Hunger und Elend. Wenn auch die im letzten Jahre enorm angewachsenen Gewerkschaften allmählich wieder in die Hände ihrer Führer kommen und wieder etwas Disziplin lernen, so beherrschen die Sozialdemokraten doch in Wahrheit die Massen nicht und müssen sie sich deren vollkommene Unreife eingestehen. Mit diesen Resten der immer neu versuchten Sozialisierungsideale verbindet sich die Hoffnung und der Wunsch, wenigstens auf dem Wege der Schule und der Nivellierung der Bildung die bisher herrschenden Klassen zu beseitigen und den Aufklärungsdogmen einer religionsfeindlichen Flachheit die Bildung zu unterwerfen. Die Radikalen unter den Lehrern strömen der Partei in Masse zu, spornen und hetzen sie und drohen mit dem Übergang zum Spartakismus; und alle möglichen Aufgeregten, Ehrgeizigen, Stellensüchtigen, Projektenmacher und Phantasten schließen sich ihnen mehr oder minder nahe an. Durch das erste kommen die Sozialdemokraten mit dem Bürgertum, den realen Interessen der Lage, den Forderungen des internationalen Geschäftes in heftigsten Konflikt, durch das zweite mit den kirchlichen Leidenschaften und Mächten des Volkslebens, vor allem mit dem Katholizismus. So ist der letztere in Wahrheit in der Koalition nach gewissen Seiten hin ausschlaggebend geworden, während er nach der Seite der Demokratie und der Sozialisierung in seiner heutigen Parteigestalt mit den Sozialdemokraten weithin übereinstimmt. Die Demokraten schließlich sind in der Koalition das eigentlich bürgerliche Element, Vertreter vor allem des Kleinbürgertums, des Unternehmertums, der Bildung. Aber leider haben sie nicht die gesamte Bildung und Intelligenz und Unternehmerkraft hinter sich, wie das ursprünglich die Idee bei der Gründung dieser Partei gewesen ist. Bürgertum und Intelligenz haben sich zu einem erheblichen Teil den Konservativen und grundsätzlichen Regierungsgegnern zugewendet, und im Lande werden die Versuche unermüdlich gemacht, das Bürgertum immer | weiter zu sprengen, es grundsätzlich zum Feinde der Sozialdemokratie, der Republik und der Regierung zu machen, und damit nach alter deutscher Art das Gewicht und die Macht des Bürgertums zu zersplittern und lahmzulegen. Das ganze 19. Jahrhundert ist eine Kette von Selbstzerteilungen und Schwächungen des Bürgertums, und die Geschichte der Revolutionsregierung ist das trübseligste Kapitel in dieser Schmerzensgeschichte des Bürgertums. Ihm fehlt der politische Instinkt am allermeisten. Trotz alledem aber wahrt die demokratische Partei in der Regierung das bürgerliche und Bildungs-Interesse, die Möglichkeit der Differenzierung und der geistigen Lebendigkeit. Was sie erreichen kann, ist freilich meist negativer Natur, Verhinderung der allzu gefährlichen Experimente und Vertagung von später lösbaren Fragen auf geordnetere Zeit. Zur Entfaltung eines eigenen groß gedachten Programmes ist für das schwächste Drittel der Regierung, dem seine eigenen Klassengenossen fortwährend in den Rücken fallen und das zudem die Vielspältigkeiten des Bürgertums in sich selber wiederholt, keine Möglichkeit gewesen. Und nicht zu vergessen ist bei alledem, daß das Kabinett zum guten Teil rein menschlich beherrscht ist durch die umstrittenste Persönlichkeit der deutschen Gegenwart, durch Herrn Erzberger, den seine Gegner neben nur allzu berechtigten Vorwürfen mit den unerhörtesten Verleumdungen überschütten und den seine Freunde, deren er in Zentrum und Sozialdemokratie reichliche und begeisterte hat, für den deutschen Lloyd George halten. Dem letzteren mag er auch in der Tat in vieler Hinsicht gleichen, wenn man davon absieht, daß Lloyd George zu allem übrigen hinzu ein politisches Genie ist. Der Kampf um die Person Erzbergers insbesondere häuft nun aber weiterhin auf das Kabinett eine Fülle von persönlichem Haß und giftiger Verdächtigung. So ist die Stellung der Regierung, die überdies von den Feinden so schlecht wie möglich behandelt wird und auf die dadurch auch die Feinde noch allen Groll und alle Scham der Patrioten losjagen, ganz ungeheuer schwierig.

So schwierig wie die Stellung, sind die zu lösenden Aufgaben. Nachdem eine Zeitlang die Regierungsbildung selber das eigentliche Problem und sozusagen Selbstzweck gewesen war, traten die inzwischen immer ungeheurer gewordenen Aufgaben gebieterisch zutage. Regierung bedeutet Ordnung und Recht überhaupt. Daß beides wieder gewonnen worden ist, das ist das immerhin nicht zu verachtende Werk des Parlaments und Noskes. Noske, der die Furchtlosigkeit eines nie versagenden Tierbändigers an sich hat, ist der Retter des Deutschen Reiches. Aber nachdem dieses Reich wieder einigermaßen steht, treten die Zwecke in den Vordergrund und in grelle Deutlichkeit, denen es zu dienen hat. Und da zeigt sich nun freilich in der entsetzlichsten Weise die Furchtbarkeit der Lage und die Unzulänglichkeit von Regierung und Parlament, die sich in einem grausamen circulus vitiosus fortwährend gegenseitig steigern. Die Neujahrsbotschaft des Präsidenten Ebert ist in ihrer Kürze sehr beredt.[2] Der Kampf um die Herstellung einer Regierung überhaupt hat alles unheilvoll verzögert, und die überreif gewordenen

---

2 Vgl. Berliner Tageblatt vom 1. Januar 1920 (Morgen-Ausgabe): Eine Kundgebung des Reichspräsidenten.

Probleme der Liquidierung des Krieges und der Ordnung des Friedens kommen zu einer allzu späten Lösung.

Die erste und schwierigste Aufgabe ist die Ordnung der Finanzen. Die Inflation, d. h. der Überschuß der fiktiven Zahlungsmittel über die zu ihrer Deckung dienenden realen Güter, die daraus folgende Geldentwertung und Kreditlosigkeit, der rasende Ausverkauf unter diesen Valutabedingungen, die Verschuldung Deutschlands an das Ausland, die Unsicherheit aller Grenzkontrollen und die Verschleuderung von Staatsgut: alles das hat zu einer Preissteigerung geführt, die nach der ersten Linderung der Not durch amerikanische Zufuhr eine neue faktische Blockade und eine neue Hungersnot bedeutet. Über die Mittel zur Erleichterung dieser Notlage wird endlos hin und her debattiert. Die Massen, die der amerikanische Speck und Reis etwas beruhigt hatte, geraten von neuem in furchtbare Erregung. Das Elend steigt bis hoch hinauf in die bisher besitzende Schicht, insbesondere | in die Kreise aller Gehaltsbezieher. Die immer neuen staatlichen Zulagen helfen nichts, sondern haben nur Preissteigerungen zur Folge, und, wenn man vollends die Quellen dieser staatlichen Freigebigkeit bedenkt, dann ist ihr Geschmack ein überaus bitterer. Ob die Erzbergerschen Finanzpläne dem abhelfen können, wage ich nicht zu beurteilen. Aber auch sehr viel Sachkundigere sind völlig ratlos, und jedenfalls liegt auf uns allen die Zukunft, die unter den neuen Steuerverhältnissen eintreten wird, wie ein furchtbarer Alb. Die Preissteigerung ist der verhüllte Staatsbankerott, und die Zukunft der von Gehalt Lebenden scheint eine völlige Proletarisierung. Möglich, daß die neuen Verhältnisse des Friedens[3] hier Besserung bringen, und daß noch einmal eine allgemeine Sanierung durch internationale Abkommen versucht wird. Die Verhältnisse liegen in Frankreich und in Italien nicht viel besser. Auch England klagt über Proletarisierung seines Mittelstandes, der dort sehr hoch hinaufreicht. Die eigentlichste Lösung wäre überall gesteigerte wirtschaftliche Produktion. Der steht aber überall der gesunkene Produktionswille gegenüber, von dem ich in einem der Ferienbriefe sprach.[4] Die Gütervernichtung und die Papiergüter-Erzeugung des Krieges ist ein Weltschicksal, das das ganze kunstvolle Präzisionswerk des modernen Lebens so lange in volle Verwirrung stürzt, bis der Gütervorrat wieder zum Leben, einem freilich vermutlich überall sehr viel bescheideneren Leben, wieder ausreicht. Wie wir freilich diese Übergangszeit überstehen sollen, davon

---

3 Mit der Unterzeichung des Ratifikationsprotokolls durch die Vertreter der Alliierten und des Deutschen Reiches in Paris trat am 10. Januar 1920 der Versailler Vertrag in Kraft. Vgl. Das Kabinett Bauer (1980), S. 514.

4 Siehe den Spectator-Brief „Produktivität" (mit der Datumsangabe 15. August 1919), oben, S. 158–164.

(Februar 1920)

vermag ich mir schlechterdings kein Bild zu machen. Es ist vieles besser geworden gegen das Vorjahr, aber die Finanzlage zusammen mit Streikerei und Arbeitsunwilligkeit löscht alles Licht, das scheinen will, wieder aus.

Das führt auf die zweite große Hauptaufgabe, die Ingangsetzung und Förderung der wirtschaftlichen Produktion. Hier sehen die Verhältnisse bereits beträchtlich besser aus als vor einem Jahre. Es wird wieder mehr gearbeitet. Die Bevölkerung im Lande ist ruhiger und einsichtiger geworden. Die wahnsinnige Streikerei begegnet immer größerem Widerwillen. Soweit Rohstoffe im Lande sind, wird wieder produziert, und in einer der wichtigsten Fragen, der Bekleidungsfrage, scheint die uns von Baumwolle und Wolle unabhängig machende Herstellung eines neuen Gewebestoffes große Fortschritte gemacht zu haben.[5] Auch soweit auswärtige Rohstoffe in Betracht kommen, werden solche auf Kredit und gegen Arbeitsleistung geliefert. Die Nachrichten aus dem Lande lauten in dieser Hinsicht allmählich etwas beruhigender. Spricht man mit Ausländern, so begegnet man fast überall der Meinung, daß wir uns leichter erholen würden, als Frankreich und Italien. Ein kluger und weltkundiger Engländer,[6] mit dem ich neulich sprach, sagte mir: „Ja nicht verzweifeln! Ich bin erstaunt, daß es noch so bei Ihnen steht, und erwarte zunehmende Besserung. Nur dürfen Sie keine innerpolitischen Dummheiten machen und Ihr bißchen Regierung nicht stürzen." Auch die Kohlenförderung nimmt wieder zu, und die hier und dort aufkommende Akkordarbeit steigert die Qualität der Arbeit. Die Schwierigkeiten liegen in erster Linie in den Verkehrsverhältnissen, und innerhalb dieser wieder in dem geradezu verzweifelten Geisteszustand der Eisenbahnarbei-

---

5 In Reaktion auf den Rohstoffmangel in Deutschland intensivierte die weiterverarbeitende Textilfaserindustrie seit Beginn des Ersten Weltkriegs die Forschung zur Herstellung synthetischer Textilfasern. Die Köln-Rottweil AG in Premnitz entwickelte 1919 ein neues Viskoseverfahren zur Herstellung halbsynthetischer Zellwolle („Vistrafaser"); vgl. Lars Bluma: „l'ersatz est kein Ersatz" (2004), S. 125 ff.

6 Es handelt sich sehr wahrscheinlich um den aus Belgien stammenden Romanisten und Schriftsteller Charles Saroléa (1870–1953), der seit 1894 als Lecturer sowie von 1918 bis 1931 als Professor für französische Literatur an der University of Edinburgh lehrte und 1912 die britische Staatsbürgerschaft angenommen hatte. Am 7. Januar 1920 bat Troeltsch brieflich den Verlag J. C. B. Mohr (Paul Siebeck), ein Freiexemplar seines Buches „Die Soziallehren der christlichen Kirchen und Gruppen" sofort an Saroléa ins Hotel Continental in der Neustädtischen Kirchstraße in Berlin zu senden: „Es ist ein Engländer, bei dem die Sache Bedeutung u[nd] Eile hat." → KGA 21. Vgl. auch den Tagebucheintrag von Harry Graf Kessler vom 10. Januar 1920, in: Harry Graf Kessler: Das Tagebuch 1880–1937, Band 7 (2007), S. 286.

ter,⁷ ein Zustand, der übrigens schon aus den letzten Jahren der Kriegspolitik und von den damaligen Personaleinstellungen und Lohnverhältnissen herstammt. Hier liegt der wichtigste Grund in dem Versagen der Kohlenversorgung. Die Kohle verliert sich unterwegs von den Eisenbahnen weg, ganze Waggons verschwinden. Der Billethandel ist ganz offenkundig und macht das Reisen fast unmöglich. Gegen all das ist nicht abzuhelfen, mit der Streikdrohung halten diese Leute beständig „die Hand an der Gurgel des Staates". Auch sonst bilden die Zustände des Beamtentums ein wesentliches Hindernis. Das gefährliche Loch im Westen⁸ ist trotz des Zugeständnisses des Goldzolles durch unsere Feinde und trotz des Überwachungsdienstes gegen die Schieber nicht zu stopfen, weil man auf die kontrollierenden Beamten nicht zählen kann. Und so geht es überall. Die Verhältnisse sind den türkischen und russischen ähnlich ge|worden, ja schlimmer als diese. Das liegt natürlich, wie dort, nicht bloß an der Moral, sondern auch an der ungenügenden Bezahlung, nur daß die genügende Bezahlung bei uns unmöglich ist und angesichts der zu geringen Güter- und Nahrungsmittelmenge auch nichts helfen würde. Dazu kommt das Mißverhältnis zwischen Stadt und Land, der Druck der Zwangswirtschaft und ihrer Unaufheblichkeit wie ihrer beständigen Durchlöcherung. Gegen viele diese Mängel ist die Regierung vorläufig machtlos. Ihre Ursachen liegen auf psychologischem und finanziellem Gebiet. Einiges wird vielleicht mit dem Frieden besser werden. Die Hauptsache muß die Rückkehr eines Kulturvolkes aus der Kriegsverwilderung zu sich selber tun. Die Wirtschaftspolitik der Regierung selbst schwankt zwischen Konzessionen an die psychologischen Verhältnisse und sachlichen Maßregeln. Ein Lichtblick ist die neulich erreichte eingehende Aussprache zwischen Reichsregierung und Unternehmern, die völlig offen und schonungslos war, aber zu Einvernehmen und Zusammenwirken führte.⁹ Von hier aus kann dann vielleicht endlich die „Planwirtschaft" ausgehen,

---

7 Vom 5. bis 14. Januar 1920 streikten die Eisenbahnarbeiter im rheinisch-westfälischen Industriegebiet und in Niederschlesien. Vgl. Das Kabinett Bauer (1980), S. 511 ff.

8 Als „Loch im Westen" wurden 1919/20 die besonderen Zoll- und Handelsverhältnisse in dem von den Alliierten besetzten linksrheinischen Gebiet bezeichnet. Weil die Alliierten die deutschen Grenzbehörden bis März 1920 an der Wahrnehmung ihrer Zollhoheitsrechte hinderten, konnten an den deutschen Außengrenzen im besetzten Gebiet Waren- und Kapitalströme unkontrolliert ein- und ausfließen. Das Gebiet entwickelte sich deshalb rasch zu einem Schmugglerparadies. Vgl. Das Kabinett Bauer (1980), S. 251 und S. 628.

9 Am 7. Januar 1920 empfing Reichspräsident Friedrich Ebert in Anwesenheit der Reichsregierung das Präsidium des Reichsverbandes der deutschen Industrie zu

ohne die es nicht geht und die doch zugleich die Initiative des Unternehmertums einschließen muß.

Das dritte große Aufgabengebiet liegt in der Ordnung des Verhältnisses zwischen Reich und Ländern, und da unter den Ländern Preußen immer noch einen Großstaat darstellt und für das Reich immer noch das alte unendlich schwer zu verdauende Problem ist, in der Herstellung eines erträglichen Verhältnisses zwischen Reich und Preußen. Hier geht allerhand vor, was nicht ohne weiteres durchsichtig ist. Der Antrag auf Herstellung des Einheitsstaates, den der preußische Landtag mit so großer und überraschender Majorität annahm, scheint irgendwelche Hinterabsichten zu haben und hat bereits, anstatt zu beruhigen, aufreizend in den anderen Ländern gewirkt.[10] Entweder haben die Leute sich zu viel oder zu wenig dabei gedacht, wahrscheinlich die Einen so und die Andern so. Es ist offenkundig, daß die preußischen Minister und die preußischen Sozialdemokraten die Einheit Preußens mit aller Leidenschaft verteidigen, teils aus altem Preußengeiste, teil weil die preußische Sozialdemokratie ohne Rheinland, Westfalen und Schlesien auf ein paar Großstädte reduziert und äußerst geschwächt würde. „Ein selbständiges Oberschlesien würde eine klerikale Arbeiter-Republik bedeuten, ebenso ein selbständiges Westfalen. Das machen wir nicht mit" – so soll kürzlich der Staatskommissar für Schlesien erklärt haben.[11] Und das läßt in der Tat tief blicken. Die „Autonomie" der preußischen Provinzen kommt trotz dringender Forderungen nicht vom Fleck, die Ausarbeiter der Gesetzentwürfe dringen mit ihren Gedanken nicht durch. Und doch ist nur entweder ein Aufgehen des Reiches in Preußen oder Preußens im Reiche denkbar, wenn das Deutsche Reich lebensfähig sein soll. Hier und in der nach zwei Jahren einsetzenden neuen Gebietsgestaltung der Länder[12] lie-

---

einer Aussprache. Vgl. Berliner Tageblatt vom 8. Januar 1920 (Morgen-Ausgabe): Die Vertreter der Industrie beim Reichspräsidenten.

10 Eine Resolution über die Auflösung Preußens in einem deutschen Einheitsstaat wurde von der Preußischen Landesversammlung am 17. Dezember 1919 mit 210 Stimmen (SPD, USPD, DDP, Zentrum) gegen 32 Stimmen (DNVP und DVP) verabschiedet. Troeltsch fehlte bei der Abstimmung unentschuldigt. Vor allem von Bayern und Württemberg wurde der Vorstoß scharf abgelehnt, weil sie in einem Einheitsstaat ein Übergewicht der preußischen Interessen befürchten. Vgl. Gerhard Schulz: Zwischen Demokratie und Diktatur, Band 1 (1987), S. 244–248.

11 Preußischer Staatskommissar (seit Juni 1919 zugleich Reichskommissar) für Schlesien war von März 1919 bis Januar 1920 der SPD-Politiker Otto Hörsing (1874–1937). Das Zitat konnte nicht nachgewiesen werden.

12 Siehe oben, S. 194, Anm. 11.

gen also weitere Aufgaben von der allerhöchsten Bedeutung und größten Schwierigkeit.

Ein viertes Hauptgebiet stellen die sogenannten Kulturfragen dar. Auch hier liegt, abgesehen von allen inhaltlichen Problemen, vorerst die Hauptschwierigkeit in dem Verhältnis zwischen dem Reich und den Ländern, den Reichsfinanzen und den Länderfinanzen. Das Reich will die Grundlinien festlegen, die Länder sollen die Ausführung gestalten, wobei Interessen und Ideenrichtungen oft recht verschieden sind und die Frage der Finanzierung völlig ungeklärt ist. Doch sind diese Dinge so verwickelt, daß sie eine Darstellung für sich verlangen, und so heikel, daß sie eine gewisse Vorsicht in der Behandlung nötig machen. Von ihnen soll ein andermal die Rede sein.[13]

Über all diesen Aufgaben aber steigt dann doch immer noch wieder die einfache Frage der Existenz und Selbstbehauptung der Regierung selber auf. Es ist die allgemeine Empfindung, daß die Gefahr in dieser Hinsicht heute mehr von rechts kommt als von links. Wenn ich in dem letzten Briefe schrieb, daß Putsche von rechts der Legende angehören,[14] so kann ich das heute kaum mehr für richtig halten. Für die Absichten der Führer stimmt das sicherlich. Aber auch sie beherrschen ihre erregten und | von der Presse rücksichtslos gehetzten Massen sowie einzelne verwegene Gegenrevolutionäre nicht mehr. Die ostpreußischen Pläne sind in Wahrheit nicht zu Ende.[15] Auch bestehen allem Anschein nach – diese Nachricht stammt aus den beteiligten Kreisen selbst – Bestrebungen, die Reichswehr dem Einfluß Noskes zu entziehen und innerhalb ihrer eine Spaltung zwischen Monarchisten und Republikanern herbeizuführen, sie in die Hand der ersteren zu bringen. Das freilich wird niemals voll gelingen. Aber die Folge einer solchen Zerbrechung der Reichswehr wäre der Bürgerkrieg. Die einen Teile würden diese Orte besetzen, die andern jene. Mit der Regierung wäre es zu Ende, und das Signal für den Wiederausbruch des heute eingeschüchterten, der Geldmittel entbehrenden und von den Massen verlassenen Bolschewismus wäre gegeben. Die Folgen wären derart entsetzlich, daß die Hoffnung immer noch berechtigt ist, solche Pläne möchten an der Vernunft des Volkes und schließlich ihrer eigenen Urheber scheitern.

Solcher Hoffnung steht nun aber ein wichtiger Umstand entgegen, die Gefahr, mit der uns nach der Ratifizierung des Friedens die Auslieferungsforderungen der Feinde bedrohen.[16] Die Forderungen werden von unserer

---

13 Siehe den Spectator-Brief „Die Aufgaben der Regierung: Kulturfragen", unten, S. 303–315.
14 Siehe oben, S. 226.   15 Siehe oben, S. 220, Anm. 4.
16 Mit dem Inkrafttreten des Versailler Vertrags am 10. Januar 1920 wurde auch dessen Art. 228 wirksam, wonach die Alliierten die Auslieferung deutscher Staatsbür-

Seite mit Gewalt gegen die Geforderten schwer befriedigt werden können, oder vielmehr es würde sich gegen jeden solchen Versuch ein heftiger Widerstand von vielen Seiten her erheben. Schon hat im offiziellen Blatt der Reichswehr ein Unteroffizier die Hilfe der Reichswehr für diese Zwecke rundweg verweigern zu dürfen geglaubt,[17] und wieviel Zugführer wird es geben, die die Züge mit den Auszuliefernden nach Frankreich fahren? Schon vor einem Vierteljahr hat mir ein konservativer Staatsrechtslehrer gesagt, ich könne mich darauf verlassen, daß im Falle der ersten Auslieferung die Kugel schon ausgemacht ist, die Herrn Erzberger zur Strecke bringt.[18] Es ist ein Anlaß zu Entzweiung und Bürgerkrieg, wie er teuflischer und wirksamer gar nicht erfunden werden kann, und stürzt unser aller Seele in die furchtbarste innere Verwirrung und Zwiespältigkeit. Und wenn dann die Entente wegen Unauffindbarkeit der Auszuliefernden unsere Kriegsgefangenen zurückbehält oder die Blockade in Friedensform erneuert, wird ein Sturm der Betroffenen sich erheben, der Rettung und Erlösung durch Befriedigung der Auslieferungsforderung verlangt. Es ist der kritischeste Punkt der Zukunft, an dem das Reich immer noch zerbrechen kann. Die Entente ist von diesen Gefahren vollkommen unterrichtet, und ihre Militärs sind keine Freunde dieser Forderung. Aber die dortigen Massen bestehen darauf und die Politi-

---

ger fordern konnten, die vor alliierten Militärgerichten als Kriegsverbrecher angeklagt werden sollten. Die Reichsregierung betrachtete die Auslieferungsforderungen als undurchführbar und drängte seit November 1919 in Verhandlungen mit den Alliierten nachdrücklich auf ihre Unterlassung. Vgl. Das Kabinett Bauer (1980), S. XLVIII–LIII.

17 Troeltsch bezieht sich wahrscheinlich auf den mit „P.Z." gezeichneten Artikel „Liefern wir aus? Eine Schicksalsfrage an das deutsche Volk" in der Berliner Wacht vom 5. Januar 1920 (Nr. 73). Die Berliner Wacht war im März 1919 als Zeitung der Freiwilligen-Brigade Reinhard gegründet worden. Nach der Übernahme der Brigade Reinhard in die Reichswehr erschien die Zeitung ab Ende April 1919 als Zeitung der Reichwehr-Brigade Berlin, ab Dezember 1919 bis zu ihrer Einstellung Ende Februar 1920 als Zeitung der Reichwehr-Brigade XV und des Wehrkreises III.

18 Es handelt sich wahrscheinlich um Heinrich Triepel (1868–1946), Professor für Staatsrecht an der Berliner Universität und Mitunterzeichner des Aufrufs der deutschnationalen Hochschullehrer vom 14. Januar 1919 (siehe oben, S. 77, Anm. 8). Triepel hatte Erzberger im Frühjahr 1919 öffentlich scharf angegriffen, weil dieser im Dezember 1918 eine Eingabe der Deutschen Liga für Völkerbund unterstützt hatte, in welcher die Berufung des liberalen Pazifisten Walther Schücking (1875–1935) auf einen Lehrstuhl für Völkerrecht an der Berliner Universität gefordert und dies explizit mit der Notwendigkeit eines Korrektivs zu der annexionstischen Position Triepels begründet worden war. Vgl. Ulrich M. Gassner: Heinrich Triepel (1999), S. 94 f.

ker hoffen daraus eine neue dramatische Bekräftigung des Schulddogmas zu gewinnen, auf dem der Wahnsinn des Versailler Friedens beruht und ohne welches er vor Einsicht und Gewissen ihrer eigenen Leute nicht behauptet werden könnte. Die Reichsregierung ihrerseits kennt die Gefahr ebenso genau und versucht alles, was irgend möglich ist, um die Prozesse wenigstens vor unser eigenes Gericht zu ziehen und damit die Ehre zu wahren.[19] Die nächsten Wochen werden lehren, was an diesen neuen Sorgen ist. Jedenfalls sind die Sorgen wieder ungeheuer groß.

Berlin, 12. 1. [19]20. *Spectator*

---

19 Reichsjustizminister Eugen Schiffer (DDP) legte am 11. Dezember 1919 einen Gesetzentwurf vor, der eine Verfolgung von Kriegsverbrechen und Kriegsvergehen im Ersten Weltkrieg durch das Reichsgericht in Leipzig vorsah. Das Gesetz wurde am 13. Dezember 1919 von der Nationalversammlung einstimmig angenommen. Vgl. Das Kabinett Bauer (1980), S. 464.

Neue Eingriffe von Außen (März 1920)

Editorische Vorbemerkung: Die Edition folgt dem Text, der erschienen ist in: Kunstwart und Kulturwart, hg. von Ferdinand Avenarius, 33. Jg., zweites Viertel, Januar bis März 1920, Heft 11, erstes Märzheft 1920, München: Kunstwart-Verlag Georg D. W. Callwey, S 220–224 (**A**). Der Text erschien in der Rubrik „Vom Heute fürs Morgen" und mit der Datumsangabe 6. Februar 1920.

Neue Eingriffe von Außen

Immer neue Krisen erschüttern das in der Zeit des Waffenstillstandes und des Friedens von den Feinden gefolterte und verhöhnte Reich. Diese Hemmungen und Erschwerungen von außen her sind doch der eigentliche Grund der furchtbar schwierigen Entwicklung und Festigung der deutschen Revolution. Die beständige Fortdauer der Ernährungsnöte, die Versagung der Rohstoffe und die psychologisch teils ermüdenden, teils aufreizenden Demütigungen, die systematische Schwächung und Verhöhnung unserer Regierung: das macht es so unmöglich, Ruhe, Arbeit, Ordnung und Zukunftsglaube in der gepeinigten, verhetzten und demoralisierten Bevölkerung wieder herbeizuführen. Die Verleugnung aller Wilsonschen Versprechungen und Programme setzt die Liberalen ins Unrecht und stachelt die Nationalisten zu immer neuer Wut gegen sie und die Feinde zugleich, die eben das, Feinde, heute trotz allen Friedens noch ebenso sind wie alle die letzten Jahre. Die Agitation der Nationalisten umgekehrt reizt die äußerste Linke ihrerseits zu immer fanatischeren Ausbrüchen und gibt dieser die wirksamsten Mittel des Ansturms auf die verfassungstreue Mitte, die doch schon von sich aus in ihrer eigenen Konstruktion die trübseligsten Hindernisse hat. | Die Schwierigkeiten und Schwächen dieser Regierung der Mitte können aber durch keine Agitation und keine Wutausbrüche der Welt beseitigt werden, weil sie in der ganzen Frage, in Einsturz und Umsturz, Parteiverhältnissen und Personalmangel, schließlich in der dauernden Mißhandlung durch die Feinde ihre Gründe haben. Jede erreichte Ordnung wird auf diese Weise wieder vernichtet, jeder aufblitzende Funke der Vernunft wieder ausgelöscht. Die Regierung muß fortwährend Brände löschen und kommt nicht zum Hausbauen oder muß das letztere nebenbei und oberflächlich besorgen. Ohne es zu bemerken, daß wir die Geschäfte der Feinde besorgen und daß deren teuflische Politik indirekt gerade diese Wirren nährt, stürzen wir uns in einen Parteihader, der jeden Tag ekelerregender und gefährlicher wird. So war es, wie mir kürzlich ein gelehrter Herr aus seinen altfranzösischen Studien heraus sagte,[1] in Frankreich vor der Bartholomäusnacht.

Inzwischen haben die Unabhängigen und Kommunisten einen blutigen Putsch gegen den Reichstag versucht, der Parlament und Regierung beseitigen sollte und nur durch die bewunderungswürdigen Leistungen der geringen Sicherheitswehr abgeschlagen worden ist. Die Folge war die Verhängung des Belagerungszustandes, der nur wieder die gefährliche Situation etwas verhüllt, aber schwerlich mit der nötigen Konsequenz und Energie durchgeführt wird.[2] Auf der anderen Seite hat den „kugelrunden, aber nicht kugelsicheren" Herrn Erzberger, wie ihn eine Zeitung nannte, die für ihn bestimmte Kugel noch vor dem verheißenen Termin aus der Hand eines Nationalisten getroffen, während Herr Helfferich seine moralischen Kugeln auf diesen rätselhaften Helden der Revolution abschoß und gewiß war, in kürzester Zeit ihn zu Fall zu bringen.[3] Die Folge ist natürlich eine Festi-

---

1 Es handelt sich vermutlich um Friedrich Meinecke, der damals an der „Idee der Staatsräson" (1924) arbeitete, wo er im 1. Buch, 2. Kapitel, auch das französische Staatsdenken des 16. Jahrhunderts und die Bartholomäusnacht von 1572 behandelte; vgl. Friedrich Meinecke: Die Idee der Staatsräson in der neueren Geschichte (1957), S. 59–65.

2 Am 13. Januar 1920 eskalierte während der abschließenden Lesung des Betriebsrätegesetzes in der Nationalversammlung eine von der USPD und dem (im Dezember 1919 reaktivierten) „roten" Berliner Vollzugsrat organisierte Demonstration vor dem Reichstagsgebäude. Als einzelne Gruppen versuchten, in das Reichstagsgebäude einzudringen und dabei offenbar aus den Reihen der Demonstranten Schüsse fielen, eröffnete die Sicherheitspolizei das Feuer auf die Menge. 42 Menschen wurden getötet, 105 Menschen verletzt. Reichspräsident Friedrich Ebert verhängte, nachdem erst im Dezember 1919 der Belagerungszustand für Groß-Berlin aufgehoben worden war, noch am selben Tag auf Grundlage von Art. 48 der Weimarer Verfassung den Ausnahmezustand für das gesamte Reichsgebiet mit Ausnahme von Bayern, Sachsen, Württemberg und Baden. Vgl. Heinrich August Winkler: Von der Revolution zur Stabilisierung (1984), S. 288 f.

3 Vom 19. Januar bis 12. März 1920 fand vor dem Landgericht Berlin-Moabit der von Matthias Erzberger gegen Karl Helfferich im Gefolge ihrer öffentlichen Kontroverse im Sommer 1919 angestrengte Beleidigungsprozess statt (siehe oben, S. 150, Anm. 3). Während Helfferich die öffentliche Aufmerksamkeit für das Gerichtsverfahren zu antirepublikanischer Agitation nutzte, wurde Erzberger am 26. Januar 1920 beim Verlassen des Gerichtsgebäudes durch ein Pistolenattentat

gung Erzbergers und die größte Erbitterung zwischen dem Zentrum und der Rechten. Auf der Rechten heißt es allgemein, um die Wirkung abzuschwächen, das Attentat sei nur fingiert gewesen. Andererseits kommt die Übergründlichkeit des Helfferichschen Hasses wieder Erzberger zu gut, indem die Prozeßberichte anfangen langweilig zu werden und bloß eine starke Gewöhnlichkeit des Herrn Erzberger zu enthüllen scheinen.

Das Schlimmste aber kommt wiederum von außen, die erste Wirkung des sogenannten Friedens, während gleichzeitig die Ernährungsrationen herabgesetzt werden müssen. Es ist die neu eingetroffene Auslieferungsliste.[4] Das Ungeheuerliche ist nicht die Forderung an sich. Denn etwaige kriminelle Fälle mochten ja der Untersuchung bedürfen und hier wäre nur ein neutrales oder unser eigenes Gericht zu fordern gewesen. Außerdem war ja die Bestrafung solcher Fälle im Friedensvertrag ausgemacht. Das Ungeheuerliche ist der Inhalt: alle Heer- und Flottenführer, die Führer der Politik, Prinzen, die kaum im Feld gewesen sind, lauter Angriffe auf Ehre und Selbstachtung der Nation und lauter Zündstoff für den Kampf der nationalen und der radikalen Parteien. Man hoffte die feindlichen Regierungen davon zu überzeugen, daß das alles bisher Gewonnene wieder über den Haufen werfen könne, und gab sich auf Grund vereinzelter Preßstimmen und Zusagen der Hoffnung hin, das Schlimmste werde vermieden werden. Man machte Gegenvorschläge, bot die eigenen Gerichte an und hoffte dadurch, den schlechthin zer-

---

des entlassenen Offiziersanwärters Oltwig von Hirschfeld verletzt. In Anerkennung seiner „idealen Motive" wurde der Attentäter später lediglich zu 18 Monaten Haft verurteilt. Vgl. Klaus Epstein: Matthias Erzberger und das Dilemma der deutschen Demokratie (1976), S. 398–402. Wenige Tage vor dem Attentat schrieb die „Tägliche Rundschau" über Erzbergers Auftreten vor Gericht: „Der Kugelrunde, aber nicht Kugelfeste, der auf einem Umwege an die Verhandlungsstätte gekommen ist, hat auch das nur in Begleitung von zwei Leibwächtern gewagt." Zit. nach Tägliche Rundschau vom 20. Januar 1920 (Morgen-Ausgabe): Prozeß Erzberger gegen Helfferich.

4 Am 3. Februar 1920 übersandte der Präsident der Pariser Friedenskonferenz, der französische Ministerpräsident Alexandre Millerand, der deutschen Friedensdelegation eine Liste mit 895 Personen bzw. Personengruppen, die gemäß Art. 228 des Versailler Vertrags wegen Kriegsverbrechen bzw. Kriegsvergehen an alliierte Militärgerichte ausgeliefert werden sollten. Weil der Leiter der deutschen Friedensdelegation, Kurt von Lersner, die Annahme der Liste verweigerte, wurde sie der deutschen Seite offiziell erst am 7. Februar 1920 zugestellt. Dennoch druckten die deutschen Zeitungen bereits am 5. Februar 1920 längere Auszüge aus der Liste. Vgl. Vossische Zeitung vom 5. Februar 1920 (Morgen-Ausgabe), Die vorläufige Auslieferungsliste; Das Kabinett Bauer (1980), S. 574.

rüttenden Wirkungen vorzubeugen.⁵ Aber wie bis jetzt jede Hoffnung auf Vernunft und Billigkeit der Gegner jedesmal getrogen hat und immer das Allerschlimmste eingetreten ist, so ist es auch jetzt gegangen. Wie die Angelegenheit verlaufen und welche Folgen sie haben wird, das wird deutlicher sein, wenn diese Zeilen vor den Leser kommen. Ich will daher keinerlei Voraussagen versuchen. Ich will nur die Situation kurz bezeichnen, die damit geschaffen ist. Wir stehen wieder genau in derselben Lage, in der wir im Sommer bei der Frage der Unterzeichnung oder Nichtunterzeichnung des Gewaltfriedens standen. Die damals auf Grund innerer Verhältnisse unvermeidlich gewordene Unterzeichnung hat nur ein halbes Jahr Aufschub der wirklichen Probleme bedeutet. Die Auslieferung ist, wenn die Geforderten sich nicht | freiwillig stellen, vollkommen unmöglich. Die Generäle und Admiräle haben bereits eine freiwillige Stellung auf Grund gemeinsamer Beratung abgelehnt. Was aber dann? Wird dann Frankreich das linke Rheinufer endgültig besetzen und in eigene Verwaltung nehmen? Wird es die süddeutschen Staaten durch irgendeinen Einmarsch, an dem der „Friede" die Leute nicht hindern wird, vom Reich absprengen? Wird man die Blockade erneuern, woran wiederum der „Friede" nicht hindern wird, und die Deutschen in den Kampf ums nackte Leben hineintreiben bis zur gegenseitigen Selbstvernichtung? Will man das Reich schließlich doch noch sprengen, nachdem seine Erhaltung das Einzige gewesen ist, was Wilson durchzusetzen vermocht hatte? Ist vielleicht das der Zweck der ganzen Maßregel, die in ihren Einzelheiten überaus oberflächlich gehandhabt ist, indem Tote wie Moltke und Kessel gefordert werden oder die Namen falsch angegeben sind?⁶ Indische eingeborene Kaufleute,⁷ die hier waren, sagten, daß der

---

5 Siehe oben, S. 238, Anm. 19.
6 Die Auslieferungslisten der Alliierten gaben in den meisten Fällen nur die Nachnamen oder die (zudem oft unsicheren) Kommandobezeichnungen der Beschuldigten an, was deren korrekte Identifizierung schwierig machte. Die französische Liste führte als Nr. 63 einen „Moltke [...], Général commandant les 22ᵉ, 122ᵉ, etc., d'Inf. prussienne" auf, dem Übergriffe seiner Truppen auf die Zivilbevölkerung im Gebiet Longuyon im August 1914 zur Last gelegt wurden. Troeltsch meint den verstorbenen ehemaligen Generalstabschef Helmuth Johannes Ludwig von Moltke (1848–1916). Der Name „Kessel" ist in den Listen nicht aufgeführt, dafür als Nr. 211 der französischen Liste ein „Kessler [...], Chef de bureau à l'Administration civile de Roubaix". Diesen verwechselt Troeltsch wohl mit dem verstorbenen Generaloberst Gustav von Kessel (1846–1918). Vgl. Liste des personnes désignées par les Puissances Alliées pour être livrées par l'Allemagne en exécution des articles 228 à 230 du Traité de Versailles et du Protocole du 28 juin 1919.
7 Troeltsch gibt an verschiedenen Stellen in den Spectator-Briefen Hinweise auf

Kaiserprozeß⁸ für England um Indiens willen nötig sei, da in Indien niemand an den Sieg Englands glaube. Sollten ähnliche Prestige-Gründe gegenüber der Welt und den eigenen Völkern den feindlichen Regierungen die Auslieferungsliste ratsam gemacht haben? Soll innere Unruhe und der alles vergiftende Zwiespalt erhalten und gesteigert werden, um die gefürchtete Erhebung Deutschlands zu verhindern, und sollte die politische Angst vor dem möglichen Gegner das Interesse an der Gesundung des Schuldsklaven überwogen haben?

Man kann fragen und grübeln wie man will, das Ganze bleibt eine Ungeheuerlichkeit. Auch wer stets um Gerechtigkeit und Billigkeit bemüht war und gegen die deutschen Fehler nicht blind war, steht mit Grauen und Entsetzen vor einer derart skrupellosen Politik, der alles Menschliche völlig gleichgültig ist und die nur Rache, Vernichtung und Sicherung will, auch nachdem die deutsche Revolution alles beseitigt hat, was die angebliche moralische Entrüstung herausgefordert hatte und Furcht vor unserer Kraft und letzten Widerstandsfähigkeit hätte einflößen können. Es ist wieder einer der entsetzlichsten Momente in unserer an Qualen und Sorgen überreichen Existenz der letzten Jahre. Und sollte durch irgendein Wunder das Schlimmste in diesem Falle noch vermieden werden, so ist der „Friede" derart beschaffen, daß bei der nächsten Gelegenheit ganz die gleiche Unmöglichkeit der Erfüllung und der „Strafen" für „bösen Willen unserer Re-

---

Kontakte zu Indern, ohne diese namentlich zu spezifizieren (siehe etwa unten, S. 345, 424 und 511). Deutschland war im frühen 20. Jahrhundert neben den USA und Japan ein bevorzugtes Ziel für Studienreisen und seit 1914 ein wichtiger Exilhafen für Aktivisten der indischen Unabhängigkeitsbewegung. In Berlin-Charlottenburg gab es in den 1920er Jahren eine kleine, aber einflussreiche indische Diaspora-Gemeinde von etwa 500 Personen. Eine Gruppe indischer Revolutionäre um Virendranath Chattopadhyaya (1880–1937) bildete während des Ersten Weltkriegs in Berlin mit Unterstützung des Auswärtigen Amtes ein „Indisches Unabhängigkeitskomitee". Nach 1918 schloss sich diese Gruppe eng an Sowjetrussland an, operierte aber weiterhin vor allem von Berlin aus. Von Dezember 1919 bis Mai 1920 hielt sich auch der indische Revolutionär Manabendra Nath Roy (1887–1954) in Berlin auf, bevor er im Oktober 1920 in Taschkent (Sowjetrepublik Turkestan) die Communist Party of India (CPI) gründete. Sollte Troeltsch mit dieser Gruppe direkt oder indirekt in Kontakt gestanden haben, würde das auch seine evidente Überschätzung der Rolle der Bolschewisten in der Indischen Unabhängigkeitsbewegung erklären (siehe unten, S. 244). Vgl. Kris Manjapra: Age of Entanglement (2014), S. 53 f. und S. 88–95; Arun Coomer Bose: Indian Revolutionaries Abroad, 1905–1922 (1971), S. 91 ff. und S. 193–213.

8 Art. 227 des Versailler Vertrags sah vor, den ehemaligen deutschen Kaiser Wilhelm II. vor einem alliierten Sondergerichtshof anzuklagen.

gierung" oder für die „Schwäche gegenüber der Reaktion" eintreten kann. Wie recht haben diejenigen gehabt, welche damals die Nichtunterzeichnung verlangten! Aber die Nation hat gefehlt, die damals den Kampf aufzunehmen entschlossen gewesen wäre. Es war unmöglich, und kaum kann man sagen, daß das heute möglicher wäre. Die soziale Struktur des modernen Staates macht ihn so zusammengesetzt und ungleichartig, unterbaut ihm eine derartig mit seiner Existenz verfeindete Arbeitermasse, daß eine einheitliche und zugleich besonnene Gegenwirkung des Nationalgefühls äußerst schwierig ist. Und damit soll die Atmosphäre des Völkerbundes und die Vermeidung kommender Kriege, die neue Zeit in der Welt geschaffen werden! Gewiß empfinden auch in den feindlichen Völkern viele die Verlogenheit und Niedertracht einer solchen Politik und lassen sich durch die Behauptung nicht erschüttern, daß Deutschland im Falle des Sieges es ebenso oder noch schlimmer gemacht hätte. Aber die regierenden Schichten und ihre Politiker sind jedes Fluches würdig. Gewiß hat es auch bei uns jene Petitionen gegeben, die die Aussiedelung der belgischen oberen Klassen und ganzer polnischer Landstriche verlangten, und in der Verblendung des Sicherungs- und Herrschbedürfnisses haben höchst anständige und tüchtige Leute solche Eingaben mit unterschrieben.[9] Aber solche Dinge waren nicht bloß von vorneherein aussichtslos und sind eben nicht geschehen, sondern die Mehrheit des deutschen Volkes hätte sich mit absoluter Sicherheit solchem Wahnsinn leidenschaftlich widersetzt. Solche Torheiten der Phantasie geben kein Recht zu Taten des Ernstes, wie wir sie von den Feinden erleben. Sie sind ja in Wahrheit auch gar nicht Vergeltungen für derartige | Phantasien, sondern roheste Gewalt- und Profitpolitik, das erste für die Franzosen, das zweite für die Engländer.

Während so die Entente wider einmal in Deutschland die Existenz der Regierung in Frage stellt und die Gefahr des Bürgerkrieges heraufbeschwört, ist doch ihre eigene internationale Lage keineswegs rosig. Der Krieg ist nirgends zu Ende, und die russischen Bolschewisten sind überall im Angriff auf das verhaßte England. Im Osten arbeiten sie propagandistisch, sie erziehen sich unter den erregten Mohammedanern Apostel und Missionäre des Bolschewismus, die gegen Indien vordringen sollen, das im Inneren bereits

---

9 Gemeint sind die Denkschrift der sechs großen Wirtschaftsverbände vom 20. Mai 1915 und die zu ihrer Unterstützung von dem Berliner Theologen Reinhold Seeberg initiierte „Intellektuelleneingabe" vom 20. Juni 1915, die von rund 1350 Akademikern unterzeichnet worden war. Troeltsch hatte sich damals einer von Hans Delbrück initiierten „Gegeneingabe" angeschlossen, die allerdings nur 141 Unterzeichner gefunden hatte. Vgl. Hans-Ulrich Wehler: Deutsche Gesellschaftsgeschichte, Band 4 (2003), S. 31 f.

von den Japanern unterminiert ist[10] und zweifellos in Unruhe ist. Gegen den Westen gehen sie militärisch vor und bedrohen Polen, den „Eckstein" des ententistischen politischen Systems für Mittel- und Osteuropa. Kundige polnische Offiziere rechnen in 7–8 Wochen mit der Möglichkeit eines Einmarsches der Bolschewisten in Warschau. Militärisch sind sie mit Material sehr gut ausgerüstet, da sie das Material Denikins[11] haben und die Militärfabriken weiterarbeiten. Zugleich haben sie eine Art Arbeitsdiktatur eingeführt, die siebentägige Arbeitswoche und den zwölfstündigen Arbeitstag. Technische Führer haben sie aus der Bourgeoisie und militärische aus der alten Armee. Die Familien dieser Leute, in Konzentrationslagern zusammengepfercht, dienen mit ihren Leben als Unterpfänder für die Leistungen der Intellektuellen.[12] Radek hat bei seinem Abschied aus Berlin dringend gebeten um deutsche Techniker und Beamte.[13] Den Krieg gegen Polen führen sie mit nationalistischer Parole und jeden Krieg überhaupt in erster Linie

---

10 Troeltsch ist offenbar nur oberflächlich über die Situation in Indien informiert (siehe oben, Anm. 7). Allerdings hatte Japan zur Zeit des Russisch-Japanischen Krieges 1904/05 tatsächlich die frühe Indische Unabhängigkeitsbewegung finanziell und organisatorisch unterstützt, um Großbritannien als Verbündeten Russlands zu schwächen. Vgl. Kris Manjapra: Age of Entaglement (2014), S. 41.

11 Ende 1919 hatte die sowjetrussische Rote Armee nahe Orjol die gegenrevolutionäre Weiße Armee des Generals Anton Iwanowitsch Denikin (1872–1947) besiegt. Mit dem fluchtartigen Rückzug der Weißen Armee auf die Krim war der Russische Bürgerkrieg militärisch entschieden.

12 Während des Russischen Bürgerkriegs hatte die Sowjetregierung am 5. September 1918 im Erlass „Über den Roten Terror" angeordnet, die „Klassenfeinde" der Sowjetrepublik „in Konzentrationslagern zu isolieren". Zit. nach Bayerische Staatsbibliothek u. a. (Hg.): 100(0) Schlüsseldokumente, URL: www.1000dokumente.de/index.html?c=dokument_ru&dokument=0006_ter&l=de. Nach offiziellen Angaben der sowjetrussischen Regierung von Anfang 1920 waren 1918/19 in Russland 13 900 Personen in Konzentrationslagern, 4100 in Arbeitslagern und 36 500 in Gefängnissen inhaftiert. Vgl. Manfred Hildermeier: Geschichte der Sowjetunion 1917–1991 (1998), S. 151.

13 Karl Radek war im Dezember 1918 als Kontaktmann der sowjetrussischen Regierung zur Spartakus-Gruppe bzw. zur KPD nach Deutschland gekommen, war aber nach dem Scheitern des Berliner Januaraufstandes am 12. Februar 1919 in Berlin festgenommen worden. Erst im Dezember 1919 wurde Radek aus der Untersuchungshaft entlassen und durfte am 20. Januar 1920 nach Russland ausreisen. Während seiner Haftzeit im Zellengefängnis Lehrter Straße in Berlin-Moabit hatte Radek zahlreiche Gespräche mit deutschen Militärs, Publizisten und Wirtschaftsführern (darunter Walther Rathenau) geführt, in denen er immer wieder für eine wirtschaftlich-technische Kooperation zwischen Deutschland und Russland warb. Vgl. Wolf-Dietrich Gutjahr: „Revolution muss sein" (2012), S. 333–412. Konkret

mit psychologischen Mitteln, indem sie die gegnerischen Truppen mit Traktaten und Propaganda-Schriften zuerst bearbeiten und zum Überlaufen verleiten, ehe sie angreifen. Darin besteht die Hauptschwierigkeit für westeuropäische Truppen ihnen gegenüber, während, wie man sagt, der Nationalhaß der Polen dem gegenüber weniger empfindlich sei. Dagegen sind die polnischen Truppen ihnen gegenüber, die auf zwei Millionen geschätzt werden, numerisch unterlegen. Die Berichte aus Rußland melden trotz aller Verhandlungen mit den Engländern einen fanatischen Haß gegen England und kalte Verachtung gegen Frankreich, im übrigen unerhörte Grausamkeiten gegen alle, die sich ihnen nicht fügen. Sentimentalität und Theorien scheinen Trotzki und seine Leute nirgends zu behindern. Daraus ergeben sich wiederum völlig neue Ausblicke. Sanguinische Politiker bei uns sehen schon die Stunde kommen, wo wir zwischen einem Bündnis mit der Entente oder mit den Bolschewisten zu wählen haben werden! Begeisterte Nationale oder die Betrogenen des Versailler Friedens sehen uns schon am Rhein mit den Bolschewisten kämpfen und glauben die Verwüstung Deutschlands durch sie in den Kauf nehmen zu sollen, oder meinen, das werde so schlimm nicht werden. Echt-preußische Leute hört man die Selbstauflösung des Reiches und die Wiederherstellung des friderizianischen Preußens fordern, das allein besser dem Kampf gewachsen sei als mit dem doch einem Rheinbund verfallenen Süddeutschland. Und Leute, die glauben, daß die Weltgeschichte sich ebenso durchaus wiederhole wie sie selbst das tun, denken an 1813 und den Bund Preußens und Rußlands von damals gegen den korsischen Tyrannen, wobei sie es in den Wind schlagen, daß das damalige Rußland zaristisch war und Preußen keine Revolution, sondern eine Reform durchgemacht hatte, daß die sozialen Unterbauungen beider Staaten inzwischen sich vollkommen geändert haben. Solche Meinungen, Hoffnungen, Verzweiflungen, Rasereien wirbeln durcheinander, während freilich die großen Massen und die friedlich dahinlebende Provinz von alledem nichts ahnen und die offizielle Regierungswelt mit dem Parlamentarismus der Koalitionsparteien alle Schwierigkeiten doch noch auf normalem Wege zu besiegen glaubt oder an der „Sozialisierung" arbeitet, die anders als die russische Deutschland seine moralische Weltstellung friedlich wieder geben soll.

A 224　　Nur eines läßt sich mit Klarheit aus dieser verworrenen und gespannten Lage folgern: die Unmöglichkeit | und Überlebtheit des Parteihaders und die Notwendigkeit, die Regierung nicht bloß parlamentarisch-parteipolitisch, sondern daneben in den dazu drängenden Ämtern mit technisch

---

bezieht Troeltsch sich hier wohl auf einen Artikel Radeks in Maximilian Hardens Zeitschrift „Die Zukunft" vom 7. Februar 1920. Vgl. Karl Radek: Deutschland und Rußland (1920).

und fachlich erfahrenen Leuten auszustatten. Die bloße Dilettanten- und Kleinleute-Regierung ist in solcher Lage unmöglich, zumal sich Genies aus den neuen Leuten bei uns nirgends entwickelt haben, wie etwa Lloyd George oder Trotzki solche sind oder zu sein scheinen. Der freie Aufstieg der Tüchtigen hat noch kein Genie gebracht. An sich könnte ein ehemaliger Klavierstimmer das Reichsernährungsamt schon leiten, wenn er ein Genie wäre. Wenn er aber nur ein braver und fleißiger Mann aus der Gewerkschaftskarriere ist, dann kann er es eben nicht.[14] Und so geht es durch zahlreiche Ämter durch; das wichtigste von ihnen, das Auswärtige, liegt ohnedem heute im Dunkel. Aber wenn die Parteien sich nicht sammeln, wenn insbesondere die bürgerliche Intelligenz sich selbst zerfleischt und im Kampf um die Kriegsschuld wie in der ablehnenden Haltung zu dem doch einmal mächtig vorhandenen Sozialismus aufreibt, dann ist auch keine Erneuerung und Erweiterung der Regierung möglich. In England hat man in der Not des Krieges ein überparteiliches Kabinett geschaffen und schaffen können, weil die Parteien selbst die Notwendigkeit anerkannten. Wir sind in noch viel schwererer Not. Aber etwas derartiges scheint bei uns unmöglich zu sein. Oder, wenn es geschieht, wird es, wie alles bei uns, zu spät geschehen. Es fehlt eine hinreichend starke Partei der bürgerlichen *Intelligenz*, die nicht die Revolution rückgängig machen, sondern auf ihrer Grundlage positiv bauen will und kann. Wäre sie vorhanden, sie würde den Sozialismus, der ihrer bedarf, in vernünftige Bahnen lenken können.

Berlin, 6. Februar 1920 *Spectator*

---

[14] Reichsernährungsminister Robert Schmidt (SPD) war gelernter Klavierbauer und über die Gewerkschaftsbewegung aufgestiegen. Als Mitglied des Reichstags seit 1893 (mit Unterbrechungen) war er aber zugleich auch der dienstälteste Parlamentarier im Kabinett Bauer.

Kritik am System (April 1920)

Editorische Vorbemerkung: Die Edition folgt dem Text, der erschienen ist in: Kunstwart und Kulturwart, hg. von Ferdinand Avenarius, 33. Jg., zweite Hälfte, April bis September 1920, Heft 13, erstes Aprilheft 1920, München: Kunstwart-Verlag Georg D. W. Callwey, S. 31–35 (**A**). Zuvor war das zweite Märzheft des „Kunstwarts" ohne Spectator-Brief erschienen. Der Text erschien in der Rubrik „Vom Heute fürs Morgen" und mit der Datumsangabe 29. Februar 1920. Der Text war noch vor dem Kapp-Putsch vom 13. März 1920 entstanden und deshalb zum Zeitpunkt seiner Veröffentlichung in Teilen bereits überholt.

Der Text eröffnete eine insgesamt dreiteilige Unterserie der Spectator-Briefe mit dem Titel „Kritik am System", die Troeltsch wohl ursprünglich in direkter Abfolge hatte veröffentlichen wollen. Aufgrund der dramatischen Ereignisse während und nach dem Kapp-Putsch wurde die Unterserie jedoch nach der ersten Folge unterbrochen und erst drei Hefte später in den Juniheften des „Kunstwarts" fortgesetzt (siehe unten, S. 281–290 und S. 291–302).

A 31

Kritik am System

Das Wunder, auf das man vielleicht noch hoffen konnte, ist eingetreten. Die Alliierten haben auf ihre Auslieferungsforderung und auf das von ihnen selbst auszuübende Gericht verzichtet. Es ist der erste Erfolg der Reichsregierung.[1] Das Verdienst davon gebührt hauptsächlich dem Reichsjustizminister Schiffer, dem energischen Widerstand der englischen Liberalen und der Neutralen, vor allem aber wohl der das letzte Mal geschilderten Weltlage. Durch den Erfolg ist die Reichsregierung unverkennbar vorläufig gefestigt, wenn ihr auch aus der Durchführung ihres Vorschlages noch manche

---

1 Am 13. Februar 1920 erklärte der britische Premierminister David Lloyd George, dass die Alliierten von ihren Auslieferungsforderungen vorerst absehen und zunächst die Durchführung von Probeprozessen vor dem Leipziger Reichsgericht abwarten würden. Dies konnte als Erfolg für das von Reichsjustizminister Eugen Schiffer (DDP) im Dezember 1919 vorgelegte Gesetz zur Verfolgung von Kriegsverbrechen (siehe oben, S. 238, Anm. 19) gelten. Vgl. Das Kabinett Bauer (1980), S. LII.

Schwierigkeiten erwachsen dürften. Aber so günstig die Tatsache im allgemeinen auch für die Festigung von Ordnung und Regierung ist, so wenig wird dadurch die immer weiter um sich greifende Kritik an dem parlamentarischen System der heutigen deutschen Republik gehemmt. Man vergißt nur allzuleicht, daß es ein Revolutionsparlament ist und vor allem die entsetzlich schwierige Aufgabe der Beendigung und Klärung der Revolution hatte, daß seine aus dieser Lage entspringenden | Unvollkommenheiten der Preis sind, den wir für die Vermeidung des Bolschewismus zahlen mußten. Je mehr nun aber das Parlament Daueraufgaben einer normalen Staatsordnung zu lösen hat und je mehr man sich es in eine unabsehbare Zukunft als Institution verlängert denken muß, um so mehr tritt sein momentaner Charakter zurück und erscheint es als dauernde Staatsordnung, die man an der Leistungsfähigkeit für eine geordnete Staatsverwaltung und eine weitblickende Politik zu messen ein Recht hat. Derer gar nicht zu denken, die Angst und Sorge vergessen haben, aus der heraus sie einst die Nationalversammlung verlangt und als Erlösung begrüßt haben; sie denken mit Hilfe der so erworbenen Ordnung einfach das alte Leben wieder herzustellen und die Leute, deren Arbeit sie Rettung und Leben vor allem verdanken, möglichst schnell zum Teufel zu jagen. Die letztern hat es freilich in allen Revolutionen gegeben und ihre Restaurationsversuche haben sich niemals dauernd durchgesetzt. Es bleibt schon dabei, daß das deutsche Volk oder die deutschen Stämme, wenn man lieber will, in eine grundsätzliche neue Periode ihres Lebens trotz aller möglichen Restaurationen eingetreten sind.

Aber dieses letztere beweist nun freilich nichts für das gegenwärtige Revolutionsparlament und seinen Parlamentarismus. Die Kritik wächst allenthalben, und auch bei denen, welche sich der Notwendigkeit gründlicher Veränderungen keineswegs entziehen. Man denkt in der Tat mit einem gewissen Schrecken an die unabsehbare Dauer dieser politischen Einrichtungen und Verfahrensweisen und findet sie unmöglich. Auch innerhalb der Reichsregierung selbst findet diese Kritik statt, wenn man Verbesserungen des bisher angewendeten Proportionalwahlverfahrens erwägt, das im Grunde die kleinen Angestellten der Politik und der Vereinsmeierei wesentlich in die Parlamente beruft, oder wenn man die Art der Wahl des Präsidenten neu durchprüft, um den Gefahren und Aufregungen allgemeiner Volkswahlen zu begegnen.[2] Von der rein parteimäßigen, dogmatischen Kritik der äußers-

---

[2] Am 27. Februar 1920 beriet das Reichskabinett die Entwürfe des Reichsinnenministeriums für das Reichswahlgesetz und für das Gesetz über die Wahl des Reichspräsidenten. Trotz vereinzelter Bedenken, wurden in den Gesetzen aber keine relevanten Änderungen an den in der Weimarer Verfassung festgelegten Wahlverfahren vorgenommen; vgl. Das Kabinett Bauer (1980), S. 618.

ten Linken und Rechten kann dabei ganz abgesehen werden. Die Punkte, auf welche sich die Kritik bezieht, bedeuten auch nicht einzelne, verbesserbare Mängel und Kinderkrankheiten des Parlamentarismus, wie man sich gerne in manchen Kreisen tröstet. Sie betreffen in Wahrheit das System selbst.

Es handelt sich dabei um folgende Dinge.

Erstlich sind es die *Personen* der gegenwärtigen Machthaber, und zwar nicht als zufällig gerade diese Personen, sondern als charakteristisch für das System, das eine wirkliche Führerauslese nicht gestattet, vor allem nicht die Leute mit Geschäftserfahrung, Weitblick und sachlichen Fähigkeiten an die Spitze bringt, sondern Führer der Parteien der kleinen Leute mit rein innerpolitischem Horizont, mit der beständigen Gebundenheit an die Fraktionen und mit einer stets nur von unten nach oben gerichteten Lebenskenntnis. Es herrschen die Fraktionen und nicht die Minister, wie auch die Fraktionen die Beamtenposten verteilen und nicht die Minister sich die Gehilfen wählen; und die von den Fraktionen bestellten Minister sind die in der Parteiarbeit bewährten Beamten, denen damit ohne weiteres die Eignung für Geschäfte zuerkannt wird, die bisher nur erfahrene Weltmänner und geschulte Beamte und Geschäftsleute mit Erfolg verwalten konnten und die auch in anderen Ländern nur mit solchen Männern besetzt werden. Man darf nun aber nicht übersehen, daß dies ganz wesentlich nur von der sozialdemokratischen Fraktion gilt, die allerdings bei der Lage der Dinge und der ihr allein zukommenden Fähigkeit, die Arbeitermassen zu beruhigen, die herrschende ist. Beim Zentrum gilt das nur, soweit bei ihm ähnlich die Arbeiterinteressen befriedigt werden mußten. Bei den Demokraten ist davon überhaupt keine Rede; aber sie geben dafür auch dem Kabinett kein entscheidendes Gepräge; auch haben ihre Minister sozialdemokratische Unterstaatssekretäre, die, wie der Kultuspolitiker des Reichsamtes des Innern, Heinrich Schulz, ein früherer Mädchenschullehrer, dem wirklichen Gang der Dinge die entscheidende Richtung geben.³ Die eigentlichen Träger der Regierung sind also in Wahrheit die Sozialdemo|kraten, wie bei der ganzen durch die Revolution geschaffenen Sachlage vorerst selbstverständlich ist. Die Revolution ist das Werk der Handarbeiter, die bei dem Einsturz des Staates den Aufbau und den Umsturz ganz wesentlich nur von ihren Klassengesichtspunkten, -Hoffnungen und -Bedürfnissen aus besorg-

---

3 Heinrich Schulz (SPD), seit Juli 1919 Leiter der Kulturabteilung im Reichsinnenministerium, galt als treibende Kraft bei der Einführung der von Troeltsch vehement abgelehnten Einheitsschule (vgl. oben, S. 223, Anm. 9). Als Lehrer hatte Schulz allerdings nur für ca. ein Jahr 1892/93 an einer Elementarschule in Bremen gearbeitet, siehe Biogramme.

ten und noch besorgen, soweit die Verhältnisse nicht stärker sind als sie und soweit sie nicht dem Widerspruch anderer geschlossener, großer Massenorganisationen begegnen. Die sozialdemokratischen Minister wiederum unterscheiden sich in solche, die aus der Gewerkschaftsleitung hervorgegangen sind, die die psychologischen Voraussetzungen des Herrschens, wenn auch freilich in der Beschränkung auf die Behandlung von Arbeitermassen und auf die wirtschaftlichen Lebensbedingungen der kleinen Leute recht wohl verstehen und handhaben, und in solche, die aus der sozialdemokratischen Journalistik und Parlamentarier-Laufbahn hervorgegangen sind, die also sozusagen die Sprechminister und geistigen Vertreter der neuen Ordnung sind. Auch diese Teilung ist eine natürliche Folge des Systems, solange die sozialistische Partei regiert, deren Aristokratie sich eben aus diesen Bestandteilen zusammensetzt. Die ersteren haben sehr erhebliche Verdienste um die Wiedergewinnung geordneter Verhältnisse. Herr Ebert und Herr Bauer sind Männer, deren Leistungen in dieser Richtung, deren nüchterne Einsicht und taktische Gewandtheit alle Anerkennung verdienen. Von Noske insbesondere braucht gar nicht noch einmal die Rede zu sein. Doch darf vielleicht der kleine Zug Beachtung finden, daß neulich die Gattin eines der gegenwärtigen Machthaber auf eine Bemerkung dieser Art erwiderte: „Das Traurige ist, daß wir mit unseren Maßnahmen immer fast zu spät kommen; aber man hat doch seine Grundsätze, über die man nicht einfach hinweg kann." Das beleuchtet scharf die psychologischen Hemmungen, denen dieses Regiment immer noch unterliegt. Die geistigen Dekorationsstücke des sozialdemokratischen Regiments dagegen haben weder Wirkung und Einfluß noch irgend eine erhebliche Leistung aufzuweisen. Sie haben in Wahrheit überhaupt keine Ideen, die lebendig mit den Dingen zu verkehren und zu schaffen vermöchten, nur die ganz abstrakten Ladenhüter des unvermeidlichen Menschheitsfortschrittes. Auch hier beleuchtet eine Anekdote die Verhältnisse klarer als jede Erörterung. Hingewiesen auf die geradezu Ekel erregende Verworrenheit und Schwäche der gegenwärtigen Gewaltenbildung und Lebensordnung, erwiderte einer dieser Männer: auf diese Gegenwart dürfe man gar nicht sehen, man müsse an die Zeit in tausend oder fünftausend Jahren denken, wo diese Übergangsleiden und Unvollkommenheiten vergessen sein würden und eine sozialistisch geeinigte Menschheit blühen werde; der Fortschritt erfolge nach Naturgesetzen und sei unaufhaltsam. Hier sieht man wiederum tief in die Schwächen der Marxistischen Dogmatik hinein, die dadurch nicht stärker wird, daß sie, wie das heute bei den geistigen Sozialisten die Regel ist, moralistisch mit den Ideen des achtzehnten Jahrhunderts verbrämt wird.

Noch tiefer aber dringt man in den symptomatischen Charakter der Personalverhältnisse der gegenwärtigen Regierung ein, wenn man die Beziehungen der beiden herrschenden Parteien, der Sozialdemokratie und des Zentrums, erwägt. Ohne die Zusammenwirkung dieser beiden, allein über ihre Massen ideologisch und organisatorisch sicher verfügenden Parteien, gibt es heute überhaupt keine Ordnung und keine Regierung. Es ist unleugbar ein Verdienst des Zentrums, daß es sich der neuen Regierung angenommen hat und seine verhältnismäßig sehr gesunden, an Jahrtausenden bewährten sozialen Kräfte und Ideen in den Neubildungsprozeß hineinwarf. Aber die beiden Parteien sind doch durch die tiefste Kluft innerlich getrennt. Ihre Überbrückung ist daher nur durch besondere persönliche Verhältnisse und Beziehungen möglich. Glückliche Eigenschaften und zufällige Beziehungen der Person müssen leisten, was der innere Zusammenhang der Sache nicht leisten kann. Von da aus löst sich, wie ich glaube, das Rätsel der bisherigen Herrscherstellung des Herrn *Erzberger*. Er ist die Person, *die das | konnte* und die eben dadurch die inneren Schwierigkeiten einer Koalition dieser beiden Hauptparteien durch den sehr persönlichen Charakter seiner Stellung ausglich. Er ist scharfer Demokrat und Vertreter der kleinen Leute und lebt im Horizont der kleinen Leute. Vor allem aber ist er scharf antikapitalistisch, wie seine Steuergesetzgebung zeigt,[4] und harmoniert nach dieser Seite hin völlig mit den Sozialdemokraten. Er ist der große Töter des Kapitalismus, den man braucht und dessen parlamentarische Macht ihm ermöglichte, in das Finanzministerium mit diesen Plänen einzuziehen. Andererseits aber ist er strenger Katholik ohne jeden geistigen und kulturellen Zusatz, der die Forderungen des geistlichen Rechtes in Reich und Schule streng formell-politisch vertritt und den Sozialdemokraten die entsprechenden Zugeständnisse abzuringen versteht. So ist er den Sozialdemokraten der Garant der demokratisch-sozialistischen Zuverlässigkeit des Zentrums und dem Zentrum der der konfessionellen Zugeständnisse von Seiten der Sozialdemokraten. Beides kann nicht so leicht ein anderer leisten, wozu dann die ganze Vitalität, parlamentarische Erfahrung und Schlauheit, die Geschäftigkeit und nie versagende Zuversichtlichkeit, das berühmte Erzbergersche Büro[5] und seine tausendfachen Beziehungen hinzukommen. Daß dieser Kapitalis-

---

4 Die von Matthias Erzberger als Reichsfinanzminister 1919/20 im Zuge der Einrichtung der Finanzhoheit des Reiches über die Einzelstaaten durchgeführte Finanzreform beinhaltete neben dem Aufbau einer reichseinheitlichen Steuerverwaltung u. a. die Neueinführung der Erbschaftssteuer, der Grunderwerbssteuer sowie die Einführung einer reichseinheitlichen Einkommenssteuer. Hinzu kam als einmalige Vermögensabgabe das besonders umstrittene „Reichsnotopfer" (siehe oben, S. 149, Anm. 2). Vgl. Klaus Epstein: Matthias Erzberger und das Dilemma der deutschen Demokratie (1976), S. 381–391.
5 Siehe oben, S. 138, Anm. 10.

tentöter selbst mit allen Wassern des Kapitalismus gewaschen ist und daß dieser treue Katholik ethisch nicht gerade sehr imponiert, daß sein diplomatischer Dilettantismus viel geschadet hat, das nahm man dabei in den Kauf oder wußte man nicht. Wenn der Prozeß gegen Erzberger, an dem offenbar planmäßig Tausende mit Helfferich zusammenarbeiten und der erst nur ein Glied in dem Feldzug der Deutsch-Nationalen gegen die persönliche Seite der Regierung ist, zu seinem Sturze führt,[6] dann entsteht daraus notwendig eine schwere Regierungskrisis, denn eine Person, die diesen Schlüsselpunkt der Vereinigung zwischen Sozialdemokraten und Zentrum so erfolgreich zu besetzen vermöchte, ist nicht so leicht zu finden. Insofern ist die Person Erzbergers eng verbunden mit dem System und ist die leidenschaftliche Kritik gegen Erzberger tatsächlich ein Kampf gegen den Schlüsselpunkt des Systems. Diese Lösung des Rätsels ist mir neulich von der allersachkundigsten Seite ausdrücklich bestätigt worden. Darin liegt dann aber für diejenigen, die Herrn Erzberger auch ihrerseits für einen Mann des Unheils halten, doch eine sehr ernste Verwickelung der Sachlage, von der aus die Erzberger-Hetze – ganz abgesehen von den der Preßbeeinflussung der Entente abgesehenen Mitteln – als ernste Bedrohung der Regierungsmöglichkeiten[a] erscheint und nur dem Freunde der völligen Zerrüttung aller Verhältnisse reine Freude bereiten kann. Nur wenn man einer siegreichen Gegenrevolution sicher ist, hat die fieberhafte Arbeit an dem Sturze Erzbergers einen Sinn.

Die Erzberger-Aktion ist also insofern, wie alle gegenwärtigen Personenfragen, keine bloße Personenfrage, sondern eine Frage des Systems. Und daß diese Symptome die Kritik am System nur zu steigern geeignet sind,

---

a *A:* Regierungsunmöglichkeiten

6 In der Pressekampagne während des Helfferich-Prozesses Anfang 1920 (siehe oben, S. 240, Anm. 3) wurden gegen Erzberger wiederholt auch Korruptionsvorwürfe erhoben. Als die „Hamburger Nachrichten" am 22. Februar 1920 eine Steuererklärung Erzbergers veröffentlichten, die auf den ersten Blick den Verdacht der Steuerhinterziehung nahelegte, ließ sich Erzberger zwei Tage später von seinen Amtsgeschäften vorläufig entbinden. Am 12. März 1920 trat er als Reichsfinanzminister zurück, nachdem am selben Tag die Richter in ihrer Urteilsverkündung im Helfferich-Prozeß die gegen Erzberger erhobenen Vorwürfe des Meineides und der persönlichen Vorteilsnahme in zwei bzw. sieben Fällen für zutreffend befunden hatten. In einer späteren Untersuchung wurde Erzberger von allen Vorwürfen entlastet. Vgl. Heinrich August Winkler: Weimar 1918–1933 (1993), S. 117 f. Troeltschs Fehlleistung, den von Erzberger gegen Karl Helfferich angestrengten Beleidigungsprozeß als „Prozeß gegen Erzberger" zu bezeichnen, ist symptomatisch für die zeitgenössische öffentliche Wahrnehmung jenes Prozesses.

das ist selbstverständlich. Das Regieren der Fraktionen an Stelle der Minister, die ausschließlich parlamentarische Besetzung auch der sachlich und technisch wichtigen Regierungsposten, die Verengung der Auslese auf die kleinen Leute oder doch wenigstens deren Erwählte und Interessenvertreter: alles das ist ein auf die Dauer unmöglicher Zustand. So wird die Kritik an den Personen mit innerer Notwendigkeit zu einem Zustande, der dem Frankreichs in der Dreyfusaffäre gleicht und eben dadurch zu einer immer bitterer werdenden Kritik des Systems, das nur der Liquidierung der Revolution dienen konnte, das aber auf die Dauer den wirklichen positiven Wiederaufbau unmöglich macht. Wie freilich dem ein Ende bereitet werden kann, ob durch die eigene Einsicht der regierenden Parteien und vor allem der sozialdemokratischen Massen, oder durch eine Diktatur oder durch neue, den Klassensozialismus auswirkende und dadurch ad absurdum führende Katastrophen, das ist sehr schwer zu sagen. Das Spiel mit dem Feuer, das die letztere Meinung bedeutet und das eine Lieblingsidee der Konservativen ist,

A 35 ist von allen Mitteln das kurzsichtigste und gefährlichste. | Aber es liegt den Instinkten, die an den starken Mann appellieren und mit der Feigheit der Massen rechnen. Was dann hinterher kommen soll, das erst ist das eigentliche Problem. Außerdem vergesse man nicht, daß wir wieder ansteigende Hungersnot haben.

Aber derartigen Erwägungen will ich hier nicht wieder weiter nachgehen. Ich hebe nur hervor, daß die Personenkritik im letzten Grunde Sachkritik ist und nur als solche auch den zum Teil sehr wackeren und tüchtigen Personen kein Unrecht tut. Die rein persönliche Behandlung entfacht natürlich leichter die Leidenschaften, wie alle Personenhetze die ganzen letzten Jahre hindurch, und darum wird die Kritik in dieser Hinsicht so gerne zur Personenhetze. Wir werden darin immer neue Beispiele erleben. Für den kühlen und ruhigen, auch moralisch gewissenhaften Beobachter dagegen treten darin die Probleme des Systems hervor, die auf die Dauer auch die Personenfragen überwiegen und zurückdrängen werden. Das zeigt sich schon jetzt, wenn wir uns zu den anderen Punkten der Kritik wenden, zu den Forderungen der Ergänzung des parlamentarischen Systems durch eine Kammer der Arbeit und zu dem allmählich eintretenden Überdruß am Parteiwesen.

Von diesen Dingen soll das nächste Mal die Rede sein.[7]

Berlin, 29. Febr[uar] 1920 *Spectator.*

---

7 Siehe dazu die Editorische Vorbemerkung oben, S. 248.

Der Putsch der Prätorianer und Junker (April 1920)

Editorische Vorbemerkung: Die Edition folgt dem Text, der erschienen ist in: Kunstwart und Kulturwart, hg. von Ferdinand Avenarius, 33. Jg., zweite Hälfte, April bis September 1920, Heft 14, zweites Aprilheft 1920, München: Kunstwart-Verlag Georg D. W. Callwey, S. 82–85 (**A**). Der Text erschien in der Rubrik „Vom Heute fürs Morgen" und mit der Datumsangabe 23. März 1920.

Der Putsch der Prätorianer und Junker

In den letzten Briefen habe ich begonnen, die stets wachsende Kritik an der Regierung des Revolutionsparlamentes zu schildern, die durch den Erzberger-Prozeß zur Siedehitze gebracht wurde. Auch habe ich in allen früheren Briefen auf die stets wachsende Gefahr der Gegenrevolution hingewiesen.[1] Sie ist inzwischen als Staatsstreich der Prätorianer, Junker und Alldeutschen ausgebrochen und rasch zusammengebrochen, hat aber Milliarden an Volksvermögen gekostet und fast alles bisher Erreichte wieder in Frage gestellt.[2]

Zunächst wieder ein paar Anekdoten, die den Luftdruck des heranziehenden Gewitters veranschaulichen mögen. Eine befreundete adlige Dame

---

1 Siehe oben, S. 236.
2 Am Morgen des 13. März 1920 hatte der kurz zuvor abgesetzte Kommandeur des Reichswehr-Gruppenkommandos I, General Walther von Lüttwitz, gestützt auf die Freikorps-Truppen der Marine-Brigade Ehrhardt die militärische Gewalt in Berlin an sich gerissen und in Umsetzung rechtsnationalistischer Staatsstreichpläne den ostpreußischen Generallandschaftsdirektor Wolfgang Kapp, einen ehemals führenden Politiker der Vaterlandspartei, zum Reichskanzler und preußischen Ministerpräsidenten ernannt. Die Reichsregierung und Reichspräsident Ebert konnten nach Dresden, später nach Stuttgart, entkommen. Der Kapp-Putsch scheiterte nach fünf Tagen am 18. März 1920 an einem von der Reichsregierung und den Gewerkschaften ausgerufenen Generalstreik und an der Loyalität der Ministerialverwaltung zur verfassungsmäßigen Regierung. Vgl. Johannes Erger: Kapp-Lüttwitz-Putsch (1967).

erzählte mir aus ihren Verwandtenkreisen,³ daß eine ganz ernsthafte Verschwörung bestehe, freilich auch, daß ein hoher Reichswehroffizier die Aussichten bei der Reichswehr als nicht groß bezeichnete. Natürlich habe ich die Sache der Reichsregierung gemeldet, und ich habe dabei von einem ihrer Mitglieder⁴ eine sehr wenig erfreuliche Schilderung von den Zuständen in der Reichswehr erhalten. Man wisse, daß Verschwörungen bestehen, glaube aber nicht, daß die Mannschaften mittun. Noske sei der direkte Verkehr mit den Truppen außerordentlich erschwert durch die Offiziere, die ihn stets umgeben; auch sei die Stellung der verfassungstreuen Generale eine schwierige; sie würden im Offizierskorps mißtrauisch behandelt. Kurz darauf besuchte mich ein ostpreußischer Baron, der mir erzählte, daß er von seinen Standesgenossen wegen seiner Regierungstreue völlig geschnitten und stets nur mit überlegenem Lächeln als Opfer törichter, moderner, „westlicher" Theorien behandelt werde. Die Herren sprächen in der Terminologie der Slavophilen, die sozusagen ins Deutsche oder besser ins Preußische übersetzt wird.⁵ Wieder etwas später spreche ich einen Kaufmann, der über die völlige Zurückhaltung aller Lebensmittel aus Preußen und Pommern klagt und sich die Sache damit erklärt: die Herren bereiten einen Putsch durch Hungerstimmung vor und wollen dann ihre Herrschaft durch Öffnung der Lebensmittelsperre mit einer Erlösung von der Hungersnot befestigen. Ganz zuletzt traf ich in einer Gesellschaft einen meist sehr gut unterrichteten Groß-Industriellen,⁶ der mir mit tiefem Bedauern die Theorie der Gegenrevolution vortrug. Sie rechnen mit der Massenpsychologie als

---

3 Es handelt sich sehr wahrscheinlich um die Schriftstellerin Gertrud von le Fort (1876–1971), eine ehemalige Studentin und enge Brieffreundin Troeltschs, deren Bruder, Stephan von le Fort, sich während des Kapp-Putsches an den Unternehmungen der Putschisten in Mecklenburg beteiligte. Siehe dazu unten, S. 265, Anm. 1.

4 Es handelt sich wahrscheinlich um den Reichsjustizminister Eugen Schiffer (DDP), mit dem Troeltsch als Teilnehmer sowohl des Mittwochabend-Kreises als auch des Dahlemer Spaziergangs in Kontakt stand. Vgl. Friedrich Meinecke: Autobiographische Schriften (1969), S. 237 und S. 242 f. Troeltschs Schilderung der Ereignisse während des Kapp-Putsches folgt insgesamt stark der Perspektive Schiffers, dessen zentrale Rolle bei der Beendigung des Putsches er demonstrativ preisend hervorhebt. Siehe unten, S. 260.

5 Anspielung auf die russische Bewegung der Slawophilen im 19. Jahrhundert, die gegen die „Verwestlichung" der russischen Kultur eine geistig-kulturelle Rückorientierung auf das „ursprünglich Russische" propagierte. Vgl. Nicholas V. Riasanovsky: Russland und der Westen (1954).

6 Möglicherweise handelt es sich um Walther Rathenau. Zu Troeltschs Freundschaft mit Rathenau siehe unten, S. 563 und ebd., Anm. 14.

einer Psychologie der Feigheit, die an entschlossenem Machtgebrauch, an dem Erschießen aller Streiker und der Verhaftung aller Regierungsfreunde sofort zusammenbrechen werde und nur einiger Maschinengewehre dazu bedürfe. Ich befragte einen gleichfalls anwesenden, ehemaligen sozialistischen Staatssekretär,[7] den ich als sehr klug und sachkundig kenne, über die mutmaßliche Richtigkeit dieser Berechnung. Er meinte, daß sie für den ersten Anlauf wohl stimmen könne, daß aber dann Generalstreik und Sabotage alle Regierung unmöglich machen werde; man müsse in letzter Linie mit einem absoluten Widerwillen der Massen gegen das alte Regiment rechnen, und Verbesserung der Preise und der Ernährungslage könne eine Gegenrevolution auch nicht bringen. Sie sei also als dauernder Sieg aussichtslos und bedeute nur grenzenlose Zerstörung. Schließlich darf ich als auffallend bezeichnen die offenkundige Besserung der Stimmung in den alldeutschen Kreisen. Die Leute wurden herausfordernd; auf Antisemitismus und Erzberger-Prozeß gestützt, mehrten sie | die Angriffe auf die Regierung. Bei einer Beratung über das Volksschullehrerproblem erklärte einer der bekanntesten Alldeutschen, die Sache sei gegenstandslos, da die gegenwärtigen Verhältnisse in Bälde beseitigt sein würden. Diese paar Erlebnisse genügten, um klar zu machen, daß etwas in der Luft war. Hinterher hört man auch, daß der ganze Plan bereits Noske verraten worden war, daß aber dieser daran nicht glauben wollte, da Lüttwitz kurz zuvor sein Ehrenwort gegeben hatte, daß an allen Gerüchten nichts Wahres sei.[8] Auch zeigen sich jetzt allerhand Spuren der Vorbereitung, geheime Zirkulare des Landbundes und ähnliches.[9] Der eigentliche Losbruch war sehr weithin organisiert, er sollte erst später stattfinden und das ganze Reich umfassen. Die vermeintliche

A 83

---

7 Es handelt sich wahrscheinlich um August Müller (SPD), von November 1918 bis Februar 1919 Staatssekretär im Reichswirtschaftsamt, den Troeltsch aus der Deutschen Gesellschaft 1914 kannte.
8 Noch Ende Februar 1920 hatte Lüttwitz gegenüber dem Chef der Heeresleitung Walther Reinhardt (1872–1930) alle verfassungsfeindlichen Absichten mit Verweis auf seinen Eid abgestritten. Vgl. Johannes Erger: Kapp-Lüttwitz-Putsch (1967), S. 115. Reichswehrminister Gustav Noske (SPD) erhielt seit dem 9. März 1920 vermehrt allgemeine Warnungen über Putschabsichten des Kapp-Kreises. Am 11. März erwirkte er Haftbefehle gegen die Verschwörer, die jedoch von den Polizeibehörden nicht ausgeführt oder sogar an die Betroffenen verraten wurden. Vgl. Wolfgang Wette: Gustav Noske (1987), S. 630 ff.
9 Der Pommersche Landbund, ein Interessenverband der Großgrundbesitzer, war seit dem Sommer 1919 das Zentrum der gegenrevolutionären Aktivitäten in den preußischen Ostprovinzen gewesen. Vgl. Heinrich August Winkler: Weimar 1918–1933 (1993), S. 115.

gute Lage, die der Erzberger-Prozeß schuf, hat den verfrühten Losbruch herbeigeführt.[10]

Inzwischen ist der entsetzliche Wahnsinn, der für die innen- und außenpolitische Lage gleich verhängnisvoll war, Wirklichkeit geworden. Es war im wesentlichen ein militärischer Putsch, das Werk des Herrn von Lüttwitz, nicht der Reichswehr, deren Generäle mit wenig Ausnahmen ihrem Eide treu blieben. Vollzogen wurde er mit Hilfe der sog[enannten] Baltikum-Truppen, den wildesten und gefährlichsten Teilen der Armee, denen eine Solderhöhung um 7 M. für den Tag versprochen wurde und denen gesagt wurde, es gehe gegen die Juden und Spartakisten; sie trugen das antisemitische Hakenkreuz auf ihren Helmen.[11] Im übrigen ergaben die Vernehmungen, daß Leute und Offiziere meist nicht wußten, was geplant war. Die Berliner Bestände der Reichswehr blieben größtenteils treu, auch die Sicherheitswehr, bei der nur der Chef abfiel; aber bei der numerischen und artilleristischen Schwäche verzichtete man auf den Kampf.[12] Es war also eine richtige Prätorianer-Revolution. Die beteiligten „Staatsmänner", auf deren Hilfe

---

10 Tatsächlich gaben die Verfügung des Reichswehrministers Noske zur Auflösung der Marine-Brigade Ehrhardt vom 29. Februar 1920, die ultimative Verweigerung ihrer Ausführung durch Lüttwitz im Gespräch mit Noske und Reichspräsident Ebert am 10. März 1920 und die daraufhin erfolgte Beurlaubung von Lüttwitz den Ausschlag, den eigentlich erst für Ende März geplanten Putschversuch früher zu unternehmen. Vgl. Johannes Erger: Kapp-Lüttwitz-Putsch (1967), S. 108–126.

11 Die Reste der deutschen Freiwilligen-Verbände aus den Baltikum-Kämpfen (siehe oben, S. 189, Anm. 1) waren im Spätherbst 1919 in die Marine-Brigade Ehrhardt eingegliedert worden. Beim Einmarsch der Brigade in Berlin am 13. März 1920 trugen viele Soldaten ein weiß gemaltes Hakenkreuz auf dem Helm. Eine Tageszulage von 7 Mark sicherte die Kapp-Regierung am 13. März allen bewaffneten Formationen einschließlich Polizei und Einwohnerwehren zu. Vgl. Johannes Erger: Kapp-Lüttwitz-Putsch (1967), S. 114 und S. 156.

12 Troeltschs Schilderung beschönigt die Rolle der Reichswehr während des Kapp-Putsches. In der Nacht vom 12. zum 13. März 1920 lehnte die Reichswehrspitze um den Chef des Truppenamtes, Hans von Seeckt, das von Reichswehrminister Gustav Noske geforderte militärische Vorgehen gegen die Marine-Brigade Ehrhardt als aussichtslos ab und bezog damit im Kampf zwischen der verfassungsmäßigen Regierung und den Putschisten faktisch eine neutrale Position. Die Berliner Reichswehr trat aktiv zu den Putschisten über, ebenso die meisten anderen Reichswehrverbände in Nord- und Ostdeutschland. Nur in Südwestdeutschland stellte sich die Reichswehr weitgehend geschlossen hinter die verfassungsmäßige Regierung. Die Führung der Berliner Sicherheitspolizei unterstellte sich gleich am Morgen des 13. März 1920 den Putschisten, schwenkte unter dem Druck ihrer Mannschaften aber am 17. März 1920 wieder zur Regierung über. Vgl. Johannes Erger: Kapp-Lüttwitz-Putsch (1967), S. 177–191.

man für das Politische zählte, waren vor allem Herr Kapp, der bekannte Todfeind Bethmanns und Gründer der Vaterlandspartei, und der ehemalige Polizeipräsident v[on] Jagow. Die Herren Traub und Bredereck und ähnliche kamen dazu,[13] von namhaften Politikern machte niemand mit, wenn auch viele unterrichtet waren. Im übrigen legten die Militärs auf diese Zivilisten offenbar wenig Wert und ließen sie bei den beginnenden Schwierigkeiten ohne weiteres fallen. Auch haben diese „Staatsmänner" nicht sehr weit hinaus gedacht. Gleich nach der Verhaftung des in einer Sitzung befindlichen preußischen Staatsministeriums machte ein Beamter des Eisenbahnministeriums Herrn v[on] Jagow darauf aufmerksam, daß ohne den Eisenbahnminister der Fortgang der Eisenbahnen und der Ernährungszufuhr unmöglich sei, was man einleuchtend fand und woraufhin man dann den Eisenbahnminister befreite; dieser stellte die Bedingung der Befreiung auch der übrigen Minister, was man dann auch genehmigte![14] Oder ein anderes Beispiel! Herr Kapp wurde natürlich von der Ententepresse sofort über seine Pläne ausgefragt; als er lang hin und her redete, erklärte der Franzose, ihn interessiere nur, was für ein Kabinett er bilden werde. Herr Kapp erwiderte darauf, daß er noch keine Zeit gehabt habe, daran zu denken, aber in acht Tagen wohl eines finden werde![15] Talaat-Bey, der erfahrene Meister der Revolutionen, erklärte dazu, daß eine Revolution ohne fertiges Kabinett in der Tasche eine völlige Kinderei sei.[16] Aber das Zivil und die Zivilpsychologie war hier,

---

13 Der frühere Berliner Polizeipräsident Traugott von Jagow übernahm in der Kapp-Regierung das Amt des preußischen Innenministers. Der DNVP-Reichstagsabgeordnete Gottfried Traub war als preußischer Kultusminister vorgesehen. Der antisemitische Agitator Paul Bredereck wirkte kurzzeitig als Pressechef der Kapp-Regierung. Kapp distanzierte sich jedoch von ihm, als Journalisten ihn auf Brederecks Vorleben – er hatte sich 1913 der Strafverfolgung wegen Veruntreuung durch Flucht nach Brasilien entzogen – aufmerksam machten. Vgl. Johannes Erger: Kapp-Lüttwitz-Putsch (1967), S. 167.
14 Die Befreiung des preußischen Eisenbahnministers Rudolf Oeser (DDP) – und damit verbunden die Freilassung auch der übrigen Minister – wurde vom Unterstaatssekretär im preußischen Eisenbahnministerium, Georg Bodenstein (1860–1941), erwirkt. Vgl. Johannes Erger: Kapp-Lüttwitz-Putsch (1967), S. 169.
15 Wegen des ungeplanten Vorziehens des Putschversuchs hatte Kapp seine Vorbereitungen zur Regierungsbildung nicht mehr rechtzeitig abschließen können. Kapps einzige Pressekonferenz während des Putsches fand am 14. März 1920 statt. Vgl. Johannes Erger: Kapp-Lüttwitz-Putsch (1967), S. 229.
16 Talât Bey (eigentlich: Mehmed Talât), einer der Anführer der jungtürkischen Revolution 1908 und Großwesir des Osmanischen Reiches 1917–1918, war nach der Niederlage der Mittelmächte im Ersten Weltkrieg ins Exil nach Deutschland geflüchtet und lebte seither in Berlin.

wie im ganzen Kriege, Nebensache. Dafür trat als beherrschender Geist in der Reichskanzlei und in den folgenden Verhandlungen der Oberst Bauer hervor, der bekannte Freund und böse Geist Ludendorffs, der die Legende von dem „Dolchstoß der Heimat in den Rücken des siegreichen Heeres" geschaffen hat[17] und der nun offenbar den Dolchstoß der beleidigten Armee gegen die Heimat führen wollte. Ludendorff selbst war während der kritischen Tage in der Reichskanzlei, und als ein mutiger Unterstaatssekretär ihn als den Einzigen, der Lüttwitz zu Verstand bringen könne, darum dringend ersuchte, lehnte er es wegen mangelnder Zuständigkeit ab. Auf weitergehende Beteiligung Ludendorffs dürfen daraus Schlüsse allerdings vorerst nicht gezogen werden.[18] Auch die beiden konservativen Parteien waren als solche | nicht beteiligt. Herr Stresemann schwankte eine Zeitlang. Aber die übrigen Führer waren entsetzt über den Wahnsinn und haben ehrlich das ihrige mit dazu geholfen, Lüttwitz zum Rücktritt zu bewegen.[19]

Militärisch war der Putsch in der Nacht vom 12. auf 13. März gelungen. Die Ministerien des Reichs und Preußens hielten die ganze Nacht Sitzung. Das preußische Ministerium wurde verhaftet, die Reichsregierung floh zum größten Teile, erst nach Dresden, dann nach Stuttgart, um von dort aus die Gegenaktionen vorzubereiten, sobald die Treue des Reiches außerhalb Berlin feststand. In Berlin blieb nur der Vizekanzler Schiffer, der zunächst mit Familie verhaftet wurde, dann aber als kluger und aufrechter Mann die Erledigung der Angelegenheit erfolgreich in die Hand nahm.[20] Ihm gebührt

---

17 Siehe oben, S. 76, Anm. 6.
18 Tatsächlich gehörte Ludendorff zum engsten Führungskreis der Putschisten und stärkte Kapp noch am Nachmittag des 14. März 1920 den Rücken. Die Bitte, Lüttwitz zum Rückzug zu bewegen, wurde an Ludendorff durch den Unterstaatssekretär im preußischen Landwirtschaftsministerium, Eberhard Ramm, herangetragen. Vgl. Johannes Erger: Kapp-Lüttwitz-Putsch (1967), S. 232 und S. 251.
19 Die Parteispitzen von DNVP und DVP waren vorab in allgemeiner Form über die Umsturzpläne unterrichtet worden, hatten Lüttwitz jedoch von einem Losschlagen abgeraten. Nach Beginn des Putsches forderten beide Rechtsparteien unisono die rasche Wiederherstellung verfassungsgemäßer Zustände durch Neuwahlen, erkannten damit aber faktisch die Kapp-Regierung vorläufig an. Hinter den Kulissen versuchten DNVP- und DVP-Politiker die Bildung einer Übergangsregierung zu erreichen. Entgegen zeitgenössischer Mutmaßungen war Gustav Stresemann (DVP) wohl nicht vorab in die Umsturzpläne eingeweiht. Vgl. Maik Ohnezeit: Zwischen „schärfster Opposition" und dem „Willen zur Macht" (2011), S. 198–207; Ludwig Richter: Die Deutsche Volkspartei 1918–1933 (2002), S. 88–106.
20 Gegen die Anweisung der nach Stuttgart ausgewichenen Kabinettsmehrheit verhandelte Reichsjustizminister Eugen Schiffer (DDP) am 16. und 17. März 1920

(April 1920)

Dank und höchste Achtung aller Patrioten. Denn er hatte das schwierige Problem zu lösen, eine, wie sich bald erwies, nicht haltbare Militärherrschaft ohne Militär los zu werden. Er war auf Diplomatie notwendig angewiesen und hat sie gegen einen überaus starrköpfigen Militarismus auch siegreich durchgeführt. Daß er dann nachträglich als „Verbändler", der nicht scharf und energisch genug gewesen sei, von den grenzenlos erregten Massen beseitigt werden würde, wußte er selbst. Er hat sich mit Bewußtsein geopfert.

Woran ist der Prätorianer-Putsch gescheitert? Erstlich daran, daß das Reich und die größten Teile der Reichswehr nicht mitmachten; nur die „Junkerprovinzen" machten mit, wo sogar der sozialdemokratische Oberpräsident Winnig schwach wurde.[21] Somit blieb der Putsch also auf Berlin beschränkt, und Berlin wurde vom Verkehr abgesperrt. Der zweite Grund ist, daß die Beamtenschaft bei ihrem Eide blieb und die Unterstaatssekretäre des Reichs und Preußens unter der Führung von Haniel und Lewald sich weigerten, Befehle von einer gesetzwidrigen Stelle anzunehmen. Ersatz war keiner da, so mußte Jagow nach einem Tag aus dem Ministerium des Innern weichen. Auch gab der Unterstaatssekretär der Finanzen kein Geld her und erklärte, keinen Reichskanzler Kapp zu kennen.[22] Drittens wurde von der alten Regierung unter Unterstützung aller Koalitionsparteien der Generalstreik erklärt, der Berlin bis auf weiteres zur Hölle, aber jede Regierung zugleich unmöglich machte.[23] Zeitungen, Bahnen, Restaurants,

---

in Berlin sowohl über Mittelsmänner als auch direkt mit Vertretern der Putschisten und sagte dabei als Gegenleistung für einen Rückzug von Kapp und Lüttwitz neben raschen Neuwahlen und einer Kabinettsumbildung auch Bemühungen um eine allgemeine Amnestie zu. Vgl. Johannes Erger: Kapp-Lüttwitz-Putsch (1967), S. 259 ff.

21 Der Oberpräsident von Ostpreußen, August Winnig (SPD), unterstellte sich am 13. März 1920 der Kapp-Regierung und verhinderte mit militärischen Maßnahmen den Ausbruch des Generalstreiks in seiner Provinz. Nach dem Scheitern des Kapp-Putsches wurde Winnig deshalb von seinem Amt entbunden und aus der SPD ausgeschlossen; vgl. Rudolf Klatt: Ostpreußen unter dem Reichskommissariat 1919/20 (1958), S. 191 ff. und S. 217 ff.

22 Die Unterstaatssekretäre des Reiches verständigten sich bereits am 13. März 1920, die Reichsverwaltung ausschließlich nach den Weisungen der verfassungsmäßigen Regierung fortzuführen. Einer dementsprechenden formellen Erklärung vom 14. März schlossen sich die Unterstaatssekretäre der preußischen Ministerien am 15. März an. Der Unterstaatssekretär im Reichsfinanzministerium Franz Schroeder wies die Reichshauptkasse am 13. März an, keinen Zahlungsanweisungen der Kapp-Regierung nachzukommen. Vgl. Johannes Erger: Kapp-Lüttwitz-Putsch (1967), S. 206 ff.

23 Der Aufruf zum Generalstreik erging am 13. März 1920 im Namen des Reichsprä-

Verkehrsmittel hörten auf. Die Massen wurden schwierig, die Erregung stieg unheimlich, fieberhaft von Stunde zu Stunde. Schließlich und vor allem aber zersetzten sich die militärischen Stützen Lüttwitzens selber. Die Reichswehrgenerale machten Kapp eindringende Vorstellungen über Eid und Eidespflicht. Er wies sie zurück und erklärte, die Offiziere erschießen zu wollen im Falle der Weigerung. Sie bestanden aber auf ihrer Weigerung. Dann kam die Gefahr des Fraternisierens eines Teils der Truppen mit den Bolschewisten, von denen sie stark bearbeitet wurden.[24] Das Erschießen von Streikern wurde befohlen, aber nicht ausgeführt. Die Truppen mußten ausgewechselt werden. Ja, Lüttwitz konnte selber drohen, schlimmsten Falls mit den Bolschewisten gemeinsame Sache zu machen und Arbeiter- und Soldatenräte einzurichten, nur um den verhaßten Parlamentarismus tot zu machen. Er konnte sich nicht halten und verhandelte mit Reichsminister Schiffer, dem schließlich die konservativen Führer auch noch beistanden. Es waren entsetzlich aufregende, wechselreiche, von Lüttwitzens Trotz immer wieder abgebrochene Verhandlungen, die ganze Nächte dauerten und eine Atmosphäre unbeschreiblicher Spannungen um sich verbreiteten. Der Jubel der Begeisterung durch die eleganten konservativen und alldeutschen Kreise hatte überhaupt längst aufgehört, die schwarz-weiß-roten Schleifchen der Damen verschwanden. Kapp und Jagow entfernten sich fast unbemerkt. Es blieb nur der Kampf mit den Prätorianern. Am Mittwoch Abend war er zu Ende. Lüttwitz trat zurück, nachdem er sich angeblich die Zusage des Eintretens für Neuwahlen und Fachministerien hatte geben lassen. Er erließ einen Befehl, daß er alles erreicht habe, was er wollte, und daß die Truppen sich befriedigt zurückziehen könnten, ein Befehl, der natürlich auf die Massen unbeschreiblich aufreizend gewirkt hat, das letzte Meisterstück dieser militäri|schen Psychologie. Lüttwitz wollte durchaus eine Amnestie für sich erwirken, auch um den Preis, daß die gleiche Amnestie allen Kommunisten seit Beginn der Revolution zuteil werden solle! Die Kunde von dieser Forderung, die m[eines] W[issens] nur vorübergehend bewilligt und mit Lüttwitzens Abbruch der Verhandlungen zwischenhinein hinfällig wurde, hat weiter das ihre getan, um die Massen

A 85

---

sidenten Ebert, der sozialdemokratischen Reichsminister und der SPD. Die DDP schloss sich dem Aufruf am 14. März an, nicht jedoch die Zentrumspartei. Vgl. Johannes Erger: Kapp-Lüttwitz-Putsch (1967), S. 193–198.

24 Am 17. März 1920 kursierte in Berlin das Gerücht, die Baltikumtruppen der Marine-Brigade Ehrhardt würden zu den „Spartakisten" übergehen. Eugen Schiffer behauptete in seinen Verhandlungen mit den Kapp-Vertretern, die „Baltikumer" würden von der USPD mit erheblichen Geldmitteln bearbeitet. Vgl. Johannes Erger: Kapp-Lüttwitz-Putsch (1967), S. 253.

(April 1920)

auch gegen Schiffer und die alte Regierung rasend zu machen. Lüttwitz wollte vor seinen Truppen vor allem seine militärische Ehre retten und hat durch die Form seines Abgangs Regierung und Unterhändler unmöglich gemacht. Jede politische Rücksicht und jede Rücksicht auf das Gemeinwohl fehlte. Dafür blieb das Chaos, ganz so wie bei dem Kriege überhaupt.

So war der Spuk vertrieben. Aber welches Trümmerfeld war übrig geblieben! Die Fluten des Generalstreiks ließen sich nicht dämmen. Die Unabhängigen gewannen ein ungeheures Gewicht und forderten eine völlige Linksorientierung der Regierung. Sozialdemokratie und Unabhängige traten in Verbindung, während die letzteren von den Kommunisten sich lösten, die Russen Geld schickten und jüdisch-russische Agenten die Masse bearbeiteten. Solche Putsche konnten rein militärisch gelingen, aber das Problem war und ist, wie ich schon das letzte Mal sagte, das, was *nachher* kommt.[25] Nun begannen neue Verhandlungen, und dieses Mal zwischen den Koalitionsparteien des Zentrums und der Demokraten mit den von ihren Gewerkschaften radikalisierten und eingeschüchterten Sozialdemokraten. Die Gewerkschaften unter Führung von Legien präsentierten ein Programm, das die Bewaffnung der Arbeiter, den Rücktritt der Minister und die verschleierte Räteregierung forderte.[26] Inzwischen sollen in Warschau polnische Bolschewisten und in Riga die russischen zur Herrschaft gekommen sein.[27] Die Entente erklärte offiziell wie in Rußland, daß weder ein monarchistisches noch ein bolschewistisches Deutschland Nahrungsmittel erhalte.[28] Im Reich brach an verschiedenen Stellen die Räteregierung aus. Von vielen Orten wurden blutige Kämpfe gemeldet.[29] Wir standen wieder da, wo wir vor einem

---

25 Siehe oben, S. 236.
26 Der ADGB, die Angestelltenverbände und der Deutsche Beamtenbund beschlossen am 18. März 1920, den Generalstreik solange fortzusetzen, bis die Reichsregierung ein Neunpunkteprogramm annehmen würde, das neben Rücktrittsforderungen an einige Minister unter anderem auch die Forderung nach dem Aufbau eines von der organisierten Arbeiterschaft getragenen Sicherheitsdienstes enthielt. Außerdem reklamierten die Gewerkschaften für sich eine entscheidende Mitwirkung an der künftigen Regierung. Vgl. Heinrich August Winkler: Weimar 1918–1933 (1993), S. 127.
27 Hierbei handelte es sich um Fehlinformationen.
28 Der britische Geschäftsträger in Berlin, Lord Kilmarnock, äußerte am 19. März 1920 gegenüber Reichsjustizminister Eugen Schiffer, Deutschland könne seiner Meinung nach mit Nahrungsmittellieferungen nur rechnen, wenn die verfassungsmäßigen Zustände gegen die extremen Kräfte jeder Richtung aufrechterhalten würden. Vgl. Das Kabinett Bauer (1980), S. 737. Eine offizielle Erklärung der Entente in diesem Sinne erfolgte jedoch nicht.
29 Im rheinisch-westfälischen Industriegebiet bildeten sich ab dem 13. März 1920

Jahr gestanden haben – nur daß die Sozialdemokratie in ihrer demokratisch-parlamentarischen Haltung erschüttert und das Vertrauen auf die Reichswehr gebrochen ist. Die letztere wurde von dem vortrefflichen Seekt übernommen, von dem Lüttwitz erklärte, daß er wegen seiner Regierungstreue das Vertrauen der Offiziere nicht besitze![30] Gott sei Dank, scheint das Bluff gewesen zu sein, wie denn Bauer und Lüttwitz mit den Mitteln ungeheuerlichster Lügen gearbeitet haben, ganz wie im Kriege. Die Verhandlungen mit den Gewerkschaften haben andererseits zur Aufrechterhaltung der Koalitionsregierung und erheblichen Zugeständnissen an die Unabhängigen geführt. Deren weitere Folgen müssen abgewartet werden. Die militärische Lage draußen im Reich gegenüber den Kommunisten scheint sich langsam zu bessern, ebenso die der Eisenbahnen. Vielleicht kommen wir um den Bürgerkrieg herum. Der Eindruck im Ausland ist günstig, vielleicht der einzige Gewinn aus dem Unglück. Der Markkurs steigt. Das deutsche Volk will die Reaktion nicht und hat die Feuerprobe bestanden. Vielleicht mußte das einmal sein und hoffentlich ist es das letzte Mal. Aber um welchen Preis? Das wird man erst viel später sehen können. Noch herrscht das größte Wirrsal und bezüglich des Generalstreiks gibt es nur die Hoffnung auf seinen Zusammenbruch in sich selbst, wenn nicht noch ganz unerwartete Feuer aus ihm hervorbrechen.[31]

Berlin, 23. März [1920] *Spectator*

---

vielerorts „Vollzugsräte" und Arbeiterwehren und entmachteten die zu den Putschisten neigenden Kommandos von Reichswehr und Sicherheitspolizei. In den Kämpfen mit den in das Industriegebiet einrückenden Freikorps-Truppen bildete sich aus den Arbeiterwehren die Rote Ruhrarmee, die bis zum 22. März 1920 die Kontrolle über das gesamte Ruhrgebiet gewann. Vgl. Heinrich August Winkler: Weimar 1918–1933 (1993), S. 125 f.

30 Hans von Seeckt wurde zunächst am 17. März 1920 als Lüttwitz' Nachfolger zum Kommandeur des Reichswehrgruppenkommandos I, am 25. März 1920 dann zum neuen Chef der Heeresleitung ernannt. Die Personalentscheidung für Seeckt traf als Vizekanzler Eugen Schiffer, dem Ebert dazu von Stuttgart aus freie Hand zugesichert hatte. Schiffer hatte Seeckt bereits in seinen Verhandlungen mit den Putschisten als Oberbefehlshaber ins Spiel gebracht, was die Putschisten aber abgelehnt hatten, da Seeckt durch seine Nichtteilnahme an dem Umsturzversuch „die roten Streifen an der Generalsuniform geschändet" habe. Vgl. Johannes Erger: Kapp-Lüttwitz-Putsch (1967), S. 268 (Zitat) und S. 285 f.

31 Der Generalstreik wurde am 23. März 1920 beendet, nachdem sich die Reichsregierung zur Umsetzung wesentlicher Punkte der Gewerkschaftsforderungen bereit erklärt hatte. Vgl. Heinrich August Winkler: Weimar 1918–1933 (1993), S. 128.

Klassenkampf und Bürgerkrieg (Mai 1920)

Editorische Vorbemerkung: Die Edition folgt dem Text, der erschienen ist in: Kunstwart und Kulturwart, hg. von Ferdinand Avenarius, 33. Jg., zweite Hälfte, April bis September 1920, Heft 15, erstes Maiheft 1920, München: Kunstwart-Verlag Georg D. W. Callwey, S. 126–130 (**A**). Der Text erschien in der Rubrik „Vom Heute fürs Morgen" und mit der Datumsangabe 6. April 1920. Der Wiederabdruck des Textes in der Baron-Ausgabe von 1924 (S. 125–133) enthält eine Variante aus Troeltschs Handexemplar, die im folgenden Text verzeichnet ist (**A₁**).

Klassenkampf und Bürgerkrieg

Die entsetzlichen Folgen des Kapp-Putsches entwickeln sich so, wie ein kühler Beobachter der Verhältnisse das von jedem Rechts-Putsche erwarten konnte. Der Berliner Putsch hat natürlich unter den im Geheimnis Steckenden draußen im Lande allerhand Parallelen gehabt, die durch die triumphierenden Funksprüche der Kappregierung in Bewegung gebracht werden sollten. Leider sind die Dinge in dieser Hinsicht nicht voll zu übersehen. Ich erwähne nur ein Beispiel aus meinem Bekanntenkreise. Ein mecklenburgischer Baron, der längst den Standpunkt verkündet hat, das Deutschland der Ebert und Scheidemann sei kein Vaterland und gegen dies gebe es daher keine Pflichten, hatte sich durch seine Beziehungen zu hohen Offizieren auf sein ganz entlegenes Gut 18 Mann Reichswehr mit einem Offizier, mit Kanonen und mehreren Maschinengewehren legen lassen, angeblich zum Schutz gegen die Bolschewisten. Als die Nachrichten von dem Berliner Gelingen kamen, nahm er den Offizier zum Schein gefangen, um ihn von der Verantwortung zu entlasten, und zog mit den Truppen und Geschützen gegen die nächste Provinzstadt los, um sie zu beschießen und zu erobern. Dabei floß Blut auf beiden Seiten und geschah allerhand Zerstörung. Aber er kam nicht zum Ziel. Die entrüstete Bevölkerung schlug ihn ab, verfolgte ihn auf sein Gut und zwang ihn zur Flucht.[1] Das Gut wurde durch den besonne-

---

[1] Bei dem mecklenburgischen Baron handelt es sich um Stephan von le Fort (1884–1953), den Bruder von Gertrud von le Fort (siehe oben, S. 256, Anm. 3), der

nen Inspektor gegen Niederbrennung und Plünderung geschützt, der Staatsanwalt eröffnete die Verfolgung. Natürlich mißbilligen die Verwandten den Streich, aber die Leute, die sich dagegen zur Wehr setzten, gelten auch ihnen ohne weiteres und selbstverständlich als Spartakisten. Es müssen mehrfach ähnliche Dinge geschehen sein, die Wut der Bevölkerung ist ungeheuer; der Generalstreik in den kleinen Städten klappte vollkommen und machte die Gegenrevolution unmöglich. Aber auch bei den ruhigsten und besonnensten Beurteilern galten in all diesen Fällen die Widerstrebenden als Spartakisten. Streik und Kommunismus sind identisch, jede Streikbewegung ist Bolschewismus, auch wenn sie zu Gunsten der verfassungsmäßigen Regierung erfolgt, ja die Regierung selbst gilt als bolschewistisch, wenn sie ihre Kommissare zur Lebensmittelrevision schickt, und vollends, wenn sie die Gegenrevolution sich nicht gefallen läßt! So war es schon früher nicht selten, daß die Einwohnerwehren die Regierungskommissäre verhafteten, wenn sie aufs Land kamen. Alles Militär dagegen, einerlei ob gegenrevolutionär oder verfassungstreu, ist legitim und erlösend; die Studenten und Reserveoffiziere der Gegenrevolution sind Träger des Rechts, sobald sie Uniform tragen. Das ist teils ein bewußter Trick der konservativen Presse, die auf diese Weise die Regierungsmittel, Beamte und Soldaten, gegen die Regierung verwendet, teils ist es Naivität und Verwirrung ehrlicher Leute, die mit solchem Kampf gegen den ja auch von der Regierung verpönten Bolschewismus ganz legitim zu handeln glauben. Einheitsfront gegen den Bolschewismus mit Hilfe von Beamten und Militär herstellen und damit faktisch die Regierung und die Mehrheitsparteien durch ihre eigenen Organe lähmen: das ist teils Taktik, teils Instinkt und wird virtuos ausgeübt. Es ist vor allem die Politik der Konservativen auf dem Lande draußen. In aller Unschuld hat mir neulich der Brief eines Pastors, bei dem wir uns nach den Verhältnissen auf dem Familiengut erkundigten, die Dinge so geschildert. Auch dort war einer meiner Verwandten vor den „Bolschewisten" geflohen.[2] Diese Bolschewisten

---

während des Kapp-Putsches gestützt auf eine auf dem Familiengut Boek einquartierte Privatarmee aus Freikorpssoldaten als „Bezirksleiter" der Kapp-Regierung im „Reichswehrdetachement Müritz" auftrat und in dieser Funktion am 18. März 1920 zur Niederschlagung des Generalstreiks die Stadt Waren (Müritz) beschießen ließ. Dabei gab es 5 Tote und 11 Verletzte. Nach dem Scheitern des Putsches floh Stephan von le Fort zunächst nach München. Vgl. den Brief Ernst Troeltschs an Gertrud von le Fort vom 3. April 1920 → KGA 21; Renate Krüger: Aufbruch aus Mecklenburg (2001), S. 98 f.; Martin Polzin: Kapp-Putsch in Mecklenburg (1966), S. 188 ff. Siehe auch unten, S. 464.

2 In seinem Brief an Gertrud von le Fort vom 3. April 1920 erwähnt Troeltsch, dass sein Schwager Paul Fick, der Bruder seiner Frau Marta Troeltsch (geb. Fick), nach

waren aber legitime Vertreter von Arbeiterausschüssen, die lediglich die Güter auf verborgene Waffen und auf versteckte Lebensmittel hin untersuchten, sonst aber keinem schaden taten. Der Grund zur Revision war, daß auf dem Gute einer der lautesten Führer der Gegenrevolution intim verkehrte. Der Pastor, der im übrigen gar nicht gegen die gegenwärtige Regierung war, pries aber doch diesen Mann als den Trost der ganzen Gegend. So unklar und verworren ist das Bild der Dinge in Köpfen, die noch nicht ahnen, was der Eintritt der Arbeiterschaft in die regierenden Gewalten bedeutet. Begreiflich ist aber auch der wütende Gegendruck und die Klage über Verrat und Gegenrevolution bei diesen letzteren, wozu heute auch die Landarbeiter gehören. Derselbe Brief bezeugt, daß diese und die kleinen Landstädte, also ganz industrielose Orte, mit erstaunlicher Sicherheit dem Versuche, die Regierung zu stürzen, ein Ende bereitet hätten. Ebenso begreiflich ist, daß unter diesen Wirren und in der Not der Zeit allerhand Gesindel zu Raub und Plünderung übergeht. Indem die Presse dieses Gesindel mit der Arbeiterschaft identifiziert, wird dann wieder der Haß | gegen die „Bolschewisten", die schlappe Regierung usw. geschürt. Eine Schraube ohne Ende! So sieht es in Mecklenburg aus, aber die sonstige Lage wird ähnlich zu verstehen sein, wenigstens im Norden und Osten.

Derartige Wahrnehmungen deuten darauf hin, daß der Kapp-Putsch keine bloße Episode, sondern das Aufbrechen eines weit verbreiteten, durch das ganze Volk wuchernden und von den Führern der bisher herrschenden Klassen sorgfältig gepflegten Geschwüres war. Er ist nicht von den beiden konservativen Parteien ausgegangen, die vielmehr dadurch schwer betroffen sind und sicherlich nur durch vereinzelte Personen mit der Sache zusammenhängen. Von Abgeordneten hat ja nur der ewig disziplinlose und erregungsbedürftige Traub sich dem Putsch zur Verfügung gestellt. Was hier durchbrach, war überhaupt nicht der deutsch-nationale Gedanke, sondern der Klassengedanke des Militärs und der mit dem Militär eng zusammenhängenden früher herrschenden Klassen, der Junker, der Studenten und der Akademiker. Man muß sich von den Siegesfesten erzählen lassen, die am Sonnabend, den 13. März, hier in den Familien gefeiert wurden! Da hieß es: es wird alles wieder, wie es war; die Offiziere werden wieder eingestellt; die Akademiker kommen wieder zu ihrer sicheren Karriere; die Reichsanleihe wird bar ausbezahlt; die Streikenden werden wieder zur Arbeit gezwungen! Und erst ganz zuletzt kam der Gedanke eines Revanchekrieges, der die erlittene Schmach sühnt und zugleich die Stellung des Militärs wieder erneuert. Die früher herrschende Gesellschaftsschicht, die

A 128

---

dem Scheitern des Kapp-Putsches von dem Gut der Familie in Toitenwinkel bei Rostock fliehen musste → KGA 21.

heute aus der Herrschaft entfernt ist und es verschmäht, sie auf dem Wege der unentbehrlichen Mitarbeit und der geistigen Leistung in der heute möglichen Form wieder zu erwerben, ist heute zu einem engen und strengen Verband des Klassenkampfes geworden. Das Weltpolitische und Nationale spielt eine Rolle eigentlich nur als Mittel des Kampfes gegen „Sozialisten und Juden"; nur für wenige Idealisten ist es der Kern. Diese Klasse will mit allen Mitteln die Herrschaft wieder und steigert sich täglich in rasenderen Haß gegen die Proleten hinein, von denen sie verdrängt worden ist.ᵃ Es ist die alte „militaristische" Gesellschaft, die um ihr Dasein und ihre Wiederherstellung kämpft und die zu diesem Zweck keine neuen Mittel finden kann und will, sondern lediglich die alten militaristischen der Gewalt ausreichend und geeignet glaubt. Nicht daß sie den Druck empfindet, daß sie sich geltend machen will, daß sie das Revolutionsparlament scharf kritisiert, ist ihr Unrecht, sondern, daß sie die neuen Verhältnisse nicht sehen und beachten will und auch auf die Gefahr absoluter Zerstörung hin nur die Mittel der brutalen Gewalt, der Verhetzung und der Schaffung einer explosiven Stimmung kennt. Sie will nicht denken und will nicht sehen, nicht psychologische und politische Rücksichten auf drinnen und draußen nehmen. Sie will schneidig mit Gewalt den Knoten zerhauen und glaubt, daß sich dann alles schon von selbst wieder finden wird. So haben diese Kreise ja auch den Krieg aufgefaßt. Und setzt man den Willen nicht durch, dann verbündet man sich mit den Bolschewisten und Zerstörern, um ein Ganzes in die Luft zu sprengen, an dem man nichts mehr hat als die Möglichkeit der Rachebefriedigung. Auch diese Desperadostimmung hat ja am Schlusse des Krieges nicht gefehlt. All das kehrt nun im inneren Kriege wieder, nur daß jetzt der Klassenstandpunkt ganz anders und bewußter vorherrscht, als während des Krieges. In diesem Punkte ist ein großer Teil der „Nationalen" hellsehend geworden, während freilich die Edleren unter den Mitkämpfenden, vor allem viel prächtige Jugend, mit alledem noch immer wesentlich für nationale Ehre und deutsche Staatsordnung zu kämpfen glaubt. Der Putsch selbst ist zunächst abgeschlagen. Aber seine tiefste Wirkung ist eine wesentlich psychologische auf die Arbeitermassen und überhaupt auf die Träger der Regierungsmehrheit: ein absolutes Mißtrauen gegen Militär und Beamte, die Abneigung gegen die Reichswehr und die Abwendung von den gemäßigten Führern, die die Opfer ihres Vertrauens zu den auf den „Boden der neuen Verhältnisse" sich Stellenden geworden sind. In Wahrheit ist allerdings in Teilen der Reichswehr von den Offizieren geradezu alles gegen die Regie|rung und gegen das System organisiert worden. In Berlin wurden in den für die Truppen bestimmten Vortragskursen schließlich ganz offizi-

---

ᵃ A: sind.

ell die Leute der Deutschen Tageszeitung verwendet!³ Die Reichswehr war tatsächlich in gewissen Teilen die Organisation der Gegenrevolution. Die bürgerlichen Offiziere haben sich großenteils von ihr abgewendet und studierten irgendwelche andere Dinge, es blieben vorwiegend die Junker und ihre Gesinnungsgenossen. Diese haben Offiziers- und Mannschaftsbestand gesiebt und sozusagen gegen die Regierung verpflichtet, indem man auch hier vorgab, in ihr nur die Juden und Bolschewisten zu bekämpfen. Vor allem aber ist unter Leitung des Geheimrates Doyé und unter den Augen des Preußischen Ministers des Innern die grüne Sicherheitswehr zu einer Elitetruppe ausgebildet worden, die zugleich jeden Mann vor der Aufnahme einem konservativen Gesinnungsexamen unterwarf.⁴ Ähnlich stand es im Lande draußen mit den Beamten, Provinzialschulkollegien usw. Fortwährend kamen die Klagen, daß der konservative Gesinnungsdruck stärker sei als vor der Revolution. Ebenso stand es in den Kreisen der Geistlichkeit, nebenbei bemerkt. Von diesen Dingen munkelte man stets, die „Freiheit" sprach ganz offen davon.⁵ Franzosen schilderten den Noskisme (berechnet genug) als sozialistisch verhüllte Gegenrevolution und Revanchepolitik. Alle Welt wußte es schließlich, und es geschah nichts dagegen. Man fühlte sich in Wahrheit zu schwach dazu, vertraute auch zu viel auf Ehrenwort und dergleichen; vor allem, man konnte nicht selber regieren, und aus Zentrum und Demokraten mochte man den Beamtenkörper auch nicht vorwiegend zusammenstellen. So kam die Katastrophe, die ich in diesen Briefen stets von der Wiedersammlung der Vaterlandspartei ab angekündigt habe und die durch den Druck der Entente auf unsere immer verzweifelter werdenden Verhältnisse beschleunigt wurde. Eine deutsche Regierung ist unter diesem Druck überhaupt kaum möglich. Sie hatte sich endlich gegen links

---

3 Die „Deutsche Tageszeitung", gegründet 1894, galt als Sprachrohr des großagrarischen Bundes der Landwirte mit ausgeprägt antirepublikanisch und antisemitischer Tendenz. Vgl. Maik Ohnezeit: Zwischen „schärfster Opposition" und dem „Willen zur Macht" (2011), S. 86.
4 Der Aufbau der Sicherheitspolizei als Spezialtruppe zur Bekämpfung innerer Unruhen war im März 1919 vom preußischen Innenminister Wolfgang Heine (SPD) angeordnet worden und erfolgte seit Sommer 1919 unter der Leitung des Ministerialrats Georg Doyé in enger Abstimmung mit Offizieren der Garde-Kavallerie-Schützendivision um Waldemar Pabst (1880–1970). Dabei wurden ganze Freikorpseinheiten en bloc in die Sicherheitspolizei übernommen. Während des Kapp-Putsches wurde Doyé von der Kapp-Regierung zum Unterstaatssekretär im preußischen Innenministerium „befördert"; vgl. Bernhard Sauer: Zur politischen Haltung der Berliner Sicherheitspolizei in der Weimarer Republik (2004), S. 27.
5 Die Tageszeitung „Freiheit", gegründet 1918, war das offizielle Parteiorgan der USPD.

mit Hilfe des Militärs durchgesetzt, das dabei groß gewordene Militär hat ihr aber dann selbst den tödlichen Stoß versetzt. Es ist das Söldnerheer, zu dem uns die Entente statt einer Miliz gezwungen hat und das unentbehrlich und gefährlich zugleich ist, wie alle Prätorianerheere. Die eigentlichste Folge dieses Stoßes, der als solcher ja pariert worden ist, ist nun aber das Mißtrauen der Massen gegen dies Militär, das wir doch nicht entbehren können, und gegen ein gelerntes Beamtentum, ohne das keine Verwaltung möglich ist. Dieses Mißtrauen äußert sich in der Forderung, die Arbeiterorganisationen selbst als Kontrolle an der Ministerernennung und Regierung direkt zu beteiligen, den Beamtenapparat gesinnungsgemäß zu reinigen und wo irgend möglich durch Arbeiter oder Sozialisten zu ersetzen, vor allem aber die organisierten Arbeiter zu bewaffnen. Das ist dann aber die verschleierte Klassenherrschaft der Handarbeiter, das erste alte Ziel der Revolution, das durch die, wenn auch noch so mangelhafte, parlamentarische Demokratie verhindert worden war. Es ist ein Ruck nach links und eine Erschwerung der Demokratie, d. h. des Gerechtigkeits- und Ausgleichungsmomentes, die ganz außerordentlich empfindlich ist und deren Folgen noch nicht abzusehen sind. Es ist nicht etwa Folge des Generalstreiks, wie man das rechts gerne darstellt, um die Verantwortung auf die Mehrheit abzuwälzen. Es ist die Folge des Mißtrauens und seiner Rechtfertigung durch den Putsch. Der Generalstreik als Folge dieses Mißtrauens und als Mittel, die erwünschten Kontrollrechte zu erzwingen, wäre unter allen Umständen eingetreten. Unabhängige und Mehrheitssozialdemokraten waren darin einig, und der kluge alte Führer der Gewerkschaften, Legien, konnte durch diese Forderungen die Einheit der Gewerkschaften wieder herstellen. Die Mehrheitsparteien ihrerseits mußten sie mit aufnehmen, wenn sie nicht alles Vertrauen verlieren wollten. Freilich ist es nun hinterher das Bestreben der Konservativen, durch Herleitung der Ruhrgreuel von dem „frevelhaften" Generalstreik ihre so arg minierte Wahlparole wieder aufzubessern, wie umgekehrt die Mehrheit die Rechtsparteien für den Kapp-Putsch verantwortlich machen will.ᵃ

Der Parteikampf ist ganz maß|los verbittert und vergiftet worden. Wir werden noch die Proskriptionslisten erleben, wie einst in Rom: alles „Folgen" des Kapp-Putsches und des ungeheuren Vertrauensbruches.

Das Schrecklichste aber ist, daß die Zerbrechung und Verdächtigung der Reichswehr, des letztlich einzigen Mittels der Ordnung, nun die Regierung ohnmächtig machte gegen den sofort ausbrechenden Putsch von links, der in der neutralen Zone des Ruhrgebietes seinen Hauptsitz hatte und dem von dort aus die Aufstellung einer roten Armee gelungen war. Wie das möglich war, ist heute noch völlig dunkel. Das ist auch von langer Hand her gesche

---

a *In A₁ folgt:* Nun ist man wieder quitt und kann von neuem hetzen.

hen und wurzelt in der entgegengesetzten Klassenkampfstimmung, in dem Kampf gegen die Demokratie zu Gunsten der reinen Arbeiterherrschaft. Man sagt, daß konservative Offiziere zur Organisation und Leitung dieser Armee geholfen haben, wie ja die Berührung der Konservativen mit dem Rätesystem nicht selten ist und die Desperado-Politik der Rache schließlich nach jedem Dynamit greift, den sie findet. So hat ja auch Lüttwitz zuletzt mit den Spartakisten verhandelt.[6] Dieser roten Armee strömten in Massen die Mehrheits-Sozialdemokraten, die Mißtrauischen und Verbitterten zu. Man suchte zu verhandeln, aber die Ergebnisse wurden von den Roten nicht eingehalten. Im Ruhrgebiet entstand, indem die Wilden und Plünderer die Oberhand gewannen, ein furchtbarer Zustand des Terrors, und so lange es dort nicht gelang, Ordnung zu schaffen, erhoben sich im übrigen Deutschland ähnliche Versuche. Der Klassenkampf ist mit dem Kapp-Putsch und dem Auftauchen der roten Ruhrarmee zum Bürgerkrieg geworden.[7] Schon mischt sich Frankreich ein, und in jener Mischung von Furcht und sadistischem Rachedurst, den wir kennen, hindert es die Beilegung der Ruhrkämpfe und will zugleich weiteres deutsches Gebiet besetzen.[8] Es ist Frankreichs Politik, die Junker gegen die Regierung aufzupeitschen und die Kommunisten zu unterstützen, um das Reich doch noch zu

---

6 Oberst Max Bauer, der politische Vertraute Ludendorffs in der Putschleitung der Kappisten, versuchte am 16./17. März 1920 das Umsturzunternehmen durch ein „nationalbolschewistisches" Bündnis mit USPD und KPD zu retten. Die Führungen beider Parteien weigerten sich jedoch, mit den Putschisten zu verhandeln. Vgl. Johannes Erger: Kapp-Lüttwitz-Putsch (1967), S. 225 ff.

7 Zur Entstehung der Roten Ruhrarmee siehe oben, S. 263, Anm. 29. Nachdem ein zwischen der Reichsregierung und den Arbeiter-Vollzugsräten am 24. März 1920 ausgehandeltes Abkommen über die Abrüstung der Roten Ruhrarmee („Bielefelder Abkommen") von Teilen der aufständischen Arbeiterschaft nicht anerkannt worden war, wurde das Ruhrgebiet ab Ende März 1920 von Reichswehreinheiten und Freikorpstruppen gewaltsam zurückerobert. Die Niederschlagung des Ruhraufstandes wurde von einer umfassenden Gräuelpropaganda über angeblichen „roten Terror" begleitet, die auch zur Rechtfertigung für willkürliche Erschießungen aufständischer Arbeiter diente. Von den insgesamt weit über 1 000 Todesopfern unter den Ruhrarbeitern wurden die meisten erst nach ihrer Gefangennahme getötet. Vgl. Heinrich August Winkler: Weimar 1918–1933 (1993), S. 132 ff.

8 Weil im Zuge der Niederschlagung des Ruhraufstandes Reichswehreinheiten auch in Gebiete einmarschiert waren, die zur entmilitarisierten Zone des Rheinlands gehörten, besetzten französische Truppen im Gegenzug am 6. April 1920 den Maingau und Frankfurt am Main. Nach der Beendigung der Kämpfe im Ruhrgebiet wurde die französische Besetzung am 17. Mai 1920 wieder abgezogen. Vgl. Heinrich August Winkler: Weimar 1918–1933 (1993), S. 134.

zerstören. Rechts und Links geht dabei den Franzosen mit Wonne in das Garn.

Wahrlich, die Gegenrevolution hat einen großen Erfolg gehabt trotz ihres kläglichen Scheiterns. Ich lese soeben eine Geschichte der französischen Revolution von Champion, die Aulard[a], der gelehrteste Spezialist der Revolutionsforschung, als besonders gut bezeichnet hat. Dort heißt es nach der Schilderung der mäßigen und relativ konservativ fortbildenden Forderungen der Konstituante: „Man weiß nicht genug, mit welchem Feuer der Überzeugung und welchem Erfindungsreichtum an Mitteln, und welcher Skrupellosigkeit die Revolution zugleich bekämpft und entzündet, erschwert und verschärft worden ist von ihren Gegnern. Unendlich wertvoll wäre ein völlig gerader, nichts verschweigender Bericht, in welchem der Haß gegen die Revolution den Mut fände, alles dasjenige zu feiern, das er gegen sie unternommen hat."[9] Es ist die These des Buches, daß Gegenrevolution, Abneigung der Monarchie gegen alle wirkliche Reform überhaupt und Einmischungen des Auslandes die Radikalisierung und die Leiden der französischen Revolution verschuldet haben, nicht aber die „westlichen" Theorien. Sollte es bei uns ebenso gehen? Sollten auch wir die parlamentarische Demokratie vernichten, um Konvent und Terror dafür einzutauschen?

Berlin, 6. 4. 1920 *Spectator*

---

a *A:* Auland

---

9 Vgl. Edmé Champion: Esprit de la Révolution Française (1887), S. 112: „On ne sait pas assez avec quelle ferveur de conviction, quelle fécondité de moyens, quelle absence de scrupules, la Révolution fut tout à la fois combattue et attisée, entravée et aggravée par ses ennemis. [...] Nous attacherions un prix infini à un récit sans détours, sans réticences, où la haine de 89 donnerait le courage de célébrer tout ce qu'elle fit entreprendre."

Äußere und innere Politik (Mai 1920)

Editorische Vorbemerkung: Die Edition folgt dem Text, der erschienen ist in: Kunstwart und Kulturwart, hg. von Ferdinand Avenarius, 33. Jg., zweite Hälfte, April bis September 1920, Heft 16, zweites Maiheft 1920, München: Kunstwart-Verlag Georg D. W. Callwey, S. 169–173 (**A**). Der Text erschien in der Rubrik „Vom Heute fürs Morgen" und mit der Datumsangabe 21. April 1920.

Äußere und innere Politik

Es ist ein berühmter Satz Rankes, daß die innere Politik trotz ihres Interessencharakters und vor allem trotz ihrer scheinbar ideologischen Bestimmtheit wesentlich von der auswärtigen, d. h. von den umgebenden Machtverhältnissen abhängig sei.[1] Er hat diesen Satz auch gegenüber der englischen und französischen Revolution durchgeführt.[2] Bei der letzteren ist es unzweifelhaft sowohl im Ausbruch als im Verlauf der Fall gewesen, wie ich im letzten Briefe am Schlusse hervorhob.[3] Der Druck der Emigranten, der feindlichen Einmärsche und der damit sich verbündenden Gegenrevolutionen hat vor allem die Radikalisierung der französischen Revolution verursacht. Dabei sind freilich die französischen Radikalen glühende Patrioten gewesen und haben die Revolutionsidee mit dem Patriotismus untrennbar verschmolzen; sie haben sich vor allem aus Gründen der nationalen Verteidigung zu ihrem Terror berechtigt geglaubt. Auch auf unsere Revolution trifft der Satz, wenn auch in ganz anderer Weise, zu. Sie ist die Folge einer wahnsinnigen Überanstrengung der Kräfte im internationalen Machtkampfe und des dabei erfolgten Einsturzes der ganzen militärisch-politisch-gesellschaftlichen Ordnung. Sie ist in ihrem Verlauf bestimmt durch die systematische Schwächung unserer neuen Regierung von seiten der Feinde so-

---

1 Leopold von Ranke: Politisches Gespräch (1887), S. 328: „Das Maß der Unabhängigkeit gibt einem Staate seine Stellung in der Welt; es legt ihm zugleich die Nothwendigkeit auf, alle inneren Verhältnisse zu dem Zwecke einzurichten, sich zu behaupten. Dies ist sein oberstes Gesetz."
2 Leopold von Ranke: Die großen Mächte (1872), S. 30. Siehe oben, S. 144, Anm. 2.
3 Siehe oben, S. 272.

wohl durch den Waffenstillstand, als auch durch die aus diesem folgende Blockade und schließlich durch den Frieden. Die französische Politik vor allem erbittert die Patrioten und Militaristen, um sie gegen eine schwach erhaltene Regierung immer von neuem aufzustacheln und damit den Vorwand zu haben, mit Hilfe dessen man gegen das angeblich unverbesserlich militaristische und auch unter der Hülle des Sozialismus unveränderte Deutschland bis zur völligen Sprengung der Reichseinheit vorgehen kann. Gleichzeitig unterstützt man Unabhängige und Kommunisten, läßt sich von deren Landesverrat bedienen und orientieren und hindert die Niederschlagung der kommunistischen Putsche, weil das der Wiederbelebung des Militarismus dienen könnte. Was bei Gelegenheit der Auslieferungsforderung mißlang, das ist bei Gelegenheit des Kapp- und Ruhrputsches nachgeholt worden. Das ist französische „Sicherungspolitik". Das Mainzer Protokoll hat sie fast wörtlich so formuliert, zum Beweis dafür, daß unsere Vermutungen richtig waren und sind. Wenn es auch offiziell abgeleugnet wird, so sprechen doch die Tatsachen die gleiche Sprache.[4] Es ist kein Zweifel, daß diese außenpolitische Lage, von deren allseitigem Druck und Zwang damit nur die gefährlichste Stelle sichtbar wird, der letzte Grund für die Unmöglichkeit der Reinigung, Kräftigung und Festigung der Regierung ist.

Der Unterschied gegenüber der französischen Revolution ist bei uns nur der, daß unsere Radikalen gerade eben nicht glühende Patrioten, sondern klas|senkämpferische Internationalisten sind, die den Feinden keinen Widerstand entgegenstellen, sondern sie umgekehrt überall fördern. Wo eine Kanone, ein Maschinengewehr, eine Truppe für die innere Ordnung aufgestellt ist, da erfährt es die Entente durch sie; und die Kenntnis von den gegenrevolutionären Umtrieben, Organisationen und Stimmungen innerhalb der Beamtenschaft, der Reichswehr usw. verdanken die Ententekommissionen wiederum ihnen, wobei es überdies an den wildesten Übertreibungen nicht fehlt. Die Folge davon ist dann wieder, daß die national gesinnten Kreise in diesen Radikalen die eigentliche Tendenz der Revolution sehen oder zu sehen vorgeben und sich im Widerwillen gegen das Neue nun auch aus rein idealen und nationalen Gründen bestärkt sehen oder wenigstens nach au-

---

4 Am 13. April 1920 veröffentlichte die Reichsregierung die ihr zugespielte Aufzeichnung einer Besprechung hoher französischer Offiziere vom 9. April 1920 in Mainz, in der erörtert worden war, wie Frankreich durch Ausnutzung der innenpolitischen Konflikte in Deutschland die Auflösung des Reiches in fünf bis sechs Teilstaaten herbeiführen könne. Die französische Nachrichtenagentur „Agence Havas" dementierte die Aufzeichnung am 15. April 1920. Vgl. Vossische Zeitung vom 13. April 1920 (Morgen-Ausgabe): „Beratung französischer Militärpolitiker"; Das Kabinett Müller (1971), S. 34.

ßen eine wirksame und agitatorische Rechtfertigung für jenen Widerwillen gewinnen. So wird es immer schwerer, die tüchtigen und leistungsfähigen Menschen der gebildeten und herrschgewohnten Schicht für die Konsolidation und Reinigung der nun einmal unwiderruflichen Ergebnisse der Revolution zu gewinnen, eine leistungsfähige Regierung zu bilden. Die Klasseninteressen der Handarbeiterschaft steuern in ihrem radikalen Teil auf einen internationalen Bolschewismus los; die der bisher herrschenden Klassen, zum guten Teil getrieben von der Erbitterung der deklassierten Offiziere einer aufgelösten, großen und ruhmvollen Armee, arbeiten auf den Revanchekrieg los und hoffen mit dessen Pathos zugleich die alte Gesellschaftsordnung wieder aufzurichten. Die demokratische, dem Klassenkampf durch die Grundsätze der Demokratie sich entgegensetzende Koalitionsregierung ist auf diese Weise immerdar von zwei Seiten bedroht und wird vom auswärtigen Feind und von den inneren Klassengegensätzen gleichzeitig nach Möglichkeit geschwächt, verächtlich und lächerlich gemacht. Auf diese beständig steigende Schwierigkeit habe ich hier von Anfang an und immer wieder hingewiesen, seit die Parlamentswahlen den Rechtsboden wieder hergestellt haben. Die „inneren" Feinde verständigen sich dabei geradezu bewußt untereinander und arbeiten dem „äußeren" teils bewußt, teils unbewußt in die Hand, nur um die allen verdächtige und im Wege stehende Regierung zu schwächen, nach deren Sturz freilich jeder dieser zusammenwirkenden Gegner den andern über das Ohr zu hauen beabsichtigt.

Den schwersten Druck hat dabei der augenblicklich wichtigste, stärkste und einflußreichste Teil der Regierung, die Sozialdemokratie, auszuhalten. Sie muß sich nach links gegen das bunte Gewimmel von Kommunisten, Anarchisten, Unabhängigen und deren in Arbeitslosigkeit und Teuerung täglich erstarkende Agitatoren halten: teils durch Zugeständnisse, die sie in Widerspruch gegen ihre eigenen demokratischen Prinzipien und damit selber in den Klassenkampf hineintreiben, teils durch bewaffneten Widerstand, in welchem sich ihre konservativen und militaristischen Gegner unter dem Schein der Unterstützung gegen sie selbst organisieren und unter dem Namen des bekämpften Bolschewismus sie selbst zu treffen suchen. Unter diesen Umständen ist ihre Stellung grenzenlos schwierig und widerspruchsvoll geworden, insbesondere seit der Kapp-Putsch alles Vertrauen zu Militär und Bürgertum bei ihnen zerbrochen hat und sie doch gleichzeitig sich klar sind, daß auf dem Standpunkt der Unabhängigen überhaupt keine Staatsordnung möglich ist, deren sie doch für die Aufgabe des wirtschaftlichen Wiederaufbaus bedürfen. So sind sie völlig gespensterseherisch gegen die Rechtsparteien, gegen Militär- und Beamtentum überhaupt, ja auch gegen die Koalitionsparteien geworden. Auf der andern Seite haben sie zu viel Verantwortungsgefühl und zu viel gesunde Einschätzung der nüchternen

Arbeiterinteressen, um ihrerseits einfach in die Opposition zu gehen, von andern weniger moralischen, aber menschlich recht verständlichen Gründen ganz abgesehen. Das aber macht gerade das Zentrum der Regierung schwach und schwankend, weit über ihre mangelnden oder ungeübten oder einseitig entwickelten Kräfte hinaus.

So ist es ein unseliges Zusammenwirken auswärtig politischen Druckes, innerer Klassenspannungen und organischer Schwäche einer wesentlich auf der | Handarbeiter-Partei und ihrer Führer-Aristokratie beruhenden Regierung, was in dem blinden Durcheinander der Leidenschaften, Interessen, Vorurteile und Gewohnheitsüberzeugungen die Regierungsbildung so sehr erschwerte und seit dem Kapp-Putsche, dessen innen- und außenpolitische Wirkungen gleich groß sind, noch schwerer gemacht hat. Wenn wir die Rankesche Lehre bisher so zu verstehen glaubten, daß wir die nationale Machtpolitik über sentimentale Ideen oder moralische Prinzipien zu stellen und vor allem die Wehrmacht zu stärken hätten, so lernen wir sie heute von der umgekehrten Seite kennen, daß die Nöte und Kämpfe, die Partei- und Klassenspannungen eines zusammengestürzten Staates das Instrument bilden, auf dem die auswärtige Machtpolitik spielt und dessen gefährliche Natur die Leidenschaft und Kurzsichtigkeit der Mißbrauchten nicht bemerkt oder nicht bemerken will. Noch scheinen unsere Nationalen und Konservativen nur die erste positive Seite der Rankeschen Lehre, die uns mit den bekannten Übertreibungen tief ins Blut hineingetrieben ist, zu bemerken und ständig zu wiederholen. Sie träumen vom Revanchekrieg und schmähen über die „feigen Nachgiebigkeiten der Regierung" gegenüber der Entente, singen das alte deutsche Lied von der Realpolitik, als ob wir auch Schiffe, Kanonen und Kohlen hätten. Die zweite, negative, heute uns viel näher liegende und äußerste Besonnenheit fordernde Seite wird nicht erkannt. Jedenfalls wird aus ihr nicht die Folgerung gezogen, daß es in solcher Lage gilt, das unter solchen Verhältnissen überhaupt mögliche Stück Regierung zu stärken und sich daran unter Einhaltung der von den Verhältnissen gegebenen Voraussetzungen selber zu beteiligen. Das wäre an sich sehr wohl möglich, mindestens nach der ersten Ordnungsstiftung möglich gewesen. Aber daran hindern Leidenschaften und Kurzsichtigkeiten, das Traumbild von dem starken Mann, mit Hilfe dessen wir doch die ganze Sachlage wieder los werden können. Und in dieser Lähmung wachsen dann aus dem Chaos immer weitere Gegensätze hervor, die sich zu den aus der nächsten und ersten politisch-sozialen Lage folgenden gesellen, um den Zustand immer weiter und unabsehbarer zu verwirren. So arbeitet sich heute zu den erstlinigen Klassengegensätzen zwischen Handarbeitertum und militärisch-akademischer Gesellschaftsschicht ein weiterer zwischen Stadt und Land, städtischem Konsum und ländlicher Produktion heraus, der mit dem alten

Gegensatze von Landwirtschaft und Industrie nichts mehr zu tun hat, sondern zum Gegensatz zwischen Bauerntum und gewerblichem Handarbeitertum sich auswächst. Dieser Gegensatz scheint hinter der bayrischen Entwicklung zu stecken,⁵ die damit in ihr normales Geleise zurückkehrt, und breitet sich langsam über das ganze Reich aus. Die Produktionsinteressen des Landes geraten mit den Konsumtionsinteressen des Arbeiters und mit einer die Landwirtschaft vergessenden Politik in heftigen und unlösbaren Gegensatz, der die gesamte Lage innerlich verschärft und die Hilflosigkeit einer in den Grundzügen die Kriegswirtschaft fortsetzenden Arbeiterregierung an den Tag bringt. Auch von dieser Seite, die mit dem gegenrevolutionären Junkertum nichts zu tun hat und die vor allem in Süddeutschland sichtbar ist, wird die Regierung nach Kräften geschwächt, vorerst durch praktischen Widerstand, bald auch durch Agitation und Parteibildung. In Norddeutschland verfällt das Landarbeitertum bei seinem hoffnungslosen Landhunger und der vorläufigen Unmöglichkeit wirklicher Siedelungspolitik zunehmend den Unabhängigen, was dann wieder die ländliche Produktionspolitik überwiegend in die Hände der Konservativen bringt. Überall gehen Stände, Klassen und Arbeitsgruppen trotz des gemeinsamen Lebensinteresses auseinander. Auch darin ist übrigens durch gewisse Vermittelungen hindurch der auswärtige Druck wirksam, der uns die wirtschaftliche Gesundung durch Kapital- und Rohstoffverweigerung unmöglich machte und damit das Verhältnis der produzierenden Stände gegeneinander noch mehr revolutionierte, als es schon der Krieg getan hatte. Seit dem „Hindenburgprogramm"⁶ geht es hier geradlinig abwärts, und hat der Friede die Lage nicht gebessert, sondern immer nur verschärft. |

Ist nun also die Regierung an ihrer Schwäche unschuldig, und kann sie, vor allem ihr sozialdemokratischer Bestandteil, in der Tat nicht klarer und fester durchgreifen? Ich habe vor kurzem begonnen, über die Kritik an ihr zu berichten, und werde darin fortfahren.⁷ Sie könnte bei größerer Einsicht und Kraft gewiß mehr leisten, als sie leistet. Man vergesse aber nicht, daß die Kritik an der Regierung bei den meisten die Verweigerung der Mitarbeit ist, um sie um so sicherer zu stürzen und damit die Verhältnisse aufzulösen, aus denen sie überhaupt entstehen mußte, d. h. die Unwilligkeit des großen, geistig und technisch unentbehrlichen Teiles der Nation ist, die von der Revolution geschaffene Sachlage in den wesentlichen Punkten als endgültig zu betrachten.

A 172

---

5 Siehe zu Bayern unten, S. 283 und ebd., Anm. 6.
6 Siehe oben, S. 210, Anm. 2.   7 Siehe dazu die Editorische Vorbemerkung zum Spectator-Brief „Kritik am System", oben, S. 248.

Von dem natürlichen Widerspruchsherde der alten Offiziere und der gestürzten konservativen Herrenklasse habe ich schon gesprochen. Man muß sich nur von den Bürgermeistern und Verwaltungsbeamten aus den letzten Unruhen erzählen lassen, wie das Militär heute noch die Zivilbehörden ignoriert, seine eigenen Berichterstatter hält, ungebeten und verhängnisvoll entgegen allen Bitten eingreift, wie an vielen Orten das Militär erst die Revolution erzeugt. Es fügt sich zu einem guten Teil so wenig wie seine zivilen Gesinnungsgenossen in eine gründlich verbürgerlichte Lage. Namentlich die Einwohnerwehren haben hier unter der Leitung verrosteter alter Offiziere vielfach gesündigt. Es bedurfte dann nur noch der deutschen Sitte, diese lokalen Wehren zu interlokalen Gruppen zu organisieren, und der Tägl[ichen] Rundschau, die mit 300 000 Mann Bewaffneter renommierte, dann war der Eingriff der Entente fertig.[8] Und doch ist dasselbe Militär unentbehrlich in anderen Fällen, die einzige Rettung und Stütze, und vortrefflich in Leistung und Hingabe. Das alte Instrument der Machtpolitik hat sich eben psychologisch noch gar nicht in die neue Lage der ganz veränderten Machtverhältnisse eingestellt.

Aber ganz besonders charakteristisch ist in dieser Hinsicht die Haltung der Universitäten, die im Begriffe sind, mehr noch als das Militär Haß und Mißtrauen der neu aufsteigenden Schichten auf sich zu ziehen. Sie können sich offenbar in den Gedanken absolut nicht finden, daß auch in Deutschland eine den ganzen gesellschaftlichen Bestand und alle Ideologien umgestaltende Revolution möglich sein soll, wie es in England und Frankreich gewesen ist, vor allem darein nicht, daß eine moderne Revolution in den großen Industriestaaten das Handarbeitertum unter die herrschenden Klassen einreiht und eine seelische Einstellung auf dessen Interessen und Denkweise *nötig* macht. Ich hörte vor kurzem, daß eine Erklärung verfassungstreuer Hochschullehrer im Gange sei, und da ich das für etwas dringend Notwendiges halte, versuchte ich das Unternehmen nach Möglichkeit zu unterstützen.[9] Aber es stieß auf sonderbare Schwierigkeiten. Ein hervor-

---

8 Vermutlich bezieht sich Troeltsch auf den Artikel „Die Rote Armee" in der Täglichen Rundschau vom 21. April 1920 (Abend-Ausgabe), in dem allerdings nicht die Stärke der Einwohnerwehren, sondern die der Roten Ruhrarmee auf 250 000 bis 300 000 Mann geschätzt worden war.

9 Es handelt sich sehr wahrscheinlich um den am 30. Mai 1920 mit etwa 300 Unterschriften veröffentlichten Aufruf der Hochschullehrer „für die demokratische Verfassung"; vgl. Vossische Zeitung vom 30. Mai 1920. Die Initiatoren des Aufrufs sind nicht bekannt. Mit Blick auf den Unterzeichnerkreis dürften sie aber in den während der Kriegszieldebatten des Ersten Weltkriegs entstandenen Berliner Zirkeln des „gemäßigten" gelehrtenpolitischen Lagers um Troeltsch,

ragender Jurist, der zugleich der nationalliberalen Fraktion angehört,[10] erklärte, vor der Unterschrift erst seine Fraktion befragen zu müssen. Einer unserer ersten Naturforscher, der der gleichen politischen Überzeugung angehört,[11] meinte, es sei ein unerwünschtes Heraustreten der Einzelnen aus dem Rahmen der Kollegenschaft. Am seltsamsten war die Antwort eines unserer glänzendsten Entdecker und Erfinder.[12] Er meinte, Verfassungstreue sei ein Vertrauensvotum für „diese" Regierung. Das aber sei eine empörende Zumutung; ich solle nur bedenken, daß er z. B. soeben für sein Gut im Nachbarkreis einen Bullen gekauft habe, dieser aber die Ausfuhr dieses Bullen verboten habe; eine Regierung, wo derartiges möglich sei, dürfe man nicht unterstützen. Zur Bekräftigung der letzten Ansicht zog er einen Brief des Obersten Bauer aus der Tasche, worin dieser sagt, daß der Kapp-Putsch nur daran gescheitert sei, daß es uns noch nicht schlecht genug ginge; es müsse erst der vollständige Bolschewismus kommen, damit die Deutschen nach dem starken Mann verlangen lernten! Hier hat man ein Beispiel, wie – von allem andern abgesehen – jede Rücksicht des Hasses gegen Revolution, Gesellschaftsneubildung und Regierung auf die außenpolitischen Möglichkeiten und Zwänge völlig vergessen ist. Und wo etwa eine solche genommen wird, ignoriert sie grundsätzlich die wirkliche Sachlage und hält sich an Phantasien einer neuen konspirativen Macht- und Gewaltpolitik. So erzählte mir neulich ein Ungar, daß deutsche berühmte Professoren ihn gedrängt hätten, mit ihnen der Liga der unterdrückten Nationen, also der Irländer, Ägypter, Inder und Armenier, beizutreten, die den Kampf gegen England führe; dieser Liga gehöre auch Graf Reventlow, der bekannte Publizist und

Hans Delbrück, Friedrich Meinecke u. a. zu suchen sein. Vgl. Herbert Döring: Der Weimarer Kreis (1975), S. 67 ff.

10 Es handelt sich wahrscheinlich um Wilhelm Kahl (1849–1932), Professor für Kirchen-, Straf- und Staatsrecht an der Berliner Universität, zugleich Mitglied der Nationalversammlung für die DVP.

11 Es handelt sich möglicherweise um den Physiker Max Planck (1858–1947), der in der Weimarer Republik Mitglied der DVP war; vgl. Dieter Hoffmann: Das Verhältnis der Akademie zu Republik und Diktatur (2000), S. 62 ff.

12 Es handelt sich sehr wahrscheinlich um Walther Nernst (1864–1941), Professor für Physikalische Chemie an der Berliner Universität, der von dem Erlös des Patents der von ihm erfundenen Nernst-Lampe seit 1907 mehrere Rittergüter erworben hatte. Nach dem Scheitern des Kapp-Putsches im März 1920 hatte Nernst den Oberst Max Bauer, den er von seiner Tätigkeit in der Entwicklung chemischer Kampfstoffe im Ersten Weltkrieg her kannte, für einige Tage in seiner Berliner Wohnung versteckt. Vgl. Kurt Mendelssohn: Walther Nernst und seine Zeit (1976), S. 111 und S. 143; Ludwig Rüdt von Collenberg: Art. „Bauer, Max" (1932), S. 28.

frühere Annexionist der „Deutschen Tageszeitung", an![13] Alles lauter Versuche, die wirkliche Lage nicht zu sehen oder von ihr loszukommen, die bestehende Regierung nicht zu verbessern, sondern zu stürzen, ohne Gedanken daran, was denn aus dem Reich noch werden könne und solle. Das aber ist dann freilich gerade das Gegenteil einer richtigen Einsicht in das Verhältnis innerer und äußerer Politik, obwohl die immer wiederholten Warnungen und Blockadeverhängungen der Entente gegen Monarchismus und Bolschewismus den Zusammenhang deutlich zeigen könnten. Die letztere verlangte Sammlung und Einigung aller Patrioten aller Parteien in der Anerkennung der neuen Grundlagen und Schaffung einer erträglichen Regierung, die vom Boden des Völkerrechts und der moralischen Prinzipien aus dem deutschen Volke die Existenzmöglichkeit erkämpft und nach innen eine die Ordnung garantierende zuverlässige Reichswehr zur Verfügung hat. Auf dieser Grundlage könnte dann auch die Parteiregierung allmählich versachlicht und veredelt werden. Aber die verzweifelnde Nation will großenteils diese Zusammenhänge nicht sehen oder nicht anerkennen und kämpft, da sie sonst nichts zertrümmern kann, mit dem Ausland zusammen gegen die eigene Regierung.

Wer das klar vor Augen hat, den überkommt erst recht bisweilen die vollkommene Verzweiflung und er vermag sich ihrer nur dadurch zu erwehren, daß er sich sagt, daß Verzweiflung unter allen Umständen die eigentlichste Sünde und Schwäche ist.

Berlin, 21. April 1920 *Spectator*

---

[13] Der italienische Schriftsteller Gabriele D'Annunzio (1863–1938), der seit September 1919 mit einer Freischärlertruppe die territorial umstrittene norddalmatinische Küstenstadt Fiume (heute kroat.: Rijeka) besetzt hielt, plante im Frühjahr 1920 die Gründung einer gegen Großbritannien und den Völkerbund gerichteten „Liga der unterdrückten Nationen" mit Delegierten u. a. aus Ägypten, Indien, Irland und diversen Balkanstaaten. Das Projekt wurde am 19. April 1920 öffentlich bekanntgegeben, aber offenbar schon wenige Tage später wieder aufgegeben. Vgl. New York Times vom 20. April 1920: „,Anti-League of Nations' is projected by d'Annunzio"; Michael A. Ledeen: D'Annunzio (2002), S. 177 ff. Eine Beteiligung von Ernst Graf zu Reventlow (1869–1943) an der „Liga von Fiume" konnte nicht nachgewiesen werden.

Kritik am System: Das Parteiwesen (Juni 1920)

Editorische Vorbemerkung: Die Edition folgt dem Text, der erschienen ist in: Kunstwart und Kulturwart, hg. von Ferdinand Avenarius, 33. Jg., zweite Hälfte, April bis September 1920, Heft 17, erstes Juniheft 1920, München: Kunstwart-Verlag Georg D. W. Callwey, S. 209–215 (**A**). Der Text erschien in der Rubrik „Vom Heute fürs Morgen" und mit der Datumsangabe 2. Mai 1920. Mit dem Text setzte Troeltsch die insgesamt dreiteilige Unterserie der Spectator-Briefe „Kritik am System" fort, die er im 1. Aprilheft 1920 des „Kunstwarts" (33. Jg., Heft 13) begonnen (siehe oben, S. 248–254), dann jedoch wegen der Ereignisse rund um den Kapp-Putsch für drei Folgen unterbrochen hatte (siehe oben, S. 255–280).

Kritik am System: Das Parteiwesen

Das Lebensproblem eines völlig zusammengebrochenen Staatswesens ist – abgesehen von der Erneuerung der sittlichen und geistigen Kräfte, die aber wesentlich der privaten Arbeit anheimfällt – die Bildung einer hinreichend starken und fähigen Regierung. Wie sehr die Lösung dieser Aufgabe durch die Politik unserer Feinde und die Klassenkämpfe im Innern erschwert wird, und welche Hemmung auch | außerdem schon allein der Eintritt einer neuen, bisher der Regierung ungewohnten, am Internationalismus und Klein-Leute-Standpunkt orientierten Klasse in sich selber trägt, davon habe ich in diesen Briefen immer neu zu berichten gehabt. Die Schwierigkeiten waren so groß, daß alle Arbeit sich[a] immer wieder in Bekämpfung der Hungersnot und in der Herstellung eines erträglichen Verhältnisses zwischen der Regierung und der ihr als Organ dienenden neugebildeten Söldner-Armee erschöpfte. Nur durch beides konnte sie sich und damit das Ganze halten. Darüber kam es zur Lösung oder auch nur Angreifung der übrigen großen Aufgaben so gut wie gar nicht. Die Steuergesetzgebung und das Betriebsrätegesetz sind die notwendigen Neubildungen noch nicht, sondern Notmittel. Als eine leidliche Ordnung durch die bei den Verhältnissen allein mögliche parlamentarische Regierung

---

a *Fehlt in A.*

erreicht war und man an die weiteren positiven Aufgaben wenigstens denken konnte, da brach die seit der ersten Erschütterung wieder gesammelte konservativ-national-militaristische Gegenbewegung der bisher herrschenden Klassen wieder durch, zersetzte alle Verhältnisse und nötigte die Regierung dazu, durch Neuwahlen sich einen neuen Halt zu geben.[1] Die Kritik an den neuen Verhältnissen, die in ihren wichtigsten Punkten Kritik nicht an Zufälligkeiten und Menschlichkeiten, sondern Kritik am System war und ist, hatte dem Kapp-Putsch vorgearbeitet und auch viele irre gemacht, die an und für sich jede Gegenrevolution für eine Torheit hielten. Sie ergießt sich nun heute mit einer unerhörten Leidenschaft und Bitterkeit in die Wahlkämpfe. Der jeden Weitblick verfinsternde Haß der Parteien und die lediglich den Gegner karikierende und schlechtmachende Taktik des Partei-Journalismus werden das Ungeheuerlichste leisten und die für bessere Dinge bestimmte Intelligenz und Kraft aufzehren. Das Fieber, das in allen republikanischen Staaten die großen Wahlkämpfe bedeuten, wird bei uns zu einer schweren neuen Krankheit werden, in der alle durch den Kapp-Putsch erregten Leidenschaften des gegenseitigen Mißtrauens und der Konkurrenz um die Macht sich austoben werden.

Ich hatte in einem gewissen Instinkt für die von allen Seiten ansteigende Kritik kurz vor dem Kapp-Putsch begonnen, diese Kritik zu schildern und auf ihre Kernpunkte zurückzuführen.[2] Aber ich war über den ersten Punkt, über die durch den Erzberger-Prozeß in den Vordergrund gerückten Personenfragen, kaum hinausgekommen, als der Ausbruch der Gegenrevolution meine Befürchtungen mehr als bestätigte. Inzwischen ist die Regierung rekonstruiert und dabei unter dem Einfluß der äußerst erregten Gewerkschaften und des sozialdemokratischen Mißtrauens stark radikalisiert worden. In der Reichsregierung hat vor allem der kluge Schiffer weichen müssen und dem sehr viel derberen Herrn Blunk Platz gemacht.[3] In Preußen haben Hei-

---

[1] Am 30. April 1920 beschloss das Reichskabinett Müller, die Wahlen zum ersten Reichstag für den 6. Juni 1920 auszuschreiben. Ursprünglich hatte die Regierung die Wahlen erst für den Herbst 1920 ausschreiben wollen. Vgl. Heinrich August Winkler: Weimar 1918–1933 (1993), S. 138.

[2] Siehe oben, S. 248–254.

[3] Am 27. März 1920 war das Reichskabinett Bauer zurückgetreten, nachdem die DDP die Forderung von Gewerkschaften und SPD-Fraktion nach Absetzung des Vizekanzlers und Reichsjustizministers Eugen Schiffer (DDP), dem sein Entgegenkommen in den Verhandlungen mit den Kapp-Putschisten angelastet wurde, abgelehnt hatte. Bei der Bildung des neuen Reichskabinetts unter Führung von Hermann Müller (SPD) verzichtete die DDP dann jedoch auf die erneute Nominierung Schiffers als Minister. Vgl. Lothar Albertin: Liberalismus und Demokratie am Anfang der Weimarer Republik (1972), S. 380 f. Schiffers Nachfolger als

ne und Südekum, zwei der klügsten und besonnensten Sozialdemokraten, das Feld geräumt.[4] In Sachsen sind die Unabhängigen obenauf gekommen,[5] während umgekehrt in Bayern die Bauern mit ihrer Einwohnerwehr einen Ruck nach rechts erzwungen haben.[6] Das ganze System der zwanzig Parlamentarismen mit ihrer Überwölbung im Reichsparlamentarismus, ein von Hause aus überaus schwieriges, fast wahnsinniges System, ist also in Unstimmigkeiten geraten, und die Reichsregierung ist eine rein provisorische. In der Bevölkerung hat der Kapp-Putsch die Parteienverhältnisse zersetzt und die Klassengegensätze aufs äußerste zugespitzt und bewußt gemacht, die Solidaritäten aufgelöst oder gefährdet, die sich zu bilden begonnen hatten. Unter diesen Umständen ist die Kritik am System heute natürlich aufs

---

Reichsjustizminister, Andreas Blunck (DDP), griff am 13. April 1920 in der Nationalversammlung die DVP wegen ihrer abwartenden Haltung während des Kapp-Putsches an. Daraufhin entspann sich eine heftige Kontroverse zwischen Blunck und dem DVP-Abgeordneten und Berliner Professor für Rechtswissenschaften Wilhelm Kahl (1849–1932), in deren Verlauf Blunck den ehemaligen hannoverschen König Ernst August I. (1771–1851) zitierte: „Professoren, Huren und Tänzerinnen kann man überall für Geld haben". Zit. nach Coburger Zeitung vom 27. April 1920. Im „Heidelberger Tageblatt" wurde Troeltsch am 12. Mai 1920 mit der Äußerung zitiert: „[…] [D]aß der Gelehrte insbesondere an dem fatalen Herrn *Blunck* schweren Anstoß nimmt, ist selbstverständlich […]." (Hervorhebung i. O.) Zit. nach Ernst Troeltsch: [Warum bekenne ich mich zur Demokratie?], in: KGA 15, S. 374.

4 Bei der Kabinettsneubildung in Preußen Ende März 1920 musste Finanzminister Albert Südekum (SPD) – ebenso wie Ministerpräsident Paul Hirsch (SPD) – sein Amt räumen, weil er sich während des Kapp-Putsches auf direkte Gespräche mit den Putschisten eingelassen hatte. Innenminister Wolfgang Heine (SPD) galt wegen seiner Rolle beim Aufbau der Berliner Sicherheitspolizei, die während des Kapp-Putsches zu den Putschisten übergelaufen war, als kompromittiert. Vgl. Heinrich August Winkler: Weimar 1918–1933 (1993), S. 129 f.

5 In Sachsen wurde Ende April 1920 über einen Eintritt der USPD in die Landesregierung spekuliert, nachdem Ministerpräsident Georg Gradnauer (SPD) unter dem Druck des linken SPD-Flügels zurückgetreten war. Letztlich wurde am 4. Mai 1920 jedoch erneut ein Kabinett aus SPD und DDP gebildet. Vgl. Vossische Zeitung vom 22. April 1920 (Abend-Ausgabe): Gradnauers Rücktritt.

6 Am 14. März 1920, mitten während des Kapp-Putsches, war in Bayern unter dem Druck der überwiegend monarchistisch gesinnten bayerischen Einwohnerwehren die Minderheitsregierung von Johannes Hoffmann (SPD) zurückgetreten. Am 16. März 1920 wählte der bayerische Landtag den Regierungspräsidenten von Oberbayern, Gustav von Kahr, zum neuen Ministerpräsidenten. Der neuen Regierung gehörten Politiker der BVP, der DDP und des Bayerischen Bauernbundes an. Vgl. Gerhard Schulz: Zwischen Demokratie und Diktatur, Band 1 (1987), S. 328 ff.

äußerste verschärft und der Gedanke eines Systemwechsels auch solchen nahegerückt, die ihn bisher für völlig unmöglich gehalten hatten. Freilich würde er dann vermutlich wesentlich den Radikalen zugute kommen. Aber das ist ja auch die Rechnung der Konservativen: man müsse durch eine Herrschaft der Unabhängigen hindurch zu einer allgemeinen Umkehr kommen. Umgekehrt rechnen auch die Sozialdemokraten vielfach schon ähnlich: es sei bei dem offen zutage gekommenen Klassen|charakter der Gegenrevolution ihr Klasseninteresse doch immer noch besser durch ein Zusammengehen mit Unabhängigen sichergestellt; nur dadurch werde man die Gegenrevolution endgültig besiegen können. Es ist sehr bemerkenswert, was soeben Paul Lensch über die Emanzipation der Gewerkschaften von der Partei sagt: die ersteren wollen die Führung in die Hand nehmen, den Klassencharakter wieder herstellen und sich mit den vernünftigen Unabhängigen einigen.[7] Das Ringen von Unabhängigen und Mehrheitlern in den Gewerkschaften ist heute der Angelpunkt der Situation.

So kann ich also heute den unterbrochenen Bericht über die Kritik am System wieder aufnehmen, und diese Kritik ist heute nicht mehr wesentlich theoretisch, sondern ist ein praktisches Element des Wahlkampfes geworden, seit der Kapp-Putsch zu Neuwahlen geführt und die Gesamtlage für sie so außerordentlich verschärft hat. Und in der Tat hängt der zweite Punkt der Kritik, den ich in Aussicht genommen hatte, gerade mit den jetzt beginnenden Wahlkämpfen aufs engste zusammen; er gewinnt auch seinerseits eine Aktualität, die ich in dieser Weise so rasch nicht erwartet hatte. Es ist die Kritik an unserem *Parteiwesen*, vor allem an der organischen Bedeutung, die das Parteiwesen für das parlamentarische Regierungssystem gewonnen hat. Selbstregierung des Volkes, soweit etwas derartiges in Großstaaten überhaupt möglich ist, ist naturgemäß Parlaments-Regierung, und jede Parlamentsregierung ist ebenso naturgemäß Parteiregierung. Da muß man nun gleich fragen, ob ein derartiges System in einem *Bundesstaate* überhaupt möglich ist. Der Reichsparlamentarismus und der Länder-Parlamentarismus: das ist die Übersetzung des alten dynastischen Bundesstaats in eine Konföderation von Parlamenten, die mit dem Wegfall der preußischen Vorherrschaft nicht mehr die Gewähr der Zusammenarbeit geben wie der alte Bundesrat und mit dem Reichsparlamentarismus sofort in scharfen Gegensatz geraten müssen, wenn die Parteiverhältnisse in Reichs- und Länderparlamenten ungleichartig geworden sind. Darin ist das Drängen auf den Einheitsstaat begründet, dem nun aber immer noch der preußische Parlamentarismus entgegensteht. Durch dieses naturgemäße Übergewicht Preußens ist jede

---

7 Paul Lensch: Was wird aus der deutschen Arbeiterbewegung? (1920). Es handelt sich um die Druckfassung eines Vortrags vom 1. April 1920.

Analogie mit der Schweiz oder Amerika heute noch aufgehoben, ganz abgesehen davon, daß die viel stärkere Stellung des Präsidenten in der Bundesregierung in jenen Ländern den Vergleich unmöglich macht. Eine Parteiregierung, wenn sie nun einmal überhaupt sein soll, ist nur als zentrale Regierung eines Einheitsstaates denkbar. Das ist die tiefste Wunde unseres unfertigen Staatsgebildes und nicht so leicht zu heilen, da dem nicht nur das preußische Selbstgefühl und die Überzeugung vieler, daß das Schwergewicht Preußens heute noch die die Reichsmasse allein zusammenhaltende Kraft sei, entgegenstehen, sondern auch die Partikularismen der anderen Bundesstaaten, die nicht aufhören wollen, sich als konföderierte souveräne Staaten zu betrachten! Aber gerade, weil diese Wunde so besonders tief geht, ist von ihr verhältnismäßig am wenigsten die Rede. Reichseisenbahnen und Reichsfinanzämter allein werden sie nicht heilen.[8] Noch geht man überall um sie herum; aber sie wird irgendwann aufbrechen und wahrscheinlich zur schlimmsten Unzeit. Ob die augenblicklich in der Beratung begriffene neue preußische Verfassung[9] durch Autonomisierung der Provinzen dem vorbeugen will und kann, und ob, Wollen und Können vorausgesetzt, eine solche Autonomisierung die unentbehrliche Wirkung haben wird, das ist heute noch mehr als fraglich. Die Angelegenheit wird dann spruchreif werden, wenn in zwei Jahren der Paragraph 18 der Reichsverfassung anwendbar werden wird.[10]

Aus diesem Grunde spielt diese Frage heute noch keine entscheidende Rolle. Man vernimmt allenthalben ihr dumpfes Grollen; aber noch stehen die Parteikämpfe um die Führung der Reichsgewalt im Vordergrunde und heute mit den Wahlen erst recht. Da ist nun hinzuweisen auf den allentalben sich ausbreitenden Überdruß am Parteiwesen und auf den Ekel an der reinen Parteiregierung, wie sie sich ausgebildet hat und wie sie vor allem in dem Mitregieren der sozialdemokratischen Fraktion und neuerdings der Gewerkschaften in den sozialdemokratischen Ministerien zum Ausdruck kommt. Auch beim Zentrum fehlt diese Sitte nicht ganz, während sie bei den Demokraten am wenigsten entwickelt ist. Das ist z. B. der Grund, weshalb in Preußen Heine seines Ministeriums schon vor dem Kapp-Putsch

---

8 Mit der Weimarer Verfassung von 1919 war neben der Finanz- und Steuerhoheit (Art. 8) unter anderem auch die Zuständigkeit für das Eisenbahnwesen (Art. 7) von den Einzelstaaten auf das Reich übergegangen.
9 Am 26. April 1920 hatte der neue preußische Innenminister Carl Severing (SPD) in der Preußischen Landesversammlung den Verfassungsentwurf der Regierung eingebracht. Vgl. Sitzungsberichte der verfassunggebenden Preußischen Landesversammlung, Band 9, (1921), Sp. 11002–11006.
10 Siehe oben, S. 194, Anm. 11.

überdrüssig wurde[11] und weshalb die Haltung des Kultusministeriums so seltsam schwankend ist. Dieses Regiment der Fraktionen wird man nun aber in der Tat als Kinderkrankheit des Parlamentarismus bezeichnen dürfen, als Begleiterscheinung einer noch nicht vollendeten Revolution, die vor allem durch die Angst vor Gegenrevolutionen im Gange erhalten wird. Behauptet sich das System, lernen die Sozialdemokraten in steigender Zahl das wirkliche Regieren und steht ihnen eine starke nichtsozialdemokratische Partei zur Seite, in der sachlicher Verwaltungssinn durch Überlieferung und Können vertreten ist, dann wäre die Überwindung dieser Kinderkrankheiten vielleicht denkbar. Das beste Mittel dagegen wäre, daß die deutsche Intelligenz nicht um jeden Preis Opposition macht, sondern unter Anerkennung der gewordenen Verhältnisse sich an Verwaltung und Regierung ehrlich und sachlich möglichst beteiligt. Tut sie das auf die Dauer nicht, hofft sie durch eine Art Intelligenzstreik das System zu steigern und damit schließlich zu werfen, dann sind allerdings unabsehbare Verwicklungen möglich. Sie muß aus dem Klassenkampf heraus, die Mitherrschaft der neuen Klasse anerkennen, die Republik – einerlei mit welchen Gefühlen, aber ehrlich – anerkennen, und sie muß mitregieren lernen, wenn auch unter Opfern an eigenen Klasseninteressen. Tut sie aber das, dann ist die Beseitigung dieses schlimmsten, aber nicht notwendig organisch dauernden Übels möglich.

Bedenklicher ist der grundsätzliche Parteiüberdruß, wenn er auch erklärlich genug ist. Er herrscht ja auch in anderen Ländern, die sich nach diesem System selbst regieren. Ich sprach in Amerika[12] Intellektuelle und Geschäftsmänner über diese Dinge und hörte oft von ihnen, daß sie sich um diese widerwärtigen Künste nicht kümmern und die Parteibeamten und Bosses die Sache machen lassen. Freilich kam dann der charakteristische Zusatz, daß das alles ja ganz gleichgültig sei, solange die Geschäfte gingen und das Land prosperiere; auch die Korruption sei doch nur als eine Art Geschäftsunkosten zu betrachten, die man für die Freiheit bezahle und die angesichts des allgemeinen Fortschrittes nicht zu hoch seien. Da liegt nun aber für uns heute der Unterschied. Bei uns gibt es keine allgemeine Prosperität, son-

---

11 In der Sitzung der Preußischen Staatsregierung vom 22. März 1920, an der Troeltsch teilnahm, begründete Innenminister Wolfgang Heine (SPD) sein Rücktrittsgesuch damit, dass er sich „angesichts des unerträglichen massiven Hervortretens von Wünschen der Parteien in Personenfragen" in seiner Amtsführung der „nötigen Unabhängigkeit beraubt" fühle. Zit. nach Protokolle des Preußischen Staatsministeriums, Band 11/I (2002), S. 162.

12 Troeltsch war 1904 (gemeinsam mit Max Weber) für einen internationalen Kongress am Rande der Weltausstellung in St. Louis in die USA gereist. Vgl. Hans-Georg Drescher: Ernst Troeltsch (1991), S. 181–184.

dern vielmehr lauter Elend und drohende Elendsgefahren. Da muß ein jeder sich beteiligen und die Parteibildung, d. h. die Regierungsbildung mit beeinflussen. Ohne Parteien ist nicht zu regieren, und daher kommt alles auf die Bildung großer, regierungsfähiger Parteien an. Auch die Opposition darf nur unter dem Gesichtspunkt etwaiger eigener Regierungsfähigkeit gemacht werden und müßte bei uns das Unwiderrufliche und Widerrufliche an unseren heutigen Verhältnissen vor allem klar scheiden, um sich auf den Boden des Möglichen und damit der Regierungsfähigkeit, d. h. bei uns der Mitregierungsfähigkeit zu stellen. Würde das geschehen, so könnte neben Zentrum und Sozialdemokraten eine große Partei nicht der Bürgerlichkeit, aber der liberalen Intelligenz gebildet werden, die durch Fähigkeit und Leistung sich eine sehr bedeutende Rolle sichert, aber freilich auch den anderen Hauptgruppen die notwendigen Konzessionen machen müßte. Diesen Aufgaben kann sich nur entziehen, wer laut oder still auf die Diktatur oder auf die Rückkehr einer Beamtenregierung hofft, die im wesentlichen von der eigenen Klasse ausgeübt wird. Daß eine Diktatur, wenigstens eine bürgerlich-konservative, nichts Dauerndes sein kann und unter unseren Verhältnissen doppelt und dreifach unhaltbar ist, könnte man sich aber leicht sagen. Und daß an eine Beamtenregierung alten Stiles nicht zu denken ist, ist vollends selbstverständlich. Wir müssen schon ein jeder selber dran und die Verantwortung für das eigene Schicksal wie | das des Ganzen auf uns nehmen. Die Widerwärtigkeiten des Parteilebens müssen dabei ertragen werden, und gegenüber den Zeitungen muß man innerlich unabhängig und gleichgültig werden. Aber die alte Bequemlichkeit und Überlassung der Verantwortung an ein wenigstens erträgliches Beamtenregiment ist für immer dahin. Mit bloßem Schimpfen sind die politischen Tätigkeiten nicht mehr zu erledigen.

Parteien müssen sein. Sie sind das einzige Mittel der Regierungsbildung, ob sie einem gefallen oder nicht. Wer früher über Militär- oder Beamtenhochmut sich ärgerte, kann sich heute über die Parteizwistigkeit und Parteiselbstsucht ärgern. Ohne Dinge, über die man sich ärgert oder an denen man leidet, gibt es überhaupt keine Regierung. Regierung-schaffen und Regierung-ertragen ist leider immerdar ein schwieriges und unangenehmes Geschäft gewesen und wird es in jeder Form bleiben. Und zwischen den verschiedenen Formen dieser Unannehmlichkeiten ist meistens keine Wahl. So kann sich die Kritik mit Fug nur auf das gegenwärtige System der Parteien beziehen und entweder deren Wesen oder deren Machtverhältnisse grundsätzlich geändert sehen wollen.

Da ist es nun aber sehr wichtig, sich klar zu machen, daß man Parteien nicht beliebig schaffen kann und daß die gegebenen Parteien im wesentlichen bestimmten natürlichen Gruppierungen der Gesellschaft entsprechen, also eine gewisse innere Notwendigkeit besitzen. Parteien sind mühsam konstruierte, finanziell und technisch kunstreich aufgebaute Maschinen mit Beamten, Kassen, Organisationen, festem Personalbestand, angehäufter Erfahrung und Verbindung, Geschäft mit fester Firma, Vermögen, Betriebseinrichtung und Kundschaft. Das läßt sich nicht so leicht neu schaffen und ersetzen. Man wird geradezu sagen dürfen, daß neue Parteien, die nicht Abspaltungen oder Umformungen alter und damit Fortsetzungen vorhandener Maschinen sind, geradezu als einflußreiche Parteien unmöglich sind. Man kann nur in den alten von innen heraus auf Wandelungen hinarbeiten, wie sie sich ja in der Tat bisweilen völlig verändern und verschieben und mit ihrem alten Namen oft gar nichts mehr zu tun haben.

Den Neugründungen steht aber auch der Umstand entgegen, daß die alten und bestehenden von den Verhältnissen in Wahrheit gefordert sind. Eine starke Arbeiterpartei, eine konfessionelle Katholikenpartei, eine ständisch-konservative und eine bürgerliche Intelligenzpartei sind die notwendigen Ergebnisse der heutigen deutschen Gesellschaft. Da kann der Einzelne sich nur an diejenige Partei halten, die der eigenen Lebensanschauung, den eigenen Berufsinteressen und dem Wohle des Ganzen oder den Möglichkeiten einer gegebenen Situation am besten zu dienen verspricht. Für dieses Versprechen muß freilich das politische Verständnis des Beurteilers maßgebend sein, die Versprechungen der Parteiprogramme sind völlig gleichgültig. Aber da muß entschieden Anschluß gesucht werden, und, wer kann, mag in seiner Partei, die er gewählt hat, der Vernunft nach Vermögen zur Wirkung verhelfen. Etwas anderes ist nicht möglich, und das hilflose, nur scheinbar überlegene Gezeter über die Greuel des Parteiwesens ist nichts als Schwäche und Urteilslosigkeit oder übel angebrachte und zur Schau getragene Selbständigkeit unfruchtbarer Geister. Im Gegenteil, jede Zersplitterung ist ein Unheil. Die Parteien müssen möglichst groß und möglichst wenig sein, wenn sie ihrem Zweck, der Heraussiebung einer kräftigen Regierung aus den Wählermassen, dienen sollen. Deutschlands Elend ist ein Überfluß an Parteien, und das Bedürfnis wären möglichste Reduktionen. Vor allem ist seit alten Zeiten die Teilung der bürgerlichen Intelligenz ein großes Unglück, bei der sehr partikulare innerbürgerliche Interessengegensätze stets den Einsatz dieser großen Kraft als Ganzes und für das Ganze verhindert haben. Die Verteilung dieser Intelligenzen auf Demokraten, Volkspartei und Deutschnationale ist das große Unglück der Lage, und hier wäre die Umgruppierung in der Tat eine dringende Forderung. Aber eine durchgreifende Umgruppierung, keine neue Partei!

A 214 So bleibt im Grunde nur die Kri|tik an der gegenwärtigen Machtverteilung der Parteien. Die einen beklagen die Hemmung des Handarbeiter-Sozialismus durch die Notwendigkeit einer Rücksicht auf bürgerliche und bäuerliche und konfessionelle Parteien; die anderen verdammen die verheerende Wirkung, die das Übergewicht der Handarbeiterinteressen und ihrer Parteiorganisation über alle anderen Interessen gewonnen habe, und die Zerstörung des Verwaltungsapparates, die die notwendige Folge davon ist. Daß die Kräfteverteilung heute eine ungesunde ist und denjenigen, die die Revolution gemacht haben, einen über ihre Zahl weit hinausgehenden Einfluß einräumt, ist gewiß. Aber das liegt an der revolutionären Situation und ist vorerst nicht zu ändern. Auch muß man sich endgültig an den Eintritt dieser Klasse unter die Herrschenden gewöhnen. Jeder Versuch, sie wieder lediglich in die Opposition zu drängen, wäre Wahnsinn und lebensgefährlich, überdies eine moralische Ungerechtigkeit, die sich bitter am moralischen Gesamtzustande rächen würde. Die eigentliche Ungesundheit, die nicht notwendig in der Situation liegt, ist vielmehr der Mangel einer starken und großen Partei der Intelligenz, die ganz und gar nicht bürgerlich-antisozialistisch im alten Sinn der „staatserhaltenden" Parteien sein darf, die aber doch Erfahrung, Herrschgewohnheit, Bildung, relativ aristokratische Sitte, Technik und Wissen vertritt samt der relativ freien Beweglichkeit der Gesellschaft, in welcher allein diese Fähigkeiten erworben werden können. Die Menschen dieser Art sind durch alle drei „bürgerliche" Parteien verteilt und überall mit solchen untermischt, die eigentlich den ganzen sozialistischen Schwindel gerne wieder los sein möchten. Aber sie sind durch Schlagworte, Mißverständnisse, alte Gewohnheiten, alte sog[enannte] Führer, Hetzereien, falsche Auffassungen des Geschehens, die unseligen Kriegslegenden untereinander zersprengt und verhetzt, so daß sie nicht zusammenkommen können und sich von den anderen, die allein wirklich das alte System als Legitimisten oder Interessenten vertreten, nicht reinlich scheiden können. Diese Umgruppierung, die klare Scheidung der Restaurationsleute und der Optanten für die neue Entwicklung, der Verzicht auf die Verwirrung all dieser Verhältnisse durch das Schlagwort „national": das wäre das große Bedürfnis der Lage, und auf diese Verwirrung müßte sich vor allem die Kritik werfen. Es bedarf eines konservativen Intelligenzmomentes in der Regierung, das die neuen Verhältnisse ehrlich annimmt, aber innerhalb dieser die jedem Staate unentbehrlichen relativ konservativen Interessen vertritt. Heute ist demokratisch gleich konservativ, und ist ein richtiger, die Planwirtschaft fördernder Sozialismus staatserhaltend. Das muß außer dem konfessionellen Zentrum doch auch die freie Intelligenz mit all ihren Hintersassen lernen können: das Zentrum hat die Situation verstanden, die deutsche Bildung nicht. Sie ist zu sehr an ihrem Klasseninteresse und an alten Schablonen und Vorurteilen hängen geblieben. Es hätte gegolten, die deutsch-demokratische Partei in diesem Sinne zu einer großen nationalen und reformerischen Partei auszubauen. Daß das nur zum Teil gelungen ist, ist auch nur zum Teil ihre Schuld, soweit man in diesen Dingen auf allen beteiligten Seiten von Schuld statt von Schicksal und traditioneller Unfähigkeit des deutschen Bürgertums zu Freiheit und Politik reden will. Ihr schlimmster Fehler ist, daß sie nicht stärker und sicherer in ihrem Anhang ist; daneben, daß sie dem „wirtschaftlichen Individualismus", d. h. dem Händlertum und dem Kleinbürgertum zu viel Rechnung tragen muß, um die großen und unvermeidlichen Aufgaben einer relativen Gemeinwirtschaft in Angriff nehmen zu können. Alles das würde sie können, wäre sie größer und stärker und würden die entschlossenen Reformer aller bürgerlichen Parteien zu ihr stoßen. Hier liegt meines Erachtens der wundeste Punkt der Parteiverhältnisse; darauf führte ja auch die Kritik des Parteiwesens bereits an allen anderen Punkten. Hier könnten die Wahlen Besserung bringen, aber gerade hier werden sie die notwendige Einsicht nur mit um so giftigerer Polemik zuschütten.

Es ist in der Polemik gegen die | Parteien üblich geworden, sie ideenarm zu schelten und besonders die Koalitionsparteien der gedankenlosen Anlehnung an die „westlichen" Theorien zu beschuldigen. Mir schrieb ein konservativer Führer mit der üblichen Liebenswürdigkeit, er könne nicht begreifen, wie ich mich einer so gedankenlosen Partei, wie die deutsch-demokratische, hätte anschließen können. Ich habe ihm darauf geantwortet, Ideen hätte ich für mich allein mehr als genug, dazu brauchte ich keine Partei. Von einer Partei verlangte ich realistische Erkenntnis der Sachlage, Fähigkeit sich zur Regierung zu bringen und das Durchschnittsmaß von gesundem Menschenverstand, mit dem man allein regieren und das man allein von einer Partei günstigenfalls erwarten kann. Ideen können dann bedeutende Politiker haben, die von diesem Instrument emporgetragen sind und die sich hüten werden, wie die Schulmeister-Literaten auf den Beifall der Ideenbewunderung zu spekulieren und vor der Zeit zu verraten, was sie etwa für möglich halten.

Gesunder Menschenverstand, Arbeitswillen und Opferwilligkeit, das brauchten wir überall und vor allem im Parteiwesen und in der Herausarbeitung einer leistungsfähigen Parteiregierung. Ist erst eine solche da, dann könnte man an weitere Verbesserungen des Systems in Ruhe und Ordnung denken. Denn die gegenwärtige Verfassung ist sicherlich nicht das letzte Wort, wenn sie auch das erste und bis jetzt vernünftigste ist. Die Wahlen werden entscheiden, wie weit die Zukunft *mit* der Verfassung und auf ihrem zunächst gelegten Grunde wird herbeigeführt werden können oder wie weit sie *gegen* die Verfassung unter neuen Schrecken und Gefahren gemacht werden soll. Man wird immer noch das erstere hoffen dürfen, sei sich aber nicht allzu sicher.

Berlin, 2. Mai [1920]. *Spectator*

Kritik am System: Die Kammer der Arbeit (Juni 1920)

Editorische Vorbemerkung: Die Edition folgt dem Text, der erschienen ist in: Kunstwart und Kulturwart, hg. von Ferdinand Avenarius, 33. Jg., zweite Hälfte, April bis September 1920, Heft 18, zweites Juniheft 1920, München: Kunstwart-Verlag Georg D. W. Callwey, S. 261–266 (**A**). Der Text erschien in der Rubrik „Vom Heute fürs Morgen" und mit der Datumsangabe 17. Mai 1920.
Mit dem Text schloss Troeltsch die insgesamt dreiteilige Unterserie der Spectator-Briefe „Kritik am System" ab, die er schon im 1. Aprilheft 1920 des „Kunstwarts" (33. Jg., Heft 13) begonnen, dann aber wegen des Kapp-Putsches erst im 1. Juniheft 1920 des Kunstwarts (33. Jg., Heft 17) fortgesetzt hatte (siehe oben, S. 248–254 und S. 281–290). Den abschließenden Text zur „Kammer der Arbeit" hat Troeltsch wahrscheinlich schon im Februar oder März 1920 zu schreiben begonnen und dann bei der Fertigstellung im Mai 1920 nur oberflächlich und offenbar in Eile überarbeitet. Dafür spricht neben einer auffälligen Häufung von Tempusfehlern etwa die mehrmalige Einführung der Zeitschrift „Gewissen" bei den Lesern, ebenso der Umstand, dass Troeltsch sich zum Teil offenbar auf Artikel aus den Februar-Nummern des „Gewissen" bezieht, diese dann aber mehrfach den falschen Autoren zuordnet.

Kritik am System: Die Kammer der Arbeit

Der Wahlkampf ist im vollen Gang.[1] Das Ziel der heftigsten Leidenschaften ist die Zertrümmerung der bisher herrschenden parlamentarischen Koalition, während für diese weniger die Leidenschaft als die Vernunft kämpft. Diese Vernunft könnte zur Leidenschaft nur werden, wenn man die absolute Gefordertheit dieser Koalition vom | Standpunkt der auswärtigen Politik sich vergegenwärtigte und die deutsche Lage mit den Augen der wenigen Deutschland freundlich gesinnten Ausländer sehen wollte. Allein dazu sind nur wenige geneigt, und gerade die sogenannten nationalen Parteien kämpfen ohne jede Rücksicht auf internationale Lage und Friedensvertrag genau mit den Mitteln der Verhetzung, der Stimmungsmache, des sozialen Boykotts, der moralischen Angriffe, wie einst die Sozialdemokraten ihren Klas-

---

1 Gemeint ist der Wahlkampf für die Reichstagswahl am 6. Juni 1920.

senkampf gekämpft haben. Bei diesen deckte die humanitäre Parole den rasenden Haß, wie bei jenen heute die nationale, und in beiden Fällen tun die idealen Parolen die Wirkung, viele ideologische Mitläufer heranzuziehen, während auf der anderen Seite der Terrorismus die Bequemen, Milden und Gedankenlosen zum Mitgehen zwingt. Wie die Menschen denken, dafür nur wieder einige Beispiele, zufällig aus dem Erleben eines Tages herausgegriffen. Ich spreche einen der berühmtesten Kriegsprofessoren,[2] der meint, nun werde es gelingen, die Koalition zu zertrümmern durch ein ungeheures Wachstum der Unabhängigen einerseits, der Konservativen andererseits. Ich erwidere, daß das vermutlich die Auflösung des Reiches in lokale Bürgerkriege und damit dann weitere Einmärsche schwarzer Franzosen bedeuten werde.[3] Er: „Gerade das wäre günstig, die Berichte über die französische Herrschaft sind erfreulich; die Leute werden dort überall fanatisch national." Ich: „Dem stehen leider entgegengesetzte Berichte gegenüber. Aber wie dem auch sei, mir scheint ein Revanchekrieg schlechthin unmöglich." Er: „Nur für den Augenblick. Die Entente wird sich entzweien. Japan und Amerika, England und Frankreich werden in Streit geraten, und dann kommt unsere Stunde und zwar bald." So hat der betreffende Herr freilich bei der Propaganda für U-Boot-Krieg auch geredet. Und daneben höre ich aus zuverlässigster Quelle, daß für den Fall eines starken konservativen Wahlsieges die seit dem Kapp-Putsch rasend gewordenen oder auch gemachten Landarbeiter zu einer sizilianischen Vesper[4] gegen die Gutsbesitzer verschworen sind, und diese schon die Flucht von ihren Gütern vorbereiten! Oder ein anderes Beispiel. Ich spreche mit einer vortrefflichen Abgeordneten der soge-

---

2 Es handelt sich vermutlich um Eduard Meyer (1855–1930), Professor für Alte Geschichte an der Berliner Universität (siehe oben, S. 77, Anm. 7).

3 Ausgelöst durch einen Zwischenfall bei der französischen Besetzung von Frankfurt a. M. am 6. April 1920 (siehe oben, S. 271, Anm. 8), wo aus Marokko stammende französische Soldaten in eine Menschenmenge geschossen hatten, kam es im Frühjahr 1920 in Deutschland zu einer stark rassistisch geprägten Debatte über den Einsatz afrikanischer Kolonialsoldaten in den alliierten Besatzungstruppen. Initiator und wichtigster Antreiber der deutschen Kampagne gegen die „Schwarze Schmach am Rhein" war dabei ausgerechnet der britische Pazifist Edmund D. Morel, mit dem Troeltsch über die Heidelberger Vereinigung in Kontakt stand (siehe oben, S. 196, Anm. 15). Vgl. Christian Koller: „Von Wilden aller Rassen niedergemetzelt" (2001), S. 207–213; Catherine Ann Cline: E. D. Morel 1873–1924 (1980), S. 126 ff.

4 Sizilianische Vesper: sprichwörtlich i. S. v. „Blutbad", zurückgehend auf den Aufstand gegen Karl I. von Anjou in Palermo im Jahr 1282, im 19. Jahrhundert popularisiert durch die Oper „Les vêpres siciliennes" (1855) von Giuseppe Verdi.

nannten Volkspartei.⁵ Sie meint, die Regierung sei schlecht und man müsse diese Schlechtigkeit mit allen Mitteln nachweisen. Dann werde die Volkspartei wachsen, in die Regierung eintreten und diese in Ordnung bringen. Ich: „Das wäre an sich nicht übel, aber Sie müssen sich dann mit den Sozialdemokraten verständigen." Sie: „Natürlich wird man das müssen, ohne sie kann heute niemand regieren. Aber wir werden ihnen ganz andere Bedingungen stellen als die Demokraten." Ich: „Glauben Sie denn, daß jene dann ihrerseits in der Regierung bleiben und sich gegen die Unabhängigen halten können?" Sie: „Die werden schon in der Regierung bleiben; das gefällt ihnen viel zu gut." Da ist zweifellos die Rechnung ohne den Wirt gemacht; aber die Leute, die über die Steuergesetzgebung und das Betriebsrätegesetz entrüstet sind, hören gerne von solcher „Verbesserung" der Regierung und machen sich über die psychologischen Möglichkeiten und Voraussetzungen wenig Gedanken; mit etwas weniger Schlappheit sei alles zu machen. Und nun das dritte Beispiel. Heimgekehrt von diesen Gesprächen, lese ich einen Artikel der „Freiheit" über „Proletarierkultur".⁶ Da heißt es, daß weder die Anteilnahme der Proletarier an der bürgerlichen Kultur und die Erziehung für sie und durch sie etwas helfen könne, noch die Leistung von Proletariern, die zu Kulturmenschen im bürgerlichen Sinne und künstlerischen oder wissenschaftlichen Leistungen dieses Sinnes emporstiegen. In solcher Kultur steckten^a schon die aristokratisch-bürgerlichen Elemente, wie ja die bürgerliche Kultur nur die Fortsetzung und Umwandelung der aristokratischen sei. Ihre Leistungen seien so wundervoll und zwingend, daß man ihr sich nur entziehen könne, wenn man sie radikal zerschlage und an ihre Stelle eine ganz neue, rein aus proletarischen Instinkten und Kräften aufgebaute Kultur setze. Deshalb in keiner Hinsicht, auch nicht in Kultur und Wissenschaft, eine Berührung mit den Bürgerlichen! Dabei fiel mir dann die alte Frau ein, die in einer Diskussionsversammlung schließlich zu dem Redner sagte: „Ach, Herr Doktor, sie kennen ja auch diese Kapitalisten, warum wollen die uns nicht zu Kulturmenschen werden lassen?"

So sind die Kräfte, die an dem sowieso schon übermäßig gespannten und brüchigen Seile hin- und herzerren. Unter diesen Umständen wäre es freilich doppelt nötig, das Seil zu verstärken, damit es nicht zerreißt. Das ist denn auch die Absicht der Kritik am System, soweit sie nicht unter irgend

---

a *A:* stecken

---

5 Die einzige Frau in der DVP-Fraktion in der Nationalversammlung war Clara Mende (1869–1947). Der DVP-Fraktion in der Preußischen Landesversammlung gehörten mit Lotte Garnich und Margarete Poehlmann zwei Frauen an.
6 Freiheit vom 2. März 1920 (Abend-Ausgabe): Proletarische Kultur und Kunst.

einer Maske nur überhaupt das System zerstören will. Ich fahre daher fort in dem Bericht über die Kritik am System, das ja nach Ansicht aller die Einzelheiten genau Kennenden das allein mögliche auf längere Zeit bleibt, darum wohl auch hoffentlich sich behaupten wird. Und zwar handelt es sich heute um die wichtigste, weil einzig positive Kritik, um den Gedanken einer „Kammer der Arbeit".[7] Der Gedanke wird von allen möglichen Seiten geäußert und vertreten. Ihn haben die Rechtsparteien und das Zentrum teils in einigen führenden Persönlichkeiten, teils in ihrer offiziellen Presse aufgenommen. Er wird ernstlich verhandelt in den Kreisen der Industrie. Er soll dem unabhängigen Gedanken der Räte entgegenkommen. Kleine Gruppen sogenannter junger Politiker, die in der Wochenschrift „Gewissen" sich um den bekannten Antibolschewisten Dr. Stadtler scharen, vertreten ihn leidenschaftlich.[8] In der demokratischen Presse kämpft die Vossische Zeitung für

---

7 Die Einrichtung einer berufsständisch gegliederten „Kammer der Arbeit", die als zweites legislatives Organ gleichberechtigt neben dem Parlament wirken sollte, war zunächst auf einen SPD-Antrag hin auf dem II. Reichsrätekongress vom 8. bis 14. April 1919 in Berlin beschlossen worden. In den Verfassungsdebatten der Nationalversammlung fand die Idee aber vor allem bei den Rechtsparteien DVP und DNVP Unterstützer, die von einem ständischen Verfassungselement ein Gegengewicht zur „Überspannung des Parlamentarismus" erhofften. Dennoch wurde in Art. 165 der Weimarer Verfassung lediglich die Bildung eines „Reichswirtschaftsrats" ohne legislative Vollmachten und mit weitgehend nur beratender Funktion festgelegt. Am 4. Mai 1920 wurde ein vorläufiger Reichswirtschaftsrat berufen. Die Bildung des eigentlichen Reichswirtschaftsrats unterblieb bis zum Ende der Weimarer Republik. Vgl. Heinrich August Winkler: Von der Revolution zur Stabilisierung (1984), S. 201 ff. und S. 236 ff.

8 Die Wochenzeitung „Gewissen", gegründet 1919, war das Publikationsorgan des im Sommer 1919 aus dem jungkonservativen Ring-Kreis hervorgegangenen Juni-Klubs um Heinrich von Gleichen-Rußwurm und Arthur Moeller van den Bruck. Als Herausgeber der Zeitung fungierte bis 1925 der vormalige Leiter der Antibolschewistischen Liga, Eduard Stadtler. Vgl. Claudia Kemper: Das „Gewissen" 1919–1925 (2011). Zu Troeltschs Verhältnis zum Ring-Kreis und zu Eduard Stadtler siehe oben, S. 74, Anm. 4 und S. 75, Anm. 5. Die Ständekonzeption des Juni-Klubs basierte 1920 vor allem auf Texten des jungkonservativen Schriftstellers Max Hildebert Boehm (1891–1968) und sah die Ablösung des Parlamentarismus durch ein ständisches Drei-Kammer-Modell mit einer „Kammer der Arbeit", einer „Kammer der Bildung" und einer „Kammer der Ordnung" vor. Die „Kammer der Arbeit" wurde von Boehm als korporativ gegliedertes Selbststeuerungsorgan der Wirtschaft konzipiert, dem zugleich die sozialpolitische Gesetzgebungskompetenz auf Reichsebene sowie zentrale wirtschafts- und außenpolitische Kompetenzen zugedacht waren. Vgl. Max Hildebert Boehm: Körperschaft und Gemeinwesen (1920), S. 132–160.

ihn.⁹ Kürzlich hat der ehemalige spanische Minister Cambo¹⁰ ihn hier auf der Durchreise als Rettung der Welt bezeichnet. Herr Stinnes, der eine ganze Zahl von Zeitungen, darunter das offizielle Organ der Reichsregierung, aufgekauft hat und offenbar zum deutschen Northcliffe[a] werden will, wird vermutlich auch seinerseits und auf seine Weise diesen Gedanken propagieren und soll sich dafür die Beihilfe des Professors Spahn, des leidenschaftlichen Gegners Herrn Erzbergers, gesichert haben.¹¹ Es handelt sich hier endlich einmal um etwas, was keine Parteimache ist, wenn auch freilich die Vertretung von so verschiedenen Seiten her andeutet, daß sehr verschiedene Zwecke, und vermutlich nicht immer ganz partei- oder klassenfreie, dabei verfolgt werden.

Diese Kritik wendet sich gegen den ganzen Grundbegriff der gegenwärtigen demokratischen Verfassung, bei den meisten übrigens ohne sie völlig aufheben zu wollen. Man will sie abändern und angeblich spezifisch deutschen Eigentümlichkeiten anpassen oder über die veraltete bisherige Gestalt überhaupt hinausführen. Unsere Verfassung und die parlamentarische

---

a *A:* Northcliff

---

9 Vgl. exemplarisch die „Vossische Zeitung" vom 10. März 1920: „Der Reichswirtschaftsrat".

10 Gemeint ist der spanisch-katalanische Politiker Francisco (kat.: Francesc) Cambó (1867–1947), der 1918/19 in Spanien Minister „für öffentliche Arbeiten" (span.: Ministro de Femento) gewesen war.

11 Anfang Mai 1920 war bekannt geworden, dass der Ruhrindustrielle Hugo Stinnes die „Deutsche Allgemeine Zeitung" (gegründet 1861, bis 1918: „Norddeutsche Allgemeine Zeitung") erworben hatte, die traditionell als konservativ-staatstragend galt und seit Mai 1918 durch einen Vertrag mit der damaligen Reichsleitung eine Art halbamtlichen Status besaß. Der Kauf der DAZ löste Spekulationen aus, Stinnes versuche ein Pressemonopol aufzubauen, um damit seine politische Karriere zu fördern (bei der Reichstagswahl 1920 bewarb sich Stinnes um ein Abgeordnetenmandat für die DVP). So kursierte das unzutreffende Gerücht, Stinnes habe über 60 Zeitungen gekauft. Vgl. Gerald D. Feldman: Hugo Stinnes (1998), S. 615 ff. Stinnes beteiligte sich zur selben Zeit auch an der Finanzierung des Politischen Kollegs für nationalpolitische Schulungs- und Bildungsarbeit, dessen Gründung im Herbst 1920 vom Ring-Kreis gemeinsam mit dem Historiker und Zentrumspolitiker Martin Spahn betrieben wurde und das als Gegengründung zu der im selben Jahr von Ernst Jäckh (mit Beteiligung von Troeltsch) bewerkstelligten Gründung der Deutschen Hochschule für Politik galt. Hierauf bezieht sich möglicherweise Troeltschs Andeutung über Spahn. Vgl. Berthold Petzinna: Erziehung zum deutschen Lebensstil (2000), S. 146 f. Als bekanntestes Beispiel eines Zeitungsmagnaten mit politischer Wirkungsabsicht galt zeitgenössisch der britische Verleger Alfred Harmsworth, 1st Viscount Northcliffe (1865–1922).

Republik sei eine schlechte Kopie der westlichen Verfassungen, ein Ableger der bereits im Absterben begriffenen Weltdemokratie. Es sei alles rein formal-individualistisch gedacht, schematisiert und konstruiert. Es sei keine Rücksicht genommen auf nationale Eigentümlichkeiten, auch nicht auf die über die Demokratie längst hinausgegangene soziale Entwicklung. Bald mehr „spezifisch" deutsch, bald mehr „sozialistisch" wird die Ersetzung der Rechtsgleichheit durch wirtschaftliche Ausgleichung, der Parteibildung durch Berufsstände, der abstrakten Staatseinheit durch eine organisch gegliederte Volkseinheit verlangt. In diesem Gedanken könne sich der fortgeschrittene Sozialismus der Unabhängigen und der deutsch-ständische Sinn der Nationalen zusammenfinden. Ein veredeltes Rätesystem sei das allein wirklich Fortschrittliche. Alles andere sei Geistlosigkeit, Nachahmung und Parteiselbstsucht. All das kann man endlos hören samt allen dazu gehörigen journalistischen Künsten und ideologischen Attrappen. In Wirklichkeit liegen die Dinge natürlich sehr viel praktischer.

Was ist der Grundgedanke dabei? Er besteht zweifellos zunächst in der Anerkennung der Tatsache, daß der wirtschaftliche Wiederaufbau und die Wiederbelebung der Produktion durch die gemeinsame Aktion von Arbeitnehmern und Arbeitgebern der eigentlich springende Punkt der ganzen Lage ist. Damit verbindet sich die Anerkennung der zweiten Tatsache, daß die Psychologie und die politisch-soziale Stellung des Handarbeiters heute eine unwiderruflich veränderte ist; er will Einfluß auf den Produktionsprozeß, will Befestigung der proletarischen | Existenzunsicherheit und des sogenannten Mehrwertes, den Anteil am vollen Arbeitsertrag und Mitbestimmung der aufzuwendenden Arbeitszeit. Das führt zu der Notwendigkeit, die einzelnen lokalen Betriebe, industrieller und ländlicher Art, auf gemeinsamer Verwaltung und Entscheidung aller am Prozeß Beteiligten aufzubauen, eine Ordnung, die sehr wohl möglich ist, wenn der Unternehmer einmal grundsätzlich auf das nicht mehr haltbare Herrenrecht im Betriebe verzichtet und mit dem Arbeiter gemeinsam die enorm gesteigerten Kosten dieser Produkte auf den Konsumenten abwälzt. Das letztere ist inzwischen ja auch bereits geschehen, und erwies sich auch für den Export durchführbar, so lange die Valutadifferenz so groß war, daß sie die Differenz inländischer und ausländischer Löhne ausglich[a], was freilich heute schon nicht mehr der Fall ist. Betreten worden ist dieser Weg in den ersten Anfängen schon von der industriellen „Zentralarbeitsgemeinschaft", die im Oktober 1918 angesichts der durch den Krieg geschaffenen grundsätzlichen Veränderung des Arbeiters und seiner Stellung von der Großindustrie selbst mit

---

a *A:* ausgleiche

den Gewerkschaften vereinbart worden ist.[12] Allein, gemessen an dem Ziel, ist das nur erst ein ganz bescheidener Anfang der Erziehung der Arbeiter zum Gemeinsamkeitsinteresse der Produktion. Eine wirkliche Neuordnung kann daraus erst entstehen, wenn diese Produktionsordnung überall nach regionalen Einheiten durchgeführt und dann in provinzialen Arbeitskammern zusammengeschlossen wird, über denen sich als Abschluß ein Reichswirtschaftsparlament erhöbe.[13] Der Anfang dazu ist auch schon gemacht in dem Betriebsrätegesetz,[14] das aber praktisch zu einem Kampfplatz von Unabhängigen und Mehrheitlern geworden ist und das die sozialistischen Wünsche nicht befriedigt, aber das Bürgertum erbittert und nach rechts treibt; außerdem im Reichswirtschaftsrat[a] und der Sozialisierungskommission,[15] die aber noch nicht recht funktionieren, untereinander in keiner Verbindung stehen und vor allem eines organischen und vermittelnden Zusammenhanges mit den Betriebsräten entbehren. Wäre das alles erreicht, dann hätte man die Reichskammer der Arbeit oder das Wirtschaftsparlament. Statt dessen hat[b] das demokratische Parlament schulgemäß die Lage von der Seite der Finanzen her in Angriff genommen und keine neuen Gedanken über das viel wichtigere Problem der Produktion fassen wollen.

---

a *A:* Reichswirtschaftsamt   **b** *A:* habe

---

12 Die Gründung der Zentralarbeitsgemeinschaft (ZAG) war am 15. November 1918 von Industrie und Gewerkschaften im Stinnes-Legien-Abkommen vereinbart worden, über dessen Inhalte aber schon im Oktober 1918 grundsätzliche Übereinkunft erzielt worden war. Vgl. Heinrich August Winkler: Weimar 1918–1933, S. 45 f.

13 Ein solcher Unterbau aus Bezirkswirtschaftsräten war in Art. 165 der Weimarer Verfassung für den Reichswirtschaftsrat tatsächlich vorgesehen, doch wurde diese Regelung niemals umgesetzt. Vgl. Heinrich August Winkler: Von der Revolution zur Stabilisierung (1984), S. 292 f.

14 Das am 4. Februar 1920 in der Nationalversammlung beschlossene Betriebsrätegesetz verpflichtete Unternehmen ab einer Größe von 20 Beschäftigten zur Wahl von Betriebsräten, beschränkte die innerbetriebliche Mitbestimmung der Arbeitnehmer aber auf soziale Belange. Siehe zum Konflikt um das Betriebsrätegesetz auch oben, S. 193, Anm. 9.

15 Nachdem die erste Sozialisierungskommission im April 1919 aus Protest gegen die dilatorische Behandlung ihres Gutachtens zur Sozialisierung des Kohlebergbaus zurückgetreten war (siehe oben, S. 109, Anm. 4), hatten die Gewerkschaften in den Verhandlungen mit der Reichsregierung nach dem Scheitern des Kapp-Putsches im März 1920 die Berufung einer neuen Sozialisierungskommission durchgesetzt. Diese zweite Sozialisierungskommission bestand bis 1922, blieb aber politisch wirkungslos. Vgl. Manfred Behrend: „Der Wandschirm, hinter dem nichts geschieht" (1998), S. 35.

Diese „Kammer der Arbeit" wäre in der Tat vielleicht der Sozialismus in der heute möglichen und brauchbaren Form, wenn sie wirklich nur im Interesse der Produktionssteigerung und der Produktionsverteilung arbeitete und alle Teilnehmer als zu solcher wirtschaftlicher Sachverständigkeit und Orientierung am Gesamtinteresse moralisch und intellektuell erzogen voraussetzen darf. Die Vertreter des Gedankens, unter denen viele hervorragende Großindustrielle sind, betonen daher die dringende Notwendigkeit einer entsprechenden Volkserziehung und Volksaufklärung. Sie hoffen davon das Verschwinden des Massenproletariats, die Zufriedenheit des Arbeiters und das Aufhören der Dogmatik des Klassenkampfes; wie weit Export und Konsumenten diese Einigung der bisher streitenden Teile auf ihre Kosten ertragen können, sei dann eine Sache für sich. Hohe Gewinnbesteuerung, die fast bis zur Aufhebung der Erblichkeit gehen müßte, sei dabei die eigentliche Sicherung des Allgemeininteresses, das überdies zunächst ja überhaupt nur auf Steigerung der Produktion hinausgehe und diese auf andere Weise nicht erreichen könne. Freilich wird dabei dieser letztere Umstand sehr viel mehr in den Vordergrund gestellt als der erste, der ja in Wahrheit das Prinzip der nur eben schlecht und dilettantisch entworfenen Erzbergerschen Gesetzgebung war und das Bürgertum maßlos verärgert hat. Das sei der Sozialismus der Steuergesetzgebung, der durch den der Steigerung und Organisation der Produktion ergänzt oder, wie wohl manche im stillen meinen, ersetzt werden soll. Man möge sich hierbei freundlichst meines Ferienbriefes über den Produktivitätswillen erinnern.[16] Für die Exportmöglichkeit insbesondere müsse allerdings auf die Übernahme des gleichen Systems durch die anderen Länder gerechnet werden. Das sei aber | auch ziemlich sicher überall zu erwarten, außer in Frankreich, das von seiner Hypothek auf die deutsche Arbeit zu leben gedenke, so lange seine Lebenskraft noch vorhält.

Selbstverständlich muß das System auf alle Produktionskreise, also auch die von den Sozialisten meist vergessene Landwirtschaft, ausgedehnt werden. Diese hat dann freilich weniger Interesse an den Betriebsräten als an dem Wirtschaftsparlament, wo sie als Vertreterin der Ernährungsleistungen ganz anders sich geltend machen kann als in dem politischen Parlament, wie es heute geworden ist und lange bleiben wird. Schwieriger unterzubringen sind die Geistesarbeiter, die dann eben auch zunft- und gildenmäßig geeinigt werden müßten und ihre Zunftvertreter auf dem Reichswirtschaftsparlament hätten. Im übrigen wird nach diesen wenig gefragt; ihre Probleme gleiten in das der Beamtenbesoldung hinüber und werden da vertreten. Die freie Schöpfung wird gerne vergessen. Das Ganze erinnert überhaupt stark an den Gedanken der Zünfte und eines Zunftregimentes, wie es in den

---

16 Siehe den Spectator-Brief „Produktivität" oben, S. 158–164.

mittelalterlichen Städten das Patrizier-Regiment abgelöst hat, aber freilich bei der handwerklichen Kundenwirtschaft, den städtischen Versorgungskreisen und der Kleinheit der politisch relativ unbedeutenden Stadtstaaten etwas völlig anderes war. Immerhin begreift man, daß Konservative und Antidemokraten sich für dieses System sehr begeistern und davon die Abschaffung des modernen und die Wiedereinführung des berufsständischen Staates erwarten. Die Begeisterung dieser Leute ist so groß, daß man sicher annehmen darf, sie erwarten davon zunächst und zu mindest die Zertrümmerung der parlamentarischen Demokratie und stellen das übrige einem gütigen Himmel anheim. Die verhaßte „Formaldemokratie" und die „westlichen Theorien" können dann als erledigt gelten, wie vor allem der Elsässer Katholik, Herr Stadtler, und die ihm folgenden baltischen Schriftsteller[17] im „Gewissen" unermüdlich verkündigen. Andere hegen andere Hoffnungen. Sie erwarten davon die Befreiung der Wirtschaftsangelegenheiten von dem Einfluß der politischen Parteien, d. h. natürlich vor allem von dem der Sozialdemokratie, die Aufhebung des Klassenkampfes und damit schließlich der Sozialdemokratie selbst, deren Sekretäre im politischen Parlament noch eine Zeitlang ihre steifen Paradepferde reiten mögen, deren arbeitende Wählerschaft aber teils zu klug, teils zu befriedigt sein wird, um sich für deren Dogmen und Utopien noch zu interessieren. Man nennt das dann die „Entpolitisierung der Wirtschaft", die Einsetzung des „Sach- und Fachverstandes" in die Leitung der wirtschaftlichen Angelegenheiten. So hat es Herr Martin Spahn gleichfalls im „Gewissen" verkündet.[18]

Die große Frage ist natürlich, wie dieses System *eingeführt* werden könne, das dem Widerstand des Handels, der Konsumenten und der Vertreter einer einheitlichen politischen Gewalt des Parlamentes gleich wenig einleuchten kann; weiterhin, in welches Verhältnis es zu der politischen Zentralgewalt von Parlament, Reichsrat und Präsidenten treten soll und kann. Hier sind die Meinungen und die meist verborgenen Wünsche sehr verschieden. Den Schleier hat Herr Spahn einmal gelüftet, vorläufig in einem Artikel des wenig gelesenen, aber interessanten Wochenblattes „Gewissen".[19] Er meint,

---

17 Die Anspielung bezieht sich vermutlich auf Max Hildebert Boehm (siehe oben, Anm. 8), der aus Livland stammte.

18 Ein entsprechender Artikel Spahns im „Gewissen" konnte nicht nachgewiesen werden. Troeltsch bezieht sich vermutlich auf Artikel von Eduard Stadtler: Entpolitisierung der Wirtschaft, und Heinrich von Gleichen-Rußwurm: Diktatur der Sachverständigen, beide in: Gewissen, 2. Jg. (1920), Nr. 5 (4. Februar 1920).

19 Ein entsprechender Artikel Spahns im „Gewissen" konnte nicht nachgewiesen werden. Möglicherweise bezieht sich Troeltsch auf Eduard Stadtler: Oberste Wirtschafts-Leitung, in: Gewissen, 2. Jg. (1920), Nr. 6 (11. Februar 1920); evtl. auf

die Reichswehr müsse das Parlament verjagen, ein Direktorium einsetzen, und dieses Direktorium werde dann lediglich mit diesem Wirtschaftsparlament, im übrigen militärisch-autokratisch regieren. Das wäre also der Staatsstreich, politisch die Reaktion, sozial und wirtschaftlich eine radikale Verschiebung des Schwerpunktes in die Arbeiterschaft, bei der aber die Unternehmer sich zu behaupten hoffen dürfen: ein Ausweg, der vielleicht einen gewissen Instinkt für Kommendes in der Tat andeutet. Auch Herr Stinnes dürfte vielleicht nicht absolut anders denken. Einen anderen Weg schlägt der sehr kluge Generaldirektor Vögler vor.[20] Er hofft durch Gründung eines diesem Gedanken dienenden Vereins die öffentliche Meinung zu gewinnen und dann *neben* dem politischen Parlament durch dieses selbst das wirtschaftliche aufzurichten, das dem ersteren Vorlagen zu machen und zu den Par|lamentsvorlagen Stellung zu nehmen hat, aber nicht selbständig regieren darf. Das letztere liegt ja auf der Hand, denn das wäre das Ende jedes Staates überhaupt, die völlige Verwirtschaftlichung und Materialisierung, die Knebelung des Konsumenten. So wollen noch andere das Wirtschaftsparlament zu einer Art berufsständischen Oberhause machen, an Stelle des Reichsrates oder neben diesem, eine Lösung, die durch die Reformpläne für das verflossene preußische Herrenhaus vielen geläufig ist. Man wird es nun verstehen, wenn der Reichskanzler Müller in einer Versammlung sagte: was jetzt droht, sei weder die Diktatur der Unabhängigen noch die der Kapp-Leute, sondern die der Schwerindustrie![21] Man darf dabei an Herrn Stinnes und Herrn Spahn, an das „Gewissen", an die um sehr hohen Preis gekauften und nach rechts übergegangenen „Preußischen Jahrbücher"[22] denken:

Eduard Stadtler: Chaos und Ziel, in: Gewissen, 2. Jg. (1920), Nr. 12 (31. März 1920).

20 Gemeint ist der Ruhrindustrielle und DVP-Politiker Albert Vögler (1877–1945). Entsprechende Äußerungen Vöglers konnten nicht nachgewiesen werden. Möglicherweise bezieht sich Troeltsch auf Albert Vögler: Die Organisation der Wirtschaft, in: Gewissen, 2. Jg. (1920), Nr. 5 (4. Februar 1920).

21 Vgl. Vossische Zeitung vom 17. Mai 1920 (Abend-Ausgabe): Reichskanzler Müller gegen die deutsche Volkspartei.

22 Die „Preußischen Jahrbücher" (gegründet 1858) hatte Hans Delbrück, der die Zeitschrift seit 1883 herausgegeben hatte, im September 1919 mit Wirkung zum Januar 1920 für 60 000 Mark und die Zusicherung eines lebenslangen Mitarbeitergehalts von jährlich 5 000 Mark (resp. einer Pension in gleicher Höhe für Delbrücks Frau) an den Historiker und Publizisten Walther Schotte (1886–1958) verkauft. Schotte bewerkstelligte den Ankauf mit Unterstützung von „finanziellen Freunden", die er Delbrück in seinen Briefen aber nicht namentlich angab. Vgl. die Briefe von Walther Schotte an Hans Delbrück vom 18., 22. und 24. September 1919, Staatsbibliothek zu Berlin – Preußischer Kulturbesitz: Nl Hans Delbrück,

eine plutokratische Scheindemokratie, in der Arbeitnehmer und -geber sich auf Kosten der übrigen geeinigt haben und eine starke militärische Gewalt Ordnung hält.

Man sieht: die Schwierigkeit für den modernen Staat, der ein Kind des Absolutismus, der Bürokratie und der europäischen Gleichgewichtskriege ist, die moderne Technik und die ihr zugeordnete Industrie und Arbeiterschaft zu verdauen, sie wird jetzt akut. Sie wird es in Deutschland und in der ganzen Welt. Die Vorschläge der Lösung muten uns ein gründliches Umdenken über Wesen, Aufgaben und Möglichkeiten des Staates zu. Ich darf hier an einen zweiten Ferienbrief über „Zentralisation und Dezentralisation" erinnern.[23] Die damals angekündigten Dinge fangen an, sich zu rühren. Wenn ein vortrefflicher, früher den Unternehmerkreisen und den herrschenden Gewalten so nahestehender Nationalökonom wie Hermann Schuhmacher in einem eindringenden Artikel über „Gegenwartsfragen des Sozialismus" (Schmollers Jahrbuch XLIV 1, 1920)[24] das Betriebsrätegesetz, die Betriebsgemeinschaft und die in dieser Richtung gehenden Gedanken als durch die Psychologie des Handarbeiters heute gefordert bezeichnet und nur (mit Recht) hervorhebt, daß die drückenden Leiden weniger an den Lohnverhältnissen und dem Mehrwert als an der unabänderlichen Arbeitsweise des Großbetriebes lägen, dann wird man sagen dürfen: das läßt tief blicken. Irgend etwas dieser Art wird wohl kommen. Auch die Flugschrift des „Spiegels" „Gegen das Gottesgnadentum in der Industrie", die Robert Friedländer gegen den Vertreter der Löwe-Werke geschrieben hat, ist sehr lehrreich.[25] Vorerst aber ist doch die parlamentarische Regierung noch sein Mittelpunkt und unentbehrlich, da sie der Grundstock aller Regierungsmög-

---

Briefe: Schotte, Walther. Schotte war zuvor Sekretär bei Friedrich Naumann und Mitarbeiter der Zeitschrift „Mitteleuropa" gewesen und gehörte der DDP an. Seit 1919 orientierte er sich politisch jedoch stärker zur antirepublikanischen Rechten hin und zählte zum ständigen Autorenkreis der Zeitschrift „Gewissen". Vgl. Claudia Kemper: Das „Gewissen" 1919–1925 (2011), S. 400 f.; siehe auch unten, S. 486, Anm. 16. Vor dem Verkauf an Schotte hatte Delbrück die Herausgeberschaft der „Preußischen Jahrbücher" zunächst Ernst Troeltsch angetragen. In einem Brief an Hans Delbrück vom 25. August 1919 hatte Troeltsch daraufhin zwar Interesse an einem näheren Verhältnis zu der Zeitschrift bekundet, die Übernahme der alleinigen Redaktionsleitung jedoch abgelehnt und stattdessen eine „kollegiale Redaktion" mit Friedrich Meinecke und dem Nationalökonomen Heinrich Herkner vorgeschlagen → KGA 21.

23 Siehe oben, S. 179–187.
24 Hermann Schumacher: Gegenwartsfragen des Sozialismus (1920).
25 Robert Friedlaender: Gottesgnadentum in der Wirtschaft (1920). In dem zuerst in der „Vossischen Zeitung" vom 4. April 1920 (Sonntags-Ausgabe) veröffentlichten

lichkeit überhaupt und ein neuer Staatsstreich vorerst nicht wahrscheinlich ist. So spielt auch dieser ganze dritte kritische Punkt trotz seiner Bedeutung im Wahlkampf eine geringe Rolle. Der kluge ehemalige Staatssekretär Aug[ust] Müller, von dem es allerdings wie heute von so vielen sozialdemokratischen Führern heißt, er sei kein echter Sozialdemokrat mehr, empfahl – auch im „Gewissen" –, den Gedanken nicht in den Wahlkampf zu werfen, da er noch nicht reif sei und vor allem der Abstimmungsmodus bei dem Wirtschaftsparlament und sein Verhältnis zum politischen Haupt-Parlament noch sehr unklar sei.[26] In der Tat, soweit ich sehe, schweigt der Wahlkampf von dem Gedanken. Aber nachher wird man vermutlich um so mehr von ihm hören.

Berlin, 17. 5. [19]20.

Spectator

Beitrag wandte sich Friedlaender gegen eine öffentliche Kritik des Vorstandsvorsitzenden der Ludwig Loewe AG, Walther Waldschmidt, am Betriebsrätegesetz.

26 August Müller: Arbeitsgemeinschaft als Wahlparole, in: Gewissen, 2. Jg. (1920), Beilage zu Nr. 17 (5. Mai 1920).

Die Aufgaben der Regierung: Kulturfragen (Juli 1920)

Editorische Vorbemerkung: Die Edition folgt dem Text, der erschienen ist in: Kunstwart und Kulturwart, hg. von Ferdinand Avenarius, 33. Jg., zweite Hälfte, April bis September 1920, Heft 19, Juliheft 1920, München: Kunstwart-Verlag Georg D. W. Callwey, S. 313–319 (**A**). Der Text erschien in der Rubrik „Vom Heute fürs Morgen" und mit der Datumsangabe 5. Juni 1920. Am selben Tag (einen Tag vor der Reichstagswahl vom 6. Juni 1920) hielt Troeltsch eine Wahlrede auf einer DDP-Kundgebung in der Patzenhofer Brauerei in Berlin-Moabit. Vgl. Berliner Tageblatt vom 6. Juni 1920 (Morgenausgabe): „Demokratie als Lebensnotwendigkeit. Professor Dr. Troeltsch über die Wahl".

Im Titel des Textes knüpft Troeltsch an den im zweiten Februarheft 1920 des „Kunstwarts" (33. Jg., Heft 10) erschienenen Spectator-Brief „Die Aufgaben der Reichsregierung" an, in dem er bereits eine Erörterung der „Kulturfragen" in einem späteren Brief angekündigt hatte (siehe oben, S. 236). Troeltsch greift dies im Text selbst auf und begründet den langen Zeitraum zwischen der Ankündigung und ihrer Einlösung mit den „immer neuen Zwischenfälle[n] von rechts und links" (siehe unten, S. 305).

Mit dem Juliheft 1920 wurde die Erscheinungsfolge des „Kunstwarts" von zwei auf nur noch eine Ausgabe pro Monat umgestellt. Damit erschienen von nun an auch Troeltschs Spectator-Briefe in größeren Zeitabständen. Zugleich gibt Troeltsch im Spectator-Brief des Julihefts 1920 erstmals den Lesern einen Hinweis auf die wahre Identität von „Spectator", wenn er die gesetzliche Regelung der Kirchenverfassung in Preußen als „das Werk des Verfassers dieser Briefe" bezeichnet (siehe unten, S. 308). Endgültig lüftete Troeltsch sein Verfasser-Pseudonym im folgenden Spectator-Brief „Die Reichstagswahlen: Eintritt der Revolution in ein neues Stadium" im Augustheft 1920 des „Kunstwarts" (siehe unten, S. 316–326).

Die Aufgaben der Regierung: Kulturfragen

Bis diese Zeilen vor den Leser kommen, werden die Wahlen stattgefunden haben und ihre Ergebnisse bekannt sein,[1] vielleicht auch die Wirkungen dieser Ergebnisse sich bereits andeuten. Für dieses Mal will ich zu den Wahlen daher noch nichts bemerken. Ich gebe nur eine für die Lage recht charak-

---

1 Gemeint ist die Reichstagswahl vom 6. Juni 1920.

teristische Mitteilung wieder, die mir vom Lande aus den Junkerprovinzen von bester Quelle zugekommen ist. Darnach hat man dort auf Wahlagitationen gegen die Sozialdemokratie beinahe verzichtet, man wünscht und befördert den „Aufbruch des Geschwürs". Es müsse möglichst scharfe bolschewistische Unruhen geben, damit man dann die „Einheitsfront gegen den Bolschewismus" bilden und den Kapp-Putsch erneuern könne. Die Landarbeiter würden absichtlich in die Opposition hinein gereizt, die bolschewistische Wildheit werde gefördert, die Gutsbesitzer flöhen für den Fall dieser gewünschten und beabsichtigten Ausbrüche in die Stadt und benachrichtigten sich untereinander von den Gefahren. Dafür gebe es eine Masse von Soldaten, die als Arbeiter angenommen und verkleidet seien, und zwischen Berlin und Stettin soll eine weiße Armee stehen, die dieses Mal nicht so mild verfahren werde, wie beim Kapp-Putsch. Dem Generalstreik wolle man – das habe man inzwischen zugelernt – durch Aushungerung der Städte durch das Land begegnen. Daß in dieser Richtung gearbeitet wird und die Agitatoren und Emissäre solcher Politik durch das Land von Gut zu Gut reisen, ist außer Zweifel; ebenso, daß sie jeden Gedanken an die Entente abweisen und auf ihre Politik keinerlei Rücksicht nehmen zu müssen meinen. Dagegen rechnet man auf die zum Juni fälligen Entlassungen aus der Armee, zu der uns der Friedensvertrag zwingt,[2] und glaubt, an diesen Truppen und vor allem Offizieren das Mittel zum erneuten Putsch zu haben, sobald der erhoffte starke Rechtsausfall der Wahlen die bolschewistische neue Revolution und den Versuch zur sizilianischen Vesper[3] ausgelöst haben werde. Ob diese Hoffnungen und Berechnungen durchführbar und wirklich begründet sind, wie weite Kreise wirklich hinter ihnen stehen, das ist natürlich schwer zu sagen. Es gibt dort viele Aristokraten, die dem ganzen Geist solcher Unternehmen sehr bedenklich gegenüberstehen; aber schließlich werden solche Dinge von einer kleinen Zahl gemacht. Jedenfalls werden mir diese Berichte – bis auf das Vorhandensein einer weißen Armee – von den

---

2 Gemäß Art. 163 des Versailler Vertrages und den Ausführungsbestimmungen der Interalliierten Militärkontrollkommission musste die Stärke des deutschen Heeres binnen sechs Monaten nach Inkrafttreten des Vertrages – also bis zum 10. Juli 1920 (die Juni-Angabe bei Troeltsch ist irrig) – auf 100 000 Mann verringert werden. Nachdem die Stärke der Reichswehr zum 15 Mai 1920 bereits auf 200 000 Mann verringert worden war, beschloss die Reichsregierung jedoch am 8. Juni 1920 in Hoffnung auf ein alliiertes Entgegenkommen in der Entwaffnungsfrage, die Heeresverminderung zunächst bis Oktober 1920 auszusetzen. Aufgelöst bzw. in die Reichswehr eingegliedert wurden jedoch die Zeitfreiwilligenformationen (Freikorps) und Einwohnerwehren. Vgl. Das Kabinett Müller (1971), S. XXX–XXXI.
3 Siehe oben, S. 292, Anm. 4.

verschiedensten Seiten bestätigt, von anderen als Aufbauschungen in der Phantasie konservativer Agitatoren bezeichnet. Aber all das ist hier nicht weiter zu besprechen. Es muß von der Tagespresse verfolgt werden. Klar ist nur die allgemeine Situation, die ja auch dem typischen Verlauf aller Revolutionen entspricht. Die Bewegung geht im allgemeinen über Ermüdung und Enttäuschung hinüber nach rechts. Aber wenn diese Rechtsbewegung nicht klug verlangsamt und der Lage angepaßt wird, dann ent|stehen gerade aus dieser Rechtsbewegung die furchtbarsten Greuel und Verschärfungen der Revolution. Seit der „Marneschlacht des Proletariats"[4] im Januar 1919 habe ich darauf mit steigender Klarheit hingewiesen.

All das wird sich ja schließlich zeigen. Für heute möchte ich vor dem Bericht über die entscheidenden Wahlen noch ein Thema nachholen, das ich im Laufe der Briefe bei der Besprechung der Aufgaben der Regierung in Aussicht genommen hatte, dessen Behandlung aber durch die immer neuen Zwischenfälle von rechts und links ganz ebenso verhindert worden ist, wie jede geordnete Regierungstätigkeit selber. Als die Regierung einigermaßen konsolidiert schien und die Nationalversammlung an die Steuer-, Finanz- und Wirtschaftsgesetze ging, auch die Arbeit im Lande wieder in die Höhe zu kommen und die Revolution sich ein wenig zu beruhigen schien, da schrieb ich über die Aufgaben der Regierung und nannte unter diesen zuletzt auch die der Kulturpolitik.[5] So hat ja auch die alte Koalitionsregierung als ihre letzte Aufgabe noch die Einberufung der Reichsschulkonferenz vorgenommen.[6]

Die Kulturpolitik hat natürlich in erster Linie die Aufgabe der moralischen und geistigen Wiederherstellung unseres Volkes, der Ausbildung eines die neue politische und soziale Lage verarbeitenden und den alten deutschen Geistesbesitz mit den neuen Aufgaben vereinigenden Gesamtgeistes. Die unendliche Schwierigkeit dieser Aufgabe, die Fülle der ihr entgegenstehenden Hemmnisse ist freilich im Laufe dieser anderthalb Revolutionsjahre immer deutlicher und größer geworden. Nach dem Zusammenbruch und dem Verlust der weltpolitischen Stellung und der materiellen Güter konn-

---

4 Siehe oben, S. 219, Anm. 3.   5 Siehe oben, S. 236.
6 Die Reichsschulkonferenz fand auf Einladung des Reichsinnenministeriums vom 11. bis 20. Juni 1920 in Berlin mit Kultuspolitikern und -beamten des Reiches, der Länder und Gemeinden sowie Vertretern von ca. 95 Berufs- und Interessenverbänden statt. Insgesamt nahmen 722 Personen an der Konferenz teil. Die Initiative zu dem Treffen war zunächst vom Preußischen Kultusministerium ausgegangen, als eigentlich treibende Kraft wirkte aber der Leiter der Kulturabteilung im Reichsinnenministerium Heinrich Schulz (SPD). Vgl. Hellmut Becker, Gerhard Kluchert: Die Bildung der Nation (1993), S. 263 ff.

ten patriotische Idealisten wohl glauben, es gebe einen Rückzug auf den Geist, eine Wiedergeburt aus dem Geiste, einen Ersatz politischer und materieller Kräfte durch geistige, eine große deutsche Seelenumkehr und eine Wiedergewinnung der Weltstellung durch Arbeit, Geist und Wissenschaft, Dinge, die schließlich unserer natürlichen Anlage und Schicksalserziehung doch am nächsten liegen. Es war nach dem Zusammenbruch in der Tat eine Art geistiger Wiedererhebung vorhanden. Allein, alle derartigen Hoffnungen hat zunächst der Versailler „Friede" geknickt, dann die durch ihn bedingte Schwäche aller Regierungsverhältnisse und die Beförderung der neuen Revolutionen von rechts und von links. Wenn es Menschen gab, die hofften, durch eine Politik des Rechtes und der humanitären Weltgesinnung, durch eine innere Arbeit der moralischen Erneuerung und des gesamtverantwortlichen Gemeinsinns die Folgen der Niederlage und der Revolution mildern und sogar in einen gewissen Fortschritt trotz allem Elend umbiegen zu können, dann sind sie mindestens vorerst vom Gang der Dinge widerlegt worden. Die Weltpolitik ist imperialistisch und kapitalistisch geworden wie noch nie und Deutschland ist rein zum Ausbeutungsobjekt herabgesunken, soferne nicht die Angst der Franzosen es lieber in endlose innere Wirren stürzt und schließlich von innen und außen her doch noch auflöst. Unter diesen Umständen ist geistige Einheit und Gesundung, Hoffnung und Herausarbeitung geistiger Zukunftswege natürlich ganz unmöglich. Das Leben wird ein Kampf ums Dasein, ein Tasten von Fall zu Fall, eine programm- und ideenlose Verzweiflung. Andrerseits ist die Konsolidierung der Revolution, deren phantastische Linke für sich allein nicht auf die Dauer gefährlich gewesen wäre, durch die Politik der Konservativen und Gegenrevolutionäre verhindert worden und damit auch von dieser Seite her jede geistige Neubildung und Sammlung verhindert worden. Hier will man keine neuen Gedanken, überhaupt keine Gedanken und „Sentimentalitäten", sondern den starken Mann und die starke Faust. Das populär aufreizende Gedankenmaterial beschafft man sich aus den Arsenalen des Antisemitismus und im übrigen gilt die Oberlehrer-Philosophie als genügender, „spezifisch deutscher" Gedankenschatz, der den „trivialen westlichen" Theorien und dem Wilsonschen Betruge gegenüberstehe. Feinere Geister halten sich dabei an Thomas Mann,[7] der gewiß vielfach recht hat, aber den eigentlichen

---

7 Troeltsch bezieht sich wohl in erster Linie auf Thomas Manns Schrift „Betrachtungen eines Unpolitischen" (1918), in der er entlang der antagonistisch gedeuteten Begriffspaare „Seele" und „Gesellschaft", „Freiheit" und „Stimmrecht" sowie „Kunst" und „Literatur" die These einer geistigen Überlegenheit der deutschen „Kultur" gegenüber den demokratischen Idealen der westlichen „Zivilisation" ausführte. Bis zu Thomas Manns republikanischer Wendung 1922 („Von deutscher

Aufgaben aus dem Wege geht, die | Mehrzahl an die bekannten alten Dogmen. Die alten Gegensätze von Vaterlandsparteilern und Verständigungspolitikern, von konservativen Klasseninteressen und Volksstaat, von Nord und Süd, von Ost und West, von Stadt und Land sind nicht bloß erhalten geblieben, sondern ungeheuer verschärft. Katholischer und protestantischer Klerikalismus, atheistische Dogmatik und Schulpolitik haben weitere Blöcke von Gegensätzen geschaffen. Hunger und Preisrevolution, Schiebertum und Lohnkämpfe, Deklassierung der Mittelschicht und Verarmung der Geistesarbeiter haben das Interesse vom Geist völlig auf das Materielle gelenkt. Die Arbeit der Wissenschaft und der Kunst steht vor steigenden Schwierigkeiten, die mit einem Aussterben der ernsteren Literatur und mit dem Übrigbleiben der Schund- und Agitations- und Sensationsliteratur rechnen lassen, wobei für die Snobs noch erotische und ähnliche Liebhaberei- und Prunkliteratur besteht. Die vom Kriege, wie das zu jedem so langen Kriege gehört, tief erschütterte Moral des Rechts und Eigentums, der Umgänglichkeit und Rücksicht, der Gerechtigkeit und Selbstdisziplin, der Ehe und der Familie ist nicht nur nicht wiederhergestellt, sondern immer tiefer gesunken. Es ist, wenn man sich das verlängert denkt, schließlich mit Zuständen wie in Galizien und auf dem Balkan, d. h. mit einem völligen Sinken der Kultur zu rechnen. Auch die geistige und moralische Balkanisierung Mitteleuropas würde neben der politisch-sozialen das Endergebnis sein, wenn die Dinge so weiter gehen und nicht von den Weltmächten wie von den relativ konservativen Volksmassen her eine Veränderung der Lage, eine ernste Selbstbesinnung erfolgt. Aus der Kraft des Geistes allein heraus schaffen wir es nicht mehr.

Aber all das sind Dinge, mit denen die Regierung und die Politik wenig zu tun hat, weil sie ihnen gegenüber ohnmächtig ist und weil die eigentliche Gesundung und Gegenbewegung von innen heraus erfolgen muß. Die Politik hat von alledem nur die Kirchen- und Schulpolitik in der Hand, und kann hier wiederum sich viel leichter auf Organisationsfragen als auf solche des geistigen Gehaltes wenden. Das geschieht denn auch fast ausschließlich. Vom geistigen Gehalte ist eigentlich nur bei dem Kampf zwischen klerikalem Dogmatismus und sozialistischem Atheismus die Rede, die im Begriffe scheinen, die Schul- und Geistespolitik unter sich aufzuteilen, bei diesem Teilungsmodus aber kunstreich unübersehbare Herde immer neuer Konflikte schaffen, bei denen jeder den andern Teil schließlich doch noch zu übervorteilen hofft.

Republik") waren die „Betrachtungen eines Unpolitischen" eine der meist rezipierten Schriften des deutschen Jungkonservatismus. Vgl. Berthold Petzinna: Erziehung zum deutschen Lebensstil (2000), S. 129 f.

Lediglich ein politisches Organisationsproblem ist bis jetzt das *Kirchenproblem*. Von irgendeinem neuen Geist und Leben in den Kirchen ist nicht die Rede. Aus dem Ausland zurückkehrende Deutsche, die hofften, die Kirchen würden die Führung im Kampf für Frieden und Völkerversöhnung übernehmen und so tun, was für Staat und Politik freilich schwierig ist, was aber den Jüngern Christi naheliegen müßte, sind bitter enttäuscht. Sie finden nichts vor, als die von der Reichsverfassung angeordnete Trennung von Staat und Kirche und damit den politisch-sozialen Streit in die Kirchen selbst, vor allem die protestantischen, hineingetragen. Diese Trennung selber aber ist vorerst noch völlig im Zustande des Provisoriums. Die protestantischen Kirchen sind im Begriff eines sehr langsamen, durch die allgemeinen Wirren stets gestörten totalen rechtlichen Neubaus. Dieser Neubau ist überall noch erst in seinen Anfängen und gehört den Ländern, nicht dem Reiche, an. Es ist gelungen, nach den ersten Versuchen des Adolf Hoffmannschen Kulturkampfes diese Neubildung auf den verfassungsmäßigen und legalen Weg der Beschließung von Wahlgesetzen für die kirchlichen Konstituanten durch die bisherigen ordentlichen Kirchenvertretungen zu lenken. Das ist für Preußen das Werk des Verfassers dieser Briefe gewesen.[8]

---

8 Als parlamentarischer Unterstaatssekretär im preußischen Kultusministerium war Troeltsch seit März 1919 federführend mit der Neuordnung des Verhältnisses von Staat und Kirchen befasst, die durch den mit dem Ende der preußischen Monarchie verbundenen Wegfall des landesherrlichen Kirchenregiments notwendig geworden war. Im Unterschied zu Adolph Hoffmann (USPD), der während seiner Amtszeit als preußischer Kultusminister (12. November 1918 bis 3. Januar 1920) die Neuregelung der Kirchenverfassung auf dem Verordnungsweg versucht hatte, trat Troeltsch in dieser Funktion für ein möglichst weitgehendes Selbstbestimmungsrecht der Kirchen ein, wie es im August 1919 auch in Art. 137 der Weimarer Reichsverfassung niedergelegt wurde. Gegen die Wünsche ihm nahestehender liberaler Theologen und vieler DDP-Politiker plädierte Troeltsch im Mai 1919 innerhalb des preußischen Staatsministeriums sogar dafür, die Ausgestaltung des Wahlverfahrens für eine verfassungsgebende Versammlung der Evangelischen Landeskirche in die Hände der bestehenden (von konservativen ländlichen Gemeinden dominierten) Generalsynode zu legen. Allerdings ging er dabei davon aus, dass die Generalsynode ein demokratisches Urwahlverfahren für die zu wählende Kirchenversammlung beschließen würde. Den vom Evangelischen Oberkirchenrat seit Ende Mai 1919 verfolgten Plan für ein zweistufiges, indirektes Wahlverfahren, das die Gemeindevertretungen und die Geistlichen gegenüber der Kirchenbasis begünstigte, versuchte Troeltsch zu verhindern, konnte sich aber in den bis in den Sommer 1920 dauernden Verhandlungen letztlich nicht durchsetzen. Eine außerordentliche Versammlung der Generalsynode der Evangelischen Landeskirche beschloss im April 1920 das neue Wahlgesetz in einer weitgehend den Vorstellungen der konservativen Kirchenleitung entsprechenden Form. Obwohl

Die Dinge scheinen aber auch sonst den gleichen Weg gehen zu wollen. Die katholische Kirche erfreut sich bereits einer vollkommenen Unabhängigkeit und erwirkt allenthalben die Aufhebung oder praktische Außerkraftsetzung der alten Ordensgesetze und | ähnlicher Beschränkungen, wird in Bälde einen Nuntius in Berlin haben[9] und hat den eigentlichen Kampf ganz auf das Gebiet der Schule verlegt. Sie ist bis jetzt die einzige Macht, die wirklich und dauernd durch die Revolution gewonnen hat. Rein politisch und sozial genommen ist das kein Schade; denn sie enthält eine jahrtausendalte soziale Erbweisheit und die Fähigkeit der Disziplinierung und Beruhigung; auch ist ihre Kultur und Wissenschaft gegenüber der landläufigen Art von Monismus immer noch der reine Tiefsinn. Aber der geistigen Erneuerung, Vertiefung und Vereinheitlichung ist die Spaltung der Nation in Klerikalismus und Atheismus nicht förderlich. Die Demokratisierung ist, wie jeder voraussagen konnte, zum guten Teil eine Klerikalisierung Deutschlands, der dann ein atheistischer Dogmatismus entspricht. Aller geistige Liberalismus ist ebenso im Gedränge wie der politische und soziale. Die tiefen inneren seelischen Umwälzungen, die sicherlich in letzter Linie religiöse sind, kommen bei dem Übergewicht äußerer Sorgen und der Langsamkeit der geistigen Entwicklung noch nicht zum Durchbruch. So ist denn bis jetzt die „Trennung" von Staat und Kirchen noch das Hauptthema und die Hauptarbeit der Kulturpolitik. Sehr zu beachten ist aber, daß mit alledem erst die *rechtliche* Trennung begonnen hat und daß die *finanzielle* noch in weitem Felde steht. Der Staat finanziert die Kirchen vorerst auf alle absehbare Zeit genau so weiter wie bisher;[10] ja er hat mit den Beamtenbesoldungen auch

A 316

---

dieses Ergebnis seinen Vorstellungen nur unzureichend entsprach, unterstützte Troeltsch es in seiner Einbringungsrede für die Kirchengesetze in der Preußischen Landesversammlung am 8. Juli 1920 → KGA 22. Vgl. Jonathan R. C. Wright: Ernst Troeltsch als parlamentarischer Unterstaatssekretär im preußischen Ministerium für Wissenschaft, Kunst und Volksbildung (1984).

9 Am 1. Mai 1920 nahmen das Deutsche Reich und der Heilige Stuhl volle diplomatische Beziehungen auf. Die Funktion des Apostolischen Nuntius in Deutschland übernahm zunächst in Personalunion der Apostolische Nuntius in Bayern, Eugenio Pacelli (später Papst Pius XII.), der in München residierte. Die Vertretung des Heiligen Stuhls in Berlin wurde erst 1925 zur Apostolischen Nuntiatur aufgewertet, als Pacelli in Personalunion zum Apostolischen Nuntius in Preußen und Deutschland ernannt wurde.

10 In Art. 137 der Weimarer Verfassung war den Religionsgemeinschaften als Körperschaften öffentlichen Rechts das Recht eingeräumt worden, zu ihrer Finanzierung nach Maßgabe landesrechtlicher Bestimmungen Steuern auf Grund der bürgerlichen Steuerlisten zu erheben. Da aber nach Art. 138 die Grundsätze der entsprechenden Landesgesetzgebung durch ein noch zu schaffendes Reichsgesetz

die der Geistlichen „vorläufig" erhöht, so daß seine Kirchenausgaben in der Zeit der Trennung nicht ab-, sondern zugenommen haben. Es sind noch viel weitergehende Forderungen unterwegs, namentlich von Seiten der katholischen Kirche. Man nützt die Zeiten des Provisoriums und der Preissteigerung aus für Erhöhung der staatlichen Zuschüsse zu den Kirchen, und hat dafür die Rechtslage in der Tat auf seiner Seite. Die wirkliche finanzielle Trennung erfordert viele Jahre mühsamster Arbeit, wenn sie auf der Grundlage der Reichsverfassung erfolgen soll, und es gibt Leute, die hoffen, daß es zu ihr überhaupt niemals kommen wird, wenn nicht etwa die allgemeine Finanznot und die wachsende Austrittsbewegung sie auf ihre Weise erzwingt.[11]

Unter diesen Umständen ist die Hauptaufmerksamkeit auf die *Schulpolitik* gerichtet, wohin auch vor allem die katholische Kirche, unterstützt von den konservativen Protestanten, den Hauptkampfplatz verlegt hat. Konfessionelle, religionslose und simultane Schulideale kämpfen hier miteinander. Es gibt heute eine unübersehbare lokale Verschiedenheit der Schultypen und um jede Schule einen erbitterten, von den lokalen Majoritäten abhängigen Kampf. Durch die Bildung der Elternbeiräte ist dieser Kampf geradezu organisiert.[12] Atheisten und Konfessionelle, Liberale und Antisemiten, Unabhängige und Bürgerliche, maßvolle und entschiedene Reformer kämpfen in der Elternschaft, der Schülerschaft, der Lehrerkonferenz und der Gemeindevertretung. So tobt der Kampf in Parlament und Volk im großen, in jeder Schule im kleinen. Die Kultusministerien sind ohnmächtig und erschöpfen sich in papierenen Verordnungen. Im preußischen Kultusministerium hatte die Druckerei so stark für die Schulmonarchen zu arbeiten, daß seine Vor-

---

aufgestellt werden sollten, garantierte Art. 173 übergangsweise den Fortbestand der bisherigen Staatsleistungen an die Religionsgemeinschaften (siehe oben, S. 136, Anm. 7). Dieses Provisorium blieb lange bestehen, da das entsprechende Reichsgesetz nicht zustande kam. Als größter Einzelstaat regelte Preußen die Ablösung der Staatsleistungen schließlich selbständig im Gesetz „betreffend die Kirchenverfassungen der evangelischen Landeskirchen" vom 8. April 1924.

11 Nachdem in Deutschland bereits von 1906 bis 1914 ein starker Anstieg der Kirchenaustritte verzeichnet worden war, erreichte die Kirchenaustrittsbewegung nach dem Ersten Weltkrieg eine bis dahin ungekannte Größe. Aus den evangelischen Landeskirchen traten in den Jahren 1919 und 1920 240 000 bzw. 315 000 Religionsmündige aus (gegenüber 17 400 im Jahr 1906 und meist weniger als 4 000 pro Jahr von 1884 bis 1905). Vgl. Art. „Kirchenaustrittsbewegung", in: Die Religion in Geschichte und Gegenwart, Band 3 (1959), S. 1343 f.

12 Im November 1919 hatte der preußische Kultusminister Konrad Haenisch (SPD) per Erlass in allen Schulen die Wahl von Elternbeiräten angeordnet. Vgl. Hellmut Becker, Gerhard Kluchert: Die Bildung der Nation (1993), S. 222.

schläge zur preußischen Staatsverfassung nicht mehr gedruckt und bei der Vorlage der Verfassung daher nicht mehr berücksichtigt werden konnten.

Doch ist das schließlich alles nur der Kampf um die politische oder konfessionelle Beeinflussung der Schule, der sich natürlich in einem beständigen Kampf um die Besetzung der Ratsstellen im Kultusministerium fortsetzt. Er ist damit von der jeweiligen politischen und regionalen Gesamtlage abhängig und kann überhaupt nicht einheitlich von der Kulturpolitik des Staates gelenkt und geschlichtet werden. Um so eifriger wendet man sich daher auf das Problem einer formalen Neuorganisation der Schule, ja des ganzen Bildungswesens von der Volks- bis zur Hochschule. Unter merkwürdiger Verkennung der sich beständig steigernden geistigen Entzweiung und Zersetzung hofft man hier durch eine gründliche Einheitsorganisation den der sozialen Republik unentbehrlichen Gemeingeist zu schaffen, das materiale Problem durch formale Organisationen, die zugleich freilich neue Gewalt- und Machtverteilungen sind, zu lösen. Die „Einheitsschule" soll in einer allmählich die Fachschulen und höheren Bildungsschulen abgliedernden Weise von der Volksschule bis zur Hochschule emporführen und das Aufsteigen durch diese Schultypen lediglich von der durch die Lehrer festzustellenden Begabung, in keiner Weise vom elterlichen Vermögen und von klassenmäßig-vererblichen Bildungsschichtungen abhängig machen. Es ist eine Art Verstaatlichung des Gehirns und staatlicher Zuweisung der einzelnen Individuen an die ihrer Begabung entsprechende Bildungsschicht geplant, worüber natürlich die Allmacht des mit psychologischen Tests ausgerüsteten Lehrerkollegiums im Namen der Allgemeinheit zu befinden hat. Das klingt etwas gefährlich, hat auch ungeheure finanzielle Konsequenzen. Es kann aber auch ganz vernünftig durchgeführt werden, wie die Studie des hochverdienten Geheimrats Karl Reinhard (Die Neugestaltung des Schulwesens, Leipzig 1919) es entwirft.[13] Immerhin sind das Dinge, die sehr viel Zeit brauchen. Von ihnen ist jetzt nur die vierjährige sogenannte Grundschule Gesetz geworden, eine ganz vernünftige Einrichtung, bei der nur die Nötigung aller zu vier Jahren statt der Möglichkeit einer Abkürzung auf drei für die rascher Lernenden zu bedauern ist. Das Problem der Abgliederung und Differenzierung der weiteren Schulstufen ist noch ganz unerledigt und die technische Durchführbarkeit der Einheitsschule noch nicht gesichert. Die einen wollen die Abgliederung so spät wie möglich vornehmen und sich so wenig wie möglich vom Stamm entfernen lassen, die anderen wollen im Wesentlichen das alte Schulwesen an die „Grundschule" angliedern, wobei dann die Schaffung des die Volksschule etwas veredelnden „deutschen Gymnasiums" oder der „Aufbauschule" die Hauptfrage ist.

---

[13] Karl Reinhardt: Die Neugestaltung des deutschen Schulwesens (1919).

Was aber diesem Riesenprogramm der neuen Schulorganisation seinen besonderen Charakter gibt, ist die dahinter stehende Solidarität von Sozialdemokraten und der Mehrheit der Volksschullehrer. Es ist ein Bündnis, das keine eigentliche innere Notwendigkeit hat, sondern sozusagen für beide Teile eine Konjunktur ist. Die Sozialdemokraten sind an sich keine besonderen Freunde des Volksschullehrertums; sie wollen nur die Beseitigung der Klassendifferenz auch auf dem Gebiete der geistigen Bildung und eine möglichst gleiche Bildung aller. Die Lehrer, die seit dem 9. November massenhaft der Sozialdemokratie zugeströmt sind, sind ihrerseits der Dogmatik des Sozialismus ziemlich fern und wollen nur die geistige und gehaltliche Gleichstellung aller Lehrerkategorien und die Einheitlichkeit einer von diesem Gesamtlehrkörper verwalteten Bildung. So werden die Lehrer für die Sozialdemokraten zum Mittel der von ihnen gewünschten Egalisierung der Bildung, und die Sozialdemokraten den Lehrern zum Mittel einer Egalisierung des Lehrerstandes. Enthusiasten und ehrliche Arbeiter für den geistigen Gesamtfortschritt, die auf beiden Seiten und namentlich unter den Lehrern zahlreich sind, hoffen damit die geistige Gesamtleistung zu steigern und zu vereinfachen, was dann naturgemäß namentlich auf Kosten der humanistischen und historischen Bildung geschehen und mit einer wesentlich deutschen und allenfalls mathematisch-naturwissenschaftlichen Bildung ausreichen soll. Trotz vielem edlen Enthusiasmus, der in diesen Bewegungen steckt, liegt doch die Gefahr für jede feinere und differenziertere Bildung, die darin steckt, auf der Hand. Daß das Oberlehrertum dem mit geschlossenen Standesvertretungen und Interessen gegenübersteht, verdunkelt weiterhin das materielle Bildungsproblem. Auch das Bildungsproblem löst sich im heutigen Deutschland auf in Klassenkämpfe.

Besonders kompliziert sich nun aber jenes Problem des vom Standpunkt der verbündeten Sozialdemokratie und der Lehrerschaft entworfenen Bildungsprogramms durch den Umstand, daß damit ein völlig neues Programm der Lehrerbildung verbunden ist und verbunden sein muß.[14]

---

14 In Art. 143 der Weimarer Verfassung war die „höhere Bildung", d. h. Abitur und akademische Bildung, zur allgemeinen Grundlage der Lehrerausbildung erklärt worden. Dies machte vor allem eine Reform der Volksschullehrerausbildung erforderlich, die bis dahin in Lehrerseminaren erfolgt war. Um eine Ausbildung der Volksschullehrer an den Universitäten zu umgehen, wurden in Preußen ab 1925 eigens Pädagogische Akademien eingerichtet. Weil für das Studium an den Pädagogischen Akademien aber, anders als zuvor für den Besuch der Lehrerseminare, das Abitur obligatorisch war, wurden zugleich ab Mitte der 1920er Jahre verstärkt Aufbauschulen eingerichtet, die begabte Volksschüler nach dem 7. Schuljahr in sechs Jahren zum Abitur führen sollten. Vgl. Hellmut Becker, Gerhard Kluchert: Die Bildung der Nation (1993), S. 390 ff.

Die bisherige Se|minarbildung ist in der Tat unhaltbar, und den vielen begabten und wissensdurstigen Lehrern muß überdies die Möglichkeit höherer Bildung eröffnet werden. Aber das ist gar nicht der Sinn der Reformforderungen. Sondern wie der Einheitsschule die Gleichheit und Einheit aller Lehrerkategorien entsprechen soll, so muß auch die Ausbildung aller Lehrer die gleiche sein und muß sie vor allem dem Programm der Einheitsschule eingegliedert werden. Damit aber bekommt die Sache eine geradezu grundstürzende Bedeutung für die sogenannten höheren Schulen und die Universitäten. Unter die höheren Schulen muß nun ein an Grund- und Mittelschule angeschlossener Typus des sogenannten deutschen Gymnasiums aufgenommen werden, einer höheren Schule mit nur einer, womöglich modernen, Fremdsprache, die im übrigen wesentlich mit den Mitteln der deutschen Geschichte und Kultur sowie denen der Naturwissenschaften arbeitet und zugleich eine philosophische, das heißt psychologische Normalbildung verbreitet. Dieses „deutsche Gymnasium" ist die normale Bildungsstätte *aller* Lehrerkategorien.[15] Von ihm gehen sie sämtlich an die pädagogische Fakultät der Universität über, wo sie alle in Pädagogik, Psychologie und allgemeinen Wissenschaften unterrichtet werden und die für die differenzierten Fachschulen bestimmten Lehrer *zum Schlusse* noch in Sprachen, höherer Mathematik und so weiter nach ihrem Bedarf unterrichtet werden können. Nach diesem Typus der Lehrerbildung würde sich überhaupt der Bildungsgang aller im Grunde modellieren müssen; er wäre sozusagen die Grundschule höherer Stufe, von der sich erst ganz zuletzt humanistische, philologische, philosophische, naturwissenschaftlich-mathematische Weiterbildungen abgliedern können.

A 318

---

[15] Troeltschs Vorstellung deckt sich weitgehend mit dem in den frühen 1920er Jahren von dem Schulreformer Hans Richert (1869–1940) entwickelten Konzept der „Deutschen Oberschule", das Ansätze der Reformpädagogik (Individualpädagogik, Arbeitsunterricht etc.) mit dem Ziel einer „deutschen Nationalerziehung" verband. Im Mittelpunkt des höheren Schulunterrichts sollten dabei „deutschkundliche Fächer" (Religion, Deutsch, Erdkunde, Geschichte) stehen. Im Zuge der „Richertschen Schulreform" wurde die „Deutsche Oberschule" ab 1924 in Preußen als vierte weiterführende Schule (neben dem humanistischen Gymnasium, dem neusprachlichen Realgymnasium und der mathematisch-naturwissenschaftlichen Oberrealschule) eingeführt. Sie sollte vor allem Kandidaten für die Volksschullehrerausbildung zum Abitur führen, konnte sich als grundständige neunjährige Schule aber nicht gegen die zugleich eingeführte sechsjährige „Aufbauschule" (siehe oben, Anm. 14) durchsetzen. Vgl. Hans Richert: Die deutsche Bildungseinheit und die höhere Schule (1920); Hellmut Becker, Gerhard Kluchert: Die Bildung der Nation (1993), S. 366 ff.

Das ist denn auch der tiefste und letzte Sinn der geforderten *Universitätsreform*, die ohne diese Hereinziehung des Lehrerbildungs- und des Lehrerstandesproblems eine verhältnismäßig sehr einfache Sache wäre. Das ist auch der letzte Kern des Kampfes gegen das humanistische Gymnasium, dessen Zukunft sonst etwa in der Weise der beiden schönen Teubnerschen Gymnasialbücher (Das Gymnasium und die Neuzeit. 1919; Vom Altertum zur Gegenwart. 1919)[16] recht wohl einem veränderten geistigen und sozialen Gesamtleben sich eingliedern und das auf einer schmäleren Berechtigungsbasis sich geradezu vertiefen ließe. Mit dem neuen Lehrerplane, der die Billigung vieler Sozialdemokraten hat, obwohl die höheren Stufen des Unterrichtes die sozialistischen Massen natürlich wenig interessieren und ihre Interessen in dieser Hinsicht mehr auf die sogenannten Volkshochschulen gehen, ist nun aber das Wesen der bisherigen höheren Schulen und der Hochschulen total verändert. Die Universität würde in ihrem Hauptstücke zu einer ungeheure Massen unterrichtenden Lehrerbildungsanstalt, einem verbesserten Lehrerseminar, wesentlich eine Lernstätte statt einer Forschungsstätte; und die höheren Schulen würden zu Anfangsstufen einer weiteren, in der Universität sich fortsetzenden Lernschule statt zu Unterbauten einer geistig selbständigen Forschung und des Verständnisses und Bedürfnisses für sie. Das wäre eine völlige Umstürzung des ganzen bisherigen deutschen Geistes und der deutschen Wissenschaft, eine Organisation ohne Parallele in irgend einem bisherigen großen Kulturvolk. Gewiß herrschen bei den Angelsachsen in Schule und Universität das Memorieren, das Textbuch, die geregelten Unterrichtsgänge und Jahresprüfungen, die Enzyklopädie und das Textbuch vor. Aber sie haben dann in Stiftungen, freien Aufträgen, reichen Privatgelehrten und freien Anstalten Zufluchtstätten für die produktive und forschende Wissenschaft, und der weltweite Betätigungsraum ihrer Jugend verweist sie überhaupt weniger auf Wissenschaft als die materiell viel dürftigere und gebundene deutsche Jugend. Sie wissen im übrigen so gut wie wir bisher, daß Kultur, Bildung, Technik und Industrie von der Entfaltungsmöglichkeit reiner Theorie und ungebundener Forschung abhängig ist, und wissen auf ihre Weise dafür zu sorgen; teilweise kämpfen sie gerade um deswillen um Annäherungen an das deutsche System. | Wo aber soll all das bei uns bleiben, und wollen wir wirklich den Vorzug aufgeben, daß wir unsere nicht in der materiellen Produktion überwiegend beschäftigte Jugend

---

16 Vgl.: Das Gymnasium und die neue Zeit (1919); Vom Altertum zur Gegenwart (1919). Es handelt sich um Sammelbände des B. G. Teubner Verlags. Der Band „Das Gymnasium und die neue Zeit" bringt auch einen unbetitelten Beitrag von Troeltsch: [Über die Notwendigkeit humanistischer Gymnasien], in: KGA 15, S. 158 ff.

wenigstens mit dem Geiste wissenschaftlicher Forschung und selbständiger Schöpfung in Verbindung bringen? Uns ist nur wenig Erdenraum und außerdem nur der Himmel der Idee geblieben, wie bereits früher. Wollen wir auch diesen Himmel umstürzen und entleeren, in dem wir früher gedacht und geforscht haben?

Es ist zu hoffen, daß die Einsicht in die Lebensbedingungen und das Wesen der Wissenschaft, ohne die ja auch die Schöpfer des Sozialismus nicht möglich gewesen wären, und der Idealismus des Lehrertums, der sich doch selbst an den Quellen solcher freier, reiner wissenschaftlicher Denkkraft, an unseren großen Philosophen und Gelehrten, genährt hat, das Gefährliche dieser Pläne erkennen und berechtigte Reformwünsche auf eine minder revolutionäre Weise verwirklichen lernen. Eine geordnete Zusammenarbeit mit den Vertretern deutscher Wissenschaft, die leider die Gesamtlage nicht recht ins Auge fassen und gegen Reformwünsche spröder als billig sind, könnte hier zu einem gesunden Ausgleich führen.[17]

Auch darf man nicht vergessen, daß alle diese Dinge mit der weiteren politischen Entwicklung und finanziellen Lage eng zusammenhängen, womit wir wieder in die Betrachtung der aus den Wahlen sich ergebenden politischen Lage einlenken.

Berlin, 5. 6. 1920
Spectator

---

17 Der Rektor der Berliner Universität Eduard Meyer übersandte Troeltsch Anfang Juni 1920 eine von allen Fakultäten gezeichnete „Kundgebung der Universitäten zur Frage der Lehrerbildung", in der die Ausbildung von Volksschullehrern an den Universitäten scharf abgelehnt wurde. In seinem Antwortbrief vom 8. Juni 1920 beschwerte sich Troeltsch bei Meyer, „daß ich das Vertrauen der Kollegen nicht einmal in dem Maße besitze, daß sie mich in einer solchen von mir selbst angeregten Angelegenheit um meine Mitarbeit ersuchten. Die Erklärung, der ich sachlich beistimme, ist in der logischen u[nd] sprachlichen Form leider gar nicht sehr durchsichtig […]. So nützt die Sache sehr wenig. Eine Denkschrift wäre, was ich wiederhole, viel wirksamer gewesen." → KGA 21.

Die Reichstagswahlen:
Eintritt der Revolution in ein neues Stadium (August 1920)

Editorische Vorbemerkung: Die Edition folgt dem Text, der erschienen ist in: Kunstwart und Kulturwart, hg. von Ferdinand Avenarius, 33. Jg., zweite Hälfte, April bis September 1920, Heft 20, Augustheft 1920, München: Kunstwart-Verlag Georg D. W. Callwey, S. 374–379 (**A**). Der Text erschien in der Rubrik „Vom Heute fürs Morgen" und mit der Datumsangabe 1. Juli 1920. Am Ende des Textes lüftet Troeltsch nach 31 mit „Spectator" gezeichneten Briefen endlich das Verfasser-Pseudonym der Reihe: „Spectator: *Ernst Troeltsch*" (siehe unten, S. 326). Alle weiteren Texte der Reihe erschienen von da an von Troeltsch namentlich gezeichnet, ab dem Brief „Das Weltsystem der Entente" im Novemberheft 1920 des „Kunstwarts" (34. Jg., Heft 2) erschienen die Texte der Reihe außerdem mit dem Titelzusatz „Berliner Briefe" (siehe unten, S. 342).

Die Reichstagswahlen: Eintritt der Revolution in ein neues Stadium

Die Wahlen haben also stattgefunden. Das Ergebnis der ersten Revolutionsperiode ist damit klar. Es ist in der Tat, wie ich seit dem Briefe über den „Ansturm gegen die Demokratie" es mit steigender Klarheit kommen sah,[1] die Zertrümmerung der die neue Verfassung tragenden Mitte, der ersten, in der demokratischen Koalition sich ausdrückenden Gegenwirkung gegen die revolutionäre Anarchie. Der erste Versuch, die Revolution zu bändigen und zu liquidieren, der der Natur der Sache nach ein stets sehr unvollkommener und vielfach schwankender war, ist (mindestens vorerst) gescheitert oder doch wenigstens überaus geschwächt. Zwar hat die Mitte zahlenmäßig sich erträglich gehalten und könnte zur äußersten Not noch eine Regierung tragen.[2] Ich habe in irgend einer Zeitung gelesen, das sei nur das Ergebnis der Verängstigung vor Bür|gerkriegen und Putschen, gerade als ob diese

---

1 Siehe oben, S. 93–98.
2 Nach der Reichstagswahl vom 6. Juni 1920 war die endgültige Sitzverteilung im Reichstag zunächst noch offen, da die Wahl nur in 32 von 35 Wahlkreisen durchgeführt worden war, während für die sog. Abstimmungsgebiete Ost- und Westpreußen, Oberschlesien und Schleswig-Holstein (wo die Wahl erst nach den im Versailler Vertrag festgelegten Volksabstimmungen über Gebietsabtretungen stattfinden

Worte für einen feineren und klügeren oder mutigeren und energischeren Kopf schon alle Schrecken verloren hätten. Aber die alten Vertreter der Mitte selbst wollen dieses Experiment nicht wagen. Die Idee einer Selbstordnung aus eigener Kraft und einer Ausgleichung alter und neuer Schichten auf demokratischer Grundlage scheint durch die Volksabstimmung von rechts und links selber verworfen zu sein. Die große Frage ist, ob man nicht doch wieder auf diese Idee wird zurückgreifen müssen, oder ob man neue Mittel zur Liquidierung der Revolution finden wird, oder ob diese selbst neu aufflammen und im radikalsten Klassenkampfe schließlich doch noch dem russischen Vorbild näher kommen soll.

Es werden bei den verschiedensten Gelegenheiten im intimeren Kreise und unter den führenden Politikern und Wahlstrategen die Gründe dieser neuen Katastrophe – denn das ist es in Wahrheit – erörtert und es werden dabei vor allem die Erfahrungen aus dem Wahlkampf besprochen. Dem Zentrum hat natürlich Erzberger, d. h. in Wahrheit sein Kompromiß mit stark demokratischer Richtung und mit sozialistischen Steuergedanken, daneben die Persönlichkeit Erzbergers, geschadet. Betriebsrätegesetz und Steuergesetze haben das Bürgertum ungeheuer verstimmt. Die Landleute stimmten gegen die Zwangswirtschaft, die ihnen die Preise niederhält und die Schieber begünstigt, ohne weitere bewußt-politische Absichten. Eine starke Rolle spielte die Erbitterung über die Desorganisation der Verwaltung, vor allem gegen die Einsetzung der vielen sozialistischen Sekretäre in die Verwaltung, die übrigens erst seit dem Kapp-Putsch und dem durch ihn erregten Mißtrauen so rücksichtslos durchgeführt wird. Daneben der Ärger über die neuen Farben schwarz-rot-gold. Die Hauptwirkung aber tat eine grenzenlos giftige Verhetzung und persönliche Schmähung und Verdächtigung. Den sozialistischen Ministern und ihren Frauen wurden nicht nur alle alten Witze des Simplizissimus und der Fliegenden Blätter angehängt, sondern jede Gemeinheit und Unsauberkeit nachgesagt.[3] Den andern Ko-

---

sollte) übergangsweise noch die im Januar 1919 für die Nationalversammlung gewählten Abgeordneten ihre Mandate behielten. Diese Mandate eingerechnet, verfügte die „Weimarer Koalition" aus SPD, Zentrum und DDP trotz starker Verluste zu diesem Zeitpunkt im neuen Reichstag noch über 225 von 466 Sitzen und hätte zusammen mit den 21 Abgeordneten der Bayerischen Volkspartei (die im Januar 1920 ihre Fraktionsgemeinschaft mit der Zentrumspartei gelöst hatte) eine knappe Mehrheit gehabt. Diese Option zur Regierungsbildung, auf die Troeltsch hier anspielt, wurde von den Parteiführern aber als zu riskant verworfen. Vgl. Walter Mühlhausen: Friedrich Ebert 1871–1925 (2006), S. 421 ff.

3 Die „Fliegenden Blätter" (gegründet 1845) und der „Simplicissimus" (gegründet 1896) waren bekannte Satirezeitschriften.

alitionsparteien wurde vor allem ihr Verhältnis zur Sozialdemokratie in allen Tonarten vorgeworfen; sie säßen im Anhängerwagen der Sozialdemokratie; daneben die alten Anklagen wegen Wilsonismus, Pazifismus, Internationalismus, Defaitismus usw. Von rechts war es im wesentlichen ein Kampf gegen die Sozialdemokratie und ihren bisher naturgemäß ganz überwiegenden Einfluß. Es war der Klassenkampf des Bürgertums, der Landwirtschaft und der Intellektuellen gegen das Regiment der Handarbeiter, ihrer Sekretäre, ihrer Politiker und Ideologen. Von links her wirkten natürlich die alten bekannten Argumente, daß die Revolution um ihren eigentlichen Sinn und Effekt von der Demokratie und Koalition betrogen sei, daß die Demokratie nur durch eine Militärdiktatur in Wahrheit herrsche, die ihr von den Nationalen und Konservativen gestellt werde, die daher im Grunde gegen Revolution und Koalitionsdemokratie zugleich arbeite und alle wirklichen Errungenschaften der Revolution illusorisch mache. Man müsse den Anschluß an Rußland suchen und die wirkliche Herrschaft des Handarbeiters erst aufrichten, die jetzt nur ein Schein und eine Lüge sei. Es sind im allgemeinen überall die längst bekannten Gründe. Hinter ihnen allen stehen in letzter Linie sehr natürliche und einfache Dinge, die die Geschichte aller Revolutionen charakterisieren: auf der einen Seite die Unzufriedenheit des ursprünglichen Radikalismus und seine beständige Verschärfung, auf der andern Seite die überall eintretende starke Rechtsbewegung. Bedenkt man, daß die Revolution in Wahrheit schon mitten im Kriege begonnen hat, dann wird man es nicht zu früh finden, wenn ich den natürlichen Verlauf einer starken Entwickelung nach rechts jetzt schon eingetreten sehe. Das Mitläufertum der Intellektuellen und der literarischen Boheme mit den Radikalen hat längst sehr abgenommen. Alles spitzt sich auf den Klassenkampf zu, und zwar nicht auf den Marxistischen des Proletariats gegen das Bürgertum, sondern umgekehrt des Bürgertums und seiner Genossen gegen das Proletariat. Jedenfalls verlief so der Wahlkampf. Ob | diese Gesinnung der notwendig zu wagenden Entscheidungsschlacht nachher gegenüber der Verwickeltheit der wirklichen Dinge, der äußeren und inneren Lage, sich behaupten kann, ist schwer zu sagen. Jedenfalls aber haben die Oppositionsparteien durch eine geradezu furchtbare Demagogie und Verhetzung das Wiederabrücken von dieser Parole und die Schaffung einer regierungsfähigen Gruppierung sehr schwer gemacht. Es liegt dem Deutschen noch nicht, den Lärm des Wahlkampfes für unentbehrlichen Tamtam zu halten, der hinterher dann nicht mehr ernst genommen wird, wenn er nur erst seine Schuldigkeit getan hat. Er liebt bis jetzt den verbohrten Haß und ein bramarbasierendes Schimpfen, das jede politische Zusammenarbeit hinterher unmöglich macht, aber den selbstzufriedenen Dickköpfen eine hohe persönliche Genugtuung bereitet. Und zwar übertreffen darin die Nationalen noch ihre sozialistischen Vorbilder erheblich. Die Meisterschaft in der journalistischen Giftigkeit kann den Deutschen, vor allem den „national" Gesinnten, heute nicht mehr bestritten werden. Sie haben darin die französischen Anti-Dreyfusards[4] übertroffen, eine Tatsache, die dem wirklich innerlich national Gesinnten unendlich peinlich ist. Was würde ein Lagarde zu diesem ganzen Wahnsinn gesagt haben?[5]

Das sind die Gründe, zu denen nur, wie stets, hinzuzufügen ist, daß diese ganze innere Situation zum größten Teil die Folge der Entente-Politik, des Versailler Friedens und vor allem der französischen Zertrümmerungspolitik ist. Was aber sind die Ergebnisse? Die nächsten Ergebnisse liegen bereits vor: die ungeheure Schwierigkeit der Regierungsbildung und das Mißtrauen der Entente, die Geringschätzung unserer Kraft und Intelligenz bei den Leuten draußen, die für die Revision des Friedens eintreten. Die Entente hat sich offenbar in der Behandlung Deutschlands als Kompensationsobjekt geeinigt und beruft unsere auf so schwachen Fundamenten ruhende Regierung jetzt doch sofort auf die so lang verschobene Konferenz von Spa.[6] Die Entwaffnungsnoten in dieser Situation drohenden verschärften

---

4 „Anti-Dreyfusards": die nationalistisch-klerikale, teils radikal antisemitische Strömung der französischen Öffentlichkeit, die während der Dreyfus-Affäre in den 1890er Jahren auf eine Verurteilung des jüdischstämmigen Armee-Offiziers Alfred Dreyfus (1859–1935) wegen Landesverrats drängte.

5 Der Orientalist und Kulturphilosoph Paul de Lagarde (1827–1891) war einer der Hauptprotagonisten des deutschen Kulturpessimismus im späten 19. Jahrhundert. Seine nationalreligiös-antisemitischen „Deutschen Schriften" (1878–1881) beeinflussten stark das völkisch-nationalistische Denken während des Ersten Weltkrigs und in der Zwischenkriegszeit. Vgl. Fritz Stern: Kulturpessimismus als politische Gefahr (1963), S. 111–123. Troeltsch, der in seiner religionswissenschaftlichen Arbeit von Lagardes historisch-philologischer Methode beeinflusst war, widmete Lagarde 1913 den 2. Band seiner „Gesammelten Schriften", distanzierte sich aber zugleich im Vorwort des Bandes von Lagardes politischen und weltanschaulichen Positionen. Vgl. Ernst Troeltsch: Zur religiösen Lage, Religionsphilosophie und Ethik (1913), S. VIII → KGA 10.

6 Am 27. April 1920 hatten die Alliierten die deutsche Regierung zu einer Konferenz nach Spa eingeladen, um die aus der Umsetzung des Versailler Vertrags sich ergebenden Fragen zur deutschen Entwaffnung und zu den deutschen Reparationspflichten zu verhandeln. Damit sollte das Deutsche Reich erstmals nach dem Ersten Weltkrieg wieder als gleichberechtigter Verhandlungspartner an einer internationalen Konferenz teilnehmen. Ursprünglich sollte die Konferenz am 25. Mai 1920 beginnen. Wegen der Reichstagswahl und der anschließenden langwierigen Regierungsbildung in Deutschland wurde sie jedoch mehrfach verschoben. Am 25. Juni wurde schließlich der 5. Juli als Beginn der Konferenz festgelegt. Vgl.

Klassenkampfes sind der erste furchtbar schwere Schlag.[7] Aber diese ersten Wirkungen sind nur der Anfang. Die weiteren Folgen sind unabsehbar. Der Ruck nach rechts ist an sich nur normal und in mancher Hinsicht konnte er eine Erlösung sein. Aber dann mußte er verlangsamt und den Verhältnissen vorsichtig und gerecht angepaßt werden. Er mußte die Möglichkeit einer Verständigung mit den Sozialdemokraten als erstes und wichtigstes Ziel ins Auge fassen. So habe ich es in einem der letzten Briefe schon vor den Wahlen formuliert.[8] Ich sehe inzwischen, daß der kluge Bauernführer Heim die Sache fast wörtlich ebenso formuliert hat.[9] Der Gedanke einer völligen Zerstörung der Mitte und eines blutigen Entscheidungskampfes gegen die Sozialdemokratie ist ein Wahnsinn und ein Verbrechen. Er ist, wie ich glaube, auch gar nicht durchführbar. Unser Volk ist zu müde, zu arbeitswillig, zu gutmütig im allgemeinen dafür. Blutrünstiges Schimpfen im Wahlkampf und am Biertisch beweist nichts für den Willen zum realen Kampf. Das letztere ist mehr eine preußische Idee und gehört wohl zumeist den Kreisen der alten und jungen Offiziere an. Von dem Eingreifen der Entente gar nicht zu reden. Dann aber bleibt nichts anderes übrig, als wieder eine Mitte auf wesentlich demokratischer Koalitionsgrundlage zu bilden. Es ist zu hoffen, daß auch die Sozialdemokraten sich dem auf die Dauer nicht verschließen und daß sie vielleicht nur inzwischen gewisse Umgruppierungen vornehmen. Ebenso ist zu hoffen, daß auch die deutsche Volkspartei das einsieht. Von den Deutschnationalen wäre eher umgekehrt zu hoffen mit Rücksicht auf die auswärtige Politik und auf die Möglichkeit, die Sozialdemokratie bei der Stange zu halten, daß sie die Bildung einer solchen

---

Das Kabinett Müller (1971), S. 168 und S. 281; Das Kabinett Fehrenbach (1972), S. XXXIV.

7 Am 22. Juni 1920 hatten die Alliierten in drei Noten zur Entwaffnungsfrage nicht nur ein Gesuch der Reichsregierung vom 20. April 1920 zurückgewiesen, die im Versailler Vertrag für die Reichswehr festgelegte Obergrenze von 100 000 Mann auf 200 000 Mann zu erhöhen, sondern darüber hinaus auch noch die Auflösung der in mehreren deutschen Staaten zur Bekämpfung innerer Unruhen gebildeten bewaffneten Sicherheitspolizei gefordert. Vgl. Das Kabinett Fehrenbach (1972), S. 24.

8 Siehe den Spectator-Brief „Die Aufgaben der Regierung: Kulturfragen", oben, S. 305.

9 Troeltsch bezieht sich wahrscheinlich auf einen Redebeitrag von Georg Heim in der Sitzung des BVP-Bundesausschusses am 11. Juni 1920, in dem Heim ausweislich von Zeitungsberichten erklärt hatte, es dürfe keinen „Rückfall in die Zustände von 1914" geben, „wie ihn die Deutschnationalen erstreben, in deren Tendenzen eine große Gefahr liege". Zit. nach Vossische Zeitung vom 12. Juni 1920 (Abend-Ausgabe): Bayerische Volkspartei gegen Deutschnationale.

Mitte möglichst schroff bekämpfen. In Wahrheit beruht die jetzt endlich zustande gebrachte Regierungsbildung auf derartigen Gedanken.¹⁰ Es geht eben nicht anders, wie ein Blinder sehen kann. Nur ist deutscher Klassenhaß nun einmal blinder als blind. Die Männer, die jetzt als Regierung vor uns treten, wären an sich nicht übel, ja sogar recht gut. Die große Frage ist nur, ob | diese Gedanken sich zu einer dauernden Tragkraft verdichten werden. Das würde dann überhaupt eine heilsame Umgruppierung unserer Parteiverhältnisse mit sich bringen, auf die ich in dem Briefe über das heutige Parteiwesen schon hingewiesen habe.¹¹ Aber man darf sich freilich nicht verbergen, daß diese relativ günstigen Möglichkeiten an dünnen Fäden hängen und sehr viel politisches Verständnis und Selbstbeherrschung von den Beteiligten fordern, also gerade das, was in Deutschland am seltensten ist und was man auch aus diesem trüben Wahlergebnis nicht recht wird lernen wollen.

A 377

Die Wiederherstellung einer Mitte ist jedenfalls das große Problem. Die Herrschaft der Extremen wäre das vollkommene Unheil, wobei übrigens das Ausland einer solchen der Unabhängigen sehr viel wohlwollender gegenüberstehen würde, als einer solchen der Rechten. Die Entente fürchtet überhaupt die Unabhängigen merkwürdig wenig, läßt sich von ihnen instruieren und hält sie für eine der normalen politischen Möglichkeiten Deutschlands. Wenn ausländische Herren uns hier besuchen, sind Unabhängige gewöhnlich ihre Introduktoren, Begleiter und Ratgeber. Vermutlich unterschätzt man dabei ihre Gefährlichkeit, wie die englischen Sozialisten auch die der Bolschewisten bisher zu unterschätzen pflegten. Hier werden die Berichte der eben aus Rußland über hier zurückkehrenden Kommission von großer Bedeutung sein.¹² Auf der andern Seite schätzt man bei ihnen ihre Stellung zum Schulddogma als feste Unterstützung der Entente, während

---

10 Nachdem der SPD-Vorsitzende Hermann Müller (SPD) einer Erweiterung der „Weimarer Koalition" nach „rechts" bereits im Reichstagswahlkampf eine Absage erteilt hatte und dieser Beschluss am 13. Juni 1920 in einer gemeinsamen Sitzung von Parteivorstand und Reichstagsfraktion der SPD bekräftigt worden war, bildete der Zentrumspolitiker Konstantin Fehrenbach am 25. Juni 1920 ein Minderheitskabinett mit Vertretern von Zentrum, DVP und DDP. In der Reichstagsdebatte über die Regierungserklärung am 28. Juni 1920 erklärte sich die SPD jedoch bereit, einer Billigungserklärung des Regierungsprogramms zuzustimmen, und dokumentierte damit ihre Tolerierungsbereitschaft gegenüber der Regierung Fehrenbach. Vgl. Susanne Miller: Die Bürde der Macht (1978), S. 415 ff.
11 Siehe den Spectator-Brief „Kritik am System: Das Parteiwesen", oben, S. 281–290.
12 Eine gemeinsame Delegation der britischen Labour Party und der britischen Gewerkschaften hatte im Mai und Juni 1920 die Russische Sowjetrepublik bereist. Vgl. British Labour Delegation to Russia 1920 (1920). Zum Aufenthalt einiger De-

allerdings gerade englische Liberale über dieses Flagellantentum als eigentlichstes Hindernis der Revision bitter geklagt haben.¹³ Von unseren eigenen Interessen aus ist eine Regierung der russenfreundlichen Unabhängigen freilich ganz unmöglich. Für uns ist ohne Bürgerkrieg und völlige Zertrümmerung nur eine Herrschaft der Mitte möglich.

Freilich gibt es nun viele Leute, die sich die herrschende Mitte ganz anders denken und konstruieren. In diesen Tagen ist ein Buch des schon mehrfach genannten Eduard Stadtler erschienen: „Die Diktatur der sozialen Revolution". In diesem Buche ist am Schlusse eine Übersicht der Anhängerkreise und Analogien dieses Gedankens gegeben, am wichtigsten darunter Martin Spahn, der alte Todfeind Erzbergers und – wenigstens allem Anschein nach – der intellektuelle Vertreter der Politik des Herrn Stinnes.¹⁴ Darnach darf diese ganze Gruppe wohl als die journalistische Saite oder eine dieser Saiten auf dem politischen Instrument von Stinnes betrachtet werden. Schon rücken die Schriftsteller des „Gewissens" in die neu gekauften Stinnes-Blätter ein¹⁵ und in diesem selbst wird dieser Mann ganz offen als die Hoffnung des neuen Reichstages bezeichnet.¹⁶ Wir werden es in Bälde mit einer Stinnes-Politik größten Stiles zu tun haben. Das gibt jenen Gedanken eine praktische Bedeutung. Ihr Kern – und das dürfte der Stinnes selbst am meisten am Herzen liegende Punkt sein – ist die Förderung und Organisation der Produktion, die Demokratisierung und Sozialisierung des Betriebes, eine Verständigung von Arbeitern und Unternehmern, wobei die hohen Löhne auf den Konsumenten abgewälzt, das „Brauchbare" des Rätegedankens verwendet und die Arbeiterschaft in eine versöhnliche und unversöhnliche gespalten werden kann. Ich habe diese Gedanken in einem der letzten Briefe geschildert.¹⁷ Für ihre Durchführung verlangt auch Stadt-

---

legationsmitglieder auf der Rückreise in Berlin vgl. die „Frankfurter Zeitung" vom 28. Juni 1920 (Abendblatt): Ein Bericht über Sowjet-Rußland.

13 Troeltsch bezieht sich wahrscheinlich erneut auf den britischen Pazifisten Edmund D. Morel. Siehe dazu oben, S. 196, Anm. 15.
14 Eduard Stadtler: Die Diktatur der Sozialen Revolution (1920), S. 120–136, bes. S. 124.
15 Im Rahmen der Gespräche über eine finanzielle Beteiligung von Hugo Stinnes bei der Gründung des „Politischen Kollegs" (siehe oben, S. 295, Anm. 11) verhandelte Eduard Stadtler im Juni 1920 mit Stinnes offenbar auch über eine Mitarbeit von Autoren der Zeitschrift „Gewissen" bei der von Stinnes gekauften „Deutschen Allgemeinen Zeitung". Vgl. Claudia Kemper: Das „Gewissen" 1919–1925 (2011), S. 202.
16 Vgl. Gewissen, 2. Jg. (1920), Nr. 25 (30. Juni 1920): Reichstags-Eröffnung.
17 Siehe den Spectator-Brief „Kritik am System: Die Kammer der Arbeit", oben, S. 291–302.

ler jetzt offen, wie früher schon Martin Spahn, die Diktatur, zunächst eine bloße Wirtschaftsdiktatur, die dann aber doch militärisch und irgendwie populär gestützt sein muß. Daher der Titel. Auch dieser Gedanke dürfte Herrn Stinnes, der gar kein Reaktionär, wohl aber ein starker Willensmensch und eine Intelligenz im Stil der großen Trust-Magnaten ist, recht wohl liegen. Mehr Literatenwerk wird es sein, wenn mit diesen Gedanken dann die allgemeine, auch auf die anderen Erwerbsarten auszudehnende Theorie eines Gildensozialismus, eines mittelalterlichen Systems von Zünften und Verbänden als Träger des beruflichen, öffentlichen, wirtschaftlichen, politischen und geistigen Lebens verlangt wird. In der Tat | ist ja auch die wirkliche Entwicklung in vollem Zuge auf diesen Zustand hin. Nur die poetische Verherrlichung dieser Ertötung aller freien Selbständigkeit als spezifisch deutsche, dem faulen, schematischen und rationalistischen Westlertum entgegengesetzte, der Sehnsucht der deutschen Jugend entsprechende Lebensordnung ist der Zusatz von Literatur und antidemokratischer Agitation zu diesem Zuge der Dinge. Noch stärker literarisch ist dann schließlich das Evangelium von der Rückverwandlung der atomisierten, verwestlichten deutschen Volksmassen in eine feste, ruhige und erbliche ständische Gliederung. Diese Dinge feiert Stadler fast mit den Worten Adam Müllers und mit aller Begeisterung der Romantiker, mit denen dieser begabte Agitator sonst wenig Ähnlichkeit hat.[18] Das dürfte auch ein besonderes Lieblingsdogma Spahns sein, während anzunehmen ist, daß Herrn Stinnes diese Dinge so gleichgültig sind wie die ganze eigentliche Politik überhaupt. Für die Literaten aber wird durch die Zusammenschweißung dieser vier Gedanken ein leidenschaftlicher, verachtungsvoller Kampf gegen die Demokratie als Idee und Verfassung möglich, in welchem sie sich als Vertreter der irrationalistischen, aktivistischen, originalen und schöpferischen deutschen Jugend darstellen.[19]

A 378

---

18 Vgl. Eduard Stadtler: Die Diktatur der Sozialen Revolution (1920), S. 137–154. Der Staats- und Gesellschaftstheoretiker Adam Müller (1779–1829) galt als ein Hauptvertreter der politischen Philosophie der Romantik. Sein Konzept eines korporativen Ständestaats beeinflusste maßgeblich das konservative Staatsdenken im 19. Jahrhundert.
19 In Reaktion auf Troeltschs Kritik erschien im „Gewissen" vom 11. August 1920 (2. Jg., Nr. 31) ein mit der Verfasserangabe „Chronist" gezeichneter Artikel mit dem Titel „Resonanz", in dem es u. a. hieß: „Er [Troeltsch], auf den einst die Jugend hoffte, und für den sie sich begeisterte, als er noch ein Unbedingter, ein Bejahender und schöpferisch Gebender war, hat heute die Verbindung mit den Jungen verloren. Er kennt sie nicht mehr. Er weiß nichts mehr von ihnen. Er glaubt nicht an sie. [...] Ernst Troeltsch hat schon vor Jahr und Tag in den Anfängen der Ring-Bewegung, als die ersten Besprechungen im engsten Kreise stattfanden, nicht den Mut zur Bejahung der Jungen gefunden." Ebenfalls Kritik an Troeltsch

Ich weiß nicht, wie viel wirkliche deutsche Jugend hinter diesem Programm steckt. Auch an dieser Jugendtheorie wird viel Theater und Literatur sein. Interessant ist nur der ganze Gedanke der Notwendigkeit einer Politik der Mitte und der Versuch, die alte, auf die demokratische Idee erbaute Mitte durch diese neue, auf Korporativismus und Ständeideal ideell begründete Mitte zu ersetzen. Die mittelalterlich ständische Rückbildung setzt damit ein, ähnlich wie in der Spätantike. Der eigentlich praktische Kern, die Produktionsförderung und die Arbeitsgemeinschaft, scheint mir im Grunde außerhalb dieser Alternative zu liegen und mit allen politischen Systemen verbunden werden zu können. Die demokratische Idee selbst aber finde ich weder in Deutschland noch vor allem in den großen Weltstaaten bereits so geschwächt und tot, wie Stadtler meint. Er kennt offenbar Amerika nicht und hat, wie alle Katholiken und Lutherianer, gar kein Verständnis für die geistigen Wurzeln der angelsächsischen Demokratie. Er scheint nur die französische plutokratische Scheindemokratie und ihren Doktrinarismus zu kennen. In Wahrheit scheint mir die Weltstellung der Demokratie trotz allem Sozialismus immer noch sehr stark. Ich glaube, sie bleibt die Folge so hoher Populationsbestände, so lange diese zusammen mit allgemeiner Volksbildung dauern. Ihre Gefahren verkenne ich gewiß nicht. Aber sie scheint mir für uns Deutsche zunächst das einzige Mittel der auswärtigen Politik und das einzige Mittel der politischen Erziehung zu eigener Einsicht und eigener Verantwortlichkeit. Vielleicht, daß gerade die verhetzte Torheit dieser Wahlen und das Gefühl für ihre gefährlichen Folgen unsere Massen erzieht. Das scheint mir für den Moment notwendiger, als schon gleich wieder alle Verantwortung auf Diktatur und Korporation „spezifisch deutsch" abzuwälzen. Wird der Diktator wirklich unentbehrlich, so kommt er doch und zwar aus der Demokratie, nicht aus dem Militär und der preußischen Offiziersidee. Vorerst aber wäre Erziehung zum Vorausdenken und zur Selbstverantwortung, so bitter sie sein mag und so viele Torheiten sie bei Massen und Intellektuellen mit sich bringen mag, das dringendste Erfordernis. Ich weiß nicht, auf welch anderm Wege unsere politische Kurzsichtigkeit und Bequemlichkeit überwunden werden könnte. Es ist eine harte Schule, aber wir haben sie nötig, wenn wir überhaupt zur Politik fähig werden wollen.

Damit ist ein Teil der Möglichkeiten erörtert, die mit diesem Wahlausgang vor uns liegen. Die Koalition war schon nach dem Kapp-Putsch und dem

---

übten ein Artikel von Max Hildebert Boehm, „Der Kampf um den korporativen Gedanken", im „Gewissen" vom 29. September 1920 (2. Jg., Nr. 38) und ein Artikel von Heinrich von Gleichen-Rußwurm, „Der politische Unternehmer", im „Gewissen" vom 10. November 1920 (2. Jg., Nr. 44). Siehe zu Troeltschs Kontakten zum frühen Ring-Kreis oben, S. 74, Anm. 4.

Sturze Erzbergers recht schwierig geworden. Sie ist es nach dieser friedlichen und legalen Wiederholung des Kapp-Putsches erst recht geworden. Deshalb ist schlechterdings nichts Sicheres zu sagen. Bis zum Herbst wird die neue Regierung halten. Dann kommen mindestens neue Sorgen. Gewiß gibt es noch mehr Möglichkeiten. Das Finanzelend steigt täglich und mit ihm | die Preisrevolution. Die neuen Steuern funktionieren noch nicht, der Beamtenapparat ist noch nicht darauf eingearbeitet, die Bevölkerung macht Steuerstreik. Die Folgen davon sind unabsehbar. Auch in der auswärtigen Politik gehen{a} der Weltkrieg und die Weltrevolution – unter dieser nicht die Marxistische Weltrevolution, sondern die Auflösung des Krieges in allgemeine Anarchie verstanden – ununterbrochen weiter. Bald wird wieder die Welt in Kriegsflammen stehen, wenn es so weiter geht. Auch von daher sind Überraschungen möglich. Es ist eben ein großes europäisches Weltalter zu Ende, und was die Staats- und Gesellschaftsumwälzungen noch bringen können, ist unberechenbar. Die Konferenz von Spa wird genau so wie die Wahlen einen neuen Abschnitt der Revolution bezeichnen. Daß die neuen Wahlen und Regierungskrisen gerade mit ihr zusammentreffen, das ist das eigentlichste Symbol des politischen Verstandes des deutschen Bürgertums.

Daß die parlamentarische Demokratie nur das erste und nicht das letzte Wort dieser neuen Entwickelungen bei uns ist, war mir nie fraglich. Sie mußte uns über die dünne Eisdecke hinüberbringen. Wie man auf dem festen Lande sich einmal wieder anbauen kann, darüber wage ich kaum Vermutungen. Eine verständig geleitete Auswanderung, systematische Besiedelung des Landes und eine auf Alimentierung der Landwirtschaft planmäßig eingestellte, im übrigen für den nötigsten Exportaustausch arbeitende Industrie: das scheinen mir die allein sichern Zielpunkte. Aber noch gibt es überhaupt keine sichern Ziele.

Bis hierher habe ich von diesem Standpunkte aus den Gang der Dinge und die Wandelungen von Revolution und Neuordnung alle 14 Tage verfolgt. Nun geht ein neuer Abschnitt auf. Ihm in gleicher Weise zu folgen, bin ich zu beschäftigt. Auch habe ich das Allgemeine, das ich zu den Dingen zu sagen hatte, in diesen Briefen bereits wesentlich gesagt. Ich möchte damit die regelmäßige Berichterstattung einstellen und in Zukunft nur mehr frei nach Bedarf berichten. Der Herr Herausgeber hatte mir gleich nach der Revolution den Kunstwart zur Verfügung gestellt, und ich war froh um diesen parteilosen Ort der Äußerung.

Um völlig unabhängig zu sein und auf gar keine Wirkung hinschielen zu müssen, habe ich diese Briefe anonym gehalten. Auch wollte ich weder meiner Partei noch der Regierung, der ich als sehr unabhängiges Mitglied ehren-

---

a *A:* geht

amtlich angehört habe und anzugehören für Pflicht hielt, keine Schwierigkeiten machen, wozu Übelwollende nicht ganz genau berechnete Wendungen gerne mißbrauchen.[20] Ich habe daher heute am vorläufigen Abschluß keinen Grund mehr, meinen Namen zurückzuhalten.

Berlin, 1. Juli [1920].

Spectator: *Ernst Troeltsch*

---

20 Dass Troeltsch hier über seine Tätigkeit in der preußischen Regierung im Vergangenheitsmodus spricht, hat in der Troeltsch-Forschung zeitweise zu der Annahme geführt, Troeltsch habe sein Amt als parlamentarischer Unterstaatssekretär bzw. (mit geänderter Dienstbezeichnung seit dem 7. Mai 1920) Staatssekretär im preußischen Kultusministerium im Juni 1920 niedergelegt. Vgl. Jonathan R. C. Wright: Ernst Troeltsch als parlamentarischer Unterstaatssekretär im preußischen Ministerium für Wissenschaft, Kunst und Volksbildung (1984), S. 178. Dies ist jedoch nachweislich falsch. In den Akten des Preußischen Staatsministeriums wird Troeltsch noch Anfang März 1921 als Staatssekretär geführt. Vgl. das Schreiben des parlamentarischen Staatssekretärs im preußischen Justizministerium Freymuth vom 3. März 1921, GStA (Berlin), I. HA Rep. '120 CB Nr. 167; ebenso: Die Protokolle des Preußischen Staatsministeriums 1817–1934/38, Band 11/I (2002), S. 224. Wie die anderen parlamentarischen Staatssekretäre in Preußen hat Troeltsch sein Amt bis zum Ablauf seines parlamentarischen Mandats mit der Konstituierung des 1. Preußischen Landtags am 10. März 1921 (und danach noch geschäftsführend bis zur Bildung der Regierung Stegerwald am 21. April 1921) ausgeübt. Vgl. Hans Schneider: Die Parlamentarischen Staatssekretäre in Preußen 1919–1921 (1973), S. 571 ff. Allerdings belegt ein auf den 25. Juni 1920 datiertes Schreiben von Troeltsch im Nachlass Konrad Haenisch (Bundesarchiv Berlin, N 2104, 401), dass Troeltsch damals wegen einer Auseinandersetzung innerhalb des Kultusministeriums eine Amtsniederlegung zumindest erwog: „Ich gehe aber mit der Niederlegung noch nicht vor, da ich doch erst die Meinung des Ministers hören und von diesem in Frieden scheiden möchte." → KGA 21. Es ist daher durchaus denkbar, dass Troeltsch beim Schreiben des Spectator-Briefs „Die Reichstagswahlen: Eintritt der Revolution in ein neues Stadium" tatsächlich von seinem baldigen Ausscheiden aus der preußischen Staatsregierung ausging, und dass diese Überlegung seine Entscheidung, das „Spectator"-Pseudonym aufzugeben, beeinflusste.

Der Bolschewismus (Oktober 1920)

Editorische Vorbemerkung: Die Edition folgt dem Text, der erschienen ist in: Kunstwart und Kulturwart, hg. von Ferdinand Avenarius, 34. Jg., erste Hälfte, Oktober 1920 bis März 1921, Heft 1, Oktoberheft 1920, München: Kunstwart-Verlag Georg D. W. Callwey, S. 36–44 (**A**). Der Text erschien in der Rubrik „Vom Heute fürs Morgen" und mit der Datumsangabe 17. September 1920.

Nachdem Troeltsch im Spectator-Brief „Die Reichstagswahlen: Eintritt der Revolution in ein neues Stadium" im Augustheft 1920 des „Kunstwarts" (33. Jg., Heft 20) sein Verfasser-Pseudonym gelüftet hatte, erschien der „Der Bolschewismus" als Namensbeitrag von Troeltsch. Dagegen fehlte hier noch der Titelzusatz „Berliner Brief", den Troeltsch seiner Kolumne erst ab dem Text „Das Weltsystem der Entente" im Novemberheft 1920 des „Kunstwarts" (34. Jg., Heft 2) beifügte. Inhaltlich knüpft „Der Bolschewismus" an die von Troeltsch bereits früher, parallel zur Spectator-Reihe, als Namensbeiträge im „Kunstwart" veröffentlichten Texte „Demokratie" (32. Jg., Heft 21, 1. Augustheft 1919), „Aristokratie" (33. Jg., Heft 2, 2. Oktoberheft 1919) und „Sozialismus" (33. Jg., Heft 9, 1. Februarheft 1920) an (→ KGA 15). Doch ordnete Troeltsch selbst den Text gleich im ersten Satz, sowie erneut im Berliner Brief „Die innere Entwickelung der deutschen Revolution" im Dezemberheft 1920 des „Kunstwarts" (siehe unten, S. 351), eindeutig der Reihe der Spectator-Briefe bzw. ihrer Fortsetzung zu.

Der Bolschewismus A 36

In dem letzten Briefe vom Juli habe ich unter dem Eindruck der von den Reichstagswahlen unzweifelhaft bekundeten Rechtsbewegung die Meinung ausgesprochen, daß mit der dadurch veränderten Lage der Regierungsbildung die deutsche November-Revolution in ein zweites Stadium eingetreten sei.[1] Ich habe zugleich darauf hingewiesen, daß das gleiche Ergebnis aus der internationalen Lage hervorzugehen scheint, die mit den Verhandlungen von Spa[a] den bitteren Ernst und die einschneidenden Folgen des Versail-

---

a *A:* Spaa

---

1 Siehe oben, S. 316.

ler Friedens offenbarte und mit den Kriegsgefahren des Ostens von Polen bis Indien die für uns so gefährliche Bedeutung des eigentlichen Gegenpoles gegen eben diesen Frieden, des Umsturzes der ganzen europäischen Kulturordnung durch die Herrschaft des Handarbeitertums, nicht minder deutlich | kund tat.² Diese beiden unter sich todfeindlichen Mächte bedeuten gerade durch ihre Todfeindschaft für uns nur zum kleinsten Teil eine Erleichterung der diplomatischen Situation, vielmehr in der Hauptsache eine Bedrohung durch beide Parteien zugleich, von der einen Seite die Verursachung von Hungersnot und Arbeitslosigkeit mit allen den möglichen entsetzlichen Folgen, von der anderen die Verwirrung und Verrückung aller geistigen und natürlichen oder historischen Grundlagen unserer politischen Lebensordnung, die auf die Rechte und auf die Linke stark einwirkt und jede an sich noch mögliche organische Fortentwickelung und Umgestaltung furchtbar erschwert. Das letzte Endergebnis der Sachlage könnte sein, daß wir geradezu zum Kriegsschauplatz dieser beiden Gegner werden und von neuem das schwere Schicksal des Landes der Mitte erfahren, oder daß die wild gewordene Ideologie eines um jeden Preis zu schaffenden politischen Novums alle Ansätze des Wiederaufbaues verschlingt in materieller Not und intellektueller Raserei zugleich.

Der Lauf der Ereignisse in den paar darauf folgenden Monaten hat gezeigt, daß die außenpolitischen Einwirkungen in Wahrheit zunächst noch stärker als die innenpolitischen Verschiebungen die Herbeiführung eines neuen Stadiums bedeutet haben. Die innere Lage ist dadurch zunächst im Sinne der Beibehaltung der bisherigen Grundrichtung bestimmt worden, die äußere zeigt die von Anfang an alle Erneuerung bedrohenden Elemente in neuer Stellung und Einwirkung. Das Wort von Lloyd George, die Deutschen würden in der Wahl zwischen dem Versailler „Frieden" und dem Bolschewismus den ersteren vorziehen, ist das charakteristische Leitwort dieser Lage.³ Die grausame Tragik ist dabei nur, daß diese Wahl und die Entscheidung für den Versailler Frieden gar kein Schutz gegen den Bolschewismus

---

2 Auf der Konferenz von Spa vom 5. bis 16. Juli 1920 musste sich das Deutsche Reich in Erfüllung von Art. 236 des Versailler Vertrags zu umfangreichen Kohlelieferungen an die Alliierten verpflichten (für sechs Monate zwei Millionen Tonnen pro Monat). Die Alliierten behielten sich vor, im Falle von Lieferungsverzögerungen das Ruhrgebiet zu besetzen. Vgl. Peter Krüger: Die Außenpolitik der Republik von Weimar (1985), S. 109 f. Ebenfalls im Juli 1920 stießen in einer Offensive im polnisch-russischen Krieg sowjetrussische Truppen bis in die Nähe von Warschau vor. In Britisch-Indien begann im Sommer 1920 die „Non-cooperation"-Kampagne der indischen Unabhängigkeitsbewegung um Mahatma Gandhi.

3 Gemeint ist wohl ein Satz aus Lloyd Georges Fontainebleau-Memorandum vom 25. März 1919: „If we are wise, we shall offer to Germany a peace, which, while

ist, sondern vielmehr umgekehrt mit ihrer Wirkung der Verzweiflungspolitik der Patrioten und des Elends der Arbeitermassen uns erst recht in die Arme des Bolschewismus zu treiben droht. Dem Syndikat unserer Feinde ist diese Sachlage nicht unbekannt, aber auch durchaus nicht erschütternd. Wenn der Versailler Friede und seine diabolisch kapitalistische Politik zu Gunsten der Westmächte gewahrt wird, so kann der völlige Ruin Deutschlands in den Kauf genommen werden; in der ruinierten Masse bleibt genug, um sich zu entschädigen, und sei es nur die Versklavung der deutschen, schließlich völlig hilflos gewordenen Arbeit in Betrieben, die der Entente gehören. Es ist ein Standpunkt, wie der jener alten Dame gegenüber ihrer Gesellschafterin, die dieser sagte: „Meine Liebe, ich bitte, Sie darauf aufmerksam machen zu dürfen, daß, wenn Sie schon überhaupt krank sein wollen, mir bei Ihnen die ärgsten Kopfschmerzen lieber sind als der leiseste Husten." So denken nicht *die* Franzosen, *die* Engländer, *die* Amerikaner, aber leider ihre politischen Führer und ihre maßgebenden Geschäftsleute, sowie die Hauptmächte der Presse. Daß überall ein erheblicher Teil der Bevölkerung diese Politik beklagt und bekämpft, ja geradezu den Deutschen helfen und gerecht werden will, ist menschlich ein Trost und eine Rettung des Glaubens an die Menschheit und an die sittliche Idee, aber bei der praktischen Einflußlosigkeit jener Gruppen politisch keine oder nur eine sehr geringe Hilfe. Und bei uns tun viele der Unsrigen das Ihrige dazu, indem sie den Rechtsgrund jener Entente-Politik, das in Versailles erpreßte „Schuldgeständnis", immer neu freiwillig wiederholen, um nur ja die Entente in ihren Forderungen zu unterstützen, um uns bei den wenigen Gerechten und Weitblickenden so lächerlich würdelos als unverständig doktrinär erscheinen zu lassen.

Alle diese Dinge bedürften weiterer Erläuterung und Klarmachung. Auch die Problematik der durch den Ruck nach rechts geschaffenen inneren Situation wird sich bald genug wieder geltend machen. Für heute möchte ich von den bestimmenden Kräften der auswärtigen Lage nur die dem Publikum unbekannteste und dunkelste, den *Bolschewismus*, beleuchten. Er steckt unter einer Dunstschicht offiziöser russischer Verherrlichungen und Lügen wie gegnerischer Nachreden und Gräuel-Legenden. An sich weiß man an den leiten | den politischen und geschäftlichen Stellen ganz gut über ihn Bescheid. Allein, die Zeitungsleser interessieren sich mehr für das Sensationelle und Dunkle, und auf vielen Seiten scheint man gerade die Entstehung

---

just, will be preferable for all sensible men to the alternative of Bolshevism." Zit. nach David Lloyd George: The truth about the peace treaties, Volume I (1938), S. 408.

eines richtigen Bildes von ihm verhindern zu wollen. Wir haben überdies hier die Berichte der zurückkehrenden englischen Arbeiterdelegation gehört, die dann freilich in England in der Arbeiterpresse nicht gedruckt werden konnten,[4] sondern Zuflucht in der bürgerlichen Presse suchen, dadurch aber sich zu geringerer Wirksamkeit verurteilen mußten. Ähnlich haben ja bei uns die Setzer sich geweigert, die Berichte der deutschen Unabhängigen-Delegation zu drucken, weil sie ihnen abträglich für den Bolschewismus schienen.[5] Und auch auf der Rechten und bei den Intellektuellen ist wenig Neigung vorhanden, die verwickelte sachliche Wahrheit zu erfahren. Sie hoffen, teils in seiner Räte-Idee ein Mittel gegen den verhassten Parlamentarismus und die „Formaldemokratie" zu finden und damit eine mittelalterlich ständische Rückbildung erleichtern und modern aufputzen zu können. Oder sie hoffen, durch ein Bündnis mit Russland wie 1806 den Westmächten an den Leib zu kommen und schlagen in der von der französischen Politik erzeugten Desperado-Stimmung den doch unvermeidlichen Untergang ihrer Klasse nicht allzu hoch an, wenn sie damit nur wenigstens den furchtbaren Quälgeist tödlich treffen können. Wieder andere lassen sich den Bolschewismus gerne idealisieren und setzen, da die bisher herrschenden Schichten doch proletarisiert würden, ihre Hoffnung auf einen Kommunismus, der die Dienste der „Geistigen" sachgemäß in seinen Riesenbetrieb einstellen würde. So erklärte mir jetzt ein trefflicher Biologe, den ich auf meinen Ferienreisen traf und der einen der Wanderprediger des Bolschewismus gehört hatte, zu meinem Erstaunen, er habe sich dem Kommunismus zugewendet, da dieser den Geistesarbeitern eine würdigere Stellung gewähre, während das gegenwärtige deutsche System sie nur ruiniere. Die Leute glauben eben, wie einst im Kriege, so auch heute vor allem, was sie wünschen, oder zum mindesten, was ihnen ein interessantes Gruseln oder ein konstruktives Gedankenspiel ermöglicht.

Um so nötiger ist es unter diesen Umständen, die nüchterne Wirklichkeit zu sehen.

---

4 Troeltsch ist hier falsch informiert. Der Bericht der British Labour Delegation über ihre Russland-Reise war im Juli 1920 im Verlag des Trades Union Congress erschienen. Vgl. British Labour Delegation to Russia 1920 (1920).

5 Troeltsch bezieht sich auf die Teilnahme einer USPD-Delegation am 2. Weltkongress der Komintern vom 19. Juli bis 7. August 1920 in Petrograd und Moskau. Auch hier ist Troeltsch jedoch falsch informiert. Der erste Bericht der USPD-Delegation erschien nur einen Tag nach ihrer Rückkehr am 24. August in der Parteizeitung „Freiheit". Auf Anweisung der Parteileitung brachte bis Anfang September auch die übrige USPD-Parteipresse entsprechende Berichte; vgl. Robert F. Wheeler: USPD und Internationale (1975), S. 232 f.

Dazu könnte zunächst ein Studium der Geschichte der französischen Revolution helfen, wie denn überhaupt unsere völlig unvollendete Revolution zunächst mit Hilfe historischer Analogien erfaßt werden muß. Hier ist nun, um von anderen verblüffenden, bis in die Einzelheiten gehenden Ähnlichkeiten hier zu schweigen, die Analogie des Jakobinertums mit dem Bolschewismus ganz erstaunlich. Wie diese wollen sie die möglichst unmittelbare Volksherrschaft und stützen sie sich daher nicht auf die mittelbare Vertretung einer parlamentarischen Regierung, sondern auf die Klubs und Abstimmungen der gesinnungstüchtigen Bürger, die allein das echte Volk repräsentieren und die jederzeit ihre Abgeordneten und Vertreter kontrollieren und abrufen können. Wie diese lehren sie ein Übergangsstadium zur echten Volksherrschaft, das nur von der engsten Gruppe einer echt revolutionären Partei getragen, gelenkt und verwirklicht werden könne und wobei die furchtbarste Schreckensherrschaft die unechten Volksglieder fernhalten, entrechten, ja ausrotten müsse. Wie diese spielen sie diese unmittelbare Volksherrschaft der kleinen Klubs reiner Gläubigen hienüber in die Hände eines leitenden Ausschusses oder Direktoriums, das in Wahrheit durch wenige Personen völlig diktatorisch herrscht. Wie diese wollen sie mit der grausamsten Schreckensherrschaft und der schärfsten Diktatur der Minderheit die allgemeine Freiheit und Humanität herbeiführen, insofern durch diese Übergangszeit die bisher anerzogenen Triebe und Instinkte der Menschen vernichtet, ihnen neue Gefühle, Ideen und Willigkeiten angewöhnt und die Überreste der zu solcher Umgewöhnung nicht Geeigneten und nicht Zugelassenen ausgerottet werden. Die Jakobiner lebten unter anderen ökonomischen Verhältnissen als den heutigen und sahen die schlechten Menschen im Aristokraten, als welchen sie gegebenenfalls auch abgeneigte Bauern, Handwerker usw. bezeichnen. Für | die Bolschewisten sind die echten Menschen die kommunistisch-militärisch organisierte und bewaffnete Handarbeiterschaft, während die Mengen der recht- und waffenlosen Bourgeois auf den Aussterbeetat gesetzt werden und der Begriff der Bourgeois auf alle unerwünschten Menschen, auch die vermöglichen und selbständigen Bauern ausgedehnt wird. Die Volksbewaffnung der gesinnungstüchtigen Teile und die Entwaffnung der die große Majorität bildenden Übrigen ist die Voraussetzung der ganzen Schreckensherrschaft und Diktatur der echten Volksvertreter. Ebenso trat in beiden Fällen als Folge der Zerreißung der gewordenen Verhältnisse und Leugnung der natürlichen Psychologie die allgemeine Hungersnot ein, der Lieferungs- und Bebauungsstreik der Bauern, wofür in beiden Fällen die Hoffnung auf die neue durch Erziehung und Schrecken einzuflößende Psychologie helfen muß. Nicht minder spielen in beiden Fällen die Abwälzung der Leidenschaften auf die auswärtige Politik, auf den Volkskrieg gegen die schlechte und verderbte Welt,

A 39

sowie die Reizung und Verschärfung durch Gegenrevolutionen und auswärtige Einmischungen eine entscheidende, das System stets verschärfende und immer mehr militarisierende Rolle. Daß es sich in einem Falle um den Gegensatz von Republikanern und demokratischen Welterlösern gegen die Tyrannenknechte, im andern um den einer Industriearbeitergruppe gegen den Kapitalismus der ganzen Welt handelt, daß die russischen Methoden einen starken Zug asiatischer Barbarei und alter zaristischer Erbstücke aufweisen, zunächst auch geradezu Chinesen gegen die eigenen Volksgenossen benützt haben, das macht nur einen unwesentlichen Unterschied. Wichtiger ist schon der Umstand, daß in Rußland allem Anschein nach weniger Verbrecher, Schnapphähne und pathologische Naturen in diesen Wirren obenauf gekommen sind als einst in Frankreich. Aber in der Hauptsache ist doch der Weg von der Konstituante zum Jakobinismus ein ähnlicher, wie der von Kerenski zu Lenin. Die Sowjets bleiben in Struktur und Funktion den Jakobinerklubs, die unentfernbaren und nur scheinbar gewählten Volksbeauftragten dem Directoire ähnlich,[6] ebenso bleiben die militärischen und Bewaffnungsverhältnisse ähnlich. Es ist von allergrößtem Interesse, heute Taine, Sybel, Tocqueville, Sorel und Champion unter diesen Gesichtspunkten zu studieren,[7] und man kann leicht erkennen, daß sowohl die außenpolitische Situation als die Logik der inneren Entwickelung auch bei uns ähnliche Dinge wenigstens möglich macht. Es ist ein ungenügender Trost, von der Wesensfremdheit des Bolschewismus oder von der Asiatisierung oder Verrussung des Marxismus zu sprechen, als ob wir dadurch vor analogen Entwickelungen grundsätzlich geschützt wären. In Wahrheit haben alle Revolutionen eine ähnliche innere Entwickelungslogik von der Freiheit zur Schreckensherrschaft der Freiheitsmänner und von dieser zum Cäsarismus und einer relativen Reaktion.

Ein zweites Mittel ist die Einsicht in die Entstehung der Theorien des Bolschewismus, genauer gesagt in dessen logisches Herauswachsen aus dem Marxismus. Das Beste, was ich hierüber gefunden habe, ist eine Studie

---

6 Im Sinne der Analogie ist wohl eher das Comité de salut public (1793–1795) gemeint. Auf das Directoire (1795–1799) verfällt Troeltsch vermutlich durch die (freilich anders intendierte) Analogiebildung bei Bertrand Russell: Soviet Russia – 1920 (1920), S. 122 (siehe unten).

7 Die von Troeltsch genannten Autoren stehen in der Tradition einer konservativ-skeptischen Interpretation der Französischen Revolution. Vgl. Hippolyte Taine: Les Origines de la France contemporaine (1875–93); Heinrich von Sybel: Geschichte der Revolutionszeit von 1789 bis 1800 (1872–79); Alexis de Tocqueville: L'Ancien Régime et la Révolution (1856); Albert Sorel: L'Europe et la Révolution française (1885–1904); Edmé Champion: Esprit de la Révolution Française (1887).

des Wiener Juristen Hans Kelsen über „Sozialismus und Staat", die in Grünbergs Archiv für Sozialgeschichte 1920, Heft 1, veröffentlicht ist.[8] Kelsen weist auf die große Spannung hin, die im Marxismus zwischen den naturrechtlich-moralisch-aktivistisch-utopischen, ja geradezu anarchistischen Elementen und den naturalistisch-empirisch-gesetzlich-evolutionistisch-fatalistischen liegt. Diese Spannung ist von vielen beobachtet worden; sie ist in der Tat wesentlich und bildet den Ausgangspunkt unendlicher Scholastik, Sophistik oder Revisionen. Dem fügt aber Kelsen die Beobachtung hinzu, daß die erste, absolut revolutionäre und das Bestehende mit allen Mitteln der Klugheit oder Gewalt vernichtende Gedankenreihe sich auf den Staat in jeder Gestalt, auch in der demokratisch-parlamentarischen, bezieht. Hier sollen bald durch vorübergehende Akkomodation an die Demokratie, bald durch alle Mittel der Schreckensherrschaft und Ausrottung der bürgerliche Staat und alle seine Anhänger vernichtet werden, um einer völlig freien Gesellschaft Platz zu machen, in der die psychologische | Gewöhnung an den Kommunismus alle Zwangsmaßregeln überflüssig macht. Die andere Gedankenreihe dagegen beziehe sich auf die ökonomische Entwickelung, die dialektisch-naturgesetzlich verläuft und das Proletariat zur Herrschaft, zur Verwaltung eines jetzt grenzenlos produktiven Großbetriebes bringt. Politischer Revolutionismus und ökonomischer Evolutionismus sind hier zusammengedacht. Die deutsche Sozialdemokratie hat sich mehr an den letzteren gehalten und blieb in bezug auf den Staat unbewußt und ungewollt doch immer im Bannkreis der Gedanken Lassalles. Daraus ist dann geradezu der Revisionismus geworden. Demgegenüber habe Lenin die eigentliche Lehre Marxens vom Staat wieder entdeckt und demgemäß den Aktivismus des bewußten, kein Mittel scheuenden Übergangs zum staatslosen Zustand proklamiert. Es galt für ihn zunächst, den bisherigen Staat und seine Träger zu vernichten und auszurotten. Das aber ist nur durch eine Schreckensherrschaft der Handarbeiter, durch eine Militarisierung des allein echten Vortrupps des Proletariats, eben die Bolschewisten, möglich. Der Großbetrieb und seine Leistungen sollen dabei übernommen und fortgeführt werden, aber auch ihnen kommt das Zwangssystem, die industrielle Konskription, zugute, das die Übergangszeit – und zwar eine vermutlich sehr lange Übergangszeit – verlangt. Deshalb ist zunächst die Hauptaufgabe nicht diese ökonomisch-organisatorische, sondern die Vorbereitung des Anarchismus durch Gewöhnung, Disziplin, Schulung oder auch Ausrottung. Der Staat muß in einem Weltkampf gegen alle und jede

---

8 Hans Kelsen: Sozialismus und Staat (1920). Die Abhandlung erschien in der Reihe „Archiv für die Geschichte des Sozialismus und der Arbeiterbewegung", hg. von Carl Grünberg.

Art von Staat mit Gewalt vernichtet werden und die neue psychologische Umgewöhnung muß durch eine unmittelbare Volksherrschaft der allein echten Proletarier, d. h. durch die Sowjets, vorbereitet werden. Sie dienen an sich dazu, den Staat aufzulösen und überflüssig zu machen, vor allem auch den demokratisch-parlamentarischen, können aber in den Zeiten des Kampfes völlig der Diktatur des Obersten Rates unterworfen werden und müssen mit allen Gewaltmitteln zu den richtigen Anschauungen angehalten werden, die die Herrschaft der Diktatoren sichern. Lenin schreckt vor der Paradoxie nicht zurück, daß allein der Diktator der echte Vertreter des sich selbst bestimmenden Volkes und der Erzieher zur neuen Mentalität der Freiheit, Staatslosigkeit und Zwangslosigkeit sei, weil er allein den Kampf gegen den Staat drinnen und draußen erfolgreich führen kann. Die Diktatur des Proletariats muß zunächst die Diktatur einiger Weniger sein, die auch das Proletariat selbst vergewaltigen darf und muß und die daher vor allem Militär in der Hand haben muß. Darüber könne die ökonomische Prosperität und alle Kultur zeitweilig zurückgestellt werden, das käme ja alles nach der Vernichtung des Staates aus der ökonomischen Entwickelung heraus von selbst.

Alles das ist von Kelsen mit eingehenden Belegen versehen und ich zweifle nicht an der Richtigkeit dieser Konstruktion, wenn auch die heiligen Schriften des Marxismus nur teilweise und andeutend, vor allem um die Zeit der Pariser Märzrevolution herum, jene politisch-revolutionäre Theorie vertraten. Bedenkt man aber das, dann liegt es nahe, daß die Interpretation jener Schriften durch die reine Logik auch anderwärts zu solchen Resultaten führen kann und bei dem Überdruß am modernen geschlossenen und souveränen Beamtenstaate links und rechts grundsätzlich staatsfeindliche Stimmungen auch bei uns erzeugen kann. Daß die absolute Staatsfeindlichkeit des Marxismus in Rußland und nicht bei uns wieder entdeckt worden ist, ist begreiflich genug, ebenso die relative Staatsfreundlichkeit und Verbindung der ökonomischen Entwickelung mit der politischen bei den deutschen Sozialisten. Das bildet ja auch den Streitpunkt zwischen den Deutschen und der dritten Internationale.[9] Aber Staatshaß und Staatsüberdruß, Anarchismus und Gewaltbegeisterung gibt es auch bei uns. Und insoferne ist weder unsere Sozialdemokratie noch unsere am heutigen Staat verzweifelte Intelligenz immun gegen den

---

9 Die auf dem 2. Weltkongress der Komintern am 30. Juli 1920 beschlossenen „21 Bedingungen" für eine Aufnahme der USPD beinhalteten u. a. die Orientierung am sowjetischen Prinzip des „demokratischen Zentralismus" sowie den vollständigen Bruch mit jeder „reformistischen" Politik. Vgl. Robert F. Wheeler: USPD und Internationale (1975), S. 219 ff.

Bolschewismus und Anarchismus und dessen terroristische Vorbereitung, in welcher er den, im letzten Ziel freilich etwas andersartigen, Lehren von Robes|pierre und St. Just zum Verwechseln ähnlich wird.

Das dritte Mittel ist die Kenntnis von den wirklichen Zuständen in Sowjet-Rußland, die der höchst idealistischen und wie aller Anarchismus so viele blendenden Theorie ja nicht zu entsprechen brauchen. Hier ist mir das Lehrreichste gewesen ein Bericht, den der bekannte englische Mathematiker und Philosoph Bertrand Russell[a] in der amerikanischen Nation (nicht zu verwechseln mit der viel bekannteren englischen) als Ergebnis einer Reise nach Sowjet-Rußland veröffentlicht hat. (Saturday, July 31, 1920.)[10] Russell ist theoretisch-idealistischer Kommunist oder war das wenigstens vor seinem Besuch in Rußland. Zur Besichtigung eingeladen, schloß er sich der englischen Arbeiter-Delegation an und sah zunächst die äußerst sorgfältige und theatralisch wirksame Paradedarstellung des Bolschewismus, im wesentlichen eine Fülle militärischer Schauspiele und arrangierter Begeisterungen, daneben aber auch im freien Verkehr viele Privatleute aller Art und Richtung sowie die Kapazitäten der bolschewistischen Diktatur. Er hat die nüchtern-sachliche Beobachtungsweise und Werteinschätzung des Engländers, die den Phrasen und Theorien abhold ist, dagegen mit scharfem Blick zu den realen Verhältnissen und Grundlagen durchdringt. Das Ergebnis ist ein tiefster Eindruck von der Verschiedenheit all dieses russisch-asiatischen Apparates und seiner theoretisch-marxistischen Grundlagen von allem, was dem Angelsachsen teuer und heilig und von dem, was ihm praktisch und vernünftig scheint. Ich gebe seinen Gedankengang im folgenden in Kürze wieder.

Zunächst die historischen Grundlagen: Kerenski führte die Freiheit ein, wie man sie in England versteht. Das führte zur Auflösung der inneren Disziplin, während K[erenski] gleichzeitig von der Entente gehindert wurde, das dringendste Bedürfnis, die Friedenssehnsucht, zu befriedigen. In dieser Situation gaben die Bolschewisten, eine besonders streng organisierte Gruppe der Handarbeiterschaft, den Bauern Land und dem Volke Frieden, wenn auch diesen nur als Mittel und Vorbereitung der Weltrevolution. Damit traten sie in die Macht ein, unterdrückten die abweichenden Sozialistenparteien ebenso wie die Bourgeoisie und den Zarismus. Ihre Verheißungen konnten sie freilich nicht erfüllen, und damit wurden sie unpopulär; aber diese Unpopularität trieb sie dann in die schroffe Diktatur und Schreckensherrschaft, der die Bauern nur deshalb nicht entgegentreten, weil sie

---

a *In A durchgängig:* Russel

---

10 Bertrand Russell: Soviet Russia – 1920 (1920).

teils weit weg sind von dem an den Städten und Eisenbahnen hängenden bolschewistischen Regiment, teils weil sie von jedem andern Regierungssystem die Rückgängigmachung ihrer Landaneignung fürchten. Im übrigen sind nur die ganz armen Bauern als Bolschewiki zugelassen und bekommen bedenkliche Erwählte der Bauer-Sowjets einfach keinen Reisepaß, womit sie ausgeschaltet sind. Alle diese Dinge trieben zu jener äußersten Zentralisation, Militarisierung, Aristokratisierung und Organisation der Zwangsarbeit, die das Charakteristische der bolschewistischen Herrschaft ist. Ihr Hauptbedürfnis in dieser Lage sind Manufakturgüter und Sicherung des Transportwesens, womit allein sie die Requisitionen bei den Bauern erträglich machen und ihren eigenen Militär- und Industriebetrieb aufrecht erhalten können. „All das hat eine Atmosphäre erzeugt, die dem Freund der Freiheit unangenehm ist. Aber man muß bedenken, daß dieser Mangel hauptsächlich auf den fortdauernden Krieg und die Blockade zurückgeht. Nur Friede und Lieferung von Manufakturgütern kann den Druck mildern, aus dem die gegenwärtigen Übel sich ergeben."[11] Freilich widerstrebt einem solchen Frieden auch die eigene Theorie der Bolschewisten selbst, die von allem, was englischer Sozialismus ist, himmelweit entfernt ist. Der Russe versteht unter Proletarier nicht den Arbeiter und den wirklichen Proletarier, sondern nur den Anhänger der rechtgläubigen bolschewistisch-marxistischen Theorie. Alle andern, auch Bauern und Arbeiter, sind Bourgeois, wie umgekehrt auch Nicht-Arbeiter solche „echt-klassenbewußte" Proletarier sein können gleich Lenin und Tschitscherin. Die Diktatur des Proletariats andererseits verstehen sie nicht als Volksherrschaft, sondern als | Schreckensherrschaft einer allein bewaffneten Minoritätspartei und als Aussiebung eines allein wirklich herrschenden Direktoriums aus den in Wahrheit bloß dekorativen Sowjets. Den Frieden schließlich verstehen sie nicht als wirklichen Frieden, sondern als Atempause in der Herbeiführung einer bolschewistischen Weltrevolution, ohne welche das russische System nicht zu halten ist und die das allein maßgebende Ziel, die Welterlösung, durch eine neue Arbeits- und Lebensordnung, herbeiführt. Alle Benützung des russischen Patriotismus, des Panslawismus, zaristischer Polizeiinstitutionen ist nur ein Mittel dieses provisorischen Macchiavellismus, der bereit ist, im Notfall auch Rußland selbst der Welterlösung zu opfern. „Derartige Auffassungen sind die üblichen Konsequenzen jedes Fanatismus. Einem Engländer verstärken sie die

---

11 Ebd., S. 122. Das Zitat lautet im Original wie folgt: „All this has produced an atmosphere which is disagreeable to a lover of freedom; but it has to be remembered that the lack of freedom is traceable to war and the blockade as its prime cause. Nothing but peace and a sufficient supply of manufactured goods can relieve the pressure from which the present evils result."

Überzeugung, auf der das englische Leben seit dem 17. Jahrh[undert] beruht, daß Güte und Toleranz mehr wert sind als alle Dogmensysteme der Welt, ein Grundsatz, von dem wir freilich auf andere Nationen oder unterworfene Rassen wenig Anwendung zu machen pflegen."[12] „Erklärend wirken am besten historische Parallelen. Da ist nun die böse Seite des gegenwärtigen russischen Regiments vergleichbar dem Directoire in Frankreich, die edlere mit Cromwells Idee und Methoden. Die älteren, in Verfolgungen früher bewährten Kommunisten Russlands gleichen in ihrer metaphysisch-politisch-militärischen Haltung den puritanischen Soldaten. Cromwell behandelte das Parlament ähnlich wie Lenin die russische Konstituante. Beide gingen aus von der Vereinigung demokratischer und metaphysischer Überzeugungen und waren genötigt, die Demokratie einer durch militärische Diktatur verstärkten Metaphysik zu opfern. Beide wollten ihre Völker auf ein höheres Niveau von Moral und Leistung heben, als diese Völker selbst für erträglich hielten. Und wenn die Bolschewisten schließlich stürzen, so wird es der gleiche Grund sein, aus dem die Puritaner stürzten, nämlich, weil man schließlich zu einem Punkt kommt, wo die Menschen Vergnügen und Behaglichkeit höher schätzen als alles Übrige zusammen."[13] Am meisten aber fühlt sich Russell an Platos Republik erinnert, die ja auch ein fanatisches Buch ist. Die bewaffneten Proletarier gleichen den Wächtern, der oberste Rat den philosophischen Herrschern dort. Die Behandlung des Familienlebens ist ähnlich. Die rechtlosen Banausen vollends befinden sich hier wie dort gleich übel, nur daß in Rußland die bisherige Bildung und der

---

12 Ebd.: „These views are the familiar consequences of fanatical belief. To an English mind they reinforce the conviction upon which English life has been based ever since 1688, that kindliness and tolerance are worth all the creeds in the world – a view which, it is true, we do not apply to other nations or to subject races."

13 Ebd. Das Original lautet folgendermaßen: „In a very novel society, it is natural to seek for historical parallels. The baser side of the present Russian Government is most nearly paralleled by the Directory in France, but on its better side it is closely analogous to the rule of Cromwell. The sincere Communists (and all the older members of the party have proved their sincerity by years of persecution) are not unlike the Puritan soldiers in their stern politico-moral purpose. Cromwell's dealings with Parliament are not unlike Lenin's with the Constituent Assembly. Both, starting from a combination of democracy and religious faith, were driven to sacrifice democracy to religion enforced by military dictatorship. Both tried to compel their countries to live at a higher level of morality and effort than the population found tolerable. Life in modern Russia, as in Puritan England, is in many ways contrary to instinct. And if the Bolsheviki ultimately fall, it will be for the reason for which the Puritans fell – because there comes a point at which men feel that amusement and ease are worth more than all other goods put together."

Besitz in diese Kategorie fällt und als Lasttier bei geringerer Nahrung für die gemeinsten Arbeiten verwendet wird. „Der bessere Bolschewismus ist absolut aristokratisch nach innen und militärisch nach außen."[14] Er will nicht ein Polis reformieren, sondern die Welt. Oder Russell vergleicht die Bolschewisten, was vielleicht am treffendsten ist, mit dem Glaubensfanatismus und der politisch-militärischen Organisation Muhameds.[15] Wie dieser schließt er alle Ungläubigen aus der Gemeinde aus und behandelt sie grausam als rechtlose und nutzlose Objekte. Wie dieser verkündet er den heiligen Krieg.

Im übrigen kauft der Bolschewist zu billigeren Preisen, erhält er Reiseerlaubnisse und ist er Herr und Tyrann. Die Soldaten erhalten das Vierfache an Nahrung, die alle Verdächtigen überwachende Polizei noch mehr. Die wirtschaftliche Produktion ist durch Zwangsarbeit leidlich gehoben worden, wenn auch längst nicht auf den Stand der Friedenszeit. Technische Fortschritte und Riesenorganisationen werden geplant, die Arbeitskraft auch der Bolschewisten selbst durch härtesten Zwang mobilisiert. Überall aber hat Russell den Eindruck, daß es kein Rechnen mit der Psychologie des bisherigen Menschen gibt, sondern nur die Zwangserziehung zu einer neuen, von den bisherigen Instinkten und Gewöhnungen völlig abweichenden neuen Arbeits- und Gesellschaftspsychologie. Und diese Erziehung soll sich auf die Welt erstrecken, womit die Vernichtung aller bisherigen Kultur in der Welt und die Aufrichtung einer neuen Seele und einer neuen Kultur aus dem äußersten Elend der bisher herrschenden Schichten heraus gemeint ist, ein Plan, dem nach Russell die Entente bisher ebenso ungewollt als systematisch in die Hände arbeitet. „Die ganze Tendenz des Mar|xismus ist ohne jede psychologische Einbildungskraft und Menschenkenntnis, da sie alles in der Politik lediglich materiellen Ursachen zuschreibt."[16] „Lenin selbst ist eine Fleisch gewordene Theorie."[17] „Ich meinerseits, indem ich diese Theorie sorgfältig erwäge und die Verurteilung des Kapitalismus im allgemeinen billige, empfinde mich doch im starken und endgültigen Gegensatze gegen sie; nicht weil der Kapitalismus besser wäre, als die Bolschewisten meinen, sondern weil der Sozialismus schlechter ist, als sie sagen, mindestens der aus

---

14 Ebd., S. 123. Russell schreibt: „Bolshevism is internally aristocratic and externally militant."

15 Vgl. ebd., S. 122: „Marx has taught that communism is fatally predestined to come about; this fits in with the Oriental traits in the Russian character, and produces a state of mind not unlike that of the early successors of Mahomet."

16 Ebd., S. 125: „Indeed, the whole tendency of Marxism is against psychological imagination, since it attributes everything in politics to purely material causes."

17 Vgl. ebd.; bei Russell heißt es wörtlich: „The materialistic conception of history, one feels, is his [Lenins] life-blood."

dem Welt-Klassenkampf und der bolschewistischen Kriegspolitik geborene."[18] Es wäre das Ende der Kultur in der Welt. Die Machtanhäufung eines militärischen Sozialismus sei im Effekt noch schlimmer als die Kapitalanhäufung eines ausbeutenden Kapitalismus.

Russell geht dann noch ein auf das politische System der Sowjets, der unmittelbaren, in einer Mischung beruflicher und territorialer Gliederung konstruierten Demokratie, die alle Bourgeois, vermöglichen Bauern und unkorrekten Proletarier ausschließe und durch sorgfältig kontrollierte Wahlen in verschiedenen Stufen die oberste Leitung, das Directoire, heraussiebt. Sie sind in Wahrheit lediglich die Vertretung einer verschwindenden Minorität wie einst die Jakobinerklubs und schließlich auch als solche gegenüber dem dauernd in der Macht befindlichen Direktorium einflußlos geworden. Sie dienen im wesentlichen nur als formelle und dekorative Bestätigung der stets erneuerten Machtstellung der Herrscher. Die Bauern sind darin überhaupt nicht vertreten. Die ehemalige Bourgeoisie kann und darf keinen Anschluß an sie gewinnen. Die Lage der Gelehrten, Künstler usw. ist schlechthin schrecklich. Auch die abweichenden Sozialistenparteien sind ausgeschlossen, ohne Waffen und ohne Wahlrecht. In der kommunistischen Partei selbst gibt es dann freilich verschiedene Gruppen, deren Hervortreten aber durch den äußeren Druck verhindert ist. Russell unterscheidet in ihr drei solcher Gruppen. Erstlich die Veteranen und ehemaligen Märtyrer des Kommunismus, die alle leitenden Stellen innehaben und vielfach die Fühlung mit dem Volk als reine Doktrinäre und Exulanten verloren haben;[19] sie bestrafen ununterbrochen die Korruption und vergessen, daß sie ein System bauen, das die ungeheuerste Verführung zur Korruption allenthalben bedeutet. Zweitens die „Arrivisten", die begeisterte Anhänger auf Grund des materiellen Erfolges sind; sie stellen die Armeen von Spionen, Geheimagenten, Polizeimännern und nützen den Umstand aus, daß in Rußland niemand leben kann ohne Verletzung der heutigen Gesetze; sie können jedermann ohne Prozeß verhaften und töten, und sie sind es, die das

---

18 Ebd., S. 123. Im Original steht vollständig: „For my part, after weighing this theory carefully, and after admitting the whole of its indictment of bourgeois capitalism, I find myself definitely and strongly opposed to it. The Third Internationale is an organization which exists to promote the class war and to hasten the advent of revolution everywhere. My objection is not that capitalism is less bad than the Bolsheviki believe, but that socialism is less good, at any rate in the form which can be brought about by war."

19 Vgl. ebd., S. 124: „Prison and exile have made them tough and fanatical and rather out of touch with their own country." Der von Troeltsch verwendete Begriff „Exulanten" bezeichnet ursprünglich die protestantischen Glaubensflüchtlinge in der Frühen Neuzeit.

System so ungeheuer verhaßt machen. Die dritte Klasse – und das ist die interessanteste – besteht aus den Ralliierten,[20] den großen Technikern, Industriellen, Organisatoren, die das System seit seiner Erschütterung hat aufnehmen müssen und die nun nicht für Geldgewinn, aber für Macht und Entfaltung ihres Tätigkeitstriebes arbeiten. Dahin gehören Offiziere und Leute, die in Amerika Trust-Magnaten würden; ihre kommunistische Überzeugung ist nicht sehr feurig. Ihnen dankt der Bolschewismus, was er – abgesehen von Krieg und Diplomatie – an Erfolgen aufzuweisen hat. „Es ist dem Bolschewismus gelungen, diese Art von Fähigkeiten in den öffentlichen Dienst einzureihen, ohne die Anhäufung privaten Reichtums zu gestatten. Das ist vielleicht ihr größter Erfolg, abgesehen von dem Gebiet des Klassenkampfes und Weltkrieges, und man kann vermuten, daß bei Eintritt wirklichen Friedens Rußland zum industriellen Nebenbuhler Amerikas durch eine erstaunliche industrielle Entwickelung würde."[21] Aber gerade dieser Friede ist es, den die Bolschewisten nicht wollen, weder nach innen noch nach außen.

Zum Schluß schildert er die Persönlichkeiten von Lenin bis Trotzki[a], den bekanntesten unter den Cäsaren des heutigen Rußlands. Lenin ist ihm der absolute Doktrinär und Fanatiker, eine Verbindung von Cromwell und Robespierre mit dem marxistischen Gelehrten und Literaten. Trotzki erscheint ihm mehr theatralisch repräsentativ und eitel. Das Ergebnis dieser Kenntnisnahme ist eine starke Enttäuschung: „Ich kam nach Rußland, indem ich mich selbst für einen Kommunisten hielt. Aber die Berührung mit denjenigen, die keinen Zweifel kennen, hat in mir selbst die Zweifel vertausendfacht, nicht bloß die Zweifel bezüglich des Kommunismus, sondern bezüglich jedes Glaubenssystems, das so selbstsicher ist, daß die Menschen um seinetwillen nach allen Seiten Elend zu verbreiten sich verpflichtet und berechtigt fühlen."[22]

---

a *In A durchgängig:* Trotzky

---

20 Abgeleitet von „ralliieren" (veraltet für: verstreute Truppen sammeln).
21 Bertrand Russell: Soviet Russia – 1920 (1920), S. 125: „There is no doubt that the Bolsheviki are successfully solving the problem of enlisting this kind of ability in the public service without permitting it to amass wealth as it does in capitalist communities. This is perhaps their greatest success so far outside the domain of war. It makes it possible to suppose that, if Russia is allowed to have peace, an amazing industrial development may take place, making Russia a rival of the United States."
22 Ebd., S. 126: „I went to Russia believing myself a communist; but contact with those who have no doubts has intensified a thousandfold my own doubts, not only of communism, but of every creed so firmly held that for its sake men are willing to inflict widespread misery."

Soweit Russell. Ich habe nirgends sonst in der deutschen Presse eine Notiz über diesen Aufsatz gefunden. Er bestätigt alles, was man hier in Berlin in den leitenden Kreisen weiß. Warum entsteht bei uns trotz alledem nirgends ein sachlich nüchternes Bild vom Bolschewismus? Warum können die einen ihn zur Hetze gegen alle friedliche Ordnung und zum Anschluß an die immer noch gewollte Weltrevolution benützen und die andern – auf der Suche nach Ideen – seine alles zersetzende Räteidee mit einer konservativ-ständischen Rückbildung verknüpfen? Wollen wir auch heute noch überall die Dinge nicht in ihrem wirklichen Lichte sehen und wollen wir in der alten und schwierigen Frage der Ost- oder Westorientierung durchaus nicht sehen, wo die alten geistigen und historischen Grundlagen unseres Lebens liegen, die mit den neuen sozialen Forderungen und Notwendigkeiten vermittelt werden müssen, die aber nicht ohne totale Erschütterung und Entwurzelung grundsätzlich verlassen werden können? Unsere Politik gegenüber den Russen mag völlig zurückhaltend und vorurteilslos sein, unsere eigene geistige Haltung ihnen gegenüber müssen wir selbständig finden und begründen, und zwar in allen Parteien.

Berlin, 17. Sept[ember] 1920. *Troeltsch*

Das Weltsystem der Entente (November 1920)

Editorische Vorbemerkung: Die Edition folgt dem Text, der erschienen ist in: Kunstwart und Kulturwart, hg. von Ferdinand Avenarius, 34. Jg., erste Hälfte, Oktober 1920 bis März 1921, Heft 2, Novemberheft 1920, München: Kunstwart-Verlag Georg D. W. Callwey, S. 102–106 (**A**). Der Text erschien in der Rubrik „Vom Heute fürs Morgen" und mit der Datumsangabe 10. Oktober 1920. Da Troeltsch an einer Stelle im Text vermutlich auf einen Artikel in der Deutschen Zeitung Bohemia vom 16. Oktober 1920 Bezug nimmt, kann es aber sein, dass er noch nach diesem Datum Änderungen an dem Text vorgenommen hat.
„Das Weltsystem der Entente" war Troeltschs erster Beitrag im „Kunstwart", der mit dem Untertitel „Berliner Brief" erschien. Mit diesem Zusatz erschienen von da an (mit einer Ausnahme, siehe unten, S. 512) alle Texte der Reihe.

Das Weltsystem der Entente
Berliner Brief

Der Bolschewismus in seinem wirklichen russischen Verstand, der sich von den bei uns im Allgemeinen so benannten verschiedenen Radikalismen und Aufgeregtheiten sehr unterscheidet, ist eine Weltmacht, mächtig durch Militär, Diplomatie und Propaganda. Er bedroht militärisch vor allem die asiatischen Positionen Englands, hat seine Helfer in allen Staaten bei gewissen Teilen des Proletariats und seiner Intellektuellen, verfügt über den diplomatischen Trumpf des allgemeinen Begehrens nach russischen Rohstoffen und Handel mit Rußland. Unter diesen Umständen sind seine Diplomaten und Cäsaren sehr wohl befähigt, Weltpolitik zu treiben, um so mehr, als sie über beträchtliche diplomatische Talente und neue verwirrende Methoden der Diplomatie verfügen. In diesem diplomatischen Spiel ist das deutsche Reich ein Objekt neben anderen, besonders wichtig nur insoferne, als es in eine Ausfallspforte des Bolschewismus gegen den westlichen Kapitalismus verwandelt werden kann.

Der weltpolitische Gegenspieler ist die zum Völkerbund erweiterte Entente, die man durchaus in ihrer weltpolitischen und nicht bloß gegen

Deutschland gerichteten Bedeutung sehen muß. Es ist ein neues System der Weltgroßmächte, die ganz Mitteleuropa und Rußland aus sich ausgeschieden und Frankreich zu dem von den Angelsachsen wesentlich abhängigen Verwalter der europäischen Konkursmasse gemacht haben. Es ist sehr interessant, daß der konservative Schwede Kjellén sein bekanntes Buch über die Großmächte[1] umgearbeitet und den neuen Verhältnissen angepaßt hat. Es heißt heute „Die Großmächte und die Weltkrise" (Teubner 1920)[2] und hat den Standpunkt in der Tat recht lehrreich und grundsätzlich verändert. Deutschland, das ihm früher die Vormacht des Germanentums und der Sturmbock gegen die Weltdemokratie war, ist nunmehr, wie aus dem Kreise der Großmächte, so aus dem seines Interesses ausgeschieden. Die Deutschen, meint er, konnten die geistige Isolierung und die Verachtung der Welt nicht ertragen und sich nicht zu dem nötigen absolut erbarmungslosen und alles opfernden Kampf um die Weltmacht entschließen, ein Zeichen, daß sie dafür in der Tat nicht befähigt und bestimmt waren. Die Völker der praktischen Nüchternheit und Willensstärke haben über das Volk der Phantasie und des Geistes gesiegt. Daran ist nur die kühle Abwendung des Interesses dieses Realpolitikers interessant; über die Richtigkeit dieser Erklärung ist umso weniger zu diskutieren, als Kjellén an anderen Stellen doch auch andere Gründe kennt: die schließlich unbesiegliche, fortwährend steigende Überzahl der Gegner, die Schwäche der deutschen Bündnisse, die Hoffnungslosigkeit unserer Mittellage mit den schlechten Grenzen, die innere Zerklüftung der Gesellschaft und, wie er sich ausdrückt, die Verblendung der deutschen Politik. Genug: das System der Weltmächte ist neu. Erstlich ist der Sieg des demokratischen Verfassungsideals in der Welt entschieden. Zweitens sind die beiden eng verbundenen angelsächsischen Mächte die eigentlichen Weltherrscher geworden und steuern auf eine Art Einheitsherrschaft über die Welt los. Drittens hat Europa überhaupt die letzten Reste des mittelalterlichen Kaisertums und der Germanenherrschaft liquidiert; eine französische Kontinental-Hegemonie, ein mit schwierigen Verhältnissen kämpfendes Groß-Italien und ein dunkles russisches Problem sind übrig geblieben; alles übrige ist in Kleinstaaten verwandelt. Das große Weltproblem der Zukunft ist daher nunmehr der Völkerbund, die Frage, wie weit er nur eine Garantie der doch so unfertigen neuen Machtverteilung und Wirtschaftskontrolle sein oder wirklich eine neue Idee der Politik verwirklichen soll, die Frage, wie weit er bei dem etwaigen Eintritt Amerikas eine bloße Fassade der angelsächsischen Weltherrschaft oder eine

---

1 Rudolf Kjellén: Die Großmächte der Gegenwart (1914).
2 Rudolf Kjellén: Die Großmächte und die Weltkrise (1921).

ehrliche Heranziehung auch der andern Mächte sein soll, die Frage, wie weit er eine Form für ein Weltimperium der immer größer werdenden und notwendig alles verschlingenden Hauptmächte oder eine Anerkennung der Bedeutung der in Widerspruch zu dieser Theorie heute erwachsenen und bedeutend vermehrten Kleinstaaten sein soll. Kjellén hofft das Letztere und glaubt in deren Interesse, daß der neue Gedanke des Völkerrechts und des Staatenbundes der Menschheit, ein|mal in Gang gebracht, nicht wieder verschwinden könne, wenn er auch vor jeder endgiltigen Ordnung dieses Problems einen neuen Weltkrieg mit den Ostasiaten für wahrscheinlich hält.

A 103

Einerlei, ob dieses Bild ganz richtig ist oder nicht und ob bei der unfertigen Lage überhaupt schon ein Bild gezeichnet werden kann, in den Grundlinien dieses Bildes ist Vieles, was wir in unserer Lage uns vor Augen zu halten allen Anlaß haben. Die Entscheidung gegen eine deutsche Weltpolitik und alle ihre Folgerungen ist endgültig. Die Entente, zumindest in ihren angelsächsischen Führern, stellt die weltherrschende Dyarchie dar, und die Politik dieser Dyarchie ist heute noch in vieler Hinsicht gegen uns gerichtet, wenn auch die eigentlichen Quälereien und Lebensgefahren von Frankreich und seinen Vasallenstaaten herkommen. Heute noch ist diese Politik gegen den deutschen Handel und die deutsche Wirtschaft gerichtet, an der man nur interessiert ist, soweit sie für fremde Produkte aufnahmefähig werden muß, die aber über dieses Maß hinaus ohne Schiffe und Rohstoffe nicht wieder erstarken soll. Der Handelskrieg geht unverändert weiter. Die Weltmächte haben immer noch Besorgnisse vor uns. Die Handelsspionage ist heute im Inlande ähnlich gegen uns gerichtet, wie sie es während des Krieges im Ausland war. Aus Oberschlesien sind erschreckende Beispiele zu berichten.[3] Als ich vor kurzem in der Schweiz war,[4] traf ich einen aus Peru zurückgekehrten Deutschen. Er berichtete, daß dort Überdruß an dem japanischen, stark mit Betrug arbeitenden Geschäfte und Abneigung gegen die nordamerikanische Massenware herrsche, daß man deutsche Techniker und Arbeiter mit

---

3 In Vorbereitung der in Art. 88 des Versailler Vertrags festgelegten Volksabstimmung über den Verbleib der preußischen Provinz Oberschlesien beim Deutschen Reich wurde das öffentliche Leben in Oberschlesien seit Februar 1920 von einer Interalliierten Kommission unter der Leitung des französischen Generals Henri Le Rond kontrolliert. Offiziell neutral, stand die Interalliierte Kommission jedoch in dem Ruf, im oberschlesischen Territorialkonflikt die polnische Seite zu begünstigen, u. a. auch bei der Erteilung von Ausfuhrgenehmigungen und in anderen Handelsfragen. Vgl. Das Kabinett Fehrenbach (1972), S. 244 f.

4 Dieser Aufenthalt von Troeltsch in der Schweiz ist nicht dokumentiert. Vermutlich fand er im Sommerurlaub 1920 statt.

allen Mitteln sich zu verschaffen suche, auch ihnen die Reise bezahlen wolle; aber die Amerikaner lassen am Panama-Kanal keinen durch. Oder ein anderes Beispiel: einer der bekanntesten deutschen Dichter wollte einen Sohn in einem Schweizer Geschäft unterbringen; es mußte ihm abgeschlagen werden, da das Geschäft Übersee-Beziehungen habe und die Entente die Einstellung von Deutschen in solchen Geschäften verbiete. Oder ein weiteres: ein indischer Gelehrter wollte den deutschen Naturforschern seines Faches über gewisse Experimente vortragen, aber er erhielt von der englischen Regierung keinen Paß und konnte nur auf dem Umweg über Skandinavien einreisen.[5] Es gäbe noch viele weitere Beispiele. Die Hauptsache ist: man sieht die Fortsetzung des Krieges, die Handelsvernichtung, den geistigen Boykott. Die siegreiche Entente ist eben neben ihrer neuen Weltverteilung auch ein Handelssyndikat, das immer noch den deutschen Handel und die deutsche Arbeit ausschalten oder besser rein auf das ihr nützliche Maß reduzieren will. Die deutsche Konkursmasse ist verteilt und an ihrer Stelle soll nichts Neues wieder aufwachsen. Das ist die erste und nächste Bedeutung, die das Weltsystem der Entente für uns hat und deren Wirkungen auf unsere inneren Zustände die ernstesten sein müssen.

Die zweite Bedeutung dieses neuen Weltsystems ist die Einigung aller kapitalistischen Interessen und Mächte zum Kampf gegen die soziale Weltrevolution, gegen die russische zuerst, dann aber auch gegen jede Regung irgendwo sonst. Das kehrt sich wieder gegen Deutschland, das man bald gegen die Bolschewisten benützen, bald ihnen preisgeben, jedenfalls mit ihnen verwickeln und in der Neutralität behindern möchte. Zudem fürchtet man in Deutschland selbst den Herd sozialistischer Theorien und Experimente und möchte ihm dazu die Möglichkeit nehmen, behandelt es zum mindesten überall mit Mißtrauen oder sucht es mit diesen Mitteln zu sprengen, indem man den Antisozialisten Ruhe und Schutz verspricht, wie das Bayern gegenüber der Fall zu sein scheint und auch im Rheinland versucht wird.[6] Die Bedrohung gerade der deutschen Arbeiterschaft und damit des

---

5 Der Vorfall konnte nicht nachgewiesen werden. Schon vor 1914 waren zahlreiche indische Naturwissenschaftler zum Studium nach Deutschland gekommen. Während des Ersten Weltkriegs forschten u. a. der Physiker Debendra Mohan Bose (1885–1975) und der Chemiker Shankar Agharkar (1884–1960) an der Berliner Universität, wo sie 1919 auch promoviert wurden. Am Institut für Physikalische Chemie von Walther Nernst an der Berliner Universität arbeiteten in den frühen 1920er Jahren gleich vierzehn indische Wissenschaftler, darunter 1921 der Physiker Meghnad Saha (1893–1956). Vgl. Kris Manjapra: Age of Entanglement (2014), S. 51 f. und S. 112–125.

6 Nachdem Bayern entgegen einer Übereinkunft von Reich und Ländern, wonach die deutschen Einzelstaaten keine separaten Beziehungen mit den Alliierten un-

deutschen Daseins überhaupt ist gerade hierdurch eine furchtbar schwere. Der Appell an die internationale Arbeitersolidarität hilft uns in dieser Lage wenig, da das Proletariat der Welt in sich zerspalten ist, die einen nur die russische Gewaltkur für aussichtsvoll halten und in der deutschen Sozialdemokratie gerade die Hemmung einer solchen Gewaltkur sehen, die andern noch vom Kriege her unter der Suggestion einer angeblichen Kriegs│schuld und eines nationalistischen Verrates der deutschen Sozialdemokratie stehen, während sie ihren eigenen Nationalismus für selbstverständlich halten und unter der Maske des Grimms gegen die deutsche Kriegsschuld sich und andere verbergen.

Das dritte uns betreffende Merkmal des neuen Weltsystems ist die Überlassung der europäischen Hegemonie an die Franzosen, die durch den amerikanischen Katzenjammer über den großen Weltbetrug und die Zurückziehung Amerikas von Europa, weiterhin durch die Schwierigkeiten der englischen Weltstellung außerhalb Europas nur gefördert wird. Die französische Politik aber ist völlig die Richelieus, Ludwigs XIV. und Napoleons, wobei von der wirtschaftlichen Entschädigung durch deutsche Arbeit und Kohle und von der Angst vor einer Wiedererhebung des gefesselten und verstümmelten deutschen Riesen als weiteren Motiven der französischen Politik gar nicht geredet werden soll. Die Unmöglichkeit der letzteren ist wohl auch den Franzosen bekannt, und die Besorgnisse bilden wohl nur die Maske für die eigentliche Politik. Es ist die alte Reunionspolitik, die eigentlich am liebsten auf Karl den Großen zurückginge und das angeblich rein französische Reich dieses Herrschers wieder herstellte. Es ist das alte Grundgefühl der Franzosen, daß sie die Erben des karolingischen Reiches und zur Hegemonie über Europa berechtigt sind durch moralische und geistige Eigenschaften wie durch historische Rechtsansprüche. Man muß hierüber das schöne und erschütternde Buch von Karl Stählin über die „Geschichte Elsaß-Lothringens" (München, Oldenbourg 1920) lesen.[7] Es zeigt diese den Franzosen völlig naive und selbstverständliche Grund-

---

terhalten sollten, im Juli 1920 die Einrichtung einer französischen Gesandtschaft in München erlaubt hatte, versuchte der bayerische Ministerpräsident Gustav von Kahr in Verhandlungen mit dem französischen Gesandten die auf der Konferenz von Spa verfügte Auflösung der bayerischen Einwohnerwehren zu verhindern. Verschiedene preußische Stellen berichteten im Spätsommer 1920 an die Reichsregierung, Frankreich habe Bayern entsprechende Zugeständnisse in Aussicht gestellt, falls es eine Lockerung seines Verhältnisses zum Reich vornehme. Vgl. Das Kabinett Fehrenbach (1972), S. 134 f. und S. 195 f.

7 Karl Stählin: Geschichte Elsaß-Lothringens (1920).

anschauung schon im Mittelalter, zeigt ihre Auswirkung in der berüchtigten Reunions- und Rheinbundpolitik und ihre früheren Hemmungen durch den österreichischen Großstaat, nach dessen heutigem Wegfall Polen und Tschechien eine ähnliche Politik, wie Frankreich selbst, gegenüber der Ostgrenze Deutschlands unter französischem Einfluß zu machen beginnen. Es zeigt den beständigen weiteren Zerfall unserer Westgrenze seit dem Dreißigjährigen Krieg, die kulturelle Eroberung des Elsaß durch Revolution, Demokratie und französische Kultur und die Schwäche der deutschen Gegenpositionen. Nationale Bedenken und Rücksichten, einen Respekt vor den 14 Punkten, gibt es für eine solche Politik nicht, die Deutschland im Grunde überhaupt für einen illegitimen Abkömmling des Karolingischen Reiches hält und bei der Überlegenheit ihrer Kultur ein Sonderexistenzrecht bloßer Barbaren weder in Deutschland noch in Afrika anerkennt. Das ist doch der Sinn des Barbarendogmas überhaupt. Die Franzosen befreien sich damit von den Konsequenzen der auch von ihnen anerkannten nationalistischen Idee. Stählin zeigt damit indirekt die heutigen Gefahren und die innere Konsequenz der heutigen französischen Politik, aber auch die mangelnde Kraft zu moralischen Eroberungen, die das preußische System dort an den Tag gelegt hat.

Die Rheinbundpolitik geht heute weiter. Die Nachrichten, die *aus Bayern* kommen, sind auch in der Tat höchst beunruhigend. Am Reiche wirtschaftlich nur durch Kohle und Eisen des Ruhrgebietes festgehalten, im übrigen als dem Donausystem angehörig, weniger eng mit ihm verbunden, spielt Bayern mit dem Gedanken vorübergehender Lockerungen des Reichsverbandes, bis die „rote Wirtschaft in Berlin" vorüber und der neue Unitarismus der Revolutionsregierung zerbrochen sei. Man braucht damit nur eine etwaige Besetzung des Ruhrgebietes durch die Franzosen zu kombinieren, um die ungeheuerlichen Folgen einzusehen. Die Bayern bekämen dann Kohle von den Franzosen; Reich, Nord- und Mitteldeutschland könnten dann sehen, wo sie bleiben. Die Bayern lieben die Franzosen nicht und kennen den Quälgeist ganz gut. Neulich sagte mir einer: den Krieg habe er satt, aber wenn es wieder gegen die Preußen oder die Franzosen gehe, dann sei es ihm schon auch recht. Man braucht die Franzosen nicht zu lieben, ja kann ihre ganze Grausamkeit und Sophistik mit heißestem Ingrimm empfinden, und man kann ihnen doch in die Hände spielen, was in Deutschland, nicht nur in Bayern geschieht. Alles Liebeswerben um Kontinentalpolitik gegen England und alle Verhöhnung und Sabotierung der demokratischen Institutionen wirkt in der gleichen Richtung. Andererseits ist die polnische Politik in Methoden und Ergebnissen nur eine Spiegelung der französischen. Ähnlich steht es in Tschechien, wo zwar Herr Masaryk ein gerechter und anständiger Mann ist, aber die Hände nicht frei hat. Sein Minister, Herr Benesch, wollte den Deutschen bessere Bedingungen der Autonomie geben, aber Frankreich hat Einspruch erhoben.[8]

Dieser Druck von dem Weltsystem der Entente und dessen uns besonders tief ins Fleisch schneidender französischer Kontinentalspitze her wird erst allmählich in der vollen Macht und Bedeutung empfunden. Er ist nun aber mit Spa[a] und den darauf folgenden Verhandlungen allgemein deutlich und in den Arbeitsüberschichten, der neuen Kohlennot, den Stillegungen, der Arbeitslosigkeit (bei sonst an sich nicht schlechten Aussichten unserer Industrie und unseres Außenhandels) auch dem Blöden, dem Optimisten, dem Egoisten und Gleichgültigen fühlbar geworden. Er vor allem ist es, der die deutsche Revolution zum Stillstand bringt, jeden Fortschritt hemmt und den Glauben an irgend eine moralische Neuordnung in der Welt zerstört. Die Überzeugung, das Opfer eines ungeheuren welthistorischen Betruges mit den 14 Punkten geworden zu sein, wird immer allgemeiner, ein Gefühl, das freilich, wie mir neulich ein Wilsons Pariser Umgebung nah befreundeter Amerikaner bestätigte,[9] auch anderwärts um sich greift. „Wir mögen in Amerika unsern Idealismus bald nicht mehr anrühren" meinte er.

---

a *A:* Spaa

---

8 Am 16. Oktober 1920 veröffentlichte in Prag die „Deutsche Zeitung Bohemia" den Wortlaut eines Memorandums des tschechoslowakischen Außenministers Edvard Beneš vom Januar 1919, in dem dieser als Leiter der tschechoslowakischen Delegation bei der Pariser Friedenskonferenz eine Lösung des Nationalitäten- und Sprachenkonflikts in der Tschechoslowakei nach Schweizer Vorbild mit weitgehenden Rechten für die deutschsprachige Minderheit in Aussicht gestellt hatte. Die Veröffentlichung löste eine heftige Diskussion über die Rechtsverbindlichkeit der tschechoslowakischen Verfassungs- und Sprachgesetzgebung vom 29. Februar 1920 aus, in der auf Druck der nationalistischen Parteien in der tschechoslowakischen Nationalversammlung die „tschechoslowakische" Sprache de facto als einzige Amtssprache verankert worden war. Eine französische Einflussnahme zulasten der deutschen Position im tschechoslowakischen Sprachstreit gab es entgegen Troeltschs Annahme nicht. Vgl. Jaroslav Kuèera: Minderheit im Nationalstaat (1999), S. 29 ff.

9 Es handelt sich wahrscheinlich um John R. Mott (1865–1955), den Generalsekretär des Weltbundes der Young Men's Christian Association (YMCA) und Mitgründer der World Student Christian Federation (WSCF). Während einer Europa-Reise von April bis August 1920 zur Wiederherstellung der im Ersten Weltkrieg zerbrochenen protestantischen Weltmissionsbewegung hielt sich Mott vom 21. bis 27. Mai 1920 auch in Berlin auf, wo er u. a. am 23. Mai mit dem Theologen Adolf Deißmann und am 24. Mai mit Ernst Troeltsch zusammentraf. Eine handschriftliche Aufzeichnung von J. R. Mott zu dem Treffen mit Troeltsch findet sich in: Yale

Die beiden gegeneinander kämpfenden Weltsysteme, Bolschewismus und Entente, gegen einander auszuspielen sind wir viel zu schwach und eigener Initiative viel zu sehr beraubt. Die Verzweiflungspolitik, mit dem Bolschewismus gegen die Entente zu gehen, wäre der Untergang unserer Kultur und begegnet auch im allergrößten Teil des Volkes absoluter Abneigung. So bleibt nichts übrig, als mit den Weststaaten zu gehen und gleichzeitig ihrer grausamen Bedrohungen und Quälereien sich nach Möglichkeit durch Gebrauch der verbliebenen Rechtsmittel, durch Appell an die Weltmoral, durch Loyalität und Klarheit der Wiedergutmachung und durch immer neue Bestreitung des wahnsinnigen und heuchlerischen Dogmas von der alleinigen deutschen Schuld zu erwehren. Gerade diese Frage muß immer von neuem in Gang gebracht und vor allem den flagellantischen Deutschen der Wahnsinn und die sachliche Unbegründetheit ihres Tuns klar gemacht werden. Soeben hat die Contemporary Review einen der ernstesten deutschen Politiker zur Äußerung über diesen juristischen und moralischen Grundstein der Entente-Politik und zur Darlegung des deutschen Standpunktes, wie er sich auf Grund der Dokumente gestaltet, aufgefordert.[10] Das ist ein Hoffnungszeichen beginnender Vernunft. In dieser Richtung vor allem muß gearbeitet werden. Nach sechs Jahren allgemein herrschender Lüge drinnen und draußen muß die Wahrheit die Atmosphäre entgiften.

Nach innen aber muß der doppelte Druck zu einem steigenden Zusammenschluß führen. Wenigstens müßte er das, wenn noch irgend etwas von politischem Instinkt und Ehrgefühl in Deutschland vorhanden ist. Die Arbeiterschaft müßte sich aus endlosen Schwankungen, Wirren, Kurzsichtigkeiten und Blendungen heraus teilen in radikale Kommunisten, die mit Moskau und der chimärischen Weltrevolution gehen als dem einzigen Radikalmittel für die kranke Welt, und in solche, die den Staat und die Nation samt ihrer Wirtschaft und Arbeitsmöglichkeit aufrechterhalten wollen, weil Kommunismus und Anarchismus gerade auch dem Arbeiter mit dem Staate den Boden wegziehen und weil sie ihre Heimat und Sprachengemeinschaft, wie gar nicht zu bezweifeln ist, lieben. Die Parteien von Rechts müßten jeden Gedanken an die scheußliche Parole „Die Canaille wieder in den Käfig"

University, Divinity School Library, John R. Mott Papers, F 1987. Troeltsch erwähnt den Besuch in einem Brief an Max von Baden vom 21. Juli 1920 → KGA 21. Mott galt als Vertrauter des US-Präsidenten Woodrow Wilson, der ihn mehrfach für diplomatische Missionen einsetzte. Für seine Europa-Reise 1920 stattete Wilson Mott mit einem Empfehlungsschreiben aus (siehe: Yale, Mott Papers, F 1764). Vgl. C. Howard Hopkins: John R. Mott 1865–1955 (1979), S. 574–580.

10 Es handelt sich um Hans Delbrück, siehe unten, S. 401.

aufgeben, und auf jede Politik, die der der Herren nach den Bauernkriegen gegen die Bauern entspricht, verzichten; nicht aus moralischen Gründen, an die man schon gar nicht mehr zu appellieren wagt, sondern wegen der absoluten Aussichtslosigkeit solchen Beginnens und wegen der Ge|fahr endlosen Bürgerkrieges. Wer dem Sozialismus und der Demokratisierung schlechthin keine Zugeständnisse machen will, konstituiere sich als ausdrückliche und grundsätzliche Restaurationspartei, damit endlich Klarheit wird; aber man verzichte darauf, solche Absichten hinter Schlagworten nationaler Ehre zu verstecken, und beschränke sich auf ehrlichen Kampf gegen Leute, die das nationale Wohl eben anders verstehen. Dann wäre der Weg frei für eine Zusammenarbeit möglichst weit von links bis möglichst weit nach rechts, damit für die wichtigste Arbeit, die Wiederbelebung der Produktion, zu der der gute Wille beider Seiten nötig ist, und damit wiederum für die Bekämpfung des finstersten und hoffnungslosesten Elends, des Finanzelends mit seinen Valuta-, Preis- und Steuersorgen. Die verbleibenden Gegensätze der äußersten Rechten und Linken könnten aber wenigstens auf das schlimmste Gift der Verdächtigung und Herabsetzung verzichten. Anders gibt es eine Rettung vor den Gefahren der Weltlage nicht; sie müssen der Nation wieder einigermaßen den inneren Zusammenhalt und das Gemeingefühl geben. Dann werden auch die moralischen Kräfte wieder erstarken, die ja nicht verschwunden, sondern von dem obenauf treibenden Gesindel der Kriegs- und Revolutionsgewinnler nur verdeckt sind.

Auch die fremden Großmächte haben ihre wunden Stellen, wie Kjellén sehr deutlich zeigt. In allen Völkern gibt es außerdem verständige Menschen, und neutrale Konferenzen wie die Brüsseler[11] werden theoretisch die Weltmeinung allmählich aufklären und aufrütteln. Aber das Wichtigste, den inneren Zusammenhalt wenigstens einigermaßen wieder zu gewinnen, das müssen wir unter diesem furchtbaren Doppeldruck der beiden auswärtigen Systeme selbst leisten. Und man hat doch den Eindruck, als ob diese Einsicht in weiten Kreisen um sich griffe.

Berlin, 10. Oktober 1920. *Troeltsch*

---

11 Gemeint ist die Internationale Finanzkonferenz des Völkerbundes in Brüssel vom 24. September bis 8. Oktober 1920, zu der, obwohl kein Mitgliedstaat des Völkerbundes, auch Deutschland eingeladen worden war. Obwohl die Reparationsfrage auf der Konferenz offiziell nicht besprochen wurde, galt die gleichberechtigte Teilnahme Deutschlands als wichtiger Prestigegewinn. Vgl. Das Kabinett Fehrenbach (1972), S. XXXVII.

Die innere Entwickelung der deutschen Revolution
(Dezember 1920)

Editorische Vorbemerkung: Die Edition folgt dem Text, der erschienen ist in: Kunstwart und Kulturwart, hg. von Ferdinand Avenarius, 34. Jg., erste Hälfte, Oktober 1920 bis März 1921, Heft 3, Dezemberheft 1920, München: Kunstwart-Verlag Georg D. W. Callwey, S. 163–171 (**A**). Der Text erschien in der Rubrik „Vom Heute fürs Morgen" und mit der Datumsangabe 12. November 1920.

Die innere Entwickelung der deutschen Revolution
Berliner Brief

Ich habe in dem letzten Briefe der ersten Reihe meine Auffassung von der Sachlage dahin formuliert, daß mit diesem Sommer die deutsche Revolution in ihr zweites Stadium eingetreten sei. Diesen Satz habe ich mit den beiden ersten Briefen der zweiten Reihe weiter erläutert, und in seiner Erläuterung möchte ich dieses Mal fortfahren.[1] Er wird, wie mir scheint, von den Ereignissen fortwährend weiter bestätigt.

In erster Linie ergab sich dieser Sachverhalt aus der mit diesem Zeitpunkt hervortretenden, alles bestimmenden Macht der auswärtigen Verhältnisse. Ihr Druck war ja stets seit der betrügerischen Verkehrung der Waffenstillstandsbedingungen durch die Entente und seit der Selbstproklamierung des Bolschewismus als Gegenspieler des Ententekapitalismus das eigentliche Geheimnis der Dinge. Aber seit mit der Konferenz von Spa[a], der Entwaffnung und den offenkundig werdenden Plänen der Franzosen der ganze blutige Ernst des Versailler Friedens praktisch fühlbar, seit die Höhe der Besatzungskosten und die Finanzlage des Reiches in ihrer unabsehbaren finsteren Wirkung allgemein verständlich geworden sind, seit wir die Franzosen die Rheinprovinz auf unsere Kosten als Aufmarschgebiet organisieren und dort gleichfalls auf unsere Kosten französische Gymnasien für

---

a *A:* Spaa

---

1 Siehe oben, S. 316, 327 und S. 342.

die Angehörigen der Besatzung und für deutsche „Hospitanten", dreiunddreißig Bordelle für die Schwarzen haben einrichten sehen,² seitdem haben wir das Gefühl, daß es sich gar nicht mehr in erster Linie um die Neugestaltung des revolutionären und demokratischen Deutschlands, sondern ganz einfach um den Fortbestand des Reiches handelt. Das ergibt eine ganz andere Einstellung des Gefühls auf die Ereignisse, drängt Parteiinteressen und Parteiideale zurück und räumt mit jedem Rest des großen Weltbetruges auf, als hätten die politischen Führer der Entente im Interesse einer sichereren Weltordnung und einer friedlichen Demokratie gearbeitet. Der Glaube an moralische Absichten der Gegner und die Suggestion des Schuldigseins verschwindet und die wahre Lage wird deutlich, wobei nur zu wünschen wäre, daß bei uns nirgends vergessen würde, wodurch wir der Ententepolitik diesen Weltbetrug so sehr erleichtert haben. Anderseits hat die Zersetzung der Sozialdemokratie durch die von Moskau ausgehende dritte Internationale, die eine Diktatur nicht des Proletariats, sondern über das Proletariat und eine Ausrottung des Bürgertums und der Gedankenfreiheit ist, die auf die Sozialdemokratie gesetzten Hoffnungen stark enttäuscht, haben ihre eigene Sterilität und ihre Unfähigkeit zur wirklichen Beherrschung ihrer Massen den Respekt vor ihr gemindert und hat die Weltgefahr des Bolschewismus, seit ihr wirkliches Gesicht kenntlich geworden ist, das Problem der Herrschaft des sog[enannten] „Proletariats" in sehr viel bedenklicherem Lichte erscheinen lassen. Auch das verändert die psychologische Einstellung der Massen und Parteien auf die Verhältnisse. Der Aufsatz des wahrlich sehr arbeiterfreundlichen Herrn Kulemann\u1d43 in der „Hilfe"³ deutet Gefühle und Eindrücke an, die weit verbreitet sind und sich täglich unter dem Eindrucke der Eigenschaften, die die Sozialdemokratie als herrschende Schicht entfaltet, weiter verbreiten. Das Unglück ist dabei nur, daß die beiderseitigen

---

a *A:* Kuhlemann

---

2 Die Einrichtung spezieller Bordelle für „schwarze" französische Besatzungssoldaten im Rheinland sowie angeblich massenhafte Sexualdelikte „schwarzer" Soldaten gegen „deutsche" Frauen waren die häufigsten Topoi in der Kampagne gegen die Verwendung afrikanischer Kolonialtruppen in den alliierten Besatzungsarmeen unter dem Schlagwort „Schwarze Schmach am Rhein" (siehe oben, S. 292, Anm. 3). Besonders plakativ verbreitet wurden diese Behauptungen von dem britischen Pazifisten Edmund D. Morel (1873–1924), mit dem Troeltsch über die Heidelberger Vereinigung in Kontakt stand (siehe oben, S. 196, Anm. 15). Vgl. Iris Wigger: Die „Schwarze Schmach am Rhein" (2007), S. 34–46; Edmund Dene Morel: Der Schrecken am Rhein (1920), S. 10–16.
3 Wilhelm Kulemann: Die Krisis der sozialistischen Arbeiterbewegung (1920).

Gefahren sich fortwährend steigern. Der Druck der Entente zerstört die Lebensbedingungen und radikalisiert die hungernden Massen, der Erfolg des Bolschewismus in Deutschland ermuntert die Entente zu weiteren Zerstörungshoffnungen, so daß die sonderbarsten Kreuzungen eintreten: ein Teil der Arbeiterschaft wird scharf national und ein Teil des Bürgertums wird bolschewistisch, schärfste Gegner der Entente werden zur Rettung vor dem Bolschewismus an die Seite des Ententekapitalismus gedrängt und radikale Gegner der Arbeiterherrschaft zu einem Verzweiflungs-Bolschewismus. Alles die jetzt deutlich werdenden Folgen des Wahnsinns von Versailles, der sich hinter dem Schulddogma verbarrikadiert und von dieser Position aus die Mitte und den Osten Europas in immer neue Kämpfe wirft, der auch unter den Friedensmächten ernste Gegensätze erzeugt, die diese schließlich immer wieder vorerst auf Kosten Deutschlands ausgleichen, die | aber kein Gefühl aufkommen lassen, als sei ein Ruhepunkt nach dem Kriege und ein Boden der Neuordnung erreicht.

Aber die neue Situation stammt nicht bloß von dieser finsteren Klärung der auswärtigen Verhältnisse her, sondern auch aus der inneren Entwickelung der deutschen Revolution selbst. Einer der hervorragendsten deutschen Staatsmänner sagte schon im August 1914, dasjenige Volk werde den Krieg gewinnen, bei dem die Revolution zuletzt ausbricht.[4] Verlorene Kriege sind stets Revolutionen günstig. Kriege der allgemeinen Wehrpflicht und der völligen wirtschaftlichen Aussaugung doppelt und dreifach. Und das noch überdies in einem durch und durch revolutionären Zeitalter sozialer Gärungen! So hat die deutsche Revolution begonnen, seit das Volk den Glauben an Sieg und Führung in dem Streit um die stets mit den Erfolgen wechselnden Kriegsziele und bei dem schließlichen Versumpfen aller noch so glänzenden Offensiven verloren hatte. Der Winter 1917 ist der Winter des Unheils. Wer damals mit den Massenvertretern – und keineswegs bloß mit den sozialdemokratischen – Fühlung hatte, konnte sich der Beobachtung nicht verschließen, daß Revolution in der Luft lag, wenn nicht ein glimpflicher Friede und die Aufhebung der Blockade in Bälde erreicht wurden. Auch ein großer Teil der fürstlichen Personen war sich über diese Lage ganz im klaren. Das Einzige, was man als Öffnung des Ventils bieten

---

4 Gemeint ist der damalige Reichskanzler Theobald von Bethmann Hollweg (siehe unten, S. 379 f.). Vgl. in Kurt Riezler: Tagebücher, Aufsätze, Dokumente (1972) die Tagebucheinträge vom 7. Juli 1914 (S. 183: „Der Kanzler erwartet von einem Kriег, wie er auch ausgeht, eine Umwälzung alles Bestehenden.") und 14. Juni 1916 (S. 359: „Der Kanzler sprach von dem Albdruck der Revolution nach dem Kriege, der auf ihm laste."). Vgl. auch Theobald von Bethmann Hollweg: Betrachtungen zum Weltkriege, 2. Teil (1921), S. 32 f.

konnte, war das preußische allgemeine Wahlrecht, das freilich in seinen Konsequenzen ein Umbau der Reichsverfassung war, und die Aussicht auf einen Verständigungsfrieden. Woran das erste scheiterte, ist in aller Erinnerung. Woran das zweite scheiterte, ist weniger klar. Vielleicht war es schon zu spät dazu; vielleicht hat man die allein dazu führenden Wege nicht gehen und die dafür notwendigen Zugeständnisse an den Gegner nicht vertreten wollen oder können. Über die Periode Kühlmann herrscht noch volles Dunkel.[5] Jedenfalls: die Stimmung wurde mit jedem Tag kritischer. Der Rettungsversuch des Prinzen Max kam viel zu spät, nachdem Hertling und Hintze die Situation schon so gut wie verloren gegeben hatten. Dann kam die gescheiterte Frühjahrsoffensive, der militärische Zusammenbruch, infolge dessen die Heerführer entgegen der Auffassung der heimischen Stellen einen Waffenstillstand binnen 24 Stunden und um jeden Preis für schlechthin gefordert erklärten.[6] Da war die längst begonnene Revolution nicht mehr zurückzuhalten[7] und entlud sich, von Russen und Unabhängigen geschürt,[8] in der Weise, wie wir sie alle noch in schaudernder Erinnerung haben. Sie erschien damals in dieser Situation auch den Mehrheitssozialdemokraten und ihren in der Reichsregierung befindlichen Staatsmännern als ein Unglück. Man hätte die Monarchie gerne irgendwie gerettet, wenn sie sich nicht selbst preisgegeben hätte. Alle Welt war damals lediglich erschüttert und stand unter dem Eindruck elementarer historischer Vulkanismen. An die Lügen vom „Dolchstoß von hinten" oder „im Felde unbesiegt" dachte damals noch niemand. Vielmehr alle Welt fühlte sich, soweit sie nicht längst Mißtrauen hegte, von der Aufklärung und Stimmungsmache der bisher Herrschenden betrogen.

In dem nun ausbrechenden Chaos ergriffen die Führer der Mehrheitssozialdemokratie rasch entschlossen die Zügel und adoptierten um der Wir-

---

5 Gemeint ist die Amtszeit von Richard von Kühlmann (1873–1948) als Staatssekretär des Auswärtigen Amtes von August 1917 bis Juli 1918.
6 Troeltschs Schilderung ist nicht streng chronologisch. Die Forderung der OHL nach sofortiger Einleitung von Waffenstillstandsverhandlungen erfolgte am 29. September 1918 und hatte am 30. September die Demission des Reichskanzlers Georg von Hertling zur Folge. Am 3. Oktober erfolgte die Ernennung Prinz Max von Badens zum Reichskanzler.
7 Vgl. dazu die mutmaßlich auf Troeltsch bezogene Invektive von Oberst Max Bauer, in Max Bauer: Der große Krieg in Feld und Heimat (1921), S. 278: „Wenn ein demokratischer Professor heute noch schreibt, die Revolution sei die natürliche Folge des Zusammenbruchs des Heeres, so gehört er als für Deutschlands Wiedergenesung gemeingefährlicher Lügner unschädlich gemacht."
8 Siehe dazu oben, S. 53, Anm. 1.

kung auf die Massen willen die Revolution, die sie nicht gemacht hatten und die von ihrem Standpunkt aus eine Fehlgeburt war, als ihr eigenes lange verheißenes Kind. Sie konnten es nur durch Teilung der Macht mit den Unabhängigen, und so begann die kurze Periode des *Duumvirats* auf allen Ministersesseln, der selbsternannten Volksbeauftragten, deren jeder ein siamesischer Zwilling war.[9] An diesem Entschluß der Mehrheitssozialdemokratie hing in dieser Lage die Rettung von Reich, Staat, Gesellschaft und Ordnung. Die Gewerkschaften waren für ein paar Monate der Reichszusammenhang und die Mehrheitssozialisten das konservative Prinzip, dem die Beamten sich zur Verfügung stellen konnten und das durch den Bund von Hindenburg und Noske die unsagbar schwierige Heimführung und Auflösung der Armeen leistete. Und wie durch eine tragische Ironie zwang das Schicksal die Sozial|demokraten zur bewaffneten Niederkämpfung der Spartakisten, zur Rettung der bürgerlichen Gesellschaft, zum Neubau einer Armee, die sie vor allem mit Studenten füllen mußten, weil die Arbeiter sich dieser Aktion versagten, ja die langsam aus unsäglichem Verfall sich bildende Armee geradezu als Schergen des Kapitalismus boykottierten. Sie zögerten mit dem Kampf, verpaßten die Gelegenheit vor Weihnachten 1918, wo 8 Divisionen in der Nähe von Berlin noch bereitstanden,[10] und mußten dann im Januar und Februar das Versäumte unter schrecklichen Umständen und schweren Gefahren – sie waren einmal nahe daran, gefangen genommen zu werden – nachholen. Die Unabhängigen traten unter diesen Umständen vom Duumvirat zurück, und es verblieb ein tödlicher Haß zwischen den feindlichen Brüdern. Auf das Duumvirat folgte die *Herrschaft der mehrheitlerischen Volksbeauftragten.*

A 165

Inzwischen ermannte sich das betäubte Bürgertum und verlangte die Demokratie als Schutz gegen die Diktatur des Proletariats, als Konsequenz des sozialdemokratischen Prinzips, als Forderung der politischen Weltlage und vor allem als Rettung seiner selbst. Man verlangte die Nationalversammlung oder Konstituante. Hugo Preuß, der diesen Ruf besonders wirkungsvoll erhoben hatte,[11] wurde von Herrn Ebert berufen, den Verfassungsentwurf zu machen, man habe zu ihm Vertrauen; wolle er nicht, dann müsse Herr

---

9 Troeltsch bezieht sich hier nicht auf den am 10. November 1918 von MSPD und USPD gebildeten Rat der Volksbeauftragten auf Reichsebene, sondern auf den analog dazu am 14. November als vorläufige Landesregierung gebildeten Rat der Volksbeauftragten in Preußen, in dem tatsächlich bis zum Austritt der USPD am 4. Januar 1919 alle Ministerämter doppelt besetzt waren.
10 Siehe dazu oben, S. 59 (mit der Angabe von 10 Divisionen) und ebd., Anm. 1.
11 Hugo Preuß: Volksstaat oder verkehrter Obrigkeitsstaat?, in: Berliner Tageblatt vom 14. November 1918 (Morgenausgabe).

Lewald die Verfassung machen; sie selber könnten es nicht.[12] So kam es in der Tat im Februar zu den Reichswahlen, neben denen die glücklicher Weise ziemlich parallel ausfallenden Wahlen der Einzelstaaten hergingen. Die Konstituante wurde aus Gründen der Sicherheit nach Weimar einberufen. Die Volksbeauftragten wurden durch Notgesetz legitimiert, eine vorläufige parlamentarische Regierung geschaffen.[13] Es begann die *Periode der Konstituante*, und Deutschland wurde in Reich und Einzelstaaten zur regelrechten Demokratie, zur parlamentarischen Selbstregierung des Volkes, welche Selbstregierung durch die Koalition von Sozialdemokratie, Zentrum und Deutschdemokraten möglich wurde. Man schuf aus der vorläufigen Demokratie durch die Verfassung die endgültige und kehrte im Herbst 1919 nach Berlin zurück. Die Revolution trat in ihre *rein demokratische Periode*.

Da ist aber wohl zum Verständnis der weitern Entwicklung zu bedenken, daß diese Demokratie im Grunde ein antirevolutionäres, Ordnung stiftendes, der Diktatur des Proletariats entgegengesetztes Prinzip war. Nur Kurzsichtige konnten triumphieren und meinen, das Ziel von 1848 sei jetzt erreicht. Nein, was 1848 ein kühnes Fortschrittsunternehmen war, das war jetzt eine konservative Retardierung und Bewältigung der Revolution, das Mittel, den Gegnern der Revolution legale Betätigung und steigenden Einfluß zu sichern. Immerhin aber gab es am Anfang den Frieden von Versailles noch nicht. Man konnte daher noch hoffen, wenn außenpolitisch alles gut ginge, d. h. der Friede trotz schwerer Lasten doch die Möglichkeit der Gesundung und des Wiederaufbaus eröffne, das deutsche Reich als Macht des Friedens und der Gerechtigkeit, der sozialen Reformen und geistigen Wiedergeburt dem Völkersystem einzufügen und ihm eine auf wirtschaftliche und geistige Arbeit gestützte, von einer Miliz innen und außen gesicherte, zunächst sehr bescheidene, aber allmählich gesundende Zukunft zu sichern. Nichtdeutsche Teile mußten abgetreten werden, das war vorauszusehen; das Elsaß würde von uns abfallen und den Franzosen verfallen; aber die Rückkehr Österreichs zum Reiche konnte den gesamten nationalen Bestand vereinigen. Es konnte an die Rolle einer großen Schweiz gedacht werden, die uns zufallen würde und die wir beim Ausschluß von der See zu spielen würden gezwungen sein, die aber eines großen und tüchtigen Volkes, nachdem

---

12 Vgl. den Tagebucheintrag von Theodor Wolff vom 15. November 1918: „Morgens kommt Preuß zu mir, muß mich dringend sprechen, Ebert hat ihm den Posten des Staatssekretärs im Reichsamt des Innern angeboten. [...] Erzählt, daß Ebert ihn sehr gedrängt und ihm gesagt hat: Wir können das nicht, wir haben dafür keine Leute." Zit. nach Theodor Wolff: Tagebücher 1914–1919 (1984), S. 654. Theodor Lewald war damals Unterstaatssekretär im Reichsamt des Innern.
13 Durch das Gesetz über die vorläufige Reichsgewalt vom 10. Februar 1919.

andere Weltstellungen sich als unmöglich erwiesen hatten, nicht unwürdig gewesen wäre. Diesen Geist sprechen in der Tat die würdigen Eingangsworte der Reichsverfassung aus.¹⁴

Aber es ging nicht gut. Es ging vielmehr so schlecht wie möglich, innen und außen. Von außen kam der Ver|sailler Friede und mit ihm die alles aufzehrende Aussaugung, immer neue Quälerei und beständig neue Bedrohung. Finanztechniker und Militärs hatten, durch Versprechungen gänzlich ungestört, ein in aller Weltgeschichte bisher unerhörtes System der Aussaugung, Zermürbung und beständiger Bedrohung ausgesonnen. Wilson verschwand in der Versenkung der Pariser Vergnügungen. Sein Programm war beseitigt und damit jede Hoffnung auf eine gesunde und ruhige Selbsterneuerung des neuen Deutschlands. Die raffinierte Demütigung und Ehrverletzung, die damit noch überdies verknüpft wurde, hat in ganz Deutschland das Ehr- und Würdegefühl empört, den Konservativen und alten Vaterlandsbündlern¹⁵ beständig steigendes Überwasser gegeben. Das Söldnerheer in seiner schwierigen Position und seiner Kleinheit erwies sich statt eines Schutzes als ein Problem. Zugleich aber wandten sich innen mit der zunehmenden Schaffung der Ordnung durch die Demokratie die konservativen Parteien immer heftiger und leidenschaftlicher gegen die Koalition der das Reich tragenden Mitte, indem sie diese für den Verlust des Krieges und alle Schmach von Versailles verantwortlich machten und durch ihre Zertrümmerung vor allem die Vorherrschaft der Sozialdemokratie zu brechen suchten. Diese hatte als herrschende Schicht allerdings alle Untugenden herrschender Schichten an den Tag gelegt, genau wie die früheren, und für diese Machtausbeutung nicht wie jene durch Ruhe und Ordnung entschädigt, sondern im Gegenteil durch ihre Sozialisierungspläne, ihre Kirchenpolitik und Steuergesetze die ländlichen und bürgerlichen Massen tief beunruhigt und überdies wenig staatsmännisches Talent entfaltet. Die Folge dieser Rechtsbewegung war der Kapp-Putsch, der seinerseits als seine Folge eine enorme Radikalisierung der Sozialdemokratie, den Ruhraufstand und den Generalstreik hervorbrachte. Bereits er hat die Koalition in sich brüchig gemacht. Damit schien das heißest ersehnte Ziel der Leute von rechts erreicht. Neue Reichstagswahlen wurden unausbleiblich und diese brachten

A 166

---

14 Vgl. die Präambel der Weimarer Verfassung vom 11. August 1919: „Das Deutsche Volk, einig in seinen Stämmen und von dem Willen beseelt, sein Reich in Freiheit und Gerechtigkeit zu erneuern und zu festigen, dem inneren und äußeren Frieden zu dienen und den gesellschaftlichen Fortschritt zu fördern, hat sich diese Verfassung gegeben."

15 Gemeint sind die Anhänger der 1917 gegründeten Deutschen Vaterlandspartei. Siehe oben, S. 101, Anm. 6.

unter unsagbar giftigen und bissigen Wahlkämpfen die Zertrümmerung der Mitte. Es war das Ganze die *Periode der vom Versailler Frieden und der Rechtsagitation herbeigeführten Schwächung und Entwertung der deutschen Demokratie.* Sie endete mit einem starken Wahlsieg der Rechtsparteien und mit einem politischen Chaos. Das wirtschaftliche und soziale Chaos, die Wirren der Eisenbahnen waren – abgesehen von der sich immer drohender gestaltenden Finanzlage – leidlich überwunden. Nun kam von neuem eine volle Unklarheit der innerpolitischen Machverhältnisse und der Regierungsbildung.

Was das bedeutet, kann man aus dem einen Satze ersehen, daß die alte Koalition, die wahrlich schwierig genug war, die Aufrechterhaltung der Verfassung und damit die Aufrechterhaltung des Reiches bedeutete. Die Zerstörung der Mitte bedeutet daher die Gefährdung der Verfassung und des Reiches. Die Mitte hatte gewiß manche Mängel und beging schwere Fehler, ohne daß ich allerdings sagen könnte, was sie an Stelle dessen hätte tun sollen oder, was wichtiger ist, können. Davon war in diesen Briefen viel die Rede. Sie hätte eine Verbreiterung erfordert, sie hätte namentlich die Ideen der wirtschaftlichen Produktionsförderung und Organisation sich aneignen können, die von guten Kennern und Praktikern vertreten wurden. Daß sie verschwand, daß die Sozialdemokraten sich von ihr zurückzogen, daß ein bürgerlicher Block und damit der Bürgerkrieg drohte, das ist eine Gefährdung von allem bisher Errungenen, vor allem der Existenz des Reiches selbst. Rasch emanzipierten sich die Einzelstaaten von der Führung des Reiches teils nach rechts, teils nach links. Die Gesetze des Reiches werden schon jetzt vielfach nicht beachtet. Leichtsinnige Menschen sprechen von einem baldigen Zusammenbruch des ganzen demokratisch-parlamentarischen Schwindels. Das Verhältnis Preußens zu einer konservativen Reichsregierung wird täglich schwieriger, und das ganze alte preußisch-deutsche Problem wird wieder aufgerollt. Die territoriale Neuordnung des Reiches klopft an die Türe, und die Abstimmungsbegehren der Verselbständigung suchenden Landesteile werden | schon eifrig bei der hierfür bestimmten Kommission angemeldet.[16] Die viel zu spät erfolgte Autonomisierung Oberschlesiens[17] hat das Rheinland in Flammen gesetzt.

---

16 1920 war beim Reichsinnenministerium eine „Zentralstelle für die Gliederung des Deutschen Reiches" eingerichtet worden, deren erster Auftrag die Erstellung eines Gutachtens war, wie das Selbstständigkeitsbestreben „einer Anzahl preußischer Provinzen" zu befriedigen sei. Zur Vorbereitung dieses Gutachtens setzte die Zentralstelle eine vierzehnköpfige Kommission ein. Vgl. Gerhard Schulz: Zwischen Demokratie und Diktatur (1987), S. 302 ff.

17 Im Vorfeld der in Art. 88 des Versailler Vertrags festgelegten Volksabstimmung über den territorialen Verbleib Oberschlesiens versuchten sowohl die deutsche als

Bäuerliche Landesteile wollen von den „roten Affen" in Berlin, andere von der Berliner Bürokratie und Zentralisation los. Alles schimpft auf das in der Tat nicht sehr sympathische Berlin, meint aber damit das Reich in seinem tatsächlichen Bestand und Sinn. Man hat damit, was alle schlechten Zeiten brauchen, einen Sündenbock und kann sich vor tieferem Nachdenken und kritischer Selbstbesinnung dispensieren. Ein auswärtiger Bankier, der von der Bankierversammlung kam,[18] berichtete sein Erstaunen über den auch dort geäußerten maßlosen Haß gegen Berlin. Die theoretischen Diskussionen über Zentralisation und Dezentralisation nehmen einen beängstigenden Umfang an. Demgegenüber setzt Preußen bei der Furcht, das Reich könne sich auflösen, seine Bestrebungen auf Erhaltung wenigstens seiner selbst fort, und in anderen Ländern steht es ähnlich. Alles das ist nur möglich, weil eine politisch starke Reichsregierung fehlt und die gegenwärtige Koalition einer unnatürlichen Mitte eigentlich nur durch den Druck der außenpolitischen Situation in ihrer Stellung erhalten wird. Aber diese ist und bleibt in sich selber schwach und künstlich, so tüchtig viele der Personen sind. Die Welle ist über die Reichsverfassung und die parlamentarische Demokratie bereits hinübergegangen. Alles verzweifelt, ob es bei ihr noch seine Rechnung finden wird. Die Sozialdemokraten, die doch an der deutschen Einheit das denkbar größte Interesse haben, stehen Gewehr bei Fuß. Das Zentrum macht sich seine eigenen Gedanken. Und die Demokraten bezahlen ihre Einsetzung für die Rechtsbewegung, die mit der Demokratie selbst gegeben war, und für ihre Kompromisse mit der Sozialdemokratie, ohne die doch gerade diese Rechtsbewegung selbst nicht möglich gewesen wäre. Die Deutsche Volkspartei schließlich macht tatsächlich die Politik der alten Mitte, aber auf Ruf und Widerruf, und schwächt gerade dadurch die Regierung. Der linke Flügel der Sozialisten spaltet sich immer weiter und hofft alles Heil von der Zertrümmerung alles staatlichen Daseins überhaupt, das unheilbar und irreformabel sei, und die deutsch-nationalen Antisemiten ju-

---

auch die polnische Seite die Bevölkerung der bisherigen preußischen Provinz mit Autonomieversprechen zu gewinnen. Weil die preußische Regierung die Forderung der oberschlesischen „Deutschautonomisten" nach einer vollständigen Abtrennung von Preußen ablehnte, beschloss die Reichsregierung über ihren Kopf hinweg im Oktober 1920 ein oberschlesisches Autonomiegesetz, das im Anschluss an die Volksabstimmung ein zweites Referendum über die Bildung eines eigenständigen, reichsunmittelbaren Landes Oberschlesien gemäß Art. 18 Abs. 4 und 5 der Weimarer Verfassung vorsah. Vgl. Das Kabinett Fehrenbach (1972), S. LIX.

18 Vom 25. bis 27. Oktober 1920 fand in Berlin der 5. Allgemeine Deutsche Bankiertag statt. Vgl. Finanz- und Handelsblatt der Vossischen Zeitung vom 14. Oktober 1920 (Abend-Ausgabe).

beln über die Selbstauflösung des neuen Regiments, die sie immer vorausgesagt hätten und die sie durch andere Möglichkeiten zu ersetzen nichts getan haben und auch nichts tun können; sie kämpfen angeblich für Kaiser und Reich durch Auflösung der das Reich tragenden Ordnungselemente selbst.

Unter diesen Umständen ist von der Parole einer großen deutschen Schweiz und einer Behauptung und Entfaltung deutscher Würde in einem neuen, vertraglich besser geordneten Völkerrecht nicht mehr die Rede. Sie wird mit Hohn und Galle überschüttet. Den einen besagt sie viel zu viel. Das Reich muß bis auf Stämme, Gaue, Landschaften wieder – mindestens vorläufig – abgetragen werden, damit die natürlichen Gliederungsprinzipien an Stelle der falschen dynastischen und bürokratischen treten können: so meinen die Einen. Der Leichnam müsse sich völlig dekomponieren, ehe neues Leben kommen werde: lediglich Kantönli-Wirtschaft und, wenn es nicht zu vermeiden ist, Fremdherrschaft. Dann können die bäuerlichen Landschaften Ruhe vor den Sozialdemokraten bekommen, und die Industriezentren und giftigen Großstädte können sehen, wo sie bleiben. Ich las neulich in der – m[eines] W[issens] demokratischen – „Kieler Zeitung" den Aufsatz eines Aristokraten, der diesen Standpunkt als den der todsicher kommenden Entwickelung vertrat.[19] Vermutlich ist solcher Wahnsinn nicht weit verbreitet, aber er hat eine gewisse Logik in sich, die, wenn man die Voraussetzung der Unhaltbarkeit einer das Reich tragenden Mitte zugibt, allerdings sehr einleuchtend ist. So wird in der Tat in Süd und Nord nicht selten mit dem gefährlichsten aller Gedanken, dem einer vorläufigen Auflösung des Reiches, gespielt. Ich halte ihn im Grunde freilich doch für phantastisch und auch nicht ernst gemeint. Die absolute Unentbehrlichkeit eines großen und kräftig verwalteten Staatsgebietes für die moderne Kultur und Wirtschaft würde vor jedem wirklichen Entschluß doch zur Selbstbesinnung führen. Bereits hat ja auch Herr Stinnes in den ungeheuren Industriekonzentrationen eine Klammer um das Reich gelegt, die keine politische Agitation und keine Schimpferei so leicht zerbricht. Aber schon das Spielen mit dem Feuer ist gefährlich. In dem Gefühl der Notwendigkeit einer starken Staatsordnung bekämpfen aber dann umgekehrt wieder die Leute des Gegenpols die genannte Parole oder alles, was ohne solches Schlagwort doch auf einen ähnlichen Gedanken hinauskommt. Ihnen ist eine große Schweiz viel zu wenig. Sie meinen, ein solches Ideal sei nur aus Verzagtheit und moralischem Doktrinarismus feiger und kleiner oder törichter und weltunkundiger Menschen heraus

---

[19] Paul von Hedemann-Heespen: Politischer Optimismus, in: Kieler Zeitung vom 17. Oktober 1920 (Morgenblatt). Die „Kieler Zeitung" galt als DDP-nah. Vgl. Kurt Koszyk: Deutsche Presse 1914–1945 (1972), S. 265.

geboren. Gerade die Ententepolitik zeige ja die völlige Unmöglichkeit jeder Moral in der Politik, und die alten Sätze vom Machtstaat seien durch den Weltkrieg doppelt und dreifach bestätigt. Wir hätten nicht Hammer sein wollen, und hätten uns zum Amboß machen lassen. Das sei der Sinn des Wilsonismus, der vor aller Welt zur Lächerlichkeit, Gaunerei und Phrase geworden sei. So müsse das Ziel die Wiedererstarkung der Autoritäten, der Führung, der Aristokratie und der machtpolitischen Gesinnung sein. Dem stehe aber jener Gedanke der großen Schweiz als deutscher Wilsonismus gegenüber, und eines solchen Wilsonismus habe sich zugleich mit völliger Schwäche gegen das Lohnarbeitertum das demokratische System und die es bisher tragende Mitte schuldig gemacht. Darum weg mit dem parlamentarischen System und der Koalitionsmitte; auch gar kein Versuch gemacht, mit dem verfluchten undeutschen System eine neue Führerauslese und politische Erziehung zu verbinden. Auch das ist nicht so furchtbar ernst zu nehmen, ist viel Deklamation und schwer, ja unmöglich zu verwirklichen. Aber es ist von der höchsten Gefährlichkeit. Es stachelt fortwährend die Entente und gibt ihr die Begründungen ihrer über Recht und Moral sich hinwegsetzenden Politik. Es ist vor allem die Verkennung des Umstandes, daß jene Parole nicht moralischen Erwägungen, sondern den Konsequenzen der gegen uns gefällten welthistorischen Entscheidung entspringt. Die Leute wollen diese Entscheidung immer noch nicht und jetzt nach dem Frieden erst recht nicht anerkennen und aus ihr keine Konsequenzen ziehen; sie warten auf das Wunder, das die politische Gerechtigkeit wieder herstellt, und unterdessen schimpfen sie aus Leibeskräften und zerstören die psychologische Voraussetzung für die Bildung einer Mitte, deren Existenz doch vor allem die Voraussetzung für eine bessere Anpassung dieser Mitte an ihre politischen Aufgaben ist. Daß die Zerstörung der Mitte die Zerstörung des Reiches ist, das kümmert sie nicht. Sie glauben, irgendwo würde sich schon der Diktator finden, der die Sache wieder herstellt. Und wenn er sich nicht findet, dann ist schließlich auch ihnen gar kein Reich lieber als ein sozialistisches.

Die deutsche Revolution ist in das Stadium eingetreten, wo es sich nicht mehr um demokratische Organisation, sondern um Aufrechterhaltung des Reiches und Staates überhaupt handelt. Das ist die Folge der Zertrümmerung der Mitte, die nicht ein bloßes Zufallsergebnis törichter und verärgerter Wahlen, sondern die tiefe Wirkung einer unerhört giftigen Zerstörung der psychologischen Voraussetzungen für jede Bildung einer Mitte ist. Die alten Hoffnungen und Ideale des deutschen Volkes sind im innersten und letzten Kern bedroht. Aber der Druck von außen und die großen wirtschaftlichen Notwendigkeiten werden es im Verein mit der Einsicht stolzer und kluger, durch nichts, keine Schuldsuggestion und keine darwinistische

Machtpolitik, zu erschütternder Patrioten doch dahin bringen, daß dieses letzte Elend uns erspart bleibt. Nur muß man auch der Mittel sich ganz bewußt sein, durch welche allein es verhindert werden kann: entweder Diktatur, die nur als Militärdiktatur etwas ausrichten kann, oder Neubildung einer tragfähigen Mitte, die nur eine Koalition sein kann und aus den Erfahrungen der ersten Koalition Erhebliches gelernt haben müßte. Die Diktatur, die bei vernünftiger Rücksicht auf Arbeitswilligkeit und Produktionsverhältnisse vielleicht ganz gut wirken könnte, ist unmöglich. So bleibt nur der Weg der Bildung einer Mitte, für die vor allem die psychologischen Voraussetzungen bei den Wählermassen, insbesondere auch bei den sozialistischen, wieder geschaffen werden müssen. Der Wahn, daß das Heil in der Zerstörung der Mitte und damit der Regierungsmöglichkeit liege, muß verschwinden und die Mitte selbst einsehen, daß Demokratie nur Mittel und nicht Zweck sein kann, die wirklichen politischen Zwecke daher neu und ernst überlegt werden müssen. Einmal müsse ja doch, meinte neulich ein hervorragender deutsch-nationaler Abgeordneter im Gespräch, das naturgemäße Ergebnis eines Kompromisses alter und neuer Schichtung, alter und neuer Interessen sich ergeben; es komme nur darauf an, wie man am besten dazu gelange. Ganz meine Meinung. Aber dann muß man die Mitte schaffen oder wenigstens erleichtern, die das kann. Logiker und Pathetiker lieben die Mitte nicht, und jede neue Krafterregung geht in der Tat von Radikalismen aus. Aber das Ergebnis sind nach Ausweis aller Historie dann doch stets Mittebildungen. Die Frage ist nur, ob früh genug und verständig und stark genug.

Die Einsicht, daß wir in die Periode der Gefährdung des Reiches von außen und innen her eingetreten sind, kann vielleicht die psychologischen Voraussetzungen für die Neubildung einer Mitte schaffen. Sie muß es, wenn das deutsche Volk sich nicht selber würdelos aufgeben will.

Berlin, 12. Nov[em]b[e]r [1920]. *Troeltsch.*

Die geistige Revolution (Januar 1921)

Editorische Vorbemerkung: Die Edition folgt dem Text, der erschienen ist in: Kunstwart und Kulturwart, hg. von Ferdinand Avenarius, 34. Jg., erste Hälfte, Oktober 1920 bis März 1921, Heft 4, Januarheft 1921, München: Kunstwart-Verlag Georg D. W. Callwey, S. 227–233 (**A**). Der Text erschien in der Rubrik „Vom Heute fürs Morgen" und mit der Datumsangabe 6. Dezember 1920.

Die geistige Revolution
Berliner Brief

Die Ereignisse schreiten rasch voran, wenn wir in Deutschland auf dem Glacis zwischen Entente-Kapitalismus und Bolschewismus unter dem immer gleichen Druck des Elends und der Verwirrung die Bedeutsamkeit der Vorgänge auch noch nicht ganz empfinden. Das Weltsystem der Entente, die neue, zum Schutz der Kriegsgewinne geschaffene heilige Allianz, hat durch den Ausgang der amerikanischen Präsidentenwahl den ersten starken Stoß erhalten.[1] Amerika will sich an dem Garantiesystem nicht beteiligen, und Wilsons Ideal einer gemeinsamen angelsächsischen Weltherrschaft der beiden Hauptmächte darf für so gut als erledigt gelten. Bei den starken panamerikanischen Beziehungen darf man die Weigerung Argentiniens, an dem pariserisch gedachten Völkerbunde sich zu beteiligen, wohl als im Zusammenhang mit dieser nordamerikanischen Politik stehend betrachten.[2] Auch

---

1 Bei der Präsidentschaftswahl in den USA am 2. November 1920 siegte der Republikaner Warren G. Harding mit 60,3 % der Stimmen über den demokratischen Kandidaten James M. Cox (34,2 %). Der Wahlkampf war stark von der Debatte um die Völkerbundspolitik des demokratischen US-Präsidenten Woodrow Wilson bestimmt worden. Am 19. März 1920 hatte der republikanisch dominierte US-Senat die Ratifizierung des Versailler Vertrags und den Beitritt der USA zum Völkerbund abgelehnt, weil Art. 10 und 16 der Völkerbundssatzung eine implizite militärische Beistandsgarantie der USA für andere Völkerbundsmitglieder enthielten. Vgl. Margaret MacMillan: Paris 1919 (2003), S. 489 ff.

2 Argentinien hatte auf der ersten Vollversammlung des Völkerbundes in Genf (15. November bis 19. Dezember 1920) beantragt, alle international anerkannten

sonst haben die Kleinen und Neutralen gegen diese auch sie bedrückende Idee des Völkerbundes aufgemuckt. Es ist wohl möglich, daß die Politik der vom Kriege so sehr vermehrten Kleinen die heuchlerische und täuschende Humanitätsfassade dieses Bundes zerbröckelt und die eigentlichen Machtinhaber zu Rücksichten auf sie zwingt, die allen Völkern zugute kommen. Andererseits hat das Weltsystem des Bolschewismus oder der absoluten Revolution sich durch die Besiegung Wrangels[3] Luft nach Süden und Osten gemacht, durch Verbindung mit den Türken seine Stellung verstärkt und zugleich den Angriff auf den Westen durch Niederwerfung der Ukraine vorbereitet, während seine zersetzende Wirkung auf die Arbeiterparteien der Westländer zugleich im Fortschreiten begriffen ist. Gleichzeitig kommen aber auch Nachrichten, daß die Opposition in Rußland selbst voranschreitet und vor allem die bisher außerhalb des Systems liegenden Bauern sich rühren. Hier muß der Fortgang der Ereignisse abgewartet werden, ehe man irgend eine Vermutung über ihre schließliche Wirkung äußern kann. In der inneren Entwickelung der deutschen Revolution schließlich ist die Aufgabe der Mittebildung in ihrem engen Zusammenhang mit der der Erhaltung des Reiches und der Stärkung der Reichsregierung bereits recht deutlich hervorgetreten. Der Führer der christlichen Arbeiter und preußische Zentrumsminister Stegerwald hat den Ruf zu einer Sammlungspolitik nachdrücklichst erschallen lassen[4] und für diese Sammlungspolitik | zugleich das von ihr anzuerkennende Normalmaß der Arbeiterforderungen als diejenige Vorausset-

---

souveränen Staaten, also auch Deutschland, als Mitglieder zum Völkerbund zuzulassen. Nach der Ablehnung des Antrags stellte die argentinische Regierung am 4. Dezember 1920 ihre Mitarbeit im Völkerbund ein. Formell blieb Argentinien allerdings Mitglied des Völkerbundes. Vgl. Thomas Fischer: Die Souveränität der Schwachen (2012), S. 127–140.

3 Anfang November 1920 besiegte die sowjetrussische Rote Armee auf der Krim die letzten Verbände der gegenrevolutionären Weißen Armee unter General Pjotr Nikolajewitsch Wrangel (1878–1928). Mit der Ausschiffung von Wrangels Truppen nach Konstantinopel bis zum 16. November 1920 endete der Russische Bürgerkrieg. Vgl. Evan Mawdsley: The Russian Civil War (1987), S. 268 ff.

4 Gemeint ist die Rede des preußischen Ministers für Volkswohlfahrt, Adam Stegerwald (Zentrum), „Die christlich-nationale Arbeiterschaft und die Lebensfragen des deutschen Volkes" vom 21. November 1920, gehalten auf dem 10. Kongress der christlichen Gewerkschaften in Essen. Darin forderte Stegerwald die Bildung einer interkonfessionellen christlich-nationalen Volkspartei. Vgl. die Niederschrift der Verhandlungen des 10. Kongresses der christlichen Gewerkschaften Deutschlands (1920), S. 182–235. Troeltsch nahm auf die Rede Stegerwalds erneut Bezug in dem Zeitungsbeitrag „Sammlungspolitik" vom 1. Januar 1921, in: KGA 15, S. 405–409.

zung bezeichnet, ohne Rücksicht auf welche eine Sammlungspolitik tatsächlich unmöglich und moralisch haltlos wäre. Sein Reichskollege Giesberts ist ihm beigetreten.⁵ Herr Stresemann hat bemerkenswerter Weise – wohl nicht unbeeinflußt von diesem Vorbild – die Forderung einer die christlichen Elemente einigenden Politik formuliert.⁶ Die Kommentare, welche das erstere Programm als eine Drohung an das Zentrum ansehen, sind völlig falsch; es ist ein Ruf zur Sammlung weit über das Zentrum hinaus. Die Herren wissen, daß es so nicht weiter geht. Ebenso falsch dürfte es sein, das zweite bloß als antisemitische Stimmungsmache anzusehen. Das Programm ist wohl in beiden Fällen nur die auch für Bauern und fortschrittliche Konservative verständliche Forderung einer Politik, die im Sinne der alten, durch Jahrtausende bewährten christlichen Soziallehren die realistische Hinnahme gegebener Schichtungen und Arbeitsteilungen bedeutet, innerhalb ihrer die Freiheit und Menschenwürde des Individuums aufrecht erhält und das Ganze schließlich mit einem Gemeinsinn der Gerechtigkeit und Solidarität erfüllt und trägt. Verwandt ist der Sinn so mancher anderen Programme, die den Klassenkampf und die Parteiherrschaft als alleinige Gestalter des Staates in ihrer ganzen zerstörenden Öde und Verhetzung erkannt haben. Dazu kommt, daß in Preußen die deutsche Volkspartei für die neue preußische Verfassung gestimmt hat,⁷ auch das ein Zeichen, daß die Forderung der Sammlung unter dem Zwang der Umstände voranschreitet. Freilich, wieviel fehlt noch bis zu einer wirklichen praktischen Folge! Die preußischen Landtagswahlen im Februar werden ein Schritt weiter zur Klärung sein.⁸ Zu

---

5 Auf einer Tagung des Christlichen Gewerkschaftskartells in Köln. Vgl. Berliner Tageblatt vom 1. Dezember 1920 (Abend-Ausgabe): Eine christliche Arbeiterpartei?
6 Auf dem DVP-Parteitag in Nürnberg am 3. Dezember 1920 erklärte Gustav Stresemann: „Heute ist die Einheit dessen, was wir christliche Weltanschauung nennen, weit bedeutsamer gegenüber allen religionsfeindlichen Gewalten, als das, was uns irgendwie trennen könnte, sei es auf formalem Gebiete, sei es auf dem Gebiete der Konfessionen. Wir müssen uns im nationalen Sinne zusammenfinden. [...] Wir werden keinen Kulturkampf wieder haben, wir werden ihn verhindern mit allen Mitteln, wir wollen zustreben einer großen Einheit der christlichen Besinnungsanschauungen und wollen in dem Sinne hoffen, daß wir dadurch auch die Möglichkeit jener gemeinsamen Arbeit finden, die ein Zusammenwirken der Parteien möglich macht." Zit. nach: Deutsche Volkspartei und Regierungspolitik (1921), S. 19 f.
7 Die Verfassung des Freistaats Preußen wurde am 30. November 1920 in der Preußischen Landesversammlung mit 280 zu 60 Stimmen angenommen. Für die Verfassung stimmten die Abgeordneten von SPD, Zentrum, DDP und DVP, dagegen die Abgeordneten der USPD und der DNVP.
8 Die preußische Landtagswahl fand am 20. Februar 1921 statt.

beachten ist, daß in Italien die innere Politik ganz ähnliche Wege geht, Katholiken, Demokraten und Sozialreformer zu einigen strebt, und in Giolitte den eindrucksvollen staatsmännischen Führer findet, der uns fehlt.[9] Und wie scharf waren dort die Gegensätze gewesen!

Aber nicht darauf möchte ich heute hier näher eingehen, auch nicht auf die praktisch immer wieder nächste und bedrückendste Frage, was aus unserem Papiergeldhaufen werden soll. Ich wüßte darüber ohnedies schlechthin nichts zu sagen. Ich möchte vielmehr fortfahren in der *Analyse unserer allgemeinen Lage*, mit der ich diese neue Reihe der Briefe begonnen habe. Die deutsche Revolution und wohl auch die Weltrevolution im ganzen ist nämlich nicht verstanden, wenn man nicht auf die gleichzeitige geistige Revolution achtet, die überall unterwegs ist, und wenn man nicht über deren Verhältnis zur politisch-sozialen Revolution sich klar wird.

Als im Jahre 1865 der edle F. A. Lange sein Buch über die „Arbeiterfrage" zum ersten Mal schrieb[10] – er hat es in den späteren Auflagen sehr stark erweitert –, da stellte er eine große Weltwende in Aussicht, die eine totale Umwälzung der Produktionsverhältnisse und damit zugleich der bisherigen staatlichen und gesellschaftlichen Ordnung sein werde, die aber nur bei einer völligen *ethischen Erneuerung* aller Beteiligten, der herrschenden wie der arbeitnehmenden Schicht, ohne schwerste Gefahren verlaufen könne. Gegenseitiges Verständnis und Entgegenkommen, gegenseitige Achtung der Menschenwürde und beiderseitige Einigung in echtem Gemeinsinn und antimaterialistischer Weltanschauung sei unbedingt nötig, wenn die Weltwende nicht zum Kultursturz werden solle. Vom damals beginnenden Marxismus nahm er als einer der ganz wenigen „Bürgerlichen" eine erste Notiz. Nun ist im Gefolge des Krieges die politisch-soziale Revolution ausgebrochen. Die damit nach Langes Forderung zu verbindende geistige Revolution ist aber nirgends in Langes Sinn damit verbunden gewesen. In Rußland ist in gewissen, mit äußerstem Terror herrschenden Kreisen die Revolution allerdings auch mit einer gründlichen geistigen Revolution verbunden,

---

9 Nach bereits vier Amtszeiten zwischen 1892 und 1914 war der italienische liberale Politiker Giovanni Giolitti (1842–1928) am 15. Juni 1920 erneut zum italienischen Ministerpräsidenten berufen worden. Giolittis fünfte und letzte Amtszeit dauerte bis zum 4. Juli 1921 und war überschattet von der seit 1919 andauernden Streikbewegung der sozialistischen Arbeiter in Norditalien („biennio rosso"), zu deren Bekämpfung Giolitti sich um eine Integration der Faschisten um Benito Mussolini (1883–1945) in ein bürgerliches Aktionsbündnis bemühte. Vgl. Hans Woller: Geschichte Italiens im 20. Jahrhundert (2010), S. 89.

10 Friedrich Albert Lange: Die Arbeiterfrage in ihrer Bedeutung für Gegenwart und Zukunft (1865).

aber diese ist – trotz der Kunst- und Wissenschaftspolitik dieser Leute, über die man in dem Buche des preußischen Kunstreferenten, Professor W. Wätzoldt, „Gedanken zur Kunstschulreform", Interessan|tes lesen kann[11] – in Wahrheit nach dem Zeugnis aller ernsthaften Berichterstatter, auch der sozialistischen, eine völlige Kulturvernichtung. Diese geistige Revolution vermag daher bei uns nur in kleinen Kreisen, darunter vor allem bei jüdischen Literaten und vielen, neue Aufgaben und Aufträge erhoffenden Künstlern oder sensationsbedürftigen Ästheten, durchzudringen. Das steigert dann aber als Gegenwirkung immer nur wieder den Antisemitismus und den Haß gegen alles Literatentum. Dagegen ist unsere eigentliche Revolution, d. h. die von den Sozialdemokraten getragene Staatsumwälzung, mit gar keiner geistigen Revolution verbunden. In ihr ist die alte Marxistische Klassenkampflehre, der Geschichtsmaterialismus und der Entwicklungsglaube, daß der äußerste Haß und Zwiespalt von selbst in Humanität und Gerechtigkeit umschlage, völlig unverändert geblieben. Von der Berührung mit der „bürgerlichen" Wissenschaft und den freibeweglichen Weltanschauungen bleibt diese Lehre durch das alte Mißtrauen und den alten Dogmatismus so getrennt wie vorher. Über die Partei dringt die Lehre überhaupt nicht hinaus, und die sozialistischen Massen selber denken nur an Streik, Arbeitskürzung, Lohnerhöhung und kämpfen nötigenfalls gegen ihre eigenen Minister und Vertretungen. Von einer geistigen Bewegung ist hier trotz des Bildungshungers vieler Arbeiter nicht die Rede. Diese Bildungssehnsucht greift nicht allzuweit und hat mit einem neuen Geiste nichts zu tun, sondern will nur den Massen Anteil an dem alten geben, soweit er nicht als bürgerlich verfemt[a] und durch korrekt sozialistischen ersetzt ist. Das betrifft aber nur das ökonomische, politisch-soziale und religiös-ethische Fach, in welchem von einem neuen Geiste erst recht nicht die Rede ist. Es ist begreiflich, daß Geistbedürftige ihre Rechnung daher mehr bei den aufs hohe Meer der Utopie und des absoluten Radikalismus hinaussteuernden Links-Radikalen und Kommunisten finden. Aber das ist dann kein Geist, der bei uns eine neue Ordnung tragen kann und der bedeutende und schöpferische Vertreter hätte.

Ebensowenig aber ist bei dem sog[enannten] Bürgertum beinahe aller Schattierungen von einer geistigen Revolution die Rede. Man läßt sich die Demokratisierung und ihre politische Ausmünzung gefallen, weil man einsieht, daß es das Weltschicksal ist und daß nach der Zertrümmerung durch den Krieg uns gar nichts anderes übrig bleibt. Man sucht sich etwas in 48er

---

a A: verfehmt

---

11 Wilhelm Waetzoldt: Gedanken zur Kunstschulreform (1921).

Ideale hineinzufühlen und der Sache ihre menschlich und ethisch guten Seiten abzugewinnen, auch einen politischen Fortschritt der Verantwortungsbereitschaft und neuen Führer-Auslese daraus hervorzuholen. Aber wirkliche Begeisterung haben dabei nur wenige. Die innerliche Einstellung auf die neuen Verhältnisse vollzieht sich überaus langsam und mit den schwersten Hemmungen. Auch die auswärtige Lage mit ihrer Notwendigkeit, die Politik der Kleinen d. h. die Politik des Rechtes, der moralischen Forderung und einer völkerrechtlichen Ordnung zu machen, weckt wenig innere Bewegung und inneren Glauben an diese Ideale. Gewiß werden hier die Verhältnisse eine geistige Einstellung nach und nach bewirken, wird eine seelische Anpassung an die neue Lage erfolgen, hoffentlich auch neue Tatkraft und Arbeit aus dieser Anpassung entspringen. Aber das ist dann eben eine geistige Anpassung und keine geistige Revolution. Auch die Verbindung der neuen Ordnungen mit sozialen Reformen und Idealen ist keine solche. Teils gehen die bäuerlichen und bürgerlichen Massen nur erst ganz zögernd darauf ein und lassen sich von den Widersachern aller Reform stets wieder irre machen, teils wird der beste Eifer durch das spröde klassenkämpferische Verhalten der Sozialdemokratie, durch die Streik- und Lohntreiberei, die alles ergriffen hat, wieder abgekühlt. Auch hier wird jeder neue Geist erst aus den tatsächlichen Verhältnissen kommen, Verstand und Gewöhnung sein, aber keine starke von sich aus ausgreifende seelische Umwälzung. Vielleicht hat es derartiges in allen sozialen Umschichtungen und Neubildungen überhaupt niemals gegeben, und auch in der französischen Revolution nur vorübergehend. Es wäre wohl | überhaupt ganz verkehrt, etwas derartiges zu erwarten.

Auch die so geräuschvolle *Schulreform*, einschließlich Volkshochschule, ist keine geistige Revolution. Sie war in den Grundzügen ja überhaupt längst geplant und war stets ein Organisations- und kein Geistesproblem. Es sollten die Standesschulen und mit ihnen die Standesunterschiede der Bildung aufgehoben oder mindestens sehr gemindert werden. Es sollte ein Schulaufbau geschaffen werden, der jedem nach Begabung den Aufstieg ermöglicht und keinem den Weg zu den höchsten Stufen zu früh verbaut; dem zu Ehren sollte sogar die – ohnedies bereits sehr verflachte – Feinheit und Stärke der höheren Schulen geopfert und die tiefere Bildung in die letzten Klassen kurz zusammengedrängt werden. Vor allem sollte der einheitliche Lehrerstand geschaffen werden, der eine völlig gleiche oder gleichwertige Ausbildung bis in die Universität hinein allen Lehrern sichert, damit der Unterschied von Volks- und „höheren" Lehrern in Gehalt, sozialer Stellung und tatsächlicher Bildung womöglich ganz verschwinde. Alles das sind nun aber reine Organisations- und Standesfragen, um welche die verschiedenen Lehrergewerkschaften einen heftigen Kampf kämpfen und durch deren Lösung der geistige Besitz zugleich ein möglichst allgemeiner und gleicher werden soll. Von diesem Besitz selbst und seiner geistigen Erneuerung ist kaum die Rede. Er soll nur leichter erreichbar, allgemeinverständlicher und mitteilbarer werden. Daß das keine geistige Revolution ist, liegt auf der Hand. Es kann eine Umwälzung der Schulorganisation und eine Herabdrückung der höheren Bildung werden, eine neue konzentriertere, egalisierte und methodisierte Schulmeisterei, durch die der Deutsche ohnedies der Schrecken der Welt ist und in der er die Panacee aller Leiden zu erblicken nur allzu geneigt ist. Das Bildungsgut selbst bleibt wesentlich das alte; es wird nur gekürzt und verflacht. Das Ergebnis der Revolution wird überhaupt wesentlich die konfessionelle Schule sein, nur daß zu den drei bisherigen Konfessionen, der katholischen, protestantischen und liberalen, noch eine vierte, die von den Arbeitern verlangte atheistische, hinzutritt. Im übrigen soll alles erleichtert und vereinfacht werden. Ein Mann wie Richard Benz, der früher schönere Sachen zu sagen wußte, verlangt, daß das freie Volk nur Anstalten für solche Wissenschaften zu bezahlen brauche, die alle verstehen oder wenigstens nützen können. Die unverständlichen Fächer sollen in Privatdozenturen verwandelt werden, für die der Staat und das Volk nichts bezahlt, während die Volkshochschulen überhaupt nur künstlerische Bildung vertreten, zur künstlerischen Lebensauffassung erziehen sollen![12] Andere schwärmen für den Ausgleich von Kopf- und Handarbeit, die die Kulturentwicklung mühsam genug differenziert hat, um der letzteren endlich neben Herren, Höfen und Klöstern eine selbständige Möglichkeit zu geben. Handfertigkeitsunterricht ist gut, aber keine geistige Revolution; die Beseitigung des Unterschiedes von Kopf- und Handarbeitern wäre eine Revolution, aber keine geistige. Wie es mit der letzteren steht, dafür ein Beispiel. In einem hiesigen Salon vor diamantengeschmückten Exzellenzen und adligen Damen erklärte ein kommunistischer Snob unter allgemeinem Beifall: Ja, ja, meine Damen, es bleibt uns nichts übrig, als auch in die Hände zu spucken und zur Dreckschaufel zu greifen! Daneben gibt es allerhand Forderungen von Schulexperimenten, Übertragungen von Anarchismus und Kommunismus auf die Schule. In den letzteren Dingen stecken wenigstens Gedanken, wenn auch solche, die sicherlich so nicht realisiert werden. Die Schulreform ist eben überhaupt keine geistige Revolution, sondern Konsequenz und Spiegelbild der sozialen. Eine geistige Revolution müßte vor der Schule und ohne Schule dagewesen sein, wie Kant und Goethe vor Humboldt und Jo-

---

12 Richard Benz: Über den Nutzen der Universitäten für die Volksgesamtheit und die Möglichkeit ihrer Reformation (1920). Benz kritisiert in der Schrift die Praxisferne der deutschen Universitätsausbildung und plädiert für die Abtrennung berufsorientierter Fachhochschulen vom theoretischen Wissenschaftsbetrieb.

hannes Schulze kamen. Bei uns hat die innere geistige Umwälzung, wenn es eine gibt, auf dieses Kind der Ehe von Revolution und Schule noch nicht gewirkt.

Aber in Wahrheit *gibt es nun doch eine geistige Revolution.* Sie ist längst im Gange, ist ganz Europa, mindestens dem Kontinent, gemeinsam und hat mit der politisch-sozialen Revolution | so gut wie gar nichts zu tun. Ihr Zusammentreffen ist Zufall und die gelegentlich vorkommende Ausnützung dieses Zusammentreffens ist bewußte oder unbewußte Konjunkturspekulation; oder das Gefühl des Bruches und der Neuheit schafft von beiden Seiten her Assoziationen und Verschmelzungen, die aber nicht aus dem Kerne stammen. Das Wort „Revolution", das heute noch als ein suggestiver Ehrentitel im allgemeinen gilt, wird von völlig entgegengesetzten Richtungen, ja auch von allerlei konservativen, aristokratischen und romantischen Bewegungen in Anspruch genommen. Alles gärt in den Herzen und Köpfen durcheinander. Die Übergänge und Kreuzungen, namentlich bei idealistisch veranlagten Menschen, sind tausendfach. Aber die Sache selbst ist ziemlich einfach.

An der Spitze der geistigen Revolution steht die sog[enannte] Jugendbewegung. Es ist schwer, von ihr ein wirkliches Bild zu gewinnen, weil sie glücklicher Weise unliterarisch ist und in rein persönlicher Gruppenbildung sich auswirkt und weil sie in beständig neuen Gruppierungen begriffen ist. Auch ist schwer zu sagen, wie weit sie greift. Es ist rein numerisch natürlich die Minderheit, aber dahin gehören die angeregten und erregbaren Köpfe. Auch ist sehr zu beachten, daß auch innerhalb des Katholizismus sich eine solche Jugendbewegung erhoben hat, der Quickborn, der im Spessart sich ein altes Schloß als Heim erworben hat.[13] Auch die protestantischen christlichen Jugend- und Studentenvereine sind von ihr stark ergriffen. Ja, auch die Proletarier-Jugendvereine zeigen wenigstens eine Berührung durch den neuen Geist. Die Bewegung geht also durch alle Schichten hindurch. Kenner sagen, sie habe ihren Höhepunkt schon überschritten. Doch ist ihre Wirkung vielleicht gerade deshalb in der ganzen Jugend als Färbung der Stimmung erkennbar. Auf die Einzelheiten kann ich hier nicht eingehen. Doch kann der allgemeine Charakter recht wohl formuliert werden. Es ist die Abneigung gegen Drill und Disziplin, gegen die Erfolgs- und Machtideologie, gegen die Übermasse und Äußerlichkeit des von den Schulen uns eingestopften Wissens, gegen Intellektualismus und Literatentum, gegen Großstadt und Unnatur, gegen Materialismus und Skepsis, gegen die Herrschaft von Geld und

---

13 Der 1909 gegründete katholische Jugendbund Quickborn erwarb 1919 die Burg Rothenfels in Unterfranken, wo von da an regelmäßig die Treffen des Bundes stattfanden. Vgl. Godehard Ruppert: Quickborn (2012).

Prestige, gegen Spezialistentum und Bonzenverehrung, gegen die erstickende Masse der Tradition und die Entwicklungsidee des Historismus. Alles in allem ein neuer Sturm und Drang, der von kommunistischen und pazifistischen Idealen bis zu völlig romantischen und volkstümlichen, religiösen und nationalen hinübergeht. Die Einzelheiten gehen dann unermeßlich auseinander; Kritiklust und Überhebung, Anarchismus und Personenkult trüben das Bild nicht selten. Im ganzen aber wird man von einer Selbstheilung der Überkultur und der rohen materialistischen Kulturlosigkeit reden dürfen.

Weiterhin liegt unzweifelhaft eine tiefe geistige Revolution in den heute noch wenig bemerkbaren *wissenschaftlichen Umwälzungen*. Das Bedürfnis nach Synthese, System, Weltanschauung, Gliederung und Stellungnahme ist außerordentlich. Die Mathematisierung und Mechanisierung der gesamten europäischen Philosophie seit Galilei und Descartes, die auch für Kant völlig bestimmend war, begegnet steigenden Zweifeln. Sie gilt immer mehr als nur eine Seite der Sache, als die Wirklichkeit nicht erschöpfend. Der ganze ihr zugrunde liegende rationalistische Monismus ist erschüttert. Die Verwandlung des Qualitativen in bloß Quantitatives gilt als ungeheure Einseitigkeit. Goethes Naturforschung und sein Gegensatz gegen Newton erscheinen in einem völlig neuen Lichte, und zwar bei den exakten Forschern selbst.[14] Auf dem Gebiete der Geistes- und Geschichtswissenschaften wehrt man sich gegen die Tyrannei des Entwicklungsbegriffes, gegen die bloßen Summierungen und kritischen Feststellungen, gegen die konventionellen Wertmaßstäbe und Allgemeinbilder, gegen die Uferlosigkeit des Spezialistentums und die bloße Fachroutine. Diese Umwälzung kommt von allen Seiten und läßt sich gar nicht an bestimmte Personen heften. Die Erfolge Spenglers oder des Grafen Keyserling, die starke Wirkung der Stefan-George-Schule, die enormen Einflüsse der Steinerschen Anthropo|sophie, Neubelebungen Kierke-

---

14 Auf die Neuentdeckung Goethes als Naturforscher war Troeltsch möglicherweise durch den Philosophen Ernst Cassirer (1874–1945) aufmerksam geworden, der diese Aktualisierung Goethes als Konsequenz der Infragestellung des naturwissenschaftlichen Positivismus in der modernen theoretischen Physik forderte. Vgl. Ernst Cassirer: Freiheit und Form (1916); ders.: Goethe und die mathematische Physik (1921). Siehe auch Troeltschs 1921 erschienene Rezension zu Cassirer: Das Erkenntnisproblem in der Philosophie und Wissenschaft, Band 3 (1920), in: KGA 13, S. 500 ff. Gekannt haben dürfte Troeltsch auch die 1920 veröffentlichten Vorlesungen des Kulturphilosophen Ernst Michel (1889–1964) über Goethes Naturanschauung „Weltanschauung und Naturdeutung" (siehe dazu Troeltschs Auffassung über Michel, in: KGA 13, S. 545). Eine positive Wandlung im Verhältnis der Fachwissenschaft zu Goethes Naturforschung signalisierte etwa Max Planck: Das Wesen des Lichts (1919). Vgl. Karl Robert Mandelkow: Goethe in Deutschland (1989), S. 39–48.

gaards, die Erneuerung Hegels und Neudeutung Goethes: alles das sind nur Symptome. Der Umschwung kommt aus der Tiefe und nimmt die Probleme da auf, wo die Mathematisierung der unendlich farben- und stimmungsreichen Renaissance-Philosophie sie abgebrochen und verengt, wenn auch geklärt und gefestigt hatte. In den letzten Tagen ist von dem Nervenarzt Kurt Hildebrandt ein Doppelbuch über „Entartung" herausgekommen,[15] das in voller Klarheit und Strenge mir diesen neuen Geist der Wissenschaft gerade an einem sehr naturwissenschaftlich-psychologischen Gegenstande besonders lehrreich anzudeuten scheint. Auch hier sind die Gefahren nicht gering, daß der kritische und exakte Apparat, die Strenge des Denkens und der Forschung geschädigt werden, die das hochwichtige und unentbehrliche Erzeugnis einer Arbeit von Generationen sind. Aber der geistige Wandel selbst ist unbestreitbar und eine innere, von vielen lang ersehnte Notwendigkeit. Daß im Auslande Bergson und Benedetto Croce darin uns vorangegangen sind, verdient dabei im Auge behalten zu werden. Sie bringen uns altes deutsches Gut zurück, von dem wir uns weit entfernt hatten, und treffen den Nerv der Zeit. Darum heißen sie auch bei den Zünftigen Modephilosophen![16]

Allbekannt ist schließlich die geistige Revolution auf dem Gebiete der *Kunst*. Der sog[enannte] „Expressionismus" und die Novemberkunst sind wohl nur ganz rohe und grobe Symptome, die von der geschäftlichen Ausnützung und dem Kunstliteratentum einem urteils- und fassungslosen Publikum aufgebrummt worden sind.[17] Aber wer die jungen Künstler von heute kennt, weiß, daß gerade die ernstesten, innerlichsten, begabtesten grundsätzlich neue Wege suchen. Sie geben den hoffnungslosen Wetteifer mit

---

15 Kurt Hildebrandt: Norm und Entartung des Menschen (1920).
16 Vgl. die Kritik des Heidelberger Philosophen Heinrich Rickert (1863–1936) an der Lebensphilosophie als „Modeströmung", in: Heinrich Rickert: Die Philosophie des Lebens (1920). Troeltsch selbst bezeichnete in einer (insgesamt freundlichen) Rezension von Hermann Graf Keyserlings „Reisetagebuch eines Philosophen" (3. Aufl., 1920), die im November 1920 im 1. Heft des 123. Bandes (1921) der „Historischen Zeitschrift" erschien, dieses Buch als „Modebuch", in: KGA 13, S. 484–490, Zitat S. 484.
17 Troeltsch rekurriert hier auf die im Dezember 1918 in Berlin unter dem Eindruck der deutschen Revolution gegründete Künstlervereinigung Novembergruppe, die an die Berliner expressionistische Neue Secession (1910–1914) anschloss, neben Künstlern des Expressionismus aber auch Futuristen, Kubisten, Dada-Künstler u. a. umfasste. Vgl. Christoph Wilhelmi: Künstlergruppen in Deutschland, Österreich und der Schweiz seit 1900 (1996), S. 274 ff. Der antirepublikanischen Rechten diente das Schlagwort „Novemberkunst" zur Diffamierung avantgardistischer Kunstrichtungen als „undeutsch". Der Bekämpfung der „Novemberkunst" wid

der großen alten Kunst, die doch in ganz anderem seelischen und sozialen Klima zu Hause war, auf und suchen Neues, Lebendiges, Ursprüngliches, Eigenartiges. Die Umwertungen gegenüber Hellenentum und Renaissance sind nur Ausdrücke dieses neuen Suchens, nicht die Sache selbst. Mit Volkskunst und Revolution hat das im Grunde wenig zu tun. Als Herr Adolf Hoffmann sich von einem Berliner Magistratsrat durch die Kunstausstellung und die Novembergruppe führen ließ,[18] brach er in die vielsagenden Worte aus: „Is det alles, was bei die Revolution herausjekommen ist?" Es ist in Wahrheit die Befreiung von der Last großer Traditionen und der Wunsch, Eigenstes und Innerstes zu produzieren. Die Theorien, in denen dieser Wunsch sich heute spiegelt, und vielleicht auch die Werke sind schwerlich etwas Dauerndes. Aber man täusche sich nicht über die Tiefe des Umschwungs selbst. Es ist nicht bloß Neuerungssucht, wenn auch der geringe Respekt vor der Natur den Titanengelüsten moderner Impotenz nur allzu oft entspricht. Neulich sagte mir aber einer der jungen Herren, in ihren Kreisen dürfe das Wort „Ehrfurcht" schon wieder gebraucht werden. Die Ehrfurcht richtet sich vor allem auf die mittelalterlichen und nordischen Meister, auf Siena und den Trecento, auf die Güte des Handwerks, das die Künstler wieder selbst ausüben und beherrschen lernen wollen. Es werden die großen, seelisch inhaltsvollen Stoffe wieder gesucht, wenn auch die Glaubenskraft der alten Generationen ihnen wie allen Modernen fehlt. Aber ein neuer Geist ist unverkennbar am Werke. Die bloße Freude am Traditionsbruch tritt schon heute merkbar zurück und verbleibt den Reklamebedürftigen und Literaten.

Am tiefsten liegt natürlich die geistige Revolution im *religiösen* Leben. Aber darüber wage ich heute noch nichts zu sagen. An Symptomen aller Art fehlt es auch hier nicht. Sie gehen bei den einen auf Befreiung der Religion von Verstand und Kritik, auf Gemeinschaft und Verinnerlichung, bei anderen auf Verbindung mit dem Sozialen und auf eine neue Mission des Enthusiasmus unter den Glaubenslosen. Hier aber liegt alles noch am meisten im Dunkel und kann jeder froh sein, der seine eigene Position hat, ohne viel darüber reden zu müssen. Man wird bis jetzt nur eine starke

---

mete sich etwas die im November 1920 in Dresden gegründete völkisch-nationalistische Deutsche Kunstgesellschaft. Vgl. Jürgen Gimmel: Die politische Organisation kulturellen Ressentiments (2001), S. 40 f.

18 Die seit 1886 jährlich von der Akademie der Künste veranstaltete „Große Berliner Kunstausstellung" war nach der Revolution 1918 auch für die avantgardistischen Kunstrichtungen geöffnet worden. Die Novembergruppe war seit 1919 mit einem eigenen Raum vertreten. Vgl. Kristina Kratz-Kessemeier: Kunst für die Republik (2008), S. 146–163.

Wirkung des indoiden Okkultismus[19] und eine etwas veränderte innere Stellung gegenüber dem Katho|lizismus verzeichnen dürfen. Die Lage des bürgerlichen und der Wissenschaft verbündeten Protestantismus ist schwieriger geworden. Die längst entschlafene deutsche Dantegesellschaft ist neu gegründet worden.[20]

Was werden die Ergebnisse dieser geistigen Revolution sein?

Die Frage ist selbstverständlich schwer zu beantworten. Doch wird man vielleicht folgendes sagen dürfen. Auf der einen Seite eine starke Provinzialisierung und Partikularisierung des deutschen Geistes, die Emanzipation von Presse, Großstadt, Literatentum und Judentum. Es ist erstaunlich, wie die Dialekte vordringen und die Jugend sich nach dem Land und Volke zieht. Deutschland ist eben ein Land der Stämme und kein Einheitsstaat. Es sucht aus dem Populären, Stammgemäßen und Partikularen zu gesunden. Nachdem der Versuch des preußisch-deutschen Einheitsstaates gescheitert ist, erscheinen Preußentum und Sozialismus als Gewaltsamkeiten und die von beiden nicht allzu stark betroffenen Landschaften suchen politisch und geistig ihre Selbständigkeit. Man darf aber nicht übersehen, daß in Frank-

---

19 Eine verstärkte Rezeption hinduistischer Schriften (Bhagavadgita, Upanishaden) als Spielart eines spirituellen Exotismus lässt sich in der deutschen und gesamteuropäischen Literatur bereits ab ca. 1900 feststellen. Eine wichtige Rolle für die Vermittlung der neohinduistischen Erneuerungsbewegung in Deutschland nach dem Ersten Weltkrieg hatte das (von Troeltsch 1920 rezensierte) „Reisetagebuch eines Philosophen" von Hermann Graf Keyserling (siehe oben, Anm. 16). 1920 wurden auch die ersten Auszüge von Hermann Hesses „indischer" Dichtung „Siddhartha" veröffentlicht. Als Beispiel für die Rezeption okkulter Traditionen des Hinduismus kann die Aufnahme der Lehren des Yoga in der Anthroposophie Rudolf Steiners (1861–1925) gelten. Vgl. Wolfgang Reif: Exotismus und Okkultismus (1983), S. 164 ff.

20 Die Deutsche Dante-Gesellschaft (gegründet 1865, inaktiv seit ca. 1877) war schon 1914 neu konstituiert worden, entfaltete aber während des Ersten Weltkriegs keine Aktivität. Das von ihr herausgegebene „Deutsche Dante-Jahrbuch" erschien erstmals wieder Anfang 1920. Auf der ersten Tagung der Gesellschaft im September 1921 wurde Troeltsch in den Vorstand der Gesellschaft gewählt. Vgl. Walter Goetz: Geschichte der Deutschen Dante-Gesellschaft und der deutschen Dante-Forschung (1940), S. 45–51. Am 3. Juli 1921 hielt Troeltsch auf einer Feier zum 600. Todesjahr Dantes in der Staatsoper Unter den Linden in Berlin eine Festrede mit dem Titel „Der Berg der Läuterung" → KGA 11. Die Veranstaltung wurde vom „Ausschuß für eine deutsche Dantefeier" ausgerichtet, der eigens „an Stelle der hierzu nicht hinreichend leistungsfähigen deutschen Dantegesellschaft" gebildet worden war, wie Troeltsch in seinem Bericht „Zum Dante-Jubiläum" im Septemberheft 1921 des „Kunstwarts" (34. Jg., Heft 12), S. 321–327, Zitat S. 323, schrieb → KGA 11.

reich nach dem schönen Aufsatz von Hedwig Hintze über den „Regionalismus" (Preußisch. Jahrbuch 1920)[21] ähnliche Bestrebungen am Werke sind. Die moderne Großstadt ist den Leuten überall zu mächtig und zu rationell geworden. Auf der anderen Seite aber, auf dem Gebiete der einheitlichen und allgemeinen Betätigung des höheren deutschen Geistes, wird die Folge sein die Bildung einer neuen Ursprünglichkeit und Innerlichkeit, einer neuen geistigen Aristokratie, die dem Rationalismus und dem Nivellement der Demokratie ein Gegengewicht bietet, die insbesondere der geistigen Öde des Marxismus und des modernen Rationalismus eine feinfühligere und organischer zusammenfassende Geistigkeit gegenüberstellt. Auch dieser Zug geht durch die Welt.

Ob beides gelingt und ob nicht das alles zerschwätzende, vorzeitig enthüllende und rasch verbrauchende Zeitalter der Presse und des Journalismus sowie der ganze Inbegriff psychologischer Voraussetzungen und Konsequenzen des Großbetriebes das zu stören durch sein ganzes Wesen gezwungen ist, wer kann das sagen? Aber das wird man sagen dürfen, daß der die Dinge nicht versteht, der die innere Verschiedenartigkeit der politisch-sozialen und der geistigen Revolution nicht sieht, und daß beides trotzdem irgendwie schließlich sich finden und ausgleichen muß, wenn eine gesunde Zukunft möglich sein soll.

Berlin, 6. Dez[ember] 1920.   *Troeltsch*

---

21 Hedwig Hintze: Der moderne französische Regionalismus und seine Wurzeln (1920).

Bethmann Hollweg † (Februar 1921)

Editorische Vorbemerkung: Die Edition folgt dem Text, der erschienen ist in: Kunstwart und Kulturwart, hg. von Ferdinand Avenarius, 34. Jg., erste Hälfte, Oktober 1920 bis März 1921, Heft 5, Februarheft 1921, München: Kunstwart-Verlag Georg D. W. Callwey, S. 289–292 (**A**). Der Text erschien in der Rubrik „Vom Heute fürs Morgen" und mit der Datumsangabe 10. Januar 1921.

ᵃBethmann Hollwegᵃ †
Berliner Brief

Der Tod räumt furchtbar auf unter den Führern des bisherigen Deutschlands. Die physischen Lebenserschwerungen und mehr noch die schweren seelischen Erschütterungen haben die Widerstandskraft gegenüber den umgehenden Seuchen allem Anschein nach sehr geschwächt. Der Wille zum Leben ist geringer geworden im heutigen Deutschland. Ob das Letztere auf den Mann zutrifft, dem diese Zeilen gelten, weiß ich nicht. Jedenfalls aber gilt von ihm, daß er mit am schwersten und unmittelbarsten seelisch unter den Ereignissen gelitten hat und den Gang der Dinge mit den drückendsten Sorgen begleitete, obwohl er an sich eine körperlich und geistig starke und feste Natur war. ᵇBethmann Hollwegᵇ, der letzte eigentlich regierende Kanzler des Bismarckischen Reiches – die zwei anderen waren lediglich Notbehelfe und Lückenbüßer[1] – ist in ganz wenig Tagen einer Grippe erlegen, bei deren Beginn er sich ohne jede Ahnung des bevorstehenden Endes auf ein paar Tage zu Bett zu legen gedachte.[2] Eben hatte er den zweiten Band sei-

---

a–a *A:* Bethmann-Hollweg   b–b *A:* Bethmann-Hollweg

1 Gemeint sind die Reichskanzler Georg Michaelis (amtierte Juli bis Oktober 1917) und Georg von Hertling (November 1917 bis September 1918). Prinz Max von Baden (Oktober bis November 1918) wird von Troeltsch wegen der während seiner Kanzlerschaft eingeleiteten Verfassungsreform schon nicht mehr zu den Kanzlern „des Bismarckschen Reiches" gezählt.
2 Theobald von Bethmann Hollweg starb am 2. Januar 1921 an einer Lungenentzündung.

ner Memoiren fertig gestellt und wollte nur noch einmal mit seinem Sekretär den druckfertigen Text übergehen. Es sollte nicht mehr dazu kommen. Mit der Vollendung seiner großen Denkschrift war sein Leben selbst vollendet. Wie es sich ihm darstellte, wird man aus dem bald zu veröffentlichenden Bande erkennen.³
Sieht man die Nekrologe der Zeitungen auf diesen Träger des deutschen Schicksals durch und kannte man einigermaßen den hingeschiedenen Mann, dann ist man erstaunt über die Überheblichkeit, mit der freundlich oder feindlich von diesem Manne zumeist geredet wird, der zu den besten und bedeutendsten deutschen Menschen gehörte und dessen Schicksal wie die ganze ungeheure Tragödie des Bismarckschen Reiches nur mit Ehrfurcht und tiefster Ergriffenheit betrachtet werden dürfte. Er und nicht der rhetorisch und thea|tralisch überall im Vordergrunde stehende Kaiser war der Leiter und Gestalter der deutschen Geschicke, seit Bülow an seinem Konflikt mit dem Kaiser – denn das war der Hauptgrund – gescheitert war.⁴ Bethmann kannte die furchtbar gefährdete Lage, die Bülow hinterließ, und versuchte nach außen durch eine Verständigung mit England, nach innen durch eine immer liberaler werdende Politik die Spannungen zu mildern. Er war einer jener Konservativen und preußischen Verwaltungsmänner, die offenen Blick und Vorurteilslosigkeit besessen hatten, um neue Wege zu bahnen, und Kraft und Klugheit genug dazu mitbrachten. Mit England stand er kurz vor dem Abschluß, als der Krieg ausbrach, zum Teil wohl mit, weil es französische oder russische Wünsche zu diesem Abschluß nicht kommen lassen wollten. Nach innen ist ihm das Erreichen seines Zieles noch weniger gelungen. Die Heilung der elsässischen Wunden kam zu spät und konnte sich nicht auswirken,⁵ die Reform des preußischen Wahlrechtes wurde vollends der eigentlichste und geheimste Grund seines Sturzes.⁶ In all

---

3 Theobald von Bethmann Hollweg: Betrachtungen zum Weltkriege, 2. Teil (1921).
4 Reichskanzler Bernhard von Bülow hatte das Vertrauen Kaiser Wilhelm II. verloren, als er 1908 in der „Daily-Telegraph-Affäre" den Kaiser nach dessen umstrittenen Interview-Äußerungen nur halbherzig gegen die Kritik der Öffentlichkeit und des Reichstags in Schutz genommen hatte. Sein Rücktritt erfolgte 1909, nachdem sich im Konflikt um die Reichsfinanzreform auch der Reichstag gegen ihn gestellt hatte. Vgl. Hans-Peter Ullmann: Das Deutsche Kaiserreich 1871–1918 (1995), S. 169 ff.
5 Während der Kanzlerschaft Bethmann Hollwegs wurde 1911 für Elsaß-Lothringen eine Verfassung erlassen, die den seit 1871 bestehenden Sonderstatus des Reichslandes dem Status der Bundesstaaten des Deutschen Reiches annäherte. Vgl. Hans-Peter Ullmann: Das Deutsche Kaiserreich 1871–1918 (1995), S. 207.
6 Erste Bemühungen Bethmann Hollwegs um eine moderate Reform des preußischen Wahlrechts scheiterten 1910 am Widerstand der konservativen Parteien im

diesen Dingen hatte er keine freie Hand. Er war kein Bismarck, aber er befand sich in einer Situation, der auch ein Bismarck seiner Zeit hatte weichen müssen, und würde mit allem Genie Bismarcks in dieser Lage nicht viel haben anfangen können. Eingekeilt zwischen Tirpitz und dessen Groß-Flotten-Politik gegen England, dem völlig selbständigen Generalstab, dem schwer zu behandelnden Kaiser, dem preußischen Abgeordnetenhaus mit seiner konservativen Klassenpolitik und der unsäglich schwerfälligen Maschinerie des Bundesrates, konnte er sich nur mühsam bewegen. Während des Krieges vollends stand er im schärfsten Gegensatze gegen Ludendorff und dessen politische Berater, einem Gegensatze, der ebenso persönlich wie sachlich begründet war. Vom Kaiser sprach er stets mit der größten Ritterlichkeit, ließ aber erkennen, daß er wenig wirklichen Verkehr mit ihm hatte und auf ihn nicht sicher rechnen konnte. Bei dem schlechten Verhältnis zwischen Kaiser und Kronprinz stand er auch nach dieser Seite vor delikaten Problemen. Öffentliche Meinung zu machen und sich auf sie zu stützen, hatte er keine Fähigkeit und auch nicht den Willen. In dieser Hinsicht dachte er stark beamtenmäßig und preußisch. Eine Stellung, wie die von Lloyd George, auch wenn sie in Deutschland möglich gewesen wäre, würde er nie erstrebt und gewünscht haben. Von allen Künsten Bismarcks hat ihm wohl die der Beeinflussung der öffentlichen Meinung drinnen und draußen am allermeisten gefehlt, auch die der rücksichtslosen Auswahl der geeigneten Persönlichkeiten. Er pflegte seine Beamten zu decken und sie nicht fallen zu lassen, auch wenn er nicht einverstanden war. Er war im Grunde altpreußisch-bürokratisch gesinnt und hatte überall in seiner tiefen und lauteren ethischen Persönlichkeit Hemmungen. Vom politischen Dämon steckte nichts in ihm, aber sehr viel von einem klugen, scharfsinnigen, weitblickenden und verantwortungsbewußten echten Staatsmann, der mit diesen Fähigkeiten eine enorme Arbeitskraft verband. Es ist der grausamste Hohn der Geschichte, daß dieser groß geschnittene, lautere und sittlich ernste Mann in der großen Weltlüge als Träger des „deutschen Verbrechens" und der „preußischen Moralinfreiheit" durch die Welt geht. Daß wir einen „Militarismus" hatten, hat er einmal ausdrücklich mir gegenüber anerkannt. Aber er sah dessen Wirkung nicht in der Herbeiführung des Krieges, sondern in der beständigen Verrückung der Kriegsziele und in der organischen

---

preußischen Abgeordnetenhaus. Im Februar 1917 kündigte Bethmann Hollweg im Reichstag eine demokratische Wahlrechtsreform für die Zeit nach dem Ersten Weltkrieg an, konnte sich jedoch erneut nicht gegen konservative Vorbehalte durchsetzen. Die „Osterbotschaft" Wilhelms II. von April 1917 enthielt lediglich vage Reformankündigungen. Vgl. Hans-Peter Ullmann: Das Deutsche Kaiserreich 1871–1918 (1995), S. 206 f. und S. 257

Verwobenheit mit den inneren Klassenzuständen. Ebenso ist es nur ein Zeichen der Allmacht des Erfolges in der Welt, wenn sein vergeblicher Kampf mit der ungeheuren Schwierigkeit der deutschen Bundes- und Militärverfassung als Beweis seiner Schwäche und mangelnden Fähigkeit von unzählig vielen Kleinen bezeichnet wird. Man muß nur erst auch die anderen damaligen Staatsmänner über die Unmöglichkeit der bundesstaatlichen Maschinerie im Kriege hören, die überall die gleichmäßig das Reich betreffenden Maßnahmen hinderte und überdies die Entscheidung einem einzigen Manne, dem Kaiser, der kein Staatsmann war, in | die Hand legte. Ich habe Bethmann auf seine Einladung im letzten Kriegs-Sommer an dem Tage, wo die Nachricht von der entscheidenden Brechung der großen Offensive kam, in Hohenfinow^a besucht.⁷ Auf seine Schultern war eine bei der Lage der Dinge unlösbare Aufgabe gelegt worden. Er war, von allen Parteien in ihrer Angst vor einem Rücktritt Ludendorffs verlassen, an seiner Aufgabe gescheitert. Am Morgen jenes Schicksalstages hatte ihm der Kaiser noch telephoniert, er stehe so fest wie nie. In der Nacht war er verlassen und reichte sein Abschiedsgesuch ein, das der gleichfalls verlassene Kaiser genehmigen mußte. Von alledem sprach er mit einer Ruhe, einer gerechten Einsicht in das Unvermeidliche und einer grimmigen Erbitterung über das Vermeidliche, ohne jeden resignierten und weichen Ton, aber auch ohne Haß und Rachebedürfnis, ganz und gar in der Sorge für das Reich und der Zukunft aufgehend, so daß ich den tiefen Eindruck hatte, vor einer in ihrer Weise großen Persönlichkeit zu stehen. Die bekannte Reichstagsresolution⁸ mißbilligte er, weil sie in der Armee und nach außen psychologisch nicht günstig wirkte und ihn in seinen gerade schwebenden Verhandlungen, von denen er doch nichts andeuten durfte, gestört habe, wenn er ihr auch sachlich zustimmte. Die Revolution fürchtete er seit langem, wie denn das im vorletzten Brief zitierte

A 291

---

a *A:* Hohenfinnow

---

7 Der Besuch ist nicht dokumentiert, hat nach den obigen Angaben aber wohl entweder am 18. Juli 1918, dem Tag des alliierten Gegenangriffs an der Westfront bei Château-Thierry, oder am 8. August 1918, dem Tag des alliierten Durchbruchs in der Schlacht von Amiens, bzw. an den jeweiligen Folgetagen stattgefunden. Bethmann Hollweg lud nach seinem Rückzug aus der Politik wiederholt ehemalige politische Unterstützer auf sein Gut Hohenfinow ein. So war Friedrich Meinecke im September 1917 und erneut im Mai 1918 zu Besuch in Hohenfinow. Vgl. Friedrich Meinecke: Autobiographische Schriften (1969), S. 283 f. und S. 293 ff.; Konrad H. Jarausch: The enigmatic Chancellor (1973), S. 381 f.
8 Gemeint ist die Friedensresolution des Reichstags vom 19. Juli 1917. Siehe oben, S. 149, Anm. 1.

Wort über die allen Staaten drohende Revolution von ihm stammt.⁹ Es war im September 1914 gesprochen, wo alle Welt jubelte über die vaterländische Haltung der Sozialdemokraten und den inneren Ausgleich gekommen wähnte.

Ich erlaubte mir ihn zu fragen, weshalb er denn bei seinem bekannten Bedenken gegen den U-Boot-Krieg diesem zugestimmt habe. Die Antwort war höchst charakteristisch. Mit blitzenden Augen erwiderte er, wie ich überhaupt so etwas fragen könne. Die ganze Armee und Marine habe im Interesse ihrer Ehre, unterstützt von der öffentlichen Meinung, den U-Boot-Krieg als höchste Probe ihres Könnens und ihres Heldentums gefordert. Er habe gegen das Gelingen Bedenken gehabt, aber doch eben keine sicher beweisbaren, und der Erfolg habe ja auch gezeigt, daß, wenn wir nur mehr U-Boote gehabt hätten, das Ziel vielleicht erreichbar gewesen wäre. In der kritischsten Lage das letzte Mittel des Heroismus der Armee ohne absolut sichere Gegengründe zu versagen, sei gegen sein preußisches Ehrgefühl gewesen. Außerdem habe er es für dringende Notwendigkeit gehalten, seine Nachfolge nicht in die Hände von Tirpitz fallen zu lassen, was die damals unvermeidliche Folge gewesen wäre.

Ich konnte seine Entscheidung trotzdem weder für sachlich zutreffend noch für richtig begründet halten. Soweit ich urteilen kann, waren die Ratschläge des Grafen[a] Bernstorff[b] sehr viel richtiger.¹⁰ Freilich, wer keine öffentliche Meinung machen wollte und konnte, der konnte auch nicht der von dem Militär gemachten entgegentreten, konnte auch die öffentliche Meinung Amerikas nicht in ihrem vollen politischen Gewicht einschätzen. Und auch die Fernhaltung von Tirpitz gelang nur äußerlich. Die akute Krisis wurde nur in eine schleichende verwandelt, und die großen Entscheidungen, die schließlich doch in die Hände der Massen fielen, wurden nur hinausgeschoben. Er hoffte mit Klugheit und Besonnenheit, aus dem Hintergrunde heraus die Dinge noch leiten und die gefährlichsten Abenteuerlichkeiten verhindern zu können. In Wahrheit aber hatte mit dem Eintritt Amerikas in den Krieg die große entscheidende Krisis schon begonnen, aus der heraus es keine Hilfe gab. Das hat er selbst freilich

---

a *A:* Prof. **b** *A:* Bernstorf

---

9 Siehe oben, S. 353 u. ebd., Anm. 4.
10 Johann Heinrich Graf von Bernstorff, deutscher Botschafter in Washington D. C. von 1908 bis 1917, hatte eindringlich vor der Aufnahme des uneingeschränkten U-Boot-Krieges gewarnt, weil er von diesem Schritt richtigerweise den Kriegseintritt der USA aufseiten der Entente befürchtete. Vgl. Reinhard R. Doerries: Washington – Berlin 1908/1917 (1975), S. 238 ff.

bald erkannt und sah die Hilfe nur mehr in einer gründlichen sittlichen Vertiefung und grundsätzlichen politischen Neueinstellung des deutschen Volkes, das sich auf ganz neue Weltverhältnisse einrichten müsse. Er beklagte, wie er in einem Briefe mir im Herbst 1918 schrieb, daß die wahre Realpolitik und entschlossene Tatkraft unserem Volke gerade in seiner schwersten Krisis bedenklich fehle.[11]

All das zeigt, wie sehr er in der Seele Konservativer war, aber ein Konservativer von jenem Typus englischer Konservativer, die veränderten Lagen sich anpassen und vor allem innere soziale Spannungen im Interesse der Gesundheit des Ganzen auch mit Opfern beseitigen oder entspannen. Zugleich war er ein Konservativer, dem die Lauterkeit und Moral in der Politik, damit die Gerechtigkeit und Vornehmheit erste Pflicht war. Hätten wir viele Konservative dieses Schlages gehabt, unser Schicksal wäre leichter geworden. Die Tage sind vielleicht nicht ferne, wo die letzte Rettung aus heilloser Verwirrung daran hängt, daß es hinreichend viele und wirksame Konservative dieser Art gibt.

Berlin, 10. Januar [1921].   *Troeltsch*

---

11 Der Brief ist nicht überliefert.

Neue Krisen von außen her (März 1921)

Editorische Vorbemerkung: Die Edition folgt dem Text, der erschienen ist in: Kunstwart und Kulturwart, hg. von Ferdinand Avenarius, 34. Jg., erste Hälfte, Oktober 1920 bis März 1921, Heft 6, Märzheft 1921, München: Kunstwart-Verlag Georg D. W. Callwey, S. 349–354 (**A**). Der Text erschien in der Rubrik „Vom Heute fürs Morgen" und mit der Datumsangabe 8. Februar 1921.

Neue Krisen von außen her
Berliner Brief

So oft diese Briefe einen Versuch machen, sich der Analyse der inneren Verhältnisse zuzuwenden, werden sie in dieser Absicht durch neue von außen drohende Katastrophen wie durch einen wild hereinfegenden Sturm unterbrochen. Es ist nur die Bestätigung des Satzes, von dem sie stets ausgegangen sind: daß die äußere Politik wesentlich bedingend ist für alle Innenpolitik und alle inneren Zustände.[1] Doppelt und dreifach ist dies der Fall, nachdem wir einen Krieg von diesen ungeheuren Ausmessungen und solch gewaltigen Tiefenwirkungen verloren haben. Alle unsere Zustände dürfen überhaupt nur unter diesem Gesichtspunkt gesehen werden. Was das bedeutet, machen sich immer noch viel zu wenig Leute im vollen Umfange klar. Die einen meinen, daß nun der ersehnten Parteipolitik die Bahn hemmungslos offen sei; die anderen hoffen trotz aller drückenden Armutsfesseln nun doch ihre ideellen Forderungen an den neuen Volksstaat stellen und verwirklichen zu können; die dritten rasseln mit einem Säbel, den wir nicht mehr haben, und hoffen auf Analogien mit der preußischen Entwicklung nach Jena,[2] ohne übrigens auch nur *den* Reformwillen zu haben, den damals die die Erneuerung herbeiführenden Patrioten hatten. Nur diejenigen sehen den wirklichen Ernst der Lage, die mit einer Weltrevolution die ganze Wurzel der Verhältnisse ausreißen zu können meinen; oder diejenigen, welche

---

1 Zu Troeltschs Rückführung des „Primats der äußeren Politik" auf Ranke siehe oben, S. 273.
2 Siehe oben, S. 131, Anm. 13.

Innen- und Außenpolitik zugleich auf jede absehbare Zeit in eine neue Bahn der Rechtspolitik und des demokratischen Nationalgefühls leiten und eben damit ein neues Ziel der deutschen Geschichte in dem veränderten Europa und der veränderten Welt aufstellen wollen; oder auch die radikalen Pessimisten, die nur den absoluten Vernichtungswillen der Franzosen als ernst zu nehmende politische Kraft der heutigen Weltlage, soweit sie uns betrifft, ansehen und dem je nach Charakter den heroischen Entschluß eines letzten Widerstandes oder die stumme Ergebung einer finsteren Verzweiflung entgegensetzen. Daß es dabei an Mischungen all dieser Standpunkte nicht fehlt, ist selbstverständlich. Das zwingt dann aber zu immer neuen Klärungen und Überlegungen der Lage.

Die Früchte des undurchführbaren Versailler Friedens reifen, indem immer neue Undurchführbarkeiten aus ihm hervorgehen und die alten Grundlagen von den Gegnern selbst zur Er|reichung seines trotz allem festgehaltenen Zieles verändert werden. In beidem, in der Preisgabe gewisser Elemente des Friedensvertrages durch die Alliierten selbst und in der wahnsinnigen neuen Forderung, in die der alte Wahnsinn sich verwandelt, liegt die Bedeutung der neuesten Propositionen, die aus der Tagespresse bekannt sind.[3] Ich kann auf die Einzelheiten und in die täglichen Verschiebungen der Verhältnisse hier nicht eingehen. Das gehört der Tagespresse an und jede Mitteilung wäre rasch veraltet und überholt. Es ist hier nur möglich, die allgemeine Situation zu beleuchten, aus der jene Propositionen hervorgingen und die sie geschaffen haben.

In Frankreich stürzte das Kabinett Leygues, weil es den Franzosen nicht genug Garantien für die Einheimsung der Friedensfrüchte zu bieten schien. Es kam ein Kabinett Briand, hinter dem ein Kabinett Poincaré droht.[4] Lloyd

---

3 Auf einer Konferenz in Paris vom 24. bis 29. Januar 1921 hatten sich die Alliierten auf einen Plan zur Durchführung der von Deutschland gemäß des Versailler Vertrags zu leistenden Reparationszahlungen geeinigt. Der deutschen Seite wurde der Plan in einer Note vom 29. Januar 1921 formal nur als Vorschlag („propositions") übermittelt. Die endgültige Regelung der Reparationsfrage sollte auf einer Konferenz mit deutscher Beteiligung in London getroffen werden. Der alliierte Reparationsplan sah die Zahlung von insg. 226 Mrd. Goldmark, verteilt auf 42 Jahre mit ansteigenden Annuitäten von zwei bis sechs Mrd. Goldmark zuzüglich jährlich 12 % des deutschen Exportwertes, vor. In einer ersten Stellungnahme im Reichstag am 1. Februar 1921 wertete Reichsaußenminister Walter Simons insbesondere die letztere, variable Belastung als Widerspruch zum Versailler Vertrag. Vgl. Das Kabinett Fehrenbach (1972), S. XL; Vossische Zeitung vom 2. Februar 1921 (Morgen-Ausgabe): Der Wortlaut der Regierungserklärung.

4 Das Kabinett Leygues war am 12. Januar 1921 nach einer verlorenen Vertrauensabstimmung in der französischen Nationalversammlung zurückgetreten. Im Hin-

George hat die neuen Forderungen zunächst abgewiesen, dann aber sie ohne weiteres angenommen, ja ihre noch steigernde Erhöhung gebilligt.[5] Wie ist das zu verstehen? In der Hauptsache dadurch, daß Briand vermutlich ihm klar gemacht hat, daß er sonst sich nicht würde halten können. Lloyd George darf für etwa bevorstehende Wahlen[6] nicht als der erscheinen, der die französischen Alliierten preisgegeben hat. Die englische Feindschaft gegen Deutschland ist bei den Massen immer noch sehr groß. Freunde, die in England waren, erzählen, daß der Deutsche immer noch verpönt ist.[7] Sie konnten in befreundeten Häusern nicht deutsch sprechen, solange die Dienstboten anwesend waren; die letzteren hätten sonst den Dienst gekündigt. Auf der Straße deutsch zu sprechen sei unmöglich, die allgemeine Stimmung wegen steigender Arbeitslosigkeit überhaupt schlecht. Leute, die das Berliner Schlemmerleben der Schieber, Kriegs- und Revolutionsgewinnler mit angesehen haben, bezeichnen alle deutschen Klagen mit dem beliebten Wort: „deutsche Camouflage". Dazu kommen Schwierigkeiten, die England im Orient hat und der Wunsch, vor allem in Konstantinopel völlig freie Hand zu behalten,[8] woraus immer wieder folgt, daß man sich

---

blick auf die bevorstehende Konferenz in Paris war die Durchsetzungsfähigkeit des Ministerpräsidenten Georges Leygues in den interalliierten Verhandlungen angezweifelt worden. In den Verhandlungen über seine Nachfolge wurde als Vertreter einer „harten Linie" in der Reparationsfrage auch Raymond Poincaré genannt. Letztlich wurde am 16. Januar 1921 aber ein Kabinett unter Führung von Aristide Briand gebildet. Vgl. Vossische Zeitung vom 13. Januar 1921 (Morgen-Ausgabe): Sturz der französischen Regierung; Vossische Zeitung vom 17. Januar 1921 (Abend-Ausgabe): Das neue französische Kabinett.

5 Auf der Pariser Konferenz im Januar 1921 hatte Frankreich zunächst deutsche Reparationszahlungen in Höhe von insg. 212 Mrd. Goldmark bei Annuitäten von 12 Mrd. Goldmark gefordert. Letzteres hatte der britische Premierminister Lloyd George als utopisch abgelehnt und stattdessen bei einer leicht erhöhten Gesamtsumme die deutlich niedrigeren Annuitäten von zwei bis sechs Mrd. Goldmark durchgesetzt. Vgl. Das Kabinett Fehrenbach (1972), S. 440.

6 Anfang Februar 1921 wurde in der deutschen Presse spekuliert, die britische Regierung plane im Frühjahr 1921 Neuwahlen auszuschreiben. Vgl. Vossische Zeitung vom 1. Februar 1921 (Morgen-Ausgabe): Neuwahlen in England?.

7 Möglicherweise stammt der Bericht von Walther Rathenau, der im Januar 1921 mit einer Delegation der AEG in London war. Vgl. Jörg Hentzschel-Fröhlings: Walther Rathenau als Politiker in der Weimarer Republik (2007), S. 125.

8 Konstantinopel war seit der Kapitulation des Osmanischen Reiches im Oktober 1918 von alliierten Truppen besetzt. Der von der Entente am 10. August 1920 mit der Sultanatsregierung in Konstantinopel geschlossene Friedensvertrag von Sèvres wurde jedoch von der türkischen Nationalversammlung in Ankara nicht anerkannt. Die britische Regierung unter Lloyd George wiederum unterstützte im

auf unsere Kosten einigt. Schließlich ist auch die militärische Machtstellung Frankreichs von Antwerpen bis Brest, sein Besitz an äußerst tragkräftigen rasch zu vermehrenden Flugzeugen (2 000!) und an ausgebildeten Flugzeugführern (20 000) sowie an Kanonen von 180 Kilometer Tragweite und die Aufstellung einer Kolonialarmee von 325 000 Mann nicht zu vergessen.[9] Eine Beherrschung des Kanals durch Frankreich und eine französische Invasion in England würde nicht im Bereich des Unmöglichen liegen, ein Umstand, über den sich englische Herren hier auch offen ausgesprochen haben. Auch mag ein nicht ganz klares Verhältnis zu Amerika den Anschluß an die Franzosen momentan empfehlen. Gründe genug, um Lloyd George für die augenblickliche Lage alles annehmen zu lassen, was die Franzosen fordern. Es hilft für ein paar Monate oder Jahre durch. Die Frivolität, mit der dieser geniale Willensmensch Politik macht, ist erschütternd. Er ist in weltgeschichtlichem Format das, was an Klugheit, Entschlußkraft, Witterungsvermögen und Oberflächlichkeit unser kleinbürgerlicher Herr Erzberger war. Die Zukunft mag neue Mittel bieten, der Moment ist gerettet, und Deutschland wird sich fügen, wie es in Versailles sich gefügt hat, wo die Lage für es immerhin noch günstiger war für einen Widerstand: so wird sein Gedankengang sein. Im übrigen hat er ganz andere Sorgen als Deutschland; die Verdauungsbeschwerden des britischen Weltreichs nach dem großen Kriege sind enorm.

Anders sieht die Sache von der französischen Politik aus sich an. Die Franzosen wollen den Ruhm und das Prestige der endlich wieder erreichten kontinentalen Hegemonie voll auskosten und berufen sich mit ihrem Sinn für formales Recht auf den Versailler Vertrag durch dick und dünn. Sie wollen jede Möglichkeit einer politischen Wiedererholung Deutschlands für alle Ewigkeit ausschließen, da ihnen das die alleinige Voraussetzung für die Erhaltung ihrer eigenen politischen Machtstellung zu sein scheint, und sie arbeiten bewußt | auf eine Dezimierung der gefürchteten deutschen Be-

---

Mai 1919 den griechischen Einmarsch in Anatolien, mit dem der Griechisch-Türkischen Krieg (1919–1922) begann. Vgl. David Fromkin: A Peace to End All Peace (1989), S. 405 ff.

9 Troeltschs Angaben beruhen vermutlich auf Informationen Hans von Haeftens (siehe unten, S. 467, Anm. 2). Laut Forschungsliteratur betrug die Stärke der französischen Luftwaffe im Jahr 1920 3 900 Flugzeuge und 39 000 Mann, wobei allerdings nur 890 Flugzeuge einsatzbereit waren. Die Stärke der „Troupes indigènes" in der französischen Armee betrug 1920 228 000 Mann. Vgl. Patrick Facon: Histoire de l'armée de l'air (2009), S. 78; Gérard Chauvy: Le Drame de l'Armée Française (2010), S. 21, Anm. 1.

völkerungsmasse hin. Sie wollen für die verlorenen russischen Milliarden,[10] für die Kriegskosten im denkbar weitesten und auch indirekten Sinne, sowie für die Kosten ihrer jetzigen Prestige-Politik den Ersatz aus deutscher Arbeit und deutschem Kapital und scheuen sich nicht, den deutschen Bedarf auf die Grenze des Lebensminimums herabzusetzen, wie der Engländer den der ägyptischen Fellachen. Sie brauchen die gute Zuversicht ihrer Bevölkerung auf das Gelingen all dieser Macht- und Entschädigungspläne, von deren Schwierigkeit das Volk nichts erfahren darf, damit die regierende Herrenschicht nicht erschüttert werde. Daß diese Absichten sich untereinander widersprechen, ist kein Hindernis. Die einzelnen Interessen werden ja auch von verschiedenen Gruppen vertreten. Die Militärs sind sich sicher klar darüber, daß Vernichtung und Entschädigung, Todesurteil und Versklavung nicht gleichzeitig möglich sind; sie ziehen zweifellos im Falle der Wahl die erstere vor. Die Politiker werden glauben, daß beides sich vereinigen lasse, wenn man sich zu den nötigen Gebietsbesetzungen entschließt. Das Volk im Ganzen denkt dort so wenig wie überall sonst; es hält alles Wünschenswerte gleichzeitig für möglich und kennt für Wünsche keine Widersprüche und keine Unmöglichkeiten. Die moralische Ungeheuerlichkeit derartiger Pläne und Aktionen deckt man mit der heute noch leidenschaftlicher als je betonten Schuld- und Barbarenlegende, die ja die Deutschen selbst eingestanden und durch die besseren Sozialdemokraten immer neu bekräftigt hätten. Dazu kommen rasch geglaubte Illusionen aller Art. Ein alter Herr, ein Freund Clemenceaus, erklärte einem meiner Bekannten, die Kultur von ganz Süddeutschland sei ja bekanntlich französisch! Was ist bei solchen Voraussetzungen unmöglich?

Selbstverständlich sind, wie immer zu wiederholen, das nicht *die* Franzosen und *die* Engländer, sondern die regierenden Schichten, Politiker und Militärs, die sich freilich in Frankreich sehr weithin mit den Massen decken, aber denen überall geschäftlich-wirtschaftliche Besonnenheit und die kleine Schar geistiger Menschen gegenübersteht. Die ersteren haben leider auch die Organisation des gegen Deutschland so empfindlichen Weltgewissens heute noch in der Hand und lassen sich von den Deutschland durcheilenden Auto-Reisenden ihre Hotelerfahrungen als Zeugnisse deutscher Zahlungsfähigkeit und Armutsheuchelei berichten. Der Kampf gegen deutsche Wissenschaft und Kultur geht heute noch ebenso wie die Propaganda einst gegen die „deutschen Verbrechen" durch die Welt, um zu beweisen, daß ge-

---

10 Gemeint sind die Vorkriegsschulden des zaristischen Russlands, deren Anerkennung die sowjetrussische Regierung nach der Revolution von 1917 und der alliierten Intervention auf Seiten der gegenrevolutionären Truppen im Russischen Bürgerkrieg verweigerte.

genüber „Barbaren und Mördern" die sonstigen Begriffe nicht gelten. Die Ergebnisse der deutschen parlamentarischen Untersuchungskommissionen, die ganz unwiderleglich von Seite des deutschen Militärs jede Absicht auf gewaltsame Herbeiführung eines Weltkrieges als Legende erwiesen haben, wirken noch ganz wenig.[11] Man erfährt sie draußen nicht, oder man sagt dann, wie es neulich ein englischer Redakteur hier tat, man interessiere sich heute für diese Frage nicht mehr; durch ihre Beantwortung so oder so werde an der realen Weltsituation ja doch nichts geändert.

Die Forderungen selbst zerfallen in zwei Teile: die Entwaffnung und die Zahlung auf 42 Jahre.[12] Die politische Bedeutung beider ist nicht die gleiche. Die Entwaffnung soll – unter Vorbehalt des inneren Polizeischutzes und der Aufhaltung des Bolschewismus – jede deutsche „Weltpolitik" in alle Ewigkeit unmöglich machen, wobei von der französischen Angst vor irgendeiner Art Krümpersystem[13] und geheimer Volksorganisation ganz abgesehen werden kann. Man kann mit Ausländern aller Art, auch den wohlgesinntesten, sprechen: in der Ablehnung jeder Art deutscher Weltpolitik und der mit diesem Gedanken in ihrer Phantasie schlechthin assoziierten Hohenzollern

---

11 Am 2. Februar 1921 verabschiedete der vom Parlamentarischen Untersuchungsausschuss für die Schuldfragen des Weltkriegs eingesetzte Unterausschuss zur Aufklärung der Vorgeschichte des Weltkriegs gegen die Stimmen der sozialdemokratischen Ausschussmitglieder eine Resolution, in der die militärische Aufrüstung der Entente-Staaten Frankreichs und Russlands als die wesentliche Ursache für den Ausbruch des Ersten Weltkrieges im Jahr 1914 dargestellt wurde. Vgl. Deutsche Allgemeine Zeitung vom 6. Februar 1921 (Morgenausgabe): Die Kraftverhältnisse im Kriege. Bereits 1920 hatte der Unterausschuss die entlastende Dokumentation „Auskünfte Deutscher Staatsmänner" publiziert, die auf einer schriftlichen Befragung der 1914 auf deutscher Seite verantwortlichen Politiker, Beamten und Militärs basierte. Vgl. Ulrich Heinemann: Die verdrängte Niederlage (1983), S. 205 f.
12 Zusammen mit der Übermittlung des Reparationsplans (siehe oben, Anm. 3) bekräftigten die Alliierten in der Note vom 29. Januar 1921 auch ihre bereits in den Noten vom 22. Juni 1920 übermittelten Beschlüsse zur deutschen Entwaffnung (siehe oben, S. 320, Anm. 7) und versahen diese mit neuen Durchführungsfristen. So wurde Deutschland verpflichtet, bis zum 15. März 1921 eine gesetzliche Grundlage für die Auflösung der Einwohnerwehren zu schaffen. Im Unterschied zu den „propositions" in der Reparationsfrage wurden die Entwaffnungsbestimmungen von den Alliierten als Entschließungen („conclusions") übermittelt. Vgl. Das Kabinett Fehrenbach (1972), S. XLVII–XLVIII.
13 Das „Krümpersystem" diente in Preußen während der napoleonischen Kriege zur Umgehung der im Frieden von Tilsit (1807) festgelegten Begrenzung der preußischen Heeresstärke auf 42 000 Mann. Dabei wurde durch eine verkürzte Ausbildungsdauer der Rekruten („Krümper") und eine entsprechend erhöhte Zahl der Einberufungen eine verdeckte Reservearmee geschaffen.

sind sie alle einig. Sie sehen darin nichts als eine Weltgefahr, die mit dem Geiste Friedrichs des Großen und aller seiner bedeutenderen Nachfolger unzertrennlich verknüpft sei. Die preußische Hausmacht-Politik der Hohenzollern ist ihnen allen ein Schreckgespenst, von dem sie schlechterdings | nichts wissen wollen. Das trifft auch bei monarchistisch gesinnten Engländern zu, die uns an sich eine Monarchie wünschen. Gegen Bismarck, dessen Politik wesentlich als die der Bestandserhaltung gilt, habe ich sehr viel weniger Einwände gehört. Darin wird man die Wirkung der Phraseologie Wilhelms II. und der alldeutschen Literatur, auch den Widerspruch gegen vermutete Gesinnungen eines Teiles der deutschen Großindustrie erblicken dürfen. Keinerlei Gegengründe, kein Hinweis auf englische und französische Machtpolitik, keine Beziehung auf den natürlichen Trieb aller großen Völker zur Ausweitung und zum Heroismus helfen dagegen auch nur das mindeste. Teils heißt es, daß das bei den politisch begabteren Völkern etwas anderes sei, teils leitet man aus der geographischen Lage Deutschlands eine unvermeidliche Weltgefährdung durch jede deutsche Weltpolitik ab, teils beruft man sich auf die Reden Wilhelms II., teils gibt man auch die heimische Machtpolitik preis: aber niemals bewilligt man eine deutsche. Das Äußerste, was ich erreichen konnte, war das Zugeständnis, daß einem Volke der Verzicht wohl schwer fallen müsse, das niemals seine Kräfte und Triebe in dieser Richtung habe ausleben können und bei jedem Versuch gescheitert sei. Aber an der absoluten Forderung des Verzichtes änderte das nichts. Und, der so sprach, war einer der wärmsten Freunde Deutschlands. Nur holländische und skandinavische Konservative, die die von ihren Heimatländern verpaßte oder verlorene Gelegenheit zur Machtpolitik beklagen, preisen den deutschen Militarismus und weltpolitischen Gedanken. Aber solcher Leute sind wenige und sie nützen uns auch nicht viel, so ehrenwert und erfreulich ihre Sympathie an sich ist.

Ich sehe in dieser Weltstimmung, die die allertiefsten Wurzeln hat und durch die deutschen Riesenleistungen im Kriege nur verstärkt worden ist, eine der allerwichtigsten *Tatsachen*. Die Formel von der „großen deutschen Schweiz", die ich früher in diesen Briefen entwickelt und begründet habe,[14] beruht vor allem darauf. Ohne tiefe Resignation kann man sich nicht zu ihr entschließen. Aber die Resignation scheint mir auf jede absehbare Zeit *geboten*, und die deutsche Politik muß sich meines Erachtens grundsätzlich zu einem ähnlichen Gedanken bekennen. Er hat freilich noch tiefere Gründe. Auch die glänzende französische Machtstellung von heute scheint mir hohl und trügerisch. Alle europäischen Staaten werden auf die große Welt- und Militärpolitik verzichten und sich als Sammlungen ihres Nationalbestandes

---

14 Siehe oben, S. 110.

auf Grund internationaler Vertragspolitik einrichten müssen, wobei sie geistige und wirtschaftliche Kräfte in einem für lange Zeit von außereuropäischen Weltmächten festgestellten Rahmen pflegen können. Auch für Frankreich wird noch einmal die Stunde der Resignation kommen. Das Heil Europas hängt davon ab, daß sie bei allen Beteiligten nicht zu spät kommt. Für uns aber ergeben sich heute schon klar politische Folgerungen, die die nationale Würde der Bestandsbehauptung mit weltpolitischer Resignation verbinden. Ich mag die Gedanken drehen und wenden wie ich will; ich kann zu keinem anderen Ergebnis kommen und schreibe es hier nieder auch auf die Gefahr hin, als unheroisch und des echten Preußengeistes entbehrend angegriffen zu werden. Die Stellung zum „echten Preußengeiste" ist in der Tat das internationale Problem unserer gegenwärtigen Stellung und wohl auch der kommenden Existenz. Es ist durch die Entwaffnung gestellt, von deren Umfang, Bedeutung und Wirkung wohl die wenigsten heroisch Begeisterten sich eine richtige Vorstellung machen. Andrerseits aber ist es doch auch schwerlich richtig, die Entwaffnung mit der Politik der Römer gegen das gefallene Karthago zu vergleichen, wie vielfach geschieht. Die historischen Analogien und Suggestionen sind gefährlich. Die Karthager waren eine Kolonistenstadt ohne nationales Hinterland und außerdem für die Römer ökonomisch mehr als entbehrlich. Die Deutschen sind ein großes, dem Boden eng verbundenes Nationalvolk; und ihre ökonomische Leistung ist für Frankreich wie für die Welt nicht zu entbehren, wie die vollgestopften englischen und amerikanischen Häfen zeigen. So ist | der Gedanke eines dritten Punischen Krieges und einer heroischen Selbstverbrennung doch unmöglich.¹⁵ Die Lage ist von Grund aus anders, und bietet auch andere Auswege. Freilich, wenn man solche sucht, darf man nicht in München eine große Waffenschau veranstalten und Ludendorff zur Besichtigung einladen!¹⁶

A 353

---

15 Der Dritte Punische Krieg von 149–146 v. Chr. endete mit der Zerstörung Karthagos und der Versklavung seiner Bewohner durch Rom. Die damit oft in Verbindung gebrachte Figur der „heroischen Selbstverbrennung" geht eigentlich auf die von Herodot (Historien 7, 167) berichtete Legende vom Opfertod des karthagischen Feldherren Hamilkar nach der Schlacht bei Himera 480 v. Chr zurück.

16 Als Demonstration gegen die von den Alliierten verfügte Auflösung der Einwohnerwehren hatte in München vom 26. September bis 2. Oktober 1920 unter der Bezeichnung „Erstes Landesschießen der bayerischen Einwohnerwehren" eine große Wehrsportveranstaltung mit 40 000 Teilnehmern stattgefunden, an der Erich Ludendorff als Ehrengast teilgenommen hatte. Die Veranstaltung hatte eine Welle negativer Berichte in der ausländischen Presse und einen scharfen Protest der Alliierten bei der deutschen Reichsregierung zur Folge gehabt. Vgl. Christoph Hübner: Erstes Landesschießen der bayerischen Einwohnerwehren (2011).

Anders steht es mit der zweiten Forderung oder Proposition. Sie ist völlig unmöglich und würde vor allem auch den deutschen Arbeiter vernichten, der der Proletarisierung des bisherigen Mittelstandes mit einer gewissen unbedachten Genugtuung zuschaut und über den durch keine Verordnung zu hindernden Triumph der Schieber, Macher und Schlemmer ein nichts begreifendes Haupt schüttelt, der aber, nun ihm selber das Elend auf den Leib rückt, zu erschrecken beginnt. Auch die Unabhängigen sehen jetzt ein, daß mit Bußzerknirschung und Lästerung alles Großen und Mächtigen in unserer Geschichte die französische Politik nicht abgewendet, sondern obendrein gefördert wird. An ihnen und den drohenden Spartakistenaufständen scheiterte – was stets wiederholt werden muß – vor zwei Jahren die Ablehnung des Versailler Vertrages. Heute denken sie vorsichtiger über den damals erhofften Segen bereitwilliger und bußfertiger Unterwerfung. Sie gewinnt weder die Herzen der Gegner, noch führt sie die Weltrevolution herbei. Sie bringt nur das deutsche Elend, verschärft durch Würdelosigkeit. Natürlich muß Frankreich das jetzt Mögliche angeboten werden und müssen die deutschen Verhältnisse mit voller Ehrlichkeit und Klarheit aufgedeckt werden. Jede „Camouflage" und jeder Verdacht einer solchen muß vermieden werden. Aber den Franzosen darf nicht ein neuer Rechtstitel zur Versklavung in die Hand gegeben werden, den sie mit der Hartnäckigkeit eines Shylock[17] ausnützen würden.

Welche Folgen eine solche Weigerung haben kann, davon will ich hier nicht reden. Ich vermöchte darüber sowieso nicht zu urteilen. Wohl möglich, daß wir uns auf neue Leiden gefaßt machen müssen. Ich will nur von der Rückwirkung auf unser Volk sprechen. Je weniger theatralisch und wortreich, je tiefer, grimmiger, ernster und innerlicher, um so besser. Die Entente wird uns damit schaffen, was wir nie voll besessen haben und durch den Krieg und die Verfassungskämpfe hinterher beinahe ganz verloren haben: ein *Nationalgefühl* innerster und bluthaftester Art. Es wird ein neues Nationalgefühl sein müssen, das vom Arbeiter ausgeht und ihm seine unlösliche Verbindung mit dem Geschick der Nation klar macht. Noch ist es nicht so weit. Noch haben die Linken und die Deutsch-Nationalen ein Konzentrationsministerium, wie es längst nötig gewesen wäre, verweigert;[18] übrigens haben die letzteren auch die Stellung des Volksbegehrens auf Wiederherstellung der schwarzweißroten Flagge verhindert, da sie der Schandrepublik

---

17 Nach der Figur des jüdischen Wucherers Shylock in Shakespeares „The Merchant of Venice".
18 Unter dem Eindruck der alliierten Note vom 29. Januar 1921 gab es Anfang Februar 1921 in Berlin Überlegungen, die Regierungskoalition aus Zentrum, DVP und DDP durch Ernennung von SPD und DNVP-Ministern „ohne Portefeuille" zu

die Ehrenflagge nicht gönnen, d. h. das Agitationsmittel behalten wollen.[19] Auch haben die Kommunisten eine würdige Sitzung und Aussprache des Reichstages durch Adolf Hoffmannsches Hanswurst-Treiben geschändet.[20] Allein, wenn die Ententepolitik so weiter geht, so wird sie den Arbeiter schließlich doch national machen und die Voraussetzung für einen wirklichen deutschen Einheitsbestand damit schaffen.

Das wäre dann freilich ein *neues* Nationalgefühl und müßte auch mit neu durchdachten Zielen der nationalen Einigung verbunden sein. Das Nationalgefühl, das wir bisher hatten, war ein mannigfach gespaltenes. In erster Linie war es die Idee des bismarckischen, großpreußischen Bundesstaates, der das unvergleichliche Künstlertum Heinrichs von Treitschke die historische Anschaulichkeit und die schwungvollen Formeln gegeben hat. Durch die Theatralik Wilhelms II. und verwandter Geister ist es zu einer alle Welt beunruhigenden oder abstoßenden Karikatur in vieler Hinsicht geworden, ein Schaden, der gar nicht wieder gut zu machen ist und zu dem die oben berührten Probleme des „echten Preußengeistes" nach innen und nach außen hinzukommen. Ein zweites Element war das achtundvierziger schwarz-rot-goldene Nationalgefühl, das Bismarck mit dem monarchisch-preußisch-bundesstaatlichen zu verbinden | strebte und das doch immer dagegen in einer inneren Spannung blieb. Es ist in der Zeit der Revolution und der Schaffung der neuen Verfassung erfolgreich wieder belebt, aber auch von links und rechts sofort mit allen Mitteln bekämpft, von der Entente jedes politischen Erfolges und Stimmungsrückhaltes beraubt worden, daher heute bereits wieder in der Verdunstung begriffen. Es gemahnte in der Tat ein

A 354

---

    einer „nationalen Einheitsfront" zu erweitern. Die DNVP lehnte einen Eintritt in eine Regierung mit SPD-Beteiligung jedoch unter Hinweis auf den Landtagswahlkampf in Preußen ab. Vgl. Vossische Zeitung vom 4. Februar 1921 (Morgen-Ausgabe): Die Deutschnationalen und die Einheitsfront.

19 Die Initiative für einen Volksentscheid zur Wiederherstellung der schwarzweißroten Flagge ging Mitte Januar 1921 von der DVP aus, wurde aber u. a. auch vom linksliberalen Berliner Tageblatt unterstützt. Vgl. Berliner Tageblatt vom 15. Januar 1921 (Morgen-Ausgabe): Ein Volksentscheid über die Reichsfarben geplant. Zur Ablehnung einer Übertragung der kaiserlichen Reichsfarben auf die Republik bei der DNVP vgl. Maik Ohnezeit: Zwischen „schärfster Opposition" und dem „Willen zur Macht" (2011), S. 353.

20 In der Sitzung des Reichstags am 1. Februar 1921 beantragte Reichstagspräsident Paul Löbe gemäß einer Absprache im Ältestenrat im Anschluss an die Stellungnahme des Reichsaußenministers Simons (siehe oben, Anm. 3) die Vertagung der Sitzung. Zur Entrüstung der anderen Fraktionen, widersprach Adolph Hoffmann im Namen der VKPD-Fraktion diesem Antrag. Vgl. Verhandlungen des Reichstags, Band 347 (1921), S. 2305 f.

bißchen an künstlich in der Not zitierte, abgeschiedene Geister. Zum dritten hatten wir das großdeutsch-katholische Nationalgefühl, das heute vor allem nach einer Verlegung des Schwerpunkts des Reiches nach Süden verlangt. Es hängt mit allen Problemen der deutschen Glaubens- und Kulturspaltung und allen Schwierigkeiten des nord-südlichen Verhältnisses zusammen, so daß auch von ihm eine Heilung der Wunden nicht zu erwarten ist. Nur ein vom modernen deutschen Arbeiter herkommendes und die Unterschichten weithin erfassendes Nationalgefühl kann die Grundlage einer wirklichen Einigung und eines wirklichen Widerstandes sein. Die Entente ist im Begriff, es zu schaffen, und die Franzosen scheinen so rasch zugreifen zu wollen, damit wir aufgelöst und vernichtet sind, ehe es erwacht und furchtbar wird.

Die Entstehung eines solchen Nationalgefühles ist die stärkste Hoffnung in solchen trüben Tagen und seine Verbindung mit einem neuen Staatsideal die große geistige Aufgabe. Sie wird freilich nur ganz langsam gelöst werden können, während von außen die Verhältnisse drängen und pressen. Alle übrigen geistigen „Reformen" können warten, umsomehr als die Zeit der Wirren und der Kraftlosigkeit der Regierung ihnen nicht günstig ist. Aber mit der Erkenntnis von der Notwendigkeit des neuen Nationalgefühls hat es Eile.

Berlin, 8. 2. [19]21. *Troeltsch*

Der Versuch zur Wiedereröffnung des Krieges und die preußischen Wahlen (April 1921)

Editorische Vorbemerkung: Die Edition folgt dem Text, der erschienen ist in: Kunstwart und Kulturwart, hg. von Ferdinand Avenarius, 34. Jg., zweite Hälfte, April bis September 1921, Heft 7, Aprilheft 1921, München: Kunstwart-Verlag Georg D. W. Callwey, S. 34–39 (**A**). Der Text erschien in der Rubrik „Vom Heute fürs Morgen" und mit der Datumsangabe 16. März 1921.

Der Versuch zur Wiedereröffnung des Krieges und die preußischen Wahlen
Berliner Brief

Die im letzten Brief angedeuteten Pläne der französischen Politik hat man inzwischen begonnen zu verwirklichen.[1] Auf die Einzelheiten kann ich hier auch dieses Mal nicht eingehen. In den drei Wochen, die zwischen dieser Niederschrift und der Veröffentlichung liegen, wird ja ohnedies noch vieles weiter geschehen sein. Was bis jetzt geschehen ist, entspricht völlig den Andeutungen, die mir ein französischer Herr hier machte.[2] Er wies zugleich

---

1 Am 1. März 1921 war die Londoner Konferenz zur Regelung der Reparationsfrage vom britischen Premierminister Lloyd George als Konferenzleiter abrupt abgebrochen worden, nachdem die deutsche Regierung den alliierten Reparationsplan vom 29. Januar (siehe oben, S. 383, Anm. 3) abgelehnt und stattdessen nur eine Zahlung in Höhe von 50 Mrd. Goldmark angeboten hatte, auf die zudem erbrachte Vorleistungen in Höhe von 20 Mrd. Goldmark angerechnet werden sollten. Am 3. März 1921 forderten die Alliierten ultimativ und unter Androhung von Sanktionen die Anerkennung des Reparationsplans bis zum 7. März. Da die deutsche Regierung bei ihrer Ablehnung blieb, besetzten nach Ablauf des Ultimatums am 8. März französische und belgische Truppen Düsseldorf, Duisburg und Ruhrort. Gleichzeitig übernahm die Interalliierte Rheinlandkommission die Zollverwaltung für das gesamte besetzte Gebiet. Vgl. Das Kabinett Fehrenbach (1972), S. XLI–XLII.
2 Es handelt sich wahrscheinlich erneut um den französischen Literaturwissenschaftler Émile Haguenin. Siehe oben, S. 227, Anm. 17.

auf die äußerst schwierige Lage Frankreichs hin, das von seinen Auslandsschulden und Zinsverlusten erdrückt würde, so daß wir beide vor der Gefahr des Bankerotts stehen. Er hätte auch auf den zweiten Alpdruck Frankreichs hinweisen können, der deutlich wird, wenn wir die Ergebnisse der endlich veröffentlichten Bevölkerungsstatistik beachten: die Geburtenzahl ist von 1915 bis 1919 von 800 000 auf weniger als 400 000 im Jahre zurückgegangen.[3] Daraus würde an sich die | Notwendigkeit einer Verständigung und gegenseitigen Aushilfe, sowie eines soweit wie möglich gehenden deutschen Entgegenkommens folgen, ein Programm, das die – in Paris in Gazette Foch übersetzte – Vossische Zeitung vertritt.[4] Nur steht dem viel in der französischen Volkspsychologie und bei den französischen Politikern entgegen, wobei übrigens, wie ich aus unverächtlicher Quelle höre, die militärische Leitung der etwas vorsichtigere Teil sei.

Was ist es, was einem solchen, in Wahrheit allein Europa den Frieden und die Kultur zurückgebenden Verfahren entgegensteht? Die deutsche Regierung jedenfalls nicht, denn ihr Verfahren liegt in dieser Linie. Ob es stets mit allem Geschick durchgeführt worden ist und ob die Nation es mit hinreichendem Verständnis unterstützt hat, ist eine Frage für sich. Wäre Frankreich entgegenkommender gewesen, so wäre eine solche Politik bei uns sicherlich restlos durchführbar. Aber Frankreich ist nicht entgegenkommend gewesen, sondern in Form und Sache so schroff wie möglich. Und das hat einen tiefen Grund, der nicht in den deutschen Fehlern liegt, wenn sie überhaupt in dieser Richtung gemacht worden sind: Die führenden französischen Politiker wollen allem Anschein nach die Wilsonschen Elemente, die in den Waffenstillstandsvertrag und auch noch in den Versailler Frieden hineingekommen sind, Schritt um Schritt wieder ausmerzen. Sie

---

3 Die Herkunft von Troeltschs Angaben konnte nicht nachgewiesen werden. Nach offiziellen Angaben sank die Geburtenzahl in Frankreich von 746 000 im letzten Friedensjahr 1913 auf 450 000 im Jahr 1915. Im Jahr 1919 betrug die Zahl der Geburten in Frankreich (einschließlich Elsaß-Lothringen) 504 000, stieg aber 1920 wieder auf 834 000 Geburten an. Vgl. Wirtschaft und Statistik, 4. Jg. (1924), Nr. 9, vom 10. Mai 1924, S. 281. Der Topos vom Niedergang Frankreichs aufgrund sinkender Geburtenraten war zeitgenössisch weit verbreitet. Vgl. exemplarisch William H. Scheifley: Is France Dying? (1919).

4 „Gazette Foch" spielt auf den gemeinsamen Oberbefehlshaber der Alliierten am Ende des Ersten Weltkriegs, den französischen General Ferdinand Foch (1851–1929), an. Die tatsächliche Verwendung dieser Spottbezeichnung konnte nicht nachgewiesen werden. Zum Eintreten der „Vossischen Zeitung" für eine deutsch-französische Verständigung vgl. exemplarisch den Leitartikel von Georg Bernhard: Das Pariser Übereinkommen, in: Vossische Zeitung vom 13. Februar 1921.

haben die in den Waffenstillstands-Verhandlungen fest versprochenen Wilsonschen Grundsätze schon in den Waffenstillstandsbedingungen an der West- und Ostgrenze durchbrochen und Wilson klar gemacht, daß das rein militärische und provisorische Forderungen seien, an denen er sich dann demgemäß „desinteressierte". In den Versailler Verhandlungen haben sie Wilson vollends endgültig ausgeschieden und übertölpelt, so daß von seinem Völkerfriedensprogramm nur die nackte Existenz des in seinem Nationalbestand arg verkümmerten Reiches und die Karikatur des Völkerbundes als Organ der Zwangsvollstreckungen gegen Mitteleuropa und Rußland übrig blieb. Aber damit nicht zufrieden, haben die französischen Politiker die wirtschaftlichen und finanziellen Friedensbedingungen so gestaltet, daß sie grundsätzlich undurchführbar waren und damit die Möglichkeit zu beständigen neuen Einmärschen und zur schließlichen Herstellung der Rheingrenze, des Rheinbundes und zur Zertrümmerung des Reiches boten. Auf dieser Linie lief in Wahrheit in den letzten zwei Jahren die führende, auch in Frankreich selbst nicht ganz unwidersprochene Politik. Die moralische Deckung vor der Welt verschaffte man sich durch das in Versailles unterschriebene Dokument des Schulddogmas, das für Frankreich so wichtig und entscheidend ist wie für Shylock sein Schuldschein.[5] Das Wesen der neuen Londoner Forderungen ist nun wiederum, grundsätzlich Unmögliches zu fordern, um durch die Strafaktionen die letzten in Versailles Wilson gemachten Zugeständnisse beseitigen zu können. Je schärfer die deutschen Sachverständigen die Unmöglichkeiten der französischen Forderungen nachweisen, um so stärker bestehen die Franzosen darauf. Denn gerade das ist es, was ihre führenden Politiker brauchen. Das Ganze ist mit der höchsten Eile vor dem Zusammentritt des amerikanischen Kongresses durchgepeitscht worden; vermutlich hat man sich mit den amerikanischen Politikern darüber verständigt, um den im April zusammentretenden Kongreß vor ein fait accompli zu stellen.[6] Man wollte den Krieg wieder da aufnehmen, wo er durch das Wilson-Programm kupiert war, und glaubt die letzten Reste der Wilson-Politik und der unter ihrem Einfluß gegebenen feierlichen Verpflichtungen beseitigen zu können: alles das unter dem Schutze des Schulddogmas und der Theorie einer prinzipiell nicht ernst zu nehmenden, unausrottbaren deutschen Camouflage.

Man wird fragen, weshalb, wenn die Dinge so liegen, die englischen Politiker auf diese ihnen wirtschaftlich und moralisch nicht wohl angemessene Politik eingehen. Die Antwort dürfte hauptsächlich in der das letzte Mal

---

5 Zur Shylock-Figur siehe oben, S. 390, Anm. 17.
6 Der im November 1920 gewählte 67. US-Kongreß begann seine erste reguläre Sitzungsperiode am 11. April 1921.

angedeuteten militärischen Machtstellung Frankreichs liegen.⁷ England hat zum ersten Male in seiner ganzen Geschichte den bisher leiten|den Grundsatz aufgegeben oder aufgeben müssen, daß die flandrische Küste unter keinen Umständen einer europäischen Großmacht gehören darf. Es ist heute entinselt. Engländer, mit denen man darüber spricht, geben das zu, meinen aber, das sei ungefährlich, da sie ja mit Frankreich durch eine ewige Allianz verbunden seien; man könnte freilich ebensogut sagen, verbunden bleiben müßten unter der Zwangslage der Dinge. Es wäre interessant zu wissen, wie sich Lloyd George den weiteren Gang der Dinge vorstellen mag. Ich habe – freilich durch mehrfache Vermittelungen hindurch und darum nicht absolut zuverlässig – gehört, er habe für die nächsten zehn Jahre eine Art französische Napoleonspolitik für bevorstehend erklärt, die aber schließlich bei der Menschenschwäche Frankreichs und der Unmöglichkeit, all das mit schwarzen Truppen durchzusetzen, scheitern müsse; dann würden sich normale Verhältnisse wieder herstellen; für Deutschland freilich werde das wenig helfen; für dieses sei es dann allerdings zu spät, wie es denn in jeder Hinsicht in der Weltgeschichte zu spät gekommen sei.⁸ Daß Lloyd George so denkt, ist jedenfalls nicht unwahrscheinlich. Ich entsinne mich, dieses too_a late for Germany schon vor dem Kriege öfters in englischen Zeitschriften gelesen zu haben.

Freilich wird man an diesem Punkte die Gedanken der führenden französischen Politiker ihrerseits gerade umgekehrt deuten müssen. In diese Politik kommt volle Logik erst hinein, wenn man annimmt, daß diese Menschen den Entscheidungskampf mit England, die Revanche für Waterloo und Faschoda vorbereiten.⁹ Sie wollen wie Napoleon die Rückendeckung gegen

---

a *A:* to

---

7 Siehe oben, S. 385.
8 Vgl. auch Friedrich Meinecke: Geschichtliche Betrachtungen zur Weltlage (April 1922), in: Politische Schriften und Reden (1979), hier S. 328: „Lloyd George soll sich zwar, wie erzählt wird, damit trösten, daß der Versuch Frankreichs, das System Napoleons wieder aufzurichten, nach zehn Jahren von selbst zusammenbrechen werde an der physischen Unzulänglichkeit seiner forciert überanstrengten Machtbasis, nur eben, wie er achselzuckend hinzugesetzt haben soll, „zu spät für Deutschland", das bis dahin ruiniert sein werde. Es sei dahingestellt, ob Lloyd George dies Wort gesprochen hat." Eine entsprechende Äußerung Lloyd Georges konnte nicht nachgewiesen werden.
9 Anspielung auf die französische Niederlage in der Schlacht von Waterloo am 18. Juni 1815 sowie auf die Spannungen zwischen Großbritannien und Frankreich aufgrund konkurrierender kolonialer Ansprüche in Afrika während der „Faschoda-Krise" 1898.

Deutschland durch Rheingrenze und Rheinbund, die finanzielle Sanierung Frankreichs durch Deutschland, das überdies durch den Unterhalt der Besatzungstruppen das französische Militärbudget entlastet. Vermutlich rechnen sie auf eine Entzweiung Amerikas mit England und gedenken dann mit Hilfe Amerikas wie gegen Deutschland so auch gegen England endgültig zu siegen. Wie es dann weitergehen soll, werden sie dann freilich auch ihrerseits der Zukunft überlassen. Aber der neue Napoleonismus würde wie der alte seine Hauptfront gegen England haben und seine Kontinentalpolitik diesem Ziele dienstbar machen. Er hat ja heute schon erreicht, was Napoleon in Rußland mißlang, die Ausschaltung des ganzen Kontinents aus der Bündnisfähigkeit für England.

Nur so kommt Zusammenhang und Logik in die Sache. Beides darf man den Franzosen – wie groß mag der Kreis der so denkenden Politiker sein? – nicht absprechen. Es wäre eine kühne und verwegene Politik, verbrecherisch vom Standpunkt des friedlichen Völkerwohles, wahnsinnig vom finanziellen und ökonomischen Standpunkt aus und heuchlerisch vom Standpunkt des sogen[annten] Völkerbundes aus, aber völlig im Geiste aller bisherigen imperialistischen Politik, die etwas Raubtierhaftes an sich hat und durch keine Revolution und keine Moral der Welt bisher hat beseitigt werden können, ja für die die moralischen Masken zu finden bisher fast die einzige Beteiligung der Moral an der Sache war. Wie weit solche Pläne durchführbar sind, im Einzelnen und Nächsten wie im Großen und Fernsten, muß die Zukunft zeigen. Ihr wundester Punkt ist, daß sie in Frankreichs Fall jedenfalls nicht einmal das innere Recht derjenigen Völker hat, die steigende Volksmassen ernähren müssen, sondern rein auf dem französischen Sinn für Prestige und Gloire beruht. Macht ist wichtiger als Geld; dieser Ausspruch eines Politikers wird wohl auch das Geheimnis der französischen unmöglichen Geldforderungen sein. Für die Massen dienen die Milliardenforderungen als Berauschungs- oder Beruhigungsmittel, der Welt werden sie als moralisch berechtigte Entscheidungen klargemacht, und viele mögen innerhalb und außerhalb Frankreichs beides glauben. Aber auf diesem finanziellen Instrument spielt noch eine zweite, rein politische Hand, deren Ziele nur aus der Konsequenz des Ganzen zu erraten sind.

Für Deutschland ist diese Politik in diesen ihren letzten Konsequenzen schlechthin tödlich. Ob es aber zu diesen Konsequenzen kommt und wie die ersten, | jetzt unternommenen Schritte sich auswirken, das steht dahin. Es ist keineswegs unmöglich, daß die französische Politik sich als undurchführbar erweist und daß auch dort vernünftigere und menschenfreundlichere Ideen sich wieder geltend machen. Doch können wir selber dazu leider wenig tun. In Amerika liegt der gleichfalls unbekannte und noch kaum zu erratende letzte Punkt dieser Politik. Sie ist nur möglich, wenn Amerika sich endgültig an dem Wilsonprogramm „desinteressiert". Was wir von Amerika in dieser Hinsicht hier hören, klingt freilich bis jetzt nicht tröstlich.

Das einzige, was das deutsche Volk tun kann in solcher die Entscheidung des Krieges wieder hinter das Wilsonprogramm zurückverlegenden Lage, ist Einigkeit und Zusammenhalt im Ausgleich des Arbeitertums und des Bürgertums. Aber seit dem Ausbruch der Revolution ringen diese miteinander, als ob wir unter dem Schutze des, wenn auch abgeschwächten, Wilsonprogramms für immer stünden und innere Kämpfe rücksichtslos ausfechten könnten! Wobei die einen die pazifistischen Anklagen gegen die kriegerische Herrenschicht und die andern die nationalistischen Anklagen gegen würdeloses und antinationales Plebejertum lediglich für den inneren Kampf unbedenklichst verwenden, ohne Gedanken daran, daß sie damit *beide* dem Feinde und seinem wichtigsten Mittel, dem Schulddogma, fortwährend die wirksamsten Hilfen zuteil werden lassen.

Einen weiteren Schritt in der Gestaltung dieser inneren Lage zeigen die Ergebnisse der Preußenwahlen.[10] Sie bekunden auch ihrerseits die Zunahme der Rechtsbewegung, die ich seit langem schon in diesen Briefen als das zweite Stadium der Revolution bezeichnet habe. Nur ist diese Rechtsbewegung keine einheitliche, sondern eine doppelte, und die beiden Richtungen, in denen sie verläuft, sind entgegengesetzte. Einmal zeigt die Arbeiterschaft eine Richtung nach Rechts im Sinne der Sammlung, der Besonnenheit, der Aufrechterhaltung der sozialistischen Partei als Grundlage eines bestimmenden Einflusses auf die Gestaltung von Staat und Gesellschaft. Sie hat sich gegen die Moskauer Agitationen und die Zerflossenheit der Unabhängigen, aber zugleich und vor allem gegen die bürgerlichen Rechtsparteien behauptet. Die Gefahr der bürgerlichen Einheitsfront hat sie zusammengeschmiedet und ihr geholfen, die Radikalismen von links, die ohnedies in der Bevölkerung an Boden verlieren und Angelegenheiten rabiater Doktrinäre und Demagogen werden, zurückzudrängen. Umgekehrt hat die Vermehrung der deutsch-nationalen und volksparteilichen Stimmen die demokratische Partei bestraft für ihre Anteilnahme an einer mit den Sozialdemokraten paktierenden Regierung. Den Sozialdemokraten und dem Zentrum

---

10 Bei der preußischen Landtagswahl am 20. Februar 1921 erlitten die Parteien der „Weimarer Koalition" (SPD, Zentrum und DDP) erhebliche Verluste. Die DDP büßte fast 60 % gegenüber ihrem Ergebnis bei der Wahl zur preußischen Landesversammlung im Januar 1919 ein. Die größten Zugewinne erzielten die rechtsoppositionellen Parteien DNVP und DVP. Im Einzelnen lautete das Ergebnis: SPD 26,3 % (1919: 36,4 %), DNVP 17,9 % (11,2 %), Zentrum 17,2 % (20,6 %), DVP 14,2 % (5,7 %), KPD 7,4 % (1919 nicht angetreten), USPD 6,6 % (7,4 %), DDP 6,2 % (16,2 %).

hat die bürgerliche Rechtsbewegung nichts anhaben können, aber den Teil des Bürgertums und der Intellektuellen, der – ob mit oder ohne großes politisches Talent – an dem Ausgleich mitzuarbeiten und den Einfluß des Bürgertums durchzusetzen bereit war, hat sie zertrümmert. Es wird auf lange Zeit das Einzige sein, was sie erreichen kann! Sie macht damit das Zentrum wieder zur ausschlaggebenden Partei und schafft unsäglich schwierige Bedingungen für die Regierungsbildung, zu denen die steigenden Reibungen zwischen Preußen und dem Reich hinzukommen. Je mehr durch diese innere Entgegengesetztheit der beiden Rechtsbewegungen die Regierungsbildung erschwert und bei der Labilität der ganz verworrenen Parteiverhältnisse verschiedene Regierungsbildungen im Reich und Preußen möglich werden, um so schwieriger wird auch die innere Lage. Der soziale Haß und die Hoffnung, durch Polemik und Stimmungsmache, moralische und politische Vorwürfe den anderen Teil doch noch aus der starken Stellung werfen zu können, beherrscht die innere Politik. Auch die vielgepriesene und mit großen Hoffnungen begleitete Versöhnungspolitik der großen Wirtschaftsführer hat nicht viel geholfen. Seit Herr Stinnes das erste von ihm gebaute Schiff „Tirpitz" genannt und seine Zeitungen dem ehemaligen Pressestab des Herrn von Tirpitz zum großen Teile übergeben hat, ist auch hier die Situation schwierig geworden.[11] Derartiges ist schneidig, und Ähnliches hat man in Frankreich nach 1870 oft getan. Aber psychologisch wirkt es auf die Linke, wie etwa die Aufstellung eines Marxdenkmals auf dem Schloßplatz auf die Rechte wirken würde. Für unsere Wirtschaftsführer existiert die Psychologie der Massen offenbar ebensowenig, wie sie für die militärischen existierte. Es brechen überall die alten Gegensätze und die alten Wunden wieder auf, seit der erste Schrecken der Revolution überwunden und eine relative Ordnung wieder eingetreten ist.

Wie weit unter dem Einfluß der wohl bald sich immer klarer enthüllenden äußeren Situation sich diese tiefen inneren Gebrechen eines alten Klassen-

---

11 Das für die Hugo Stinnes Schiffahrt GmbH gebaute Frachtschiff „Tirpitz" lief am 2. März 1921 in Flensburg vom Stapel. Bereits im Februar 1921 hatte die Belegschaft der Bremer Vulkan-Werft gegen Stinnes' Absicht protestiert, zwei im Bau befindliche Frachtschiffe auf die Namen „Hindenburg" und „Ludendorff" zu taufen. Das unzutreffende Gerücht, Stinnes wolle ein weiteres seiner Schiffe auf den Namen „Boche" taufen, beschäftigte am 18. Februar 1921 sogar die Reichsregierung. Vgl. Gerald D. Feldman: Hugo Stinnes (1998), S. 698 f. Zum Verlagsleiter der von ihm 1920 erworbenen „Deutschen Allgemeinen Zeitung" (siehe oben, S. 295, Anm. 11) hatte Hugo Stinnes den ehemaligen Marineattaché Hans Humann (1878–1933) bestimmt, der als Protegé von Alfred von Tirpitz galt und unter diesem vor 1914 die Nachrichtenabteilung im Reichsmarineamt geleitet hatte. Vgl. Gerald D. Feldman: Hugo Stinnes (1998), S. 617.

und Ständestaates, der in die rasende moderne Wirtschaftsbewegung und in den Sturm der Weltpolitik durch seine Einigung hineingeraten ist, sich werden heilen oder zurückdrängen lassen, das muß die Zukunft zeigen. Der Weg selber ist klar durch die Lage gewiesen: Ausgleich von Arbeitertum und Bürgertum. Aber er ist an sich selber schwierig und ihn kreuzen außerdem in der historischen und psychologischen Artung der deutschen Länder und Stämme außerordentliche Hemmungen. „Ein eigensinniges und zänkisches, kraftvolles, aber doch überwiegend lyrisch und musikalisch oder spekulativ beanlagtes Volk" hat uns der sehr deutschfreundliche Däne Karl Larsen genannt.[12] In dem ersten Teil hat er dabei jedenfalls augenblicklich recht.

Noch ein anderer Punkt ist völlig klar: die ungeheure Bedeutung des Schulddogmas und die Notwendigkeit, in diesem Punkte unbedingt zunächst vor allem für unser eigenes Volk Klarheit zu schaffen, damit nicht die deutschen Urteile selbst fortwährend von den Feinden gegeneinander ausgespielt werden können. Die ganzen Akten des deutschen und österreichischen Generalstabs liegen heute genau datiert und lückenlos vor.[13] Von

---

12 Karl Larsen: Ein Däne und Deutschland (1921), S. 85: „Wer einen wirklich persönlichen Eindruck von den verschiedenen deutschen Volksstämmen gewonnen hat und Deutschlands Geschichte im Wechsel der Zeiten einigermaßen kennt, weiß, daß die Deutschen im Innersten leidenschaftlich, sentimental und romantisch, lyrisch, musikalisch und spekulativ, mit sich selber beschäftigt und eigenwillig sind, und daß daher ihr politisches Dasein vom Mittelalter bis weit in das 19. Jahrhundert hinein unter heftigen Stimmungsschwingungen verlaufen ist, in gegenseitigem Hader und Kampf, wodurch eine Zersplitterung herbeigeführt wurde, die sich nur schwach und vorübergehend unter nationalen Gesichtspunkten ausgleichen ließ."

13 So sich dies auf veröffentlichtes bzw. öffentlich zugängliches Material beziehen soll, ist Troeltschs Feststellung unzutreffend. Zum damaligen Zeitpunkt lag als Dokumentensammlung des deutschen Generalstabs lediglich die sehr selektive Denkschrift „Hat der deutsche Generalstab zum Kriege getrieben?" (1919) vor, die Troeltsch bei ihrer Veröffentlichung selbst als „dünnes Heftchen" kritisiert hatte (siehe oben, S. 156); außerdem die überarbeitete Fassung der von Karl Kautsky aus den Akten des Auswärtigen Amtes erstellten Dokumentation „Die deutschen Dokumente zum Kriegsausbruch" (1919) (siehe oben, S. 155, Anm. 11). Eine gründliche Edition der Akten des deutschen Generalstabs erschien erst 1925 bis 1944, bearb. vom Reichsarchiv Potsdam, in 14 Bänden unter dem Titel „Der Weltkrieg 1914 bis 1918. Die militärischen Operationen zu Lande". Im Falle Österreich-Ungarns bezieht sich Troeltsch möglicherweise auf die Dokumentation des österreichischen Außenministeriums „Diplomatische Aktenstücke zur Vorgeschichte des Krieges 1914" in 3 Bänden (1919). Eine Edition der Akten des österreichisch-ungarischen Generalstabs erschien erst 1930 bis 1939 in 15 Bänden unter dem Titel „Österreich-Ungarns letzter Krieg 1914–1918".

beiden Seiten ist nicht zum Kriege getrieben worden. Von den Politikern bei uns waren der Kaiser, Herr von Bethmann und Herr von Jagow ganz zweifellos bemüht, den Krieg zu verhüten. Ein Teil der Vorgänge bedarf noch der Aufklärung. Aber daß Deutschland den Krieg nicht bewußt und absichtlich herbeigeführt hat, sondern wie die anderen auch – nach Lloyd Georges Wort – in ihn hineingestolpert ist unter dem Zwang von Furcht und Mißtrauen, das dürfte heute schon feststehen.[14] Ich berichtete früher, daß Hans Delbrück von der Contemporary Review zur Darlegung der Schuldfrage vom deutschen Standpunkt aus aufgefordert war. Sein Aufsatz ist inzwischen erschienen.[15] Zu dem Aufsatz Delbrücks bemerkt der hochangesehene Professor Headlam,[16] daß in der Tat in England heute kein maßgebender Mensch mehr an eine absichtliche Herbeiführung des Krieges durch Deutschland glaube! Freilich konstruiert er dann eine andre Schuld, die in unserer türkischen Politik liege; aber das ist dann doch offenbar keine absichtliche Herbeiführung des Weltkrieges. Hierüber sehe man den äußerst wichtigen Artikel von Hans Delbrück in der Morgennummer des Berliner Tageblattes vom 9. März nach, der freilich mit dem Vermerk „Nachdruck verboten" versehen ist![17] Nach der Akteneinsicht und den genauesten Mitteilungen hervorragender Generalstäbler bin ich mir heute in diesem Punkte völlig sicher.[18] Es muß auch weiterhin alles, soweit es möglich ist, restlos aufgeklärt und unser Volk über den Stand der Schuldfrage unermüdlich auf dem Laufenden gehalten, das Interesse an ihr geweckt werden. Sie ist das Entscheidende, und es ist wahrhaft entsetzlich, daß dafür in Volk und Presse so wenig Verständnis vorhanden ist und daß die vorhandenen 14 Organisationen zur Behandlung dieser Dinge so wenig einheitliche Leitung haben, die vorhandenen klaren, dokumentarischen

---

14 Lloyd George hatte in einer Rede am 23. Dezember 1920 erklärt: „The more one reads memoirs and books written in the various countries of what happened before the first of August, 1914, the more one realizes that no one at the head of affairs quite meant war at that stage. It was something into which they glided, or rather staggered and stumbled, perhaps through folly, and a discussion, I have no doubt, would have averted it." Zit. nach Albert Jay Nock: The Myth of a guilty Nation (1922), S. 40.
15 Hans Delbrück: Did the Kaiser want the War? (1921). Siehe auch oben, S. 349.
16 James Wycliffe Headlam-Morley: A Reply to Professor Delbrück (1921).
17 Hans Delbrück: Ein unverhoffter Bundesgenosse (1921).
18 Bei Troeltschs Informanten aus dem ehemaligen Generalstab handelt es sich wahrscheinlich um Wilhelm Groener und Hans von Haeften, mit denen Troeltsch über den Mittwochabend-Kreis und den Dahlemer Spaziergang in Kontakt stand. Siehe oben, S. 59, Anm. 1.

Ergebnisse so wenig ins allgemeine Bewußtsein gedrungen sind.[19] Auf strengsten dokumentarischen Beweis und auf allgemeine Kenntnis der Ergebnisse kommt es an. Nur von diesem Punkte aus kann das ursprüngliche Wilsonprogramm wieder belebt und der Versailler Friede revidiert werden. Wenigstens ist es außer unserer Einigkeit und dem Entschluß, die schwersten Leiden um ihretwillen zu ertragen, das einzige Mittel, das wir bei der heutigen Weltlage in der Hand haben. Freilich entscheiden hier nur genau festgestellte Tatsachen und nicht Gefühle | oder Theorien. Eben deshalb gilt es vor allem genaue Feststellung zu bewirken und das Ergebnis bekannt zu machen.

Richtiges Verständnis für die Bedeutung der Schuldfrage und richtige Auffassung der uns heute allein übrig gebliebenen Möglichkeiten einer Politik auf der Grundlage des ehemaligen, uns feierlich garantierten Wilson-Programmes hängen freilich eng zusammen. Und wer das eine nicht wahr haben will, wird sich um das andere nicht viel kümmern. Aber der praktische Gang der Dinge wird zeigen, wie notwendig es ist, auf beides die ganze Kraft zu konzentrieren. Nur so kann es gelingen, ein großes und reich kultiviertes Volk ohne wesentliche Bevölkerungsminderung auf seinem Boden in Freiheit und Ehre zu ernähren und ihm wirtschaftlich und geistig eine Existenzmöglichkeit zu geben, die, wie der Versuch gezeigt hat, auf dem Boden der „Weltpolitik" für uns nicht zu erreichen war. Hoffentlich ist es noch Zeit für dieses Programm. Sonst möchte es bald überhaupt kein Programm mehr geben.

Berlin, 16. März 1921.
Troeltsch

---

19 Um die Aktivitäten der diversen Vereinigungen zur öffentlichen Agitation gegen die alliierte Kriegsschuldthese besser zu koordinieren, wurde im April 1921 auf Initiative des Kriegsschuldreferats des Auswärtigen Amtes der Arbeitsausschuss Deutscher Verbände (ADV) gegründet. Ebenfalls im April 1921 wurde auf Initiative des Kriegsschuldreferats die Zentralstelle für Erforschung der Kriegsursachen eingerichtet, welche die wissenschaftliche Forschung zur Kriegsschuldfrage im In- und Ausland koordinieren sollte. Vgl. Ulrich Heinemann: Die verdrängte Niederlage (1983), S. 62–73. Troeltsch war Mitglied der im Februar 1919 auf Initiative Prinz Max von Badens gegründeten Arbeitsgemeinschaft für Politik des Rechts (Heidelberger Vereinigung), die sich ebenfalls der Bekämpfung der alliierten Kriegsschuldthese widmete. In einem Brief an Max von Baden vom 21. Juli 1920 bekannte Troeltsch allerdings, es sei ihm „oft überaus peinlich", dass er für die Heidelberger Vereinigung „so wenig nützlich" sein könne → KGA 21.

Die Reparation und Amerika (Mai 1921)

Editorische Vorbemerkung: Die Edition folgt dem Text, der erschienen ist in: Kunstwart und Kulturwart, hg. von Ferdinand Avenarius, 34. Jg., zweite Hälfte, April bis September 1921, Heft 8, Maiheft 1921, München: Kunstwart-Verlag Georg D. W. Callwey, S. 100–104 (**A**). Der Text erschien in der Rubrik „Vom Heute fürs Morgen". Die Datumsangabe „8. 3. 21" am Ende des Textes ist falsch und beruht wahrscheinlich auf einem Setzerfehler. Gemeint ist wohl der 8. April 1921. Da Troeltsch im Text aber wohl auf eine Rede des US-Präsidenten Warren G. Harding am 12. April 1921 rekurriert, hat er vermutlich noch nach diesem Datum Änderungen an dem Text vorgenommen.

Die Reparation und Amerika
Berliner Brief

Unser Himmel umzieht sich mit immer finstereren Wolken. Auf der einen Seite wird von dem Weltsystem der Entente her das „Reparationsproblem" immer dringender und gefährlicher. Auf der andern wirft sich das Weltsystem des Bolschewismus, der bei sich selbst schwere Krisen und Systemwechsel durchmacht und durch seine Auslandsverträge an der Propaganda im Osten gehindert wird, auf das zerrissene Deutschland, um dort den Rest der Revolutionshoffnungen auf eine grundsätzlich neue Welt wiederzubeleben und kommunistische Putsche oder gar den entscheidenden Bürgerkrieg zu erregen.[1] Inmitten von alledem kämpft die deutsche Staatsordnung um

---

1 Am 17. März 1921 begann im mitteldeutschen Industriegebiet ein kommunistischer Aufstandsversuch, der bis zum 1. April 1921 von preußischen Polizeitruppen niedergeschlagen wurde. Auf einen Generalstreikaufruf der VKPD vom 24. März 1921 hin kam es in Hamburg, in der Lausitz, in Teilen des Ruhrgebiets und in Thüringen zu vereinzelten Solidaritätsstreiks. Bereits am 13. März 1921 war ein von einer kommunistischen Gruppe geplanter Sprengstoffanschlag auf die Berliner Siegessäule aufgeflogen. Der „Mitteldeutsche Aufstand" im März 1921 war von der VKPD auf Druck von Abgesandten der Komintern organisiert worden und wurde deshalb vielfach als Versuch interpretiert, von der innenpolitischen Krise Sowjetrusslands infolge des Kronstädter Matrosenaufstands Anfang

ihren Bestand, der durch die Ermattung des anfänglichen Glaubens an den republikanischen Einheitsstaat, durch den Kampf der Parteien und durch die mangelnde Vorsorge der Verfassung für eine Lösung des preußisch-deutschen Problems sehr gefährdet ist. Die ersten Neuwahlen im Reich und in Preußen haben bereits eine Regierung von wirklicher Autorität beinahe unmöglich gemacht.[2] Die beiderseitigen verschiedenen Regierungsbildungen, die Zugehörigkeit aller Verwaltung und eigentlichen Kraft an die Einzelstaaten, die Beschränkung des Reichs auf Gesamtverantwortung und Gesamtpolitik ohne Möglichkeit direkter und eigentlicher Regierung, der auf alle bisher führenden geistigen Schichten sich schwerer und schwerer legende wirtschaftliche Druck und die seit dem Kapp-Putsch grundsätzlich vorgehende Reinigung der Verwaltung, die politisch nötig geworden sein mag, die aber zugleich eine Verschlechterung ist: all das läßt die Staatsmaschine immer schwerer arbeiten und heißer stöhnen. Die Zertrümmerung der das Reich und die Einzelstaaten tragenden Mitte, die das gemeinsame Werk der Entente, der Linksradikalen und der Konservativen ist und an der sich außerdem noch alle möglichen Gruppen und Grüppchen vom „Christlichen Revolutionär"[3] bis zu den Diktaturhoffnungen des „Gewissens"[4] leidenschaftlich beteiligen, sie ist das eigentlichste Ergebnis der bisherigen Entwickelung. Schon sieht Erkelenz (in einem recht interessanten Artikel der Oster-Nummer der „Hilfe") statt des Systems der Mittebildung ein Zwei-Parteien-System auftauchen, das zwischen der Arbeiterpartei und dem geschlossenen Bürgertum hin und her geht![5] Andere wie Meinecke (in einem

---

März 1921 abzulenken. Vgl. Heinrich August Winkler: Von der Revolution zur Stabilisierung (1984), S. 514–520. Troeltschs Hinweis auf einen „Systemwechsel" des Bolschewismus bezieht sich wohl auf das von Lenin Anfang März 1921 auf dem 10. Parteitag der Kommunistischen Partei Rußlands verkündete Konzept der „Neuen Ökonomischen Politik". Der Hinweis auf „Auslandsverträge" bezieht sich vermutlich auf den sowjetisch-iranischen Freundschaftsvertrag vom 21. Februar 1921 und den sowjetisch-türkischen Vertrag vom 16. März 1921, aber wohl auch auf das britisch-sowjetische Handelsabkommen vom 16. März 1921, das Troeltsch als Hemmnis für die von ihm erwartete Ausbreitung des Kommunismus in den britischen Kolonien (siehe etwa oben, S. 244 f.) gedeutet haben könnte.

2 Siehe oben, S. 316 und S. 398.
3 Die Zeitschrift „Der Christliche Revolutionär. Monatliche Blätter zur Errichtung des Reiches Gottes auf Erden" erschien unregelmäßig 1920/21, hg. von dem völkischen Lebensreformer und Naturheilkundler Carl Strünckmann; 1921–23 unter dem Titel „Weltwende" fortgesetzt u. a. von Gregor Gog und Theodor Plievier.
4 Zur Wochenzeitung „Gewissen" siehe oben, S. 294, Anm. 8.
5 Anton Erkelenz: Grundsätzliches zur Regierungsbildung im Reich und in Preußen (1921).

vortrefflichen Artikel der März-Nummer der „Nation") erinnern an die letzten Reformversuche des Spätmittelalters, wo der Mainzer Kanzler Berthold von Henneberg als Konse|quenz der ständischen Libertät die habsburgische und französische Fremdherrschaft voraussagte.⁶ Und wieder andere wiederholen stets die Baisse-Spekulation, es müsse uns noch viel schlechter gehen, damit wir wieder einig werden, das heißt alles Neue wieder abtun, womit der Weg zur Fremdherrschaft ebenso gepflastert wird wie mit dem wahnsinnigen Partikularismus, der heute wieder allenthalben blüht. Man bekommt manchmal den schwermütigen Eindruck, als sei mit dem Dreißigjährigen Kriege, der habsburgischen Fremdherrschaft, der Territorialisierung, dem kleinstaatlichen Absolutismus und der Entstehung einer kleinen preußischen Großmacht die staatliche Zukunft der Deutschen für immer verscherzt und als habe das in glücklicher Situation gelungene Bismarcksche Experiment dies Deutschland durch die starke wirtschaftliche Entwicklung nur noch mit der heftigsten und doktrinärsten Form der Industrie-Arbeiter-Bewegung weiter kompliziert, eine mächtige Übervölkerung herbeigeführt und sich zur Lösung ihrer Probleme innen- und außenpolitisch nicht fähig gezeigt. Und vielleicht war dies letzte und eigentlichste Problem bei der Verteilung der Weltmächte und den historisch-politisch-sozialen Verhältnissen Deutschlands überhaupt nicht lösbar, auch wenn wir eine klügere, vorsichtigere und anpassendere Politik befolgt hätten. Vielleicht sind die letzten Handlungen und Eruptionen Bismarcks schon dem Zweifel an seinem eigenen Werke, nicht bloß an der Person Wilhelms II. entsprungen!

Man mag sich zum Troste sagen, daß die Schwerkraft und Selbsterhaltung vollzogener Tatsachen, wie die Einigung der deutschen Stämme als Folge der Napoleonischen Weltreinigung und als Tat eines ewig vorbildlichen, kräftespendenden Nationalhelden, der Bismarck mindestens im Mythos und im Volksbewußtsein geworden ist, schon rein als solche eine außerordentlich zähe ist, daß alle geistige und kulturelle Ächtung der Deutschen auf die Dauer wenigstens dieses Recht auf Einheit und Leben ihnen bei dem unerhört irre geleiteten Weltgewissen der öffentlichen Meinung nicht wird versagen können, daß die Lebenskräfte und Selbstheilungsmöglichkeiten eines noch relativ gesunden Volksorganismus unermeßlich und unberechenbar sind, so lange man ihn aus diesen tausend verborgenen oder unbeachteten Quellen sich erneuern läßt und nicht mit einer alles vergewaltigenden und rationalisierenden Theorie hineingreift, wie in Rußland und wie es unsre tausend Sorten von rabiaten Doktrinären auch gerne wollen. Man wird vor allem sagen dürfen, daß bei einem Studium aller modernen Revolutionen, nicht nur der französischen, sondern auch der nordameri-

---

6 Friedrich Meinecke: Das preußisch-deutsche Problem (1921), S. 213.

nischen und sogar der englischen, der Anschein völliger Volkserkrankung und der Lösung aller moralischen Bande sich gleichmäßig darbietet. Teuerung, Schiebertum, Landesverrat, Drückebergerei, Kampf von Stadt und Land, Orgien der Selbstsucht und vergnügungsbedürftiger Entspannung, des Leichtsinnes und Projekte-Machens, das Hervortreten der Schlauen und Macher, der Rabiaten und Perversen, der Welterlöser und Charlatane hat es in solchen immer gegeben, und zwar mit geradezu verblüffender Ähnlichkeit. Der Bruch der Gewohnheiten und der bisher schützenden Dämme wird von den Menschen nirgends vertragen, der Schaum und Schmutz steigt in die Höhe und treibt eine Zeitlang auf der Oberfläche. Aber gleichzeitig werden doch eine Fülle von Kräften des Guten und des verantwortungsbereiten Ernstes, schließlich der Selbstbesinnung und des Widerstandes geweckt. Alle genannten Völker haben die moralischen Erkrankungen ihrer Revolutionszustände überwunden und die Neuerungen ihrer Revolutionen schließlich irgendwie für das Ganze fruchtbar und ungefährlich zugleich gemacht. Warum sollte das bei uns schließlich nicht ebenso gelingen? Alle Welt fühlt, daß der Gesundungsprozeß von innen heraus längst wieder im Gange ist. Wir sind gar nicht so entsetzlich neu und anders geworden. Der Mensch selbst ist im letzten Grunde derselbe geblieben und stellt sich wieder her, genau so wie es bei jenen andern Revolutionen auch geschehen ist. Es wäre jetzt nur die Aufgabe der Bildung einer öffentlichen Meinung, sich darüber klar zu werden, worin das nicht wieder zu beseitigende Neue liege und worin man die Kontinuität des Alten fortführen kann und muß. Aber gerade das ist bei unserer geistigen und sozialen Zerklüftung und bei dem furchtbaren Druck von außen sehr schwierig. Jene andern Revolutionen waren gleichzeitig begleitet von einem starken politischen Aufstieg in der Welt. Das ist ihr Hauptunterschied von der unsrigen, und darum kommt die unsrige so schwer zur Gesundung. Sie ist ganz mit sich allein beschäftigt und ihr fehlt jede Hoffnung, die zerstreuten Kräfte auf eine kolonisatorische oder doch nach außen gerichtete Tätigkeit lenken zu können.

Wie ich stets in diesen Briefen hervorhob: der Druck von außen ist das Entscheidende.[7] Das Härteste aber an diesem Druck ist die unendlich schwierige Reparationsfrage. Auch wenn man von allen weitergehenden Absichten etwa Englands auf Ausschaltung des deutschen Wettbewerbs und Frankreichs auf Schaffung eines rheinländischen und vasallischen Hinterlandes absieht, so ist diese Frage auch ohne bösen Willen oder Vernichtungsabsichten der Beteiligten schon an sich selbst eine grenzenlos schwierige. Die bis jetzt von Amerika gestundeten Auslandsschulden Englands und Frankreichs betragen m[eines] W[issens] 45 Milliarden Gold-

---

7 Siehe etwa oben, S. 273.

mark.⁸ Frankreich sind sogar die Zinszahlungen gestundet. Diese Schulden sollen *wir* bezahlen. Tun wir aber das, so hat Frankreich positiv noch keinen Heller gewonnen und seine Wiederaufbaunöte sind nicht entfernt damit befriedigt. Auch Belgien ist damit nicht entschädigt. Die Anrechnung des bereits gelieferten materialen Gutes ist hin und her bestritten und erfolgt nach einem von der Entente angewendeten Schlüssel, wo jeder Teil das Interesse hat, so wenig als möglich empfangen zu haben, um bei der weiteren Zuteilung besser berücksichtigt zu werden. Daß Berechnungen unter diesen Umständen geradezu wahnsinnig schwierig sind, liegt auf der Hand. Unsere Staatsmänner, besonders der deutsche Gesandte in London, haben nicht ganz richtig gehandelt und sich nicht an die Aufstellungen der deutschen Sachverständigen gehalten.⁹ Aber es ist hier wirklich ein völlig

---

8 Die Schätzung der alliierten Kriegsschulden bei den USA auf 45 Mrd. Goldmark bezog Troeltsch sehr wahrscheinlich von Walther Rathenau, der diese Zahl im März 1921 einem Vorschlag zugrunde gelegt hatte, wonach Deutschland im Rahmen der Reparationsleistungen einen Teil der alliierten Schuldverpflichtungen bei den USA übernehmen sollte. Die Reichsregierung griff diesen Plan in einer Note an die US-Regierung vom 24. April 1921 auf (siehe unten, S. 413, Anm. 6). Die US-Regierung lehnte eine Verrechnung der Reparationen mit den interalliierten Kriegsschulden jedoch ab. Die alliierten Kriegsschulden bei den USA beliefen sich nach heutiger Kenntnis auf 26,5 Mrd. US-Dollar. Vgl. Robert Self: Britain, America and the War Debt Controversy (2006), S. 15; Das Kabinett Fehrenbach (1972), S. XLIII und S. 530.
9 Der auf der Londoner Konferenz am 1. März 1921 vorgelegte deutsche Gegenvorschlag zum alliierten Reparationsplan (siehe oben, S. 393, Anm. 1) hatte ursprünglich auch die Einsetzung einer gemischten Sachverständigenkommission enthalten sollen, die den Wert der von Deutschland erbrachten Vorleistungen auf die Reparationszahlungen feststellen und ein Indexschema für die Festlegung der alliierten Beteiligung an einer Besserung der Wirtschaftslage in Deutschland hätte erarbeiten sollen. Mit Letzterem hatten die deutschen Sachverständigen vor allem die alliierte Forderung nach einer pauschalen Abgabe von 12 % jährlich auf den deutschen Exportwert abwehren wollen. Dieser Teil des Vorschlags kam in London jedoch nicht zur Aussprache, weil der deutsche Botschafter in London, Friedrich Sthamer, aus verhandlungstaktischen Gründen dazu riet, einige Teile des deutschen Gegenvorschlags zunächst zurückzuhalten. Diese Verhandlungstaktik scheiterte, als Lloyd George die Londoner Konferenz unmittelbar nach Verlesung des dezimierten und als unzureichend empfundenen deutschen Vorschlags abbrach. Vgl. Das Kabinett Fehrenbach (1972), S. XLI. Troeltsch bezieht seine Informationen zur Londoner Konferenz wahrscheinlich von Walther Rathenau, der an den Sitzungen der deutschen Sachverständigen zur Vorbereitung der Konferenz teilgenommen hatte. Vgl. Jörg Hentzschel-Fröhlings: Walther Rathenau als Politiker in der Weimarer Republik (2007), S. 127 ff.

schwankender Boden, auf dem nichts klar ist, als die dringende finanzielle Not Frankreichs und die allgemeine deutsche Reparationsverpflichtung. Aber die Berechnung entzieht sich jedem Laienverstande und ist ein Spielball in der Hand der Politiker, die dann damit noch teilweise ganz andere Absichten zu verbinden scheinen, von denen ich das letzte Mal gesprochen habe.[10]

Von unsrer Seite ist nun die loyale Anerkennung, nicht bloß der faktischen Zwangslage, sondern auch der moralischen Verpflichtung zur Reparation an Belgien und Frankreich rückhaltlos einzuräumen. Es mögen die Zerstörungen in Belgien und Frankreich aus militärischen Gründen notwendig gewesen sein – darüber hat der Laie kein Urteil und daran war ja auch die Entente selbst beteiligt – aber schon im Falle des Sieges wäre die Hilfe zum Wiederaufbau moralische Pflicht gewesen, wenn man schon eine derartige furchtbare Schädigung des Gegners im Interesse der Selbsterhaltung für nötig oder unvermeidbar hielt. Die Verpflichtung ist noch enorm verstärkt im Falle der Niederlage, wo der Unterlegene dieses Mal nicht bloß die Kriegskosten, sondern vor allem die durch die technische und wirtschaftliche Natur des modernen Massenkrieges verursachten entsetzlichen Zerstörungen zu heilen hat. Die loyale Anerkennung dieser Pflicht ist für die Welt draußen die erste Voraussetzung eines Zutrauens zu Deutschland; das ist eine unleugbare, aber auch verständliche Tatsache. Aber die daraus entstehenden ungeheuerlich schwierigen Berechnungen müssen doch mit den Existenzbedingungen des Verpflichteten selber rechnen und können nicht einfach dem Diktat der Feinde überlassen werden, bei dem noch ganz andere Rücksichten und Erwägungen mitspielen und der jeden Augenblick sein Brennus-Schwert in die Wagschale werfen kann.[11] Darin, daß irgend einmal diese unsagbar schwierige Frage ausgetragen werden muß und daß das innerhalb der Entente beständig an militärischer Machtstellung steigende Frankreich den Knoten mit Gewalt statt mit vernünftigen Berechnungen zu durchhauen Neigung hat, liegt die fürchterliche Gefährlichkeit des Momentes, wo die Parlamente der neuen Wahlen fortwährend in | Ferien gehen und keine neue Regierung zustande bringen oder die alte erschüttern!

Begreiflicher Weise schaut die Welt unter diesen Umständen nach dem relativ unbeteiligten Amerika, nach dessen neuer Regierung und nach deren

---

10 Siehe oben, S. 394–397.
11 Nach antiker Legende warf nach der Plünderung Roms durch die Gallier 387 v. Chr. der gallische Heerführer Brennus beim Auswiegen des zu zahlenden Lösegeldes mit den Worten „vae victis" (dt.: „Wehe den Besiegten") sein Schwert als zusätzliches Gegengewicht in die Waagschale.

etwa vermittelnder Tätigkeit aus.¹² Welche Hoffnungen darauf gesetzt werden können, vermag ich nicht zu sagen. Ich gebe nur einige Informationen durch einen kundigen Amerikaner wieder. Darnach ist die kleine liberale Partei in Amerika, die mit einer gewissen Scham den Betrug an Deutschland durch die Nichteinhaltung des Präliminarfriedens¹³ und die Vergewaltigung durch den Versailler Frieden empfindet, völlig einflußlos. Der Sturz Wilsons führte sich nicht auf dies sein Versagen in Paris zurück, sondern auf seine die Arbeiter begünstigende und die Kriegswirtschaft halb-sozialistisch organisierende innere Politik sowie überhaupt auf sein autokratisches Auftreten. Die Völkerbundidee sei seine ganz persönliche Idee gewesen, in der sein Moralismus und sein eigensinniger Ehrgeiz in eins zusammengeflossen seien, sie sei aber nie vom Senat oder den führenden Politikern gebilligt gewesen. Frankreich gelte seit alter Zeit als die zivilisiertere Nation, die nie den autokratischen Militärdespotismus gehabt habe, und die überdies Amerika seinerzeit in seinem Unabhängigkeitskrieg gerettet habe. Eben jetzt habe der General Nivelle, der „Blutsäufer" von Verdun, Amerika durchreist und in seinen Vorträgen die deutsche Gefahr geschildert, die heute noch im Falle des Wiederaufkommens Amerika mit dem berühmten Zimmermannschen Programm und Mexikotelegramm bedrohe!¹⁴ Auch zweifle niemand an der deutschen Schuld, die ja zu dem dort angenommenen Charakter der Militärdespotie so vortrefflich passe, so daß sie beinahe schon a priori gewiß

---

12 Am 4. März 1921 wurde die US-Regierung von Präsident Warren G. Harding ins Amt eingeführt.

13 Troeltsch bezieht sich hier auf das „14 Punkte"-Programm des US-Präsidenten Woodrow Wilson vom 8. Januar 1918, auf das sich das deutsche Waffenstillstandsgesuch vom 3. Oktober 1918 gestützt hatte (siehe oben, S. 117, Anm. 7). Formalrechtlich war die deutsche Kapitulation vom 11. November 1918 kein Präliminarfrieden.

14 General Robert Nivelle (1916 Armeekommandeur in der Schlacht von Verdun, 1916/17 Oberbefehlshaber des französischen Heeres) kam im November 1920 als offizieller Repräsentant Frankreichs bei den Feiern zum 300jährigen Jubiläum der Mayflower-Landung („Pilgrim Tercentenary") in die USA. Anschließend absolvierte er bis Januar 1921 eine Vortragsreise auf Einladung der Veteranenorganisation American Legion, während der er sich wiederholt öffentlich für einen harten Kurs der Alliierten gegenüber Deutschland aussprach. Vgl. Boston Daily Globe vom 9. November 1920: Gen Nivelle arrives for Mayflower Day; Los Angeles Times vom 16. Dezember 1920: Gen. Nivelle is guest of city; Los Angeles Times vom 18. Dezember 1920: Germany must pay. Im Januar 1917 hatte der britische Nachrichtendienst ein Telegramm des deutschen Außenstaatssekretärs Arthur Zimmermann an die deutsche Botschaft in Washington abgefangen, das geheime Informationen über einen Eventualplan der deutschen Reichsleitung für

sei; sie werde überdies durch die deutschen Atrozitäten bestätigt. Auf den Vorwurf eines Betruges und Vertragsbruches nach den Versprechungen des Präliminarfriedens habe der Senator Lodge erwidert, daß es das Unglück der Deutschen gewesen sei, eine vom Senat und Volk nicht gestützte Erklärung Wilsons ernst zu nehmen.[15] Und was Amerikas Interesse an Europa betrifft, meinte ein andrer Senator, so betrage es nicht den fünften Teil seines Interesses am Karaibischen Meer; man könne ermessen, wieviel von jenem Interesse dann noch auf Deutschland insbesondere käme. Auch arbeiten die Franzosen fortwährend diplomatisch und propagandistisch in Amerika und suchen die moralische Weltächtung neu zu beleben, zugleich mit einer starken Betonung, daß die deutsche Gefahr wieder kommen könne. Andrerseits habe natürlich Amerika gewisse geschäftliche Interessen und manche Kreise ein moralisches, Deutschland nicht völlig vernichten zu lassen. Sie würden den Friedensschluß mit Deutschland auch ihrerseits vermutlich in Diktatform machen und in der Reparationsfrage vielleicht mit starker Rücksicht auf Frankreich, die moralisch bessere Nation, vermitteln. Die republikanischen Senatoren seien heute ausschlaggebend, und die seien harte Geschäftsmänner mit wesentlich französischen Sympathien, ohne freilich eigentliche Sympathiepolitik zu machen.

Soweit mein Gewährsmann. Wie weit er richtig gesehen hat, das muß die Zukunft lehren. Die inzwischen erfolgte Botschaft des neuen Präsidenten ist vielleicht um ein kleines günstiger ausgefallen.[16] Allem Anschein nach

---

ein gegen die USA gerichtetes Kriegsbündnis mit Mexiko enthielt. Das „Zimmermann-Telegramm" war im März 1917 in der US-Presse veröffentlicht worden und hatte maßgeblich zur Entstehung einer gegen Deutschland gerichteten Kriegsstimmung in den USA beigetragen. Vgl. Barbara W. Tuchman: The Zimmermann Telegram (1958).

15 Der US-Senator Henry Cabot Lodge Sr. (1850–1924) war als Chairman of the Senate Committee on Foreign Relations 1919/20 der Wortführer der republikanischen Opposition gegen Wilsons Völkerbundpolitik. Vgl. Margaret MacMillan: Paris 1919 (2003), S. 490 ff.

16 Troeltsch bezieht sich wohl auf die Rede des US-Präsidenten Warren G. Harding vor dem US-Kongress am 12. April 1921. Darin bekräftigte Harding die US-amerikanische Ablehnung des Versailler Vertrags und speziell der Völkerbunds. Zugleich bekannte er sich grundsätzlich zu den Verpflichtungen der USA in Europa und warb für einen Sonderfrieden der USA mit dem Deutschen Reich (da der Versailler Vertrag von den USA nicht ratifiziert worden war, bestand de jure noch Kriegszustand). Allerdings betonte Harding auch die Übereinstimmung der US-Regierung mit den Alliierten in der Reparationsfrage und bezüglich der deutschen Kriegsschuld. Vgl. Vossische Zeitung vom 13. April 1921 (Abend-Ausgabe): Hardings Antrittsbotschaft.

haben die Franzosen bis jetzt doch nicht mehr ausdrücklich erreicht, als die offizielle Anerkennung der deutschen „Schuld am Kriege" durch Amerika, d.h. die Anerkennung ihres Schuldscheins. Aber das ist noch nicht die Exekutierung der Forderung, so wie die Franzosen es sich denken mögen, und kein neuer Zwang für die Deutschen, das Schuldbekenntnis zu unterschreiben, wie das vermutlich die Franzosen am liebsten gehabt hätten. Man muß, um diese Situationen und die Grundrichtung Amerikas zu verstehen, ein so ausgezeichnetes Buch wie Luckwalds „Geschichte der Vereinigten Staaten" (1920) lesen, das sich mit der amerikanischen Politik im Weltkriege eingehend beschäftigt.[17] Man kann daraus das grenzenlose Elend ersehen, das oberflächlich moralisierende und sich für moralische Weltrichter und Welterlöser gebende Staatsmänner anrichten können, wenn sie gleichzeitig ein so enormes demagogisches Talent besitzen wie Wilson. Man kann daraus aber auch die fürchterliche Torheit und Kurzsichtigkeit der zwiespältigen deutschen Politik verstehen, die dem Amerikaner als doppelzüngig erscheinen *mußte* und ihn gerade im Moment einer gewissen Beruhigung gegenüber Deutschland völlig aus Rand und Band gebracht hat. Man wird aber vor allem auch die Härte der amerikanischen Geschäfts- und Parteipolitik verstehen lernen, die vor allem jede Art von Sozialismus niederhält und den unzweifelhaften stark humanitären und moralischen Sinn des amerikanischen Volkes bestimmten Interessen-Schlagwörtern jederzeit dienstbar zu machen weiß. Es käme alles darauf an, daß in Amerika die wirkliche Lage des deutschen Volkes und die wirkliche Lage des Schuldproblems bekannt würde und daß man dort daran glauben lernte, es sei bei uns die Vermengung von Nietzscheschem Atheismus mit Treitschkescher Gewaltpolitik – so faßt man dort den deutschen Geist auf – niemals der Geist unseres Volkes gewesen, und soweit diese Vereinigung wirklich stattgefunden und damit aus jedem der beiden vornehmen Geister eine Karikatur geschaffen habe, längst bei den feineren Menschen als rohe Plattheit entlarvt oder bei dem Durchschnitt durch neue, ganz andersartige Konfusionen ersetzt.

Damit stehen wir wieder bei dem Problem des Schulddogmas und der Forderung innerer geistiger Umkehr, den Dingen, die für alle Nichtpolitiker und Nichtgeschäftsmänner heute die ernstesten Sorgen sind und auch den beiden ersteren nach allen Seiten die Bedingungen ihres Wirkens vorschreiben.

Berlin, 8. 3.[a] [19]21. *Troeltsch*

---

a *So fälschlich in A (siehe dazu die Editorische Vorbemerkung, oben, S. 403).*

---

17 Friedrich Luckwaldt: Geschichte der Vereinigten Staaten von Amerika, 2 Bände (1920).

Der Beginn der eigentlichen Schwierigkeiten (Juni 1921)

Editorische Vorbemerkung: Die Edition folgt dem Text, der erschienen ist in: Kunstwart und Kulturwart, hg. von Ferdinand Avenarius, 34. Jg., zweite Hälfte, April bis September 1921, Heft 9, Juniheft 1921, München: Kunstwart-Verlag Georg D. W. Callwey, S. 160–163 (**A**). Der Text erschien in der Rubrik „Vom Heute fürs Morgen" und mit der Datumsangabe 10. Mai 1921. Die am selben Tag erfolgte Bildung des Reichskabinetts Wirth wird in dem Text schon nicht mehr behandelt, so daß Troeltsch nach diesem Datum vermutlich keine Änderungen mehr vorgenommen hat.

Der Beginn der eigentlichen Schwierigkeiten
Berliner Brief

Diese Briefe waren niemals optimistisch. Nur in der kurzen Frist im Frühjahr 1919 zwischen der Niederkämpfung des Spartakismus und dem Versailler Frieden habe ich Hoffnungen geäußert, daß die verfassungsmäßige Neuordnung, die Zusammenarbeit von Arbeitertum und Bürgertum und ein etwa möglicher erträglicher Friedensschluß den sogenannten Wiederaufbau ermöglichen könnte.[1] In diesem Sinne habe ich mich auch damals selbst der politischen Arbeit zur Verfügung gestellt. Allein die Hoffnungen waren doch sehr gedämpft. Ich war in jenem Frühjahr in Holland,[2] zum erstenmal heraus aus dem Ring des Verderbens, in der Freiheit und Sorglosigkeit nicht gequälter Menschen, in der Atmosphäre relativ unbefangener Urteilsbildung. Die Auffassung dort im allgemeinen war, wir würden leichter und rascher wieder aufleben als wir selber glaubten, vorausgesetzt, daß wir eine vernünftige Politik, d. h. eine wesentlich bürgerlich-demokratische mit sozialistischem Einschlag trieben. Die besten Kenner, die ich sprach, waren freilich trüb gestimmt. Ein vortrefflicher Nationalökonom sagte mir beim Abschied mit schwer bekümmerter Miene: „Sie scheinen noch hoffen

---

[1] Troeltsch bezieht sich wohl auf den Spectator-Brief „Nach Pfingsten" (mit der Datumsangabe 5. Juni 1919) im ersten Juliheft des „Kunstwarts" 1919 (32. Jg., Heft 19). Siehe oben, S. 110–113.

[2] Zu Troeltschs Vortragsreise in den Niederlanden vom 2. bis 7. April 1919 siehe oben, S. 158, Anm. 1.

zu können; ich habe nach meinen Nachrichten keine Hoffnung mehr." Ein paar Tage darauf sagte mir ebendort ein berühmter Ethnograph:[3] „Sie sind Geschichtsphilosoph; diese Wissenschaft wird leicht, wenn man einmal den Entschluß gefaßt hat, die Menschen für Esel und Narren zu halten. Sie werden es ja sehen, drinnen und draußen." Nach Hause zurückgekehrt, sprach ich einen unserer ersten Geschäftsmänner[4] und berichtete ihm von diesen Eindrücken. Er antwortete mir: „Wir sind erst am Beginn der Schwierigkeiten. Die eigentlichen werden erst kommen, wenn die Reparationsfrage brennend wird und wenn sie nicht von Geschäftsmännern, sondern von Politikern gelöst wird."

Heute sind sie da, und ihre Auswirkung ist vorerst unabsehbar. Das bolschewistische Problem ist in den Hintergrund getreten. Innerhalb der Entente steht Frankreich mit seiner wieder aufgenommenen Politik der nationalen Hegemonie gegenüber England im Vordergrund, zugleich als Inhaber aller militärischen Kräfte des Kontinents. Nach und nach scheint es, als ob auch die Vereinigung aller Kohlengebiete des Kontinents in französischer Hand und der Aufbau einer ganz neuartigen französischen schwerindustriellen Hegemonie zu den französischen Plänen gehöre. Damit kam dann auch erst das Reparationsproblem im größten Stil. Gleichzeitig damit trat die amerikanische Politik mit dem neuen Präsidenten aus den Hemmungen heraus, in welchen sie bisher das gegenseitige Veto des Präsidenten Wilson und seiner Parlamente gefangen gehalten hatte. Die deutsche Regierung, die in London allem Anschein nach sehr unglücklich und ohne Rücksicht auf die skeptischeren Sachverständigen operiert hatte[5] und die durch die innere Entwicklung aufs äußerste geschwächt worden war, tat den Verzweiflungsschritt, Amerika bedingungslos um seine Vermittlung zu ersuchen. Er war vergeblich. Die Reichsregierung stürzte in völlig logischer Konsequenz des Versagens dieser letzten Karte.[6] Eine neue Regierung ist schwer zu finden,

---

3 Es handelt sich sehr wahrscheinlich um den Kulturhistoriker Johan Huizinga (1872–1945), der am 3. April 1919 Troeltschs Vortrag an der Universität Leiden hörte und im Anschluss an die Veranstaltung auch persönlich mit Troeltsch sprach. Vgl. Arie L. Molendijk: Ernst Troeltschs holländische Reisen (1991), S. 31.

4 Es handelt sich wahrscheinlich um Walther Rathenau. Zu Troeltschs Freundschaft mit Rathenau siehe unten, S. 563, Anm. 14.

5 Siehe oben, S. 407, Anm. 9.

6 Am 20. April 1921 bat die deutsche Regierung die USA um die Übernahme eines Schiedsrichteramtes in der Reparationsfrage. Die US-Regierung lehnte dies zwar am 21. April ab, erklärte sich aber bereit, deutsche Vorschläge zur Reparationsfrage an die Alliierten weiterzuleiten. Die deutsche Regierung übermittelte daraufhin am 24. April über die USA ein neues Reparationsangebot an die Alliierten. Die

vor allem ein neuer Minister des Auswärtigen.⁷ Alle Berufsdiplomaten älterer Schule, die sich im Kriege oder in Versailles betätigt haben, sind der Entente nicht genehm. Die bisher verborgen Gebliebenen waren dies aus gutem Grunde. Wer aber soll nun den Kampf mit den geriebensten Politikern der Welt aufnehmen? Noch eine solche Regierungskrise und das ganze System ist erledigt. Es bleibt dann nur eine Diktatur, eine einheimische oder eine fremdländische. Einer der Chefs der ausländischen Missionen⁸ bat einen unserer klügsten und charaktervollsten (inaktiven) Politiker⁹ um eine Aussprache über die Lage und ihre Möglichkeiten. Der Deutsche erklärte, daß er bei gewissenhafter Erwägung nicht sagen könnte, wieviel Geld vorhanden sei. Vorhanden sei welches, aber bei den Arbeitern und bei den Schiebern; beiden sei es schwer abzunehmen; für eine so schwache Regierung wie die unsrige sei das so gut wie unmöglich. Die Antwort war: „Das ist auch genau unsere Schwierigkeit; aber Sie müssen sehen, wie *Sie* damit fertig werden!"

Ich habe in diesen schweren Tagen viele Leute gesprochen, die gar nicht so unbefriedigt waren von dieser Entwicklung! Man sehe nun doch die ganze Unmöglichkeit des parlamentarisch-demokratischen Systems. Die Deutschen seien nun einmal nur für die Militärmonarchie geeignet. Das System habe sich selbst ad absurdum geführt. Alle aristokratischen Schlagworte leben wieder auf und gewinnen steigenden Kurs vom Nietz-

---

Ablehnung des Angebots durch die Alliierten teilte die US-Regierung der deutschen Regierung am 3. Mai 1921 mit. In Erwartung eines neuen alliierten Ultimatums und angesichts zunehmender Uneinigkeit innerhalb der Regierung über das Vorgehen in der Reparationsfrage trat das Kabinett Fehrenbach am 4. Mai zurück. Am 5. Mai übermittelten die Alliierten der deutschen Seite das „Londoner Ultimatum", in dem die Besetzung des Ruhrgebiets angedroht wurde, falls das Deutsche Reich sich nicht bis zum 11. Mai zur Erfüllung des alliierten Reparationsplans und anderer alliierter Forderungen (Entwaffnung der Einwohnerwehren, Aburteilung der deutschen Kriegsverbrecher etc.) bereit erklärte. Vgl. Das Kabinett Fehrenbach (1972), S. XLIII–XLIV.

7 Das neue Reichskabinett Wirth wurde am Abend des 10. Mai 1921 (dem von Troeltsch angegebenen Entstehungsdatum des Textes) gebildet. Das Amt des Außenministers übernahm zunächst provisorisch Reichskanzler Joseph Wirth (Zentrum). Siehe auch unten, S. 425, Anm. 10.

8 Es handelt sich wahrscheinlich um Émile Haguenin, der als Leiter der „Mission Haguenin" bis 1920 inoffizieller französischer Gesandter in Berlin gewesen war und seither ebendort als Vertreter der Reparationskommission wirkte. Siehe oben, S. 227, Anm. 17.

9 Es handelt sich wahrscheinlich um Prinz Max von Baden. Zu Troeltschs Verhältnis zu Max von Baden siehe oben, S. 202, Anm. 7.

scheschen Distanzgefühl[10] bis zur mittelalterlich ständischen Idee. Man tadelt die täppische Ängstlichkeit unserer Diplomaten und vergißt, daß die Entente-Spionage von allem unterrichtet ist und jede falsche Angabe sofort entlarven kann. Dazu kam, daß gerade in diesen schweren Tagen die Kaiserin sterben mußte und die so verständlichen Trauer- und Sympathiekundgebungen die der Verfassung entgegenstehenden Elemente stärker erscheinen ließen, als sie in Wahrheit sind.[11] Für Franzosen und Sozialisten sind diese Kundgebungen zu einem der fatalsten Hetzmittel geworden.

Umgekehrt sind aber auch die Sozialdemokraten völlig verbockt und denken nur an die Wiedergewinnung einer möglichst großen Wählerzahl, an Vereinigung mit den Unabhängigen und Revanche an den Nationalen. Die beiden Konkurrenten, Scheidemann und Hermann Müller, überbieten sich in Scharfmacherei.[12] Es ist in der Tat zu fürchten, daß, wenn es ihnen nicht gelingt, sich wieder durchzusetzen, sie dann auch ihrerseits das „System"

---

10 Als „Distanz-Gefühl" oder „Pathos der Distanz" bezeichnet Friedrich Nietzsche das Grundgefühl der aristokratischen Menschen (der „Vornehmen, Mächtigen, Höhergestellten und Hochgesinnten") gegenüber „allem Niedrigen, Niedrig-Gesinnten, Gemeinen und Pöbelhaften", aus dem heraus sie sich das „Herrenrecht" nehmen, „Werthe zu schaffen" und „Namen der Werthe auszuprägen". Es ist für Nietzsche deshalb zugleich der Ursprung der moralischen Entgegensetzung von „gut" und „schlecht". Vgl. Friedrich Nietzsche: Zur Genealogie der Moral, in: ders.: Sämtliche Werke, Band 5 (1999), hier S. 259.

11 Kaiserin Auguste Viktoria, die Gemahlin Kaiser Wilhelms II., starb am 11. April 1921 im niederländischen Exil in Doorn. Ihre Beisetzung am 19. April 1921 im Park Sanssouci in Potsdam wurde mit der Teilnahme mehrerer Prinzen des Hohenzollernhauses, Hindenburgs, Ludendorffs und Tirpitz' sowie von mehreren zehntausend Zuschauern zur größten monarchistischen Kundgebung in Deutschland seit der Revolution 1918/19. Vgl. Vossische Zeitung vom 19. April 1921 (Abend-Ausgabe): Die Beisetzung der Kaiserin.

12 Der SPD-Politiker Philipp Scheidemann erhob im April 1921 in einer Broschüre mit dem Titel „Papst, Kaiser und Sozialdemokratie in ihren Friedensbemühungen im Sommer 1917" den Vorwurf, die kaiserliche Reichsleitung habe unter dem Einfluss der OHL und der Rechtsparteien die Friedensinitiative des Vatikans im Sommer 1917 bewusst sabotiert: „Für die größenwahnsinnigen Pläne dieser Politiker und Geschäftsmänner überreichen uns jetzt die Ententemächte ihre Rechnungen!" Zit. nach: Philipp Scheidemann: Papst, Kaiser und Sozialdemokratie in ihren Friedensbemühungen im Sommer 1917 (1921), S. 26. Mit gleicher Stoßrichtung erklärte der SPD-Fraktionsvorsitzende Hermann Müller am 27. April 1921 im Reichstag, der Weltkrieg sei „durch einen eroberungssüchtigen Militarismus und durch die Agitation des durch die Vaterlandspartei politisch verblödeten deutschen Besitzbürgertums" verursacht worden. Der DNVP-Abgeordnete Karl Helfferich beschuldigte Müller daraufhin im Reichstag, er besorge „die Geschäfte des Herrn

und die „parlamentarische Verfassung" durch Obstruktionen und Skandale zu sprengen versuchen. Seit dem unseligen Kapp-Putsch, von dem das Wort gilt, daß er mehr als ein Verbrechen, daß er ein Fehler war,[13] ist diese Rückentwicklung der Sozialdemokratie in einem unaufhörlichen Gange. Aber eine einseitige Wiederdurchsetzung der nunmehr viel schärfer gewordenen Sozialdemokratie wäre für die auswärtige Politik ebenso ungünstig wie der Sieg der Rechten. Was man im Auslande als Garantie und Voraussetzung jeder Zurechtfindung ansieht, ist eine mit dem Sozialismus verständigte bürgerlich-demokratische Regierung, und gerade diese scheint immer unmöglicher zu werden, vor allem allerdings gerade durch den Druck der auswärtigen Politik, die alle Sprengkräfte des deutschen Volkstums gegeneinander entzündet hat. Möglich, daß die gegenwärtige Krisis die Sozialdemokraten wieder in die Regierung einwippt, aus der sie sich heraus ma|növriert haben. Das wird vor allem von der Haltung des Zentrums abhängen. Aber solange Sozialdemokraten und Volkspartei sich nicht an einen Tisch setzen können, ist von einer Stabilität der Regierung nicht die Rede, stehen immer neue Krisen in Aussicht.[14] Dazu aber scheint es der beiderseitige Klassenhaß niemals kommen lassen zu wollen.

Ich wage es hier nicht, von der nächsten Zukunft zu sprechen. Das Schlimmste ist das gleichzeitige Drohen der „Sanktionen", d. h. des Raubes der Kohlengebiete, im Westen *und* im Osten.[15] Ob wir ein Kabinett des nationalen passiven Widerstandes oder ein solches der Unterwerfung bilden, die Bestimmungen sind so, daß den „Sanktionen" schwer zu entgehen ist, im einen wie im andern Fall. Es bleiben immer soviel Strafbestimmungen

---

Briand". Zit. nach: Verhandlungen des Reichstags, Band 349 (1921), S. 3426 und S. 3432.

13 Der franz. Aphorismus „C'est pire qu'un crime, c'est une faute" wird ursprünglich dem napoleonischen Polizeiminister Joseph Fouché als Reaktion auf den Befehl Napoleons I. zur Hinrichtung des royalistischen Herzogs von Enghien im Jahr 1804 zugeschrieben.

14 Das am 10. Mai 1921 gebildete Kabinett Wirth wurde von SPD, Zentrum und DDP beschickt. Die im Kabinett Fehrenbach noch vertretene DVP ging in die Opposition.

15 Nachdem sich bei der im Versailler Vertrag festgelegten Volksabstimmung über den territorialen Verbleib der preußischen Provinz Oberschlesien am 20. März 1921 ca. 60 % für Deutschland und ca. 40 % für Polen ausgesprochen hatten, besetzten polnische Freischärler ab dem 3. Mai 1921 die oberschlesischen Industrie- und Kohlegebiete („dritter oberschlesischer Aufstand"). Die französisch geleitete Interalliierte Kommission in Oberschlesien und die überwiegend französischen Besatzungstruppen schritten gegen die polnischen Aufständischen zunächst nicht ein. Vgl. Frédéric Dessberg: Enjeux et rivalités politiques franco-britanniques

und Verfehlungsmöglichkeiten übrig, daß der Wille zu den Sanktionen unter allen Umständen sich durchsetzen kann. Man denkt heute der deutschen Staatsmänner, die von Versailles zurückkamen und sagten: „Die Unterwerfung wird euch nichts nützen. Was ihr durch sie vermeiden wollt, kommt doch; nur später und gründlicher."[16] Steht es heute ebenso? Ich bin geneigt es anzunehmen. Doch darf ich nicht verschweigen, daß ich unter *allen* Verantwortlichen nicht einen gefunden habe, der für Ablehnung ist. Es muß also starke Gründe für die Annahme geben. Nur war dann, wenn das so ist, unsere Londoner Politik falsch. Auch darf man im Fall der Annahme nicht allzu große Hoffnungen auf die Differenzen der Alliierten setzen. Frankreich wird ihnen, vor allem in Oberschlesien, Konzessionen machen. Aber werden das mehr als Scheinkonzessionen sein?

All die täglich wechselnden Ereignisse muß ich der Tagespresse überlassen. Wer weiß, wie die Dinge in vier Wochen stehen? Ich kann hier nur die Grundlinien herauszuarbeiten suchen. Lehrreich dafür sind die jetzt erschienenen „Gesammelten politischen Schriften" des unvergeßlichen Max Weber (Drei-Masken-Verlag 1921), wo insbesondere auch interessante Briefe mitgeteilt sind.[17] Er sah von vorneherein die Bildung einer deutschen Verfassung aus der Schmach und Erniedrigung heraus für ein schweres, wenn auch unvermeidliches Unglück an. Sie werde nie populär werden. Aber nach dem „wahnsinnigen Hazard Ludendorffs" und dem darauf und daraus folgenden „blutigen Carneval der Revolution" sei nichts anderes mehr möglich gewesen.[18] So möge man sie denn möglichst im Sinne „der Parität von Arbeitertum und Bürgertum" gestalten und in allem übrigen nicht als allzu definitiv ansehen.[19] Würde jene Parität von der einen oder anderen Sei-

---

(2009), S. 58 ff. Troeltschs Szenario eines gleichzeitigen „Raubes" der Kohlengebiete im Westen und Osten verbindet diese Ereignisse mit der im „Londoner Ultimatum" angedrohten Besetzung des Ruhrgebiets durch die Alliierten. Denselben Sinn haben die Andeutungen über vermeintliche Pläne zur „Vereinigung aller Kohlengebiete in französischer Hand" und zum Aufbau einer „französischen schwerindustriellen Hegemonie", oben, S. 413.

16 Siehe oben, S. 126.   17 Max Weber: Gesammelte Politische Schriften (1921).
18 Ebd., S. 482: „Der wahnwitzige Hasard Ludendorffs"; ebd., S. 484: „[…] diesem blutigen Karneval, der sich Revolution nennt" (als Zitat in einer Herausgeberfußnote von Marianne Weber).
19 Ebd., S. 379: „Die einzige wertvolle sozialpolitische Leistung der Revolutionszeit sei bisher das Abkommen der Gewerkschaften und Unternehmerverbände […]. Nur wenn in der politischen Macht durch freies Kompromiß eine ähnliche Parität hergestellt werde, könne eine demokratische Regierung nicht nur Frieden sondern auch Neuaufbau aus eigenen Kräften bringen." (Bericht der „Frankfurter Zeitung" über Max Webers Rede „Das neue Deutschland" vom 1. Dezember 1918).

te oder von beiden verlassen, dann bliebe nichts als Invasion von außen und Reaktion von innen, Fremdherrschaft und konservativ-kapitalistisch-bürgerliche Rückbildung. In einem der letzten Briefe an Neurath spricht er von einer bevorstehenden „stupiden Reaktion", die allem Rausch und Wahn, aber auch den berechtigten und nötigen Fortbildungen vorerst ein Ende machen werde.[20] Es gebe in der ganzen Lage nur den einen Lichtblick, daß die furchtbare, russische Gefahr für wohl mehr als ein Jahrhundert abgewendet sei und daß Deutschland infolgedessen schließlich nach allen Qualen und Irrwegen ein zwar nicht imperialistisches, aber freies und ehrliches Dasein führen könne, freilich in einem selbständigen Anschluß an die westlichen politischen Ideen, die in einem Zeitalter solcher Menschenmassen nur eine kurzsichtige Romantik und Demagogie für „wesenhaft undeutsch" erklären könne. Rußland sei immer die Hauptgefahr gewesen, wie von ihm auch der Krieg ausgegangen sei. Es habe überhaupt nur die Alternative zwischen einer Unterwerfung unter Rußland oder einem Anschluß an den westlichen politischen Typus mit vorsichtiger und rationeller Zähmung des uns noch auf lange unentbehrlichen „Kapitalismus" gegeben. Die Alternative bestehe im Grunde noch, und es sei der Fehler des Wilhelminischen Zeitalters gewesen, sie nicht sehen zu wollen, wie es heute noch der Fehler unserer romantischen oder klassenmäßig interessierten Reaktionäre und der sozialistischen Doktrinäre sei, sie nicht zu sehen. Das „spezifisch Deutsche" komme schon von selbst. Man solle doch endlich mit den Deklamationen gegen das Westlertum aufhören, | mit denen man uns und das Ausland nur verwirre.[21]

Meine hier in diesen Briefen vertretenen Auffassungen haben sich im Wesentlichen auf derselben Linie bewegt, ohne daß ich die Gedanken Max Webers kannte. Ich habe nur die Durchführbarkeit der Demokratie in Deutschland, sobald an Stelle der Dynastien ebenso viele Parlamentarismen traten, für schwieriger und die Gefahren der Demokratie, so wie sie bei uns sich zu entwickeln begann, für das geistige Leben für größer gehalten als er. Aber der bewußte Anschluß an den Westen schien mir eine unausweichliche Konsequenz des Krieges, und den Gefahren mußte man dann eben suchen durch Einsetzung gerade der besten Kräfte für die Demokratie zu begegnen. Daß eine starke Rechtsbewegung einsetzen würde, war von Anfang an zu erwarten und dann als Tatsache bald zu konstatieren. Immerhin war aber auch da noch wenigstens denkbar, daß aus ihr Kräfte hervorgehen,

---

20 Ebd., S. 488: „Abgrund einer stupiden Reaktion" (im Brief an Otto Neurath vom 4. Oktober 1919).
21 Troeltsch gibt hier eine sehr freie, nur ungefähr sinngemäße Zusammenfassung diverser während und nach dem Ersten Weltkrieg entstandener Texte Max Webers aus den „Gesammelten Politischen Schriften".

die mit dem Unabänderlichen ihren Frieden machen und die Synthese von Alt und Neu bewußt mit allen Kräften suchen würden. Es gibt solche Leute, aber sie können sich allem Anschein nach gegen ihre eigenen Parteien nicht durchsetzen und die unbedingt klare Abgrenzung gegen die Geisteswelt der Ludendorff und Tirpitz bei sich selber nicht recht gewinnen, wobei der Respekt vor der Leistung und dem reinen Willen des Ersteren ja gar nicht verletzt zu werden brauchte. Aber die Konsequenzen der sicher immer weiter um sich greifenden Rechtsbewegung sind unter diesen Umständen sehr sorglich.

Nun sind diese schon an sich ungeheuren Schwierigkeiten in den Strudel des plötzlich wild aufgeregten Reparationsproblems hineingeraten und damit zugleich in den des neuen französischen Napoleonismus, der uns von West und Ost her völlig zu erdrücken strebt und von England und Amerika nur leise gehemmt wird. Im Zusammenhange damit lebt auch der Kulturkrieg wieder auf. Die Schuldfrage ist zu einer Schuld*en*frage ganz und gar geworden, und je fraglicher der eigentliche Vorwurf einer „bewußten und überlegten Herbeiführung des Weltkrieges zum Zweck einer deutschen Hegemonie"[22] geworden ist, um so blinder tobt die Weltpresse wieder gegen deutsche „Mentalität" überhaupt, darin unterstützt durch allerhand Versuche unserer eigenen Autoren, sich möglichst spezifisch deutsch zu geben und gegen das Westlertum anzukämpfen. Gerade als ob nicht ohne alle Theorien jedes Volk doch bliebe, was es ist, und auch bei stärksten politischen und sozialen Wandlungen nicht das geistige Ergebnis eines Jahrtausends von Geschichte notwendig bewahrte. Ob Reparationsproblem und Schulddogma, die in unlösbarem Zusammenhang stehen und stets nur zusammen behandelt werden können, von unserer Regierung richtig behandelt worden sind, und ob sie nicht sofort im ersteren weit größeres Entgegenkommen, im zweiten weit festere Haltung hätte zeigen können, ob sie nicht vor allem gerade die Kombination beider besser lösen konnte: über all das wage ich wenig zu sagen. Eventualurteile sind überhaupt schwierig; und wer die ungeheure Verwickeltheit solcher politischer Schwierigkeiten aus der Nähe gesehen hat, ist zurückhaltend in der Beurteilung anderer. Und wie vieles ist mir dabei überdies unbekannt oder unverstanden geblieben. Minister Simons mußte sein eigener Finanzminister und sein eigener Reichskanzler sein und ist dabei doch überhaupt mehr Jurist als Diplomat: es waren

---

22 Das Zitat konnte nicht wörtlich nachgewiesen werden. In der alliierten Mantelnote zum Versailler Vertrag vom 16. Juni 1919 (siehe oben, S. 117, Anm. 5) war jedoch gegen Deutschland der Vorwurf erhoben worden, im Streben nach „Vorherrschaft in Europa" den Weltkrieg „gewollt und entfesselt" zu haben. Zit. nach: Das Ultimatum der Entente (1919), S. 77 f.

ungeheure Anforderungen.[23] Kein Wunder, wenn sie nicht erfüllt werden konnten, aber freilich ein furchtbares Unglück, daß das Kabinett gerade im entscheidenden Moment stürzt und nur kommissarisch die Geschäfte weiterführt.

Klar ist nur das eine: wir sind in den zwei Jahren in der internationalen Politik nicht vom Fleck gekommen, in der inneren trotz der Erledigung des Spartakismus in immer schwerere Dauerkrisen hineingerutscht, und die Lage ist so dunkel wie in den hoffnungslosesten Zeiten des Krieges.

Berlin, 10. Mai [19]21. *Troeltsch*

---

[23] Troeltsch rekurriert hier erneut auf die Londoner Konferenz Anfang März 1921, wo Reichsaußenminister Walter Simons als Leiter der deutschen Delegation weitreichende Entscheidungen wie die Zurückhaltung eines Teils des deutschen Reparationsangebots (siehe oben, S. 407, Anm. 9) ohne Rücksprache mit der Reichsregierung in Berlin getroffen hatte.

Nach der Annahme des Ultimatums (Juli 1921)

Editorische Vorbemerkung: Die Edition folgt dem Text, der erschienen ist in: Kunstwart und Kulturwart, hg. von Ferdinand Avenarius, 34. Jg., zweite Hälfte, April bis September 1921, Heft 10, Juliheft 1921, München: Kunstwart-Verlag Georg D. W. Callwey, S. 234–238 (**A**). Der Text erschien in der Rubrik „Vom Heute fürs Morgen" und mit der Datumsangabe 7. Juni 1921.

Nach der Annahme des Ultimatums
Berliner Brief

Es kann sich in diesen Briefen immer wieder nur darum handeln, die außen- und innenpolitische Lage klar zu machen, soweit deren Verständnis für Hoffnungen und Möglichkeiten des geistigen Lebens und der inneren Einigung des deutschen Volkes in Betracht kommt. Der Kunstwart arbeitet mit vielen anderen ähnlichen Unternehmungen für die Gesundung und Einigung des deutschen Geistes, der wie der anderer Völker seit langem durch gewisse Zersetzungen des modernen Geistes bedroht ist. Durch die Zerstörung der politischen und sozialen Ordnung des Reiches sowie durch die furchtbare Erschwerung der Ernährung einer nunmehr für die heutigen Verhältnisse zu groß gewordenen Bevölkerung ist er heute noch weit über dieses allgemeine Maß hinaus gefährdet. Die dauernde Fortsetzung des Krieges durch die Entente, die immer neuen Rechtsbrüche und Mißhandlungen des nationalen Ehrgefühls tun weiter das ihrige dazu, die ungeheure deutsche Tragödie nicht zur Ruhe und Ausheilung ihrer Leiden kommen zu lassen. Was die franz[ösisch]-poln[ische] Geheimpolitik heute in Oberschlesien dem nationalen Ehrgefühl zumutet, ist – alles unter dem Schutz nie versiegender moralischer Phrasen – schlechthin eine Ungeheuerlichkeit und eine fast übermenschliche Anforderung an die Selbstdisziplin der deutschen Bevölkerung. Sie muß fürchten, alles zu verlieren, sowie sie auch nur von den elementarsten Rechten der Notwehr Gebrauch macht;[1] und englische Gewährmänner sagen, daß das Günstigste,

---

1 Da während des polnischen Aufstandes in Oberschlesien seit Anfang Mai 1921

was für sie zu erreichen sei, die Verlängerung der interalliierten Besetzung noch eine Reihe von Jahren hindurch sein werde!

In der Tat, was mit der Annahme des Ultimatums erreicht ist,[2] das wird höchstens eine Atempause im Kampf mit dem französischen Imperialismus sein, der auf den beiden Strängen, dem des finanziellen Reparationsproblems und dem des politischen Sicherungsproblems, zugleich arbeitet und zwischen diesen beiden Strängen immer neue Verbindungslinien herzustellen bereit ist, je nachdem die allgemeine Situation es den Franzosen gestattet. Hier sind die überraschenden Wendungen und Möglichkeiten unabsehbar.

Die Annahme des finanziellen Ultimatums hat vorläufig eine Zurückdrängung des politischen mit sich gebracht. Das war alles, was England erreichen konnte, um sich gegen die für es selbst höchst gefährlichen Folgen des letzteren zu sichern. Daß der deutschen Regierung und dem deutschen Volke nichts anderes übrig blieb, das wird man heute wohl bei allen, die die Lage verstehen und verstehen wollen, als entschieden ansehen dürfen. Die große Frage ist nur, welches die Folgen sein werden.

Die weltwirtschaftlichen und weltfinanziellen Folgen sind heute noch nicht zu berechnen. Alle derartigen phantastischen Maßnahmen sind ohne Analogie in der bisherigen Geschichte und fallen aus allem bisherigen weltwirtschaftlichen Wissen und Denken heraus. Sie werden sicherlich, wie neulich in einer Gesellschaft von Großindustriellen besprochen wurde, zweischneidige Wirkungen haben und nicht bloß nach unserer Seite schneiden. Was ist überhaupt aus all den Berechnungen geworden? Man prophezeite

---

("dritter oberschlesischer Aufstand") die Interalliierte Kommission und die überwiegend französischen Besatzungstruppen zunächst nicht gegen die Aufständischen vorgingen (siehe oben, S. 416, Anm. 15), organisierten sich auf deutscher Seite diverse paramilitärische Verbände im „Selbstschutz Oberschlesien", dessen Versorgung mit Waffen anfangs auch von deutschen Regierungsstellen gefördert wurde. Auf Druck des französischen Botschafters veröffentlichte die Reichsregierung jedoch am 19. Mai 1921 einen offiziellen Aufruf gegen die Bildung von Freikorps, am 24. Mai 1921 erließ Reichspräsident Ebert eine entsprechende Notverordnung. Vgl. Heinrich August Winkler: Weimar 1918–1933 (1993), S. 157 f.

2 Das am 5. Mai 1921 von den Alliierten übermittelte „Londoner Ultimatum" war am 10. Mai 1921 vom Reichstag mit 220 zu 172 Stimmen angenommen worden. Es beinhaltete u. a. die Anerkennung des alliierten Reparationsplans, die Entwaffnung der Einwohnerwehren und die Bereitschaft zur Aburteilung der deutschen Kriegsverbrecher. Im Falle einer Ablehnung ihrer Forderungen hatten die Alliierten die militärische Besetzung des Ruhrgebiets angedroht (vgl. oben, S. 413, Anm. 6).

Weltkohlen|not und hat heute Kohlenüberfluß, der sich beständig steigern wird. Man prophezeite drückendsten Mangel an Schiffsraum und weiß heute die Schiffe nicht zu füllen. Man verkündete den alles erstickenden Reichtum Amerikas und der Neutralen. Aber diese haben zwar Gold im Überfluß, im übrigen Arbeitslosigkeit und Mangel. Die erste deutsche Zahlung hat inzwischen bereits den Dollar, in dem sie als in dem Weltmaß erfolgte, mächtig in die Höhe getrieben, zum Schaden der anderen alliierten Valuten und zur Erschwerung amerikanischer Ausfuhr. Kurz, die eigentliche Hauptwirkung ist noch unabsehbar. Und wer will sich diese Dinge 30 und 40 Jahre fortgesetzt denken!

Die weltpolitischen Folgen bestehen mehr in der Enthüllung und Offenbarung der inzwischen gewordenen Sachlagen, als in einer wirklichen Klärung der Situation. Ich bitte sich der Briefe aus dem letzten Herbst über das Weltsystem der Entente und das des Bolschewismus zu erinnern.[3] Welche Änderungen in dieser kurzen Zeit? Das letztere ist inzwischen stark eingeschrumpft. Es hat die Hoffnung auf eine bolschewistische Weltrevolution so gut wie aufgegeben, seine indische und türkische Propaganda aufzugeben wenigstens versprochen, schließt Verträge mit den anderen Staaten und geht zu einem gemischten System über, das schließlich vor allem ein neuer russischer Nationalismus zu werden verspricht.[4] In dem Weltsystem der Entente ist die französische Politik inzwischen scharf verselbständigt und als die der einzigen militärischen Großmacht der augenblicklichen Welt äußerst anspruchsvoll geworden, weit über die nie zu verkennenden, ernsten Bedürfnisse und Nöte Frankreichs hinaus. Die Spannung zwischen englischer und französischer Politik ist unverkennbar, seit Lloyd George nicht mehr seine ganze autokratische und persönliche Politik treiben kann, sondern das bisher völlig zurückgedrängte Foreign Office und die City wieder ihr Wort mitreden. Amerika ist aus der Lähmung, in die der Gegensatz Wilsons und seiner Parlamente es versetzte, herausgetreten und sieht immer deutlicher die wirtschaftliche Weltgefahr, die aus den europäischen Zuständen droht, kann sich aber noch nicht entschließen, eine klare Richtung einzuschlagen und zu erklären. Der Friede mit Deutschland, den man als sofortige und natürliche Folge der wiedergewonnenen Aktionsfähigkeit der Parlamente ansah, ist nicht zustande gekommen und heiß umstritten.[5] Das alles sieht

---

3 Siehe oben, S. 327–341 und S. 342–350.
4 Siehe dazu oben, S. 403, Anm. 1.
5 Da die USA den Versailler Vertrag nicht ratifiziert hatten, bestand de jure im Sommer 1921 immer noch Kriegszustand zwischen den USA und dem Deutschen Reich. Die Verhandlungen über einen Sonderfrieden gestalteten sich schwierig, weil die USA sich in ihm die gleichen Rechte sichern wollten, die ihnen nach

nicht nach Weltberuhigung aus und wird uns die innere Sammlung nicht erleichtern. Von den im Orient spielenden Wirren und drohenden Schwierigkeiten ist dabei noch gar nicht die Rede. Indische Herren versichern mir mehrfach, daß Englands Lage in Indien sehr schwierig geworden sei, ähnlich wie die Frankreichs in Syrien.[6] Jedenfalls ist die Welt geladen mit den ungeheuersten macht- und weltpolitischen Spannungen und hat der Weltkrieg eine Entspannung nicht gebracht. Und da träumen die Menschen von einer inneren Einigung in Deutschland auf Grund von Pazifismus, neuem Geist und Weltversöhnung!

Nein, für uns kann es nur darauf ankommen, die nötige Selbstbegrenzung zu vollziehen, zu der uns die Entscheidung des Schicksals nötigt, damit den Gegnern die Furcht vor einer Wiederaufnahme des alten deutschen Imperialismus genommen werde. Aber Freiheit, Ehre, Selbständigkeit und nationale Zusammenfassung als *unabhängiger Staat* muß das Ziel sein, der bescheidener und begrenzter als der frühere niemand bedroht, aber selbst sein klares Existenzrecht haben will. Die Hauptfrage ist sodann, wie das *Übervölkerungsproblem* unter diesen neuen engeren Umständen gelöst werden kann. Ohne systematische *Siedlungs- und Auswanderungspolitik* wird das nicht möglich sein. Auch die industriellen *Konzentrationen*, die jetzt mächtig im Gange sind, die aber auch auf Ersparung an Verwaltung und Menschen hinauslaufen, werden dabei eine sehr große Rolle spielen müssen. Freilich, an ein mittelalterlich-ständisches Idyll, das manche hoffen, ist nicht zu denken. Es wird ein rationeller, höchst gesteigerter Kapitalismus sein müssen. |

Eine deutsche auswärtige Politik und eine ernste Klärung der öffentlichen Meinung über das, was heute in ihr möglich und darum notwendig ist, hat es in den letzten zwei Jahren kaum gegeben. Unsere auswärtige Politik, zum Teil in den wichtigsten Gesandtenposten von völligen Neulingen ohne

---

dem Versailler Vertrag zugestanden hätten. Eine entsprechende Resolution verabschiedeten am 30. Juni 1921 das US-Repräsentantenhaus und am 1. Juli 1921 der US-Senat (Porter-Knox-Resolution). Am Schluss kam die deutsche Regierung den US-amerikanischen Wünschen weit entgegen, so dass der Sonderfrieden am 25. August 1921 endlich abgeschlossen werden konnte. Vgl. Die Kabinette Wirth I und II (1973), S. LXV.

6 Zu Troeltschs indischen Kontakten siehe oben, S. 242, Anm. 7. Im Sommer 1920 begann in Indien die erste große „Non-Cooperation"-Kampagne der indischen Unabhängigkeitsbewegung. Syrien war 1920 im Vertrag von Sèvres unter ein französisches Völkerbundmandat gestellt worden, das aber vom syrischen Nationalkongress nicht anerkannt wurde. Bis 1923 kam es in Syrien immer wieder zu Aufständen gegen die französische Besatzung. Vgl. Daniel Neep: Occupying Syria under the French Mandate (2012).

diplomatische Überlieferung und Konnexion geführt[7] und im Zentrum von den sehr verschieden gerichteten „Sachverständigen" beraten, hat bis jetzt wesentlich die finanziellen Reparationen in erträglichen Grenzen zu halten gesucht. Im Ausland, auch vielfach im neutralen, nannte man das einfach Mogeln und Drücken von der Zahlungspflicht. Angaben der Sachverständigen über deutsche Leistungsmöglichkeiten, die von der Entente sofort zahlenmäßig als unrichtig erwiesen werden konnten, haben zu schweren diplomatischen Niederlagen geführt. Und die immer neuen Berechnungen der Zahlungshöhen und Zahlungsweisen haben – vermutlich nicht mit Recht – den Eindruck der Rabulistik und schlauen Überlistungsversuche erweckt. Der persönlich absolut loyale und vortreffliche Minister Simons hat schließlich zu dem letzten verzweifelten Mittel des vorbehaltlosen Appells an Amerika gegriffen, um damit den Glauben an die deutsche Ehrlichkeit und Sachlichkeit sicher zu stellen. Bei den Aktionen, die seine unverschuldeten Niederlagen waren, hat er begeisterten Beifall und Massenbegrüßung gefunden; bei dem verzweifelten, aber nicht unklugen Ausweg aus der Sackgasse ließ man ihn fallen.[8] Er hat vermutlich auf eine Annahme durch Amerika gar nicht gerechnet, sondern nur das Vertrauen um jeden Preis herstellen und die Fesselung durch die Sachverständigen durchbrechen wollen. Mir scheint, daß er sein Ziel bis zu einem gewissen Grad auch erreicht hat. Es müßte einmal die Geschichte der Sachverständigen-Beratung und der demokratischen Reformen des auswärtigen Amtes geschrieben werden![9]

Das neue Kabinett hat außenpolitisch Atempause und hat wieder einen Berufsdiplomaten an die Spitze des Auswärtigen Amtes gestellt.[10] Es hat aber innerpolitisch die Aufgabe, die Zahlung der Reparationen durchzu-

---

7 Die Anspielung bezieht sich vermutlich vor allem auf Friedrich Sthamer (1856–1931), den deutschen Botschafter in London, der vor seiner Ernennung im August 1920 Senator und Erster Bürgermeister in Hamburg gewesen war. Sthamers unglückliche Ratschläge an die deutsche Verhandlungsdelegation hatten maßgeblich zum Scheitern der Londoner Konferenz Anfang März 1921 beigetragen. Siehe dazu oben, S. 407, Anm. 9.
8 Die Bemühungen von Reichsaußenminister Walter Simons um eine Vermittlung der USA in der Reparationsfrage im April 1921 (siehe oben, S. 413, Anm. 6) stießen vor allem in der DVP auf Ablehnung. Die Forderung der DVP nach Ablösung Simons leitete Anfang Mai 1921 den Sturz des Kabinetts Fehrenbach ein. Vgl. Das Kabinett Fehrenbach (1972), S. LXVIII f.
9 Zur „Schülerschen Reform" des Auswärtigen Dienstes siehe oben, S. 195, Anm. 13.
10 Am 23. Mai 1921 wurde Friedrich Rosen (1856–1935), der seit 1890 im Auswärtigen Dienst und zuletzt seit 1916 als deutscher Gesandter in Den Haag tätig gewesen war, zum Reichsaußenminister im Kabinett Wirth ernannt.

setzen und zu vertreten. Dieser Umstand wird unsere innere Politik maßlos weiter komplizieren und leidenschaftlich vergiften. Es ist eine Aufgabe, die nur von einer möglichst breiten Mitte und Festigung des bestehenden politischen Systems gelöst werden kann. Sie droht aber in ihrer Durchführung gerade die Mitte vollends zu verschlingen und die Nation neu in Bürgerliche und Arbeiter auseinanderzutreiben, zwischen denen nur mehr das Zentrum, selbst ganz ähnlich gespalten und nach rechts und links Verstärkung werbend, steht. Nach Annahme des Ultimatums hielt die Zentral-Arbeitsgemeinschaft der Industrie die Einberufung einer Sitzung für nötig. Die Arbeitervertreter kamen, ließen aber erklären, sie hätten mit der ganzen Sache gar nichts zu tun; alles betreffe nur die Unternehmer, die ja den Krieg in ihrem Interesse hinausgezogen hätten und die daher auch allein für die Folgen aufkommen müßten.[11] Es ist zu befürchten, daß Herr Robert Schmidt im Reichswirtschaftsministerium nach solchen Grundsätzen zu arbeiten versuchen wird.[12] Umgekehrt haben bekanntlich im Reichstag die Herren von Braun und von Gräfe die Arbeiter für die Annahme des „schmachvollen" Ultimatums verantwortlich gemacht und die Unmöglichkeit erklärt, daß der Besitz die Steuern trage.[13] Das ist ein böser Auftakt für die kommenden Entscheidungen. Das Kabinett will die Basis verbreitern, Unabhängige und Volkspartei womöglich mit heranziehen, mindestens Sozialdemokraten und Volkspartei zusammenbringen, was in der Tat der Angelpunkt der Lage ist. Parlamente und Wähler aber haben alle Neigung, die

---

11 Die Zentralarbeitsgemeinschaft der industriellen und gewerblichen Arbeitgeber und Arbeitnehmer (ZAG) war im Stinnes-Legien-Abkommen vom 15. November 1918 als paritätisch besetztes Koordinationsgremium von Industrie und Gewerkschaften geschaffen worden. Bei dem von Troeltsch geschilderten Vorfall handelt es sich wahrscheinlich um einen Konflikt in der ZAG im Frühjahr 1921 über die Forderung der Arbeitgeber nach Abschaffung einer Ausfuhrabgabe. Vgl. Gerald D. Feldman, Irmgard Steinisch: Industrie und Gewerkschaften 1918–1924 (1985), S. 71–77.

12 Reichswirtschaftsminister Robert Schmidt (SPD) sorgte im Mai 1921 mit dem Vorschlag für Aufsehen, dem Reich durch Zwangshypotheken und Aktien- und Kapitalbeteiligungen die Kontrolle über 20% der Realvermögen und der Privatunternehmen in Deutschland zu sichern, um auf diese Weise die Reparationszahlungen finanzieren zu können. Vgl. Gerald D. Feldman, Irmgard Steinisch: Industrie und Gewerkschaften 1918–1924 (1985), S. 78. Zu Troeltschs Auffassung über Robert Schmidt siehe oben, S. 247 und ebd., Anm. 14.

13 Vgl. die Reden der DNVP-Abgeordneten Friedrich Edler von Braun in der Reichstagssitzung am 2. Juni 1921 und Albrecht von Graefe in der Reichstagssitzung am 4. Juni 1921, in: Verhandlungen des Reichstags, Band 349 (1921), S. 3733–3742 und S. 3796–3801.

Scheidung in Bürgerliche und Sozialisten reinlich zu vollziehen und mit der Parole „die andern sollen die neuen Steuern tragen", in den Wahlkampf zu ziehen, wo man dann mit solcher Parole den Gegner zu überrennen hofft.

Insofern verspricht nach innen die Annahme des Ultimatums gesteigerte Kämpfe, tiefste geistige Entzweiungen. Alles, Innenpolitik und Außenpolitik, ist eine Schraube ohne Ende, wo jede der bisherigen schein|baren Lösungen die Situation nur erschwert hat und wo jeder Fortschritt in Beruhigung und Gesundung gegen die Bedingungen der Gesundung selber gleichgültiger macht.

Ich möchte aber daneben nicht verschweigen, daß ich in den letzten Zeiten sehr verschiedene fremde Beobachter gesprochen habe, die den Fortschritt und die Gesundung Deutschlands für außerordentlich bedeutend hielten und durchweg an unsere Wiedererhebung glaubten – freilich selbstverständlich immer unter gleichzeitiger Forderung eines „neuen Geistes". Es ist ein Vertrauen, das sogar die alten Gegner selbst teilen. Freilich hat auch dieses Vertrauen seine Kehrseite: es peitscht die französische Auflösungspolitik auf und läßt der Welt die ungeheuerlichsten Zahlungen als ein Kinderspiel für Deutschland erscheinen. Immerhin, Deutschland selbst gesundet, wenigstens auf dem Land und in den kleinen Städten. Was bisher fehlt, ist „nur" eine auch nur relative Klarheit und Einigkeit des Geistes.

In einer Gesellschaft vor ein paar Tagen hörte ich dem Gespräch eines alten Generals und eines jüngeren Großindustriellen zu. Der General erklärte, durchaus kein Reaktionär und kein Konservativer zu sein; auch von den Deutschnationalen und Antisemiten wolle er nichts wissen. Er sei Humorist und genieße das Schauspiel menschlichen Narrentums. Die Menschen seien nun einmal Egoisten, sowohl die Völker als die einzelnen Staatsbürger. So habe sie unser Herrgott geschaffen und daraus müßten die Folgen gezogen werden. Aber die Deutschen seien nun einmal ein dummes Volk, das an die Völkerversöhnung und die Menschenliebe glaube und dem dadurch alles verloren gehe. Der Parlamentarismus insbesondere sei eine Viecherei und habe nur die Konsequenz, Deutschland in allen möglichen politischen Komplikationen auf die falsche Seite zu führen. Nur ein scharfer nationaler Egoismus könne helfen, aber den gebe es nicht und deswegen werde alles immer schlimmer und närrischer werden. Ihm könne es ganz recht sein. Denn das deutsche Narrenhaus so gut besetzt zu sehen, sei immerhin etwas recht Interessantes, worum uns spätere langweiligere Geschlechter beneiden würden. Ich erzählte diese Äußerungen einem andern General,[14] der

---

[14] Es handelt sich vermutlich um den Generalmajor Hans von Haeften, evtl. auch um den ehem. Generalleutnant Wilhelm Groener (mittlerweile Reichsverkehrsminister). Zu Troeltschs Kontakt zu Haeften und Groener siehe oben, S. 59, Anm. 1.

meinte, ja, so dächten Tausende; politisch konservativ seien sie darum lange nicht; es sei die Art, ihre alten Gedankengänge in die neue Situation zu übersetzen. Der Großindustrielle umgekehrt, bekannte sich zu einem lebhaften Optimismus, sah überall Produktion und Arbeitswille im Aufsteigen, setzte große Hoffnungen auf die Stinnesschen Konzentrationen[15] und auf weltpolitische Glückszufälle, die sicher eintreten würden. Die Theorie vom absoluten Egoismus der Menschen, von der Notwendigkeit eines unbedenklichen Nationalismus teilte allerdings auch er. Er glaubte, daß es gelingen werde, die ganze Nation national zu machen. Als ich ihn dann unter vier Augen fragte, wie er das letztere verstehe, da ja die Rechtsparteien und Mittelparteien schon national seien und die Sozialdemokraten auf ihre Weise es auch seien, da meinte er, die Forderung beziehe sich wesentlich auf die Sozialdemokratie und bedeute den Verzicht auf besondere Klassenideale und Klasseninteressen des Arbeitertums, sowie auf die Arbeiter-Internationale. Als ich darauf bemerkte, daß das schwerlich zu erreichen, weil psychologisch vorerst ganz unmöglich sei, meinte er, daß allerdings die Entscheidung durch Gewalt und Bürgerkrieg herbeigeführt werden müsse. Anders gebe es keine Entspannung, so peinlich ein solcher Ausweg sei. In England werde es zum entscheidenden Kampfe kommen, in Italien arbeiten die Fascisten. Auch in Deutschland werde es nicht rein parlamentarisch abgehen. So glatt arbeite die Weltgeschichte nicht.

Noch ein Gespräch! Diesmal mit Rabindranath Tagore.[16] Er, ein unendlich feiner und liebenswürdiger Mensch, bat mich um eine Analyse der europäischen und besonders deutschen Situation. Ich schilderte ihm dann die Entstehung der großen Wirtschaftsimperien, die Bevölkerungssteigerung,

---

15 Als „vertikale Konzentration" wurde seit 1920 die Expansionsstrategie des Ruhrindustriellen Hugo Stinnes bezeichnet, sein ursprünglich in der Schwerindustrie beheimatetes Unternehmen durch Unternehmensbeteiligungen im Energie- und Verkehrssektor, im Maschinenbau, in der verarbeitenden Industrie, in Reedereiunternehmen etc. abzusichern. Vgl. Gerald D. Feldman: Hugo Stinnes (1998), S. 634 ff.

16 Der zeitgenössisch sehr populäre indische Schriftsteller Rabindranath Tagore (1861–1941) absolvierte im Frühjahr 1921 eine öffentlich viel beachtete Europareise, um in Stockholm den ihm bereits 1913 zugesprochenen Literaturnobelpreis entgegenzunehmen. Vom 12. Mai bis zum 15. Juni 1921 hielt sich Tagore (mit kurzer Unterbrechung) in Deutschland auf, wo er u. a. Hamburg, Berlin, München und Darmstadt besuchte. Troeltsch dürfte Tagore am Rande eines Vortrags des Schriftstellers an der Berliner Universität am 2. Juni 1921 gesprochen haben. Vgl. Vossische Zeitung vom 2. Juni 1921 (Abend-Ausgabe), Rabindranath Tagore in Berlin; vgl. Martin Kämpchen: Rabindranath Tagore und Deutschland (2011), S. 29.

die schwer auf die Dauer ertragbaren Verhältnisse der industriellen Überarbeit und die aus alledem entstehenden außen- und innenpolitischen Kämpfe. Er war bewegt und antwortete schließlich: in Indien gebe es mehrere Rassen, | die einen begabt für Handarbeit, die anderen für Intellekt und Wissenschaft. Daher hätte man dort in dieser Hinsicht so gesunde Verhältnisse und eine natürliche Arbeitsteilung. So und nicht anders könne es gehen. Ich mochte ihm nicht sagen, daß die Verträglichkeit dieser Rassen nur durch die englische Fremdherrschaft garantiert ist und daß uns diese Botschaft der indischen Wälder nicht sehr viel helfen könne. Ich glaube, er weiß es selbst.

Berlin, 7. 6. [19]21. *Troeltsch*

Ideologien und reale Verhältnisse (August 1921)

Editorische Vorbemerkung: Die Edition folgt dem Text, der erschienen ist in: Kunstwart und Kulturwart, hg. von Ferdinand Avenarius, 34. Jg., zweite Hälfte, April bis September 1921, Heft 11, Augustheft 1921, München: Kunstwart-Verlag Georg D. W. Callwey, S. 287–293 (**A**). Der Text erschien in der Rubrik „Vom Heute fürs Morgen" und mit der Datumsangabe 5. Juli 1921.

Ideologien und reale Verhältnisse
Berliner Brief

Die Grundlinien der allgemeinen politischen Lage sind heute für den Moment recht deutlich und werden auch offen in der Tagespresse erörtert. Der Weltkrieg geht fort. Die Beziehun|gen der Ententemächte zueinander werden immer komplizierter, undurchsichtiger und Überraschungen ausgesetzt. Das Orientproblem ist gänzlich ungelöst und bietet Italienern und Franzosen große Schwierigkeiten.[1] Wenige zweifeln an dem früher oder später irgendwo und irgendwie ausbrechenden neuen Weltkriege. Nur gegen die europäische Mitte und den Osten wird die Fiktion des Versailler Weltfriedens mit aller Gewalt aufrecht erhalten, und wenn das den Franzosen als Gesamtheit auch wenig nützt, so bietet es doch für Aussaugung und Bereicherung gewisser Schichten dieser Advokaten-, Journalisten- und Kapitalisten-Republik glänzende Gelegenheit, woran auch andere, Ausländer und Inländer, bei uns sich reichlich beteiligen. Grund genug, daß die Mächtigen das System trotz seiner die Gesamtheit schädigenden Wirkungen aufrecht erhalten. Die Folge dieses mitteleuropäischen „Friedens" ist

---

1 Zu Frankreichs Problemen in Syrien siehe oben, S. 424, Anm. 6. Außerdem hielt Frankreich seit Ende 1918 in der Türkei die Region Kilikien besetzt und stand dort in verlustreichen Kämpfen mit der nationaltürkischen Bewegung. Italien hielt in der Türkei seit 1918 die Region um Antalya besetzt und war außerdem mit anhaltendem Widerstand gegen ihre Kolonialherrschaft in Libyen konfrontiert. Vgl. Ali Abdullatif Ahmida: The Making of Modern Libya (2009).

die Ausscheidung Rußlands und Mitteleuropas aus der Abnehmerschaft in der Weltwirtschaft und damit eine totale, überall fühlbare Zerrüttung der letzteren, d. h. der Grundlagen, auf denen das unbeschreiblich künstliche und komplizierte moderne Leben überhaupt ruht. Hier ist alle Welt ratlos und steht dem Chaos ohne Maßstäbe und ohne auf Erfahrung und Analogie begründete allgemeine Begriffe gegenüber.

In Deutschland ist die Wirkung des neuesten Druckes dieses „Weltfriedens" die Verstärkung der Tendenz auf das Zweiparteiensystem. Die Ausführung *fordert* fast mehr als jede Lage bisher eine Koalitionspolitik, die man daher im Reich auch notdürftig und schwach konstruiert hat, *bewirkt* aber durch die Scheidung der Steuerinteressen in Wahrheit eine Scheidung von Arbeitern und Bürgerlichen, wozu die Parlamente und großen Einzelstaaten bereits auf dem Wege sind.² Die Sozialdemokratie *war* eine Mittelpartei in den Anfängen der deutschen Republik, in Wahrheit ihre Gründerin und Retterin. Heute strebt sie nach Verstärkung durch irgendwie geartete Gemeinschaft mit den Unabhängigen, will in die Stellung der Opposition zurück und betont von ihrer rissig gewordenen Ideologie wieder vor allem die Idee des Klassenkampfes, um ihre Leute durch eine Idee zusammenzuhalten. Ob das gelingt, ist eine Frage. Neulich war ein polnischer Magnat hier; er traf in seinem Hotel einen Portier, den er bald als Polen erkannte, und fragte ihn, ob er nicht in das sehr demokratische und sozialistische Polen zurückwolle; er verneinte es, er wolle in Deutschland bleiben, wo es dem Arbeiter heute am besten gehe auf der Welt. Das ist es im Grunde doch allein, was die Leute wollen, und die großen sozialistischen Ideologien sind Sache der Politiker und Literaten und Werkzeug der um die parlamentarische Macht Kämpfenden. Die reine Ideologie des Kommunismus hat in den großen Putschen und ihren Greueln sowie in der russischen Verwirklichung, von der gleich die Rede sein soll, ihren Zauber verloren. Andererseits strebt man auf der Rechten nach einer Partei der bürgerlichen Interessen, wofür man teils alte Ideologien belebt, teils neue sucht. Neulich wurde im Kreise einflußreicher Politiker besprochen, wie man etwa Formel und Parole dafür schaffen könnte. Die Formel Bürgerpartei gegen Proletariat empfand man selbst als unmöglich. Man schlug vor „Föderalisten gegen Unitarier" oder „Christliche Partei gegen die Religionslosen", womit man die ganz anders

---

2 Mit dem (ersten) Kabinett Wirth war im Mai 1921 die „Weimarer Koalition" aus SPD, Zentrum und DDP als Minderheitskabinett auf Reichsebene wiederhergestellt worden. Dagegen war in Preußen am 21. April 1921 der Zentrumspolitiker Adam Stegerwald mit den Stimmen der bürgerlichen Parteien einschließlich der DNVP zum Ministerpräsidenten gewählt worden. Stegerwald hatte ein Minderheitskabinett aus Politikern von Zentrum und DDP gebildet.

gemeinte Stegerwaldsche Parole sich nutzbar zu machen hoffte.³ Aber das Gespräch ergab nur die vorläufige Unmöglichkeit solcher Parolen. Denn sie sind erschwert durch die naturnotwendige Mittelstellung des Zentrums, das beständig zwischen beiden Teilen vermitteln muß und dadurch, ob rechts oder links stehend, stets ausschlaggebend wirken muß, und durch den von der Rechten so hemmungslos gepflegten Antisemitismus, der die Einbeziehung des doch unentbehrlichen Judentums in die bürgerliche Einheitspartei unmöglich macht. So bleiben außer der außenpolitischen Situation, die es dringend verlangt, auch im Innern starke Tendenzen auf eine Mittebildungª übrig, die es schwerlich je zu jener Zweiteilung wirklich kommen lassen. Aber es ist klar, daß unter | diesen Umständen die Regierungsbildung immer schwieriger wird. Die Versuche, Sozialdemokratie und Volkspartei an ihr zu beteiligen, haben die tiefen Scheidungen und Gegensätze offenbart und die Situation in dieser – leider sehr beunruhigenden Weise – geklärt. Wenn, wie man von kundigen Leuten hören kann, über diesen Dingen gar noch das Zentrum sich spalten sollte, dann hätte man die unerfreuliche Klärung auf ihrem Gipfel und völlig neue Verhältnisse zu erwarten.

Was hinter all diesen Vorgängen liegt, ist aber doch nichts anderes als ganz einfach die Struktur des deutschen Volkes selbst. All die sozialistischen, pazifistischen, demokratischen Ideologien einerseits und die nationalistischen, heroisch-kriegerischen, antisemitisch-rassentheoretischen anderseits verdecken doch nur die wirkliche Wesens- und Interessenschichtung des deutschen Volkes, die nach und nach seit der Abwendung der ärgsten Unruhen und Unsicherheiten wieder sichtbar wird und sich aus dem durch den Kriegsausgang bewirkten Wirbel wieder zu Boden setzt. Und es kann kein Zweifel sein, daß dann die bürgerlich-kapitalistische, die amtliche und gebildete Welt, sowie die ländliche der stärkere Teil ist. Die wirkliche Macht ist schon heute wieder überwiegend auf ihrer Seite. Die sehr verschiedene Behandlung der kommunistischen Putschisten und der Kapp-Rebellen zeigt ganz deutlich, wo heute schon die wirkliche Macht sitzt.⁴ Ebenso die Entwickelung des Schulkompromisses zur Konfessionalisierung der Schule, wo-

---

a *A:* Mittelbildung

---

3 Zu Adam Stegerwalds interkonfessioneller Sammlungspolitik siehe oben, S. 364 f. und ebd., Anm. 4.

4 Am 2. August 1920 hatte der Reichstag alle Teilnehmer des Kapp-Putsches mit Ausnahme der „Urheber" und „Führer" amnestiert. Da die Anführer der Kapp-Putschisten sich überwiegend ins Ausland abgesetzt hatten oder in Bayern Zuflucht fanden, wo sie von den Behörden vor der Strafverfolgung geschützt wurden, kam es in der Folge nur zu drei Hochverratsverfahren, von denen nur der Prozeß

bei die Radikalen mit der Weltanschauungsschule, d. h. einigen den Atheisten ausgelieferten Schulen entschädigt werden.[5] Ob es von da aus wirklich zu einer „stupiden Reaktion" und dementsprechend zu einer ebenso stupiden Opposition um jeden Preis kommen wird, ist freilich glücklicher Weise immer noch sehr fraglich. Denn die Macht der Arbeiterpartei kann auf ihre natürlichen Grenzen zurückgehen, bleibt aber immer groß genug. Und die demokratisch-politische Technik bleibt auf alle absehbare Zeit doch die einzige uns zur Verfügung stehende politische Maschinerie; sie aber schließt doch jede volle und eigentliche Reaktion aus, ganz abgesehen davon, daß eine Restauration der völlig zerstörten Besitz- und Militärverhältnisse unmöglich ist. Was überhaupt nicht mehr ist, kann nicht wieder hergestellt werden. So kann man doch vielleicht hoffen, daß eine Politik der kaltblütigen und illusionslosen Bilanz möglich wird, die auf Zerstörtes verzichtet, neue Kräfte aufnimmt und die alten den neuen Verhältnissen anpaßt, die aus der schicksalsmäßig gewordenen Demokratie wenigstens das politische Verantwortlichkeits- und Solidaritätsgefühl sowie die Willigkeit zur Führer-Auslese herausläutert, ohne welche die Demokratie nur ein spießbürgerlicher Größenwahnsinn ist.

Es ist immer wieder das Mißverhältnis der natürlichen und gegebenen Gliederungen und Kräfteverhältnisse zu den alles verwirrenden und verderbenden, teils beschönigenden, teils vergiftenden Ideologien, das die Leiden-

---

gegen Traugott von Jagow im Dezember 1921 mit einer Verurteilung zu fünf Jahren Festungshaft endete. Dagegen wurden nach der Niederschlagung des kommunistischen „Mitteldeutschen Aufstandes" im März 1921 etwa 6 000 Arbeiter verhaftet. Bis Juni 1921 verhängten außerordentliche Gerichte gegen 4 000 Arbeiter Zuchthausstrafen, außerdem acht lebenslängliche Haftstrafen und vier Todesurteile. Vgl. Heinrich August Winkler: Weimar 1918–1933 (1993), S. 136 f. und S. 153 f.

5 Zum Weimarer Schulkompromiss von 1919 siehe oben, S. 137, Anm. 9. Der im April 1921 dem Reichstag zugeleitete Regierungsentwurf für ein Reichsschulgesetz ging von einer Vorrangstellung der Gemeinschaftsschule als Simultanschule mit konfessionell getrenntem Religionsunterricht aus, ermöglichte den Gemeinden auf Antrag der Erziehungsberechtigten aber auch die Einrichtung von Konfessionsschulen oder bekenntnisfreien Schulen (im Entwurf: „weltliche Schulen oder Weltanschauungsschulen"). Außerdem sollte bei der Anstellung der Lehrkräfte in den Gemeinschaftsschulen auf die konfessionelle Gliederung der Schüler Rücksicht genommen werden. Von links wurde die Gemeinschaftsschule deshalb als „verkappte Bekenntnisschule" abgelehnt, während umgekehrt das Zentrum die Konfessionsschulen nicht ausreichend geschützt sah. Der Entwurf zum Reichsschulgesetz wurde erst im Januar 1922 im Reichstag in erster Lesung behandelt und scheiterte später in den Ausschussberatungen. Vgl. Günther Grünthal: Reichsschulgesetz und Zentrumspartei in der Weimarer Republik (1968), S. 114–119.

schaften weckt, die Klarheit verfinstert und die richtigen Wege, von denen man höchstens Anfänge sehen kann, versperrt und verbaut. Wie sehr das der Fall ist, das zeigte mir neulich der eingehende Bericht eines Russen über Entwicklung und Wesen des Bolschewismus.[6] Seine Hauptthese war, daß der Bolschewismus überhaupt kein Sozialismus und überhaupt kein Erzeugnis der Ideologie, in diesem Falle der Marxistischen, sei, sondern ganz einfach und realistisch das Ergebnis der aus dem Krieg sich ergebenden Anarchie auf dem Boden einer noch schwach entwickelten modernen Wirtschaft und Politik, die Wiederaufhebung der Europäisierung und Verbürgerlichung Rußlands zu Gunsten der alten Naturalwirtschaft und der alten feudalen Gesellschaftsordnung, eine volle Analogie zu der naturalwirtschaftlichen und feudalen Rückbildung des römischen Reiches unter Diokletian. Die Leninsche Ideologie habe um alles das nur den Sternenmantel der sozialistischen Ideologie geschlagen; aber dieser Mantel sei teils ohnmächtige Theorie, teils wohlberechnete Lüge, ähnlich wie die große Weltlüge von der deutschen Barbarei und Verdorbenheit, dem deutschen Kult der Roheit und Gewalt ein ideologisches Mittel für sehr reale | Zwecke war und heute noch ist. Lenin selbst sei ehrlich und moralisch völlig intakt, aber er sei mehr das geistliche Prinzip, der Papst, neben der sehr viel stärkeren und sehr weltliche Zwecke verfolgenden weltlichen Macht, die sich seiner und seiner Theorien bedient und die ihn durch die Notwendigkeit der Aufrechterhaltung der bolschewistischen Einheit in ihrer Hand habe. Er sei der pieux assassin[a] wie einst Robespierre,[7] neben dem ganz andere Leute die wirkliche Politik bestimmen.

Der Anfang war 1917 – ich fahre nunmehr der Einfachheit halber in direkter Rede fort – die Anarchie als Folge des Rückströmens der aufgelösten und undisziplinierten Truppen und der Zusammenbruch der in Rußland nie wirklich durchführbaren Kriegswirtschaft. Ein nur halbkultiviertes Riesenreich dem Experiment des modernen Krieges und der Zerbrechung der Weltwirtschaft auszusetzen, war von vorneherein bei der Ungeheuerlichkeit

---

a *A:* assasin

---

6 Der nachfolgende Bericht beruht vermutlich im Kern auf der Schrift von Sergej Dnjeprow: Die Krise des Bolschewismus (1921). Unklar ist, ob Troeltsch einen mündlichen Vortrag des Verfassers wiedergibt, oder ob es sich um eine (dann eher freie) Wiedergabe eigener Lektüre handelt.

7 Die Charakterisierung Robespierres als „un pieux calomniateur et un mystique assassin" (franz.: „ein frommer Verleumder und schwärmerischer Mörder") geht zurück auf François Alphonse Aulard: Études et leçons sur la Révolution Française (1893), S. 281.

der Soldatenmassen etwas völlig Unmögliches, das im Falle der Niederlage nur die Selbstauflösung und die Rückkehr zum Primitivismus bedeuten konnte. Unter allen möglichen Vorwänden, nationalistischen, sozialistischen, revolutionären und antirevolutionären, plünderten und raubten die Banden einer wild und hilflos gewordenen Soldateska. Die nächste Wirkung davon waren die Verelendung des relativ bürgerlichen und industrialistisch kultivierten Westens und Südens und die auswandernden Heuschreckenschwärme der Bevölkerung dieser Gebiete. Das ergab den Bürgerkrieg zwischen beiden Gebieten, der in allen möglichen Weisen von Koltschak, Denikin und andern geführt wurde. Die Bolschewisten waren zunächst machtlos und unbedeutend. Sie gewannen die Führung und Vertretung nach außen, weil sie den Frieden versprachen und das System der Plünderungen als Sozialismus verklärten. Die Bauern bemächtigten sich der Güter, und zwar unter Führung der reicheren und intelligenteren, längst vor dem späteren bolschewistischen Agrardekret,[8] das nur die gewordenen Verhältnisse anerkannte. Ebenso stand es mit der „Beschlagnahme" der Bank-Guthaben. Erst 1918 kam es unter diesen furchtbaren Wirren zu der für die Herrschaft des Bolschewismus entscheidenden Tat, zu der Bildung der roten Armee durch Trotzki[a]. Das war eine entscheidende und gewaltige Tat, in Wahrheit doch aber in dem Hunger der Soldatenbanden begründet, die von Trotzki gewonnen wurden durch die Aussicht auf einen permanenten sie ernährenden Krieg. Für diese Aussicht mußten sie den Preis der Disziplin bezahlen. Einmal gebildet, half dieser Kern der Macht durch entsetzlich grausame Exekutionen den bolschewistischen Führern ein furchtbares Machtinstrument aufzurichten. Die Zeitungen verschwanden, die Opposition verstummte. Die Chinesen dienten als Henker, wenn die roten Truppen in der Disziplin wankend wurden. Die Folge davon war, daß Bolschewismus und Krieg identisch wurden. Denn der Krieg allein konnte die Armee und ihre Angehörigen ernähren. Er wurde in immer neue Gegenden, und möglichst in besitzende und ertragreiche Gegenden getragen. Eine Feldpost der Lebensmittelpakete wurde eingerichtet, die nicht die Armee aus dem Land, sondern das Land aus der Armee ernährt und die vortrefflich funktioniert. Das Wesen der bolschewistischen Politik ist daher der Krieg und nur der Krieg. Sie darf in der ganzen Welt es nicht zum Frieden kommen lassen, muß überall die Einigung der Welt gegen Sowjet-Rußland verhindern und daher überall Zwietracht säen und den Krieg aufrecht erhalten, worin sie

---

[a] *In A durchgehend:* Trotzky

---

[8] Gemeint ist das Agrardekret der sowjetrussischen Regierung vom 26. Oktober 1917 über die entschädigungslose Enteignung des Grundbesitzes.

von der Entente-Politik bis jetzt ebenso glänzend als unfreiwillig unterstützt wird. Nicht die Weltrevolution, sondern der Weltkrieg ist ihre wahre Absicht, weil sie nur unter diesen Umständen ihr Machtinstrument, die rote Armee, ernähren und aufrecht erhalten kann. Die Kriege selbst werden derart geführt, daß sie für das Zivil viel lebensgefährlicher sind als für das Militär, was wiederum die Lust zu solchem Kriegsdienste steigert. Die Armee kommt durch Aushebung zustande, es gibt ein paar rein kommunistische Regimenter, eine kommunistische Garde. Die Offiziere müssen Kommunisten sein. Unter diesen Umständen kommt | die kommunistische Oligarchie zu Macht, Reichtum und Besitz. Sie haust in den Schlössern und hat eigenen Gerichtsstand, eigene Klubs und Restaurants, eigene Reise- und Fahrtberechtigung, ja sogar Kleidungsvorrechte. Ihre Damen dürfen Automobil fahren, Strümpfe tragen und die sonst verbotenen Diamanten zeigen. Allen anderen ist derartiges verboten. Es ist eine Oligarchie, die heute schon ihren Kreis schließt und Neulinge abwehrt, ja die schon Neigung hat zur Erblichkeit; die Universitätsordnung von Kiew läßt als Studenten nur Kommunisten und Söhne von Kommunisten zu! Auf dem Lande haben Kommunisten, als Häupter örtlicher Sowjets sich einführend, Schlösser erworben, in Festungen verwandelt und die Bauern im öffentlichen Auftrag zur Zwangsarbeit, also zu einer neuen Art Leibeigenschaft, zurückgezwungen. Die kommunistischen Vermögen (!) sind steuerfrei und an sonstige Handelsbeschränkungen vielfach nicht gebunden. Es ist ein neuer Feudalismus, eine neue Aristokratie, die hier im Werden ist, und zu den alten primitiven Instinkten und Gewöhnungen der Russen zurückkehrt.

Diese Oligarchie, etwa 50 000 Menschen, und ihr Machtinstrument, die Armee, können leben; die Zäsaren und Prokonsuln sogar im vollsten Luxus. Auch die Bauern können leben, weil sie zur vollen Naturalwirtschaft zurückgekehrt sind und ihre von ihnen selbst nicht zu deckenden Bedürfnisse durch Ausraubung und Auskaufung der Städte gedeckt werden. Ein Bauernmädchen läuft etwa im Federhut und Samtmantel herum, hat aber keine Schuhe, weil solche nicht erhältlich waren. Nicht leben können dagegen die Städte. Sie sind zum Tode verurteilt. Petersburg ist von 2 000 000 auf 400 000 Einwohner zurückgegangen.[9] Die Häuser stehen großenteils leer und offen. Die Klasse des Bürgertums, der vom freien Handel und der freien Produktion lebenden Menschen, ist so gut wie ausgerottet, dem Hunger, den Krankheiten und den Proskriptionen erlegen, soweit sie nicht als Emigranten draußen leben. Was erhalten geblieben ist, das ist das kleine

---

9 Die Einwohnerzahl von Petrograd sank während des Russischen Bürgerkriegs von 2,5 Mio. in 1917 auf nur noch 700 000 in 1920. Vgl. Manfred Hildermeier: Geschichte der Sowjetunion 1917–1991 (1998), S. 153.

Gewerbe und die Kleinfabrik, die die dringendsten Bedürfnisse befriedigen, und der kleine Handel mit fliegenden Märkten an jeder Vorstadtecke. Davon leben die Menschen, soweit sie noch existieren und irgend etwas an Möbeln, Kleidern usw. zu verkaufen haben. Von Zeit zu Zeit fährt die Polizei in diesen Handel wie ein Blitz aus heiterem Himmel hinein. Den nächsten Tag ist er wieder ganz öffentlich da, große Marktflächen bedeckend; nur die Preise sind gestiegen. Die Rationalisierung der Lebensmittel, die Volkskantinen usw. sind völlig ungenügend. Es werden daher neben ihnen noch Geldlöhne bezahlt und das übrige besorgt der freie Hausierhandel oder der Hunger und der Tod. Unter diesen Umständen drängt alles in die parasitäre Existenz von Beamten, die zwar nichts zu tun haben, aber Rationen und Löhne erhalten, die als Zubuße zu sonstigem Erwerb dienen können. Im übrigen ist die Rationierung auf Großrußland[10] beschränkt, im sonstigen Rußland hilft man sich, wie es geht. Die Regierung hilft durch immer neue Requisitionen bei den Bauern und Plünderungen in den Städten den Verteilungsfond zu schaffen, den aus lebendiger Produktion zu füllen unmöglich ist. Die Verteilung erfolgt zu Gunsten der Oligarchie, der Soldaten, der Beamten; die übrigen bekommen, was übrig bleibt. Der Welt gegenüber bezeichnet man das System als Kommunismus und Sozialismus. Es ist in Wahrheit das System des Unterhalts einer Oligarchie und ihres Soldaten- und Beamtenstabes. Für den Rest bleibt als Karikatur das von der Kriegswirtschaft des alten Staates schon kopierte deutsche Rationierungs- und Kartensystem; darauf reduziert sich der ganze Kommunismus und Sozialismus. Und wo bleiben die Arbeiter in den bisher industrialisierten Gebieten? Sie sind von Hause aus an Zahl und Einfluß gegenüber dem Ganzen relativ unbedeutend. Doch müssen sie leben und hat man sie nötig. Sie sind „militarisiert" d. h. zu Arbeitshörigen gemacht worden, die die für Armee und Eisenbahnen absolut notwendigen Betriebe einiger|maßen aufrecht erhalten. Dafür spannt man auch die übrig gebliebenen Techniker und Unternehmer mit hohen Gehältern ein. Aber die ganze Produktion, die etwa 40 % der früheren beträgt, arbeitet mit ungeheuren Schwierigkeiten und ausschließlich für den Machtapparat der bolschewistischen Armee, nicht für die Volkswirtschaft. Alles übrige sind großartige Pläne, die auf dem Papier bleiben, Potemkinsche Dörfer für die Fremden. Nur die wissenschaftlichen und künstlerischen Anstalten, für die man keine Rohstoffe und keine Industriearbeit nötig hat, sind leidlich, teilweise gut, im Gange. Hier sind überdies die Privatsammlungen „sozialisiert", d. h. ausgeraubt. Das gibt Gelegenheit zum Katalogisieren und

---

10 Gemeint ist (nach heutiger Terminologie) Zentralrussland, also ungefähr das Gebiet des Gouvernements Moskau.

Ausstellen und zum Renommieren mit der bolschewistischen Kulturpolitik vor Europa.

Es ist also im ganzen die Rückbildung in Naturalwirtschaft und Feudalismus, gedeckt von der Flagge des wissenschaftlichen Sozialismus. Freilich fehlt es nicht an modernen Elementen. Der roheste Kapitalismus in Gestalt von Monopolen, Privilegien, Steuerpachten regt sich allenthalben, ungeheure Gewinne machend, aber auch Kopf und Kragen riskierend. Außerdem bleibt das moderne Verkehrswesen, das das völlige Gegenteil und Hindernis jeder rein naturalwirtschaftlichen Struktur ist, das aber von dem Machtapparat und dem militärischen Bedürfnis schlechthin gefordert ist. Auch sind Milderungen des Systems in Gestalt von Freigebung des Getreidehandels (wobei aber erst die Staatslieferung vorweg vollzogen und bezeugt sein muß!) und in Gestalt von Konzessionen an das *ausländische* Kapital vorgenommen worden. Die letzteren laufen auf eine Art westindischer Kompagnie hinaus.[11] Was aus all dem werden kann, ist völlig unsicher. Nur das eine ist klar: Sozialismus ist das nie gewesen und wollte das auch gar nicht sein. Man hat die sozialistischen Schwärmer benutzt, um dem System eine ideale Flagge zu geben, und um die Arbeiterschaft der ganzen Welt gegen ihre Völker und Staatsordnungen aufzuregen, womit der ewige Weltkrieg garantiert ist und die feindlichen Mächte im eigenen Hause gebunden werden. Mundus vult decipi kann man sagen. Man kann auch sagen: Schwärmer geraten schließlich immer in die Hände von Realisten oder werden im Kampf um Leben und Dasein selbst zu Realisten. Jedenfalls ist eine neue Aristokratie geschaffen und steht der Thron für einen neuen Zaren bereit, der aber schwerlich Trotzki heißen wird.

So weit mein Gewährsmann. Er schien mir soziologischer Marxist zu sein. Die Darstellung ist die erste logisch und historisch durchgearbeitete, die mir vorgekommen ist. Es ist eine Ironie der Geschichte, daß der Marxismus, der selbst die Abhängigkeit aller Ideologien von gesellschaftlichen Realitäten und Interessen und ihre grundsätzliche Verlogenheit behauptet, bei diesem ersten und gewaltigsten Versuch seiner angeblichen Durchführung diese Theorie an seiner eigenen Ideologie mehr als bestätigt findet. Auch er ist eben nichts als Interessenideologie, die bald mit Wissenschaft, bald mit Schwärmerei verbunden ist und von Interessen benutzt wird, die mit seinem Ideal nichts zu tun haben. Ähnliches kam neulich in einer anderen Gesellschaft zum Ausdruck. Hier erklärte Herr Ed[uard] Bernstein ganz offen, der Bolschewismus sei gar kein Sozialismus und nie ein solcher gewesen; es sei

---

11 Die niederländische West-Indische Compagnie besaß im 17. Jahrhundert ein exklusives Patent für den Handel der Vereinigten Niederlande in Amerika und Westafrika.

ein rot angestrichener Zarismus. Bei wieder anderer Gelegenheit traf man Herren von der Sowjet-Republik selbst;[12] sie erklärten, sie seien kommerzielle, aber nicht soziologische Bolschewisten, eine dunkle Erklärung, die wohl den gleichen Sinn einer Verleugnung des eigentlichen Sozialismus hatte. Als die Bemerkung von der „westindischen Kompagnie" fiel, bekamen sie rote Köpfe und meinten, historische Analogien hätten hier nichts zu suchen. Ganz dasselbe bestätigt ein interessanter Aufsatz von Erich Everth in der „Europäischen Wirtschaftszeitung" über „Sinowjew den Urchristen[a]" (Nr. 26, November). Er hat in Halle mit urchristlichem Pathos die Unabhängigen auseinandergeredet im Dienst der russischen Kriegspolitik.[13] Und da gibt es Arbeiter und Schwärmer, die ihre ehrliche Hoffnung auf die bolschewistische Weltrevolution setzen, gibt es Nationalbolschewisten, die in einem Bündnis mit diesem Rußland die Franzosen und unsere eigene Regierung los werden wollen!

Man erinnert sich der Forschungen über die französische Revolution, die ebenso den Wahn zerstörten, als sei diese Revolution durch die Aufklärungsideologie geschaffen worden.[14] Sie war teils die Fortsetzung und Steigerung der Ideen des ancien regime, teils die Erhebung eines hinreichend gekräftigten neuen sozialen Elementes und hat durch die Militärdiktatur in den Händen einer Oligarchie sich durchgesetzt, um schließlich von einem Zäsar liquidiert zu werden. Ähnlich ging es mit ihrem dann so erfolgreichen Gegenspieler, der Restauration, bei der nicht die überaus geistreichen und dem Aufklärungsdenken sicher überlegenen Ideologien gesiegt haben, sondern die Rückkehr der überrannten alten Schichten zu ihrem natürlichen Gewicht und ihrem faktischen sozialen Einfluß.

---

a *A:* Unchristen

---

12 Es handelt es sich wohl um Angehörige der sowjetischen Handelsvertretung in Berlin. Die Einrichtung von Handelsvertretungen mit diplomatischen Rechten war am 6. Mai 1921 in einem deutsch-sowjetischen Regierungsabkommen vereinbart worden. Vgl. Peter Krüger: Die Außenpolitik der Republik von Weimar (1985), S. 149.

13 [Erich] Everth: Urchrist Sinowjew (1920). Der Artikel bezieht sich auf Sinowjews Rede als Komintern-Vorsitzender auf dem USPD-Parteitag in Halle im Oktober 1920, auf dem die Parteitagsmehrheit den Beitritt der USPD zur Komintern beschloss. Der Beschluss führte unmittelbar zur Spaltung zur USPD und im Dezember 1920 zur Vereinigung ihres linken Mehrheitsflügels mit der KPD zur VKPD. Vgl. Heinrich August Winkler: Von der Revolution zur Stabilisierung (1984), S. 474 ff.

14 Siehe dazu etwa oben, S. 272 und S. 332.

Die Lehren daraus für unsere Lage sind leicht zu ziehen. Sie heißen nicht, daß Ideen an sich nichts wert sind, aber daß man ihnen gegenüber als Werkzeugen der Leidenschaften und Interessen, der Propaganda und der Überredung auf der Hut sein muß, daß man zu allererst die wirklichen Tatsachen und Möglichkeiten sehen muß, um dann auf dieser Grundlage erst *die* Ideen zu bilden, die ihre fürchterlichen Spannungen und Schwierigkeiten, wenn nicht überwinden, doch mildern und überbrücken können. Sie werden in ihrem echten und gesunden Sinne stets Ausgleich und Kompromiß sein müssen, beruhend auf der Einsicht in die von der Lage gegebenen Gegensätze und auf der Liebe zu dem Volkstum, das sie in sich ausgleichen und vereinigen muß, wenn es leben will.

Berlin, 5. 7. [19]21. *Troeltsch*

Die Verfassungskrise (Oktober 1921)

Editorische Vorbemerkung: Die Edition folgt dem Text, der erschienen ist in: Kunstwart und Kulturwart, hg. von Ferdinand Avenarius, 35. Jg., erste Hälfte, Oktober 1921 bis März 1922, Heft 1, Oktoberheft 1921, München: Kunstwart-Verlag Georg D. W. Callwey, S. 25–32 (**A**). Der Text erschien mit der Datumsangabe 12. September 1921. Demnach entstand der Text unmittelbar nach Troeltschs Rückkehr aus seinem Sommerurlaub am 10. September 1921 (laut Brief an Gertrud von le Fort vom 18. September 1921 → KGA 21). Wie schon das Septemberheft 1920, war das Septemberheft 1921 des „Kunstwarts" ferienbedingt ohne Troeltschs Kolumne erschienen. Zum Abdruck war dort stattdessen Troeltschs Bericht „Zum Dante-Jubiläum" gekommen (→ KGA 11). Zum Start des 35. „Kunstwart"-Jahrgangs erfuhr Troeltschs Reihe eine deutliche Aufwertung: waren bisher mit zwei Ausnahmen (oben, S. 115 und S. 209) alle Spectator-Briefe und Berliner Briefe in der Rubrik „Vom Heute fürs Morgen" im zweispaltigen Satz erschienen, wurden sie von nun an im Hauptteil des „Kunstwarts" im einspaltigen Satz abgedruckt. Zur Erläuterung folgte im Oktoberheft 1921 im Text „Die Verfassungskrise" nach dem Titel eine redaktionelle Anmerkung als Fußnote: „Ernst Troeltschs ‚Berliner Briefe' für den Kunstwart haben eine so große Bedeutung erlangt, daß wir sie von jetzt an in größerem Satz und regelmäßig zum Abschluß des ersten Kunstwartteils bringen."

Die Verfassungskrise
Berliner Brief

A 25

Die Ferien haben mich in meine bayrisch-schwäbische Heimat geführt[1] und damit von den Quellen getrennt, aus denen ich im allgemeinen meine Kenntnisse von den Tatsachen und die Mittel zu ihrer Deutung zu empfangen pflege. Ich habe mich wieder überzeugt, wie schwer es ist,

---

1 Ausweislich seiner Briefe an Friedrich von Hügel und Gertrud von le Fort (→ KGA 21) hielt sich Troeltsch im August und Anfang September 1921 zur „Sommerfrische" am Starnberger See, am Ammersee in Oberbayern sowie im südbadischen Kandern auf. Es ist anzunehmen, dass er bei dieser Reise nach Süddeutschland auch seinen Bruder Rudolf Troeltsch (1870–1950) in Kempten im Allgäu besuchte.

außerhalb Berlins in solchen Fragen Kenntnis und Urteil zu gewinnen, nachdem ich in Berlin selbst schon immer von neuem den Eindruck erhalten hatte, wie vorsichtig man bei einer doch immer unvollständigen und das amtliche Material nicht kennenden Orientierung über die jeweilige Lage urteilen muß. Die Dinge vollziehen sich in rasendem Wechsel und sind unendlich | kompliziert. Vieles kann und darf man zunächst überhaupt nicht wissen, weil jede öffentliche Erörterung nur schaden würde. Andererseits ist der Überblick schon für die bestunterrichteten amtlichen Stellen und für die verbindungsreichsten Journalisten schwer zu gewinnen; um wie viel mehr für den, der im ganzen doch nur auf zufällige und unvollständige Nachrichten angewiesen ist! Aber im Lande draußen ist von diesen Hemmungen und Grenzen der Erkenntnis und des Verständnisses nicht die Rede. In unzähligen Beratungen habe ich als Zuhörer jetzt staunend erfahren, wie bestimmt und vollständig die Leute alles zu wissen meinen, wie sie Tatsachen und Charakter der Personen bis ins Innerste zu kennen glauben und aus beidem die sichersten und unumstößlichsten Schlüsse und Forderungen ziehen. Natürlich stammt all dies Wissen aus den jeweiligen Zeitungen, die ihrerseits oft geradezu unbegreiflich zuversichtlich in ihrer erschöpfenden Kenntnis sind und die intimsten Dinge wissen; und dieses „Wissen" der Zeitungen wird dann noch von der Phantasie der Leser mit der gleichen Zuversichtlichkeit ausgemalt und vervollständigt. Es ist mit den Leuten meist gar nicht zu streiten, weil sie alle ganz andere Tatsachenbilder haben und Details zu wissen meinen, über die unsereiner nicht das Mindeste weiß, die mitunter ganz klar als Phantasien oder Lügen erkennbar, aber nicht leicht widerlegbar sind, weil die Menschen grundsätzlich alles vergessen und sich mit Inbrunst die ihrer gegenwärtigen Neigung entsprechenden Bilder machen. Ein hervorragender Journalist sagte mir hier vor kurzem, daß der Glaube des Publikums an die Zeitungen in reißendem Schwinden begriffen sei. Ich habe davon auf meinen Ferienreisen leider nichts entdecken können. Bei den wissenden höheren Beamten fand ich dieselbe Kenntnis und Auffassung so ziemlich wie hier, aber in den Zeitungen und in den Diskussionen eine geradezu tragikomische Fülle der Legendenbildung. Vor allem über den wirklichen Gang und Ausgang des Krieges, über Ursprung und Verlauf der Revolution, über die in der heutigen internationalen Lage begründeten Möglichkeiten herrscht dichte und gewollte Finsternis. Man will „unabhängig von Berlin" und den „Berliner Juden" sein; man schafft sich sein Bild der Dinge „unbefangen" und „frei von Berliner Nervosität" auf eigene Faust, und damit malt man sich für Leidenschaften, Gefühle und Interessen, die an sich recht wohl verständlich und teilweise zu billigen sind, Hintergründe, die leider eine vollkommene Illusion sind und die die innere

Entzweiung und Zerreißung des deutschen Volkes unheilbar machen. Das ist ja wohl auch die bewußte Absicht der ersten Erfinder dieser Bilder.

Es ist in der Zwischenzeit viel geschehen: Die Aufrollung der großen augenblicklichen Kardinalfrage der deutschen Existenz und Würde, des oberschlesischen Problems, seine Vertagung in London und seine Überweisung an den Völkerbund, der bis heute noch nichts entschieden hat;[2] die Abschließung des Friedens mit Amerika,[3] der heute noch im unklaren Verhältnis zu den Ententegenossen steht und daher noch nicht perfekt ist; das Vordringen der Griechen gegen die Türken im Orient, wo wohl überhaupt der Schlüssel für die Lage, d. h. für das Verhältnis Englands und Frankreichs liegt und die augenblickliche Niederlage der türkisch-französischen Interessen den Engländern freiere Hand in der Politik gegenüber Deutschland gibt;[4] schließlich der Marksturz[5] und die furchtbaren Drohungen des Hungers in Aussicht stel-

---

2 Am 12. August 1921 überwies der Oberste Rat der Alliierten die Entscheidung über die territoriale Aufteilung Oberschlesiens an den Völkerbund. Zur vorangegangenen Volksabstimmung in Oberschlesien und zum „dritten oberschlesischen Aufstand" siehe oben, S. 416, Anm. 15.

3 Zum deutsch-amerikanischen Sonderfrieden vom 25. August 1921 siehe oben, S. 423, Anm. 5.

4 Im Griechisch-Türkischen Krieg (1919–1922) startete die griechische Armee im Juli 1921 eine Großoffensive in Zentralanatolien, die von der nationaltürkischen Armee allerdings in der Schlacht am Sakarya bis zum 14. September 1921 gestoppt werden konnte. Vgl. David Fromkin: A Peace to End All Peace (1989), S. 541 ff. Troeltschs Gegenüberstellung „englischer" und „französisch-türkischer Interessen" ist missverständlich, da Großbritannien und Frankreich im Nahen Osten bis 1921 als Verbündete agierten. Allerdings bemühte sich Frankreich seit dem Frühjahr 1921 angesichts hoher Verluste in den Kämpfen mit den Türken verstärkt um eine friedliche Beilegung des Kilikien-Konflikts (siehe oben, S. 430, Anm. 1). Am 20. Oktober 1921 sagte Frankreich im Vertrag von Ankara den Abzug seiner Besatzungstruppen aus Kilikien zu. Im Gegenzug anerkannte die türkische Nationalregierung das französische Mandat in Syrien. Vgl. David Fromkin: A Peace to End All Peace (1989), S. 536 ff.

5 Die deutsche Mark hatte bereits während des Ersten Weltkriegs und, bedingt durch die Kriegsniederlage, erneut 1918/19 massiv an Wert verloren (1914: 4,20 Mark pro US-Dollar; Januar 1920: 65 Mark pro US-Dollar). Während der Wechselkurs der deutschen Mark im ersten Halbjahr 1921 relativ stabil bei ca. 62 Mark pro US-Dollar lag, führten der Beginn der Reparationszahlungen im Juni 1921 und der Versuch der deutschen Regierung, die dafür notwendigen Devisen durch Vermehrung des Papiergeldes zu erwerben, zu einem weiteren Kurssturz der deutschen Währung auf im September 1921 ca. 105 Mark pro US-Dollar. Der Übergang zur Hyperinflation erfolgte allerdings erst 1922/23. Vgl. Gerald D. Feldman: The Great Disorder (1993), S. 5.

lende Teuerung in Deutschland, die man als Folge der Reparationen und des Londoner Ultimatums bezeichnen muß und die im günstigen Falle der Preis sind, den wir für Oberschlesien zahlen. Über all das wage | ich hier noch nichts Näheres zu sagen, weil ich, wie gesagt, die letzte Zeit von der politischen Zentrale fern war.

Für die innere Politik dagegen ist ein Ereignis entscheidend geworden, über dessen Folgen und Bedeutung ich gerade jetzt in Süddeutschland allerhand Anschauung gewinnen konnte: Die Ermordung Erzbergers.[6] Sie hat, kurz gesagt, die drohende Zerreißung Deutschlands in zwei Parteien und den lange schon schleichenden prinzipiellen Kampf gegen die Reichsverfassung akut gemacht. Ihre Wirkung war zunächst, daß die Reichsregierung mit einer Notverordnung und Ausnahmegesetzgebung zum Kampf gegen die Verfassungsgegner endlich herauszurücken wagte und daß dem gegenüber Bayern sich nicht absichtlich, aber tatsächlich zum offiziellen Exponenten der Verfassungsgegner machte. An beide Gruppen haben sich dann sehr verschiedene weitere Interessen angehängt; an die Reichsregierung und den Schutz der Reichsverfassung die sozialistische Hoffnung, die entscheidende Macht wieder zu gewinnen; an den bayerischen Partikularismus die grundsätzliche Sozialistenfeindschaft und die Hoffnung auf Wiedereröffnung einer schneidigen Macht- und Gewaltpolitik.[7]

Weder die Ermordung Erzbergers noch die daran sich knüpfenden Folgen konnten einen illusionslosen Beobachter der Dinge überraschen. Ich darf hier daran erinnern, wie ich gleich von Anfang dieser Briefe an die Wiedererstarkung der von der Revolution überrumpelten und betäubten alten Schichten hervorgehoben und immer weiter verfolgt habe, wie ich im Kapp-Putsch und in den die Mitte zertrümmernden Wahlen diese Tendenz zu ihrem ersten Siege kommen sah und wie ich dann die grundsätzliche

---

6 Der ehemalige Reichsfinanzminister Matthias Erzberger wurde am 26. August 1921 in Bad Griesbach im Schwarzwald bei einem Attentat der rechtsextremen Organisation Consul erschossen.

7 In Reaktion auf den Mord an Erzberger erließ Reichspräsident Friedrich Ebert am 29. August 1921 eine Notverordnung „zum Schutz der Republik" nach Art. 48,2 der Weimarer Verfassung, die ein Verbot republikfeindlicher Publikationen, Versammlungen und Vereinigungen durch das Reichsinnenministerium ermöglichte. Die bayerische Staatsregierung erhob umgehend Einspruch gegen die Republikschutzverordnung. Verschärft wurde der Konflikt zwischen Bayern und dem Reich noch durch die Forderung der Reichsregierung nach einer Aufhebung des seit November 1919 in Bayern bestehenden Ausnahmezustands. Dieser Konflikt kulminierte am 11. September 1921 im Rücktritt des bayerischen Kabinetts um Gustav von Kahr. Vgl. Heinrich August Winkler: Weimar 1918–1933 (1993), S. 161 f.

Richtung auf die Schaffung eines Zwei-Parteien-Systems hervorhob. Das Wesen dieser Richtung ist, die bisherige Mitte und Regierungskoalition endgültig unmöglich zu machen und auf jeder der beiden Seiten sehr verschiedene Interessen zusammenzubinden, so daß jeder, der an einem der dieser Bindung angehörenden Interessen beteiligt ist, die anderen in den Kauf nehmen oder gar um des Zusammenhalts willen mitvertreten muß. So suchten auf der Linken die Sozialdemokraten die Einigung des Sozialismus, machten der Ideologie der Unabhängigen Zugeständnisse, vertraten die Demokratie, den Unitarismus, die mit dem Ausland verhandlungsfähige Politik, die wirtschaftliche Hebung der Massen, den Kampf gegen die Teuerung. Wer an einem dieser Punkte wesentlich interessiert war, der wurde an diese Seite gedrängt und für das Ganze mitengagiert. In dieser Richtung ging bewußt die Politik der Sozialdemokratie. Umgekehrt suchte die Rechte alle, die an der Mitte interessiert waren und diese nicht zu Gunsten der Rechten aufgeben wollten, in diese Masse hineinzudrängen, um sie dann alle in Bausch und Bogen als doktrinäre Utopisten, Internationalisten und Pazifisten, Antimonarchisten und Unitarier, Volksschmeichler und Ideenlose, Feiglinge und Vaterlandslose, Juden und Judenfreunde beschimpfen und verächtlich machen zu können. Auf dieser anderen Seite selbst aber sammelte sich alles, was im Klassen- und Steuerkampf gegen die Sozialisten stand; ferner die Partikularisten und Monarchisten, die Antisemiten und Rassenpolitiker, die Nationalen und Protestantisch-Kirchlichen, die um Ehre und Freiheit besorgten Patrioten und die Zyniker der Machtpolitik, die Gegner des Aufklärungsgeistes und Verächter Westeuropas, die Freunde geordneter sachlicher Verwaltung und die den Staatsbankerott fürchtenden Rechner, die Romantiker und die spezifisch Deutschen, die eine neue, rein deutsche Verfassungsidee wollen, die Dezentralisten und Staatsgegner, die wirtschaftliche Gruppierungen an | Stelle der (gegenwärtigen) politischen setzen wollen, die Freunde des Revanchekrieges und die grundsätzlichen Militaristen. Und auch hier hat der Gegenpart, die Kirchen- und Schulpolitik der Sozialdemokratie, ihr immer noch behauptetes und beständig neu belebtes Dogma vom Klassenkampf, ihre Personalpolitik mit den verstimmenden Ämterbesetzungen viele in dieses Lager getrieben, die sonst einer Politik der Mitte geneigt gewesen wären. Als wirkliches Zentrum blieb nur das katholische Zentrum übrig, das aber nach links und vor allem nach rechts große und wachsende Schwierigkeiten fand und das bei dem heißen Kampf gegen Erzberger und Wirth vor der Gefahr der Spaltung stand. Von dieser Gefahr ist bis jetzt nur der längst zu erwartende Übertritt Martin Spahns zu den Deutschnationalen Tatsache geworden.[8] Möglich, daß andere ihm folgen. Im übrigen dürfte

---

8 Martin Spahn, langjähriger Exponent des antirepublikanischen Zentrumsflügel,

die Ermordung Erzbergers das Zentrum wieder stärker geeinigt haben. Der Verlauf des Katholikentages scheint das zu beweisen.⁹ Vorerst beruht noch auf dem Zentrum wesentlich die Hoffnung einer Mittebildungᵃ, während die demokratische Partei in diesen Sonderungen und Verhetzungen fast zerrieben und in sich selber sehr unsicher gemacht worden ist.

Die letzte Absicht dieser Zweiteilung ist ganz offenkundig die Herbeiführung eines Entscheidungskampfes zwischen Sozialisten und Antisozialisten. Dabei ist die Stellung der letzteren bereits die stärkere, und vor allem durch Praxis und Rechtsgefühl der Juristen sowie durch die Taktik vieler Verwaltungsbeamten unterstützt. Ein solcher Entscheidungskampf kann sich eben damit in letzter Linie nur auf den Sturz der Reichsverfassung richten, die den Sozialisten und ihrer Personalpolitik durch den Parlamentarismus zu starke Wirkungsmöglichkeiten gibt und die als Symbol der deutschen Niederlage und Schändung durch die Entente dargestellt wird. Daß dieser Entscheidungskampf nur mit Gewalt gewonnen werden kann, darüber sind sich die Antisozialisten ebenso klar, wie es die Kommunisten gegenüber der korrekten sozialistischen Demokratie waren. Man erinnere sich des früher mitgeteilten Gespräches mit einem Großindustriellen, das ja nur typische Meinungen wiedergab. Das Blut müsse fließen, das am 9. November nicht geflossen sei, und zwar diesesmal das Blut der Linken, während damals das der Rechten in Gefahr war. Die Industrie werde den Wiederaufbau schaffen, aber vorher müsse der Sozialismus niedergeworfen werden, *mit dem* der Aufstieg unmöglich sei. Ein entscheidender Bürgerkrieg und eine deutsche Faszistenbewegung sei unvermeidlich, um wieder klare Verhältnisse zu schaffen. Der letztere bedeutet eine Ära politischer Morde.

Ich hatte damals jene Zeilen kaum abgeschickt, da wurde die Ermordung

---

a *A:* Mittelbildung

---

gab seinen Übertritt zur DNVP am 2. September 1921 in einer Rede auf einem DNVP-Parteitag in München bekannt. Er begründete diesen Schritt mit einem zu erwartenden Linksdrift des Zentrums in Reaktion auf den Erzbergermord. Vgl. Gabriele Clemens: Martin Spahn und der Rechtskatholizismus in der Weimarer Republik (1983), S. 168 f.

9 Der 61. Deutsche Katholikentag fand vom 27. bis 30. August 1921 in Frankfurt a. M. statt. In einer Rede auf dem Katholikentag am 28. August 1921 verband Reichskanzler Joseph Wirth Bekenntnisse zur Republik und zum politischen Kurs Erzbergers mit einem Appell zur Einigkeit des politischen Katholizismus. Vgl. Rudolf Morsey: Deutsche Zentrumspartei 1917–1923 (1966), S. 401 f.

des Abgeordneten Gareis gemeldet.¹⁰ Inzwischen ist Erzberger „zur Strecke gebracht". Weitere werden vermutlich folgen. Die gegenwärtigen Reichsminister und andere Personen erhalten massenhaft anonyme Todesandrohungen, und sie wissen, daß damit nicht zu spassen ist. Vor Monaten bereits sagte mir einer der Herren, das Minister-Sein sei heute unbehaglich; er wisse wohl, daß es zu einer Affäre von Kopf und Kragen geworden sei, halte es aber für seine Pflicht, auszuharren.¹¹

Die Ermordung Erzbergers ist nur ein Symptom der bestehenden Verhetzung und Vergiftung. Die Rechts-Blätter, die ich las, rückten von dem Morde natürlich ab und fanden ihn ihrer Sache sehr abträglich. „Dieser Mortimer starb euch sehr gelegen", so überschrieb ein bayerisches Blatt seinen Artikel über diesen Fall.¹² Überall beklagte man die Ermordung der Person, erklärte aber, in der Bekämpfung des „Systems Erzberger" unerschüttert | fortzufahren. Dieses System Erzberger ist aber im Grunde die Reichsverfassung selbst, die mit dem Sozialismus ihren Kompromiß schließende Demokratie und die Außenpolitik der Erfüllung des Versailler „Friedens". Die Persönlichkeit Erzbergers war gewiß nicht erfreulich. Ich habe das früher, als er im Amte war, stark hervorgehoben.¹³ Immerhin hatte er zugleich gute und bedeutende Eigenschaften. Vor allem aber war er in der Tat der stärkste und energischste Vertreter des soeben nach seinen zwei Seiten hin charakterisierten Systems. In diesem System war nun aber der Gedanke der Alliierung von Zentrum, Sozialdemokraten und Demokratie damals zweifellos das einzige Mittel, um in der damaligen Lage durchzukommen und den Spartakismus zu überwinden. An Erzbergers Außenpolitik, vor allem seinen Waffenstillstandsverhandlungen ist noch vieles dunkel. Daß der Versailler Vertrag an-

A 29

---

10 Der USPD-Fraktionsvorsitzende im bayerischen Landtag, Karl Gareis, wurde am 9. Juni 1921 in München von einem Unbekannten erschossen. Das nie aufgeklärte Attentat war vermutlich den Fememorden der antirepublikanischen Rechten zuzurechnen. Die erwähnten Zeilen über das Gespräch mit einem Großindustriellen stehen im Berliner Brief „Nach der Annahme des Ultimatums" im Juliheft 1921 des „Kunstwarts" (34. Jg., Heft 10), oben, S. 427 f. Der Text war mit der Datumsangabe 7. Juni 1921 erschienen.
11 Es handelt sich möglicherweise um Walther Rathenau, der dem ersten Kabinett Wirth vom 30. Mai bis 25. Oktober 1921 als Reichsminister für Wiederaufbau angehörte. Über eine weitere Bemerkung Rathenaus zur Möglichkeit seiner Ermordung berichtete Troeltsch in seiner ersten Reaktion auf den Rathenaumord im Berliner Brief „Wieder bei der Reparationskommission" im Juliheft 1922 des „Kunstwarts" (35. Jg., Heft 10), unten, S. 557.
12 Vgl. Münchener Zeitung vom 29. August 1921. Das Zitat stammt aus Friedrich Schillers Trauerspiel „Maria Stuart" (4. Aufzug, 6. Auftritt).
13 Siehe etwa oben, S. 129 f. und S. 138.

genommen wurde, war sehr viel mehr die Folge der Aufstandsdrohungen der Unabhängigen und der Angst der Süddeutschen als der Politik Erzbergers. Die Erfüllungspolitik und vor allem die Annahme des Ultimatums dieses Sommers[14] hat aber damit nichts zu tun; sie ist durch den drohenden Raub des Ruhrgebietes und Oberschlesiens bedingt und konnte, soweit ich urteilen kann, von keiner irgendwie gearteten Prinzipienstellung aus anders gemacht werden. Der Wahnsinn des Versailler Friedens ist eben durch Protest und Entrüstung und Verhinderung deutscher Regierungsbildung nicht zu beseitigen.

So ist das System, dem der Kampf gilt, doch eben wesentlich die Reichsverfassung. Wie sehr das der Fall ist, das zeigte der aus Anlaß der Ermordung ausbrechende Konflikt zwischen dem Reich und Bayern. Das führt auf einen weiteren wichtigen Punkt der Situation, auf die Sonderstellung Bayerns. Auch das ist ein Ergebnis recht komplizierter Verhältnisse. Man hat dort völlig vergessen, daß die Revolution seinerzeit gerade von Bayern ausging und durch die Kopflosigkeit des Münchener Militärs sehr erleichtert wurde, daß die Befreiung vom Rätesystem nicht das Werk der gerühmten Einwohnerwehr war, sondern der damals lebhaft ersehnten Freikorps und Preußen, eine Schutzaktion des Reiches.[15] Die damals sehr radikalen Bauern ebenso wie die nicht minder revolutionären Kleinbürger haben gleichfalls ihre damaligen Stimmungen vergessen. Im Gedächtnis behalten hat man nur das Grauen von der Räterepublik; im übrigen hat man erreicht, was man damals wollte. Dieses Grauen hat sich zu einem allgemeinen grundsätzlichen Abscheu vor dem Sozialismus ausgebreitet. Bauern und Kleinbürger sind zu ihren natürlichen sozialen Empfindungen zurückgekehrt, und die alten Herrenschichten haben dadurch unter starken Zugeständnissen an das Zentrum die Leitung wieder an sich gebracht. Da die Reichspolitik stark unter dem Einfluß des Sozialismus stand und stehen mußte, hat man diesen weiterhin mit dem verhaßten Berlin und mit dem Judentum identifiziert und so die Ströme des Partikularismus und Antisemitismus auf die antisozialistische Mühle geleitet; das Benehmen vieler norddeutscher Sommergäste trägt dazu bei, diese Ströme nicht versiegen zu lassen. Zu alledem kommt dann noch die starke monarchische Strömung, die Bitterkeit der früheren Militärs, die Mitwirkung preußischer Emigranten und die nur allzu begreifliche Verstimmung idealistischer Patrioten. All das knäuelte sich zu dem

---

14 Gemeint ist das „Londoner Ultimatum" vom 5. Mai 1921. Siehe oben, S. 413, Anm. 6.

15 Die Münchener Räterepublik war Anfang Mai 1919 in „Reichsexekution" von Reichswehrverbänden gemeinsam mit Freikorpstruppen niedergeschlagen worden.

Gedanken zusammen, Bayern die Mission der Rettung des Reiches vom Sozialismus, der Ordnungszelle und des Keimes des Wiederaufbaues, zuzuschreiben.¹⁶ Man bildete in Bayern die Einwohnerwehren als militärischen Schutz gegen sozialistische Experimente; schuf eine katholisch-bürgerliche Re|gierung, stattete sie mit den Befugnissen des „Ausnahmezustandes" aus, und hoffte auf diese Weise das Reich und die Juden schließlich zu einer antisozialistischen Politik zu zwingen. Wie die Sache im Reiche nach Wiederherstellung einer bayerischen Monarchie weiter gehen soll, darüber habe ich nichts vernehmen können. Die Konsequenz der ganzen Idee wäre die Leitung des Reiches von Bayern aus und etwa ein Kaisertum der Wittelsbacher; aber davon ist in Wahrheit nichts zu hören. Andererseits ist aber auch die andere Konsequenz, die Erklärung Bayerns zu einem selbständigen Staat und die völlige Trennung vom Reiche, meines Wissens nirgends ernsthaft vertreten. Vollends das, womit heute in London die Franzosen die Engländer schrecken, die Gründung eines neuen südosteuropäischen Staates, ist mir nirgends vorgekommen; das zeigt nur, wie gefährlich dieser häusliche Streit auch außenpolitisch ist. Man hat vielmehr, wie sich einer meiner Gewährsmänner ausdrückte, bloß den Größenwahn, das Reich von Juden und Sozialisten und eben deshalb vom parlamentarischen System zu erlösen. Das weitere mag sich dann von selbst ergeben. Auch glaubt man eben damit eine energische Widerstandspolitik gegen die Entente herbeiführen zu können, die an sich möglich sei und nur von Juden und Sozialisten, auch der „feigen", uns immer tiefer ins Elend reitenden Erfüllungspolitik unmöglich gemacht werde. Föderalistische, antisozialistische und gewaltpolitische Instinkte sind dunkel gemischt oder auch klug und versteckt kombiniert. Im Einzelnen dringen dann allerdings auch theoretische Klarheiten durch. Das „Miesbacher Tagblatt", das nach dem Verbot als angeblich ganz neue Gründung an Stelle des berüchtigten „Anzeigers" trat, in seinem Unterhaltungsteil aber ganz ruhig die alte Jahrgangszählung und seinen Roman fortsetzte, hat ähnlich wie die von Traub geleitete ehemalige „Augsburger Abendzeitung" ganz einfach das Problem auf den Gegensatz zwischen ehrlos pazifistisch-demokratischer Friedenspolitik und männlich ehrenhafter Gewaltpolitik gestellt, und zwar nach innen ebenso wie nach außen.¹⁷ Im

A 30

---

16 Das Konzept Bayerns als antisozialistischer „Ordnungszelle" für das Deutsche Reich wurde zuerst im Frühjahr 1920 in mehreren Reden von dem bayerischen Ministerpräsidenten Gustav von Kahr entwickelt. Der Begriff verbreitete sich rasch über die Grenzen Bayerns hinaus. Vgl. Karl-Ulrich Gelberg, Ellen Latzin: Ordnungszelle Bayern (2011).

17 Der „Miesbacher Anzeiger" (gegründet 1874) war ein oberbayerisches Lokalblatt, das aber 1920/21 durch scharf antisozialistische und vulgär antisemitische Hetzar-

ersteren Blatte heißt es: „Es geht um ein Gebot, restlose Anerkennung des Machtprinzips; und die Nutzanwendung für das deutsche Volk lautet daraus klar und einfach: politische und moralische Vorbereitung des Vergeltungskrieges … Wo es sich um Sein oder Nichtsein des Vaterlandes handelt, da verstumme die Frage nach Recht und Unrecht; unter diesem Zeichen wird auch der innerpolitische Kampf ein Kampf um die Macht."[18] So werden nicht allzu viele denken. Aber man konstruiert sich doch überall gerne eine bayerische Volksseele trotz aller ethnographischen Gemischtheit, und ein fränkisches demokratisches Blatt hält es für nötig, zu versichern, daß die Franken zwar von Blutswegen keine Bayern seien, aber eine bayerische Seele aufgenommen hätten, deren Natur nicht der Schrei nach Sozialismus und Freiheit, sondern nach Gesetz und Ordnung sei.[19] Im übrigen aber sind die Lebensverhältnisse wie überall sonst: hohe Löhne, ewige Streikgefahr, hohe Preise, schwierige Dienstbotenverhältnisse, parlamentarisches Regiment, keine Idee von einer Abschaffung des allgemeinen Wahlrechtes, geringe Liebenswürdigkeit der „freien" Menschen gegeneinander. Es ist dem überwiegend bäuerlichen Lande nur eben möglich, das neue politische System gegen den Sozialismus zu wenden, und hinter diesem Abwehrschirme sam-

tikel (überwiegend anonym verfasst von dem Schriftsteller Ludwig Thoma) überregional Aufsehen erregte. Auf Grundlage der Republikschutzverordnung vom 29. August 1921 wurde der „Miesbacher Anzeiger" Anfang September 1921 für 14 Tage verboten. Als „Miesbacher Tagblatt" erschien die Zeitung offenbar nur während dieser Verbotszeit im September 1921. Vgl. Emma Mages: Miesbacher Anzeiger (2013). Die ehemals protestanisch-liberale „Augsburger Abendzeitung", seit 1912 „München-Augsburger Abendzeitung" (MAA) mit Sitz in München, war 1920 vom Hugenberg-Konzern übernommen worden und fungierte seitdem als Sprachrohr der antirepublikanischen Rechten. Zum Herausgeber der MAA bestimmte Alfred Hugenberg 1921 den evangelischen Pfarrer und DNVP-Politiker Gottfried Traub, der 1920 am Kapp-Putsch teilgenommen hatte. Vgl. Josef Manèal: München-Augsburger Abendzeitung (2012). Zu Troeltschs Verhältnis zu Traub siehe unten, S. 464, Anm. 20.

18 Miesbacher Tagblatt vom 8. September 1921: Wetterleuchten!; es handelt sich um den Nachdruck eines Artikels aus dem NSDAP-nahen Wochenblatt „Heimatland", verfasst von Wilhelm Weiß (1892–1950), dem späteren Chefredakteur des „Völkischen Beobachters".

19 Troeltsch bezieht sich wohl auf den Beitrag „Ein Wort zur Klärung" im „Fränkischen Kurier" vom 8. September 1921 (Abend-Ausgabe). Darin wendet sich der „Fränkische Kurier" gegen einen Beschluss der Nürnberger SPD, die Loslösung Frankens von Bayern anzustreben, falls die bayerische Regierung im Konflikt mit der Reichsregierung um die Aufhebung des Ausnahmezustands in Bayern nicht nachgeben würde.

meln sich dann die verschiedensten sozialen und politischen Interessen und Ideologien, auch eine sehr starke norddeutsche Emigration, die glaubt, daß der alte „Preußengeist" sich heute zu den Bayern geflüchtet habe.

Die Ermordung Erzbergers hat nun die Reichsregierung dazu gebracht, auch endlich ihrerseits energisch zum Schutz der Verfassung durch eine Not|verordnung, d. h. durch ein Ausnahmegesetz vorzugehen. Das hätte irgendwie längst geschehen müssen, ist aber wohl an der Abneigung der Sozialdemokraten gegen Ausnahmegesetze gescheitert. Auch jetzt ist ihre mit die Feder führende Hand daran erkennbar, daß es nur zum Schutze gegen Gegner der Republik dienen, also ein Ausnahmegesetz gegen rechts sein soll und daß dieses Ausnahmegesetz gegen rechts das bayerische Ausnahmegesetz gegen links eben damit zugleich beseitigen soll. Dieser Gegensatz der beiden Ausnahmegesetze führte zum Konflikt, der rasch zu einem leidenschaftlichen Konflikt auch aller anderen Interessen auf der ganzen Linie ausgebreitet worden ist. Der Reichspräsident ist formell im Recht. Dadurch wird das Ganze zu einem Kampf gegen die Reichsverfassung, die sich seinerzeit sozialistisch und unitarisch übereilt habe und die föderalistisch revidiert werden müsse. An dem so entstandenen Feuer kochen dann alle möglichen Leute ihre Sondersuppen.

Das Feuer wird, wie ich bestimmt glaube, irgendwie gelöscht werden. Das Zentrum wird vermutlich auch hier den Mittelkurs steuern. Schon jetzt trennt es den Föderalismus von der Emigrantenpolitik. Aber das Feuer wird immer wieder ausbrechen, und die Suppen brodeln weiter. Das Ganze deutet nur von neuem auf die Schwierigkeit der Bildung eines deutschen Staates hin und macht von neuem die absolute Notwendigkeit einer Mittebildung klar, die nur auf dem Boden der Republik und der Verfassung auf lange Zeit hinaus möglich ist. Die unleugbar ernste Gefährdung des Reiches wird diese Notwendigkeit von neuem beleben. Wie das geschehen kann, ist freilich ein Frage für sich. Aber schon haben Männer wie der Admiral Scheer und Posadowsky und einige Führer der Volkspartei diese Folgerung deutlich anerkannt und ausgesprochen.[20] Vielleicht, daß auch die Sozialdemokraten in dieser Lage Realpolitik machen.

---

20 Vgl. Reinhard Scheer: Politischer Mord, in: Vossische Zeitung vom 2. September 1921 (Abend-Ausgabe). Der frühere Admiral Reinhard Scheer war im Ersten Weltkrieg durch sein Kommando bei der Seeschlacht von Skagerrak 1916 zu großer Popularität gekommen. 1921 trat Scheer von der DNVP zur DVP über, wo er sich als Kandidat für die nächste Reichspräsidentenwahl ins Gespräch zu bringen suchte. Der DVP-Vorsitzende Gustav Stresemann unterstützte nach dem Erzgermord im Namen der DVP die Republikschutzverordnung des Reichspräsidenten, ohne dabei aber das prinzipielle Bekenntnis seiner Partei zur Monarchie aufzu-

Noch ein seltsam widerspruchsvoller Umstand wird aber dadurch beleuchtet. Sozialismus und Demokratie haben die Einheit des Reiches bewahrt und gesteigert, welche die Voraussetzung jeder Behauptung und Durchsetzung, auch jeder kräftigeren Zukunftspolitik ist. Ein französischer Jurist hat ein eigenes Buch geschrieben, um zu zeigen, daß die Niederlage das politische Werk Bismarcks vollendet und gesteigert und damit Deutschland noch gefährlicher gemacht habe. Aber sie haben unleugbar gleichzeitig stark pazifistischen und völkerversöhnenden Idealen gehuldigt, auch das Schulddogma nicht energisch genug bekämpft. Sie sind durch den Verrat Wilsons, den Versailler Frieden und die französische Politik in *dieser* Hinsicht unheilbar dementiert worden. Es steckt etwas in ihnen von der Ideologie der Unabhängigen und F[riedrich] W[ilhelm] Försters, ein Glaube, den das Schicksal grausam verhöhnt und widerlegt hat. Anderseits sind die ehemaligen Alldeutschen und Gewaltpolitiker zu Föderalisten geworden aus Haß gegen den Sozialismus und seine Politik, und sie benützen Bayern als Sturmbock zur Zerbrechung des allzu unitarischen Reiches und als Bahnbrecher einer Politik der Ehre und des Widerstandes. In demselben Momente aber verringern, ja brechen sie die Macht des Reiches, die schon für eine sehr viel bescheidenere Politik der Würde und des Rechtes unumgänglich notwendig ist. Sie sind insbesondere im besten Begriff, die internationale moralische Front gegen Deutschland wiederherzustellen, die im Zerfallen begriffen war.

Auch von dieser letzten Einsicht aus ergibt sich wieder die Notwendigkeit der Ausgleichung und Mittebildung. Die Sozialdemokraten müssen den politischen Realismus aufbringen, nicht von den vereinigten Proletariern der Welt die Entwurzelung des Versailler Friedens zu erwirken, eine neue Weltordnung und neue Psychologie der Menschen in Aussicht zu stellen. Sie müssen den mit ihrer Hilfe geschaffenen verstärkten Reichsapparat in den Dienst einer entschlossen nationalen Politik der Würde und der Ehre stellen, was ja die Verfolgung der wirklichen Arbeiterinteressen, auch der internationalen, keineswegs ausschließt. Anderseits müssen die Antisozialisten die

---

geben. Vgl. Ludwig Richter: Deutsche Volkspartei 1918–1933 (2002), S. 243 und S. 255. Der ehemalige kaiserliche Staatssekretär und DNVP-Fraktionsvorsitzende in der Weimarer Nationalversammlung, Arthur von Posadowsky-Wehner, wandte sich Anfang September 1921 in einem Zeitungsbeitrag gegen eine Destruktivtaktik zum Sturz der Regierung, vermied allerdings ein Bekenntnis zur Republik. Vgl. Arthur von Posadowsky-Wehner: Demokratie, in: Fränkischer Kurier vom 7. September 1921 (Morgen-Ausgabe). Posadowsky-Wehner war schon nach dem Kapp-Putsch 1920 auf Distanz zur DNVP gegangen. Vgl. Maik Ohnezeit: Zwischen „schärfster Opposition" und dem „Willen zur Macht" (2011), S. 212.

nun errungene Machtstellung der Arbeiterschaft anerkennen und sich in die Psychologie des modernen Arbeiters hineindenken lernen, die Politik der Ehre und Würde mit der Behauptung internationaler Moral grundsätzlich vereinigen und die Politik vom Standpunkt des Möglichen aus betreiben; auch sie werden dabei in ihrer berechtigten Kritik an den Zuständen nicht gehindert sein. Im übrigen hüte man auf beiden Seiten Zunge und Feder, die man in so schweren Zeiten nicht einfach nach dem Maße des Talents zu bösartiger Verhöhnung oder bissiger Schärfe hemmungslos rühren *darf*. Man darf nicht alles sagen, was man denkt. Und diese Leute sagen oft noch mehr als sie denken.

Berlin, 12. September 1921. *Ernst Troeltsch*

Auf dem Weg zur neuen Mitte (November 1921)

Editorische Vorbemerkung: Die Edition folgt dem Text, der erschienen ist in: Kunstwart und Kulturwart, hg. von Ferdinand Avenarius, 35. Jg., erste Hälfte, Oktober 1921 bis März 1922, Heft 2, Novemberheft 1921, München: Kunstwart-Verlag Georg D. W. Callwey, S. 87–93 (**A**). Der Text erschien im Hauptteil des Heftes und mit der Datumsangabe 7. Oktober 1921. Die Fahnenkorrektur nahm Troeltsch aber nach eigener Angabe (siehe unten, S. 466) erst nach der Entscheidung des Völkerbundes in der oberschlesischen Frage am 20. Oktober 1921 vor.

Auf dem Weg zur neuen Mitte
Berliner Brief

Die schwere drohende Gefahr einer völligen Zerbröckelung der die Regierung tragenden Mitte, der Unmöglichkeit der Regierungsbildung und irgendwie stabiler Regierungspraxis, der beständigen Verschiebung aller dringend notwendigen gesetzgeberischen und Verwaltungsaufgaben, der Zerreißung des Volkes in Sozialisten und Antisozialisten, des Bürgerkrieges und des Eingriffes der Franzosen im Osten und Westen: alles das ist allmählich in ziemliche Breiten des allgemeinen Bewußtseins eingedrungen, soweit dieses nicht vorzieht, alles Elend nur einfach auf die Unterlassung der radikalkommunistischen Umwälzung oder auf die schlechte Berliner Judenregierung zurückzuführen und sich jedes Gedankens an die realen Verhältnisse zu entschlagen. Die Ermordung Erzbergers hat diese Tatsache grell beleuchtet, der Reichsregierung Mittel und Mut zu entscheidenden Eingriffen gegeben und den Parteien die Augen geöffnet.[1]

Die Folge von alledem ist zunächst einmal die Lüftung des bayerischen Schildes, wo sich hinter dem bayerischen Föderalismus ganz andere Elemente, Kappisten, Faszisten und Gegenrevolutionäre gedeckt hatten. Als der Reichskanzler mit dem Sicherheitskommissar zur Beerdigung Erzbergers fuhr, sagte der letztere, die Mörder seien sicherlich nicht in die Schweiz ent-

---

1 Siehe oben, S. 444.

(November 1921)   455

flohen, sondern säßen bei Herrn von Killinger in München. So war es auch. Aber als der badische Staatsanwalt in München ankam, natürlich nach vorheriger amtlicher Anmeldung, waren diese gerade vor zwei Stunden vorher entflohen.² Diese und andre ähnliche Dinge waren nicht Politik der Bayern und des bayerischen Landtages, sondern bestimmter Personen, vor allem des Münchener Polizeigewaltigen Herrn Pöhner, der ja auch wie ein Monarch sich durch öffentlichen Maueranschlag verabschiedet hat: er könne unter den neuen Verhältnissen die Aufrechterhaltung der Ordnung nicht mehr verbürgen.³ In Bayern hat sich der Föderalismus von den offenen und versteckten Gegenrevolutionären getrennt und sich begnügt mit der Abänderung der Adresse, an welche die Notverordnung des Reiches gerichtet ist, und mit dem Verzicht des Reiches auf unmittelbare Eingriffe.⁴ Sofern in dem letzteren unzweifelhaft ein Rückzug des unitarischen Geistes der

---

2 Die im Erzbergermord ermittelnde Staatsanwaltschaft Offenburg enttarnte im September 1921 die hinter dem Attentat stehende rechtsextreme Untergrundorganisation Organisation Consul. Im Zuge der Ermittlungen wurden in München diverse Wohnungen und Büros der Organisation Consul ausgehoben, darunter auch das Büro der von Manfred von Killinger (einem ehemaligen Marineoffizier und Teilnehmer am Kapp-Putsch) geleiteten „Militärischen Abteilung" der Organisation, die das Attentat vorbereitet hatte. Die Attentäter selbst setzten sich Anfang September ins Ausland ab, nachdem sie von der Münchener Polizei insgeheim über die Ermittlungen der Offenburger Staatsanwaltschaft informiert und mit Fluchtpapieren versorgt worden waren. Vgl. Martin Sabrow: Die verdrängte Verschwörung (1998), S. 71–80. Auf der Reise zur Beerdigung Erzbergers in Biberach am 31. August 1921 wurde Reichskanzler Joseph Wirth vom preußischen Staatskommissar für öffentliche Ordnung, Robert Weismann, begleitet, der die Organisation Consul schon vor dem Erzbergermord hatte beobachten lassen. Vgl. Vossische Zeitung vom 31. August 1921 (Abend-Ausgabe): Der Reichskanzler in Biberach; Martin Sabrow: Die verdrängte Verschwörung (1998), S. 53 f. und S. 59.

3 Der Münchener Polizeipräsident Ernst Pöhner hatte mit Rückendeckung des bayerischen Justizministers Christian Roth die Untergrundarbeit der Organisation Consul aktiv gefördert und außerdem zahlreiche Teilnehmer am Kapp-Putsch vor der Strafverfolgung geschützt. Nach der Enttarnung der Organisation Consul und dem Sturz des bayerischen Kabinetts Kahr verlor Pöhner jedoch den politischen Rückhalt. Seinen Rücktritt am 28. September 1921 begründete Pöhner in einer öffentlichen Erklärung mit der von der Reichsregierung erzwungenen Aufhebung des Ausnahmezustands in Bayern. Vgl. Vossische Zeitung vom 28. September 1921 (Abend-Ausgabe): Pöhner zurückgetreten; Martin Sabrow: Die verdrängte Verschwörung (1998), S. 70 f.

4 Nachdem der bayerische Ministerpräsident Gustav von Kahr am 11. September 1921 zurückgetreten war, weil ihm der bayerische Landtag im Konflikt um die Republikschutzverordnung vom 29. August die Unterstützung versagt hatte (siehe

Reichsverfassung liegt, mag man dabei über die Möglichkeit einer deutschen Reichs- und Staatsbildung überhaupt sich seine ernsten Gedanken machen. Davon vielleicht ein anderes Mal. Aber die bayerische Regierung des Herrn von Lerchenfeld, eines sehr gewandten und klugen Diplomaten von den angenehmen Umgangsformen der süddeutschen Diplomatie, wird sicherlich stets nur dem Föderalismus und der christlich-bayerischen Politik, aber nie der Gegenrevolution dienen. Auch der inzwischen ernannte Nachfolger Pöhners ist ein sehr kluger, ruhiger und verständiger Mann, der volles Vertrauen verdient.[5] Auch der Wunsch, von Bayern aus auf den Sozialismus im Reich zu drücken, der wohl die Politik des Dr. Heim[6] war und neben der deutschnationalen Strömung selbständig herlief, scheint vorerst vertagt. So ist nach dieser Seite hin für einige Zeit wieder fester Zusammenhalt geschaffen.

Andererseits ist bei dieser Gelegenheit das deutsche Faszistentum, bei uns Hakenkreuzer genannt, aufgedeckt worden. Es deckte sich und seine Organisationen hinter dem bayerischen Schild, ist aber an sich eine völlig selbständige, weit darüber hinausreichende Organisation. Geleitet und begeistert von einem Teil der früheren höheren Offiziere, die in alter Weise nichts als Energie, Gewalt- und Rücksichtslosigkeit als einziges Lösungsmittel für verwirrte Lagen kennen und in die Gegenrevolution hineindrängen, wie einst in den U-Bootkrieg, besteht dieser Bund vor allem aus ehemaligen Reserveoffizieren und Studenten, aus Soldaten, die sich dem Geiste des Friedens und den neuen Verhältnissen nicht wieder anpassen konnten, aus verzweifelten Kämpfern um bedrohte oder verlorene soziale Privilegien, aus allerhand verstiegener und begeisterter Jugend, die in ihrem Geiste Sand,

---

oben, S. 444, Anm. 7), konnte der Konflikt zwischen dem Reich und Bayern Ende September durch einen Kompromiss beigelegt werden: Auf bayerischen Wunsch wurde in einer am 28. September 1921 erlassenen Abänderung der Republikschutzverordnung der Vollzug den Länderbehörden übertragen. Außerdem wurde der in der ursprünglichen Verordnung formulierte Rechtsschutz für „Vertreter der republikanisch-demokratischen Staatsform" nun allgemein auf „Personen des öffentlichen Lebens" ausgeweitet. Im Gegenzug hob die neue bayerische Staatsregierung um Hugo von Lerchenfeld-Köfering mit Wirkung zum 15. Oktober 1921 den Ausnahmezustand in Bayern auf. Vgl. Gerhard Schulz: Zwischen Demokratie und Diktatur (1987), S. 368 f.

5 Pöhners Nachfolger als Polizeipräsident in München war der bayerische Ministerialrat Eduard Nortz.
6 Der Führer des Bayerischen Christlichen Bauernvereins und BVP-Reichstagsabgeordnete Georg Heim galt zeitgenössisch als wichtigster Wortführer des bayerischen Partikularismus.

dem Mörder Kotzebues, gleicht.⁷ Vor allem spielen sogenannte Siedlungs- und Arbeitsgemeinschaften, d. h. Ansiedlungen früherer Offiziere zu landwirtschaftlichen oder sonstigen Zwecken, eine Rolle. Allerhand Fäden liefen zum oberschlesischen Selbstschutz, wo die gleiche Vermischung ganz heterogener Interessen obwaltet, wie in der bayerischen Politik von Roth, Pöhner und Kahr. Ein Teil der Statuten ist durch den badischen Staatsanwalt aufgedeckt und durch den badischen Staatspräsidenten der Öffentlichkeit mitgeteilt worden.⁸ Es ist eine richtige Feme mit scharfen Maßregeln gegen Abtrünnige und Verräter und mit dem erklärten Zwecke der Gegenrevolution durch rücksichtslose Gewalt, eine Fortsetzung und Ausweitung der Ziele des Kapp-Putsches. Weitere Aufdeckungen werden folgen. Auch hier ist die akute Gefahr durch die Maßregeln des Reiches und die Aufdeckung der Geheimverbindung gebrochen. Eine Hauptfrage wäre, woher das Geld für diese Dinge stammt und wo die von einem solchen Geheimbund vorausgesetzten Waffen sind.

Aber alles das sind nur Ausschaltungen oder Milderungen von Gefahren. Die positive Leistung muß die Neubildung einer verbreiterten Mitte sein. Es lohnt sich, bei diesem an sich so selbstverständlichen und einfachen Gedanken einen Augenblick zu verweilen. Alle Hilfe in unserer verzweifelten Lage ist uns von Anfang an nur durch die Bildung einer Mitte gekommen, die sehr verschiedene Formen bis jetzt angenommen hat und die trotz allem Hohn von rechts und links über Feigheit, Ideenlosigkeit und Gemeinheit solcher Mittebildung sich immer wieder als zunächst wichtigste politische Tat behaupten wird. Warum ist es bei uns überhaupt anders gegangen als in Rußland, dessen Analogie ja von Anfang an das furchtbare Schreckbild oder lockende Trugbild war? In Rußland war die demokratische Regierung Kerenski eine ausgesprochene Kriegsregierung und stieß das Friede um jeden Preis verlangende Volk in die Arme der damals noch sehr schwachen Bolschewisten, die durch das Versprechen des Friedens das Volk gewannen. Die Folge davon war, daß die Regierung Kerenski keine Demobilisation der

---

7 Die Ermordung des Schriftstellers August von Kotzebue durch den Jenaer Theologiestudenten Karl Ludwig Sand 1819 galt im 19. Jahrhundert als Fanal für die nationalistische Burschenschaftsbewegung.
8 Der badische Staatspräsident und Justizminister Gustav Trunk (Zentrum) hatte am 23. September 1921 im badischen Landtag das von der Offenburger Staatsanwaltschaft bei den Ermittlungen im Erzbergermord entdeckte Geheimstatut der Organisation Consul öffentlich gemacht. Vgl. Vossische Zeitung vom 23. September 1921 (Abend-Ausgabe): Enthüllungen im badischen Landtag; Vossische Zeitung vom 24. September 1921 (Morgen-Ausgabe): Die Ermittlungen im Fall Erzberger.

gefährlichen Soldatenmassen vornahm oder auch nur einleitete und vorbereitete; im Gegenteil. Die weitere Folge war, daß die Armee sich selbst demobilisierte in Gestalt wilder und verzweifelter Räuberbanden, aus denen sich dann Trotzki seine rote Armee herausschnitt und die Stütze der Sowjet-Regierung gewann. In Deutschland dagegen war die analoge Regierung des Prinzen Max eine ausgesprochene Friedensregierung, ein Kabinett der Abwicklung des als verloren erkannten Krieges. An ihm nahmen die Vertreter der Friedensbedürftigen und die Führer der Sozialdemokratie teil. Das heißt: Schon dieses Kabinett war ein Kabinett der Mitte und bereitete eine dauernde Regierung der Mitte vor. Als die Revolution dieses Kabinett beseitigt hatte, da war das große Problem das einer geordneten und friedlichen Zurückführung der Armee. Daß dies ge|lang, ist neben allen übrigen wichtigen Ursachen doch die Hauptursache, daß nicht wilde Horden den Staat in Trümmer schlugen. Nur in den Links- und Rechts-Bolschewisten sind Reste der Anarchie und der Armee-Zersetzung übrig geblieben, die das sind, was in Rußland die Hauptmasse war. Daß aber dieses ungeheure Werk gelang, ist das Werk einer Vereinigung von Ebert, Hindenburg, Scheuch und Gröner, die sich damit ein unsterbliches Verdienst erworben haben. Das heißt aber wieder nichts anderes als die damals mögliche und geforderte Politik der Mitte. Dann kam die Zeit des Kampfes mit dem Spartakismus und der Entscheidung der Sozialdemokratie für eine legale demokratische Ordnung der Angelegenheiten mit Hilfe der auch von den anderen Seiten geforderten verfassunggebenden Nationalversammlung, wo dann die Majorität des deutschen Volkes entscheiden sollte. Inzwischen führten die sozialistischen Staatslenker, vor allem Noske, unterstützt von Seeckt, den Kampf gegen den Spartakismus mit Hilfe von Offizieren der alten Armee und von Studenten, weil die Arbeiter in diese Ordnungstruppen nicht eintreten wollten. Es war wieder eine von der Lage erzwungene Vereinigung heterogener Elemente, durch die unter harten, schon fast vergessenen schwersten Kämpfen die Ordnung geschaffen wurde und wobei dann infolgedessen oft die Ordnung in den weißen Schrecken ausartete. Das war eine für die Sozialistenführer außerordentlich schwierige und peinliche Politik, aber es war auch das eine Politik der Mitte, die dann ja auch mit der Nationalversammlung eine offizielle Koalitionspolitik der Mitte einleitete. Diese Mitte ist dann freilich nicht genügend gestützt gewesen. Vor allem die demokratische Partei war in dieser Koalition zu schwach, da die große Masse der alten Schichten außerhalb dieser Partei ihren Interessen besser zu dienen glaubte. Zu dem, was eine Politik der Mitte wirklich erfordert hätte, zu einer großen liberalen Partei, die mit der Republik ihren Frieden machte und *innerhalb* ihrer, nicht *gegen sie* sich durchsetzte, kam es nicht. Die Folge war der Ansturm gegen die Koalitionspolitik, wobei rechts und links sich bewußt und unbewußt unterstützte, der Kapp-Putsch und die ihn fortsetzenden Neuwahlen, bei denen die demokratische Partei dezimiert wurde. Seitdem regieren sehr künstliche und unsichere Majoritäten. Das Kabinett Wirth hält sich eigentlich nur durch seine Unentbehrlichkeit für die auswärtige Politik und für die Lösung des oberschlesischen Problems, bedarf aber gerade dafür einer stärkeren Stützung und sicheren Dauer. Solche Dinge werden bei uns sehr langsam eingesehen und man freut sich zunächst bloß über die Verlegenheiten der verhaßten Regierung. Kundige sahen die furchtbaren Folgen dieses Zustandes sofort ein. Den breiteren Massen und den Parteien haben erst die Sorgen der oberschlesischen Politik und die Reparationsforderungen, schließlich die Ermordung Erzbergers die Augen geöffnet.

Die erste Folge davon war der Verlauf des sozialdemokratischen Parteitages in Görlitz.⁹ Nur Kinder können glauben, daß das von selbst und durch reine Einsicht so gekommen sei. Ihm muß eine stille, äußerst intensive und besonnene Arbeit in der Partei vorangegangen sein. Es ist ja ein völliger und tief begründeter politischer Frontwechsel. Die Sozialdemokratie bejaht nunmehr grundsätzlich den Staat, den sie bisher theoretisch verneinte. Sie empfindet sich als Partei im Staat und nicht gegen den Staat und ist bereit, diejenigen Koalitionen einzugehen, die für seine Erhaltung notwendig sind. Dafür will sie nun freilich eben diesen Staat nach Möglichkeit der Ver|wirklichung solcher sozialistischer Ideale dienstbar machen, die sie bisher als in seinem Rahmen unverwirklichbar betrachtet und daher einer völlig neuen, rein proletarisch bestimmten Gesellschaftsordnung der Zukunft zugeschrieben hatte. Das hört sich zum Teil freilich sehr verwegen und unrealistisch an, wird aber doch eben immer in dem Rahmen der Staatsmöglichkeiten und der durch die innere Macht der Situation sich durchsetzenden Wirtschaftsorganisation bleiben. Man wird in alle dem vor allem das Werk des Herrn Ebert, dieses klugen, energischen und besonnenen politischen Führers erkennen müssen, der die Vorteile geräuschlosen Arbeitens sehr genau kennt und sehr viel mehr tut, als die Öffentlichkeit weiß. Neulich mein-

A 90

---

9 Auf dem Görlitzer Parteitag vom 18. bis 24. September 1921 verabschiedete die SPD ein neues Grundsatzprogramm, welches das stark marxistisch geprägte Erfurter Programm von 1891 ablöste und die SPD in ihrem Selbstverständnis von einer Klassenpartei der Industriearbeiterschaft zu einer Volkspartei umwandeln sollte. Als wirtschaftspolitisches Ziel proklamierte das Görlitzer Programm die Errichtung der „Herrschaft des im freien Volksstaat organisierten Volkswillens über die Wirtschaft" durch eine schrittweise Sozialisierung. Außerdem erklärte sich die SPD in einer Resolution auf dem Görlitzer Parteitag erstmals grundsätzlich zu einer Koalition mit der DVP bereit. Vgl. Heinrich August Winkler: Von der Revolution zur Stabilisierung (1984), S. 441 ff. und S. 452.

te ein rechts stehender Herr, man könne Herrn Ebert ruhig wieder wählen; er benehme sich anständig und tue so gut wie gar nichts, sei also ungefährlich; man selber habe ja doch keinen Kandidaten. Welche Verkennung! Herr Ebert ist persönlich gar nicht so leicht zu behandeln, ist aber unter allen Umständen ein Staatsmann. Das zeigt sich vor allem an der Vorbereitung und dem Verlauf dieses Parteitages. Wenn die Sozialdemokratie nun jetzt nachträglich die Einbeziehung der Unabhängigen fordert, so ist das vielleicht teils taktische Rücksicht auf die Berliner Stadtverordneten-Wahlen, teils die Opposition der in Görlitz stumm gebliebenen Kreise. Jedenfalls hofft man hier, daß daran die Rettungsaktion nicht scheitert.[10] Es liegt zu sehr in der Folge der seit dem Ministerium Prinz Max verfolgten Politik, als daß man nicht glauben sollte, die Konsequenz werde auch über die gegenwärtige Stockung hinausführen.

Auf der anderen Seite hat auch die Deutsche Volkspartei die Not der Lage und die Notwendigkeit der Mittebildung eingesehen. Mit ihr würde ein wichtiger Bestandteil der wirtschaftlichen und finanziellen Intelligenz und der in ihr vertretenen Kreise an der Regierung teilnehmen und ein Druck auf die Ordnung der allmählich ganz verzweifelten Finanzlage ausgeübt werden können; freilich liegen da auch die Konfliktsstoffe gegenüber der Sozialdemokratie. Auch ist sie ihrer Wähler, die sie bisher wesentlich mit einem dem der Deutsch-Nationalen verwandten Wortschatze bei der Stange gehalten hatte, nicht hinreichend sicher und macht deshalb ähnliche taktische Züge mit der Forderung des Sturzes von Wirth wie die Sozialdemokratie mit derjenigen der Einbeziehung der Unabhängigen. In der Hauptsache wird man aber auch hier jetzt überzeugt sein von der Unmöglichkeit, anders als auf dem Boden der Republik innere und vor allem auswärtige Verhältnisse regeln zu können. Nur fehlt hier die starke Führung, die wir dort beobachten, und ist in der Tat die innere Struktur der Partei schwierig. Gerade ihr Vorzug, die Vertretung der industriellen Intelligenz, macht sie, wie Stegerwald

---

10 Troeltsch bezieht sich hier auf die seit dem 28. September 1921 laufenden Verhandlungen über einen Eintritt der DVP in die Regierungskoalition aus SPD, Zentrum und DDP. Als Haupthindernis einer „großen Koalition" erwiesen sich dabei steuerpolitische Differenzen zwischen SPD und DVP, konkret die Frage des Verhältnisses von Verbrauchssteuern und Vermögensbesteuerung bei der Bewältigung der Reparationslasten. Eher taktischer Natur war ein Beschluss der SPD-Reichstagsfraktion vom 30. September 1921, an die USPD mit der Frage nach ihren Bedingungen für einen Regierungsbeitritt heranzutreten. Vgl. Vossische Zeitung vom 1. Oktober 1921 (Abend-Ausgabe): Verschiebung der Koalitionsbildung?; Heinrich August Winkler: Von der Revolution zur Stabilisierung (1984), S. 454 ff. Die Wahl zur Berliner Stadtverordnetenversammlung fand am 16. Oktober 1921 statt.

neulich hervorhob, unfähig zu starker Popularität.¹¹ Sie muß also für den letzteren Zweck zu agitatorischen Mitteln greifen, die ihr andrerseits eine Politik der Mitte erschweren. Auch sind manche der Führer geneigt, eine ihnen noch günstigere Situation abzuwarten, wo das sozialistische Regiment noch mehr abgewirtschaftet hätte und das Gewicht der Wirtschaftsführer ein noch stärkeres sein würde. Es ist die bekannte Baissespekulation, daß es uns noch viel schlechter gehen müsse, bis der Umschlag kommt. Dieses Hinausschieben ist freilich für diese Herren leichter zu ertragen, als für den von oben und unten erdrückten Mittelstand und die verarmte Bildungsschicht.

Die neue Koalition wird zustande kommen, wenn nicht die oberschlesische Frage mit einer neuen Katastrophe von außen her endet, worüber die letzten Nachrichten nicht gerade beruhigend lauten. Aber man sieht, wie unsäglich schwer man sich in Deutschland zu absoluten politischen Notwendigkeiten entschließt. Man muß nur das Verhalten von Lloyd George in der nicht minder ernsten irischen Frage und der Frage der englischen Arbeitslosigkeit vergleichen,¹² um zu sehen, wie unendlich viel schwerfälliger der deutsche Apparat der Parlamentsspielerei arbeitet. Wie umständlich und feierlich, wie sorglos um die brennende Not sind die deutschen Verhandlungen über die Regierungsbildung, wo Preußen dem Reich und das Reich Preußen den Vortritt zuschiebt und alle Beteiligten ihre Feierlichkeit und Wichtigkeit, ihre Vorbehalte und Winkelzüge bis auf den letzten Rest ausgenießen. Geht es nicht vorwärts, so vertagt man, genau so wie man Papiergeld druckt, wenn man finanziell nicht weiter weiß.

Mit diesem Letzteren ist ein weiterer Punkt berührt, der mit der Mittebildung eng zusammenhängt, freilich auch weit über sie hinausdeutet. Von der Mittebildung und Regierungsfestigkeit hängt jede Möglichkeit eines deutschen Kredits und damit auch zu einem erheblichen Teil die Milderung des Valuta-Elends zusammen. Ich habe die Finanzfrage stets als den dunkelsten Hintergrund aller Geschehnisse bezeichnet und zugleich stets meine völlige Rat- und Hilflosigkeit bekannt. Ich hätte auch sagen können, daß ich mir nur österreichische Zustände¹³ und den Staatsbankerott als Ender-

---

11 Vgl. Adam Stegerwald: Neuorientierung des Parteiwesens, in: Germania vom 27. September 1921 (Abend-Ausgabe).
12 Der britische Premierminister Lloyd George setzte 1920/21 gegen erhebliche Widerstände in der liberal-konservativen Regierungskoalition einen Waffenstillstand im Irischen Unabhängigkeitskrieg und einen umfassenden Ausbau der Arbeitslosenversicherung (Unemployment Insurance Act 1920, Unemployed Workers' Dependants Act 1921) durch.
13 Österreich durchlief bereits 1921/22 eine Phase der Hyperinflation. In den ersten

gebnis von dem allem denken kann. Aber da niemand anders diese Sorgen so zu teilen schien, schob ich meinen Pessimismus auf meine Laienhaftigkeit und vermied solche Formulierungen. Heute wird diese Sorge in allen Kreisen von Sachverständigen ganz offen besprochen. Es sei die Folge der Reparationen und mangelnden Kredits. Die Optimisten sind es nur, weil sie an ein schließliches Eingreifen der Entente in diesen ihr selbst tödlichen Circulus vitiosus glauben. Auch eine weitere Erscheinung bringt diese Finanznot, das Anerbieten der Bank- und Finanzkreise, mit ihrem Privatkredit dem Reiche beizustehen.[14] Das würde, weiter ausgedacht, eine recht wichtige Entwicklungslinie andeuten: der Staat wird abhängig von den großen Wirtschaftskörperschaften, die seine unzulänglichen und uneintreibbaren Steuerkünste ganz beiseite lassen und ganz direkt den Staat unter ihre Hilfe und dann natürlich auch Vormundschaft nehmen. Sollten die eben im Gang befindlichen gewaltigen industriellen Konzentrationen erst einmal wirklich sichtbar und fühlbar werden, so würde das eine wirtschaftlich-soziale Entwicklung andeuten, von der weder die Sozialdemokraten noch die staatsbegeisterte bürgerliche Theorie des Einheitsstaates sich etwas hat träumen lassen. Dann würden wir vor allem Wirtschaftsprovinzen bekommen, die sich mit Staat und Ausland von sich aus verständigen und neben denen die Parlamente und die Staatsgewalt überhaupt erst eine zweite Rolle spielen. Wirtschaftliche und politische Theoretiker malen bereits diese Möglichkeiten phantastisch aus. Ein kluger Politiker wie Professor Bonn hält es für nötig, in seinem neuesten Buch vor solcher Zersetzung und Auflösung der von den großen absolutistischen Zeiten geschaffenen Staatsidee zu warnen.[15] Ein Artikel von [a]Gerhard Hildebrand[a] in der Hilfe

---

[a–a] A: Gerhart Hildebrandt

---

neun Monaten des Jahres 1922 erlitt die österreichische Krone gegenüber dem US-Dollar einen Wertverlust von 1169 %. Vgl. Fritz Weber: Zusammenbruch, Inflation und Hyperinflation (2008), S. 15.

[14] Die Idee für eine Kreditaktion der deutschen Wirtschaft wurde Anfang September 1921 im Reichsverband der Deutschen Industrie (RDI) entwickelt. Geplant war, der Reichsregierung zur Finanzierung einer anstehenden Rate der Reparationszahlungen ein Darlehen in Höhe von 1,5 Mrd. Goldmark zur Verfügung zu stellen, um auf diese Weise eine höhere steuerliche Belastung der Privatvermögen zu vermeiden. Eine entsprechende Resolution wurde auf einer RDI-Mitgliederversammlung in München am 27./28. September 1921 beschlossen. Allerdings war die Kreditaktion innerhalb des RDI stark umstritten und wurde vor allem von dem schwerindustriellen Flügel um Hugo Stinnes strikt abgelehnt. Vgl. Gerald D. Feldman: The Great Disorder (1993), S. 358 ff; siehe auch unten, S. 477, Anm. 14.

[15] Moritz Julius Bonn: Die Auflösung des modernen Staats (1921).

(Nr. 28ᵃ)¹⁶ rechnet dagegen hiermit als mit der Tatsache der Zukunft und hält infolgedessen das neue sozialdemokratische Programm von Görlitz für totgeboren. Noch ist das freilich nicht Wirklichkeit und noch brauchen wir dringendst den Staat und, wenn er unter gegenwärtigen Verhältnissen Kraft und Autorität haben soll, eine ihn ermöglichende Mitte. Aber auch für die Zukunft können diese Träume nur in Erfüllung gehen, wenn der gleiche Prozeß in den | andern Ländern stattfindet, so daß Wirtschaftsführer und Wirtschaftsführer (aber natürlich auch Arbeiterschaften und Arbeiterschaften) sich unmittelbar verständigen. Solange das nicht der Fall ist, wird das Ausland sich an Staat und Regierung halten und sie beide zwingen, möglichst stark zu sein, d. h. sich auf einer breiten Mitte zu begründen und aus dem verbreiterten Material möglichst starke politische Führer emporzutreiben.

Das weist in weite Zukunft und ich möchte lieber zum Schlusse wieder in die sorgenreiche Gegenwart zurückkehren. Hier gibt es nämlich noch einen Punkt, der durch die gegenwärtige Krise scharf beleuchtet und in den Vordergrund gerückt ist: die Rolle des Beamtentums und vor allem des Richtertums in der Gefährdung oder doch Erschwerung der Republik. Der ehemalige Minister Hänisch hat in recht elegischen Artikeln im Berliner Tageblatt¹⁷ aus eigenen Erfahrungen berichtet, wie sein eigener bisheriger Verwaltungsapparat gegen ihn arbeitet und wie angesehene Richter ihm versicherten, daß durch Revolution und Rechtsbruch emporgekommene Regierungen naturgemäß nicht den gleichen Rechtsschutz genießen können, wie die legitimen. Es ist die alte berühmte Frage, wieviel Zeit nötig ist, bis eine neue Rechtsordnung als legitim empfunden wird. Die Preußen standen seinerzeit bei der Annexion Hannovers vor gleichen Empfindungen zahlreicher hannoverischer Richter und Beamten. Ich habe von niemand erfahren können, wie die Preußen sich in dieser Lage geholfen und wie sie vor allem dem Rechtsgefühl und der Zeit nachgeholfen haben. In Frankreich hat man in den Zeiten des Kampfes zwischen Monarchie und Republik, wo Bismarck bekanntlich entschieden für die Republik Partei genommen hat, einmal auf zwei Jahre die Unabsetzbarkeit der Richter aufgehoben. Mit welchen Folgen, darüber habe ich nichts erfahren können. Es ist kein Zweifel, daß in

A 92

---

a *A:* 27

16 Gerhard Hildebrand: Von Erfurt nach Görlitz (1921).
17 Konrad Haenisch: Was soll geschehen?, in: Berliner Tageblatt vom 11. September 1921 (Morgen-Ausgabe); ders.: Beamtentum und Republik, in: Berliner Tageblatt vom 17. September 1921 (Morgen-Ausgabe); ders.: Forderungen des Tages, in: Berliner Tageblatt vom 24. September 1921 (Morgen-Ausgabe).

diesem Punkte eine sehr große Schwierigkeit für uns besteht. Man braucht nur einmal der gerichtlichen Behandlung der Kappisten nachzuforschen. Sie sind meistens mit Hilfe der Amnestie, die nur die „Führer" dem Gericht vorbehalten wollte, durchgeschlüpft.[18] Die Gerichte haben dann eben die Führerschaft der betreffenden Leute verneint, und damit sind sie durchgeschlüpft. So ist der mecklenburgische Baron, von dessen Krieg gegen die Stadt Waren ich früher berichtete, als Nicht-Führer freigekommen.[19] So ist Gottfried Traub als ein Mann, der in nichts Führereigenschaften gezeigt habe, amnestiert worden und führt heute die Augsburger Abendzeitung mit demselben Talent, mit dem er einst den Oberkirchenrat bekämpfte.[20] Und so weiter. Die linke Presse erkennt deshalb im Richter- und Beamtenstand ihren Feind und sucht ihn mit allen Mitteln auszuschalten. Volksgerichte und Absetzbarkeit der Richter sind sicher nicht die Mittel, die Sachlichkeit des Richtertums zu sichern. Die letztere ist ja auch nur in politischen Prozessen teils von veralteten Gesetzen, teils von unwillkürlichen Gefühlen in der angefochtenen Richtung bestimmt. Ein allerdings krasses Beispiel aus der Zeit vor dem Kriege hat der ruhige August Müller im Berliner Tageblatt mitgeteilt,[21] das die Rechtshandhabung und die Staatsanwaltsgefühle der Wilhelminischen Zeit grell veranschaulicht und mit englischer Gerichts-

---

18 Siehe dazu oben, S. 432, Anm. 4.
19 Es handelt sich um Stephan von le Fort (1884–1953). Siehe oben, S. 265, Anm. 1.
20 Der evangelische Pfarrer Gottfried Traub gehörte vor dem Ersten Weltkrieg zu den Wortführern der liberalen Strömung im deutschen Protestantismus. 1912 war er, nachdem er öffentlich die Amtsenthebung des Kölner Pfarrers Carl Jatho durch den Evangelischen Oberkirchenrat in Preußen auf Grundlage des „Irrlehregesetzes" von 1910 kritisiert hatte, vom Oberkirchenrat selbst seines Amtes enthoben worden (1918 rehabilitiert). Während des Ersten Weltkriegs vollzog Traub jedoch eine politische Entwicklung nach rechts und schloss sich 1917 der Vaterlandspartei, 1918 der DNVP an. In der Regierung der Kapp-Putschisten war Traub 1920 als preußischer Kultusminister vorgesehen. Vgl. Frank Fehlberg: Protestantismus und Nationaler Sozialismus (2012), S. 187–202. Zu Traubs Herausgebertätigkeit für die „München-Augsburger Abendzeitung" siehe oben, S. 449, Anm. 17. Troeltsch hatte 1911 im Fall Jatho die damals liberale Position Traubs und dessen Kritik am „Irrlehregesetz" energisch unterstützt; vgl. Troeltsch: Gewissensfreiheit (1911) → KGA 10. Bereits 1915 kam es aber zu einer Entfremdung zwischen beiden, als Traub Troeltschs gemäßigte Position in der Kriegszieldebatte aus alldeutsch-annexionistischer Warte kritisierte; vgl. den Brief Troeltschs an Gottfried Traub vom 24. Februar 1915 → KGA 21.
21 August Müller: Politik und Strafjustiz, in: Berliner Tageblatt vom 2. Oktober 1921 (Morgen-Ausgabe). Müller berichtete in dem Artikel von einem Strafprozess wegen Majestätsbeleidigung während seiner Redakteurstätigkeit bei der sozialdemokratischen „Magdeburger Volksstimme" 1898/99.

gewohnheit peinlich vergleicht. Das Reichsjustizministerium bereitet einen Gesetzentwurf vor, der hier die schlimmsten Anstöße und Schwierigkeiten beseitigen will,[22] die Hauptsache muß freilich die Zeit tun und der Glaube an die Unaufheblichkeit der wesentlichen Züge der gegenwärtigen Staats- und Gesellschaftsform, wo es keinen Kampf gegen den inneren Feind mehr gibt. Auch die Gefühle der | Beamten müssen sich ändern, die sich für unpolitisch halten, wenn sie keine Unterschiede zwischen den bürgerlichen Parteien machen und nur „Sozial- und andere Demokraten" verwerfen. Das wird lange dauern, aber das Problem selbst ist brennend. Eine Revolution, die das bisherige Beamtentum sorgfältig konserviert, ist ein Unikum in der Welt, und ich habe gerade um deswillen unsere Revolution nicht selten etwas zynisch als Talmirevolution gutmütiger Schwachköpfe bezeichnen hören, die es einem leicht mache, sie wieder abzuschaffen. Diese Gutmütigkeit mag allerdings von einem gewissen Standpunkt aus ein Fehler gewesen sein, war andrerseits durch Unentbehrlichkeit des Beamtentums zu sehr realistisch begründet. Aber sie hat uns auch Leiden und Irrungen erspart und gereicht dem deutschen Volke nicht zur Unehre. Seit dem Kapp-Putsch ist das freilich anders geworden, aber gerade diese Änderung hat uns zu bösen inneren Reibungen geführt.

Überall Zank und Streit und die neue Mitte kaum noch sichtbar! Ich sprach neulich einen altpreußischen Junker, der meinte, der Parteistreit sei eigentlich ganz gleichgültig; es gebe in der ganzen Welt heute nur zwei Parteien, die der Wahrheit und der Lüge; und zwar drinnen und draußen; bei uns wollen die einen die Tatsache und die Gründe unserer Niederlage nicht sehen und praktisch anerkennen, und nur wenige versuchen beides illusionslos zu verstehen und daraus die Folgerungen zu ziehen; draußen decken die einen hartnäckig ihr Gewissen bei der Räuberei und Schinderei mit dem Dogma von der deutschen Alleinschuld, damit sie nicht an sich selber irre zu werden brauchen, und nur wenige haben Mut und Kraft, die Allerweltsschuld und den Zwang der modernen Verhältnisse zu sehen und daraus praktische Folgen zu ziehen. Man kann an den Menschen in grimmigem Ekel völlig verzweifeln. Und da fordert Professor Radbruch für die neue nationale und soziale Schule eine Religion „inbrünstiger Diesseitsfreude"![23]

---

22 Reichsjustizminister Eugen Schiffer (DDP) kündigte im Oktober 1921 an, im Zuge einer Justizreform das Laienelement in der Strafprozessordnung stärken zu wollen, um der „Entfremdung zwischen einem Teil der Strafjustiz und breiten Schichten des Volkes" entgegenzuwirken. Zit. nach: Berliner Tageblatt vom 6. Oktober 1921 (Abend-Ausgabe): Erweiterung des Laienelements in der Strafjustiz.
23 Vgl. Gustav Radbruch: Die weltliche Schule (1920), in: ders.: Politische Schriften aus der Weimarer Zeit II (1993), S. 198 f.: „Die Frömmigkeit zum Diesseits, in der

Das ist schwer zu machen. Auch das Gehaben der Sozialdemokraten selber, so sehr ich Verstand und Tüchtigkeit des deutschen Arbeiters in den Dingen, die er versteht, aufrichtig schätze, und vor allem das seiner Literaten und Führer, ist wenig geeignet, inbrünstige Diesseitsfreude zu wecken.

Bei der Korrektur ist die Nachricht von der Entscheidung des Völkerbundes da.[24] Noch ist nicht alles klar. Aber das ist wieder eine Katastrophe, die das bißchen erscheinende Licht mit brutaler Hand zusammenschlägt. Die Finsternis ist groß. Wie viel von dem in diesem Brief Besprochenen läßt sich unter diesen Umständen noch durchführen? Und wie tief wird die Mark stürzen?

Berlin, 7. Oktober 1921. *Ernst Troeltsch*

---

wir das Wesen der neuen Religion erkennen, ist einstweilen in jedem von uns nur eine auf das Diesseits zurückgelenkte Jenseitsfrömmigkeit; sie liebt das Diesseits mit einer Inbrunst, wie die Heimat nicht lieben kann, wer sie niemals verließ […]. Deshalb eben muß auch die weltliche Schule die Religion in ihren Lehrplan aufnehmen, gerade um die überkommene Religion so zu leiten, daß sie zu einer Stufe werde zu einer neuen, ganz befreiten, ganz diesseitsfrohen Religiosität."; vgl. ders.: Der Gesetzentwurf über die weltliche Schule (1921), in: ders.: Politische Schriften aus der Weimarer Zeit II (1993), S. 233: „Überall, wo man sich jetzt auf den weltanschaulichen Hintergrund des Sozialismus besinnt, werden in überraschender Übereinstimmung die gleichen Züge betont: etwa Kameradschaftlichkeit und Gemeinsinn, Gemeinschaftskultur, inbrünstige Diesseitsfreudigkeit."

24 Am 20. Oktober 1921 übermittelte der Oberste Rat der Alliierten der Reichsregierung den Teilungsplan des Völkerbundes für die preußische Provinz Oberschlesien (siehe oben, S. 443, Anm. 2). Nach diesem Plan sollten etwa vier Fünftel des oberschlesischen Industriegebiets an Polen gehen, darunter auch Gebiete, deren Bevölkerung bei der Volksabstimmung am 20. März 1921 mit Mehrheit für den Verbleib bei Deutschland gestimmt hatten. Vgl. Heinrich August Winkler: Weimar 1918–1933 (1993), S. 166.

Die neue Katastrophe und die Stellung des Bürgertums zur Republik (Dezember 1921)

Editorische Vorbemerkung: Die Edition folgt dem Text, der erschienen ist in: Kunstwart und Kulturwart, hg. von Ferdinand Avenarius, 35. Jg., erste Hälfte, Oktober 1921 bis März 1922, Heft 3, Dezemberheft 1921, München: Kunstwart-Verlag Georg D. W. Callwey, S. 155–162 (**A**). Der Text erschien im Hauptteil des Heftes und mit der Datumsangabe 9. November 1921.

Die neue Katastrophe und die Stellung des Bürgertums zur Republik
Berliner Brief

Es ist gegangen, wie es immer geht, wenn bei uns sich ein schwacher Lichtschein zeigt. Wir schienen auf dem Wege zu einer neuen Mittebildung und durften hoffen, in der oberschlesischen Frage mit der fest versprochenen Hilfe Englands eine dem Abstimmungsergebnis entsprechende Lösung zu erreichen, damit nationale Ehre, wirtschaftliche Möglichkeit und politische Konsolidation zu wahren und zu erreichen. Da hat, wie ich schon im letzten Korrekturzusatz beifügen konnte,[1] die französische Faust das Licht ausgelöscht. Um das zu verstehen, muß man sich des früheren Briefes erinnern, wo ich auf Grund der Angaben eines der ersten früheren General|stabsoffiziere die militärische Kontinentalposition Frankreichs geschildert habe.[2] Psychologisch kommt bei den Franzosen hinzu das beständige Ineinander-Übergehen der Sicherungspolitik und der Hegemoniepolitik. Ohne Hegemonie ist keine Sicherung möglich gegen die jahrtausendalte germanische Bedrohung, das ist der Gedanke, der dann freilich sehr leicht in die Hegemonie an sich übergeht und die populären Sicherungsbedürfnisse nur als Mittel benützt. Wir kennen die gleichen

---

1 Siehe oben, S. 466.
2 Troeltsch bezieht sich wohl auf den Berliner Brief „Neue Krisen von außen her" im Märzheft 1921 des „Kunstwarts" (34. Jg., Heft 6), siehe oben, S. 385. Bei dem früheren Generalstabsoffizier handelt es sich vermutlich um Hans von Haeften (siehe oben, S. 59, Anm. 1).

Übergänge von unserer eigenen Kriegszielpolitik und ihren Schwankungen her zur Genüge, um das verstehen zu können. Des weiteren kommt hinzu die sehr schwierige finanzielle Lage des dem Ausland stark verschuldeten und selber wenig arbeitenden Frankreich. Es will von deutscher Arbeit zahlen und leben, aber zugleich und eben deshalb ist sein Frank eine Anweisung auf deutsche Mark und steigt und fällt mit dieser. Nimmt man hinzu die steigende Spannung zwischen England und Frankreich als Folge dieser Hegemoniepolitik und den französischen Versuch, mit Hilfe moralischer Eroberungen in Amerika eine Stütze gegen England zu gewinnen und so einen Weltdreibund von Amerika, Frankreich und England zu Gunsten der beiden ersten zu schaffen: so hat man ein ungefähres Bild der allgemeinen Lage, die uns Oberschlesien gekostet hat. Alles ist auf die Washingtoner Konferenz hin orientiert.[3] Hört man, für welche Zeiträume dort die Wohnungen der Gesandten gemietet worden sind – ein halbes oder ganzes Jahr –, dann kann man sich eine Vorstellung von der Wichtigkeit dieser Dinge machen. Das Siegersyndikat oder der sogenannte Völkerbund in Genf ist daneben rein zu einer sekundären Figur im politischen Machtspiel geworden, wo man die Exotischen die europäischen Angelegenheiten besorgen läßt, um hinter ihrer Deckung eine weniger odiose Rolle zu spielen. Schwierig geworden ist bei alledem die Stellung Japans, das heute in eine ähnliche Stellung geraten ist wie Deutschland vor dem Kriege. Es wird schmerzlich interessant sein, zu beobachten, wie Japan im Unterschied von uns sich in dieser Lage behelfen wird. Sollte es ernstlichen Widerstand leisten, so ist an einem vernichtenden Moral- und Kulturkrieg der ganzen Welt gegen Japan nicht zu zweifeln, mit dem man seine Stellung zu erschüttern versuchen wird, wie einst und heute noch die unsrige. Alle Pharisäer der Welt werden durch die Weltpresse in Kürze als die moralisch Entrüsteten aufstehen mit dem guten Gewissen, das die tägliche Zeitungslektüre gewährt.

So ist das Bild der Weltlage, wie man es aus den Zeitungen entnehmen kann und wie es auch, meist etwas klarer und konzentrierter, in den privaten Unterhaltungen mit politischen Persönlichkeiten sich darstellt. Itali-

---

3 Vom 12. November 1921 bis zum 6. Februar 1922 fand in Washington eine internationale Konferenz zur Begrenzung der Flottenrüstung im Pazifik statt. Anlass war ein japanisches Flottenrüstungsprogramm von 1920, das vor allem in Großbritannien die Sorge vor einem neuen Seewettrüsten, vergleichbar dem deutsch-britischen Wettrüsten vor dem Ersten Weltkrieg, hatte aufkommen lassen. Außer den USA, Großbritannien und Japan nahmen auch Frankreich, China, Italien, Portugal, Belgien und die Niederlande an der Konferenz teil. Vgl. Erik Goldstein, John Maurer: The Washington Conference (1994).

en ist bereits völlig in den Schatten gestellt, die Neutralen in schwerster wirtschaftlicher Depression und Arbeitslosigkeit auf Grund des Ausfalls in Rußland und Mitteleuropa und auf Grund der mit der deutschen Valuta gepaarten deutschen Arbeit. Die Verhältnisse sind dort vielfach beinahe unerträglich. Der Wahnsinn der „alten" Politik geht weiter. Der Weltkrieg war ein Intermezzo, keine Epochenscheide. Der Pazifismus spielt heute schon eine komische Figur und wird nur von den deutschen Sozialdemokraten, vor allem den Unabhängigen, krampfhaft festgehalten, als würden die sogenannten Proletariate der verschiedenen Länder die „neue" Politik schließlich schon durchsetzen. Diese aber denken gar nicht daran, und wenn sie wollten, könnten sie nicht. Auch für sie ist es bequemer, die deutschen Sozialdemokraten als Kriegsschuldige zu bezeichnen und um deswillen von ihren Regierungen Arbeitslosenunterstützung statt Änderung der | Politik zu erzwingen oder als Nutznießer deutscher Arbeit zu leben. Die Menschen bleiben eben, wie sie waren, und in dem unkontrollierbaren Chaos sucht erst recht jeder seinen Profit und seine Macht. Davon machen die Sozialdemokraten drinnen und draußen keine Ausnahme.

A 157

Kleine, an sich unbedeutende Geschichtchen beleuchten oft die Lage am besten. Neulich reiste ein polnischer Graf durch und erzählte von einem fröhlichen Gelage, das er in Paris mitgemacht habe. Da habe jemand die Sprache auf die Deutschen gebracht und ein anderer habe dann bemerkt, die Deutschen blieben die ewige Gefahr und daran sei nichts zu ändern. Sie seien 1813 und 15 und 1871 in Paris gewesen, dieses Mal seien sie abgewiesen worden, aber sie würden wieder kommen und sicherlich noch einmal in Paris einziehen. Darauf sei eine eisige Stimmung in der Gesellschaft eingezogen und die Fröhlichkeit habe nicht wieder kommen wollen. Jeder habe sich bei der Vorstellung der wiederkommenden achtzig Millionen innerlich geschüttelt. Man kennt ja derartige französische Stimmungen, aber eine so anschaulich unmittelbare Erzählung wirkt doch wie eine Berührung mit der Realität.

Enger mit der Lage hängt ein anderes Erlebnis zusammen. Ich war an dem Tage, wo die ersten Nachrichten über die drohende Genfer Entscheidung kamen, mit einigen Reichs- und preußischen Ministern, sowie einigen neutralen Gesandten zusammen. Die Wirkung der Nachrichten war niederschmetternd. Alles verstummte. Nun ist das Reichskabinett und die große Koalition erledigt: das war die allgemeine Stimmung.[4] Dann kamen nähere

---

4 Gerüchte über einen für Deutschland ungünstigen Schiedsspruch des Völkerbundes in der oberschlesischen Frage kursierten in Berlin seit dem 10. Oktober 1921. Am selben Tag wurde im Reichskabinett Wirth bereits die Frage eines Rücktritts des Kabinetts aus Anlass des Völkerbundsentscheids diskutiert, wie er schließlich

Nachrichten. Die englischen Herren hatten versichert, Lloyd George habe für Deutschland gekämpft wie ein Deutscher, aber schließlich hätte er doch Frankreich nicht den Krieg erklären können! Wir sollten um Gotteswillen unser Kabinett nicht stürzen, das nun einmal das Vertrauen des Auslands habe. Es sei die Amputation des kleinen Fingers; das sei doch schließlich zu ertragen und man könne bei der Verständigung mit den Polen immer noch eine erträgliche Position retten. Auch die anwesenden Neutralen bekundeten die äußersten Sorgen im Fall eines Sturzes des Kabinetts. Sie fürchteten den Abbruch der eben mit Frankreich trotz allem angeknüpften Verbindungen und den Sturz der Mark, der dem des Kabinetts folgen müsse.

In der Tat ist das Ergebnis so gekommen, wie man es in dieser ersten finsteren Stunde gleich mit dem ersten Blicke sah: Kabinett und Mittebildung waren zerschlagen. Was das Kabinett anbetrifft, so hatte es seine ganze Erfüllungs- und Inflationspolitik auf die Versprechungen der Engländer aufgebaut und gehofft, nach rechtsgemäßer Entscheidung der oberschlesischen Frage in beiden Hinsichten durch eine neue Steuerpolitik Klärung und Festigung zu schaffen. Nachdem die Engländer unser Recht nicht hatten retten können oder wollen, war es vor aller Welt ungeheuerlich desavouiert und konnte nicht bleiben. Alles Zureden der Auswärtigen, daß das eben Unglück und momentane vollkommene Schwäche Deutschlands, aber kein diplomatischer Fehler des Kabinetts gewesen sei und daß man die Situation im ernstesten Moment nicht durch einen Sturz des Kabinetts noch weiter international unsicher machen dürfe, konnte nichts helfen. Das Kabinett selbst war in der Sache nicht einig. Die Sozialdemokraten wollten das Kabinett halten. Aber die Desavouierung war doch zu ungeheuerlich, genau wie nach dem Verrat Wilsons seinerzeit in Paris. Und genau wie damals traten die Demokraten aus dem Kabinett aus. |

A 158   Nun hätte es gegolten, ein Kabinett der Rechten oder der äußersten Linken oder ein solches der breitesten Koalition zu bilden. Die beiden ersten Fälle waren aus inner- und außenpolitischen Gründen unmöglich. Ein Kabinett der Rechten hätte den Sturz Briands zur unmittelbaren Folge gehabt und die schroffsten französischen Nationalisten ans Ruder gebracht. Ein Kabinett der äußersten Linken hätte mit den durch und durch kapitalistischen Diplomaten der Entente nicht arbeiten können; ein bisher an allen Verhandlungen beteiligter Diplomat erzählte, daß die Ententepolitiker und sozialdemokratischen Verhändler sich überhaupt nie verstanden hätten. Auch gab beides ja keine genügende parlamentarische Unterlage. So blieb

---

auch am 22. Oktober 1921, zwei Tage nach der offiziellen Bekanntgabe des Entscheids, erfolgte. Vgl. Die Kabinette Wirth I und II (1973), S. LIII–LIV.

die breiteste Koalition als Ausdruck der Einigung in der furchtbarsten Lage, als Protest gegen das Unrecht und als gemeinsame Arbeit an der Verhütung allzu verhängnisvoller Folgen. Der Reichspräsident glaubte schon, ein solches fertig zu haben, und erwartete eines Mittags die endgültige Bildung des schon nach allen Seiten ausbalanzierten Kabinetts.[5]

In ein paar Stunden war es unmöglich geworden. Warum? Die Sozialdemokraten, deren Führer überhaupt nur sehr ungern der Ebertschen Politik folgten und diese, je länger die Koalition zustande zu kommen zögerte, um so unfreundlicher behandelten, verlangten die Wiederbetrauung des Herrn Wirth mit der Kabinettsbildung und erklärten in geheimer Sitzung gemäß ihrem prinzipiellen und absoluten Pazifismus die Unterwerfung unter jedes Diktat der Entente für unverbrüchliche Richtschnur; man könne nur Protest beim Weltgewissen einlegen. Das zeigt, wie stark die Sozialdemokratie sich in außenpolitischer Hinsicht dem Standpunkt der Unabhängigen genähert hat, mit denen sie wenigstens eine Arbeitsgemeinschaft zur Verstärkung ihrer Stellung anstrebt. Dahingegen hielt die Deutsche Volkspartei eine patriotische Geste für geboten und wollte zu diesem Zweck die Entsendung eines Kommissars für Oberschlesien rundweg ablehnen, obwohl *alle* Parteien in Oberschlesien um die schleunige Bestimmung eines solchen baten.[6] Ein Mitglied der Volkspartei brachte diese in geheimer Sitzung besprochene Differenz in eine Zeitung, und, da unseliger Weise der Zeitungs-

---

[5] Nach dem Rücktritt des Kabinetts Wirth verhandelten die bisherigen Regierungsparteien SPD, Zentrum und DDP auf Initiative des Reichspräsidenten Friedrich Ebert (SPD) am 23./24. Oktober 1921 mit der DVP über die Bildung einer „großen Koalition". Das Reichspräsidialamt kündigte am späten Abend des 24. Oktobers in einer Pressemitteilung eine Einigung bis um 11 Uhr des folgenden Tages an. Entgegen dieser Erwartung lehnte die DVP-Fraktion jedoch in der Nacht zum 25. Oktober einen Regierungsbeitritt ab. Vgl. Walter Mühlhausen: Friedrich Ebert 1871–1925 (2006), S. 459 f.

[6] In den Koalitionsverhandlungen am 24. Oktober 1921 hatten sich die Regierungsparteien und die DVP darauf geeinigt, den Teilungsplan für Oberschlesien nur mit einer offiziellen Rechtsverwahrung anzuerkennen. Offenbar hatten die SPD-Vertreter in den Verhandlungen aber signalisiert, sie würden den Völkerbundentscheid erforderlichenfalls auch ohne Rechtsverwahrung anerkennen. Mit dieser Haltung der SPD begründete jedenfalls der DVP-Vorsitzende Gustav Stresemann in einem Schreiben an Reichspräsident Ebert am 25. Oktober 1921 die Absage seiner Partei an eine „große Koalition". Zudem erklärte sich die DVP gegen die von den Alliierten geforderte Entsendung eines deutschen Sachverständigen zur Regelung der aus der Teilung Oberschlesiens sich ergebenden verwaltungstechnischen Fragen. Vgl. Walter Mühlhausen: Friedrich Ebert 1871–1925 (2006), S. 460 ff.

streik gerade an diesem Tage aufgehört hatte, konnte diese Zeitung mit der interessanten Nachricht ihr Publikum erfreuen.[7] Aller Welt, nicht nur den Deutschen, war damit erklärt, daß eine große deutsche Partei schlechthin alles schlucken werde und daß eine andere die patriotische Geste der verantwortungsvollen Mitarbeit ebenso grundsätzlich vorzog. Damit war alles zu Ende. Die Volkspartei desavouierte ihre Unterhändler. Die Sozialdemokraten bestanden bei Herrn Ebert darauf, daß nun zu ihrer Genugtuung unbedingt Herr Wirth das Kabinett bilden müsse, dem die Volkspartei von vornherein aus bekannten Gründen ablehnend gegenüber trat. Es gab ein paar Stunden zu allem übrigen hinzu eine Präsidentschaftskrise, die nur durch die Bereitwilligkeit des Herrn Wirth, ein Kabinett zu bilden, gelöst werden konnte. Herr Wirth rettete die Situation vor dem Chaos durch Übernahme der Kabinettsbildung. Die demokratische Fraktion trat, wohl aus ähnlichen Gründen wie die Volkspartei, aus der Koalition aus, und wie nach Versailles, so regiert jetzt nach Genf eine kleine Koalition von Sozialdemokraten und Zentrum. An Stelle der großen Koalition ist die denkbar kleinste getreten.[8]

Nun hoffte man wenigstens in Preußen, das von den Konsequenzen der Reichspolitik ja nicht betroffen war, die große Koalition fertig zu bringen, mit der Herr Stegerwald seit langem schwanger ging, ohne sie energisch zu | befördern. Da machte die Sozialdemokratie auch hier durch ein Ultimatum ein Ende. Sie verlangte das Ministerium des Innern, um die ihr vor allem am Herzen liegende Beamtenreinigung durchzuführen, alles übrige könne bleiben, wie es ist. Darauf verlangte Herr Stegerwald von den Demokraten die Zurückziehung des von ihnen gestellten Ministers des Innern. Diese empfanden das als schroffe Zumutung und wollten nun auch ihrerseits der Schaukelsituation ein Ende machen, indem sie ihre beiden Minister aus dem preußischen Kabinett zurückzogen und damit das Kabinett

---

7 Troeltsch bezieht sich wohl auf eine parteioffiziöse Verlautbarung der „Nationalliberalen Correspondenz" vom 25. Oktober 1921, die von der SPD-Führung als Bruch der „vertraulichen Natur" interfraktioneller Besprechungen kritisiert worden war. Vgl. Vossische Zeitung vom 26. Oktober 1921 (Morgen-Ausgabe): Sozialdemokraten gegen Volkspartei. Der erwähnte Streik im Berliner Zeitungsgewerbe dauerte vom 18. bis zum 21. Oktober 1921. Anders als Troeltschs Schilderung nahelegt, erschienen die Zeitungen seit dem 22. Oktober wieder normal.

8 Nach dem Scheitern der Verhandlungen zur „großen Koalition" hatte Reichspräsident Friedrich Ebert am 25. Oktober 1921 intern mit Rücktritt gedroht. Das am Abend desselben Tages gebildete zweite Kabinett Wirth war formell keine Koalitionsregierung, doch blieben die meisten bisherigen Minister von Zentrum und SPD im Amt. Obwohl die DDP sich offiziell aus der Regierung zurückzog, blieb als „Fachminister" auch der von ihr entsandte Reichswehrminister Otto Geßler im Amt. Vgl. Walter Mühlhausen: Friedrich Ebert 1871–1925 (2006), S. 462 ff.

selbst zum Rücktritt zwangen. Jetzt konnte es an die Bildung des Koalitionskabinetts gehen, und ein solches kam unter der Präsidentschaft des Demokraten Öser als Vorschlag fest zustande; es war ja auch ganz logisch, daß die grundsätzliche Vermittlungspartei den Präsidenten stellte. Aber da kam die Rache des Zentrums für den Sturz des Herrn Stegerwald und die Abneigung der Rechten gegen den Sozialdemokraten Braun als Landwirtschaftsminister und vielleicht noch einiges andere. Binnen einer Stunde war das scheinbar fertige Kabinett vernichtet und an seine Stelle trat ein von Herrn Braun als Präsidenten geleitetes Kabinett.[9] Man hielt Herrn Braun als Ministerpräsidenten für ungefährlicher wie als Landwirtschaftsminister. Das neue Kabinett ist allem Anschein nach weniger gut als das alte, aber es ist kein Beamtenkabinett mehr, sondern ein parlamentarisches und die Sozialdemokraten sitzen mit zwei Ministern und dem Präsidenten wieder drinnen. Wie ein solches Kabinett arbeiten kann, das weiß dann Gott.

So gehen solche Dinge. Das ist das Einzige, was davon für den Staatsbürger interessant ist. So arbeiten Republik, Parlamentarismus und Demokratie in Deutschland. Daß sie so arbeiten, ist vor allem das Werk der Entente, die es zu keiner Konsolidation kommen läßt. Nun wird man wieder im Reich versuchen müssen, die Koalition zu erweitern, und dann kann dort in Bälde das Spiel von vorne angehen. Vorerst lief die ganze an sich notwendige Demonstration des Rücktritts des Kabinetts Wirth heraus auf ein neues Kabinett Wirth, das nur eine sehr viel schmälere Parlamentsbasis und eine sehr viel schwierigere innere und äußere Situation hat.

Es ist freilich auch und vor allem das Werk der Stellung des Bürgertums gegenüber der Republik. Man kann von diesem im großen und ganzen sagen: es hat zur Waffe des politischen Streiks gegriffen und führt gegen das herrschende System einen Moralkrieg, wie ihn die Entente so erfolgreich gegen Deutschland geführt hat. Man will das System niederkämpfen um jeden Preis oder es doch so verächtlich machen, daß niemand aus dem Bürgertum es mehr wagt, sich an ihm zu beteiligen. Die demokratische Partei unterliegt bereits sichtlich diesem moralischen und gesellschaftlichen Druck.

---

9 Otto Braun (SPD) wurde am Abend des 5. November 1921 zum preußischen Ministerpräsidenten gewählt. Sein Kabinett der „großen Koalition" aus SPD, Zentrum, DVP und DDP löste die seit April 1921 amtierende Minderheitsregierung von Adam Stegerwald (Zentrum) aus Zentrum und DDP ab. Noch am Nachmittag des 5. November hatten die Zeitungen die voraussichtliche Wahl von Rudolf Oeser (DDP) zum preußischen Ministerpräsidenten gemeldet. Vgl. Vossische Zeitung vom 5. November 1921 (Abend-Ausgabe): Oeser preußischer Ministerpräsident; Vossische Zeitung vom 6. November 1921 (Sonntags-Ausgabe): Braun zum Ministerpräsidenten gewählt.

Es ist heute wohl nicht mehr viel an dieser Stellung des Bürgertums zu ändern. Notwendig war sie nicht und heilsam war sie auch nicht. Die Sozialdemokraten waren zu Anfang zu großem Entgegenkommen bereit, wenn Demokratie und Republik grundsätzlich anerkannt würden. Daran lag diesen Leuten, die unter dem alten System am meisten gelitten hatten, offenbar alles. Auch die Entente erzwang das System und wird es weiter erzwingen, wie das Schicksal Karls von Ungarn auch dem Blinden zeigt.[10] Was sollte und konnte nun das Bürgertum, das über sehr viel unentbehrliche Intelligenz, Initiative, Tüchtigkeit verfügt und darum unentbehrlich war und ist, in solcher Lage tun? Das Einzige, was der poli|tische Mensch überhaupt wollen kann, ist sich behaupten und sich durchsetzen unter gleichzeitiger möglichster Rettung der Organisation und Leistungsfähigkeit des Ganzen. Die Sozialdemokraten haben sehr wenig hervorragende Talente stellen können und ihre Leute hatten zum großen Teil die Vorbildung und gesellschaftliche Menschenkenntnis nicht, die zum Regieren und Verwalten unbedingt nötig ist. Ihnen gegenüber war nur Anerkennung ihrer Gleichberechtigung erfordert, Einhaltung von Demokratie und Republik und nüchterne Einsicht, daß bei ihnen die Ausnützung der politischen Machtstellung für alle denkbaren Zwecke so verständlich und moralisch oder unmoralisch ist, wie es das bei den bisher herrschenden Ständen auch war. Sentimentalität und humanes Sichversenken in ihren Standpunkt verlangten sie nicht und brauchten sie nicht. Sie waren in der Lage, alles, was sie brauchten oder zu brauchen meinten, sich selber zu nehmen, und bedurften hierbei keines sympathischen Mitgefühls. Aber man konnte mit ihnen ehrlich paktieren, die wichtigen Stellen und Funktionen in die eigene Hand bringen, die höhere Bildung und den Mittelstand schützen, verwegene und gefährliche Sozialisierungsexperimente vernünftig und ohne Aufregung diskutieren und verhindern. Man mußte nur dem Ehrgefühl und Selbständigkeitsstreben Rechnung tragen und den Arbeitern Konzessionen machen, die sie als neue Stellung in Staat und Wirtschaft empfinden konnten. So konnte man alles Wesentliche in seine Hand bringen und offen für sich in Anspruch nehmen, wie es ja auch die Sozialdemokraten in Anspruch nehmen. Man konnte unter Zurückstellung prinzipieller Anschauungen und Forderungen

---

10 Der seit 1919 im Exil in der Schweiz lebende ehemalige Kaiser Karl I. von Österreich-Ungarn war am 20. Oktober 1921 überraschend nach Ödenburg in Ungarn gereist, um an der Spitze einer Freischärlertruppe seinen Anspruch auf den ungarischen Thron geltend zu machen. Die ungarische Regierung unter dem Reichsverweser Miklós Horthy hatte erst auf eine Einmarschdrohung der Entente hin ernsthafte militärische Gegenmaßnahmen ergriffen. Karl I. war interniert und Anfang November 1921 auf die portugiesische Insel Madeira verbannt worden.

das praktisch Wichtigste sich sichern und erhalten, wie jene es zu erwerben und zu erobern strebten. Das alles konnte in voller Aufrichtigkeit geschehen, wenn man die doch nun einmal von den Umständen geforderte Demokratie und Republik aufrichtig bejahte. Man hätte beides für sich sehr erfolgreich benützen können. Die Demokratie selbst ist ja wesentlich nur eine politische Maschinerie, die ihre Nachteile hat wie alle solchen Maschinerien, die aber in der gegenwärtigen Welt- und Kulturlage wenigstens den Vorteil hat, bei leidlicher Einigkeit eine enorm wichtige Waffe im internationalen Kampf ums Dasein zu sein und den Gerechtigkeitsansprüchen der in Volksbildung, Militärdienst und Industriearbeit intellektuell geschulten und gehobenen Massen zu entsprechen. Das mystische Dogma von der Volkssouveränität, dem nirgends in der Welt außer etwa ein paar Bauernkantonen eine praktische Wirklichkeit entspricht, konnte man auf sich beruhen lassen, und von der sogenannten demokratischen Weltanschauung konnte man ruhig zugeben, daß sie jedenfalls eine von äußerst partikulärem Gesichtspunkt aus konzipierte Weltanschauung ist. Daß die aristokratischen Elemente jeder Gesellschaft sich wie überall, so auch hier ganz von selbst durchsetzen würden, allerdings unter Eintritt einer Menge von homines novi, die bei dem großen deplacement de pouvoirs et de fortunes naturgemäß aufkamen, darauf konnte man ebenfalls nach soziologischen Gesetzen mit Sicherheit rechnen. Auch das Gewicht unserer ganzen historischen Vergangenheit mußte nach dem ersten Rausch und Wahn, der so sicher vergehen mußte wie die vermeintliche Revolutionskunst des Expressionismus, sich wieder geltend machen. Es bedurfte nichts als nüchternen, entschlossenen und illusionslosen Eingehens auf die Situation. Man konnte dann nicht alles, aber vieles halten, was gut und brauchbar war für das Ganze und was unentbehrlich war für eine besitzende und intellektuelle Klasse. Zu | einigem Verzicht und vor allem dem Ausland gegenüber, das man loswerden mußte um jeden Preis, zu einigem Opferwillen mußte man sich allerdings entschließen. Aber man konnte vielleicht Bildung und Kultur retten und mit den neuen Machthabern sich in sie teilen, so gut es ging. Das hätte einer ganz großen demokratischen Partei bedurft, deren offene Parole nicht die Ladenhüter des Berliner Kommunalfreisinns,[11] sondern die Erhaltung der berechtigten aristokratischen Elemente mit Hilfe der demokratischen Maschinerie war, von einer solchen aber auch hätte verwirklicht werden können.

Das „gebildete" deutsche Bürgertum, das ja zum kleinsten Teil reine Bourgeoisie ist, ist diesen Weg nicht gegangen, je länger, desto weniger.

---

11 Als „Berliner Kommunalfreisinn" wurde bis 1918 die formal nicht zur Fraktion zusammengeschlossene Gruppe der Linksliberalen in der Berliner Stadtverordnetenversammlung bezeichnet.

Als die Angst geringer wurde, ging es in die Opposition um jeden Preis und erfand sich die Juden als Prügelknaben für alles. Der eben erschienene dritte Band Ludendorffs eignet sich die grotesken Vorstellungen einer antisemitischen, längst von Professor Strack entlarvten Denkschrift „Die Weisen von Zion" an, worin die Niederwerfung Deutschlands als das Werk einer internationalen jüdischen Verschwörung bezeichnet wird.[12] Das entspricht sicherlich am besten den Instinkten des heutigen deutschen Bürgertums. Was bei dieser Opposition um jeden Preis anders herauskommen soll als steigende, aber zur Herrschaft nicht genügende Wählerziffern und Alimentierung der Feinde mit neuen deutschen Gewalt- und Barbareilegenden, ist nicht zu ersehen. Aber das liegt ja für den deutschen Bürger ganz fern. Er denkt lediglich an die Analogie mit 1873,[13] und es kümmert ihn gar nichts, daß die heutige Weltlage eine von Amerika beherrschte ist, daß wir kein Agrarstaat mehr sind wie damals, daß wir dieses Mal eine Revolution von unten hinter uns haben, und nicht wie damals eine solche von oben. Er setzt die Ideologien des Weltkrieges einfach fort und hält alles Geschehene für Intermezzo oder sozialistische und jüdische Gemeinheit.

Es ist nicht zu leugnen, daß es mit alledem gelungen ist, den heutigen deutschen Staat sehr kraft- und autoritätslos zu machen, ihn der Lächerlichkeit und Verachtung preiszugeben, die sozialdemokratische Ämterverwüstung zu unterstützen und den Gegnern immer neues Material zu geben. Inzwischen aber hat sich neben und über beiden Parteien eine neue große Macht erhoben, von der beide Teile nicht viel Gutes zu hoffen haben: ei-

---

12 Erich Ludendorff: Kriegführung und Politik (1922), S. 322. Ludendorff führt hier in einer Fußnote eine dt. Ausgabe der „Geheimnisse der Weisen von Zion" an, fügt allerdings hinzu: „Das Werk wird von gegnerischer Seite stark angegriffen und als geschichtlich nicht richtig bezeichnet." Vgl. aber die stark antisemitische Passage in ebd., S. 42 f. „Kriegführung und Politik" war Ludendorffs drittes umfangreiches Buch über den Ersten Weltkrieg nach „Meine Kriegserinnerungen 1914–1918" (1919, Volksausgabe 1921) und „Urkunden der Obersten Heeresleitung über ihre Tätigkeit 1916/18" (1920). Die erste deutsche Ausgabe der antisemitischen Verschwörungsschrift „Protokolle der Weisen von Zion" war im Januar 1920 erschienen. Einen frühen Nachweis des Fälschungscharakters der „Protokolle" erbrachte noch im selben Jahr der protestantische Theologe Hermann Leberecht Strack. Vgl. Hermann Leberecht Strack: Jüdische Geheimgesetze? (1920), S. 31–35.

13 Die Analogie bezieht sich wohl auf die als „Gründerkrach" bekannt gewordene Finanzmarktkrise von 1873, die in Deutschland mit einem rapiden Anwachsen des Antisemitismus einhergegangen war. Vgl. Thomas Nipperdey: Deutsche Geschichte 1866–1918, Band 2 (1992), S. 294.

ne ungeheure Steigerung des Kapitalismus in neuen Konzentrationsformen und eine entscheidende Bedeutung der Wirtschaftsführer neben dem Staate. Sie beherrschen heute schon im Finanz- und Wirtschaftsministerium einigermaßen den Staat, verhandeln selbständig mit dem Ausland, denken im schlimmsten Falle an eine französisch-deutsche Wirtschaftshegemonie und an eine unerschütterte Selbstbehauptung auch im Falle eines Staatsbankerottes, wo sie dann die einzigen Führer und Helfer sein würden. Es ist wie einst im ständischen Staate der Eintritt privater Großmächte in die Staatsgewalt, die diese von sich und ihren Bewilligungen abhängig machen, oder, moderner gesprochen, die Analogie zu amerikanischen Trustmagnaten, die dort im Senat als eine Art kapitalistischer Landstandschaft sitzen, trotz aller Republik und aller Demokratie. Es ist sicher, daß sich viele Leute das als den einzig möglichen Weg zur Lösung der Erfüllungs- und Inflationskrisis vorstellen. Die geplante Kreditaktion der Industrie und die Pläne einer Erwerbung der zunächst nicht rentierenden, aber eine feste Machtstellung gewährenden Eisenbahnen liegen auf diesem Weg.¹⁴ Möglich, daß dies der einzige Weg der Rettung ist, aber es ist | ein gefährlicher Weg. Einigung der Lohnpolitik der Arbeiter und der kapitalistischen Energie der Wirtschaftsführer würde einem freien, geistig lebendigen und unabhängigen Bürgertum nicht förderlich sein. Das Bürgertum hat diese neue Gefahr kaum sehen wollen oder in ihr geradezu seine Hoffnung auf Rettung erblickt. Es könnte zwischen Lohnsozialismus und Unternehmerkapitalismus aber vielleicht erdrückt werden. Nun, es hat es dann selbst nicht anders gewollt. Aber was werden die Feinde dazu sagen?

Diese haben vorerst die Reparationskommission nach Deutschland geschickt.¹⁵ Und diese wird vor allem die Staatsausgaben prüfen und dieser letztgenannten Erscheinung ihre Aufmerksamkeit zuwenden. Das wird dann vermutlich der Anfang der offenen Fremdherrschaft über ein heillos uneiniges Volk sein. Wie unsicher in alledem der Reichzusammenhang ist,

---

14 Zur Kreditaktion der deutschen Wirtschaft siehe oben, S. 462, Anm. 14. Auf Druck des schwerindustriellen Flügels um Hugo Stinnes korrigierte der RDI sein Darlehensangebot an die Reichsregierung am 5. November 1921 dahingehend, dass er nunmehr als Sicherheit für den Kredit die Privatisierung von Staatsbetrieben, insbesondere der Reichseisenbahnen forderte. Vgl. Gerald D. Feldman: The Great Disorder (1993), S. 367 ff.
15 Die im Versailler Vertrag zur Überwachung der deutschen Reparationsverpflichtungen eingesetzte fünfköpfige Reparationskommission traf am 9. November 1921 in Berlin ein, um dort erstmals direkte Verhandlungen mit der deutschen Reichsregierung zu führen. Vgl. Vossische Zeitung vom 10. November 1921 (Morgen-Ausgabe): Die Reparationskommission in Berlin.

zeigen die neuen bayrischen Nachrichten über die Beerdigung des Königs und die Proklamation des Kronprinzen Rupprecht.[16]

Berlin, 9. November 1921. *Troeltsch*

---

[16] Der letzte bayerische König Ludwig III. war am 21. Oktober 1921 im Exil in Ungarn gestorben. Seine Beisetzung erfolgte am 5. November 1921 in München mit einem Trauerzug nach traditionellem Zeremoniell unter Beteiligung der bayerischen Staatsregierung und der Reichswehr. Der ehemalige bayerische Kronprinz Rupprecht veröffentlichte anlässlich der Beisetzung eine Proklamation, in der er den Anspruch des Hauses Wittelsbach auf den bayerischen Thron bekräftigte. Vgl. Vossische Zeitung vom 5. November 1921 (Abend-Ausgabe): Die Beisetzung des letzten Bayernkönigs.

Die Amerikanisierung Deutschlands (Januar 1922)

Editorische Vorbemerkung: Die Edition folgt dem Text, der erschienen ist in: Kunstwart und Kulturwart, hg. von Ferdinand Avenarius, 35. Jg., erste Hälfte, Oktober 1921 bis März 1922, Heft 4, Januarheft 1922, München: Kunstwart-Verlag Georg D. W. Callwey, S. 228–235 (**A**). Der Text erschien im Hauptteil des Heftes und mit der Datumsangabe 12. Dezember 1921.

Die Amerikanisierung Deutschlands
Berliner Brief

Die augenblickliche Lage ist beherrscht durch die Washingtoner Konferenz.[1] Mit ihr ist Amerika wieder öffentlich in die große Weltpolitik eingetreten, nachdem es in Versailles mit Wilsons persönlicher Völkerbundspolitik eine seinem eigenen und wirklichen Willen nicht entsprechende Figur gemacht hatte. Der Wilsonsche Völkerbund war ein professorales, ideologisches Gebilde, das ohne genügende Kenntnis Europas, ohne Rückhalt an den entscheidenden Faktoren der amerikanischen Politik und ohne Charakterstärke Wilsons selbst erdacht worden war, das sein Urheber daher selbst sachlich in Paris verriet, um den Schein zu retten. Der so übrig bleibende Schein wurde dann ganz einfach ein Werkzeug der französischen Hegemoniepolitik und arbeitete in Genf vor den Toren Frankreichs im Interesse der französischen Realität, d. h. einer kolossalen kontinentalen Militärmacht, die

---

1 Zur Washingtoner Flottenkonferenz allgemein siehe oben, S. 468, Anm. 3. Am 13. Dezember 1921 wurde auf der Konferenz von den USA, Großbritannien, Japan und Frankreich ein Abkommen über die gegenseitige Respektierung ihrer pazifischen Inselterritorien abgeschlossen. Das Viermächteabkommen löste die Anglo-Japanische Allianz von 1902 ab. Außerdem einigten sich die USA, Großbritannien und Japan auf eine Begrenzung ihrer Flottenrüstung im Verhältnis von 5:5:3 (endgültig festgelegt im Washingtoner Flottenabkommen vom 6. Februar 1922). Erste Meldungen über die Flottenformel und den bevorstehenden Abschluss des Washingtoner Viermächteabkommens erschienen in deutschen Zeitungen bereits am 7. Dezember 1921. Vgl. Vossische Zeitung vom 7. Dezember 1921 (Abend-Ausgabe): Japan nimmt die Flottenformel an.

finanzielle und politische Ziele unter dem Titel der Sicherung der Kriegsergebnisse betrieb und betreibt. Inzwischen ist in Amerika Wilson von dem Senat und den Wählern rücksichtslos desavouiert worden.² Die Truppen sind von einem glorreichen Kreuzzug im Interesse der Tugend und Freiheit mit verschwindend geringen Verlusten – was bedeuten 75 000 Mann Tote für Amerika?³ – und mit dem Skalp des erlegten Menschheitsfeindes am Gürtel zurückgekehrt. Ein neues Regiment trat ins Amt und bereitete langsam und sorgfältig eine große politische Aktion vor, die das für amerikanischen Geschmack Gesunde und Menschenfreundliche an Wilsons Plan behaupten und zugleich das amerikanische reelle Interesse verwirklichen sollte. Die Angelsachsen sind Meister darin, Tugend und Profit, Sentimentalität und nüchternste Berechnung zu vereinigen und dabei obendrein ganz ehrlich an ihre Tugend zu glauben. Und so tritt jetzt ein Plan hervor, der den Wahnsinn des Wettrüstens, die beständige Kriegsgefahr und tödliche Konkurrenz der großen Wirtschaftsimperialismen beseitigt oder mildert und zugleich die amerikanische Weltstellung gegenüber England und Japan für die Zukunft sichert. Das sind heute die drei großen Weltreiche mit den großen Flotten. Nur solche kommen für die Weltpolitik noch in Betracht. Frankreich ist bloße Landmacht, es kommt trotz aller kulturellen Sympathien für die Weltpolitik nicht in Rechnung. Von Italien ist gar nicht mehr die Rede.

A 229 Die | Landabrüstung ist für die Amerikaner mehr eine moralische Forderung. Wenn die Franzosen nicht wollen, so ist den Europäern nicht zu helfen, und man muß warten, bis sie wieder vernünftig werden. Nur allzustarke finanzielle Störungen, die aus dem europäischen Chaos zu entspringen drohen, wird man zu verhindern wissen. Von Deutschland ist nur in der letzteren Hinsicht, nicht in politischer die Rede. Ihm gegenüber fühlt man sich durch das Schulddogma, das immer noch für seine ganze Lage entscheidend ist, moralisch gedeckt und durch den Untergang der deutschen Flotte und Landmacht, von denen die erste nie wieder hergestellt werden kann, politisch desinteressiert. Die Seemächte sind entscheidend, und ihre Konflikte gilt es zu verhindern oder zu verschieben, jedenfalls jeden etwa möglichen neuen Weltkrieg von vornherein zuungunsten Japans zu präjudizieren.

Und was hat England in dieser schwierigen Lage getan? Es war bisher durch die ungeheure französische Landmacht und Unterseeboote bedroht. Es war vielfach in ähnlicher Lage wie Deutschland vor einigen Jahren, nur bewegte sich alles in größeren Dimensionen. Es befand sich Frankreich ge-

---

2 Siehe dazu oben, S. 363, Anm. 1.
3 Nach offiziellen Angaben betrugen die Verluste der US-Truppen im Ersten Weltkrieg ca. 115 000 Mann. Vgl. Wolfdieter Bihl: Der Erste Weltkrieg 1914–1918 (2010), S. 299.

genüber in der Lage wie Deutschland gegenüber Italien, als dieses seine „Extratour" tanzte, d. h. das Bündnis mit Deutschland tatsächlich aufgab;[4] Amerika gegenüber wie einst Deutschland gegenüber England und Rußland, als jenes den festen Flottenstandard anbot und dieses die Haager Konferenz berief.[5] Es ist lehrreich, wie England in dieser Lage gehandelt hat. Es hat die humanitäre Parole mit bereitwilligem Enthusiasmus übernommen und die damit ermöglichte finanzielle Erleichterung gerne akzeptiert. Das heißt aber: es hat in Wahrheit auf seine alleinige Seeherrschaft, die bis vor kurzem als Lebensbedingung Englands galt und die man mit guten Gründen aus dem Begriffe die Seeherrschaft als notwendig alleinige konstruierte, verzichtet; zweifellos ein ernster und bedeutender Entschluß. Man hat allem Anschein nach vor Eröffnung der Konferenz alles das in Verhandlungen mit Amerika erledigt und sich zuvor – unter Zuziehung Hollands, des dritten großen Ölbesitzers – über die Verteilung der Ölfelder der Erde geeinigt.[6] Das Öl ist heute wichtiger noch als Eisen. Es ermöglicht für Flottenstaaten Schiffsleistungen mit einem Aktionsradius, wie er bei Kohlenfeuerung nicht möglich ist. Seestaaten, die genügend Öl haben, sind zu den höchsten Leistungen der Schiffstechnik befähigt und allen anderen überlegen. Nachdem man sich über diesen wichtigsten Punkt beruhigt und gesichert hatte, konnte das große Experiment der Preisgebung der absoluten Seeherrschaft, die doch verloren war und beim Wettrüsten verloren gehen mußte, auch vorerst grundsätzlich gewagt werden. England hat ferner die französischen Extratouren als das bewertet, was sie in Wahrheit sind, als eine Bedrohung

---

4 Troeltsch bezieht sich auf das italienisch-französische Mittelmeerabkommen von 1902, das in Deutschland vielfach als implizite Aufkündigung des Dreibunds zwischen Italien, Deutschland und Österreich-Ungarn interpretiert worden war. Der damalige Reichskanzler Bernhard von Bülow hatte dagegen in einer Rede am 8. Januar 1902 beschwichtigend erklärt: „In einer glücklichen Ehe muß der Gatte auch nicht gleich einen roten Kopf kriegen, wenn seine Frau einmal mit einem anderen eine unschuldige Extratour tanzt [...]". Zit. nach: Holger Afflerbach: Der Dreibund (2002), S. 454.

5 Troeltsch bezieht sich im ersten Fall vermutlich auf die Sondermission des britischen Kriegsministers Lord Haldane 1912, im zweiten Fall auf die erste Haager Friedenskonferenz von 1899, die auf Initiative des russischen Zaren Nikolaus II. zustande gekommen war.

6 In der deutschen Öffentlichkeit wurde im November 1921 vielfach gerätselt, warum die Niederlande, anders als Deutschland, zur Washingtoner Flottenkonferenz eingeladen worden waren. So führte das „Berliner Tageblatt" die Einladung auf die strategische Bedeutung der Ölfelder in Niederländisch-Indien im Fall eines japanisch-amerikanischen Krieges zurück. Vgl. Berliner Tageblatt vom 26. November 1921 (Morgen-Ausgabe): Eine neue amerikanische Ueberraschung.

Englands und als eine faktische Auflösung der Entente. Es hat daher schleunigst für Ersatz gesorgt und an Stelle der brüchig gewordenen englisch-französischen eine amerikanisch-englische Entente gesetzt, bei der es durch Gewinn an angelsächsischer Kulturhegemonie und Prestigesteigerung die staatlich-politische Einbuße für das Gefühl seiner Völker verdecken konnte. Bündnisse sind seit dem Versagen des mitteleuropäischen Bündnisses unmodern geworden; man bedarf nur mehr der loseren Ententen, die sich im Weltkriege so vortrefflich bewährt haben. England hat weiterhin nicht „Nibelungentreue" um jeden Preis gehalten – das Wort stammt von demselben geistreichen Kanzler, von dem die „Extratour" stammt und der überhaupt in Worten glücklicher war als in Taten[7] –; es hat vielmehr das gegenstandslos gewordene Bündnis mit Japan aufgelöst; natürlich in den | höflichsten Formen und mit vielen Versprechungen, aber doch eben auch endgültig und energisch. Bündnisse haben nur Sinn, wenn sie *gegen* irgend jemand gerichtet sind. Der Gegner, gegen den das englisch-japanische Bündnis gerichtet war, Rußland, war weggefallen. Mit ihm fiel auch das Bündnis weg und wurde nur zu einer Hemmung gegenüber Amerika. Das bedeutete dann gleichzeitig allerdings gewisse Verzichte in China, das von Amerika um der Bereitung einer gewissen Plattform gegen Japan willen sehr gegen seinen Wunsch in den Krieg gegen Deutschland hineingezwungen worden war und nun auf der Konferenz sich der Patronage Amerikas erfreut.[8]

Befand sich schon England in einer der früheren deutschen Lage allmählich etwas ähnlich werdenden Weltsituation, so gilt das in sehr viel höherem Grade von Japan, wie auch von der auswärtigen Presse häufig hervorgehoben wird. Es ist isoliert und soll sowohl durch humanitäre Völkerfriedens-Veranstaltungen, als auch durch Beschränkung seiner Flotte gebunden werden. Seinen Fortschritten in China trat schon, wie bemerkt, Amerika durch Hineinziehung Chinas in den Weltkrieg entgegen, wodurch es sich das Recht der Fürsorge für seinen Schützling und Ententegenossen erwarb. Die Ordnung des chinesischen Problems ist daher im Grunde das schwierigste und weltpolitisch folgenreichste Unternehmen der Washingtoner Konferenz. In Japan selbst herrscht große Gärung und Erregung, wie bei uns in der Zeit von Algesiras und der Marokkokrise, wo dem kommenden Schicksal der Grund gelegt wurde und Deutschland vielleicht noch die Möglichkeit einer

---

7 Als „Nibelungentreue" hatte der Reichskanzler Bernhard von Bülow in einer Rede am 23. März 1909 die unbedingte Bündnistreue Deutschlands gegenüber Österreich-Ungarn charakterisiert. Zur „Extratour" siehe oben, Anm. 4.
8 China war am 14. August 1917 auf Seiten der Entente in den Ersten Weltkrieg eingetreten.

(Januar 1922) 483

Verständigung mit Frankreich gehabt hat.⁹ Japanische Dinge sind überhaupt und von hier aus insbesondere schwer zu durchschauen. Immerhin reden die dortigen Attentate eine deutliche Sprache darüber, wie man dort die „Einkreisung" empfindet.¹⁰ Diplomatisch und offiziell scheint Japan bereit zu Zugeständnissen und sucht diese gegen Sicherungen seiner Position auf dem Festland zu verkaufen. Das alte europäische Spiel der Großmächte wiederholt sich, nur hat der Weltkrieg mit einem furchtbaren Ruck durch Ausschaltung Europas die Weltdimensionen eng zusammengerückt und ungeheuer erweitert zugleich. Der Weltfriede ist nur möglich als Weltherrschaft oder Weltpolizei eines einzelnen Staates, und dieser Staat kann nur Amerika sein, mit dem das stammverwandte England sich in die Aufgabe teilt. Das hat der Amerikaner Babson in einer Schrift The Future of mankind vom Jahre 1917¹¹ bereits ganz offen und ruhig auseinandergesetzt: das Schicksal hat die Weltmacht und die Weltmoral den Amerikanern anvertraut. Sie handeln im Auftrag Gottes und eröffnen den Kongreß mit Gebet und religiösen Feiern durch das ganze Land.¹²

Und Frankreich? Es ist ungeheuer höflich in Washington behandelt worden. Aber es fand eine fertige Front gegen sich vor, klagte unter Berufung auf Ludendorffs Memoiren über Deutschland und die deutsche Gefahr und bereitete in der Rede Briands vor allem die Festigung des Ministeriums gegen seine heimischen Nationalisten und Imperialisten vor.¹³ Die mangelnde Sicherung Frankreichs gegenüber dem zwar militärisch entwaffneten, aber moralisch noch kriegslustigen Deutschland war der rhetorische

---

9 Gemeint ist die sog. erste Marokkokrise 1905/06, die durch den deutschen Widerstand gegen die französische Kolonialpolitik in Marokko ausgelöst worden war und 1906 auf der Konferenz von Algeciras zur Isolierung Deutschlands im Kreis der Großmächte geführt hatte.
10 Am 4. November 1921 wurde der japanische Ministerpräsident Hara Takashi in Tokio von einem rechtsnationalistischen Marineoffizier ermordet.
11 Gemeint ist wohl Roger Ward Babson: The future of world peace (1915).
12 Anlässlich des dritten Jahrestags des Waffenstillstandes wurde am 11. November 1921, einen Tag vor Eröffnung der Washingtoner Flottenkonferenz, in den USA mit einer landesweiten Schweigeminute und zahlreichen Gedenkgottesdiensten der Gefallenen des Ersten Weltkriegs gedacht. Vgl. The New York Times vom 11. November 1921: Millions to pray for peace today.
13 In einer Rede vor dem französischen Senat bekräftigte Ministerpräsident Aristide Briand am 6. Dezember 1921 die unnachgiebige Haltung seiner Regierung in der Reparationsfrage. Im Anschluss sprach der Senat dem Kabinett Briand mit 249 zu 12 Stimmen das Vertrauen aus. Vgl. Vossische Zeitung vom 7. Dezember 1921 (Morgen-Ausgabe): Der Senat für Briand. Zu Ludendorffs Memoiren siehe oben, S. 476, Anm. 12.

Trumpf, den er ausspielte, und der ihm eine rhetorische Wirkung verschaffte. Es wird sich an Deutschland schadlos zu halten suchen und wird dieses neue „moralische" Sicherungsprinzip unter Verwertung deutscher Literatur weiterhin möglichst ausnutzen. Aber die inzwischen stärker gewordene Stellung Englands, das im Falle Oberschlesiens seine und unsere Interessen durch|zusetzen nicht imstande war, wird nun bald in Einwirkungen auf die wirtschaftspolitische Situation Europas fühlbar werden. Freilich wird man dabei mit äußerster Schonung Frankreichs vorgehen, das von der Kriegspresse nun einmal zum Freund und Kulturgenossen Englands gemacht worden ist und gegen das die englischen Staatsmänner schon um dieser im eigenen Lande andauernden Stimmung willen vorsichtig vorgehen müssen. Lloyd George insbesondere ist trotz allem hundertfach an seinen Genossen der Kriegstage gebunden. So hat man Frankreich „um Tonkins willen"[14] an dem neuen pazifischen Arrangement beteiligt und man wird den gefährlichen Freund in Europa noch weit schonender behandeln.

Alles in allem: es ist eine angelsächsische Dyarchie, die sich verbreitet, und in ihr ist Amerika die stärkere Macht. Politisch wird es bei der Unangreifbarkeit seiner geographischen Lage die Welt wesentlich beherrschen und kulturell wird es sie durch den davon ausgehenden Einfluß zunehmend amerikanisieren. Der eigentliche Sieger des Krieges ist der amerikanische Kapitalismus, eingehüllt in die demokratische Tugendideologie und in jene sittlichen Vorzüge, die der Besitzende stets für sich zu reklamieren pflegt und die die Welt dem Erfolgreichen zuzugestehen geneigt ist. Die sozialistischen Experimente in Europa dürfen heute schon als gescheitert angesehen werden und auch der pazifistischen Ideologie hat die amerikanische Vereinigung von Tugend und Profit den Wind aus den Segeln genommen. Die Welt ist anders geworden als sie war, aber nicht pazifistisch, sozialistisch, brüderlich, zukunftsenthusiastisch, sondern angelsächsisch, völlig kapitalistisch und gefaßt auf neue imperialistische Weltkämpfe, für welche die moralische Grundlage vor unseren Augen in der den Wilsonschen Völkerbund erledigenden „Konföderation der Nationen" von Washington aus gelegt worden ist. Auf zehn Jahre wird es Frieden in der Welt auf dieser Grundlage geben. Das weitere muß die Zukunft zeigen.

Dieser selbe Sieg des Kapitalismus und Amerikanismus beginnt nun aber gleichzeitig in der inneren Lage Deutschlands selbst sichtbar zu werden. Die Inflations- und Reparationskrise, die stets als dunkelste Gefahr über uns

---

14 Das Protektorat Tonkin war eines der fünf Territorien des franz. Kolonialgebiets in Indochina („Union Indochinoise") und umfasste den nördlichen Teil Vietnams um die Hauptstadt Hanoi.

schwebte, beginnt eine Lösung zu erzwingen, die man nicht anders denn als die Amerikanisierung Deutschlands bezeichnen kann.

Die Industrieführer, unter denen man durchaus nicht Stinnes allein verstehen darf, treten heute deutlich hervor als diejenigen, welche mit ihrem Privatkredit, ihrer Organisationskunst, ihrer Führerkraft und ihrer Herrschaftseignung allein die Not lösen können. Neben einer machtlosen demokratischen Scheinregierung wollen sie die tatsächliche Macht und Regierung. Der Staat soll in privatrechtlichen Verhältnissen auf- und untergehen. Es ist der Tendenz nach vergleichbar der Entstehung der Feudalverfassung und der landständischen Einschränkungen des Fürstentums, aber nicht mittelalterlich, sondern übermodern amerikanisch gedacht. Als Sicherung verlangen sie den Übergang der Reichseisenbahnen in ihren privaten Besitz,[15] ähnlich wie in Amerika die großen Truste Bahnen und Werke in ihrer Hand haben und durch diese Vereinigung die eigentlichen Herrscher des Landes geworden sind. Sie haben bewußt und in der Stille auf dieses Ziel hingearbeitet und waren sicher, daß die Inflationskrisis das Staatsschiff auf den Strand treiben würde. Dann konnten sie es demontieren und wieder neu aufbauen. Unter ihrer Flagge allein scheint es wieder flott werden zu können. Das war der Sinn der Baissespekulationen, bei denen schon lange niemand mehr auf einen bolschewistischen Umsturz und eine dem folgende | gewaltsame Rehabilitierung des Bürgertums rechnen konnte. Solche Rechnungen bestanden zu Anfang; aber sie sind lange aufgegeben und statt dessen rechnete man auf den finanziellen Zusammenbruch, der den allein berufenen und befähigten Faktoren das Staatsschiff in die Hand geben müsse. Nicht die Arbeiter wieder zu entrechten oder herabzudrücken ist das Ziel, sondern unter deren mitbeteiligtem Interesse wieder Macht, Autorität und Ordnung zu schaffen, die das Rückgrat jedes Staates, auch des demokratischsten, sind. In diesem Sinne hat man einen immer größeren Teil der Presse angekauft und mittelbar oder unmittelbar sie dem Großkapital untertan gemacht, bis auf die großen belletristischen Zeitschriften, soweit diese nicht schon von selbst diesen Kurs einhielten. Diese Presse durfte alles über alles schreiben; nur zweierlei mußte sie tun: sie mußte das herrschende System und seine wechselnden Personen mit allen Mitteln lächerlich und verächtlich machen, um ihm schließlich jede wirkliche Macht zu nehmen, und sie durfte von den Plänen der Rettung nichts verraten, sofern sie überhaupt selber etwas davon ahnte. Diese Presse ist die einzige Stelle in Deutschland, wo geschwiegen worden ist. Dagegen sollte sie das bestehende System als Formaldemokratie, als Westlertum, als undeutsch und als unfähig zur Führung zermürben, echt

---

15 Siehe oben, S. 477, Anm. 14.

deutsches Wesen, ständische Gliederung, Führertum, Sinn für Größe und Persönlichkeit unermüdlich fordern. Ein Artikel gegen Ludendorffs Memoiren konnte in dieser ganzen Presse nicht untergebracht werden und sogar die Preußischen Jahrbücher verweigerten ihrem früheren Herausgeber die Aufnahme.[16] Freilich hinter diesem „echt deutschen" und fast mittelalterlich-ständischen Programm verbarg sich das Westlichste

---

16 Der Herausgeber der „Preußischen Jahrbücher" Walther Schotte (vgl. oben, S. 300, Anm. 22) lehnte im Oktober 1921 einen Aufsatz des früheren langjährigen Herausgebers Hans Delbrück ab, in dem sich dieser unter dem Titel „Eindrücke aus der neuesten Kriegsliteratur" polemisch mit Ludendorffs Memoirenband „Kriegführung und Politik" (1922) auseinandersetzte. Schotte begründete die Absage in einem Brief an Delbrück: „[A]ls Herausgeber der ‚Preußischen Jahrbücher' habe ich politische Pflichten, aus denen heraus ich den Anspruch stellen muß, daß so bedeutsame Ausführungen wie die Ihrigen wirken sollen durch Teilnahme und Zustimmung und politische Mitarbeit unserer Leser. Zur Befriedigung dieses Anspruchs ist unerläßlich, daß gerade bei subjektiven, politisch wirkenden Arbeiten Herausgeber und Verfasser im Innersten einig miteinander sind. Das ist nicht der Fall. [...] Sie aber schließen ihre Ausführungen mit dem prononcierten Urteil: ‚*Ein Mann ist der Schuldige, einer*, der General Ludendorff!' Das ist ein Urteil, das ich nie und nimmer unterschreiben und darum nie und nimmer ohne heftigsten Widerspruch in den jetzt von mir herausgegebenen ‚Preußischen Jahrbüchern' drucken lassen kann. Dieses Urteil streite ich sachlich an, und außerdem halte ich es von meinem politischen Standpunkt aus für katastrophal."; Brief Walther Schotte an Hans Delbrück vom 20. Oktober 1921, Staatsbibliothek Berlin: Nl Hans Delbrück, Briefe: Schotte, Walther, Bl. 22–25. Delbrück antwortete Schotte: „Gegen die innere Logik Ihrer Begründung der Ablehnung ist nichts einzuwenden, aber es ist ein wesentliches Moment dabei mit Stillschweigen übergangen. Als ich Ihnen die Jahrbücher übergab, sagten Sie mir, dass Sie aus der Schule Friedrich Naumanns kämen, und der demokratischen Partei angehörten. Darauf erwiderte ich [...], dass Sie etwas weiter links stünden als ich, dass mir das aber kein Bedenken erregte, da der Zug der Zeit das mit sich bringe. In diesem Sinne bin ich Mitarbeiter der Jahrbücher geblieben, und noch im Märzheft dieses Jahres haben Sie von mir einen Aufsatz angenommen, der über Ludendorff schon ganz dieselbe Auffassung zum Ausdruck brachte, wegen deren Sie jetzt meine Arbeit als mit Ihren Prinzipien unvereinbar abgelehnt haben. Während ich derselbe geblieben bin in meiner Auffassung vor dem Kriege, während des Krieges und nach dem Kriege, hat die Ihrige sich offenbar von Grund aus gewandelt."; Brief Hans Delbrück an Walther Schotte vom 24. Oktober 1921, Staatsbibliothek Berlin: Nl Hans Delbrück, Briefkonzepte: Schotte, Walther, Bl. 9. Delbrücks Polemik erschien schließlich 1922 eigenständig mit dem Titel „Ludendorffs Selbstportrait" im Verlag für Politik und Wirtschaft (Berlin). Der von Delbrück im Brief an Schotte erwähnte frühere Aufsatz erschien mit dem Titel „Die strategische Grundfrage des Weltkrieges" in den „Preußischen Jahrbüchern", Band 183, Heft 3 (März 1921), S. 289–308.

des Westlichen, die völlige Amerikanisierung Deutschlands, das rettende Führertum der Großindustrie, das an Stelle des Staates treten sollte. Das Publikum hat das nicht gemerkt und merkt es in seiner Begeisterung für „deutsches Wesen" heute noch nicht. Sozialisten und Parlamente haben die Sache nicht ernst genommen oder lediglich über kapitalistische Reaktion gezetert. In Wahrheit ist es keine Reaktion, sondern etwas ganz Neues, die Auflösung eines Staates und Volkes, das sich nicht selbst regieren kann und dessen Geistesfreiheit immer etwas unverantwortlich Spielend-Paradoxes oder schulmeisterlich Freiwillig-Offiziöses gehabt hat. Es ist in Idee und Konsequenz die materielle, politische und geistige Herrschaft des Kapitals, das allein elastisch genug war, die neuen Verhältnisse zu begreifen, und stark genug, die völlige Auflösung zu verhindern. Etwa vor einem Jahre schrieb mir einer der gewandtesten Vertreter dieser Politik, ich möchte doch in diesen Blättern helfen, eine Atmosphäre des Vertrauens zu diesen allein retten könnenden Führern zu schaffen.[17] Ich erwiderte darauf, daß ich gar kein Vorurteil gegen die Herren hätte, aber für eine solche Aufgabe doch wissen müßte, was sie planen. Die Antwort war, daß die Herren ihre Pläne heute so wenig preisgeben könnten wie Bismarck im Jahre 1863/64 die seinen. Wahrscheinlich kannte sie der Briefschreiber selbst nicht, der wesentlich nur für ständische Gliederung schwärmte. Heute sind diese Pläne offenbar, und man versteht beim Rückblick auf die letzten drei Jahre heute so manche Erscheinung in ihrem Zusammenhang, die man zunächst nicht recht zu deuten wußte. Heute wird man alles, die literarischen Suggestionen, die großen Konzentrationen, die scheinbare Unbekümmertheit um die Inflation, die mit allen Mitteln arbeitende Parteizersetzung, die Verhinderung der Mittebildung, die Untergrabung der Regierung und die Ablehnung aller Rechtsputsche, als eine große Einheit auffassen dürfen und eine in ihrer Weise | jedenfalls großartige und zielbewußte Aktion bewundern müssen.

Ist sie zu billigen und zu unterstützen? Die Frage ist schwer zu beantworten. Sie würde sicherlich auch ihrerseits nichts Endgültiges sein. Sie würde mit den Arbeiterorganisationen zum Schluß paktieren müssen, und, wenn wirklich alle Rettung auf Industrie und Kapital gestellt werden müßte, dann würden schließlich Unternehmer und Arbeiter die Herren. Die Konsumenten und der Mittelstand, die sich stets in ihrer Wichtigkeit überschätzenden „Geistigen" und die feinere Kultur würden die Leidtragenden sein. Aber vielleicht können die Dinge in der Tat nicht anders gehen und ist diesem Schicksal nicht auszuweichen. Vielleicht ist gerade diese Aktivität und rasch bereite Schöpfung der Unterschied und Vorzug gegenüber Frankreich, das

---

17 Der Brief ist nicht überliefert.

nicht arbeiten und erfinden, sondern von deutscher Arbeit leben will. Vielleicht ist das Goethesche Zeitalter, das schon mit Technik, Industrialismus, Militarismus und Nietzschetum endete, für immer vorbei und ein neuer Typus der Deutschen im Wachsen, der auch vom Zeitalter Bismarcks völlig getrennt ist. Vielleicht gibt es in der Tat nur so wieder Ordnung und pünktliche Verwaltung, die dem demokratischen Selbstregiment zu schaffen durch die Ungunst einer im Grunde trotz allem gegenteiligen Anschein äußerst undemokratischen Weltlage nicht vergönnt war. „Die Geistesfreiheit", meinte neulich ein alter liberaler Führer, „ist sowieso dahin. Wenn wir Ordnung und Sicherheit erhalten, wäre das neue Führertum vorzuziehen. Die Diktatur des Handarbeiters und Volksschullehrers hat nichts Verlockendes. Die Gleichgültigkeit der Industriemagnaten gegen die Wissenschaft läßt dieser immer noch eher etwas von der nötigen Bewegungsfreiheit."

Eine andere Frage ist die, ob die neue Idee praktisch wirklich durchführbar ist, ob nicht doch immer das staatliche Denken und Bedürfen einen eigenen politischen Ausdruck verlangen wird, ob die Franzosen dann nicht den Kampf geradezu gegen unsere Industrie direkt richten würden, ob die gegenwärtige Scheinblüte der Industrie in eine echte und dauernde verwandelt werden kann. Und mehr noch! Haben die neuen Herren eine genügende Kenntnis der menschlichen Psyche und ihrer unendlichen Vielfältigkeiten und Widersprüche, sind sie nicht wie die Militärs geneigt, alle außerhalb ihres Horizontes und Zweckes liegenden psychologischen Kräfte für unbedeutend und nebensächlich zu halten? Manche ihrer Handlungen und Pläne im Kriege machen da doch sehr irre. Verstehen sie ferner außenpolitische Dinge und politische Völkerpsychologie richtig einzuschätzen oder bauen sie nicht vielleicht gigantische Kartenhäuser? Sie unterschätzen und verkennen den Staat, wie es scheint. Die amerikanische Oligarchie sitzt doch wenigstens im Senat und hat hier gewohnheitsrechtlich eine verfassungsmäßige Stellung. Kann bei uns der Reichswirtschaftsrat[18] etwa ähnlich ausgebaut oder sonstwie etwas Senat-Ähnliches geschaffen werden? Ohne solche Legitimierung und Einstellung in die Verfassung ist die Sache doch wohl auf die Dauer nicht möglich. Dann aber wird der Kampf gegen Regierung und Verfassung, die Untergrabung der Staatsautorität ein schwerer Fehler, der die unentbehrliche Ausgleichung zwischen politischer und ökonomischer Macht unmöglich oder unendlich schwierig macht. Der Gedanke, den ich hier stets vertreten habe, der einer möglichst breiten Mittebildung, würde daher auch so im Zentrum bleiben. Denn ohne solche wäre eine Auseinandersetzung und Vereinigung der neuen Führer mit den politischen Kräften des deutschen Volkes und damit ein wirklicher und dauernder Erfolg nicht

---

18 Siehe oben, S. 294, Anm. 7.

möglich, wenn man nicht etwa an eine Diktatur oder eine Art Direktoire denkt, wie es die französische Revolution beendete. | Aber das letztere ist unter der Herrschaft der Entente und bei dem Mangel einer erfolggekrönten großen deutschen Armee nicht möglich. Auch dieses neueste System steht vor dem Dilemma: Diktatur und Gewalt oder Verständigung und Mittebildung. Es wird ohne die letztere nicht gehen. Gewisse Reden des Herrn Stresemann, der diese Dinge kennt, aber nicht sehr deutlich ausspricht, werden jetzt verständlich.[19] Er sucht die „Führer" für die zweite Seite des Dilemmas zu stimmen. Und er wird seine guten Gründe dafür haben, darunter auch sehr sachliche. Die demokratische politische Maschinerie wird sich bei uns so wenig beseitigen lassen als irgendwo sonst in der Welt. Es kommt nur darauf an, sie richtig zu bedienen. Und das ist etwas weniger einfach und wohl auch schwerer praktisch durchzuführen, als die neuen Führer meinen.

Es ist ohne Zweifel eine große neue Wendung der deutschen Revolution, die hiermit sichtbar wird. Aber sie wird sich nicht gradlinig und eindeutig durchsetzen, sondern auch ihrerseits zu jenen Kompromissen gezwungen sein, die das Wesen aller Politik sind. Die geistig-moralische Bedeutung der ganzen Wendung ist dagegen heute schon unverkennbar. Wir leben im Zustand der Unfreiheit der Presse und der beständigen Suggestionen, wie in Amerika. Sogar der Wille zu einer selbständigen Kritik gegenüber diesen Suggestionen ist entschwunden, von der Fähigkeit gar nicht zu reden. Die Allgewalt des[a] Ökonomischen und der Geist einer geschäftsmäßigen Rationalität beherrscht alles, wo nicht abenteuerndes Spekulantentum der im Chaos frei sich bewegenden Schlauen das Geschäft ohne Vernunft betreibt. Die „Geistigen" glauben ihren Zeitungen und kämpfen um Ideen, Schlagworte, Personen und Tatsachen von gestern und vorgestern. Aber eines darf man nicht vergessen: diese deutsche Amerikanisierung ist im Unterschied vom wirklichen Amerika rein ökonomisch, geschäftlich, technisch. Die humanitären und christlichen Anschauungen, der Geist einer konservativen Demokratie, der als Erbe des Puritanismus heute noch trotz allem Amerika bestimmt, die Anarchie bändigt und die Gewissen beruhigt: all das fehlt bei uns und hat keine Tradition. Unser geistiges Leben stammt aus Luthertum und Katholizismus, aus Klassizismus und Romantik und hat keinen rechten Zugang zu dem neuen realistischen Lebensstil,

---

a *A:* der

---

19 Am 1. Dezember 1921 warb Gustav Stresemann in einer Rede auf einem DVP-Parteitag in Stuttgart nachdrücklich für den Eintritt der DVP in eine „große Koalition". Vgl. Vossische Zeitung vom 2. Dezember 1921 (Morgen-Ausgabe): Stresemanns Stuttgarter Sieg.

entbehrt der Synthese von Geist, Moral, Geschäft und Politik, die die Amerikaner haben. Dort herrscht noch die Verbindung von Aufklärung, Christentum und materiellem Fortschritt, die überhaupt die moderne Kulturleistung der Angelsachsen ist. Bei uns fehlt dieser geistige Untergrund und besteht statt dessen ein ganz anderer, viel schwerer definierbarer. Unsere Jugendbewegung insbesondere begibt sich heute in eben dem Moment, wo Politik und Geschäft sich unwiderruflich amerikanisieren, an den Gegenpol des äußersten Anti-Amerikanismus, der phantastischsten Romantik und der Gemütsphilosophie. Die Kulturpolitik des Sozialismus wirbt für Atheismus und Gleichmachung der Bildung und Begabung. Alles das ist dem amerikanischen Geist schlechthin entgegengesetzt. Wie werden politisch-soziale Machtbildung und Geist sich vertragen?

Bis jetzt hat das Literatentum der Industrieführung in der Tat den neuen Amerikanismus eingewickelt in romantische, ständische, mittelalterliche Ideologien, in Nietzsches und Fichtes Führerideen, in einen grundsätzlichen Germanismus und hat damit die Verbindung zu der neuen Staats- und Gesellschaftsidee gesucht, nachdem man anfangs diese Romantik als echten Kern des wahren Sozialismus und als bleibendes Er|gebnis der Revolution gefeiert hatte. Diese Synthese von Amerikanismus, ständischer Romantik und Nietzsches Führerkultus wird nicht lange dauern. Was aber dann? Die deutsche Geistesgeschichte kennt keine gradlinigen Entwicklungen, und daher stammt der widerspruchsvolle Charakter des Deutschen, den alle Ausländer fast einstimmig als eigentlichstes „deutsches Wesen" bezeichnen. Heute werden wir wieder zwischen den verschiedensten Geistesmächten hin und her geworfen. „Charakter (im kulturellen Sinne) haben und deutsch sein" war ohne Zweifel immer schwierig.[20] Es ist heut schwieriger als je, wenn man darunter nicht hemmungsloses Poltern versteht.

Berlin, 12. Dezember 1921. *Troeltsch*

---

[20] Troeltsch ironisiert ein bekanntes Zitat aus Johann Gottlieb Fichtes „Reden an die deutsche Nation": „[…] Charakter haben und deutsch sein, ist ohne Zweifel gleichbedeutend […]." Zit. nach Johann Gottlieb Fichte: Reden an die deutsche Nation (1907), S. 179. Angeregt wurde Troeltsch evtl. durch Erich Ludendorff: Meine Kriegserinnerungen 1914–1918 (Volksausgabe 1921), S. 219: „Fichtes Wort, daß deutsch sein und Charakter haben ohne Zweifel gleichbedeutend sind, muß wieder Wahrheit werden."

Die deutsche Uneinigkeit (Februar 1922)

Editorische Vorbemerkung: Die Edition folgt dem Text, der erschienen ist in: Kunstwart und Kulturwart, hg. von Ferdinand Avenarius, 35. Jg., erste Hälfte, Oktober 1921 bis März 1922, Heft 5, Februarheft 1922, München: Kunstwart-Verlag Georg D. W. Callwey, S. 285–291 (**A**). Der Text erschien im Hauptteil des Heftes und mit der Datumsangabe 6. Januar 1922.

Die deutsche Uneinigkeit
Berliner Brief

Das System der Amerikanisierung Deutschlands, wie ich es das letzte Mal schilderte,[1] hat seine ersten großen Widerstände gefunden. Die Forderung der Übergabe der Reichseisenbahnen aus der Hand des Staates an einen Trust der Industrieführer hat den heftigen Widerstand der politischen Vertretung und Regierung sowie der Eisenbahner selbst hervorgerufen.[2] Betriebstechnisch mochte der Vorschlag manches für sich haben, politisch hat er die Augen geöffnet und den Widerstand des staatlichen Gedankens, freilich auch der ihn für sich in Anspruch nehmenden Interessen, geweckt. Die Reichsregierung hat denn auch ihrerseits sich genötigt gesehen, die ungesunden Verhältnisse in Post und Eisenbahn, die ihr natürlich längst bekannt waren, offen anzuerkennen, die Finanzen beider Betriebe durch enorme Erhöhung der Tarife zu sanieren und die durch die schematische Handhabung des Achtstundentages ganz verschobenen und überbelasteten Beamtenver-

---

1 Siehe oben, S. 479–490.
2 Zum Kontext siehe oben, S. 462, Anm. 14 und S. 477, Anm. 14. Die vom RDI auf Druck von Hugo Stinnes Anfang November 1921 als Sicherheit für ein Darlehen der deutschen Wirtschaft geforderte Privatisierung der Reichseisenbahnen war von den Gewerkschaften und der SPD umgehend abgelehnt worden. In der Reichsregierung wurde die Kreditaktion daher bereits Mitte November 1921 als gescheitert betrachtet. Die Berufung einer Kommission „zur Fortführung der Kreditaktion" im Dezember 1921 diente vor allem der Gesichtswahrung. Vgl. Die Kabinette Wirth I und II (1973), S. XLIX.

hältnisse in einer großen Reform zu ordnen.³ Das Reichsverkehrsministerium veröffentlicht zu diesen Fragen eine Reihe von „Schriften und Mitteilungen", die den Titel führt „Die Reichsbahn".⁴ Die Mitteilungen sollen ganz objektiv die Mittel zur Beseitigung des Defizits erörtern und glauben an diese Möglichkeit. Der Valutasturz, der für die Industrie in gewissen Grenzen, d. h., soweit sie in Rohstoffen eingedeckt ist, förderlich sei, sei für die Reichsbahn katastrophal; aber mit einer Stabilisierung der Währung und einer inneren Reform, zu der vor allem die Unterscheidung von Arbeitsbereitschaft und wirklicher Arbeitsleistung als zweckmäßige und sachliche Auslegung des Achtstundentag-Prinzips gehöre, könne die Reform und Sanierung schließlich bewirkt werden. Der Reichsverkehrsminister Gröner bevorwortet das erste Heft mit einer kurzen politischen Betrachtung, wo viel zwischen den Zeilen steht. Die Reichsbahn sei nach dem Wegfall des Reichsheeres das stärkste Einigungsmittel und die Machtbasis der Reichsregierung, der Schutz gegen den Partikularismus und gegen die Herrschaft des Privatkapitals im Reiche. „Eisenbahn ist eben Macht! Teilt sich das Reich mit anderen in diese Macht, dann verringert es seinen eigenen Einfluß in Politik und Wirtschaft. Angenommen, das Reich könne sich zum Zweck der finanziellen Sanierung der Reichsbahn etwa mit Persönlichkeiten wie Hugo Stinnes zusammenfinden, was würde sein, wenn dieser eines Tages die Augen schließt? Politische Vergleiche in dieser Hinsicht liegen sehr nahe! Auch mögen die Gefahren des Eindringens valutastarken (d. h. doch wohl ausländischen) Kapitals, dem das Sanieren allerdings nicht schwer fallen könnte, nicht unterschätzt werden."⁵ Der angedeutete Vergleich bleibt unausgespro-

---

3 Reichsverkehrsminister Wilhelm Groener brachte am 5. Dezember 1921 im Reichskabinett den Entwurf eines Eisenbahnfinanzgesetzes ein, der vorsah, die Eisenbahnen als reichseigenes Unternehmen unter der Bezeichnung „Deutsche Reichsbahn" zu verselbständigen. Außerdem brachte Groener den Entwurf eines Arbeitszeitgesetzes für das Eisenbahnpersonal ein, der eine erhebliche Mehrbelastung vor allem der Eisenbahnbeamten vorsah (u. a. sollte die Dienstbereitschaft nicht mehr auf die Arbeitszeit angerechnet werden). Beide Gesetzentwürfe blieben im Beratungsstadium stecken. Die Verselbständigung der Reichseisenbahnen erfolgte erst 1924. Vgl. Die Kabinette Wirth I und II (1973), S. 455 f. Die Notwendigkeit von Tariferhöhungen bei der Eisenbahn und bei der Post ergab sich vor allem aus der verschärften Inflation. Das Reichskabinett diskutierte im Dezember 1921 eine Erhöhung der Postgebühren auf das zwanzigfache der Friedensgebühren. Vgl. Die Kabinette Wirth I und II (1973), S. 458.
4 Die Reichsbahn. Schriften und Mitteilungen aus dem Reichsverkehrsministerium, Berlin: Stilke, 1922. Die Reihe erschien insgesamt in drei Folgen.
5 Wilhelm Groener: Zum Geleit, in: Die Reichsbahn, Heft 1 (1922), S. 3–8, Zitat S. 5.

chen: es kann nur die amerikanische Trustherrschaft über Eisenbahnen und Senat gemeint sein. Aber freilich, indem die Reichsregierung die Reformbedürftigkeit anerkennt, hat sie das Mißtrauen der Beamten und Angestellten geweckt, die überdies unter den neuen Preissteigerungen naturgemäß leiden. Sofort gab es einen Eisenbahnerstreik, der vorläufig überwunden ist.[6] „Wenn entlassen werden soll," hörte ich einen sagen, „dann sollen sie oben damit anfangen, nicht unten." Das weist auf die ganze Schwierigkeit der Situation hin, wo alles, was nicht selbst produzieren kann oder will, in Beamtenstellungen drängt. Auch eine Privatverwaltung stünde hier vor ungeheuren Schwierigkeiten. Staat und Massen sind eben doch stärker als das mächtigste Privatkapital.

Einen anderen Widerstand, den das System der Ersetzung der Staatsgewalt durch Privatleistung gefunden hat, zeigt der Verlauf der Londoner Verhandlungen von Stinnes, die sich vor allem auf die Erschließung Rußlands bezogen.[7] Die Ratschläge von Stinnes sollen Eindruck gemacht haben. Als dann aber Rathenau, der mit dem Reichskanzler eng verbunden ist und seine außerordentlichen geschäftlichen, geistigen und gesellschaftlichen Fähigkeiten in den Dienst einer entschlossenen Staatspolitik und der Vorbeugung gegen kommende Arbeitslosigkeit gestellt hat, in London auftauchte, da

---

6 Ein Ende Dezember 1921 ausgebrochener Lohnstreik der Eisenbahnarbeiter konnte nach nur wenigen Tagen am 1. Januar 1922 mit einer friedlichen Einigung beendet werden. Vgl. Vossische Zeitung vom 1. Januar 1922 (Morgen-Ausgabe): Der Eisenbahnerstreik beendet. Nicht damit zu verwechseln ist der ungleich größere Streik der Eisenbahnbeamten ab Ende Januar 1922. Siehe dazu unten, S. 507.
7 Hugo Stinnes besuchte London vom 19. bis 24. November 1921 für Gespräche mit britischen Wirtschaftsvertretern, Politikern und Gewerkschaftsvertreter. Am 23. November 1921 hatte er ein Gespräch mit dem britischen Premierminister Lloyd George, in dem es vor allem um die Frage einer internationalen Wirtschaftskooperation beim Wiederaufbau Russlands ging. Nachdem die sowjetrussische Führung 1921 u. a. durch Handelsverträge mit Großbritannien und Deutschland eine vorsichtige Öffnung gegenüber ausländischen Investitionen signalisiert hatte, war von westlichen Experten der Plan einer wirtschaftlichen Erschließung Russlands durch ein internationales Finanzkonsortium entwickelt worden. Die Erschließung Russlands sollte die stagnierende westeuropäische und insbesondere die deutsche Industrieproduktion beleben und so indirekt zugleich das Problem der deutschen Zahlungsunfähigkeit in der Reparationsfrage lösen. Der Plan wurde allerdings von der sowjetrussischen Führung aus Sorge um die wirtschaftliche Souveränität Russlands abgelehnt. Die sowjetrussische Führung setzte stattdessen weiterhin auf bilaterale Handelsvereinbarungen mit dem Westen. Vgl. Gerald D. Feldman: Hugo Stinnes (1998), S. 729 ff.; Carole Fink: The Genoa Conference (1984), S. 5 ff. und S. 20.

hat man es dort vorgezogen, mit einem Vertreter des Staates zu verhandeln statt mit einem noch so mächtigen Privatmann. Seitdem ist Rathenau immer mehr in den Vordergrund der Verhandlungen getreten.[8] Seine Pläne werden verschieden beurteilt und ich bin nicht imstande, meinerseits dazu Stellung zu nehmen. Noch ist alles Wesentliche geheim und außerdem ist die Materie für den Laien äußerst schwierig. Ich wage also hierüber nicht zu urteilen und möchte nur sagen, daß Rathenau, gegen den eine vielfach ganz törichte Hetze betrieben wird, jedenfalls ein ganz ungewöhnlich begabter Mann und ein leidenschaftlicher Patriot ist. Aber das ist in diesem Zusammenhange gar nicht die Hauptsache. Die für die Lage symptomatische Hauptsache ist vielmehr auch hier der Gegensatz der Staatsmacht gegen Privatmacht und die sehr begreifliche Neigung der fremden Staaten, sich nur an die erstere zu halten. In der französischen Presse wird ausdrücklich vor der Privatmacht, die einen „Staat im Staate" zu begründen strebe, gewarnt. Dagegen erregt Rathenau zugleich menschliches und wissenschaftliches Interesse. Seine Werke werden ins Französische übersetzt[9] und vielfach | achtungsvoll kommentiert. Er ist eine der wenigen vom heutigen Deutschland verwertbaren Persönlichkeiten, die auch gesellschaftlich und menschlich imponieren und die die dem Diplomaten unentbehrlichen Unterlagen breiter persönlicher Verbindungen haben. Aus ähnlichen Gründen ist auch sein Einfluß nach innen, d. h. auf den Reichskanzler, ganz außerordentlich. Dabei ist er heute immer noch nicht wieder Minister. Es hängt doch auch bei ihm ein bißchen mit dem Wesen der Industriemagnaten zusammen, daß sie die Subalternitäten des Ministerdaseins nicht lieben.

Die Verhandlungen, die Rathenau führt oder an denen er Beteiligung erstrebt oder auch vielleicht bei den deutschen Zahlungsverhältnissen erstreben muß, haben einen vielleicht zu starken Anschein der Aktivität Deutschlands in diesen Dingen erweckt. In Wahrheit sind sie Ausläufer der Washing-

---

8 Walther Rathenau besuchte London vom 28. November bis 9. Dezember und wieder vom 19. bis 23. Dezember 1921 in Absprache mit der Reichsregierung zu inoffiziellen Verhandlungen mit der britischen Regierung über ein Moratorium bei den Reparationszahlungen. Auf Wunsch des britischen Premierministers Lloyd George nahm er außerdem um die Jahreswende 1921/22 inoffiziell an den britisch-französischen Regierungsberatungen in Paris teil. Wie Stinnes verband auch Rathenau in diesen Verhandlungen die Lösung des Reparationsproblems mit dem Plan eines Konsortiums zum wirtschaftlichen Wiederaufbau Russlands. Vgl. Jörg Hentzschel-Fröhlings: Walther Rathenau als Politiker in der Weimarer Republik (2007), S. 200 ff. und S. 209–212; vgl. Carole Fink: The Genoa Conference (1984), S. 19 f.
9 Vgl. Walther Rathenau: La triple révolution (1921); ders.: Le Kaiser (1921); ders.: Où va le monde? (1922).

toner Konferenz, deren Konsequenz für die europäische wirtschaftliche Lage. In Wahrheit beherrscht diese und ihr Ergebnis, die Spannung zwischen Frankreich und England, die Weltlage. In dieser Spannung spielt neben dem Angora-Vertrag[10] und der U-Bootdifferenz[11] die Stellung zu dem deutschen finanziellen und wirtschaftlichen Problem erst die dritte Rolle. Bei dem stark demagogischen Charakter, den alle modernen Regierungen tragen und tragen müssen, ist eine von dauernden und sachlichen Interessen geforderte Lösung keineswegs selbstverständlich und insofern ist hier auch nichts zu berechnen. Insbesondere muß man bei Lloyd George, wie alle Sachkenner sagen, immer wieder mit Augenblickslösungen und einem Umfallen zugunsten Frankreichs rechnen. So rasch die Ereignisse wechseln, so langsam ist der Fortschritt der Vernunft. Immerhin ist in letzterer Hinsicht *ein* Erfolg bereits sichtbar; die Demaskierung der französischen Gewalt- und Hegemoniepolitik, die das amerikanische Weltversöhnungswerk Hardings ebenso zu sabotieren droht wie einst das viel schlechter fundierte Wilsons, die England durch U-Boot, Flugschiffe und Landmacht bedroht und die Europa in ein Chaos zu verwandeln kein Bedenken trägt. Das fühlt und sieht man heute überall. Es wird in Amerika abkühlend wirken und hat in den osteuropäischen Vasallenstaaten Frankreichs, je mehr ihre Regierungen Frankreich nachgeben müssen und weiter nachgeben werden, die öffentliche Meinung erbittert. Auch ihre politischen Vertreter machen allmählich schon kein Hehl mehr aus ihrer Zwangslage.

Diese Demaskierung Frankreichs, mit der ein großer Teil der Phrasen der Kriegspropaganda in sich zusammenfällt, hat nun aber weiterhin die wichtige Wirkung, das unselige Dogma von der deutschen Alleinkriegsschuld langsam zu erschüttern. Eine Macht, deren leitende Politiker so sehr auf das alte Programm Richelieus und Napoleons sich verpflichtet zeigen, erweckt den Anschein, auch bei der Herbeiführung des Krieges nicht ganz harmlos ge-

---

10 Gemeint ist der Vertrag von Ankara zwischen Frankreich und der Türkei vom 20. Oktober 1921 (siehe oben, S. 443, Anm. 4). „Angora" war in Europa bis 1930 die geläufige lat. Transkription des türkischen Stadtnamens Ankara.
11 Ende Dezember 1921 scheiterte auf der Washingtoner Flottenkonferenz (siehe oben, S. 479, Anm. 1) ein Abkommen zur Begrenzung der U-Boot-Rüstung an der von Großbritannien abgelehnten französischen Forderung nach einer U-Boot-Flotte von bis zu 90 000 Tonnen. Für Frankreich war das Beharren auf einer großen U-Boot-Flotte zu einer Prestigefrage geworden, nachdem sich Anfang Dezember 1921 die USA, Großbritannien und Japan über Frankreich hinweg auf eine Flottenformel geeinigt hatten, mit der die französische Flottenrüstung auf das Verhältnis 1.75:5 zu den USA und Großbritannien bzw. 1.75:3 zu Japan begrenzt wurde. Vgl. Erik Goldstein, John Maurer: The Washington Conference (1994), S. 192–212.

wesen zu sein. In der Tat häufen sich innerhalb und außerhalb Frankreichs die Anschuldigungen gegen Poincaré. Die bevorstehende Veröffentlichung des Briefwechsels Iswolskys, des russischen Gesandten in Paris und bekannten Todfeindes Österreichs und Deutschlands, wird darüber weiteres Licht verbreiten. Der Briefwechsel ist in Rußland gefunden worden und wird von russischer Seite veröffentlicht werden.[12] Ein paar gewichtige Briefe hat die Silvesternummer des Berliner Tageblatts schon veröffentlicht.[13] Man wird das Weitere abwarten müssen. Deutsche Publikationen müssen in der Sache vorsichtig und rein aktenmäßig-sachlich sein, da bei der immer noch herrschenden Weltstimmung | jeder andersartige Kampf gegen das Schulddogma monarchistischer Propaganda verdächtig ist und nur die feindliche Front der öffentlichen Meinung befestigt. Daß mit dieser äußerst vorsichtig umgegangen werden muß, da wir zwar darüber klagen und schelten, aber sie nicht beeinflussen können, das müßte jeder wissen, der die Bedingungen und Richtungen der Bildung der öffentlichen Meinung in den Weststaaten und Amerika kennt. Daß Wilhelm II. zu diesen Kennern nicht gehört, hat die Veröffentlichung seines Briefes an Hindenburg gezeigt,[14] freilich auch schon früher sein ganzes Auftreten. Wird von dieser Seite in die Erörterung des Schulddogmas eingegriffen – der Kaiser wollte schon in der ersten Zeit seines Exils mit Hilfe eines Neutralen in die Diskussion eingreifen, was dieser aber dann doch zu gefährlich fand –, so mag das innen- und parteipolitisch gewissen Gruppen sehr erwünscht sein, außenpolitisch ist es so verhängnisvoll wie die einstigen Kaiserreden. Aber freilich, das kümmert die Klassenkämpfer von rechts wenig. Kommunisten, Unabhängige und Konservative wollen ihre sozialen und innenpolitischen Gegner niederrennen. Was aus dem Ganzen wird, ist dabei gleichgültig. Jeder Klassengenosse, der da nicht mittut, wird als Streikbrecher boykottiert, wie das eben die Familie

---

12 Alexander Petrowitsch Iswolski (1856–1919) war russischer Botschafter in Paris von 1910 bis 1917. Entgegen Troeltschs Darstellung waren die Iswolski-Akten 1921 deutschen Stellen durch einen Zuträger aus der früheren russischen Botschaft in Paris zugespielt worden. Das Kriegsschuldreferat des Auswärtigen Amtes publizierte 1924 eine vierbändige Edition des Materials. Vgl. Der Diplomatische Schriftwechsel Iswolskis 1911–1914 (1924); vgl. Ulrich Heinemann: Die verdrängte Niederlage (1983), S. 89.

13 Berliner Tageblatt vom 31. Dezember 1921 (Morgen-Ausgabe): Die Affäre Poincaré.

14 Es handelt sich um einen in der deutschnationalen Presse veröffentlichten Briefwechsel vom Frühjahr 1921. Vgl. Der Reichsbote vom 18. Dezember 1921 (Morgen-Ausgabe): Briefwechsel zwischen dem Kaiser Wilhelm II. und dem Generalfeldmarschall von Hindenburg.

von Oheimb getan hat, als eines ihrer Glieder die Unzweckmäßigkeit des Kaiserbriefes zu behaupten wagte.¹⁵

Diese Dinge führen immer wieder auf den wundesten Punkt der deutschen Situation, auf die furchtbare Uneinigkeit und Parteizerrissenheit, in der es begründet ist, daß solche außenpolitisch absolut schädlichen Dinge überhaupt gar nicht in ihrer außenpolitischen Bedeutung bedacht, sondern sofort in dem tödlichen inneren Kampf verwertet werden. Es ist heute noch wie in der zweiten Hälfte des Krieges: der Kampf zwischen Ludendorff und Bethmann entzweit in etwas anderen Formen heute noch das deutsche Volk, nur daß dabei neben Bethmanns vermittelnder Stellung seit dem Ausbruch der russischen Revolution eine radikale sozialistische Politik mit ins Spiel getreten ist, deren Radikalismus im absoluten Pazifismus und in dem Vertrauen auf die Internationalität des Proletariats sich äußert. Um diese Dinge wird heute noch gestritten, als ob die Situation der Eröffnung des U-Bootkrieges heute noch alles beherrschte und schneidige Energiepolitiker und schlappe Defaitisten sich gegenüberstünden. Man sollte meinen, die ungeheuren Fehler der ersteren lägen heute nach dem Schiedsspruch des Schicksals klar zutage und der Kappistenprozeß¹⁶ habe die Kurzsichtigkeit und den Leichtsinn, auch die umgebende Interessenzone jener Energiepolitiker, abschreckend offenbart. Ebenso wie man freilich umgekehrt meinen sollte, der Verlauf der Dinge seit dem Versailler Frieden und der Umbildung der russischen Revolution zu einer Kastenherrschaft hätte den doktrinären Pazifismus und das Vertrauen auf die unbegrenzten Fähigkeiten der sog[enannten] Proletarier erschüttern müssen. Aber nichts von alledem geschieht. Nach einer kurzen Ernüchterung unter dem unmittelbaren Eindruck der Niederlage ist die alte Frontstellung wieder eingetreten, als ob nichts passiert wäre, und als ob annexionistische Energie und pazifistische Weltpolitik heute noch über irgendeine selbständige Politik zu verfügen und

---

15 Vgl. den Artikel der DVP-Reichstagsabgeordneten Katharina von Oheimb in der Vossischen Zeitung vom 23. Dezember 1921 (Morgen-Ausgabe): Der Ratgeber des Kaisers. Die „Neue Preußische Zeitung" („Kreuzzeitung") veröffentlichte am 3. Januar 1922 (Abend-Ausgabe) eine Distanzierung von diesem Artikel, die von zwei Angehörigen des niedersächsischen Adelsgeschlechts angeblich im Namen der „v. Oheimbschen Familien" insgesamt verfasst worden war, was allerdings andere Familienangehörige in der „Neuen Preußischen Zeitung" („Kreuzzeitung") vom 9. Januar 1922 (Abend-Ausgabe) dementierten.

16 Am 21. Dezember 1921 wurde Traugott von Jagow wegen seiner Beteiligung am Kapp-Putsch vom Reichsgericht in Leipzig zu fünf Jahren Festungshaft verurteilt. Die Verfahren gegen zwei Mitangeklagte wurden eingestellt. Vgl. Vossische Zeitung vom 22. Dezember 1921 (Morgen-Ausgabe): Der Spruch von Leipzig.

zu streiten hätten. Es ist der Streit um des Kaisers Bart und um das weggeschwommene Fell.

Ob diese Uneinigkeit wirklich sozusagen anthropologisch in dem Charakter der Germanen seit Urzeiten begründet ist oder ob sie eine Folge unseres schweren Schicksals erst mittelalterlich internationaler Orientierung und dann territorialstaatlicher Zerbrochenheit oder ob sie aus der überschnellen Verwandlung eines bureaukratisch-militärischen Klassenstaates in einen fast amerikanischen Industriestaat herstammt, das ist schwer zu sagen. Klar ist nur das Unheil und der Mangel eines politisch-soziologischen Denkens, das die alten und gefestigten Einheitsnationen aus sich hervorgebracht haben.

Diese ganze Lage wird wieder neu beleuchtet durch den eben erschienenen zweiten Teil der Bethmannschen Memoiren.[17] Bethmann enthüllt hier offen den reinen Kampfcharakter, den sein Verhältnis zu Ludendorff und der militärischen Energiepolitik und Aufklärung getragen hat, nachdem er selbst Ludendorff in die Stellung des Chefs auf Grund militärischer Ratschläge gebracht und Falkenhayn gestürzt hatte. Er sagte damals selbst: „Nun haben wir eine Heeresleitung, die inamovibel ist. Diese werde ich nicht mehr absetzen, aber sie wird mich absetzen."[18] Auf diesen Ton ist auch der zweite Band gestimmt, der im übrigen die reine Lauterkeit und Wahrhaftigkeit, Noblesse und Zurückhaltung Bethmanns zeigt; sie erwerben ihm jetzt wie einst die größte Achtung auch aller derjenigen Anhänger, die seine Politik gegenüber der Heeresleitung zu schwächlich und zu sehr amtlich respektvoll fanden. Jetzt ist der scharfe, leidenschaftliche, auch in den Umgangsformen sich äußernde Gegensatz zwischen militärischer und ziviler Leitung aufgedeckt und vor aller Welt sichtbar. Ludendorff hat den Kaiser und Bethmann zugleich gestürzt, indem er das Parlament, den sonst politisch verständigen Kronprinzen und die Generäle gegen die gemeinsame Politik jener beiden mobilisierte und durch die Drohung der Amtsniederlegung auch den Kaiser zwang. Jetzt ist überdies auch für die Öffentlichkeit völlig klar, daß diese Revolte gerade in dem Moment erfolgte, wo die ersten ernsthaften Friedensmöglichkeiten auftauchten und Bethmann mit Pacelli in Verhandlungen stand, die eine Möglichkeit der Lösung wenigstens in sich trugen. Pacelli hat damals eine Denkschrift vorgelegt, in der er die Folgen einer Niederlage ganz so grauenvoll entwickelte, wie sie tatsächlich eingetreten sind.[19] Bethmann wollte im Interesse dieser Verhandlungen weder die

---

17 Theobald von Bethmann Hollweg: Betrachtungen zum Weltkriege, 2. Teil (1921).
18 Das Zitat konnte nicht nachgewiesen werden.
19 Vgl. Theobald von Bethmann Hollweg: Betrachtungen zum Weltkriege, 2. Teil (1921), S. 210–215. Die Verhandlungen zwischen Bethmann Hollweg und dem Apostolischen Nuntius Eugenio Pacelli fanden am 26. Juni 1917 statt. Die von

die deutsche Stellung schwächende Reichstagsresolution noch die Ludendorffsche und großindustrielle Annexionspolitik, die ja überdies niemals präzis formuliert und fest durchgehalten war. In diesem Moment wurde der Kaiser gezwungen, Bethmann zu entlassen. Die Verhandlungen hörten auf. Der Kaiser selbst hat sich deutlich darüber ausgesprochen, daß er diese Tage für die schwersten seines Lebens hielt. Ob freilich der Kaiser und Bethmann recht getan haben, indem sie sich unterwarfen, und ob sie nicht vielmehr das Entlassungsgesuch hätten annehmen und mit anderen fähigen Generalen hätten weiterarbeiten, einen, wenn auch mageren, Frieden vor der öffentlichen Meinung mit allen Mitteln hätten vertreten müssen, das ist eine andere Frage. Der Kaiser und Bethmann waren jedenfalls nicht die Männer dazu. Hier hat freilich keiner dem andern etwas vorzuwerfen. Denn auch das Parlament hat total versagt und ließ sich – Herrn Erzberger an der Spitze – von der Heeresleitung als Instrument gegen Bethmann gebrauchen, während es gleichzeitig die Friedensresolution beschloß![20] Größere Konfusion war nicht möglich. Bethmann beugte sich vor dem Amt und der öffentlichen Meinung der gutgesinnten Kreise, die er nicht zu beeinflussen vermochte, und der kreißende Berg gebar Herrn Michaelis, der inzwischen auch seine – übrigens persönlich und kirchengeschichtlich sehr interessanten und sympathischen | – Memoiren geschrieben und dabei seine Reichskanzlerschaft wie eine von Gott auferlegte Last behandelt hat.[21] Dafür ging dann unter dem Eindruck der russischen Revolution die Sozialdemokratie, wie Bethmann gleichfalls mit Recht hervorhebt, aus der nationalen Politik heraus und erhoffte von internationalen sozialistischen Verbindungen den Frieden, den die herrschenden Mächte nicht schaffen konnten. Damit war ein neues unheilvolles Moment in die Situation eingesetzt, das, mit der steigenden Wirkung der Blockade und der immer klarer werdenden Hoffnungslosigkeit des Krieges, schließlich ausschlaggebend werden mußte. Auch das war ein Grund, den Frieden mit allen Mitteln zu beschleunigen, wie Bethmann hervorhebt.[22] Aber die Politik der Heeresleitung hat auch die Kupierung dieser Entwicklung unmöglich gemacht, wie sie ja schon die unentbehrlichen Wahlreformen bekämpft und verhindert hat. Wie sie schließlich selbst überstürzt das Spiel verloren gab, davon handelt das Buch Bethmanns nicht mehr.

A 290

Troeltsch erwähnte Denkschrift Pacellis ist unbekannt. Bethmann Hollweg erwähnt sie in den „Betrachtungen" nicht.
20 Siehe zur Friedensresolution des Reichstags von Juli 1917 oben, S. 149, Anm. 1.
21 Georg Michaelis: Für Staat und Volk (1922).
22 Vgl. Theobald von Bethmann Hollweg: Betrachtungen zum Weltkriege, 2. Teil (1921), S. 198 f., S. 216 und S. 223 ff.

Man sollte meinen, daß diese und ähnliche Veröffentlichungen den ganzen Streit, der heute kein reales Objekt mehr hat und nur der Schürung des gegenseitigen Hasses dienen kann, begraben sollten, daß die alten Fragen stillschweigend verschwinden müßten und das entsetzliche Gift jener Tage wieder aus dem Blutkreislauf der Nation verschwinden könnte. Daß eine alte Herrenschichte nicht stillschweigend und gottergeben abdankt, sondern um ihre Existenz und ihre Mitbeteiligung an der Neuordnung leidenschaftlich kämpft, das kann man mehr als verstehen. Das wäre ganz in der Ordnung, wenn es mit der Anerkennung dessen verbunden wäre, was nun einmal unwiderruflich anders geworden ist. Um so stärker könnte man das betreiben, was offen und möglich geblieben ist. Aber daß die alte Schicht für diesen Kampf die alten Gegensätze der Vorkriegs- und der Kriegszeit vor allem galvanisiert und heute noch mit der Parole „energische Helden gegen matte und verräterische Defaitisten" kämpft, das ist ein Wahnsinn. Auch ist es unverkennbar, daß Ludendorff in diesen Kämpfen immer noch seine Hand mit im Spiele hat und seine politische Auffassung der damaligen Situation vertreten läßt, auch in eigenen Memoiren das seine zur Fortführung des alten Streites tut.[23] Überall tauchen die alten Schlagworte wieder auf. Eben teilt die Germania mit, daß ein Student in einer Zuschrift an die Breisgauer Zeitung sich gegen Jesus als den ersten Defaitisten wendet![24] Gleichzeitig schreibt ein Pastor im Reichsboten, daß Albert Ballin im Einverständnis mit den fremden jüdischen Bankiers sich in das Vertrauen des Kaisers eingeschlichen habe, um den rettenden U-Bootkrieg zu verschieben, und schließlich, als er sah, was er angerichtet, Selbstmord begangen habe![25] Dummheit und Gemeinheit! Das sind extreme Beispiele, aber etwas gemäßigter ist diese Denkweise die der alten Herrenschichten und ihres Kampfes gegen das neue System. Einige der früheren Heerführer treten immer wieder für Versöhnung und Anerkennung gemachter Fehler ein. Aber sie verlieren dann wie der Admiral Scheer Ruhm und Kredit.[26] Der Eindruck auf das Ausland ist erschreckend. Erst vor kurzem sagte mir ein Deutschenfreund in der Schweiz, daß er noch nie so traurig aus Deutschland zurückgekehrt sei als dieses Mal von dem Orientalistenkongreß, wo er derartige Stimmen

---

23 Zu Ludendorffs Publikationstätigkeit siehe oben, S. 476, Anm. 12.
24 Germania vom 3. Januar 1922 (1. Morgen-Ausgabe): Die „völkische Weltanschauung" und die Studentenschaft; das Zitat stammt aus einer anonymen Zuschrift an die katholische „Freiburger Tagespost".
25 Der Reichsbote vom 2. Januar 1922 (Abend-Ausgabe): Wirtschaftspolitische Vogelschau; der Beitrag ist von einem Autor namens Winfried Westfal gezeichnet.
26 Zu Admiral Reinhard Scheer siehe oben, S. 451, Anm. 20.

zahlreich vernommen hatte.²⁷ Und die Leute sagen das noch zu einem Ausländer! Noch immer wird der Parteikampf und das soziale Zusammenleben auf diese Weise zunehmend verpestet und den Sozialdemokraten genau so das nötige Kampfmaterial geliefert wie nach außen der feindlichen Propaganda. |

Man müßte sich schon auf etwas wirklich Neues einstellen, das Unwiderrufliche der Veränderung anerkennen, das Widerrufliche sich klar machen und dann dieses zugleich mit der Festigung der Staatsautorität des Ganzen mit loyalen Mitteln betreiben. Dann könnten die schlimmsten Gifte und Uneinigkeiten ausgeschieden werden, überhaupt wieder von einem Staate die Rede sein, an dem wir alle Teil haben, dessen Ersetzung durch private Machtverhältnisse doch recht wenig wahrscheinlich ist. Aber gerade das will man in dem verbissenen Ressentiment gegen den inneren Feind nicht, der angeblich den Sieg verhindert und dann die Herrenschicht gestürzt habe. Die letztere sitzt noch fest genug und könnte noch mehr sich erringen. Die bloße Opposition kann, wie in der französischen Revolution, schließlich doch noch ein Jakobinerregiment erzwingen oder liefert den Staat in die Hände des Auslandes, der das in seinem und nur in seinem Interesse verhindert.

Berlin, 6. Januar 1922. *Ernst Troeltsch*

---

27 Der erste deutsche Orientalistentag fand auf Einladung der Deutschen Morgenländischen Gesellschaft vom 30. September bis zum 1. Oktober 1921 in Leipzig statt. Vgl. Bericht zum Ersten deutschen Orientalistentag in Leipzig, in: Zeitschrift der Deutschen Morgenländischen Gesellschaft, 76. Jg. (1922), S. XLVI–XLIX. Das von Troeltsch erwähnte Gespräch dürfte während einer Vortragsreise, die Troeltsch Anfang Dezember 1921 in die Schweiz nach Basel (5. Dezember) und Bern (7. Dezember) führte, stattgefunden haben. Bei dem „Deutschenfreund" handelt es sich vermutlich um Eduard Müller-Hess (1853–1923), seit 1897 Professor für Orientalistik und englische Philologie an der Universität Bern, der gebürtig aus Preußen stammte, aber 1907 die Schweizer Staatsbürgerschaft angenommen hatte. Möglicherweise handelt es sich aber auch um Friedrich Schulthess (1868–1922), Professor für Orientalistik an der Universität Basel, oder um Johann Jakob Hess (1866–1949), a.o. Professor für Orientalistik an der Universität Zürich.

See- und Landmächte (März 1922)

Editorische Vorbemerkung: Die Edition folgt dem Text, der erschienen ist in: Kunstwart und Kulturwart, hg. von Ferdinand Avenarius, 35. Jg., erste Hälfte, Oktober 1921 bis März 1922, Heft 6, Märzheft 1922, München: Kunstwart-Verlag Georg D. W. Callwey, S. 344–350 (**A**). Der Text erschien im Hauptteil des Heftes und mit der Datumsangabe 10. Februar 1922.

See- und Landmächte
Berliner Brief

Es ist wieder äußerst kritische Zeit. Ein Europa, das unter dem Druck des Versailler Friedens steht, kommt nicht zur Ruhe und wird nie zur Ruhe kommen. Die bekannten 14 Punkte Wilsons wären ein mögliches Programm gewesen. Aber in Wahrheit hat sie Lloyd George, der damals seine Khakiwahlen[a] mit der Parole „der deutsche Kaiser muß gehängt werden und Deutschland muß alles bezahlen" zu machen für gut | fand[1] und der sich an die Franzosen gebunden fühlte, unmöglich gemacht. Wenn heute Amerika auf neue Weise auf das damalige Programm der Pazifikation der Welt zurückgreift und Lloyd George unter dem jetzt stärker gewordenen Druck der City dem amerikanischen Programm sich anschließt, dann ist der Fehler von damals nicht leicht, wenn überhaupt, wieder gutzumachen. Inzwischen ist Frankreich mit Hilfe seiner polnischen, tschechischen und belgischen

---

a *A*: Kakhiwahlen

---

1 Als „khaki election" wurde in Anspielung auf die khakifarbene britische Felduniform die Unterhauswahl in Großbritannien im Dezember 1918 (wie schon nach dem Burenkrieg die Unterhauswahl im Herbst 1900) bezeichnet, die unmittelbar nach dem Ende der Ersten Weltkrieges und noch vor der Demobilisierung der Armee stattfand. Die Slogans „Hang the Kaiser" und „Make Germany Pay" wurden im Wahlkampf zunächst von der Northcliffe-Presse verbreitet, schließlich aber Anfang Dezember 1918 in einem Manifest von Lloyd Georges Regierungskoalition aufgegriffen. Vgl. Thomas Wittek: Auf ewig Feind? (2005), S. 224.

Vasallen zu einer Napoleonischen Stellung gelangt, und das vom Wilsonprogramm allein übriggebliebene Rumpfparlament des Völkerbundes bildet den humanitären Deckmantel dieser französischen Politik, die lediglich auf Gerechtigkeit, Wiedergutmachung und Zukunftsicherung auszugehen vorgibt und als ihre Argumente vor allem unbesonnene Äußerungen deutscher Revanchepolitiker und Professoren verwendet.

Die Washingtoner Konferenz hat das Versailler Werk in Wahrheit neu aufgenommen und vor allem die großen Seefragen und Seerüstungen geordnet.[2] Sie geht, wovon gleich mehr zu sagen ist, ganz grundsätzlich vom Standpunkt der Seemächte aus und hält die Ordnung dieser Angelegenheit für die eigentliche Friedensgarantie der nächsten zehn bis zwanzig Jahre. Die Schlußansprache des Präsidenten Harding hat auch nicht verfehlt, den religiösen Ton anzuschlagen, der für amerikanische Humanität in solchen Fällen sehr wesentlich ist.[3] Die Konferenz hatte ja auch seinerzeit, wie ich wiederhole, mit religiösen Feiern und Gebeten in ganz Amerika begonnen.[4] Es ist ein Umstand, den man bei uns sehr gut tun würde im Auge zu behalten. Unsere eigenen politischen Argumentationen dürften, wenn sie Eindruck machen wollen, auch ihrerseits diesen Ton nicht ganz vermissen lassen. Die rein machtpolitischen Argumentationen, so sehr sie einen Kern des Wahren enthalten, machen auf das für uns in Betracht kommende Ausland keinen Eindruck oder den gegenteiligen von dem, der heute notwendig und wünschenswert ist. Äußerste Besonnenheit in unsern öffentlichen Äußerungen, die doch stets über die Grenzen dringen und sorgfältig überwacht werden, wäre eine der allerernstesten patriotischen Pflichten.

Vom Standpunkt Amerikas aus ist mit der pazifischen Ordnung und der Verständigung mit England und Japan das Wesentliche gewonnen. Den europäischen Brandherd läßt man weiter schwelen, wenn man dort durchaus keine Vernunft annehmen will. Man erkennt in Amerika deutlich, daß der eigentliche Feuerherd in Frankreich steht und daß die Ausschaltung und die Verelendung Rußlands und Deutschlands andrerseits einen Pestherd für die Weltwirtschaft bedeutet, der politisch nicht viel für die Weltfragen ausmacht, aber wirtschaftlich sehr verderblich ist. So hat man Europa aufgegeben, seine eigenen Verhältnisse, vor allem die Finanz-, Valuta- und Reparationsverhältnisse, zu ordnen, ehe von einer amerikanischen Hilfe die Rede sein kann. Erweise sich Europa unfähig dazu, dann will man die Kriegsschulden von ihm eintreiben und das „gottverfluchte Europa, das man am besten nie ge-

---

2 Zum Ergebnis der Washingtoner Flottenkonferenz siehe oben, S. 479, Anm. 1.
3 Vgl. Vossische Zeitung vom 7. Februar 1922 (Abend-Ausgabe): Der Konferenzschluß in Washington.
4 Siehe oben, S. 483 und ebd., Anm. 12.

sehen hätte" – so drückte sich neulich ein Amerikaner aus – sich selber überlassen.

So war es eine Folge der in Washington geschaffenen Situation, daß die Engländer diese Ordnung in die Hand zu nehmen begannen, Frankreich gegenüber stärker auftreten konnten und mit Deutschland durch Rathenau verhandelten. Weshalb sie dabei lieber mit Rathenau als mit Stinnes verhandelten, habe ich das letzte Mal angedeutet.[5] Es ist darüber | inzwischen viel in der Presse verhandelt worden. Aber der Hauptpunkt scheint mir ganz klar zu sein. Man wollte sich bei allem Respekt vor den kühnen Plänen des Herrn Stinnes auf die Privatisierung des deutschen Staates nicht einlassen. Diese Verhandlungen führten im Ergebnis nach Cannes, wo die Reparationspflichten Deutschlands zunächst moratorisch ermäßigt und die weiteren Fragen auf eine große Finanzkonferenz in Genua verschoben wurden.[6] Die Folge davon war der brüske Rücktritt Briands und die Ministerpräsidentschaft des Kriegstreibers Poincaré.[7] Seitdem geht der diplomatische Kampf zwischen Frankreich und England weiter, in den Amerika mit kalten Wasserstrahlen von Zeit zu Zeit eingreift. In Deutschland bleibt nichts anderes übrig als die Konferenz von Genua vorzubereiten und – logisch völlig konsequent – das Ministerium des Auswärtigen Herrn Rathenau zu übertragen, was dann bei dem scharfen Gegensatz von Rathenau und Stinnes zu den üblichen Reibereien zwischen der Majorität und der um den Anschluß an sie feilschenden deutschen Volkspartei geführt hat.[8] Die erste Vorberei-

---

5 Siehe oben, S. 493 f.
6 Auf der Konferenz von Cannes vom 6. bis 13. Januar 1922 gewährten die Alliierten Deutschland ein vorläufiges Moratorium bei den Reparationszahlungen unter den Auflagen, innerhalb von 14 Tagen einen Zahlungsplan für 1922 sowie ein Konzept zur Sanierung des Reichshaushalts vorzulegen und außerdem bis zur endgültigen Entscheidung alle zehn Tage eine Rate von 31 Mio. Goldmark zu zahlen. Weiterhin wurde in Cannes die Einberufung einer Weltwirtschaftskonferenz nach Genua beschlossen, auf der neben dem Reparationsproblem auch die Frage einer internationalen Kooperation beim wirtschaftlichen Wiederaufbau Russlands verhandelt werden sollte (siehe oben, S. 493, Anm. 7). Vgl. Jörg Hentzschel-Fröhlings: Walther Rathenau als Politiker in der Weimarer Republik (2007), S. 212–215.
7 Das Kabinett Briand war am 12. Januar 1922, noch während der Konferenz von Cannes, im Konflikt mit der französischen Nationalversammlung über den Kurs der französischen Außenpolitik zurückgetreten. Das neue Kabinett unter dem Ministerpräsidenten Raymond Poincaré wurde am 15. Januar 1922 gebildet.
8 Walther Rathenau wurde am 31. Januar 1922 von Reichskanzler Joseph Wirth zum Reichsaußenminister ernannt. Aus Protest gegen die Ernennung brach die DVP noch am selben Tag die kurz zuvor wieder aufgenommenen Verhandlungen über einen Regierungsbeitritt ab. Vgl. Die Kabinette Wirth I und II (1973), S. XXXII.

tung für Genua war die vom Obersten Rat verlangte Ordnung des inneren deutschen Haushalts und eine neue Steuergesetzgebung, woran die Volkspartei sich zunächst beteiligt hat, um dann hinterher wegen der Ernennung Rathenaus wieder Schwierigkeiten zu machen.[9] Für viele Leute sind diese Vorgänge das Einzige, was sie überhaupt von dem ganzen Sachverhalt bemerken und mit ihrem Interesse beehren. Die Bildung der breiten Mitte scheint heute infolge der seltsamen Politik der deutschen Volkspartei, die den Sozialdemokraten den Widerstand sehr erleichtert, ferner gerückt als je, obwohl sie notwendiger ist als je.

Wie diese Dinge sich weiter entwickeln, ist nicht vorauszusagen. Ich schreibe vier Wochen vor Erscheinen dieser Zeilen und muß auf jede Aktualität verzichten. Ich möchte nur hervorheben, daß Cannes und Genua allerdings ein gewisser Erfolg der Wirthschen Politik sind, in Wahrheit freilich mehr eine Wirkung der weltwirtschaftlichen Verhältnisse, die zu verstehen, aufzugreifen und zu benützen leider das einzige Programm einer deutschen Politik sein kann. Immerhin ist dieser relative Erfolg nicht ganz ungefährlich. Die Engländer haben die Tendenz, die deutschen Preise den Weltmarktpreisen anzunähern. Das würde für die deutsche Industrie und damit auch für die deutsche Zahlungsfähigkeit sehr ernste Folgen haben. Andererseits hat die Entente vermutlich die Tendenz, das politische Ergebnis des Versailler Friedens von den Deutschen noch einmal mittelbar bestätigen zu lassen. Da darf man nicht vergessen, daß die Franzosen es immer diplomatisch zu vermeiden wußten, selbst die Verträge von 1815, geschweige den Frankfurter Frieden, in internationalen Abmachungen anzuerkennen.[10] Es ist eine große Gefahr, daß uns ein analoges Verfahren unmöglich gemacht wird. Aber ich will den Ereignissen nicht vorgreifen. Noch ist die ganze Konferenzidee von Frankreich heiß umstritten und ist nichts zu berechnen. Die deutsche Mark ist demensprechend auch wieder beträchtlich gefallen.[11]

---

9 Nach langwierigen Verhandlungen mit den Parteien über die zur Finanzierung der Reparationszahlungen erforderlichen Steuererhöhungen hatte Reichskanzler Joseph Wirth am 26. Januar 1921 im Reichstag einen Kompromiss vorgelegt, der sowohl eine von der SPD geforderte Zwangsanleihe auf Vermögen als auch die von der DVP favorisierte Erhöhung von Verbrauchssteuern enthielt. Nach der Ernennung Rathenaus wurde der Steuerkompromiss von der DVP aber zunächst wieder infragegestellt. Vgl. Die Kabinette Wirt I und II (1973), S. 562 ff.

10 1815 hatte Frankreich nach der Niederlage in den napoleonischen Kriegen die Wiener Kongressakte unterzeichnen müssen. Der Frankfurter Friede war 1871 nach der Niederlage Frankreichs im Deutsch-Französischen Krieg geschlossen worden.

11 Im Februar 1922 lag der Dollar-Wechselkurs der deutschen Mark bei im Mittel

Auch über die Bedeutung, die das Ministerium Poincaré für Europa und für uns gewinnen kann, ist nichts zu sagen möglich. Nur das eine muß man sich vor Augen halten: ein französisch-englischer Krieg, den manche schon daraus entspringen sehen, würde auf unserem Boden ausgefochten werden! Polen und Franzosen würden sofort Deutschland und vor allem Berlin besetzen. Englische Waffen könnten erst später eingreifen, | und wir wären des letzten und einzigen Gewinns beraubt, den die glänzenden Waffenleistungen unseres Heeres uns gebracht haben, daß nämlich der Krieg und seine Zerstörungsgreuel unserem eigenen Boden fernblieben. Man tut also besser, derartigen Kombinationen nicht nachzuhängen.

Im Zusammenhange mit diesen Dingen steht die Entwicklung der oberschlesischen Angelegenheiten. Die Polen, die selbst stark unter dem französischen Druck und den französischen Stellenbesetzungen leiden, waren in den Verhandlungen bis jetzt relativ entgegenkommend. Es wurde außerdem erkennbar, daß die Franzosen die unter polnische Oberhoheit kommenden deutschen Industrieanlagen in ihre Hand bringen wollten, um daraus eine ungeheure „Waffenschmiede" zu machen, die von Osten her uns ebenso in Schach hält, wie die Besetzung des Rheinlandes im Westen. Das war wohl von Hause aus der Grund ihrer Politik in Oberschlesien. Das ist von der englischen Politik erkannt worden, und die Engländer haben daher, wie ich höre und wie in vier Wochen bekannt sein wird, diese Werke für sich angekauft.[12] Damit wäre die schwerste Gefahr, die die Abtrennung oberschlesischer Werke mit sich bringt, neutralisiert und französischen Plänen zur Wiederaufnahme des Krieges ein Riegel vorgeschoben. Das Weitere wird man in Genf abwarten müssen.

Inzwischen ist aber eine andere verhängnisvolle Folge der oberschlesischen Entscheidung eingetreten. Sie hatte bekanntlich einen katastrophalen Sturz der Mark zur Folge und dieser eine enorme Preissteigerung. Die Folge solcher Preissteigerungen sind dann aber stets Streiks und Gehalts-

---

208 Mark pro US-Dollar (gegenüber 192 Mark im Dezember 1921; im November 1921 lag der Wechselkurs allerdings sogar bei im Mittel 263 Mark). Vgl. Gerald D. Feldman: The Great Disorder (1993), S. 5.

12 Am 25. Februar 1922 wurde in Paris die französisch-polnische Gesellschaft „Skarboferm" gegründet, an die der polnische Staat nach der Teilung Oberschlesiens für 36 Jahre die ehemals staatlich-preußischen Steinkohlegruben im nunmehr polnischen Teil verpachtete. Auch die französische Loucheur-Gruppe investierte in erheblichem Umfang im oberschlesischen Industriebezirk. Britische Investoren kauften sich insbesondere in die Donnersmarckschen Steinkohlegruben in Ost–Oberschlesien ein, während die italienische Banca Commerciale im Rybniker Kohlenrevier tätig war. Vgl. Paul Deutsch: Die oberschlesische Montanindustrie vor und nach der Teilung des Industriebezirks (1926), S. 35 f.

forderungen. In dieser Stimmung ist es zu dem großen Eisenbahnerstreik, d. h. zum Beamtenstreik von ungeheuerstem Ausmaß gekommen.[13] Wie weit Kommunisten und Russen das Feuer geschürt haben und auf diesem Wege doch noch den allgemeinen Umsturz in Deutschland herbeizuführen hofften, kann heute noch nicht gesagt werden. Es ist jedoch mehr als wahrscheinlich. In Berlin verband sich damit ein Streik der städtischen Arbeiter, der für eine Woche die Hölle des heutigen zerbrochenen Großstadtlebens noch heißer machte. Es ist der Regierung und der Stadt mit Unterstützung der „technischen Nothilfe" gelungen, der Streiks Herr zu werden und die Autorität zu wahren.[14] Wie gefährlich dieser Streik gerade für die außenpolitische Situation vor Genua war und ist, wo alles auf das Vertrauen zu deutscher Ehrlichkeit und Leistungsfähigkeit ankommt, braucht nicht gesagt zu werden. Vielleicht, daß der Sieg der deutschen Regierung nunmehr in dieser Hinsicht günstig wirkt und Vertrauen zur Regierungsautorität im Ausland weckt, was für unsere auswärtige Politik überhaupt das A und O ist. Aber man ist vor Wiederholungen nicht sicher. Die Kompliziertheit der modernen technischen Zivilisation macht die modernen Staaten entsetzlich leicht verwundbar, wenn sie nicht durch die Macht des Militärstaates gesichert sind oder über die in dieser Hinsicht so elastische Psychologie der angelsächsischen Völker verfügen. Im besetzten Gebiet hat niemand gestreikt, sondern man hat das „Festhalten an der alten Pflichttreue des Beamtentums" proklamiert! Die angelsächsische Psychologie liegt andererseits bei uns in Bürgertum und Arbeiterschaft gleich ferne. Wir haben statt dessen rechts Einflüsse der Psychologie des Junkertums und links solche des Russentums.

---

13 Der Streik der Eisenbahnbeamten hatte einen Inflationsausgleich bei der Beamtenbesoldung zum Ziel und dauerte vom 1. bis 8. Februar 1922. Zum Streik aufgerufen hatte die Reichsgewerkschaft Deutscher Eisenbahnbeamten und -anwärter. Der ADGB und der Deutsche Beamtenbund erklärten sich gegen den Streik. Die Grundsatzfrage, ob Beamten ein Streikrecht zustand, war damals noch umstritten. Reichspräsident Friedrich Ebert verbot den Eisenbahnbeamtenstreik am 1. Februar 1922 per Notverordnung nach Art. 48,2 der Weimarer Verfassung. Dies führte am 5. Februar zu einem Solidaritätsstreik der städtischen Arbeiter in Berlin. Die Reichsregierung erreichte das Ende des Streiks schließlich durch das Zugeständnis der Wiederaufhebung der Notverordnung vom 1. Februar. Vgl. Die Kabinette Wirth I und II (1973), S. 534–561.

14 Die Technische Nothilfe war 1919 gegründet worden, um im Fall innerer Unruhen die Arbeit in als lebenswichtig eingestuften Betrieben (Elektrizitätswerke, Wasserwerke, Eisenbahn etc.) aufrechtzuerhalten. Ursprünglich vom Reichswehrministerium aus den Freikorps heraus aufgebaut, unterstand der Zeitfreiwilligenverband seit Anfang 1920 dem Reichsinnenministerium. Vgl. Andreas Linhardt: Die Technische Nothilfe in der Weimarer Republik (2006).

Mit beiden kann man den technischen Apparat des modernen Lebens nicht schützen. Denn beide verstehen ihn nicht in seiner Wesentlichkeit für das Leben des modernen Staates und seine sozialpsychologischen Voraussetzungen. Herr Hergt, der frühere Finanz|minister und jetzige Führer der Deutsch-Nationalen, erklärt, der Sache mit Bedauern wegen der Verluste, aber doch mit Neugierde darüber zuzusehen, wie lange das deutsche Volk sich eine Regierung gefallen lasse, wo so etwas möglich ist! Auf der Linken verwarf man den Streik wie einst den Spartakismus, aber auch jede Strafmaßnahme der Regierung und das Eingreifen der Nothilfe! Mit dem einen wie mit dem anderen ist kein moderner Staat, vor allem kein bisheriger, jetzt entwaffneter Militärstaat möglich, der in einen Volksstaat sich wandeln *mußte*. Das Schlimmste aber ist, daß der Beamtenstreik überhaupt gar kein sozialistischer Arbeiterstreik ist, sondern das Übergreifen sozialistischer Lohntaktik auf ein Beamtentum, das parteimäßig zum großen Teil wohl anderen Parteien angehört. Das aber ist eine der schwersten Gefährdungen des Staates überhaupt. Wie der Streik und sein Ausgang im innerpolitischen Kampf verwertet werden wird, muß die Zukunft zeigen. Vermutlich mit jeder denkbaren Rücksichtslosigkeit und Verlogenheit.

Aber über alledem darf man die großen Hauptlinien der von Amerika beherrschten Weltsituation nicht übersehen. Die amerikanisch-englische Politik ist überzeugt, ein großes Werk der Pazifizierung und Weltordnung vollbracht zu haben. Aber sie denkt dabei nur an die Seestaaten. Sie wollen die Verhältnisse der Seemacht ordnen und eine Frieden schaffende Weltpolizei bilden. Dabei gehen sie nicht auf Eroberung aus, sondern nur auf Konsolidation, Handels- und Schiffahrtspolitik. Die kleinen Staaten sollen sich dem fügen, aber völlig autonom bleiben und nach Möglichkeit sich demokratisch selbst regieren. Man ist überzeugt, daß sie sich dabei zufrieden und glücklich fühlen wie die englischen Dominions oder der Burenstaat. Der englische Sozialist aus der Fabierschule H. G. Wells hat ein großes Buch „Eine Skizze der Weltgeschichte" geschrieben, in dem er dieses Programm, verbunden mit einer Weltplanwirtschaft der Rohstoffgewinnung und der Absatzverteilung, als das einzige große Programm der weltgeschichtlichen Stunde verkündet, ein charakteristisches Gegenstück zu dem in Deutschland das Programm der Stunde formulierenden Buche Spenglers.[15] Der Angelsachse

---

15 H. G. Wells: The Outline of history (1920). Eine ausführliche Rezension dieser Schrift durch Troeltsch erschien 1922 in der „Historischen Zeitschrift", in: KGA 13, S. 611–620. Der Schriftsteller H. G. Wells (1866–1946) hatte von 1887 bis 1906 der britischen Intellektuellenvereinigung „Fabian Society" angehört, die einen evolutionären Sozialismus propagierte und in der Zwischenkriegszeit großen programmatischen Einfluss auf die britische Labour Party erlangte. Vgl.

bleibt großzügig und optimistisch und verlangt eine Weltordnung im Sinne der von ihm sehr bewunderten amerikanischen Politik, die er für die Politik der Zukunft hält. Vom Standpunkt der Seemächte ist das alles sehr begreiflich. Die kleinen und mittleren europäischen Seemächte, einschließlich Italien, sind auch schon ziemlich auf diesen Zustand gebracht. Aber wo bleiben die großen europäischen Landmächte: Frankreich, Deutschland, Rußland? Sie haben in einem solchen System überhaupt keinen Platz. Das hat man in Frankreich sofort empfunden, ganz abgesehen von seinen europäischen Hegemonieplänen. Aber auch Deutschland und Rußland sind doch nur vorübergehend in ihr gegenwärtiges Nichts hineingestoßen. Sie werden sicherlich wieder zu Landmächten werden, wenn auch ihre Rolle als Seemächte ausgespielt scheint. Darin liegt ja doch eigentlich das europäische Problem, daß diese großen Landmächte einem politischen und weltwirtschaftlichen System eingegliedert werden müssen, bei dem sie wirtschaftlich mit Existenzmöglichkeit und politisch mit Ehren bestehen können, bei dem aber doch ihr Charakter als großer Landmächte sich zugleich naturgemäß auswirken kann. Landmächte sind nun einmal etwas anderes als Seemächte. Für die Rolle des Burenstaates aber sind die europäischen Landmächte zu groß und durch Masse und Zivilisation zu selbständig. Diese Seite des Problems ignoriert die angel|sächsische Politik, die nur von den Gesichtspunkten der Seemächte und der überall Autonomie und damit Befriedigung schaffenden Weltdemokratie ausgeht, wobei sie die Rolle der Weltpolizei spielt. In diesem Umstande ist auch das tiefe Recht eines europäischen Kontinentalprogramms begründet, das durch Verständigung der Kontinentalmächte allein dieses äußerst schwere Problem lösen könnte. Die notwendig militärisch stärker organisierten Landmächte können aus demselben Grunde auch nicht Demokratien von reinem westlichen Stil sein. Der theoretische Antimilitarismus ist gleichfalls ein Produkt des Denkens und des Interesses der Seemächte. Aber wie sollen diese Schwierigkeiten gelöst werden, solange Frankreich nur von der Vernichtung Deutschlands leben zu können meint; solange der russische Bolschewismus jeden Verlaß auf irgendeine russische Politik unmöglich macht und solange die deutsche Intelligenz nur von Wiederherstellung des Alten träumt! Hier liegen die eigentlichen Probleme, deren Lösung auf die Dauer Leben oder Tod bedeutet und denen gegenüber alle jetzigen Unternehmungen nur ein Fortwursteln bis zu der irgend einmal nötigen Entscheidung und Klärung bedeuten. Freilich in einem richtigen, das Mögliche erreichenden „Fortwursteln" liegt jetzt unsere einzige vorläufige Rettung. Die Politik des Kabinetts Wirth ist eine

---

Margaret Cole: The Story of Fabian Socialism (1961). Zu Spengler siehe oben, S. 174 f.

solche Politik, und darum bedürfte sie der allgemeinsten Unterstützung.[16] Wir können nichts anderes und müßten das Einzige, was wir können, auch wollen.

Den eigentlichen[a] Lichtpunkt in unserer Lage bildet unsere Volksmasse, die doch schwerlich auch nur derzeit wie die russische zu vernichten ist, und unsere technisch-industrielle Tüchtigkeit. Die Leistungen und der Mut der Industrie sind stets von neuem überraschend, ihr Hochgefühl daher auch sehr begreiflich. Sie ist mit ihren Erfindungen, Anpassungen und Neubildungen der wesentliche Aktivposten. So wurde mir neulich erzählt, daß die Industrie im Begriff ist, von den Schwermetallen im weitesten Umfang zu den Leichtmetallen überzugehen, d. h. zu Aluminiumverbindungen. Aluminium wird aus Tonerde gewonnen und ist bei uns überall in beliebiger Menge zu erzeugen. Die bayerischen Walchenseekraftwerke haben demgemäß auch sofort ein großes Aluminiumwerk angelegt.[17] Auf der anderen Seite versucht man soviel wie möglich aus der Luft zu gewinnen, die es ja auch überall gibt und die niemand annektieren kann. Die Stickstoffgewinnung ist bekannt. Jetzt höre ich, daß man Motoren mit Preßluft statt mit Benzin und Öl zu konstruieren beginnt.[18] Das Schönste aber ist der Mut und die Zuversicht, die in alledem steckt. Da faßt man wieder Hoffnung. Es kommt nur darauf an, daß solche Schaffenskraft sich mit einer ethischen Erneuerung verbindet und der Geist der Technik in einem antimaterialistischen Sinne gepflegt wird. Eine derartige Verbindung würde mir als das hoffnungsvollste Zukunftszeichen erscheinen.

Noch von anderen Wahrnehmungen möchte ich bei dieser Gelegenheit berichten. Alle Berichterstatter aus dem näheren und ferneren Orient sind einig darüber, von ungeheuren geistigen und technischen Veränderungen

---

a *A:* eigentlichten

---

16 Gemeint ist die von der Regierung Wirth seit dem „Londoner Ultimatum" vom Mai 1921 (siehe oben, S. 422, Anm. 2) propagierte „Erfüllungspolitik", bei der durch eine möglichst weitgehende Erfüllung der deutschen Verpflichtungen die negativen wirtschaftlichen Folgen des Versailler Vertrags demonstriert und so mittelbar eine Revision der Friedensordnung erzwungen werden sollte. Vgl. Heinrich August Winkler: Weimar 1918–1933 (1993), S. 157.

17 Troeltsch verwechselt vermutlich das Walchenseekraftwerk in Kochel am See (errichtet 1918 bis 1924) mit dem Innwerk in Töging am Inn, das 1917 bis 1924 von der Innwerk Bayerische Aluminium AG im Verbund mit einer Aluminiumhütte errichteten wurde; vgl. Dietmar Grypa: Innwerk AG (2013).

18 Die ersten Automobile mit Druckluftantrieb wurden bereits in den 1890er Jahren konstruiert. Die Technik konnte sich jedoch wegen ihres immens hohen Energiebedarfs niemals durchsetzen.

auf diesen Gebieten zu berichten. Das Studium der europäischen Naturwissenschaften habe in Indien einen Aufschwung genommen wie in Japan. Indische Studenten strömen massenhaft nach Deutschland, nachdem ihnen die Landung in Amerika versagt worden ist; angeblich bestehe in dieser Hinsicht ein geheimes Abkommen zwischen England und Amerika.[19] Das würde auf schwere Erschütterungen der europäischen Rassenhegemonie hindeuten, die im Endergebnis natürlich auch für uns kein Vorteil sind, die aber die Seemächte vor allem bedrohen und die Welt sehr verändern können.

Berlin, 10. Februar 1922 *Ernst Troeltsch*

---

[19] Die Herkunft von Troeltschs Informationen über ein angebliches englisch-amerikanisches Abkommen bezüglich indischer Studenten konnte nicht nachgewiesen werden. Zu Troeltschs indischen Kontakten siehe oben, S. 242, Anm. 7. Deutschland war bereits seit Beginn des 20. Jahrhundert ein bevorzugtes Zielland für indische Studenten. In der Zwischenkriegszeit verstärkte sich dieser Trend. Zwischen 1928 und 1932 waren allein an der Berliner Universität 140 Studenten aus Indien immatrikuliert, vorwiegend in naturwissenschaftlichen Fächern und im Fach Nationalökonomie. In den 1920er Jahren gab es in Berlin ein eigenes Wohnheim für indische Studenten in der Uhlandstraße, ein indisches Gemeinschaftshaus in der Knesebeckstraße, ein Kricket-Feld für die indischen Studenten am Baumschulenweg und mehrere hinduistische Gebetshäuser. Vgl. Kris Manjapra: Age of Entanglement (2014), S. 88–95 und S. 330.

Die intimen Seiten der deutschen Lage (April 1922)

Editorische Vorbemerkung: Die Edition folgt dem Text, der erschienen ist in: Kunstwart und Kulturwart, hg. von Ferdinand Avenarius, 35. Jg., zweite Hälfte, April bis September 1922, Heft 7, Aprilheft 1922, München: Kunstwart-Verlag Georg D. W. Callwey, S. 25–31 (**A**). Der Untertitel „Berliner Brief" fehlt hier vermutlich nur versehentlich. Der Aufbau des Textes und inhaltliche Bezugnahmen auf andere Texte der Reihe weisen ihn zweifelsfrei als zu der Reihe gehörig aus. Der Text erschien im Hauptteil des Heftes und mit der Datumsangabe 4. März 1922. Da Troeltsch im Text jedoch auf die am 9. März 1922 erfolgte Absage der USA für die Genua-Konferenz eingeht, muss er noch nach diesem Datum Änderungen und Korrekturen vorgenommen haben.

Die intimen Seiten der deutschen Lage

Das deutsche Schicksal drängt sich vorerst immer mehr in der Finanzfrage zusammen. Die Reparationen und die Aufrechterhaltung des eigenen Bestandes durch immer neues Papiergeld, d. h. bloße Kreditanweisungen bewirken in engster Wechselwirkung den fortlaufenden weiteren Sturz der Mark und damit die fortwährende Steigerung der Preise.[1] Wenn auch Wucher und Spekulation an der Preissteigerung massenhaft beteiligt sind, es wäre doch eine völlige Illusion, darin das Hauptübel zu sehen. Wenn auch einzelne Menschen enorm „verdienen", so wäre es doch nicht geringere Täuschung, die steigende Verarmung des Ganzen nicht sehen zu[a] wollen. Was erarbeitet wird, geht an die Entente, teils in Aufkauf von Devisen, teils in rollenden Zügen voll Materials. Die eigene Wirtschaft im Hause wird mit den künstlichen Mitteln des Papiergeldes aufrecht erhalten. Es ist ein Wunder, was alles damit noch zu schaffen ist. Aber einmal muß die Seifenblase platzen, wenn sie auch eine Zeitlang schöne und schillernde Farben zeigt.

---

a *Fehlt in A.*

---

1 Im März 1922 lag der Dollar-Wechselkurs der deutschen Mark bei im Mittel 284 Mark pro US-Dollar (gegenüber 208 Mark im Februar 1922); vgl. Gerald D. Feldman: The Great Disorder (1993), S. 5.

Die Rückwirkungen dieses Zustandes, der in den sämtlichen östlichen Ländern noch trostloser ist, und der gleichzeitigen Ausschaltung Rußlands aus dem Weltverkehr erstrecken sich – für uns glücklicher Weise – auf die ganze Weltwirtschaft, auf die Neutralen und die Siegerstaaten, und wirken auch dort immer verhängnisvoller. Das ist in Washington neben der Erledigung der großen Gegensätze der Seemächte der zweite geheime oder stillschweigende Verhandlungsgegenstand gewesen und hat nach Cannes geführt.[2] Aber die Einsicht der Völker und Massen steht hinter der der Führer, soweit sie diese Sachlage erkannt haben oder erkennen wollen, noch weit zurück, und es ist insbesondere in Frankreich fast unmöglich, ihr Geltung zu verschaffen, weil dort Kammer und Führer gerade diese Dinge nicht sehen wollen, sondern nur Frankreichs Gewinn aus dem entsetzlichen Kriege und Frankreichs Sicherung in seiner heutigen Position. So hat Washington und Cannes zum Sturze Briands und zur Ministerpräsidentschaft Poincarés geführt.[3] Das nun folgende Duell mit Lloyd George, der die Lage eingesehen hat und zur Einsicht durch die englische Wirtschaftslage gezwungen wird, hat neben anderen aus Innenpolitik und Reichspolitik folgenden Schwierigkeiten die Stellung von Lloyd George selbst erschüttert. Der Kampf um die Fortsetzung von Cannes in Genua und um das ganze System dauernder und sich wiederholender Konferenzen hat zu den schwersten englisch-französischen Konflikten geführt.[4] Wie er ausgeht, ist nicht zu sagen. In Wahrheit wird das Konferenz-System sich doch auf irgendeine Weise durchsetzen müssen. Inzwischen hat Amerika bereits in der Weise zu der Durchkreuzung seiner Pläne Stellung genommen, wie ich es das letzte Mal vorausgesagt habe.[5] Es ist das erste Mal eine deutliche Sprache.

Was bei dem Konferenzsystem für uns herauskommt, ist freilich dunkel und mag uns mit vielen schweren Sorgen erfüllen. Es hat für uns nur

---

2 Zur Konferenz von Cannes siehe oben, S. 504, Anm. 6.
3 Siehe dazu oben, S. 504, Anm. 7.
4 Die neue französische Regierung unter Ministerpräsident Raymond Poincaré befürchtete von einer „Konferenz-Diplomatie" unter Einbeziehung Deutschlands eine Aufweichung des Versailler Vertrags und erwirkte deshalb zunächst eine Verschiebung der in Cannes vereinbarten Weltwirtschaftskonferenz in Genua in den April 1922. Bei einem Treffen mit Lloyd George in Boulogne am 25. Februar 1922 setzte Poincaré außerdem durch, dass das Reparationsproblem in Genua nicht verhandelt werden sollte. Vgl. Peter Krüger: Die Außenpolitik der Republik von Weimar (1985), S. 168 f.
5 Die USA nahmen die französische Weigerung, in Genua die Reparationsfrage zu verhandeln, zum Anlass, am 9. März 1922 ihre Teilnahme an der Weltwirtschaftskonferenz abzusagen. Vgl. Peter Krüger: Die Außenpolitik der Republik von Weimar (1985), S. 168. Zu Troeltschs Voraussage siehe oben, S. 503 f.

A 26 den einen | Vorteil, daß es zu persönlichen Berührungen und Aussprachen der beteiligten Regierungen führt. In Wahrheit lastet ja auf uns heute noch die durch das Schulddogma und die Hunnenpropaganda geschaffene Isolierung. Dieses teuflische Kriegsmittel demagogischer Zeitalter wirkt bis in den Frieden hinein vor allem zu unserer moralischen und geistigen Blockierung. Alle Geschäfte konnten bislang nur durch die Botschafter schleppend und hochformell erledigt werden. Persönliche Verhandlungen waren unmöglich. Auch Spa[a] und London brachten keine solche, sondern hielten an der Fiktion der Verhandlungsunfähigkeit der Deutschen und an dem bloßen Diktatcharakter fest. Dagegen konnten alle Staatsmänner der neuen Oststaaten und der Neutralen mit den Ententeregierungen verhandeln, nach Belieben Paris oder London aufsuchen, ihre Interessen auf diesem Wege fördern und Völkerbundsentscheidungen wie Konferenzen vorbereiten. Das war und ist ein ungeheurer Nachteil für unsere Diplomatie. Das System der Konferenzen würde den Bann brechen und den direkten Austausch der Regierungen in vermutlich steigendem Umfang ermöglichen. Wie weit der Bann heute schon hier oder dort gebrochen ist, das ist schwer zu sagen. Es scheint Rathenaus Bestreben zu sein, gerade in diesem Punkt Breschen in die Blockade zu schlagen. Dabei mögen die Führer mancher Ententestaaten persönlich dazu geneigt sein. Sie müssen aber ihren Massen gegenüber immer noch sehr vorsichtig sein. Die Berührung mit den Deutschen, anders als durch Kontrolle und mittelbare Erkundigung, scheint sie[b] zu verunreinigen. Wer die neueste Publikation von Avenarius über die „Mache im Weltwahn" mit ihrer Vorführung und Prüfung eines Teils der ententistischen Bilderpropaganda aufmerksam angesehen hat, wird das begreifen.[6] Der moderne Krieg ist ein Krieg der Technik und der moralischen Offensive durch rücksichtslose Demagogie. Das ehrliche Heldentum alten Stiles, das eigentlich militärische Pathos spielt in ihm eine Nebenrolle. Insoferne hat nicht der Krieg, aber der Militarismus ausgespielt und insoferne ist ein lediglich militärischer Kampfabbruch kein Friede, sondern eine unblutige Fortsetzung des Krieges. Frankreich und seine Vasallenstaaten – die letzteren nicht immer freiwillig – führen den Krieg gegen uns weiter. Und hierin bleiben sie unterstützt durch jene geistige und diplomatische Isolierung und Blockade. Deshalb ist es auch so schwer, sie zu durchbrechen. Alle diplomatische Geschicklichkeit muß heute noch auf eine solche Durchbrechung gerichtet sein.

---

a *A:* Spaa **b** *A:* ihnen

---

6 Ferdinand Avenarius (Hg.): Die Mache im Weltwahn (1922).

Die Franzosen verkleiden die Fortsetzung ihrer Kriegspolitik mit Forderungen der Entschädigung für die angerichteten Zerstörungen, wozu auch die Zahlung aller Pensionen gehört, und durch Sicherheitsforderungen. Inzwischen erhalten sie einen großen Teil ihres Heeres auf deutsche Kosten und versorgen unzählige Leute in allerhand Kommissionen und Anstellungen bei uns und den Vasallen. Zugleich wollen sie die Sanierung der eigenen höchst schwierigen Finanzlage durch deutsche Tribute. Wir sind in ihren Augen ein Tributärstaat, der Armut und Zahlungsunfähigkeit heuchelt und dem man nötigenfalls mit Gewalt die Taschen untersuchen und leeren muß. Das edle französische Volk kann auf Grund seiner entsetzlichen Opfer für die Menschheit, die es in dem Kriege gebracht hat, vor dem Weltgewissen diese Forderungen vertreten. Ohne solche humanitäre Verbrämungen wagen auch sie nicht ihre Gewaltpolitik zu machen und ist in der Tat heute keine Politik zu machen. Es ist aber merkwürdig, wie sehr sie aus diesem Sachverhalt die Berechtigung zu schroffem und geringschätzigem Auftreten auch in vielen ganz persönlichen Angelegenheiten herleiten. Der literarische Nachlaß eines verstorbenen jungen deutschen Dichters sollte z. B. gedruckt werden. Darunter befanden sich Übersetzungen von Gedichten eines sehr bekannten französischen Poeten, der heute im fernen Osten Botschafter ist. Um dazu die Erlaubnis zu erlangen, wandte sich der Verleger an einen als vermittelnd und versöhnlich bekannten französischen Schriftsteller von hohem Rang. Dieser erwirkte die Erlaubnis zum Druck der Übersetzungen und hielt es für unbedenklich, den die Erlaubnis erteilenden Brief im Original einfach zu übersenden, trotzdem darin auch Stellen enthalten waren wie die: „In Deutschland taugen überhaupt nur die Junker und Juden etwas. Alles übrige ist faules Fleisch und taugt nur dazu, zu Wurst zerhackt zu werden"!⁷ Dem Unreinen gegenüber ist auch das einfachste

A 27

---

7 Bei dem französischen Poeten handelt es sich um den Schriftsteller und Diplomaten Paul Claudel (1868–1955), einem Hauptvertreter der „Renouveau catholique" in der französischen Literatur. Von 1922 bis 1928 war Claudel französischer Botschafter in Tokio. Bei dem verstorbenen deutschen Dichter handelt es sich um den im Ersten Weltkrieg gefallenen Bernhard von der Marwitz (1890–1918). Der literarische Nachlass von der Marwitz' mit den Übertragungen Claudelscher Lyrik wurde 1923 im Dresdener Sibyllen-Verlag von Otto Grautoff (1876–1937) herausgegeben, mit dem Troeltsch 1921 im Ausschuß für eine deutsche Dantefeier (siehe oben, S. 374, Anm. 20) zusammengearbeitet hatte. Vgl. Bernhard von der Marwitz: Eine Jugend in Dichtung und Briefen an G. von Seckendorff und J. von Winterfeldt und andere (1923). Laut Herausgebervorbemerkung (ebd., S. 8) vermittelte der Schriftsteller André Gide (1869–1951) die Erlaubnis Claudels zum Abdruck seiner Gedichte. Zu Grautoff vgl. Friedrich Wilhelm Graf, unter Mitarbeit von Christian Nees (Hg.): Ernst Troeltsch in Nachrufen (2002), S. 49.

Taktgefühl nicht mehr nötig. Und das waren nicht beliebige Privatleute, sondern geistige Franzosen ersten Ranges, um die es sich hierbei handelte.

Natürlich kann man auch anderes erleben. Ich sprach neulich mit einem sehr feinen und taktvollen Franzosen, der Deutschland bereiste, um eine Anschauung davon zu gewinnen, ob es den Deutschen wirklich so gut oder so schlecht gehe, wie die einen oder die andern sagen. Er erkannte an, daß es den Franzosen zwar schlecht gehe, aber doch immerhin um einiges besser als den Deutschen. Im allgemeinen herrsche kein eigentlicher Deutschenhaß mehr und sei die Wirkung der Propaganda zu Ende, Beobachtungen, die mir auch von in Frankreich reisenden Deutschen bestätigt wurden. Es komme vor allem darauf an, wieder geistige und wissenschaftliche Berührungen zu gewinnen. Da zeigte sich dann aber sofort wieder die Schwierigkeit. Französische Bücher kommen wenig zu uns, dagegen nach dem Ausweis der Literatureingänge in den französischen Zeitschriften schicken die deutschen Verleger massenhaft Rezensionsexemplare nach Frankreich! Der persönliche literarische Austausch ist durch unsere Bücherausfuhrbestimmungen[8] dagegen sehr erschwert und erfolgt von Frankreich aus sehr spärlich. Immerhin habe ich selbst verschiedene wertvolle Bücher und auch Briefe in wissenschaftlichen Angelegenheiten aus Frankreich erhalten. Ob und wie die deutschen Bücher dort angezeigt werden, kann ich bei der Unmöglichkeit, französische Zeitschriften zu lesen, nicht feststellen. Es soll wenig geschehen, meist werde nur der Eingang verzeichnet. Da fehlt es also sehr an Berührungs- und Austauschmöglichkeiten. Solche müßten zwischen den Bibliotheken und den Redaktionen der Zeitschriften sowie den wissenschaftlichen Vereinigungen planmäßig vorgenommen werden. Einiges derart ist geschehen. Es fehlt aber noch ganz und gar an jeder wirksamen Breite und Vollständigkeit. Dabei müßte dann allerdings das Rezensionswesen sehr taktvoll und vorsichtig gehandhabt werden ohne politische und völkerpsychologische Exkurse, sonst tut es mehr Schaden als Nutzen.

Der Umstand, daß wir Deutschen uns ausländische Bücher so schwer kaufen können, führte dann auf die Hauptfrage, wie es den Deutschen eigentlich gehe. Die Franzosen sehen im allgemeinen nur die Luxushotels und

---

8 Von März 1920 bis September 1923 galt in Deutschland eine Ausfuhrbeschränkung des Reichswirtschaftsministeriums, wonach die Ausfuhr deutscher Bücher und Zeitschriften nur mit Sondergenehmigung einer Außenhandelsnebenstelle für das Buchgewerbe und nur bei Valutazuschlägen von 60 bis 200 % auf den Auslandsbuchpreis gestattet war. Die Ausfuhrbeschränkung sollte angesichts der Inflation in Deutschland einen Ausverkauf des Buchhandels zu Dumpingpreisen aus dem Ausland vorbeugen. Vgl. Geschichte des deutschen Buchhandels im 19. und 20. Jahrhundert, Band 2, Teil 2 (2012), S. 601–611.

Vergnügungsstätten, die sie mit deutschem Geld oder mit besserer Valuta bezahlen. Sie sehen die Läden der Großstädte und den Taumel der Genußsucht. Es sei sehr wichtig, von vertrauenswürdigen Personen zu erfahren, wie es wirklich stehe. Da ist nun aber sehr schwer, bestimmt zu antworten. Dem Privatmann stehen wenig statistische Zahlen zu Gebote und den amtlichen glaubt man nicht. Wissen wir im Grunde doch selbst darüber nur durch zufällige Einzelbeobachtungen und können wir selbst unsern eigenen | Zustand schwer abschätzen. Klar ist das geradezu verzweifelte Elend der Kleinrentner und Pensionisten. Die ersteren zehren vielfach an ihrem Vermögen mit der Hoffnung oder der Absicht, nach dessen Verbrauch zu sterben. Sehr schwierig sind die Verhältnisse in Arbeiterfamilien mit Kindern. Die Notwendigkeit, zur freien Wirtschaft zurückzukehren und die Staatszuschüsse einzustellen, bedeutet hier mit den steigenden Preisen steigende Not.[9] Fast so verzweifelt wie für die Kleinrentner ist die Lage für Künstler, Schriftsteller und allerhand Bohème. Höchst empfindlich ist die Herabdrückung der Lebenshaltung in dem ganzen sogenannten Mittelstande und dem Beamtentum. Es sind die neuen Armen, die den neuen Reichen gegenüberstehen. Alles Einkommen geht für Wohnung, Beheizung und Ernährung auf; in den übrigen Dingen lebt man so gut es geht von alten Sachen und nützt seine alten Kleider aufs äußerste aus. Neueinrichtungen für Ärzte und Geschäfte sind kaum erschwinglich. Man hilft sich auch hier möglichst mit alten Sachen, d. h. durch Assoziationen mit solchen, die das Nötige noch aus der Vorkriegszeit haben. Aber die alten Sachen werden verbraucht werden und dann wird die Not bitter sein, von der unendlich schwierigen Wohnungsfrage gar nicht zu reden. Die Dienstbotenverhältnisse sind grauenvoll, was übrigens ähnlich aus Frankreich und England berichtet wird. Die Hausfrauen sind es, die den Krieg verloren haben, sagte neulich sehr treffend eine Dame. Aller Luxus an Kunst und Wissenschaft, alles Reisen ist in diesen Kreisen zu Ende. Die Ernährung ist überall auf einen sehr viel bescheideneren Fuß gesetzt.

Reiche Leute, für die Geld überhaupt keine Rolle spielt, gibt es in der gegenwärtigen wirtschaftlichen Scheinblüte oder bei der Beteiligung von ausländischen Geschäften selbstverständlich viele; namentlich in den Großstädten. Noch viel mehr gibt es Leichtsinnige, die nichts ersparen mögen, weil es doch nichts hilft, und lieber ihr Geld verjubeln und vertrinken, statt

---

9 Der Abbau der im Ersten Weltkrieg eingeführten Subventionierung der Lebensmittelversorgung war ein zentrales wirtschaftspolitisches Ziel der Regierung Wirth. Durch Erhöhungen der Abgabepreise der Reichsgetreidestelle wurde der Brotpreis vom 15. August 1921 an um 40 % und vom 16. Februar 1922 an sogar um 75 % erhöht. Vgl. Die Kabinette Wirth I und II (1973), S. LV und S. 515.

für Kleider und Schuhe zu sorgen, von denen man doch nicht weiß, ob man im nächsten Vierteljahr sie noch bezahlen kann. Ein junger Mann setzte mir das neulich sehr ruhig auseinander. Das sei reine Selbstbetäubung, die man nötig habe, da man an die Zukunft doch nicht denken könne und möge. Der Karneval war hier verboten.[10] Dafür gab es aber allerhand Umgehungen, und da war stets Überfülle und tolle Verschwendung. Dafür konnte man dann am Sonntag im illustrierten Blatt auf der ersten Seite die Leichenberge verhungerter russischer Kinder und auf der nächsten die Vergnügungsszenen des Alpenballs sehen![11] Solchen Leuten geht es gut, aber sie leben von der Hand in den Mund.

Neben den Arbeiterbudgets geben den Maßstab des Wohlstands eines Landes doch immer die Verhältnisse seiner gebildeten Mittelklasse und für diese wiederum ist charakteristisch die Lage eines großen Teils ihrer Jugend, der Studenten. Hier ist die Lage grell und weithin sichtbar beleuchtet durch die große Gründung der „Wirtschaftshilfe der deutschen Studentenschaft", ein Unternehmen, das nach einer andern Seite freilich auch wieder eine tröstliche Erscheinung von Mut und Lebenskraft ist.[12] Man findet öffentliche Auskunft darüber in dem Beiheft zur vierten deutschen Studententagung vom Juli 1921 über „Die Wirtschaftshilfe der deutschen Studentenschaft". Hier heißt es: „80 000 Studenten leben unter dem Existenzminimum, 30 000 weit unter seiner Hälfte, ein großer Teil derselben alle Erscheinungen der untersten Elendsschicht jetzt am eigenen Leib erlebend: Hunger, Kälte, Armut, schwerste Not. Ihre Existenz | ist ermöglicht ausschließlich durch die entschlossene, kühne Tat einiger Studenten, meist Kriegsteilnehmer, die mit Dozenten und Freunden billigste Studentenküchen, genossenschaftliche Verkaufsstellen gründeten und sie zu festen Rechtskörpern der studentischen Wirtschaftsselbsthilfe ausbauten: von hier aus vor allem auch Nebenverdienst in Handberufen, Fabriken, Bergwerken, Land-

---

10 Das im Ersten Weltkrieg etablierte Verbot öffentlicher Karnevalsfeiern wurde in Preußen und in vielen anderen deutschen Ländern bis 1924 mit Rücksicht auf die angespannte wirtschaftliche Lage und die alliierte Besetzung des Rheinlandes jährlich erneuert. Der Kölner Rosenmontagszug fand erst 1927 wieder statt. Vgl. Carl Dietmar, Marcus Leifeld: Alaaf und Heil Hitler (2010), S. 31 ff.

11 Die von Troeltsch beschriebene Fotografie von russischen Hungertoten erschien in der Illustrierten „Die Woche" vom 18. Februar 1922 (24. Jg./Nr. 7) auf der dritten Seite. Ein mit Buntzeichnungen illustrierter Bericht über den Berliner Alpenball erschien in derselben Ausgabe weiter hinten mit dem Titel „Faschingstrubel in der Hasenheide".

12 Die Wirtschaftshilfe der Deutschen Studentenschaft e. V. wurde auf dem 4. Deutschen Studententag vom 1. bis 4. Juli 1921 in Erlangen gegründet. 1929 ging aus der Wirtschaftshilfe das Deutsche Studentenwerk hervor.

wirtschaft vermittelnd und weiterschreitend zu den Anfängen eigener studentischer Werkstätten und Gärtnereien: Eine neue, große, lebendig wachsende Idee: gegenüber der Vernichtungstendenz der Weltkriegskatastrophe der Gedanke der Wirtschaft als Werkgemeinschaft aller produktiv Arbeitenden, gegenüber dem Knechtungswillen freiwillige Aufopferung und restlose Hingabe Einzelner für die Not Aller, ein neuer Studententypus, den nicht Vorteile, sondern Begeisterung zur Wirtschaft trieb, ein Entschluß, vielfach gerade von den besten der Korporationsstudenten verwirklicht, neben dem Typus „Altheidelberg" ein „Neuheidelberg" der Tat, – 30 000 deutsche Studenten leben davon." „Fürsorge ist zu beschränken 1. auf die Kranken, 2. auf die Kriegsteilnehmer, die Prüfungs- und die Gelehrtenkandidaten. Allen anderen Kommilitonen sollen Zuwendungen, Unterstützungen und Vorteile nur zugewandt werden, wenn sie alle Mittel, sich selbst zu helfen, erschöpft haben und durch lebendige Mitarbeit in den Wirtschaftskörpern oder durch Nebenerwerb bewiesen haben, daß sie die Not Deutschlands verstehen und bereit sind, an seiner Rettung innerlich und äußerlich mitzuarbeiten."[13] Die Organisation im einzelnen kann hier nicht geschildert werden. Sie zerfällt natürlich in lokale Organisationen, die alle bisher schon vorhandenen Hilfen organisieren und zentralisieren, möglichst um ein Studentenheim gruppieren, und Studentenspeisung, Bücherwesen, Materialversorgung, Wohnungsfrage, Arbeitsvermittlung leiten sollen, und eine Zentralorganisation, die mit einer großen Darlehensbank verbunden werden soll. Für die letztere haben die Wirtschaftsführer sehr hohe Mittel versprochen, erfreulicherweise ohne jeden politischen Gesinnungszwang. Sie zu schaffen sei „Ehrensache der deutschen Wirtschaft nicht aus Mitleid, sondern aus Achtung vor dem von der deutschen Studentenschaft selbst Geleisteten". „Voraussetzungen von alledem sind: starker Aufbau der örtlichen Wirtschaftskörper, Verbannung jedes Almosencharakters, Entwicklung des Werkstudenten."[14] Wie weit die Organisation heute schon durchgeführt ist, vermag ich nicht sicher zu sagen, von 50 deutschen Hochschulen sollen 36 sie eingeführt haben. Jedenfalls sind alle bereits vorhandenen Hilfsverbände mit der Wirtschaftshilfe in engen Zusammenhang getreten und sind die Meldungen zum Werkdienst so zahlreich, daß ihnen nicht allen entsprochen werden konnte, trotz dem Entgegenkommen von Unternehmern und Gewerkschaften. Nähere Nachrichten gibt das Nachrichtenblatt der deutschen Studentenschaft vom 29. Dezember 1921, eine „Wirtschaftssonder-

---

13 Reinhold Schairer: Das Wirtschaftsziel der Deutschen Studentenschaft [1921], S. 1 f. und S. 4.
14 Ebd., S. 6.

nummer".[15] Darnach sind an den technischen Hochschulen etwa 4 000, an den Universitäten etwa 5 000 im Sommer 1921 bei praktischer, körperlicher Arbeit gewesen, diejenigen, die Nebeneinkommen aus Arbeit anderer geistiger oder schreibender Art haben, nicht mitgerechnet. Hier findet man auch die Berichte, wie weit an den einzelnen Hochschulen die Einrichtungen fortgeschritten sind.

Das ist eine große Leistung und kann uns – trotz mannigfach erhobenen Protestes – stolz auf unsere akademische Jugend machen, die auf der anderen Seite freilich die totale Veränderung der Verhält|nisse vielfach so gar nicht begreifen will und sich in bloße Opposition verbissen hat. Aber das ist in diesem Zusammenhange Nebensache. Die Hauptsache ist, daß diese Lage und Arbeit der Studentenschaft die wahren Verhältnisse scharf beleuchtet und die ganze Gefährdung des geistigen Mittelstandes und damit der geistigen Kultur überhaupt deutlich zur Anschauung bringt.

Überall aber auch sonst ist das Leben grenzenlos schwierig, bei der Unsicherheit aller finanziellen Berechnungen ein tägliches Würfelspiel. Wer etwas zu verkaufen oder etwas zu produzieren hat, rechnet auf Preiserhöhung, der Beamte und Angestellte auf Gehaltserhöhung und beides steigert sich fortwährend gegenseitig. Noch kann man dabei leben, freilich nur mit vieler Entsagung und eiserner Sparsamkeit sowie mit Hilfe der aus der Vorkriegszeit angesammelten materiellen Besitztümer. Aber jeder fürchtet, daß all das irgendwann ein Ende finden könne. Wer keine angesammelten Besitztümer hat und nicht zu den neuen Reichen gehört, der hält den Diebstahl oder die Aneignung für sein gutes und selbstverständliches Recht oder doch wenigstens für den normalen Ausweg. Dabei ist von den Verbrecherbanden, die goldene Zeit in dem Chaos haben und denen viele heute zuströmen, gar nicht die Rede. Der Diebstahl ist allgemeine Regel der Nichtbesitzenden und wird dann oft auf alles Wünschbare ausgedehnt. In einem mir genau bekannten Hause[16] verkehrte der Sohn mit einem einfachen Jungen aus der Nachbarschaft, und dieser stahl ihm nach und nach einen großen Teil seiner Spielsachen. Seine Eltern fanden nichts dabei und nur die großen Stücke konnten zurückerlangt werden. Dabei ging es dem Jungen und seinen Eltern ganz gut; er konnte sich täglich Bonbons kaufen, aber nicht größere

---

15 Das Nachrichtenblatt der Deutschen Studentenschaft erschien von 1919 bis 1933, hg. von der Hauptgeschäftsstelle der Deutschen Studentenschaft in Berlin. Die von Troeltsch genannte Ausgabe konnte nicht nachgewiesen werden.

16 Es handelt sich wahrscheinlich um Troeltschs eigenes Haus. Von den Krisen in seinem Haushalt Ende 1921 und Anfang 1922, so auch von stehlenden Dienstmädchen, berichtet Troeltsch eindringlich in einem Brief an Gertrud von le Fort vom 25. April 1922 → KGA 21.

Spielsachen. Die holte er dann eben anderweitig. Gleichzeitig zeigte sich, daß die Köchin Körbe voll von allerhand Gegenständen, Wäsche, Kleider, Wein, Zigarren, Spitzen, silberne Löffel, Nahrungsmittel, sogar einige Rollen Klosettpapier gestohlen hatte. Zur Rede gestellt, berief sie sich darauf, daß das alle so machten, und, als man sich solche spartakistische Manieren verbat, erklärte sie entrüstet das für eine schwere Beleidigung; sie und die ihren seien alle königstreu. Um das Bild vollständig zu machen, muß erzählt werden, daß im gleichen Hause zur gleichen Zeit ein Mieterausschuß für die Verwaltung und Reduktion der Sammelheizung gesetzmäßig gebildet werden sollte. Der reichste Mieter aber erklärte, er wolle die Beheizungs- und Wasserversorgung genau wie im Frieden und sei bereit, alles zu bezahlen, was der Hauswirt verlange. Diejenigen, die das nicht könnten, möchten eben die Konsequenzen ziehen und ausziehen. Bolschewistische Einrichtungen wie den Mieterausschuß erkenne er nicht an. Dabei stand an der Spitze der bolschewistischen Einrichtung ein alter adliger General und Exzellenz!

Ähnliche Geschichten kommen tausendfach vor. Sie beleuchten besser als große Rechnungen und Statistiken die ungeheuer schwierige Lage in den intimsten und täglichen Lebensbeziehungen, zugleich die Gefahr ihrer zunehmenden Verschlechterung. Die Welt starrt nur auf die großen Reparationsrechnungen, das deutsche Budget, die deutsche „Wirtschaftsblüte" und auf die Gefahr ihrer Erhaltung durch Fortdauer der niedrigen deutschen Valuta. Die Finanzfrage ist von Poincaré in Genua ausgeschieden worden. Die Amerikaner, die übrigens den mit dem Frieden versprochenen deutschen Handelsvertrag[17] plötzlich für nicht mehr nötig halten und sich mit den betreffenden Versailler Bestimmungen befriedigt erklären, nehmen in Genua nicht teil, weil die Hauptsache nicht verhandelt werde. Man sieht: es geht, wenn überhaupt, sehr, sehr langsam vorwärts. Der französische Imperialismus ist der große Block, der im Wege liegt und der jede Sanierung unmöglich macht. Was wird sein Schicksal sein? Er muß irgendwann einmal zusammenbrechen. Aber was werden wir vorher noch alles zu ertragen haben an Schmach und Demütigung wie an Not und Sorge? Es ist nicht wahrscheinlich, daß auch die genaueste Kenntnis der Franzosen von der deutschen Lage sie von ihren Hoffnungen und ihrem Imperialismus abbringt, der die ganze alte Welt der skrupellosesten Machtpolitik mit all ihren Ideologien wieder heraufbringt und vor allem uns äußerlich und innerlich

---

17 Ein Handelsvertrag zwischen Deutschland und den USA wurde nach langwierigen Verhandlungen erst am 8. Dezember 1923 abgeschlossen. Vgl. Gottfried Niedhardt: Die Außenpolitik (2006), S. 19.

hindert, die trotz allem neuen Weltverhältnisse zu sehen, zu empfinden und zu bejahen und zu benützen.

Die heutige Welt ist trotz aller großen Programme absolut zwiespältig und verlogen. Daher ist es auch so schwer für unsere Nation, geistig und gefühlsmäßig einen klaren Weg durch das Wirrsal zu finden. Sie ist zu schwach, um vorangehen zu können, und die Welt draußen ist zu verworren und zu verlogen, als daß man irgendetwas in ihr bejahen und einem ihrer Programme folgen könnte.

Berlin, 4. März 1922 *Ernst Troeltsch*

Eine Reise in Holland (Mai 1922)

Editorische Vorbemerkung: Die Edition folgt dem Text, der erschienen ist in: Kunstwart und Kulturwart, hg. von Ferdinand Avenarius, 35. Jg., zweite Hälfte, April bis September 1922, Heft 8, Maiheft 1922, München: Kunstwart-Verlag Georg D. W. Callwey, S. 90–97 (**A**). Der Text erschien im Hauptteil des Heftes und mit der Datumsangabe 10. April 1922. Im letzten Abschnitt des Textes zitiert Troeltsch über mehrere Seiten (in **A**: S. 95–97) aus Jan Gerard Sleeswijk: Deutschland und Holland als Nachbarn (1921). Um Verwechselungen dieses Textes mit dem Primärtext von Troeltsch zu vermeiden, wird diese Passage hier abweichend von der sonstigen Editionspraxis im Schriftbild abgesetzt wiedergegeben.

Eine Reise in Holland A 90
Berliner Brief

Die Osterferien haben mich nach Holland geführt.[1] So weiß ich über die allgemeine politische Lage nichts, als was in den Zeitungen steht. Die Note der Reparationskommission mit ihrer Forderung der Regelung des deutschen Budgets ohne Milderung der es stets in Verwirrung bringenden Reparationen ist die neueste Androhung der Fremdherrschaft, die schon lange droht, aber stets nur als Mittel der Ausplünderung, nicht als ein solches

1 Auf Einladung der Nederlandsch-Duitsche Vereeniging absolvierte Troeltsch Ende März/Anfang April 1922 eine Vortragsreise in den Niederlanden mit Auftritten in Amsterdam (28. März), Groningen (29. März), Den Haag (30. März), Leiden (31. März) und Hilversum (1. April). Mit dem Ertrag der Vorträge finanzierte Troeltsch die „Kurkosten" für einige zusätzliche Reisetage. Insgesamt blieb Troeltsch vierzehn Tage in den Niederlanden. Vgl. Arie L. Molendijk: Ernst Troeltschs holländische Reisen (1991), S. 32–25. Die Nederlandsch-Duitsche Vereeniging war 1921 als Nachfolgerin der Nederlandsch-Duitsch Genootschap voor akademische verkeer gegründet worden, die während des Ersten Weltkriegs im Rahmen der deutschen Auslandspropaganda aufgebaut worden war und bereits Troeltschs holländische Vortragsreise im April 1919 (siehe oben, S. 158, Anm. 1) organisiert hatte. Vgl. Nicole P. Eversdijk: Kultur als politisches Werbemittel (2010), S. 363 f.

positiver Ordnung gedacht ist.² Es ist die Art, wie die römische Senatsverwaltung die unterworfenen Staaten behandelt hat, auch wenn sie formell befreundet oder verbündet oder doch autonom waren. Die Schäden hat dann später die kaiserliche Verwaltung reparieren müssen. Reichstag und Reichsregierung haben sich gegen diese Androhung verwahrt, worauf die Mark ein bißchen stieg, um dann freilich wieder gleich zu fallen und jetzt kurz vor Genua in der Hoffnungsatmosphäre wieder ein bißchen zu steigen.³ Die Konferenz in Genua beginnt in diesen Tagen.⁴ Ob sie einen Anfang der Vernunft bringt, steht dahin. Der französische Napoleonismus wird es mit allen Mitteln großer und kleiner Taktik zu verhindern suchen. Relativ günstig ist, daß dieses Mal die Russen beteiligt sind, von denen man etwas will und braucht und von denen man das Gewünschte bei ihrer geographischen Lage nicht durch Einmärsche erzwingen zu können glauben kann.⁵ Sie sind außerdem durch kein Schulddogma isoliert und brauchen sich das Diktatverfahren nicht gefallen zu lassen. Sie können eine Änderung des Versailler, auf das Schulddogma begründeten Verfahrens erzwingen, und dann läßt sich diese famose Methode auch den andern gegenüber schwer aufrecht erhalten. Von den bisherigen Kämpfern kämpft nur die Türkei weiter und ist daher an den Verhandlungen nicht beteiligt. Sie ist durch geographische und soziale Verhältnisse sowie durch die entgegengesetzte Stellung Frank-

---

2 In Erfüllung der ihr auf der Konferenz von Cannes gemachten Auflagen (siehe oben, S. 504, Anm. 6) hatte die Reichsregierung der alliierten Reparationskommission am 28. Januar 1922 einen Plan für die Reparationszahlungen vorgelegt, der für 1922 eine Verminderung der deutschen Zahlungsverpflichtung auf 720 Mio. Goldmark vorsah. In ihrer Antwortnote vom 21. März 1922 hatte die Reparationskommission einen solchen Zahlungsaufschub jedoch an unerwartete Bedingungen geknüpft, u. a. an eine Erhöhung des deutschen Steueraufkommens um 60 Mrd. Papiermark und an die Überwachung des Reichshaushalts durch die Reparationskommission selbst. Diese Bedingungen lehnte die Reichsregierung am 7. April 1922 ab und erklärte zugleich, weitere Reparationszahlungen in 1922 nur noch mithilfe von Anleihen am Kapitalmarkt leisten zu können. Vgl. Die Kabinette Wirth I und II (1973), S. IXL.

3 Im April 1922 lag der Dollar-Wechselkurs der deutschen Mark bei im Mittel 291 Mark pro US-Dollar (gegenüber 284 Mark im März 1922). Vgl. Gerald D. Feldman: The Great Disorder (1993), S. 5.

4 Die Konferenz von Genua wurde am 10. April 1922 eröffnet und dauerte bis zum 19. Mai 1922.

5 Die Konferenz von Genua war die erste internationale Konferenz, an der auch eine Delegation der sowjetrussischen Regierung teilnahm. Der wirtschaftliche Wiederaufbau Russlands nach dem Ende des Bürgerkriegs war eines der Hauptthemen der Konferenz. Vgl. Carole Fink: The Genoa Conference (1984).

reichs und Englands zu ihren griechischen Feinden⁶ dazu befähigt. Es gibt deutsche Politiker, die das Vorbild der Türkei befolgt sehen möchten. Ob das mehr agitatorisch gegen das gegenwärtige deutsche System oder wirklich politisch ernst gemeint ist, ist schwer zu sagen. Im letzteren Falle dürfte die Unmöglichkeit der Vergleichung und die Verführung durch kurzsichtige Schneidigkeitsideale auf der Hand liegen. Eine Analogie mit der Türkei lag nur vor, solange Annahme oder Verwerfung des Versailler Friedens zur Diskussion stand, und niemand kann sagen, wie die Dinge nach innen und außen gelaufen wären, wenn man damals die wahnsinnigen Konsequenzen des unerhörten Schulddogmas verworfen hätte. Zudem war damals dessen Widersinnigkeit noch keineswegs so klar im allgemeinen Bewußtsein, als das heute, auch noch ohne Öffnung der französischen und englischen Archive, auf Grund verschiedener deutscher, österreichischer und russischer Publikationen der Fall ist. Jedenfalls werden Deutschland und Rußland durch die Macht der Verhältnisse aneinandergedrückt werden.⁷ Was daraus folgen mag, weiß der Himmel.

Ich kann hier den bevorstehenden vier Wochen nicht vorgreifen und will lieber einiges von den Eindrücken in Holland berichten. Die in solchen Fällen zumeist gestellte Frage nach der Stimmung gegen Deutschland will ich ganz übergehen. Solche Allgemeinheiten sind in Wahrheit unmöglich. Die Menschen empfinden auch heute noch recht verschieden und es kommt im Grunde darauf an, wie einzelne Kreise und Schichten, Zeitungen und Literaturorgane, die die Macht haben, gesinnt sind. Das ist in der kurzen Zeit nicht leicht zu erfahren. Ich kann nur sagen, daß ich persönlich nichts als Freundlichkeit und Güte erlebt habe, wenn auch in sehr verschiedener Tönung. Im allgemeinen wird man nur sagen können: man fürchtet uns nicht mehr, und damit sind die Gefühle vielfach anders geworden. Man fürchtet dagegen den französischen Napoleonismus um seiner wirtschaftlichen Konsequenzen willen. Doch habe ich nirgends ein Wort gehört, auch von den am meisten Entrüsteten, das einen Widerstand der kleinen und neutralen Staaten gegen diese Politik in Aussicht nähme. Genua wird die Gelegenheit

---

6 Siehe dazu oben, S. 443, Anm. 4.
7 Auf ihrer Reise zur Konferenz von Genua machte die sowjetrussische Delegation Anfang April 1922 in Berlin Station, wo sie am 3. April offiziell von Reichskanzler Joseph Wirth und Reichsaußenminister Walther Rathenau empfangen wurde. Bereits im Januar und Februar 1922 hatte die Reichsregierung in Berlin vertraulich mit dem sowjetrussischen Bevollmächtigten Karl Radek über ein Abkommen zwischen dem Deutschen Reich und Sowjetrussland verhandelt. Vgl. Vossische Zeitung vom 3. April 1922 (Abend-Ausgabe): Tschitscherin beim Reichskanzler; vgl. Peter Krüger: Die Außenpolitik der Republik von Weimar (1985), S. 167 f.

dazu bieten und zeigen, ob etwas Derartiges heute überhaupt gegenüber der Herrschaft der großen Mächte noch möglich ist.[8] Das politische Interesse an Deutschland ist infolgedessen überhaupt gering; groß ist nur das wirtschaftliche. Von der Mark ist bei groß und klein in allen Ständen fortwährend die Rede. Als ich durch ein Versehen auf der Trambahn ein um fünf Cents teureres Billett nahm, sagte ein Mann aus dem Volke ganz spontan, das sei für mich ein schwerer Verlust von mindestens fünf Mark. Auch über die deutsche Industriekonkurrenz kann man sehr viel hören, teils Freude über die glücklichen Einkäufe in Deutschland, teils Entrüstung über die Gemeinheit des deutschen Dumping. Oft sind es dieselben Leute, die beides äußern. Die Eisenbahngespräche sind voll von solchen Bemerkungen. Auch in politischer Hinsicht, wenn überhaupt davon die Rede ist, kann man ähnlich zwiespältige Urteile hören. Eigentlich deutschfreundlich, wenn man vom humanitären Mitgefühl absehen will, sind doch wesentlich die konservativen Kreise. Wie oft wurde mir da gesagt, für Deutschland empfinde man durchaus konservativ und autoritativ, für Holland selbst sei das freilich unmöglich. Die Leute bedürfen eben für ihren Schutz gegen den einheimischen Radikalismus der Existenz einer gemäßigt konservativen Großmacht, die dann immerhin auch für sie eine gewisse erfreuliche Atmosphäre ausstrahlen würde. Das gleiche ist mir in der Schweiz oft gesagt worden: für die eigenen Verhältnisse sei man strikter Republikaner, für Deutschland ebenso strenger Monarchist. Auch von konservativen Skandinaviern kann man ähnliche Dinge häufig hören. Das alles ist leicht zu verstehen. Die Menschen sind eben überall dieselben und sehen die Dinge von ihren Interessen und Gruppenideologien aus an. Im allgemeinen wird man die Holländer doch als den Engländern ziemlich ähnlich ansehen dürfen, sehr positiv und praktisch, sehr rationell und zweckverständig. In der Gesellschaft spielt politische Parteizugehörigkeit keine Rolle. Die Umgangsformen sind tatsächlich stark demokratisch und kennen äußerlich keine Klassendifferenzen. Das ist einer der großen Unterschiede gegen uns, und wird auch oft als solcher betont. Es ist eben „westeuropäisches Denken" als Selbstverständlichkeit. Das hindert aber natürlich nicht, daß viele Leute von Deutschland den Gegendruck gegen die Gefahren der sozialen Revolution wünschen. Die Mehrzahl

---

8 Die zur Konferenz von Genua eingeladenen neutralen Staaten (Dänemark, die Niederlande, Norwegen, Schweden, die Schweiz und Spanien) versuchten ihre Position vom 5. bis 8. April auf einer Vorbereitungskonferenz in Bern abzustimmen. Zeitungsberichte von der Konferenz in Bern erweckten in Deutschland die Hoffnung, die neutralen Staaten würden in Genua als Fürsprecher der deutschen Position in der Reparationsfrage auftreten. Vgl. Vossische Zeitung vom 5. April 1922 (Abend-Ausgabe): Die Neutralen und die Reparation.

dürfte wohl sehr neutral sein und weder englische, noch französische, noch deutsche Propaganda wünschen. Das nationale Selbstgefühl und das Interesse des eigenen Landes, vor allem das wirtschaftliche, dürfte wie bei allen Völkern der Kern des Gefühls sein.

Freilich ist das wirtschaftliche Interesse augenblicklich auch in Holland in der Tat ein recht brennendes. Holland ist ohne Zentraleuropa und Rußland ein Hafen ohne Hinterland. Schon verbieten auch die Amerikaner die Einfuhr holländischer Blumen als Luxus! Durch seine Kolonien und seinen verbleibenden Durchgangshandel sowie durch seine gediegene landwirtschaftliche Produktion behauptet es aber auch jetzt noch, nachdem die Hochkonjunktur der Kriegs- und ersten Nachkriegszeit vorüber ist und die neuen Reichen größtenteils wieder arm geworden sind, eine große Behäbigkeit, die gegen unsere Verhältnisse stark absticht. Die Preise sind hoch, auch die Eisenbahnpreise; die Leute sparen sichtlich. Die im Krieg emporgeschossenen Industrien sind beschäftigungslos. Auch die andern leiden schwer. Doch merkt man wenigstens äußerlich nichts von wirklicher Not. Sonst wäre es nicht möglich, daß holländische Dienstboten so schwer zu haben sind. Dafür trifft man allenthalben deutsche Dienstboten. In Groningen sind augenblicklich 155 und man richtet für sie (in der französischen Kirche!) einen deutschen Gottesdienst ein. In Utrecht sind über 600. Ähnlich ist es überall. Eine Dame, die in Deutschland inserierte, erhielt umgehend 43 Angebote. Ähnlich steht es in der Schweiz und sogar in Skandinavien. Man begreift, woher unsere deutsche Dienstbotennot kommt!

Am lehrreichsten aber sind für uns die sozialpolitischen Verhältnisse, wie sie sich unter einer stark klerikal-sozialen Regierung entwickelt haben. Auch Holland hatte seine drohende Revolution nach Ende des Krieges, wie alle Länder außer Frankreich. Es ist aber dort gelungen, die Revolution zu kupieren oder sie dem sogenannten Proletariat abzukaufen. Heute findet man vielfach, daß der Kaufpreis zu teuer war und in dieser Höhe nicht nötig gewesen wäre. Die Seele dieser Überwindung der Revolution ist der klerikale Arbeitsminister. Mein Gewährsmann bezeichnete ihn als reinen Idealisten und dadurch allerdings ganz besonders gefährlich. Das Wesen dieser Überwindung der Revolution war die Einführung des Achtstundentages, die Einstellung der dadurch notwendigen vermehrten Beamtenmasse oder, wo das nicht möglich war, die Einschränkung der Betriebe, ein sehr scharfer Steuersozialismus in der Weise unserer Erzbergerschen Gesetzgebung und eine starke Bevorzugung der Nicht-Festangestellten gegenüber den Beamten, was starke Reibungen zwischen diesen Kategorien herbeiführt wie bei uns.⁹

---

9 Die Niederlande waren mit der Verfassungsreform von 1917 („De Pacificatie") endgültig zur parlamentarisch-demokratischen Monarchie geworden. Bei den ers-

Die Folgen davon sind in vieler Hinsicht sehr ähnlich wie bei uns, wenn man von den besonderen Bedingungen unserer Lage, der Zerbrechung der alten Staatsordnung, der Schwächungs- und Aussaugungspolitik der Entente und der Verwilderung der im Krieg herangewachsenen und durch keine Militärerziehung mehr gebändigten Jugend absieht. Der schematisch durchgeführte Arbeitstag vermehrt die Zahl der Angestellten. Die Arbeit wird sehr viel weniger und schlechter. Dabei sorgen die Tarife und Zahlungsbestimmungen für rein schematisches Aufrücken und für Ausschaltung der Rücksichten auf Tüchtigkeit und Initiative. Die Verbände und Kollektivarbeitsverträge sorgen weiterhin dafür, daß der Schematismus überall – bis in sehr hohe Stellungen hinauf – durchgeführt und der Kampf ums Dasein sowie die freie Konkurrenz ausgeschaltet wird. Es ist ähnlich wie in der spätmittelalterlichen Zunftverfassung das Prinzip des Nahrungsschutzes, der Sicherheit und des Schematismus, nur heute unter den Verhältnissen des freien Verkehrs und einer sehr viel komplizierteren Wirtschaft. Ein großer Bankier, den ich sprach, meinte, es fehle nur noch eine Gewerkschaft der Bankiers, die auch hier das Risiko ausschaltet und die Arbeit kontingentiert! Besonders empfindlich ist dabei die Bevor|zugung der Nicht-Festangestellten, die durch ihre Tarifverträge und Gruppenbindungen sehr hohe Preise erzielen und gegen die Beamten ebenso erbittert sind wie diese gegen sie. Das sind die Verhältnisse, in denen die Beamtenstreiks bei uns ihre Wurzel haben. Dort ist es zu derartigem nicht gekommen, und würde Militär- und Selbsthilfe wahrscheinlich jeden Erfolg vereiteln. Der Achtstundentag ist unter diesen Umständen auch nicht unangefochten geblieben und heute kämpft der Arbeitsminister selbst für seine Ermäßigung.

Ich habe schon früher einmal in diesen Briefen hervorgehoben, daß der Wille zu Arbeit und Risiko in der ganzen Welt nach einem Zeitalter ungeheurer Fronarbeit und scharf wirkender freier Auslese geringer geworden ist.[10]

---

ten Parlamentswahlen nach allgemeinem (Männer-)Wahlrecht im Juli 1918 erlangten die konservativ-konfessionellen Parteien die Mehrheit. Ein Revolutionsaufruf der niederländischen Sozialdemokraten unter Pieter Jelles Troelsta blieb im November 1918 ohne größere Resonanz. Die Regierung von Ministerpräsident Charles Ruijs de Beerenbrouck (römisch-katholisch) brachte aber nach 1918 umfassende Sozialreformen auf den Weg, darunter im Juli 1919 ein Arbeitsschutzgesetz inkl. Einführung des Achtstundentages. Arbeitsminister in der Regierung Ruijs war von 1918 bis 1922 Piet Aalberse (römisch-katholisch). Vgl. Pia Lokin-Sassen: Jonkheer mr Charles Joseph Marie Ruijs de Beerenbrouck herdacht (2012).

10 Siehe den Spectator-Brief „Produktivität" im zweiten Septemberheft 1919 des „Kunstwarts" (32. Jg., Heft 24), oben, S. 158–164.

Die Massen wollen sich nach beiden Seiten hin emanzipieren und decken. Die Folge davon ist aber der Rückgang der Produktion, die Verminderung der Gütermasse, die Lähmung der Industrie- und Wirtschaftsführer durch die Kompliziertheit der Arbeitsbedingungen. In Rußland ist bei dem im größten Maßstab gemachten Experiment die Folge der Hungertod von Millionen,[11] in den andern Ländern Teuerungen, Lohnstreiks und allgemeine Güterminderung. Das scheint die unausbleibliche psychologische und wirtschaftliche Folge des sozialistischen Systems bei gemäßigter Anwendung zu sein, während eine radikale Anwendung nur durch Terror und neue Herrenbildung und mit der Folge des Massensterbens möglich ist. Der Tatsache der Minderung des Arbeitswillens und ihren Folgen wird sicher Rechnung getragen werden müssen. Das bisherige System ist von den menschlichen Nerven gerade auch in der Masse nicht auf unbegrenzte Dauer zu ertragen. Aber die bisherigen sozialistischen Experimente versprechen keine Lösung, sondern eine Erschwerung des Problems. Ich sprach neulich in Deutschland auf der Hochschule für Politik über diese Dinge.[12] In der Diskussion meinte ein Unabhängiger, daß diese Tatsache noch unendlich viel stärker berücksichtigt werden müsse; der Arbeitstag müsse vierstündig werden, allen das Risiko abgenommen werden und jeder einzelne zwischen körperlicher und geistiger Arbeit wechseln, um Monopol und Überlegenheit der Geistigen zu brechen! Für gesteigerte intensive Arbeitswilligkeit müsse die neue Erziehung, für den dazu nötigen Gütervorrat die unbegrenzbare Erfindungskunst der Technik und die Ersetzung der Menschen durch Arbeitsmaschinen aufkommen! Furchtbar gefährliche Phantasien, die nur durch das Sterben von Millionen widerlegt werden können! Allein den Anfang, die Grundlage solcher Phantasien bildet schon die heutige sehr bescheidene Sozialisierung. Man wird die Folgen überall, auch in den siegreichen und neutralen Völkern feststellen können. Es wäre die radikalste Art, das Problem der Übervölkerung, das für die meisten europäischen Staaten besteht und bei sinkender Arbeitsleistung und Störung der Weltwirtschaft sofort sicht-

---

11 Die Zahl der Todesopfer in der Hungersnot in Russland 1921/22 lässt sich nicht genau ermitteln. Die Schätzungen schwanken zwischen drei und fünf Mio. Hungertoten. Vgl. Manfred Hildermeier: Geschichte der Sowjetunion 1917–1991 (1998), S. 264.

12 Troeltsch hielt an der Deutschen Hochschule für Politik in Berlin im Wintersemester 1921/22 in einer Vortragsreihe des Politischen Seminars einen Vortrag über die „Zukunft des Staatsgedankens". Das Datum des Vortrags ist nicht bekannt, doch handelte es sich wohl um das letzte Referat der Reihe im betreffenden Semester. Der Vortrag ist nicht überliefert. Vgl. den Bericht über das Wintersemester 1921/22 im Vorlesungsverzeichnis der DHfP für das Sommersemester 1922, S. 17, GStA PK, I. HA Rep. 303 Deutsche Hochschule für Politik, Nr. 4.

bar wird, auf sehr lange Zeit hinaus zu lösen. Die Wunder der Erziehung in der Technik, auf die man die Zweifler vertröstet, werden nie geschehen, und sollte auch nur etwas von ihnen eintreten, so würde das einen sehr viel größeren Arbeitstag erfordern.

Natürlich verlangen alle diese Reformen auch vom Staate sehr gesteigerte Aufwendungen. Daher eine äußerst hohe und scharf progressive Besteuerung. Die Klagen darüber sind allgemein. Viele der großen, herrlichen Landhäuser um Amsterdam herum sind zu kaufen, finden aber keine Käufer. Die Folge ist Sparsamkeit in der Haushaltung und vor allem | im Bauen und oft auch in der Erhaltung der Häuser. Man läßt sie, wenn auch natürlich nicht so sehr wie bei uns, herunterkommen und scheut Reparaturen. Eine weitere Folge ist die Kapitalflucht. Die Leute kaufen sich in Deutschland, der Schweiz oder Frankreich an und verlassen die Heimat. Der bekannte Dr. Bredius, ein berühmter Kunstsammler und Kenner, verkaufte sein Haus und zog nach Monaco.[13] Ähnlich geht es mit vielen andern. Auch kauft man nun doppelt und dreifach auf dem billigsten Markt, d. h. Deutschland. Die deutsche Grenzkontrolle, die auf neue Kleider, Stiefel usw. Jagd macht, hilft dagegen nicht allzuviel. Es ist überall die Folge von Besteuerungen, die über ein gewisses Maß hinausgehen. Auch hier sind die Möglichkeiten begrenzt. Ein früherer deutscher Schatzsekretär[14] meinte bei Besprechung dieser Dinge, die Geschäftsleute und ihre Steuerjuristen seien immer dem Fiskus um einige Längen voraus, und, wenn die Umgehungen durch neue Gesetze erschwert würden, so fänden jene immer wieder neue legale Wege, von den illegalen nicht zu reden. Ganz diese Erfahrung macht man heute in Holland wie bei uns. Der „Steuersozialismus" ist über eine gewisse Grenze hinaus unmöglich und erdrückt nur die Mittelschicht, in der das geistige Leben und die Bildung zu Hause ist und wo die Gegenmaßregeln unmöglich sind. So wird indirekt auch das verhaßte „Bildungsmonopol" gebrochen durch Erdrückung der sie tragenden Kreise. Man sieht in Holland diese Lage und ihre Konsequenzen in einem noch gesunden Lande ganz deutlich. Aber merkwürdigerweise ist dort alle Welt darüber einig, darin nur vorübergehende, unhaltbare Verhältnisse zu sehen, von denen aus man zu den früheren, allein vernünftigen zurückkehren könne. Meine Meinung, daß die Lebensgrundlage der modernen Völker sich in der Tat erheblich verändert

---

13 Es handelt sich um den niederländischen Kunsthistoriker Abraham Bredius (1855–1946), der von 1889 bis 1909 das Mauritshuis in Den Haag geleitet hatte.

14 Es handelt sich sehr wahrscheinlich um Eugen Schiffer (DDP), der im Oktober 1917 Unterstaatssekretär und von November 1918 bis Februar 1919 unter der Regierung der Volksbeauftragten leitender Staatssekretär im Reichsschatzamt gewesen war. Zu Troeltschs Kontakt mit Schiffer siehe oben, S. 256, Anm. 4.

habe und eine allgemeine Herabdrückung auf den Durchschnitt im Gange sei, wurde nirgends anerkannt. Dann würde ja das Leben eine Hölle und aller Fortschritt vernichtet! Ganz so urteilen Besitz und Bildung auch bei uns.

Da ich nun einmal von der Bildung rede, so sei auch des Unterrichtswesens gedacht. Auch hier finden sich lehrreiche Parallelen. In Holland herrscht schon seit längerer Zeit die „Einheitsschule", allein mit charakteristischen Einschränkungen. Sechs Jahre allgemeine Volksschule und dann für diejenigen, die über die Volksschule hinausgehen wollen, sechs Jahre höhere Schule in Oberrealschule und Gymnasium. Das ist die Regel. Die Einführung des Realgymnasiums wird erwogen. An weitere (leichtere) Typen höherer Schule wie bei uns denkt man nicht. Um nun aber durch die Einheitsschule die höhere Bildung nicht zu zerstören, ist die Volksschule in sich differenziert! Es gibt drei Arten, von denen also einige als Vorschulen für die höheren Schulen angesehen werden können. Die höheren Schulen selbst berechtigen zu bestimmten Hochschulfächern; Wechsel der Vorbildung und Nachexamina sind nicht üblich. Doch erwägt man deren Einführung, so daß also die Universitäten sich in etwas dem Zustand vor Einführung des Abiturientenexamens nähern und die Zulassungen von sich aus regeln müßten. Bekannt ist die Ordnung der konfessionellen Verhältnisse. Die Konfessionen haben eigene Volksschulen und höhere Schulen, die aber vom Staate technisch kontrolliert und bezahlt werden. So haben Kalvinisten und Katholiken ihre eigenen Schulen neben den Staatsschulen. Dies System greift dort immer mehr um sich. Es ist kein Zweifel, daß auch unsere Verhältnisse sich dem nähern werden. Die Einheitsschule ist in jeder Hinsicht ein doktrinärer Traum und wird an Schulstreiks und Schulparteien schei|tern. Das demokratische System, dem sie dienen soll, wird sie selbst zerstören. Auch eine katholische Universität kommt in Nymwegen zustande;[15] aber vorerst nur mit den „billigen Fakultäten", d. h. ohne Medizin und Naturwissenschaften, die ja auch ohnedies sich nicht so leicht konfessionalisieren lassen. Da in Holland der Universitätswechsel der Studenten nicht üblich ist, hat das übrigens doch seine Schwierigkeiten.

Alles in allem sieht man in dem gesunden Lande dieselben Dinge wie in dem kranken, nur mit entsprechend milderen Folgen. Im übrigen sieht sich die Welt dort natürlich sehr viel ruhiger an. Deutschland, Österreich und Rußland sind geographische und humanitäre Bergriffe, deren räumliche Grenzen man nicht mehr genau kennt. Erschütterungen der holländischen politischen und kommerziellen Existenz fürchtet man nicht. Man sieht

---

15 Die Katholieke Universiteit Nijmegen (heute: Radboud Universiteit) wurde 1923 gegründet.

drei Weltsysteme von dort aus streiten: das amerikanisch-englische liberal-pazifistische, das unter amerikanischer Vorherrschaft die Welt für einige Zeit pazifizieren, die Rüstungen beschränken und die Wirtschaft wieder herstellen möchte, dadurch auch den übrigen Völkern Ruhe und Wiederherstellung bringen würde; das französisch-militaristische, das Europa durch totale Schwächung Zentraleuropas beherrschen und England vom Kontinent ausschalten möchte; das sozialistisch-revolutionäre, das überall revolutionieren und nivellieren, die unteren Klassen sicherstellen und die Völker sozialistisch-demokratisch gleichfalls nivellieren und verbinden möchte. Auf das erste hofft man als auf das gesunde System. Vom zweiten fürchtet man einen neuen Welt- und Befreiungskrieg. Beim dritten denkt man an Untergang der Kultur und Verhungern von Millionen. Das vierte deutsche System der Autorität und Militärmonarchie ist ausgefallen, und manche denken zum Ersatz dafür an den Katholizismus, zu dem in den oberen Ständen Konversionen erfolgen, während die unteren ihr Verhältnis zu ihm lockern. Der bekannte Freund des deutschen Systems, Valckenier[a] Kips, ist katholisch geworden, eine Tatsache, von der viel gesprochen wurde.[16] Innerhalb dieser Krisen hofft man aber wie im Weltkriege durch kluge und besonnene Politik, auf die man mit Recht stolz ist, durchzusteuern und das Land im wesentlichen zu gesunden Verhältnissen zurückzuführen.

---

a *A:* Valckenie

---

[16] Jan Hendrik Valckenier Kips (1862–1942), konservativer Publizist und seit 1909 Professor für Staatsrecht an der TH Delft, galt in den Niederlanden bis 1918 als Wortführer der Anhänger einer konservativ-autoritären Monarchie nach dem Vorbild des Deutschen Kaiserreichs. Als Herausgeber der Zeitschrift „De Tijdspiegel" (1910–1918) kooperierte er während des Ersten Weltkriegs eng mit der Propagandastelle („Hilfsstelle") der deutschen Gesandtschaft in Den Haag. Valckenier Kips konvertierte 1920 nach dem Tod seiner katholischen Frau zum Katholizismus. Vgl. Jan Hendrik Valckenier Kips: Der deutsche Staatsgedanke (1916); vgl. Art. „Kips, Jan Hendrik", in: Biografisch Woordenboek 1 (1979), S. 297 f.; Nicole P. Eversdijk: Kultur als politisches Werbemittel (2010), S. 282 f. Friedrich Meinecke lernte J. H. Valckenier Kips im August 1916 während eines Aufenthalts in den Niederlanden kennen und beherbergte ihn während eines Berlin-Besuchs im März 1918. Bei diesem Besuch lernte Valckenier Kips auch Troeltsch kennen. Meinecke berichtet in seiner Autobiographie: „Er [Valckenier Kips] nahm auch an unserem Dahlemer Spaziergang teil und hat in einer holländischen Zeitschrift amüsant erzählt, wie er den feurigen [Max] Sering mit dem feurigen Troeltsch streiten hörte und jeder darum bitten mußte, ihn doch erst ausreden zu lassen [...]". Zit. nach Friedrich Meinecke: Autobiographische Schriften (1969), S. 289.

Für die Auffassung, die man übrigens nicht nur in Holland vom Deutschen hat, ist ein Vortrag charakteristisch, den ein warmer Deutschenfreund, Professor Sleeswijk von Delft gehalten hat: Deutschland und Holland als Nachbarn, Haag 1921.[17] Der Verfasser ist als allzu aggressiver Germanophile im Krieg und nachher viel getadelt worden. Er ging und geht seinen Landsleuten, und auch den ganz ruhigen, oft viel zu weit. Um so lehrreicher ist seine Äußerung, die ich hier wiedergebe, weil sie wenigen zu Gesicht kommen wird. Sie ist nicht auffallend tiefsinnig, aber gibt die – günstige – Durchschnittsmeinung gut wieder; die ungünstige kennt man aus der Ententepresse genügend, so daß ich von ihr hier ganz absehen kann.

„Der Deutsche faßt alles direkt gründlich und zugleich philosophisch auf. Von Ihrem eigenen Landsmann Jean Paul stammen die Worte: ‚Das Meer gehört den Engländern, das Land den Franzosen, und die Luft gehört den Deutschen.'[18] Für den Deutschen wird jede Frage sofort zu einem Problem. Er philosophiert eigentlich in allem, und er weiß oft selbst nicht wie sehr.

Und der Deutsche grübelt gern und philosophiert besonders viel über sich selbst. Er stellt dabei sein Inneres ohne jeden Rückhalt zur Schau. Wenn ein anderes Volk in einer gewissen Periode von einem oder mehreren anderen Völkern gehaßt wird, so beantwortet es die Unfreundlichkeiten mit scharfer Kritik, oder es zuckt die Achseln. Die Deutschen waren in diesem Kriege von vielen gehaßt; sie grübeln darüber und der Philosoph Max Scheler schreibt ein ganzes Buch über: ‚Die Ursachen des Deutschenhasses.'[19] Das ist eine ganz typische Erscheinung. Man könnte in Deutschland eine stattliche Bibliothek sammeln, bestehend aus Büchern mit folgenden Titeln: Die deutsche Idee, der deutsche Gedanke, die deutsche Seele, von deutscher Art, deutsches Wesen usw. Es liegt eine gewisse Naivität darin. Das ist nun gar keine böse Eigenschaft, nur ist sie nicht ohne Gefahr. Und im praktisch-gesellschaftlichen Leben, namentlich in der Politik, hat sie den Deutschen schon viel Schaden gebracht. Der Kriegsminister von

---

17 J[an] G[erard] Sleeswijk: Deutschland und Holland als Nachbarn (1921). Jan Gerard Sleeswijk (1879–1969), seit 1910 Professor für Technische Hygiene an der TH Delft, gehörte zu dem Kreis germanophiler Professoren um J.H. Valckenier Kips (siehe oben, Anm. 16). 1919 löste er Kips als Herausgeber der Zeitschrift „De Tijdspiegel" ab. Sleeswijk gehörte während des Ersten Weltkriegs der von der deutschen Auslandspropaganda gegründeten Nederlandsch-Duitsch Genootschap voor akademisch verkeer an und war seit 1921 geschäftsführendes Vorstandsmitglied ihrer Nachfolgerin Nederlandsch-Duitsche Vereeniging, die Troeltschs Vortragsreise im März/April 1922 organisierte (siehe oben, Anm. 1). Vgl. Nicole P. Eversdijk: Kultur als politisches Werbemittel (2010), S. 364; Arie L. Molendijk: Ernst Troeltschs holländische Reisen (1991), S. 32.
18 Vgl. die „Friedens-Predigt an Deutschland" (1808), in: Jean Paul: Vorschule der Ästhetik (1996), hier S. 889 (im Original abweichend).
19 Max Scheler: Die Ursachen des Deutschenhasses (1917).

Stein[20] z. B. hat mitten im Kriege im Reichstag behauptet, Deutschland brauche, in Anbetracht seiner exponierten Lage, und wie der Krieg auch ablaufen würde, ein ordentliches Heer. Bei den damaligen Verhältnissen gab jeder objektiv denkende Mensch dem General von Stein vollkommen recht. Er hätte seine Gedanken jedoch nicht in dieser Form äußern sollen. Ein englischer Minister würde das geschickter gemacht haben. Er hätte z. B. gesagt, daß zur Aufrechterhaltung des Weltfriedens (womit er natürlich das britische Weltreich gemeint hätte) eine starke englische Flotte notwendig wäre. Wenn man die Macht will, so soll man nie über Macht, sondern nur über Recht und Frieden reden. Jetzt aber, nach der Steinschen Äußerung, schrie gleich halb Europa: Sehet hier, wie lebendig und wie gefährlich noch immer der deutsche Militarismus ist!

Der Deutsche also philosophiert am liebsten über sich selbst. Das ist bei ihm keine Eitelkeit, sondern inneres Bedürfnis. Der Engländer aber, und darin ist der Holländer ihm verwandt, philosophiert lieber über die andern; über sich selbst denkt er wohl natürlich auch mal nach, aber er schreibt darüber sehr wenig und er spricht darüber noch weniger. Einer, der über dem Kanal Selbstpsychologie treibt, wie Bernard Shaw, macht es nur als „enfant terrible", aber nicht aus wissenschaftlichem Antrieb. Und mit dieser philosophischen Veranlagung geht eine andere Erscheinung parallel. Nirgends hat die Romantik schönere Blüten hervorgebracht als in Deutschland. Und es ist keine Zufälligkeit, daß gerade wieder in Deutschland eine Neoromantik im Aufblühen ist.

Diese Konzentration auf sich selbst hat, wie ich schon andeutete, „les défauts de ses qualités". Sie wirkt mehr in die Tiefe als in die Breite. Es ist die berühmte deutsche Gründlichkeit, wobei man sich in der Beschränkung gern als Meister zeigt, die Gefahr der Beschränktheit im praktischen Leben jedoch öfters nicht sieht. In der Politik z. B. hat der Deutsche nicht in Völkern gedacht, und das ist seine Schwäche gewesen. Die geistreiche französische Schriftstellerin, M[ada]me de Staël, hat das schon vor mehr als einem Jahrhundert so ausgedrückt: „In Frankreich studiert man Menschen, in Deutschland aber Bücher."[21]

Aber diese Gründlichkeit führt auch zur Sachlichkeit: eine Sache um ihrer selbst willen tun, – eine echte deutsche Eigenschaft. Und daraus erklärt sich zugleich der Erfolg in den rein-sachlichen Unternehmungen von Industrie und Handel. Sie sehen nun, wie sich in unserer Betrachtung ein deutlicher Gegensatz entwickelt hat: der Drang zur Abstraktion und die Neigung zu konkreten Dingen. In diesem Gegensatz liegt das Problem | des Deutschen. Ein neuerer deutscher Philosoph, Willy Schlüter, hat jüngst ein Buch über das deutsche „Tat-Denken" geschrieben. Er meint: „Deutsches Tat-Denken will alles Tun geistig aufschließen und alles Denken durchtätigen."[22] – Diese komplexe Psyche ist für den Ausländer schwer verständlich, und Mißverständnis hat den Boden für den Haß vorbereitet. Man hat schon versucht, diesem Problem eine Form zu geben in der bildlichen Gegenüberstellung: Weimar – Potsdam, Goethe – Krupp u. d. Das ist jedoch nur ein Bild; die Grundfrage war damit nicht gelöst. Das Rätselhafte und da-

---

20 Hermann von Stein (1854–1927), preußischer Kriegsminister von 1916 bis 1918.
21 Vgl. „De l'Allemagne" (1813), in: Madame de Staël: Über Deutschland (1989), hier S. 104.
22 Vgl. Willy Schlüter: Deutsches Tat-Denken (1919), S. 78.

durch für den Ausländer etwas Unheimliche am Deutschen blieb bestehen: die innere Sänfte und die äußere Härte, der öfters fehlende Ausgleich zwischen Geist und Stoff. Ob dieser Gegensatz je ausgeglichen werden wird? Die Sache wird noch komplizierter, weil es im Deutschen Reiche neben den allen Deutschen gemeinsamen Eigenschaften noch bedeutende völkische Verschiedenheiten gibt. Ich brauche die Gegensätze: Preußen – Süddeutschland, Rheinland – oder Hansa – Berlin hier nicht weiter auszuführen. Sie tragen aber bei zu der Komplikation des Gesamtbildes des Deutschen.

Deutschland ist keine geographische Einheit, es hat ziemlich willkürliche Grenzen und eine sehr mannigfaltig gestaltete Landschaft, was wieder eine starke Differenzierung der Bevölkerung verursacht, sowie eine weitgehende Dezentralisation, aber zugleich auch Reichtum und Vielseitigkeit des Lebens. Wer in Paris Meister ist, hat Frankreich; wir haben jedoch beim Kapp-Putsch gesehen, daß derjenige, der Berlin beherrscht, dadurch sonstwo im Reiche noch lange nichts zu sagen hat. Demgegenüber steht nun aber wieder die Gefahr des regionalen Partikularismus, der die Reichseinheit, wodurch Deutschland groß geworden ist und die es auch künftighin braucht, zu untergraben droht. Deutschland ist, wie Nietzsche es nannte, „das Land der Mitte"; es ist im Laufe der Geschichte fortwährend von vielen Seiten bedrängt und angegriffen worden, und sobald es sich dagegen sichern will, so betrachten die vielen Nachbarn sich als bedroht. Das ist Deutschlands Schicksal. Nach innen und nach außen ist es fortwährend im Kampf mit andern und mit sich selbst; verschiedene Teile nehmen abwechselnd die Führung im Reiche; Westpolitik und Ostpolitik streiten mit Überseepolitik um den Vorrang. In dieser ungeheuren Aufgabe zur Weltpolitik liegt wahrlich Großes und Tragisches.

Das Problem des Deutschen wird Europa und der Welt noch viel zu schaffen geben!"[23]

Das ist das Urteil eines entschiedenen Freundes und klar blickenden Mannes. Die Verbindungen, die von da zu den boshaften Dogmen und Karrikaturen der feindlichen Propaganda hinüberführen, kann jeder leicht selbst beobachten. Sie liegt augenblicklich, wie ein bissiger Hund, ein bißchen an der Kette. Es wird nur kleiner Unzufriedenheiten mit Deutschland bedürfen, und der Hund wird wieder losgelassen. Er spitzt auf die Konferenz von Genua hin schon die Ohren. In Deutschland ist beständig Vorsicht geboten.

Berlin, 10. April 1922   *Ernst Troeltsch*

---

23 J[an] G[erard] Sleeswijk: Deutschland und Holland als Nachbarn (1921), S. 16–19 (mit Auslassungen).

Die neue Weltlage (Juni 1922)

Editorische Vorbemerkung: Die Edition folgt dem Text, der erschienen ist in: Kunstwart und Kulturwart, hg. von Ferdinand Avenarius, 35. Jg., zweite Hälfte, April bis September 1922, Heft 9, Juniheft 1922, München: Kunstwart-Verlag Georg D. W. Callwey, S. 158–167 (**A**). Der Text erschien im Hauptteil des Heftes und mit der Datumsangabe 11. Mai 1922.

Die neue Weltlage
Berliner Brief

Alle Welt spricht von Genua.[1] Seit Wochen sind die Zeitungen voll und übervoll davon. Die Redakteure der großen Zeitungen sitzen dort in Person und schicken ihre Berichte, die zumeist wenig Tatsachen, sondern viel Stimmungsberichte und Zukunftsprophezeiungen enthalten oder auch die entsprechenden Gedanken und Erwartungen anderer großer Zeitungen und Redakteure hierher telegraphieren. Die Kenntnis der eigentlichen und wirklichen Tatsachen ist gering, und, da die wichtigsten Dinge in Sonderbesprechungen der Alliierten unter sich oder in Sonderverhandlungen der verschiedenen Mächte ausgemacht werden, ist auch das Wissen der amtlichen Personen beschränkt. Dazu kommen die Verhandlungen der beteiligten Mächte mit ihren heimischen Regierungen und deren Abhängigkeiten von der heimischen inneren Politik, alles Dinge, von denen man wiederum nichts Genaues weiß und nur die Stimmungsberichte der | verschiedenen Presseorgane erfährt. Das wirkliche Wissen um die Vorgänge ist also gering. Der Durchschnittleser wird bei dem Umfang der täglichen Berichte der Meinung sein, so ziemlich alles zu wissen. In Wahrheit weiß er nichts oder sehr wenig, und der kritische Leser weiß erst recht nichts mit den Berichten anzufangen. Auch die Mitteilungen beteiligter Personen machen ihn nicht klüger. Vielmehr empfindet er bei solchen mündlichen Berichten erst recht, wie sehr man bei solchen großen diplomatischen Veranstaltungen trotz aller künstlich grellen Beleuchtungseffekte im Dunkeln tappt. Kommt man der

---

1 Zur Konferenz von Genua siehe oben, S. 524, Anm. 4.

Sache näher, so löst sich alles in tausendfachen Klatsch, in Spuren geheimer Intrigen und Künste und schließlich in allgemeine Ratlosigkeit auf. Der Kern der internen amtlichen Verhandlungen ist nur ungefähr zu erraten und die hier Beteiligten schweigen oder färben ihre Aussagen diplomatisch.

Aber nicht nur die Zeitungen sind es, die voll von Genua sind. Auch die alltäglichen Unterhaltungen in Haus, Straße und Läden drehen sich immer wieder um Genua. Die gequälten Menschen hoffen Wunder von Genua, vor allem ein Sinken der Preise und eine wirtschaftliche Atempause. Andere tragen sich mit schweren Befürchtungen, obwohl im allgemeinen der Optimismus groß ist. Wieder andere knüpfen große politische Kombinationen an Genua, neue politische Weltordnungen und Bündnisse, neue Kämpfe und Kriege. Alle Welt lebt im Provisorium und hofft von Genua irgendeine Wirkung in der Richtung auf Definitives. Man erträgt das Schwanken und die Unsicherheiten vor allem der wirtschaftlichen Zustände nur schwer. Die Kreise des großen Geschäftes sind bei der steigenden Unsicherheit der Kalkulationsmöglichkeiten in wachsender Unruhe und hoffen auch ihrerseits. Im Grunde ist das wirtschaftliche Interesse heute überall weit über das politische hinausgewachsen.

In der Tat ist der Instinkt wohl nicht unberechtigt, daß Genua die erste größere Veränderung in der Nachkriegszeit für Europa bedeutet. Man darf dann nur nicht vergessen, daß Washington ihm vorausgegangen ist und daß Genua die europäisch-kontinentale Ergänzung für die Weltabmachungen von Washington bedeutet.[2] Die Amerikaner halten sich dementsprechend zurück und behandeln das Ganze als Angelegenheit eines engeren Kreises, deren Erledigung sie abwarten, ehe allgemeine und weltpolitische Folgerungen aus ihr gezogen werden können. Ob das überhaupt möglich ist, steht für sie dahin und hängt vom Ausgang und Fortgang ab.

Insofern läßt sich vielleicht wenigstens eine ganz allgemeine Linie finden, in der die Ereignisse verlaufen und die den Fortgang bestimmt. Im übrigen muß auch dieses Mal alles Aktuelle und im engeren Sinne der täglichen Handlungen Politische den Tageszeitungen überlassen bleiben.

Der allgemeine Sinn der ganzen Veranstaltung ist wohl folgender, wie er neulich in den Unterhaltungen mit einer nach Deutschland entsandten privaten Studienkommission von Engländern formuliert wurde.[3] Die Forderungen der Weltwirtschaft fangen allmählich an, die Festsetzungen der Po-

---

2 Zum Washingtoner Viermächteabkommen siehe oben, S. 479, Anm. 1.
3 Am 20. April 1922 hielt Troeltsch im Berliner Hospiz des Nordens einen Vortrag vor einer englischen Delegation, die Deutschland vom 19. bis 26. April auf einer von der European Student Relief organisierten Reise besuchte. Die internationale Hilfsorganisation European Student Relief war 1920 in der Schweiz von

litik zu untergraben, zu umgehen und zu erschüttern. Der Versailler Friede mag politisch-militärisch möglich sein als eine durch das französische Riesenheer und die französische Politik aufrecht zu erhaltende Kontinentalhegemonie der Franzosen, wobei die Franzosen die Kosten dieser Politik und die Kriegskosten, zugleich aber damit die verzweifelte französische Finanzlage durch deutsches Vermögen und deutsche Arbeit zu bestreiten hoffen. Aber die Weltwirtschaft hat ihre eigene Weise auf solche Dämmebauten | der Politik zu reagieren. Aus tausend einzelnen Energien bestehend und tausend unkontrollierbare Zusammenhänge besitzend und suchend geht sie ihren eigenen, durch bloße Militärmacht nicht zu regulierenden Weg. Sie umgeht die Dämme, durchsickert, übersteigt, unterwühlt sie und erzeugt dabei ihre eigenen Wirkungen. Der Ausfall Rußlands und Zentraleuropas als Abnehmer erzeugte eine ungeheure Arbeitslosigkeit in der ganzen Welt, wovon nur die Franzosen ausgenommen sind, die als menschenschwaches und mäßig industrialisiertes Land von vornherein nicht so stark darunter leiden und im übrigen ihre Arbeitslosen in der Armee unterbringen, d. h. von Deutschland und den Vasallenstaaten entschädigen lassen. Die Folge der daraus erwachsenden Reparationslasten für Deutschland ist die Aufkaufung ausländischer Devisen durch die deutsche Regierung zum Zweck der Reparationszahlung und damit ein unaufhaltsamer Sturz der Mark. Die Folge davon ist die Unterbietung aller Preise durch Deutschland und das vielbesprochene unfreiwillige Dumping, das Deutschland keinen Vorteil bringt, aber den beständig steigenden Vermögensverlust verdeckt und die Situation einige Zeit hinhalten läßt. Dagegen suchen die fremden Staaten zunächst sich vom Standpunkt der autarkischen Nationalwirtschaften durch Zölle zu decken. Aber damit fällt die Mark nur weiter und die deutschen Industrieprodukte überbranden mit steigenden Wellen die steigenden Zollmauern.

---

der World Student Christian Federation (WSCF) gegründet worden. Die Delegation der Deutschland-Reise im April 1922 wurde von dem Neutestamentler Burnett Hillman Streeter vom Queen's College der University of Oxford geleitet. Der US-amerikanische Student Clarence E. Craig, der Anfang der 1920er Jahre Troeltschs Vorlesungen in Berlin hörte, schrieb in einem Nachruf auf Troeltsch 1923 über diesen Vortrag und die anschließende Diskussion: „For four hours he [Troeltsch] unfolded to them ‚the other side' as intepreted by his own conscientious, liberal mind. So impressed was the entire group that they insisted on his return with them to England to repeat the story before select groups gathered in leading circles, but the pressure of his work would not permit"; zit. nach Friedrich Wilhelm Graf, unter Mitarbeit von Christian Nees (Hg.): Ernst Troeltsch in Nachrufen (2002), S. 535. Troeltschs Vortrag wurde 1923 in der „Contemporary Review" in englischer Sprache unter dem Titel „Public Opinion in Germany: Before, During and After the War" veröffentlicht, in: KGA 15, S. 524–535.

Auch steckt sich deutsches Geschäft in ausländische Unternehmungen und gibt damit vielen deutschen Großindustriellen die Rückendeckung gegen die Wirkung der deutschen Inflation und inneren Steuer- und Nivellierungspolitik. Professor Keynes, der einer der klarsten Beobachter und Beurteiler ist, hatte das schon in Versailles vorausgesehen und vorausgesagt, und, als die Politiker sich damals noch nichts darum bekümmerten, seine Stellung als beratender Sachverständiger niedergelegt.⁴ Heute ist auch den englischen und amerikanischen Politikern und vielen Italienern und Neutralen klar, daß er recht gehabt hat. In England hat sich ein starker Umschwung in der Richtung seiner Ideen angebahnt und durchgesetzt. Lloyd George ist für sie gewonnen, und, nach den Berichten eines eben aus England zurückkehrenden guten deutschen Kenners, will er diese Politik zur Grundlage seiner bevorstehenden Wahlprogramme machen, seine Partei auf dieser Grundlage sammeln. Dazu braucht er einen Erfolg in Genua. So ist denn Genua im wesentlichen das Ergebnis der Ideen von Professor Keynes, d. h. der doppelten Einsicht, daß die Weltwirtschaft nicht durch Machtpolitik, sondern nur durch gegenseitige Verständigung und Solidarität aus schwersten Erschütterungen und Lähmungen befreit werden kann, und daß die autarkische Zoll- und Schutzpolitik gegen den russischen Handelsausfall und gegen die von der Verzweiflung emporgetriebenen Wogen des deutschen Dumping nichts helfen kann. Die Weltwirtschaft verlangt Weltversicherung, Verständigung, gegenseitige Rücksicht, Überwindung der politischen Anarchie, Verzicht auf reine Machtpolitik und auf die Schutzmittel reiner Autarkie. Nicht die Methode der Diktate und Strafexpeditionen (wie man statt „Sanktionen" immer sagen sollte), sondern nur die der Verhandlungen und Ausgleiche kann helfen. Jeder Kundige weiß, daß das alte englisch-liberale Ideen sind und daß das mit dem angelsächsisch-politischen Denken eng zusammenhängt. Wirtschaft und Wirtschaftssicherung sind ihnen das eigentliche Zentrum der Politik. Das verlangt eine die See beherrschende und befriedende Zentralmacht, im übrigen Verständigung und Solidarität, Freiheit und Autonomie der schaffen|den Völker, eine bis zu einem gewissen Grad freihändlerische und pazifistische Überwindung der politischen und wirtschaftlichen Anarchie. Sofern eine solche Anarchie (trotz dem sog[enannten] Völkerbund) das Hauptergebnis des Versailler Friedens und des notwendig ihm

A 161

---

4 Der britische Ökonom John Maynard Keynes nahm an der Friedenskonferenz von Versailles bis zu seiner Resignation am 26. Mai 1919 als Sachverständiger des britischen Schatzamtes teil. Keynes' Kritik am Versailler Vertrag, öffentlich gemacht 1919 in der Schrift „The Economic Consequences of the Peace", trug Anfang der 1920er Jahre maßgeblich zu einem Meinungsumschwung in der britischen Öffentlichkeit bei. Vgl. Margaret MacMillan: Paris 1919 (2003), S. 478 f.

folgenden Zerfalls der Kriegsentente ist, gilt es jetzt eine Rekonstruktion der Welt im Sinne des Wirtschaftsfriedens. Deshalb mußte zu einer Konferenz geschritten werden, wo alle Teilnehmer, auch Deutsche und Russen, als Gleichberechtigte und verhandelnd teilnehmen und der Anfang zur Beseitigung der Kriegspsychosen und Diktatverfahren gemacht wird. Dieses Prinzip als solches ist schon der Fortschritt, und dahinter wird man nicht wieder zurückgehen können. Die Propaganda und die Schulddogmen müssen jetzt zurückgestellt, wenn nicht beseitigt werden, und ein neuer Geist der Verständigung und Solidarität kann einziehen, nachdem die Welt von Deutschland und wirklichen oder vermeintlichen deutschen Störungen der englischen Seepolizei nichts mehr zu fürchten, von seiner Arbeit und Gesundung dagegen alles zu hoffen hat. Auch die Russen müssen trotz ihrer von aller sonstigen Verfassung schroff abweichenden und weltbedrohenden Verfassung zugezogen werden, da ohne russische Produkte und russischen Absatz die Weltwirtschaft zerstört bleibt. Inzwischen hat diese ja selbst die gleiche weltwirtschaftliche Notwendigkeit zu Ermäßigungen ihres Systems und zum Verzicht auf die autarkische, bei ihrer kommunistisch konstruierten Wirtschaft damit zum Verzicht auf das Programm der Weltrevolution und zur Verhandlungswilligkeit gezwungen. Man kann ihre Verfassung daher als interne Angelegenheit behandeln und mit ihnen sowohl die aus der Vorkriegszeit herstammenden als die neu aus den Verhältnissen erzeugten wirtschaftlichen Probleme und Interessen ordnen.

Das ist der Sinn von Genua, und insofern bedeutet es in der Tat die erste große Wendung der Nachkriegspolitik. Die Franzosen fühlten sich freilich durch diese Wendung bedroht und führten infolgedessen mit allen Mitteln den diplomatischen Kleinkrieg gegen sie. Sie haben die Erörterung des deutschen Reparationsproblems vorher in den Boulogner Verhandlungen ausgeschaltet und dadurch die Diskussion der eigentlichen Ursache der ganzen Lage verhindert.[5] Sie haben weiterhin das Prinzip der Gleichberechtigung zu durchbrechen versucht, wollten die Anerkennung von Deutschland und Rußland als Großmächte verhindern und dadurch so oder so deren Teilnahme an den Kommissionen ausschließen. Sie führten in schwierigen Lagen „private" Sonderbesprechungen der Alliierten herbei, deren eine drei Tage dauerte, und suchten so inmitten des Gleichberechtigungssystems doch wieder das der Sonderherrschaft der diktierenden Alliierten aufrecht zu erhalten. Sie hatten mit alledem bei der Klugheit und Korrektheit des italienischen Präsidenten Fakta und bei der alle Künste spielen lassenden Beweglichkeit Lloyd Georges nur mäßigen Er-

---

5 Siehe oben, S. 513, Anm. 4.

folg.⁶ Die angelsächsische Idee der Rekonstruktion der Welt schreitet voran, und die Franzosen gerieten allmählich in die Stellung, die man früher Deutschland – übrigens fälschlich – zuschrieb. Das Problem ist augenblicklich, ob die Franzosen die Konferenz und die Entente sprengen werden oder nicht und was dann die Folgen sein werden. Es scheint, sie arbeiten auf eine Wahlniederlage Lloyd Georges hin, hoffen auf ein konservatives englisches Kabinett und erwarten von diesem, daß sie es von vielen gemeinsamen Interessen gegenüber Deutschland auch heute noch überzeugen und gegen Gewinnbeteiligung ihre Politik der Rheingrenze bei ihm durchsetzen können. Die französische | Politik ist eben keine weltwirtschaftliche und keine Seemachtspolitik, sondern kontinentale Macht- und Militärpolitik, die die Ohnmacht der europäischen Mitte voraussetzt und ihre riesigen Kosten eben von dieser Mitte gedeckt sehen will. Auch will sie die zum Zwecke dieser Hegemoniepolitik an das Rußland der Vorkriegszeit gemachten Darlehen der französischen Volkswirtschaft zurückholen. Können die Russen das nicht bezahlen, so soll diese Pflicht dann eben auch noch den Deutschen aufgeladen werden, die in dieser Form ihre Rußland geschuldete Kriegsentschädigung an Frankreich bezahlen mögen.

Daraus wird auch in großen Zügen der bisherige Gang der Konferenz verständlich.

Von dem eigentlichen Hauptproblem, der deutschen Reparationspflicht, deren Unerfüllbarkeit aller Welt klar ist, und von den Strafexpeditionen, durch die Frankreich seine Rheinpolitik schließlich doch noch durchsetzen will, durfte nicht gesprochen werden. Unverbindliche Verhandlungen von Finanzmännern durften sich akademisch damit beschäftigen. Sobald das eigentliche Geheimnis, wie unvermeidlich, sich auf die Lippen der amtlich Verhandelnden drängte, entstanden „Krisen" und französische Drohungen. Unter diesen Umständen verlegte sich das Schwergewicht auf die Verhandlungen mit den Russen. Da hatte man es nun aber wieder indirekt mit der Reparationspflicht zu tun, indem die Franzosen ein Abkommen mit den Russen erstrebten, das die Bezahlung der russischen Schulden auf Deutschland überbürden und dazu den Paragraphen 116 des Versailler Vertrages benutzen wollte.⁷ Dem mußte die deutsche Regierung durch ihren Sondervertrag mit den Russen zuvorkommen, der gleichzeitig sicherstellen mußte,

---

6 Das Zusammenspiel Lloyd Georges und des italienischen Ministerpräsidenten Luigi Facta in der Eröffnungssitzung der Konferenz von Genua beschreibt anschaulich Harry Graf Kessler in einem Tagebucheintrag vom 10. April 1922. Vgl. Harry Graf Kessler: Das Tagebuch 1880–1937, Band 7 (2007), S. 450 ff.

7 In Art. 116 des Versailler Vertrags hatten sich die Alliierten die Rechte Rußlands vorbehalten, von Deutschland zu einem späteren Zeitpunkt Kriegsentschädigun-

daß die deutschen industriellen Anlagen der Vorkriegszeit in Rußland nicht schlechter gestellt würden als die der übrigen.[8] Auch das glaubten die Franzosen mit juristischen Mitteln erreichen zu können, indem sie für die Liquidation des Privatbesitzes in Rußland 1917, also ein Jahr, wo der deutsche Besitz unter Kriegsrecht sequestriert war, als Normaljahr ansetzen wollten. Dem mußte die deutsche Regierung durch Schaffung einer selbständigen Rechtsbasis zuvorkommen, die ja nichts präjudizierte, sondern nur verhindern wollte und mußte, daß die Deutschen schlechter gestellt würden im neuen Rußland als die Alliierten. Hätten wir doch in Brest-Litowsk seinerzeit einen solchen Vertrag geschlossen![9] Wieviel günstiger wäre unsere Position die ganze Zeit durch gewesen! Die Russen arbeiteten schon lange an einem solchen Vertrag mit uns. Jetzt erzwang die juristische Lage von uns seinen Abschluß, der früher wohl aus Furcht vor einer russischen Propaganda bei uns nicht geschlossen werden konnte. Die meisten bei uns wissen von diesen juristischen Hintergründen nichts, und doch sind diese für so viele Dinge maßgebend. Die juristischen Elemente des Versailler Vertrages arbeiten wie ein Räderwerk von eigener Triebkraft neben dem Räderwerk der politischen Gewaltkünste und neben dem der wirtschaftlichen Interessen. Der deutsch-russische Vertrag hat zunächst viel Staub aufgewirbelt. Nun scheint man ihn in seiner einfachen juristischen Notwendigkeit begriffen zu haben. Das Interesse der Konferenz war aber damit endgültig auf das einzige offen aussprechbare Problem gerichtet: das russische. Die Nicht-Franzosen

---

gen zu erhalten. Der Passus war in der Hoffnung auf die Wiederherstellung einer bürgerlichen Regierung in Russland in den Vertrag aufgenommen worden. In Genua stellten die Alliierten erstmals der sowjetrussischen Regierung eine Beteiligung an den deutschen Reparationszahlungen nach Art. 116 in Aussicht, forderten im Gegenzug aber die Anerkennung der zaristischen Auslandsschulden und der ausländischen Verluste bei der bolschewistischen Sozialisierung. Vgl. Jörg Hentzschel-Fröhlings: Walther Rathenau als Politiker in der Weimarer Republik (2007), S. 246 f.

8 Am Rande der Konferenz von Genua schlossen Deutschland und die Russische Sowjetrepublik am 16. April 1922 den Vertrag von Rapallo. Der Vertrag beinhaltete u. a. die Aufnahme voller diplomatischer Beziehungen zwischen beiden Staaten, den gegenseitigen Verzicht auf Kriegsentschädigungen sowie eine Meistbegünstigungsklausel in Handelsfragen und für den Fall einer sowjetrussischen Anerkennung der ausländischen Sozialisierungsverluste. Vgl. Jörg Hentzschel-Fröhlings: Walther Rathenau als Politiker in der Weimarer Republik (2007), S. 254.

9 Den Friedensvertrag von Brest-Litowsk vom 3. März 1918 hatten die Mittelmächte der sowjetrussischen Regierung mit militärischen Drohungen aufgezwungen. Er beinhaltete für Russland Gebietsabtretungen von insg. 1,42 Mio. km^2 mit mehr als 60 Mio. Menschen.

haben ein brennendes Interesse an der Eröffnung des Handels mit Rußland und möchten einen allgemeinen Gesamtvertrag mit Rußland, in den der deutsche eingearbeitet werden kann. Die Franzosen wollen dagegen umgekehrt die russischen Beziehungen im Sinne weiterer | Belastungen Deutschlands und möglicher weiterer Strafexpeditionen sowie im Sinne der Rettung des französischen Besitzes vor der russischen Sozialisierung behandeln. So spitzt sich heute alles auf das Verhältnis Frankreichs und Rußlands und der etwaigen Ausgleichstendenzen der Engländer und Italiener zu. Die Ostfragen und Ostgrenzen sind überhaupt noch ungeklärt, die kleine Entente[10] seufzt unter der französischen Ausbeutung und fürchtet zugleich den russischen Nationalismus, der sich bei dem gegenwärtigen Stand der Grenzen sicher nicht beruhigen wird. So ist die Situation überaus verworren und das weltwirtschaftliche Programm der Seemächte und der von diesen abhängigen Neutralen vor großen Schwierigkeiten; abgesehen davon, daß der innere Aufbau Rußlands, auf den alle Welt spekuliert, in der Tat ein beinahe unlösbares Problem ist. Darüber sehe man das vortreffliche Russenheft der „Deutschen Nation" vom Mai dieses Jahres.[11] Alle Mächte sind zugleich von ihrer inneren Politik und den noch nicht ganz erloschenen Leidenschaften, die die Demagogie der Kriegspropaganda gezüchtet hat, abhängig. Ich wage daher über die weitere Zukunft nichts zu sagen. Schon spitzt sich alles auf den 31. Mai, der Termin der nächsten deutschen Zahlungen. Die Franzosen hoffen offenbar von da aus die Konferenz aus den Angeln zu heben. Man wird wohl zu Vertagungen und Fortsetzungen greifen.

Nur über eines ist vielleicht ein Wort zu sagen möglich, über die deutsch-russischen Beziehungen. Die Russen arbeiten seit langem an einem deutsch-russischen Bündnis, freilich in dem Sinne, damit die ersehnte Weltrevolution endlich doch noch herbeizuführen. Und zwar wollen sie zu diesem Zweck die deutschen Kommunisten und die extremen deutschen Nationalisten vereinigen, ganz ähnlich wie sie bei sich in ihrer roten Armee extreme russische Nationalisten und Kommunisten vereinigt haben und selbst – wenigstens jetzt – völlig bewußt eine nationalistisch-kommunistische Politik betreiben. Damit hoffen sie die beiden Hauptleidenschaften des gegenwärtigen gebildeten Russentums, soweit es nicht emigriert und zaristisch ist, auf einen Punkt zu vereinigen. Ich sprach neulich in einer Gesellschaft Herrn Radek, der hier auf der Zwischenstation zwischen Genua und Moskau weilt gegen

---

10 Als „Kleine Entente" wurde ein 1920/21 gebildetes Bündnis der Tschechoslowakei, Rumäniens und Jugoslawiens bezeichnet, das einer Restauration der (österreichisch-)ungarischen Hegemonie im Donauraum vorbeugen sollte und außenpolitisch stark an Frankreich angelehnt war.
11 Die Deutsche Nation. Eine Zeitschrift für Politik, 4. Jg. (1922), Heft 5 (Mai).

das Versprechen, auf Propaganda zu verzichten.¹² Er hat die oben erwähnten Gesichtspunkte aufs schärfste hervorgehoben, sowohl den Nationalismus der Sowjets, die das sog[enannte] Testament Peters des Großen¹³ für logisch vollberechtigt halten, als die Notwendigkeit in Deutschland Kommunisten und Rechtsbolschewisten zum endgültigen Kampf gegen den westeuropäischen Kapitalismus zu vereinigen. Er sprach völlig offen und mit den Allüren eines Staatsmannes, der sich solche Offenheit leisten und neue, etwas grobe Manieren in die Politik einführen kann. Er habe den besten kontre-revolutionären Schriftsteller Deutschlands zu sich gebeten und mit ihm dieses Problem besprochen, freilich kein ganz entschlossenes Entgegenkommen gefunden.¹⁴ Er habe mit Hauptleuten von der Schupo gesprochen, deren Klagen über die ekelhaften Schieber gehört, bei denen sie als

---

12 Karl Radek hatte bereits im Januar und Februar 1922 in Berlin als Bevollmächtigter der sowjetrussischen Regierung vertraulich mit der Reichsregierung über ein deutsch-russisches Abkommen verhandelt. Der sowjetrussischen Genua-Delegation gehörte er nicht an, hielt sich aber vom 25. März bis zum 23. Mai 1922 erneut in Berlin auf, offiziell als Verbindungsmann zur Genua-Delegation, tatsächlich wohl im Rahmen seiner Arbeit für die Komintern. Die in der Forschungsliteratur häufig aufgegriffene Annahme von Otto-Ernst Schüddekopf: Linke Leute von rechts (1960), S. 137, dass das von Troeltsch geschilderte Gespräch Anfang April 1922 auf einem Empfang Rathenaus für die in Berlin weilende sowjetrussische Genua-Delegation stattgefunden habe, beruht auf Missdeutung von zudem irrigen Angaben in den Memoiren von Ruth Fischer; vgl. Ruth Fischer: Stalin und der deutsche Kommunismus (1991), S. 246 und S. 335 f. Tatsächlich traf Rathenau die sowjetrussische Delegation in Berlin nur zu einem Arbeitsfrühstück; vgl. Jörg Hentzschel-Fröhlings: Walther Rathenau als Politiker in der Weimarer Republik (2007), S. 236 f. Definitiv irrig ist Wolf-Dietrich Gutjahr: „Revolution muss sein" (2012), S. 528 (mit der unbelegten Annahme eines Empfangs bei Stresemann).

13 Einer im 18. Jahrhundert entstandenen antirussischen Legende zufolge hatte Zar Peter der Große (1672–1725) in einem politischen Testament allen künftigen Herrschern Russlands aufgegeben, die Herrschaft über Europa anzustreben. Ein entsprechend gefälschtes „Testament Peter des Großen" wurde 1812 im Zuge der napoleonischen Kriegspropaganda gegen Russland verbreitet. 1879 wurde die Fälschung endgültig nachgewiesen. Vgl. Erwin Oberländer: Zur Wirkungsgeschichte historischer Fälschungen (1973).

14 Gemeint ist wahrscheinlich Ernst Graf zu Reventlow, mit dem Radek wohl spätestens seit 1920 in Kontakt stand. Vgl. Ruth Fischer: Stalin und der deutsche Kommunismus (1991), S. 252 f. und S. 336; Otto-Ernst Schüddekopf: Linke Leute von rechts (1960), S. 442 f. und S. 446. Irrig ist wohl Klemens von Klemperer: Konservative Bewegungen (1962), S. 120, der Arthur Moeller van den Bruck als Radeks Gesprächspartner annimmt. Reventlow und Moeller van den Bruck beteiligten

einquartierte Abmieter in einem Kämmerchen wohnen, und ihnen den Widersinn klar gemacht: „Und gerade diese Bande bewachen und sichern Sie"! Ein deutsch-nationaler Professor, den ich mit ihm sprechen hörte, stimmte ihm völlig zu.¹⁵ Beide fanden darin den Weg der Zukunft. Über die gegenwärtige deutsche Sozialdemokratie höhnten sie lediglich, sie sei kleinbourgeoise und pazifistisch um jeden Preis, verstehe außerdem nichts vom Regieren. Das deutsche Bürgertum gleiche – ein | etwas russisches Gleichnis – dem Delinquenten, der sich selbst hinlege, um sich ausprügeln zu lassen. Nur Kommunismus und Nationalismus vereint können die Weltkrisis lösen und die neue regulierte Wirtschaft herbeiführen, die gewisse Konzessionen an Handel und Kleinindustrie machen könne, aber die Großindustrie binden müsse. Radek erwartete von dem letzteren Umstande auch die berühmte Steigerung der Produktion und Güterfülle, ein Punkt, bei dem der deutsche nationalökonomische Professor leider nicht zustimmen zu können erklärte und die anwesenden Großindustriellen in Gelächter ausbrachen. Im übrigen wolle man die Bauern intellektualisieren, Kredit-, Einkaufs- und Absatzorganisationen im Raiffeisenstil schaffen und den auf dem Land nicht verwertbaren Rest in die freie Kleinindustrie und die regulierte Großindustrie treiben. Es ist das alte vorkommunistische Programm Lenins,¹⁶ von dem man nur nicht sieht, wie es durchführbar sein soll. Man sieht aber jedenfalls deutlich die russische Linie. Bereits hat Trotzki in Moskau vor versammel-

A 164

---

sich 1923 mit Beiträgen in der Zeitschrift „Gewissen" an der von Radek in seiner „Schlageter-Rede" initiierten Debatte über eine Einheitsfront von Kommunisten und deutschen Nationalisten gegen den „Ententekapitalismus". Vgl. Volker Weiß: Moderne Antimoderne (2012), S. 196–203.

15 Otto-Ernst Schüddekopf: Linke Leute von rechts (1960), S. 442 f., und Wolf-Dietrich Gutjahr: „Revolution muss sein" (2012), S. 528, nehmen den Osteuropahistoriker und DNVP-Reichstagsabgeordneten Otto Hoetzsch (1876–1946) als den von Troeltsch genannten „deutsch-nationalen Professor" an. Hoetzsch war freilich kein „nationalökonomischer Professor". Möglicherweise handelte es sich um Wilhelm Kaehler (1871–1934), Professor für Nationalökonomie in Greifswald, oder um Dietrich Preyer (1877–1959), Professor für Nationalökonomie in Königsberg, die beide damals DNVP-Abgeordnete im Preußischen Landtag waren.

16 Gemeint ist wohl die Phase der bolschewistischen Wirtschaftspolitik unmittelbar nach der Oktoberrevolution 1917, vor dem Übergang zum sog. Kriegskommunismus im Russischen Bürgerkrieg ab 1918. In dieser Phase hatte die Sowjetregierung mit der Sozialisierung des Grundbesitzes im Agrardekret vom 26. Oktober 1917 zunächst die bäuerliche Selbstverwaltung gestärkt und im Gesetz über die Arbeiterkontrolle vom 14. November 1917 die nach der Februarrevolution 1917 entstandenen Fabrikkomitees bestätigt. Im Kriegskommunismus wurden diese wirtschaftlichen und sozialen Freiräume weitgehend wieder abgeschafft und

tem Kriegsvolk den deutsch-russischen Vertrag als ein auch politisch bedeutsames Ereignis gefeiert, und bereits erheben sich hier in Berlin amtliche Klagen, daß Herr Radek sein Versprechen der Enthaltung von Propaganda nicht eingehalten habe. Dazu muß man das frühere Verhalten der Russen bedenken. Sie haben dereinst mit dem bekannten Oberst Bauer in Lettland verhandelt.[17] Vigdor Kopp hat vor dem Kapp-Putsch mit Kapp eingehende Rücksprachen gehabt.[18] Nach dem Scheitern des Kapp-Putsches bestand eine Zeitlang die Gefahr des Übergangs der Kappistischen Truppen zu den Kommunisten, was an dem Kapitän Ehrhardt scheiterte, der sein Seekt gegebenes Versprechen einhielt,[19] und außerdem an dem Umstand, daß die damals viel beredete rote Armee zwischen Berlin und Stettin in Wahrheit gar nicht existierte. In all diesen Fällen wollte jeder den andern nur als Mittel benützen für eigene Zwecke und deshalb ist nichts daraus geworden. Gerade, daß der Kapp-Putsch, soweit seine ideellen Motive in Betracht kommen, teils einen Schutz gegen die vermeintlich drohende Bolschewisierung[a] Deutschlands schaffen, teils umgekehrt mit Hilfe der Bolschewisten den Versailler Frieden und die Bürgerdemokratie wegfegen wollte, bewirkte seine hoffnungslose Zerfahrenheit. Aber viele, wenn auch bereits bedeutend weniger, Leute sehen die Dinge noch heute so. Die Russen haben jedenfalls immer weiter daran gearbeitet und gehetzt. Ein aufgefangener Funkspruch – alle Funksprüche werden heute aufgefangen – an die deutschen Kommu-

---

a *A:* Bolschiwisierung

---

durch eine straff zentralisierte staatliche Lenkung von Industrie und Landwirtschaft ersetzt. Vgl. Manfred Hildermeier: Russische Revolution 1905–1921 (1989), S. 248 ff. und S. 278 ff.

17 Ein Aufenthalt von Oberst Max Bauer in Lettland ist nicht bekannt. Doch hatte Bauer im Vorfeld des Kapp-Putsches im Dezember 1919 Kontakt zu Karl Radek aufgenommen, um die sowjetrussische Haltung im Falle eines Rechtsputsches in Deutschland zu eruieren. Vgl. Bruno Thoss: Der Ludendorff-Kreis 1919–1923 (1978), S. 376 f.

18 Der Diplomat Viktor (Vigdor) Kopp (1880–1930) fungierte als Leiter der Repatriierungskommission für die russischen Kriegsgefangenen in Deutschland von 1919 bis 1921 als eine Art inoffizieller Botschafter der sowjetrussischen Regierung in Berlin. Auch Kopp war im Vorfeld des Kapp-Putsches von Bauer über die Pläne der Putschisten informiert worden, hatte sich ihnen gegenüber aber wohl bedeckt gehalten. Vgl. Bruno Thoss: Der Ludendorff-Kreis 1919–1923 (1978), S. 377 f.

19 Angeblich drohte Hermann Ehrhardt während des Kapp-Putsches mit dem Abzug seiner Marine-Brigade, falls Bauer seine Verhandlungen mit den Linksparteien nicht abbrechen würde. Vgl. Johannes Erger: Der Kapp-Lüttwitz-Putsch (1967), S. 227.

nisten lautete: „Ihr Deutschen habt eure Milchkühe an die Franzosen abgeliefert. Dagegen alle eure Esel habt ihr im auswärtigen Amt konzentriert. Sie können den Weg zur Lösung der Weltknechtschaft nicht sehen."[20] Man begreift, daß die Regierung zögerte und heute noch zögert und daß nur die dringende Notwendigkeit zu dem Vertrag von Rapallo führen konnte, der von unserer Seite als ein rein wirtschaftlicher und prohibitiver gemeint ist. Aber man sieht aus alledem, welche Ideen, Möglichkeiten und Gefahren in der Welt umgehen. Meinerseits will ich kein Hehl daraus machen, daß ich nur in dem angelsächsischen System die Rettung erblicken kann. Auch dieses wird schließlich zu einer regulierten Wirtschaft führen, wie denn der heutige Kapitalismus schon lange nicht mehr der alte ist und nur die Nutznießer des gegenwärtigen Chaos die teuflischen Eigenschaften eines unregulierten Kapitalismus zur Schau tragen. Das angelsächsische System setzt die angelsächsische Seeherrschaft und Seepolizei voraus, die heute von Amerika und England zu| [Bildtafel] | [vacat] |sammen ausgeübt wird, und macht insofern eine deutsche „Weltpolitik" und Mitbeteiligung an der Seeherrschaft unmöglich. Das hat der Krieg gelehrt und verlangt von uns eine schmerzliche Resignation. Aber innerhalb dieser Lage könnten wir doch wieder zu einer kräftigen nationalen Politik gelangen, die sich ihren Anteil an der wirtschaftlichen Weltsolidarität sichert und den nationalen Bestand wieder vereinigt, der uns heute geraubt ist. An das Evangelium des Ostens dagegen vermag ich nicht zu glauben, und die Persönlichkeit des Herrn Radek zum mindesten wirkt nicht sehr überzeugend. Der „Westen", gegen den er und verwandte Geister kämpfen wollen, ist keine Einheit. Das französische und das angelsächsische System sind total verschieden. Den Kampf gegen beide zugleich zu führen, hat keinen Sinn. Mit dem englischen System kann man leben, mit dem französischen nicht. Daraus ergibt sich meines Ermessens für uns die grundsätzliche Stellungnahme. Wie freilich die französische Last Europa wieder vom Halse geschafft werden kann, ist eine Frage für sich. Durch die heutigen russischen Ideen wird es schwerlich geschehen können. Denn da ist ein politisches und ein wirtschaftlich-sozial-theoretisches Problem verkoppelt, die ganz unmöglich beide zusammen und eines durch das andere gelöst werden können. Die Wege einer Lösung, wenn es überhaupt eine solche gibt, werden andere sein. Welche?, das ist meiner Meinung nach heute überhaupt noch nicht zu sagen. Schließlich wird es ja wohl auch in Frankreich selbst innere Entwicklungen geben, die gegen die auch auf Frankreich drückende Last seines Imperialismus sich wenden. Aber alles das wird vermutlich überaus langsam gehen.

Berlin, 11. Mai 1922

Ernst Troeltsch

---

20 Der Vorgang konnte nicht nachgewiesen werden.

Wieder bei der Reparationskommission (Juli 1922)

Editorische Vorbemerkung: Die Edition folgt dem Text, der erschienen ist in: Kunstwart und Kulturwart, hg. von Ferdinand Avenarius, 35. Jg., zweite Hälfte, April bis September 1922, Heft 10, Juliheft 1922, München: Kunstwart-Verlag Georg D. W. Callwey, S. 235–240 (**A**). Der Text erschien im Hauptteil des Heftes und mit der Datumsangabe 11. Juni 1922. Die Fahnenkorrektur nahm Troeltsch nach eigener Angabe (siehe unten, S. 557) am 24. Juni 1922, dem Tag des tödlichen Attentats auf Walther Rathenau, vor.

Wieder bei der Reparationskommission
Berliner Brief

Von dem vor kurzem noch so viel beredeten Genua sprich heute kein Mensch mehr. Alles Interesse hat sich nach Paris auf die Verhandlungen der Reparationskommission verschoben, und statt der Hoffnungen auf den europäischen Areopag und seinen Führer Lloyd George hat sich das Hoffnungsbedürfnis auf die amerikanische Anleihe geworfen.[1] Was bedeutet diese Verschiebung?

Sie ist zweifellos eine neue Wendung in den wirren Schicksalen, die der Versailler Friede heraufbeschworen hat. In Genua herrschte die neue amerikanisch-englische Idee, die seit Washington die Politik der einstigen

---

[1] Reichsfinanzminister Andreas Hermes verhandelte im Mai 1922 insgesamt zehn Tage in Paris mit der alliierten Reparationskommission über ein Moratorium für die deutschen Reparationszahlungen. Als Ergebnis der Verhandlungen erklärte sich die Reichsregierung am 28. Mai 1922 bereit, Schritte zur Eindämmung der Inflation in Deutschland zu unternehmen und gegebenenfalls auch einen Ausbau des Steuersystems in Betracht zu ziehen, wenn die Reparationskommission im Gegenzug eine internationale Sachverständigenkommission einsetzte, um die deutschen Aussichten auf eine Anleihe am Kapitalmarkt zu prüfen. Am 31. Mai 1922 gewährte die Reparationskommission daraufhin endlich das Moratorium für die Reparationszahlungen zu den von Deutschland im Januar 1922 beantragten Konditionen (siehe oben, S. 524, Anm. 2). Sofort im Anschluss nahm die von der Reparationskommission eingesetzte Anleihekommission ihre Arbeit auf. Vgl. Die Kabinette Wirth I und II (1973), S. XLI–XLII.

Khaki-Wahlen von Lloyd George mit ihrem Programm „der deutsche Kaiser wird gehängt und der Deutsche wird alles bezahlen" abgelöst hatte.[2] Das Programm von Washington wird man als kommerziellen Internationalismus und Wiederaufnahme der Weltwirtschaft unter Friedensgarantie der beiden angelsächsischen Vormächte bezeichnen dürfen. Das erfordert eine Wiederherstellung und Stabilisierung der deutschen Wirtschaft und ein irgendwie geartetes positives Verhältnis zu Rußland, sowie eine Dämpfung des Deutschland von allen Seiten umstellenden und seinen Ruin teils herbeiführenden, teils erstrebenden Napoleonismus. Dementsprechend wurde die moralische Weltpropaganda umgestellt auf die Parole des kommerziellen Friedens, auf die Anerkennung der endgültigen Unschädlichkeit Deutschlands und auf die Notwendigkeit einer zunächst europäischen und dann weltwirtschaftlichen Solidarität. Die Umstellung ist nach der jahrelangen Hetzpropaganda gegen die deutschen Hunnen, Barbaren und alleinigen Kriegsverbrecher nur mäßig gelungen, und die französische Propaganda arbeitet dem geradezu entgegen durch beständige Wiederholung und Verschärfung des Schulddogmas, das den in Frankreichs Händen befindlichen Shylock-Schein[3] bedeutet. Zwiegeteilt wie diese Weltpropaganda war auch die Vorbereitung für Genua. Lloyd George kam mit seinem kommerziellen Weltfriedensprogramm und den zugehörigen moralischen und weltanschaulichen Unterlagen, mit der Ersetzung der Kriegsphraseologie durch eine neue Idee der Völkersolidarität auf der Grundlage der heute gegebenen territorialen Verteilung, die nur in dem völlig unklaren Osten einer Ergänzung und Festigung zu bedürfen scheint. Aber er kam auch mit den Fesseln von Cannes und Boulogne, die ihm die Rücksicht auf Frankreich auferlegte und die die Erörterung des französischen Rechtes auf die Reparation und die zugehörigen Strafexpeditionen ausschloß. Die Amerikaner, die Partner von Washington, schlossen sich angesichts dieser wenig hoffnungsvollen Voraussetzungen aus und bezogen nur einen Beobachtungsposten. Dank dem Übergewicht von Lloyd George und der geschickten und taktvollen Leitung durch die Italiener kam dann in der Tat ein Kongreß in den äußeren Formen der Solidarität und Gleichberechtigung aller Mächte zustande, unzweifelhaft der erste große Fortschritt seit Versailles. Aber auch dieser Fortschritt war zwiespältig wie die ganze Situation und ihre Vorbereitung. In schwierigen Fällen trat die alte Situation der diktierenden Herrschaft der alliierten Kriegsmächte wieder ein, jetzt in Gestalt angeblicher privater Vorbesprechungen, die freilich mitunter ganze drei Tage dauerten und im Grunde den Gang bestimmten. Der Kampf zwischen Lloyd George und Poincaré war offensichtlich,

---

2 Siehe oben, S. 502, Anm. 1.   3 Siehe oben, S. 390, Anm. 17.

wenn auch in den Einzelheiten bis heute noch nicht durchsichtig. Die Reparation, die die weltwirtschaftliche Lähmung | und Aufpeitschung Deutschlands zugleich bedeutet und die den Angelpunkt des wirtschaftlichen Weltfriedens bildet, durfte nicht erwähnt werden. Es ist anzunehmen, daß es Lloyd Georges Programm und Hoffnung war, sie trotz allem zur Diskussion zu bringen und der Reparationskommission zu entwinden. Statt von dieser sollte sie vor dem Areopag der europäischen Solidarität und formellen Gleichberechtigung behandelt werden. Die Franzosen dagegen wollten sie der Reparationskommission vorbehalten, die bis jetzt sehr formalistisch-juristisch auf dem Standpunkt des Versailler Vertrags gestanden hatte und bei ihrer jetzigen Zusammensetzung vorwiegend unter französisch-belgischem Einfluß steht. Sie wurden darin unterstützt durch die Nähe des bevorstehenden 31. Mai, d. h. des Fälligkeitstermins der nächsten deutschen Zahlungen. Damit gelang es ihnen in der Tat, die ganze Sache dem Völkerareopag und dem Solidaritätsprinzip wieder zu entziehen und sie wieder vor die Reparationskommission und das heißt: nach Paris zu verlegen. Das ist gegenüber dem Programm von Washington und Genua ein entschiedener Rückschritt. Welches seine Folgen sein werden und wie weit er über das Formelle hinaus ins Materielle hineinführt, das ist die Frage der Zukunft. Der Stand der Mark ist das Schicksalszeichen.

Für uns Deutsche knüpft sich daran die Frage: wie weit hat der viel beredete Rapallo-Vertrag mit den Russen diese Wendung etwa mit beeinflußt? Der Vertrag hat eine rein juristische Bedeutung, wie ich wiederhole, er soll nur ausschließen, daß wir in unserm Verhältnis zu Rußland durch den Zwang, den Sonderverhandlungen andrer mit Rußland auf dieses ausüben könnten, schlechter als die andern gestellt, insbesondere nach dem berüchtigten § 116 des Versailler Vertrags mit den Verpflichtungen der Russen zur Entschädigung an die Alliierten belastet werden.[4] Er ist insbesondere veranlaßt durch jenen Umstand der langen Privatverhandlungen der Alliierten inmitten der angeblich gleichberechtigten Konferenz; man fürchtete von ihnen die Schaffung eines fait accompli in Bezug auf das Verhältnis mit den Russen, wo wir dann beim Wiedereintritt der Alliierten in die öffentlichen und offiziellen Verhandlungen gerade vor den gefürchteten Abrechnungen mit den Russen stehen würden. Heute kann man von den zurückgekehrten Delegations-Mitgliedern die Einzelheiten erfahren. Die Meinungen über die Zweckmäßigkeit des Vertrages sind jedenfalls geteilt, und jedenfalls ist er nicht das Werk Rathenaus und seiner etwaigen doktrinären Sympathien für den Sozialismus, wofür man die Sache oft angesehen hat. Rathenau selbst scheint vielmehr nicht ohne Bedenken gewesen zu sein. Der Vertrag ist das

---

4 Zu Art. 116 des Versailler Vertrags siehe oben, S. 541, Anm. 7.

Werk der Ostabteilung des Auswärtigen Amtes und des Reichskanzlers in erster Linie, die damit einer drohenden Präjudizierung der Situation zu unsern Ungunsten zuvorkommen zu müssen glaubten.[5]

Insofern ist er auch wohl verständlich und berechtigt. Allein es kann nicht geleugnet werden, daß er sehr ungünstige Nebenwirkungen hatte. Er hat Lloyd George sehr verschnupft, wobei es auf sich beruhen mag, wie weit die Engländer sich für orientiert oder nichtorientiert ansehen durften und wollten; auch ob es Lloyd George ohne ihn gelungen wäre, die Reparation doch noch vor den Solidaritäts-Areopag zu ziehen, wie die Gegner des Vertrags meinen. Noch viel wichtiger aber war die Verschnupfung des amerikanischen und des internationalen Kapitals überhaupt, von dem wir ja eine Anleihe erhofften und mit Hilfe dessen wir über die gefährliche Klippe des 31. Mai hinwegkommen mußten. Es gehört zur Psychologie des internationalen, vor allem des amerikanischen und holländischen Kapitals, daß sie jede An|näherung an die Russen und ihr jedes moderne Wirtschaft vernichtendes Rechtssystem für eine Zerstörung der Grundlagen von Geschäft und Produktion, für die Leugnung der dem Geschäft unentbehrlichen Rechts- und Moralgrundlagen halten. Leuten, die mit dem Bolschewismus in irgend einer Form fraternisieren, geben sie kein Geld, und damit Punktum. Sah man unsre politische Lage als wesentlich durch das Reparations- und Finanzproblem bedingt an, dann war der Vertrag eine böse Erschwerung. Glaubte man dagegen, daß die Politik außer diesem Schwerpunkt noch andre Schwerpunkte hatte, dann war der Vertrag allerdings eine Äußerung immerhin nach möglicher selbständiger Politik Deutschlands. Aber der Lösung des Finanzproblems war er eben dadurch schädlich. Er hat die Möglichkeit von Kombinationen beleuchtet, die eine selbständige deutsche Politik wenigstens bis zu einem gewissen Grade wieder denkbar machen; aber er hat zugleich in dem augenblicklich und noch auf lange hinaus brennendsten Punkte unsrer Politik, der Finanzfrage, unsre Stellung geschwächt und es den Franzosen erleichtert, an die Stelle des internationalen Solidaritäts-Areopags wieder die Reparationskommission in den Vordergrund zu schieben. Erleichtert wurde dies durch die Behandlung des Vertrags durch die Russen und durch einen Teil unsrer Presse. Die ersteren, deren Vertrauens-

---

5 Der Vertrag von Rapallo war von dem Leiter der Ostabteilung im Auswärtigen Amt, Ago von Maltzan (1877–1927), in enger Absprache mit Reichskanzler Joseph Wirth vorbereitet worden. Rathenau war von Wirth und Maltzan erst in der Nacht vor der Vertragsunterzeichnung mit dem Hinweis auf die parallelen Verhandlungen der Alliierten mit Russland zum Abschluss überredet worden. Vgl. Jörg Hentzschel-Fröhlings: Walther Rathenau als Politiker in der Weimarer Republik (2007), S. 232 ff. und S. 247 ff.

würdigkeit durch die neulich mitgeteilten Äußerungen des Herrn Radek[6] genügend beleuchtet wird, haben den rein juristisch-wirtschaftlichen Vertrag sofort politisch ausgeschlachtet und ihr Programm eines Bündnisses von Kommunisten und National- oder Rechtsbolschewisten als Lösung des politischen Weltproblems proklamiert. Der Westen sieht nun in seiner Phantasie schon russische Heere, von und in Deutschland ausgerüstet, sich gegen Frankreich und den französischen Ostgürtel der kleinen Entente[7] wälzen. Anderseits hat ein Teil der unbelehrbaren und verantwortungslosen deutschen Presse den Vertrag behandelt, als habe der Panther von Agadir ein Junges geworfen,[8] wobei man vergißt, wie unheilvoll schon der Panther selbst war und welche Greuel in dem kriegsmüden Europa vollends ein junger Panther anrichten würde. Vermutlich hat man hier die Sachen überhaupt nicht zu Ende gedacht und nur das deutsche Selbstgefühl mit irgend etwas kitzeln wollen, was dem Publikum angenehm ist. Die ausschweifenden wirtschaftlichen Hoffnungen, die die Menschen in ihrem Elend und unruhigen Optimismus-Bedürfnis daran geknüpft haben, sind vollends gegenstandslos. Die genauesten Kenner Rußlands, deren jetzt verschiedene hier waren, versichern einstimmig, daß dort nichts zu holen ist, daß auch der Menschenexport bei den bestehenden Rechtsverhältnissen ein ungeheures Risiko ist.

Diese Zwiespältigkeit der Situation äußerte sich denn auch sofort in einer Zwiespältigkeit der deutschen Regierung, in dem Konflikt zwischen Herrn Wirth und Herrn Hermes.[9] Herr Wirth, der nach allgemeinem – auch ausländischem – Zeugnis sich in Genua Vertrauen und Achtung erworben hat, hoffte auf Grund seiner Genueser Beziehungen auch in der Reparationsfrage mit Hilfe des europäischen Areopags gewisse Erfolge zu erzielen. Herr Hermes, dem man hoffnungslose Gelüste nach der Reichskanzlerschaft zuschreibt, folgte dagegen dem Zuge der Rückverlegung der Probleme in die Reparationskommission und dem finanziellen Interesse an der

---

6 Siehe oben, S. 543 f.
7 Siehe oben, S. 543, Anm. 10.
8 Anspielung auf die als „Panthersprung nach Agadir" bekannt gewordene Entsendung deutscher Kanonenboote (darunter die SMS Panther) in die südmarokkanische Hafenstadt Agadir im Juli 1911 („Zweite Marokkokrise").
9 Weil Reichsfinanzminister Hermes in den Pariser Verhandlungen mit der Reparationskommission im Widerspruch zur Erklärung der Reichsregierung vom 7. April 1922 (siehe oben, S. 524, Anm. 2) eine Erhöhung des deutschen Steueraufkommens in Aussicht gestellt hatte, warf ihm Reichskanzler Wirth in einer Kabinettssitzung am 22. Mai 1922 vor, seine Kompetenzen überschritten zu haben. Die Mehrheit des Reichskabinetts stellte sich in dem Konflikt jedoch hinter Hermes und billigte gegen Wirth das Ergebnis der Pariser Verhandlungen. Vgl. Die Kabinette Wirth I und II (1973), S. XLI–XLII.

Anleihe. Er machte demgemäß in Paris offenbar eine etwas eigenmächtige Politik, die die von Wirth angesponnenen Fäden kreuzte und überdies die feierlichen Erklärungen des Reichskanzlers über deutsche Steuermöglichkeiten desavouierte. Daraus entstand – wieder im kritischen Moment – eine deutsche Regie|rungskrise, die vorerst verkleistert wurde. Es ist ein Konflikt von zwei Zentrums-Größen, was man wohl beachten muß. Es erscheint aber völlig ausgeschlossen, daß das Zentrum von Wirth zu Hermes übergeht. Auch ist inzwischen eingetreten, was gleich zu Anfang gute Sachkenner als Lösung dieses Konfliktes vorausgesagt haben, die Unabschließbarkeit einer Anleihe, da auch die von Hermes angebotenen Bedingungen bei ihrer Undurchführbarkeit dem sehr genau über Deutschland unterrichteten Privatkapital nicht das für eine Anleihe nötige Vertrauen einflößten. Das aber ist eine Katastrophe.[10]

A 238

Insofern hat Herr Wirth recht behalten. Aber was nun? Auch der Rapallo-Vertrag ist fast schon wieder vergessen. Die zum Zweck der Anleihe tagende Bankier-Kommission, die aus von der Entente ausgewählten Personen bestand,[11] was man wohl beachten möge, hat den richtigen, nüchternen Aspekt der Dinge wiederhergestellt: unter den Bedingungen der Reparationen und Strafexpeditionen, wie sie bisher galten, ist kein Kredit und keine Anleihe weder an Sieger noch Besiegte möglich. Damit ist von privater Seite wieder das eigentliche und wirkliche Problem aufgerollt. Auch Frankreichs Lage ist im Grunde trotz aller großartigen äußeren Aufmachung ein schweres Finanzproblem. Wie werden sich die Politiker zu den wirtschaftlichen Tatsachen stellen? Das ist seit langem das eigentliche Problem. Wird von da aus die ganze Lage doch noch endlich einmal aufgerollt werden können?

---

10 Die von der Reparationskommission eingesetzte Anleihekommission kam in ihrem Abschlussbericht am 10. Juni 1922 zu dem Ergebnis, dass eine deutsche Anleihe am Kapitalmarkt nicht möglich sei, bevor nicht die Reparationslasten an die deutsche Leistungsfähigkeit angepasst und die alliierten Sanktionsdrohungen im Sinne der Anlegersicherheit ausgeräumt würden. Im Unterschied zu Troeltschs Bewertung wurde dieses Ergebnis in der Reichsregierung als Erfolg bewertet, da es dem deutschen Bestreben nach einer Neuverhandlung der Reparationsverpflichtungen entgegenkam. Vgl. Die Kabinette Wirth I und II (1973), S. 855 ff.
11 Der Anleihekommission gehörten der US-amerikanische Bankier J. P. Morgan Jr., der britische Bankier Sir Robert Kindersley, der Präsident der niederländischen Nationalbank Gerard Vissering, der italienische Politiker Mariano D'Amelio, der ehem. französische Finanzstaatssekretär Charles Sergent (der gegen den Abschlussbericht stimmte) und als deutscher Vertreter der ehem. Staatssekretär im Reichsfinanzministerium Carl Bergmann an. Den Vorsitz hatte der ehem. belgische Ministerpräsident Léon Delacroix. Vgl. Die Kabinette Wirth I und II (1973), S. 855.

Die Massen halten uns dort für faule Schuldner, die begreiflicherweise nicht zahlen wollen und ihr Lebensniveau nicht diesen Schulden entsprechend zugunsten der Franzosen herabsetzen wollen, wie sie doch als die Besiegten und die eigentlichen moralischen Kriegsverbrecher müßten. Daß die bisherige gebildete Mittelschicht ihr Lebensniveau in der Tat sehr bedeutend herabgesetzt hat, wissen sie. Aber das nützt ihnen nichts. Sie verlangen es auch von Arbeitern, Landwirten, Industriellen, Kaufleuten, Bäckern, Schlächtern, Gemüsehändlern usw. und klagen die deutsche Regierung an, daß es ihr nicht gelänge, deren Lebensniveau herabzusetzen. Das sei schließlich doch nur durch Strafexpeditionen und Besetzungen möglich. Allein sie fühlen zugleich tief den Gegensatz gegen England und die großen Seemächte, und man kann wohl hören, daß, wenn die Deutschen nur zahlen wollten, dann eine alliance franco-allemande nichts Unmögliches sei. So wirr liegen die Dinge in der Welt und vor allem in den Köpfen.

Gleichzeitig ging an der zweitwundesten Stelle Deutschlands, an der polnischen Grenze, eine große Aktion vor sich, das Ende der oberschlesischen Tragödie und der Abschluß des für fünfzehn Jahre berechneten deutsch-polnischen Vertrags.[12] Der Vertrag ist ein ganzes großes und dickes Buch und nur von einer Kommission von Sachkennern ganz zu verstehen. Die Entscheidung des sogenannten Völkerbundes über Oberschlesien war der Ausgangspunkt des letzten großen Valuta-Sturzes und der seitdem sich immer steigernden Veröstereicherung. Sie war eine Katastrophe und eine Preisgebung unserer ernstesten Interessen durch England. Der Vertrag, der dadurch nötig wurde, mußte die kulturelle Autonomie der an Polen übergehenden Volksbestandteile und die Interessen des unter polnische Herrschaft übergehenden deutschen Besitzes, auch dessen Beziehungen zu Deutschland und deutscher Valuta, regeln. Die Kommission hat, soviel ich es beurteilen kann und soweit es die unseligen Verhältnisse zuließen, ausgezeichnet gearbeitet. Sie war dabei von einem Teil der an Polen übergehenden Großindustrie, lauter früheren begeisterten Patrioten und Kriegs-Enthusiasten, alles andere eher als unterstützt; man fand sich dort mit den Verhältnissen ab und arbeitete, wenn es | nötig war, mit

---

12 Das am 15. Mai 1922 in Genf paraphierte Deutsch-Polnische Abkommen über Oberschlesien regelte die aus der Teilung Oberschlesiens nach dem Völkerbundentscheid vom Oktober 1921 (siehe oben, S. 466, Anm. 24) sich ergebenden verwaltungstechnischen Fragen, insbesondere den Übergang in die polnische Staatsbürgerschaft und die Minderheitenrechte der deutschstämmigen Bevölkerung in Oberschlesien. Das Abkommen war auf deutscher Seite von dem ehem. Reichsjustizminister Eugen Schiffer ausgehandelt worden. Vgl. Ingo von Münch: Ostverträge II (1971), S. 30–49.

Polen und Franzosen, für das eigene Interesse, Dinge, die so wohl nur in Deutschland möglich sind. Trotzdem hat die deutsche Kommission ein großes Werk aufgebaut, das erste internationale Dokument, das ganz auf den Gedanken des Minoritätenschutzes abgestellt ist und daher in erster Linie die kulturelle und geistige, religiös-kirchliche und schulpolitische Autonomie sichert. Auch die evangelische Kirche ist hier zum ersten Male als eine Größe des internationalen Rechtes anerkannt und behandelt, die erste wichtige und internationale Konsequenz der Entstaatlichung, die vielleicht von nicht ganz geringer Tragweite auch für andere Dinge sein wird, wenn die evangelischen Kirchen davon Notiz nehmen und daraus Folgerungen ziehen wollen, statt nur den Nutzen einer gewaltsamen Restauration der Orthodoxie daraus ziehen zu wollen und im übrigen sich nach den Fleischtöpfen der ägyptischen Knechtschaft zurückzusehnen. Auch nach der wirtschaftlichen und finanziellen Seite hat der Vertrag manchen Erfolg zu verzeichnen, wie das so ziemlich allgemein in den sachkundigen Kreisen anerkannt wird. Nicht ohne Würde und ohne eine gewisse Kühnheit hat der Führer der deutschen Verhandlungskommission in Genf, Herr Schiffer, das Ganze als das Ende einer Tragödie bezeichnet.[13] Das Ansehen, das die Kommission durch ihre Arbeit sich erworben hat, machte eine derartige Kundgebung deutschen Würdegefühls im Unglück möglich. Die Deutschen hatten der Welt das Muster eines internationalen Vertrags zum Minoritätenschutz gezeigt und bis zu einem gewissen Grade Glück im Unglück gehabt.

Aber wie war nun die Behandlung des Vertrags in Deutschland selbst? Da zeigt sich wieder das ganze Elend der demagogischen Verhetzung und Vergiftung und die ganze, heute gegen früher noch enorm gesteigerte Disharmonie der Ämter und Bürokratien. Obwohl man den relativ günstigen Erfolg des Vertrags anerkannte und obwohl sich der Reichstag der Rechtsverwahrung des Herrn Schiffer anschloß, stimmten Deutsche Volkspartei und Deutsch-Nationale gegen den Vertrag![14] Als in der Kommissionssitzung die Regierung der deutschen Delegation für ihre Arbeit dankte, da rief einer der Unterkommissare dazwischen: „Es ist auch das Werk der alten Beamten!" Der Vertrag macht die Einrichtung von etwa 20 bis 25 neuen Behörden notwendig, die das Auswärtige Amt ernennen muß. Als man an dieses Amt mit der Aufforderung zur Einrichtung herantrat, erklärte der zu-

---

13 Vgl. Vossische Zeitung vom 16. Mai 1922 (Morgen-Ausgabe): Unterzeichnung des Oberschlesien-Vertrages.
14 Bei der Abstimmung im Reichstag am 30. Mai 1922. Die deutsche Rechtsverwahrung galt in Bezug auf den von Deutschland nicht anerkannten Völkerbundentscheid vom Oktober 1921.

nächst davon betroffene Beamte, er kenne den Vertrag noch nicht und könne daher nichts verfügen; man habe aus kleinlicher Sparsamkeit niemand von dem Amt nach Genf mitgenommen und da sei das Auswärtige Amt ohne Kenntnis der Sachlage, obwohl es täglich genau unterrichtet wurde und die Druckbogen des Vertrags längst erhalten hatte! Als die Beschlußfassung des Reichstags in Gestalt einer feierlichen Trauerkundgebung erfolgen und alle Teilnehmer in Schwarz erscheinen sollten, erschien der schon genannte Unterkommissar in heller Sommerkleidung, um gegen „dieses System" zu protestieren. So kindisch werden die wichtigsten Angelegenheiten bei uns von den zu den wichtigsten Entscheidungen Berufenen und vom Volke Bezahlten behandelt. Die ganze Maschine ist krank und arbeitet nur mit den furchtbarsten Reibungen, die sich von oben bis in jeden kleinsten Kreis, Verein und sogar in die Familie hinein fortsetzen. Deutschvölkische und jüdische, heroische und kommerzielle, nationale und internationale, militärische und ideologische, sozialistische und bürgerliche Weltanschauung nennt man dabei die Gegensätze und donnert sie mit allem möglichen moralischen Journalismus auf, obwohl im Grunde und zumeist Hüben und Drüben Klassen- und Stan|desinteressen, Machtkampf und Interessenwut das eigentlich Entscheidende sind. Die nüchterne Sachlage und die in der grauenvollen Situation überhaupt noch liegenden Möglichkeiten will niemand sehen und Rücksicht auf böse Vorteile, die wir dem Ausland in die Hand spielen, will niemand nehmen, wenn er damit seinen verhaßten Nachbar materiell oder moralisch treffen kann. Man hetzt und hetzt auf allen Seiten, und wenn dann Dinge wie das Blausäure-Attentat auf Herrn Scheidemann[15] herauskommen, bedauert man es, erklärt es aber für naturgemäße Folge eines allzustarken Hervortretens der Sozialdemokratie. Da könne man die ursprünglich gesunden und jetzt nur verirrten Volksinstinkte nicht mehr bändigen, ganz so wie es gegenüber den Juden gehe. Anderseits will man auch das an sich erfreuliche Ergebnis des Münchener Fechenbachprozesses nicht nach außen wirksam werden lassen, das die hochgefährliche Wirkung der Eisnerschen Fälschungen endgültig festgestellt hat.[16] Schon haben die

---

15 Der Kasseler Oberbürgermeister und ehem. Reichsministerpräsident Philipp Scheidemann (SPD) wurde am 4. Juni 1922 bei einem Spaziergang in Kassel-Wilhelmshöhe von zwei Männern angegriffen, die ihm Blausäure ins Gesicht spritzten. Scheidemann überlebte das Attentat. Die zunächst flüchtigen Täter konnten Anfang August 1922 festgenommen und als Angehörige der rechtsextremen Organisation Consul identifiziert werden. Vgl. Martin Sabrow: Die verdrängte Verschwörung (1998), S. 35.

16 Troeltsch bezieht sich hier auf den ersten Fechenbach-Prozess, einen Beleidigungsprozess, den Felix Fechenbach (1894–1933), der ehem. Privatsekretär des 1919 er-

Konservativen eine Interpellation eingebracht, die die Schuld der Sozialdemokratie an dem Schulddogma durch den Reichstag feststellen lassen will und damit Kommunisten und Unabhängige zur äußersten Verteidigung der Alleinschuld Deutschlands, d. h. des gehaßten Ancien Régime am Kriege veranlassen wird. Alles nur, damit das Ausland sich auf deutsche Zeugnisse immer neu berufen kann und damit der Wahlkampf gegen die Sozialdemokratie wohl vorbereitet sei! Von dem Wahnsinn der Unabhängigen, denen die deutsche Kriegsschuld so heilig ist wie den Franzosen der Versailler Vertrag, gar nicht zu reden.

So schwere Niederlagen, wie wir sie erlitten haben durch eigene Kurzsichtigkeit und soziale Revolutionen, wie wir sie durch gleiche Kurzsichtigkeit verschärft haben, würden wohl jedes Volk, das davon betroffen wird, für einige Zeit etwas kopflos machen und demoralisieren. Aber es ist zu fürchten, daß die moralischen Durchschnittsqualitäten des modernen Deutschen hier ganz besonders wenig widerstandsfähig waren und sind und daß daher der Heilungsprozeß schwerer sein möchte als irgendwo sonst.

Bei der Korrektur kommt die Nachricht von Rathenaus Ermordung.[17] Vor ein paar Tagen sagte er zu mir, er gehe nie ohne Waffen aus und rechne stets mit der Möglichkeit einer Ermordung! Wer wird der nächste sein? und wie wird die Mark darauf reagieren?

Berlin, 11. 6. [19]22. *Ernst Troeltsch*

---

morderten bayerischen Ministerpräsidenten Kurt Eisner, im Februar 1922 gegen den rechtsnationalistischen Publizisten Paul Nikolaus Cossmann (1869–1942) angestrengt hatte, weil dieser ihn in den „Süddeutschen Monatsheften" der Dokumentenfälschung bezichtigt hatte. Den Hintergrund bildete Fechenbachs Mitwirkung an der von Eisner im November 1918 initiierten Publikation der bayerischen Dokumente zum Kriegsausbruch 1914. Der Prozess endete im Mai 1922 mit einem Freispruch für Cossmann. In der Folge wurde im Oktober 1922 in einem zweiten, bekannteren Prozess vor einem Münchener Volksgericht Fechenbach selbst wegen „Landesverrats" zu elf Jahren Zuchthaus verurteilt. 1924 wurde Fechenbach begnadigt, das Urteil später durch das Reichsgericht in Leipzig aufgehoben. 1933 wurde Fechenbach von der SA ermordet. Vgl. Hermann Schueler: Auf der Flucht erschossen (1981), S. 154 ff.

17 Reichsaußenminister Walther Rathenau wurde am 24. Juni 1922 bei einem Attentat der rechtsextremen Organisation Consul während der Fahrt in einem offenen Automobil auf der Koenigsallee in Berlin-Grunewald erschossen. Vgl. zu Troeltschs Freundschaft mit Rathenau unten, S. 563 und ebd., Anm. 14.

Gefährlichste Zeiten (August 1922)

Editorische Vorbemerkung: Die Edition folgt dem Text, der erschienen ist in: Kunstwart und Kulturwart, hg. von Ferdinand Avenarius, 35. Jg., zweite Hälfte, April bis September 1922, Heft 11, Augustheft 1922, München: Kunstwart-Verlag Georg D. W. Callwey, S. 291–296 (**A**). Der Text erschien im Hauptteil des Heftes und mit der Datumsangabe 7. Juli 1922.

Gefährlichste Zeiten
Berliner Brief

Die amerikanische Anleihe ist abgelehnt, d. h. durch die Franzosen unmöglich gemacht, die die Bedingungen nicht annehmen wollten, welche die – wohlgemerkt, von unseren Feinden selbst ausgewählten – Bankiers als für das Zustandekommen und die Durchführbarkeit unentbehrlich bezeichnet hatten.[1] Neulich besuchten mich zwei Reporter einer christlichen amerikanischen Zeitschrift und legten mir ganz kühl die Frage vor, ob ich nicht glaubte, daß die Folge dieser Ablehnung ein Millionensterben in Deutschland sein werde ähnlich wie in Rußland. Man beruhige sich in Amerika über diesen für Europa bald normalen Zustand mit dem Gedanken, daß die Deutschen durch ihre Kriegsschuld sich dieses Unglück selbst zugezogen hätten. Die Mark fiel auch sofort.

Dann kam das Furchtbarste, die Ermordung Rathenaus,[2] offenbar als Teilstück eines größeren geplanten Rechtsputsches und als Werk der großen und reich mit Geld unterstützten Organisationen, die mit Gewalt gegen die Republik arbeiten wollen. Die Zeitungen fehlen infolge des hiesigen Zeitungsstreiks.[3] Regierungsnachrichten besagen, daß im Reich mehrfach bluti-

---

1 Siehe oben, S. 553, Anm. 10.   2 Siehe oben, S. 557, Anm. 17.

3 Wegen eines Lohnstreiks der Schriftsetzer und Drucker erschienen in Berlin vom 1. bis 11. Juli 1922 keine Zeitungen. Das Informationsdefizit sorgte während der innenpolitischen Unruhen nach dem Rathenaumord für die Ausbreitung zahlreicher Gerüchte über Putschversuche. Vgl. Vossische Zeitung vom 12. Juli 1922 (Abend-Ausgabe): Die Stadt im Dunkeln.

ge Putsche stattgefunden haben, daß in Mannheim das Gewerkschaftshaus gesprengt worden sei.⁴ Hier hat auf Maximilian Harden ein Attentat stattgefunden.⁵ Die Erregung ist ungeheuer wie nach dem Kapp-Putsch.⁶ Die Arbeiter wollen ein Staatsgesetz gegen die Rechte, die Entfernung der antirepublikanischen Beamten, die Bestrafung des Gebrauchs der alten Fahne, eine Diktatur der Gewerkschaften.⁷ Die Regierung denkt schon daran, daß sie – von rechts stets nur bekämpft und im Stich gelassen – die Errichtung einer Arbeiter-Regierung als Konsequenz der Lage ansehen und abdanken muß. Die Unabhängigen sollen in die Regierung eingetreten sein oder ein-

---

4 Auf das Mannheimer Volkshaus wurde am 3. Juli 1922 ein Bombenanschlag verübt. Die von unbekannten Tätern gelegte Bombe explodierte während einer Betriebsräteversammlung im Treppenhaus des Gebäudes. Die Explosion verursachte erheblichen Sachschaden, forderte jedoch keine Toten. Vgl. Frankfurter Zeitung vom 4. Juli 1922 (Zweites Morgenblatt): Vermischte Nachrichten.
5 Der Publizist Maximilian Harden wurde am 3. Juli 1922 in Berlin-Grunewald von rechtsextremen Attentätern mit einer Eisenstange zusammengeschlagen. Harden überlebte den Anschlag schwer verletzt. Eine Verbindung der Attentäter zur Organisation Consul bestand vermutlich nicht. Vgl. Martin Sabrow: Die verdrängte Verschwörung (1998), S. 118 ff und S. 157 f.
6 Auf einen gemeinsamen Aufruf des ADGB und der drei Arbeiterparteien SPD, USPD und KPD hin fand am 27. Juni 1922, dem Tag der Beerdigung Rathenaus, ein reichsweiter „Demonstrationsstreik" zur Verteidigung der Republik statt. Am Rande der in allen Städten stark besuchten Demonstrationen kam es zu zahlreichen Ausschreitungen. Weitere Großdemonstrationen, diesmal ohne größere Zwischenfälle, gab es am 4. Juli 1922 im Rahmen eines von ADGB und Arbeiterparteien ausgerufenen befristeten Generalstreiks. Vgl. Martin Sabrow: Die verdrängte Verschwörung (1998), S. 94 f. und S. 101 f.
7 Am 28. Juni 1922 forderten der ADGB sowie die Arbeiterparteien SPD, USPD und KPD in einer gemeinsamen Resolution ein Gesetz zum Schutz der Republik. Schon am 27. Juni 1922 hatte Reichsjustizminister Gustav Radbruch (SPD) den Entwurf eines Republikschutzgesetzes vorgelegt, das inhaltlich weitgehend der von Reichspräsident Friedrich Ebert am 26. Juni 1922 erlassenen Notverordnung zum Schutz der Republik nach Art. 48,2 der Weimarer Verfassung entsprach. Diese Notverordnung ermöglichte das Verbot republikfeindlicher Vereinigungen, Versammlungen und Veröffentlichungen und berief zur Verfolgung republikfeindlicher Handlungen einen Staatsgerichtshof zum Schutz der Republik beim Reichsgericht in Leipzig. Am 29. Juni 1922 erging eine weitere Notverordnung, in der die Zugehörigkeit zu Vereinigungen, die an Mordanschlägen auf Regierungsmitglieder beteiligt waren, mit der Todesstrafe bedroht wurde. Vgl. Martin Sabrow: Die verdrängte Verschwörung (1998), S. 96 ff.; Heinrich August Winkler: Weimar 1918–1933 (1993), S. 175.

treten wollen.⁸ Die anderen Parteien sind darnach nicht gefragt worden. Der Dollar steht um 500 herum und kann noch weitersteigen!⁹

Wie stets in solchen Fällen erhebt Bayern ernsten Einspruch, und zwar – wie man zugeben muß – aus sehr begreiflichen Gründen. Als Verordnung wolle man sich in der furchtbaren Lage jede Anordnung zum Schutze der Republik gefallen lassen. Ein gegen die Rechte gerichtetes Staatsgesetz sei logisch und juristisch unmöglich;¹⁰ jedenfalls werde sich Bayern, das mühsam genug Ordnung geschaffen habe, einer Berliner Arbeiterregierung niemals beugen, sondern lieber sein Verhältnis zum Reiche lösen. Es könne mit Österreich zusammen ein Staatswesen bilden wie die Schweiz, wobei offenbar eine Art Neutralisation oder ein ähnlicher französischer Schutz vorgesehen ist. Die bayerische Mark werde dann sofort auf die Höhe der tschechischen Krone steigen. So sprach sich neulich ein sehr maßgebender bayerischer Vertreter in der Erregung über den Starrsinn der Linken aus. Als ich antwortete, daß das „Staatsgesetz" allerdings ein Widersinn sei, aber durch die schweren Fehler und Reizungen von seiten der Rechten provoziert worden sei, daß man sich darunter beugen und das naturnotwendige Abflauen der Revolutionsstimmung abwarten müsse und könne, antwortete er, daß er alles das nicht bestreite; aber Bayern sei nun einmal seit 800 Jahren eine Sondermacht und beuge sich unter keinen Umständen mehr unter Berlin, am wenigsten unter ein Arbeiterregiment. Ein deutsches Reich sei eine schwierige Sache. Im siebzehnten Jahrhundert sei es an den Religionskämpfen gescheitert, im neunzehnten am Klassenkampf. Den Träumen und Hoffnungen der Patrioten sei eben nur eine kurze Zeit der Verwirklichung beschieden gewesen. Inzwischen hat der Reichsrat das „Schutzgesetz" mit Majori-

---

8 Weil die Verabschiedung des Republikschutzgesetzes einer Zweidrittelmehrheit im Reichstag bedurfte, forderte die SPD am 28. Juni 1922 eine Erweiterung der Regierungskoalition um die USPD. Dies scheiterte an Zentrum und DDP, die im Gegenzug einen Regierungseintritt der DVP forderten. Vgl. Heinrich August Winkler: Weimar 1918–1933 (1993), S. 178 f.

9 Der Dollar-Wechselkurs schnellte nach dem Rathenaumord auf zeitweise 540 Mark pro US-Dollar hoch. Im Mittel lag der Dollar-Wechselkurs im Juli 1922 bei 493 Mark (gegenüber 317 Mark im Juni 1922 und 290 Mark im Mai 1922). Vgl. Vossische Zeitung vom 12. Juli 1922 (Abend-Ausgabe): Die Stadt im Dunkeln; vgl. Gerald D. Feldman: The Great Disorder (1993), S. 5.

10 Bei einer Besprechung von Reichsregierung und Ländern am 29. Juni 1922 lehnte der bayerische Ministerpräsident Hugo von Lerchenfeld (BVP) den Entwurf für ein Republikschutzgesetz ab und schlug stattdessen eine Regelung durch Ausführungsbestimmungen der Länder zur Notverordnung vom 26. Juni 1922 vor. Vgl. Die Kabinette Wirth I und II (1973), S. 914 ff.

tät angenommen. Die Entscheidung des Reichstags ist kaum fraglich.[11] Das Wetter steht am Himmel. Eine Sezession Bayerns würde die einiger preußischer Provinzen nach sich ziehen. Das Reich wäre zu Ende.

Mit tiefster Sorge sieht das Zentrum diese Entwicklungen. Es hat in einer Parteiversammlung, wo die Vertrauensleute des ganzen Reichs beisammen waren, beschlossen, grundsätzlich den konfessionellen Charakter aufzugeben, sichere Sitze auch Nichtkatholiken anzubieten und alle für eine konservative und die Religion erhaltende Demokratie Geneigten zu sammeln. Es will in zwölfter Stunde die Aufgabe übernehmen, die durchzuführen der demokratischen Partei nicht gelungen ist. Es sind die Ideen Stegerwalds, aber, wie es scheint, nicht unter dem Einfluß Stegerwalds, sondern unter dem Druck einer verzweifelten Situation angenommen. In der Republik, nicht gegen die Republik die Ordnungskräfte sammeln, | in letzter Stunde die Einigung um die Lebensinteressen von Staat und Regierung zu bewirken: das ist der Gedanke. Nur der Zeitungsstreik hat das Bekanntwerden dieser Beschlüsse verhindert, die keine geheimen sind.[12]

Die Sozialdemokraten machen ihre alte Politik. Sie verstehen nicht zu regieren und wollen nicht regieren, weil sie die Bedingungen staatlicher Macht und Ordnung viel weniger verstehen als die parteipolitischer und gewerkschaftlicher Organisation. Sie lassen andere regieren, und wenn ihnen das nicht gefällt, verlangen sie andere Beamte und Anstellung von Sozialdemokraten, Gesetze gegen die Rechte und machen zur Erzwingung dessen allerhand Streike, die alle quälen und schließlich in Verzweiflung bringen, die die Preise steigern und die Wirtschaft schwer schädigen, und die schließlich nur eine Radikalisierung der Regierung herbeiführen, wodurch die Ängstlichen nach rechts getrieben und die Bayern zur Separation veranlaßt werden. Ihre Beschwerden sind begreiflich. Trotz aller Revolution regieren im Grunde die alten Beamten, urteilen die Gerichte im Sinn des alten Systems, werden die Vertreter der Linken ermordet, wird denen der Rechten kein Haar gekrümmt. Die Mörder können mit Hilfe der breiten und reichen Organisationen stets verschwinden, die Helfershelfer finden die Gunst des Gesetzes

---

11 Das Republikschutzgesetz passierte den Reichsrat am 3. Juli 1922. Die Verabschiedung im Reichstag erfolgte am 18. Juli 1922 mit den Stimmen von SPD, USPD, Zentrum, DDP und DVP. Vgl. Heinrich August Winkler: Weimar 1918–1933 (1993), S. 175 f.
12 Die genannten Beschlüsse zur Interkonfessionalisierung wurden auf einer gemeinsamen Sitzung des Parteivorstands und des Parteiausschusses des Zentrums vom 23. bis 26. Juni 1922 in Berlin gefasst, aber erst vier Wochen später, am 23. Juli 1922 öffentlich gemacht. Vgl. Rudolf Morsey: Die Deutsche Zentrumspartei 1917–1923 (1966), S. 468 f. Zu Stegerwalds Programm siehe oben, S. 364, Anm. 4.

und werden freigesprochen. Insbesondere ist die Linke erbittert gegen die Universitäten, die ihnen – und dem gesamten Ausland – als Herd des Kampfes gegen die Republik gelten. Neulich trat mir ein Reichsminister ganz einfach mit den Worten entgegen: „Nun werden wir die Universitäten auflösen. Wir werden doch immer betrogen." Aber bei alledem ist doch mehr im Spiel. Auch die Mehrheitssozialdemokraten werden gegen eine Politik der Mitte und der Schonung der wirtschaftlichen Möglichkeiten mißtrauisch und um ihrer Massen willen dem Radikalismus geneigter.

Die ausländischen Legationen sind in großer Aufregung. Sie fürchten Bürgerkrieg und Chaos, sehen bei dem rasenden Fallen der Mark keine Möglichkeit, die Reparationen zu bezahlen, befürchten internationale Verwicklungen und haben eine Ahnung davon, daß einmal alle Rettungsaktion zu spät kommen könne. Sie sehen klar die Entwertung jeder Regierung durch die verhüllte Fremdherrschaft, durch die Verzögerung jedes Erfolges, die Wirkungen des Versailler Friedens. Aber jeder ernsthafte Erfolg, etwa eine Milderung der Besetzung, wird gleichzeitig von ihnen als unmöglich bezeichnet. Man weiß uns nur den Eintritt in den Völkerbund vorzuschlagen, was ja auch Lloyd George in England in öffentlicher Rede als Auskunftsmittel bezeichnet hat![13] Daß eine deutsche Regierung durch Eintritt in das Vollstreckungsorgan des Versailler Friedens und durch beständiges Überstimmtwerden nicht an Ansehen und Kraft gewinnen wird, sehen auch sie ein. Allein sie wissen nichts anderes und können nichts anderes. Über die Haltung der Franzosen ist nichts zu erfahren.

Alles das ist die trübselige Ausbeute eines trübseligen Festabends, den ich mit den Spitzen der Regierung und der Gesellschaft zu Ehren eines auswärtigen Gastes zugebracht habe! In vier Wochen wird man mehr wissen. Ich begnüge mich, alles das ganz trocken zu verzeichnen. Die Dinge sprechen für sich selbst: es ist die Gefahr des Bürgerkrieges, des Chaos und der Reichsauflösung. Nur der Export verzeichnet infolge des Marksturzes wieder eine Hebung, dagegen beginnt die inländische Preissteigerung kata-

---

[13] Auf einer Kundgebung für den Völkerbund in London sprach sich der britische Premierminister Lloyd George am 25. Juni 1922 für eine Aufnahme Deutschlands in den Völkerbund aus. Die „Vossische Zeitung" zitierte Lloyd George: „Wir wollen, daß alle Völker im Völkerbunde vertreten sein mögen. Ich wünsche, daß Deutschland zugelassen wird. Wenn dem Völkerbunde ein derartiger Vorschlag unterbreitet werden würde, so würde der englische Vertreter zu Gunsten Deutschlands stimmen." Vossische Zeitung vom 26. Juni 1922 (Abend-Ausgabe): Lloyd Georges Nachruf auf Rathenau. Der britische Botschafter in Berlin Lord D'Abernon war schon im Mai 1922 angewiesen worden, bei der deutschen Regierung für einen Aufnahmeantrag beim Völkerbund zu werben. Vgl. Christoph M. Kimmich: Germany and the League of Nations (1976), S. 40 ff.

strophal zu werden. Sie ist doch die letzte Ursache der furchtbaren allgemeinen Erregung. Die Politik wird immer mehr eine Frage des Lebens und der Lebensmittel! |

Im Mittelpunkt all dieser Schrecken steht, selbst eine der Ursachen des Marksturzes, das furchtbare Ereignis der Ermordung Rathenaus. Er war der glänzendste Mann der Regierung, ein Vertreter der höchsten geistigen und finanziellen Aristokratie, im höchsten Grade sozial-fortschrittlich gesinnt, ein weltberühmter Schriftsteller, ein glühender Patriot, ein bis zu einem gewissen Grade erfolgreicher Minister. Unterstützt allerdings von den Ergebnissen der weltwirtschaftlichen Entwicklung und der seit dem Frieden verlaufenen Zeit hat er endlich den Bruch mit den Diktatmethoden und das System gleichberechtigter Verhandlungen erreicht. Er war mit seinem Ansehen und seinen Weltverbindungen im Moment der einzige für den Posten geeignete Mann, kannte die Spielregeln der vornehmen und diplomatischen Welt und war ein furchtloser, aufrechter Mann, der den Gegnern aus den wirklichen letzten Gründen der furchtbaren Lage in Deutschland und in der Welt kein Geheimnis gemacht hat. Gerade diesen Mann, der ein letzter Pfeiler des Kredites war, mußte die Mörderorganisation der deutschen Faszisten zu Fall bringen! Kein Wunder, daß der Eindruck erschütternd ist. Hinter diesem Morde drohen Bürgerkrieg und Chaos. Jetzt eine Reichstagsauflösung, und jede Wahlversammlung wird ein Schlachtfeld mit Handgranaten und Maschinengewehren.

Ich war mit Rathenau nahe befreundet und habe an anderem Orte, in der Neuen Rundschau, ihm Worte des Gedenkens gewidmet, die man niederschreiben kann, aber die zu sprechen ein heißes Würgen in der Kehle mir fast unmöglich machte.[14] Ich will das hier nicht wiederholen. Die Hauptsa-

A 294

---

14 Vgl. Ernst Troeltsch: Dem ermordeten Freunde, in: Die Neue Rundschau, 33. Jg., Heft 8 (August 1922), in: KGA 15, S. 469–475. Es handelt sich um den Abdruck einer Rede, die Troeltsch am 29. Juni 1922 bei einer Rathenau-Gedenkveranstaltung der Deutschen Gesellschaft 1914 gehalten hatte. Troeltsch hatte Walther Rathenau in den letzten Jahren des Ersten Weltkriegs wohl zuerst durch den Dahlemer Spaziergang näher kennengelernt. Friedrich Meinecke berichtet in seinen Erinnerungen, „gegen Ende des Krieges" habe „unaufgefordert auch zuweilen Walter [sic!] Rathenau, der uns im Grunewald auflauerte und sich anschloß", an dem Spaziergang teilgenommen. Meinecke schreibt weiter: „Er war mir etwas zu geistreich und künstlich, wie es der kultivierte Jude zuweilen ist. Troeltsch gab sich williger seiner blendenden Klugheit hin, wie denn Troeltsch überhaupt in seiner Allempfänglichkeit gern sozusagen auf der Tauentzienstraße des modernen Lebens spazieren ging und sich begrüßen ließ [...]." Vgl. Friedrich Meinecke: Autobiographische Schriften (1969), S. 236 f. Von der wachsenden Intensität des Kontakts zeugt der Briefwechsel von Troeltsch und Rathenau im Mai und September 1918; vgl.

che ist: er war ein glänzend begabter Mensch, ein feuriger und entschlossener Patriot und vermochte als anerkannter Schriftsteller und als Jude in diesem Moment Eigenschaften für die deutsche Sache einzusetzen, die ihr so nützlich waren, als in dem furchtbaren Zustande überhaupt etwas nützlich sein kann. Ich habe die Kriegsjahre und die stets wachsende Klarheit über die Unmöglichkeit eines Sieges und über die Abneigung der leitenden Militärspitzen gegen einen unter diesen Verhältnissen möglichen Frieden mit ihm durchlebt. Ich war mit ihm zusammen, als er mit allen Mitteln den von Ludendorff binnen vierundzwanzig Stunden geforderten Waffenstillstand zu verhindern suchte, weil er in ihm eine Ergebung auf Gnade und Ungnade sah und über die Ungnade sich keine Illusionen machte. Er sah in dem übereilten Waffenstillstande den politischen und wirtschaftlichen Tod.[15] Ich habe dann weiterhin mit ihm die politische Lage immer von neuem durchgesprochen, bis er – zögernd genug – Minister wurde und ich ihn dann nur mehr selten sah. Aber diese Ministerstellung und die ganze amtliche Politik war unter diesen hoffnungslosen Verhältnissen für ihn nur eine Pflichterfüllung. Seine eigentliche Lebensidee war die einer geistigen Führung der Nation, bei der er Geschäft und Finanz mit Geist und Sittlichkeit, Geist und Denken mit realer Einstellung auf die sozialen Verhältnisse und Probleme erfüllen wollte. Er war oder wollte sein die Synthese des ökono-

---

Walther Rathenau: Briefe, Teilband 2 (2006), S. 1961 und S. 1975 → KGA 21. Während der Revolution beteiligte sich Troeltsch am 16. November 1918 an der von Rathenau initiierten Gründung des Demokratischen Volksbundes, der allerdings bereits am 26. November 1918 wieder aufgelöst wurde. Vgl. KGA 15, S. 464 f.

15 Vgl. Walther Rathenau: Ein dunkler Tag, in: Vossische Zeitung vom 7. Oktober 1918 (Morgenausgabe); darin kritisierte Rathenau das aufgrund des Ultimatums der OHL vom 29. September 1918 ergangene deutsche Waffenstillstandsgesuch als „übereilt" und forderte, im Falle „unbefriedigender" Waffenstillstandsbedingungen der Alliierten eine „Erhebung des Volkes" einzuleiten. Troeltsch schrieb dazu am 19. Oktober 1918 in einem Brief an Heinrich Weinel: „Auch ich kenne den Artikel Rathenaus; er ist auf Grund einer Abrede mit mir geschrieben u[nd] schien mir (abgesehen von Überschrift u[nd] Anfang) damals gut, heute nicht mehr." In „Dem ermordeten Freunde" (siehe oben, Anm. 14) schrieb Troeltsch 1922: „Rathenau wollte, über jedes amtliche Vorkommnis genau unterrichtet, mit allen Mitteln die Abschließung des Waffenstillstandes verhindern, den damals Ludendorff als in 24 Stunden nötig bezeichnete. Seine Weltkenntnis sagte ihm, daß das der politische und wirtschaftliche Tod sein würde. Er wollte damals mit mir zusammen einen Aufruf zur Levée en masse veröffentlichen, um das zu verhindern. Ich war der gleichen Ansicht, meinte aber, diese *habe* schon stattgefunden, und wenn man keine neuen Führer wisse, so sei erst recht nichts zu hoffen. So hat er den Aufruf allein veröffentlicht." KGA 15, S. 471 f.

mischen Realismus mit einem idealen sittlichen Schwung. Er war in letzter Linie Sozialidealist und Moralist. Ein Ministerium unter den Bedingungen der Fremdherrschaft zu führen war nicht sein Ehrgeiz.

So hielt er die grundsätzliche Moralinfreiheit, das vergröberte Nietzschetum, den brutalen Zynismus einer scheinbar heroischen Schneidigkeit, den überheblichen und kurzsichtigen Kastengeist und Egoismus der zu keiner Konzession zu bewegenden Herrenschicht, die uns von den Engländern so sehr unterscheidende Unelastizität unserer Herrenschicht, die Verantwortungslosigkeit unserer alle Welt in schwieriger Situation aufreizenden Intellektuellen, die einseitig geschäftliche, politisch und geistig gleichgültige Haltung unserer Großindustriellen für unser schwerstes Unglück. Die Herrenklasse und die Intellektuellen hätten aus dem Kriege und der gegen uns gerichteten Weltpropaganda nichts gelernt und wollten heute noch nichts lernen. Dies werde zu ihrem völligen und endgültigen Sturze führen trotz vieler glänzender Eigenschaften. Eine neue Gesellschaftsschicht müsse kommen, aber woher? Er hoffe auf die Nachkommen der heutigen Arbeiterschaft, die die Tüchtigkeit dieser Klasse zu Staats- und Nationalgefühl und zu Ehrfurcht vor der geistigen Kultur und Religion reifen lassen werde.

Wie dieser moralische Gegensatz gegen die romantisierte und gegen die nackt-brutale Moralinfreiheit zu verstehen ist, das ist leicht an ein paar Beispielen klar zu machen. Der neue Band des Spenglerschen Buches handelt an einer Hauptstelle vom Neuen Testamente. Das einzige Wort in diesem, das vornehme Rasse habe, sagt er, sei das Pilatuswort: Was ist Wahrheit? So spreche der Vornehme und Mächtige, der den Aberglauben der Philosophen, Doktrinäre und Utopisten an den Geist nicht kenne. Der Sinn der Geschichte sei Kampf, Blut, Krieg und die Erfüllung eines großen Schicksals. Die Antwort Jesu, daß *sein* Reich nicht von dieser Welt sei, sei völlig richtig. Sein Ethos gehöre nicht in die Wirklichkeit und die Geschichte, sondern in das Reich des Rasselosen und Unwirklichen, von dem der Historiker nur konstatieren könne, daß es in ohnmächtigen Exemplaren existiere, aber mit dem Sinn der Geschichte nichts zu tun habe.[16] „Jede moralische Handlung ist ein Stück Askese und Abtötung des Geistes. Und eben damit steht

---

16 Oswald Spengler: Der Untergang des Abendlandes, 2. Band, (1922), S. 262 f.: „In der berühmten Frage des römischen Prokurators: Was ist Wahrheit? – das einzige Wort im Neuen Testament, das Rasse hat – *liegt der ganze Sinn der Geschichte*, die Alleingeltung der Tat, der Rang des Staates, des Krieges, des Blutes, die ganze Allmacht des Erfolges und der Stolz auf ein großes Geschick. Darauf hat nicht der Mund, aber das schweigende Gefühl Jesu mit der andern, über alles Religiöse entscheidenden Frage geantwortet: *Was ist Wirklichkeit?* Für Pilatus war sie alles, für

sie außerhalb des Lebens und der geschichtlichen Welt."[17] „Die Tatsachenwelt der Geschichte kennt nur den *Erfolg*, der das Recht des Stärkeren zum Recht aller macht. Sie geht erbarmungslos über die Ideale hin, und wenn je ein Mensch oder Volk auf die *Macht* der Stunde verzichtet hat, um gerecht zu sein, so war ihm wohl der theoretische Ruhm in jener zweiten Welt der Gedanken und Wahrheiten gewiß, aber auch der Augenblick, wo er einer anderen Lebensmacht erlag, die sich besser auf Wirklichkeiten verstand als er."[18] Das ist der Geist, den Rathenau für unser Unglück hielt, den er uns um unsere Ehre in der Welt bringen sah, den er zum Bürgerkrieg auswachsen fühlte, dem er daher stets von neuem *seine* Synthese von sozialer Realität und idealem Glauben entgegen stellte. Spengler wird wohl sagen, dafür habe auch er, Spengler, Recht behalten und Rathenau das Feld der Wirklichkeit räumen müssen. Aber wir werden dafür auch diese Ermordung der Ideen teuer bezahlen müssen.

Oder ein anderes Beispiel! Ich habe ziemlich genau vor einem Jahr in diesen Briefen über eine Unterhaltung mit einem Großindustriellen berichtet,[19] der im allgemeinen die bekannten Theorien von der Ersetzung des Staates durch Wirtschaftsorganisationen und Wirtschaftsführer vertrat und auf den Einwurf, daß die Arbeiterschaft sich das nicht gefallen lassen werde, die Luftreinigung durch einen Bürgerkrieg für allerdings unvermeidlich erklärte. Die Regierung müsse eingeschüchtert, Kompromißlustigen der Eintritt in sie verleidet werden. Die Massen und der Bürger seien feige. Mit ein paar

---

ihn selbst nichts. Anders kann echte Religiosität der Geschichte und ihren Mächten niemals gegenüberstehen, anders darf sie das tätige Leben nie einschätzen, und wenn sie es dennoch tut, so hat sie aufgehört Religion zu sein und ist selbst dem Geist der Geschichte verfallen. *Mein Reich ist nicht von dieser Welt* – das ist das letzte Wort, von dem sich nichts abdeuten läßt und an dem jeder ermessen muß, wohin Geburt und Natur ihn gewiesen haben. Ein Dasein, das sich des Wachseins bedient, oder ein Wachsein, welches das Dasein unterwirft; Takt oder Spannung, Blut oder Geist, Geschichte oder Natur, Politik oder Religion: hier gibt es nur ein Entweder-Oder und keinen ehrlichen Vergleich." (Hervorhebungen i. O.) Eine ausführliche Rezension des zweiten Bandes des „Untergang des Abendlandes" von Troeltsch erschien posthum in der „Historischen Zeitschrift", Band 32 (1923), in: KGA 13, S. 635–646.

[17] Oswald Spengler: Der Untergang des Abendlandes, 2. Band (1922), S. 424: „[J]ede moralische Handlung ist im tiefsten Grunde ein Stück Askese und Abtötung des Daseins. Und eben damit steht sie außerhalb des Lebens und der geschichtlichen Welt."

[18] Ebd., S. 450 (ohne Hervorhebung von „Macht").

[19] Im Berliner Brief „Nach der Annahme des Ultimatums" im Juliheft 1921 des „Kunstwarts" (34. Jg., Heft 10), siehe oben, S. 427 f.

hundert Mann, die zu allem entschlossen seien, könne man alles erreichen. Moralisch sei das unangenehm und widerwärtig, aber die | Weltgeschichte sei nicht sentimental. Das Blut, das am Anfang der Revolution nicht geflossen sei, müsse bei ihrem Ende fließen. Das war alles theoretisch gemeint. Man hat ja auch derartiges in den Zeitungen immer wieder gelesen. Aber aus der Theorie und den Zeitungsartikeln ist eine furchtbare Organisation geworden, und diese Organisation hat Rathenau getötet. Er ist völlig logisch gerade dem Geiste erlegen, den zu bekämpfen er für seine Hauptaufgabe gehalten und den er in seiner praktischen Gefährlichkeit gekannt, aber nie gefürchtet hat.

Rathenau ist auf der Schanze und mit dem Bewußtsein um die Gefahr, in der er schwebte, gefallen, allen Freunden ein grauenvoller Schmerz, für das Vaterland eine Katastrophe, für das Ausland eine Unbegreiflichkeit und ein neuer Beweis der Barbarei der deutschen Herrenschicht, womit das Dogma von der Kriegsschuld neu belebt werden kann.

Aber was nun? Die am Anfang erwähnten Dinge geben die erste Antwort, soweit sie jetzt schon möglich ist. Im übrigen ist die Tragweite heute noch nicht abzuschätzen. Entschlossener Zynismus kann wohl etwas ausrichten. Aber im Endergebnis kann er nur jede Mittelbildung und damit das Reich vernichten. Schon sind die Sozialisten dabei, unter der Firma des „Schutzes der Republik" Bürgertum und Intellektuelle zu knebeln, da sie ja doch nur Gegenrevolutionäre seien und eine Politik der Mitte ihrer niemals Herr werden könne. Französische Politik, Rechtsradikalismus und Linksradikalismus haben in gegenseitiger Unterstützung in der Tat die Politik der Mitte gestürzt.

Nur eine vielleicht etwas tröstliche Folge ist hervorzuheben. Die Dinge müssen auf der Rechten doch zu einiger Besinnung führen und haben auch dazu geführt. Die weitere Schürung dieses Geistes ist unmöglich. Die Monarchie ist ja durch die Ereignisse ferner gerückt als je. Die Fremdherrschaft und die neuen Verhältnisse erscheinen dauernder als sie ein ungeduldiger Patriotismus zu ertragen, und die soziale Umschichtung gründlicher, als sie Wut und Ingrimm der entthronten oder doch zurückgeschobenen Klasse hinzunehmen geneigt ist. Die Analogien mit 1813 erscheinen täuschender und gefährlicher als je. Es kommt vor allem auf Ordnung, Behauptung der wirtschaftlichen und geistigen Kultur, Überführung der Revolution in geordnete und regierungsfähige Zustände an. Den Arbeitern kann alles bleiben und werden, was die Lage vernünftiger Weise gestattet, aber eine Arbeiterdiktatur wäre die Ausrottung des Mittelstandes und der geistigen Kräfte, zugleich ein wildes Luxurieren des schlechten und abenteuerlichen Kapitalismus an Stelle des rettenden und produzierenden. Nur auf dem Boden der Republik, nicht gegen die Republik ist Ordnung möglich. Nur unter ihrer Voraussetzung ist gegen eine reine Arbeiterregierung aufzukommen, nicht bei ihrer Leugnung, Bestreitung oder nur äußerlichen Erduldung. Das wird und muß man in immer weiteren Kreisen einsehen. Erst dann kann es wieder einen deutschen Staat und ein deutsches Volk geben und damit die Hoffnung auf Wendung der Fremdherrschaft zu irgendeiner wohl nicht allzu nahen Zeit.

Berlin, den 7. Juli 1922 *Ernst Troeltsch*

Die Verösterreicherung (Oktober 1922)

Editorische Vorbemerkung: Die Edition folgt dem Text, der erschienen ist in: Kunstwart und Kulturwart, hg. von Ferdinand Avenarius, 36. Jg., erste Hälfte, Oktober 1922 bis März 1923, Heft 1, Oktoberheft 1922, München: Kunstwart-Verlag Georg D. W. Callwey, S. 39–43 (**A**). Der Text erschien im Hauptteil des Heftes und mit der Datumsangabe 11. September 1922. Wie schon in den Vorjahren, war auch 1922 das Septemberheft des „Kunstwarts" ferienbedingt ohne Troeltschs Kolumne erschienen.

Die Verösterreicherung
Berliner Brief

Aus dem Sommernachtstraum meiner Ferien, die ich wieder in meiner bayrischen Heimat zugebracht habe,[1] finde ich mich zunächst nur schwer in die Verworrenheiten, Furchtbarkeiten und Zukunftssorgen der Lage zurück.

---

1 Troeltsch verbrachte seinen Sommerurlaub im August 1922 in Ambach am Starnberger See (Oberbayern) in einem Ferienhaus des Erlanger Industriellen Rolf Hoffmann (1888–1951). In einem Brief an Friedrich von Hügel schrieb Troeltsch am 24. August 1922 über seinen Urlaub: „Jetzt bin ich allein in einem Häuschen, das ein Mittelding zwischen Wildnis und komfortablem Landhaus ist, dicht am Wasser. Ich schwimme, segle, rudere, laufe und bringe dabei meinen Körper wieder in die Höhe. Das Materielle ist nicht ganz erster Ordnung. Man ist auf ein bayerisches Landwirtshaus angewiesen, das sehr teuer und sehr schlecht ist. Doch wohnt im gleichen Hause eine russische Familie, die offenbar von ausländischer Valuta lebt und deren höchst ausgiebiges Frühstück ich zu teilen pflege. Es ist eine etwas sonderbare Einladung, aber in der Verrücktheit der gegenwärtigen Welt ist alles möglich, und die Hauptsache ist, daß ich mich in dieser Wildnis gut befinde."
→ KGA 21. Rolf Hoffmann, der bei dem mit Troeltsch befreundeten Erlanger Philosophieprofessor Paul Hensel promoviert worden war, hatte im Juni 1922 in Erlangen unter dem Dach der Kant-Gesellschaft eine Privatakademie, die Akademie auf dem Burgberg (später Philosophische Akademie, aufgelöst 1926), gegründet und Troeltsch als ersten Präsidenten für das Kuratorium der Akademie gewonnen. Außer Troeltsch gehörten dem Kuratorium u. a. Rudolf Eucken, Paul Hensel, Edmund Husserl, Per Efraim Liljequist, Paul Natorp und Heinrich Rickert an. Vgl. KGA 16, S. 141 (Editorischer Bericht) und KGA 17, S. 58 f. (Editorischer Bericht).

Noch habe ich nicht genug erfahren, um einen Überblick geben zu können. Es muß bei einigen mehr oder minder zufälligen Streiflichtern bleiben. Wieder in die Reparationskommission und infolgedessen in die Verösterreicherung[2] immer weiter hinein: das ist ohnedies deutlich genug.

Die Hauptsache ist die finanzielle Katastrophe, der Zusammenbruch der deutschen Währung.[3] Das empfand man auch in dem kleinen Dorfe des Ferienaufenthaltes. Die Preise gingen auch dort sprunghaft von Tag zu Tag mit dem Dollar, und die anwesenden paar Geschäftsleute ließen sich täglich den Kursstand telefonieren, um völlig verzweifelte Kommentare daran zu knüpfen: das war ja das Gespenst, das immer im Hintergrunde stand und das jetzt in die gemeine Wirklichkeit eingetreten ist. Das Scheitern der Sanierungskonferenzen, die Ablehnung des Spruches der Bankierkommission durch Frankreich und die Erschütterung des Vertrauens in die innere Sicherheit Deutschlands durch die Ermordung Rathenaus: das alles zusammen hat das Gespenst in Realität verwandelt. Die Illusionen und Hoffnungen, auch der Ausländer, sind zu Ende. Die Furchtbarkeit und Hoffnungslosigkeit der Weltlage und der deutschen und mitteleuropäischen insbesondere, ist heute handgreiflich. Es ist eine sehr trübselige Genugtuung, daß ich heute sagen kann, ich hätte stets auf diesen Punkt als den entscheidenden hingewiesen. Die Assignaten-Wirtschaft der französischen Revolution ist durch die Weltkriege Napoleons und deren Gewinne an Gut und Prestige liquidiert worden. Wir dagegen haben unsere Ersparnisse und unsere Substanz aufgebraucht und brauchen sie noch auf. Es ist | unausdenkbar, was werden soll, wenn sie erst einmal vollständig verbraucht sind: Kleider, Möbel, Geräte, Häuser, Wohnungen, Maschinen. Dazu brauchen unsere inneren Verhältnisse, die Angst vor Sozialismus und Kommunismus, die Uneinigkeit und die mörderischen Verschwörungen, die Ohnmacht des Regierungsapparates, der Kampf Bayerns gegen das Reich, den Kredit, soweit ihn die Reparationspflichten übrig lassen, vollends auf. Über die erschütternde Wirkung der politischen Morde und des Antisemitismus im Auslande haben mich zahlreiche Gespräche mit Ausländern, die ich in dem großen Hotel eines Nachbarortes traf, erschütternd belehrt.

Dabei ist es recht unterrichtend, die verschiedenen Auffassungen der Lage, die man draußen hat – und von draußen kommt augenblicklich das Schicksal –, wahrzunehmen. Viele sind, wie wir, der Meinung, daß das Valutaelend an den unerfüllbaren Reparationspflichten, den Devisenkäufen der

---

2 Zu Österreich siehe oben, S. 461, Anm. 13.
3 Im September 1922 lag der Dollar-Wechselkurs der deutschen Mark bei im Mittel 1 466 Mark pro US-Dollar (gegenüber 493 Mark im Juli 1922). Vgl. Gerald D. Feldman: The Great Disorder (1993), S. 5.

Reichsregierung und den spekulativen Deckungen in ausländischer Währung liege, wodurch viele der unserigen der Katastrophe sich zu entziehen suchten. Der Kampf der französischen Politik gegen Keynes und seine täglich wachsende Anhängerschaft, die Voranstellung politischer und wirtschaftlicher Zertrümmerungsabsichten vor die eigene finanzielle Rettung, wie sie als Wesen der französischen Politik erscheint, ist dann der eigentliche und letzte Grund des Elends. Ein schwedischer Herr meinte, Poincaré verdiene eine eigene und neue, allerfürchterlichste Hölle, da er inmitten einer geistigen und materiellen Hochkultur eine Zerstörung bewirke, wie sie mit gleicher Frivolität und Ungeheuerlichkeit noch niemals irgend jemand betrieben habe. Bei anderen aber findet man daneben oder davor auch noch andere Auffassungen. Ein sehr kluger und geistreicher dänischer Nationalökonom fand den Schlüssel der Situation in Deutschland selbst, in der Flucht vor der Mark, in den deutschen Auslandsguthaben, die die Steuerpolitik, ein geordnetes Budget und eine kalkulierte Verwaltung unmöglich machen. Die Deutschen gäben auf diese Weise selber ihre Währung auf. In der Tat hat z. B. ein bekannter Antiquariatsverlag jüngst seine Kataloge mit Preisnotierungen in Franken verschickt; ein Russe, der in Potsdam ein Haus kaufen wollte, sollte den Preis in Dollars erlegen.[4] Solche Vorgänge wird es mehr geben. Es steckt in alledem nicht bloß der Kampf gegen das ständig sich mehr entwertende Geld, sondern – bei den Auslandsguthaben – die Angst vor der Sozialisierung und der Steuer, die Festigung der Position der Großindustrie in den inneren Kämpfen usw. Diese Flucht vor der Mark und vor der eigenen Politik sei der eigentliche Grund der Katastrophe und des Scheiterns aller Konferenzen und des sinkenden Kredits. Von da aus sind dann nur noch ein paar Schritte zu der französischen Behauptung, wir ruinierten selbst unsere Valuta, um uns als zahlungsunfähig zu erweisen, eine Behauptung, die in der jetzigen Weltpropaganda gegen uns eine große Rolle spielt und die beginnende moralische Isolierung der Franzosen lösen soll.[5]

---

4 Es handelt sich vermutlich um ein Mitglied der von Troeltsch im Brief an Friedrich von Hügel vom 24. August 1922 (siehe oben, Anm. 1) erwähnten russischen Familie.

5 In Reaktion auf den beschleunigten Kurssturz der deutschen Währung beantragte die Reichsregierung am 12. Juli 1922 bei der alliierten Reparationskommission, Deutschland über das Moratorium vom Mai 1922 hinaus (siehe oben, S. 548, Anm. 1) die Reparationszahlungen für 1922 gänzlich zu stunden und es auch für 1923 und 1924 von Barzahlungen zu befreien. Während britische Vertreter Entgegenkommen signalisierten, zeigte sich die französische Regierung ablehnend. Ministerpräsident Poincaré interpretierte den Sturz der Mark als betrügerischen Bankrott. Eine Konferenz der alliierten Regierungen in London vom 7. bis 14. August 1922 endete ohne eine Einigung (hierauf bezieht sich wohl Troeltschs

Es wird eine der wichtigsten Aufgaben sein, hier Klarheit für die Welt zu schaffen und die richtigen Tatsachen festzustellen. Es ist dagegen zunächst das eine zu sagen, daß von diesen Dingen die Grundtatsache unberührt bleibt, daß nämlich die Reparationen über Leistung und Vermögen weit hinausgehen und daß dem Ausland mehrfach Maßregeln gegen unsere Kapitalflucht vorgeschlagen, aber von diesem stets im Interesse seiner Banken abgelehnt worden sind.[6] Vor allem aber fehlt jede klare Einsicht in die Höhe der geflüchteten Beträge. Sie werden meist ungeheuerlich | übertrieben. Mein dänischer Gewährsmann berechnete sie für Dänemark auf drei Milliarden Goldmark und nahm für die größeren Länder entsprechend höhere Summen an. Hier fehlt aber jede Genauigkeit und Sicherheit. Überdies ist die Anlegung solcher Reserven doch wohl der einzige Schutz gegen die durch innere und äußere Wirren bedrohte völlige Verelendung.

Wie das internationale Kampfspiel um die deutschen Reparationen steht, ist im Augenblick schwer zu sagen, wo die belgischen Sonderverhandlungen so verschieden gedeutet und ihr Scheitern so entgegengesetzt erklärt werden,[7] das wechselt alles von Tag zu Tage. Klar ist nur, daß die Stellung der Engländer in diesem Kampfspiel nicht sehr stark ist und durch die griechische Niederlage im vordern Orient weiter geschwächt worden ist,[8] daß eine

---

Anmerkung zum „Scheitern aller Konferenzen"). Die Reparationskommission stellte daraufhin am 31. August 1922 die Entscheidung über das deutsche Ersuchen zunächst zurück. Vgl. Die Kabinette Wirth I und II (1973), S. LXIII ff.

6 Nachdem die Reichsregierung schon am 28. Mai 1922 Maßnahmen zur Eindämmung der Inflation in Deutschland zugesagt hatte (siehe oben, S. 548, Anm. 1), verpflichtete sie sich am 18. Juli 1922 gegenüber der Reparationskommission u. a. zu einer Verschärfung des deutschen Kapitalfluchtgesetzes. Am 21. Juli 1922 stellte die Reichsregierung diese Maßnahme allerdings unter den Vorbehalt eines positiven Bescheids des deutschen Moratoriumsgesuchs vom 12. Juli (siehe oben, Anm. 5). Vgl. Die Kabinette Wirth I und II (1973), S. 954 ff.

7 Angesichts der deutschen Zahlungsschwierigkeiten bot die belgische Regierung im August 1922 an, die ihr in 1922 zustehende Reparationsrate statt als Barzahlung auch in Form von Schatzwechseln mit sechsmonatiger Laufzeit, gedeckt durch die Goldreserven der Reichsbank, anzunehmen. Die deutsch-belgischen Verhandlungen hierüber wurden jedoch am 9. September 1922 zunächst abgebrochen, da die deutsche Seite eine Deckung durch die deutschen Goldreserven ablehnte und zudem eine längere Laufzeit der Wechsel wollte. Vgl. Die Kabinette Wirth I und II (1973), S. XLIV–XLV.

8 Mit dem Beginn der türkischen Großoffensive in Zentralanatolien trat am 26. August 1922 der Griechisch-Türkischen Krieg (1919–1922) in seine letzte Phase ein. Am 30. August 1922 erlitt die griechische Armee in der Schlacht von Dumlupinar eine kriegsentscheidende Niederlage. Am 9. September 1922 eroberten

wirkliche Hilfe für Europa nur von Amerika kommen könnte, daß aber die Amerikaner wenig Lust und vielleicht auch wenig Einblick haben. Sie können und wollen die wirkliche Situation in Deutschland nicht begreifen und decken ihr Gewissen hinter das Schulddogma. Das verspricht böse Folgen und kann zuletzt zur Unmöglichkeit jeder Regierung in Deutschland führen. Von der Hoffnung, durch Belehnung Rußlands mit Hilfe einer Anleihe die Welt wieder zu beschäftigen und zu ernähren, ist es ganz still geworden.[9] Was das Urquart-Unternehmen am Ural bedeutet, wird sich erst zeigen müssen. Jedenfalls ist ein analoges Unternehmen von Krupp gescheitert.[10] Die russische Regierung selbst scheint von der Türkei aus die europäische Lage aufrollen zu wollen. Indessen schrecken die russischen Rechtsverhältnisse, die sich in dem Prozeß gegen die Sozialrevolutionäre wieder als absolut parteiisch und den Interessen der herrschenden Bolschewiken dienstbar erwiesen haben,[11] das Kapital der ganzen Welt ab. Und ohne dieses gibt es heute noch weniger als je in der modernen Welt eine Heilung. Es kann sich nur darum handeln, es richtig zu dirigieren und geordnete Verhältnisse zur Entfaltung seiner produktiven Kraft zu schaffen. Das wird meines Erachtens jeder Tag der Welt deutlicher klarer machen, einerlei, ob einem der Kapitalismus als solcher gefällt oder nicht. Auch das neue, durchaus nicht durchsich-

---

die türkischen Truppen Smyrna (Izmir). Vgl. David Fromkin: A Peace to End All Peace (1989), S. 544 ff.

9 Siehe dazu oben, S. 493, Anm. 7.
10 Leslie Urquart, Direktor der britischen Russia-Asiatic Consolidated Corporation, und der russische Volkskommissar für Außenhandel Leonid Krassin unterzeichneten am 9. September 1922 in Berlin einen Vertrag, in dem die sowjetrussische Regierung der Russia-Asiatic Consolidated Corporation ihre nach der Oktoberrevolution enteigneten Bergwerke zurück verpachtete. Allerdings stoppte die sowjetrussische Regierung auf Druck Lenins im Oktober 1922 die Ratifizierung des Vertrags. Vgl. Thomas S. Martin: The Urquart Concession and Anglo-Soviet Relations (1972). Bereits im Januar 1922 hatte die sowjetrussische Regierung der Friedrich Krupp AG eine Konzession für die Bewirtschaftung von ca. 25 000 Hektar landwirtschaftlicher Fläche in der Manytschniederung erteilt. Die Firma Krupp war von dem Vertrag kurz darauf zurückgetreten, weil sie angeblich den Konzessionspreis von 150 Mio. Goldmark nicht aufbringen konnte. 1923 kam das Geschäft aber doch noch zustande. Vgl. Horst Günther Linke: Deutsch-sowjetische Beziehungen bis Rapallo (1970), S. 173.
11 Der Prozess gegen die Führung der links-anarchistischen Partei der Sozialrevolutionäre vor einem Revolutionstribunal in Moskau im Sommer 1922 war der erste politische Schauprozess in Sowjetrussland. Er endete am 7. August 1922 mit 14 Todesurteilen. Vgl. Richard Pipes: Russia under the Bolshevik Regime 1919–1924 (1994), S. 403–409.

tige Stinnes-Abkommen mit den Franzosen zeigt die gleiche Sachlage.¹² Die Herrscher der Welt werden die großen Finanz- und Industriemänner. Der früher geschilderte Amerikanisierungsprozeß¹³ ist in vollem Gange, wenn auch seine politischen Auswertungen gegen den Staat vorerst gescheitert sind.

Unter dem furchtbaren Druck der Finanzlage und der Preissteigerung treten die inneren Kämpfe etwas zurück. Gerade an diesem Problem und seiner internationalen Verflechtung könnten die einen sich klar machen, wie wenig von einer Analogie mit 1806 und 1813 die Rede sein kann; die anderen, wie wenig die Zeit für ökonomische Betriebsrevolutionen und sozialen Messianismus geeignet ist. Die Welt erlebt ungeheure soziale Umschichtungen und wirtschaftliche Veränderungen, bietet aber nicht die mindeste Hoffnung auf einen dadurch herbeizuführenden sozial-idealen Zustand. Für Deutschland insbesondere wird immer klarer, daß die französische Politik zuletzt auch der Grund aller inneren Wirren und Verzweiflungen ist; aber ebenso auch, daß ein Allianzenkrieg gegen Frankreich wie 1813 auf lange Zeit hinaus außerhalb jeder Möglichkeit liegt. Auch haben die Greuel der Ermordung Rathenaus, der ganzen Mordpropaganda und des sinnlos wütenden Antisemitismus, allem Anschein nach viele Leute zur Besinnung gebracht und den Willen zur Einheitsfront gestärkt. | Freilich hat dann die Haltung der Regierung mit ihrer Parole „Der Feind steht rechts" wieder diese günstige Wirkung beeinträchtigt,¹⁴ und die wenigsten haben dabei be-

---

12 Am 4. September 1922 schloss der Industrielle Hugo Stinnes ein Abkommen mit dem französischen Bankier Louis Guy Marquis de Lubersac (1878–1932) über die Lieferung von Wiederaufbau-Materialien an eine von Lubersac vertretene Kooperative in den kriegszerstörten Gebieten Nordfrankreichs. Das Abkommen folgte dem Gillet-Ruppel-Abkommen zwischen Deutschland und Frankreich vom 15. März 1922, wonach die vom Deutschen Reich im Rahmen seiner Reparationsverpflichtungen zu erbringenden Leistungen zum Wiederaufbau der kriegszerstörten Gebiete auch durch direkte Sachlieferungen deutscher Privatfirmen erbracht werden konnten, denen das Reich den Lieferwert anschließend zu erstatten hatte. Vgl. Gerald D. Feldman: Hugo Stinnes (1998), S. 779 ff.
13 In dem Berliner Brief „Die Amerikanisierung Deutschlands" im Januarheft 1922 des „Kunstwarts" (35. Jg., Heft 4), siehe oben, S. 479–490.
14 Troeltsch bezieht sich auf die Reichstagsrede von Reichskanzler Joseph Wirth am 25. Juni 1922 zum Rathenaumord. Darin hatte Wirth in Richtung der Rechtsparteien geäußert: „Da steht der Feind, der sein Gift in die Wunden eines Volkes träufelt. – Da steht der Feind – und darüber ist kein Zweifel: dieser Feind steht rechts!" Zit. nach: Verhandlungen des Reichstags, Band 356 (1922), S. 8058. Die Formel „Der Feind steht rechts" hatte ursprünglich Philipp Scheidemann (SPD) in einer Rede vor der Nationalversammlung am 7. Oktober 1919 geprägt. Vgl. Ver-

dacht, daß diese Erklärungen Ventile für Massenstimmungen öffneten und öffnen mußten, von denen der in den Westvierteln und Kleinstädten wohnende Bürger nichts weiß oder keine Notiz nehmen zu brauchen glaubt. Im ganzen wird das steigende wirtschaftliche Elend die Hoffnungen und Zukunftspläne mildern und zum Zusammenschluß für unmittelbare Gegenwartsaufgaben nötigen. Das kann vielleicht Entspannungen geben. Freilich entfalten dafür umgekehrt die Kommunisten eine gesteigerte Propaganda und hoffen das Elend doch noch für eine wirkliche Vernichtung der Besitzenden und die Weltrevolution ausnützen zu können. Es wird einen schweren Winter geben.

Immerhin ziehen sich für die innere Politik die Linien etwas deutlicher. Es sind im Grunde nur zwei große Hauptlinien möglich: entweder die Spaltung der Nation in eine sozialistisch-proletarische und eine bürgerlich-bäuerliche Hälfte und ein Kampf zwischen beiden auf Tod und Leben, wie es die Bayern in ihrer wesentlich agrarisch-konservativen Situation wollen und darum von den „Patrioten" und „Schneidigen" allerorts gepriesen werden, oder die Aufteilung in eine republikanische und eine restaurative Partei, wobei dann das sozialistische Ideal des unseligen Klassenkampfes in den Winkel gestellt werden und eine Einheitsfront gegen die französische Aussaugungs- und Zertrümmerungspolitik wie gegen Links- und Rechtsbolschewismus und gegen die Restauration gebildet werden müßte. Bei der Zerrissenheit unseres Parteilebens ist es schwer, diese Alternative klar ins Bewußtsein zu heben und durchzusetzen. Bei dem geringen Sinn für Tatsachen und für Kenntnisnahme von Plänen und Ideen der „Anderen" ist es nicht minder schwer, die auf diese Alternative hinführenden Tatsachen deutlich und wirksam zu machen. Immerhin sprach ich neulich einen Sozialdemokraten, dem diese Sachlage völlig klar war und der den Kampf gegen das Dogma vom Klassenkampf in diesem Interesse zu führen bereit war; freilich sofort darauf einen Oberlehrer, der den Verlust des Krieges und die Zustände der gegenwärtigen Regierung lediglich auf Schlafmützigkeit des Bürgertums zurückführte und bei größerer Energieentfaltung das Ausland niederzuwerfen und die Sozialdemokraten zum Nationalismus zu erziehen für möglich hielt; ich überzeugte mich dann, daß er auch seine Schüler nachhaltig in diesem Sinne beeinflußt; nationale Erziehung der Sozialdemokraten und Vorbereitung des Revanchekrieges: das sei der Weg des wahren Liberalismus. Andere halten an ihrem Faszistenprogramm fest. In der Pfalz meinte bei einer Ge-

---

handlungen der verfassunggebenden Deutschen Nationalversammlung, Band 330 (1920), S. 2888.

sellschaft nach der Ermordung Rathenaus ein Industrieller mit jener Selbstverständlichkeit, die sicher ist, in „anständiger" Gesellschaft keinen Widerspruch zu finden, daß der Hund, Gott sei dank, tot sei und nun die anderen an die Reihe kommen könnten; sei die Bande erst ohne Führer, dann habe man sie wie eine Hammelherde in der Hand. Das Gleiche berichtete mir eine Dame von einer Hochzeitsgesellschaft in Pommern, wo die anwesenden 120 Personen dem Sinn nach sich in derselben Idee zusammenfanden und nur ein einziger, übrigens Deutschnationaler, vergeblichen Einspruch erhob. Es wird also nicht leicht sein, jenes Entweder-Oder herauszuarbeiten, und noch schwerer, der allein möglichen Seite der Alternative das Übergewicht zu verschaffen. Es bleibt dabei, daß die Republik das allein mögliche und innerhalb ihrer eine Konzen|tration zum Widerstand gegen Frankreich und zur Festigung der inneren Verhältnisse das Geforderte ist.

Die steigende Desillusionierung aller Phantasten und die zunehmende Not werden bewirken, was Einsicht und guter Wille nicht bewirken können. Aber die Preise, die wir für alle Einsichten in nüchtern-reale Tatsachen und Möglichkeiten zu zahlen hatten, waren im letzten Dezennium fürchterlich. Sie werden auch weiterhin entsetzlich sein. Die historisch-soziologisch-politische Einsicht in unsere wirkliche Lage und ihre Möglichkeiten ist erst im allerersten Anfang, sich umzustellen und neue Wege zu suchen. Und es ist ein geringer Trost, daß die Menschen draußen größtenteils – von einigen mutigen Engländern und Neutralen abgesehen – nicht ein bißchen mehr bereit sind, Neues zu denken und zu wollen. Überall sind es die alten Schlagwörter und Interessen, die alten Themen und Praktiken, die an der kranken Welt herumarbeiten und mindestens einen partiellen Profit für einzelne zu sichern suchen, ehe die Sündflut kommt.

Und doch wäre es Zeit, die ganze historisch-politisch-ethische Gedankenwelt der bisherigen imperialistischen, schrankenlos kapitalistischen und nationalistischen Periode umzudenken. Sie hat anderen Zeiten entsprochen und die Gegenwart fordert neue Gedanken vor allem. Sie müssen freilich erst gefunden und wirksam formuliert werden. Vor dieser geistigen Arbeit aber herrscht ein großer Abscheu bei Sozialisten und Antisozialisten, bei Militaristen und Pazifisten, draußen und drinnen. Mutige und klare Köpfe wie Keynes und Nitti mögen dabei vorerst die beste Führung geben.[15] Die

---

15 Der italienische Politiker Francesco Saverio Nitti (1868–1953), Ministerpräsident von Juni 1919 bis Juni 1920, trat in den frühen 1920er Jahren in mehreren Schriften als scharfer Kritiker des Versailler Vertrags hervor, u. a. in „L'Europa senza pace" (1921; dt. Ausgabe: Das friedlose Europa [1921]) und „La decadenza dell' Europa. Le vie della ricostruzione" (1922; dt. Ausgabe: Der Niedergang Europas. Die Wege zum Wiederaufbau [1922]). Zu Keynes siehe oben, S. 539, Anm. 4.

Haupthoffnung bei uns ist eine neue Jugend, an die man trotz aller Oberlehrer und Provinzialschulkollegien zu glauben nicht aufhören kann.

Berlin, 11. September 1922. *Troeltsch*

Die Republik (November 1922)

Editorische Vorbemerkung: Die Edition folgt dem Text, der erschienen ist in: Kunstwart und Kulturwart, hg. von Ferdinand Avenarius, 36. Jg., erste Hälfte, Oktober 1922 bis März 1923, Heft 2, Novemberheft 1922, München: Kunstwart-Verlag Georg D. W. Callwey, S. 104–110 (**A**). Der Text erschien im Hauptteil des Heftes und mit der Datumsangabe 7. Oktober 1922. Troeltsch schrieb den Text in Spardorf bei Erlangen, wo er vom 30. September bis 10. Oktober 1922 auf Besuch bei dem Industriellen und Privatgelehrten Rolf Hoffmann (siehe oben, S. 569, Anm. 1) weilte (laut Brief an den Verlag J. C. B. Mohr vom 22. September 1922 → KGA 21).

Die Republik
Berliner Brief

Von den beiden das letztemal erwähnten Hauptaktionen ist die das deutsche Moratorium betreffende glücklicher verlaufen, als ich damals angenommen habe. Hier scheint endlich ein bescheidener deutscher Erfolg vorzuliegen.[1] Freilich hat er auf den Stand des Dollars kaum einen Einfluß ausgeübt und die fortwährende Preissteigerung nicht gehemmt.[2] Das kann niemand wundern, der die Hoffnungslosigkeit der durch den Versailler Frieden geschaffenen Situation kennt. Sie macht eine Stabilisierung der Mark unmöglich und zwingt den Privaten zur Selbsthilfe, d. h. zur Flucht vor der deutschen Währung und zur Anschaffung fremder Devisen, den Staat zu einer allmäh-

---

1 Troeltsch bezieht sich wohl auf die deutsch-belgischen Verhandlungen über eine Zahlung der Belgien in 1922 zustehenden Reparationsrate in Form von Schatzwechseln (siehe oben, S. 572, Anm. 7). Überraschenderweise waren diese Verhandlungen am 18. September 1922 doch noch zu einem positiven Abschluss gekommen, nachdem die Bank of England in geheimen Verhandlungen mit Reichsbankpräsident Rudolf Havenstein signalisiert hatte, eine Reichsbankgarantie auf die belgischen Schatzwechsel stillschweigend ihrerseits zu decken. Vgl. Die Kabinette Wirth I und II (1973), S. 1098 ff.

2 Im Oktober 1922 lag der Dollar-Wechselkurs der deutschen Mark bei im Mittel 3 181 Mark pro US-Dollar (gegenüber 1 466 Mark im September 1922). Vgl. Gerald D. Feldman: The Great Disorder (1993), S. 5.

lich ins Phantastische gehenden Inflation, mit der allein er seine Beamten einigermaßen über dem Niveau des Verhungerns und der Proletarisierung halten kann. So helfen derartige Atempausen wenig, sie geben nur Frist zur Ausdenkung und Propagierung neuer Rettungsaktionen. In solchen Fristen muß die Klarheit entstehen, daß der Versailler Vertrag die Wurzel des Übels ist und daß nur eine durchgreifende Aktion Amerikas, die die interalliierten Schulden und die deutschen Reparationen zugleich betrifft, einige Ordnung schaffen kann, wenn das heute überhaupt noch möglich ist.

Die andere große Hauptaktion, der türkische Sieg über die Griechen, entfaltet die Wirkungen, die ich damals angedeutet habe, in einem immer stärkeren Maße.[3] Ein Diplomat nannte diesen Krieg einen Prokura-Krieg, den England und Frankreich bereits miteinander geführt hätten, indem die Türken mit französischen und die Griechen mit englischen Kanonen schossen. Die Türken und die Russen sind die einzigen Völker, die der Versailler Staatskunst einen erfolgreichen Widerstand bis jetzt leisten konnten und von denen aus sich dieses frivole Werk des Leichtsinns und raffinierter Aussaugungspolitik aufrollen wird. Beide Völker sind agrarische und rein binnenländische Völker, denen Geographie, sozialer Zustand und ererbte Widerstandskraft den wirksamen Einspruch ermöglichen und die zugleich das Sterben von Tausenden und Millionen vertragen können, ohne nervös zu werden und ohne die Geduld zu verlieren. Sie haben Zeit und können endlos Krieg führen. Von ihnen aus wird auf die Dauer die ganze europäische Lage ins Wanken und eben damit auch irgendwann einmal für Deutschland die Stunde der Milderung oder Aufhebung der schlimmsten Verstümmelungen kommen. Vorerst hat England in dieser Sache getan, was es im Weltkrieg zu tun sich nicht hatte entschließen können. Es hat zur rechten Zeit eingelenkt und nachgegeben, um eben damit seine Position zu behaupten. Damit sind die schlimmsten Konflikte vorerst beseitigt. Rußland freilich, das entschlossen die alte nationale Politik betreibt, hat sein Heer vergrößert und nunmehr auch die Bourgeoisie in das Heer aufzunehmen gewagt,[4] ein

---

3 Mit dem Abzug der letzten griechischen Truppen aus Anatolien endete am 18. September 1922 der Griechisch-Türkische Krieg (1919–1922) mit dem Sieg der nationaltürkischen Truppen unter Mustafa Kemal. Am 11. Oktober 1922 wurde in Mudanya ein Waffenstillstand abgeschlossen. Vgl. David Fromkin: A Peace to End All Peace (1989), S. 551 f.

4 Troeltschs Bezug ist unklar. Die sowjetrussische Führung hatte bereits beim Aufbau der Roten Armee 1918 umfänglich auf Offiziere und Unteroffiziere der zaristischen Armee zurückgegriffen. Die Heeresstärke der Roten Armee war nach dem Bürgerkrieg von zwischenzeitlich 5,5 Mio. auf 800 000 Mann im September 1922 reduziert worden. Vgl. Earl F. Ziemke: The Red Army 1918–1941 (2004), S. 136 und S. 141.

Zeichen dafür, daß sich dort die Kräfte in dem Programm einer nationalen Politik einigen und von der verwüstenden und wahnsinnigen bloßen Klassenkampfpolitik lösen. Die Wiederfestsetzung der Türken an ihren alten heiligen Stätten in Europa bringt dann weiter die neuen großen Balkanstaaten, Rumänien und Serbien, in Bewegung, die von einer neuen gemeinsamen Grenze Bulgariens und der Türkei eine bulgarische Bündnis- und Revanche-Politik befürchten und nun auch ihrerseits rüsten. Die Folgen für Griechenland und Italien sind noch nicht zu übersehen. Klar ist nur, daß das Gesetz des Weltkrieges und der allgemeinen Wehrpflicht, im Falle der Niederlage die Revolution herbeizuführen, auch in Griechenland sich erfüllt hat; nur ist es dort dem nicht-industrialisierten Zustand des Landes entsprechend keine sozialistisch-proletarische, sondern eine nationalistisch-politische Revolution.[5] Immerhin soll die Armee in Thrazien stark bolschewisiert sein. Der weitere Fortgang dieser politischen Katastrophe und ihre Verwickelung mit der ökonomisch-finanziellen Weltkatastrophe ist naturgemäß nicht vorauszusagen. Das politische und das ökonomische Moment der Lage liegen ja überall in einem wirren und gefährlichen Durcheinander, das von Profitmachern aller Art und aller Dimensionen zum Fischen im Trüben reichlich benützt wird, im ganzen aber die Welt verarmen läßt. In England stehen kritische Tage bevor, die auch die übrige Welt in Mitleidenschaft ziehen werden.

Die Wirkung auf unsere Verhältnisse ist dementsprechend reichlich verworren. Die Regierung macht ihre Politik naturgemäß wesentlich mit England, hat aber bisher bei der englischen Schwäche, die ich in diesen Briefen seit langem stets hervorgehoben habe,[6] sehr wenig Erfolge erreichen können. Oberschlesien ist das trübseligste Mahnzeichen auf diesem Wege. England vermag uns im Grunde nichts zu bieten als den Eintritt in den Genfer Völkerbund.[7] Die Franzosen aber suchen diesen Eintritt an eine er-

---

5 Am 27. September 1922 musste der König von Griechenland Konstantin I. unter dem Druck einer Revolte nationalistischer Offiziere abdanken. Ihm folgte sein Sohn als Georg II. auf den Thron.
6 Siehe etwa oben, S. 383 f.
7 In Reaktion auf das britische Werben für eine Aufnahme Deutschlands in den Völkerbund (siehe oben, S. 562, Anm. 13) hatte Reichskanzler Joseph Wirth dem britischen Botschafter Lord D'Abernon am 25. Juli 1922 mitgeteilt, die deutsche Regierung werde ein Aufnahmegesuch für den Völkerbund nur stellen, wenn damit keine erneute Anerkennung des Versailler Vertrags verbunden werde. Außerdem beanspruchte Wirth für Deutschland einen ständigen Sitz im Völkerbundsrat. Obwohl das faktisch einer Absage an das britische Werben gleichkam, dauerte die Debatte über einen Völkerbundsbeitritt in Deutschland im Herbst 1922 an. Vgl. Christoph M. Kimmich: Germany and the League of Nations (1976), S. 41 f.

neute Anerkennung des Versailler Friedens und des Schulddogmas zu binden, während die Engländer uns mit der Drohung zu drängen suchen, daß die Ablehnung des Eintritts den Eindruck mache, als wollten wir nicht den Frieden, sondern den Revanchekrieg. Aus dieser Zwickmühle ist schwer herauszukommen, wenn nicht die allgemeine politische Weltlage unvorhergesehene Veränderungen bringt. Andererseits macht bei uns die Großindustrie, deren Dogma heute die Gleichgültigkeit und Überflüssigkeit des Staates neben den wirtschaftlichen Groß-Organisationen ist, Politik mit Frankreich, d. h. nicht mit den französischen Politikern, sondern mit den französischen Geschäftsleuten, bei denen man eine ähnliche Gleichgültigkeit gegen das Getriebe der Politiker voraussetzen zu dürfen meint. Das ist der Sinn des neuen Stinnes-Abkommens mit Lubersac,[8] einem der berühmtesten französischen Duellanten, der seine Positionen auch mit diesen gesellschaftlichen Mitteln unabhängig zu verteidigen pflegt. Welcher Wirkung und Tragweite dieses von dem Rathenau-Abkommen[9] doch recht verschiedenen Planes sein wird, ist schwer zu sagen. Es müßte, um wirken zu können, auch die Industriellen und Finanzmänner der übrigen Länder mit sich reißen und in seine Pläne hineinziehen, ein Gedanke, dem man im allgemeinen bei dem vorhin angedeuteten Konflikt zwischen dem politischen und ökonomischen Element eine gewisse Folgerichtigkeit und Größe nicht absprechen kann. Die Amerikanisierung der Welt und Deutschlands insbesondere würde er bei alledem freilich auch weiterhin bedeuten, und die Sonderaktionen der politischen Regierung, die nun eben einmal mit dem politischen Frankreich nichts anfangen können, müßten weiterhin daneben hergehen. Es ist aber freilich klar, daß dieses Nebeneinander-Hergehen die Quelle vieler Unklarheiten und Verwickelungen werden kann. Jedenfalls werden die Holz- und Papierpreise nun weiter steigen, da das Abkommen viel Holz bedarf. Die Politik der öffentlichen Meinung schließlich geht bei uns wieder andere Wege dritter Art. Sie sieht den neuen Weltkrieg, neue Allianzen und neue Möglichkeiten kommen und schwärmt schon in den nationalen und national-

---

8 Siehe oben, S. 574, Anm. 12.
9 Gemeint ist das von Walther Rathenau als Wiederaufbauminister ausgehandelte Wiesbadener Abkommen zwischen Deutschland und Frankreich vom 6./7. Oktober 1921 über die deutschen Sachlieferungen zum Wiederaufbau der kriegszerstörten Gebiete in Frankreich. Nach dem Wiesbadener Abkommen sollten die Sachlieferungen über eine von deutscher Seite zu gründende privatrechtliche Organisation, nicht aber – wie im Fall des Stinnes-Lubersac-Abkommens – direkt über deutsche Privatfirmen erfolgen. Allerdings war das Wiesbadener Abkommen durch das Gillet-Ruppel-Abkommen vom 15. März 1922 in einem dem Stinnes-Lubersac-Abkommen entsprechenden Sinn modifiziert worden. Vgl. Die Kabinette Wirth I und II (1973), S. XLVI–XLVII.

liberalen Kreisen der Oberlehrer-Politik vom neuen Krieg und von Revanche. Daß diese Kämpfe Deutschland in das Schlachtfeld verwandeln würde, ficht sie nicht an; vielmehr suchen sie Analogien mit der Türkei. Der größte Teil der öffentlichen Meinung aber und mit ihm viele der amtlichen Politiker sind in diesen Verhältnissen zu einem zermürbenden Fatalismus gekommen, der uns überhaupt nur mehr als Objekt der Politik und in keiner Weise mehr als Subjekt empfindet. Das ist wohl begreiflich nach allen Erfahrungen, aber es ist auch äußerst gefährlich, ja vielleicht der gefährlichste Punkt in unserer Situation. Es fehlt seit Rathenaus Tod überhaupt ein selbständiger Minister des Äußeren, und es ist von einer Führung hier beinahe nichts zu spüren. In einer der kritischesten Stunden waren alle entscheidenden Beamten des Auswärtigen Amtes auf Urlaub, und über eine Neubesetzung des Ministerpostens verlauten nur Anciennitäts-Rücksichten oder Partei-Ambitionen, aber keinerlei grundsätzliche Richtung und Energie.[10] Die bisher durchaus notwendige Erfüllungspolitik ist angesichts der drohenden Ernährungskatastrophen unzweifelhaft in eine Krisis geraten, und noch ist kein neuer Weg sichtbar.

Daß mit dieser Unklarheit der politischen Situation die schlimmste und furchtbarste Preissteigerung und Währungsverderbnis zusammentrifft, macht den Moment nur noch um vieles gefährlicher. Die Angst vor dem kommenden Winter, die alles erfüllt, ist mehr als verständlich. Das Millionensterben und die Abwehr dagegen durch Verzweiflungstaten liegen jetzt in greifbarer Nähe. Das empfindet auch die Welt draußen, die in Österreich der „Verösterreicherung"[11] verhältnismäßig ruhig zusehen kann und nur hier und da ihr philanthropisches Gewissen beruhigt, die aber das Gleiche bei Deutschland nicht mit solcher Ruhe ertragen und durch Philanthropie hier so gut wie gar nichts bessern kann. Aus der Erkenntnis dieser Gefahren stammt das wichtigste Ereignis der letzten Tage, die amerikanische Bankierkonferenz und die dabei gehaltene Rede von Mac Kenna, dem frühern englischen Schatzminister und jetzigen Vorstand des größten englischen Bankunternehmens.[12] Es sind die alten Erkenntnisse von Keynes und verwandten Köpfen. Das Wichtige ist nur, daß damit in Amerika beginnt, was in England nach der großen Attacke Frankreichs auf

---

10 Das Amt des Reichsaußenministers war nach der Ermordung Walther Rathenaus nicht neu besetzt worden, sondern wurde bis zur Demission des Kabinetts Wirth im November 1922 kommissarisch von Reichskanzler Joseph Wirth ausgeübt.
11 Siehe oben, S. 461, Anm. 13.
12 Der britische Politiker und Bankier Reginald McKenna (1863–1943), früherer britischer Schatzkanzler (1915–1916) und seit 1919 Vorstandsvorsitzender der London Joint City and Midland Bank, plädierte am 4. Oktober 1923 in einer Rede

das Ruhrgebiet¹³ begonnen hatte: die Abwendung der Geschäftsleute von den Politikern und die Aufklärung des Publikums über den wahren Charakter des Versailler Vertrages und seinen die Welt zerstörenden Wahnsinn. Von hier aus müßte und | könnte in der durch das gegenwärtige Moratorium geschaffenen Atempause die Aufklärung und die Vorbereitung neuer Konferenz-Aktionen ausgehen. Produktionsminderung durch die sozialen Revolutionen, Güterzerstörung durch den Krieg, Waren- und Gütermangel überhaupt, Währungszerrüttung, Absatzstockung, erzwungenes Dumping, Arbeitslosigkeit, all das verwickelt in machiavellistische politische Pläne und private Einzelversuche zur Bereicherung, dauernde Kriegsgefahr und Verzweiflungsrevolutionen: das ist die Weltlage. Aus ihr würde nur eine Weltplanwirtschaft und Stabilisierung der erschütterten Währungen und Rückkehr zu gesteigerter Arbeitsleistung bei vermindertem Konsum aller herausführen können. Die Frage ist, ob die führenden Schichten der Kulturvölker, darunter auch ihre Arbeiterorganisationen, so viel Einsicht, Gewissenhaftigkeit und Entsagung aufbringen, um dieses Problem international zu lösen. Das ist der wahre und einzige Internationalismus, dessen wir bedürfen, der aber freilich auch neben der praktischen Einsicht und Klugheit ethische Kräfte voraussetzt, die die heutige Welt nur in der Phrase ausposaunt und in der Praxis jedesmal verleugnet, wenn sie nicht gar aus dem Zynismus eine pathetische Ideologie macht. Die Jonglierkünste auf dem Gebiet des Moralischen gehören zu dieser ganzen modernsten Sorte von Politik, wie sie der industrialisierte Imperialismus der Demagogen, Politiker und Interessenten macht.

A 107

Es muß den erfahrenen Kennern dieser Dinge überlassen bleiben, hier Wege und Mittel auszudenken, auf denen diese Ziele erreicht werden können, und den Praktikern der deutschen Politik, wie weit Deutschland in diesem Klärungs- und Ordnungsprozeß eine aktive Rolle spielen kann. Ich muß mich bescheiden, die Wege und Mittel nicht zu kennen, und enthalte mich daher auch jedes Kannegießerns darüber. Deutlich ist nur das Ziel, die Wege sind Sache der Techniker.

Nur eines kann auch der in diesen technischen Dingen nicht Erfahrene und Bewanderte klar erkennen als unentbehrliches Mittel: das ist bei uns die möglichst allgemeine Einigung in Anerkennung und Vertretung unserer heutigen republikanischen Verfassung und die Bildung einer möglichsten

---

auf einer Bankenkonferenz in New York eindringlich für ein mehrjähriges Moratorium bei den deutschen Reparationszahlungen. Vgl. Vossische Zeitung vom 5. Oktober 1922 (Abend-Ausgabe): Die Wahrheit über die Reparation.

13 Gemeint ist wohl die Besetzung von Düsseldorf, Duisburg und Ruhrort durch französische und belgische Truppen am 8. März 1921 (siehe oben, S. 393, Anm. 1).

Einheitsfront gegen die französische Zertrümmerungs- und Aussaugungspolitik. Beides ist nur in engem Zusammenhange miteinander möglich. Die Republik, die an sich ein Ergebnis des Zusammenbruches und der Demütigung ist, kann sich populär nur festigen, wenn sie eine starke nationale Stellung gegen den außenpolitischen Druck einnimmt, und umgekehrt ist eine solche nur auf Grund der durch die Weltlage geforderten und von den Arbeitermassen gefühlsmäßig ersehnten Republik möglich. Diese Einsicht ist auch in der Tat bis weit nach links und rechts verbreitet. Auf ihr beruht die in der Bildung begriffene sogenannte republikanische Arbeitsgemeinschaft, die von den Demokraten bis zur deutschen Volkspartei reichen und gegen die die Sozialdemokratie neutral sein soll wie sie gegen diese.[14] Ob sie durchführbar ist und ob sie damit den ersehnten Block der Mitte herstellt oder ob umgekehrt unter ihrer Maske gerade die Mittebildung endgültig zerstört und die Aufteilung der Nation in sozialistische und bürgerliche Gruppen bewirkt werden soll, das ist die große innerpolitische Frage des Augenblicks, die neben den schweren finanziellen und ökonomischen Nöten auf uns lastet. Man wird zu dieser Notwendigkeit der Republik und der republikanischen Einheitsfront nur das eine sagen müssen, daß es hier mit einem bloßen kühlen Opportunismus nicht getan ist. Die Älteren, die in der Überlieferung des kaiserlichen Großstaates wur|zeln, werden zum größten Teil nicht mehr aufbringen können und von ihnen ist auch nichts anderes zu verlangen. Aber die Jüngeren und die Träger der Zukunft stehen vor der Aufgabe einer auch gefühlsmäßigen Entscheidung und Einsetzung für die Republik. Ohne das wird sie immer nur eine leidenschaftliche und mißtrauische Forderung der Arbeiterschaft sein, von der man sich nicht verbergen darf, daß sie mit innerer Hingebung darauf gerichtet ist. Soll sie ein Mittel der Abwehr und Konsolidation werden – und an eine Monarchie ist jetzt überhaupt nicht, für später höchstens an eine demokratisch begründete Monarchie zu denken –, dann muß sie von Gefühl, Glaube und Hingebung auch der andern oder doch einer großen Mehrheit der andern getragen sein. Anders ist an nationale Kraft und Einigung heute nicht zu denken, und wer nicht theoretisch für die Republik ist, der könnte und müßte aus diesen praktischen Gründen sie mit innerer Wärme vertreten. Hat sie doch auch in der Tat große nationale und ethische Kräfte und Möglichkeiten in sich. Diese gilt es hervorzuholen. Die heute so übliche Gewohnheit anzudeuten, daß man ja eigentlich von der Republik nicht viel halte und die Demokratie gering schätze, aber formell dem bestehenden Recht loyal sich fügen wolle, ist

---

14 Die Reichstagsfraktionen von Zentrum, DDP und DVP bildeten am 19. Juli 1922 eine gemeinsame Arbeitsgemeinschaft der verfassungstreuen Mitte. Vgl. Heinrich August Winkler: Weimar 1918–1933 (1993), S. 179.

das Gegenteil jeder Festigung und jeder nationalen Stoßkraft der Republik. Vor allem schwierig und wichtig ist das Problem für die Beamten und für die Leiter der Reichswehr, die jenen Standpunkt der „Korrektheit" einnehmen, aber bereit sind, die gleiche Korrektheit lieber einer anderen Verfassung zu leisten. Mit dieser Kälte und Lauheit wird nichts geschafft, ja werden zuletzt immer nur die Feinde und Zerstörer der Republik gedeckt oder doch ermuntert. Die Ermordung Rathenaus hat zu dem Gefühl einer ernsten Bedrohung der Republik geführt, zur Beruhigung der Massen die sogenannten Schutzgesetze erzwungen und die Einigung der beiden sozialistischen Parteien herbeigeführt.[15] Auf der andern Seite hat sie zu der Obstruktion Bayerns gegen das Reich[16] und zu entrüsteten Klagen über eine Regierung geführt, die den „Feind rechts stehen" zu sehen erklärte,[17] womit dann wieder der zur Besinnung treibende Eindruck des Mordes auf der Rechten abgeschwächt wurde. Aus diesen seelischen Schwankungen – und um diese handelt es sich bei dem Problem mehr als um die Interessengegensätze und das Reszentiment der gestürzten Schichten gegen die Republik, das durch Selbstbesinnung doch nie überwunden werden, sondern mit der Zeit und Gewöhnung an die neuen Gesetz- und Machtverhältnisse abflauen wird – müssen wir heraus und die Republik innerlich bejahen. Nicht die gegenwärtige Verfassung in ihren Einzelheiten, aber die demokratische Republik im Grundsatz. Erst wenn man sie ehrlich und vorbehaltlos bejaht, kann man daran denken, ihr die Mitwirkung und das Gegengewicht der in keiner Gesellschaft entbehrlichen aristokratischen und konservativen Gewichte zu geben, ohne daß man in den Verdacht der Auflösung des Systems selber kommt, das doch den Bestand des Reiches gerettet hat und an dem dieser Bestand weiterhin hängt. Das Wesen der großen demokratischen Verfassungsbildungen der Neuzeit und die Technik ihrer Arbeitsweise müßte zu

---

15 Die Wiedervereinigung von SPD und USPD erfolgte am 24. September 1922 auf einem gemeinsamen Parteitag in Nürnberg. Vgl. Heinrich August Winkler: Weimar 1918–1933 (1993), S. 179.
16 Die bayerische Staatsregierung hatte das Republikschutzgesetz am 24. Juli 1922 eigenmächtig aufgehoben und durch eine gesonderte bayerische Verordnung ersetzt, die zwar die materiellen Bestimmungen der Reichsgesetzgebung weitgehend übernahm, die Zuständigkeiten des Staatsgerichtshofs zum Schutz der Republik aber auf bayerische Gerichte übertrug. Die Reichsregierung hatte diesen Schritt am 26. Juli 1922 für verfassungswidrig erklärt, in der Folge aber in Verhandlungen mit der bayerischen Staatsregierung einem Kompromiß zugestimmt, der die Einrichtung eines gesonderten süddeutschen Senats beim Staatsgerichtshof vorsah. Am 25. August 1922 wurde daraufhin die bayerische Sonderverordnung wieder aufgehoben. Vgl. Heinrich August Winkler: Weimar 1918–1933 (1993), S. 176.
17 Siehe oben, S. 574, Anm. 14.

diesem Zweck von uns viel tiefer studiert und gekannt werden, als das bisher zu geschehen pflegt, wo man auf der rechten Seite sich im allgemeinen nur über den Gleichheitswahn zu entrüsten und auf der Linken an Gleichheitstheorien sich zu begeistern pflegt, d. h. wo man an den elementarsten rein theoretischen und gefühlsmäßigen Aufmachungen hängt.

A 109   Ausgezeichnete Dienste für ein solches Studium könnte das große zwei|bändige Werk des Viscount James Bryce leisten, das dieser bedeutende Historiker und Politiker unter dem Titel Modern Democracies kurz vor seinem Tode veröffentlich hat.[18] Dieses Buch betrachtet die Demokratie als eine große seit 150 Jahren bestehende Institution der mächtigsten Staaten, der auch Ost- und Mitteleuropa nicht auf die Dauer hätten widerstehen können, also als eine der ganz wenigen großen Hauptlösungen des politischen Organisationsproblems, und zwar als das der modernen Bevölkerungsmasse, Intellektualität und moralischen Idee vom Menschen entsprechende. Er unterscheidet die mehr präsidentiale, der Monarchie ähnliche, aber mit zahlreichen Gegengewichten ausgestattete Demokratie des amerikanischen Typus, die parlamentarische, schlagkräftiger und rascher operierende, aber auch mehr der Gefahr der Demagogie ausgesetzte Demokratie des englischen Typus und die durch erwählte Dauer-Kollegien regierte, zugleich durch Referendum und Initiative beständig auf den Volkswillen zurückgreifende des schweizerischen Typus, welche letztere er als nur für kleinere und an der großen Weltpolitik unbeteiligte Länder geeignet erklärt. Auch Canada, Neuseeland und Australien zieht er in den Kreis der Betrachtung als überaus zukunftswichtige Länder. Er hat den Welthorizont und nicht den mitteleuropäischen. Die Demokratie ist ihm mithin kein Revolutions- und Neuerungsprinzip, sondern eine konservative, historisch geheiligte Institution von anderthalb Jahrhunderten, die große modernpolitische Organisationsleistung, die sich praktisch bewährt hat und die die Möglichkeit des Mißbrauchs, der Entartung und gewisser Schattenseiten mit jeder denkbaren politischen Organisation gemein hat. Aber freilich sieht er nun ihr Wesen ganz ausschließlich in der Selbstregierung der Völker durch gewählte Vertreter, wozu nur die Gleichheit der politischen Rechte und in keiner Weise die der ökonomischen Lagen und Ansprüche gehört. Ja, auch gegen ein schlechthin allgemeines Wahlrecht könne man Bedenken haben, da es sich doch nur um die gleichen politischen Rechte politisch Fähiger und Interessierter handeln könne. Doch sei bei der Schwierigkeit der Feststellung dieser Eigenschaften allerdings logisch die Konsequenz des allgemeinen Männer- und Frauen-Wahlrechtes schwer zu umgehen. Es müsse dann aber das Verantwortungsgefühl der führenden Schichten für

---

18 James Bryce: Modern Democracies, 2 Volumes (1921).

die Bildung der *öffentlichen Meinung* sorgen. Das ist einer der auch für uns wichtigsten Punkte. Erst Repräsentantenwahl *und* Bildung der öffentlichen Meinung von kleinen sachkundigen Zentren aus können zusammen die Aufgaben der demokratischen Selbstregierung lösen. Das erfordere eine rastlose Tätigkeit der Schöpfer der öffentlichen Meinung, die die Meinung der Wenigen zu der der Vielen machen, und die Bereitwilligkeit auf Autorität, Sachkunde, moralische Bewährtheit der Führer zu achten. Nur unter diesen beiden moralischen Bedingungen, die freilich durch das Aufkommen der modernen Weltstädte und die Entwicklung der modernen Presse gefährdet würden, sei eine Demokratie möglich, die zugleich dem Gedanken der Menschenwürde und Menschenrechte wie dem der notwendigen autoritativen Kräfte Rechnung trage. Ganz das Gleiche lehrt – beiläufig bemerkt – ein jetzt ins Deutsche übersetztes Vortragsbüchlein des amerikanischen Bundes-Oberrichters Hughes, Lebensbedingungen der Demokratie, Verlag für Politik und Wirtschaft, 1922.[19] Die Bildung der öffentlichen Meinung durch verantwortliche, moralisch hochstehende und sachkundige Bürger sei die Wesensbedingung der amerikanischen Demokratie, die sonst unter die Räder der Demagogie und der plötzlichen Masseninstinkte komme. Nach diesem | Grundsatz handeln auch die uns besuchenden Vertreter der Angelsachsen, die stets eine Liste der zu befragenden vertrauenswürdigen und prominenten Personen mitbringen und auf momentane Massenmeinungen nichts geben. Von dieser Seite her, meint Bryce, um zu ihm zurückzukehren, komme der tiefe moralische Charakter der Demokratie zur Geltung, die allerdings an übersichtliche Wahlkreise, persönlichen Verkehr und Austausch, Herausbildung von Führern und Hochschätzung von Gewissenhaftigkeit und Sachkunde gebunden sei, die aber doch eben auch in ihrem Ideal der Menschenrechte und ihrem ganzen engen Zusammenhang von Moral und Recht unverlierbare ethische und religiöse Vorzüge habe. Deshalb glaubt er auch an ihren Fortbestand trotz unverkennbarer Erschütterung in den letzten Jahren. Ökonomische und soziale Probleme haben sich vor die politischen geschoben, die Gleichheitsidee sei entartet, der moralisch-religiöse Hintergrund verblaßt. Unternehmerkapitalismus und sozialistische Gegenorganisation hätten die politischen Gewichte verschoben und die große imperialistische Machtpolitik habe sich mit den Massenleidenschaften verbündet. Er sieht alle diese Schwierigkeiten, erkennt aber nur im Sowjet-System einen prinzipiellen Gegenentwurf. Er glaubt nicht an die Möglichkeit seiner Durchsetzung und erwartet infolgedessen doch die Fortdauer demokratischer Verfassungs- und Regierungskunst.

---

19 Charles Evans Hughes: Lebensbedingungen der Demokratie (1922).

Nicht minder wichtig aber ist zu beobachten, wie sich überall das Denken den von Bryce hervorgehobenen Problemen der ökonomischen Störungen des geordneten Verfassungslebens zuwendet. Keynes und H. G. Wells, ebenso Nitti, Mac Kenna und Rathenau reden von der Notwendigkeit einer Welt-Planwirtschaft, die nicht ein politischer Völkerbund, sondern eine ökonomische Verständigung der Fachmänner und Unternehmungsleiter ist, zur Verteilung von Produkten, Absatz- und Rohstoffgebieten, nach wirtschaftlichen Gründen der Ernährungsmöglichkeiten der Völker und nicht nach politischen Macht- und Prestigebedürfnissen. Hand in Hand müsse das gehen mit gewaltigen Fortschritten der Technik, der Mehrung der Produktion und Gütererzeugung, der Steigerung der Arbeitsleistung und dem Ersatz von Menschenarbeit durch Maschinenarbeit. Weder Kolonisation und Ausbeutung exotischer Länder, noch sozialistische Regulierung von Produktion und Verteilung können das Problem lösen, nur Steigerung der Leistung, der Gütermengen und geordnete Kooperation der verschiedenen Erzeugungs- und Absatzgebiete. Das sei die Weltforderung der Stunde, die aber von demokratischen Staaten gelöst werden müsse. Auch der frühere Reichsminister von Raumer hat in einem an der Darmstädter Weisheitsschule gehaltenen Vortrag diese Gedanken vertreten.[20]

Damit sind wir wieder bei den großen Problemen des Verhältnisses von Politik und Wirtschaft. Hier liegt für die prinzipielle Besinnung in der Tat einer der Knotenpunkte, und ohne eine Klärung hierin wird auch das Problem der Republik in Deutschland nicht gelöst werden können.

Spardorf in Bayern, 7. Oktober 1922   *Troeltsch*

---

20 Hans von Raumer (1870–1965), DVP-Politiker und Reichsschatzminister im Kabinett Fehrenbach (1920/21), hielt am 29. September 1922 auf der Jahrestagung der Gesellschaft für Freie Philosophie in Darmstadt (24. bis 30. September 1922) einen Vortrag „über die Fruchtbarkeit der Gegensätze in Politik und Wirtschaft". Troeltsch, der auf derselben Tagung am 26. September 1922 einen Vortrag mit dem Titel „Die Zufälligkeit der Geschichtswahrheiten" (KGA 15, S. 551–569) hielt, war vermutlich unter den Zuhörern des Vortrags. Die Gesellschaft für Freie Philosophie war die Trägerinstitution der von dem Lebensphilosophen Hermann Graf Keyserling 1920 in Darmstadt gegründeten Schule der Weisheit. Im Unterschied zu Troeltschs Vortrag fehlt Raumers Vortrag in der Publikation der Vorträge der Jahrestagung im 4. Band der Schriftenreihe „Der Leuchter. Weltanschauung und Lebensgestaltung" (1923). Vgl. den Editorische Bericht in KGA 15, S. 537–550.

Anhang

Einleitung
von Friedrich Meinecke

In: Ernst Troeltsch: Spektator-Briefe. Aufsätze über die deutsche Revolution und die Weltpolitik 1918/22. Mit einem Geleitwort von Friedrich Meinecke, zusammengestellt und hg. von Hans Baron, Tübingen: J. C. B. Mohr, 1924, S. III–VIII.

Unter den Deutschen unserer Tage, die imstande waren, das furchtbare Schicksal unseres Volkes geistig zu begreifen und in aller Erschütterung der eigenen Seele kritische Nüchternheit, unbedingte Ehrlichkeit und tiefen Glauben an ewige Leitsterne des Lebens fest zu behaupten, wird Ernst Troeltsch immer als einer der Gewaltigsten hervorragen. Die ungeheure Erregung und Zerspaltung unseres geistigen und politischen Lebens und die materielle Not, die uns schon vom Genusse unserer eigenen Literatur absperrt, bringt es mit sich, daß die Worte selbst des bedeutendsten politischen Schriftstellers, so lange sie vereinzelt erschallen und nur durch Zeitung und Zeitschrift verbreitet werden, zunächst nur beschränkt zu wirken vermögen. Der innere große Zusammenhang, die Eigenart und Lebenskraft der leitenden Gedanken, der tiefere geistige Hintergrund des geistigen Wollens wird aus den einzelnen hinausfliegenden Blättern dem Leser nicht immer ersichtlich. So trat die eminente Bedeutung Max Webers als politischen Denkers erst durch die Sammlung seiner politischen Schriften in das volle Licht.[1] Wir hoffen, daß auch Ernst Troeltsch durch die Sammlung politischer Aufsätze, die wir hier bieten, zu neuer und geschlossenerer Wirkung kommen wird.

Die Art, wie Troeltsch zur Politik gekommen ist, verdiente eine Betrachtung für sich. Denn er war von Hause aus nichts weniger als das, was man einen politischen Menschen nennt. Er war eine | theoretische und religiöse Natur, die in ganz eigener Weise innere Zartheit mit elementarer Kraft vereinigte, – phänomenal in der strömenden Fülle seiner Gedanken, die er mit unglaublicher Leichtigkeit ausschüttete und formte, und vor allem in dem Hunger nach immer neuem Welt- und Lebensstoffe für seinen rastlos und

---

[1] Max Weber: Gesammelte Politische Schriften (1921).

stürmisch arbeitenden, beobachtenden, zusammenfügenden und aufbauenden Geist. Aber dieses Aufbauen war von ihm niemals rein kontemplativ und genießend gemeint. Er tummelte sich wohl in dem chaotischen Überreichtum der modernen Kultur mit einer gewissen übermütigen Lust wie ein Taucher, dem es Vergnügen macht, lange unter dem Wasser zu bleiben. Aber wenn man ihn eben schon untergegangen fürchtete in bloßer Rezeption von Eindrücken, die er in riesigem Maße betrieb, tauchte er auch schon kräftig und selbstbewußt mit neuen produktiven Ideen und Entdeckungen aus ihnen wieder empor. Dadurch erhielten nun seine geistigen Leistungen etwas Labiles und Flüssiges. Er war immer im Werden und Neugebären und bereit zu immer neuer Erweiterung und Umbildung seines Weltbildes. Niemand hat deshalb so wie er am eigenen Leibe die Gefahren des modernen historischen Relativismus, der sich mit behender Kunst in jeden neuen Lebenszusammenhang versetzt, aber darüber den eigenen Lebenswillen verliert, zu spüren gehabt. Aber niemand hat auch bewußter und kräftiger in sich gegen sie angekämpft aus jenem tiefsten und feinsten Zuge seines Wesens heraus, den wir vorhin andeuteten, als wir ihn eine religiöse Natur nannten. Diese Religiosität in ihm war aktiver und ethischer Art, nicht auf Ruhe in Gott, sondern wie der von ihm mit tiefer Wahlverwandtschaft studierte Kalvinismus auf Kampf für Gott, auf Durchsetzung des Göttlichen und Geistigen in der so furchtbar materialisierten und in ihrem Materialismus von ihm durchschauten modernen Welt gerichtet. Von diesen Spannungen seines Wesens zwischen grenzenloser Empfänglichkeit und festem Gestaltungswillen, illusions|losem, ja grausam ehrlichem Wirklichkeitssinne und gläubigem Idealismus zeugt fast jede Zeile, die er schrieb. Daß sie nicht immer in befriedigender Harmonie sich lösen konnten, wird man begreifen. Aber es wird jetzt auch verstanden werden können, wie er, der als Theologe begann, in dem Doppelberufe des Geschichtsphilosophen und Politikers enden mußte. Der Weltkrieg und die Revolution waren es, die ihn in diese neue Bahn hineinzogen. Alle Werte des Lebens lagen jetzt auf der Wagschale, und ein so weit sich öffnender Geist wie Troeltsch konnte nun nicht anders, als das Höchste und das Augenblickliche, das Zeitliche und das Ewige immer zugleich umfassen und durchdenken. Deutschland zu retten, weil mit Deutschland auch unsere geistige Welt in Todesgefahr stand und steht, innerhalb Deutschlands dann die großen Lebenskräfte unserer Kultur und die sie tragende soziale Schicht durch den Umsturz der Revolution hindurch zu retten, wurde der leitende Gedanke eines kleinen Kreises von Gesinnungsgenossen, der sich schon während des Krieges um Hans Delbrück und Troeltsch sammelte und wöchentlich einmal zusammenkam. Aus diesem Kreis sind mehrere der Staatsmänner des neuen demokratischen Deutschlands hervorgegangen. Wir wurden Demokraten, weil wir uns klar machten, daß auf keinem anderen Wege die nationale Volksgemeinschaft und zugleich die lebensfähigen aristokratischen Werte unserer Geschichte würden erhalten werden können. Aus dem Gedankenaustausche und den Informationen dieses Kreises stammt Vieles von dem, was Troeltsch in den Spektator-Briefen niederlegte, die er nach der Revolution auf Anregung von Avenarius – nicht das geringste der vielen Verdienste dieses ausgezeichneten Mannes – für den Kunstwart zu schreiben begann. Die Quellen, aus denen er schöpfen konnte, erweiterten sich rasch, weil er ungesucht durch die Vitalität seines Wesens in eine Fülle neuer Berührungen mit bedeutenden Männern des öffentlichen Lebens hineinkam; hier ist vor allem seiner Freundschaft mit | Rathenau zu gedenken. Seine Nerven leisteten Erstaunliches, wenn man bedenkt, daß in diesen Jahren zugleich sein großes Werk über den Historismus entstand.[2] Er ließ sich 1919 in die preußische Landesversammlung wählen und wurde als Vertreter der demokratischen Partei parlamentarischer Unterstaatssekretär im preußischen Kultusministerium, wo die neuen Regelungen des Schul- und Unterrichtswesens und die Trennung von Kirche und Staat unter seiner Mitarbeit erfolgten. Nach Ablauf seines parlamentarischen Mandates schied er auch aus diesem Amte wieder aus. Seine vierzehntägigen Spektator-Briefe für den Kunstwart setzte er seit dem Juli 1920 in größeren zeitlichen Abständen, nun aber nicht mehr pseudonym, sondern mit Namensnennung fort bis zum Herbste 1922. Am 1. Februar 1923 hat ihn, den erst 58jährigen, der Tod uns entrissen.

Wir schätzen den historischen Wert dieser Briefe außerordentlich hoch, nicht nur wegen ihres Reichtums an tatsächlichen und wichtigen Mitteilungen und frischen eigenen Erfahrungen, sondern vor allem, weil in ihnen ein ungewöhnlich reicher und zur Spiegelung innerer Zusammenhänge ungewöhnlich befähigter und geübter Geist die Leidensgeschichte unseres Volkes erzählt, und weil nicht nur Geist, sondern auch Seele aus ihnen atmet. Ein tief erschüttertes, qualvoll hin und her geworfenes und doch immer wieder sich aufrichtendes Gemüt schaut ex profundis nach Licht und Erlösung hier aus. Weil sein heller und sensibler Geist mehr schaute und erlebte als der Durchschnitt der dumpf ihr Schicksal tragenden und verfluchtenden Landsleute, weil er auch die unter und über den greifbaren Ereignissen wirkenden Kräfte und sich auftuenden Möglichkeiten immer sofort überschaute, hat er auch mehr zu leiden gehabt unter der Fülle seiner Gesichte. Es ist oft wie eine wilde Jagd, die er über seinem Haupte vorüberziehen sah. Man wird bald wahrnehmen, daß er mehr die Dinge zu erfassen, als mit politischem Willen auf sie einzuwirken strebte. Ich habe | oft im Gespräche mit ihm es

---

2 Ernst Troeltsch: Der Historismus und seine Probleme (1922), in: KGA 16, S. 159–1099.

bemerkt, daß er, wenn er eben in großartigem Freskostil seine Auffassung der Lage entwickelt und die zerstreuten Dinge zusammengebunden hatte zu festen Kausalkomplexen, achselzuckend versagte, auf die Frage, was man denn nun unmittelbar zu tun habe. Es fehlte ihm sicherlich nicht an praktischem Willensdrang im großen, – seine ganze Geschichtsphilosophie zeugt davon, – wohl aber an dem Triebe zu unmittelbarer Einwirkung auf den Lauf der Dinge – dies überließ er den dazu Berufenen, leistete aber dafür in seiner Analyse der Dinge etwas, was kein praktischer Staatsmann leisten konnte, weil er nie anders als sub specie aeterni sie sehen konnte.

Auch seine Beobachtungsweise hat natürlich ihre eigenen Schwächen und Fehlerquellen. Sein vehementer Geist kombinierte zuweilen zu rasch, namentlich wenn es sich darum handelte, die Absichten der gegnerischen Parteien zu erraten. Er liebte es, aus Gerüchten und hingeworfenen Worten der Gegner ganze Systeme und Aktionsprogramme im Fluge aufzubauen. Vieles von dem, was er dem Rechtsradikalismus zutraute, ist ja durch den Rathenaumord bestätigt worden. Aber man wird gut tun, auch das Maß von Subjektivität, das seinen Schilderungen eigen ist, zu beachten.

Möchten nun aber diejenigen, die diese Subjektivität am ersten zu rügen geneigt sein werden, auch von ihm zu lernen sich endlich entschließen. Es gehört zu den bittersten Erfahrungen und Schmerzen dieser Jahre, daß das gebildete deutsche Bürgertum und insbesondere die Berufsschicht, der Troeltsch angehörte, in ihrer politischen Urteilsfähigkeit und Haltung so gänzlich versagt hat. Troeltsch wußte, wie diese Briefe beweisen, die inneren Werte dieser Schichten und ihre Unentbehrlichkeit für die Erhaltung der deutschen Kultur wohl zu schätzen, aber das Bündnis von Hochmut und Dummheit, das in ihnen während und nach dem Kriege vielfach zutage trat, entsetzte ihn und uns. Ihren ehrenwerten | Empfindungen und ihrem leidenschaftlichen aber irregehenden Patriotismus soll damit nicht zu nahe getreten werden. Aber eine schwere und tragische Schuld haben sie dennoch auf sich geladen, und das Schicksal, durch die Revolution deklassiert zu werden, ist nicht ganz unverdient über sie gekommen. Sollte es ein dauerndes und endgültiges Schicksal werden, so wäre das eine der allerschwersten und kaum heilbaren Wunden, unter denen unser Volkskörper heute zu leiden hat.

Berlin-Dahlem, im September 1923.

Friedrich Meinecke.

Übersicht zur Erstveröffentlichung und Editionsgeschichte der Spectator-Briefe und Berliner Briefe

Titel	KGA 14	Erstveröffentlichung im „Kunstwart" (Datumsangabe)	Baron-Ausgabe (1924), teils mit Varianten von Troeltschs Hand	Claussen-Ausgabe (1994)
Rück- und Umblick	S. 53–58	1. Februarheft 1919, S. 72–73 (nach A₁: 30.12.1918)	S. 26–30, gekürzt, mit Varianten	S. 11–14, vollständig
Rück- und Umblick 2	S. 59–64	2. Februarheft 1919, S. 97–99 (nach A₁: 14.01.1919)	S. 30–34, vollständig, mit Varianten Titel: Rückblick und Umblick 2	S. 14–17, gekürzt
Allmähliche Klärung	S. 65–71	1. Märzheft 1919, S. 121–123 (nach A₁: 28.01.1919)	S. 34–38, gekürzt, mit einer Variante	S. 17–21, gekürzt
Links und Rechts	S. 72–78	2. Märzheft 1919, S. 167–170 (20.02.1919)	nicht aufgenommen	S. 21–27, vollständig
Neue Finsternisse	S. 79–84	1. Aprilheft 1919, S. 25–27 (nach A₁: 15.02.1919)	S. 38–42, gekürzt, mit einer Variante	S. 27–32, vollständig
Die preußische Nationalversammlung	S. 85–92	2. Aprilheft 1919, S. 80–83 (20.03.1919)	S. 43–47, gekürzt	S. 32–37, vollständig

Titel	KGA 14	Erstveröffent-lichung im „Kunstwart" (Datums-angabe)	Baron-Ausgabe (1924), teils mit Vari-anten von Troeltschs Hand	Claussen-Ausgabe (1994)
Der Ansturm gegen die Demokratie	S. 93–98	2. Maiheft 1919, S. 146–149 (nach A$_1$: 20.04.1919)	S. 47–52, gekürzt, mit einer Variante	S. 37–43, vollständig
Die Aufnahme der Friedensbedingungen	S. 99–105	1. Juniheft 1919, S. 191–193 (23.05.1919)	S. 52–56, gekürzt	S. 43–47, vollständig
Nach Pfingsten	S. 106–114	1. Juliheft 1919, S. 28–31 (05.06.1919)	S. 57–63, gekürzt Titel: Nach Pfingsten. Die äußere und innere Lage Deutschlands	nicht aufgenommen
Die Schuldfrage	S. 115–124	1. Juliheft 1919, S. 2–7 (19.06.1919)	S. 314–321, gekürzt Titel nach A$_1$: Das Schulddogma	S. 48–56, vollständig
Nach der Entscheidung	S. 125–132	2. Juliheft 1919, S. 72–75 (19.06.1919)	S. 63–69, vollständig, mit einer Variante	S. 56–62, vollständig
Neue Krisen und Möglichkeiten	S. 133–141	1. Augustheft 1919, S. 123–127 (08.07.1919)	S. 70–75, gekürzt Titel: Neue Krisen und Möglichkeiten. Die innere Lage nach dem Friedensdiktat	S. 62–68, gekürzt

Übersicht zur Erstveröffentlichung und Editionsgeschichte der Spectator-Briefe 595

Titel	KGA 14	Erstveröffentlichung im „Kunstwart" (Datumsangabe)	Baron-Ausgabe (1924), teils mit Varianten von Troeltschs Hand	Claussen-Ausgabe (1994)
Die Aussichten der Weltrevolution und die Zersetzung der Sozialdemokratie	S. 142–148	1. Septemberheft 1919, S. 208–211 (25.07.1919)	S. 76–79, gekürzt Titel: „Weltrevolution" und Parteiverhältnisse nach Friedensschluß	S. 68–73, gekürzt
Der Enthüllungssturm	S. 149–157	1. Septemberheft 1919, S. 211–215 (10.08.1919)	S. 79–81, gekürzt	S. 73–75, gekürzt
Produktivität	S. 158–164	2. Septemberheft 1919, S. 252–256 (20.08.1919)	nicht aufgenommen	S. 75–82, vollständig
Der neue Geist	S. 165–170	1. Oktoberheft 1919, S. 27–31 (04.09.1919)	nicht aufgenommen	nicht aufgenommen
„Der Untergang des Abendlandes"	S. 171–178	2. Oktoberheft 1919, S. 83–87 (19.09.1919)	nicht aufgenommen	nicht aufgenommen
Zentralisation und Dezentralisation	S. 179–187	1. Novemberheft 1919, S. 115–120 (04.10.1919)	nicht aufgenommen	nicht aufgenommen
Wieder in Berlin	S. 188–198	1. Dezemberheft 1919, S. 221–226 (20.10.1919)	S. 81–87, gekürzt Titel: Wieder in Berlin. Nach den Sommerferien	S. 83–91, gekürzt

Titel	KGA 14	Erstveröffentlichung im „Kunstwart" (Datumsangabe)	Baron-Ausgabe (1924), teils mit Varianten von Troeltschs Hand	Claussen-Ausgabe (1994)
Was man vor einem Jahre in Berlin von der Revolution persönlich erleben konnte	S. 199–208	2. Dezemberheft 1919, S. 269–273 (15.11.1919)	S. 19–26, gekürzt mit Datum: 30.11.1918 Titel: Der Ausbruch der Revolution	S. 5–11, gekürzt mit Datum: 30.11.1918 Titel: Die Revolution in Berlin
Vorherrschaft des Judentums?	S. 209–217	1. Januarheft 1920, S. 11–16 (15.11.1919)	nicht aufgenommen	S. 91–99, vollständig
Die Welle von rechts	S. 218–228	2. Januarheft 1920, S. 79–83 (19.12.1919)	S. 87–94, gekürzt	S. 99–106, gekürzt
Die Aufgaben der Reichsregierung	S. 229–238	2. Februarheft 1920, S. 179–183 (12.01.1920)	S. 94–103, gekürzt	S. 106–115, gekürzt
Neue Eingriffe von Außen	S. 239–247	1. Märzheft 1920, S. 220–224 (06.02.1920)	S. 103–109, gekürzt	S. 115–120, gekürzt
Kritik am System	S. 248–254	1. Aprilheft 1920, S. 31–35 (29.02.1920)	S. 109–113, gekürzt, Titel: Kritik am System: Die Personen	S. 120–125, gekürzt
Der Putsch der Prätorianer und Junker	S. 255–264	2. Aprilheft 1920, S. 82–85 (23.03.1920)	S. 117–125, gekürzt	S. 125–132, vollständig
Klassenkampf und Bürgerkrieg	S. 265–272	1. Maiheft 1920, S. 126–130 (06.04.1920)	S. 125–133, gekürzt, mit einer Variante	S. 132–139, gekürzt

Titel	KGA 14	Erstveröffentlichung im „Kunstwart" (Datumsangabe)	Baron-Ausgabe (1924), teils mit Varianten von Troeltschs Hand	Claussen-Ausgabe (1994)
Äußere und innere Politik	S. 273–280	2. Maiheft 1920, S. 169–173 (21.04.1920)	S. 133–140, gekürzt	nicht aufgenommen
Kritik am System: Das Parteiwesen	S. 281–290	1. Juniheft 1920, S. 209–215 (02.05.1920)	S. 114–117, gekürzt	S.139–148, gekürzt
Kritik am System: Die Kammer der Arbeit	S. 291–302	2. Juniheft 1920, S. 261–266 (17.05.1920)	nicht aufgenommen	nicht aufgenommen
Die Aufgaben der Regierung: Kulturfragen	S. 303–315	Juliheft 1920, S. 313–319 (05.06.1920)	S. 140–141, nur Ausschnitte, Titel: Vor den Wahlen	nicht aufgenommen
Die Reichstagswahlen: Eintritt der Revolution in ein neues Stadium	S. 316–326	Augustheft 1920, S. 374–379 (01.07.1920)	S. 141–149, gekürzt	S. 148–156, gekürzt
Der Bolschewismus	S. 327–341	Oktoberheft 1920, S. 36–44 (17.09.1920)	S. 150–152, nur Ausschnitte, Titel: Die Wandlungen der Weltlage	nicht aufgenommen
Das Weltsystem der Entente Berliner Brief	S. 342–350	Novemberheft 1920, S. 102–106 (10.10.1920)	S. 152–160, gekürzt	S. 156–163, gekürzt

Titel	KGA 14	Erstveröffent-lichung im „Kunstwart" (Datums-angabe)	Baron-Ausgabe (1924), teils mit Varianten von Troeltschs Hand	Claussen-Ausgabe (1994)
Die innere Entwickelung der deutschen Revolution Berliner Brief	S. 351–362	Dezemberheft 1920, S. 163–171 (12.11.1920)	S. 13–18, gekürzt, Titel: Die innere Entwickelung der deutschen Revolution. Ein Überblick aus dem November 1920 S. 160–168, gekürzt, Titel: Die innere Entwickelung	S. 164–171, gekürzt
Die geistige Revolution Berliner Brief	S. 363–375	Januarheft 1921, S. 227–233 (06.12.1920)	nicht aufgenommen	nicht aufgenommen
Bethmann Hollweg † Berliner Brief	S. 376–381	Februarheft 1921, S. 289–292 (10.01.1921)	nicht aufgenommen	nicht aufgenommen
Neue Krisen von außen her Berliner Brief	S. 382–392	Märzheft 1921, S. 349–354 (08.02.1921)	S. 168–176, gekürzt	S. 171–180, marginal gekürzt
Der Versuch zur Wiedereröffnung des Krieges und die preußischen Wahlen Berliner Brief	S. 393–402	Aprilheft 1921, S. 34–39 (16.03.1921)	S. 176–183, gekürzt	S. 181–189, vollständig

Übersicht zur Erstveröffentlichung und Editionsgeschichte der Spectator-Briefe 599

Titel	KGA 14	Erstveröffentlichung im „Kunstwart" (Datumsangabe)	Baron-Ausgabe (1924), teils mit Varianten von Troeltschs Hand	Claussen-Ausgabe (1994)
Die Reparation und Amerika Berliner Brief	S. 403–411	Maiheft 1921, S. 100–104 (in A: „8.3.21")	S. 183–186, gekürzt mit Datum: 08.04.1921, Titel: Die innere Lage und die Reparation	S. 189–195, gekürzt
Der Beginn der eigentlichen Schwierigkeiten Berliner Brief	S. 412–420	Juniheft 1921, S. 160–163 (04.05.1921)	S. 186–191, gekürzt	S. 195–199, gekürzt
Nach der Annahme des Ultimatums Berliner Brief	S. 421–429	Juliheft 1921, S. 234–238 (07.06.1921)	S. 191–198, gekürzt	S. 199–206, vollständig
Ideologien und reale Verhältnisse Berliner Brief	S. 430–440	Augustheft 1921, S. 287–293 (05.07.1921)	S. 198–203, gekürzt	S. 206–213, gekürzt
Die Verfassungskrise Berliner Brief	S. 441–453	Oktoberheft 1921, S. 25–32 (12.09.1921)	S. 203–213, gekürzt	S. 213–219, gekürzt
Auf dem Weg zur neuen Mitte Berliner Brief	S. 454–466	Novemberheft 1921, S. 87–93 (07.10.1921)	S. 213–223, gekürzt	S. 219–228, gekürzt
Die neue Katastrophe und die Stellung des Bürgertums zur Republik Berliner Brief	S. 467–478	Dezemberheft 1921, S. 155–162 (09.11.1921)	S. 223–234, gekürzt	S. 228–236, gekürzt
Die Amerikanisierung Deutschlands Berliner Brief	S. 479–490	Januarheft 1922, S. 228–235 (12.12.1921)	S. 235–247, vollständig	S. 237–245, gekürzt

Titel	KGA 14	Erstveröffentlichung im „Kunstwart" (Datumsangabe)	Baron-Ausgabe (1924), teils mit Varianten von Troeltschs Hand	Claussen-Ausgabe (1994)
Die deutsche Uneinigkeit Berliner Brief	S. 491–501	Februarheft 1922, S. 285–291 (06.01.1922)	S. 248–253, gekürzt	S. 245–250, gekürzt
See- und Landmächte Berliner Brief	S. 502–511	Märzheft 1922, S. 344–350 (10.02.1922)	S. 253–259, gekürzt	nicht aufgenommen
Die intimen Seiten der deutschen Lage	S. 512–522	Aprilheft 1922, S. 25–31 (04.03.1922)	S. 259–262, nur Ausschnitte, Titel: Die politische Abschnürung Deutschlands	S. 250–261, gekürzt
Eine Reise in Holland Berliner Brief	S. 523–535	Maiheft 1922, S. 90–97 (10.04.1922)	nicht aufgenommen	nicht aufgenommen
Die neue Weltlage Berliner Brief	S. 536–547	Juniheft 1922, S. 158–167 (11.05.1922)	S. 262–272, gekürzt	S. 261–272, vollständig
Wieder bei der Reparationskommission Berliner Brief	S. 548–557	Juliheft 1922, S. 235–240 (11.06.1922)	S. 272–281, gekürzt	S. 272–281, gekürzt
Gefährlichste Zeiten Berliner Brief	S. 558–568	Augustheft 1922, S. 291–296 (07.07.1922)	S. 281–288, gekürzt	S. 281–288, gekürzt
Die Verösterreicherung Berliner Brief	S. 569–577	Oktoberheft 1922, S. 39–43 (11.09.1922)	S. 288–292, gekürzt	S. 288–294, gekürzt
Die Republik Berliner Brief	S. 578–588	Novemberheft 1922, S. 104–110 (07.10.1922)	S. 292–300, gekürzt	S. 294–300, gekürzt

Biogramme

Aulard, François-Alphonse (19. Juli 1849 – 23. Oktober 1928). Französischer Historiker. Teilnahme am Deutsch-Französischen Krieg 1870/71. Schullehrer, seit 1878 Universitätsdozent für französische Literatur. 1885 auf den ersten Lehrstuhl für die Geschichte der Französischen Revolution an der Sorbonne berufen, gilt A. als Begründer der modernen Revolutionsgeschichtsschreibung („Histoire politique de la Révolution Française" 1901). 1898 Mitgründer der Ligue des droits de l'homme.

Avenarius, Ferdinand (20. Dezember 1856 – 20. September 1923). Schriftsteller. Studium der Medizin und Naturwissenschaften, später Kunstgeschichte, Literaturgeschichte und Philosophie. 1887 Gründer und seither Herausgeber der Kulturzeitschrift „Kunstwart" (seit 1912 „Kunstwart und Kulturwart"). Neben eigener schriftstellerischer Tätigkeit trat A. auch als Herausgeber von Lyrik-Anthologien hervor (u. a. „Hausbuch deutscher Lyrik" 1903, „Balladenbuch" 1908). Außerdem engagierte er sich im Umfeld der Lebensreformbewegung für Kunsterziehung, Naturschutz und die Gartenstadt-Bewegung. 1902 Gründer des Dürerbundes. 1913 Redner beim ersten Treffen der deutschen Jugendbewegung auf dem Hohen Meißner.

Babson, Roger Ward (6. Juli 1875 – 5. März 1967). US-amerikanischer Wirtschaftsstatistiker. Gründete 1904 das Wirtschaftsprognoseinstitut Babson's Statistical Organization. Zahlreiche Publikationen zu ökonomischen und politischen Themen. 1940 war er Kandidat der Prohibition Party bei der US-Präsidentschaftswahl.

Ballin, Albert (15. August 1857 – 9. November 1918). Reeder. Kaufmannssohn aus deutsch-jüdischer Familie in Hamburg. Arbeit als Reedereikaufmann. Seit 1899 Generaldirektor der Hapag, baute er das Unternehmen bis 1914 zur größten Reederei der Welt aus. B. galt als Vertrauter von Kaiser Wilhelm II., den er im Sinne einer deutsch-britischen Verständigung zu beeinflussen suchte. Im Ersten Weltkrieg wandte er sich gegen den uneingeschränkten U-Boot-Krieg. B. starb am 9. November 1918 durch Tabletteneinnahme, vermutlich in Suizidabsicht.

Barbusse, Henri (17. Mai 1873 – 30. August 1935). Französischer Schriftsteller. Als Kriegsfreiwilliger im Ersten Weltkrieg verarbeitete B. seine Erlebnisse in dem Antikriegsroman „Le Feu" (1916, deutsch: „Das Feuer" 1918), durch den er berühmt wurde. Ab 1917 pazifistisches Engagement, u. a. Mitgründer der Association Républicaine des Anciens Combattants. 1923 Eintritt in die Parti communiste français, seither kulturpropagandistische Aktivitäten für die UdSSR.

Bauer, Gustav (6. Januar 1870 – 16. September 1944). Gewerkschafter, Politiker. Bürogehilfe. 1895 Gründer und bis 1908 Vorsitzender des Zentralvereins der Bureauangestellten. 1903–08 Leiter des Zentral-Arbeiter-Sekretariats der Freien Gewerkschaften, 1908–18 Zweiter Vorsitzender der Generalkommission der Gewerkschaften Deutschlands. Seit 1912 MdR für die SPD. 1917/18 Mitgründer und Vorstandsmitglied des Volksbundes für Freiheit und Vaterland. Im Oktober 1918 in der Regierung → Max von Baden zum Staatssekretär im Reichsarbeitsamt ernannt, ab Februar 1919 Reichsarbeitsminister im Kabinett → Stresemann. 1919/20 MdNV, 1920–28 erneut MdR. Als Vertrauter → Eberts am 21. Juni 1919 als Ministerpräsident bzw. (seit dem 14. August 1919) Reichskanzler an die Spitze der Reichsregierung berufen, blieb B. im Schatten einflussreicherer Kabinettsmitglieder, v. a. → Erzbergers. Nach dem Kapp-Putsch musste er auf Druck der Gewerkschaften am 26. März 1920 zurücktreten. Anschließend bis Juni 1920 Reichsschatzminister (ab Mai 1920 auch Reichsverkehrsminister) im ersten Kabinett → Hermann Müller. Von Mai 1921 bis November 1922 war er Vizekanzler und erneut Reichsschatzminister in beiden Kabinetten → Wirth. 1933 kurzzeitig inhaftiert.

Bauer, Max (31. Januar 1869 – 6. Mai 1929). Militär. Offizierslaufbahn in der preußischen Armee. Seit 1905 als Artilleriefachmann beim Großen Generalstab. Während des Ersten Weltkriegs in der Operationsabteilung der OHL u. a. für Fragen der Kriegsproduktion zuständig, war B. als Verbindungsmann der OHL zur Schwerindustrie und zum alldeutschen Lager ab 1916 der engste politische Berater von → Ludendorff. Nach der Revolution gehörte B. zu den frühesten Propagandisten der Dolchstoßlegende. Zur Vorbereitung eines antirepublikanischen Staatsstreichs von rechts gründete er im August 1919 mit → Kapp die Nationale Vereinigung. Als Mitorganisator des Kapp-Putsches im März 1920 war er in der Kapp-Regierung als Leiter der Reichskanzlei vorgesehen. Nach dem Scheitern des Kapp-Putsches floh B. nach Österreich. 1925 amnestiert. In den 1920er Jahren als Verbindungsmann der deutschen Rüstungsindustrie u. a. in der Sowjetunion, in Spanien und Argentinien tätig. Seit 1927 als Militärberater der Kuomintang-Regierung von Chiang Kai-shek in China.

Beneš, Edvard (28. Mai 1884 – 3. September 1948). Tschechoslowakischer Politiker. Studium der Rechtswissenschaften. Dozent an der Karls-Universität Prag. Im Ersten Weltkrieg war B. als Mitarbeiter von → Masaryk einer der Führer der tschechoslowakischen Unabhängigkeitsbewegung. 1918–35 Außenminister, seit 1935 Staatspräsident der Tschechoslowakischen Republik. Nach dem Münchener Abkommen trat B. im Oktober 1938 unter deutschem Druck zurück. Im Zweiten Weltkrieg Führer der tschechoslowakischen Exilregierung in London. Nach 1945 erneut Staatspräsident, befürwortete B. die Vertreibung der Deutschen aus der Tschechoslowakei. Beugte sich 1948 der kommunistischen Machtergreifung, trat aber kurz darauf aus Protest gegen die neue Verfassung zurück.

Benz, Richard (12. Juni 1884 – 9. November 1966). Kulturhistoriker. Studium der Germanistik und Philosophie, 1907 Promotion. Lebte seit 1910 als Privatgelehrter in Heidelberg. Auf literaturwissenschaftlichem Gebiet widmete sich B. vor allem dem Spätmittelalter und der deutschen Romantik. Seit 1954 Mitglied der Heidelberger Akademie der Wissenschaften.

Berchtold, Leopold Graf (18. April 1863 – 21. November 1942). Österreichisch-ungarischer Diplomat und Politiker. 1906–11 Botschafter in St. Petersburg. Seit 1912 k. u. k. Minister des Äußeren. In der Julikrise 1914 drängte er auf ein militärisches Vorgehen gegen Serbien und formulierte das österreichisch-ungarische Ultimatum, das zum Ausbruch des Ersten Weltkrieges führte. Im Konflikt um Kompensationen an Italien für ein Verbleiben im Dreibund trat B. im Januar 1915 von seinen Ämtern zurück. 1916 Oberstkämmerer, 1918 Obersthofmeister von Kaiser → Karl I.

Berg, Friedrich Wilhelm Bernhard von (20. November 1866 – 9. März 1939). Beamter. Offizierslaufbahn in der preußischen Armee, 1892 Abschied. Studium der Rechtswissenschaften. Laufbahn im preußischen Verwaltungsdienst, zuletzt 1916 Oberpräsident der Provinz Ostpreußen. 1916–19 MdPrH. Seit Januar 1918 war B. Chef des Geheimen Zivilkabinetts und beeinflusste als solcher Kaiser Wilhelm II. im Sinne der Siegfrieden-Politik der OHL. Nach der Ernennung der Regierung → Max von Baden im Oktober 1918 abgelöst. 1920–32 Vorsitzender der Deutschen Adelsgenossenschaft (Adelsmarschall). 1921–27 Generalbevollmächtigter des Hauses Hohenzollern im Deutschen Reich.

Bergson, Henri (18. Oktober 1859 – 4. Januar 1941). Französischer Philosoph. Studium der Literatur und Philosophie, 1889 Promotion an der Sorbonne. Seit 1900 Professor am Collège de France. B. gilt als einer der bedeutendsten Vertreter der Lebensphilosophie. Hauptwerke u. a. „Matière et Mémoire" (1896) und „L'Évolution Créatrice" (1907). Seit 1914 Mitglied der Académie française. Im Ersten Weltkrieg Propagandaaktivität für die Entente, u. a. 1917 in den USA. 1921/22 Mitgründer und erster Präsident des International Committee on Intellectual Cooperation beim Völkerbund. 1927 erhielt er den Literaturnobelpreis.

Bernstein, Eduard (6. Januar 1850 – 18. Dezember 1932). Gesellschaftstheoretiker, Politiker. Bankkaufmann. Seit 1872 in der Sozialdemokratie aktiv. Während der Sozialistengesetze im Exil in der Schweiz, seit 1888 in London, dort Kontakt zu Friedrich Engels. 1880–90 Redakteur der Zeitschrift „Sozialdemokrat", seither freier Schriftsteller. 1891 Mitverfasser des Erfurter Programms der SPD. Im Theoriestreit der SPD vor dem Ersten Weltkrieg vertrat B. gegen die marxistisch-orthodoxe Linie von → Kautsky das reformsozialistische Konzept des „Revisionismus" („Die Voraussetzungen des Sozialismus und die Aufgaben der Sozialdemokratie" 1899). 1902–06 und 1912–18 MdR. Als Gegner der „Burgfriedenspolitik" schloss er sich 1917 der USPD an, kehrte aber nach der Revolution 1918 wieder zur SPD zurück. 1920–28 erneut MdR.

Bernstorff, Johann Heinrich Graf von (14. November 1862 – 6. Oktober 1939). Diplomat, Politiker. Seit 1890 im deutschen Auswärtigen Dienst. 1908–17 Botschafter in Washington D. C. In dieser Funktion opponierte er im Ersten Weltkrieg gegen die deutsche Aufnahme des uneingeschränkten U-Boot-Krieges, um einen Kriegseintritt der USA aufseiten der Entente zu verhindern. 1917/18 Botschafter in Konstantinopel. 1919 Ausscheiden aus dem Auswärtigen Dienst. 1921–28 MdR für die DDP. Seit

1922 Präsident der Deutschen Liga für den Völkerbund, seit 1929 zugleich Präsident des Weltverbandes der Völkerbundligen. 1926–31 ständiger deutscher Vertreter bei der Abrüstungskommission des Völkerbundes. 1933 Emigration in die Schweiz.

Bethmann Hollweg, Theobald von (29. November 1856 – 2. Januar 1921). Beamter, Politiker. Studium der Rechtswissenschaften. Laufbahn im preußischen Verwaltungsdienst, zuletzt 1899–1905 Oberpräsident der Provinz Brandenburg. 1905 preußischer Innenminister, 1907 Staatssekretär im Reichsamt des Inneren. Seit Juli 1909 Reichskanzler und preußischer Ministerpräsident. Verantwortete die krisenverschärfende Politik der deutschen Reichsleitung in der Julikrise 1914. Im Ersten Weltkrieg bemühte er sich zunächst erfolgreich um einen innenpolitischen Ausgleich unter Einbindung der SPD („Burgfriedenspolitik"). Seine schwankende Haltung in der Kriegszielfrage und konservativer Widerstand gegen die von ihm befürwortete Wahlrechtsreform in Preußen schwächten jedoch im Laufe des Krieges seine Position. Anfang 1917 musste er in der Auseinandersetzung um die Erklärung des uneingeschränkten U-Boot-Krieges dem Drängen der OHL um → Ludendorff nachgeben. Verlor in der Folge zunehmend auch die Unterstützung der Mehrheitsparteien des Reichstags. Im Juli 1917 erzwang die OHL seine Demission. Zog sich danach ins Privatleben auf dem Gut Hohenfinow zurück. 1919 Zeuge vor dem parlamentarischen Untersuchungsausschuss zur Kriegsschuldfrage.

Blunck, Andreas (20. Dezember 1871 – 12. April 1933). Politiker. Studium der Rechtswissenschaften, Promotion. Rechtsanwalt. 1904–19 Mitglied der Hamburgischen Bürgerschaft, seit 1912 MdR für die FVP. Nach der Revolution 1919/20 MdNV und 1920/21 MdR für die DDP. Von März bis Juni 1920 war B. Reichsjustizminister im ersten Kabinett → Hermann Müller.

Bonn, Moritz Julius (28. Juni 1873 – 25. Januar 1965). Nationalökonom. Studium der Nationalökonomie und Philosophie, 1895 Promotion, 1905 Habilitation in München. 1910 a. o. Professor und Gründungsdirektor der Handelshochschule München. Seit 1920 an der Handelshochschule Berlin, 1931–33 als Rektor. B. war 1919 Mitglied der deutschen Delegation für die Friedensverhandlungen in Versailles und nahm als Berater der Reichsregierung an den Konferenzen von Spa 1920 und Genua 1922 teil. 1929 war er an der Aushandlung des Young-Plans beteiligt. Nach der NS-Machtübernahme 1933 wegen jüdischer Abstammung zwangsemeritiert. Emigration nach Großbritannien.

Braun, Friedrich Edler von (18. April 1863 – 12. Mai 1923). Politiker. Studium der Rechtswissenschaften. Laufbahn im bayerischen Verwaltungsdienst, zuletzt Ministerialdirektor. Seit 1916 beim Kriegsernährungsamt in Berlin, seit 1917 als Unterstaatssekretär. 1918/19 Mitglied der deutschen Waffenstillstandskommission. Seit 1920 MdR für die DNVP. Seit 1920 geschäftsführendes Präsidialmitglied im Reichsausschuss der deutschen Landwirtschaft und gemeinsam mit → Legien Präsident des Vorläufigen Reichswirtschaftsrats.

Braun, Otto (28. Januar 1872 – 15. Dezember 1955). Politiker. Druckerlehre. Seit 1889 in der SPD. Tätigkeit als Redakteur in der SPD-Parteipresse. 1909 Mitgründer des

Deutschen Landarbeiter-Verbandes. 1913–18 MdPrA. Seit November 1918 Landwirtschaftsminister im preußischen Rat der Volksbeauftragten, ab 1919 in der preußischen Staatsregierung unter Paul Hirsch. 1919/20 MdNV, 1920–32 MdR, 1921–33 auch MdL von Preußen. Nach dem Kapp-Putsch wurde B. im März 1920 ins Amt des preußischen Ministerpräsidenten gewählt, das er (mit Unterbrechungen 1921 und 1925) bis 1932 innehatte. 1925 SPD-Kandidat bei der Wahl zum Reichspräsidenten. Im Juli 1932 im „Preußenschlag" abgesetzt. 1933 Emigration in die Schweiz.

Bredereck, Paul (1877 – 1932?). Rechtsanwalt. Mitglied des Alldeutschen Verbandes, antisemitischer Agitator. Entzog sich 1913 der Strafverfolgung wegen Veruntreuung durch Flucht nach Brasilien. Während des Ersten Weltkriegs zurückgekehrt und amnestiert, Kriegseinsatz. Nach 1918 Mitglied der DNVP. Im März 1920 Teilnahme am Kapp-Putsch und für einen Tag Pressechef der Kapp-Regierung.

Bredius, Abraham (18. April 1855 – 13. März 1946). Niederländischer Kunsthistoriker. 1889–1909 Direktor des Mauritshuis in Den Haag, das unter seiner Leitung international bekannt wurde. Zahlreiche kunsthistorische Publikationen. 1922 Übersiedlung nach Monte Carlo.

Briand, Aristide (28. März 1862 – 7. März 1932). Französischer Politiker. Studium der Rechtswissenschaften. Rechtsanwalt, Journalist. Seit 1902 Mitglied der französischen Abgeordnetenkammer für die Parti socialiste, seit 1906 für die reformsozialistische Parti républicain-socialiste. Von 1906 bis zu seinem Tod hatte B. diverse Ministerämter in den Regierungen der Dritten Republik inne und war insgesamt elfmal Ministerpräsident (1909–11, 1913, 1915–17, 1921/22, 1925/26 und 1929) sowie 1915–17, 1921/22 und 1925–32 Außenminister. Unter dem Druck der französischen Öffentlichkeit vertrat B. 1921/22 noch eine harte Linie in der Reparationsfrage, ab 1925 wirkte er aber auf eine Ausgleichspolitik zwischen Deutschland und Frankreich hin (Locarno-Verträge 1925). 1926 erhielt er mit → Stresemann den Friedensnobelpreis. 1928 entwarf er den Briand-Kellog-Pakt zur internationalen Ächtung des Krieges. 1929/30 empfahl er die Gründung einer Europäischen Union innerhalb des Völkerbundes.

Brockdorff-Rantzau, Ulrich von (29. Mai 1869 – 8. September 1928). Diplomat, Politiker. Studium der Rechtswissenschaften, Promotion. Seit 1894 im deutschen Auswärtigen Dienst. 1912–18 Gesandter in Kopenhagen. Als Nachfolger von → Solf wurde er im Dezember 1918 Staatssekretär im Auswärtigen Amt unter der Regierung der Volksbeauftragten, im Februar 1919 Reichsaußenminister im Kabinett → Stresemann. In dieser Funktion für die Vorbereitung der Friedensverhandlungen zuständig, geriet er in scharfen Gegensatz zu → Erzberger. Als Leiter der deutschen Delegation bei den Friedensverhandlungen in Versailles wies er am 7. Mai 1919 die Friedensbedingungen der Alliierten zurück, konnte jedoch nur geringfügige Änderungen am Versailler Vertrag erreichen. Als entschiedener Gegner einer Unterzeichnung des Versailler Vertrags trat er am 20. Juni 1919 mit dem gesamten Kabinett Stresemann zurück. Seit 1922 Botschafter in Moskau.

Bryce, James, (seit 1914) 1st Viscount Bryce (10. Mai 1838 – 22. Januar 1922). Britischer Gelehrter und Politiker. Studium der Rechtswissenschaften u. a. in Glasgow, Oxford und Heidelberg. Rechtsanwalt. Geschichtswissenschaftliche Publikationen („The Holy Roman Empire" 1864). 1870–93 Professor für Zivilrecht in Oxford. 1880–1907 Mitglied des House of Commons für die Liberal Party, mehrere Regierungsämter, u. a. 1886 Under-Secretary for Foreign Affairs. 1907–13 britischer Botschafter in Washington D. C. Im Ersten Weltkrieg leitete B. eine britische Untersuchungskommission zu den deutschen Kriegsverbrechen in Belgien (Bryce-Report 1915) und erstellte eine regierungsamtliche Dokumentation zum türkischen Völkermord an den Armeniern („Blue Book" 1916).

Bülow, Bernhard von (3. Mai 1849 – 28. Oktober 1929). Diplomat, Politiker. Seit 1874 im deutschen Auswärtigen Dienst. 1894–97 Botschafter in Rom, 1897–1900 Staatssekretär im Auswärtigen Amt. Als Vertrauter Kaiser Wilhelms II. wurde B. im Oktober 1900 Reichskanzler und preußischer Ministerpräsident. Seine Kanzlerschaft stand außenpolitisch im Zeichen imperialistischer „Weltpolitik" (v. a. Flottenrüstung) bei zunehmender Isolation Deutschlands im Kreis der Großmächte (erste Marokkokrise 1905/06). Innenpolitisch stützte er sich auf ein konservativ-liberales Abwehrbündnis gegen Sozialdemokratie und Zentrum („Bülow-Block"). 1908 führte die „Daily-Telegraph-Affäre" zu einem Vertrauensverlust Wilhelms II. zu B. Dieser musste daraufhin 1909, als sich im Konflikt um die Reichsfinanzreform auch der Reichstag gegen ihn stellte, zurücktreten. Nach Ausbruch des Ersten Weltkriegs bemühte sich B. 1914/15 als Sonderbotschafter in Rom vergeblich, den Kriegseintritt Italiens auf der Seite der Entente zu verhindern. Eine von der OHL nach dem Sturz → Bethmann Hollwegs 1917 favorisierte Rückkehr B. als Reichskanzler scheiterte am Widerstand des Kaisers.

Cambó, Francisco (katalanisch: Francesc) (2. September 1876 – 30. April 1947). Spanischer Politiker. Studium der Rechtswissenschaften. Rechtsanwalt in Barcelona. 1901 Gründer der konservativen katalanischen Lliga Regionalista, trat C. früh für die katalanische Autonomie ein. 1918/19 span. Minister für öffentliche Arbeiten, 1921 Finanzminister in konservativen Kabinetten. Im Spanischen Bürgerkrieg ab 1936 unterstützte C. die Aufständischen um Franco.

Clemenceau, Georges Benjamin (28. September 1841 – 24. November 1929). Französischer Politiker. Studium der Medizin. Arzt. 1871 und 1876–93 Mitglied der französischen Abgeordnetenkammer für die linksrepublikanische Parti radical. C. war seit den 1880er Jahren einer der profiliertesten Führer der bürgerlichen Linken in Frankreich. Als Herausgeber der Zeitschrift „L'Aurore" war er während der Dreyfus-Affäre einer der führenden „dreyfusards". Seit 1902 Mitglied des Senats. Obwohl früher scharfer Kritiker des französischen Kolonialismus, beförderte C. als Ministerpräsident 1906–09 gegen deutsche Widerstände die Kolonialisierung Marokkos und stärkte die Entente mit Großbritannien. Im Ersten Weltkrieg 1917 erneut zum Ministerpräsidenten berufen, regierte C. diktaturähnlich und wandte sich scharf gegen einen Verständigungsfrieden mit dem Deutschen Reich. Auf der Pariser Friedenskonferenz 1919 forderte er umfangreiche deutsche Gebietsabtretungen, konnte sich aber gegen → Wilson und → Lloyd George nur zum Teil durchsetzen. Nach einer Niederlage bei der Wahl zum französischen Staatspräsidenten 1920 zog sich C. aus der Politik zurück. Seit 1918 Mitglied der Académie française.

Cohn, Oskar (15. Oktober 1869 – 2. November 1934). Politiker. Studium der Rechtswissenschaften, Promotion. Rechtsanwalt. Seit 1909 Stadtverordneter in Berlin, seit 1912 MdR für die SPD. Als Gegner der „Burgfriedenspolitik" schloss er sich 1917 der USPD an. Nach der Revolution war C. von November 1918 bis Anfang Januar 1919 als Beigeordneter der USPD Unterstaatssekretär im Reichsjustizamt. 1919/20 MdNV und dort USPD-Vertreter im Verfassungsausschuss. 1919–21 auch MdPrLV, 1921–25 MdL von Preußen. 1922 Rückkehr zur SPD. Ab 1926 engagierte er sich in der linkszionistischen Organisation Poale Zion. 1933 Emigration nach Frankreich.

Croce, Benedetto (25. Februar 1866 – 20. November 1952). Italienischer Philosoph. Autodidakt und Privatgelehrter. Seit 1902 Herausgeber der Zeitschrift „Critica". C. gilt als ein Hauptvertreter der idealistischen Philosophie in Italien („Filosofia come Scienza dello Spirito", 4 Bände, 1902–17). Politisch liberal, 1910 Aufnahme in den Senato del Regno, 1920–21 Unterrichtsminister unter → Giolitti. Seit 1923 Mitglied der Accademia Nazionale dei Lincei (1935–45 ausgeschlossen). Nach kurzzeitiger Unterstützung war C. ab 1924 ein scharfer Kritiker der Diktatur Mussolinis. 1925 initiierte er das „Manifesto degli intellettuali antifascisti". 1943 Mitgründer der Partito Liberale Italiano. 1949–52 Präsident des PEN International.

Czernin von und zu Chudenitz, Ottokar Graf (26. September 1872 – 4. April 1932). Österreichisch-ungarischer Diplomat und Politiker. Seit 1913 Botschafter in Bukarest. Seit Dezember 1916 k. u. k. Minister des Äußeren, war C. 1917 an geheimen Sondierungsbemühungen von Kaiser → Karl I. mit der Entente beteiligt. Als die französische Regierung dies im April 1918 öffentlich machte, musste C. zurücktreten („Sixtus-Affäre"). 1920–23 Abgeordneter im österreichischen Nationalrat.

Deimling, Berthold (seit 1905) von (21. März 1853 – 3. Februar 1944). Militär. Offizierslaufbahn in der preußischen Armee, Generalstabsausbildung. 1904–07 als Kommandeur bei der Kolonialschutztruppe in Deutsch-Südwestafrika an der Niederschlagung des Herero-Aufstandes beteiligt. Danach Truppenkommandos im Elsaß. Als Frontkommandeur im Ersten Weltkrieg war D. u. a. für die Niederbrennung der Tuchhallen von Ypern 1914 und für den ersten deutschen Einsatz von Chlorgas 1915 verantwortlich („Schlächter von Ypern"). Wegen Eigenmächtigkeiten 1917 zur Disposition gestellt. D., der in Deutschland seit einem Auftritt im Reichstag 1906 als Exponent des „Säbelrasselns" gegolten hatte, vollzog nach der Revolution 1918/19 eine radikale Konversion zum Pazifisten. Vorstandsmitglied der Deutschen Friedensgesellschaft, Mitglied der DDP und des Reichsbanners Schwarz-Rot-Gold.

Delbrück, Hans (11. November 1848 – 14. Juli 1929). Historiker. Studium der Geschichte in Greifswald, Heidelberg und Bonn, 1873 Promotion bei Heinrich von Sybel in Bonn. 1874–79 Erzieher in der preußischen Kronprinzenfamilie. 1881 Habilitation in Berlin. 1883–1919 Herausgeber der Preußischen Jahrbücher (bis 1889 gemeinsam mit Heinrich von Treitschke). 1885 a. o. Professor, 1895–1921 o. Professor an der Berliner Universität. Wegweisend wirkte D. durch die Integration der Militärgeschichtsschreibung in die kritische Geschichtswissenschaft, die ihm die Gegnerschaft des preußischen Generalstabs eintrug. 1882–85 MdPrA, 1884–90 MdR für die Freikonservativen. Im Ersten Weltkrieg war D. als Leiter des Mittwochabend-Kreises und Initiator der „Gegeneingabe" zur annexionistischen „Intellektuellen-Eingabe" 1915 der wichtigste Wortführer des gemäßigten gelehrtenpolitischen Lagers in der Kriegszieldebatte. Nach 1918 Publikationen zur Kriegsschuldfrage (1919 Mitglied der Heidelberger Vereinigung) und gegen die Dolchstoßlegende.

Denikin, Anton Iwanowitsch (16. Dezember 1872 – 8. August 1947). Russischer Militär. General im Ersten Weltkrieg, zuletzt 1917 Chef des Generalstabs. Im Russischen Bürgerkrieg befehligte D. seit 1918 die gegenrevolutionäre Weiße Armee in der Don-Region, mit der er 1919 die Ukraine und große Teile Südrusslands erobern konnte, bevor er bei Orjol von der Roten Armee geschlagen wurde. Nach dem Rückzug auf die Krim übergab er den Oberbefehl im April 1920 an → Wrangel und ging ins Exil nach Frankreich, später in die USA.

Dilke, Sir Charles Wentworth (4. September 1843 – 26. Januar 1911). Britischer Politiker. Bekannt wurde D. durch sein Plädoyer für eine imperialistische Außenpolitik Großbritanniens in dem Buch „Greater Britain" (1868). 1868–86 und seit 1892 Mitglied des House of Commons für die Liberal Party. 1880–85 Kabinettsposten im Kabinett Gladstone.

Doyé, Georg (7. Juni 1874 – 20. Juni 1965). Beamter. Studium der Rechtswissenschaften, Promotion. Laufbahn im preußischen Verwaltungsdienst. Als Ministerialrat (Geh. Regierungsrat) im preußischen Innenministerium leitete D. 1919/20 den Aufbau der Sicherheitspolizei. Im März 1920 nahm er am Kapp-Putsch teil und war als Unterstaatssekretär im preußischen Innenministerium unter → Jagow vorgesehen, wurde deshalb 1921 aus dem Staatsdienst entlassen. 1928 Rückkehr in den Staatsdienst als Verwaltungsgerichtsrat an einem OVG.

Ebert, Friedrich (4. Februar 1871 – 28. Februar 1925). Politiker. Sattlerlehre, Gastwirt. Seit 1889 aktiv in der Gewerkschaftsbewegung und in der Sozialdemokratie. 1899–1905 Mitglied der Bremischen Bürgerschaft. 1905–13 Sekretär beim SPD-Parteivorstand. 1912–18 MdR. Als Nachfolger von August Bebel seit 1913 SPD-Parteivorsitzender, gemeinsam mit → Haase. Im Theoriestreit der SPD vor 1914 gehörte E. zum zentristischen Mehrheitsflügel. Im Ersten Weltkrieg stützte er die „Burgfriedenspolitik". Bei Ausbruch der Revolution übertrug → Max von Baden am 9. November 1918 E. als Reichskanzler die Führung der Regierungsgeschäfte. Dieser bildete mit Haase den Rat der Volksbeauftragten aus SPD und USPD, dessen inoffizielle Leitung er übernahm. In dieser Funktion organisierte E. nach Kriegsende im Winter 1918/19 den Übergang zur parlamentarischen Demokratie bei Unterdrückung der linkssozialistischen Rätebewegung. 1919 MdNV. Im Februar 1919 von der Nationalversammlung zum Reichspräsidenten gewählt, wirkte E. in diesem Amt für eine große Koalition von Sozialdemokraten und bürgerlichen Parteien. In den innenpolitischen Unruhen der frühen Weimarer Republik griff er mehrmals mit Notverordnungen zur Sicherung der republikanischen

Ordnung ein. Außenpolitisch unterstützte er die „Erfüllungspolitik". Wegen seiner Rolle in der deutschen Revolution 1918/19 war E. sowohl von kommunistischer Seite als auch von der antirepublikanischen Rechten schweren Angriffen ausgesetzt.

Ehrhardt, Hermann (29. November 1881 – 27. September 1971). Freikorpsführer. Offizierslaufbahn in der kaiserlichen Marine. Im Ersten Weltkrieg Korvettenkapitän. Nach Kriegsende baute E. auf eigene Faust die Marine-Brigade Ehrhardt auf, die 1919 als Freikorps u. a. zur Niederschlagung linkssozialistischer Aufstände in Mitteldeutschland und Bayern eingesetzt wurde. Im März 1920 führend beteiligt am Kapp-Putsch, konnte sich E. der Strafverfolgung in Bayern entziehen, wo er in der Folge die rechtsextreme Untergrundgruppe Organisation Consul aufbaute. Nach der Ermordung von → Rathenau 1922 Flucht nach Ungarn. Nach der Rückkehr kurzzeitig inhaftiert, 1923 erneute Flucht. Seither überwiegend in Österreich. Tätigkeit als Landwirt. Politisch nach 1923 nicht mehr hervorgetreten.

Eisner, Kurt (14. Mai 1867 – 21. Februar 1919). Politiker. Studium der Philosophie und Germanistik. Journalist und Literaturkritiker. 1898 Eintritt in die SPD. 1898–1905 Redakteur beim „Vorwärts". 1907–10 Chefredakteur der „Fränkischen Tagespost", seit 1910 freier Mitarbeiter der „Münchener Post". Im Ersten Weltkrieg wandelte sich E. vom Befürworter der Kriegskredite zum radikalen Kriegsgegner. 1917 Mitgründer der USPD. Im Januar 1918 wegen Beteiligung am Münchener Munitionsarbeiterstreik inhaftiert (bis Oktober 1918). Als einer der Führer der Revolution in München rief er am 8. November 1918 den „Freistaat Bayern" aus. Am selben Tag vom Münchener Arbeiter- und Soldatenrat zum bayerischen Ministerpräsidenten berufen. Als Anhänger der These einer deutschen Kriegsschuld ließ er unmittelbar nach der Revolution bayerische Regierungsakten zum Kriegsausbruch 1914 publizieren. Nach der verheerenden Niederlage der USPD bei der bayerischen Landtagswahl im Januar 1919 (nur 2,5 %) war E. politisch zunehmend isoliert. Auf dem Weg zur Verlesung seiner Rücktrittserklärung im bayerischen Landtag wurde er am 21. Februar 1921 bei dem Attentat eines nationalistischen Offiziers getötet.

Erkelenz, Anton (10. Oktober 1878 – 25. April 1945). Gewerkschafter, Politiker. Schlosserlehre. 1902–12 Arbeitersekretär bei den Hirsch-Dunckerschen Gewerkvereinen. Mitarbeiter von Friedrich Naumann. 1918 Mitgründer der DDP. 1919/20 MdNV, 1920–30 MdR. 1919–33 zugleich Vorsitzender der Hirsch-Dunckerschen Gewerkvereine sowie seit 1923 Herausgeber von „Die Hilfe". E. galt als Wortführer des linken Flügels der DDP. Aus Protest gegen die Fusion der DDP mit dem Jungdeutschen Orden zur Deutschen Staatspartei trat er 1930 zur SPD über. Kam 1945 bei der Einnahme Berlins durch sowjetische Truppen ums Leben.

Erzberger, Matthias (20. September 1875 – 26. August 1921). Politiker. Seit 1896 Redakteur in der württembergischen Zentrumspresse, aktiv in der katholischen Arbeiterbewegung. Seit 1903 MdR für das Zentrum. Innerparteilich Repräsentant des sozialreformerischen Flügels. Im Ersten Weltkrieg organisierte er im Auftrag der Reichsleitung ab 1914 im „Büro Erzberger" die deutsche Auslandspropaganda sowie nachrichtendienstliche Aktivitäten und Vermittlungsbemühungen im neutralen Ausland. Im Juli 1917

Initiator der Friedensresolution des Reichstags. Ab Oktober 1918 Staatssekretär ohne Portefeuille in der Regierung → Max von Baden, unterzeichnete E. am 11. November 1918 den Waffenstillstand von Compiègne. Danach Leiter der deutschen Waffenstillstandskommission, seit Februar 1919 als Reichsminister ohne Portefeuille im Kabinett → Scheidemann. Als Befürworter der Unterzeichnung des Versailler Friedensvertrags in scharfem Gegensatz zu → Brockdorff-Rantzau. 1919/20 MdNV, seit 1920 erneut MdR. Im Kabinett → Gustav Bauer seit Juni 1919 Vizekanzler und Reichsfinanzminister, setzte E. eine umfassende Finanzreform (Einkommensteuer, Aufbau der Steuerverwaltung etc.) und das „Reichsnotopfer" auf große Vermögen durch. Seit Sommer 1919 Ziel von Kampagnen der antirepublikanischen Rechten, erzwangen die öffentliche Skandalisierung eines Beleidigungsprozesses gegen → Helfferich sowie später entkräftete Korruptionsvorwürfe am 12. März 1920 seinen Rücktritt. Schon am 26. Januar 1920 bei einem Attentat leicht verletzt, wurde er am 26. August 1921 bei einem Attentat der Organisation Consul getötet.

Everth, Erich (3. Juli 1878 – 22. Juni 1934). Journalist. Studium der Philosophie u. a., 1909 kunsthistorische Promotion in Leipzig. Journalistische Tätigkeit bei diversen Zeitungen, u. a. 1917–20 Chefredakteur der „Leipziger Volkszeitung", später Mitarbeiter bei der „Deutschen Allgemeinen Zeitung" und beim „Berliner Tageblatt". Seit 1926 o. Professor für Zeitungskunde an der Universität Leipzig, gilt E. als ein Vordenker der modernen Medientheorie. Im Februar 1933 Redner auf dem Kongress „Das Freie Wort". Im selben Jahr zwangsemeritiert.

Facta, Luigi (16. November 1861 – 5. November 1930). Italienischer Politiker. Studium der Rechtswissenschaften. Journalist. Seit 1892 Mitglied des italienischen Abgeordnetenhauses für die Liberalen. Seither diverse Regierungsämter, u. a. 1910–14 und 1920–21 Finanzminister. Seit Februar 1922 Ministerpräsident, leitete F. die Konferenz von Genua im Frühjahr 1922. Ende Oktober 1922 trat F. zurück, nachdem der italienische König Viktor Emanuel III. sich geweigert hatte, die Machtübernahme der Faschisten um Benito Mussolini durch Erklärung des Ausnahmezustands zu unterbinden. 1924 Aufnahme in den Senato del Regno.

Falkenhayn, Erich von (11. September 1861 – 8. April 1922). Militär. Offizierslaufbahn in der preußischen Armee, Generalstabsausbildung. 1913–15 preußischer Kriegsminister. Im Herbst 1914 löste er → Moltke als Chef des Großen Generalstabs ab. Als solcher versuchte F. nach dem Scheitern des „Schlieffen-Plans" mit einer „Ermattungsstrategie" die deutschen Kriegsgegner an der Westfront durch verlustreiche „Materialschlachten" zur Aufgabe zu zwingen. Nach dem Misserfolg der Schlacht von Verdun im August 1916 abberufen. 1916/17 Armeeoberbefehlshaber an der rumänischen Front, 1917 Führer der osmanischen Heeresgruppe F in Palästina. 1918 Armeeoberbefehlshaber an der Ostfront. 1919 Abschied aus der Armee.

Foerster, Friedrich Wilhelm (2. Juni 1869 – 9. Januar 1966). Philosoph, Pazifist. Studium der Philosophie u. a., 1893 Promotion in Berlin, 1898 Habilitation für Ethik und Pädagogik in Zürich. Bis 1912 Privatdozent ebd., 1913 a. o. Professor in Wien, 1914 o. Professor für Pädagogik an der Ludwig-Maximilians-Universität München. Wegen öffentlicher Kritik an der deutschen Kriegspolitik im Ersten Weltkrieg musste F. 1916 seine Lehrtätigkeit aufgeben. Erneute Lehrtätigkeit an der Ludwig-Maximilians-Universität München 1919–22. Veröffentlichte radikalpazifistische Schriften („Mein Kampf gegen das militaristische und nationalistische Deutschland" 1920). Nach der Ermordung von → Rathenau emigrierte F. 1922 in die Schweiz, 1926 nach Frankreich. 1933 aus Deutschland ausgebürgert. 1940 Flucht in die USA. 1963 Rückkehr in die Schweiz.

Friedjung, Heinrich (18. Januar 1851 – 14. Juli 1920). Österreichischer Historiker. 1873–79 an der Wiener Handelsakademie, dort aus politischen Gründen entlassen. Seither freier Schriftsteller. 1883–86 Herausgeber der „Wochenschrift" und 1886/87 Chefredakteur der „Deutschen Zeitung" der Deutschnationalen Partei. Wegen jüdischer Abstammung später aus der Partei ausgeschlossen. Im Ersten Weltkrieg Fürsprecher des „Mitteleuropa"-Plans.

Friedlaender-Prechtl, Robert (31. Mai 1874 – 13. August 1950). Schriftsteller. Verfasste u. a. Dramen („Alkestis" 1917) und Feuilletonbeiträge (v. a. für die „Vossische Zeitung"). 1919 Gründer des Spiegel-Verlags in Berlin und ebd. bis April 1921 Herausgeber der Zeitschrift „Der Spiegel. Beiträge zur sittlichen und künstlerischen Kultur".

Gareis, Karl (14. November 1889 – 9. Juni 1921). Politiker. Studium der Geschichte und Philosophie. Gymnasiallehrer. Im Ersten Weltkrieg Militärdienst, zuletzt Offizier. Seit 1917 bei der USPD. Seit 1920 MdL von Bayern, dort Fraktionsvorsitzender der USPD. G. wurde am 9. Juni 1921 von einem Unbekannten erschossen, mutmaßlich als Fememord der antirepublikanischen Rechten.

George, Stefan (12. Juli 1868 – 4. Dezember 1933). Lyriker. 1888/89 erste Gedichte. 1892 Gründer und bis 1919 Herausgeber der „Blätter für die Kunst", um die herum der auf ihn als „Meister" ausgerichtete George-Kreis entstand. Zunächst stark beeinflusst vom französischen Symbolismus („l'art pour l'art"), entwickelte G. später einen stark mystisch-expressionistischen Stil. Im Gefolge der Lebensreformbewegung erwuchs daraus im George-Kreis ab ca. 1900 eine quasireligiöse esoterisch-elitäre Avantgarde-Bewegung, die über die „Jünger" von G. im frühen 20. Jahrhundert stark auf die nationalistische akademische Jugend in Deutschland ausstrahlte (Mythos vom „Neuen Reich"). Der Weimarer Republik stand G. ablehnend gegenüber, entfaltete aber selbst keine politische Aktivität.

Giesberts, Johann (3. Februar 1865 – 7. August 1938). Politiker. Bäckerlehre, Metallarbeiter. Seit 1893 in der katholischen Arbeiterbewegung tätig. Zeitweilig Redakteur des Zentralblattes der christlichen Gewerkschaften. 1905–18 MdR, 1906–18 zugleich MdPrA für das Zentrum. Von November 1918 bis Februar 1919 Unterstaatssekretär im Reichsarbeitsamt. Von Februar 1919 bis November 1922 Reichspostminister. 1919/20 MdNV, 1920–33 erneut MdR.

Giolitti, Giovanni (22. Oktober 1842 – 17. Juli 1928). Italienischer Politiker. Studium der Rechtswissenschaften. Laufbahn im öffentlichen Dienst. Seit 1882 Mitglied des italienischen Abgeordnetenhauses für die Liberalen. 1889/90 Finanzminister, 1901–03 Innenminister. Als Ministerpräsident 1892/93, 1903–05, 1906–09 und 1911–14 war

G. die prägende Figur der italienischen Politik in den Jahren vor 1914 („età giolittiana"). Außenpolitisch leitete er die Distanzierung Italiens vom Dreibund ein (Italienisch-Türkischer Krieg 1911/12), optierte aber 1914/15 für die italienische Neutralität im Ersten Weltkrieg. Von Juni 1920 bis Juli 1921 erneut Ministerpräsident, suchte er vergeblich die Faschisten um Mussolini in ein bürgerliches Bündnis zu integrieren. Ab 1924 Wortführer der liberalen Opposition gegen Mussolini.

Graefe, Albrecht von (1. Januar 1868 – 18. April 1933). Politiker. Offizier, Gutsbesitzer. Aufgrund der Landstandschaft 1899–1918 MdL von Mecklenburg-Schwerin. 1912–18 MdR für die Deutschkonservativen. 1919/20 MdNV für die DNVP, 1920–28 erneut MdR. Als Exponent des rechten Flügels der DNVP gründete G. im Sommer 1922 die Völkische Arbeitsgemeinschaft in der DNVP. Im Dezember 1922 war er Gründer und bis 1928 Vorsitzender der Deutschvölkischen Freiheitspartei. 1923 Teilnahme am Hitler-Putsch.

Groener, Wilhelm (22. November 1867 – 3. Mai 1939). Militär, Politiker. Offizierslaufbahn in der württembergischen Armee, Generalstabsausbildung. Seit 1912 Chef der Eisenbahn-Abteilung im Großen Generalstab. Im Mai 1916 ins Kriegsernährungsamt versetzt, war G. seit Dezember 1916 als Chef des Kriegsamtes im preußischen Kriegsministerium für die Umsetzung des Programms der OHL zur Ausweitung der Kriegsanstrengungen (Hindenburg-Programm) zuständig, geriet aber wegen seiner kooperativen Haltung gegenüber den Gewerkschaften in Konflikt mit → Ludendorff. 1917/18 Frontkommando. Ende Oktober 1918 wurde G. als Nachfolger Ludendorffs Erster Generalquartiermeister und damit Chef der OHL neben → Hindenburg. In dieser Funktion sicherte er nach der Revolution im November 1918 die Unterstützung der Militärführung für die Regierung der Volksbeauftragten unter → Ebert und organisierte die Demobilisierung der deutschen Armee. 1919 befürwortete G. die Unterzeichnung des Versailler Vertrags. Ende September 1919 Abschied von der Armee. Als Parteiloser war G. von Juni 1920 bis August 1923 Reichsverkehrsminister und damit zuständig für den Aufbau der Deutschen Reichsbahn. Seit Januar 1928 war er Reichswehrminister, seit Oktober 1931 zugleich Reichsinnenminister in den Kabinetten → Hermann Müller und Brüning. Ein von G. erlassenes Verbot der nationalsozialistischen SA führte im Mai 1932 zum Sturz der Regierung Brüning. Danach Rückzug ins Privatleben.

Haase, Hugo (29. September 1863 – 7. November 1919). Politiker. Studium der Rechtswissenschaften. Rechtsanwalt in Königsberg. Seit 1894 ebd. Stadtverordneter für die SPD. 1897–1907, erneut seit 1912 MdR. Auf Vorschlag von August Bebel wurde er 1911 gemeinsam mit diesem zum SPD-Parteivorsitzenden gewählt (ab 1913 gemeinsam mit → Ebert). Bei Beginn des Ersten Weltkriegs unterstützte H. aus Fraktionsdisziplin zunächst die Zustimmung der SPD zu den Kriegskrediten, organisierte ab 1915 aber die innerparteiliche Opposition gegen die „Burgfriedenspolitik". Nach dem Ausschluss aus der SPD-Reichstagsfraktion musste er im März 1916 den Parteivorsitz niederlegen. 1917 Mitgründer und Parteivorsitzender der USPD. In der Revolution im November 1918 wurde H. Mitglied des von MSPD und USPD paritätisch gebildeten Rats der Volksbeauftragten, überließ die interne Leitung des Gremiums aber Ebert. Aus Protest gegen die militärische Niederschlagung der „Berliner Weihnachtskämpfe" trat er Ende Dezember 1918 gemeinsam mit den anderen USPD-Vertretern als Volksbeauftragter zurück. 1919 MdNV für die USPD. H. starb an den Folgen eines am 8. Oktober 1919 von einem geistesgestörten Täter verübten Attentats.

Haenisch, Konrad (14. März 1876 – 28. April 1925). Politiker. Als Oberschüler in Greifswald wegen „sozialdemokratischer Umtriebe" vom Gymnasium verwiesen, wirkte H. seit 1895 als Redakteur in der SPD-Parteipresse (u. a. „Leipziger Volkszeitung", „Sächsische Arbeiterzeitung", „Dortmunder Arbeiterzeitung"). 1913–18 MdPrA. Bis 1914 der Parteilinken um → Luxemburg zugerechnet, war H. während des Ersten Weltkriegs einer der Wortführer der rechtsnationalistischen Lensch-Cunow-Haenisch-Gruppe in der SPD (1915–18 Redaktionsleiter ihrer Zeitschrift „Die Glocke"). Nach der Revolution wurde H. am 12. November 1918 Minister für Wissenschaft, Kunst und Volksbildung in Preußen (bis 3. Januar 1919 gemeinsam mit → Hoffmann). 1919–21 MdPrLV, seit 1921 MdL von Preußen. Nach seinem Ausscheiden aus der preußischen Staatsregierung im April 1921 war H. ab 1922 Regierungspräsident in Wiesbaden. 1924 Mitgründer des Reichsbanner Schwarz-Rot-Gold.

Haniel von Haimhausen, Edgar (12. Dezember 1870 – 14. Januar 1935). Diplomat. Seit 1900 im deutschen Auswärtigen Dienst, 1911–17 Botschaftsrat in Washington D. C. 1918 Vertreter des Auswärtigen Amtes in der Waffenstillstandskommission, 1919 Generalsekretär der deutschen Friedensdelegation in Versailles. 1919/20 Unterstaatssekretär, 1920–22 Staatssekretär im Auswärtigen Amt. 1922–33 Gesandter und Vertreter der Reichsregierung in München.

Harden, Maximilian (20. Oktober 1861 – 30. Oktober 1927). Publizist. Ausbildung als Schauspieler bei einer Wandertruppe. Seit 1884 journalistische Tätigkeit als Theaterkritiker. 1889 Mitgründer des Theatervereins „Freie Bühne" in Berlin. 1892 Gründer und seither Herausgeber der politischen Wochenschrift „Die Zukunft". Ursprünglich konservativer Monarchist, wurde H. nach 1900 zu einem scharfen Kritiker des Herrschaftsstils Wilhelms II. Mit Enthüllungen über Homosexualität in der Entourage des Kaisers löste er 1906/07 einen öffentlichen Skandal aus („Harden-Eulenburg-Affäre"). Im Ersten Weltkrieg übte er Kritik am alldeutsch-annexionistischen Lager und trat für innenpolitische Reformen ein. 1922 wurde H. bei einem Attentat von Rechtsextremen schwer verletzt. Er stellte daraufhin „Die Zukunft" ein und emigrierte 1923 in die Schweiz.

Harding, Warren Gamaliel (2. November 1865 – 2. August 1923). US-amerikanischer Politiker. Zeitungsverleger in Ohio, Mitglied der Republikanischen Partei. 1899–1903 ebd. State Senator und 1904–06 stellvertretender Gouverneur. 1914–21 US-Senator für Ohio. Als Überraschungskandidat der Republikaner erzielte H. bei der US-Präsidentschaftswahl im November 1920 einen Erdrutschsieg mit der Losung „return to normalcy". Als US-Präsident verfolgte er eine strikt non-interventionistische Außenpolitik bei Ablehnung des Völkerbunds. Auf der Washingtoner Flottenkonferenz 1921/22 setzte er eine internationale Begrenzung der Seerüstung durch. H. Präsidentschaft wurde durch zahlreiche Korruptionsaffären in seinem persönlichen Umfeld überschattet. Tod durch Herzinfarkt.

Haußmann, Conrad (8. Februar 1857 – 11. Februar 1922). Politiker. Studium der Rechtswissenschaften. Rechtsanwalt. Seit 1889 Mitglied des württembergischen Landtags, seit 1890 zugleich MdR für die DtVP (seit 1910: FVP). 1917 Mitarbeit an der Friedensresolution des Reichstags und im Interfraktionellen Ausschuss. Im Oktober/November 1918 war H. Staatssekretär ohne Geschäftsbereich in der Regierung → Max von Baden. Nach der Revolution beteiligte er sich an der Gründung der DDP. 1919/20 MdNV, dort Vizepräsident und Vorsitzender des Verfassungsausschusses. Seit 1920 erneut MdR. H. war seit 1919 Mitglied der Arbeitsgemeinschaft für Politik des Rechts (Heidelberger Vereinigung).

Headlam-Morley, Sir James Wycliffe (24. Dezember 1863 – 6. September 1929). Britischer Historiker und Staatsbediensteter. Studium der Geschichte in Cambridge und Berlin, u. a. bei → Delbrück. 1894–1900 Professor für Alte Geschichte am Queen's College, London. Seit 1902 im Civil Service für das Board of Education. Im Ersten Weltkrieg 1914–17 im War Propaganda Bureau, 1917/18 im Ministry of Information. 1918–28 im Foreign Office als „historical adviser". 1919 Mitglied der britischen Delegation bei der Pariser Friedenskonferenz. Mitarbeit an den „British Documents on the Origins of the War" (1926 ff.). 1921 Kontroverse mit Delbrück zur Kriegsschuldfrage. 1929 als Knight Commander (KBE) nobilitiert.

Heim, Georg (24. April 1865 – 18. August 1938). Agrarfunktionär, Politiker. Studium der Neuen Sprachen und Wirtschaftswissenschaften, Promotion 1893 in München. Realschullehrer. H. galt als Begründer der katholischen Bauernbewegung in Bayern („Bauerndoktor"). 1898 Mitgründer und Vorsitzender des Bayerischen Christlichen Bauernvereins, 1900 Mitgründer und Direktor der Landwirtschaftlichen Zentral-Genossenschaft bayerischer Bauernvereine, 1920 Präsident der Bayerischen Bauernkammer. 1897–1912 MdR, zugleich 1897–1911 Mitglied der bayerischen Zweiten Kammer für das Zentrum. Nach der Revolution 1918 trat H. als Wortführer des bayerischen Separatismus hervor. 1918 Mitgründer und bis 1925 Vorsitzender der BVP. Als MdNV 1919/20 betrieb er 1920 wegen der Politik → Erzbergers die Auflösung der Fraktionsgemeinschaft von BVP und Zentrum. 1919–28 MdL von Bayern, 1920–24 erneut MdR.

Heine, Wolfgang (3. Mai 1861 – 9. Mai 1944). Politiker. Studium der Rechtswissenschaften. Seit 1889 Rechtsanwalt in Berlin, wurde H. als Strafverteidiger von Sozialdemokraten in politischen Prozessen bekannt. Seit 1898 MdR für die SPD. Nach der Revolution war H. vom 13. November 1918 bis Juli 1919 Vorsitzender des Staatsrats für Anhalt, zugleich vom 27. November 1918 bis März 1919 preußischer Justizminister, ab dem 25. März 1919 preußischer Innenminister. 1919/20 MdNV. Wegen seiner Rückendeckung für die antirepublikanische Beamtenschaft und seiner Rolle beim Aufbau der preußischen Sicherheitspolizei in die Kritik geraten, musste H. nach dem Kapp-Putsch im März 1920 sein Ministeramt niederlegen. 1923–25 Mitglied des Staatsgerichtshofs zum Schutze der Republik. 1933 Emigration in die Schweiz.

Helfferich, Karl (22. Juli 1872 – 23. April 1924). Politiker. Studium der Rechts- und Staatswissenschaften, 1894 Promotion in Straßburg, 1899 Habilitation in Berlin. Forschungen zur Geldtheorie und zu Währungsfragen. 1901–06 im Reichskolonialamt bzw. im Auswärtigen Amt für die Währungspolitik in den deutschen Kolonien zuständig. 1906–08 Direktor der Anatolischen Eisenbahngesellschaft in Konstantinopel. 1908–15 Vorstandsmitglied der Deutschen Bank, 1910–15 zugleich im Zentralausschuss der Reichsbank. Als Staatssekretär im Reichsschatzamt 1915–17 besorgte H. die Finanzierung des Ersten Weltkriegs über Anleihen und leitete damit die Inflation ein. 1916/17 war er Staatssekretär im Reichsamt des Innern und Stellvertreter des Reichskanzlers. Im Juli/August 1918 kurzzeitig deutscher Botschafter in Moskau. Nach der Revolution trat H. der DNVP bei. Seit 1920 MdR, war er in der frühen Weimarer Republik der profilierteste Wortführer der antirepublikanischen Rechten. Die von ihm seit Sommer 1919 geführte Kampagne gegen → Erzberger kulminierte in einem Beleidigungsprozess, der im März 1920 Erzbergers Sturz zur Folge hatte. In der Hyperinflation 1923 war H. am Plan zur Einführung der Rentenmark beteiligt. H. starb 1924 bei einem Eisenbahnunglück.

Hergt, Oskar (22. Oktober 1869 – 9. Mai 1967). Politiker. Studium der Rechtswissenschaften. Laufbahn im preußischen Justiz- und Verwaltungsdienst. 1915/16 Regierungspräsident in Liegnitz, 1916/17 Regierungspräsident in Oppeln. 1917/18 preußischer Finanzminister. Nach der Revolution war H. Mitgründer und bis 1924 Vorsitzender der DNVP. 1919–21 MdPrLV, 1920–33 MdR. In Abgrenzung zum völkisch-nationalistischen Flügel wollte H. die DNVP als christlich-konservative Partei zum Koalitionspartner für eine bürgerliche Rechtsregierung aufbauen. Januar 1927 bis Juni 1928 Vizekanzler und Reichsjustizminister im vierten Kabinett Marx. Im Oktober 1928 bewarb sich H. als gemäßigter Kandidat erneut für den Parteivorsitz der DNVP, unterlag bei der Wahl aber Alfred Hugenberg.

Hermes, Andreas (16. Juli 1878 – 4. Januar 1964). Agrarfunktionär, Politiker. Studium der Landwirtschaft, 1906 Promotion in Jena. Tätigkeit als Agrarwissenschaftler. 1919 Ministerialdirektor im Reichswirtschaftsministerium. 1920–22 Reichsminister für Ernährung und Landwirtschaft, 1921–23 Reichsfinanzminister. 1924–28 MdL von Preußen, 1928–33 MdR für das Zentrum. 1928–33 Präsident der Vereinigung der deutschen Bauernvereine, 1930–33 zugleich Präsident der Raiffeisen-Genossenschaften. In der NS-Diktatur Kontakt zum Widerstandskreis um Carl Goerdeler. Nach dem 20. Juli 1944 zum Tode verurteilt. Nach Kriegsende 1945 Stellvertreter des Oberbürgermeisters von Berlin, Mitgründer und Vorsitzender der CDU in der SBZ. Ende 1945 von der SMAD abgesetzt, Übersiedlung nach Westdeutschland. Dort u. a. 1948–55 Präsident des Deutschen Bauernverbandes und 1948–61 Präsident des Deutschen Raiffeisen-Verbandes.

Hertling, Georg von (31. August 1843 – 4. Januar 1919). Politiker. Studium der Philosophie, Promotion, Habilitation. Seit 1882 o. Professor für Philosophie an der Universität München. 1876 Mitgründer und bis zu seinem Tode Präsident der katholischen Görres-Gesellschaft. 1875–90 und 1896–1912 MdR für die Zentrumspartei, 1909–12 Vorsitzender der Reichstagsfraktion des Zentrums. 1912–17 Vorsitzender des Bayerischen Gesamtstaatsministeriums. Nach dem Rücktritt von → Michaelis wurde H. Anfang November 1917 zum Reichskanzler berufen, entfaltete in dieser Funktion jedoch keine eigenständige Aktivität gegenüber der OHL. Seine Ablehnung einer Parlamentarisierung der Reichsverfassung und die Forderung der OHL nach Waffenstillstandsverhandlungen veranlassten Ende September 1918 seinen Rücktritt.

Hildebrand, Gerhard (1877 – ?). Publizist. Zunächst aktiv im Nationalsozialen Verein. Seit 1903 Mitglied der SPD. 1905–09 Chefredakteur der „Bergischen Arbeiterstimme". 1912 wegen revisionistischer Tendenzen auf Druck des linken Parteiflügels aus der SPD ausgeschlossen. Seither nur noch publizistische Tätigkeiten.

Hildebrandt, Kurt (12. Dezember 1881 – 20. Mai 1966). Psychiater. Studium der Medizin und Naturwissenschaften, 1906 medizinische Promotion. Tätigkeit als Psychiater, zuletzt Oberarzt. Nebenher betrieb H., der zum weiteren George-Kreis gehörte, philosophische Studien. 1921 philosophische Promotion bei Paul Natorp in Marburg, Habilitation 1928 in Berlin abgelehnt. Seit 1920 („Norm und Entartung") biologistische Schriften zur „Rassenhygiene". 1932 Direktor der Städtischen Heil- und Pflegeanstalt Herzberge in Berlin. Als NS-Anhänger 1934 ohne Habilitation zum o. Professor für Philosophie an der Universität Kiel berufen. 1945 emeritiert.

Hindenburg, Paul von Beneckendorff und von (2. Oktober 1847 – 2. August 1934). Militär, Politiker. Offizierslaufbahn in der preußischen Armee, Teilnahme am Deutsch-Französischen Krieg 1870/71. Diverse Kommandos und Generalstabsverwendungen. 1911 als Generalleutnant verabschiedet. Im Ersten Weltkrieg reaktiviert, führte H. im August 1914 mit → Ludendorff als Stabschef den Oberbefehl in der Schlacht von Tannenberg, durch die er zum nationalen Mythos aufstieg. Seit November 1914 Generalfeldmarschall und Oberbefehlshaber Ost. Seit August 1916 bildete er als Chef des Generalstabs gemeinsam mit Ludendorff (seit Oktober 1918 mit → Groener) die OHL. Nach Ausbruch der Revolution im November 1918 unterstellte sich H. der Regierung der Volksbeauftragten unter → Ebert. Abschied im Juni 1919. Mit einem Auftritt vor dem Parlamentarischen Untersuchungsausschuss im November 1919 trug H. maßgeblich zur Verbreitung der Dolchstoßlegende bei. 1925 als Kandidat der antirepublikanischen Rechten zum Reichspräsidenten gewählt (1932 wiedergewählt), regierte H. verfassungstreu, betrieb aber ab 1930 durch Notverordnungen und Präsidialkabinette den Umbau der parlamentarischen Demokratie zur autoritativen Diktatur. Mit der Ernennung von Adolf Hitler zum Reichskanzler im Januar 1933 ebnete er den Weg zur NS-Diktatur.

Hintze, Hedwig (6. Februar 1884 – 19. Juli 1942), geb. Guggenheimer. Historikerin. Studium der Geschichte, Germanistik und Nationalökonomie in Berlin. 1912 Heirat mit dem Historiker → Otto Hintze. 1924 Promotion bei → Meinecke in Berlin, 1928 Habilitation ebd. Seit 1926 in der Redaktion der „Historischen Zeitschrift". Forschungen zur französischen Verfassungs- und Revolutionsgeschichte. Wegen ihrer jüdischen Abstammung wurde H. nach der NS-Machtergreifung 1933 die Lehrberechtigung entzogen und von Meinecke aus der Redaktion der „Historischen Zeitschrift" verdrängt. Nach mehreren Forschungsaufenthalten in Frankreich emigrierte sie 1939 in die Niederlande. Eine Berufung in die USA wurde durch die deutsche Besetzung der Niederlande 1940 verhindert. Nach Otto Hintzes Tod mittellos, starb H. 1942 kurz vor der Deportation in ein NS-Vernichtungslager mutmaßlich durch Suizid.

Hintze, Otto (27. August 1861 – 25. April 1940). Historiker. Studium der Geschichte u. a. in Greifswald und Berlin, 1885 Promotion. Anschließend Studium der Rechts- und Staatswissenschaften in Berlin, 1895 Habilitation. 1899 a. o. Professor, seit 1902 o. Professor für Verfassungs-, Verwaltungs- und Wirtschaftsgeschichte an der Berliner Universität. Außerdem u. a. 1887–1910 Mitarbeiter der „Acta Borussica" und 1898–1913 Herausgeber der „Forschungen zur Brandenburgischen und Preußischen Geschichte". H. gilt als Begründer der modernen politischen Strukturgeschichte und beeinflusste maßgeblich die deutsche Sozialgeschichtsschreibung im 20. Jahrhundert. 1912 Heirat mit → Hedwig Hintze. 1920 krankheitsbedingt vorzeitig emeritiert. Nach 1933 zog sich H. aus Protest gegen die politische Verfolgung seiner Frau aus der Wissenschaft zurück (1938 Austritt aus der Preußischen Akademie der Wissenschaften).

Hintze, Paul von (13. Februar 1864 – 19. August 1941). Militär, Diplomat, Politiker. Offizierslaufbahn in der kaiserlichen Marine. 1903–08 als deutscher Marineattaché, 1908–11 als Militärbevollmächtigter in St. Petersburg. 1911 in den Auswärtigen Dienst abkommandiert. 1911 Gesandter in Mexiko, 1914 in China, 1917 in Norwegen. Als Nachfolger → Kühlmanns war H. von Juni bis Oktober 1918 Staatssekretär im Auswärtigen Amt. Ende September 1918 entwickelte er das Konzept einer Parlamentarisierung der Reichsverfassung als „Revolution von oben". Nach seinem Rücktritt blieb H. im Großen Hauptquartier und bereitete am 9. November 1918 die Flucht Wilhelms II. nach Holland vor. 1921 verhandelte er im Auftrag des Auswärtigen Amtes mit der sowjetrussischen Führung in Moskau. 1921 Leiter des Deutschen Auslandsinstituts in Stuttgart, 1923 Vorsitzender des Vereins für das Deutschtum im Ausland.

Hoffmann, Adolph (22. März 1858 – 1. Dezember 1930). Politiker. Lehre als Graveur. Kam über die freireligiöse Bewegung zur Sozialdemokratie. Seit 1890 in der SPD-Parteipresse tätig. Bekanntheit erlangte H. 1891 durch die antikirchliche Agitationsschrift „Die zehn Gebote und die besitzende Klasse" („Zehn-Gebote-Hoffmann"). Seit 1900 Stadtverordneter in Berlin, 1904–07 MdR, 1908–18 MdPrA. Als Gegner der „Burgfriedenspolitik" 1917 aus der SPD-Fraktion ausgeschlossen. Mitgründer der USPD. Nach der Revolution vom 12. November 1918 bis zum 3. Januar 1919 gemeinsam mit → Haenisch Minister für Wissenschaft, Kunst und Volksbildung in Preußen. Seine Maßnahmen zur Beseitigung der kirchlichen Schulaufsicht und zur Abschaffung des Religionsunterrichts riefen starke Proteste in der Bevölkerung hervor. Für die USPD 1919–21 MdPrLV, 1920–24 erneut MdR. Nach der Spaltung der USPD im Herbst 1920 kurzzeitig Vorsitzender der USPD (Linke), seit Dezember 1920 im ZK der (V)KPD. 1921/22 Mitglied der KAG, 1922 über die USPD Rückkehr zur SPD. Seit 1928 MdL von Preußen.

Hughes, Charles Evans (11. April 1862 – 27. August 1948). US-amerikanischer Politiker und Jurist. Studium der Rechtswissenschaften, 1884 Promotion. Rechtsanwalt in New York. 1891–93 Professor an der Cornell University. Politisch gehörte H. zu den Wortführern der „progressive movement" in der Republikanischen Partei. 1907–10 Gouverneur von New York. 1910–16 Richter am Obersten Gerichtshof. 1916 unterlag er als Kandidat der Republikaner bei der US-Präsidentschaftswahl gegen → Wilson. 1921–25 US-Außenminister. 1928–30 Richter am Internationalen Gerichtshof in Den Haag. 1930–41 Vorsitzender des Obersten Gerichtshofs.

Jagow, Traugott von (18. Mai 1865 – 15. Juni 1941). Beamter. Studium der Rechtswissenschaften, Promotion. Laufbahn im preußischen Verwaltungsdienst. 1909–16 Polizeipräsident in Berlin, 1916–19 Regierungspräsident in Breslau. Danach Direktor des antirepublikanischen Pommerschen Landbundes. J. nahm im März 1920 am Kapp-Putsch teil und war in der Kapp-Regierung als preußischer Innenminister vorgesehen. 1921 wegen Beihilfe zum Hochverrat zu fünf Jahren Festungshaft verurteilt, 1924 begnadigt.

Kahr, Gustav Ritter von (29. November 1862 – 30. Juni 1934). Beamter, Politiker. Studium der Rechtswissenschaften. Laufbahn im bayerischen Verwaltungsdienst, 1917 Regierungspräsident von Oberbayern. Im März 1920 wurde K. auf Druck der monarchistischen bayerischen Einwohnerwehren zum bayerischen Ministerpräsidenten gewählt. Als solcher verfolgte er gegen das Reich eine antirepublikanische Sonderpolitik („Ordnungszelle"). Konflikte mit der Reichsregierung um die Auflösung der Einwohnerwehren kulminierten im September 1921 in K. Rücktritt aus Protest gegen die Republikschutzverordnung nach der Ermordung von → Erzberger. Im September 1923 im Konflikt mit dem Reich von der bayerischen Staatsregierung zum Generalstaatskommissar mit diktatorischen Vollmachten bestellt. Im November 1923 nach anfänglichem Zögern Niederschlagung des Hitler-Putsches. Rücktritt im Februar 1924, danach bis 1927 Präsident des bayerischen Verwaltungsgerichtshofs. 1934 im Zuge der „Röhm-Affäre" im Konzentrationslager Dachau ermordet.

Kapp, Wolfgang (24. Juli 1858 – 12. Juni 1922). Politiker. Studium der Rechtswissenschaften, Promotion. Laufbahn im preußischen Verwaltungsdienst, zuletzt Oberministerialrat im Landwirtschaftsministerium. Seit 1907 Generallandschaftsdirektor der Ostpreußischen Landschaft. Im Ersten Weltkrieg Wortführer des alldeutsch-annexionistischen Lagers. 1917 Mitgründer und nach → Tirpitz Zweiter Vorsitzender der Deutschen Vaterlandspartei. 1918 MdR. Nach der Revolution schloss sich K. der DNVP an. Im August 1919 gründete er mit → Max Bauer die Nationale Vereinigung zur Vorbereitung eines antirepublikanischen Staatsstreichs. Unterstützt von Bauer und → Ludendorff, unternahmen K. und → Lüttwitz am 13. März 1920 in Berlin mithilfe von Freikorpstruppen einen Putsch gegen die Reichsregierung. K. übernahm als „Reichskanzler" die politische Führung der Putschisten, musste aber am 17. März unter dem Druck eines Generalstreiks aufgeben. Flucht nach Schweden. 1922 Überstellung nach Deutschland, wegen Hochverrats angeklagt. In Untersuchungshaft verstorben.

Karl I. Kaiser von Österreich, als König von Ungarn Karl IV. (17. August 1887 – 1. April 1922). Als Großneffe des verstorbenen Kaisers Franz Joseph gelangte K. im November 1916 auf den Thron der österreichisch-ungarischen Doppelmonarchie. In dieser Funktion suchte er den politischen Einfluss der Heeresleitung zu begrenzen. 1917 unternahm er geheime Friedenssondierungen mit der Entente, deren Aufdeckung 1918 das Militärbündnis mit dem Deutschen Reich schwer belastete („Sixtus-Affäre"). Nach dem Zerfall der Realunion mit Ungarn im Oktober 1918 wurde K. am 11. November 1918 in Österreich aus dem Amt gedrängt, verweigerte aber eine formelle Abdankung. Seit März 1919 im Exil in der Schweiz. Im Oktober 1921 versuchte K. in Ungarn seinen Thronanspruch mithilfe von Freischärlern durchzusetzen. Nach dem Scheitern der Aktion interniert und von der Entente nach Madeira verbannt.

Kautsky, Karl (18. Oktober 1854 – 17. Oktober 1938). Gesellschaftstheoretiker, Politiker. Studium der Geschichte, Philosophie und Nationalökonomie. Seit 1875 aktiv in der österreichischen Sozialdemokratie. In den 1880er Jahren in Zürich und London. Bekanntschaft mit Karl Marx und Friedrich Engels. 1883–1917 Herausgeber des Theorieorgans „Die Neue Zeit". 1891 Hauptverfasser des Erfurter Programms der SPD. Seit den 1890er Jahren galt K. als führender Theoretiker der deutschen Sozialdemokratie, die er gegen den Revisionismus → Bernsteins auf eine marxistisch-orthodoxe Linie festlegte, sowie als Führungsfigur der II. Internationale. Als Gegner der „Burgfriedenspolitik" während des Ersten Weltkriegs schloss sich K. 1917 der USPD an. Zugleich trat als scharfer Kritiker der russischen Bolschewisten und der Oktoberrevolution hervor. Nach der Revolution war K. unter der Regierung der Volksbeauftragten von November 1918 bis Februar 1919 Unterstaatssekretär im Auswärtigen Amt. Im Auftrag der Volksbeauftragten erstellte er eine Dokumentation der deutschen Akten zur Julikrise 1914. 1922 Rückkehr zur SPD. 1924 Übersiedlung nach Wien. 1938 Emigration in die Niederlande.

Kay, John Wesley de (20. Juli 1872 – 1938). US-amerikanischer Unternehmer und Schriftsteller. Druckerausbildung. Wurde als Unternehmer in der mexikanischen Fleischpackerei zum „Self-made millionaire", berühmt als „Sausage King of Mexico". Seit 1909 freier Schriftsteller in New York. Verfasste Skandaldramen („Judas" 1910) und diverse politische Schriften, u. a. zur Mexikanischen Revolution, zur Arbeiterbewegung und zur Frauenrechtsbewegung.

Keim, August (25. April 1845 – 12. Januar 1926). Militär, Schriftsteller. Offizierslaufbahn in der preußischen Armee, Teilnahme an den Kriegen 1866 und 1870/71, seit 1881 in der kriegsgeschichtlichen Abteilung beim Großen Generalstab. 1898 Abschied, danach Tätigkeit als Militärschriftsteller. 1898 Mitgründer des Deutschen Flottenvereins, 1911–19 in der Hauptleitung des Alldeutschen Verbands, 1912 Mitgründer und bis 1914 sowie 1915/16 Vorsitzender des Deutschen Wehrvereins. Im Ersten Weltkrieg reaktiviert. 1914–18 Militärgouverneur der Provinz Limburg im besetzten Belgien. Ein Antrag der belgischen Regierung auf Auslieferung von K. als Kriegsverbrecher wurde 1923 abgelehnt.

Kelsen, Hans (11. Oktober 1881 – 19. April 1973). Rechtswissenschaftler. Studium der Rechtswissenschaften in Wien, Promotion 1906. Seine Habilitationsschrift „Hauptprobleme der Staatsrechtslehre" (1911) gilt als grundlegendes Werk des Rechtspositivismus. 1917 a. o. Professor, 1919 o. Professor für Staats- und Verwaltungsrecht an der Universität Wien. Wirkte maßgeblich an der österreichischen Bundesverfassung von 1920 mit. 1920–29 Richter am österreichischen Verfassungsgerichtshof. 1930 Professor für Völkerrecht an der Universität Köln, dort 1933 nach der NS-Machtübernahme aus dem Amt entfernt. 1933 Professor in Genf, 1936–38 in Prag. 1940 Emigration in die USA, dort seit 1945 Professor für Politikwissenschaft in Berkeley. Mit seinem Hauptwerk „Reine Rechtslehre" (1934) gilt K. als einer der einflussreichsten Rechtstheoretiker des 20. Jahrhunderts.

Kerenski, Alexander Fjodorowitsch (4. Mai 1881 – 1. Juni 1970). Russischer Politiker. Studium der Rechtswissenschaften. Rechtsanwalt. Seit 1912 Mitglied der 4. Duma für die sozialdemokratischen Trudowiki (seit 1915 Fraktionsvorsitzender). Nach der Februarrevolution 1917 Übertritt zur Partei der Sozialrevolutionäre. In der Übergangsregierung Lwow seit März 1917 Justizminister, seit Mai 1917 Kriegs- und Marineminister, seit Juni 1917 zusätzlich Ministerpräsident. Als solcher sprach sich K. für die Fortsetzung der russischen Kriegsbeteiligung auf Seiten der Entente aus. Nach dem Scheitern der von ihm organisierten „Kerenski-Offensive" wurde er in der Oktoberrevolution 1917 von den Bolschewiki gestürzt. Seit Mai 1918 im Exil in Paris, seit 1940 in den USA.

Keynes, John Maynard (5. Juni 1883 – 21. April 1946). Britischer Ökonom. Studium der Mathematik und Philosophie in Cambridge. K. gehörte zum Intellektuellenzirkel „Bloomsbury Group". Seit 1908 Dozent für Ökonomie am King's College, Cambridge. Seit 1911 Herausgeber des „Economic Journal". Im Ersten Weltkrieg arbeitete K. als Berater für das britische Schatzamt. 1919 Mitglied der britischen Delegation bei der Pariser Friedenskonferenz, trat er noch während der Konferenz aus Protest gegen die alliierte Reparationspolitik zurück. Mit „The Economic Consequences of the Peace" (1919) wurde er zum bekanntesten Kritiker des Versailler Vertrags außerhalb Deutschlands. Vor dem Hintergrund der Weltwirtschaftskrise entwickelte K. nach 1929 seine makroökonomische Theorie der staatlichen Konjunktursteuerung („General Theory of Employment, Interest and Money" 1936), die als „Keynesianismus" zur wirkmächtigsten Wirtschaftstheorie der Zeit nach 1945 avancierte. 1942 als Baron Keynes nobilitiert. 1944 britischer Chefunterhändler bei den Bretton-Woods-Verhandlungen.

Keyserling, Hermann Graf (20. Juli 1880 – 26. April 1946). Schriftsteller, Philosoph. Entstammte einem deutschbaltischen Adelsgeschlecht. Studium der Geologie, 1902 Promotion in Wien. Privatgelehrter, Reisetätigkeit. 1919 erschien das „Reisetagebuch eines Philosophen", in dem K. Einflüsse „fernöstlicher Weißheit" mit der abendländischen Philosophie zu einer metaphysischen Sinnphilosophie zu vereinigen suchte. Von der Schulphilosophie als Esoteriker abgelehnt, gründete K. zur Verbreitung seiner Lehre 1920 in Darmstadt die „Schule der Weißheit". In der NS-Diktatur zeitweise Rede- und Auftrittsverbot.

Killinger, Manfred von (14. Juli 1886 – 2. September 1944). Rechtsextremist, NS-Politiker. Offizierslaufbahn in der kaiserlichen Marine, Teilnahme am Ersten Weltkrieg. Nach der Revolution 1918 schloss sich K. der Freikorpstruppe „Marine-Brigade Ehrhardt" an. Teilnahme am Kapp-Putsch. Als Leiter der „Militärischen Abteilung" der rechtsextremen Untergrundgruppe Organisation Consul ordnete K. 1921 die Ermordung von → Erzberger an. Nach dem Erzbergermord verhaftet, 1922 jedoch freigesprochen. Mitglied im rechtsextremen Wikingbund, seit 1927 Mitglied der NSDAP. 1929–34 MdL von Sachsen, seit 1932 MdR. Nach der NS-Machtübernahme 1933 kurzzeitig Reichskommissar und 1933–35 Ministerpräsident in Sachsen. 1935 Mitglied des Volksgerichtshofs. 1936–38 deutscher Generalkonsul in San Francisco. 1940–41 deutscher Gesandter in der Slowakei, 1941–44 deutscher Gesandter in Bukarest. 1944 Suizid.

Kips, Valckenier (eigentlich: Jan Hendrik) (4. September 1862 – 3. Februar 1942). Niederländischer Publizist. Studium der Literatur und Rechtswissenschaften, Promotion. Seit 1909 Professor für Staatsrecht an der TH Delft. Politische Publizistik in der konservativ-monarchistischen Presse. 1910–18 Chefredakteur der Zeitschrift „De Tijdspiegel", kooperierte K. während des Ersten Weltkriegs eng mit der Propaganda-Hilfsstelle der deutschen Botschaft in Den Haag. In den 1930er Jahren aktiv in der „National-Socialistische Beweging".

Kjellén, Rudolf (13. Juni 1864 – 14. November 1922). Schwedischer Staatswissenschaftler und Publizist. Studium der Staatswissenschaften, 1891 Promotion in Uppsala. 1901–16 Professor für Staatswissenschaften in Göteborg, seit 1916 in Uppsala. 1905–08 und 1911–17 Mitglied des schwedischen Reichstags für die Konservativen. K. Konzept der „Geopolitik" beeinflusste v. a. in Deutschland das völkisch-nationalistische Denken. Im Ersten Weltkrieg proklamierte er einen Weltanschauungskampf der „Ideen von 1914" mit den „Ideen von 1789".

Koltschak, Alexander Wassiljewitsch (16. November 1874 – 7. Februar 1920). Russischer Militär. Im Ersten Weltkrieg Admiral bei der russischen Marine, zuletzt 1916/17 Oberbefehlshaber der Schwarzmeerflotte. Nach der Oktoberrevolution 1917 baute K. 1918 in Sibirien und dem Ural eine gegenrevolutionäre Militärdiktatur auf. Von der Entente als Oberster Regent Russlands anerkannt, war er nominell Oberbefehlshaber aller weißrussischen Truppen im Russischen Bürgerkrieg. 1919 stieß er mit seiner Weißen Armee nach Westen vor, wurde jedoch von der Roten Armee geschlagen. Auf dem Rückzug im Januar 1920 in Irkutsk gefangen genommen und an die Rote Armee ausgeliefert. Exekutiert.

Kühlmann, Richard von (3. Mai 1873 – 6. Februar 1948). Diplomat, Politiker. Studium der Rechtswissenschaften, Promotion. Seit 1899 im deutschen Auswärtigen Dienst, 1908–14 Botschaftsrat in London. Nach dem Ausbruch des Ersten Weltkriegs in Sondermissionen in Stockholm und Konstantinopel. 1915/16 Gesandter im Haag, 1916/17 Botschafter in Konstantinopel. Seit August 1917 Staatssekretär im Auswärtigen Amt, sondierte K. die Möglichkeit eines Verständigungsfriedens, behandelte aber eine Friedensinitiative des Vatikans dilatorisch. Von Dezember 1917 bis Mai 1918 leitete er die Friedensverhandlungen der Mittelmächte mit der Ukraine (Sonderfrieden, Februar 1918), Sowjetrussland (Frieden von Brest-Litowsk, März 1918) und Rumänien (Frieden von Bukarest, Mai 1918). Seit seinem Amtsantritt in ständigem Konflikt mit der OHL und dem alldeutsch-annexionistischen Lager, musste K. im Juli 1918 zurücktreten, nachdem er in einer Reichstagsrede Zweifel an der Möglichkeit eines Siegfriedens geäußert hatte. Danach Rückzug ins Privatleben.

Kulemann, Wilhelm (9. September 1851 – 6. April 1926). Politiker, Schriftsteller. Studium der Rechtswissenschaften. Laufbahn im braunschweigschen Justizdienst, zuletzt Landgerichtsrat. 1887–90 MdR für die Nationalliberalen. Betätigte sich seit den 1890er Jahren publizistisch als Sozialreformer. Deshalb 1905 aus dem Staatsdienst entlassen. Fortan freier Schriftsteller. Nach 1918 Mitglied der DDP.

Lange, Friedrich Albert (28. September 1828 – 21. November 1875). Philosoph, Sozialwissenschaftler. Studium der Theologie, Philosophie und Philologie, 1851 Promotion in Bonn. Gymnasiallehrer. Als Radikaldemokrat schied L. 1862 aus Protest gegen die Politik Bismarcks aus dem Schuldienst aus. Danach journalistische Tätigkeit u. a. für die „Rhein- und Ruhrzeitung". 1864–66 im Ständigen Ausschuss des Verbands Deutscher Arbeitervereine und Mitglied der Ersten Internationale. Seit 1866 in der Schweiz, 1869 habilitiert. 1870–72 o. Professor für Philosophie an der Universität Zürich, seit 1872 an der Universität Marburg. L. gilt als Wegbereiter der Marburger Schule des Neukantianismus.

Larsen, Karl (28. Juli 1860 – 11. Juli 1931). Dänischer Schriftsteller. Studium der Rechts- und Staatswissenschaften. Verfasste vor allem Bühnenwerke, humoristische Volkserzählungen und Reisebilder („Poetische Reisen" 1906). Seit 1910 auch Publikationen zum deutsch-dänischen Verhältnis. Zahlreiche Übersetzungen ins Deutsche.

Legien, Carl (1. Dezember 1861 – 26. Dezember 1920). Gewerkschafter, Politiker. Drechsler. Aktivität in der Gewerkschaftsbewegung und der Sozialdemokratie. 1890 Mitgründer und seither Vorsitzender der Generalkommission der Gewerkschaften Deutschlands. 1893–98 und 1903–18 MdR für die SPD. 1913 Präsident des Internationalen Gewerkschaftsbundes. Im Ersten Weltkrieg stützte L. die „Burgfriedenspolitik". 1917 Mitgründer und Vorstandsmitglied des Volksbundes für Freiheit und Vaterland. Während der Revolution im November 1918 unterzeichnete L. als Vertreter der Gewerkschaftsseite das Stinnes-Legien-Abkommen zur Sozialpartnerschaft mit den Unternehmern. 1919 Mitgründer und seither Vorsitzender des ADGB. 1919/20 MdNV, 1920 erneut MdR. Als Organisator des Generalstreiks trug L. im März 1920 maßgeblich zum Scheitern des Kapp-Putsches bei, lehnte aber anschließend das ihm von → Ebert angebotene Amt des Reichskanzlers ab.

Lensch, Paul (31. März 1873 – 17. November 1926). Politiker. Studium der Nationalökonomie, 1900 Promotion in Straßburg. Tätigkeit in der SPD-Parteipresse. Als Chefredakteur der „Leipziger Volkszeitung" 1908–13 zählte L. zum radikalmarxistischen linken Flügel der SPD um → Luxemburg. 1912–18 MdR. Im August 1914 innerhalb der SPD-Fraktion zunächst Gegner der Kriegskredite, vollzog L. 1915 eine radikale Wende zum unbedingten Kriegsbefürworter. Seither einer der Wortführer der rechtsnationalistischen Lensch-Cunow-Haenisch-Gruppe in der SPD. Im November 1918 Verbindungsmann von → Ebert bei der OHL. Danach Rückzug aus der Politik. 1919–25 a. o. Professor für Sozial- und Wirtschaftsgeschichte an der Berliner Universität. 1921

Mitarbeiter, 1922–25 Chefredakteur der „Deutschen Allgemeinen Zeitung". Wegen anhaltender öffentlicher Kritik 1922 aus der SPD ausgeschlossen.

Lequis, Arnold (2. Februar 1861 – 16. Februar 1949). Militär. Offizierslaufbahn in der preußischen Armee. 1900 Teilnahme an der China-Expedition, 1904 an der Niederschlagung des Herero-Aufstandes in Deutsch-Südwestafrika. 1908/09 im Kommando der Schutztruppe im Reichskolonialamt. Diverse Frontkommandos im Ersten Weltkrieg. Nach der Revolution von der OHL mit einem Generalkommando zur Stützung der Regierung der Volksbeauftragten gegen die Rätebewegung betraut, marschierte L. im Dezember 1918 mit Gardetruppen in Berlin ein, nachdem er von → Ebert auf die Republik vereidigt worden war. Befehligte die Regierungstruppen in den Weihnachtsunruhen 1918. Ende Dezember 1918 durch → Lüttwitz abgelöst. 1920 Abschied von der Armee.

Lerchenfeld-Köfering, Hugo Graf von und zu (21. August 1871 – 13. April 1944). Diplomat, Politiker. Studium der Rechtswissenschaften. Laufbahn im bayerischen Verwaltungsdienst, zuletzt 1914 Regierungsrat. Im Ersten Weltkrieg in der Zivilverwaltung im besetzten Polen. 1919 Eintritt in den deutschen Auswärtigen Dienst. 1920/21 Gesandter der Reichsregierung in Hessen-Darmstadt. Nach dem Rücktritt von → Kahr wurde L. im September 1921 zum bayerischen Ministerpräsidenten gewählt. Als solcher war er um eine Beilegung der Konflikte mit der Reichsregierung bemüht. Weil L. nach der Ermordung von → Rathenau einem Kompromiss zur Republikschutzgesetzgebung zustimmte, wurde er im November 1922 von den bayerischen Rechtsparteien zum Rücktritt gedrängt. 1924–26 MdR für die BVP. 1926–31 deutscher Botschafter in Wien, seit 1931 in Brüssel. 1933 in den Ruhestand versetzt.

Lewald, Theodor (18. August 1860 – 17. April 1947). Beamter, Sportfunktionär. Studium der Rechtswissenschaften, Promotion. Laufbahn im preußischen Verwaltungsdienst. Seit 1891 im Reichsamt des Innern, seit 1917 ebd. Unterstaatssekretär. 1919–21 Staatssekretär im Reichsministerium des Innern. Nach seinem Ausscheiden aus dem Staatsdienst war L. einer der einflussreichsten deutschen Sportfunktionäre. 1924–36 Mitglied des IOC, 1930–36 Präsident des Organisationskomitees für die Olympischen Spiele 1936.

Leygues, Georges (26. Oktober 1856 – 2. September 1933). Französischer Politiker. Studium der Rechtswissenschaften. Rechtsanwalt und Journalist. Seit 1885 Mitglied der französischen Abgeordnetenkammer für die rechtsrepublikanische Alliance démocratique. Von 1894 bis zu seinem Tod diverse Ministerämter in den Regierungen der Dritten Republik, zumeist Bildungsminister (u. a. 1898–1902) oder Marineminister (u. a. 1917–20 und 1925–33). Von September 1920 bis Januar 1921 Ministerpräsident und Außenminister.

Lloyd George, David (17. Januar 1863 – 26. März 1945). Britischer Politiker. Walisische Herkunft. Rechtsanwalt. Seit 1890 Mitglied des House of Commons für die Liberal Party, dort zunächst Vertreter ihres linken Flügels (Ablehnung des Burenkriegs 1899). 1905–08 britischer Handelsminister, 1908–15 Schatzkanzler (1909 Einführung der progressiven Einkommensteuer, 1911 Sozialversicherung). Im Ersten Weltkrieg 1915/16

Munitionsminister, 1916 Kriegsminister. Seit Dezember 1916 Premierminister an der Spitze einer Allparteienkoalition, seit Dezember 1918 als Führer einer konservativ-liberalen Koalition. Als populärer Kriegspremier bewirkte L. eine Intensivierung der britischen Kriegsführung und lehnte bis zum Kriegsende 1918 einen Verständigungsfrieden ab. Auf der Pariser Friedenskonferenz 1919 wandte er sich gegen französische Pläne zur Zerschlagung Deutschlands, stimmte aber dem Versailler Vertrag zu. In der Frage der deutschen Reparationszahlungen suchte er in der Folge mäßigend auf Frankreich einzuwirken, ohne aber die britisch-französische Entente infrage zu stellen. Im Griechisch-Türkischen Krieg (1919–22) unterstützte er Griechenland. Dessen Niederlage und L. Befürwortung der Autonomie für Irland 1920/21 führten im Oktober 1922 zu seinem Sturz. 1926–31 Parteivorsitzender der Liberal Party. 1945 als 1st Earl of Dwyfor nobilitiert.

Lodge Sr., Henry Cabot (12. Mai 1850 – 9. November 1924). US-amerikanischer Politiker. Studium der Rechtswissenschaften und Geschichte, Promotion in Harvard. Rechtsanwalt. Mitglied der Republikanischen Partei. 1887–93 Mitglied des US-Repräsentantenhauses, seit 1893 US-Senator für Massachusetts. Seit 1919 Vorsitzender des Senate Committee on Foreign Relations, war L. der Wortführer der republikanischen Opposition gegen die Völkerbundspolitik von US-Präsident → Wilson.

Lubersac, Louis Guy Marquis de (20. Januar 1878 – 15. April 1932). Französischer Bankier und Politiker. Studium der Rechtswissenschaften. Im Ersten Weltkrieg Offizier. Seit 1920 Mitglied des französischen Senats für das Département Aisne. Handelte 1922 mit → Stinnes ein Abkommen zum Wiederaufbau kriegszerstörter Gebiete in Nordfrankreich aus.

Ludendorff, Erich (9. April 1865 – 20. Dezember 1937). Militär, Politiker. Offizierslaufbahn in der preußischen Armee, Generalstabsausbildung. 1908–13 Chef der Aufmarschabteilung beim Großen Generalstab. Seit August 1914 Generalstabschef der 8. Armee, später in gleicher Position beim Oberkommando Ost, seit August 1916 Erster Generalquartiermeister in der OHL, stieg L. während des Ersten Weltkriegs im Gespann mit → Hindenburg zum wichtigsten Organisator der deutschen Kriegsführung auf. In dieser Funktion betrieb er ab Herbst 1916 eine massive Ausweitung der militärischen und wirtschaftlichen Kriegsanstrengungen (Hindenburg-Programm, U-Boot-Krieg etc.). Innenpolitisch stützte er das alldeutsche Lager und erzwang im Juli 1917 den Sturz des reformorientierten Reichskanzlers → Bethmann Hollweg. Nach dem Scheitern der von ihm geplanten Offensiven des deutschen Heeres im Frühjahr 1918 und dem Erfolg der Gegenoffensive der Entente im August 1918 forderte L. am 29. September 1918 ultimativ die Einleitung von Waffenstillstandsverhandlungen und die Bildung einer parlamentarischen Reichsregierung. Ein erneuter Kurswechsel hin zur Forderung nach Kriegsfortsetzung führte Ende Oktober zu seiner Entlassung. Im November 1918 Flucht nach Schweden, Rückkehr im Februar 1919. Maßgeblich an der Entstehung der Dolchstoßlegende beteiligt, wurde L. zur Schlüsselfigur der Staatsstreichpläne der antirepublikanischen Rechten. Im März 1920 Teilnahme am Kapp-Putsch. In den frühen 1920er Jahren eine Führungsfigur der völkischen Bewegung in

Bayern, nahm er 1923 in München am Hitler-Putsch teil. 1924–28 MdR für die Nationalsozialistische Freiheitspartei, 1925 Kandidat der Völkischen bei der Reichspräsidentenwahl.

Lüttwitz, Walther von (2. Februar 1859 – 20. September 1942). Militär. Offizierslaufbahn in der preußischen Armee. Im Ersten Weltkrieg Armeekommandeur. Seit Ende Dezember 1918 Oberbefehlshaber der Truppen in Berlin und den Marken (seit März 1919 Reichswehr-Gruppenkommando I), organisierte L. in Absprache mit → Noske den Aufbau der Freikorpstruppen und leitete die militärische Niederschlagung der linkssozialistischen Aufstände in Berlin 1919. Wegen seiner Verweigerung einer Auflösung der Freikorps gemäß dem Versailler Vertrag Anfang März 1920 beurlaubt, unternahm L. am 13. März mit → Kapp, → Ludendorff u. a. einen Putsch gegen die Reichsregierung (Kapp-Putsch), musste aber schon am 17. März aufgeben. Flucht nach Ungarn. 1924 amnestiert, Rückkehr nach Deutschland.

Luxemburg, Rosa (21. März 1871 – 15. Januar 1919). Politikerin. In sozialistischen Untergrundzirkeln in Polen politisch sozialisiert. 1889 Flucht in die Schweiz. Dort Studium der Naturwissenschaften, Mathematik und Nationalökonomie in Zürich, 1897 Promotion. 1894 Mitgründerin der polnischen Sozialdemokratischen Arbeiterpartei. 1898 Übersiedlung nach Berlin. In der SPD Wortführerin des radikalmarxistischen linken Flügels (Kritik an → Bernstein im Revisionismusstreit 1900, Bruch mit → Kautsky in der „Massenstreik"-Debatte ca. 1911). Zugleich distanzierte sich L. seit 1903 von Lenins Konzept der Parteidiktatur. Seit 1907 Dozentin an der SPD-Parteischule. Im Ersten Weltkrieg führte ihre strikte Ablehnung der Kriegskredite zum Bruch mit der SPD. 1914 Gründung der Gruppe Internationale, seit 1916 Spartakusgruppe. Von März 1915 bis November 1918 (mit kurzer Unterbrechung 1916) in politischer Haft. Nach ihrer Freilassung schloss sich L. dem Spartakusbund an. Gemeinsam mit Karl Liebknecht Herausgeberin der „Roten Fahne". Beteiligung an der KPD-Gründung Ende Dezember 1918. Nach der Niederschlagung des Berliner Januaraufstands wurde sie am 15. Januar 1919 von Freikorpssoldaten ermordet.

Masaryk, Tomáš Garrigue (7. März 1850 – 14. September 1937). Tschechoslowakischer Politiker. Studium der Philosophie in Wien und Leipzig, 1876 Promotion, 1878 Habilitation. 1882 a. o. Professor, 1897 o. Professor für Philosophie an der Karls-Universität Prag. 1891–93 und 1900–14 Abgeordneter im österreichischen Reichsrat. Als Führer der tschechoslowakischen Unabhängigkeitsbewegung erreichte M. während des Ersten Weltkriegs im westeuropäischen Exil die Anerkennung der tschechoslowakischen Staatsgründung durch die Alliierten. Im November 1918 zum Staatspräsidenten der Tschechoslowakischen Republik gewählt. Seine liberale Haltung im Nationalitäten- und Sprachkonflikt konnte er gegen die tschechischen Nationalisten nicht durchsetzen. 1935 Rücktritt.

Max von Baden, Prinz (eigentlich: Maximilian) (10. Juli 1867 – 6. November 1929). Badischer Thronfolger, Politiker. Offizierslaufbahn in der preußischen Armee. Seit dem Regierungsantritt seines kinderlosen Vetters Friedrich II. als Großherzog von Baden 1907 war er badischer Thronfolger und als solcher Präsident der Ersten Badischen

Kammer. Im Ersten Weltkrieg Ehrenämter in der Kriegsgefangenenfürsorge. Als Gegner der OHL seit 1917 in Kontakt mit dem liberal-reformorientierten Lager. Vor dem Hintergrund der sich abzeichnenden Kriegsniederlage wurde M. Anfang Oktober 1918 zum Reichskanzler und preußischen Ministerpräsidenten berufen. Unter seiner Regierung erfolgte die Parlamentarisierung der Monarchie (Oktoberreformen) und das deutsche Waffenstillstandsersuchen. Setzte Ende Oktober die Entlassung von → Ludendorff durch. Nach Ausbruch der Revolution erklärte M. am 9. November 1918 eigenmächtig die Abdankung von Kaiser Wilhelm II. und übergab die Regierungsgeschäfte an → Ebert. Im Februar 1919 initiierte M. die Gründung der Arbeitsgemeinschaft für Politik des Rechts (Heidelberger Vereinigung) zur Bekämpfung der alliierten Kriegsschuldthese. 1919/20 Gründer der Internatsschule Schloß Salem.

McKenna, Reginald (6. Juli 1863 – 6. September 1943). Britischer Bankier und Politiker. Studium der Rechtswissenschaften und Mathematik. Rechtsanwalt. 1895–1918 Abgeordneter im House of Commons für die Liberal Party, dort Wortführer der Freihandelsbefürworter. Seit 1905 diverse Regierungsämter, u. a. 1911–14 Innenminister und 1915–16 Schatzkanzler. Als innerparteilicher Gegner von → Lloyd George schied er im Dezember 1916 aus der Regierung aus. Seit 1917 Mitglied im Direktorium, seit 1919 Vorstandsvorsitzender der London Joint City and Midland Bank. 1924 beteiligt an der Ausarbeitung des Dawes-Plans zur Reduzierung der deutschen Reparationslasten.

Meinecke, Friedrich (30. Oktober 1862 – 6. Februar 1954). Historiker. Studium der Geschichte u. a. in Berlin und Bonn, 1886 Promotion bei Reinhold Koser in Berlin. Seit 1893 Redakteur, 1896–1935 Herausgeber der „Historischen Zeitschrift". 1896 Habilitation in Berlin. 1901–06 o. Professor in Straßburg, 1906–14 in Freiburg, 1914–32 in Berlin. Als Historiker wirkte M. wegweisend durch die Erweiterung des Historismus um die politische Ideengeschichte (u. a. „Weltbürgertum und Nationalstaat" 1908, „Die Idee der Staatsräson" 1924, „Die Entstehung des Historismus" 1936). Seit 1910 auch politische Publizistik. Im Ersten Weltkrieg neben → Delbrück ein führender Vertreter des gemäßigten gelehrtenpolitischen Lagers (seit 1915 Organisator des Dahlemer Spaziergangs), trat M. insbesondere für eine Reform des preußischen Wahlrechts ein. 1917/18 gemeinsam mit Troeltsch im Volksbund für Freiheit und Vaterland. Nach der Revolution 1918 bekannte sich M. als „Vernunftrepublikaner" zur demokratischen Republik, Beitritt zur DDP. 1926 initiierte er den Weimarer Kreis. In der NS-Diktatur nach 1933 aus allen Funktionen im Wissenschaftsbetrieb verdrängt. Sein Buch „Die deutsche Katastrophe" (1946) prägte maßgeblich die frühe deutsche Auseinandersetzung mit der NS-Vergangenheit. 1948 ehrenhalber Gründungsrektor der Freien Universität Berlin.

Michaelis, Georg (8. September 1857 – 24. Juli 1936). Beamter, Politiker. Studium der Rechtswissenschaften, Promotion. Laufbahn im preußischen Justiz- und Verwaltungsdienst. 1909 Unterstaatssekretär im preußischen Finanzministerium. Während des Ersten Weltkriegs organisierte M. als Leiter der Reichsgetreidestelle (seit 1915 Reichskommissar) die Lebensmittelversorgung. Anfang 1917 preußischer Staatskommissar für Volksernährung. Überraschend wurde M. nach dem Sturz → Bethmann Hollwegs im Juli 1917 zum Reichskanzler und preußischen Ministerpräsidenten berufen. Als solcher geriet er rasch in Konflikt mit den Mehrheitsparteien des Reichstags und musste Ende Oktober 1917 nach nur dreieinhalb Monaten zurücktreten. 1918/19 Oberpräsident der Provinz Pommern. Beitritt zur DNVP. M. war seit 1913 Vorsitzender der Deutschen Christlichen Studentenvereinigung und engagierte sich später in der Generalsynode der Evangelischen Kirche in Preußen.

Moltke, Helmuth Johannes Ludwig von (25. Mai 1848 – 18. Juni 1916). Militär. Neffe des preußischen Generalfeldmarschalls Helmuth von Moltke („d. Ältere"). Offizierslaufbahn in der preußischen Armee. 1904 zum Generalquartiermeister, 1906 als Nachfolger von → Schlieffen zum Chef des Großen Generalstabs berufen. Als solcher konzipierte M. auf Grundlage des „Schlieffen-Plans" den Plan für den späteren Westfeldzug. Im Vorfeld des Ersten Weltkriegs und v. a. in der Julikrise 1914 drängte er auf einen „Präventivkrieg". Als Leiter der militärischen Operationen zu Kriegsbeginn nervlich überfordert, wurde M. nach der Niederlage in der Marneschlacht im September 1914 durch → Falkenhayn abgelöst.

Morgenthau, Henry Sr. (26. April 1856 – 25. November 1946). US-amerikanischer Diplomat. Geboren in Mannheim, 1866 mit seinen Eltern in die USA ausgewandert. Studium der Rechtswissenschaften. Immobilienunternehmer und Rechtsanwalt. 1912 Unterstützer von → Wilson im US-Präsidentschaftswahlkampf. 1913–16 US-amerikanischer Botschafter in Istanbul. Als solcher beobachtete und dokumentierte M. den türkischen Völkermord an den Armeniern („Ambassador Morgenthau's Story" 1918). 1919 als Berater Wilsons Teilnahme an der Pariser Friedenskonferenz, ebenfalls 1919 US-Sondergesandter in Polen zur Untersuchung des Lemberg-Pogroms (Morgenthau-Report) und Mitglied der „Harbord Commission" zur Untersuchung der Lage der Armenier nach Kriegsende. 1923 Vorsitzender der „Greek Refugee Settlement Commission" des Völkerbundes.

Müller, August (20. November 1873 – 1946). Politiker. Gärtnerlehre. Seit 1896 in der Gewerkschaftsbewegung und in der SPD-Parteipresse tätig. Mehrere Verurteilungen wegen politischer Pressevergehen. Studium der Nationalökonomie an der Universität Zürich, 1904 Promotion bei Heinrich Herkner. Innerparteilich Vertreter des revisionistischen Flügels. Während des Ersten Weltkriegs Vorstandsmitglied der Deutschen Gesellschaft 1914. Ab Juni 1916 im Vorstand des Kriegsernährungsamtes, ab Juli 1917 ebd. Unterstaatssekretär, war M. der erste Sozialdemokrat in einem Regierungsamt. Seit Oktober 1918 Unterstaatssekretär, von November 1918 bis Februar 1919 Staatssekretär im Reichswirtschaftsamt. 1920–33 Mitglied im Vorläufigen Reichswirtschaftsrat. Seit 1920 a. o. Professor an der Universität Berlin. 1925 Übertritt von der SPD zur DDP, 1929 Austritt aus der DDP.

Müller, Hermann (18. Mai 1876 – 20. März 1931). Politiker. Kaufmännische Lehre, Handlungsgehilfe. Seit den 1890er Jahren in der Gewerkschaftsbewegung und in der SPD-Parteipresse tätig. Seit 1906 hauptamtliches Mitglied des SPD-Parteivorstands. Vor 1914 Verbindungsmann der SPD zur II. Internationale, unterstützte M. während des Ersten Weltkriegs die „Burgfriedenspolitik". 1916–18 MdR. Nach der Revolution war M. im November 1918 Vertreter der MSPD im Vollzugsrat der Groß-Berliner

Arbeiter- und Soldatenräte, seit Dezember 1918 im Zentralrat. 1919/20 MdNV. Als Nachfolger → Eberts und → Scheidemanns wurde er im Juni 1919 gemeinsam mit Otto Wels SPD-Parteivorsitzender. Von Juni 1919 bis März 1920 Reichsaußenminister im Kabinett → Gustav Bauer, musste er die deutsche Unterschrift unter den Versailler Vertrag leisten und wirkte maßgeblich an der Konzeption der „Erfüllungspolitik" mit. Nach dem Kapp-Putsch war M. von März 1920 bis zur Niederlage der Weimarer Koalition bei der Reichstagswahl im Juni 1920 Reichskanzler. Seither MdR und SPD-Fraktionsvorsitzender. Seit Juni 1928 an der Spitze einer Großen Koalition erneut Reichskanzler. In seine zweite Amtszeit fiel 1929 die Annahme des Young-Plans. Im März 1930 trat M. im Konflikt um die Finanzierung der Arbeitslosenversicherung zurück.

Nitti, Francesco Saverio (19. Juli 1868 – 20. Februar 1953). Italienischer Politiker. Studium der Rechtswissenschaften. Journalist. Seit 1904 Mitglied des italienischen Abgeordnetenhauses für die Radikaldemokraten. 1911–14 Minister für Landwirtschaft, Industrie und Handel, 1917–19 Finanzminister. Im Juni 1919 wurde N. italienischer Ministerpräsident, musste aber schon im Juni 1920 vor dem Hintergrund anhaltender Streiks und innenpolitischer Unruhen wieder zurücktreten. Als erklärter Gegner der Faschisten um Mussolini emigrierte N. 1924 in die Schweiz, später nach Frankreich. Rückkehr nach dem Zweiten Weltkrieg. Seit 1948 Mitglied des Senats.

Nivelle, Robert (15. Oktober 1856 – 23. März 1924). Französischer Militär. Studium an der École Polytechnique. Offizierslaufbahn in der französischen Armee, Kommandos als Artillerieoffizier u. a. in Indochina, Algerien und China. Im Ersten Weltkrieg zunächst Brigadegeneral. Als Armeekommandeur befehligte N. 1916 in der Schlacht von Verdun die erfolgreiche französische Gegenoffensive. Daraufhin im Dezember 1916 zum Oberbefehlshaber des französischen Heeres ernannt, jedoch nach schweren Verlusten in der Aisne-Schlacht und Meutereien im Heer schon im Mai 1917 abgesetzt. Ende 1917 nach Nordafrika versetzt. 1921 Abschied von der Armee.

Northcliffe, (seit 1918) 1st Viscount (eigentlich: Alfred Harmsworth) (15. Juli 1865 – 14. August 1922). Britischer Verleger. Zunächst freier Journalist. Mit der Gründung bzw. Übernahme diverser Tageszeitungen (u. a. 1894 „The Evening News", 1896 „The Daily Mail", 1903 „The Daily Mirror", 1908 „The Times") wurde N. zum damals weltweit bedeutendsten Zeitungsverleger und prägte insbesondere nachhaltig den Boulevardjournalismus des frühen 20. Jahrhunderts. Mit imperialistischen und strikt anti-deutschen Pressekampagnen beförderte er vor und während des Ersten Weltkriegs maßgeblich eine gegen Deutschland gerichtete Kriegsstimmung in Großbritannien. Von Februar bis November 1918 „Director of propaganda" im britischen Informationsministerium. Nach Kriegsende trat N. nachdrücklich für eine scharfe Bestrafung Deutschlands ein. 1905 als Baron, 1918 als Viscount nobilitiert.

Noske, Gustav (9. Juli 1868 – 30. November 1946). Politiker. Korbmacher. Seit 1897 Redakteur in der SPD-Parteipresse. 1906–18 MdR für die SPD, Wehrexperte. Im Ersten Weltkrieg stützte N. die „Burgfriedenspolitik". In der Revolution im November 1918 wurde N. in Kiel zum Vorsitzenden des Arbeiter- und Soldatenrats, anschließend zum

Gouverneur von Kiel gewählt. Als Vertrauter von → Ebert war er von Ende Dezember 1918 bis Februar 1919 Mitglied im Rat der Volksbeauftragten, zuständig für das Militär. Als solcher beförderte N. die Aufstellung von Freikorpstruppen zur Niederschlagung linkssozialistischer Aufstände. 1919/20 MdNV. Seit Februar 1919 Reichswehrminister, organisierte N. den Aufbau der Reichswehr unter Rückgriff auf die alte Militärführung. Von linker Seite als Symbol des Scheiterns einer weiterreichenden Revolution stark angefeindet, musste er nach dem Kapp-Putsch im März 1920 auf Druck der Gewerkschaften zurücktreten. 1920–33 Oberpräsident der preußischen Provinz Hannover. In der NS-Diktatur 1944/45 in Haft.

Oeser, Rudolf (13. November 1858 – 3. Juni 1926). Politiker. Studium der Philosophie und Nationalökonomie. Journalistische Tätigkeit, 1892–1917 in der Redaktion der „Frankfurter Zeitung". 1902–18 MdPrA, 1907–11 MdR für die Freisinnige Volkspartei, seit 1910 für die FVP. 1919–21 MdPrLV, 1921–24 MdL von Preußen für die DDP. 1919–21 preußischer Minister für öffentliche Arbeiten (mit Zuständigkeit u. a. für Eisenbahnen). 1921/22 Landeshauptmann der Provinz Sachsen. 1922/23 Reichsinnenminister, 1923/24 Reichsverkehrsminister. Seit 1924 Generaldirektor der Deutschen Reichsbahn-Gesellschaft.

Pacelli, Eugenio (2. März 1876 – 9. Oktober 1958). Päpstlicher Diplomat, seit 1939 Papst Pius XII. Studium der katholischen Theologie und Philosophie, 1901 Promotion. 1899 katholische Priesterweihe. Laufbahn in der Römischen Kurie. Seit 1917 Titularerzbischof und Apostolischer Nuntius in Bayern. Als solcher verhandelte er 1917 mit der deutschen Reichsleitung über eine Friedensinitiative des Vatikans. Seit 1920 in Personalunion auch Apostolischer Nuntius beim Deutschen Reich. 1925–29 in Personalunion Apostolischer Nuntius beim Deutschen Reich und in Preußen. P. verhandelte die Konkordate des Vatikans mit Bayern (1924) und Preußen (1929). 1929 Kardinal, 1930–39 Kardinalstaatssekretär unter Papst Pius XI. Als dessen Nachfolger im März 1939 zum Papst gewählt.

Payer, Friedrich von (12. Juni 1847 – 14. Juni 1931). Politiker. Studium der evangelischen Theologie und der Rechtswissenschaften. Rechtsanwalt. 1877–87 und 1890–1917 MdR, zugleich 1893–1912 Mitglied der württembergischen Zweiten Kammer (seit 1895 als Präsident) für die Demokratische Volkspartei, seit 1910 für die FVP. Seit 1912 Fraktionsvorsitzender der FVP im Reichstag, organisierte P. seit 1917 federführend die Zusammenarbeit der Mehrheitsparteien im Interfraktionellen Ausschuss. Von November 1917 bis November 1918 Stellvertreter des Reichskanzlers in den Kabinetten → Hertling und → Max von Baden. 1919/20 MdNV für die DDP, bis Juli 1919 als Fraktionsvorsitzender. Votierte im Juni 1919 gegen die Mehrheit der DDP für die Annahme des Versailler Vertrags.

Plenge, Johann (7. Juli 1874 – 11. September 1963). Nationalökonom, Soziologe. Studium der Volkswirtschaftslehre u. a., 1898 Promotion in Leipzig, 1903 Habilitation ebd. 1910–13 a. o. Professor in Leipzig, seit 1913 o. Professor für wirtschaftliche Staatswissenschaften in Münster. Dort 1920 Gründer und bis 1923 Leiter des staatswissenschaftlichen Unterrichtsinstituts, 1923–34 Leiter des Forschungsinstituts für Organisationslehre und allgemeine vergleichende Soziologie. Im Ersten Weltkrieg propagierte P. führend die „Ideen von 1914". Seine Idee eines nationalen „Organisatorischen Sozialismus" hatte zeitweise starken Einfluss auf die Theoriedebatte des rechten SPD-Flügels. 1935 zwangsemeritiert.

Pöhner, Ernst (11. Juni 1870 – 11. April 1925). Beamter, Politiker. Studium der Rechtswissenschaften. Laufbahn im bayerischen Justizdienst, zuletzt Oberlandesgerichtsrat. Seit Mai 1919 Polizeipräsident von München, förderte P. diverse rechtsextreme Vereinigungen, darunter die Organisation Consul und die NSDAP. Nach der Ermordung von → Erzberger durch die Organisation Consul und dem Rücktritt der Regierung → Kahr musste er im September 1921 sein Amt räumen. 1923 Teilnahme am Hitler-Putsch, deshalb 1924 zu fünf Jahren Haft verurteilt, jedoch nach drei Monaten auf Bewährung entlassen. Seit April 1924 MdL von Bayern für den Völkischen Block, im Dezember 1924 Übertritt zur DNVP. Unfalltod.

Poincaré, Raymond (20. August 1860 – 15. Oktober 1934). Französischer Politiker. Studium der Rechtswissenschaften. Rechtsanwalt. 1887–1903 Mitglied der französischen Abgeordnetenkammer für die rechtsrepublikanische Alliance démocratique. 1903–13 und 1920–34 Mitglied des Senats. 1893–95 und 1906 bekleidete er verschiedene Ministerämter. 1912/13, 1922–24 und erneut 1926–29 war er Ministerpräsident (teils zugleich Außenminister). 1913–20 französischer Staatspräsident. Seit 1909 Mitglied der Académie française. P. galt als Exponent einer betont nationalen und antideutschen französischen Außenpolitik. In der Julikrise 1914 sicherte er Russland die unbedingte Unterstützung Frankreichs zu. Im Ersten Weltkrieg bereitete er der „union sacrée" den Boden und ernannte 1917 → Clemenceau zum Ministerpräsidenten. In den 1920er Jahren kämpfte P. für eine bedingungslose Erfüllung des Versailler Vertrags durch Deutschland und veranlasste 1923 als Strafmaßnahme die Besetzung des Ruhrgebiets.

Posadowsky-Wehner, Arthur Adolf Graf von (3. Juni 1845 – 23. Oktober 1932). Beamter, Politiker. Studium der Rechtswissenschaften, Promotion. Laufbahn im preußischen Verwaltungsdienst, zuletzt 1889–93 Landeshauptmann in Posen. 1882–85 MdPrA für die Freikonservativen. 1893–97 Staatssekretär im Reichsschatzamt, 1897–1907 Staatssekretär im Reichsamt des Inneren und Stellvertreter des Reichskanzlers. Als solcher baute P. in Kooperation mit dem Zentrum die Sozialgesetzgebung aus. 1912–18 MdR (fraktionslos). 1919/20 MdNV als Fraktionsvorsitzender der DNVP. 1919 unterlag P. als Kandidat der DNVP bei der Wahl des Reichspräsidenten gegen → Ebert. 1928–32 MdL von Preußen für die Volksrechtspartei.

Preuß, Hugo (28. Oktober 1860 – 9. Oktober 1925). Rechtswissenschaftler, Politiker. Studium der Rechtswissenschaften in Berlin und Heidelberg, 1883 Promotion in Göttingen, 1889 Habilitation in Berlin. Aufgrund seiner jüdischen Abstammung wurde P. nicht an eine Universität berufen. Seit 1906 war er Professor an der Berliner Handelshochschule. Als Staatsrechtler beeinflusst von der Genossenschaftstheorie, propagierte P. das Konzept der Selbstverwaltung anstelle des Obrigkeitsstaats. Seit 1895 Mitglied der Berliner Stadtverordnetenversammlung für den Freisinn. Als ehrenamtlicher Stadtrat 1910–18 konzipierte er den Groß-Berlin-Plan. Nach der Revolution war P. von

November 1918 bis Februar 1919 Staatssekretär im Reichsamt des Innern in der Regierung der Volksbeauftragten. In dieser Funktion schrieb er den Entwurf für die Weimarer Verfassung. Von Februar bis Juni 1919 war er Reichsinnenminister im Kabinett → Scheidemann. 1919–21 MdPrLV, seit 1921 MdL von Preußen für die DDP.

Radbruch, Gustav (21. November 1878 – 23. November 1949). Rechtswissenschaftler, Politiker. Studium der Rechtswissenschaften, 1902 Promotion in Berlin, 1903 Habilitation in Heidelberg. 1910 a. o. Professor in Heidelberg, 1914 in Königsberg, 1919 in Kiel. 1920–26 o. Professor für Strafrecht und Rechtsphilosophie in Kiel, seit 1926 in Heidelberg. Mit seinem Verständnis der Rechtswissenschaft als wertbezogene Kulturwissenschaft gilt R. als einer der einflussreichsten Rechtsphilosophen des 20. Jahrhunderts. 1920–24 MdR für die SPD. Von Oktober 1921 bis November 1922 und von August bis November 1923 Reichsjustizminister in den Kabinetten → Wirth und → Stresemann. Als solcher entwarf er 1922 nach der Ermordung von → Rathenau das Republikschutzgesetz. 1933 zwangsemeritiert.

Radek, Karl (31. Oktober 1885 – 1939?). Revolutionär, Politiker. 1905 Teilnahme an der Russischen Revolution in Warschau, inhaftiert. Seit 1907 in Deutschland, Tätigkeit in der SPD-Parteipresse. 1911/12 als Linksabweichler aus der Sozialdemokratischen Partei Polens und aus der SPD ausgeschlossen, schloss sich R. im Ersten Weltkrieg in der Schweiz den Bolschewisten um Lenin an. Ging 1917 mit Lenin nach Russland. Im Dezember 1918 kam R. als sowjetrussischer Kontaktmann zu den Spartakisten illegal nach Deutschland. Von Februar bis Dezember 1919 in Berlin inhaftiert, im Januar 1920 nach Russland abgeschoben. Verhandelte Anfang 1922 als sowjetrussischer Bevollmächtigter in Berlin vertraulich mit der Reichsregierung über ein deutsch-russisches Abkommen. Als Deutschland-Sekretär der Komintern beeinflusste R. in den frühen 1920er Jahren maßgeblich den Kurs der KPD. 1923 suchte er eine Einheitsfront der deutschen Kommunisten und Rechtsnationalisten herzustellen („Schlageter-Linie"). 1925 Leiter der Sun Yat-sen-Universität in Moskau. Als Anhänger von → Trotzki wurde R. 1924 aus dem ZK der Partei und dem Exekutivkomitee der Komintern entfernt, 1927 aus der Kommunistischen Partei ausgeschlossen und nach Sibirien verbannt. 1929 rehabilitiert. 1937 im zweiten Moskauer Schauprozess zu zehn Jahren Lagerhaft verurteilt. Vermutlich 1939 in der Haft getötet.

Rathenau, Walther (29. September 1867 – 24. Juni 1922). Industrieller, Politiker. Sohn des Industriellen und AEG-Gründers Emil Rathenau. Studium der Chemie, Physik, Philosophie und Maschinenbau, 1889 Promotion. Leitende Funktionen in der AEG, seit 1904 Mitglied des Aufsichtsrats, 1912 Aufsichtsratsvorsitzender, nach dem Tod seines Vaters seit 1915 Präsident der AEG. Philosophisch-theoretische Schriften zum Verhältnis von Kapitalismus und Geist (u. a. „Zur Mechanik des Geistes" 1913, „Von kommenden Dingen" 1917). Als Leiter der Rohstoffabteilung im preußischen Kriegsministerium 1914/15 baute R. die deutsche Kriegswirtschaft im Ersten Weltkrieg auf. Im Oktober 1918 forderte er öffentlich eine Volkserhebung zur Fortsetzung des Krieges. Nach Kriegsende und Revolution Beitritt zur DDP. 1920 Mitglied der zweiten Sozialisierungskommission. Von Mai bis Oktober 1921 Reichsminister für Wiederaufbau im Kabinett → Wirth, anschließend Sonderbeauftragter der Reichsregierung in Verhandlungen mit Großbritannien und Frankreich. Seit Ende Januar 1922 Reichsaußenminister. R. suchte v. a. durch Vorschläge zur wirtschaftlichen Reintegration des Deutschen Reichs eine Annäherung an die Westalliierten zu erreichen, schloss aber 1922 auch den deutsch-russischen Vertrag von Rapallo ab. Wegen seiner jüdischen Herkunft Ziel heftiger antisemitischer Angriffe, wurde R. am 24. Juni 1922 bei einem Attentat der Organisation Consul getötet.

Raumer, Hans von (10. Januar 1870 – 3. November 1965). Unternehmer, Politiker. Studium der Rechtswissenschaften, Promotion. Laufbahn im preußischen Verwaltungsdienst, zuletzt Landrat. Seit 1911 in der Privatwirtschaft im Energiesektor tätig. 1918–33 Geschäftsführer des Zentralverbands der Deutschen Elektrotechnischen Industrie. Im Herbst 1918 Initiator der Gründung der Zentralarbeitsgemeinschaft (ZAG) von Unternehmern und Gewerkschaften. 1920–30 MdR für die DVP. 1920–21 Reichsschatzminister im Kabinett Fehrenbach. Von August bis Oktober 1923 Reichswirtschaftsminister im Kabinett → Stresemann.

Reinhardt, Karl (12. Juli 1849 – 4. Oktober 1923). Pädagoge. Studium der Germanistik und Klassischen Philologie, 1873 Promotion. Gymnasiallehrer. Baute als Direktor des Frankfurter Gymnasiums ab 1892 das erste (neusprachliche) Reformgymnasium in Preußen auf. 1904–19 Ministerialdirektor im preußischen Kultusministerium. Seit 1919 erster Leiter der Internatsschule Schloß Salem.

Rennenkampf, Paul von (17. April 1854 – 1. April 1918). Russischer Militär. Entstammte einer deutschbaltischen Familie. Offizierslaufbahn in der russischen Armee, zuletzt General. Zu Beginn des Ersten Weltkriegs kommandierte er die 1. Russische Armee bei der Invasion in Ostpreußen. Nach der Niederlage in der Schlacht bei Tannenberg im August 1914 abgesetzt. Im Russischen Bürgerkrieg 1918 von einem Kommando der Roten Armee exekutiert.

Reventlow, Ernst Graf zu (18. August 1869 – 21. November 1943). Schriftsteller, Politiker. Offizierslaufbahn in der kaiserlichen Marine, Abschied 1899. R. wurde 1905 durch das monarchiekritische Buch „Kaiser Wilhelm II. und die Byzantiner" bekannt. Seither Tätigkeit als politischer Schriftsteller und Kommentator in diversen Tageszeitungen. Aktivität in der antisemitischen Deutschsozialen Partei und im Alldeutschen Verband. Im Ersten Weltkrieg einer der radikalsten publizistischen Vertreter des alldeutschannexionistischen Lagers. Seit 1920 Herausgeber der nationalistisch-freireligiösen Zeitschrift „Der Reichswart". 1922 Mitgründer der radikal antisemitischen Deutschvölkischen Freiheitspartei. Seit 1924 MdR für die Nationalsozialistische Freiheitspartei, seit 1927 für die NSDAP. Als Gefolgsmann von Gregor Strasser war R. ab 1934 innerhalb der NS-Bewegung weitgehend einflusslos.

Roethe, Gustav (15. Mai 1859 – 17. September 1926). Germanist. Studium der Germanistik und Klassischen Philologie, 1881 Promotion in Leipzig, 1886 Habilitation in Göttingen. 1888 a. o. Professor, 1890 o. Professor in Göttingen. Seit 1902 an der Berliner Universität. R. Fachgebiet war die mittelhochdeutsche Literatur. Im Ersten Weltkrieg trat R. als Anhänger des alldeutsch-annexionistischen Lagers hervor. Nach 1918 führende Position im Reichsausschuss deutschnationaler Hochschullehrer. 1923/24 Rektor der Berliner Universität.

Roth, Christian (12. Februar 1873 – 16. September 1934). Beamter, Politiker. Studium der Rechtswissenschaften. Laufbahn im bayerischen Verwaltungsdienst. 1920–28 MdL von Bayern, zunächst für die Bayerische Mittelpartei (DNVP). Als Justizminister im Kabinett → Kahr 1920–21 deckte R. die rechtsextreme Organisation Consul. 1923 Übertritt zur NSDAP, Teilnahme am Hitler-Putsch. 1924 Mitgründer des Völkischen Blocks. Von Mai bis Dezember 1924 MdR für die Nationalsozialistische Freiheitspartei. Seit 1928 Generalstaatsanwalt am bayerischen Verwaltungsgerichtshof.

Rupprecht von Bayern (18. Mai 1869 – 2. August 1955). Bayerischer Kronprinz (seit 1913), Militär. Sohn Ludwigs III. (König von Bayern 1913–18). Offizierslaufbahn in der bayerischen Armee. Beim Ausbruch des Ersten Weltkrieges 1914 übernahm R. einen Armeeoberbefehl, 1915–18 befehligte er die Heeresgruppe „Kronprinz Rupprecht", seit 1916 Generalfeldmarschall. R. galt als Kritiker der „Siegfrieden"-Politik der OHL. In der Revolution 1918 zunächst nach Österreich geflohen, kehrte R. Ende 1919 nach Bayern zurück. Als Chef des Hauses Wittelsbach (seit 1921) galt er in den 1920er und 1930er Jahren in monarchistischen Kreisen als Thronprätendent sowohl in Bayern als auch im Deutschen Reich.

Russell, Bertrand (18. Mai 1872 – 2. Februar 1970). Britischer Mathematiker und Philosoph. Studium der Mathematik und Philosophie in Cambridge, 1895 mathematische Promotion. 1913 veröffentlichte er mit Alfred North Whitehead die „Principia Mathematica", eines der bedeutendsten mathematischen Werke des 20. Jahrhunderts. Im Ersten Weltkrieg engagierte sich R. als Friedensaktivist u. a. gegen die Einführung der Wehrpflicht in Großbritannien (sechsmonatige Haftstrafe 1918). R. sympathisierte mit dem Sozialismus, wandte sich aber nach einer Reise in Sowjetrussland 1920 scharf gegen den Bolschewismus. Als einer der prominentesten Wissenschaftler seiner Zeit nahm R. seit den 1920er Jahren weltweit Gastprofessuren wahr. In den 1930er und 1940er Jahren lebte er überwiegend in den USA. Nach dem Zweiten Weltkrieg engagierte sich R. politisch v. a. für nukleare Abrüstung. 1950 Literaturnobelpreis. R. war einer der Väter der Analytischen Philosophie und u. a. Lehrer des Philosophen Ludwig Wittgenstein. Sein 1926 erschienener Essay „Why I Am Not A Christian" gilt als Schlüsseltext des modernen Atheismus.

Scheer, Reinhard (30. September 1863 – 26. November 1928). Militär. Offizierslaufbahn in der kaiserlichen Marine. 1903–07 und 1911–13 Chef der Zentralabteilung im Reichsmarineamt unter → Tirpitz. Seit Januar 1916 Chef der Hochseeflotte, erlangte S. durch sein Kommando in der Seeschlacht bei Skagerrak große Popularität. Seit August 1918 Chef der Seekriegsleitung, führte sein Flottenbefehl vom 24. Oktober zum Ausbruch des Kieler Matrosenaufstandes am Beginn der deutschen Revolution im November 1918. Im Dezember 1918 verabschiedet. Danach publizistische Aktivität, v. a. Memoirenliteratur. 1921 Übertritt von der DNVP zur DVP. S. wurde in der Weimarer Republik wiederholt für das Amt des Reichspräsidenten gehandelt.

Scheidemann, Philipp (26. Juli 1865 – 29. November 1939). Politiker. Schriftsetzerlehre. Seit 1883 in der SPD. Tätigkeit als Redakteur in der SPD-Parteipresse. 1903–18 MdR, seit 1913 als SPD-Fraktionsvorsitzender. Im Ersten Weltkrieg trat S. früh öffentlich für einen Verständigungsfrieden („Scheidemann-Frieden") ein. Seit der Abspaltung der USPD 1917 auch SPD-Parteivorsitzender neben → Ebert. Im Oktober 1918 wurde S. in der Regierung → Max von Baden zum Staatssekretär ohne Geschäftsbereich berufen. Am 9. November 1918 legte er dieses Amt nieder und rief in einer Volksansprache in Berlin die Republik aus. Von November 1918 bis Februar 1919 Mitglied im Rat der Volksbeauftragten. 1919/20 MdNV. Am 13. Februar 1919 wurde S. in der Nationalversammlung zum Reichsministerpräsidenten gewählt, trat aber schon am 20. Juni 1919 aus Protest gegen die Friedensbedingungen im Versailler Vertrag zurück. 1920–33 erneut MdR, trat S. wiederholt mit Kritik antirepublikanischen Kontinuitäten im deutschen Staatsleben hervor. 1922 überlebte er ein Attentat der Organisation Consul. 1920–25 auch Oberbürgermeister von Kassel. 1933 Emigration nach Dänemark.

Scheler, Max (22. August 1874 – 19. Mai 1928). Philosoph. Studium der Medizin und Philosophie, 1897 philosophische Promotion bei Rudolf Eucken in Jena, 1899 ebd. Habilitation. 1899–1905 Privatdozent in Jena, 1905–10 in München, jeweils wegen Eheskandalen entlassen. Danach freier Schriftsteller. Einflussreiche Schriften zur Phänomenologie („Der Formalismus in der Ethik und die materiale Wertethik" 1913/16). Im Ersten Weltkrieg nationalistische Schriften („Die Ursachen des Deutschenhasses" 1917). Seit 1919 o. Professor für Philosophie und Soziologie in Köln. Religionsphilosophisches Spätwerk („Die Stellung des Menschen im Kosmos" 1928).

Scheüch, Heinrich (15. April 1882 – 3. September 1946). Militär. Offizierslaufbahn in der preußischen Armee. Verwendung im preußischen Kriegsministerium, zuletzt 1913–15 als Direktor des Allgemeinen Kriegsdepartments, damit zuständig für die Kriegsproduktion. 1916/17 Frontkommando. 1917/18 als Nachfolger von → Groener Chef des Kriegsamtes. Seit Oktober 1918 preußischer Kriegsminister, blieb S. zunächst auch nach der Revolution unter der Regierung der Volksbeauftragten im Amt. Als Widersacher der OHL zunehmend isoliert, wurde er Anfang Januar 1919 auf eigenen Wunsch verabschiedet.

Schiffer, Eugen (14. Februar 1860 – 5. September 1954). Politiker. Studium der Rechtswissenschaften, Promotion. Laufbahn im preußischen Justizdienst, zuletzt seit 1910 Oberverwaltungsgerichtsrat. 1903–18 MdPrA, 1912–17 MdR für die Nationalliberalen. 1916 Leiter der Rechtsabteilung im Kriegsamt. Seit Oktober 1917 Unterstaatssekretär, von November 1918 bis Februar 1919 Staatssekretär im Reichsschatzamt. S. schloss sich nach der Revolution der DDP an. 1919/20 MdNV. Von Februar bis April 1919 stellvertretender Ministerpräsident und Reichsfinanzminister im Kabinett → Scheidemann. Als Gegner der Unterzeichnung des Versailler Vertrags betrieb er im Juni 1919 den Austritt der DDP aus der Reichsregierung. Nach der Rückkehr der DDP in die Regierung war S. seit Oktober 1919 Vizekanzler und Reichsjustizminister im Kabinett → Gustav Bauer. Während des Kapp-Putsches im März 1920 führte S. inoffizielle Verhandlungen mit den Putschisten und musste deswegen nach dem Scheitern des Putsches auf Druck der Gewerkschaften zurücktreten. 1920–24 erneut MdR, 1921–

25 zugleich MdL von Preußen. Von Mai bis Oktober 1921 erneut Reichsjustizminister im ersten Kabinett → Wirth. 1921/22 Leiter der deutschen Delegation bei den Oberschlesien-Verhandlungen in Genf, 1922/23 deutscher Vertreter beim Internationalen Gerichtshof in Den Haag. 1924 Austritt aus der DDP. 1925 Gründer der Liberalen Vereinigung. Nach seinem Ausscheiden aus der Politik machte S. mit publizistischen Initiativen für eine Justizreform auf sich aufmerksam („Deutsche Justiz" 1928). Während der NS-Diktatur wegen jüdischer Abstammung verfolgt. Nach 1945 Mitgründer der LDPD in der Sowjetischen Besatzungszone sowie 1945–48 ebd. Präsident der Zentralverwaltung der Justiz. 1950 Übersiedelung nach West-Berlin.

Schlieffen, Alfred von (28. Februar 1833 – 4. Januar 1913). Militär. Offizierslaufbahn in der preußischen Armee. 1884 Chef der Frankreich-Abteilung im Großen Generalstab, 1889 stellvertretender Generalstabschef und seit 1891 Chef des Generalstabs. Militärstrategisch ein Verfechter der Vernichtungsstrategie („Cannae-Studien"), entwickelte er bis 1905 den später nach ihm benannten „Schlieffen-Plan", der in modifizierter Form bei Ausbruch des Ersten Weltkriegs 1914 als Grundlage für den erfolglosen deutschen Westfeldzug diente. S. trat 1906 in den Ruhestand und wurde 1911 ehrenhalber zum Generalfeldmarschall befördert.

Schmidt, Robert (15. Mai 1864 – 16. September 1943). Gewerkschafter, Politiker. Klavierbauer. Aktivität in der Gewerkschaftsbewegung, seit 1893 Arbeitersekretär und Redakteur beim „Vorwärts". 1893–98 und 1903–18 MdR für die SPD. Seit 1903 Mitglied der Generalkommission der Gewerkschaften Deutschlands. Von Oktober 1918 bis Februar 1919 Unterstaatssekretär im Kriegs- bzw. Reichsernährungsamt. 1919 MdNV, 1920–30 erneut MdR. Von Februar 1919 bis März 1920 Reichsernährungsminister, zugleich von Juli 1919 bis Juni 1920 Reichswirtschaftsminister. Von Mai 1921 bis November 1922 erneut Reichswirtschaftsminister. Von August bis November 1923 Reichsminister für Wiederaufbau und Stellvertreter des Reichskanzlers im Kabinett → Stresemann. 1929/30 erneut Reichswirtschaftsminister.

Schulz, Heinrich (12. September 1872 – 4. September 1932). Pädagoge, Politiker. Ausbildung zum Volksschullehrer. 1892–93 Elementarschullehrer in Bremen. Seit 1894 in der Arbeiterbildungsbewegung und in der SPD-Parteipresse tätig. 1906–19 Geschäftsführer des Zentralbildungsausschusses der SPD. 1912–18 MdR, 1919/29 MdNV (bis Juni 1919 als Vizepräsident), 1920–30 erneut MdR. 1918/19 als Referent von → Ebert in der Reichskanzlei. Von 1919 bis 1927 leitete S. als Unterstaatssekretär bzw. (seit 1920) Staatssekretär die Kulturabteilung im Reichsinnenministerium. Als solcher setzte er sich als Schulreformer v. a. für die Schaffung der Einheitsschule ein und initiierte 1920 die Reichsschulkonferenz.

Schumacher, Hermann (6. März 1868 – 3. Oktober 1952). Nationalökonom. Studium der Rechts- und Staatswissenschaften, 1891 Promotion in Jena. 1899 a. o. Professor für Nationalökonomie in Kiel, 1901 Erster Studiendirektor der Städtischen Handelshochschule Köln. 1901–17 o. Professor für Staatswissenschaften an der Universität Bonn, 1917–35 an der Berliner Universität.

Seeckt, Hans von (22. April 1866 – 27. Dezember 1936). Militär. Offizierslaufbahn in der preußischen Armee, Generalstabsausbildung. Im Ersten Weltkrieg Stabsverwendung, 1917/18 Generalstabschef der osmanischen Armee. Nach Kriegsende für den „Grenzschutz Ost" im Baltikum. 1919 Mitglied der deutschen Delegation für die Friedensverhandlungen in Versailles. Seit Oktober 1919 Chef des Truppenamtes im Reichswehrministerium. Obwohl S. während des Kapp-Putsches im März 1920 eine neutrale Position einnahm, wurde er anschließend als Chef der Heeresleitung an die Spitze der Reichswehr berufen. Während der innenpolitischen Unruhen im Herbst 1923 wurde ihm von → Ebert die „vollziehende Gewalt" im Reich übertragen (bis März 1924). S. betrieb die heimliche Aufrüstung der Reichswehr und die geheime deutsch-sowjetische Militärkooperation. 1926 im Konflikt mit der Reichsregierung verabschiedet. 1930–32 MdR für die DVP. 1933–35 militärischer Berater von Chiang Kai-Shek in China.

Simons, Walter (24. September 1861 – 14. Juli 1937). Beamter, Politiker. Studium der Rechtswissenschaften. Laufbahn im preußischen Justizdienst, 1905–11 im Reichsjustizamt. 1911–18 Geheimer Legationsrat im Auswärtigen Amt. Von → Max von Baden im Oktober 1918 in die Reichskanzlei geholt, koordinierte S. im November die Übergabe der Regierung an → Ebert. 1918/19 Leiter der Rechtsabteilung im Auswärtigen Amt, Mitglied der deutschen Delegation für die Friedensverhandlungen in Versailles. 1919/20 Geschäftsführer des Reichsverbandes der Deutschen Industrie. Von Juni 1920 bis Mai 1921 war S. Reichsaußenminister (parteilos) im Kabinett Fehrenbach. 1922–29 Präsident des Reichsgerichts, in dieser Funktion 1925 nach dem Tod Eberts kommissarisch Reichspräsident.

Sinowjew, Grigori Jewsejewitsch (11. September 1883 – 25. August 1936). Russischer Revolutionär, Politiker. Seit 1901 in der russischen Sozialdemokratie, schloss sich bereits 1903 den Bolschewiki an. Im Exil bis 1917 engster Vertrauter von Lenin, optierte S. jedoch während der Oktoberrevolution 1917 gegen eine gewaltsame Machtübernahme. 1917–26 Vorsitzender des Petrograder Sowjets. Als Vorsitzender der Komintern 1919–26 initiierte S. in den frühen 1920er Jahren mehrere kommunistische Umsturzversuche in Deutschland (u. a. Mitteldeutscher Aufstand 1921). Im Kampf um die Lenin-Nachfolge wirkte S. zunächst 1923/24 gemeinsam mit Stalin gegen → Trotzki, geriet ab 1925 aber selbst in Gegensatz zu Stalin. 1926 Ausschluss aus dem Politbüro, 1927 Parteiausschluss. Im Zuge der stalinistischen Säuberungen 1934 verhaftet, 1936 in einem Schauprozess zum Tode verurteilt und hingerichtet.

Sleeswijk, Jan Gerard (7. Oktober 1879 – 1969). Niederländischer Mediziner. Studium der Medizin in Amsterdam, Promotion. 1909/10 am Rudolf-Virchow-Krankenhaus in Berlin. Seit 1910 Professor für Technische Hygiene an der Technischen Hochschule Delft. Im Ersten Weltkrieg publizistisch aktiv für die deutsche Auslandspropaganda. Seit 1919 Herausgeber der Zeitschrift „De Tijdspiegel". 1921 Mitgründer und Geschäftsführer der Nederlandsch-Duitsche Vereniging.

Solf, Wilhelm (5. Oktober 1862 – 6. Februar 1936). Diplomat, Politiker. Studium der Orientalistik und Rechtswissenschaften. Seit 1888 im deutschen Auswärtigen Dienst. 1900–11 Gouverneur der Kolonie Deutsch-Samoa. Seit 1911 Staatssekretär im Reichskolonialamt. Während des Ersten Weltkriegs zugleich Präsident der Deutschen Gesellschaft 1914, galt S. als Unterstützer der Reformbestrebungen von → Bethmann Hollweg. Seit Oktober 1918 Staatssekretär im Auswärtigen Amt in der Regierung → Max von Baden, blieb S. nach der Revolution auch unter der Regierung der Volksbeauftragten im Amt. Ein Konflikt mit → Haase führte jedoch im Dezember 1918 zu seinem Ausscheiden. 1920–28 Botschafter in Tokio.

Spahn, Martin (7. März 1875 – 12. Mai 1945). Historiker, Politiker. Sohn des Zentrumspolitikers Peter Spahn (1846–1925). Studium der Geschichte, 1896 Promotion in Berlin, 1898 Habilitation ebd. Die auf Initiative des Kultusministeriums 1901 erfolgte Berufung des 26jährigen S. auf einen katholischen Lehrstuhl für Geschichte an der Universität Straßburg führte zu einem öffentlichen Protest protestantischer Historiker um Theodor Mommsen („Fall Spahn"). Als Mitarbeiter im „Hochland" wirkte S. für einen Ausgleich von Katholizismus und „Preußentum". 1910–12 MdR für das Zentrum. Seit 1920 o. Professor an der Universität Köln. Im selben Jahr war S. Mitgründer und seither Leiter des antirepublikanisch-rechtskonservativen Politischen Kollegs für nationalpolitische Schulungs- und Bildungsarbeit in Berlin. 1921 trat S. vom Zentrum zur DNVP über. 1924–33 MdR für die DNVP, seit 1933 für die NSDAP. 1934 Gründer des Instituts für Raumpolitik an der Universität Köln zur Unterstützung der nationalsozialistischen „Lebensraum"-Politik. 1940 emeritiert.

Spengler, Oswald (29. Mai 1880 – 8. Mai 1936). Philosoph. Studium der Mathematik und Naturwissenschaften, 1904 philosophische Dissertation bei Alois Riehl in Halle sowie Staatsexamen für das höhere Lehramt. Tätigkeiten als Aushilfslehrer, 1908–11 Gymnasiallehrer in Hamburg. Danach freier Schriftsteller. Mit seinem zweibändigen Werk „Der Untergang des Abendlandes" wurde S. 1918/22 schlagartig zum bekanntesten lebenden deutschen Philosophen. Im Gefolge des antimodernistischen Kulturpessimismus des frühen 20. Jahrhunderts entwarf er darin ein geschichtsmorphologisches Verfallsmodell am Beispiel des Niedergangs der abendländischen „Kultur" in der modernen „Zivilisation". In der Schrift „Preußentum und Sozialismus" (1919) positionierte sich S. politisch im Lager der antirepublikanischen Rechten.

Stadtler, Eduard (17. Februar 1886 – 5. Oktober 1945). Publizist. Lehramtsstudium, 1911 Promotion in Straßburg bei → Spahn. Publizistische Aktivität in der Zentrumspresse. 1912–14 Verbandssekretär der Windhorstbünde. Im Ersten Weltkrieg Militärdienst, 1917/18 in russischer Kriegsgefangenschaft. 1918 kurzzeitig in der Pressestelle der deutschen Botschaft in Moskau tätig. Nach der Revolution baute S. im Winter 1918/19 in Berlin die gegenrevolutionäre Organisation Antibolschewistische Liga (seit Februar 1919 Liga zum Schutz der deutschen Kultur) auf, deren Leitung er aber im März 1919 abgeben musste. Zugleich beteiligte sich S. am jungkonservativen Ring-Kreis und war 1919–25 Herausgeber seiner Zeitschrift „Gewissen". Seit 1925 Herausgeber der Zeitschrift „Das Großdeutsche Reich". 1932/33 MdR und zugleich MdL von Preußen für die DNVP, seit 1933 für die NSDAP. 1945 im sowjetischen Speziallager Sachsenhausen interniert, dort gestorben.

Stählin, Karl (21. Januar 1865 – 4. September 1939). Historiker. Offizierslaufbahn in der bayerischen Armee, Abschied 1899. Studium der Geschichte, 1902 Promotion in Leipzig, 1905 Habilitation in Heidelberg. Seit 1910 a. o. Professor in Heidelberg. Im Ersten Weltkrieg 1914–17 Militärdienst. 1917/18 o. Professor für mittlere und neuere Geschichte an der Universität Straßburg. Seit 1920 o. Professor für Osteuropäische Geschichte an der Berliner Universität.

Stegerwald, Adam (14. Dezember 1874 – 3. Dezember 1945). Gewerkschafter, Politiker. Schreinerlehre. Aktivität in der katholischen Arbeiterbewegung. 1899 Mitgründer und bis 1903 Vorsitzender des Zentralverbands christlicher Holzarbeiter. 1903–29 Leiter des Gesamtverbandes der christlichen Gewerkschaften, 1919–29 zugleich Vorsitzender des christlich-nationalen Deutschen Gewerkschaftsbundes. 1916–19 Vorstandsmitglied im Kriegsernährungsamt. 1917 Mitgründer und stellvertretender Vorsitzender des Volksbundes für Freiheit und Vaterland. 1917/18 MdPrH, 1919/20 MdNV, 1920–33 MdR, zugleich 1919–21 MdPrLV für das Zentrum. 1919–21 preußischer Minister für Volkswohlfahrt. Von April bis November 1921 war S. preußischer Ministerpräsident an der Spitze einer Minderheitsregierung von Zentrum und DDP. 1929/30 Reichsverkehrsminister, 1930–32 Reichsarbeitsminister. 1945 Mitgründer der CSU.

Steiner, Rudolf (25. Februar 1861 – 30. März 1925). Österreichischer Schriftsteller und Philosoph. Studium der Naturwissenschaften, Mathematik und Philosophie, 1891 Promotion in Rostock. Hauslehrer, Mitarbeiter der Weimarer Goethe-Ausgabe. Ab ca. 1901 entwickelte S. seine mystisch-spirituelle Lehre der Anthroposophie als postulierten Erkenntnisweg zum „Übersinnlichen" mit Anwendungsmöglichkeiten in allen Bereichen der Lebensführung (Medizin, Reformpädagogik, Architektur etc.). 1902–13 Generalsekretär der deutschen Sektion der Theosophischen Gesellschaft, 1912 Gründer und seither Ehrenpräsident der Anthroposophischen Gesellschaft. 1919 Gründung der ersten Waldorfschule in Stuttgart.

Stinnes, Hugo (12. Februar 1870 – 10. April 1924). Industrieller. Handelslehre, 1890 Eintritt ins familieneigene Bergbauunternehmen. 1892 Gründung der späteren Hugo Stinnes GmbH als Kohlehandelsunternehmen. Durch Übernahmen und Unternehmensbeteiligungen im Montanbereich, in Handels-, Reederei- und Verkehrsunternehmen, im Energie-Sektor etc. („vertikale Konzentration") wurde S. noch vor 1914 zum bedeutendsten deutschen Schwerindustriellen; u. a. Mehrheitsbeteiligung an den Rheinisch-Westfälischen Elektrizitätswerken, der Deutsch-Luxemburgischen Bergwerks- und Hütten-AG, dem Mülheimer Bergwerks-Verein, der Süddeutschen Eisenbahn-Gesellschaft und der Hugo Stinnes Schiffahrt GmbH. Im Ersten Weltkrieg war S. einer der größten deutschen Rüstungsproduzenten und unterstützte innenpolitisch das alldeutsch-annexionistische Lager. Als Verhandlungsführer der Arbeitgeberseite unterzeichnete S. im November 1918 vor dem Hintergrund der Revolution das Stinnes-Legien-Abkommen über die Sozialpartnerschaft mit den Gewerkschaften. Als Gegner der Republik und der „Erfüllungspolitik" versuchte S. ab 1919 seine wirtschaftliche Macht in politischen Einfluss umzusetzen: u. a. 1920 Übernahme der „Deutschen Allgemeinen Zeitung", ebenso seit 1920 MdR für die DVP, Mitglied der deutschen Delegation bei der Konferenz von Spa im Juli 1920. War dennoch wiederholt an außenpolitischen Verhandlungen zur Wiederherstellung der internationalen Handelsbeziehungen Deutschlands beteiligt.

Strack, Hermann Leberecht (6. Mai 1848 – 5. Oktober 1922). Evangelischer Theologe. Studium der evangelischen Theologie und Philosophie, 1872 Promotion in Berlin. 1877 a. o. Professor für alttestamentliche Exegese in Berlin. Seit den 1880er Jahren widmete sich S. der Erforschung des Judentums und der wissenschaftlichen Widerlegung des Antisemitismus. 1886 Gründung des „Institutum Judaicum" zur evangelischen Judenmission.

Stresemann, Gustav (10. Mai 1878 – 3. Oktober 1929). Politiker. Studium der Nationalökonomie, Promotion. Seit 1902 Verbandsvertreter im Bund der Industriellen. 1907–12 und seit 1914 MdR für die Nationalliberalen, seit 1917 als Fraktionsvorsitzender. Trat während des Ersten Weltkriegs mit annexionistischen Positionen hervor, befürwortete aber die Kooperation der Nationalliberalen mit den Mehrheitsparteien. Weil die Gründer der DDP im November 1918 eine Beteiligung von S. ablehnten, betrieb er die Gründung der rechtsliberalen DVP, deren Vorsitzender er wurde. 1919/20 MdNV, seit 1920 erneut MdR. Unter S. profilierte sich die DVP zunächst als Rechtspartei (1919 Ablehnung der Weimarer Verfassung). Nach dem Erfolg bei der Reichstagswahl 1920 führte er die DVP zu einer pragmatischen Anerkennung der parlamentarischen Demokratie (Regierungsbeteiligung 1920/21 und ab 1922). Als Reichskanzler von August bis November 1923 und Reichsaußenminister von August 1923 bis zu seinem Tod betrieb S. eine Politik des Ausgleichs zwischen Deutschland und dem Westen (Locarno-Vertrag 1925, Aufnahme in den Völkerbund 1926, Briand-Kellogg-Pakt 1928). 1926 erhielt er mit → Briand den Friedensnobelpreis.

Südekum, Albert (25. Januar 1871 – 18. Februar 1944). Politiker. Studium der Nationalökonomie, Promotion. Seit 1894 in der SPD-Parteipresse tätig. 1900–18 MdR für die SPD. Im Ersten Weltkrieg innerhalb der SPD einer der entschiedensten Befürworter der „Burgfriedenspolitik". Mitglied der Deutschen Gesellschaft 1914. Nach der Revolution wurde S. im November 1918 preußischer Finanzminister. Verhandelte während des Kapp-Putsches mit den Putschisten und musste deshalb auf Druck der Gewerkschaften Ende März 1920 zurücktreten. Anschließend in der Wirtschaft tätig (u. a. Deutsche Zündwaren-Monopolgesellschaft).

Tagore, Rabindranath (7. Mai 1861 – 7. August 1941). Indischer Schriftsteller. Entstammte einer westbengalischen Brahmanenfamilie. Traditionell hinduistisch erzogen, studierte aber zeitweise in Großbritannien. Verfasste mystisch-religiöse Naturlyrik und Lieder, außerdem lyrisch-symbolische Schauspiele, Erzählungen, Romane und pädagogische Schriften. T. gilt als Hauptvertreter der „Bengalischen Renaissance". Engagierte sich für Reformen des indischen Bildungswesens (1901 Schulgründung in Shantiniketan, seit 1921 Visva-Bharati Universität). Unterstützer der indischen Unabhängigkeitsbewegung. T. wurde im frühen 20. Jahrhundert im Westen als Repräsentant eines indischen Mystizismus stark rezipiert und absolvierte in den 1920er Jahren mehrere, öffentlich viel beachtete Europareisen. 1913 erhielt er als erster Nichteuropäer den Literaturnobelpreis.

Talât Bey (eigentlich: Mehmet Talât; auch: Talât Pascha) (1874 – 15. März 1921). Türkischer Politiker. Beamtenlaufbahn, zugleich eine führende Rolle in der jungtürkischen Bewegung und im Komitee für Einheit und Fortschritt. Nach der jungtürkischen Revolution 1908 zählte T. zu den Befürwortern eines antidemokratisch-nationalistischen Kurses. 1911/12 und 1913–17 Innenminister des Osmanischen Reiches. T. war einer der Hauptverantwortlichen für den Völkermord an den Armeniern. Von Februar 1917 bis Oktober 1918 Großwesir des Osmanischen Reichs, flüchtete T. nach der Niederlage der Mittelmächte im Ersten Weltkrieg im November 1918 ins Exil nach Deutschland. 1919 in Istanbul in Abwesenheit zum Tode verurteilt. T. wurde 1921 in Berlin bei einem von einem Armenier verübten Attentat getötet.

Tirpitz, Alfred (seit 1900) von (19. März 1849 – 6. März 1930). Militär, Politiker. Offizierslaufbahn in der kaiserlichen Marine. 1893–96 Chef des Stabes beim Oberkommando der Marine. Seit 1897 Staatssekretär im Reichsmarineamt, war T. der Hauptinitiator und Organisator der deutschen Flottenrüstung vor dem Ersten Weltkrieg. Als Befürworter des uneingeschränkten U-Boot-Krieges musste er auf Druck von → Bethmann Hollweg im März 1916 sein Amt räumen. 1908–18 MdPrH. 1917 Mitgründer und Erster Vorsitzender der Deutschen Vaterlandspartei. 1924–28 MdR für die DNVP.

Traub, Gottfried (11. Januar 1869 – 22. September 1956). Evangelischer Theologe, Politiker. Studium der evangelischen Theologie und Nationalökonomie, 1899 theologische Promotion. Pfarrer. Mitarbeit im Nationalsozialen Verein von Friedrich Naumann und in der Zeitschrift „Die Hilfe". Als wichtiger Wortführer des liberalen Protestantismus im „Fall Jatho" wurde T. 1912 vom preußischen Evangelischen Oberkirchenrat amtsenthoben (1918 rehabilitert). 1913–18 MdPrA für die FVP. Im Ersten Weltkrieg Wechsel ins alldeutsch-annexionistische Lager, 1918 Vorstandsmitglied der Deutschen Vaterlandspartei. 1919/20 MdNV für die DNVP. Im März 1920 Teilnahme am Kapp-Putsch, im Oktober 1920 amnestiert. 1919–39 Herausgeber der christlich-nationalen „Eisernen Blätter", 1921–34 zugleich Herausgeber der „München-Augsburger Abendzeitung". Nach 1933 Mitarbeit in der Bekennenden Kirche.

Trotzki, Leo (eigentlich: Lew Dawidowitsch Bronstein) (7. November 1879 – 21. August 1940). Russischer Revolutionär, Politiker. Wegen sozialistischer Untergrundarbeit 1899 nach Sibirien verbannt, 1902 Flucht nach London. Im Exil wurde T. einer der führenden radikalsozialistischen Theoretiker („Theorie der permanenten Revolution"). In der Russischen Revolution 1905 Rückkehr nach St. Petersburg, Vorsitzender des Arbeiter-Sowjets. Erneute Verbannung, Flucht nach Europa. Seit 1907 in Wien, im Ersten Weltkrieg u. a. in der Schweiz, in Frankreich, seit 1916 in den USA. Nach der Februarrevolution 1917 Rückkehr nach Russland und Anschluss an die Bolschewiki. Als Vorsitzender des Petrograder Sowjets hatte T. eine führende Rolle bei der Oktoberrevolution 1917. Als Volkskommissar für Auswärtige Politik 1917/18 verhandelte er den Friedensvertrag von Brest-Litowsk. Als Volkskommissar für das Kriegswesen seit März 1918 organisierte er den Aufbau der Roten Armee und war maßgeblich am Sieg der Bolschewisten im Russischen Bürgerkrieg beteiligt. Nach Lenins Tod 1924 wurde T. von Josef Stalin aus der sowjetrussischen Führung verdrängt. 1927 Parteiausschluss und Verbannung. Exil u. a. in der Türkei, in Frankreich, seit 1936 in Mexiko. 1938 Gründung der Vierten Internationale. 1940 im Auftrag Stalins in Mexiko ermordet.

Tschitscherin, Georgi Wassiljewitsch (24. November 1872 – 7. Juli 1936). Russischer Politiker. Studium der Geschichte und Neuen Sprachen in St. Petersburg. Seit 1904 aktiv in der russischen Sozialdemokratie. Seit 1905 im Exil in Berlin, Paris und London (dort 1917/18 inhaftiert). Nach seiner Rückkehr nach Russland 1918 schloss sich T. den Bolschewiki an. 1918–30 war er Volkskommissar für Auswärtige Politik. In dieser Funktion nahm er 1922 an der Konferenz von Genua teil und unterzeichnete den deutsch-russischen Rapallo-Vertrag.

Vögler, Albert (8. Februar 1877 – 14. April 1945). Industrieller, Politiker. Ingenieursstudium. 1906 Direktor der Dortmunder Union AG. Ab 1910 diverse Funktionen im Firmenimperium von → Stinnes, u. a. ab 1917 Generaldirektor der Deutsch-Luxemburgischen Bergwerks- und Hütten-AG. 1919 MdNV und 1920–24 MdR für die DVP. Als Exponent ihres schwerindustriellen Flügels befürwortete V. einen antirepublikanischen Kurs der DVP und die Ablehnung der „Erfüllungspolitik". Nach dem Zerfall des Stinnes-Konzerns 1926 Gründer und bis 1935 Vorstandsvorsitzender der Vereinigten Stahlwerke AG. In den frühen 1930er Jahren war er einer der ersten schwerindustriellen Unterstützer Adolf Hitlers. Seit 1933 als Gast der NSDAP erneut MdR. 1941–45 Präsident der Kaiser-Wilhelm-Gesellschaft. 1944/45 Generalvollbemächtigter für die Kriegsproduktion im Ruhrgebiet. Verübte bei Kriegsende Suizid.

Waetzoldt, Wilhelm (21. Februar 1880 – 5. Januar 1945). Kunsthistoriker. Studium der Kunstgeschichte in Marburg und Berlin, 1903 Promotion. 1912 o. Professor für Neuere Kunstgeschichte in Halle. 1920–27 Vortragender Rat im preußischen Kultusministerium. Seit 1927 Generaldirektor der Staatlichen Museen Berlin. Nach der NS-Machtübernahme 1933 amtsenthoben. Danach wieder Professor in Halle.

Weber, Max (21. April 1864 – 14. Juni 1920). Soziologe. Studium der Rechtswissenschaften, Geschichte, Philosophie und Nationalökonomie in Heidelberg, Berlin und Göttingen, 1889 juristische Promotion in Berlin, 1892 Habilitation für Römisches Recht und Handelsrecht. 1893 a. o. Professor für Handelsrecht in Berlin, 1894 o. Professor für Nationalökonomie in Freiburg, 1897 für Nationalökonomie und Finanzwissenschaften in Heidelberg. 1903 Rücktritt aus Gesundheitsgründen, seither Privatgelehrter. Seit 1904 Mitherausgeber des „Archivs für Sozialwissenschaft und Sozialpolitik". 1909 Mitgründer der Deutschen Gesellschaft für Soziologie. 1918 kurzzeitig Professor für Politische Ökonomie in Wien, seit 1919 o. Professor für Gesellschaftswissenschaft, Wirtschaftsgeschichte und Nationalökonomie in München. W. soziologische Arbeiten (u. a. „Die protestantische Ethik und der ‚Geist' des Kapitalismus" 1904/05, „Wirtschaft und Gesellschaft" postum 1922) und sein wissenschaftstheoretisches Werk (u. a. „Die Objektivität sozialwissenschaftlicher und sozialpolitischer Erkenntnis" 1904, „Wissenschaft als Beruf" 1919) beeinflussten international maßgeblich die Herausbildung der modernen Sozialwissenschaften. Politisch trat er im Ersten Weltkrieg mit der Forderung nach Parlamentarisierung des Kaiserreichs hervor. 1918 Eintritt in die DDP. 1919 Mitgründer der Arbeitsgemeinschaft für Politik des Rechts (Heidelberger Vereinigung).

Well, Herbert George (21. September 1866 – 13. August 1946). Britischer Schriftsteller. Erlangte v. a. als Verfasser von wegweisenden Romanen der Science-Fiction-Literatur internationale Bekanntheit (u. a. „The Time Machine" 1895, „The Island of Doctor Moreau" 1896, „The War of the Worlds" 1898). Politisch verstand sich W. als undogmatischer Sozialist. 1887–1906 gehörte er der Fabian Society an, später engagierte er sich in der Labour Party. Im Ersten Weltkrieg unterstützte W. die britische Kriegspropaganda. Nach Kriegsende vertrat er pazifistische Ideen und proklamierte die Schaffung eines Weltstaats („The Outline of History" 1920, „The Open Conspiracy" 1928).

Wilson, Woodrow (28. Dezember 1854 – 3. Februar 1924). US-amerikanischer Politiker. Studium der Rechtswissenschaften, Politikwissenschaft und Geschichte, 1886 Promotion in Baltimore. Seit 1890 Professor für Rechtswissenschaften und Politische Ökonomie an der Princeton University, 1902–10 ebd. Universitätspräsident. 1911–13 Gouverneur von New Jersey. Bei der US-Präsidentschaftswahl im November 1912 wurde W. als Kandidat der Demokratischen Partei zum US-Präsidenten gewählt (1916 wiedergewählt). In dieser Funktion setzte er eine staatsinterventionistische Sozialagenda im Sinne der „progressive movement" durch. Im Ersten Weltkrieg verfolgte W. zunächst eine neutrale Politik. Nach einer gescheiterten Friedensinitiative Ende 1916 und der deutschen Erklärung des uneingeschränkten U-Boot-Kriegs Anfang 1917 führte er die USA jedoch im April 1917 an der Seite der Entente in den Krieg. In den „14 Punkten" von Januar 1918 proklamierte er das Selbstbestimmungsrecht der Völker als Kriegsziel, konnte seine idealistischen Ideen zur Nachkriegsordnung auf der Pariser Friedenskonferenz 1919 jedoch nur sehr eingeschränkt durchsetzen. Da der US-Kongress die Ratifizierung der Pariser Verträge verweigerte, blieb die USA dem auf W. Initiative hin gegründeten Völkerbund fern. 1920 erhielt W. den Friedensnobelpreis für das Jahr 1919.

Winnig, August (31. März 1878 – 3. November 1956). Politiker. Maurerlehre, Aktivität in der Gewerkschaftsbewegung und in der SPD. 1913 Leiter des deutschen Bauarbeiterverbands. 1913–21 Mitglied der Hamburgischen Bürgerschaft. Während des Ersten Weltkriegs zählte W. zur rechtsnationalistischen Lensch-Cunow-Haenisch-Gruppe in der SPD. Nach der Revolution 1918 deutscher Generalbevollmächtigter für die baltischen Länder sowie Reichskommissar für Ost- und Westpreußen. Als solcher unterstützte W. die Aufstellung von Freikorpstruppen im „Grenzschutz Ost". 1919/20 MdNV. Seit 1919 Oberpräsident von Ostpreußen, unterstellte sich W. während des Kapp-Putsches im März 1920 den Putschisten. Daraufhin amtsenthoben und aus der SPD ausgeschlossen. Fortan publizistische Aktivität, völkisch-antisemitische Schriften. 1930 Beitritt zur Konservativen Volkspartei. 1945 Mitgründer der CDU.

Wirth, Joseph (6. September 1879 – 3. Januar 1956). Politiker. Studium der Mathematik u. a., 1905 Promotion. Lehrer am Realgymnasium. 1913 Mitglied der badischen Zweiten Kammer, 1914–18 MdR für das Zentrum. Nach der Revolution 1918–20 badischer Finanzminister. 1919–21 MdL von Baden, zugleich 1919/20 MdNV und 1920–33 erneut MdR. Als Vertreter des linken Zentrumsflügels wurde W. nach dem Rücktritt von

→ Erzberger im März 1920 Reichsfinanzminister. Von Mai 1921 bis November 1922 war W. Reichskanzler (zeitweise zugleich Reichsaußenminister) an der Spitze einer Regierung aus SPD, Zentrum und DDP. In dieser Funktion versuchte er die Revision des Versailler Vertrags durch eine „Erfüllungspolitik" zu erreichen, beförderte aber auch die deutsch-russische Annäherung im Rapallo-Vertrag 1922. Nach der Ermordung von → Rathenau im Juni 1922 setzte er die Republikschutzgesetzgebung durch. 1929/30 Reichsminister für die besetzten Gebiete, 1930/31 Reichsinnenminister. 1933 Emigration in die Schweiz, 1949 Rückkehr. Mitglied der CDU. Engagement im nationalneutralistischen Bund der Deutschen.

Wrangel, Pjotr Nikolajewitsch (15. August 1878 – 25. April 1928). Russischer Militär. Im Ersten Weltkrieg Kommandeur bei der Kavallerie. Im Russischen Bürgerkrieg war W. Befehlshaber in der Weißen Armee unter → Denikin. Mit seinem Armeeteil eroberte er im Sommer 1919 Zarizyn. Nach der Niederlage Denikins gegen die Rote Armee übernahm er im April 1920 den Oberbefehl über die verbliebenen weißrussischen Truppen auf der Krim. Um die Bevölkerung zu gewinnen, führte W. auf der Krim eine Bodenreform durch, musste aber seine Truppen schon im November 1920 evakuieren. Im Exil in Jugoslawien, später in Belgien, organisierte er weißrussische Veteranenverbände und verfasste Memoirenliteratur.

Literaturverzeichnis

Im ersten Teil ist die von Troeltsch selbst angeführte Literatur verzeichnet, einschließlich der eigenen Titel. Im zweiten Teil ist die darüber hinaus von den Herausgebern genannte Literatur, einschließlich der Titel von Troeltsch, aufgenommen.

1. Verzeichnis der von Ernst Troeltsch genannten Literatur

[Anonym:] Das Gymnasium und die neue Zeit. Fürsprachen und Forderungen für seine Erhaltung und seine Zukunft, Leipzig, Berlin: Teubner, 1919.

[Anonym:] Urkunden des deutschen Generalstabs über die militärpolitische Lage vor dem Kriege. Hat der deutsche Generalstab zum Kriege getrieben? (Drucksache Nr. 32 der Geschäftsstelle für die Friedensverhandlungen, Auswärtiges Amt), Berlin: Reichsdruckerei, [1919].

[Anonym:] Vom Altertum zur Gegenwart. Die Kulturzusammenhänge in den Hauptepochen und auf den Hauptgebieten. Skizzen, Leipzig, Berlin: Teubner, 1919.

Avenarius, Ferdinand: Das Bild als Verleumder. Beispiele und Bemerkungen zur Technik der Völker-Verhetzung, München: Callwey, [1915] (= 151. Flugschrift des Dürerbundes).

Avenarius, Ferdinand: Das Bild als Narr. Die Karikatur in der Völkerverhetzung, was sie aussagt – und was sie verrät, hg. vom Kunstwart, München: Callwey, 1918.

Avenarius, Ferdinand (Hg.): Die Mache im Weltwahn. Schriften für echten Frieden, Doppelheft 1/2, Berlin: Büxenstein, [1922].

Babson, Roger Ward: The future of world peace. A book of charts showing facts which must be recognized in future plans for peace. The prospects for peace, Boston: Babson's Statistical Organization, 1915.

Barbusse, Henri: Das Feuer (Tagebuch einer Korporalschaft), Zürich: Rascher, 1918.

Bellamy, Edward: Ein Rückblick aus dem Jahre 2000 auf 1887, Leipzig: Reclam [1890].

Benz, Richard: Über den Nutzen der Universitäten für die Volksgesamtheit und die Möglichkeit ihrer Reformation, Jena: Diederichs, 1920 (= Schriften zur Kulturpolitik).

Bethmann Hollweg, Theobald von: Betrachtungen zum Weltkriege, 1. Teil: Vor dem Kriege, Berlin: Hobbing, 1919, 2. Teil: Während des Krieges, 1921.

Bismarck, Otto von: Gedanken und Erinnerungen, Zweiter Band, Stuttgart: J. G. Cotta'sche Buchhandlung Nachf., 1898.

Bonn, Moritz Julius: Die Auflösung des modernen Staats, Berlin: Verlag für Politik und Wirtschaft, 1921.

Burckhardt, Jacob: Weltgeschichtliche Betrachtungen, hg. von Jakob Oeri, Berlin, Stuttgart: Spemann, 1905.

Bryce, James [Viscount Bryce]: Modern Democracies, 2 Volumes, New York: Macmillan, 1921.

Champion, Edmé: Esprit de la Révolution Française, Paris: C. Reinwald, 1887.

Delbrück, Hans: Did the Kaiser want the War?, in: The Contemporary Review 119, No. 663 (1921), S. 322–332.

Delbrück, Hans: Ein unverhoffter Bundesgenosse, in: Berliner Tageblatt vom 9. März 1921 (Morgenausgabe).

Die Reichsbahn. Schriften und Mitteilungen aus dem Reichsverkehrsministerium, Berlin: Stilke, 1922.

Dilke, Charles Wentworth: Greater Britain. A record of travel in english-speaking countries during 1866 and 1867, Volume I, London: Macmillan, 1868.

Erkelenz, Anton: Grundsätzliches zur Regierungsbildung im Reich und in Preußen, in: Die Hilfe 27, Nr. 10 (1921), S. 150 f.

Everth, [Erich (i. O. fälschlich: Ernst)]: Urchrist Sinowjew, in: Europäische Staats- und Wirtschaftszeitung 5, Nr. 26 (1920), S. 544–550.

Friedjung, Heinrich: Das Zeitalter des Imperialismus 1884–1914, Erster Band, Berlin: Neufeld & Henius, 1919.

Friedlaender, Robert: Gottesgnadentum in der Wirtschaft. Offener Brief an Justizrat Dr. Waldschmidt, in: Der Spiegel. Beiträge zur sittlichen und künstlerischen Kultur, Flugblatt Nr. 24/25 vom 20. April 1920.

Groener, Wilhelm: Zum Geleit, in: Die Reichsbahn. Schriften und Mitteilungen aus dem Reichsverkehrsministerium, Heft 1, Berlin: Stilke, 1922, S. 3–8.

Haenisch, Konrad: Was soll geschehen?, in: Berliner Tageblatt vom 11. September 1921 (Morgen-Ausgabe).

Haenisch, Konrad: Beamtentum und Republik, in: Berliner Tageblatt vom 17. September 1921 (Morgen-Ausgabe).

Haenisch, Konrad: Forderungen des Tages, in: Berliner Tageblatt vom 24. September 1921 (Morgen-Ausgabe).

Headlam-Morley, James Wycliffe: A Reply to Professor Delbrück, in: The Contemporary Review 119, No. 663 (1921), S. 333–345.

Hildebrand, Gerhard: Von Erfurt nach Görlitz, in: Die Hilfe 27, Nr. 28 (1921), S. 442–444.

Hildebrandt, Kurt: Norm und Entartung des Menschen, Dresden: Sibyllen, 1920.

Hintze, Hedwig: Der moderne französische Regionalismus und seine Wurzeln, in: Preußische Jahrbücher 81 (1920), S. 347–376.

Hughes, Charles Evans: Lebensbedingungen der Demokratie. Mit einem Vorwort von David Jayne Hill, Berlin: Verlag für Politik und Wirtschaft, 1922.

Kay, John de: Der Geist der Internationale in Bern, Luzern: Selbstverlag, 1919.

Keim, August: Das neue deutsche Volksheer, in: Tägliche Rundschau vom 20. März 1919 (Abend-Ausgabe).

Kelsen, Hans: Sozialismus und Staat. Eine Untersuchung der politischen Theorie des Marxismus, Leipzig: Hirschfeld, 1920 (= Archiv für die Geschichte des Sozialismus und der Arbeiterbewegung, 9. Jg., Heft 1).

Keyserling, Hermann Graf: Von der Irrealität des deutschen Geistes. Zum Wiedererwachen des Interesses für Philosophie, in: Der Spiegel. Beiträge zur sittlichen und künstlerischen Kultur, Heft 16/17 (1919), S. 1–4.

Kjellén, Rudolf: Die Großmächte der Gegenwart, Leipzig, Berlin: Teubner, 1914.

Kjellén, Rudolf: Die Großmächte und die Weltkrise, Leipzig, Berlin: Teubner, 1921.

Kulemann, Wilhelm: Die Krisis der sozialistischen Arbeiterbewegung, in: Die Hilfe 26, Nr. 38 (1920), S. 581–583.

Lange, Friedrich Albert: Die Arbeiterfrage in ihrer Bedeutung für Gegenwart und Zukunft (Nachdr. d. Ausg. Duisburg 1865), Hildesheim, New York: Olms, 1979.

Larsen, Karl: Ein Däne und Deutschland. Essays, Berlin: Gebrüder Paetel, 1921.

Lensch, Paul: Am Ausgang der deutschen Sozialdemokratie, Berlin: Fischer, 1919.

Lensch, Paul: Was wird aus der deutschen Arbeiterbewegung? Partei oder Gewerkschaften?, hg. von „Aufbau und Werden", Gesellschaft für praktische Volksaufklärung und Steigerung der nationalen Arbeitskraft, Berlin: Firn, 1920.

Luckwaldt, Friedrich: Geschichte der Vereinigten Staaten von Amerika, 2 Bände, Berlin, Leipzig: Vereinigung wiss. Verleger, 1920.

Ludendorff, Erich: Meine Kriegserinnerungen 1914–1918, Berlin: Mittler, 1919.

Ludendorff, Erich (Hg.): Urkunden der Obersten Heeresleitung über ihre Tätigkeit 1916/18, Berlin: Mittler, 1920.

Ludendorff, Erich: Kriegführung und Politik, Berlin: Mittler, 1922.

Marx, Karl: Die Klassenkämpfe in Frankreich 1848 bis 1850, Berlin: Singer, 1911.

Meinecke, Friedrich: Weltgeschichtliche Parallelen unserer Lage, in: Gerechtigkeit. Monatsschrift für auswärtige Politik 1, Heft 8 (1919), S. 497–522.

Meinecke, Friedrich: Das preußisch-deutsche Problem, in: Die deutsche Nation 3, Heft 3 (1921), S. 204–213.

Michaelis, Georg: Für Staat und Volk. Eine Lebensgeschichte, Berlin: Furche, 1922.

Morgenthau [Sr.], Henry: Ambassador Morgenthau's Story, New York: Doubleday, 1918.

Müller, August: Arbeitsgemeinschaft als Wahlparole, in: Gewissen 2, Beilage zu Nr. 17 (1920).

Müller, August: Politik und Strafjustiz, in: Berliner Tageblatt vom 2. Oktober 1921.

Ranke, Leopold von: Die großen Mächte, in: ders.: Sämmtliche Werke, Band 24: Abhandlungen und Versuche, Leipzig: Duncker & Humblot, 1872, S. 1–40.

Ranke, Leopold von: Politisches Gespräch, in: ders.: Sämmtliche Werke, Band 49/50: Zur Geschichte Deutschlands und Frankreichs im neunzehnten Jahrhundert, Leipzig: Duncker & Humblot, 1887, S. 314–339.

Rathenau, Walther: Zur Mechanik des Geistes, Berlin: Fischer, 1913.

Reinhardt, Karl: Die Neugestaltung des deutschen Schulwesens, Leipzig: Quelle & Meyer, 1919.

Russell, Bertrand: Soviet Russia – 1920, in: The Nation 111, No. 2874 (1920), S. 121–126.

Schairer, Reinhold: Das Wirtschaftsziel der Deutschen Studentenschaft, in: Wirtschaftshilfe der Deutschen Studentenschaft. Zielrede und Richtlinien (4. Deutscher Studententag 1. bis 4. Juli 1921 in Erlangen), [o. O.], [1921], S. 1–6.

Scheler, Max: Die Ursachen des Deutschenhasses. Eine nationalpädagogische Erörterung, Leipzig: Kurt Wolff, 1917.

Schlüter, Willy: Deutsches Tat-Denken. Anregungen zu einer neuen Forschung und Denkweise, Dresden: Laube, 1919.

Schumacher, Hermann: Gegenwartsfragen des Sozialismus, in: Schmollers Jahrbuch 44, 1. Heft (1920), S. 1–28.

Schumann, Wolfgang: Gespräch über Kopfarbeiter, in: Kunstwart und Kulturwart 33, Heft 5 (1919), S. 198–203.

Sleeswijk, J[an] G[erard]: Deutschland und Holland als Nachbarn. Ein Vortrag, Haag: Stockum & Zoon, 1921.

Sorel, Albert: L'Europe et la Révolution française, 8 Bände, Paris: Plon-Nourrit, 1885–1904.

Spengler, Oswald: Der Untergang des Abendlandes. Umrisse einer Morphologie der Weltgeschichte, 1. Band: Gestalt und Wirklichkeit, Wien, Leipzig: Braumüller, 1918, 2. Band: Welthistorische Perspektiven, München: Beck, 1922.

Stadtler, Eduard: Die Diktatur der Sozialen Revolution, Leipzig: Koehler, 1920.

Stählin, Karl: Geschichte Elsaß-Lothringens, München, Berlin: Oldenbourg, 1920.

Stegerwald, Adam: Neuorientierung des Parteiwesens, in: Germania vom 27. September 1921 (Abend-Ausgabe).

Sybel, Heinrich von: Geschichte der Revolutionszeit von 1789 bis 1800, 5 Bände, 4. Aufl., Neue Ausg., Frankfurt am Main: Rütten & Loening, 1882.

Taine, Hippolyte: Les Origines de la France contemporaine, 6 Bände, Paris: Hachette, 1875–1893.

Tirpitz, Alfred von: Erinnerungen, Leipzig: Koehler, 1919.

Tocqueville, Alexis de: L'Ancien Régime et la Révolution, 7. éd., Paris: M. Lévy, 1866.

Troeltsch, Ernst: Die Soziallehren der christlichen Kirchen und Gruppen, Tübingen: J. C. B. Mohr (Paul Siebeck), 1912 (= Ernst Troeltsch: Gesammelte Schriften, Band 1) → KGA 9.

Vertretertag des Vereinsverbandes akad[emisch]. gebildeter Lehrer Deutschlands zu Cassel am 30. November und 1. Dezember 1919. Leitsätze und Beschlüsse, in: Deutsches Philologenblatt 27, Heft 47 (1919), S. 625–628.

Waetzoldt, Wilhelm: Gedanken zur Kunstschulreform, Leipzig: Quelle & Meyer, 1921.

Weber, Max: Gesammelte Politische Schriften, München: Drei Masken Verlag, 1921.

Wells, H. G.: The Outline of History. Being a plain history of life and mankind, London: Newnes, 1920.

2. Sonstige von den Herausgebern genannte Literatur

Ahmida, Ali Abdullatif: The Making of Modern Libya. State Formation, Colonization and Resistance, 2nd ed., Albany: Suny Press, 2009.

Afflerbach, Holger: Der Dreibund. Europäische Großmacht- und Allianzpolitik vor dem Ersten Weltkrieg, Wien u. a.: Böhlau, 2002.

Albertin, Lothar: Liberalismus und Demokratie am Anfang der Weimarer Republik. Eine vergleichende Analyse der Deutschen Demokratischen Partei und der Deutschen Volkspartei, Düsseldorf: Droste, 1972.

Aulard, François Alphonse: Études et leçons sur la Révolution Française, Première Série, Paris: Alcan, 1893.

Avenarius, Ferdinand: In Sachen der Alldeutschen und auch in eigner Sache, in: Deutscher Wille. Des Kunstwarts 32. Jahr, Heft 4 (2. Novemberheft 1918), S. 107–109.

Avenarius, Ferdinand: Ernst Troeltsch †, in: Kunstwart und Kulturwart 36, Heft 6 (1923), S. 248–249.

Baier, Roland: Der deutsche Osten als soziale Frage. Eine Studie zur preußischen und deutschen Siedlungs- und Polenpolitik in den Ostprovinzen während des Kaiserreichs und der Weimarer Republik, Köln, Wien: Böhlau, 1980.

Barth, Boris: Dolchstoßlegenden und politische Desintegration. Das Trauma der deutschen Niederlage im Ersten Weltkrieg 1914–1933, Düsseldorf: Droste, 2003.

Bauer, Max: Der große Krieg in Feld und Heimat. Erinnerungen und Betrachtungen, Tübingen: Osiander, 1921.

Baumgart, Winfried: Die deutsche Ostpolitik im Sommer 1918. Zwischen Brest-Litowsk und Compiègne, Wien, München: Oldenbourg, 1966.

Baumgarten, Otto: Keine Volksabstimmung über den Frieden, in: Vossische Zeitung vom 30. April 1919 (Morgen-Ausgabe).

Bayerische Staatsbibliothek u. a. (Hg.): 100(0) Schlüsseldokumente zur russischen und sowjetischen Geschichte (1917–1991), URL: www.1000dokumente.de/index.html?c=dokument_ru&dokument=0006_ter&l=de (letzter Aufruf: 06.08.2014).

Becker, Hellmut, Gerhard Kluchert: Die Bildung der Nation. Schule, Gesellschaft und Politik vom Kaiserreich zur Weimarer Republik, Stuttgart: Klett-Cotta, 1993.

Behrend, Manfred: „Der Wandschirm, hinter dem nichts geschieht". Bildung, Tätigkeit und Ende der ersten deutschen Sozialisierungskommission, in: Beiträge zur Geschichte der Arbeiterbewegung 40, Heft 4 (1998), S. 18–35.

Bericht zum Ersten deutschen Orientalistentag in Leipzig, in: Zeitschrift der Deutschen Morgenländischen Gesellschaft 76 (1922), S. XLVI–XLIX.

Bihl, Wolfdieter: Der Erste Weltkrieg 1914–1918. Chronik – Daten – Fakten, Wien, Köln, Weimar: Böhlau, 2010.

Biografisch Woordenboek van Nederland, onder eindredactie van J. Charité, Deel 1, 's-Gravenhage: Nijhoff, 1979.

Bluma, Lars: „l'ersatz ist kein Ersatz" – Das Schaffen von Vertrauen durch Technikvermittlung am Beispiel der deutschen Zellwolle, in: ders., Karl Pichol, Wolfhard Weber (Hg.): Technikvermittlung und Technikpopularisierung. Historische und didaktische Perspektiven, Münster: Waxmann, 2004, S. 121–142.

Boehm, Max Hildebert: Körperschaft und Gemeinwesen, Leipzig: Koehler, 1920.

Bölling, Rainer: Volksschullehrer und Politik. Der Deutsche Lehrerverein 1918–1933, Göttingen: Vandenhoeck & Ruprecht, 1978.

Borchardt, Rudolf: Prosa 5, Stuttgart: Klett-Cotta, 1979 (= Rudolf Borchardt: Gesammelte Werke in Einzelbänden).

Borodziej, Wlodzimierz: Geschichte Polens im 20. Jahrhundert, München: Beck, 2010.

Bose, Arun Coomer: Indian Revolutionaries Abroad, 1905–1922. In the Background of International Developments, Patna: Bharati Bhawan, 1971.

Brakelmann, Günter: Der deutsche Protestantismus im Epochenjahr 1917, Witten: Luther, 1974.

Brakelmann, Günter: Hans Ehrenberg. Ein judenchristliches Schicksal in Deutschland, Band 1: Leben, Denken und Wirken 1883-1932, Waltrop: Hartmut Spenner, 1997.

Brenner, David A.: Marketing identities. The invention of jewish ethnicity in Ost und West, Detroit: Wayne State University Press, 1998.

British Labour Delegation to Russia 1920. Report, London: Trades Union Congress, 1920.

Bruch, Rüdiger vom: Kunstwart und Dürerbund, in: Das konservative Intellektuellen-Milieu in Deutschland, seine Presse und seine Netzwerke (1890–1960), hg. von Michel Grunewald und Uwe Puschner in Zusammenarbeit mit Hans Manfred Bock, Bern: Peter Lang, 2003, S. 353–375.

Burger, Reiner: Theodor Heuss als Journalist. Beobachter und Interpret von vier Epochen deutscher Geschichte, Münster: Lit, 1999.

Cassirer, Ernst: Freiheit und Form. Studien zur deutschen Geistesgeschichte, Berlin: Bruno Cassirer, 1916.

Cassirer, Ernst: Das Erkenntnisproblem in der Philosophie und Wissenschaft der neueren Zeit, Band 3: Die nachkantischen Systeme, Berlin: Bruno Cassirer, 1920.

Cassirer, Ernst: Goethe und die mathematische Physik. Eine erkenntnistheoretische Studie, in: ders.: Idee und Gestalt. Fünf Aufsätze, Berlin: Bruno Cassirer, 1921, S. 27–76.

Chauvy, Gérard: Le Drame de l'Armée Française. Du Front populaire à Vichy, Paris: Pygmalion, 2010.

Clemens, Gabriele: Martin Spahn und der Rechtskatholizismus in der Weimarer Republik, Mainz: Matthias-Grünewald-Verlag, 1983.

Cline, Catherine Ann: E. D. Morel 1873–1924. The Strategies of Protest, Belfast: Blackstaff Press, 1980.

Cole, Margaret: The Story of Fabian Socialism, London, Melbourne, Toronto: Heinemann, 1961.

Conze, Vanessa: Treue schwören. Der Konflikt um den Verfassungseid in der Weimarer Republik, in: Historische Zeitschrift 297 (2013), S. 354–389.

Cook, Bernard A.: Belgium. A History, New York u. a.: Peter Lang, 2002.

Dahn, Felix: Ein Kampf um Rom. Historischer Roman, 4 Bände, Leipzig: Breitkopf und Härtel, 1876.

Das Kabinett Bauer. 21. Juni 1919 bis 27. März 1920, bearb. von Anton Golecki, Boppard am Rhein: Boldt, 1980 (= Akten der Reichskanzlei. Weimarer Republik).

Das Kabinett Fehrenbach. 25. Juni 1920 bis 4. Mai 1921, bearb. von Peter Wulf, Boppard am Rhein: Boldt, 1972 (= Akten der Reichskanzlei. Weimarer Republik).

Das Kabinett Müller. 27. März bis 21. Juni 1920, bearb. von Martin Vogt, Boppard am Rhein: Boldt, 1971 (= Akten der Reichskanzlei. Weimarer Republik).

Das Kabinett Scheidemann. 13. Februar bis 20. Juni 1919, bearb. von Hagen Schulze, Boppard am Rhein: Boldt, 1971 (= Akten der Reichskanzlei. Weimarer Republik).

Das Ultimatum der Entente. Vollständiger Text der Mantelnote und der Antwort auf die deutschen Gegenvorschläge. Amtlicher Wortlaut, hg. von der Deutschen Liga für Völkerbund, Berlin: Hans Robert Engelmann, 1919.

Delbrück, Hans: Die strategische Grundfrage des Weltkrieges. Mit Benutzung ungedruckter Aktenstücke, in: Preußische Jahrbücher 183, Heft 3 (1921), S. 289–308.

Delbrück, Hans: Ludendorffs Selbstporträt, Berlin: Verlag für Politik und Wirtschaft, 1922.

Der Diplomatische Schriftwechsel Iswolskis 1911–1914. Aus den Geheimakten der Russischen Staatsarchive, im Auftrag des Deutschen Auswärtigen Amtes in dt. Übertr. hg. von Friedrich Stieve, 4 Bände, Berlin: Deutsche Verlagsgesellschaft für Politik und Geschichte, 1924.

Der Waffenstillstand 1918–1919. Das Dokumenten-Material der Waffenstillstands-Verhandlungen von Compiègne, Spa, Trier und Brüssel. Notenwechsel / Verhandlungsprotokolle / Verträge / Gesamttätigkeitsbericht. Im Auftrage der Deutschen Waffenstillstandskommission in Verbindung mit Hans Freiherr von Hammerstein und Otto Freiherr von Stein hg. von Edmund Marhefka, 3 Bände, Berlin: Deutsche Verlagsgesellschaft für Politik und Geschichte, 1928.

Dessberg, Frédéric: Enjeux et rivalités politiques franco-britanniques. Le plébiscite de haute Silésie 1921, in: Revue historique des armées n° 254, 1er trimestre (2009), S. 53–66.

Deutsch, Paul: Die oberschlesische Montanindustrie vor und nach der Teilung des Industriebezirks, Bonn: Marcus & Weber, 1926 (= Moderne Wirtschaftsgestaltung, Heft 9).

Deutsche Volkspartei und Regierungspolitik. Rede Dr. Stresemanns gehalten auf dem 3. Parteitag der Deutschen Volkspartei in Nürnberg am 3. Dezember 1920, Berlin: Staatspolitischer Verlag, 1921 (= Flugschriften der Deutschen Volkspartei III–1).

Die II. Internationale 1918/19. Protokolle, Memoranden, Berichte und Korrespondenzen, hg. von Gerhard A. Ritter, Band 1, Berlin, Bonn: Dietz, 1980.

Die Ansprachen des Fürsten Bismarck 1848–1894, hg. von Heinrich von Poschinger, 2. Aufl., Stuttgart u. a.: Deutsche Verlags-Anstalt, 1895.

Die deutschen Dokumente zum Kriegsausbruch. Vollständige Sammlung der von Karl Kautsky zusammengestellten amtlichen Aktenstücke mit einigen Ergänzungen, im Auftrage des Auswärtigen Amtes nach gemeinsamer Durchsicht mit Karl Kautsky hg. von Graf Max Montgelas und Walter Schücking, 5 Bände, Charlottenburg: Deutsche Verlagsgesellschaft für Politik und Geschichte, 1919.

Die Kabinette Wirth I und II. 10. Mai 1921 bis 26. Oktober 1921. 26. Oktober 1921 bis 22. November 1922, bearb. von Ingrid Schulze-Bidlingsmaier, Boppard am Rhein: Boldt, 1973 (= Akten der Reichskanzlei. Weimarer Republik).

Die Protokolle des Preußischen Staatsministeriums 1817–1934/38, Band 11/I: 14. November 1918 bis 31. März 1925, bearb. von Gerhard Schulze, Hildesheim, Zürich, New York: Olms-Weidmann, 2002 (= Acta Borussia. N. F., 1. Reihe).

Die Regierung der Volksbeauftragten 1918/19, 2 Bände, bearb. von Susanne Miller unter Mitwirkung von Heinrich Potthoff. Eingel. von Erich Matthias, Düsseldorf: Droste, 1969 (= Quellen zur Geschichte des Parlamentarismus und der politischen Parteien, Band 6/I–II).

Die Regierung des Prinzen Max von Baden, bearb. von Erich Matthias und Rudolf Morsey, Düsseldorf: Droste, 1962 (= Quellen zur Geschichte des Parlamentarismus und der politischen Parteien, Band 2).

Die Religion in Geschichte und Gegenwart. Handwörterbuch für Theologie und Religionswissenschaft, Band 3, 3. völlig neu bearb. Aufl., Tübingen: Mohr (Siebeck), 1959.

Dietmar, Carl, Marcus Leifeld: Alaaf und Heil Hitler. Karneval im Dritten Reich, München: Herbig, 2010.

Diplomatische Aktenstücke zur Vorgeschichte des Krieges 1914. Ergänzungen und Nachträge zum Österreichisch-ungarischen Rotbuch, 3 Teile, hg. vom Staatsamt für Äußeres der Republik Österreich, Wien: Staatsdruckerei, 1919.

Discours et plaidoyers politiques de M. Gambetta. Publiés par M. Joseph Reinach, II: Deuxième Partie. Édition complète, Paris: G. Charpentier, 1881.

Dnjeprow, Sergej: Die Krise des Bolschewismus, Berlin: Verlag der Kulturliga [1921].

Documents diplomatiques français sur l'Allemagne 1920 / Französische Diplomatenberichte aus Deutschland 1920, Band 1: 9. Januar – 30. Juni, hg. von Stefan Martens unter Mitarbeit von Martina Kessel, Bonn: Bouvier, 1992 (= Pariser Historische Studien, Band 33/1).

Doerries, Reinhard R.: Washington – Berlin 1908/1917. Die Tätigkeit des Botschafters Johann Heinrich Graf von Bernstorff in Washington vor dem Eintritt der Vereinigten Staaten von Amerika in den Ersten Weltkrieg, Düsseldorf: Schwann, 1975.

Döring, Herbert: Der Weimarer Kreis. Studien zum politischen Bewußtsein verfassungstreuer Hochschullehrer in der Weimarer Republik, Meisenheim am Glan: Anton Hain, 1975.

Doss, Kurt: Das deutsche Auswärtige Amt im Übergang vom Kaiserreich zur Weimarer Republik. Die Schülersche Reform, Düsseldorf: Droste, 1977.

Dowe, Christopher: Matthias Erzberger. Ein Leben für die Demokratie, Stuttgart: Kohlhammer, 2011.

Drescher, Hans-Georg: Ernst Troeltsch. Leben und Werk, Göttingen: Vandenhoeck & Ruprecht, 1991.

Epstein, Fritz T.: Zwischen Compiègne und Versailles. Geheime amerikanische Militärdiplomatie in der Periode des Waffenstillstandes 1918/19: Die Rolle des Obersten Arthur L. Conger, in: VfZ 3, Heft 4 (1955), S. 412–445.

Epstein, Klaus: Matthias Erzberger und das Dilemma der deutschen Demokratie, Frankfurt am Main u. a.: Ullstein, 1976.

Erger, Johannes: Der Kapp-Lüttwitz-Putsch. Ein Beitrag zur deutschen Innenpolitik 1919/20, Düsseldorf: Droste, 1967.

Eversdijk, Nicole P.: Kultur als politisches Werbemittel. Ein Beitrag zur deutschen kultur- und pressepolitischen Arbeit in den Niederlanden während des Ersten Weltkrieges, Münster: Waxmann, 2010.

Facon, Patrick: Histoire de l'armée de l'air, Paris: La Documentation française, 2009.

Fehlberg, Frank: Protestantismus und Nationaler Sozialismus. Liberale Theologie und politisches Denken um Friedrich Naumann, Bonn: Dietz 2012.

Feldman, Gerald D., Irmgard Steinisch: Industrie und Gewerkschaften 1918–1924. Die überforderte Zentralarbeitsgemeinschaft, Stuttgart: Deutsche Verlags-Anstalt, 1985.

Feldman, Gerald D.: The Great Disorder. Politics, Economics, and Society in the German Inflation, 1914–1924, New York, Oxford: Oxford University Press, 1993.

Feldman, Gerald D.: Hugo Stinnes. Biographie eines Industriellen 1870–1924, München: Beck, 1998.

Fichte, Johann Gottlieb: Reden an die deutsche Nation, Leipzig: Reclam, [1907].

Fichte, Johann Gottlieb: Reden an die deutsche Nation, Berlin: Realschulbuchhandlung, 1808.

Fink, Carole: The Genoa Conference. European Diplomacy 1921–1922, Chapel Hill, London: University of North Carolina Press, 1984.

Fischer, Ruth: Stalin und der deutsche Kommunismus, Band 1: Von der Entstehung des deutschen Kommunismus bis 1924, Berlin: Dietz, 1991.

Fischer, Thomas: Die Souveränität der Schwachen. Lateinamerika und der Völkerbund, 1920–1936, Stuttgart: Steiner, 2012.

Friedrich von Berg als Chef des Geheimen Zivilkabinetts 1918. Erinnerungen aus seinem Nachlaß, bearb. von Heinrich Potthoff, Düsseldorf: Droste, 1971 (= Quellen zur Geschichte des Parlamentarismus und der politischen Parteien, Band 7).

Fromkin, David: A Peace to End All Peace. The Fall of the Ottoman Empire and the Creation of the Modern Middle East, New York: Henry Holt, 1989.

Fubini, Riccardo: Renaissance Historian. The Career of Hans Baron, in: Journal of Modern History 64 (1992), S. 541–574.

Gassner, Ulrich M.: Heinrich Triepel. Leben und Werk, Berlin: Duncker & Humblot, 1999.

Gelberg, Karl-Ulrich, Ellen Latzin: Ordnungszelle Bayern, in: Historisches Lexikon Bayerns, URL: www.historisches-lexikon-bayerns.de/artikel/artikel_44556 (letzter Aufruf: 06.08.2014).

Geschichte des deutschen Buchhandels im 19. und 20. Jahrhundert. Im Auftrag des Börsenvereins des Deutschen Buchhandels hg. von der Historischen Kommission, Band 2: Die Weimarer Republik 1918–1933, Teil 2, im Auftrag der Historischen Kommission hg. von Ernst Fischer und Stephan Füssel, Berlin, Boston: de Gruyter, 2012.

Gimmel, Jürgen: Die politische Organisation kulturellen Ressentiments. Der „Kampfbund für deutsche Kultur" und das bildungsbürgerliche Unbehagen an der Moderne, Münster: Lit, 2001.

Gleichen-Rußwurm, Heinrich von: Diktatur der Sachverständigen, in: Gewissen 2, Nr. 5 (1920).

Goethe's Werke. Vollständige Ausgabe letzter Hand, 40 Bände, Stuttgart, Tübingen: Cotta, 1827–1830.

Goetz, Walter: Geschichte der Deutschen Dante-Gesellschaft und der deutschen Dante-Forschung, Weimar: Böhlau, 1940.

Goldstein, Erik, John Maurer (Hg.): The Washington Conference, 1921–22. Naval Rivalry, East Asian Stability and the Road to Pearl Harbor, Ilford: Cass, 1994.

Graf, Friedrich Wilhelm, unter Mitarbeit von Christian Nees (Hg.): Ernst Troeltsch in Nachrufen, Gütersloh: Gütersloher Verlagshaus, 2002 (= Troeltsch-Studien, Band 12).

Graf, Michael: Liberaler Katholik – Reformkatholik – Modernist? Franz Xaver Kraus (1840–1901) zwischen Kulturkampf und Modernismuskrise, Münster: Lit, 2003.

Grau, Roland: Zur Rolle und Bedeutung des Roten Soldatenbundes, in: Zeitschrift für Militärgeschichte 7, Heft 6 (1968), S. 718–723.

Groß-Berliner Arbeiter- und Soldatenräte in der Revolution 1918/19. Dokumente der Vollversammlungen und des Vollzugsrates. Vom Ausbruch der Revolution bis zum 1. Reichsrätekongress, hg. von Gerhard Engel, Barbara Holtz und Ingo Materna, Berlin: Akademie, 1993.

Große Kracht, Klaus: „Bürgerhumanismus" oder „Staatsräson". Hans Baron und die republikanische Intelligenz des Quattrocento, in: Leviathan 29, Heft 3 (2001), S. 355–370.

Grünthal, Günther: Reichsschulgesetz und Zentrumspartei in der Weimarer Republik, Düsseldorf: Droste, 1968 (= Beiträge zur Geschichte des Parlamentarismus und der politischen Parteien, Band 39).

Gurko, Wassili: Russland 1914–1917. Erinnerungen an Krieg und Revolution, Berlin: Deutsche Verlagsgesellschaft für Politik und Geschichte, 1921.

Gutjahr, Wolf-Dietrich: „Revolution muss sein". Karl Radek – Die Biographie, Köln, Weimar, Wien: Böhlau, 2012.

Grypa, Dietmar: Innwerk AG, in: Historisches Lexikon Bayerns, URL: www.historisches-lexikon-bayerns.de/artikel/artikel_44747 (letzter Aufruf: 06.08.2014).

Hagenlücke, Heinz: Deutsche Vaterlandspartei. Die nationale Rechte am Ende des Kaiserreiches, Düsseldorf: Droste, 1997.

Hedemann-Heespen, Paul von: Politischer Optimismus, in: Kieler Zeitung vom 17. Oktober 1920 (Morgenblatt).

Heinemann, Ulrich: Die verdrängte Niederlage. Politische Öffentlichkeit und Kriegsschuldfrage in der Weimarer Republik, Göttingen: Vandenhoeck & Ruprecht, 1983.

Helfferich, Karl: Fort mit Erzberger!, Berlin: Scherl, 1919 (= Flugschriften des „Tag", Nr. 8).

Helmreich, Ernst Christian: Religious Education in German Schools. An Historical Approach, Cambridge, Massachusetts: Harvard University Press, 1959.

Hentzschel-Fröhlings, Jörg: Walther Rathenau als Politiker in der Weimarer Republik, Husum: Matthiesen, 2007.

Heuss, Theodor: Bürger der Weimarer Republik. Briefe 1918–1933, hg. und bearb. von Michael Dorrmann, München: K. G. Saur, 2008.

Hildermeier, Manfred: Die Russische Revolution 1905–1921, Frankfurt am Main: Suhrkamp, 1989.

Hildermeier, Manfred: Geschichte der Sowjetunion 1917–1991. Entstehung und Niedergang des ersten sozialistischen Staates, München: Beck, 1998.

Hilferding, Rudolf: Taktische Probleme, in: Freiheit vom 11. Dezember 1919 (Morgen-Ausgabe).

Hintze, Otto: Staat und Verfassung. Gesammelte Abhandlungen zur allgemeinen Verfassungsgeschichte, hg. von Gerhard Oestreich mit einer Einl. von Fritz Hartung, 2., erw. Aufl., Göttingen: Vandenhoeck, 1962.

Hoffmann, Dieter: Das Verhältnis der Akademie zu Republik und Diktatur. Max Planck als Sekretar, in: Wolfram Fischer (Hg.): Die Preußische Akademie der Wissenschaften zu Berlin 1914–1945, Berlin: Akademie, 2000, S. 53–85.

Hopkins, C. Howard: John R. Mott 1865–1955. A Biography, Grand Rapids: Eerdmans, 1979.

Hübinger, Gangolf: Aufbau statt Untergang. Ernst Troeltsch im „Bund der Intellektuellen", in: ders.: Gelehrte, Politik und Öffentlichkeit. Eine Intellektuellengeschichte, Göttingen: Vandenhoeck & Ruprecht, 2006, S. 178–199.

Hübner, Christoph: Erstes Landesschießen der bayerischen Einwohnerwehren, 1920, in: Historisches Lexikon Bayerns, URL: www.historisches-lexikon-bayerns.de/artikel/artikel_44539 (letzter Aufruf: 06.08.2014).

Jäckh, Ernst: Ein Briefwechsel mit Ludendorff, in: Deutsche Politik 5, Heft 18 (1920), S. 521–526.

Jäckh, Ernst: Der goldene Pflug. Lebensernte eines Weltbürgers, Stuttgart: Deutsche Verlags-Anstalt, 1954.

Jackson, Robert: At War with the Bolsheviks. The Allied Intervention into Russia 1917–20, London: Tom Stacey, 1972.

Jarausch, Konrad H.: The enigmatic Chancellor. Bethmann Hollweg and the Hubris of Imperial Germany, New Haven, London: Yale University Press, 1973.

Jean Paul: Vorschule der Ästhetik. Levana oder Erziehlehre. Politische Schriften, 2. Aufl., Frankfurt am Main: Zweitausendeins, 1996 (= Jean Paul: Sämtliche Werke, Abt. I, Band 5).

Jegelka, Norbert: Paul Natorp. Philosophie, Pädagogik, Politik, Würzburg: Königshausen & Neumann, 1992.

Kämpchen, Martin: Rabindranath Tagore und Deutschland, Marbach: Deutsche Schillergesellschaft, 2011.

Kemper, Claudia: Das „Gewissen" 1919–1925. Kommunikation und Vernetzung der Jungkonservativen, München: Oldenbourg, 2011.

Kessler, Harry Graf: Das Tagebuch 1880–1937, Band 7: 1919–1923, hg. von Angela Reinthal unter Mitarbeit von Janna Brechmacher und Christoph Hilse, Stuttgart: Cotta, 2007.

Kimmich, Christoph M.: Germany and the League of Nations, Chicago, London: The University of Chicago Press, 1976.

Kips, Jan Hendrik Valckenier: Der deutsche Staatsgedanke, Leipzig: Hirzel, 1916.

Klatt, Rudolf: Ostpreußen unter dem Reichskommissariat 1919/20, Heidelberg: Quelle & Meyer, 1958.

Klemperer, Klemens von: Konservative Bewegungen. Zwischen Kaiserreich und Nationalsozialismus, München, Wien: Oldenbourg, 1962.

Kluge, Friedrich: Etymologisches Wörterbuch der deutschen Sprache, 6. Aufl., Straßburg: Trübner, 1899.

Kluge, Ulrich: Soldatenräte und Revolution. Studien zur Militärpolitik in Deutschland 1918/19, Göttingen: Vandenhoeck & Ruprecht, 1975.

Köhler, Henning: Novemberrevolution und Frankreich. Die französische Deutschlandpolitik 1918–1919, Düsseldorf: Droste, 1980.

Kolb, Eberhard: Der Frieden von Versailles, München: Beck, 2005.

Koller, Christian: „Von Wilden aller Rassen niedergemetzelt". Die Diskussion um die Verwendung von Kolonialtruppen in Europa zwischen Rassismus, Kolonial- und Militärpolitik (1914–1930), Stuttgart: Steiner, 2001.

Koszyk, Kurt: Deutsche Presse 1914–1945, Berlin: Colloquium, 1972 (= Geschichte der deutschen Presse, Teil III).

Kratz-Kessemeier, Kristina: Kunst für die Republik. Die Kunstpolitik des preußischen Kultusministeriums 1918 bis 1932, Berlin: Akademie, 2008.

Kratzsch, Gerhard: Kunstwart und Dürerbund. Ein Beitrag zur Geschichte der Gebildeten im Zeitalter des Imperialismus, Göttingen: Vandenhoeck, 1969.

Krohn, Claus-Dieter: Der Philosophische Ökonom. Zur intellektuellen Biographie Adolph Lowes, Marburg: Metropolis, 1996.

Krüger, Peter: Die Außenpolitik der Republik von Weimar, Darmstadt: Wissenschaftliche Buchgesellschaft, 1985.

Krüger, Renate: Aufbruch aus Mecklenburg. Gertrud von Le Fort und ihre Welt, München: Allitera, 2001.

Kuèera, Jaroslav: Minderheit im Nationalstaat. Die Sprachenfrage in den tschechisch-deutschen Beziehungen 1918–1938, München: Oldenbourg, 1999.

Ledeen, Michael A.: D'Annunzio. The First Duce, New Brunswick, London: Transaction Publishers, 2002.

Lepsius, M. Rainer: Machtübernahme und Machtübergabe. Zur Strategie des Regimewechsels 1918/19 und 1932/33, in ders.: Demokratie in Deutschland, Göttingen: Vandenhoeck & Ruprecht, 1993, S. 80–94.

Linhardt, Andreas: Die Technische Nothilfe in der Weimarer Republik, Norderstedt: Books on Demand, 2006.

Linke, Horst Günther: Deutsch-sowjetische Beziehungen bis Rapallo, Köln: Verlag Wissenschaft und Politik, 1970.

Liste des personnes désignées par les Puissances Alliées pour être livrées par l'Allemagne en exécution des articles 228 à 230 du Traité de Versailles et du Protocole du 28 juin 1919.

Litzmann, Karl: Das neue deutsche Volksheer, Berlin: Verlag der Täglichen Rundschau, 1919.

Lokin-Sassen, Pia: Jonkheer mr Charles Joseph Marie Ruijs de Beerenbrouck herdacht, in: Groninger Opmerkingen en Mededelingen XXIX (2012), S. 11–28.

Lloyd George, David: The truth about the peace treaties, Volume I, London: Gollancz, 1938.

Ludendorff, Erich: Meine Kriegserinnerungen 1914–1918. Volksausgabe, Berlin: Mittler, 1921.

Machtan, Lothar: Prinz Max von Baden. Der letzte Kanzler des Kaisers. Eine Biographie, Berlin: Suhrkamp, 2013.

MacMillan, Margaret: Paris 1919. Six months that changed the world, New York: Random House Trade Paperbacks, 2003.

Madame de Staël: Über Deutschland, hg. und eingel. von Anna Mudry, Berlin: Union, 1989.

Mages, Emma: Miesbacher Anzeiger, in: Historisches Lexikon Bayerns, URL: www.historisches-lexikon-bayerns.de/artikel/artikel_44767 (letzter Aufruf: 06.08.2014).

Mai, Gunther: Das Ende des Kaiserreiches. Politik und Kriegführung im Ersten Weltkrieg, München: Dt. Taschenbuch-Verlag, 1987 (= Deutsche Geschichte der neuesten Zeit vom 19. Jahrhundert bis zur Gegenwart).

Manèal, Josef: München-Augsburger Abendzeitung, in: Historisches Lexikon Bayerns, URL: www.historisches-lexikon-bayerns.de/artikel/artikel_45012 (letzter Aufruf: 06.08.2014).

Mandelkow, Karl Robert: Goethe in Deutschland. Rezeptionsgeschichte eines Klassikers, Band II: 1919–1982, München: Beck, 1989.

Manjapra, Kris: Age of Entanglement. German and Indian Intellectuals across Empire, Cambridge, Massachusetts: Harvard University Press, 2014.

Mann, Thomas: Betrachtungen eines Unpolitischen, 1.–6. Aufl., Berlin: Fischer, 1918.

Martin, Thomas S.: The Urquart Concession and Anglo-Soviet Relations, 1921–1922, in: Jahrbücher für Geschichte Osteuropas 20 (1972), S. 551–570.

Marwitz, Bernhard von der: Eine Jugend in Dichtung und Briefen an G. von Seckendorff und J. von Winterfeldt und andere, hg. von Otto Grautoff, Dresden: Sibyllen, 1923.

Mawdsley, Evan: The Russian Civil War, Boston: Allen & Unwin, 1987.

Meinecke, Friedrich: Nach der Revolution. Geschichtliche Betrachtungen über unsere Lage, München, Berlin: Oldenbourg, 1919.

Meinecke, Friedrich: Die Idee der Staatsräson in der neueren Geschichte, hg. und eingel. von Walther Hofer, München: Oldenbourg, 1957 (= Friedrich Meinecke: Werke, Band 1).

Meinecke, Friedrich: Autobiographische Schriften, hg. und eingel. von Eberhard Kessel, Stuttgart: K. F. Koehler Verlag, 1969 (= Friedrich Meinecke: Werke, Band 8).

Meinecke, Friedrich: Politische Schriften und Reden, hg. und eingel. von Georg Kotowski, 4. Aufl., Darmstadt: Toeche-Mittler, 1979 (= Friedrich Meinecke: Werke, Band 2).

Meinecke, Friedrich: Akademischer Lehrer und emigrierte Schüler. Briefe und Aufzeichnungen 1910–1977, eingel. und bearb. von Gerhard A. Ritter, München: Oldenbourg, 2006.

Meinecke, Friedrich: Neue Briefe und Dokumente, hg. und bearb. von Gisela Bock und Gerhard A. Ritter in Zusammenarbeit mit Stefan Meineke und Volker Hunecke, München: Oldenbourg, 2012 (= Friedrich Meinecke: Werke, Band 10).

Mendelssohn, Kurt: Walther Nernst und seine Zeit. Aufstieg und Niedergang der deutschen Naturwissenschaften, Weinheim: Physik, 1976.

Meyers Konversations-Lexikon. Eine Encyklopädie des allgemeinen Wissens, 4. gänzl. umgearb. Aufl., Leipzig, Wien: Bibliogr. Inst., 1885–1890.

Michel, Ernst: Weltanschauung und Naturdeutung. Vorlesungen über Goethes Naturanschauung, Jena: Diederichs, 1920.

Miller, Susanne: Die Bürde der Macht. Die deutsche Sozialdemokratie 1918–1920, hg. von der Kommission für Geschichte des Parlamentarismus und der politischen Parteien, Düsseldorf: Droste, 1978.

Mitchell, Allan: Revolution in Bayern 1918/1919. Die Eisner-Regierung und die Räterepublik, München: Beck, 1967.

Molendijk, Arie L.: Ernst Troeltschs holländische Reisen. Eine Skizze. Im Anhang: drei Briefe Troeltschs an Karel Hendrik Roessingh, in: Mitteilungen der Ernst-Troeltsch-Gesellschaft VI, Augsburg: Ernst-Troeltsch-Gesellschaft e. V., 1991, S. 24–39.

Mombauer, Annika: Helmuth von Moltke and the origins of the First World War, Cambridge: Cambridge University Press, 2001.

Mommsen, Theodor: Römische Geschichte, 3 Bände, 9. Aufl., Berlin: Weidmann, 1903/1904.

Morel, Edmund Dene: Der Schrecken am Rhein. Mit einem Vorwort von Arthur Ponsonby, 2. Aufl., Berlin: Hans Robert Engelmann, 1920.

Morgan, David W.: The Socialist Left and the German revolution. A history of the German Independent Social Democratic Party, 1917–1922, Ithaca, London: Cornell University Press, 1975.

Morsey, Rudolf: Die Deutsche Zentrumspartei 1917–1923, Düsseldorf: Droste, 1966 (= Beiträge zur Geschichte des Parlamentarismus und der politischen Parteien, Band 32).

Mühlhausen, Walter: Friedrich Ebert 1871–1925. Reichspräsident der Weimarer Republik, Bonn: J. H. W. Dietz Nachf., 2006.

Muhr, Josef: Die deutsch-italienischen Beziehungen in der Ära des Ersten Weltkrieges (1914–1922), Göttingen: Musterschmidt, 1977.

Müller, Tim B.: Nach dem Ersten Weltkrieg. Lebensversuche moderner Demokratie, Hamburg: Hamburger Edition, 2014.

Münch, Ingo von: Ostverträge II: Deutsch-polnische Verträge, Berlin, New York: de Gruyter, 1971.

Natorp, Paul: Soziale Erziehung, in: Annalen für soziale Politik und Gesetzgebung 6 (1919), S. 209–227.

Natorp, Paul: Soziale Erneuerung, in: Annalen für soziale Politik und Gesetzgebung 6 (1919), S. 463–486.

Neep, Daniel: Occupying Syria under the French Mandate. Insurgency, Space and State Formation, Cambridge: Cambridge University Press, 2012.

Niederschrift der Verhandlungen des 10. Kongresses der christlichen Gewerkschaften Deutschlands. Abgehalten vom 20. bis 23. November in Essen, Köln: Christlicher Gewerkschaftsverlag, 1920.

Niedhardt, Gottfried: Die Außenpolitik der Weimarer Republik, 2. aktual. Ausg., München: Oldenbourg, 2006.

Nietzsche, Friedrich: Sämtliche Werke. Kritische Studienausgabe (KSA) in 15 Bänden, hg. von Giorgio Colli und Mazzino Montinari, München: Dt. Taschenbuch, Neuausgabe 1999.

Nipperdey, Thomas: Deutsche Geschichte 1866–1918, Band 2: Machtstaat vor der Demokratie, München: Beck, 1992.

Nitti, Francesco: Das friedlose Europa, Frankfurt am Main: Frankfurter Societäts-Druckerei, [1921].

Nitti, Francesco: Der Niedergang Europas. Die Wege zum Wiederaufbau, Frankfurt am Main: Frankfurter Societäts-Druckerei, [1922].

Nock, Albert Jay: The Myth of a guilty Nation, New York: B. W. Huebsch, 1922.

Oberländer, Erwin: Zur Wirkungsgeschichte historischer Fälschungen. Das „Testament" Peter des Großen, in: Jahrbücher für Geschichte Osteuropas 21 (1973), S. 46–60.

Oehme, Walter: Die Weimarer Nationalversammlung 1919. Erinnerungen, Berlin: Rütten & Loening, 1962.

Ohnezeit, Maik: Zwischen „schärfster Opposition" und dem „Willen zur Macht". Die Deutschnationale Volkspartei (DNVP) in der Weimarer Republik 1918–1928, Düsseldorf: Droste, 2011.

Osmond, Jonathan: Freie Bauernschaft, 1919–1929/33, in: Historisches Lexikon Bayerns, URL: www.historisches-lexikon-bayerns.de/artikel/artikel_44872 (letzter Aufruf: 06.08.2014).

Österreich-Ungarns letzter Krieg. 1914–1918, 15 Bände, hg. vom Bundesministerium für Heereswesen und vom Kriegsarchiv Wien, Wien: Verlag d. Militärwiss. Mitteilungen, 1930–1939.

Peters, Carl: All-Deutschland, in: Kolonial-Politische Korrespondenz vom 15. Mai 1886.

Petzinna, Berthold: Erziehung zum deutschen Lebensstil. Ursprung und Entwicklung des jungkonservativen „Ring"-Kreises 1918–1933, Berlin: Akademie, 2000.

Pipes, Richard: Russia under the Bolshevik Regime 1919–1924, London: Harvill, 1994.

Planck, Max: Das Wesen des Lichts (1919), in: ders: Vorträge und Erinnerungen, fünfte Aufl. der Wege zur physikalischen Erkenntnis, Volksausgabe, Stuttgart: Hirzel, 1949, S. 112–124.

Pöhls, Joachim: Tägliche Rundschau (1881–1933), in: Heinz-Dietrich Fischer (Hg.): Deutsche Zeitungen des 17. bis 20. Jahrhunderts, Pullach: Verlag Dokumentation, 1972, S. 349–363.

Polzin, Martin: Kapp-Putsch in Mecklenburg. Junkertum und Landproletariat in der revolutionären Krise nach dem 1. Weltkrieg, Rostock: VEB Hinstorff, 1966.

Posadowsky-Wehner, Arthur von: Demokratie, in: Fränkischer Kurier vom 7. September 1921 (Morgen-Ausgabe).

Preuß, Hugo: Volksstaat oder verkehrter Obrigkeitsstaat?, in: Berliner Tageblatt vom 14. November 1918 (Morgenausgabe).

2. Sonstige von den Herausgebern genannte Literatur

Radbruch, Gustav: Politische Schriften aus der Weimarer Zeit II. Justiz, Bildungs- und Religionspolitik, bearb. von Alessandro Baratta, Heidelberg: Müller, 1993 (= Gustav Radbruch: Gesamtausgabe, Band 13).

Radek, Karl: Deutschland und Rußland. Ein in der moabiter Schutzhaft geschriebener Artikel für „richtiggehende" Bourgeois, in: Die Zukunft 28, Nr. 19 (1920), S. 178–189.

Rathenau, Walther: Ein dunkler Tag, in: Vossische Zeitung vom 7. Oktober 1918 (Morgenausgabe).

Rathenau, Walther: La triple revolution. Essais, traduit par David Roget, Paris, Bâle: Editions du Rhin, 1921.

Rathenau, Walther: Le Kaiser. Quelques meditations, [traduit par David Roget,] avant-propos de Félix Bertaux, Bâle: Editions du Rhine, 1921.

Rathenau, Walther: Où va le monde? Considérations philosophiques sur l'organisation sociale de demain, traduction française et avant-propos de S. Jankélévitch, Paris: Payot, 1922.

Rathenau, Walther: Briefe, Teilband 2: 1914–1922, hg. von Alexander Jaser, Clemens Picht und Ernst Schulin, Düsseldorf: Droste 2006 (Walther Rathenau-Gesamtausgabe, Band V, 2).

Raulff, Heiner: Zwischen Machtpolitik und Imperialismus. Die deutsche Frankreichpolitik 1904/06, Düsseldorf: Droste, 1976.

Reichsarchiv (Hg.): Der Weltkrieg 1914 bis 1918. Die militärischen Operationen zu Lande, Band 2: Die Befreiung Ostpreußens, Berlin: Mittler & Sohn, 1925.

Reif, Wolfgang: Exotismus und Okkultismus, in: Horst Albert Glaser (Hg.): Deutsche Literatur. Eine Sozialgeschichte, Band 9: Weimarer Republik – Drittes Reich: Avantgardismus, Parteilichkeit, Exil 1918–1945, hg. von Alexander von Bormann und Horst Albert Glaser, Reinbek bei Hamburg: Rowohlt, 1983, S. 155–167.

Riasanovsky, Nicholas V.: Russland und der Westen. Die Lehre der Slawophilen. Studie über eine romantische Ideologie, München: Isar, 1954.

Richert, Hans: Die deutsche Bildungseinheit und die höhere Schule. Ein Buch von deutscher Nationalerziehung, Tübingen: Mohr, 1920.

Richter, Ludwig: Kirche und Schule in den Beratungen der Weimarer Nationalversammlung, Düsseldorf: Droste, 1996.

Richter, Ludwig: Die Deutsche Volkspartei 1918–1933, Düsseldorf: Droste, 2002.

Rickert, Heinrich: Die Philosophie des Lebens. Darstellung und Kritik der philosophischen Modeströmungen unserer Zeit, Tübingen: Mohr, 1920.

Riezler, Kurt: Tagebücher, Aufsätze, Dokumente, eingel. und hg. von Karl Dietrich Erdmann, Göttingen: Vandenhoeck & Ruprecht, 1972.

Rohrbach, Paul: Um des Teufels Handschrift. Zwei Menschenalter erlebter Weltgeschichte, Hamburg: Dulk, 1953.

Rückert, Friedrich: Werke in sechs Bänden, 2. Band, hg. von Ludwig Laistner, Stuttgart, Berlin: Cotta, [1895].

Ruddies, Hartmut: Soziale Demokratie und freier Protestantismus. Ernst Troeltsch in den Anfängen der Weimarer Republik, in: Horst Renz und Friedrich Wilhelm Graf (Hg.): Protestantismus und Neuzeit, Gütersloh: Gütersloher Verlagshaus Gerd Mohn, 1984, S. 145–174 (= Troeltsch-Studien, Band 3).

Rüdt von Collenberg, Ludwig: Bauer, Max, in: Deutsches Biographisches Jahrbuch, Band 11: Das Jahr 1929, Stuttgart, Berlin: DVA, 1932, S. 16–32.

Ruppert, Godehard: Quickborn, in: Historisches Lexikon Bayerns, URL: www.historisches-lexikon-bayerns.de/artikel/artikel_44790 (letzter Aufruf: 06.08.2014).

Sabrow, Martin: Die verdrängte Verschwörung. Der Rathenau-Mord und die deutsche Gegenrevolution, Frankfurt am Main: Fischer Taschenbuch, 1998.

Sauer, Bernhard: Zur politischen Haltung der Berliner Sicherheitspolizei in der Weimarer Republik, in: Zeitschrift für Geschichtswissenschaft 53 (2004), S. 26–45.

Scheer, Reinhard: Politischer Mord, in: Vossische Zeitung vom 2. September 1921 (Abend-Ausgabe).

Scheidemann, Philipp: Papst, Kaiser und Sozialdemokratie in ihren Friedensbemühungen im Sommer 1917, Berlin: Verlag für Sozialwissenschaft, 1921.

Scheifley, William H.: Is France Dying?, in: The North American Review 210, No. 769 (1919), S. 759–768.

Schiller, Friedrich: Werke. Nationalausgabe, Band 2, Teil II A: Gedichte (Anmerkungen zu Band 1), hg. von Georg Kurscheidt und Norbert Oellers, Weimar: Böhlau, 1991.

Schneider, Hans: Die Parlamentarischen Staatssekretäre in Preußen 1919–1921, in: Festschrift für Ulrich Scheuner zum 70. Geburtstag, hg. von Horst Ehmke u. a., Berlin: Duncker & Humblot, 1973, S. 563–574.

Schüddekopf, Otto-Ernst: Linke Leute von rechts. Die nationalrevolutionären Minderheiten und der Kommunismus in der Weimarer Republik, Stuttgart: Kohlhammer, 1960.

Schueler, Hermann: Auf der Flucht erschossen. Felix Fechenbach 1894–1933, Köln: Kiepenheuer & Witsch, 1981.

Schulz, Gerhard: Zwischen Demokratie und Diktatur. Verfassungspolitik und Reichsreform in der Weimarer Republik, Band 1: Die Periode der Konsolidierung und der Revision des Bismarckschen Reichsaufbaus 1919–1930, 2., durchges. und erg. Aufl., Berlin, New York: de Gruyter, 1987.

Schulze, Hagen: Der Oststaat-Plan 1919, in: Vierteljahrshefte für Zeitgeschichte 18 (1970), S. 123–163.

Schwabe, Klaus: Deutsche Revolution und Wilson-Frieden. Die amerikanische und deutsche Friedensstrategie zwischen Ideologie und Machtpolitik 1918/19, Düsseldorf: Droste, 1971.

Self, Robert: Britain, America and the War Debt Controversy. The economic diplomacy of an unspecial relationship, 1917–1941, London, New York: Routledge, 2006.

Sigel, Robert: Die Lensch-Cunow-Haenisch-Gruppe. Eine Studie zum rechten Flügel der SPD im Ersten Weltkrieg, Berlin: Duncker & Humblot, 1976.

Sitzungsberichte der verfassunggebenden Preußischen Landesversammlung. Tagung 1919/21, 12 Bände, Berlin: Preußische Verlagsanstalt, 1921.

Sösemann, Bernd: „Der kühnste Entschluss führt am sichersten zum Ziel." Eduard Meyer und die Politik, in: William M. Calder III, Alexander Demandt (Hg.): Eduard Meyer. Leben und Leistung eines Universalhistorikers, Leiden u. a.: E. J. Brill, 1990, S. 446–483.

Spectator [Ps.]: Ruhstrat. Die Geschichte eines Sensationsprozesses, Berlin: H. Walther, 1905.

Spectator [i. e. Adolf Henle]: Fürst Bülow als Angeklagter! Skandalöse Zustände in Deutschland, Lausanne: Pache, 1907.

Spectator [i. e. Artur Schweriner]: Wer bleibt Sieger im Weltkrieg?, Recklinghausen u. a.: Vollmer, 1915.

Spectator [Ps.]: Die Geschichte der Berliner Fünftageregierung, Leipzig: Der neue Geist, 1920.

Spectator [i. e. Efraim Frisch]: England und Frankreich, in: Der neue Merkur 6, Heft 2 (1922), S. 65–73.

Spectator, M. [i. e. Miron Isaakovic Nachimson]: Die psychologische Vorbedingung des Weltfriedens, Zürich: Neue Zürcher Zeitung, 1916.

Spectator, M. [i. e. Miron Isaakovic Nachimson]: Das Sozialisierungsproblem in Deutschland, Berlin: Seehof, 1920.

Spectator, M. [i. e. Miron Isaakovic Nachimson]: Der neue Kurs in der Wirtschaftspolitik Sowjet-Rußlands. Die Politik der Sowjet-Regierung und die Zukunft Rußlands, Berlin: Seehof, 1921.

Spektator [i. e. B. Wolf]: Vaterlands-Verteidigung und auswärtige Politik der Sozialdemokratie, Bern-Belp: Prochamos, 1917.

Spektator [i. e. B. Wolf]: Mohrenwäsche oder Entstehung und Zusammenbruch der ungarischen Rätediktatur, Wien: Die Wage, 1919.

Stadtler, Eduard: Der kommende Krieg. Bolschewistische Weltrevolutionspläne, Berlin: Grübel Nachf., 1919 (= Revolutionäre Streitfragen, 6. Heft).

Stadtler, Eduard: Entpolitisierung der Wirtschaft, in: Gewissen 2, Nr. 5 (1920).

Stadtler, Eduard: Oberste Wirtschafts-Leitung, in: Gewissen 2, Nr. 6 (1920).

Stadtler, Eduard: Chaos und Ziel, in: Gewissen 2, Nr. 12 (1920).

Stadtler, Eduard: Als Antibolschewist 1918/19, Düsseldorf: Neuer Zeitverlag, 1936.

Stalmann, Volker (Hg.): Linksliberalismus in Preußen. Die Sitzungsprotokolle der preußischen Landtagsfraktion der DDP und DStP 1919–1932, Erster Halbband, März 1919 bis Dezember 1922, Düsseldorf: Droste Verlag, 2009

Stang, Joachim: Die Deutsche Demokratische Partei in Preussen 1918–1933, Düsseldorf: Droste, 1994.

Stern, Fritz: Kulturpessimismus als politische Gefahr. Eine Analyse nationaler Ideologie in Deutschland, Bern, Stuttgart: Scherz, 1963.

Strack, Hermann Leberecht: Jüdische Geheimgesetze? Mit drei Anhängen, 2. und 3. unv. Aufl., Berlin: Schwetschke, 1920.

Thoss, Bruno: Der Ludendorff-Kreis 1919–1923. München als Zentrum der mitteleuropäischen Gegenrevolution zwischen Revolution und Hitler-Putsch, München: Stadtarchiv München, 1978.

Tokody, Gyula: Deutschland und die ungarische Räterepublik, Budapest: Akadémiai Kiadó, 1982.

Töpner, Kurt: Gelehrte Politiker und politisierende Gelehrte. Die Revolution von 1918 im Urteil deutscher Hochschullehrer, Göttingen: Musterschmidt, 1970.

Troeltsch, Ernst: Gewissensfreiheit, in: Die Christliche Welt 25, Nr. 29 (1911), Sp. 677–682 → KGA 10.

Troeltsch, Ernst: Die Soziallehren der christlichen Kirchen und Gruppen, Tübingen: J. C. B. Mohr (Paul Siebeck), 1912 (= Ernst Troeltsch: Gesammelte Schriften, Band 1) → KGA 9.

Troeltsch, Ernst: Neunzehntes Jahrhundert, in: Realencyklopädie für protestantische Theologie und Kirche, In dritter verbesserter und vermehrter Auflage unter Mitwirkung vieler Theologen und anderer Gelehrten hg. von Albert Hauck, 24. Band: Ergänzungen und Nachträge L–Z, Leipzig: J. C. Hinrichs'sche Buchhandlung, 1913, S. 244–260 → KGA 3.

Troeltsch, Ernst: Zur religiösen Lage, Religionsphilosophie und Ethik, Tübingen: J. C. B. Mohr (Paul Siebeck), 1913 (= Ernst Troeltsch: Gesammelte Schriften, Band 2) → KGA 10.

2. Sonstige von den Herausgebern genannte Literatur 667

Troeltsch, Ernst: Der Ansturm der westlichen Demokratie, in: Die Deutsche Freiheit. Fünf Vorträge, hg. vom Bund deutscher Gelehrter und Künstler, Gotha: F. A. Perthes 1917, S. 79–113 → KGA 12.

Troeltsch, Ernst: Ernste Gedanken zum Reformations-Jubiläum, in: Deutscher Wille. Des Kunstwarts 31. Jahr, Heft 3, erstes Novemberheft 1917, S. 87–91 → KGA 11.

Troeltsch, Ernst: Ostern, in: Deutscher Wille, Des Kunstwarts 31. Jahr, Heft 13, erstes Aprilheft 1918, S. 2–7 → KGA 11.

Troeltsch, Ernst: Das Ende des Militarismus, in: Deutscher Wille. Des Kunstwarts 32. Jahr, Heft 6, zweites Dezemberheft 1918, S. 172–179 → KGA 12.

Troeltsch, Ernst: Der Religionsunterricht und die Trennung von Staat und Kirchen, in: Revolution und Kirche. Zur Neuordnung des Kirchenwesens im deutschen Volksstaat. Mit Beiträgen von Otto Baumgarten u. a., hg. von Friedrich Thimme und Ernst Rolffs, Berlin: Verlag von Georg Reimer, 1919, S. 301–325, in: KGA 15, S. 123–146.

Troeltsch, Ernst: Zum Dante-Jubiläum, in: Kunstwart und Kulturwart 34, Heft 12 (1921), S. 321–327 → KGA 11.

Troeltsch, Ernst: Der Historismus und seine Probleme. Erstes Buch: Das logische Problem der Geschichtsphilosophie, Tübingen: J. C. B. Mohr (Paul Siebeck), 1922 (= Ernst Troeltsch: Gesammelte Schriften, Band 3), in: KGA 16, S. 159–1099.

Troeltsch, Ernst: Spektator-Briefe. Aufsätze über die deutsche Revolution und die Weltpolitik 1918/22, mit einem Geleitwort von Friedrich Meinecke, zusammengestellt und hg. von H[ans] Baron, Tübingen: J. C. B. Mohr (Paul Siebeck), 1924 (= Baron-Ausgabe).

Troeltsch, Ernst: Deutscher Geist und Westeuropa. Gesammelte kulturphilosophische Aufsätze und Reden, hg. von Hans Baron, Tübingen: Mohr, 1925 (= DGW).

Troeltsch, Ernst: Die Fehlgeburt einer Republik – Spektator in Berlin 1918 bis 1922, zusammengestellt und mit einem Nachwort versehen von Johann Hinrich Claussen, Frankfurt am Main: Eichborn, 1994 (= Claussen-Ausgabe).

Troeltsch, Ernst: Schriften zur Politik und Kulturphilosophie (1918–1923), hg. von Gangolf Hübinger in Zusammenarbeit mit Johannes Mikuteit, Berlin, New York: Walter de Gruyter, 2002 (= Ernst Troeltsch: Kritische Gesamtausgabe, Band 15).

Troeltsch, Ernst: Fünf Vorträge zu Religion und Geschichtsphilosophie für England und Schottland. Der Historismus und seine Überwindung (1924) / Christian Thought. Its History and Application (1923), hg. von Gangolf Hübinger in Zusammenarbeit mit Andreas Terwey, Berlin, New York: Walter de Gruyter, 2006 (= Ernst Troeltsch: Kritische Gesamtausgabe, Band 17).

Troeltsch, Ernst: Der Historismus und seine Probleme. Erstes Buch: Das logische Problem der Geschichtsphilosophie (1922), 2 Teilbände, hg. von Friedrich Wilhelm Graf in Zusammenarbeit mit Matthias Schloßberger, Berlin, New York: Walter de Gruyter, 2008 (= Ernst Troeltsch: Kritische Gesamtausgabe, Band 16).

Troeltsch, Ernst: Rezensionen und Kritiken (1915–1923), hg. von Friedrich Wilhelm Graf in Zusammenarbeit mit Diana Feßl, Harald Haury und Alexander Seelos, Berlin, New York: Walter de Gruyter, 2010 (= Ernst Troeltsch: Kritische Gesamtausgabe, Band 13).

Tuchman, Barbara W.: The Zimmermann Telegram, New York: Viking Press, 1958.

Ullmann, Hans-Peter: Das Deutsche Kaiserreich 1871–1918, Frankfurt am Main: Suhrkamp, 1995.

Ursachen und Folgen. Vom deutschen Zusammenbruch 1918 und 1945 bis zur staatlichen Neuordnung Deutschlands in der Gegenwart. Eine Urkunden- und Dokumentensammlung zur Zeitgeschichte, hg. und bearb. von Herbert Michaelis u. a., Band 3: Der Weg in die Weimarer Republik, Berlin: Wendler, [1959].

Verhandlungen der verfassunggebenden Deutschen Nationalversammlung, Band 326: Stenographische Berichte. Von der 1. Sitzung am 6. Februar 1919 bis zur 26. Sitzung am 12. März 1919, Berlin: Norddeutsche Buchdruckerei, 1920.

Verhandlungen der verfassunggebenden Deutschen Nationalversammlung, Band 327: Stenographische Berichte. Von der 27. Sitzung am 13. März 1919 bis zur 52. Sitzung am 9. Juli 1919, Berlin: Norddeutsche Buchdruckerei, 1920.

Verhandlungen der verfassunggebenden Deutschen Nationalversammlung, Band 328: Stenographische Berichte. Von der 53. Sitzung am 10. Juli 1919 bis zur 70. Sitzung am 30. Juli 1919, Berlin: Norddeutsche Buchdruckerei, 1920.

Verhandlungen der verfassunggebenden Deutschen Nationalversammlung, Band 329: Stenographische Berichte. Von der 71. Sitzung am 31. Juli 1919 bis zur 90. Sitzung am 3. Oktober 1919, Berlin: Norddeutsche Buchdruckerei, 1920.

Verhandlungen der verfassunggebenden Deutschen Nationalversammlung, Band 330: Stenographische Berichte. Von der 91. Sitzung am 4. Oktober 1919 bis zur 112. Sitzung am 29. Oktober 1919, Berlin: Norddeutsche Buchdruckerei, 1920.

Verhandlungen des Reichstags. I. Wahlperiode 1920, Band 347: Stenographische Berichte. Von der 54. Sitzung am 22. Januar 1921 bis zur 73. Sitzung am 2. März 1921, Berlin: Norddeutsche Buchdruckerei, 1921.

Verhandlungen des Reichstags. I. Wahlperiode 1920, Band 349: Stenographische Berichte. Von der 90. Sitzung am 19. März 1921 bis zur 115. Sitzung am 16. Juni 1921, Berlin: Norddeutsche Buchdruckerei, 1921.

Verhandlungen des Reichstags. I. Wahlperiode 1920, Band 356: Stenographische Berichte. Von der 236. Sitzung am 25. Juni 1922 bis zur 256. Sitzung am 18. Juli 1922, Berlin: Norddeutsche Buchdruckerei, 1922.

Vietsch, Eberhard von: Wilhelm Solf. Botschafter zwischen den Zeiten, Tübingen: Wunderlich, 1961.

Vögler, Albert: Die Organisation der Wirtschaft, in: Gewissen 2, Nr. 5 (1920).

Volksbund für Freiheit und Vaterland (Hg.): Um Freiheit und Vaterland, Gotha: Friedrich Andreas Perthes, 1918.

Von den baltischen Provinzen zu den baltischen Staaten. Beiträge zur Entstehungsgeschichte der Republiken Estland und Lettland 1918–1920, hg. im Auftrage der Baltischen Historischen Kommission von Jürgen Hehn, Hans von Rimscha, Hellmuth Weiss, Marburg, Lahn: J. G. Herder-Institut, 1977.

Weber, Fritz: Zusammenbruch, Inflation und Hyperinflation. Zur politischen Ökonomie der Geldentwertung in Österreich 1918 bis 1922, in: Helmut Konrad, Wolfgang Maderthaner (Hg.): ... der Rest ist Österreich. Das Werden der Ersten Republik, Band II, Wien: Gerold, 2008, S. 7–32.

Weber, Max: Briefe 1918–1920, 2. Halbband, hg. von Gerd Krumeich und M. Rainer Lepsius in Zusammenarbeit mit Uta Hinz, Sybille Oßwald-Bargende und Manfred Schön, Tübingen: J. C. B. Mohr (Paul Siebeck), 2012 (= Max Weber Gesamtausgabe, Abt. II, Band 10, 2. Halbband).

Wehler, Hans-Ulrich: Deutsche Gesellschaftsgeschichte, Band 4: Vom Beginn des Ersten Weltkriegs bis zur Gründung der beiden deutschen Staaten 1914–1949, München: Beck, 2003.

Weigand, Wolf Volker: Walter Wilhelm Goetz 1867–1958. Eine biographische Studie über den Historiker, Politiker und Publizisten, Boppard: Boldt, 1992.

Weiß, Volker: Moderne Antimoderne. Arthur Moeller van den Bruck und der Wandel des Konservatismus, Paderborn: Schöningh, 2012.

Wette, Wolfgang: Gustav Noske. Eine politische Biographie, Düsseldorf: Droste, 1987.

Wheeler, Robert F.: USPD und Internationale. Sozialistischer Internationalismus in der Zeit der Revolution, Frankfurt am Main u. a.: Ullstein, 1975.

Wigger, Iris: Die „Schwarze Schmach am Rhein". Rassistische Diskriminierung zwischen Geschlecht, Klasse, Nation und Rasse, Münster: Westfälisches Dampfboot, 2007.

Wilhelmi, Christoph: Künstlergruppen in Deutschland, Österreich und der Schweiz seit 1900. Ein Handbuch, Stuttgart: Hauswedell, 1996.

Windelband, Wilhelm: Präludien. Aufsätze und Reden zur Einleitung in die Philosophie und ihrer Geschichte, 2 Bände, 9. Aufl., Tübingen: Mohr, 1924.

Winkler, Heinrich August: Von der Revolution zur Stabilisierung. Arbeiter und Arbeiterbewegung in der Weimarer Republik 1918 bis 1924, Berlin, Bonn: Dietz, 1984.

Winkler, Heinrich August: Weimar 1918–1933. Die Geschichte der ersten deutschen Demokratie, München: C. H. Beck, 1993.

Wirsching, Andreas: „Vernunftrepublikanismus" in der Weimarer Republik. Neue Analysen und offene Fragen, in: ders., Jürgen Eder (Hg.): Vernunftrepublikanismus in der Weimarer Republik. Politik, Literatur, Wissenschaft, Stuttgart: Franz Steiner Verlag, 2008, S. 9–26.

Wittek, Thomas: Auf ewig Feind? Das Deutschlandbild in den britischen Massenmedien nach dem Ersten Weltkrieg, München: Oldenbourg, 2005.

Wolff, Theodor: Tagebücher 1914–1919. Der Erste Weltkrieg und die Entstehung der Weimarer Republik in Tagebüchern, Leitartikeln und Briefen des Chefredakteurs am „Berliner Tageblatt" und Mitbegründers der „Deutschen Demokratischen Partei", eingel. und hg. von Bernd Sösemann, Boppard am Rhein: Boldt, 1984.

Woller, Hans: Geschichte Italiens im 20. Jahrhundert, München: Beck, 2010.

Wright, Jonathan R. C.: Ernst Troeltsch als parlamentarischer Unterstaatssekretär im preußischen Ministerium für Wissenschaft, Kunst und Volksbildung. Seine kirchenpolitische Auseinandersetzung mit den Beamten, in: Horst Renz, Friedrich Wilhelm Graf (Hg.): Troeltsch-Studien, Band 3: Protestantismus und Neuzeit, Gütersloh: Gütersloher Verlagshaus Mohn, 1984, S. 175–203.

Ziemke, Earl F.: The Red Army 1918–1941. From Vanguard of World Revolution to US Ally, London, New York: Frank Cass, 2004.

Zirkel, Kirsten: Vom Militaristen zum Pazifisten. Politisches Leben und Wirken des Generals Berthold von Deimling vor dem Hintergrund der Entwicklung Deutschlands vom Kaiserreich zum Dritten Reich, Diss. Phil. Düsseldorf 2006.

Personenregister

Recte gesetzte Zahlen verweisen auf Troeltschs Text, kursiv gesetzte Zahlen auf die Herausgeberrede.

Aalberse, Piet *528*
Afflerbach, Holger *481*
Agharkar, Shankar *345*
Ahmida, Abdullatif Ali *430*
Albertin, Lothar *212*, *282*
Anschütz, Gerhard *204*
Auguste Viktoria, Königin von Preußen, Deutsche Kaiserin 202, 415, *415*
Augustus, römischer Kaiser 91, *91*, 138
Aulard, François-Alphonse 272, *434*
Avenarius, Ferdinand 6–8, *21–26*, *41*, 123, *123*, 197, *197*, 325, 514, *514*, *591*

Babson, Roger Ward 167, *167*, 483, *483*
Baier, Roland *109*
Ballin, Albert 500
Barbusse, Henri 165, *165*, 167
Baron, Hans *2*, *27*, *38–41*, *43 f.*, *265*, *589*
Barth, Boris *77*
Barth, Emil 54
Bauer, Gustav 81, *111*, *125*, *138*, *152*, *247*, 251, *282*
Bauer, Max 77, 260, 264, *271*, 279, *279*, *354*, 546, *546*
Baumgart, Winfried *62*, *207*
Baumgarten, Otto *104*
Becker, Carl Heinrich 17, 30, *134*, *139*, *201*
Becker, Hellmut 57, *222 f.*, *305*, *310*, *312 f.*
Beethoven, Ludwig van 213

Behrend, Manfred *109*, *297*
Bellamy, Edward 190, *190*
Beneš, Edvard 347, *348*
Benz, Richard 369, *369*
Berchtold, Leopold Graf 155, *155*
Berg, Friedrich von *202*
Bergmann, Carl *553*
Bergson, Henri 372
Berkin *205*
Bernhard, Georg 25, *394*
Bernstein, Eduard 22, 438
Bernstorff, Albrecht Graf von *74*, *126*
Bernstorff, Johann Heinrich Graf von 380, *380*
Bethmann Hollweg, Theobald von 90, 118, *118*, 149, *149*, 150, 152, 200, 212, 224, *224*, 259, *353*, 376, *376*, 377, *377*, 378, *378*, 379, *379*, 380 f., 401, 497 f., *498*, 499, *499*
Bihl, Wolfdieter *480*
Bismarck, Otto von 63, *63*, 64, 68, 95, 102, 107 f., 140, *140*, 141, 225, 376, *376*, 377 f., 388, 391, 405, 452, 463, 487 f.
Bluma, Lars *233*
Blunck, Andreas 282, *283*
Bodenstein, Georg 259
Boehm, Max Hildebert 294, *299*, *324*
Bölling, Rainer *139*
Boll, Franz 227
Bonn, Moritz Julius 462, *462*
Borchardt, Rudolf *27 f.*
Borodziej, Wlodzimierz *68*

Bosch, Robert 201
Bose, Arun Coomer 243
Bose, Debendra Mohan 345
Brakelmann, Günter 203, 211
Braun, Friedrich Edler von 426, 426
Braun, Otto 473, 473
Bredereck, Paul 259, 259
Bredius, Abraham 530, 530
Brenner, David A. 215
Brennus 408, 408
Briand, Aristide 383 f., 384, 416, 470, 483, 483, 504, 504, 513
Brockdorff-Rantzau, Ulrich Graf von 68, 110, 110 f., 126, 126, 127–129, 130, 136, 138, 155, 195, 195
Bruch, Rüdiger vom 6 f.
Bryce, James 18 f., 586, 586, 587 f.
Bülow, Bernhard von 27, 121, 151, 198, 377, 377, 481 f.
Burckhardt, Jacob 91, 92, 218, 218
Burger, Reiner 198

Cäsar, Gaius Julius 91
Cambó, Francisco 295, 295
Cassirer, Ernst 371
Champion, Edmé 272, 272, 332, 332
Chattopadhyaya, Virendranath 243
Chauvy, Gérard 385
Chiaramonte Bordonaro, Antonio 127
Claudel, Paul 515
Claussen, Johann Hinrich 44 f.
Clemenceau, Georges Benjamin 43, 126, 127 f., 228, 386
Clemens, Gabriele 34, 446
Cline, Catherine Ann 196, 292
Cohn, Oskar 213, 213 f., 224
Cole, Margaret 509
Conger, Arthur L. 90, 100
Conze, Vanessa 220
Cook, Bernard A. 145
Cossmann, Paul Nikolaus 557
Cox, James M. 363
Craig, Clarence E. 538

Croce, Benedetto 372
Cromwell, Oliver 45, 337, 337, 340
Czernin von und zu Chudenitz, Ottokar Graf 149, 151

D'Abernon, Edgar Vincent, 1st Viscount 562, 580
D'Amelio, Mariano 553
D'Annunzio, Gabriele 280
Dahn, Felix 154
Dante Alighieri 374
Deimling, Berthold von 154, 154
Deißmann, Adolf 348
Delacroix, Léon 553
Delbrück, Hans 7, 10 f., 25 f., 32, 74, 81, 90 f., 100, 119, 202, 206 f., 221, 227, 244, 279, 300 f., 349, 401, 401, 486, 590
Delbrück, Lina 300
Denikin, Anton Iwanowitsch 245, 245, 435
Descartes, René 371
Dessberg, Frédéric 416
Deutsch, Paul 506
Dietmar, Carl 518
Dilke, Sir Charles Wentworth 130, 130
Diokletian, römischer Kaiser 434
Disraeli, Benjamin 104, 105
Dnjeprow, Sergej 434
Döring, Herbert 221, 279
Doerries, Reinhard R. 380
Dorrmann, Michael 10
Doss, Kurt 196
Dowe, Christopher 138
Doyé, Georg 269, 269
Drescher, Hans-Georg 202, 206, 286
Dreyfus, Alfred 254, 319
Dupont, Charles Joseph 113

Ebert, Friedrich 15, 55, 59, 60, 68, 127, 205, 206, 208, 231, 234, 240, 251, 255, 258, 262, 264, 265, 355, 356, 422, 444, 458–460, 471, 471, 472, 472, 507, 559

Ehrenberg, Hans 211
Ehrhardt, Hermann 255, 258, 262, 546, 546
Eisner, Kurt 69, 69, 82, 556, 557
Elisabeth I., Königin von England 183
Engelmann, Hans Robert 175
Epstein, Fritz T. 90
Epstein, Klaus 130, 241, 252
Erger, Johannes 255, 257–262, 264, 271, 546
Erkelenz, Anton 404, 404
Ernst August I., König von Hannover 283
Erzberger, Matthias 3, 14, 18, 68, 76, 100, 126, 129, 129, 130, 130, 138, 138, 139, 141, 149, 149, 150, 150 f., 152, 152, 154, 154, 185, 193, 224, 231 f., 237, 237, 240, 240, 241, 241, 252, 252, 253, 253, 255, 257 f., 282, 295, 298, 317, 322, 325, 385, 444, 444, 445 f., 446, 447 f., 451, 451, 454, 455, 457, 459, 527
Eucken, Rudolf 22, 569
Eversdijk, Nicole P. 158, 523, 532 f.
Everth, Erich 439, 439

Facon, Patrick 385
Facta, Luigi 540, 541
Falkenhayn, Erich von 122, 498
Fechenbach, Felix 556, 556 f.
Fehlberg, Frank 91, 464
Fehrenbach, Konstantin 321, 414, 416, 425, 588
Feldman, Gerald D. 295, 399, 426, 428, 443, 462, 477, 493, 506, 512, 524, 560, 570, 574, 578
Fichte, Johann Gottlieb 171 f., 172, 490, 490
Fick, Paul 266
Fink, Carole 493 f., 524
Fischer, Ruth 544
Fischer, Thomas 364
Foch, Ferdinand 394
Förster, Friedrich Wilhelm 452

Fouché, Joseph 416
Francke, Ernst 204 f.
Freymuth, Arnold 326
Friedjung, Heinrich 168, 168
Friedlaender-Prechtl, Robert 301, 301 f.
Friedrich II., Großherzog von Baden 202
Friedrich II., König von Preußen 107, 388
Frisch, Efraim 28
Fromkin, David 385, 443, 573, 579

Galilei, Galileo 371
Gambetta, Léon 226
Gandhi, Mahatma 328
Gareis, Karl 447, 447
Garnich, Lotte 293
Gassner, Ulrich M. 237
Gelberg, Karl-Ulrich 449
Georg II., König von Griechenland 580
George, Stefan 371
Geßler, Otto 192, 472
Gide, André 515
Giesberts, Johann 365
Gimmel, Jürgen 373
Giolitti, Giovanni 366, 366
Glasson, Pierre-Félix 113
Gleichen-Rußwurm, Heinrich von 62, 74, 203, 294, 299, 324
Goethe, Johann Wolfgang von 98, 207, 213, 369, 371, 371, 372, 488
Goetz, Walter 198, 374
Gog, Gregor 404
Goldstein, Erik 468, 495
Grabowsky, Adolf 105
Gradnauer, Georg 283
Graefe, Albrecht von 150, 151, 426, 426
Graf, Friedrich Wilhelm 33, 39, 515, 538
Graf, Michael 28
Grau, Roland 83
Grautoff, Otto 515

Groener, Wilhelm 60, 208, *208*, *226*, *401*, *427*, 458, 492, *492*
Groth, Klaus 131, *131*
Grünberg, Carl *333*
Grünthal, Günther *137 f.*, *141*, *433*
Grypa, Dietmar *510*
Gurko, Wassili *121*
Gutjahr, Wolf-Dietrich *245*, *544 f.*

Haase, Hugo 68, *68*, *102*, 208
Haeften, Hans von *59 f.*, *385*, *401*, *427*, *467*
Haenisch, Konrad *6*, *30 f.*, *57*, 88, *88*, 221, *222*, *310*, *326*, 463, *463*
Hagenlücke, Heinz *203*, *225*
Haguenin, Émile *113*, *227*, *393*, *414*
Hahn, Kurt *201*
Haldane, Richard, 1st Viscount *481*
Hamilkar *389*
Haniel von Haimhausen, Edgar 261
Harden, Maximilian *246*, 559, *559*
Hardenberg, Carl August von 140 f.
Harding, Warren Gamaliel *363*, *403*, *409 f.*, 413, 495, 503
Harnack, Adolf von *16*, *203*
Hauptmann, Gerhart *22*
Haußmann, Konrad 208, *208*
Havenstein, Rudolf *578*
Headlam-Morley, James Wycliffe 401, *401*
Hedemann-Heespen, Paul von *360*
Hegel, Georg Wilhelm Friedrich *372*
Heim, Georg 320, *320*, 456, *456*
Heine, Wolfgang 87, *87*, 269, *269*, 282, *283*, 285, *286*
Heinemann, Ulrich *155 f.*, *224*, *387*, *402*, *496*
Helfferich, Karl *62*, 150, *150 f.*, *224*, *224*, 227, 240, *240*, 241, 253, *253*, *415*
Helmreich, Ernst Christian *214*
Henle, Adolf *27 f.*
Henneberg, Berthold von *405*
Hensel, Paul *569*

Hentzschel-Fröhlings, Jörg *384*, *407*, *494*, *504*, *542*, *544*, *551*
Hergt, Oskar 87, *88*, 508
Herkner, Heinrich *301*
Hermes, Andreas *548*, 552, *552*, 553
Herodot *389*
Hertling, Georg von 152, 354, *354*, *376*
Hess, Johann Jakob *501*
Hesse, Hermann *374*
Heuss, Theodor *10*, *198*
Hildebrand, Gerhard *462*, *463*
Hildebrandt, Kurt *372*, *372*
Hildermeier, Manfred *245*, *436*, *529*, *546*
Hilferding, Rudolf *219*
Hindenburg, Paul von Beneckendorff und von 150, 154, 210, *210*, 224, 277, 355, *415*, 458, 496, *496*
Hintze, Hedwig *375*, *375*
Hintze, Otto *10*, *16*, 177, *177*
Hintze, Paul von 201, *201*, 354
Hirsch, Paul *211*, *283*
Hirschfeld, Oltwig von *241*
Hörsing, Otto *235*
Hoetzsch, Otto *227*, *545*
Hoffmann, Adolph *57*, *87*, 102, *102*, 137, *137*, 140, 308, *308*, 373, 391, *391*
Hoffmann, Dieter *279*
Hoffmann, Johannes *283*
Hoffmann, Rolf *569*, *578*
Hopkins, C. Howard *349*
Horaz *64*
Horthy, Miklós *474*
Hübinger, Gangolf *20*, *23*
Hübner, Christoph *389*
Hügel, Friedrich von *223*, *441*, *569*, *571*
Hugenberg, Alfred *450*
Hughes, Charles Evans 587, *587*
Huizinga, Johan *413*
Humann, Hans *399*
Humboldt, Wilhelm von *369*
Husserl, Edmund *569*

Iswolski, Alexander Petrowitsch 496, *496*

Jackson, Robert 67
Jäckh, Ernst *126*, *201*, *295*
Jagow, Traugott von 259, *259*, 261 f., 401, *433*, *497*
Jahnke, Richard 30
Jarausch, Konrad H. 379
Jatho, Carl 464
Jean Paul 533, *533*
Jegelka, Norbert 97
Jesus von Nazareth 500, 565, *565*
Joffe, Adolf A. 54, *207*

Kaehler, Wilhelm 545
Kämpchen, Martin 428
Kahl, Wilhelm 204, *279*, *283*
Kahr, Gustav Ritter von *283*, *346*, *444*, *449*, *455*, 457
Kant, Immanuel 369, 371
Kapp, Wolfgang 203, 255, *257 f.*, 259, *259 f.*, 261, *261*, 262, *262*, 265, *266*, *269*, *271*, *282*, 300, 432, *432*, *464*
Karl I., Kaiser von Österreich, König von Ungarn 474, *474*
Karl I. von Anjou, König von Sizilien 292
Karl der Große, Fränkischer König und Kaiser 346
Kautsky, Karl 69, *69*, *155*, *400*
Kay, John de 113, *114*
Keim, August 88, *88*
Kelsen, Hans 333, *333*, 334
Kemal, Mustafa 579
Kemper, Claudia *10*, *75*, *294*, *301*, *322*
Kerenski, Alexander Fjodorowitsch 80, 204, 332, 335, 457
Kessel, Gustav von 242, *242*
Kessler, Harry Graf *66*, *196*, *198*, *227*, *233*, *541*
Keynes, John Maynard 539, *539*, 571, 576, *576*, 582, 588
Keyserling, Hermann Graf *190*, 371, *372*, *374*, *588*
Kierkegaard, Sören 371
Killinger, Manfred von 455, *455*
Kilmarnock, Victor Hay, 4th Baron 263
Kimmich, Christoph M. *562*, *580*
Kindersley, Robert 553
Kipp, Theodor 204
Kips, Valckenier 532, *532 f.*
Kjellén, Rudolf 343, *343*, 344, 350
Klatt, Rudolf 261
Klemperer, Klemens von 544
Kluchert, Gerhard 57, *222 f.*, *305*, *310*, *312 f.*
Kluge, Friedrich 128
Kluge, Ulrich 55, *60 f.*
Knilling, Eugen von 151
Koch-Weser, Erich 192
Köhler, Henning 113
Kolb, Eberhard 117
Koller, Christian 292
Koltschak, Alexander Wassiljewitsch 435
Konstantin I., König von Griechenland 580
Kopp, Viktor 546, *546*
Koszyk, Kurt 360
Kotzebue, August von 457, *457*
Krassin, Leonid 573
Kratz-Kessemeier, Kristina 373
Kratzsch, Gerhard *21–23*
Kraus, Franz Xaver *4*, *28*
Kries, Wolfgang von *87*
Krohn, Claus-Dieter 205
Krüger, Peter *328*, *439*, *513*, *525*
Krüger, Renate 266
Kuèera, Jaroslav 348
Kühlmann, Richard von 152, 354, *354*
Kulemann, Wilhelm 352, *352*
Kun, Béla 135

Labriola, Franz Alberto 127
Lagarde, Paul de 319, *319*
Lamprecht, Karl *22*, *204*
Landsberg, Otto 156

Lange, Friedrich Albert 366, *366*
Larsen, Karl 400, *400*
Lassalle, Ferdinand 169, 333
Latzin, Ellen *449*
Ledeen, Michael A. *280*
le Fort, Gertrud von *11*, *29*, *35f.*, *116*, *256*, *265f.*, *441*, *520*
le Fort, Stephan von *256*, *265f.*, *464*
Legien, Carl *81*, *201*, *203*, 263, 270
Leifeld, Marcus *518*
Lenin, Vladimir Iljitsch *10*, *18*, *45*, 67, 332–334, 336 f., *337*, 338, *338*, 340, *404*, 434, 545, *573*
Lensch, Paul 111, *111*, 169, 176, 284, *284*
Lepsius, M. Rainer *15*
Lequis, Arnold 55, *55*, *60*
Lerchenfeld-Köfering, Hugo von 456, *456*, *560*
Le Rond, Henri *344*
Lersner, Kurt von *241*
Lewald, Theodor 261, 356, *356*
Leygues, Georges 383, *383f.*
Lichtenberger, Henri *227*
Liebermann, Max *22*
Liebknecht, Karl *8*
Liljequist, Per Efraim *569*
Linhardt, Andreas *507*
Linke, Horst Günther *573*
Litzmann, Karl *89*
Lloyd George, David 231, 247, *248*, 328, *328f.*, 378, 384, *384*, 385, *393*, 396, *396*, 401, *401*, *407*, 423, 461, *461*, 470, 484, *493f.*, 495, 502, *502*, 513, *513*, 539–541, *541*, 548–551, 562, *562*
Lodge Sr., Henry Cabot 410, *410*
Löbe, Paul *391*
Löwe, Adolf (i. e. Adolph Lowe) *204f.*
Lokin-Sassen, Pia *528*
Louis Antoine Henri de Bourbon-Condé, Herzog von Enghien *416*
Lubersac, Louis Guy Marquis de *574*, 581, *581*

Luckwaldt, Friedrich 411, *411*
Ludendorff, Erich 76, *77*, 122, 150, *151*, 156, *156*, 201, *201*, 224, *224*, 226 f., 260, *260*, *271*, 378 f., 389, *389*, *415*, 417, *417*, 419, 476, *476*, 483, *483*, 486, *486*, *490*, 497–500, *500*, 564, *564*
Ludwig III., König von Bayern 205, 478, *478*
Ludwig XIV., König von Frankreich 228, *228*, 346
Lüttwitz, Walther von 55, *255*, 257, *257*, 258, *258*, 260, *260f.*, 262–264, *264*, 271
Luxemburg, Rosa *8*, 60, *60*

Machtan, Lothar *202*
MacMillan, Margaret *67*, *145*, *363*, *410*, *539*
Mages, Emma *450*
Mai, Gunther *71*, *112*, *154*, *202*
Maltzan, Ago von *551*
Mandelkow, Karl Robert *371*
Manèal, Josef *450*
Manjapra, Kris *243*, *245*, *345*, *511*
Mankiewitz, Paul *75*
Mann, Thomas *45*, *130*, 306, *306*
Martin, Thomas S. *573*
Marwitz, Bernhard von der *515*
Marx, Karl *11*, 74, 90, *90*, 169, 223, 251, 333, *338*, 367, 399
Masaryk, Tomáš Garrigue 347
Maurer, John *468*, *495*
Mawdsley, Evan *364*
Max von Baden, Prinz 70, *70*, 80, 108, 116, *123*, 151, *196*, *201*, 202, *202*, 203, *203*, 204, *205*, 207 f., *349*, 354, *354*, *376*, *402*, 414, 458, 460
Maximilian I. von Habsburg, Kaiser des Heiligen Römischen Reiches 107
McKenna, Reginald 582, *582*, 588
Meinecke, Antonie *22*
Meinecke, Friedrich 2, *10*, *16*, *22*, 34, *38f.*, *41*, *44*, *60*, *101*, 175, *175*, 176 f.,

177, 189, 201 f., 204, 227, 240, 256, 279, 301, 379, 396, 404, 405, 532, 563, 589–592
Mende, Clara 293
Mendelssohn, Kurt 279
Mercier, Louis-Sébastien 183
Meyer, Eduard 77, 151, 203, 292, 315
Michaelis, Georg 150 f., 151, 152 f., 376, 499, 499
Michel, Ernst 371
Miller, Susanne 54, 82, 321
Millerand, Alexandre 241
Mirbach-Harff, Wilhelm Graf von 62
Mitchell, Allan 82
Moellendorff, Wichard von 89
Moeller van den Bruck, Arthur 294, 544
Mohammed 338
Molendijk, Arie L. 413, 523, 533
Moltke, Helmuth Johannes Ludwig von 108, 108, 242, 242
Mombauer, Annika 121
Mommsen, Theodor 91
Morel, Edmund D. 196, 292, 322, 352
Morgan Jr., John Pierpont 553
Morgan, David W. 54
Morgenthau Sr., Henry 215, 215
Morsey, Rudolf 57, 138, 141, 446, 561
Mott, John R. 348 f.
Mühlhausen, Walter 317, 471 f.
Müller, Adam 323, 323
Müller, August 257, 302, 302, 464, 464
Müller, Hermann 152, 195, 195, 282, 300, 321, 415, 415
Müller, Tim B. 17
Müller-Hess, Eduard 501
Münch, Ingo von 554
Muhr, Josef 127
Mussolini, Benito 366
Muthesius, Hermann 22

Nachimson, Miron Isaakovic 28
Napoleon Bonaparte 171, 172, 346, 396, 396, 397, 405, 416, 495, 503, 570

Natorp, Paul 12, 22, 93, 97, 569
Naumann, Friedrich 10, 20, 22, 75, 201, 222, 301, 486
Neep, Daniel 424
Nees, Christian 33, 39, 515, 538
Nernst, Walther 279, 345
Neurath, Otto 418, 418
Newton, Sir Isaac 371
Nicolai, Walter 123
Niedhardt, Gottfried 521
Nietzsche, Friedrich 11, 45, 74 f., 169, 174, 181 f., 216, 216, 225, 225, 411, 414, 415, 488, 490, 535
Nikolaus II., Zar von Russland 481
Nipperdey, Thomas 476
Nitti, Francesco Saverio 576, 576, 588
Nivelle, Robert 409, 409
Nock, Albert Jay 401
Northcliffe, Alfred Harmsworth, 1st Viscount 295, 295
Nortz, Eduard 456
Noske, Gustav 81, 134 f., 138 f., 191, 200, 218, 231, 236, 251, 256 f., 257 f., 269, 355, 458

Oberländer, Erwin 544
Oehme, Walter 227
Oeser, Rudolf 259, 259, 473, 473
Oheimb, Katharina von 497
Ohnezeit, Maik 260, 269, 391, 452
Osmond, Jonathan 186
Ostermann, Martin 38 f.

Pabst, Waldemar 269
Pacelli, Eugenio (Papst Pius XII.) 309, 498, 498 f.
Paulus, Rudolf 10, 20, 29
Payer, Friedrich von 229, 229
Peter der Große, Zar von Russland 544, 544
Peters, Carl 130
Petzinna, Berthold 74 f., 295, 307
Pipes, Richard 573
Pipkin, Charles W. 33

Planck, Max 279, *371*
Platon 97, 337
Plenge, Johann 111, *134*, 169
Plievier, Theodor 404
Poehlmann, Margarete 293
Pöhls, Joachim 190
Pöhner, Ernst 455, *455*, 456, *456*, 457
Poincaré, Raymond 383, *384*, 496, 504, *504*, 506, 513, *513*, 521, 549, 571, *571*
Polzin, Martin 266
Pontius Pilatus 565, *565*
Posadowsky-Wehner, Arthur von 22, 451, *452*
Preuß, Hugo *16f.*, *211*, 355, *355f.*
Preyer, Dietrich 545
Price, Morgan Philips 66

Radbruch, Gustav 465, *465f.*, *559*
Rade, Martin 22
Radek, Karl *10*, *28*, 245, *245f.*, *525*, 543, *544*, 545, *545*, 546, *546*, 547, 552
Ramm, Eberhard 260
Ranke, Leopold von 144, *144*, 166, *166*, 168, 176, 273, *273*, 276, *382*
Rathenau, Walther *10*, *18*, *33*, *36*, *174*, *245*, *256*, *384*, *407*, *413*, *447*, 493f., *494*, 504, *504*, 505, *505*, 514, *525*, *544*, 548, 550, *551*, 557, *557*, 558, *558–560*, 563, *563f.*, 566f., 570, 574, 576, 581, *581*, 582, *582*, 585, 588, *591f.*
Raulff, Heiner 108
Raumer, Hans von 588, *588*
Reger, Max 22
Reif, Wolfgang 374
Reinhardt, Karl 311, *311*
Reinhardt, Walther 257
Reintjes *30f.*
Rennenkampf, Paul von 120, *121*
Reuter, Fritz 131, *131*
Reventlow, Ernst Graf zu 279, 280, 544
Riasanovsky, Nicholas V. 256
Richelieu, Armand Jean du Plessis, Herzog von 346, 495
Richert, Hans *313*
Richter, Ludwig *116*, *260*, *452*
Rickert, Heinrich *372*, *569*
Riezler, Kurt *198*, *353*
Rippler, Heinrich 189
Robespierre, Maximilien Marie Isidore de 335, 340, 434, *434*
Roethe, Gustav 102, *102*
Rohrbach, Paul *90f.*, *119*
Rosen, Friedrich 425
Roth, Christian 455, 457
Roy, Manabendra Nath 243
Ruddies, Hartmut *15*
Rückert, Friedrich 172, *172*
Rüdt von Collenberg, Ludwig 279
Ruhstrat, Jakob 27
Ruijs de Beerenbrouck, Charles 528
Ruppert, Godehard 370
Rupprecht von Bayern, Bayerischer Kronprinz 221, *221*, 478, *478*
Russell, Bertrand *18*, *332*, 335, *335*, 337–339, *340*, 341

Sabrow, Martin *455*, *556*, *559*
Saha, Meghnad 345
Saint-Just, Louis Antoine de 335
Sand, Karl Ludwig 456, *457*
Saroléa, Charles 233
Sauer, Bernhard 269
Schäfer, Dietrich 203
Schairer, Reinhold 519
Scheer, Reinhard 451, *451*, 500, *500*
Scheidemann, Philipp *13–15*, *77*, *100*, 102, *102f.*, *125*, 127, *129*, *155*, 230, 265, 415, *415*, 556, *556*, *574*
Scheifley, William H. 394
Scheler, Max 121, *121*, 533, *533*
Schëuch, Heinrich *60*, 458
Schiffer, Eugen *155*, 192, *192*, *198*, 238, 248, *248*, *256*, 260, *260*, 262, 262, 263, *263f.*, 282, *282*, *465*, *530*, *554*, 555
Schiller, Friedrich *183*

Schleiermacher, Friedrich Daniel
    Ernst 172
Schlieffen, Alfred von 108, *108*
Schlüter, Willy 534, *534*
Schmidt, Robert 247, 426, *426*
Schmitt-Ott, Friedrich 203
Schneider, Hans 326
Schotte, Walther *300 f.*, 486
Schroeder, Franz 261
Schücking, Walther 237
Schüddekopf, Otto-Ernst *544 f.*
Schüler, Edmund *195*, 425
Schueler, Hermann 557
Schulthess, Friedrich 501
Schultze-Naumburg, Paul 22
Schulz, Gerhard 235, 283, *358*, 456
Schulz, Heinrich 250, *250*, 305
Schulze, Hagen *220*
Schulze, Johannes 370
Schumacher, Fritz 22
Schumacher, Hermann 301, *301*
Schumann, Paul 22
Schumann, Wolfgang *6*, 223
Schwabe, Klaus 100
Schweriner, Artur 28
Seeberg, Reinhold 244
Seeckt, Hans von 258, 264, *264*, 458, 546
Self, Robert *407*
Sergent, Charles 553
Sering, Max 16, *532*
Severing, Carl 285
Shaw, Bernard 534
Siebeck, Oskar 34, *38–40*
Siebeck, Werner 39
Sigel, Robert *111*
Simon, Heinrich *198*
Simons, Walter 383, *391*, 419, *420*, 425, *425*
Sinowjew, Grigori Jewsejewitsch 439
Sleeswijk, Jan Gerard 35, *523*, 533, *533*, *535*
Sösemann, Bernd *77*
Solf, Wilhelm 68, *68*, *81*, *123*

Sorel, Albert 332, *332*
Spahn, Martin 34, 75, *75*, 295, *295*, 299, *299*, 300, 322 f., 445, *445*
Spengler, Oswald *18*, *35*, *111*, *171*, 174, *174 f.*, 176, *176*, 371, 508, *509*, 565, *565*, 566, *566*
Stadtler, Eduard *10 f.*, *62 f.*, 75, *75*, 294, *294*, 299, *299 f.*, 322, *322*, 323, *323*, 324
Stählin, Karl 346, *346*, 347
Staël, Anne Louise Germaine de 534, *534*
Stalmann, Volker *5*
Stang, Joachim *86*
Stegerwald, Adam *201*, *203*, *326*, 364, *364*, *431*, 432, *432*, 460, *461*, 472 f., *473*, 561, *561*
Stein, Hermann von 534, *534*
Steiner, Rudolf 371, *374*
Steinisch, Irmgard *426*
Stern, Fritz *319*
Sthamer, Friedrich *407*, 425
Stinnes, Hugo 295, *295*, 300, 322, *322*, 323, 360, 399, *399*, 428, *428*, 462, *477*, 485, *491*, 492 f., *493 f.*, 504, 574, *574*, 581, *581*
Strack, Hermann Leberecht 476, *476*
Streeter, Burnett Hillman 538
Stresemann, Gustav 260, *260*, 365, *365*, 451, *471*, 489, *489*, 544
Strünckmann, Carl 404
Südekum, Albert 283, *283*
Sybel, Heinrich von 332, *332*

Tagore, Rabindranath 428, *428*
Taine, Hippolyte 332, *332*
Takashi, Hara 483
Talât Bey 259, *259*
Talleyrand-Périgord, Charles-Maurice de 172
Thoma, Ludwig 450
Thoss, Bruno 546
Tirpitz, Alfred von 76, *77*, 121, 156, *156*, 203, *203*, 378, 380, 399, *399*,

415, 419
Tocqueville, Alexis de 332, *332*
Töpner, Kurt *102*
Tokody, Gyula *135*
Traub, Gottfried 259, *259*, 267, *450*, 464, *464*
Treitschke, Heinrich von 391, 411
Triepel, Heinrich *237*
Troelsta, Pieter Jelles *528*
Troeltsch, Elise 2, *29*, 38
Troeltsch, Ernst Eberhard 206, *223*
Troeltsch, Marta *39*, 205 f., *266*
Troeltsch, Rudolf *201*, *441*
Trotzki, Leo *18*, 207, *207*, 246 f., 340, 435, 438, 458, 545
Trunk, Gustav *457*
Tschitscherin, Georgi Wassiljewitsch 336
Tuchman, Barbara W. *118*, *410*

Ulitzka, Carl *141*
Ullmann, Hans-Peter *377f.*
Urquart, Leslie *573*

Verdi, Giuseppe *292*
Vissering, Gerard *553*
Vögler, Albert 300, *300*
Vollmar, Georg von *22*

Waetzoldt, Wilhelm 367, *367*
Waldschmidt, Walther *302*
Weber, Alfred *201*
Weber, Fritz *462*
Weber, Marianne *22*, *104*, *417*
Weber, Max *17*, *34*, *104*, *286*, 417, *417*, 418, *418*, *589*
Wedel, Botho von *151*
Wehler, Hans-Ulrich *98*, *210*, *244*
Weigand, Wolf Volker *91*
Weinel, Heinrich *564*
Weismann, Robert *455*
Weiß, Volker *545*
Weiß, Wilhelm *450*
Wells, Herbert George 508, *508*, 588
Westfal, Winfried *500*

Wette, Wolfgang *257*
Wheeler, Robert F. *101*, *145*, *330*, *334*
Wigger, Iris *352*
Wilhelm II., Deutscher Kaiser und König von Preußen 9, 22, 80, *80f.*, 108, 121 f., 155, 167, 188, 202 f., *203*, 206, 208, *222*, 243, *243*, 377, *377*, 378, *378*, 379, 388, 391, 401, 405, *415*, 496, *496*, 498–500
Wilhelm von Preußen, deutscher und preußischer Kronprinz 203, 378, 498
Wilhelmi, Christoph *372*
Wilson, Woodrow *12*, *14–16*, 65, 100–102, *103*, 113, *117*, 120, 166 f., 195, 239, 242, 306, 348, *349*, 361, 363, *363*, 394 f., 398, 402, 409, *409*, 410, *410*, 411, 413, 423, 452, 470, 479 f., 484, 502 f.
Winkler, Heinrich August *15*, *82*, *89*, *109*, *150*, *155*, *200*, *205*, *240*, *253*, *257*, *263f.*, *271*, *282f.*, *294*, *297*, *404*, *422*, *433*, *439*, *444*, *459f.*, *466*, *510*, *559–561*, *584f.*
Winnig, August 261, *261*
Wirsching, Andreas *20*
Wirth, Joseph *14*, *18*, *412*, *414*, *416*, *425*, *431*, 445, *446f.*, *455*, 459 f., *469*, *471*, 471, 472, *472*, 473, 493 f., *504*, 505, *505*, 509, *510*, *517*, *525*, *551*, 552, *552*, 553, *574*, *580*, *582*
Wittek, Thomas *66*, *502*
Wolf, B. *28*
Wolff, Kurt *28*
Wolff, Theodor *212*, *356*
Woller, Hans *366*
Wrangel, Pjotr Nikolajewitsch 364, *364*
Wright, Jonathan R. C. *29*, *309*, *326*

Yorck von Wartenburg, Ludwig 189, *189*, 190
Young, Geoffrey Winthrop *66*

Ziemke, Earl F. *579*

Zimmermann, Arthur   409, *409f.*
Zirkel, Kirsten   *154*

Sachregister

Recte gesetzte Zahlen verweisen auf Troeltschs Text, kursiv gesetzte Zahlen auf die Herausgeberrede.

Abendland 91, 177
–, Untergang 171–178
Abgeordnetenhaus, preußisches *16*, 378, *378*
Absolutismus 182, 301, 405
Ägypten, Ägypter 279, *280*
Ämterversorgung 134
Ämterverwüstung, sozialdemokratische 476
Ästhetengeschmack 78
Afrika, afrikanisch 292, 347, *396*
Agadir 552, *552*
Agitation, antidemokratische 323
–, antirepublikanische *240*
–, antisemitische 147
–, öffentliche *402*
–, politische 360
–, rechtskonservative *18*
–, russische 84
–, sozialdemokratische 157
–, unabhängige 128
Agrarisierung 57
Agrarpolitik 221
Akademie auf dem Burgberg *569*
Akademiker 244, 267
Albigenser 91, *91*
Alexandrinismus 174, *174*
Algesiras 482
Alldeutsche *23*, 62, 73, 77, 149, 227, 255, 257
Alleinkriegsschuld, deutsche 465, 495, 557
Allgäu 201, *441*

Allgemeiner Deutscher Gewerkschaftsbund 263, *559*
Ambach *569*
Amerika, Amerikaner
→ USA *13*, *16*, 77, 100, 113, 118, *130*, 145, 152 f., 161, 166, 170, 172, 175 f., 200, *215*, 216, 225 f., 285 f., 292, 324, 329, 340, 343, 345 f., 348, 363, 380, 385, 397 f., 406, 408–411, 413, 419, 423, 425, *438*, 443, 468, 476, 479–485, 489 f., 495 f., 502–504, 508, 511, 513, 521, 527, 537, 547, 549, 558, 573, 579, 582
Amerikanisierung 574
–, der Welt 581
–, Deutschlands *13*, 479–491, 581
Amiens 379
Ammersee *441*
Amsterdam *158, 523*, 530
Analogien, historische 331, 389
Anarchie 55, 96, 109, 316, 325, 434, 458, 489, 539
Anarchismus *11*, 74, 111, 163, 169 f., 182, 186, 333–335, 349, 369, 371
Anarchisten *11*, 74, 134, 146, 275
Anatolien 385, *443, 579*
Angelsachsen 228, 480, 490, 587
Angestellte 204, 249, 493, 520, 528
Ankara 384, *443, 495*
„Annalen für soziale Politik und Gesetzgebung" 97
Annexion(en) 56, *91*, 142, *149*, 203,

463, 499
Annexionismus, alldeutscher 23
Antalya *430*
Anti-Amerikanismus 490
Antibolschewistische Liga 10, *62*, 75, 294
Antidemokraten 299
Antike 169, 174, 176
Antisemiten 310, 359, 427, 445
Antisemitismus 9, 151, 212, *215*, 257, 306, 367, 432, 448, *476*, 570, 574
Antwerpen 385
Arbeit 61, 94, 131, 158–161, 163, 183, 223, 239, 253, 267, 281, 298, 305–307, 310, 329, 345 f., 350, 356, *365*, 368, 372, 386, 412, 459, 468 f., 471, 488
Arbeiter- und Soldatenräte 53, *55*, *60*, 69, 97, 182, *200*, 262
Arbeiterfamilien 517
Arbeiterführer 129, 200, 203
Arbeiterpartei(en) 288, 364, 404, 433
Arbeiterregierung 277, 559 f., 568
Arbeiterschaft *15*, 89 f., 143, 192, *263*, 267, 300 f., 322, 345, 349, 353, 438, 453, 463, 507, 566, 584
Arbeiterschaft und Bürgertum, Ausgleich *17*, 398–400, 417
Arbeitsamkeit 75, 161
Arbeitsausschuss Deutscher Verbände *402*
Arbeitsgemeinschaft, republikanische 584
Arbeitsgemeinschaft für Politik des Rechts *402*
Arbeitsgesinnung 158 f., 163
Arbeitslager *245*
Archangelsk 66, *67*
Argentinien 363, *363 f.*
Aristokrat(en) 304, 331, 360
Aristokratie 96, 436, 438, 563
–, geistige 375
Armeerevolution 93, 143
Armenier *215*, 279

Asiatisierung des Marxismus 332
Askese 565, *566*
Atheismus, Atheisten 307, 309 f., 411, 433, 490
Auerstedt *131*, *171*
Aufklärung 490
Aufklärungsideologie 439
Auflösungspolitik, französische 427
Aufschwung, moralischer 72
Aufstand, oberschlesischer *416*
Aufteilung Deutschlands 127, 197
„Augsburger Abendzeitung" *29*, 449, *450*, 464
Auslieferung 120, *120*, 129, *129*, *156*, *228*, 236, *236*, 237, *237*, 241 f., *242*, 243, 248, *248*, 274
Ausnahmegesetz(e) 444, 451
Ausschuß für eine deutsche Dantefeier *374*
Außenpolitik *12*, *108*, *110*, 194 f., 383, 427, 447
Australien 586
Auswärtiges Amt *62*, *108*, *151*, 195, *243*, 247, *354*, *400*, *402*, 425, 551, 582
Auswanderungspolitik 424
Autokratien 166

Bad Griesbach *444*
Baden *202*, *228*, *240*
Badische Kammer, Erste *202*
Balkan 63, 108, *280*, 307, 580
Baltikum 144, *189*, 220
Bamberg 77
Barbarenlegende 386
Bauern 91, 186, 221, 283, 331, 335 f., 339, 350, 364 f., 435–437, 448
Bayerische Volkspartei 83, *283*, *317*, *320*
Bayerischer Bauernbund *283*
Bayern 82, *82*, *135*, 205, *214*, *225*, *235*, *240*, 277, *277*, 283, *283*, *309*, 345, *345 f.*, 347, *432*, 444, *444*, 448 f., *449*, 450, *450*, 451 f., 455, *455*, 456, *456*, 560 f., 570, 575

Sachregister

–, Sezession 561
Beamte 15, 70, 83, 94, 134, 156, 159, 179, 182, 185 f., 186, 191, 201, 206, 220, 220, 224, 229, 234, 245, 250, 261, 266, 268–270, 274 f., 287 f., 309, 325, 334, 355, 378, 387, 437, 442, 463, 465, 472 f., 491, 493, 507, 507, 508, 517, 520, 527 f., 555 f., 559, 561, 579, 582, 585
Beamtenbesoldung 298
Beamtenregierung 287
Beamtenstreik 507 f., 528
C. H. Beck, Verlag 174
Befreiungskrieg(e) 107, 172, 179, 189
Belgien 56, 56, 117, 117, 118, 121, 121, 145, 145, 180, 201, 201, 244, 407 f., 468, 578
Beobachter, engagierter 3
Berlin 1–3, 5, 8–12, 16, 27, 55, 60, 61, 62, 63, 66, 73, 73 f., 76 f., 80, 80, 83, 85, 85, 87, 100 f., 113, 116, 118, 126 f., 142, 147, 188–198, 199, 205, 205, 206, 207, 227, 240, 243, 245, 245, 255, 258 f., 260 f., 262 f., 268, 278, 283, 294, 303, 304, 305, 309, 309, 322, 341, 347, 348, 355 f., 359, 359, 372, 374, 390, 403, 414, 420, 428, 439, 442, 448, 454, 460, 460, 469, 477, 506 f., 507, 511, 525, 535, 537, 544, 546, 546, 573
Berliner Bürokratie 359
Berliner Januaraufstand 83, 245
Berliner Kommunalfreisinn 475, 475
Berliner Kunstausstellung 373, 373
„Berliner Tageblatt" 25 f., 58, 135, 192, 212, 303, 391, 401, 463 f., 481, 496, 496
Berliner Wacht 237
Bern 65, 227, 526
Berner Sozialistenkongress 69
Berufsdiplomat(en) 414, 425
Berufsstände 147, 296
Besatzungstruppen, alliierte 292
–, französische 416, 422

Bessarabien 67
Betriebsrätegesetz 193, 193, 281, 293, 297, 297, 301, 302, 317
Bevölkerungssteigerung 428
Bildung 169, 173, 182, 230, 289, 311 f., 314, 337, 367 f., 475, 490, 530 f.
–, akademische 221, 312
–, deutsche 289, 312
–, geistige 143, 223, 312
–, höhere 146 f., 152, 185, 222, 311, 312, 313, 369, 474, 531
–, humanistische und historische 312
–, künstlerische 369
–, mathematisch-naturwissenschaftliche 312
–, städtische 221
–, wissenschaftliche 169
Bildungspolitik 140
Bildungsproblem 312
Bildungsschicht(en) 8, 18, 108, 311, 461
Blockade 61, 80, 99, 103, 115, 119, 124, 232, 237, 242, 274, 336, 353
Boheme 318, 517
Bolschewisierung 546
Bolschewismus 5, 11, 14, 55 f., 62, 63, 66–68, 73–75, 88–90, 90, 91, 97, 143, 168, 189, 195, 197, 218, 221, 236, 244, 249, 266, 275, 279 f., 304, 327–342, 349, 351–353, 363, 387, 404, 434 f., 438, 509, 551
–, polnischer 67
–, russischer 218
–, Struktur des 434–439
Bolschewisten 61, 66, 73 f., 96, 208, 243, 244–246, 262 f., 265–269, 321, 331, 333, 335–338, 340, 345, 435, 439, 457 f., 546
Boulogne 513, 540, 549
Bourgeoisie 81, 190, 245, 335, 339, 475, 579
Brasilien 259
Braumüller, Verlag 174
Braunschweig 137, 137
Bremen 137, 250, 399

Brest (Frankreich) 385
Brest-Litowsk, Vertrag von 62, *91*, 542, *542*
Brüssel *350*
Buddhismus 175
Bücherausfuhrbestimmungen 516
Bürgerdemokratie 546
Bürgerkrieg *3, 8–13, 17–19*, 56, 76, 229, 236 f., 244, 264–272, 292, 322, 350, 358, 403, 428, 435, 446, 454, *524*, 562 f., 566, *579*
–, russischer *545*
Bürgerlichkeit 94, 287
Bürgertum *5, 7, 10, 13, 16, 19*, 72 f., 75, 79, 83, 90, 94 f., 128, 143, 146, 170, 172 f., 181, 193, 230 f., 275, 297 f., 317 f., 352 f., 355, 367, 398–400, 404, 412, 436, 467–478, 485, 507, 567, 575
–, akademisches *592*
–, deutsches *4, 17, 21*, 290, 325, 475 f., 545
–, liberales *5*
–, unabhängiges 477
Bulgarien 205, *205*, 580
Bund der Landwirte 269
Bund deutscher Gelehrter und Künstler *10, 74*
Bundesfürsten 206
Bundesrat 378
Bundesstaat(en) 140, 186, 284 f., *377*
–, großpreußischer 391
Burgfriedenspolitik *28*
Burgund 182
„B.Z. am Mittag" *151*

Cäsarismus 332
Georg D. W. Callwey, Verlag *21*
Calvinismus 122, *590*
Calvinisten 531
Cannes 504, *504, 513*, 549
Château-Thierry *379*
Charlottenburg *8*
Chauvinismus 213

China, Chinesen 100, *100*, 332, 435, 468, 482, *482*
Christentum 166, 169, 176, *211*, 490
„Der Christliche Revolutionär" 404, *404*
„Die Christliche Welt" *22*
„Christliches Volksblatt" *211*

Dänemark *526*, 572
Dahlemer Spaziergang *10, 60, 256, 401, 532, 563*
„Daily News" *66*
Daily-Telegraph-Affäre *377*
„Daily Telegraph" *58*
Darmstadt *428*, 588
Delft, Technische Hochschule *532 f.*
Demobilisation 56, 70, 457
Demokrat(en) 137, 184, 193 f., 225, 250, 252, 366, *590*
Demokratie(n) *11, 13–19*, 57, 64, 73 f., 76, *77*, 79, 82 f., 85, 93–98, 134, 166 f., 181 f., 195, 218 f., 230, 270 f., 275, 296, 318, 323 f., 333, 337, 347, 355–357, 359, 362, 375, 418, 433, 445, 447, 452, 473–475, 477, 584, 586
–, amerikanische 587
–, angelsächsische 324
–, Ansturm gegen die 93–98
–, Entwertung der 358
–, ethische und religiöse Vorzüge der 587
–, friedliche 352
–, Gefahren der 418
–, jüdische 76
–, konservative 489
–, konstruierte 339
–, moderne 167
–, moderne Typen der 586–588
–, parlamentarische *5*, 116, 270, 272, 299, 325, 359
–, pazifistische 170
–, politische Maschinerie der 475
–, reine *4, 11, 15 f.*

–, sozialistische 446
–, westliche 16, 179
Demokratischer Volksbund 189, 564
Demokratisierung 12, 113, 167, 309, 322, 350, 367
Den Haag 58, 158, 425, 523
–, Friedenskonferenz von 481, 481
Denken, angelsächsisch-politisches 539
–, deutsches 190, 198
–, französisches 175
–, politisch-soziologisches 17, 498
–, politisches 153
–, staatliches 488
–, völkisch-nationalistisches 319
–, weltwirtschaftliches 422
–, westeuropäisches 526
Denkweise, technisch-militärische 226
Depression, wirtschaftliche 469
Deutsch-Österreich 12, 195
Deutsch-Polnisches Abkommen über Oberschlesien 554, 554
Deutsch-russische Beziehungen 543–547
„Deutsche Allgemeine Zeitung" 28, 77, 295, 322, 387, 399
Deutsche Dante-Gesellschaft 374, 374
Deutsche Demokratische Partei 1, 5, 11, 14f., 26, 62f., 63, 72, 86, 100, 104, 125, 129, 133, 133, 136, 137, 139, 142, 146, 154–156, 192, 192f., 198, 212, 226, 229, 231, 256, 262, 269, 282f., 288–290, 301, 303, 308, 317, 321, 356, 365, 390, 398, 416, 431, 446, 458f., 460, 471–473, 560f., 584
Deutsche Friedensgesellschaft 154
Deutsche Gesellschaft 1914 257, 563
Deutsche Hochschule für Politik 11, 295, 529, 529
Deutsche Kunstgesellschaft 373
Deutsche Liga für Völkerbund 237
Deutsche Morgenländische Gesellschaft 501
„Die Deutsche Nation" 198, 198

Deutsche Studentenschaft 520
„Deutsche Tageszeitung" 76, 88, 88, 269, 269, 280
Deutsche Vaterlandspartei 23, 77, 101, 101, 149–151, 201, 203, 203, 219f., 225, 255, 259, 269, 357, 415, 464
Deutsche Volkspartei 87, 219, 260, 283, 288, 293, 293–295, 300, 320, 321, 359, 365, 365, 390f., 398, 416, 425, 451, 459, 460, 460, 471, 471, 472, 473, 489, 504, 504, 505, 505, 555, 560f., 584, 584, 588
„Deutsche Zeitung Bohemia" 342, 348
Deutsche Zentrumspartei 14f., 57, 62, 63f., 72, 85f., 86f., 133, 136f., 137, 138, 139, 146, 149, 154, 156, 181, 193, 193, 195, 219, 221, 226, 231, 241, 250, 252f., 262, 263, 269, 287f., 294, 317, 317, 321, 356, 359, 364, 365, 365, 390, 398, 398, 399, 414, 416, 416, 426, 431, 432, 433, 445f., 446, 447f., 451, 457, 460, 471, 472, 472, 473, 473, 560f., 584
–, und Nichtkatholiken 561
Deutscher Beamtenbund 263
Deutscher Lehrerverein 139
Deutscher Reichstag 53, 383, 391, 391
Deutscher Weltbund 22
„Deutscher Wille" 21
Deutsches Reich 54, 57, 98
Deutsches Studentenwerk 518
Deutschnationale Volkspartei 63, 77, 87f., 101, 142, 151, 151, 219, 226, 253, 260, 288, 294, 320, 320, 365, 390, 390f., 398, 415, 426, 427, 431, 445, 446, 450–452, 460, 464, 508, 555
Dezentralisation 179–187, 301, 359
Diaspora, calvinistische 214
Dienstbotennot, Dienstbotenverhältnisse 210, 517, 527
Diktatur 77, 134, 138f., 226, 254, 287, 300, 323f., 331, 334f., 352, 362, 414, 488f.

688 Sachregister

–, bolschewistische 335
–, der Gewerkschaften 559
–, des Proletariats *5*, 56, 74, 89, 113, 139, 334, 336, 355 f.
–, militärische 337
Dilettanten- und Kleinleute-Regierung 247
Dogmatik, atheistische 307
Dolchstoßlegende 76 f., *152, 224*, 260, 354
Doorn *415*
Dreißigjähriger Krieg 107, 166, 177, 347
Dresden *21, 255*, 260, *373*
Dreyfusaffäre 254, 319, *319*
Dritte Internationale 334, 352
Dürerbund *6, 22*
Düsseldorf 192, *393, 583*
Duisburg *393, 583*
Dyarchie, angelsächsische 484
–, weltherrschende 344
Dynastien 194

Egalisierung 312
Egoismus, nationaler 427
Ehrgefühl 55
–, nationales 100, 421
–, preußisches 380
Einheit des Reiches 116, 452
Einheitsschule *57, 250*, 311, 313, 531
Einheitsstaat 235, *235*, 284
–, republikanischer 404
Einsicht, historisch-soziologisch-politische 576
Einwohnerwehren 227, *258*, 266, 278, *278, 283, 304, 346, 387, 389*
Einzelstaat(en) 137, *137*, 139, 141, *310, 345*, 356, 358, 404, 431
Eisenach *22*
Eisenbahn(en) 83, 139, 234, 259, 264, *285*, 336, 358, 437, 477, 491 f., *492, 493*
Eisenbahnerstreik 493, *493*, 507, *507*
Element(e), anarchistische 333

–, aristokratisch-bürgerliche 293
–, aristokratische 475
–, bürgerliches 230
–, christliche 365
–, ideologische 143
–, juristische 542
–, moderne 438
–, moralische 224
–, ökonomisches 581
–, politisches 581
–, praktisches 284
–, soziales 439
Elsass-Lothringen 98, *226*, 299, 347, 356, 377, *377*
Elternbeiräte 310, *310*
Endkampf 55
England, Engländer
   → Großbritannien *13 f., 19*, 57, *58*, 66, 77, 80, 91, 99, 106–108, 112, 118, *118*, 130, *130*, 145, 153, 159, 167, 170, 172, 175 f., 196, 200, 213, 216, 232 f., *233*, 243 f., 246 f., 278 f., 292, 329 f., 335 f., *337*, 342, 347, 377 f., 384–386, 388, 396 f., 401, 406, 413, 419, 422, 424, 428, 443, 449, 467 f., 470, 480–484, 495, 503–506, 511, 517, 525 f., 532–534, 537, *538*, 539, 543, 547, 551, 554, 562, 565, 572, 576, 579–582
–, Studienkommission 537
Entente *12 f.*, 56, 61 f., *63*, 65 f., 84, *90*, 91, 94, 100, 116, 118, 120, 122, 126–128, 150, 153, 187, 190, 195, 216, 219, 237, 244, 246, 253, 263, *263*, 269 f., 274, 276, 278, 292, 304, 319–321, 329, 335, 338, 342, 344 f., 349, 351–353, 361, *380, 384*, 390–392, 404, 407 f., 413–415, 421, 425, 436, 446, 449, 462, 470 f., 473 f., *474*, 482, *482*, 489, 505, 512, 514, 528, 541, 553
–, Kleine 543, *543*, 552
Entente-Kapitalismus 351, 353, 363
Entschädigungspläne 386
Entwaffnungsfrage *304, 320*

Entwicklungsglaube 367
Entwicklungstendenzen, welthistorische *14*
Erfüllungskrisis 477
Erfüllungspolitik 448 f., 470, *510*, 582
Erlangen *518*, *569*, *578*
Erneuerung, ethische 366
–, geistige 170, 309, 369
–, moralische 306
Erster Weltkrieg 10, *12f.*, 16, 18, *22f.*, 28, *56*, 84, 107 f., *111f.*, *120*, *145*, *154*, 156, *158*, 160, 162 f., 165, 173–175, 177 f., 182, *210*, *215*, *227*, *233*, *238*, *243*, *259*, *278*, *310*, *319*, 325, 340, *345*, *348*, 361, *374*, *378*, 385, 387, *387*, *394*, 401, 411, *415*, *418*, 419, *419*, 424, 430, *443*, *451*, *464*, *468*, 469, 476, *476*, *480*, 482, *482*, 483, *483*, 497, *502*, 579 f., *590*
Erziehung, politische 324, 361
Eschatologie 75
Essen *364*
Estland, Esten 67, *189*
Estnischer Unabhängigkeitskrieg *67*
Europa *12f.*, *18*, 64, *108*, 112, 145, 159, 166–168, 170, 172, 174, 176 f., *225*, 343, 346, *348f.*, 353, 370, 383, 389, *394*, 410, *410*, *419*, 438, 479, 483 f., 495, 502 f., 506, 532, 537, 547, 552, 558, 573, 580
Europäertum, modernes 161
„Europäische Wirtschaftszeitung" 439
European Student Relief *537*
Evangelische Landeskirche 308, *310*
Evangelischer Oberkirchenrat *308*
Evolutionismus, ökonomischer 333
Expressionismus 372, *372*
–, Revolutionskunst des 475

Fabian Society *508*
Fabrikanten 111
Faschisten, deutsche *5*, *18*, 446, 454, 456, 563, 575
–, italienische *366*, 428

Faschoda 396, *396*
Februarrevolution 1917 *545*
Finanz- und Industriemänner, Herrscher der Welt 574
Finanzen 232, 297, 461, 512, 521
Finanzreform *151*, *252*
Finnen 67
Flagge, schwarzweißrote 390, *391*
Flensburg *399*
„Fliegende Blätter" 317, *317*
Flotten- und Weltpolitik 156, 378
Föderalismus, Föderalisten 431, 451 f., 454–456
Formaldemokratie *11*, 95, 299, 330, 485
Fortschritt(e) 157, 160, 173, 178, 182, 286, 306, 348, *357*
–, politischer 368
–, technischer 338
–, wirtschaftlicher 116
Fortschrittliche Volkspartei *72*, *149*
Fortschrittsstimmung 173
„Fränkischer Kurier" *450*
Fraktion(en) *72*, 87, *87*, 88, 109, 134, *134*, 140, 142, 212, 250, 254, 279, 286, *391*, *475*
–, demokratische *139*, 472
–, nationalliberale 279
–, sozialdemokratische *134*, 139 f., 250, 285
Franken 450
Frankfurt a. M. *271*, *292*, *446*
Frankfurter Friede 505, *505*
„Frankfurter Zeitung" *25f.*, *58*, 198, *229*, *322*
Frankreich, Franzose(n) *3*, 56, 66, 74, 90 f., 99, 106, 113, 115, 117, *121*, 124, 127, 130, *131*, 145, 159, 167 f., *171*, 172, 176, 180, 182, 184, 200, 213, 216, 227, *227*, 228, 232 f., 237, 240, 242, 244, 246, 254, 259, 269, 271 f., *274*, 278, 292, 298, 306, 329, 332, 337, 343 f., 346, *346*, 347 f., 351, 356, 374, 383, *384*, 385 f., *387*, 389 f., 392,

394, *394*, 395 f., *396*, 397, 399, 406–409, *409*, 410 f., 413, 415, 417, 422–424, 430, *430*, 439, 443, *443*, 449, 454, 463, 467 f., *468*, 470, 479, *479*, 480, 483 f., 487 f., 495, *495*, 496, 502–505, *505*, 506, 509, 513–517, 521, 524, 527, 530, 533–535, 538, 540–543, *543*, 547, 549–555, 557 f., 562, 570 f., 574, *574*, 576, 579–581, *581*, 582
–, Kontinentalhegemonie 343, 538
–, Sicherheits- und Hegemoniepolitik 467
Frauenstimmrecht 221
„Freiburger Tagespost" *500*
Freiheit 74, 137, 161, 163, 169 f., 172, 176 f., 181 f., 286, 290, *306*, 331 f., 334–336, *357*, 365, 402, 412, 424, 445, 450, 480, 539
–, deutsche *16, 23*
–, geistige 146
–, kirchliche 140
„Freiheit" 269, *269*, 293, *293, 330*
Freikonservative Partei 201
Freikorps *111*, 255, *264, 266, 269, 271, 304, 422*, 448, *448*
Freiwilligenkorps 61, 66 f., *67*, 85, 88, *88*, 111, *111*, 128, *189, 258*
Fremdherrschaft 107, 115, 129, 360, 405, 418, 429, 477, 523, 562, 565, 568
Freunde der Christlichen Welt *6, 22*
Friede(n) *15*, 56, 65, 82, 90, 102, *102, 104*, 108, 112 f., 117, 119 f., 124, 126–129, 131, 135, 142, 144–147, 166, 176, 180, 194 f., 207, 219, 225, 232, 234, 236, 239, 241–243, 274, 277, 308, 319, *326*, 328, 335 f., 340, 353, 356, *357*, 361, 394, *417*, 419, 423, 430, 435, 443, 456–458, 484, 499, 508, 514, 521, 534, 563 f., 581
–, kommerzieller 549
–, von Tilsit 131, *131*, 171, *171, 387*
Friedensbedingungen *5, 13 f.*, 99–105, 107, 112, 115, *115*, 117, *117*, 124, 146, 194, 225, 395

Friedensdebatte 130
Friedensdelegation 125 f., *126*, 130, *130, 241*
Friedenspolitik 144
–, pazifistisch-demokratische 449
Friedensresolution *149 f.*
Friedensschluss *3*, 112, 128, 145 f., 150, *220*, 410, 412
Friedrich Krupp AG 573, *573*
Führerauslese *16*, 250, 361, 368
Führertum 96, 486
–, aristokratisches 96, 152

Galizien 307
Garde-Kavallerie-Schützendivision *269*
Gebietsverluste 107, 115
Gedankenwelt, historisch-politisch-ethische 576
Gegenrevolution(en) 70, 82, 152, 253, 255–257, 266 f., 269, 272 f., 282, 284, 286, 332, 456 f.
Gegenrevolutionäre 236, 306, 454 f., 567
Geheimpolitik, französisch-polnische 421
Geist, amerikanischer 490
–, bürgerlicher *11*, 74
–, des Glaubens 170
–, deutscher *7*, 96, 126, 216, 314, 374 f., 411, 421
–, freier 175, *175*
–, moderner *7*, 166, 421
–, neuer 113, 165–170, 184, 308, 367 f., 370, 372 f., 424, 427, 540
–, pazifistisch-demokratischer 167
–, pharisäisch-kapitalistischer 145
–, puritanischer 121
–, schöpferischer 175, *175*
–, unabhängiger 74
–, unitarischer 455
–, wälscher 172
Geistes- und Geschichtswissenschaften 371
Geistesarbeiter 298, 307, 330

Geistesart, angelsächsische 121
Geistesbesitz 305, 369
Geistesfreiheit 169, 487 f.
Geisteswissenschaft 95
Geistliche 211, *308*, 310
Geistlichkeit 269
Gelehrte(r) 74, 77, 116, 130, 315, 339 f., 345
Gemeinsinn 306, 365 f.
Gemeinwirtschaft 290
Generalsekretariat zum Studium des Bolschewismus 75
Generalstab 121, *121*, 122, *123*, 156, *401*
–, deutscher 155, 400, *400*
–, österreichisch-ungarischer 400, *400*
Generalstreik 81, *81*, 83, *87*, *145*, 199, *199 f.*, *255*, 257, 261, *261*, 263, *263*, 264, *264*, 266, *266*, 270, 304, 357, *403*, *559*
Generalsynode *308*
Genf *13 f.*, *363*, 468 f., 472, 479, 506, *554*, 555 f., 580
Genua *10*, 505, 507, *513*, 521, 543, 549
Gerechtigkeit 93, 122, 146, 165, 167, 243, 307, 356, *357*, 361, 365, 367, 381
Gerechtigkeitsansprüche 475
Germanismus 490
Gesamtstaatsinteresse 54
Geschichte, abendländische 174
–, alte *14*, 194, 197
–, deutsche 96, 102, 106, 116, 313, 383
–, europäische 174, 176
–, moderne *14*, 130
–, römische 91, *91*
–, Tatsachenwelt der 566
–, westeuropäische 174
Geschichtsmaterialismus 367
Geselligkeit, intellektuelle *9*
Gesellschaft, bürgerliche 355
–, freie 333
–, kapitalistische 173
–, militaristische 268
–, moderne 179

Gesellschaft für Freie Philosophie *588*
Gesellschaftsneubildung 279
Gesellschaftsordnung, alte feudale 434
–, ständisch-mittelalterliche 96
Gesetze, soziologische 475
Gewalt(en) 54, 144, 218, 222, 237, 299, 301, 333 f., *365*
–, militärische *255*
Gewaltfrieden 101, 242
Gewaltpolitik 244, 279, 411, 444, 449, 515
–, französische 495
Gewaltpolitiker 452
Gewerkschaft(en) *15*, 55, 94, 109, *145*, 223, 225, 230, *255*, 263, *263*, 264, *264*, 270, 282, *282*, 284 f., 297, *297*, 355, *417*, *426*, *491*, 528
–, britische *321*
–, christliche *364*
–, französische *145*
–, freie *81*
„Gewissen" *10*, *34*, 291, 294, *294*, 299, *299*, 300, *301*, 302, 322, *322–324*, 404, *404*
Gildensozialismus 323
Gillet-Ruppel-Abkommen *574*, *581*
Glaubensspaltung 392
Görlitz 459, *459*, 460, 463
Goethesches Zeitalter 488
Gott 132, 483, *590*
Greifswald 88, 221
Grenze, polnische 554
Griechenland, Griechen 131, 144, 443, 579 f.
Griechisch-Türkischer Krieg *385*, *443*, *572*, 579, *579*
Groningen 527
Großbritannien
→ England, Engländer 33, 58, 100, 118, 245, 280, 396, 443, 468, 479, 493, 495, 502
Großgrundbesitzer 221, *257*
Großindustrie *15*, 296, 388, 581
Großmächte, private 477

Großstaat(en) 235, 284, 347, 584
Großstadt, Großstädte 210, 221, 235, 360, 370, 374
–, moderne 375
Großstadtleben *8*, 507
Güterverteilung 162
Gutsbesitzer 127, 292, 304
Gymnasium, Gymnasien *223*, 311, 313, *313*, 314, 351, 531

Hakenkreuz, antisemitisches 258, *258*
Hakenkreuzer 456
Halle an der Saale 190, 439, *439*
Hamburg 135, *135*, *137*, *403*, *425*, *428*
„Hamburger Nachrichten" 151, *253*
Hamburger Sülzeunruhen *128*
Handarbeiter 180, 223, 250, 270, 275 f., 278, 288 f., 296, 301, 318, 333, 369, 488
Handelshochschule Berlin *211*
Handelskrieg 344
Hannover 86, *86*, 463
Hanoi *484*
Heeresverminderung *304*
Hegemonie 176, 178, 346, 467
–, deutsche 419
–, europäische 346
–, französische 538
–, französische schwerindustrielle 413, *417*
–, kontinentale 385
–, ungarische *543*
Hegemoniepolitik 467 f., 541
–, französische 479, 495
–, nationale 413
Heidelberg 9, *20*, *35*, *158*, *165*, *171*, *179*, *188*, *209*, 211
„Heidelberger Tageblatt" *283*
Heidelberger Vereinigung *196*, *292*, *352*, *402*
Heiliger Stuhl 309
Heiliges Römisches Reich 107
Heimat, bayrisch-schwäbische 441
„Heimatland" *450*

Hellenentum, Hellenismus 170, 373
Helotisierung 99, *100*
Herrenschicht 501, 565, 567
Herrschaft der Masse 134
Herrschaft der Mitte 322
Herrschaft des Bürgertums 128
Herrschaft des Kapitals 487
„Die Hilfe" *10*, *20*, 352, 404, 462
Hilversum *523*
Himera, Schlacht bei *389*
Hindenburgprogramm *210*, 277
„Historische Zeitschrift" 35, *372*
Historismus 371, *591*
„Hochland" *75*
Hochschullehrer, verfassungstreue 278
Hohenfinow 379, *379*
Hohenzollern 387 f.
Holland
→ Niederlande 57, 158 f., 206, 412, 481, 523–535
–, Konfessionen 531
Humanität 78, 122, 167, 174, 223, 331, 367, 503
Humanitätsfassade 364
Humanitätsidee der Aufklärung 166, 169
Humanitätsphrasen 61
Hungersnot 232, 254, 256, 281, 328, 331, *529*
Hunnenpropaganda 514

Idealismus 2, 118, 315, 348, *590*
Idealist(en) 61, 136, 213, 268, 306
Idealpolitiker 190
Idee(n), demokratisch-individualistisch-rationalistische 28
–, demokratische 181, 324
–, englisch-liberale 539
–, ethische 143
–, mittelalterlich ständische 415
–, nationalistische 347
–, preußische 320
–, produktive *590*
–, religiös-metaphysische 143

–, sittliche 329
–, und Tatsachen 440
–, westliche politische 418
Ideologie(n) 152, 182, 278, 328, 445, 451 f., 476, 521
–, antidemokratische *101*
–, demokratische 432
–, mittelalterliche 490
–, pathetische 583
–, pazifistische 432, 484
–, politische 165
–, romantische 490
–, sozialistische 431 f., 434
–, ständische 490
–, und Realität 430–440
–, völkisch-antisemitische *101*
Imperialismus 65, 84, 166, 168, 422, 424, 521, 547, 583
India Communist Party 243
Indien, Inder 243, *243*, 244, *245*, 279, *280*, 328, *328*, 423 f., *424*, 429, 511, *511*
Indisches Unabhängigkeitskomitee *243*
Individualismus 181, 186, 224
–, angelsächsischer 130
–, ökonomischer und politischer 129
–, wirtschaftlicher 290
Individualität(en) *11*, 74
Indochina *484*
Industrie 163, 277, 294, *297*, 301, 314, 325, 348, 426, *426*, *428*, 446, 477, 487 f.
Industriearbeit 437, 475
Industrieführer 485
Industriegebiet, mitteldeutsches *403*
–, oberschlesisches *466*
–, rheinisch-westfälisches *263*
Industriekonkurrenz 526
Industriekonzentrationen 360
Inflation *2*, 232, 487, *492*, *516*, 539, *548*, *572*, 579
Inflationskrise, Inflationskrisis 477, 484 f.
Inflationspolitik 470

Instinkt(e), historischer 78
–, politischer 349
–, proletarische 293
Intellektuelle(r) *3*, *14*, *18*, *20*, 73, *90*, 104, 161, *205*, 245, 286, 318, 324, 330, 342, 399, 565, 567
Intelligenz 94, 126, 144, 146, 173, 188, 230, 282, 286–289, 319, 323, 334, 509
–, bürgerliche 247
–, industrielle 460
–, jüdische 212
–, nationale 216
Intelligenzpartei, bürgerliche 288
Interalliierte Kommission *304*, *344*, *416*, *422*
Interfraktioneller Ausschuss *72*
Internationale Finanzkonferenz des Völkerbundes in Brüssel 350, *350*
Internationaler Streiktag 145, *145*
Internationalismus, kommerzieller 549
Internationalität 76
Irland, Iren 279, *280*, *461*
Isolierung Deutschlands 514
Italien, Italiener 74, *145*, 160, 168, 180, 232 f., 343, 366, *366*, 428, 430, *430*, 468, *468*, 480 f., *481*, 539, 543, 549, 580

Jakobinerregiment 501
Jakobinertum 331 f.
Januaraufstand *60*
Januarstreik *53*
Japan, Japaner *13*, 196, *243*, 245, *245*, 292, 468, *468*, *479*, 480, 482 f., *495*, 503, 511
Jena 131, *131*, 171, *171*, *457*
Journalismus 123, 251, 319, 375
–, moralischer 556
Journalistenpolitik 197
Jude(n) 101 f., 152, 192, 211–215, *215*, 216 f., 258, 268 f., 442, 445, 449, 515, 556, *563*, 564
–, als Prügelknaben 476

Judenfrage *25*
Judenfreunde 445
Judengenossen 152
Judenregierung *3*, 454
Judentum 76, 154, 166, 209–217, 374, 432, 448
Jugend 88, *101*, 105, 169, 314, 323, 370, 374, 456, 528, 577
–, jüdische 76
Jugend- und Studentenvereine, christliche 370
Jugendbewegung 370, 490
Jugendtheorie 324
Jugoslawien *543*
Juni-Klub *294*
Junker 255–264, 267, 269, 271, 277, 304, 507, 515

Kammer der Arbeit *16*, 254, *294*, 291–302
Kampf, gegen den Staat 334
–, ums Dasein 165, 306, 438, 475, 528
Kanada 586
Kant-Gesellschaft *569*
Kapitalflucht 530, *572*
–, deutsche 572
Kapitalismus *12*, *18*, 84, 112, 129, 162 f., 182, 252 f., 332, 338 f., 355, 418, 424, 438, 484, 544, 547, 567, 573
–, amerikanischer 484
–, Steigerung des 477
–, unregulierter 547
–, westlicher *14*, 342
Kapp-Lüttwitz-Putsch *28*, *34*, *248*, *255*, 256, *256*, 258, *258 f.*, 260, *260*, 261, *261*, 265, *266*, 267, *267*, 268, *269*, 270 f., 274–276, 279, *279*, 281, 282 f., *283*, 284 f., *291*, 292, *297*, 304, 317, 324 f., 357, 404, 416, *432*, 444, *450*, *452*, *455*, 457, 459, 465, *497*, 535, 546, *546*, 559
Kappisten 454, 464
Kar(a)ibisches Meer 410
Karthago 117, 389, *389*

Kassel *222*
Katholiken 324, 366, 531
Katholikenfeindschaft 86
Katholikentag 446
Katholizismus *28*, 181 f., 230, 370, 374, 489, 532, *532*
–, moderner *4*
–, politischer *446*
Kempten *441*
Kiel 206, *206*
„Kieler Zeitung" 360, *360*
Kiew *67*, 436
Kilikien *430*, *443*
Kirche(n) 85, 136, 140, 166, 221, 308, *308*, 309 f.
–, katholische 193, 309 f.
–, Preußens, protestantische 152
–, protestantische 221 f., *222*, 308, 555
Kirchen- und Schulpolitik *134*, 137, 140, 193, 307
Kirchenaustrittsbewegung 310, *310*
Kirchenfeindschaft 86
Kirchenpolitik 445
–, sozialdemokratische 76
Kirchenpolitische Briefe *28*
Kirchenproblem 308
Kirchenregiment, landesherrliches *222*, 308
Kirchenverfassung(en) *303*, *308*, *310*
Klasse(n) *5*, 90, 131, 267 f., 277, 281, 287, 289, 330, 340, 368
–, bürgerliche 116
–, handarbeitende 185
–, herrschende *4*, 112, 145, 152, 230, 275, 278, 282
–, intellektuelle 475
–, obere 244
Klassendifferenzen 526
Klassengefühl 57
Klassengegensätze 275 f., 283
Klasseninteresse(n) 63, 78, 275, 284, 286, 289, 307
Klassenkampf, Klassenkämpfe 113, 157, 186, 222 f., 265–272, 275, 281,

286, 291, 298 f., 312, 317 f., 320, 339 f., 365, 431, 445, 560, 575
Klassizismus 489
Kleinbürgertum 230, 290
Kleinrentner 517
Kleinstaaten 343 f.
Klerikalisierung Deutschlands 309
Klerikalismus 137, 309
–, katholischer 307
–, protestantischer 307
Koalition(en) 146, 172, 230, 252, 291 f., 318, 324, 356–359, 362, 458 f., *459*, 461, 470–473
–, demokratische 316
–, große *460*, 469, *471*, 472, *472 f.*, *489*
–, herrschende parlamentarische 291
–, kleine 472
–, regierende 192
Koalitionsmitte 361
Koalitionspolitik der Mitte 458
Kochel am See *510*
Köln *365*, *464*, *518*
Kohle *109*, 112, 139, 195, 221, 230, 234, 276, 346 f.
Kohlengebiete des Kontinents 413
Kolonialtruppen 165, *292*, *352*
Komintern *330*, *334*, *403*, *439*
Kommunismus *11*, 74 f., 101 f., 134, 136, 192, 266, 330, 333, 339 f., 349, 369, *404*, 431, 437, 545, 570
Kommunisten 101, 134 f., 146, 181, 190, 192, 211, 219, 240, 262 f., 271, 274 f., 335, 337, 340, 349, 367, 391, 436, 446, 496, 507, 543 f., *545*, 546, 552, 557, 575
Kommunistische Partei Deutschlands *135*, *199*, *245*, *271*, 339, *398*, *439*, *559*
Kommunistische Partei Russlands 404
Konferenz von Algeciras *483*
Konferenz von Cannes *504*, 505, 513, *513*, *524*
Konferenz von Genua 504, *504*, 505, *512*, 513, *513*, 524, *524*, 525, *525 f.*,

536, *541*, *542*, 535–543, 548, 550, 552
Konferenz von Paris *383 f.*
Konferenzsystem 513 f.
Konfessionalisierung der Schule 432
Konfessionen 96, *365*, 369
Konfessionsgefühl 57
Konfessionsschule(n) *137 f.*, *141*, *214*, *433*
Konfessionsverhältnis 137
Konflikte, englisch-französische 513
Konföderation(en) 147, 181, 284, 484
Kongress, amerikanischer 395
Konkursmasse, deutsche 345
–, europäische 343
Konservative 73, 87 f., 95 f., 102, 151, 154, 171, 181, 212, 221, 230, 254, 266, 270 f., 276, 284, 292, 299, 306, 318, 357, 365, 377–381, 388, 404, 427, 496, 557
Konstantinopel *364*, 384, *384*
Konstituante 191, 308, 332, 337, 355 f.
Konsumtion 277
Konzentrationen, industrielle 462
Konzentrationslager 245, *245*
Korporativismus 324
Korpsstudenten 70
Korruption 286, 339
Kosmopolitismus 171
Kredit(e) 71, 195, 197, 233, 461 f., *462*, 477, *477*, 485, *491*, 512, 545, 553, 563, 570 f.
Krieg, deutsch-französischer *226*, *505*
–, französisch-englischer 506
–, heiliger 338
–, japanisch-amerikanischer *481*
–, moderner 434, 514
–, russisch-japanischer 245
–, und Revolution 353
Kriegserklärung, deutsche 117, *117*, 121
Kriegsführung, deutsche 118, *154*
Kriegsgesellschaften 112, *112*
Kriegskommunismus *545*

Kriegskosten 386, 408
Kriegskredite *53*
Kriegsniederlage *3*
Kriegsprofessoren 292
Kriegsreparationen *115*
Kriegsschulddogma 567
Kriegsschulden 503
Kriegsschuldfrage
 → Schulddogma *69, 108, 196, 227, 387, 402*
Kriegsschuldzuweisung *155*
Kriegsursache 98, 128
Kriegsverbrechen, Kriegsverbrecher *120*, 156, 237 f., *241, 248, 414, 422*, 549, 554
Kriegszieldebatte(n) *23, 56, 278*
Kriegsziele 353
Kriegszielpolitik 468
Krim *245, 364*
Krisen, historische 218
Krisendiagnostik *3 f.*
Kronstadt *403*
Kulis 160 f.
Kultur, ästhetische 212
–, antike *18*
–, bürgerliche 293
–, deutsche *10*, 215, *216, 592*
–, europäisch-amerikanische 159
–, europäische 175
–, französische 347
–, geistige 520
–, moderne 112, 162, 182 f., 360, *590*
–, nationale 215
–, politische *5*
–, russische *256*
–, Untergang der europäischen 175
–, westliche 62
–, wissenschaftlich-technische 170
Kulturfragen 85, *86*, 219, 236, 303–315
Kulturhegemonie, angelsächsische 482
Kulturideale 175
Kulturideen, katholische 139
Kulturkampf *57*, 138–141, 146, 308, *365*

Kulturkrieg 216, 419, 468
Kulturordnung, europäische 328
Kulturpolitik *57*, 305, 309, 311, 438, 490
Kulturprotestantismus *22*
Kulturspaltung 392
Kultursynthese, europäische *11, 19*
Kulturverbrechen 118
Kulturwelt 147, 162, 173 f., 178, 184
Kultusministerium, preußisches *5, 30, 34, 93, 116, 134*, 305, *308*, 310, *326*
Kunst, Künstler 7, *22, 24*, 169, 176, *306*, 307, 339, 367, 372, *372*, 373, 517
„Kunstwart" *1 f., 6–9, 15, 21–29, 31–35, 38, 40–42*, 223, 325, 421, *591*
Kurland 189, *189*

Labour Party *145, 321*
Lage, äußere 126, 318
–, allgemeine 366, 468
–, allgemeine politische 523
–, außenpolitische 72, 127, 146, 258, 274, 329, 368, 421
–, deutsche 176, 291, 482, 521, 570
–, europäische 573, 579
–, europäische wirtschaftliche 495
–, finanzielle 315, 468
–, geographische 107, 388, 484, 524
–, innenpolitische 126, 258, 318, 328, 398 f., 421, 484
–, internationale 244, 291, 327, 442
–, juristische 542
–, kritische 54
–, militärische 207, 264
–, militärpolitische *108, 156*
–, mitteleuropäische 570
–, politisch-soziale 276
–, politische 305, 315, 430, 551, 564
–, soziale 305
–, weltpolitische *8*
–, wirtschaftliche *518*
Lager, alldeutsch-annexionistisches *23, 91, 101*
Landarbeiter 221, 267, 292, 304

Landmächte, europäische 509
Landtagswahl(en), preußische 26, 365, 365, 398, *398*
Landwirtschaft 163, *186*, 277, 298, 318, 325, *546*
Lausitz *403*
Leben, deutsches 142
–, englisches 337
–, geistiges 147, 174, 216, 323, 418, 421, 489, 530, *589*
–, modernes 232, 431, 508, *563*
–, nationales 173
–, öffentliches 323, *344*, *456*, *591*
–, politisches 323, *589*
–, praktisch-gesellschaftliches 533
–, praktisches 534
–, privates 91
–, religiöses 373
Lebensbeziehungen, tägliche 521
Lebensführung *22*
Lebensinstinkte 165
Lebensmittel 66, *66*, 71, 79 f., *135*, 206, 256, 266 f., 435, 437, *517*, 563
Lebensreformbewegung *21*
Legitimierung der Republik *20*
Lehrer 140, 230, 311–313
Lehrerbildung 312, *312*, 313, *315*
Lehrerdemokratie 104
Leiden (Niederlande) *158*, *523*
Leidenschaften, kirchliche 230
Leipzig 171, 190, *238*, *248*
Lettland *189*, 546, *546*
Levée en masse 70, *71*, 203, *564*
Liberale 120, 239, 310
–, englische 142, 248, 322
Liberalismus 575
Libyen *430*
Liga der unterdrückten Nationen 280
Liga zum Schutz der deutschen Kultur *75*
Linke *10*, *25*, 72–78, 306, 328, 390, 399, 445 f., 470, 560 f., 586
–, äußerste *15*, 239, 249, 350, 470
Linksbolschewismus 575

Linksradikalismus 567
Litauen 67
Literaten *11*, 73 f., 96, 111, 129, 143, 147, 323, 340, 373, 431, 466
–, jüdische 367
Literatentum 211, 367, 370, 374, 490
Literatur 73, 95, 169, 175, *175*, 212, 216, *306*, 307, 323 f., *374*, 388, 484, *515*, *589*
Livland 299
„Loch im Westen" 234, *234*
Löhne 60, 160, 296, 322, 437, 450
London 215, *383*, 407, *407*, 413, 417, *425*, 443, 449, 493, *493 f.*, 514, *562*, *571*
Londoner Konferenz 393, *407*, *420*, *425*
Londoner Ultimatum *414*, *417*, *422*, *444*, *448*
Longwy-Briey 56, *56*
Lutheraner 324
Luthertum 489

Machtkampf, internationaler 273
Machtkomplex, angelsächsischer 117
Machtkonstellationen, globale *12*
Machtpolitik 102, 278 f., 388, 444 f., 521, 539, 541
–, auswärtige 276
–, darwinistische 361
–, französische 388
–, heimische 388
–, imperialistische 587
–, nationale 276
Madeira 474
Männer- und Frauen-Wahlrecht *19*, 586
„Magdeburger Volksstimme" 464
Maingau 271
Mainz 274
Majoritätsprinzip *4*
–, demokratisches 146
„Manchester Guardian" *66*
Mannheim 215, 559, *559*

Mantelnote *117*, 128, *128*
Marine-Brigade Ehrhardt *255*, *258*, *262*
Marine-Meuterei 206
Marksturz 443
Marokko *292*, 482, *483*
Marxismus 147, 332–334, 338, 375, 434, 438
Maschinerie, bundesstaatliche 379
–, demokratische politische 489
Masse(n) 54, 73, 79–81, 83 f., 94, 97 f., 101, 104, 109, 112 f., 122 f., 127–129, 135, 146, 159 f., 163, 167, 169, 172 f., 184, 203, 207 f., 219, 221, 224 f., 230, 232, 236 f., 246, 252, 254, 257, 261–263, 270, 304, 314, 324, 329, 352, 355, 367, 371, 380, 384, 386, 397, 445, 458 f., 475, 493, 509, 513 f., 529, 554, 562, 566, 585
–, bäuerliche 368
–, bürgerliche 357, 368
–, deutsche 142
–, deutsche radikalisierte 145
–, hungernde 353
–, ländliche 357
–, russische 143
–, sozialdemokratische 254
–, sozialistische 314, 367
Massenkrieg, moderner 408
Massenkultur, demokratisch-kapitalistische 12
Massenpsychologie 256
Mazedonien 175
Mechanisierung 162, 169, 175, 371
–, des Geistes 174
Mecklenburg *256*, 267
Mehrheitssozialdemokratische Partei Deutschlands *53*, 54, *56*, 62, 68, *68*, 70, *72*, 111, *149*, *199*, 270 f., 354 f., *355*, 562
Meinung, öffentliche *19*, 94, 109, 180, 212, 300, 378, 380, 405 f., 424, 495 f., 499, 581 f., 587
Menschenmasse(n) 56, 66, 98, 188, 418

Menschenrechte 587
Menschenwürde 366, 587
–, des Individuums 365
Menschheitsfortschritt 251
Metaphysik 175
Mexiko 409, *410*
„Miesbacher Anzeiger" *9*, 449, *449 f.*
„Miesbacher Tagblatt" 449, *450*
Mieterausschuß 521
Militär *14*, 87, 109, 116, 122, 139, 168, 183, 205, 207, 261, 266–268, 270, 275, 278, 287, 324, 334, 342, 380, 387, 436, 448
Militärdiktatur 318, 362, 439
Militärgewalt, preußische 107
Militärmonarchie 414, 532
Militärrevolution 53
Militarismus 88, 261, 274, 378, 388, *415*, 488, 514, 534
Miliz 60 f., 69, 270, 356
Minderheits-Terrorismus 95
Ministerium, deutsches 80, 204
–, preußisches 139 f., 260
Minoritätenschutz 555
Mitte *3*, *14*, *19*, 72, 104, 316 f., 320–322, 324, 353, 357–362, 404, 426, 444 f., 457 f., 463, 465, 567
–, bürgerliche *13*
–, europäische 430
–, neue 454–466
–, sozialdemokratische *13*, 109
–, verfassungstreue 239
Mittebildung *17*, *20*, 361 f., 364, 404, 432, 446, 451 f., 457, 460 f., 467, 470, 487–489, 567, 584
Mittel- und Osteuropa 245, 586
Mitteldeutscher Aufstand *403*, *433*
Mitteleuropa 167 f., 307, 343, 395, 431, 469
„Mitteleuropa" *301*
Mittelklasse, gebildete 518
Mittelschicht 307, 530, 554
Mittelstand 104, 232, 390, 461, 474, 487, 520, 567

Mittwochabend-Kreis *10, 60, 74, 81, 90f., 116, 130, 202, 221, 256, 401*
Moderne *12, 22,* 373
J. C. B. Mohr (Paul Siebeck), Verlag *39, 43*
Monaco 530
Monarchie 87, 181, 189, 195, 203, 219, 225, 272, *308,* 354, 388, 449, *451,* 463, 584, 586
–, parlamentarische 87, 201
Monismus 309
–, rationalistischer 371
Moral 167, 234, 307, 337, 361, 381, 397, 490
–, bürgerliche *11,* 74, 78
–, internationale 453
–, nationale 76 f.
–, und Recht 361, 587
Moralinfreiheit 378, 565
Moralisches in der Politik 122
Moralkrieg 144, 150, 468, 473
Moralpolemik 120
Morde, politische 570
Moskau *18,* 62, *62,* 330, 349, 352, *437,* 543, 545
München 21, *82,* 135, *225, 309, 346,* 389, *389, 428, 446f.,* 448, *450,* 455, *455f., 462, 478,* 556, *557*
„München-Augsburger Abendzeitung" *29, 450, 464*
Münchener Räterepublik *448*
Münster *61*
Musik 96
Mystik 170

Naher Osten *443*
Napoleonismus 397, 419, 524 f., 549
„The Nation" *18*
Nationalbolschewisten 439, 552
Nationale 171, 212, 276, 296, 318
nationale Eigentümlichkeiten 296
Nationalgefühl 78, 244, 390–392, 565
–, demokratisches 383

–, der Deutschen 56
–, großdeutsch-katholisches 392
–, schwarz-rot-goldenes 391
Nationalgeist 78
Nationalismus 113, 346, 428, 544 f., 575
–, neuer 171
–, russischer 423, 543
Nationalisten 543, *545*
Nationalkultur, deutsche *6*
Nationalprotestantismus *4*
Nationalsozialer Verein *22*
Nationalsozialistische Deutsche Arbeiterpartei *450*
Nationalversammlung *5, 11, 15, 57, 59,* 61, *63,* 64, 71, 74, 82 f., *89, 99, 110,* 125, 127, *129,* 133, *134,* 137, *137,* 143, 146 f., 150, *151f., 156, 179, 185,* 191, *191, 193,* 213 f., 218, *223,* 238, *240,* 249, *283, 293f., 297,* 305, *317, 348,* 355, *383,* 458
–, preußische 85–92
–, türkische *384*
Naturalismus 169
Naturalwirtschaft 434, 436, 438
Naturgesetz(e) 160, 251
Naturwissenschaften, europäische 511
Naumburg 205
Nederlandsch-Duitsch Genootschap voor akademisch verkeer *158*
Nederlandsch-Duitsche Vereeniging *523, 533*
Der neue Geist, Verlag *28*
„Der neue Merkur" *28*
„Neue Preußische Zeitung" („Kreuzzeitung") *150f.*
„Neue Rundschau" 563
Neue Secession *372*
„Neue Zürcher Zeitung" *76*
Neues Testament 565, *565*
Neuordnung *19, 21, 70,* 116, 147, *297, 308,* 325, 353, 412, 500
–, demokratische *5, 15–20*
–, des Reiches, territoriale 358

–, geistige 146
–, moralische 146, 348
–, staatliche *8*
Neuseeland 586
Neutrale 248, 364
New York 215, *215*, *583*
Nibelungen 105
Niederländisch-Indien *481*
Niederlande
 → Holland *93*, *158*, *412*,
 438, *468*, *481*, *523*, *526 f.*, *532*
Niederrhein *186*
Niederschlesien *234*
Nietzschetum 565
Nihilismus 170, 184
„Norddeutsche Allgemeine
 Zeitung" *295*
Norddeutschland 277
Nordfrankreich 118, 228, *574*
Norwegen *145*, *526*
Notverordnung *422*, 444, *444*, 451,
 455
November-Gesellschaft *74*
November-Revolution 108, *199*, 327
Novemberkunst 372, *372*, 373, *373*
Nürnberg *365*, *450*, *585*

Oberbayern *283*, *441*, *569*
Oberkirchenrat 464
Oberlehrer 190, 223, 306, 312, 575,
 577, 582
Oberschlesien *36*, *57*, *81*, 140 f., 235,
 316, 344, *344*, 358, *358 f.*, *416*, 417,
 421, *421 f.*, *443*, 444, 448, *466*, 468,
 471, *471*, 484, 506, *506*, 554, *554*, 580
Oberste Heeresleitung *55*, *149*, *151*,
 220, *415*
Oberster Rat der Alliierten *466*
Obstruktion 416
–, Bayerns gegen das Reich 585
Odessa *67*
Ödenburg (Ungarn) *474*
Öffentlichkeit, deutsche *13*
–, französische *319*

Ölfelder der Erde 481
Österreich 56, 108, *116*, *145*, 347, 356,
 461, 496, 531, 560, 582
Österreich-Ungarn *400*, *481 f.*
Offenburg *455*, *457*
Offizierskorps *189*, 256
Okkultismus 374
Oktoberrevolution 1917 *545*, *573*
Oligarchie 436 f., 439
–, amerikanische 488
–, kommunistische 436
Ordnung *11*, 54–56, 62, 69, 71, 73 f.,
 77, 79, 81 f., 84 f., 88, *88*, 94, 96 f.,
 109, 128, 131, 133, 141, 146 f., 152,
 159, 163, 170, 184, 186, *193*, 218 f.,
 224, 231 f., 235, 239, 249, 252, 270 f.,
 280 f., 290, 293, 301, 344, 355–357,
 450, 455, 458, 460, 482, 485, 488,
 503–505, 531, 560, 567, 579
–, alte 88
–, bürgerlich-demokratische 129
–, demokratische 81, 94, 458
–, friedliche 341
–, gesellschaftliche 366
–, göttliche 170
–, innere 133, 274
–, internationale *12*, 195
–, militärgestützte *10*
–, militärisch-politisch-gesellschaftliche 273
–, militärische 145
–, natürliche 170
–, neue 251, 367
–, öffentliche *455*
–, pazifische 503
–, politische *2*, *19*, 145, 421
–, positive 524
–, relative 399
–, soziale 421
–, staatliche 561
–, völkerrechtliche 368
Ordnungsideen *11*
Ordnungsstiftung 276
Organisation Consul 444, *455*, *457*,
 556 f., 559

Orient 144, 384, 424, 443, 510
Orientalistenkongress 500
Orjol *245*
Osmanisches Reich 215, *259*, *384*
Ostasien 344
Osten 127, 213, *220*, 353, 364, 416, *417*
Osteuropa *91*
Ostjude(n) 215, *215*
Ostmächte 107
Ostpreußen 68, *120*, 220, *220*, *261*
Oststaaten, neue 514

Panama-Kanal 345
Panslawismus 336
Papiergeld 94, *443*, 461, 512
Papst 138, 434
Paris *119*, 127, 215, *232*, 348, 357, 409, 469 f., 479, *494*, 496, *496*, *506*, 514, 548, *552*
Pariser Friedenskonferenz *67*, *241*, *348*
Pariser Märzrevolution 334
Parlament(e) *16*, 78, 89, 94, 134, 138, 146, 181, 194, 211, 219, 231, 240, 249, 284, *294*, 297–300, 310, 337, 408, 413, 423, 426, 431, 462, 487, 498 f.
Parlamentarischer Untersuchungsausschuss für die Schuldfragen des Weltkriegs *156*, *224*
Parlamentarismus 14, *105*, 134, *134*, 219, 246, 249 f., 262, 283 f., 286, *294*, 330, 418, 427, 446, 473
–, preußischer 284
Partei(en) *5*, *16*, 81, 129–131, 136, 142, 146, *149*, 212, *229*, 230, 247, 250, 252, 280, 282, 284, *286*, 287–290, 328, 341, 349, 352, *365*, 367, 379, *398*, 404, 419, 431, 444, 454, 459 f., 465, 471, 476, *505*, 508, 560
–, bäuerliche 288
–, bürgerliche 288–290, *431*, 465
–, christliche 431
–, demokratische 73, 212, 398, 473,

475, *486*, 561, *591*
–, deutsche 472
–, einflussreiche 288
–, gegnerische *592*
–, konfessionelle 288
–, konservativ-konfessionelle *528*
–, konservative 213, 260, 267, 357, *377*
–, liberale 197, 409, 458
–, linkssozialistische *145*
–, nationale 213, 222, 241, 289, 291
–, nationalistische *348*
–, neue 288
–, nichtsozialdemokratische 286
–, pazifistische 197
–, politische 299
–, radikale 241
–, rechtsoppositionelle *398*
–, rechtsstehende 104
–, reformerische 289
–, regierende 254
–, regierungsfähige 287
–, republikanische 575
–, restaurative 575
–, revolutionäre 331
–, soziale 197
–, sozialistische *145*, 194, 251, 398, 585
–, ständisch-konservative 288
Partei-Journalismus 282
Parteihader 240, 246
Parteikampf, Parteikämpfe 270, 285, 501
Parteipolitik 382, 411
Parteiregierung 280, 284 f., 290
Parteiwesen 254, 281–290, 321
Parteizerrissenheit 497
Partikularismus *63*, 91, 131, 194, 405, 448, 492
–, bayerischer 444, *456*
Partito Socialista *145*
Pastorentum 221
Patriotismus 123, 219, 228, 273 f., 280, 329, 336, 560, 563 f., 567, *592*
Pazifik *468*
Pazifismus, Pazifist(en) 128, 150, 167,

169, 196, *196*, 212, *227*, *237*, *292*, 318, *322*, *352*, 424, 445, 469, 471, 497, 576
Peru 344
Petrograd *330*, *436*
Pfalz *186*, 228, 575
Phantasie, historische 178
Philosophie 169, 176, 372
–, englische *111*
–, europäische 371
–, französische *111*
–, politische *323*
Planwirtschaft 185, 234
Polen 56, 61, *67 f.*, *98*, 99, 116, 127, 144, 154, 160, *220*, 244–246, 328, 347, *416*, 431, *466*, 470, 506, 554 f.
Politik, allgemeine 221
–, amerikanisch-englische 508
–, amerikanische 411, 413, 479, 509
–, amtliche 564
–, angelsächsische 509
–, antisozialistische 449
–, auswärtige *18*, 99, 143 f., 154, 197, 202, 273–280, 291, 320, 324 f., 331, 382, *382*, 416, 424, 459, 507
–, autokratische 423
–, bayerische 457
–, bolschewistische 435
–, christlich-bayerische 456
–, christliche 365
–, defätistische 212
–, demokratische 72
–, der Mitte 324, 359, 445, 458, 461
–, des Rechtes 195, 306, 368
–, deutsche 118, 120, 145, 343, 388, 411, 505, 551, 583
–, diabolische 56, 126
–, englische 506
–, europäische 172
–, feindliche 144
–, französische 274, 330, 346 f., 385, 390, 393, 397, 423, 452, 503, 538, 541, 567, 571, 574
–, imperialistische 397

–, innere 62, 111, 127, 130, 154, 168, 194, 273–280, 366, 399, 409, 426, 444, 536, 543, 575
–, internationale 420
–, kapitalistische 329
–, konservative 221
–, kontinentale 108
–, menschliche 108
–, moralische 195
–, nationale 182, 452, 499, 547, 579 f.
–, nationalistisch-kommunistische 543
–, Neue Ökonomische *404*
–, nordamerikanische 363
–, oberschlesische 459
–, polnische 347
–, radikale sozialistische 497
–, reformistische *334*
–, russische 509
–, skrupellose 243
–, systematische 80
–, teuflische 240
–, türkische 401
–, und Wirtschaft 588
Politisches Kolleg für nationalpolitische Schulungs- und Bildungsarbeit *295*
Polnisch-russischer Krieg *328*
Pommern 256, 576
Pommerscher Landbund 257, *257*
Portugal *468*
Post 118, 491
Potsdam *400*, *415*
Präsidentschaftskrise 472
Prätorianer-Revolution 255–264
Prag *348*
Preisrevolution 307, 325
Preissteigerung(en) 195, 219, 232, 310, 493, 506, 512, 561 f., 570, 574, 578–583
Premnitz *233*
Presse 2, 7, *9*, *18*, 73, 77, 180, 190, 197, 211 f., 236, 267, 294, 305, 329, 374 f., 383, 399, 401, *410*, 417, 430, 485 f., 489, 504, 551
–, ausländische *389*

–, auswärtige 482
–, bürgerliche 57, *58*, *82*, 330
–, demokratische 294
–, deutsche 341, *384*, 552
–, deutschnationale 76, *496*
–, französische 494
–, konservative 266
–, liberale *25 f.*
–, linke 464
–, moderne 587
–, patriotische *25*, 151, 156
Preußen *56 f.*, 63, 83, 85 f., 107, *116*, *131*, *137*, 139 f., *140 f.*, 142, 146, *171*, 175, 185 f., 194, 203, *214*, 235, *235*, 246, 256, 260 f., 282, *283*, 284 f., *303*, 308, *309 f.*, *312 f.*, *326*, 347, 358 f., *359*, 365, *387*, *391*, 399, 404, *431*, 448, 461, 463, *464*, 472, *518*, 535
Preußengeist 389, 451
„Preußische Jahrbücher" 7, *25*, *91*, 300, *300 f.*, 486, *486*
Preußische Landesversammlung 57, *59*, 63, *85–87*, *235*, 285, *293*, *309*, 365, *398*, *591*
Preußischer Lehrerverein 139, *139*
Preußisches Kriegsministerium *69*, *71*
Preußisches Staatsministerium *326*
Primitivismus 435
Privatisierung des deutschen Staates 504
Privatkapital 492 f.
Problem(e), antisemitisches 216
–, bolschewistisches 413
–, chinesisches 482
–, des Systems 254
–, internationales 389
–, jüdisches 214–216
–, materiale 311
–, oberschlesisches 443, 459
–, ökonomische 587
–, preußisch-deutsches 358, 404
–, russisches 343
–, soziale 587
–, wirtschaftliche 219

Produktion 133, 159, 162 f., 169, 176, 184, 217, 221, 276 f., 296–298, 322, 350, 428, 436 f., 545, 551, 588
–, materielle 314
–, wirtschaftliche 232, 338
Produktivität 99, 158–164, 174, 184, 210
Professor(en) 77, *77*, 104, *211*, *227*, *292*, 295, *354*, 367
Professoren-Aufrufe 78
Profit 480
Profitpolitik 244
Proletariat *14*, 54, 95, 102, 109, 143, 168, 180, 219, 223, 305, 318, 333 f., 342, 346, 352, 355, 431, 469, 497, 527
Proletarier 54, 97, 168 f., 293, 334, 336 f., 339, 370, 452, 497
Proletariergemeinsamkeit 54
Proletarierkultur 293
Proletarisierung 222, 232, 390, 579
Protestanten, konservative 310
Protestantisch-Kirchliches 445
Protestantismus 374, *464*
Provinzen, katholische 138
Psychologie 159, 161 f., 219, 257, 262, 296, 301, 313, 331, 338, 452 f.
–, der Massen 123, 399
Puritaner 337, *337*
Puritanismus 489
Putsch(e) 81, 86, 103, 111, 128, *128*, *135*, 145, 194, 199, 205, 226, 236, 240, 263, 265, 270, 274, 304, 316, 403, 431, 559
Putschabsichten, kommunistische *128*

Quickborn 370, *370*

Radikale 104, 134, 145, 154, 230, 273 f., 284, 318, 433
Räteidee 146, 330, 341
Räterepublik 448
Rätesystem 79, 89, 96, 109, 186, 192, 225, 271, 296, 448
Rapallo, Vertrag von 542, *542*, 547,

550, *551*, 553
Rassenhegemonie, europäische 511
Rat der Frontsoldaten, Deserteure und Urlauber *83*
Rat der Volksbeauftragten 55, *155*
Rat der Volksbeauftragten in Preußen *355*
Rationalismus 183, 224, 375
–, moderner 375
–, politischer 184
Reaktion 219 f., 223 f., 244, 300, *323*, 332, 433, 487
–, antisemitische 216
Realpolitik, Realpolitiker 190, 276, 343, 381, 451
Recht(e) 4, *92*, 93, 217, 231, 307, *309*, *348*, 361, *423*, 452, 470, 534, 584
–, demokratisches 93
–, diplomatische *439*
–, formales 94, 385
–, geistliches 252
–, inneres 397
–, internationales 555
–, moralisches 121
–, politische 586
Rechte *10*, *25*, 72–78, 104, 128, 147, 241, 266, 321, 328, 330, 399, 416, 431 f., 445 f., 470, 473, 559–561, 587
–, äußerste *15*, *18*, 250, 350
–, antirepublikanische *189*, *301*, *372*, *447*, *450*
Rechtsbewegung 305, 318, 327, 357, 359, 398 f., 418 f.
Rechtsbolschewismus, Rechtsbolschewisten 544, 552, 575
Rechtsbruch 463
Rechtsgefühl 463
Rechtsgleichheit 173, 296
Rechtsordnung 463
Rechtspolitik 383
Rechtsputsch(e) 487, *546*, 558
Rechtsradikalismus 567, *592*
Reformation 166
Reformaufgaben 78

Regierung(en) *3*, *6*, *29*, 55, *55*, 61, 68 f., *69*, 70, 81, 83, 85–87, *87 f.*, 94 f., 99, 101, 103, *103*, 104, 112, 118, *125*, 128, *144*, 147, 152, 154–156, 168, *189*, 191 f., 197, *202*, 203, 211–213, 219 f., 222, 225–227, 229, *229*, 230 f., 233 f., 236, 239 f., 243 f., 246 f., 249–253, 255, *255*, 257, *258*, 261, *261*, 263, *263*, 266 f., 269–271, 274–277, 279–282, *282*, *285*, 286–290, 293, 305, 307, 316, 321, *321*, 322, 325, *326*, 359, *391*, 392, 398, 404, 414, *414*, 416, 419, 437, 439, *452*, 454, 457–460, 463, *464*, 469, *472*, *483*, 485, 487 f., 491, 495, 507 f., 514, *528*, 536, 547, 555, 559, 561–563, 566, 573–575, 580, 585
–, alliierte *571*
–, alte 261, 263
–, argentinische *364*
–, bayerische *450*, 456
–, belgische *572*
–, britische *384*, *494*
–, bürgerlich-demokratische 416
–, bürgerliche *542*
–, demokratische *417*, 457
–, der Mitte 239, 458
–, deutsche *69*, *117 f.*, *120*, *155*, *228*, 269, *319*, *393*, 394, 413, *413 f.*, 422, *424*, *443*, 507, 538, 541 f., 552, 554, 562, *562*, 580
–, englische 345
–, feindliche 241, 243
–, französische *67*, *113*, *227*, *513*, *571*
–, jüdische 212
–, katholisch-bürgerliche 449
–, klerikal-soziale 527
–, moderne 495
–, neue *15*, 155, 206, 252, 273, *283*, 325, 408, 413
–, parlamentarische 72, 281, 301, 331, 356
–, politische 581
–, preußische *81*, 85, *326*, *359*

–, revolutionäre 119
–, ruhende 319
–, russische 573
–, sowjetrussische 245, 386, 435, 524, 542, 544, 546, 573
–, ungarische 474
–, zentrale 285
Regierungsbildung 3, 231, 259, 276, 287, 317, 319, 319, 321, 327, 358, 399, 404, 404, 432, 448, 454, 461
Regierungsfestigkeit 461
Regierungskrise(n) 253, 325, 414
Regierungssystem 72, 336
–, parlamentarisches 72, 284
Regiment 156, 181, 219, 251, 257, 480
–, bolschewistisches 336
–, kommunistisches 436
–, parlamentarisches 218, 450
–, russisches 337
–, sozialistisches 461
Reich und Länder 235 f., 345
Reich und Preußen 235
Reichsarmee 136
Reichsausschuss deutschnationaler Hochschullehrer 102
Reichsbahn 285, 477, 485, 491, 491, 492, 492
Reichseinheit 274, 535
Reichsgericht 156, 238
Reichsgewerkschaft Deutscher Eisenbahnbeamten und -anwärter 507
Reichsgründung 107, 110
Reichsjustizministerium 465
Reichsnotopfer 149, 151, 252
Reichsparlamentarismus 283 f.
Reichspräsident 220, 240, 255, 258, 451, 451, 471
Reichsrat 299 f.
Reichsregierung 9, 60, 83, 85, 89, 100, 109, 110, 125, 127 f., 129, 136, 149, 152, 152, 156, 186, 188 f., 189, 191 f., 192, 199, 220, 234, 237, 229–238, 248 f., 255, 256, 260, 263 f., 271, 274, 282 f., 295, 297, 304, 320, 346, 354, 358 f., 359, 364, 389, 399, 407, 413, 420, 422, 444, 444, 450, 451, 454, 455, 462, 466, 477, 491, 491, 492 f., 494, 507, 524, 524 f., 544, 548, 552 f., 560, 571, 571 f., 585

Reichsschulgesetz 138, 214, 223
Reichsschulkonferenz 305, 305
Reichssiedlungsgesetz 109
Reichstag 72, 191, 191, 194, 240, 247, 316 f., 322, 377 f., 415, 422, 426, 432 f., 556
Reichstagsresolution 149, 153, 379
Reichstagswahl(en) 13, 30, 291, 295, 303, 316–327, 357
Reichsverband der Deutschen Industrie 139, 234, 462, 477
Reichsverfassung
  → Verfassung(en)
  → Weimarer Reichsverfassung 192, 194, 211, 213, 220, 220, 222, 225, 285, 308, 310, 354, 357, 359, 444, 446–448, 451, 456
Reichswehr 185, 185, 189, 190–192, 236 f., 237, 256, 258, 258, 261, 264, 264, 265, 268–270, 274, 280, 300, 304, 320, 448, 585
Reichswirtschaftsministerium 426
Reichswirtschaftsparlament 297 f.
Reichswirtschaftsrat 294, 297, 297, 488
Reichzusammenhalt 477
Reinigung, geistige 124
Religion 137, 175, 213, 214, 466, 561, 566
–, Diesseitsfreude 465
–, moderne 161
–, neue 177, 466
Religionsfrage 56
Religionsproblem 177
Religionsunterricht 57, 137, 433
Religiosität 566
Renaissance 166, 372 f.
Reparation(en) 110, 350, 383 f., 387, 393, 403–411, 413, 413 f., 419, 422, 425, 425, 444, 462, 483, 493 f., 503,

504, 512, *513*, 521, 523, *526*, 540, 549–553, 562, 572, 579
Reparationsforderungen *117*, 459
Reparationskommission *36*, *115*, *227*, *414*, 477, *477*, 523, *524*, *548*, 548–557, 570, *571 f.*
Reparationskrise 484
Reparationslasten *460*, 538, *553*
Reparationspflichten *319*, 504, 541, *553*, 570, *574*
Reparationsplan *383*, *387*, *393*, *407*, *414*, *422*
Reparationszahlungen *383 f.*, *407*, *426*, *443*, *462*, *494*, *504 f.*, *524*, 538, *542*, *548*, *571*, *583*
Repatriierungskommission *546*
Republik *14*, *16 f.*, 64, 91, 109, 127, 140, *193*, 195, *198*, 220, 230, 249, *391*, 430, *444*, *446*, 451, *452*, 458, 460, 463, 467–478, 562, 567, 584 f., 588
–, Bedrohung der 578–588
–, demokratische *3*, *19*, 585
–, deutsche 431
–, parlamentarische 295
–, soziale 311
–, und Ordnung 567
–, westdeutsche *86*
Republikschutzgesetz *559–561*, 585, *585*
Republikschutzverordnung *444*, *450 f.*, *455 f.*
Resolution des Reichstags vom 19. Juli 1917 *149*, *379*
Restauration(en) 55–57, 77, 82, 88, 91, 104, 172, 197, 249, 433, 439
Revanchekrieg 267, 275 f., 292, 445, 581
Revolution(en) *1*, *3 f.*, *6*, *8–13*, *17*, *19*, *21*, *23*, *26 f.*, *37*, 53 f., 56, *56*, *61*, 65, *68*, 73 f., *74*, 76, *77*, 79–82, 87, 89, 94, 96 f., 101, 106–110, 116, 127, 129, 133 f., *134*, 139, 141, 143 f., *144*, 146 f., 150–152, 162, 167, 173, 181, 187 f., 190, 200, 202, *202*, 203, *205*, 206 f., *207*, 208, 210–212, 216, 218 f., 223–225, 240, 246 f., 249 f., 254, 259, 262, 269 f., 272–275, 277–279, 286, 289, 305 f., 309, 316–318, 325, 331 f., *339*, 347, 379 f., *386*, 391, 397–399, 406, 417, *417*, 439, 442, 444, 448, 458, 463, 465, 476, 490, 527, 557, 561, *564*, 567, 580, *590–592*
–, absolute 364
–, amerikanische 173
–, bolschewistische neue 304
–, der Massen 173
–, deutsche *21*, 143 f., *219*, 239, 243, 348, 364, 366, *372*, *415*, 489
–, englische 143, 273
–, Entwicklung der deutschen 351–362
–, französische 143, 173, *195*, 272–274, 331, *332*, 368, 439, 489, 501, 570
–, geistige 363–375
–, jungtürkische *259*
–, moderne 278, 405
–, nationalistisch-politische 580
–, neue 306
–, politisch-soziale 366, 370, 375
–, politische 202
–, radikale 211
–, römische *91*
–, russische 143, 497, 499
–, sozial-wirtschaftliche 173
–, soziale 143 f., 526, 583
–, staatlich-politische 173
–, wirtschaftliche 173
Revolutionsideal 54
Revolutionsparlament 191 f., 249, 255, 268
Revolver 206
Rheinbundpolitik 347
Rheingrenze 395, 397
Rheinland *57*, 86, 235, 271, 345, *352*, 358, *518*, 535
–, Besetzung 506
Rheinpolitik, französische 541
Rheinprovinz 351

Richtertum 463 f.
Riga 263
Rijeka *280*
Ring-Kreis 74, *294 f.*, *324*
Rohstoffe 233, 239, 344, 437
–, russische *14*, 342
Rom *14*, 117, 130, 144, 389, *389*, *408*
Romantik, Romantiker 182, 323, *323*, 418, 445, 489 f., 534
Rote Armee *67*, 91, *245*, 270 f., *364*, 435 f., 458, 543, 546, *579*
Rote Ruhrarmee *264*, 271, *271*, *278*
Roter Soldatenbund 83, *83*
Rückbildung, konservativ-kapitalistisch-bürgerliche 418
–, konservativ-ständische 341
–, mittelalterlich-ständische 324, 330
Ruhraufstand *271*, 357
Ruhrbesetzung 2
Ruhrgebiet *81*, *264*, 270 f., *271*, *328*, 347, *403*, *414*, *417*, *422*, 448, 583
Ruhrort *393*, *583*
Rumänien *543*, 580
Russischer Bürgerkrieg *67*, *145*, *245*, *364*, *386*, *436*
Russland, Russen *14*, 53, 56, 61, *63*, 65 f., *66*, 67 f., 80, 84, 90, *90*, 113, *116 f.*, 134, *135*, 143, 160, 162, 168, 179, 189 f., 196, 208, *245*, 246, *256*, 263, 318, 321, 330, *330*, 332, 334–337, 339–343, 354, 364, 366, *386 f.*, 395, 397, 405, 418, 431, 434, 436 f., 439, 457 f., 469, 481 f., 493, *493 f.*, 503, *504*, 507, 509, 513, 524, *524*, 525, 527, 529, *529*, 531, 538, 540 f., *541*, 542, *542*, 543, *544*, 546, 549–551, *551*, 552, 558, *569*, 571, 573, 579

Saargebiet *98*
Sachlichkeit, deutsche 131
Sachsen 137, *137*, 240, 283, *283*
Sakarya *443*
Sammlungspolitik 364 f.
Sanktionen *393*, 416 f.

Scapa Flow 228, *228*
Schenkursk *67*
Schicht(en), akademische 222
–, arbeitnehmende 366
–, aufsteigende 278
–, besitzende 232
–, führende *19*, 583, 586
–, gebildete 275
–, geistige 404
–, herrschende 154, 330, 338, 352, 357
–, kapitalistische 66
–, kulturbürgerliche *19*
–, regierende 244, 386
–, soziale *590*
Schildbürgerdemokratie 112
Schlesien 235, *235*
Schleswig-Holstein 86, *86*, *316*
Schlieffen-Plan *121*
Schmalkaldischer Krieg 107
Schottland *19*
Schreckensherrschaft 331–333, 335 f.
Schriftsteller *211*, *294*, 299, 322, 517
Schülersche Reform *195*
Schul- und Unterrichtswesen *591*
Schuld, deutsche 118, 120, 123, 349
Schuldbekenntnis(se) 61, 120, 212, 411
Schulddogma 115, 122, 196, *227*, 228, 238, 321, 353, 395, 398, 400, 411, 419, 452, 465, 480, 495 f., 514, 524 f., 549, 557, 573, 581
Schuldenfrage 419
Schuldfrage *69*, 115–124, 401 f., 419
Schuldgeständnis(se) 129, 329
Schuldlegende 386
Schuldproblem 411
Schule der Weisheit 588
Schule(n) 85, 109, 137, 180, 182, 184, 186, 222, 230, 252, 309 f., *310*, 311, 313, *313*, 314, 324, 369 f., 433, 531
–, bekenntnisfreie *433*
–, höhere 531
–, jüdisch-konfessionelle 213
–, konfessionelle 369
–, nationale 465

–, soziale 465
–, weltliche *433*, *466*
Schulfragen *134*
Schulmeister-Literaten 290
Schulpolitik 185, 307, 310, 445
Schulreform *223*, 368
„Schwarze Schmach am Rhein" 292, 352
Schwarzwald *444*
Schweden 67, *526*
Schweiz 110, 113, 285, 344, *344*, *348*, 356, 360 f., *372*, 388, 454, *474*, 500, *501*, 526, *526*, 527, 530, *537*, 560
Schwerindustrie 300
Schwerindustrielle 73
See- und Landmächte 502–511
Seeherrschaft 167, 481, 547
–, angelsächsische 547
–, englische 481
Seemächte 480, 513
Selbständigkeitsstreben 474
Selbstentmachtung Europas *13*
Selbstordnung 317
Selbstregierung 356
–, demokratische 587
–, des Volkes 284, 586
–, des Volkes, parlamentarische 356
Serbien *155*, 580
Sèvres, Vertrag von *384*, *424*
Sicherheitspolizei 240, *258*, *264*, *269*, *283*, 320
Siedlungspolitik *109*, 424
Siegersyndikat 468
Siena 373
„Simplicissimus" 317, *317*
Simultanschule 86, *138 f.*
Skagerrak *451*
Skandinavien, Skandinavier 345, 526 f.
Sklavenaufstände, antike 143
Sklaventum 160
–, antikes 143
Soldaten *8*, 53, 80, *112*, 135, 165, *292*, 304, 337 f., *352*, 437, 456
Soldatenräte *61*, 70 f.

Solidarier-Kreis *63*, *74 f.*
Sowjetregierung *245*, 458, *545*
–, russische *62*
Sowjetrepublik 95, *245*, *321*, 439, *542*
Sowjetrussland *243*, 335, *403*, 435, *525*, 573
Sowjets 332, 334, 336, 436
Sowjetsystem 81 f., 89, 339, 587
Sowjetunion *18*
Sozialdemokraten, Sozialdemokratie *11*, 56, 72, 75, 83, 88, 101 f., 104, 128, 133, 136, 139, 146, 162 f., 181, 193, 208, 212, 218, 226, 230, 235, 250, 252 f., 263, 284, 286 f., 291, 293, 299, 304, 312, 314, 318, 320, 333 f., 346, 352, 356–360, 367 f., 380, 386, 398, 415 f., 426, 428, 431 f., 445, 447, 451 f., 458, 460, 462, 465 f., 469–474, 499, 505, *528*, 556 f., 561, 575, 584
–, Partei im Staat 459
Sozialdemokratische Partei Deutschlands *6*, *15*, *30*, *53*, 62 f., *63*, 76, 85, 89, *102 f.*, 111, *111*, *125*, 128, *129*, *133*, 134, *137*, *142*, *145*, 146, *156*, *193*, 195, 208, *211*, *222*, 231, 235, *257*, *261 f.*, 263 f., 275, 282, *282*, 283, *294*, *305*, *310*, *317*, *321*, 365, *390 f.*, *398*, *415 f.*, *426*, *431*, *450*, *459 f.*, *471–473*, 491, 501, *505*, 545, *559–561*, 585
Sozialideen, katholische 139
Sozialisierung 79, *81*, 82, 89, *89*, 109, 176, 185, 230, 246, *297*, 322, 357, *459*, 529, *542*, 543, *545*, 571
Sozialisierungsexperimente 474
Sozialisierungsideale 230
Sozialisierungskommission *109*, 297, *297*
Sozialismus *5*, 56 f., 75, 96 f., 100, 104, *111*, 113, 117, 120, 129, 131, 166, 168–170, 175 f., 179, 181 f., 184, 219, 221, 247, 274, 288 f., 296, 298, 312, 315, 324, 336, 338 f., 350, 374, 411, 416, 434 f., 437–439, 445–450, 452,

456, *466*, 490, *508*, 550, 570
Sozialist(en)   *3*, *28*, 55, 66, 129, 133,
  150, 166, 169, 176, 251, 268, 270,
  298, 321, 334, 359, 415, 427, 445 f.,
  449, 454, 487, 508, 567, 576
Sozialistische Internationale   69
Soziallehren, christliche   365
Spa   *80 f.*, *203*
–, Konferenz von   319, *319*, 325, 327,
  328, *346*, 348, 351, 514
Spaltung der Nation   102, 309, 575
Spanien   *295*, *526*
Spannungen, soziale   381
–, weltpolitische   424
Spardorf   *578*
Sparta   *100*
Spartakismus   59, 62, 230, 412, 420,
  447, 458, 508
Spartakisten   *8*, 59, 258, *262*, 266, 271,
  355
Spartakistenaufstände   390
Spartakusbund   *83*, *88*, *245*
„Spectator", Pseudonym   *1*, *3–6*, *24*,
  27 f., *31*, *40*
„Der Spiegel"   301
Sprachengemeinschaft   349
St. Louis   *286*
St. Petersburg   436
Staat(en), baltische   *189*
–, berufsständischer   299
–, bürgerlicher   333
–, demokratische   588
–, deutsche(r)   107, *320*, 451, 476, 504,
  568
–, europäische   212, 388, 529
–, moderne(r)   109, 147, 179, 182 f.,
  244, 301, 507 f.
–, monarchischer   220
–, nationaler   184
–, neutrale   525, *526*
–, polnischer   146, *506*
–, preußischer   141
–, republikanische   282
–, selbständiger   449

–, skandinavische   *145*
–, souveräne   285, *364*
–, ständischer   477
–, süddeutsche   242
–, südosteuropäischer   449
–, tschechischer   146
–, unabhängiger   424
–, und Kirchen   *308*
–, westeuropäische   *145*
Staatsautorität   488, 501
Staatsbankerott   232, 445, 461, 477
Staatsbildung   107, 110
Staatsgebiet, deutsches   99
Staatsgerichtshof zum Schutz der
  Republik   *559*
Staatsgerichtshof zur Untersuchung
  der Kriegsschuldfrage bzw. von
  Kriegsverbrechen   156, *156*
Staatsgewalt   140, 477, 493
Staatsideal   392
Staatsmacht gegen Privatmacht   494
Staatsministerium, preußisches   *30*, *139*,
  141, *186*, *188*, 211, 259, *308*
Staatsordnung(en)   249, 268, 275, 438
–, deutsche   403
–, starke   360
Staatsstreich   255, 300, 302
Staatsumbildung   93
Staatsverwaltung   249
Stände   131, 222
Ständeideal   324
Ständewesen   109
Standesgefühl   57
Starnberger See   *441*
Stettin   304, 546
Steuergesetze   186, 252, 281, 293, 298,
  317, 357, 505
Stinnes-Legien-Abkommen   *297*, *426*
Stockholm   *23*, *428*
Stoizismus   175
Streik(s)   9, 60, 81, *81*, 83, 111, 135 f.,
  145, 186, *186*, 188, 190 f., *199 f.*, 266,
  286, 325, 331, 367 f., *403*, *472*, 473,
  493, 506 f., *507*, 508, 529, 531, *558 f.*,

561
Streikbewegung(en) *58, 79, 83,* 266, *366*
Struktur(en), des deutschen Volkes 432
–, elitendemokratische *16*
–, ökonomisch-soziale *12*
–, oligarchische *15*
–, soziale 244
Studenten 73, *204,* 222 f., 266 f., 355, 436, 456, 458, 518 f., 531
Studentenschaft(en) 151, 519 f.
Stuttgart *255,* 260, *260, 489*
„Süddeutsche Monatshefte" *27, 557*
Süddeutschland 221, 277, 386, *441,* 444, 535
Syndikalisten 74
Synthese 371
Syrien 424, *424, 430, 443*
System(e) 82, 89, 113, 159 f., *196,* 268, 282–284, 286 f., 290, 293 f., 298 f., 332, 339 f., 343, 357, 364, 371, *396,* 404, 414 f., 423, 430, 435, 437 f., 447 f., 473 f., 489, 491, 493, 509, 513, 529, 531 f., 540, 556, 563, 585, *592*
–, altes 77, 113, 289, 474, 561
–, angelsächsisches *15,* 547
–, auswärtige 350
–, bestehendes 485
–, demokratisches 89, 361, 531
–, deutsches 314, 330, 525, 532
–, englisches 547
–, ententistisches politisches 245
–, französisches 547
–, herrschendes 473, 485
–, mittelalterliches 323
–, modernes 160
–, neues 343, 500
–, parlamentarisch-demokratisches 414
–, parlamentarisches *16,* 83, 248–254, 361, 449
–, politische(s) 324, 339, 426, 450, 509
–, preußisches 347
–, russisches 336
–, sozialistisches 529

–, undeutsches 361
–, weltwirtschaftliches 509
–, wirtschaftliches 89

„Tägliche Rundschau" 189, *241,* 278, *278*
Taschkent *243*
Tatsachenbilder 442
Tauroggen *189*
Technik 123, 144, 289, 314, 488, 510, 514, 529 f., 585, 588
–, bürokratische 184
–, demokratisch-politische 433
–, journalistische 123
–, moderne 165, 301
Technische Nothilfe 507, *507,* 508
Terror 135 f., 221, 271, *271,* 272 f., 366
–, weißer 77
Terrorismus 75, 97, 168, 292
B. G. Teubner, Verlag *314*
Teuerung 275, 406, 444 f.
Theorie(n), bolschewistisch-marxistische 336
–, des Einheitsstaates 462
–, politisch-revolutionäre 334
–, rationalisierende 405
–, sozialistische 345
–, westliche *11,* 256, 272, 290, 299, 306
Thrakien 580
Thüringen *403*
„De Tijdspiegel" *532 f.*
„Times" *58*
Töging am Inn *510*
Toitenwinkel *267*
Toleranz 337
Tonkin 484, *484*
Tory-Konservatismus *105*
Trades Union Congress, Verlag *330*
Trennung von Staat und Kirche 57, *136,* 308 f., *591*
Trier *228*
Trustmagnaten 323, 340
–, amerikanische 477
Tschechien 347

Tschechoslowakei *348*, *543*
Tübingen *39*, *43*
Türkei, Türken 99, 364, 401, 423, *430*, 443, *443*, *495*, 524 f., 573, 579 f., 582
Tugend 480
Tugendideologie, demokratische (amerikanische) *13*, 484
Turkestan *243*

U-Boot-Krieg 119, 152, 292, 380, 456, 497, 500
–, uneingeschränkter 77, *119*, *380*
Übervölkerung 405, 424, 529
Ukraine *65*, 67, *67*, *91*, 364
Ultimatum *115*, 211, *393*, *447*, 448, 472
–, alliiertes *414*
–, finanzielles 421–429
–, politisches 421–429
Umschichtungen, soziale 368, 574
Umsturz 104, 224, 239, 250, 328, 485
Umwälzung(en), geistige 370
–, seelische 163, 309, 368
–, soziale 143
–, wissenschaftliche 371
Unabhängige Sozialdemokraten *53*, 54, 61–63, 68, *68*, 70, 73, 80 f., 86–88, 96, 101, 103, 111, 128, 134, 139, 141, 145 f., 181, 192, 204, 208, 211, 219, 240, 275, 284, 292 f., 296 f., 300, 310, 321 f., 354 f., 390, 460, 469, 471, 496, 529, 557, 559
Unabhängige Sozialdemokratische Partei Deutschlands 53, *53*, 54, *56*, *87*, *101*, *125*, *137*, *145*, *199*, *213*, *219*, *224*, *240*, *262*, 263, *269*, 270, *271*, 274, *283*, *308*, *330*, *334*, *355*, *365*, *398*, *439*, *447*, *460*, *559–561*, *585*
Unabhängiger Ausschuss für einen Deutschen Frieden *203*
Uneinigkeit, deutsche 491–501
Ungarn 134, *135*, 144, *474*, *478*
Union of Democratic Control *196*
Unitarismus 91, 179, 184, 194, 347, 445
Universität(en) 151, 278, *312*, 313 f., *315*, 368, *369*, 562
–, Basel *501*
–, Berlin *33*, 77, *139*, *151*, 227, *292*, *315*, *345*, *428*
–, Bern *501*
–, Edinburgh *233*
–, Heidelberg *202*, *211*
–, Leiden *413*
–, Nijmegen *531*
–, Oxford *538*
–, Straßburg *75*
–, Zürich *501*
Universitätsreform 314
Unterfranken *370*
Unternehmertum 159, 193, 230, 235
Unterrichtswesen 531
Ural 573
US-Regierung *100*, *407*, *409 f.*, *413 f.*
USA
→ Amerika, Amerikaner *67*, *119*, *215*, *243*, *286*, *340*, *363*, *380*, *407*, *409 f.*, *413*, *423*, *425*, *468*, *479*, *483*, *495*, *512 f.*, *521*
Utrecht *158*, 527

Vatikan *415*
Verdun 154, *154*, 409, *409*
Vereinigte Kommunistische Partei Deutschlands *391*, *403*, *439*
Verfassung(en)
→ Reichsverfassung
→ Weimarer Reichsverfassung *5*, 109, 111, 133, *134*, 136–138, 146, 191, 194, *214*, *220*, 221, 290, 295, 311, 316, 323, 355 f., *357*, 358, *365*, 377, 404, 415, 451, 488, 540, 585
–, autokratische 118
–, demokratische *16*, *278*, 295
–, der Länder 194, 225
–, deutsche 417
–, neue *191*, 391
–, parlamentarische 416

–, preußische 285, 365, *365*
–, republikanische 583
–, westliche 296
Verfassunggebende Preußische Landesversammlung 5
Verfassungsbildungen, demokratische 585
Verfassungskrise 441–453
Verfassungsordnung 5
Verfassungsrevolution 202
Verfassungstreue *193*, 197, 279
Vergnügungstaumel 188, 210
Verhalten, demokratisches 16
–, klassenkämpferisches 368
Verinnerlichung 373
Verkehrsverhältnisse 233
Vernunftdemokrat *20*
Veröfterreicherung 554, 569–577
Versailler Friedenskonferenz *99f.*, *108*, *115*, *155f.*, *539*
Versailler Weltfrieden 430
Versailles, Versailler Friedensvertrag 5, *13f.*, *37*, *66*, *98*, *101*, *104*, 107, *111*, *115–117*, *120*, *125*, 125, *126*, *129*, *130*, 125–132, *141*, 144, 162, 167, 172, 180, *185*, *191*, *196*, *198*, *220*, 222, *227f.*, *232*, 236, 238, 241, *241–243*, 246, 304, *304*, 306, *316*, 319, *319f.*, 327 f., *328*, 329, *344*, 351, 353, 356–358, *358*, *363*, 383, *383*, 385, 390, 394 f., 402, 409, *410*, 412, 414, *416*, 417, *419*, *423f.*, 447 f., 452, 472, *477*, 479, 497, 502 f., 505, *510*, *513*, 524 f., 538 f., *539*, 541, *541*, 542, 546, 548–550, *550*, 557, 562, *576*, 578 f., *580*, 581, 583
Versöhnungspolitik 399
Verstaatlichung des Gehirns 311
Verständigung 122, 153, 320, 322, 377, 394, *394*, 470, 483, 489
Verwaltungsapparat 289, 463
Vietnam *484*
Völkerbund *13–15*, *36*, 57, 76, 82, 91, *110*, 120, 130, 165–167, 177, 244, 280, 342 f., *350*, 363, *363*, 364, *364*, 395, 397, *410*, 443, *443*, *454*, 466, *466*, 468, *469*, 479, 484, 503, 514, 539, 554, *554f.*, *562*, 580, *580*, 588
Völkerbundidee 409
Völkerhass 161
Völkermord *215*
Völkerpsychologie 96, 98, 488
Völkerrecht 119, 280, 344, 360
Völkersolidarität 549
Völkerversöhnung 113, 308
„Völkischer Beobachter" *450*
Volk, Völker 3, 7, *12*, 54, 60, 75, 78, 95 f., 102, 107, 110, 116, *117*, 119, 127, 136, 146 f., 168, 173, 190, 201, *201*, *205*, 209, 214, 227, 236, 267, 305, 310, 320, 331, 334 f., 339, 343, 349, 353, 356, 369, 374, 381, 386, 388, 390, 397, 400–402, 406, 410 f., 419, 421, 427, 438, 454, 457, *465*, 477, 487, 513, 526, 533, 556 f., *562*, *564*, 566, *574*, 579, *589*, *591*
–, amerikanisches 411
–, deutsches 69, *69*, 77, 99, 107, 120, 127, 154, 187, 212, 224, *229*, 244, 249, 264, 280, *357*, 361 f., 381, 398, 411, 421 f., 432, 443, 450, 458, 465, 488, 497, 508, 568
–, europäische *14*, 131
–, feindliche 244
–, französisches *227*, 515
–, freies 369
Volksabstimmung über den territorialen Verbleib Oberschlesiens *141*
Volksaufklärung 212, 298
Volksausschuss für die rasche Niederwerfung Englands 225, *225*
Volksbeauftragte 55, 208, 332, 355, *355*, 356, *530*
Volksbildung 324, 475
Volksbund für Freiheit und Vaterland *6*, *10*, *23*, *81*, *101*, *105*, 200, *200*, 204
Volkscharakter, deutscher 96
Volkserziehung 298

Volksgemeinschaft *22f., 591*
Volksherrschaft 331, 336
–, unmittelbare 331, 334
Volkshochschule(n) 314, 368 f.
Volkskirchliche Vereinigung *211*
Volkspartei 77, *364*, 416, 426, 432, 451, *459*
Volkspsychosen 54
Volksreferendum 103
Volksschule 311, 531
Volksschullehrer 139, *139*, 222 f., 257, 312, *312, 315*, 488
Volksseele, bayerische 450
Volkssouveränität *17, 19*, 475
Volksstaat *17*, 180, 307, 382, *459*, 508
Volksteil, katholischer 214
Volkstum 98, 416, 440
Volkswahl des Reichspräsidenten *16*
„Vossische Zeitung" *25 f.*, 208, 294, *295, 300 f., 320, 359, 383 f., 391*, 394, *394*

Währung 492, 571
–, deutsche 570, *571*, 578
Waffenstillstand 56, *228*, 239, 274, 354, *461, 483, 579*
Waffenstillstandsbedingungen 133, 207, 351, 395
Waffenstillstandskommission *129*, 138, *138*
Waffenstillstandsverhandlungen *354*, 395, 447
Die Wage, Verlag *28*
Wahlen *36*, 61, 63, 89, *89*, 133, 150, 219, 225, *282*, 290, 303–305, 315, 339, 356, 361, 408, 444, 460
Wahlkampf, Wahlkämpfe 282, 284, 291, *291*, 302, 358, *363*, 427
Wahlrecht 203
–, allgemeines 450, 586
–, demokratisches 219
–, preußisches *377*
–, preußisches allgemeines 354
–, Reform des preußischen 377

Wahlrechtsreform, demokratische *378*
–, preußische *202*
Waren (Müritz) *266*
Warschau 245, 263, *328*
Washington *13, 380, 409*, 483 f., 504, 513, 537, 548–550
Washingtoner Flottenabkommen *479, 481, 483, 495, 537*
Washingtoner Konferenz 468, 479, 482, 494, 503
Waterloo 171, *171*, 396, *396*
Wechselkurs der deutschen Mark *443, 505*
Weimar 76, 85, *116*, 125, 127, 129, *142, 186, 191*, 356
Weimarer Kabinett 126
Weimarer Koalition *14, 72, 149, 193, 317, 321, 398, 431*
Weimarer Nationalversammlung 77, *116*, 125, *452*
Weimarer Reformkoalition *15*
Weimarer Reichsverfassung
→ Reichsverfassung
→ Verfassung(en) *16, 89, 116, 136, 194, 211, 214, 220, 240, 249, 285, 294, 297, 308 f., 312, 357, 359, 444, 507, 559*
Weimarer Republik *2, 5, 7, 10, 15, 19 f., 24, 33, 139, 294*
Weimarer Schulkompromiss *133, 137, 433*
Weiße Armee *245*, 304, *364*
Welt, abendländische 162
–, amtliche 432
–, antike 160, 177
–, bürgerlich-kapitalistische 432
–, europäische 209
–, gebildete 432
–, geistige *590*
–, intellektuelle 159
–, kapitalistische 117
–, moderne 177, *590*
–, wirtschaftliche 178
Welt- und Außenpolitik *12*

Weltalter, europäisches 325
Weltanschauung(en) 367, 371, 475, 556
–, antimaterialistische 366
–, christliche *365*
–, demokratische 475
–, heroische 152
Weltanschauungsschule(n) 433, *433*
Weltbolschewismus 56, 90
Weltdemokratie 64, 296, 343, 509
Weltdreibund 468
Welterlöser, demokratische 332
Welterneuerung 74
Weltfriede(n) *13*, 431, 483, 534, 549 f.
Weltfriedenspolitik 153
Weltgeschichte 106, 160, 246, 396, 428, 567
Weltgesinnung, humanitäre 306
Weltgewissen 386, 405, 471, 515
Weltgroßmächte 343
Weltherrschaft 5, *13*, 131, 159, 162, 167
–, angelsächsische 130, 177, 343, 363
–, englische *14*, 130
–, imperialistische 117
Welthorizont *12*, 586
Weltimperium 344
Weltkämpfe, imperialistische 484
Weltkatastrophe, ökonomisch-finanzielle 580
Weltkirche 177
Weltkrieg 436
–, ewiger 438
–, neuer 344, 430, 480, 581
Weltkrisis 545
Weltlage 4, *13*, 62, 131, 176, 180, 248, 350, 383, 402, 468, 495, 570, 583 f.
–, deutsche 102
–, gegenwärtige 475
–, neue 536–547
–, politische 355, 581
–, undemokratische 488
–, von Amerika beherrschte 476
Weltliteratur 131
Weltmacht, Weltmächte 153, 172, 307, 342–344, 405, 483
–, außereuropäische 389
Weltmachtpolitik 131
Weltmeinung 350
Weltmissionsbewegung *348*
Weltmoral 349, 483
Weltordnung 84, 168, 352, 452, 508 f., 537
–, aristokratische 160
–, rationale 97
Weltplanwirtschaft 508, 583, 588
Weltpolitik *12–15*, 107, 159, 182, 222, 306, 342, 400, 402, 479 f., 497, 535, 586
–, deutsche 344, 387 f., 547
Weltpolizei *13*, 483, 508 f.
Weltpresse 419, 468
Weltproblem(e) 179, 343, 552
Weltpropaganda 549, 565, 571
–, moralische 549
Weltregiment 132
–, angelsächsisches *14*, 130
Weltreich, britisches 385
Weltreligion 177
Weltrevolution 101, 129, 131, 136, 142–148, 162, 168, 173, 325, 335, 341, 366, 382, 390, 436, 540, 543, 575
–, bolschewistische 336, 423, 439
–, chimärische 349
–, marxistische 325
–, soziale 345
–, sozialistische *17*
Weltrichter, moralischer 411
Weltsolidarität 547
Weltsozialismus 112, 129
Weltstellung 98, 153, 306, 357
–, amerikanische 480
–, der Demokratie 324
–, des Judentums 216
Weltsystem 532
–, der Entente 5, 342–350, 363, 403, 423
–, des Bolschewismus 364, 403, 423
Weltverteilung 118, 345

Weltwende   366, *404*
Weltwirtschaft   *12–15*, 107, 431, 434, 503, 505, 509, 513, 529, 537–540, 549
Werthaltung, liberale   *19*
Wesen, deutsches   486, 490
Westafrika   *438*
Westen   62, 127, 146, 215, 364, 416, *417*, 418
–, keine Einheit   547
Westeuropa   168, 445
Westfalen   *61*, 235
Westjude(n)   *215*
Westlertum   323, 418 f., 485
Westmächte   107, 329 f.
Wiederaufbau   254, 275, 328, 356, 408, 412, 446, *447*, 449
–, geistiger   172
–, wirtschaftlicher   296
Wien   *151*
Wiener Kongreß   172
Wiesbadener Abkommen   *581*
Wilhelminisches Zeitalter   418, 464
Wilhelmshaven   206
Wilsonismus   318, 361
Wilsonprogramm   65, 117, 120, 239, 348, 398
Wilsons Vierzehn Punkte   *12*, *14*, 117, *117*, 120, 347 f.
Windhorstbünde   *75*
Wirtschaft   55, 146, 159 f., 163, 169, 182 f., *210*, *294*, 299, 347, 349, 360, *459*, 474, *491*, 492, 512, 528, 549, 561
–, deutsche   107, 344, *462*, *477*
–, moderne   168, 434
–, nationale   165
Wirtschaftsführer   399, 461, 463, 477
Wirtschaftshegemonie, französisch-deutsche   477
Wirtschaftshilfe der deutschen Studentenschaft   518, *518*
Wirtschaftsimperialismen   480
Wirtschaftsimperien   428
Wirtschaftskörperschaften   462

Wirtschaftsordnung, individualistisch-kapitalistische   144
Wirtschaftsorganisationen und Staat   566
Wirtschaftsparlament   297 f., 300, 302
Wirtschaftspolitik   234
Wirtschaftsverbände   122, *244*
Wissen, weltwirtschaftliches   422
Wissenschaft(en)   96, 137, 169 f., 212, 293, 306 f., 309, 314 f., 369, 372, 374, 413, 429, 438, 488, 517
–, allgemeine   313
–, bürgerliche   367
–, deutsche   *23*, 314 f., 386
–, forschende   314
World Student Christian Federation   *348*, *538*
Württemberg   *214*, *235*, *240*

Young Men's Christian Association   *348*

Zarismus   180, 335
Zeit- und Krisendiagnostik   *8*
Zeitung(en)   196, 198, 240, *241*, 261, 287, *294*, 295, *295*, 316, 377, 399, 435, 442, *450*, 468, 471 f., *472f.*, *479*, 489, *589*
Zeitungsstreik(s)   471, 558, 561
Zensur   *23*, 150
Zentralarbeitsgemeinschaft   296, *297*, 426, *426*
Zentraleuropa   527
Zentralisation   179–187, 301, 359
–, äußerste   336
Zentralrussland   *437*
Zentralstelle für die Gliederung des Deutschen Reiches   *358*
Zentralstelle für Erforschung der Kriegsursachen   *402*
Zerklüftung, der Gesellschaft   343
–, geistige und soziale   406
Zerreißung   331, 443, 454
–, Deutschlands   444

Zerspaltung 133
Zerstörung der Mitte 320, 358, 361 f.
Zertrümmerung 55 f., 291, 299, 316, 322, 357, 359, 367, 404
–, der Mitte 358, 361
Zionismus 213
Zivilisation 159, 161
–, europäische 159
–, technische 507
–, westliche *306*
„Die Zukunft" *246*
Zwangsarbeit 336, 338, 436
Zweiparteiensystem 404, 431, 445
Zweiter Weltkrieg *43*

Gliederung der *Ernst Troeltsch · Kritische Gesamtausgabe*

Für den Aufbau der Gesamtausgabe gelten sowohl chronologische als auch sachbezogene Gesichtspunkte. Der Titel eines jeden Bandes erfaßt den gewählten Sachgesichtspunkt. Die darauf folgenden Jahresangaben beziehen sich auf den Zeitraum, innerhalb dessen die Edierten Texte veröffentlicht wurden. Die Bände 1–3 der von Troeltsch selbst herausgegebenen *Gesammelten Schriften* werden in der von Troeltsch vorgenommenen Fassung als die Bände 9, 10 und 16 aufgenommen. Die Texte aus dem von Troeltsch nicht selbst herausgegebenen Band 4 der *Gesammelten Schriften* werden chronologisch in die Gesamtausgabe eingeordnet.

Band 1: Schriften zur Theologie und Religionsphilosophie (1888–1902)
Hg. von Christian Albrecht in Zusammenarbeit mit Björn Biester, Lars Emersleben und Dirk Schmid, 2009

Band 2: Rezensionen und Kritiken (1894–1900)
Hg. von Friedrich Wilhelm Graf in Zusammenarbeit mit Dina Brandt, 2007

Band 3: Beiträge zu Enzyklopädien und Lexika (1897–1914)

Band 4: Rezensionen und Kritiken (1901–1914)
Hg. von Friedrich Wilhelm Graf in Zusammenarbeit mit Gabriele von Bassermann-Jordan, 2004

Band 5: Die Absolutheit des Christentums und die Religionsgeschichte (1902/1912) mit den Thesen von 1901 und den handschriftlichen Zusätzen
Hg. von Trutz Rendtorff in Zusammenarbeit mit Stefan Pautler, 1998

Band 6:   Schriften zur Religionswissenschaft und Ethik (1903–1912)
Teilband 1
Teilband 2: Das Historische in Kants Religionsphilosophie (1904)
Hg. von Trutz Rendtorff in Zusammenarbeit mit Katja Thörner, 2014

Band 7:   Protestantisches Christentum und Kirche in der Neuzeit (1906/1909/1922)
Hg. von Volker Drehsen in Zusammenarbeit mit Christian Albrecht, 2004

Band 8:   Schriften zur Bedeutung des Protestantismus für die moderne Welt (1906–1913)
Hg. von Trutz Rendtorff in Zusammenarbeit mit Stefan Pautler, 2001

Band 9:   Die Soziallehren der christlichen Kirchen und Gruppen (1912)
(In drei Teilbänden: 9/1–3)

Band 10:   Zur religiösen Lage, Religionsphilosophie und Ethik (1913)
(In zwei Teilbänden: 10/1–2)

Band 11:   Schriften zur Theologie und Kulturgeschichte (1913–1922)
(In zwei Teilbänden: 11/1–2)

Band 12:   Schriften zur Politik (1914–1918)

Band 13:   Rezensionen und Kritiken (1915–1923)
Hg. von Friedrich Wilhelm Graf in Zusammenarbeit mit Diana Feßl, Harald Haury und Alexander Seelos, 2010

Band 14:   Spectator-Briefe und Berliner Briefe (1919–1922)
Hg. von Gangolf Hübinger in Zusammenarbeit mit Nikolai Wehrs, 2015

Band 15:   Schriften zur Politik und Kulturphilosophie (1918–1923)
Hg. von Gangolf Hübinger in Zusammenarbeit mit Johannes Mikuteit, 2002

Band 16: Der Historismus und seine Probleme (1922)
(In zwei Teilbänden: 16/1–2)
Hg. von Friedrich Wilhelm Graf in Zusammenarbeit mit Matthias Schloßberger, 2008

Band 17: Fünf Vorträge zu Religion und Geschichtsphilosophie für England und Schottland. Der Historismus und seine Überwindung (1924) / Christian Thought. Its History and Application (1923)
Hg. von Gangolf Hübinger in Zusammenarbeit mit Andreas Terwey, 2006

Band 18: Briefe I (1884–1894)
Hg. von Friedrich Wilhelm Graf in Zusammenarbeit mit Volker Bendig, Harald Haury und Alexander Seelos, 2013

Band 19: Briefe II (1894–1904)
Hg. von Friedrich Wilhelm Graf in Zusammenarbeit mit Harald Haury, 2014

Band 20: Briefe III (1905–1915)
Hg. von Friedrich Wilhelm Graf in Zusammenarbeit mit Harald Haury, 2016

Band 21: Briefe IV (1915–1923)

Band 22: Parlamentarische Reden und Voten in Baden

Band 23: Amtliche Schriften, Reden und Gutachten

Band 24: Nachgelassene Texte und Diktate

Register und Werkverzeichnis Ernst Troeltschs

www.ingramcontent.com/pod-product-compliance
Lightning Source LLC
Chambersburg PA
CBHW051551230426
43668CB00013B/1813